定陶名片

DING TAO MING PIAN

◎ 千年古县

◎ 全国粮棉基地县

◎ 全国平原绿化先进县

◎ 全国体育工作先进县

◎ 全国团建工作先进县

◎ 全国科技工作先进县

◎ 全国小麦良种基地县

◎ 全国农村社会养老保险制度改革试点县

◎ 全国秸秆养羊示范县

◎ 全国水利改造先进县

◎ 全国双孢菇规范化生产试验、示范县

◎ 全国食用菌行业优秀基地县

◎ 全国计划生育优质服务先进县

◎ 全国科普示范县

◎ 全国残疾人工作先进县

◎ 全国生态文明先进县

◎ 中国绿色名县

◎ 中国果蔬无公害十强县

定陶县志

（1991—2015）

菏泽市定陶区地方史志编纂委员会办公室　编

方志出版社
Publishing House of Local Records

图书在版编目（CIP）数据

定陶县志. 1991—2015 / 菏泽市定陶区地方史志编纂委员会办公室编. -- 北京 : 方志出版社, 2018.7
ISBN 978-7-5144-3123-0

Ⅰ. ①定… Ⅱ. ①菏… Ⅲ. ①定陶县－地方志－1991-2015 Ⅳ. ①K295.24

中国版本图书馆CIP数据核字(2018)第160737号

定陶县志（1991—2015）

编　　者： 菏泽市定陶区地方史志编纂委员会办公室
责任编辑： 张　颢
出 版 人： 冀祥德
出 版 者： 方志出版社
地址　北京市朝阳区潘家园东里9号（国家方志馆4层）
邮编　100021
网址　http://www.fzph.org
发　　行： 方志出版社图书经销中心
电话（010）67110500
经　　销： 各地新华书店
印　　刷： 山东麦德森文化传媒有限公司（0531)82666659
开　　本： 889×1194　1/16
印　　张： 69.75
字　　数： 1715千字
版　　次： 2018年12月第1版　2018年12月第1次印刷
印　　数： 0001～2000册
ISBN　978-7-5144-3123-0　**定价：** 988.00元

《定陶县志（1991—2015）》编审人员

主　　审	朱中华				
副主审	李洪淼	海　茹			
主　　编	李文存	朱向勇			
副主编	吴　芳	陈　民	杨淑红	李　斌	
编　　辑	李文存	朱向勇	吴　芳	陈　民	
	杨淑红	李　斌	姚永灿	杨　航	
特邀编辑	李丙新				

中共菏泽市定陶区委书记　聂元科

序

《定陶县志（1991—2015）》，历经数载精心编纂，适逢定陶撤县设区之际付梓，这是全区政治文化生活中的一大盛事，可喜可贺！

定陶历史悠久，12次为国，8次为郡，2次置军，秦221年置定陶县。1991年至2015年，勤劳智慧的定陶人民在历届党委、政府的坚强领导下，高举改革开放的旗帜，抢抓一次次发展良机，主动迎接一次次挑战，创造了令人瞩目的工作业绩，谱写了一篇篇催人奋进的历史篇章。全民抓经济，重点抓工业，不断深化改革，积极调整优化产业结构，抢抓机遇，担当作为，艰苦创业，积极探索符合定陶实际的发展路径，坚持稳中求进总基调，认真贯彻新理念，推进高质量发展，积极实施融入大市发展战略，开启建设大市新区新纪元，实现了经济跨越式发展。民生基础工程全面完成，各项事业稳步推进，城市面貌日新月异，社会安定和谐，人民的物质文化生活得到极大改善。“交通要地、投资宝地、宜居福地、事业高地”等全面建成大市新区的科学定位更加清晰。

这部志书以简洁、流畅、通俗的语言，文约事丰的表现手法，全面、客观、系统地记述了1991年以来定陶人民解放思想、改革开放、经济社会和谐发展的历程。捧读志书，仿佛展现在眼前一幅定陶改革创新、开放发展的画卷，俨然目睹定陶人意气风发、壮怀激烈的创业风采。《定陶县志（1991—2015）》“为当代提供资政辅治之参考，为后世留下堪存堪鉴之记述”。前事不忘，后事之师。定陶人

中共菏泽市定陶区委副书记、区长　朱中华

民要以史为鉴，全面了解定陶25年辉煌的发展历程，做到知长短、明得失、晓地情、察民意、识大体、顾大局、方决策、创业绩，进一步激发爱祖国情怀和“爱我家乡 奉献定陶”的壮志豪情。

修志工作是一项艰苦的综合性系统工程。《定陶县志（1991—2015）》的出版，得益于省、市史志部门的精心指导和大力帮助，凝聚了全体编纂人员的智慧与辛勤付出，浸透着社会各界的关心支持、通力合作。值出版之际，谨向全体编纂人员，以及关心、支持本志编纂出版工作的专家、学者和社会各界人士表示由衷的感谢！

往事成史已然铭记，明日之史今朝创造。我们坚信，勤劳、智慧的定陶儿女定能以史为鉴，团结奋斗，在全面建成小康社会、实现中华民族伟大复兴的历史征程中再创佳绩，定陶的明天一定会更加美好。

谨以为序。

中共菏泽市定陶区委书记

中共菏泽市定陶区委副书记、区长

中华商圣——范蠡

▶ 2016 年 4 月 29 日，定陶县撤县设区

成立大会
表大会常务委员会
政治协商会议菏泽市定陶区委员会

仿山景区

曹国王陵——仿山

古城新貌

仿山湖一角

新河湿地公园

▲ 2003 年 12 月 14 日，中共中央总书记、国家主席胡锦涛（中）到定陶县视察

▲ 2006 年 1 月 28 日，中共中央政治局常委、国务院总理温家宝（前）到定陶镇牛楼村与群众欢度春节

▲ 2015 年 10 月 23 日，中共中央政治局常委、国务院副总理张高丽（中）到杜堂镇辘湾村视察

▲ 2008 年 4 月 5 日，中共山东省委书记姜异康（前左三）到艺达家纺有限公司视察

▲ 中共山东省委副书记、省长龚正（右二）到陈集镇华堂村视察

▲ 中共菏泽市委书记孙爱军（左二）到定陶山大附中实验学校调研

▲ 中共菏泽市委副书记、市长陈平（前左三）到定陶中铂物流调研

▲ 中共定陶区委书记聂元科（左一）春节慰问环卫工人

▲ 中共定陶区委副书记、区长朱中华（中）调研新区规划

▲ 青霞桥

▲ 彩虹桥

▲ 团结桥

▲ 七孔桥

▲ 新定陶城西部

▲ 定陶风光

▲ 发展中的定陶

城区夜景

① ② ③
④

①新河夜色 ②新城区夜景 ③绚彩之夜 ④新河暮色

▶ 定陶县汽车站

▼ 城际公交

▼ 万泰城

▲ 文化塔

▲ 现代电力

▲ 光伏发电

◀ 刘楼水库正门

八方财宝进家门

梁堂社区服务中心
一个支部 一座堡垒
一个书记 一个榜样
一个党员 一面旗帜
一个小组 一处阵地

①	②	⑤	⑥
③	④		

⑦

① 南王店镇宋庄村
② 孟海镇北王新型农村社区一角
③ 马集镇梁堂社区服务中心
④ 孟海镇许楼新村
⑤ 杜堂镇杨店社区全景
⑥ 马集镇袁堂村民居
⑦ 马集镇梁堂新区全景

玫瑰小镇

▲ 玫瑰干花

▼ 玫瑰饼

▼ 玫瑰酱

▲ 黄店玫瑰

▲ 夕阳玫瑰

▲ 玫瑰采摘

山药小镇

▲ 2011 年 12 月 24 日，定陶县陈集山药国家地理标志保护产品新闻发布会在北京钓鱼台国宾馆举办

▲ 汽车小镇

▲ 入驻的汽车经销商

▲ 二手车市场

汽车小镇

▲ 牡丹源温泉小镇全景

▲ 牡丹之源区

▲ 温泉汤屋外景

▲ 猕猴桃采摘园

▲ 大棚西瓜

▲ 大棚草莓

▼ 大棚葡萄园

▲ 大棚甜瓜

▲ 大棚采摘

▼ 大棚瓜园

▲ 大棚西红柿

▲ 大棚灵芝

▲ 圣女果

▲ 育苗日光温室

▲ 南王店火龙果

▲ 大棚玉兰花

▲ 马集多肉

▲ 手工粉皮

▲ 粉条加工市场

▲ 生猪标准化养殖场房

▲ 林下养殖

▲ 羊毛地毯

▲ 条编工艺品

▲ 农村淘宝服务中心

农村淘宝

▲ 快递上门服务

▲ 产品展示

▲ 农村淘宝产品加工

▲ 物流运输

▲ 农村淘宝服务

▲ 纺织加工车间

▲ 山东润鑫精细化工有限公司

▲ 山东琴雅服饰集团

▲ 电脑绣生产车间

▲ 山东鲁花浓香花生油有限公司

▲ 省级经济开发区——定陶经济开发区

定陶皮影传承人冯克献展示技艺

定陶皮影第6代传人冯守坤

定陶皮影

▲ 2015 年，两夹弦传统剧目《三拉房》

▲ 1959 年《三拉房》剧照

▲ 1979 年《三拉房》进京演出剧照

► 两夹弦《春秋商圣》北京演出

▲ 元双鱼盆

▲ 岳石陶鬲

▲ 出土玉璧

▲ 出土丝袍

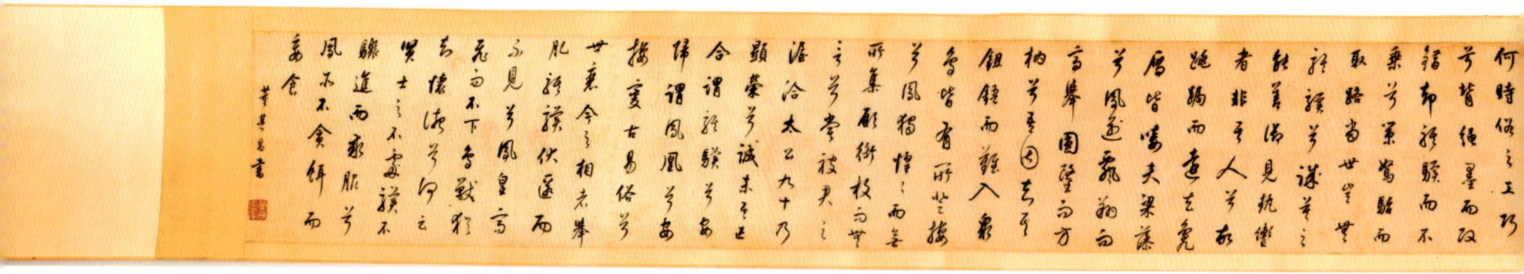

▲ 定陶王墓地（王陵）墓室顶部双层青砖

▲ 明董其昌手卷

▲ 广场舞

▲ 腰鼓舞

▲ 斗羊比赛

▲ 斗鸡比赛

▲ 传统文化公益讲坛

▲ 定陶一中知味楼

▲ 山大附中实验学校

▲ 定陶体育广场一角

▲ 孙中存绘画作品

▲ 张颖绘画作品

▲ 王亚一绘画作品

▲ 张建国绘画作品

▲ 陈麒麟绘画作品

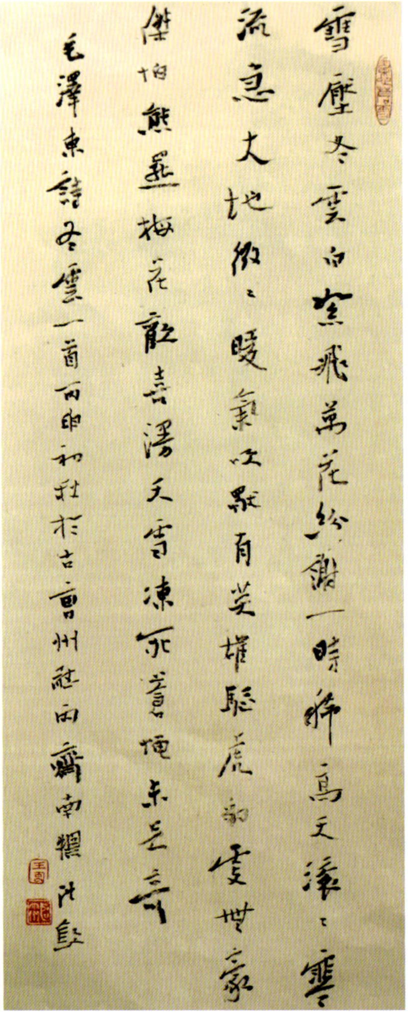

▲ 王洪钦书法作品

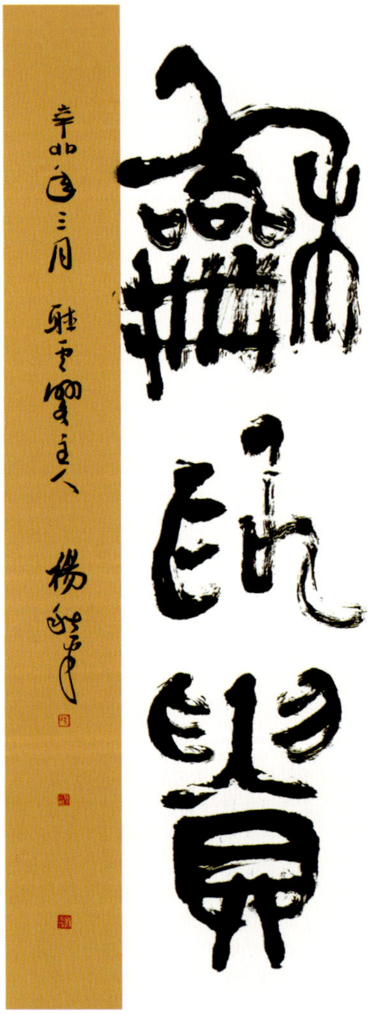

▲ 杨秋平书法作品

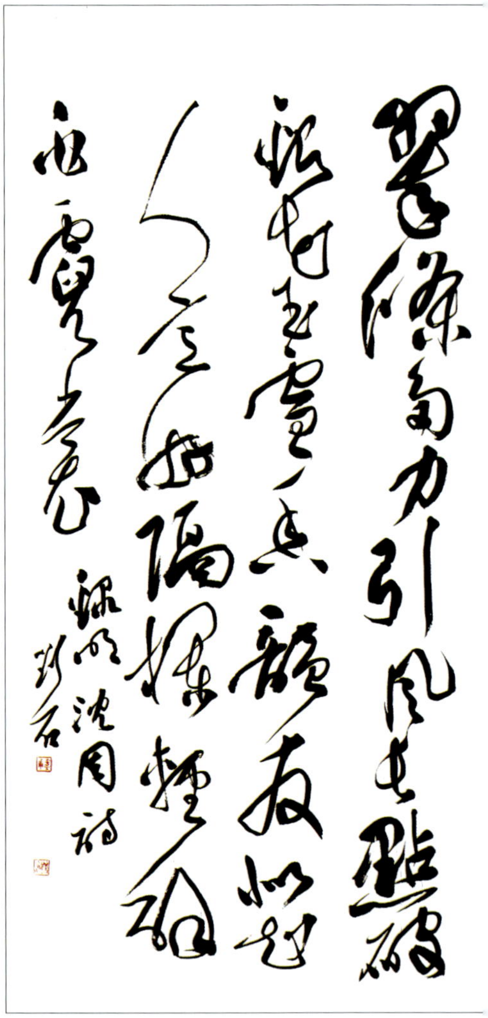

▲ 刘石书法作品

▲ 朱为民书法作品

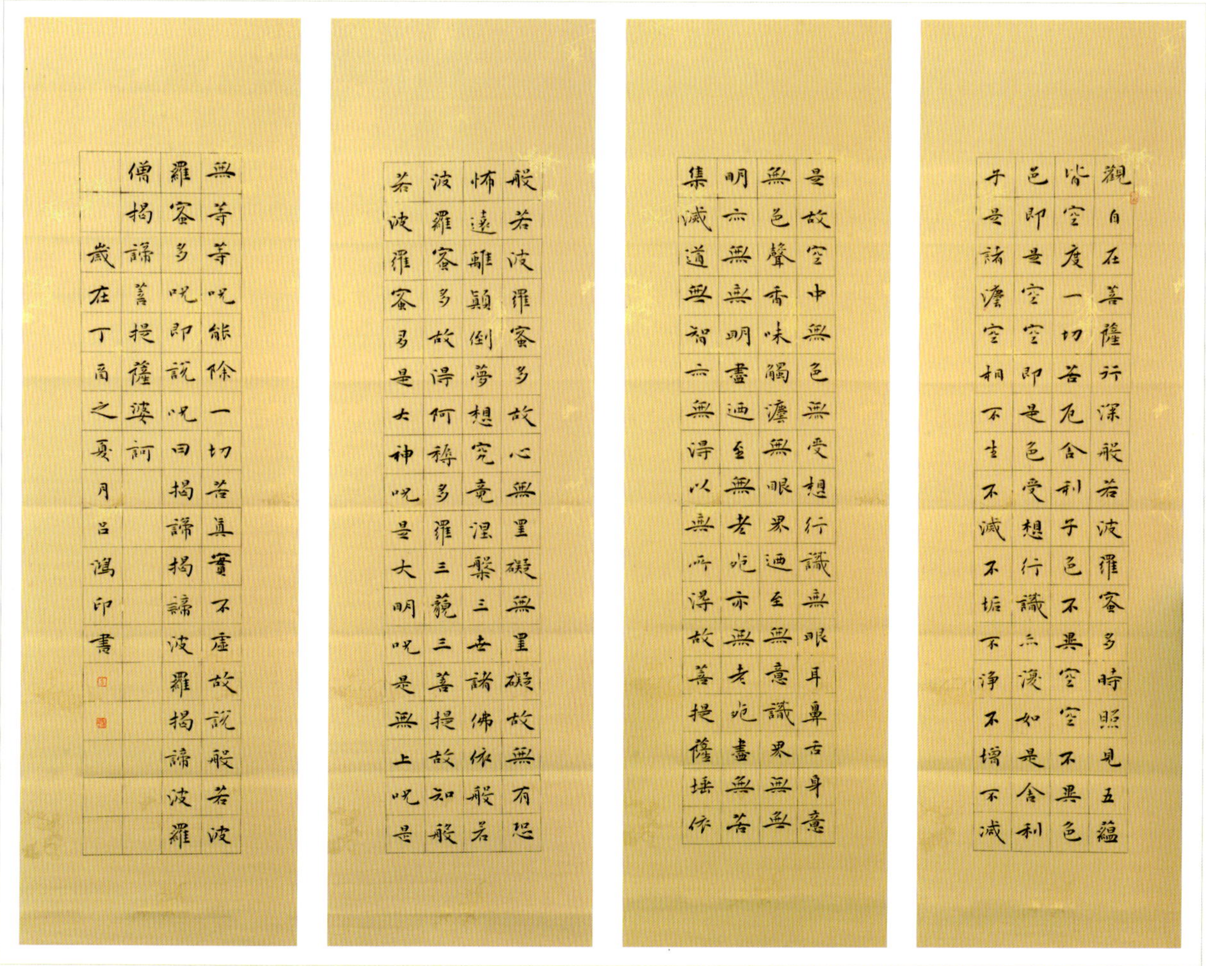

▲ 吕鸿印书法作品

四排左起： 吴　芳　赵永超　王安昌　李曙暤　任东方　吴延灵　朱忠磊　王仲芳　刘　刚　杜文东　杨　航　李　斌

三排左起： 艾菲菲　王玉敏　付　敏　侯　剑　黄贤清　尹　颖　王志良　杨海涛　孔建民　朱传成　高谦绍　李丙新　朱向勇

二排左起： 陈　娅　李　雁　李德辉　王光辉　邵鸿志　王现军　郭能勇　王笃银　赵玉梅　吕艳丽　贾新勇　杨淑红

一排左起： 李文存　乔方辉　郑玉民　王元涛　李天程　田文建　李　刚　刘爱军　郭宝存　李　坤　王铁军　王　芬　王　涛　张汉祥　李　敏

凡例

一、本志以马列主义、毛泽东思想、邓小平理论、“三个代表”重要思想、科学发展观、习近平新时代中国特色社会主义思想为指导，坚持辩证唯物主义和历史唯物主义的立场、观点和方法，全面客观地记述定陶县自然、政治、经济、文化和社会诸方面的历史与现状，着重记述改革开放中出现的新变化、新成就，突出时代特点和地方特色，力求思想性与科学性、著述性与资料性相统一。

二、本志为《定陶县志》（1999年版）的续志，上起1991年，下讫2015年。为保持事物发展的连续性与完整性，部分内容适当上溯或下延。大事记下限顺延至2016年4月定陶县改为菏泽市定陶区。

三、本志采用述、记、志、传、图、表、录等体裁，以志为主。除卷前集中设置图片外，专志各编，图、照、表随文而设。

四、本志前置概述、大事记，中设专志35编，后设人物、附录、索引、编后记。专志各编采用编、章、节、目结构，横排竖写，述而不论。节、目为基本记述单元，个别条目下视情况设子目。编下设无题序，个别章下视情况设无题简述，以求完整地反映事物发展的全貌。

五、本志采用规范的现代语体文、记述体，行文力求严谨、朴实、简洁、流畅。大事记以编年体为主，兼用纪事本末体。

六、本志中各类名称，在不产生歧义的情况下，使用规范的简称；地名，使用事件发生时标准地名，如有变化，加注今地名。

七、本志组织机构编各部门（单位）主要负责人任职情况表，仅收录县委、县人大、县政府、县政协、县纪委、县武装部、县直正科级行政事业单位、各镇街党委、政府及市属以上驻陶单位正职。

八、人物部分以人物传略、人物简介、人物表、人物名录4种方式记述。收录标准及排序方式在人物部分的无题序中详述。本志人物的籍贯均用所在地的现行区域名称。定陶籍人物注到乡镇（街道），本省外县籍人物注到所在的县市（区），外省籍人物注到“×省×县（市）”。

九、用字、用词执行《中华人民共和国国家通用语言文字法》《简化字总表》《现代汉语通用字表》等规定。标点符号执行《中华人民共和国国家标准标点符号用法（GBT15834—2011）》。数字用法执行《中华人民共和国国家标准GBT15835—2011）出版物上数字用法的规定》。计量单位一般使用法定计量单位，个别地方为了便于叙述或不便换算仍沿用习惯用法。

十、本志采用公元纪年，使用历史纪年的均括注公元纪年。

十一、资料主要由县直各单位、各镇(街)、中央省市驻定陶县各单位提供，部分资料来自档案、文献、报刊、函调和社会调查，均考证有据，不再注明出处。图片由各单位及摄影家协会提供。志文中的数据除注明外，以县统计局资料为准，部分数字由相关部门（单位）提供。

目录

第四编　经济综述

第五编　城乡建设

第六编　交通　邮电

第七编　农　业

第八编　水　利

第九编　林　业

第十编　畜　牧

第十一编　名优特产

第十二编　工　业

第十三编 商业贸易

第十四编 综合经济管理

第十五编　环境保护　安全生产

第十六编　财政　税务

第十七编　金　融

第十八编　中共定陶县地方组织

第十九编　地方国家权力机关

第二十编　地方国家行政机关

第二十一编　地方人民政协组织

第二十二编　群众团体

第二十三编　法　治

第二十四编　军　事

第二十五编
人力资源　社会保障

第二十六编　民政　信访

第二十七编　科学技术

第二十八编　教　育

第二十九编　文　化

第三十编　文　物

第三十一编　卫　生

第三十二编　社会生活

第三十三编　方　言

第三十四编　镇街概况

第三十五编　组织机构

人　物

附　录

索　引

概述

GAI SHU

概　述

一

定陶县位于山东省西南部，菏泽市中部，隶属山东省菏泽市。地理坐标北纬34°57～35°15′、东经115°20′～115°47′。定陶县北部和西部与菏泽市牡丹区接壤，南部和西南部与曹县毗邻，东部和东南部与成武县相望，东北部与巨野县交界。东西最大横距40千米，南北最大纵距32千米，总面积846平方千米。2015年，全县辖1个省级经济技术开发区，2个街道，10个镇，367个行政村（含社区），1020个自然村。境内有汉、回、满、蒙、苗等18个民族，总人口69.25万人，其中，少数民族人口1.39万人，占全县总人口的2%，县域人口密度818人/平方千米。

定陶县地属黄河冲积平原，全县地势西南高、东北低，海拔高程44.0～53.5米，高差9.5米，平均坡降为万分之一。境内有流域面积30平方千米以上的河道14条，分属东鱼河、东鱼河北支（万福河）、洙水河3大水系。定陶县属暖温带季风大陆性气候，光照充足，热量丰富，雨量适中，四季分明。常年平均气温14.1℃，年平均日照时数2235.5小时，年平均无霜期206天，年降水量654.2毫米，年平均风速2.2米/秒，年平均雾日数25.5天。境内有干旱、水涝、干热、冰雹、寒流等灾害性天气。

定陶县自然资源丰富。全县土地面积8.46万公顷，黏土丰富，是烧制砖瓦陶器的重要材料；煤炭总储量7.5亿吨，是优质的炼焦用煤、炼焦配煤和动力燃料等工业用煤。境内地下水平均埋深3.02米；水资源总量2.4亿立方米，人均347立方米；优质矿泉水含有碘、锶等人体必需的微量元素。定陶土壤耕层质地良好，适合各种农作物生长。境内植被属暖温带落叶阔叶区域，多以人工栽培为主，自然植被较少。林木品种266种，动物资源175种；中药材250余种。是全国著名的鲁西黄牛和青山羊繁育基地。

二

定陶，古称陶丘，素有“天下之中”的美誉，乃齐鲁胜地，是著名的千年古县。春秋末年，范蠡助越灭吴后，出海至齐，辗转至陶，“以陶为天下之中，遂定居焉，故曰定陶”，定陶之名由此而始。

定陶县历史悠久。尧、舜时期为古陶国。夏、商时，境内有三朡国。公元前1046年，周武王封其弟振铎为曹伯，建曹国，都陶丘。春秋属宋国。战国属齐国。公元前221年，秦始置定陶县。西汉后的800余年间，定陶12次为国，8次为郡，2次置军。明代，治所移至今县城，属兖州府曹州。清代，属曹州府。1949年，属平原省菏泽专区。1952年，属山东省菏泽专区。1967年3月，属菏泽地区。2000年6月，属菏泽市至今。

定陶县地处中原，文化灿烂，人才辈出。早在6000余年前的新石器时代，境内就有人类在此渔猎生息。尧、舜均在此狩猎和农耕，境内留下了他们的足迹；大禹治水至今在定陶传为美谈，深得民众敬仰。《诗经》有“曹风”4首。与孔子同时期的史学家左丘明著有《左氏春秋》，相传《国语》亦出自其手。春秋时期，范蠡功成身退，携西施居陶经商，19年间三致千金，留下千古佳话，被后人尊为商业鼻祖。谷梁赤撰的《谷梁春秋》，是儒家的经典之作。政治家、军事家吴起著的《吴子兵法》为“武经七书”之一，被译成多种文字介绍到国外。汉刘邦的爱妃戚夫人、汉哀帝祖母傅太后和母亲丁姬均为定陶人。丞相魏相总领众职，为汉宣帝的政治统治立下汗马功劳。东汉大学士张训正定六经文字，为经学的研究和传播做出突出贡献。隋末农民起义领袖孟海公聚众起义，极大地动摇了隋朝的统治。北宋著名政治家张齐贤慷慨有大略，屡建奇功。明朝南京户部尚书曹邦辅，守土尽责，是著名的抗倭将领，他的名字与戚继光一样同载史册。明代庆阳府同知李舒芳，为官清正，政绩卓著，体恤民情，关心百姓疾苦，是著名良吏，在他离职它任时，当地百姓有《扳辕卧辙图》相送。牛千古是清代著名书法家，他的作品为世人称颂。新民主主义革命时期，为争取民族独立和人民解放，定陶人民做出了重大牺牲和贡献。1938年4月，中共定陶县第一个支部—户集党支部成立，播下革命火种。从此，中国共产党在定陶大地上生根、发芽、开花、结果，革命力量不断壮大，革命烈火熊熊燃烧。在抗日战争和解放战争中，白云海、牛光斗、许卓亭、何诚等数以万计的定陶儿女为人民解放事业前赴后继，他们的英名流芳千古，功绩永载史册。新中国成立后，涌现出张广学、齐鸿猷、黄儒秀、苑宪章、杨自田等一批先进工作者和劳动模范。中共十一届三中全会后，涌现出一批立志创业、奉献社会的优秀公仆，孕育了许多扶贫济困、乐善好施、舍己为人的时代楷模，培养了一些身怀绝技的杰出人才。他们中有全国劳动模范郭绪福、张九勋；二级英模张长路；全国人大代表、省劳动模范张善绪，他们都为定陶的发展作出了突出贡献。

三

1991年至2015年，定陶坚持“农业立县，工业强县，三产活县，科教兴县”的战略，全民抓经济，着力抓工业，不断深化改革，积极调整产业结构，抢抓机遇，艰苦创业，实现了经济跨越式发展。1995年，全县完成地区生产总值10.91亿元。2005年，全县完成地区生产总值30.73亿元，一、二、三产业比由2000年的58.23：30.48：11.29调整为43.1：38.3：18.6。2010年，全县完成地区生产总值73.65亿元。地方财政收入3.63亿元，年均增长30.4%。三次产业比调整为26.2：48.4：25.4。工业产值首次超过农业产值，实现了由农业县向工业县的历史性转变。2015年，地区生产总值146.03亿元，年均增长11.5%；公共财政预算收入7.7亿元，年均增长16.2%；三次产业比调整为16.34：51.66：32。在全市科学发展综合考核中取得第一名。

农业基础地位更加稳固。1996年后，立足定陶资源优势和传统优势，以种植业结构调整为突破口，以种植业的区域化布局、畜牧业的规模饲养和农村二、三产业的总量扩张为重点，分层次抓农村产业结构调整，初步形成区域化布局、专业化生产、一体化经营、社会化服务、企业化管理、产供销一条龙、贸工农一体化的农业生产新格局。2000年后，粮食种植面积进一步压减，形成以黄店大葱种植、杜堂大棚蔬菜种植、南王店西瓜种植、陈集山药种植为主的经济作物区域化、规模化的生产格局。农民专业合作经济组织不断出现，新型农业经营主体发展迅速，特色农产品种植面积扩大，农业生产向规模化、产业化转型。2015年，全县粮食总产量78.28万吨，棉花总产量0.54万吨，瓜菜总产153.65万吨；全县林木蓄积量99.23万立方米；全县农机总动力6.99万千瓦，基本实现农业机械化。全县鲁西黄牛存栏5.03万头，生猪存栏35.1万头，羊存栏54.8万只，家禽存栏526.69万只。全县农民人均可支配收入9731元，年均增长10.9%。

工业主导地位更为突出。1991年，全县独立核算工业企业155个，其中，县属企业17个，城镇街道企业21个，乡镇办工业企业117个。1994年，开始对经营不善、连年亏损县属企业实行破产重组和联合兼并。1997年，对全县国有中小企业、集体企业进行改制。通过改制，企业产权明晰、责任明确的现代企业制度逐步建立，经济发展环境进一步改善。进入21世纪，扩大工业规模，壮大民营企业成为经济发展的第一要务，全县上下兴起招商引资的热潮。2000年，县委、县政府制定《关于广泛开展招商引资的若干规定（试行）》，向各个单位、每个干部职工下达招商引资任务，鼓励干部职工招商引资。2004年，确立工业强县战略，把发展工业作为全县工作的重中之重。同年，启动开发区建设，自此定陶县经济开发区框架基本形成，打造了招商引资第一个载体。至2015年，基本形成以纺织服装、农副产品加工、化工、机械电子等10多个产业类别，800多个产品品种的工业体系。2015年，全县工业企业210个，工业总产值371.09亿元，实现利税38.55亿元，从业人员2.56万人。商业贸易更加繁荣兴旺。1991年后，全县公有制商贸企业先后推行承包经营、租赁经营、风险经营、股份制和股份合作制等改革，经营放开搞活，基本建立起多种所有制成分、多种经营渠道、多种经营方式并存的贸易格局，社会商品零售总额显著增加。1995年、2005年社会商品零售总额分别为3.56亿元和29.16亿元，2010年增至42.4亿元，年均增长22.1%。至2015年，境内有大型专业批发市场16个，乡村贸易集市60余个，个体、私营等经营类型的商场摊点1.56万户，从业人员2.3万余人，社会商品零售总额85.8亿元。

四

1991年至2015年，基础设施建设取得突破性进展，面貌日新月异。定陶城作为定陶县政治、经济、文化中心，几经拓展和开发，县城已初具规模。1995年后，实施“以城养城”的城市建设战略，依靠沿街开发，市政建设进入快车道，先后新修和改造济阴路、东丰路、兴华路、陶朱公大街等城区道路。之后，新修东外环路。2000年始，实施老城区改造、完善、配套基础设施建设，相继对城区道路进行硬化、绿化、亮化。2012年，定陶提出“对接大市，把定陶建成大市新区”的思路，城市建设进一步加快。2013年，城区道路增加到54条，其中，新建道路（主要在新城区）10条。滨河鑫城、中央新城、陶都新韵、博文华府等居民小区相继建成。县文化中心对外开放。镜湖公园、陶朱广场、新河景观带成为人们休闲、娱乐、健身的场所。至2015年，城区面积由1991年的4平方千米扩展到84平方千米。有公共汽车76部，开通运行线路7条；有玉通、鑫达出租汽车公司2个，出租车120辆，交通便利。有大型商场10余个，各类学校16所，医院9所，绿色生态公园4处，红色教育基地1处，酒店30余家，宾馆10家，居民住宅小区32个。

交通电力通信设施发展迅速。2015年，境内有国道（含高速）3条，里程43.4千米；省内干线公路4条，102.3千米；县道177.7千米，乡道103.6千米，村道1535.5千米，全县通车总里程1962.5千米，百平方千米公路密度232千米，在全省处于领先水平。电力建设突飞猛进。1994年，定陶县实现行政村村村通电。1995年，定陶实现自然村村村通电。1996年，全县户户通电。1999年以后，经过一、二期城农网建设与改造，电网结构进一步优化。至2015年，境内有220千伏变电站1座，110千伏变电站5座，35千伏变电站11座，基本形成以220千伏变电站为龙头，110千伏变电站为骨干，35千伏变电站为支撑的电网体系。全年社会用电量75328万千瓦时。全县通信业快速发展。1991年，淘汰磁石式电话交换机，全部改用纵横制自动电话，彻底甩掉了中华人民共和国成立后一直沿用的手工“摇把子”。1992年，开办无线寻呼业务。1994年，开通移动通信、用户传真等电信新业务。1996年，实现数字化传输，1997年，互联网业务等相继开通。1998年，随着电话的增加，电报业务量随之下降。2001年至2003年，完成宽带网络延伸。2009年10月，推出3G业务。通信事业步入信息化、数字化、多媒体时代。2010年后，3G、4G业务相继开通。2015

年，全县邮路208千米，投递线路2238千米，函件113.57万件，包件1.27万件，汇兑1.56万张，报刊订阅471.38万份。电讯业务总量2.59亿元，固定电话用户1.3万户，移动电话用户48.06万户，国际互联网用户7.8万户。

水利建设成绩显著。坚持走“以井保丰，以河补源”的路子，进行机井建设、河道治理、开挖沟渠及工程建筑物配套。每年冬春农闲季节，均开展大规模农田水利基本建设。2014年，定陶县被确定为农田水利设施产权改革国家级试点县。至2015年，全县有效灌溉面积4.21万公顷，旱涝保收面积3.26万公顷，基本实现旱涝保丰收。

五

随着全县经济的快速发展，境内社会事业获得长足发展，人民生活水平不断提高。

科技事业成就显著。1991年后，农业方面，小麦、玉米、棉花、蔬菜等新品种的普及，使其产量成倍增长；地膜覆盖技术的推广应用，使土地的产出率大幅度提高；反季节经济作物栽培技术的推广，使亩效益增加几倍乃至几十倍。工业方面，围绕机械、化工、纺织等行业，实施科技攻关、星火计划，通过企业技术改造和新产品研发，促使企业创新能力不断增强。全县新增工业产值中有46%来自创新科技。定陶为全国科普先进县，至2015年，全县共有科技机构和服务组织252个，有各类专业技术人员14652人；全县共有通过鉴定的科技成果588项，其中，省、市级273项，县级315项。全县专利累计申请量247件，涉及工业、农业机械、卫生、食品等诸多领域。工业企业专利拥有量56%以上，转化率92%。

教育事业硕果累累。1991年以后，全县基础教育以德、智、体、美、劳全面发展为目标，开展基础知识、基本技能的“双基”教学。1994年10月，定陶县聋哑学校正式开班。1996年，顺利通过“普九”验收；成立职业教育中心。1999年年底，定陶“双基”教学工作顺利通过省政府验收。进入21世纪，定陶以“打造教育强县，积极推进教育现代化”为目标，着力深化体制改革，推进素质教育，建设“六大校园”，提升办学档次。2002年暑假，启动“五改六”工作，至2004年全部完成。2005年，境内各学校相继筹建校园网络，2006年，全县实现“校校通”。1999年至2015年，定陶教学质量一直居全市前列。2015年，全县有幼儿园306处，入园幼儿24595人；小学143所，在校学生54409人；初中学校17所，学生21352人；高中2处，学生9951人；职业中专1所，学生743人。

卫生事业再上新台阶。1991年以后，定陶县医疗卫生系统通过对管理体制、用人制度、城镇乡村医疗体制、医药制度、新型农村合作医疗、公共卫生服务均等化等一系列深化改革，全县医疗、疾病预防控制、乡村卫生、妇幼保健、卫生监督、公费医疗、食品药品监督管理、医疗生产经营等工作都获得长足发展。1996年，定陶通过全国消灭丝虫病验收，被卫生部授予“全国防治丝虫病先进县”。2003年4月至7月，全县卫生系统工作人员，全面动员、群防群控、加强合作，确保定陶无非典型性肺炎（简称“非典”）病例出现。全面推行“病人选医生”“病人选医院”制度，促进医疗技术的提高和服务态度的改善，缓和了医患关系。2006年4月，全面推行新型农村合作医疗制度，2010年参合率100%。2011年，全面实施国家基本药物制度，人民群众“看病难、看病贵”问题得到有效缓解。2013年，定陶县卫生局被省卫生厅评为“全省新型农村合作医疗管理先进单位”。2015年，顺利通过省级慢性病防控示范县评审，县妇幼保健院被国家卫计委授予“爱婴医院”牌匾。至2015年底，全县有各类医疗机构149个，医务人员1967人，病床1213张。

文化事业更加繁荣。1991年以后，定陶县文化事业蓬勃发展，文学创作、戏剧、音乐、舞蹈、美术、书法、摄影、楹联等文化艺术长足并进，参与人员愈来愈多，艺术水平及艺术价值愈来愈高。至2015年，全县从事文学、艺术作品创作的专（兼）职工作者2000余人。1991年至2015年，全县共创作各类文学作品2万余篇，在报刊杂志上发表文学作品2350篇，出版文学作品书籍200余部，创作上演剧本13部；创作音乐歌曲300余首；全县创作美术作品2万余幅，举办各类画展90余次，参展作品1万余幅，获奖作品1000余幅；创作书法作品1968幅，获奖43幅。举办各种类型的书法展览33次，抗灾义捐8次；在各级报刊、网站发表摄影作品400余幅，发表文学艺术论文43篇。全县群众性的文化娱乐活动与体育健身活动融为一体，如火如荼，蓬勃发展。电影行业上座率在20世纪90年代初步入高峰，但随着家庭电视的普及，又逐渐步入低谷。广播电视全县普及，有线电视网络达到全覆盖；图书报刊发行及阅览，史志编纂、档案保管、文物馆藏及其利用等工作水平不断提升。体育活动内容日趋丰富，至2015年，发展到球类、田径、武术、棋类、健身舞蹈等100多种，群众性体育健身蓬勃开展。定陶县旅游业从无到有，由小变大，基本形成以仿山旅游区和定陶汉墓为主要景点的旅游网络，旅游业成为定陶的新兴产业。

人民生活水平显著提高。1991年以后，随着科学技术的高速发展和社会物质文明程度的不断提升，全县人民生活水平显著提高，人们日常的吃、穿、住、行发生根本变化。2015年，农村居民人均可支配收入9731元，人均消费8797元。城镇居民人均可支配收入18734元，人均消费支出20960元；全县城乡居民存款余额116.46亿元。在物质生活逐步提高的同时，全县人民的生产生活方式，风俗习惯也向着科学、文明、健康的方向发展。社会保障制度逐步健全。至2015年，全县养老、医疗、失业、工伤等保险制度全部建立，参保人数愈来愈多；同时，设立城乡居民最低生活保障线，困难群体的生活得到保障。计划生育稳步推进，2007年，定陶县被评为全国计划生育优质服务先进县。2015年，实现低出生、低死亡、低自然增长的现代生育模式，全县人口自然增长率10.77‰。

六

组织建设卓有成效。1991年，全县有乡镇党委19个，县直党委1个，企业党委1个，总支45个，党支部1574个，党员21334人。围绕“四化”干部队伍建设，深化组织人事制度改革，卓有成效地开展工作，全县党的各级组织建设日臻完善，干部的干事创业意识、执政能力、群众观念和组织纪律观念不断提高。2015年，全县共有乡镇、街道党委12个，县直单位党委9个，工委1个，党总支30个，党支部914个，中共党员28168人。工会、共青团、妇联、科协、残联等群团组织建设不断加强，在全县物质文明和精神文明建设中发挥了应有的作用。

宣传工作成绩斐然。1991年以后，在城乡开展社会主义思想集中教育活动；在企业对青年职工开展“双基”教育；在窗口行业开展“两讲三创”活动；在学校开展以爱国主义教育为主要内容的各种读书活动。通过系列活动，弘扬了正气，凝聚了社会主义建设的正能量。定陶县多次被评为全省双拥模范县。至2015年，全县共有文明单位省级16个，市级23个；文明机关省级4个，市级8个；文明村镇及社区省级8个，市级13个。

法制建设日益增强。1991年后，相继开展“二五”至“六五”普法教育。公安、检察、法院、司法等部门，在工作中依法秉公、恪尽职守、各司其职、互相配合、协同作战，打击犯罪，同保定陶平安。2006年定陶县被命名为“平安山东建设模范县”。2015年，被司法部评为“六五”普法依法治理工作先进县。

“以铜为镜正衣冠，以史为鉴知兴衰”。历史经验告诉人们：定陶长远发展，要靠资源，靠环境，靠人才。定陶人民要守护好，利用好土地、矿产资源，给后人留下衣食之源；要加强环境保护，给后人留下碧水蓝天；要广泛吸纳人才、尊重人才、留住人才，为定陶发展，充分发挥各类人才的聪明才智和创新能力。

定陶的历史令人骄傲，定陶的未来靠定陶人民创造。在前进的征途上，全县人民在中共定陶县委、定陶县人民政府的领导下，高举中国特色社会主义的伟大旗帜，凝心聚力，艰苦创业，不忘初心，继续前进，用自己的双手和智慧，编织创造一个富足、文明、和谐、幸福的新定陶，定陶的明天会更美好！

大事记

DA SHI JI

大事记

1991年

3月12日，中国人民政治协商会议定陶县委员会（简称定陶县政协）第四届二次会议召开，出席会议的委员196人。大会听取县委书记文廷良的讲话和县政协副主席王顺亭所作的工作报告，对表现突出的模范县政协委员进行表彰奖励。

3月13日，定陶县第十二届人民代表大会第二次会议召开，实到代表310人，缺席12人，列席会议89人。大会听取并审议政府工作报告、县计划委员会工作报告和县财政预算情况工作报告；听取县人大常委会工作报告和县法院、检察院工作报告；审议通过《定陶县人民代表大会议事规则》，同时传达山东省人大工作会议精神，表彰县先进人大代表。

同月，定陶县人民政府印发《关于改革乡镇财政管理体制的决定》。自1991年起，收入大于支出的乡镇，实行“定收定交，核定支出，超出分成，短收自负”的财政体制；支出大于收入的乡镇，实行“定收定补，核定支出，超收分成，短收自负”的财政体制。

4月，陈集镇国华贸易公司被评定为全国乡镇企业百强第50名。

5月，陈集镇国华贸易公司经理苑宪章被山东省人民政府命名为“山东优秀企业家”，被农业部命名为“全国乡镇企业家”。

同月，定陶县在保证完成国家定购粮任务的前提下，粮食放开经营。

8月30日，定陶县撤销乡镇中心校，设立乡镇教育委员会。

10月21日，山东省政协副主席周振兴到定陶县视察工作。

11月，定陶县菏泽刨花板厂破土动工。1994年4月投入试生产。1995年8月改名为菏泽林申人造板有限公司。1998年改名为山东林盾木业有限责任公司。

同年，定陶县利用世界银行贷款，正式实施灌溉农业工程项目。1996年完成，总投资1638.4万元。

1992年

2月，山东省委副书记高昌礼称赞陈集镇是“鲁西南一颗明珠”。

3月2日，政协定陶县委员会第四届三次会议召开，出席委员221人。

3月3日，定陶县第十二届人民代表大会第三次会议召开，代表321人，到会291人，因事因病请假30人，列席111人。

4月13日，定陶县城内集中式供应的生活用水实行加氟消毒。

4月27日，县长张作田赴德国法兰克福申克公司，为定陶刨花板厂引进图纸和部分刨花板机械软件。

同月，山东省高级人民法院院长宇培杲到定陶县法院检查指导工作。

5月4日，境内遭受特大暴风雨袭击，小麦受灾2万公顷，1.33万公顷棉花营养钵受损，倒塌房屋247间，砸死2人，砸伤55人，经济损失1515万元。

5月21日，定陶县被民政部和山东省人民政府定为全国农村社会养老保险制度改革试点县之一。

5月28日，定陶县3000门纵横自动交换机开通运行，代替600门磁石交换机。

同月，县委、县政府改革条块分割的管理体制，向各乡镇财政所下放人、财、物权限，向各乡镇派出所下放财、物权，向各乡镇农村信用社下放业务监督权，单位性质不变，干部职工的身份不变，政治经济待遇不变。

9月9日，定陶县实施《菏泽地区城镇住房制度改革试行方案》及9项配套办法。

9月20日，定陶镇东关行政村农民张宪香（女）被评为“山东省拥军优属模范”。

9月25日，山东省人民政府副省长王建功到定陶县姑庵乡检查指导秋收工作。

同年，定陶县被山东省列为“社会化服务体系规范化试点县”。

同年，县城陶朱公大街（汜阳路至白土山路）拓宽，全长600米，规划红线宽30米，修建下水道1200米，建桥梁1座。

1993年

1月6日，定陶镇邓庄共青团员邓红星在群众惨遭歹徒拦路抢劫的危急关头，与4名持刀歹徒英勇搏斗，献出生命。中共定陶县委授予邓红星见义勇为标兵称号。1994年5月，经山东省人民政府批准，邓红星被追认为革命烈士。

2月1日，中共山东省委副书记、省长赵志浩率省有关部门到定陶检查指导农业和农村工作。

2月26日，中共山东省委副书记、省长赵志浩到定陶县陈集镇视察工作，参观了前沙海皮厂、国华贸易公司地毯厂，为陈集镇题词“贸工农一体化，鲁西南一明星”。

3月15日，政协定陶县委员会第五届一次会议召开，出席会议委员179人。大会以无记名投票方式，选举张善朋为主席，王顺亭、张永梅（女）、钟友彰、翟振、刘端显为副主席。

3月16日，定陶县第十三届人民代表大会第一次会议召开。大会代表310人，到会代表296人，因事因病请假14人。大会选举阎世海、李松亭、周合元、曹绪胜、郭绪福为山东省第八届人民代表大会代表；程玉峰为定陶县人大常委会主任，刘春兰（女）、王笃庆、杨慎波、周合元、刘宪佩为副主任；李松亭为定陶县人民政府县长，周连瑞、范尚贵、刘殿毅、张芳林、安文焕为副县长；姜守新为县法院院长，韩方景为县检察院检察长。

3月28日，定陶县举行公安干警授衔仪式，授一级警督1人，二级警督10人，三级警督52人，警司、警员151人。

4月3日，由中国人民解放军原总参谋长、国防部原副部长、原中共中央顾问委员会常务委员、上将杨得志题写碑名的“定陶战役纪念碑”在定陶县烈士陵园落成。

同月，山东省委、省政府分别授予陈集国华贸易公司和陈集前沙海皮厂“先进乡镇企业”称号，授予前沙海皮厂厂长马思爱“山东省优秀农民企业家”称号。

5月7日，菏泽地委书记林廷生、行署专员李明先组织全区各县县长、乡镇党委书记共计300余人在定陶县邓集乡召开“四二式”地膜覆盖现场会。

5月10日，中共定陶县纪律检查委员会与县监察局合署办公。合署后的县纪委履行党的纪律检查和政府监察两种职能，监察局的职责、权力、工作程序不变。

5月15日，定陶县取消食用油收购指令性调拨计划和粮油定量供应规定。

同月，定陶县医院从美国引进医疗设备CT机。

6月1日，山东省人大常委会副主任李晔到定陶视察银杏树种植情况。

6月16日，全国人大常委会副委员长费孝通在山东省人大常委会副主任苗枫林等人的陪同下，到定陶县陈集镇视察工作，并为该镇题词：“发展经济，强国富民”。

8月4日至5日，定陶县遭受特大暴雨和龙卷风袭击，平均降水量为189.5毫米，部分乡镇400～500毫米。

同月，山东省人大常委会副主任卢洪到定陶县陈集镇视察工作。

9月，山东省杂交棉制种现场会在定陶县邓集乡邵楼行政村召开。

同月，中央人民广播电台以《邓集有个经济半小时》为题，报道了邓集乡广播站开办经济半小时栏目。

秋，山东省人民政府副省长宋法棠到定陶县陈集镇视察工作。

10月，定陶县根据国务院〔1993〕7号文件精神，进行党政机关、事业单位干部职工工资改革，由原来的结构工资改为职级工资，通过工资改革，在职干部人均月增资107.65元，离退休人员人均月增资140元。

同月，定陶县陈集镇国华贸易公司晋升为国家大型Ⅱ企业，同时改名为山东国华实业（集团）总公司。

12月3日，全县党政机构进行改革，将县直104个党政机构精简为40个，乡镇机关分类定编，行政编制615人。

同月，陈集镇中沙海行政村党支部书记郭绪福被国家民族宗教委员会评为“全国少数民族优秀厂长（经理）”。

冬，定陶县组织民工5.1万人参加菏泽地区统一组织的洙赵新河清淤工程，定陶县共完成工日128万个，完成土方128万立方米。

同年，定陶县田集乡台胞贾光福为本村打井、架设高压线路捐款1万元；半堤乡台胞贾水胚为本村小学校舍改造捐款1万元。

同年，县城陶朱公大街中段（白土山至西门）拓宽扩建，长1000米，规划红线宽30米，修建下水道1900米。

同年，山东国华实业总公司经理苑宪章当选为第八届全国人大代表。

1994年

1月23日，定陶县邮电局安装程控交换机，代替纵横自动交换机。

同月，定陶县纪委举办反腐败加强党风廉政建设图片展，共展览42场（次），参观人员8000余人次。

3月16日，政协定陶县委员会第五届二次会议召开，出席委员184人，会议补选李德森为县政协副主席，并增选4名常务委员。

3月17日，定陶县第十三届人民代表大会第二次会议召开，出席会议代表300人，特邀代表16人，列席会议133人，大会补选苏敏波为县人大常委会副主任，申传根为副县长。

同月，定陶县成立企业产权改革领导小组，至8月底，先后将境内4家企业改为股份有限公司。

5月10日，定陶在全区第一个实现村村通电，被山东省电力局授予“村村通电工程先进单位”。

5月28日，境内遭受暴雨和6～7级大风的袭击。全县19个乡镇的46个行政村受灾，直接经济损失800多万元。

同月，陈集镇前沙海回族村民李庆连，在中国东方文化研讨会武术分会举办的武术文化知识国际大奖赛中获个人赛特等奖（赛会唯一），并获奖金1万元。

6月，定陶县陈集镇中学“强化劳动技术教育，在普通初中注入职教内容”的办学模式被山东省教育委员会推荐为全省6种新型初中办学模式之一。

同月，境内3个回族行政村和1个回族居民委员会全部被列入“菏泽地区百强村”，其中，中沙海、前沙海行政村分别列百强第一和第二名。

7月11日，全县启动国家公务员过渡工作。

9月21日，国家教育督导团到定陶县陈集镇、定陶镇、东王店乡和张湾乡督查实施义务教育和扫除文盲情况。

同月，定陶县陈集镇中沙海行政村党支部书记郭绪福被国务院授予“全国民族团结进步模范”称号。

同月，定陶县东王店乡被评为“山东省尊师重教先进单位”。

11月12日，全国政协委员、山东省政协主席陆懋曾到定陶县陈集镇视察工作。

12月14日，冉堌镇派出所合同民警张长路在抓捕歹徒的过程中被刺中腹部后仍奋力追出300余米，在群众的协助下，终将歹徒抓获。定陶县人民政府授予张长路“人民卫士”；中共定陶县委授予“优秀共产党员”；团地委授予“菏泽地区新长征突击手”；菏泽地委、行署分别授予“优秀共产党员”“人民卫士”；山东省人民政府授予“山东省劳动模范”；公安部授予“公安战线二级英雄模范”。其英雄事迹被济南军区电视制作中心创作拍摄成电视剧《血染长路》。

同月，定陶县陈集镇中沙海村投资150万元建全区一流的村级小学标准化教学楼。

同月，陈集镇中学被评为“全国农村教育综合改革先进单位”。

同年，定陶县被评为“山东省畜牧业强县”，邓集乡被命名为“山东省畜牧业强乡”。

同年，中共定陶县委、定陶县人民政府被山东省委、省政府授予“全省民族团结进步模范单位”。

1995年

1月9日，定陶县陈集镇工业区被农业部批准为“全国乡镇企业示范区”。

2月24日，中共定陶县第八次代表大会召开，出席代表349人。大会选举出八届县委委员25人，候补委员6人；选举出中共定陶县纪律检查委员会委员15人。第八届一次全委会议选出常委10人，文廷良任书记，刘殿毅、范尚贵、段伯汉任副书记，史步军、程西魁、李伦文、赵传山、孟平原、潘兴文为常委；选举史步军为县纪律检查委员会书记。

2月28日，政协定陶县委员会第五届三次会议召开，与会人员170人。

3月2日，定陶县第十三届人民代表大会第三次会议召开，应到代表323人，实到代表297人，暂停代表资格1人，因事因病请假25人，列席104人。大会补选祝传金为县人大常委会副主任，刘殿毅为定陶县人民政府县长。

4月24日，山东省委副书记、副省长陈建国到定陶县陈集镇视察工作。

同月，定陶县陈集镇中沙海行政村党支部书记郭绪福被评为“全国劳动模范”。

5月1日，定陶县党政机关和部分企事业单位开始实行每周5天工作制。

5月5日，定陶县黄店镇朱庄小学五年级学生吴传省，在吴河闸下因抢救落水同学，献出年轻生命。吴传省被中共菏泽地委授予“少年英雄”，定陶县教委授予“赖宁式好少年”，并在全县中小学开展向吴传省学习的活动。

5月26日，山东省人大常委会副主任徐学孟到定陶县视察民族宗教工作。

5月29日，农业部部长刘江视察定陶县陈集镇山东国华实业（集团）总公司。

6月29日，12时45分，境内遭受暴风、暴雨和冰雹袭击，最大风力11级，降雨量43毫米，全县农田受灾面积2.13万公顷，折断树木80万株，倒塌房屋3124间，砸死1人，砸伤130人，砸死牲畜2315头，砸死家禽8万余只，17处乡镇高压线路、通信线路中断。县委、县政府拨款80万元，化肥、柴油各100吨，救济受灾群众。

7月，定陶县陈集镇被山东省人民政府批准为“全省百个新型小城镇试点镇”。

同月，陈集镇前沙海皮厂被农业部、对外经济贸易合作部授予“全国出口创汇先进乡镇企业”。

8月5日，定陶县人民政府根据《中华人民共和国土地管理法》有关规定，将原县人民剧院旧址1807.6平方米的国有土地，以36.8万元的价格拍卖给个人。

同月，山东省人民政府副省长邵桂芳到定陶县陈集镇视察工作。

10月26日，中共山东省委书记赵志浩到定陶县冉堌镇视察秋种工作。

11月1日，山东省人民政府副省长韩寓群到定陶县菏泽林申人造板有限公司视察工作。

11月4日，定（陶）砀（山）公路二级汽车专用公路拓宽工程开工，于1997年10月1日竣工通车。

11月18日，山东省第一届畜牧产品交易会在定陶县陈集镇召开，会期参展产品有11个系列118类2800多个花色品种，成交额3.37亿元。

11月23日，定陶县仿山旅游区开发工程开工，1996年6月20日竣工，仿山旅游区面积扩大到26公顷。

12月17日，零时起，定陶县电话号码由6位数升为7位数。

同月，经教育部评估验收，定陶县基本普及初等义务教育。

同月，经山东省人民政府检查验收，定陶县基本完成扫盲任务。

同年，定陶县实行生猪定点屠宰。

1996年

1月，陈集镇被山东省人民政府授予“新型城镇”称号。

1月31日，定陶县开始实行党政群机关及事业单位主要负责人离任审计制度。

2月25日，政协定陶县委员会第五届四次会议召开，与会委员175人。

2月28日，定陶县第十三届人民代表大会第四次会议召开，与会代表322人。会议听取审议相关工作报告，并通过相应决议；补选苑宪章为定陶县人大常委会副主任。

3月26日，定陶县黄店镇被菏泽地委、行署命名为“蔬菜产业化示范乡镇”。

同月，山东省陈集国华实业集团总公司被对外经济贸易合作部评为“全国出口创汇先进集体”。

5月26日，23时，境内遭受狂风暴雨袭击，最大风力8级，风速11米/秒，降雨量平均44.7毫米，最大降雨量52毫米。全县19个乡镇465个行政村的小麦严重倒伏，有1.67万公顷小麦减产30%～50%；1.07万公顷小麦减产50%～80%，全县小麦共减产6720万千克。棉花、西瓜等经济作物受灾面积1.75万公顷。全县经济损失1.73亿元。

6月，定陶县孟海镇宗集村东北处发现优质矿泉，是迄今为止国内发现的含碘量超出国际标准的唯一的地下矿泉水。

7月1日，定陶县卫生系统开通“120”急救电话。

同月，定陶县都庆集团公司经理张九勋当选为山东省九届人大代表，并被中国共产主义青年团中央委员会、国家科学技术委员会评为“全国青年星火带头人”。

8月1日，定陶县实行申请登记结婚的夫妇婚前进行健康检查制度。

9月1日，9时13分，京九铁路定陶段建成通车。

11月，定陶县将定陶镇的东关、西关、南关、北关、塔坡刘庄、郭庄、城关行政村村民委员会改为居民委员会。

1997年

2月20日，全县党政军机关、学校、工厂、商场、车站等单位均下半旗致哀邓小平逝世。21日，全县各机关分别举行座谈会，缅怀邓小平的丰功伟绩，寄托哀思。25日，县内各机关、团体、企事业单位均组织干部群众收听收看邓小平追悼大会实况转播。

3月3日，政协定陶县委员会第五届五次会议召开，与会委员181人。大会增选朱广奇、张顺松为县政协副主席。

3月7日，定陶县第十三届人民代表大会第五次会议召开，与会代表324人。会议听取并审议县长刘殿毅代表县人民政府所作的《政府工作报告》，《1996年国民经济和社会发展情况及1997年国民经济和社会发展计划（草案）》报告，《关于1996年财政预算执行情况和1997年财政预算（草案）》报告；县人大常委会主任程玉峰作的《人大常委会工作报告》，县法院院长姜守新作的《法院工作报告》，县检察院代理检察长李志军作的《检察院工作报告》，并通过相应决议。会议补选李志军为县检察院检察长。

4月，定陶县府后小区开发工程正式动工。1998年8月竣工投入使用。

春，定陶县开始农业普查工作。

6月19日，中共中央政治局委员、山东省委书记吴官正到定陶县农村、工厂视察。

7月1日，定陶县委、县政府召开大会，庆祝香港回归祖国。

同月，陈集镇中沙海行政村党支部书记郭绪福当选中国共产党第十五次全国代表大会代表。

8月23日，东（明）丰（县）公路定陶段开工修建，全长22.9千米，1998年建成通车。

10月15日，国务院副总理邹家华在中共山东省委副书记、省长李春亭陪同下到陈集镇、杜堂乡视察秋种工作。

同年，县城济阴路西段（汜阳路至菏商路）修建，当年建成通车。

同年，完成县城古塔路（原名建华路）翻修。

同年，定陶县120急救中心开始试运行。

1998年

3月1日，政协定陶县委员会第六届一次会议召开，与会委员205人。选举产生本届政协常务委员，范尚贵任县政协主席，张永梅（女）、翟振、刘端显、朱广奇、张顺松、王利生任县政协副主席。

3月4日，定陶县第十四届人民代表大会在范蠡宾馆召开，与会代表230人。会议听取并审议各项工作报告并通过相关决议。会议选举刘殿毅为县人大常委会主任，刘春兰（女）、刘宪佩、周合元、苏敏波、祝传金、陈启忠为县人大常委会副主任；选举段伯汉为定陶县人民政府县长，刘本明、申传根、张培华、程西魁、孙凤云（女）、王乃光为定陶县人民政府副县长；选举王乃忠为定陶县人民法院院长，李志军为定陶县人民检察院检察长。

3月16日，中共定陶县第九届代表大会在范蠡宾馆召开，大会代表357人，列席15人。会议听取并审议刘殿毅代表中共定陶县第八届委员会作的《高举邓小平理论伟大旗帜，努力开创定陶两个文明建设新局面》的报告，李清安代表县纪委作的纪律检查工作报告，并作出相应决议。会议选举出中共定陶县委委员29人，候补委员5人，选举出纪委委员15人。在九届一次全委会上选举刘殿毅为中共定陶县委书记，段伯汉、张修田、赵传山为副书记，刘本明、张在祥、李清安、董超、高艳民（女）、卢庆林、李清斌为常务委员。在纪委全委会上选举李清安为县纪委书记。

同月，中国工程院院士、小麦栽培专家余松烈，山东农业大学教授、山东省优质小麦研究与开发协会理事长田际春等省市专家到邓集乡考察优质小麦高产情况。当年，邓集乡1000公顷优质小麦亩产单产505.7千克，是全省面积最大、单产最高的乡镇。余松烈院士题词“首创优质小麦单产千斤乡镇”。

6月，陈集镇被农业部、对外经济贸易部评为“全国乡镇企业出口创汇管理先进单位”。

7月4日，以产权制度为核心的企业改革在全县铺开。至年底，县属35家工业企业中，内部职工持股买断9家，公开出售8家，实行股份合作制、租赁、托管等形式的9家，改制面75%；19个乡镇企业中完成改制159家，其中实行股份制、股份合作制的86家，拍卖40家。

8月10日至9月10日，定陶县在陈集镇八一行政村、杜堂乡盛庄行政村、马集乡袁堂行政村和东王店乡甄王庄行政村、铁渠庙行政村开展延长土地承包期的试点工作。

9月8日至9日，邮电分营工作完成，定陶县邮政局和电信局相继挂牌成立。

10月27日，定陶县陈集镇中沙海行政村村民沙瑞连在本村建立菏泽地区第一所阿拉伯语学校。

12月19日，全省东西结合加快菏泽经济发展工作会议在济南召开，会议决定烟台市对口帮扶定陶县，帮助定陶县发展经济、培训人才，解决财政困难。

同月，经山东省人民政府批准，国华集团总公司地毯厂、都庆集团、菏达集团、国华裘皮厂职工持股者协会共同发起设立山东盛华达股份有限公司。

同年，定陶县120急救中心与110、122、112形成联动。

1999年

2月21日至23日，政协定陶县委员会第六届二次会议在范蠡宾馆召开。

2月24日至26日，定陶县第十四届人民代表大会第二次会议在范蠡宾馆召开，出席代表228人。会议听取审议各项工作报告并作出相应决议。

2月25日，全县、乡党政群机关超编人员开始分流。从7月1日起，县内各级机关单位全部按编制发放工资。

4月6日至9日，中共山东省委副书记、省长李春亭到定陶视察农业生产、企业改革、城市开发等工作。

4月26日至27日，全国陶朱公（范蠡）学术研讨会在定陶县范蠡宾馆举行。经与会专家、学者考证，认定范蠡居陶的“陶”就是定陶。

同月，县棉花生产办公室高级农艺师朱德卷，受全国供销合作总社中棉工业总公司派遣，赴非洲尼日尔国加亚市指导棉花生产。实验田亩产籽棉99.1千克，创该国棉花产量最高记录，比上年亩产26.4千克增加72.7千克，增产2.75倍。12月30日，写成75页的棉花生产、良种选育等总结材料，完成援非任务。

8月30日，16时50分，定陶县自北向南先后遭受冰雹、暴雨袭击，农作物受灾面积3200公顷，直接经济损失1490万元。

9月29日，定陶县实现行政村村村通电话。

10月11日至11月10日，县人大常委会组织人大代表对县法院法官、县检察院检察官进行述职评议。

12月，新编《定陶县志》出版发行。

同年，第二轮土地延包工作完成。

2000年

1月13日至14日，定陶县十四届人民代表大会第三次会议在范蠡宾馆召开，出席会议的代表230人。会议听取审议各项工作报告并作出相应决议。补选孔凡云为县十四届人大常委会副主任。

1月15日至17日，定陶县政协第六届三次会议在范蠡宾馆召开。

3月31日至4月2日，中共中央政治局委员、全国人大常委会副委员长田纪云视察定陶。

4月1日，根据国务院《个人存款账户实名制规定》，全县个人存款账户开始施行实名制。

同月，陈集镇菏达纸业有限公司董事长张善绪当选为“全国农业劳动模范”。

6月12日至7月12日，全县机关党员集中开展“学习‘三个代表’、搞好思想剖析活动”。

7月28日，全县2000年大中专学校毕业生就业工作会议召开。从本年度起，大中专学校毕业生就业工作实行“不包分配，竞争上岗，择优录用”的新机制。

9月，中共中央政治局常委、全国人大常委会委员长李鹏为山东国华实业（集团）总公司题词“振兴中华，为国增光”。

11月1日，第五次全国人口普查登记开始。全县共有17个民族，563352人，其中，汉族551920人，占97.97%；少数民族16个，共11432人，其中，回族最多，11277人，其次为蒙古族，53人，满族22人，藏族17人，苗族14人，彝族12人，其他不足10人。

11月7日至8日，县内普降3毫米小雪，为1954年后县内初雪最早的一次。

12月23日至24日，定陶县人民代表大会第十四届四次会议在范蠡宾馆召开，出席会议代表229人，会议听取审议各项工作报告并作出相应决议。大会选举杨成训等44人为定陶县出席菏泽市第十五届人民代表大会代表。

同月，全县实行城镇职工基本医疗保险制度。

2001年

1月12日至14日，定陶县政协第六届四次会议在范蠡宾馆召开。

1月14日至16日，定陶县第十四届人民代表大会第五次会议在范蠡宾馆召开，出席代表236人。会议听取审议各项工作报告并作出相应决议。会议补选段伯汉为县十四届人大常委会主任，赵传山为定陶县人民政府县长。

2月2日，山东省人民政府《关于同意菏泽市牡丹区等9县区调整部分乡镇行政区的批复》（下简称《批复》）下发。根据《批复》意见，定陶县力本屯乡与马集乡合并为马集乡；邓集乡与游集乡合并为仿山乡；一千王乡与张湾镇合并为张湾镇；东王店乡合并到定陶镇；保宁乡与陈集镇合并为陈集镇；王双楼乡、田集乡与冉堌镇合并为冉堌镇；姑庵乡与黄店镇合并为黄店镇。

3月2日，为明确乡（镇）中学归属，全县规范所有乡镇中学名称，使用新校名。

同月，定陶县取消农村“三提五统”，改征农业税。

4月，山东省副省长陈延明到定陶县孟海镇视察工作。

12月1日，定陶县人民政府确定每年的12月1日为“捐助日”。

同年，全县执行《定陶县中小学布局调整规划实施方案》，撤并张湾镇湾子张小学等25个小学，设陈集镇八一小学崔庄等8个教学点。

2002年

1月25日至27日，定陶县政协第六届五次会议在范蠡宾馆召开。

1月28日至30日，定陶县第十四届人民代表大会第六次会议在范蠡宾馆召开，出席会议的代表236人。会议听取审议各项工作报告并作出相应决议。会议补选申传根、程西魁为县十四届人大常委会副主任，杨文涛为委员，吴三军为县人民检察院检察长。会议评选表彰10名“人民好公仆”。

3月28日，定陶县小学教育阶段由五年制向六年制过渡。

4月9日，中共中央政治局常委、全国政协主席李瑞环，与随行的全国政协副秘书长李昌鉴，在山东省委副书记、省长张高丽等陪同下，视察了烟台九发食用菌公司等农业龙头企业。次日，张高丽继续在定陶县视察。

同月，马集乡撤乡设镇为马集镇。

6月28日，定陶县开始实施个体幼儿园创办注册制。

12月，冉堌镇党委书记乔方臣在中组部、中宣部组织的《干部任用条例》知识竞赛中获全国一等奖。

同年，全县撤并定陶镇马纪庄小学等27所小学，设定陶镇西王楼小学王洪庙等20个教学点。

2003年

1月16日至19日，政协定陶县委员会第七届一次会议在范蠡宾馆召开，政协委员199人。会议选举王彤宇为县政协主席，刘本明、卢庆林、刘端显、王利生、李慧敏（女）为政协副主席；选举常务委员48人。

1月20日至24日，定陶县第十五届人民代表大会第一次会议在范蠡宾馆召开，出席会议代表228人。会议听取审议各项工作报告并作出相应决议。会议选举李清安为县十五届人大常委会主任，申传根、程西魁、孔凡云、赵庆泉、张鲁建、王凤娟（女）为县十五届人大常委会副主任，选出委员21人；选举王彤宇为定陶县人民政府县长，李清斌、孙凤云（女）、王乃光、张峰、徐文芹、牛继红为定陶县人民政府副县长；选举王乃忠为县人民法院院长，吴三军为县人民检察院检察长；选举阎世海等46人为出席菏泽市第十六届人民代表大会代表。

2月11日，中共定陶县第十届代表大会在范蠡宾馆召开。会议选举产生中共第十届委员会。会议选举段伯汉为中共定陶县委书记，王彤宇、高艳民（女）、张培华、董超为县委副书记。

5月25日，境内夏蝗发生，最大密度每平方米17.3头。

同月，全县开展“非典型性肺炎”防控工作。境内无“非典型性肺炎”疫情。

10月28日，中共政治局委员、国务院副总理回良玉到定陶视察农业工作。

11月5日，定陶县安箕富强酵母厂的安箕富强牌商标、山东圣龙纸业股份有限公司的圣龙牌商标获“山东省著名商标”。

12月14日，中共中央总书记、国家主席胡锦涛在中共山东省委书记、省人大常委会主任张高丽，中共山东省委副书记、省长韩寓群等陪同下先后视察马集镇王梁村食用菌生产和山东鲁花浓香花生油有限公司。

同年，山东都庆股份有限公司董事长张九勋当选第十届全国人大代表。

同年，定陶县被列为山东省15个节水灌溉示范项目县之一。

同年，全县撤销马集镇姚堂小学等28所小学，设南王店乡丰庄小学大李庄等19个教学点。

2004年

1月1日，县直党政群机关及具有行政管理职能的事业单位实行错时上下班制度。

同月，定陶县被评为“全省计划生育优质服务先进县”。

2月6日至7日，定陶县政协第七届二次会议在范蠡宾馆召开，政协副主席刘本明作常委会工作报告。

2月8日至10日，定陶县第十五届人民代表大会第二次会议在范蠡宾馆召开，出席会议代表229人。会议听取审议各项工作报告并做出相应决议。

4月6日，定陶县残疾运动员在山西太原举办的全国举重锦标赛上，崔哲获女子40公斤级金牌，李春丽获女子56公斤级银牌，崔建金获女子52公斤级铜牌，杨传喜获男子52公斤级铜牌。

4月11日至12日，中共山东省委原书记、省人大常委会原主任、省计生协会原名誉会长赵志浩，省计生协会第一副会长李祥珍，省计生委副主任丁传英，省计生协会专职副会长王成林等视察定陶县计划生育工作。

4月13日，由香港建通集团董事长郑和国先生投资兴建的黄店镇阎楼致公希望小学举行揭牌仪式。全国政协常委、副秘书长、中国致公党中央副主席吴明熹，全国政协委员、致公党中央常委、著名电影表演艺术家李羚，香港建通集团董事长郑和国，省政协副主席、致公党山东省主任委员王志民，市政协副主席孟祥伦及县领导段伯汉、董超、刘本明、孙凤云（女）出席揭牌仪式。阎楼致公希望小学建设总投资40万元，容纳8个教学班，于2004年7月动工兴建。

4月25日，定陶县全面实施对种粮农民进行直接补贴。

4月30日，定陶（烟台）工业园奠基。中共烟台市委副书记、市长周齐，副市长张幸福，中共菏泽市委书记陈光，市长杜昌文，副市长张玉佩、王浩等出席奠基仪式，标志着烟台帮扶定陶由政策帮扶和支援型帮扶为主转为产业帮扶和开发型帮扶为主，帮扶工作进入一个新的发展阶段。

5月11日，中共山东省委常委、常务副省长林廷生到定陶县就招商引资和工业园区建设情况进行调研。

5月12日，县委、县政府召开“慈心一日捐”活动动员大会，全县共收到捐款50余万元。

5月20日，省交通厅帮扶项目中投资规模最大的菏关高速定陶连接线开工。

5月26日，县实验小学被教育部语言文字应用研究所、全国“注音识字•提前读写”实验研究委员会评定为“教学研究实验基地”。次日，在县实验小学举行“山东省教学示范学校”揭牌仪式。

同月，投资1.5亿元的220千伏仿山输变电一期工程开工建设。

6月1日，山东省交通厅厅直机关干部捐赠的60万元资金分别赠予孔书庄小学、蔡楼小学，用于新校舍建设。

6月10日，中国纺织工业协会副会长、中国家用纺织行业协会会长杨东辉带领有关专家到定陶县调研家纺城建设情况。

6月15日，国家残联体育训练部副部长李克生到定陶县调研残疾人体育事业发展情况。

同月，宣传片《中国定陶》，在中央电视台《投资中国》栏目播出。

同月，为纪念抗日战争胜利60周年，山东卫视、菏泽市电视台先后到定陶拍摄了以吕沟村抗日英雄事迹和八路军冀鲁豫支队在牛王寺歼击日军的牛王寺战斗专题片， 8月分别播出。

7月15日，县慈善总会成立大会暨第一次会员代表大会召开，副县长牛继红为县慈善总会会长，县政协主席刘本明为县慈善总会名誉会长。8月23日，县慈善总会举行资助特困生捐赠仪式，向全县100名特困大学生每人捐赠1000元。

8月6日，定陶（烟台）工业园基础设施建设暨烟台市南山集团铝型材项目等13个首批进园企业同时举行开工典礼。中共山东省委常委、烟台市委书记焉荣竹，中共菏泽市委书记、市人大主任陈光等参加开工奠基仪式。

8月17日，义务教育“一费制”收费标准出台。

同月，青年演员、县两夹弦剧团团长侯彦丽（女），在河南焦作举办的戏曲擂台赛上，作为菏泽市唯一的参赛演员，获得专业演员旦角类金奖和7省25市戏曲擂台赛银奖。9月15日，在全市中青年专业演员大赛上获一等奖。9月25日，县委、县政府授予其精神文明先进个人和“三八红旗手”荣誉称号，并颁发5000元奖金。

9月1日，定陶县九年制义务教育由“五三制”改为“六三制”，顺利完成教育学制“五改六”改革。

9月12日，定陶县率先在全市完成农村公路村村通工程。

9月22日，以全国政协委员、社会和法制委员会副主任王建伦为组长的全国政协“保障困难群体合法权益”专题组到定陶县调研。

10月17日，西城派出所民警康志勇在执行警务中，与6名手持板刀的歹徒殊死搏斗，在头部被砍3刀、左大腿股骨被砍断的情况下，仍抓住歹徒不放。省、市多家新闻媒体报道了康志勇勇斗歹徒的事迹。

同日，由山东省交通厅帮扶投资3000万元，县公路局承建，历时6个月的临商路定陶段升级加宽改造工程完工。

10月26日，农业部老科技工作者协会副会长、农业部农村经济研究中心研究员陆贵生到定陶县检查指导工作。

11月8日，中共山东省委书记、省人大常委会主任张高丽，中共山东省委副书记、省长韩寓群在市委书记、市人大常委会主任陈光，市委副书记、市长杜昌文陪同下考察定陶科学发展观落实情况。

12月26日，中共山东省委书记、省人大常委会主任张高丽到定陶县重点招商引资项目艺达家纺有限公司调研。

同年，网通公司开始在农村安装网络宽带，网速1.5～2兆。

同年，定陶县撤并定陶镇耿庄小学等30所小学，设冉堌镇大王楼小学折桂集等23个教学点。全县撤校并点工作全部完成。

2005年

1月23日至25日，定陶县第十五届人民代表大会第三次会议在范蠡宾馆召开。会议听取并审议通过相关报告，选举田同修为定陶县第十五届人大常委会副主任，并对县卫生局、交通局、水务局3个“人民满意单位”及2004年度人大工作先进乡镇、模范县人大代表等进行表彰。

1月23日至25日，政协定陶县委员会第七届三次会议在范蠡宾馆召开，212名政协委员和有关列席代表参加会议。听取、审议、通过大会政治决议和提案审查报告。会议选举刘本明为第七届政协委员会主席，增选王鲁陶、孔祥坤为副主席，贾翠萍（女）为秘书长，孔庆雪等为常务委员。

1月24日，全县撤销乡（镇）教育委员会，改称乡（镇）中心校。

同月，全县开展以实践“三个代表”重要思想为主要内容的保持共产党员先进性教育活动，此次活动，全县分三批进行，每批半年左右，到2006年6月基本结束。

4月，山东都庆股份有限公司董事长张九勋当选“全国劳动模范”。

5月26日，山东省人大常委会原主任李振、省政协原主席陆懋曾、省委原副书记马仲才、省人大原副主任董凤基，省顾委原常委王成旺等到定陶考察。

6月至9月，全县平均降雨量896.7毫米，比常年同期多428.1毫米，超过近几年平均汛期降雨的91.3%，9月，全县平均降雨量334.7毫米，是有水文资料记载以来的最高值，形成历史上罕见的秋涝。全县受灾人口22.7万人，直接经济损失16232万元，其中，农业经济损失14384万元，农作物受灾面积2.4万公顷，绝产5600公顷，损坏蔬菜大棚6514个，倒塌房屋1236间，损坏房屋2896间。市、县先后拨救灾专款150多万元，出动劳力13.6万人次，动用机械4200多台（套），疏通沟渠500多千米，排除田间积水4036公顷，修理房屋850间，安置受灾群众600多人。

8月12日，定陶县职业中专与县职教中心合并为定陶县职业教育中心。

9月9日，中共山东省委常委、常务副省长林廷生到定陶视察定陶（烟台）工业园建设。

12月26日，中共山东省委书记、省人大常委会主任张高丽到定陶县艺达家纺有限公司调研。

同年，中国食用菌协会命名马集镇、冉堌镇为全国双孢菇特产镇，仿山乡为全国食用菌生产优秀基地，定陶县为全国食用菌生产先进县。

同年，陈集镇被授予全省小城镇建设示范镇，前沙海村被评为全省村庄建设示范村。

同年，推行农村计划生育家庭奖励扶助政策。

2006年

1月28日，农历除夕，中共中央政治局常委、国务院总理温家宝在中共山东省委书记张高丽、省长韩寓群及市县领导的陪同下到定陶镇牛楼村，与群众共度春节。

2月10日至13日，县委宣传部、县文体局、县图书馆在金茂商业街举办首届相约“文博会”人寿杯元宵节灯谜大赛。

2月15日至16日，政协定陶县委员会第七届第四次会议在范蠡宾馆召开。211名政协委员和有关列席代表参加会议。会议听取并审议相关报告。补选陈海棠、郭玉灿为县政协副主席，陈承灵、徐志武为县政协常务委员，增补政协委员11人。

2月15日至17日，定陶县第十五届人民代表大会第四次会议在范蠡宾馆召开。出席会议代表216人。大会听取并审议通过相关报告，审议通过

《关于定陶县2005年国民经济和社会发展计划执行情况与2006年计划草案》的报告、《关于定陶县2005年预算执行情况与2006年预算草案》的报告。大会补选陶体华为定陶县人民政府县长，陈尔桥、李广根、李颖（女）为定陶县第十五届人大常委会副主任，选举崔敬涛为定陶县人民法院院长，选举王德存、王德运、刘大用、张永春、陈衍存为定陶县第十五届人大常委会委员。会议决定，授予山东省交通厅挂职干部、县委副书记王博、艺达集团董事长王金广“人民公仆”荣誉称号。

3月17日，由山东省交通厅援建定陶县的2所希望小学落成揭牌仪式在定陶镇孔书庄小学举行。

4月，全县正式启动新型农村合作医疗。

5月16日至31日，中央电视台《体育人间》栏目组对定陶县残疾运动员崔哲、崔建金、杨传喜及其教练进行采访，并制作了30分钟专题片。

7月，全县多次普降大雨，累计降雨量800毫米，2日至3日最为集中，降雨量260毫米。全县受灾人口16万人，3.7万公顷农作物受到不同程度的损失，成灾面积1.4万公顷，重灾面积1500公顷，倒塌房屋450间，损坏房屋2300间，被水围困村庄16个，围困人口13400人，损坏机井570眼，损坏输电、通讯线路24千米，损坏公路48千米，损坏桥涵230座，直接经济损失6860万元，其中，农业经济损失4500万元。灾情发生后，全县干部群众组织抢险队120多个，妥善安置转移灾民，开挖新抗洪排涝沟渠600多条，总长40多千米，疏通三沟370多条，除涝面积2.13万公顷。

8月4日，山东省工商局向山东林盾木业股份有限公司、山东移动定陶分公司、定陶火旺编织袋有限公司、定陶华茂购物有限公司等4家企业颁发省级“守合同•重信用”企业荣誉证书、牌匾。

8月24日，山东省人民政府副省长王仁元到定陶县调研工业发展和安全生产工作。

10月2日，中共山东省委副书记、省长韩寓群，省政府秘书长周齐到定陶县检查指导工作。

10月15日，山东省财政厅房屋评估中心到定陶县评估农村中小学危房改造项目。

10月19日，山东省交通厅帮扶的重点工程定陶县客货运中心奠基。2010年8月28日，正式投入运营。

同月，定陶县残疾人运动员在全省第七届残疾人运动会的举重、乒乓球、田径项目上取得5金、3银、1铜9枚奖牌及体育道德风尚奖。

11月，山东省人民政府副省长才利民带领省环保局、劳动和社会保障厅、建设厅、交通厅的负责人到定陶县考察环境保护、劳动保障、城乡环境综合整治等项工作。

同月，在马来西亚首都吉隆坡举行的第九届远东及南太平洋地区残疾人运动会上，定陶县残疾人运动员杨传喜作为菏泽市唯一参赛选手，获男子举重52公斤级银牌。

12月1日，国家林业局造林司司长魏殿到定陶县调研林业发展情况。

12月9日，县城市污水处理厂试运行。

同月，定陶县民间两夹弦剧种、陶朱公传说、定陶皮影、仿山山会、牛屯鼓乐和柳子戏入选市级第一批非物质文化遗产名录，其中，两夹弦剧种、陶朱公传说、定陶皮影3项民间艺术被列为省级非物质文化遗产。

同年，定陶县被中国食用菌协会授予“全国小蘑菇新农村建设”优秀示范县。

同年，定陶县被中共山东省委、省政府授予“平安山东建设模范县”。

同年，杜堂乡张庄行政村被国家老龄委评为“敬老模范村”。

同年，农业税全免，推行粮食直接补贴政策。

2007年

1月18日至19日，中共定陶县第十一次代表大会在范蠡宾馆召开。出席会议代表212人。大会听取并审议王彤宇代表中共定陶县第十届委员会作的《站在新起点谋求新跨越　努力开创文明和谐定陶建设的新局面》工作报告、张继争代表第十届纪委作纪委工作报告，选举产生中共定陶县第十一届县委委员35人，候补委员8人；新一届纪委委员21人；出席菏泽市第十一次党代会代表32人。

1月30日至31日，政协定陶县委员会第七届五次会议在艺达宾馆召开，政协主席刘本明作常委会工作报告。

1月30日至2月1日，定陶县第十五届人民代表大会第五次会议在艺达宾馆召开，出席会议代表225人。会议听取审议各项工作报告并作出相关决议。补选李清斌为县十五届人大常委会副主任；授予阎世瑞等7人“人民满意公仆”荣誉称号。

1月31日，中共山东省委常委、省总工会主席柏继民带领省委组织部、省民政厅等省直部门负责人到艺达菏泽工业园参观考察。

3月2日，济南军区司令员范长龙、省军区司令员谈文虎到定陶县视察。

3月16日，中共山东省委常委、省军区政委张秉德到定陶县调研。

3月17日，中组部原部长张全景到定陶县视察，山东省委组织部副部长孙述涛陪同。

3月18日，中共山东省委常委、组织部部长刘伟到艺达菏泽工业园视察。

3月22日，以巴西哥伦布市市长贝得鲁•阿德敏嗄娃里为团长的哥伦布市代表团到艺达菏泽工业园参观考察。

3月23日，全国政协常委、山东省人大常委会原主任韩喜凯到定陶县部分企业视察。

3月27日，全国纺织床品企业品牌与发展交流会在艺达经贸培训中心召开。

5月13日，全国人大常委会委员、全国人大农业委员会主任委员刘明祖，全国人大常委会委员、全国人大农业委员会副主任委员李春亭一行到定陶县就如何促进农民增收等工作进行调研。

5月16日，中共山东省委书记李建国率省直有关部门负责人到定陶调研。

5月17日，中央实施马克思主义理论研究和建设工程文学组全体会议在艺达经贸培训中心召开。

5月25日，全国公路学会会长、交通部原副部长李居昌到定陶县调研。

5月29日，全市林下养殖工作观摩调度会与会人员先后到定陶县马集镇林洼养殖园区、定陶镇王洪庙养殖园区、南王店乡聚德鸭业养殖园区、冉堌镇祝奶庙养殖园区参观。

同月，定陶县运动员崔哲、崔建金、杨全喜代表山东省参加在昆明举行的第七届全国残疾人运动会上，分别获得女子40公斤级、女子56公斤级金牌，男子56公斤级银牌。6月7日至17日，在希腊举行的第八届国际残奥会欧洲举重锦标赛上，分别获得女子40公斤级、女子56公斤级、男子60公斤级金牌。

6月8日，全国党建研究会特邀研究员、中纪委原副部级巡视专员戴俭明，中纪委、中组部巡视组副处级巡视员刘华斌，到定陶县就县乡两级党委如何加强对构建社会主义和谐社会的领导进行调研。

7月10日，司法部原部长高昌礼，省人大常委会原副主任卢洪到定陶县调研。

7月21日，《大众日报》《农村日报》《山东工人日报》等媒体联合到定陶县采访关注留守儿童典型，并深入到部分村庄详细了解留守儿童情况。

7月31日，中共烟台市委常委、常务副市长郝德军，市政协副主席、发改委主任孙承贤带领烟台市市直有关单位负责人和各县市区分管副县市区长、企业负责人到定陶现场调度帮扶工作，确定下一步帮扶的重点及措施。

同日，济南军区副政委李绍林到艺达菏泽工业园参观。

8月4日，中共山东省委副书记、代省长姜大明到定陶调研。

8月13日，由河北省邯郸市委宣传部、市广播电视局等部门联合组织的“千里挺进大别山”电视公益行动团21名大学生沿着当年刘邓大军千里挺进大别山的路线徒步抵达定陶县。

8月28日，全市新农村建设暨改厕现场会在定陶县召开。

9月17日，山东省交通厅港航局捐资30万元兴建的山东港航希望小学在定陶镇牛楼村举行揭牌仪式。

9月25日，山东省环保局对定陶县污水处理厂进行环境保护验收。

同月，冉堌镇王堂村王勇山和仿山乡朱效松被全国“创绿色家园 建富裕新村”行动工作领导小组授予“全国绿色小康户”。

同月，县残疾人体育学校被省残联、省体育局命名为首批山东省残疾人体育训练基地。11月8日，省残联理事长仉兴玉一行为山东省残疾人体育训练基地揭牌。

同月，艺达菏泽工业园顺利通过省工业旅游示范点验收，成为全市唯一家省级工业旅游示范点。

10月14日，中共中央原委员、济南军区原政委、全国人大外事委员会原副主任宋清渭到定陶县视察。

10月20日，山东省政协原副主席周振兴到定陶视察。

11月1日，中央电视台《致富经》栏目组到陈集镇采集山药生产走品牌化发展道路的经验做法。

11月7日，新华联集团董事局主席兼总裁傅军到定陶县参观考察。

11月28日，阿拉伯联合酋长国政府代表、官方兽医及商业界代表一行到定陶县考察。

同月，定陶县被国家人口计生委授予“全国计划生育优质服务先进县”称号。

12月7日，山东省政协原副主席刘洪仁到定陶县视察。

12月11日至13日，政协定陶县委员会第八届一次会议在艺达宾馆召开，参会委员229人。七届政协主席刘本明作常委会工作报告。会议选举张峰为政协主席，王利生、李慧敏、王鲁陶、陈海棠、张宪春为县政协副主席；选举常务委员45人。

12月12日至15日，定陶县第十六届人民代表大会第一次会议在艺达宾馆召开，出席会议代表245人。会议听取审议各项工作报告并作出相关决议。选举王彤宇为县十六届人大常委会主任，田同修、王凤娟（女）、陈尔桥、李广根、郭玉灿、李清斌为县十六届人大常委会副主任，选出委员27人；选举陶体华为县长，阎凌、李颖（女）、牛继红、张新雷、孔祥坤、刘存勇为副县长；选举崔敬涛（回）为人民法院院长，吴三军为县人民检察院院长；选举于国华等46人为出席菏泽市第十七届人民代表大会代表。会议授予安圣兵、徐志武“人民功臣”称号。

同年，在马来西亚吉隆坡举行的第二届亚洲残疾人举重锦标赛上，定陶县崔哲、崔建金、杨传喜3名残疾运动员作为国家队队员参赛，获得7金1银的成绩。

同年，山东垦利来化工有限公司总经理申传信被评为“山东省十大杰出青年农民”。

同年，推行农业生产资料补贴。

2008年

1月23日，菏泽军分区“五下乡”（送温暖、送文化、送卫生、送科技、送致富）拥政爱民活动在南王店乡宋庄村启动，中共菏泽市委常委、菏泽军分区政委宋新立，副市长段伯汉，县领导王彤宇等出席。

2月18日，聊城市党政考察团一行120余人在中共聊城市委副书记、市长林峰海带领下，到定陶县就“发展工业、调整产业结构、培植大企业、发展产业集群和园区建设”等进行考察。

2月19日，中共辽宁省阜新市委常委、宣传部部长张万勤带领由《辽宁日报》《阜新日报》《阜新晚报》、阜新电视台、阜新广播电台等媒体记者组成的采访团到定陶县考察采访。

4月5日，中共山东省委书记姜异康在市委书记赵润田、市委副书记、市长刘士合陪同下到定陶视察工作。

4月14日，“万名干部下乡”活动正式启动，全县抽调近500名干部深入乡村，访贫问苦，排查问题，解决问题，为期45天。6月16日，第二期“万名干部下乡”活动开始。

4月15日至16日，全省成本和价格监测工作会议在艺达经贸培训中心召开。

4月23日，台北曹仲植基金会董事长曹仲植一行到仿山旅游景区开展爱心捐助活动，参加爱心亭揭幕仪式。

4月25日，山东省军区副司令员尚书国少将率检查组到定陶县检查指导部队安全管理工作。

6月1日，根据市委、市政府的安排，定陶组建援建工作队对口帮扶四川省绵阳市北川羌族自治县贯岭乡，首期帮助当地群众建设48套过渡安置房，解决群众灾后重建问题。6月5日下午，由援建人员和救灾物资组成的13辆大卡车车队，启程奔赴四川灾区。

6月14日，定陶县民间文学类的《陶朱公传说》和传统戏剧类的二夹弦两项入选第二批国家非物质文化遗产名录，定陶县皮影入选第一批国家级非物质文化遗产扩展项目名录。

同日，民营企业家李庆刚、刘绍海、李兆平为四川汶川地震灾区捐献价值67万元的生活用品。

6月18日，《人民日报》、新华社、《经济日报》、中央人民广播电视台、《金融时报》5家中央新闻媒体记者到定陶县采访夏粮收购工作开展情况。

6月19日，中国储备粮管理总公司总经理包克辛到定陶县检查夏粮托市收购工作。

6月25日，国务院发展研究中心发展战略和区域经济研究部部长张军扩带领调研组到定陶县调研。

同月，艺达菏泽工业园被省经贸委、省旅游局联合评为“山东省工业旅游示范点”，是全市第一家获此殊荣的企业。

8月6日，台湾长庚大学董事、教授、巴西巴西利亚大学终身教授杨正民回乡省亲。

9月3日，中纪委原委员、山东省委原副书记赵春兰（女）率驻鲁全国人大代表调研定陶县农产品质量安全工作。

9月9日，崔哲在北京残奥会上获女子举重40公斤级银牌，是本届残奥会上中国残疾人举重队获得的首枚奖牌。

9月17日至25日，山东省军分区团职以上领导干部培训班在定陶县举办。省军区副政委鲁建华、政治部副主任李宏征、菏泽军分区司令员林建，中共菏泽市委常委、军分区政委宋新立出席开班和结业仪式。

9月24日，由菏泽军分区筹资，军地共建的南王店乡“宋庄八一爱民小学”举行落成典礼。山东省军区副政委鲁建华与菏泽市副市长段伯汉为“宋庄八一爱民小学”揭牌。

11月13日，全省公安机关110接处警规范化建设现场会在冉堌镇召开。

同日，陈集山药地理标志产品保护在北京通过专家评审，成为菏泽市率先受法律保护的区域农产品国家级品牌。

2009年

1月8日，烟台市公安局帮扶定陶县警用装备交接仪式在县公安局举行。

1月19日，菏泽市政协主席贾凤英，菏泽市军分区司令员林健、政委王志强分别率慰问团到定陶县慰问困难企业职工、农村特困户、老党员、敬老院、计划生育户、军（烈）属、伤残军人等。

2月1日至3日，政协定陶县委员会第八届二次会议召开，参会委员230人，听取并审议通过相关工作情况报告。会议表决补选常务委员5人。

2月2日至3日，县人大第十六届二次会议召开，参加会议代表245人。会议听取审议《县政府工作报告》《县人民法院工作报告》《县人民检察院工作报告》《县人大常委会工作报告》，审议通过《定陶县人民政府关于2008年国民经济和社会发展计划执行情况与2009年计划草案的报告》《关于2009年预算执行情况与2009年预算草案的报告》。大会还表彰“人民好公仆”“人民好卫士”“人民好教师”“人民好医生”及优秀人大代表。

2月26日，定陶县与波兰普克县洽谈并签订友好关系意向书，缔结为友好城市。

3月5日，全县深入学习实践科学发展观活动动员大会召开。

4月7日，定陶县通过“省食品安全示范县”考核组验收。

5月21日，山东省政协副主席、党组副书记乔延春到定陶县视察粮食安全工作。

5月31日，定陶县第十六届人民代表大会常务委员会召开第十四次会议，决定由副县长成伟代理定陶县人民政府县长职务。

6月9日，山东省副省长贾万志到定陶县督导三夏生产工作。

6月19日，定陶县范蠡文化研究院成立。

6月26日，定陶籍武警战士周景收为救驻地村民牺牲，被评为烈士，追记一等功。7月2日，县烈士陵园为烈士周景收举行骨灰安放仪式。

7月12日至13日，定陶县第十六届人民代表大会第三次会议召开，会议选举成伟为定陶县人民政府县长。

7月14日，定陶县举行山东省千佛山医院对口帮扶县医院启动仪式。

7月23日至25日，在内蒙古呼和浩特市举行的2009年全国残疾人举重锦标赛中，定陶县人崔哲获得女子40公斤级别举重金牌，崔健金获得女子60公斤级别举重金牌；杨传喜获得男子56公斤级别举重金牌，王永华在同级别举重项目中排名第四；陈磊获男子48公斤级别举重第七名。同时定陶代表团被大赛组委会授予“体育道德风尚奖”。

8月20日，国家林业局党组副书记、副局长李育材到定陶县调研美国白蛾防控工作。

9月12日，毛泽东女儿李讷、女婿王景清将军到定陶县参观考察。

10月10日，中科院院士、全国小麦首席专家、山东农业大学教授于振文，农业部种植业司巡视员、副司长曾衍德，农业部种植业司生产指导处处长李增裕与山东省农业厅和市农业局有关负责人到定陶县督导检查农业“三秋”生产工作。

10月17日，“山东省流动科技馆县县通”启动仪式在定陶县实验小学举行。山东省科协副主席许素海，省科技馆馆长周世文，中共菏泽市委常委、秘书长、统战部部长高木斗，市人大常委会副主任汤建梅（女），县委书记王彤宇及全省各地市科协主席出席启动仪式。

11月5日，《大众日报》、省广播电台、省电视台3家新闻媒体记者到定陶县就涉法涉诉案件及案件评查的典型做法进行集中采访。

11月17日，山东省副省长郭兆信到定陶县调研农村住房与危房改造工作。

11月19日，定陶县历史文化研究会举行成立大会。

11月22日，山东省政协副主席齐乃贵到定陶县调研民族宗教工作。

同月，中国书法家协会会员刘石创作的8尺草书条幅，获“第三届中国书法兰亭奖艺术奖”。

12月16日，定陶县获首届“山东最佳投资城市”称号。

同年，全县科技特派员增加到100人，其中2人被评为“全国优秀科技特派员”，并受到联合国开发计划署的表彰。

同年，手足口病爆发流行，定陶县共处置1450例。

2010年

1月12日，全县第三批深入学习实践科学发展观活动现场会召开。

1月30日至2月1日，政协定陶县委员会第八届三次会议召开，240名委员出席会议。

1月30日至2月1日，定陶县人民代表大会第十六届四次会议召开。参会代表231人。大会补选宁淑跃为定陶县第十六届人大常委会副主任，补选陈尔桥为定陶县人民政府副县长，补选王连桂、韩东升为定陶县人大常委会成员。大会通过了相关决议。大会还对25名2009年度“建功立业”优秀县人大代表和12个“人民满意单位”以及5个“办理代表建议满意单位”进行表彰。

3月4日，山东省交通厅党组成员、公路局局长李洪修到定陶县检查省交通厅帮扶的丰东路定陶改线段工程和砀定路东鱼河大桥危桥维修项目建设情况。

4月2日，“刘邦文化万里行”到定陶县举行联谊活动。中央电视台、新华社、《大众日报》等媒体记者对活动进行采访。

5月18日，全省公安机关现场勘查工作现场会在定陶县召开。

5月20日，定陶县获“2010苏商投资中国•最具投资潜力城市”称号。

5月21日，定陶县进行区划调整，定陶镇南半部划为天中街道，北半部设为滨河街道。

6月3日，中共山东省委副书记、省政协主席刘伟到定陶县视察小麦生长情况。

7月23日，济南军区副司令员刘沈扬到定陶县视察民兵装备仓库建设情况。

8月4日，定陶县创建全国科普示范县动员大会召开。2011年3月定陶县获得“全国科普示范县”称号。

8月15日，山东省人大常委会副主任鲍志强率省人大财经委调研组到定陶县调研。

9月18日，定陶县举行第六次全国人口普查启动仪式。

10月6日，定陶县举行定陶一中建校60周年大型庆典。

10月28日，定陶县举行庆功会。庆祝山东省第八届残疾人运动会上定陶县运动员共取得8金、7银、1铜计16枚奖牌的成绩，刷新了定陶县在省残运会上奖牌数的记录。

同月，考古人员开始对定陶汉墓群进行抢救性发掘。

11月15日，全市社会保障卡启动仪式暨社会保险数据库建设会议在定陶县召开。

同月23日，中国工程院院士、中国菌物学学会会长、吉林农业大学原校长李玉等到定陶县考察指导食用菌产业技术体系试验示范情况。

12月10日，中央电视台第四套节目《走遍中国》栏目组到定陶县拍摄《一代商圣—范蠡》，县委宣传部副部长陈尔民、县史志办主任李文存进行电视讲解。

12月15日，国家出版总署印刷司司长谭文一行到定陶县检查农家书屋建设情况。

12月22日，山东省残联福利基金会和市残联有关负责人带领医疗专家团到定陶县开展“山东省万名聋儿启聪工程”。

同月，定陶县冉堌镇农民王有才获“全国十大苗木经纪人”称号，为2010年山东省唯一获此荣誉的苗木经纪人。

2011年

1月23日，政协定陶县委员会第八届四次会议在艺达宾馆召开。县政协主席张峰作政协工作报告；县政协副主席王鲁陶作政协提案工作报告。

1月24日，定陶县第十六届人民代表大会第五次会议在艺达宾馆召开。大会听取并通过《政府工作报告》《人民法院工作报告》《人民检察院工作报告》《定陶县人民政府关于定陶县国民经济和社会发展第十二个五年规划纲要草案》《定陶县2010年国民经济和社会发展计划执行情况与2011年计划草案的报告》和《定陶县2010年预算执行情况与2011年预算草案的报告》。

2月19日，山东省人民政府副省长贾万志率领省直有关部门负责人到定陶县检查指导农业生产和抗旱救灾工作开展情况。

3月4日，山东省政协副主席齐乃贵带领省督导组到定陶县视察抗旱保收工作。

3月17日，山东省军区司令员郎剑钊到定陶县调研基层武装部全面建设工作。

3月27日，在第三届中国县镇绿色发展论坛上，定陶县被评为“中国绿色名县”，县委副书记、县长成伟被授予“中国县镇绿色发展领军人物”。

4月26日，仿山乡撤乡设镇。

4月28日，半堤乡撤乡设镇。

5月17日，山东省省长助理、省公安厅厅长吴鹏飞到定陶县公安系统视察执法规范化和信息化建设工作。

5月29日，山东省政协副主席、省工商联主席王乃静率领山东省福建商会菏泽分会成员到定陶县考察投资项目和投资环境。

6月9日，山东省人民政府副省长贾万志到定陶县检查夏收工作。

6月15日，全市2011年度小麦高产创建暨粮王大赛颁奖大会在定陶县定陶镇李王庄村举行。

6月27日，定陶县庆祝中国共产党成立90周年表彰大会暨文艺演出在县广电局演播大厅举行。

6月30日，定陶县正式实施国家基本药物制度。

7月12日，山东省史志办主任刘秋增到定陶县调研史志工作法制化建设情况，并考察定陶汉墓和左山寺。

7月20日，新华社、《大众日报》、山东电视台、《齐鲁晚报》等多家新闻单位组成的采访团到定陶县采访灵圣湖大型古汉墓发掘现场。

7月29日，定陶县首家重钢加工企业——菏泽鑫正钢结构工程有限公司正式投产运营。

同月，定陶县第一份文学期刊《陶风》创刊发行。

8月8日，全县县级干部会议召开。会议由中共菏泽市委副书记孙爱军主持，市委常委、组织部部长胡上山宣读省委关于张毓华与王彤宇职务任免的通知，张毓华任菏泽市委常委、定陶县委书记。

8月29日，定陶县迎淮重点建设工程之一定陶新河人工湿地水质净化项目开工建设。

9月16日，山东省司法厅厅长程辉到定陶县调研李洪华品牌调解室工作开展情况。李洪华是司法部授予的“全国标兵人民调解员”，10月12日，济南军区及大众日报社、山东省人民广播电台等10余家新闻媒体组成的军地联合采访团到定陶县采访其先进事迹。

9月29日，定陶县残疾运动员崔哲在全国第八届残疾人运动会举重比赛中，获40公斤举重金牌，并以106.5公斤的成绩打破女子残疾人40公斤级举重的世界记录。

10月14日，由山东省科协、山东省教育厅主办的“青少年科普报告百校行”在县实验中学、定陶镇中学开讲。中国科学院教授高登义、白武明做专题报告。

10月20日，菏泽市“留守儿童快乐成长活动站”在定陶县举行揭牌仪式。

11月10日，定陶县被国务院残疾人工作委员会授予“全国残疾人工作先进县”。

同月，在第九届中国果菜产业发展论坛暨果菜产业发展经验交流大会上，定陶县被农业部、中国果菜专家委员会评为“中国果菜无公害十强县”。

12月24日，定陶县陈集山药国家地理标志保护产品新闻发布会在北京钓鱼台大酒店举办。新华社、《人民日报》、中央电视台、北京电视台、人民网、山东电视台、《大众日报》等50余家新闻媒体的记者现场进行采访。

2012年

1月9日至11日，政协定陶县委员会第九届一次会议在艺达宾馆召开。中共菏泽市委常委、定陶县委书记张毓华出席会议并作讲话。张峰代表县政协八届常委会作工作报告，王鲁陶作提案工作报告。大会选举张新雷为政协第九届定陶县委员会主席；王利生、王鲁陶、张宪春、杨汝增、潘素霞（女）、耿战秋为副主席；牛卫东为秘书长；万东亮等31人为常务委员。

1月9日至12日，定陶县第十七届人民代表大会第一次会议在艺达宾馆召开。县委副书记、代县长陈宝华作《政府工作报告》；县法院院长崔敬涛作《县人民法院工作报告》；县检察院检察长袁建东作《人民检察院工作报告》。会议选举张峰为定陶县第十七届人大常委会主任，王凤娟（女）、陈海棠、韩宪玉、宁淑跃、游福泉为县人大常委会副主任；选举陈宝华为定陶县县长，张继争、牛继红、孔祥坤、李广根、盛冬梅（女）、沙向东（回）为副县长；选举崔敬涛为定陶县人民法院院长，袁建东为定陶县人民检察院院长，王义耀等21人为定陶县第十七届人大常委会委员，于国华等47人为市第十八届人民代表大会代表。会议还通过了《定陶县十二五规划纲要》和相应决议。

1月15日，团中央书记处书记周长奎到定陶县检查工作。

1月28日，山东省副省长张建国到定陶考察汉墓和文化中心。

3月，定陶天中陈集山药合作社入选全国首批全国示范社。

4月14日，中共山东省委选派13名“第一书记”到定陶任职。

4月17日，新华社、中央电视台、人民日报社、山东电视台、光明日报社、齐鲁网等国家和省市百余家新闻单位记者齐聚定陶，出席“百家媒体看定陶”活动。

5月7日，中央电视台《乡约》栏目走进定陶，录制陈集山药专题片。

同月中旬，由定陶历史文化促进会会员王建新主讲的《定陶史话》在菏泽市电视台《百姓讲坛》栏目开始录播。

6月19日，山东亿业化工石油有限公司年产70万吨天然气液化项目在陈集化工园区奠基。

6月27日，中华商圣文化园项目开工奠基。

8月2日，山东省民政厅厅长张国琛到定陶调研民政工作。

9月2日，在伦敦残奥会上，定陶县运动员崔哲获得女子40公斤级举重银牌，杨全喜获男子60公斤级举重铜牌，崔建金获得女子56公斤级举重第四名。

9月3日，定陶美景国际现代城奠基。

10月12日，中共山东省委组织部常务副部长于刚到定陶县杜堂镇视察组织工作。

10月27日，全市人大“万户群众脱贫帮扶”活动现场会在定陶召开。

11月9日，菏泽市残疾人体育中心暨定陶县残疾人服务中心在定陶奠基。

11月12日，山东省政协副主席、省工商联主席王乃静带领民营企业家到定陶考察指导工作。

12月15日，定陶县30兆瓦全开放式大棚光伏太阳能发电项目在黄店镇开工。

同年，定陶县联通公司发放3G手机号业务。

同年，县疾控中心医师刘心长、郝有根被卫生部授予“三十年防痨卫士”称号。

2013年

1月3日至5日，政协定陶县委员会第九届二次会议在艺达宾馆召开。张新雷作工作报告。杨汝增作提案工作报告。大会增选林炳强、游福起为县政协第九届常委。会议通过政协第九届定陶县委员会第二次会议决议、常委会工作报告决议、提案工作报告决议。

1月3日至5日，定陶县第十七届人民代表大会第二次会议在艺达宾馆召开。中共菏泽市委常委、定陶县委书记张毓华出席会议。县委副书记、县长陈宝华向大会作《县政府工作报告》，县法院院长崔敬涛作《县人民法院工作报告》，县检察院检察长袁建东作《县人民法院工作报告》。大会审议通过相关决议。

1月6日，山东省农业厅考评验收组对定陶县承担的山东省扶持“菜篮子”产品生产蔬菜项目进行考评验收。

同日，全省百名宣传部部长宣讲党的十八大精神报告会在仿山镇举行。

2月2日，首届“感动定陶十大人物”颁奖典礼在县广电局演播大厅举行。

3月11日，山东省副省长孙绍聘率领省政府、省国土资源厅、民政厅有关部门负责人到定陶县调研。

3月14日，国家土地总督察办公室巡视员、副主任纪东义带领督察组到定陶县就2012年土地规划执行情况进行督察检查。

同月，定陶县获“全国生态文明先进县”称号。

4月20日，中共党史出版社总编李向前、国家行政学院信息技术部副主任夏红等一行到定陶县考察。

同月，定陶汉墓入选“2012年度全国十大考古新发现”。

同月，土地承包经营权登记确权发证在马集镇、南王店镇、张湾镇进行试点工作。

5月2日，定陶县残疾人运动员崔哲在石家庄举办的全国锦标赛女子举重40公斤级比赛中获得第一名。

5月13日，“幸福定陶，欢乐一夏”百场消夏文艺演出正式拉开序幕。

5月25日至27日，定陶县因强对流天气出现强降雨。全县平均降雨量91.6厘米，农作物受灾面积8920公顷，成灾4960公顷，受灾人口9万人，直接经济损失860余万元。

7月10日，全市新农合暨大病保险工作现场会在定陶县召开。

7月14日，定陶籍战士李博在驻地甘肃省嘉峪关市为救两名落水少女牺牲，31日被追认为烈士。8月10日，县烈士陵园为烈士李博举行骨灰安放仪式。

8月30日，山东沃特管业股份有限公司在天津股权交易所正式挂牌上市，成为菏泽首家在天津股权交易所挂牌上市的综合性水泥制品生产企业。

9月4日，山东省政协副主席、省工商联主席王乃静一行到杜堂镇张庄寨村走访慰问困难群众。

9月12日，菏泽市关爱留守儿童示范学校揭牌仪式在定陶县举行。

9月23日，商务部领导和外国驻华使馆商务官员一行到定陶县考察。

10月，定陶县两夹弦小戏曲《爱心家园》获中国第十届艺术节“群星奖”。

11月9日，首届中华商圣祭祀典礼在定陶县中华商圣文化园举行。来自世界各地的范氏宗亲代表近300人及国内外企业家代表近千人参加庆典。

11月11日，山东省副省长邓向阳到定陶县调研。

11月26日，全省第二批村级公路网化示范县交流座谈会在定陶县召开。

同月，定陶县被确定为“农田水利设施产权改革国家级试点县”。

12月6日，县医院顺利通过省二级甲等医院等级评审。

同月，南王店乡撤乡建镇。

同年，新型农村合作医疗启动大病保险二次报销。

2014年

1月2日，中共定陶县第十二届委员会第八次全体会议在县委大会议室召开。全委会听取和审议县委书记张红旗代表县委常委会所作的《抢抓机遇奋发作为 为全面融入大市和加快定陶科学发展而奋斗》的工作报告，会议审议通过《中共定陶县委第十二届八次全体会议公报（草案）》。

1月4日，政协定陶县委员会第九届三次会议在艺达宾馆召开。会议听取县政协常务委员会工作报告和提案工作情况报告。

1月5日，县第十七届人民代表大会第四次会议在艺达宾馆召开。县长聂元科作《政府工作报告》；会议印发县人民政府《关于定陶县2013年国民经济和社会发展计划执行情况与2014年计划草案的报告》《关于定陶县2013年预算执行情况与2014年预算草案的报告》；县法院院长崔敬涛作《县人民法院工作报告》；县检察院检察长袁建东作《县人民检察院工作报告》。

1月20日，定陶县开始打击私屠滥宰保障肉食品质量安全集中整治专项行动。

3月5日至6日，山东省副省长张超超到定陶县调研工业经济运行和交通运输工作。

3月6日，“鲁西南记忆”项目工程在仿山镇举行奠基仪式。

3月7日，全县党的群众路线教育实践活动动员大会召开。

3月12日，共青团山东省委副书记、省驻定陶党的群众路线教育实践活动督导组组长陈必昌率省市联合督导组、定陶副县级以上领导干部，到定陶县烈士陵园、兰考焦裕禄纪念馆和冀鲁豫革命纪念馆参观学习。

3月14日，定陶县召开“十个突出问题”（城区交通秩序乱、城区环境卫生差、机关作风形象差、中小学教师乱办辅导班、天网工程形同虚设、新农合政策落实不到位、农村环境脏乱差、农田水利设施老化落后、乡村道路损毁严重、农电设施老化）集中整治活动启动会议。

3月20日，山东省《西部经济隆起带文化产业发展规划（2014—2020）》编制组到定陶县调研。

同月，陈集山药科普示范基地被山东科学技术协会、山东省财政厅联合授予“全省科普示范基地”项目，并被推荐为全国“科普行动计划”项目。

4月2日，中共山东省委巡视工作办公室副主任肖贻堂到定陶督导检查党的群众路线教育实践活动开展情况。

4月15日，山东省人大常委会副主任于建成一行到定陶县残疾人服务中心检查指导工作。

4月18日，第三届“百家媒体看定陶”新闻发布会举行。新华网、人民网、中国网等60多家媒体参加。

4月20日，定陶县第一届南王店西瓜节开幕。

4月30日，山东省民政厅厅长王浩、副厅长王建东到南王店镇调研省民政厅挂任“第一书记”扶贫工作开展情况。

5月17日，2014“中国旅游日”菏泽分会场在牡丹源（天沐）温泉旅游度假小镇开幕。

同月，土地承包经营权确权发证在全县铺开。

6月6日，山东大学附属中学定陶实验学校签约暨揭牌仪式举行，中共菏泽市委书记于晓明出席并作重要讲话。

6月18日，定陶县残疾人运动员李阳获得山东省第九届残疾人运动会场地自行车赛金牌。

6月28日，定陶县人民政府与华电国际电力股份有限公司山东分公司签约大型煤电项目战略框架协议。

同月，定陶县公路管理局被山东省总工会授予“山东省工人先锋号”。

7月5日，定陶县召开县委理论学习中心组读书会。读书会邀请中国人民大学中国特色社会主义理论体系研究中心专职研究员王向明博士作“人民是真正的英雄—坚持群众路线”专题辅导讲座。

8月5日，中共定陶县委十二届九次全体（扩大）会议召开。会议对上半年在全县重点工作中表现突出的先进集体、先进个人进行表彰，听取审议张红旗书记代表县委常委会所作的《更高的境界 更细的举措 更实的作风 全力推进融入大市加快定陶科学发展》的工作报告。

8月19日，全市“万户群众脱贫致富帮扶”活动年度总结暨“百个新型农村社区领建”活动启动工作会议在定陶县召开。

同日，国家统计局农业社会经济调查司副司长黄秉信一行到定陶县调研玉米作物长势情况。

同日，住房和城乡建设部、国家发展和改革委员会、财政部、国土资源部、农业部、民政部、科学技术部等7部委公布全国重点镇名单，定陶县陈集镇、冉堌镇入选。

9月17日至18日，山东华电菏泽一期煤电项目审查通过。专家组组长、国核电力规划设计研究院教授级高级工程师夏青扬，国核电力规划设计研究院副总工程师王葵等专家学者进行现场踏勘、讨论。

9月19日，定陶县与浙江传化物流集团（中国500强企业）签约建设物流园。

同日，山东省科学院新材料研究所菏泽双龙冶金机械有限公司成果转化基地举行挂牌仪式。

9月20日，十里铺北遗址专家论证会召开。

9月23日，农业部在《农民日报》公布第四批全国一村一品示范村镇名单，定陶县陈集镇依托特色农产品“陈集山药”跻身全国一村一品示范村镇行列，也是菏泽市唯一获此称号的乡镇。

9月28日，国家文物局副局长顾玉才现场考察定陶王墓地和定陶十里铺北遗址发掘工地。

10月23日，全县“转变作风、服务群众”活动动员大会召开。会议对在全县开展“转变作风、服务群众”活动进行安排部署。县委书记张红旗作重要讲话。会议决定从县直单位、镇街选派干部1025人，长期联系全县367个村（社区）。

11月3日，山东省农业厅农技推广总站在定陶县举办2014年全省蔬菜行业关键技术培训班。

11月7日，水利部副部长李国英到定陶县督导检查农村饮水安全工作。

11月7日至8日，中央政策研究室经济局局长冯海发到定陶县调研，并作《全面推进依法治国的纲领性文件—十八届四中全会精神解读》报告。

11月13日，省校园科技馆（定陶）启动仪式暨青少年科普专家报告会在定陶县举行。

2015年

1月22日，文化部副部长、国家文物局局长励小捷到定陶县调研定陶汉墓保护情况。

2月8日，政协定陶县委员会第九届四次会议在艺达宾馆召开。会议听取县政协工作报告。

同日，县第十七届人民代表大会第五次会议在艺达宾馆召开。

3月12日，中共山东省委副书记王军民到定陶县视察精准扶贫工作。

3月23日，全省精准扶贫暨春季农业生产现场会在定陶县杜堂镇召开。中共山东省委副书记王军民、副省长赵润田到杜堂镇辘湾村调研。

3月27日，全市文化、科技、卫生“三下乡”活动启动仪式在冉堌镇王双楼村举行。

3月31日，中国文化遗产研究院副院长马清林到定陶考察定陶王陵保护工作。

4月28日，全国政协第十届常委会副主席、中国国土经济学会理事长张怀西到定陶县考察。

5月21日，中国考古学研究中心主任李伯谦到定陶县考察十里铺北遗址考古工作。

5月26日，刘楼水库正式开工建设。

6月26日，故宫博物院副院长宋纪蓉到定陶调研定陶汉墓出土文物修复工作。

7月3日，山东尚谷农业发展有限公司在青岛蓝海股权交易中心成功挂牌上市。

7月15日，中央电视台非物质文化遗产采风组吴寒、山东省文化厅非物质文化遗产处尚红梅一行到定陶调研非物质文化遗产保护传承工作。

7月24日至31日，定陶县残疾人运动员在哈萨克斯坦举行的亚洲公开赛上，崔哲获2枚金牌并破世界记录，刘磊获得1枚金牌、1枚银牌，崔建金获得1枚银牌、1枚铜牌，杨全喜获得2枚银牌。

8月20日，山东省人大常委会副主任、党组副书记才利民一行到定陶县实地考察高速连接线土地综合整治项目。

8月27日，全市加快建立城乡环卫一体化长效机制现场推进会在定陶县召开。

9月18日，定陶县两夹弦大型历史剧《春秋商圣》在济南百花剧院汇报演出。

9月26日，“2015中央媒体文化山东行采访团”到定陶县两夹弦非物质文化遗产保护传承中心采访。

9月30日，定陶县举行烈士纪念日公祭烈士活动。

10月14日，山东省歌舞剧院到定陶县开展文化惠民演出。

10月21日，陶丘遗址重建启动仪式在马集镇举行。

10月23日，中共中央政治局常委、国务院副总理张高丽在中共山东省委书记姜异康、省长郭树清等陪同下到定陶县杜堂镇辘湾村中远蔬菜专业合作社调研扶贫工作。

10月28日至11月1日，中国食用菌协会在全国农业展览馆（北京）举办中国食用菌产业“十二五”（2010—2015）百项优秀成果展示交易会及中国食用菌协会第六次会员代表大会上，定陶县获“全国优秀主产基地县（区、市）”称号。

10月31日，定陶王陵M2汉墓一期保护工程启动仪式在汉墓保护现场举行。

11月18日，中共山东省委第十三巡视组专项巡视定陶县工作动员会召开。巡视组组长姜文侠、副组长邓炜出席会议。

11月20日，全省果树行业关键技术培训班在定陶县举办。

11月23日，20时至24日15时，全县平均降雪31.7毫米，雪深24毫米，是1981年后短时间内降雪最大的一次。全县受灾人口5455人，农作物受灾面积583公顷，成灾403公顷，损毁房屋34间，大棚2433个。因灾直接经济损失1.9亿元，其中，农业1.65亿元。定陶县委县政府动员所有力量抢险救灾。25日，全县交通干道和所有通村道路全部打通。

11月25日，马集镇通过“山东省旅游强镇”验收。

12月12日，中储棉总公司总经理姚明烨一行到定陶县检查指导2015年中央储备棉收储工作。

12月18日，菏泽台湾同乡会会长高秉涵一行到定陶县考察台湾台塑集团投资的12所明德小学运行情况。

12月26日，山东省定陶县农村商业银行股份有限公司举行公司成立新闻发布会。

12月30日，山东大学党委书记李守信到山东大学附属中学定陶实验学校参观调研。

同年，定陶县在全市2015年度县区科学发展综合考核中获得第一名。

同年，定陶县获“全省村村通自来水示范县”称号。

同年，菏泽市首届节地生态花坛葬共祭仪式在定陶德孝生态陵园举行。

同年，定陶县在全市率先完成光缆改造工程。

同年，县疾控中心被评为“全国疾控工作先进集体”。

2016年

4月29日，定陶县撤县设区成立大会召开。菏泽市市长解维俊主持会议并宣读《国务院关于同意调整菏泽市部分行政区划的批复》和《省政府关于调整菏泽市部分行政区划的通知》，中共菏泽市委书记、市人大常委会主任孙爱军等市县领导共同为菏泽市定陶区揭牌。张红旗任中共菏泽市定陶区委书记，张峰任菏泽市定陶区人大常委会主任，聂元科任中共菏泽市定陶区委副书记、区长，张新雷任菏泽市定陶区政协主席。

定陶县志（1991—2015）
DINGTAO XIANZHI

第一编

建置区划

JIAN ZHI QU HUA

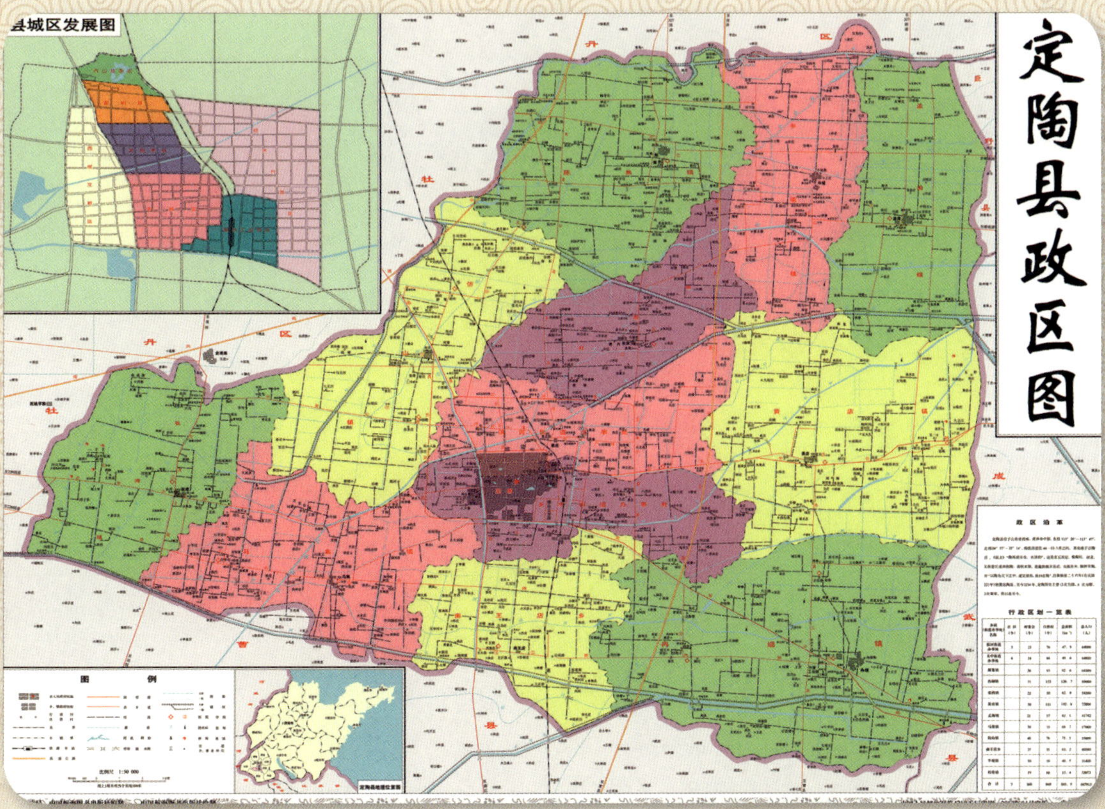

定陶县历史悠久，素有“天下之中”的美誉，是中华民族重要的发祥地之一。早在五六千年前的新石器时代，先民们就在这里刀耕火种，繁衍生息。公元前21世纪，尧、舜时期在陶丘（今县城西南马集镇费庄村北200米）建古陶国。夏有三鬷国。公元前11世纪，建曹国，都陶丘。秦始皇二十六年（前221），始置定陶县。

定陶位于鲁西南中部。县城为明代县城旧址。中华人民共和国成立后，城区面积不断扩大。20世纪90年代以后，城市建设逐渐加快，城区的承载功能明显提升。至2015年城区面积84平方千米，是定陶县政治、经济和文化中心。

定陶行政区划变动较大。1991年，全县设4镇，15乡。2001年2月，全县乡镇合并，共设11个乡镇。至2015年，全县下辖2个街道、10个镇，367个行政村，1020个自然村，隶属于菏泽市。

第一章　建　置

第一节　位置境域

定陶县位于山东省西南部、菏泽市中部，北纬34°57′～35°15′，东经115°20′～115°47′，海拔高度在44～53.5米之间。北和西北与牡丹区接壤，南和西南与曹县毗连，东和东南与成武县相邻，东北与巨野县交界。

县政府机关驻定陶城。县城位于县境中部偏向西南，北纬35°04′，东经115°34′。东南至成武县城34千米，南至曹县县城29千米，西北至菏泽城区22千米，东北至巨野县城77千米；东北至省城济南270千米；北至首都北京699千米。

县境东起黄店镇的小程楼，西至张湾镇的董庄，相距40千米；南起冉堌镇的小周庄，北至半堤镇的王龙庄，相距32千米。总面积846平方千米。

第二节　建置沿革

定陶之名缘于古陶丘。《说文》“陶再成丘也，在济阴”，这里有丘双层，像陶灶，故名，又称釜丘，或单称陶。春秋末期，范蠡助越灭吴后，出海至齐，辗转至陶，并“以陶为天下之中，遂定居焉，故曰定陶”。

新石器时代，定陶境内就有人类渔猎生息。

尧、舜时期为古陶国。国都遗址尚存，旧有陶丘亭、河滨寺，在今县城西南马集镇费庄村北200米处。

夏、商，境内有三鬷国。

公元前1046年，周武王封其弟振铎为曹伯，建曹国，都陶丘。

春秋，周敬王姬匄三十三年（前487），宋灭曹国为陶郡（治所在今县城西北2.5千米处），属宋国。

战国，周赧王姬延二十九年（前286），齐、魏、楚灭宋，三分其地，定陶属齐。

秦，秦始皇帝嬴政二十六年（前221），始建定陶县，属东郡。

西汉，汉高祖五年（前202），封彭越为梁王，都定陶。汉高祖十一年（前196），刘邦杀彭越，封子刘恢为梁王，都睢阳，定陶为梁国属地。汉景帝中元六年（前144），分梁国置济阴国，都定陶。汉景帝后元二年（前142），废济阴国为济阴郡，定陶属济阴郡。汉甘露二年（前

52），封子嚣为定陶王，改济阴郡为定陶国，都定陶。汉甘露四年（前50）复为济阴郡，定陶属之。汉河平四年（前25），刘康为定陶恭王，又改为定陶国。汉建平二年（前5）废定陶国为济阴郡。

王莽始建国三年（11），改济阴郡为济平郡，定陶为县，属济平郡。

东汉，汉永平十五年（72），封刘长为济阴王，都定陶。汉建安十一年（206）改济阴国为济阴郡，定陶属济阴郡。汉建安十七年（212），封刘熙为济阴王，复为定陶国，都定陶。

三国，魏黄初元年（220），改济阴国为济阴郡，郡治定陶。魏黄初四年（223），复为济阴国，都定陶。魏太和五年（231），改济阴国为济阴郡，定陶为县王国。魏太和六年（232），定陶为县，属济阴郡。魏景元三年（262），济阴郡治定陶。

两晋时期，定陶为县，属济阴郡。

南朝宋时，定陶县属徐州济阴郡。

北朝入北魏，定陶县属兖州济阴郡。北魏孝昌三年（527），置西兖州，与济阴郡同治定陶县。之后，州、郡治所同迁左城（今定陶县马集镇左山寺西）。东魏、北齐，定陶仍属西兖州济阴郡。北周建德六年（577），改西兖州为曹州，定陶属曹州。

隋，文帝开皇初年，废济阴郡。隋开皇六年（586），割定陶、乘氏两县地置济阴县，治所在左城，定陶、济阴两县同属曹州。隋大业二年（606），炀帝废州设郡，改曹州为济阴郡，定陶属济阴郡。

唐，唐贞观元年（627），改济阴郡为曹州，撤定陶县并入济阴县，定陶为镇，属曹州济阴县。

五代，承唐建置，定陶仍属曹州济阴县。

北宋，宋乾德元年（963），于定陶镇置发运务（专理漕运事务）。宋开宝元年（968），改为转运司。宋太平兴国二年（977），升为广济军。宋太平兴国四年（979），割曹、澶、濮、济四州地置定陶县，属广济军。宋熙宁四年（1071），废广济军，定陶县属曹州。宋元祐元年（1086），复广济军，军、县均治定陶，隶属京东西路。

金，撤广济军，定陶属曹州。金大定八年（1168），曹州城圮于河，迁州治于旧乘氏城，定陶属山东西路曹州。

元，元至元二年（1265），定陶属直隶中书省曹州。

明，明洪武元年（1368），撤定陶、济阴入曹州，属济宁府。明洪武四年（1371），复置定陶县，并徙县治于今城址，属济宁府。明洪武十年（1377），撤定陶县并入成武县。明洪武十三年（1380），恢复定陶县建置，仍属济宁府。明洪武十八年（1385），降济宁府为州，定陶县属兖州府。明正统十年（1445），属兖州府曹州，隶山东布政司。

清，沿袭明末建置。清雍正十三年（1735），曹州升为府，定陶县属曹州府。

民国，1914年，定陶县属济宁道。1925年，属曹濮道。1932年，属山东省第二区行政督察专员公署。1938年，改属山东省第十六行政督察区。1947年，属山东省第十六行政督察署。

1941年1月，定陶县抗日行政办事处在张圈村成立，9月改为定陶抗日县政府，隶属晋冀鲁豫边区第二十二专员公署。该公署先后改为第二十、第十、第五专员公署，定陶均随属之。1948年9月24日，定陶全境解放，仍属晋冀鲁豫边区第五专员公署。1949年8月，平原省建立，定陶县属平原省菏泽专区。

中华人民共和国，1952年11月，撤销平原省，定陶县随菏泽专区属山东省。1958年11月，定陶析入菏泽、成武两县，同时撤销菏泽专区，随菏泽县、成武县改属济宁专区。1959年6月恢复菏泽专区。1961年10月，恢复定陶县，属菏泽专区。1967年3月，属菏泽地区。2000年6月，撤销菏泽地区设立菏泽市，定陶县属菏泽市。2016年4月29日，定陶县撤县设区，为定陶区，仍属菏泽市。

定陶县建置沿革一览表

表1-1-1

<table>
<tr><th colspan="3">朝代</th><th>年代</th><th>隶属</th></tr>
<tr><td colspan="3">尧</td><td>约前二十一世纪</td><td>古陶国</td></tr>
<tr><td colspan="3">舜</td><td>约前二十一世纪</td><td>古陶国</td></tr>
<tr><td colspan="3">夏　商</td><td>前二十世纪至前十一世纪</td><td>三鬷国</td></tr>
<tr><td rowspan="3">周</td><td colspan="2">西周</td><td>前1046年</td><td>曹　国</td></tr>
<tr><td rowspan="2">东周</td><td>春秋</td><td>周敬王姬匄三十三年（前487）</td><td>宋　国</td></tr>
<tr><td>战国</td><td>周赧王姬延二十九年（前286）</td><td>齐　国</td></tr>
<tr><td colspan="3">秦</td><td>秦始皇帝嬴政二十六年（前221）</td><td>东　郡</td></tr>
<tr><td rowspan="9">汉</td><td colspan="2" rowspan="6">西汉</td><td>汉高祖五年（前202）</td><td>梁　国</td></tr>
<tr><td>汉景帝中元六年（前144）</td><td>济阴国</td></tr>
<tr><td>汉甘露二年（前52）</td><td>定陶国</td></tr>
<tr><td>汉甘露四年（前50）</td><td>济阴郡</td></tr>
<tr><td>汉河平四年（前25）</td><td>定陶国</td></tr>
<tr><td>汉建平二年（前5）</td><td>济阴郡</td></tr>
<tr><td colspan="2">新莽</td><td>王莽始建国三年（11）</td><td>济平郡</td></tr>
<tr><td colspan="2" rowspan="2">东汉</td><td>东汉永平十五年（72）</td><td>济阴国</td></tr>
<tr><td>东汉建安十一年（206）</td><td>济阴郡</td></tr>
<tr><td colspan="3" rowspan="4">三国</td><td>魏黄初元年（220）</td><td>济阴郡</td></tr>
<tr><td>魏黄初四年（223）</td><td>济阴国</td></tr>
<tr><td>魏太和五年（231）</td><td>定陶国</td></tr>
<tr><td>魏景元三年（262）</td><td>济阴郡</td></tr>
<tr><td rowspan="2">晋</td><td colspan="2">西晋</td><td>晋太康二年（281）</td><td>济阴郡</td></tr>
<tr><td colspan="2">东晋</td><td>晋咸和二年（327）</td><td>济阴郡</td></tr>
<tr><td rowspan="4">南北朝</td><td colspan="2">南朝</td><td>宋大明八年（464）</td><td>徐州济阴郡</td></tr>
<tr><td colspan="2" rowspan="3">北朝</td><td>北魏孝昌三年（527）</td><td>西兖州济阴郡</td></tr>
<tr><td>北魏永熙三年（534）</td><td>西兖州济阴郡</td></tr>
<tr><td>北周建德六年（577）</td><td>曹　州</td></tr>
<tr><td colspan="3" rowspan="2">隋</td><td>隋开皇六年（586）</td><td>曹　州</td></tr>
<tr><td>隋大业二年（606）</td><td>济阴郡</td></tr>
<tr><td colspan="3">唐</td><td>唐贞观元年（627）</td><td>曹州济阴县</td></tr>
</table>

续表1-1-1

朝代	年代	隶属
五代	907—951年	曹州济阴县
宋	宋太平兴国二年（977）	京东西路
	宋太平兴国四年（979）	广济军
	宋熙宁四年（1071）	曹　州
	宋元祐元年（1086）	京东西路
金	金大定八年（1168）	山东西路曹州
元	元至元二年（1265）	直隶中书省曹州
明	明洪武元年（1368）	济宁府
	明洪武十年（1377）	成武县
	明洪武十三年（1380）	济宁府
	明洪武十八年（1385）	兖州府
	明正统十年（1445）	兖州府曹州
清	清雍正十三年（1735）	曹州府
中华民国	1914年	济宁道
	1925年	曹濮道
	1932年	山东省第二区 行政督察专员公署
	1938年	山东省第十六行政督察区
	1947年8月	山东省第十六行政督察署
	1948年9月	晋冀鲁豫边区第五专员公署
	1949年8月	平原省菏泽专区
中华人民共和国	1949年10月	平原省菏泽专区
	1952年11月	山东省菏泽专区
	1958年11月	山东省济宁专区
	1961年10月	山东省菏泽专区
	1967年3月	山东省菏泽地区
	2000年6月	山东省菏泽市
	2000年6月	山东省菏泽市

第二章　区　划

第一节　行政区划

清朝道光年间（1821—1850），全县分为19社，48村。清咸丰元年（1851），社的建置撤销，全县划分为东、西、南、北四方和城关镇，原48村划为59村，分属于东、南、西、北四方，方下辖村。

东方辖13村：班枝村、丁南村、丁北村、南丁村、黄店村、林南村、林北村、招远村、屯南村、屯北村、清凉村、古寨村、大左村。

南方辖14村：南关村、柳河村、石北村、石南村、黄德村、高迁村、新南村、新北村、苗里村、九堽村、折南村、折北村、乌堽村、小左村。

西方辖15村：西关村、山南村、山北村、隆化村、邵堂村、茶西村、茶东村、李店村、观堂村、玉南村、玉北村、官堌村、牛王村、杏堽村、大兴村。

北方辖17村：泰山村、杨店村、司集村、柳南村、柳北村、袁姑村、棠坡村、棠东村、棠西村、京南村、京北村、孟西村、孟东村、柏南村、柏北村、棠集村、万福村。

村辖自然村，全县共875个自然村。

民国初，袭清末区划。

1930年，全县划分为半堤、游集、田集、黄店、城关5个区。区下设乡镇，全县共有100个乡镇。1934年，调为89个乡、9个镇。

1934年定陶县境域区划一览表

表1-2-1

区名	镇	乡
一区（城关）	大同镇（城关）	柳河乡 范湖乡 民权乡 信义乡 博爱乡 阿谷乡 山南乡 氾阳乡 班枝乡 新民乡 梁台乡 和平乡 戚姬乡 柳南乡 五权乡 柳北乡 自强乡 袁姑乡 大兴乡
二区（黄店）	中和镇（黄店） 临河镇（姑庵）	古寨乡 临北乡 履新乡 平权乡 清良乡 屯北乡 屯南乡 丁北乡 志强乡 南丁乡 互助乡 同新乡 民安乡 招远乡 林南乡 三义乡 大左乡
三区（田集）	人和镇（南王店） 太平镇（田集）	石南乡 石北乡 黄东乡 黄北乡 乌堽乡 民治乡 渠北乡 渠南乡 民享乡 高迁乡 苗里乡 折北乡 民友乡 小左乡 九堽乡 黄西乡 折南乡
四区（游集）	山北镇（游集）	仿山乡 汉北乡 汉南乡 汉谭乡 醒民乡 河滨乡 舜河乡 寺东乡 寺西乡 安南乡 安丘乡 隆化乡 氾河乡 杏堽乡 凤凰乡 保宁乡 茶东乡 茶西乡 鹅坡乡

续表1-2-1

区名	镇	乡					
五区（半堤）	陈桥镇（陈集） 古风镇（孟海） 顺堤镇（半堤）	棠林乡 林西乡 建国乡	和泰乡 平顺乡 福寿乡	林坡乡 河北乡 全民乡	荆城乡 北林乡 万福乡	济阴乡 镇南乡 宗丘乡	半城乡 镇离乡

1937年，全县划陈集、孟海、黄店、仿山、城关5个区，辖50个乡镇。1941年，建立定陶抗日县政府，设游击区、根据地区。1942年，在田集建第三区。1944年，全县划城关、田集、黄店、汜阳、陈集5个区。1947年，由原来的5个区调整为南丁、陈集、黄店、田集、汜阳、孟海、冉堌、城关8个区。1949年初，全县划为南丁、陈集、黄店、保宁、田集、冉堌、孟海、城关、游集、汜阳10个区，辖138个行政村。

1950年，由原来的10个区合并为8个区，即一区（城关）、二区（仿山）、三区（陈集）、四区（孟海）、五区（黄店）、六区（冉堌）、七区（南王店）、八区（力本屯），辖138个行政村。1952年，建第九区（驻地杜堂），同时撤销行政村，区下设乡，全县共130个乡。1953年，调为110个乡（镇）。1954年又调整为108个乡（镇）。1956年，撤销九区（杜堂区），全县7个区和城关镇。原108个乡合并为50个乡，4个居民委员会。同年底，将仿山区的高河乡并入游集乡，陈集区的郜楼乡划归菏泽县。1958年3月，撤区并乡，全县合并调整为邓集、保宁、陈集、半堤、马楼、姑庵、黄店、东王店、杜堂、冉堌、王双楼、田集、南王店、马集、力本屯、张湾、城关17个乡镇。同年10月，撤销乡镇建置，建11个人民公社：东风（驻地城关）、群英（驻地保宁）、红旗（驻地邓集）、火炬（驻地杜堂）、火箭（驻地陈集）、万福（驻地马楼）、超英（驻地黄店）、卫星（驻地马集）、新村（驻地张湾）、东方红（驻地冉堌）、红星（驻地南王店）。尔后，除万福人民公社沿用原名外，其余公社均以驻地名为社名。1958年11月，撤销定陶县，将张湾、邓集、保宁3个人民公社划归菏泽县，城关、杜堂、陈集、万福、黄店、南王店、冉堌、马集8个人民公社并入成武县。1961年10月，定陶县恢复建置，仍辖原11个人民公社。1963年6月，划城关公社东部建东王店人民公社，全县时有12个人民公社。1979年，建力本屯、红卫、王双楼、姑庵、半堤、游集6个人民公社，全县共18个人民公社。1984年1月，改18个人民公社为18个乡镇，同时增设一千王乡，将万福、红卫人民公社分别更名为孟海乡、田集乡。1985年9月，将城关镇改为定陶镇。1990年，全县辖4镇，15乡，465个行政村，1044个自然村。1995年10月，孟海撤乡设镇，改为孟海镇。1996年6月，张湾撤乡设镇，改为张湾镇。2001年2月，全县乡镇进行合并，东王店乡并入定陶镇；姑庵乡并入黄店镇；保宁乡并入陈集镇；邓集乡与游集乡合并成立仿山乡；一千王乡并入张湾镇；力本屯乡并入马集乡；田集乡和王双楼乡并入冉堌镇，其余南王店乡、杜堂乡、半堤乡和孟海镇不变，全县合并乡镇后，共11个乡镇。2002年4月，马集撤乡设镇，改为马集镇。2010年5月，定陶镇划为天中街道和滨河街道。2011年4月，仿山乡、半堤乡撤乡设镇，改为仿山镇、半堤镇。2012年11月，杜堂撤乡设镇，改为杜堂镇。2013年12月，南王店撤乡设镇，改为南王店镇。至2015年，定陶县下辖天中、滨河2个街道，仿山、张湾、马集、南王店、冉堌、黄店、孟海、半堤、陈集、杜堂10个镇，367个行政村（社区），1020个自然村。

1950年定陶县行政区划一览表

表1-2-2

区名	区公所驻地	自然村个数（个）	人口数（人）
一	定陶城	136	37080
二	仿山村	106	34235
三	陈集村	144	45462
四	半堤村	112	34157
五	黄店村	156	45326
六	冉堌集	118	35417
七	丰庄村	149	34452
八	力本屯村	119	43182
合计	8	1040	309311

1958年定陶县行政区划一览表

表1-2-3

公社名称		驻地	大队个数（个）	自然村个数（个）	人口数（人）	备注
原名	更名					
东风	城关	县城	41	161	45180	由城关镇、东王店乡合并
红旗	邓集	邓集	22	53	20622	原邓集乡
群英	保宁	保宁集村	23	65	20492	原保宁乡
火箭	陈集	陈集村	12	57	21723	原陈集乡
万福	万福	马楼村	48	121	43206	由孟海、顺堤乡合并
超英	黄店	黄店村	33	129	41339	由黄店、姑庵乡合并
火炬	杜堂	杜堂村	12	68	18882	原杜堂乡
东方红	冉堌	冉堌村	12	118	32420	由冉堌、王双楼乡合并
红星	南王店	南王店村	23	118	39738	由南王店、田集乡合并
卫星	马集	马集村	25	52	15693	原马集乡
新村	张湾	张湾村	40	100	41089	由张湾、力本屯乡合并
合计			291	1042	340384	

1990年定陶县行政区划一览表

表1-2-4

乡镇名称	驻地	总耕地（公顷）	户数（户）	总人口数（人）	非农业人口（人）	农业人口（人）	行政村个数（个）	自然村个数（个）	片村个数（个）
定陶镇	定陶城	2403	14366	62457	23972	38485	34	89	1
邓集	邓集村	2708	6291	27991	1027	26964	33	45	—
张湾	张湾村	2327	6202	27716	3418	24298	29	39	1
一千王	一千王村	1406	3821	17890	232	17658	19	16	
力本屯	力本屯村	2252	5966	25566	1277	24289	29	44	1
马集	马集村	2468	5485	23800	1015	22785	27	54	—
南王店	南王店村	3045	6775	29449	1439	28010	20	80	—
田集	田集村	2731	5981	26213	1074	25139	28	55	1
冉堌	冉堌村	2796	7168	30469	1462	29007	27	61	—
王双楼	王双楼村	2224	4581	19599	554	19045	16	41	1
黄店	黄店村	3642	9234	40277	2149	38128	30	72	4
姑庵	姑庵村	2225	5633	24990	961	24029	20	55	5
半堤	半堤村	3682	7925	35015	2819	32196	31	62	2
孟海	马楼村	3756	8387	36391	734	35657	33	57	—
陈集	陈集村	3367	7894	35255	1574	33681	12	58	5
保宁	保宁村	2249	4418	20405	1575	18830	16	35	—
游集	游集村	1853	4292	18461	758	17703	22	32	2
杜堂	杜堂村	2705	6511	28442	1942	26500	16	66	2
东王店	东王店村	3166	6594	29183	2272	26911	23	83	1
合计		51059	127524	559569	50254	509315	465	1044	26

说明：定陶镇含城区办事处

总耕地面积中含农林场38.4公顷

2001年定陶县行政区划一览表

表1-2-5

乡镇名称	驻地	总耕地（公顷）	户数（户）	总人数（人）	非农业人口（人）	农业人口（人）	行政村个数（个）	自然村个数（个）
定陶镇	定陶城	5471	24545	114201	56921	57280	46	172
仿山乡	高河村	4515	11992	49515	2083	47432	32	77

续表1-2-5

乡镇名称	驻地	总耕地（公顷）	户数（户）	总人数（人）	非农业人口（人）	农业人口（人）	行政村个数（个）	自然村个数（个）
张湾镇	张湾村	3783	10917	46198	1423	44775	24	55
马集镇	马集村	4753	10831	49755	1745	48010	32	98
南王店乡	王店村	3006	8855	30537	1026	29511	18	80
冉堌镇	冉堌村	7823	19903	78327	3007	75320	51	157
黄店镇	黄店村	5932	17946	67515	2212	65303	30	127
孟海镇	孟海村	3756	9479	38349	1112	37237	21	57
半堤乡	半堤村	3688	8939	37045	873	36172	27	62
陈集镇	陈集村	5620	14549	56945	2316	54629	26	93
杜堂乡	杜堂村	2693	6982	27941	1221	26720	16	66
合计		51040	144938	596328	73939	522389	323	1044

2015年定陶县行政区划一览表

表1-2-6

乡镇名称	驻地	总耕地（公顷）	户数（户）	总人数（人）	非农业人口（人）	农业人口（人）	行政村个数（含社区）（个）	自然村个数（个）
天中街道	定陶城	2794	18608	60535	51956	8579	22	84
滨河街道	定陶城	2919	20847	67044	48817	18227	26	80
陈集镇	陈集村	5762	18300	67333	40529	26804	26	92
冉堌镇	冉堌村	9380	24889	90047	18877	71170	51	151
张湾镇	张湾村	4925	14235	55423	16801	38622	22	51
黄店镇	黄店村	8014	22775	79402	15820	63582	50	126
孟海镇	孟海村	4789	12756	45994	12736	33258	21	55
马集镇	马集村	5472	17223	57654	14251	43403	39	99
仿山镇	高河村	5587	14977	58180	6886	51294	48	78
半堤镇	半堤村	4812	11347	43013	10110	32903	27	60
杜堂镇	杜堂村	3675	11284	33928	15678	18250	16	65
南王店镇	王店村	4071	10010	33950	5294	28656	19	79
合计		62200	197251	692503	257755	434748	367	1020

第二节　边　界

1998年3月开始，定陶县分别与菏泽市（今牡丹区）、曹县、成武县、巨野县联合进行行政区域界线勘察测定。同年12月，勘界工作完成签订协议书。2001年3月1日，山东省人民政府批准协议书生效。

菏泽（牡丹区）定陶线　界线代号29012923，共涉及16个乡镇（办事处）、97个村，其中，菏泽8个乡镇（办事处）、37个村；定陶县8个乡镇、60个村。边界线自菏泽市、曹县、定陶3县（市）级边界线交汇点起，向东到菏泽、定陶、巨野3县（市）级边界线交汇点止，全长83.836千米。全线共埋设双面、三面花岗岩界桩10棵（其中，单立双面界桩7个，双立同号三面界桩2个，单立三面界桩1个）。

定陶成武线　界线代号29232924，共涉及7个乡镇，33个自然村，其中，定陶县4个乡镇，12个自然村；成武县3个乡镇，21个自然村。边界线自定陶、成武、巨野3县级边界线交汇点起，由北向南，至定陶、曹县、成武3县级边界线交汇点止，全长45.143千米。全线共埋设双面、三面花岗岩界桩6个（其中，单立双面界桩3个，单立三面界桩1个，双立三面界桩2个）。

定陶巨野线　界线代码29032926，共涉及3个乡镇，12个自然村，其中，定陶县1个镇，6个自然村；巨野县2个乡镇，6个自然村。边界线自菏泽、成武、巨野3县级边界线交汇点起，由北向南，到定陶、成武、巨野3县级边界线交汇点止，全长17.420千米。全线共埋设双面、三面花岗岩界桩3个（其中，单立双面界桩1个，三面界桩2个）。

定陶曹县线　共涉及8个乡镇57个村庄，其中，定陶县4个镇21个村；曹县4个乡镇36个村。界线自西向东从定陶县、曹县、牡丹区三县级行政区域边界线三交点界桩290129222923S起，到定陶、曹县、成武三县级行政区域边界线三交点界桩292329242926S止，全长80.199千米。全线共埋设界桩10个（含三交点界桩），其中单立双面界桩7个，单立三面界桩1个，双立三面界桩2个。

第三章　县　城

第一节　古陶城

陶丘古城　今县城西南有一丘，名陶丘，为古国都遗址。《竹书》云："尧八十九年作游宫于陶。"《说文》曰："陶丘有尧城，尧尝居之。"《史记•五帝本纪》载："舜耕历山，渔雷泽，陶河滨。"《太平寰宇记》曰："河滨在定陶西南十里，即陶丘。"《山东考古录》记：陶丘是"古陶国，夏三鬷国，周曹国都"。自尧舜至周朝，陶丘均为古城，即今马集镇费庄村北200米处。

定陶故城　位于今县城西北滨河街道塔坡刘庄与李线庄之间。周敬王姬匄三十三年（前487），宋灭曹国，设陶郡，治陶城——定陶故城。该城居济水与菏水交汇处，地理位置优越，水陆交通发达。自春秋末至西汉400多年间，曾是中原地区商业贸易和水陆交通中心，成为"天下之中"的一流经济都会。到宋代，漕运再兴，定陶治广济军。定陶故城于元至顺二年（1331）被泛滥的黄河水淹没，约存1800余年。其间，该城除为县治外，多次为国、郡、军等治所。

定陶城　定陶故城被淹没后，时隔40年，于明洪武四年（1371）建定陶城。明宣德二年（1427），知县吴琛首次建县署。明成化元年（1465）修筑土城，明成化五年（1469）10月竣工。土城周长约4.7千米，面积1.2平方千米，城墙高6米余，城濠深3米，四门各建戍房。护城堤周长约6000米，高2.5米，底宽16米，顶宽6.6米。

明嘉靖十二年（1533），增筑敌台16座。清光绪十三年（1887年），知县毛徵改土城为砖城，四门除建有城楼外，各建瓮城1座，于东南隅城墙之上建奎星阁1幢，以居高眺远。砖城墙高11.7米，趾厚16米，顶厚6米，周长4146.7米。城内分东南、西南和东北、西北四隅，有主要街道17条，四关皆设集市。

民国年间，城墙南北宽753米，东西长1595米，城内面积1.2平方千米。墙外是东、南、西、北四关。四关外有障水堤，距城墙300米。障水堤东西长约2100米，南北长约1340米，堤围面积2.81平方千米。

中华人民共和国成立后，定陶县人民政府对城区进行规划和改造。1958年，环城墙旧址栽桃、杏、苹果树万余棵，植柳、杨、槐树5000余棵，牡丹、芍药、玫瑰4.5万株。之后，在南城垣、东城垣旧址，建设了工厂和居民住宅。1976年10月，在北城垣旧址，建设环城北路，后改为兴华路。1980年，在西城垣旧址，建设西环路，后改建为范蠡商场。至此，定陶旧城消失。

第二节　新城区

1991年，定陶县城区面积由原来的1.2平方千米扩展到4平方千米，城区人口4.6万人，为1949年的4.7倍。城内主要道路23条（段），沥青路面28.7万平方米。之后，县城经过多次规划、扩建和兴修，县城面貌不断改观。

1991年后，定陶陆续对城中街、隅首街、和平街、陶朱公大街、白土山路、学东路、陶驿路、青年路、菏商路、建华路拓宽和延伸，不断进行升级改造。道路两旁绿化和亮化。

1995年，新修济阴路城区段，路宽15米。1995年，改造古塔路，宽18米，柏油路面12米。1997年，修建府前大道，红线为60米，柏油路面30米。1998年，东丰路侧铺柏油路面宽15米。1998年，拓宽、修建兴华路中段，向东延伸1400米，道路红线宽45米，柏油路面宽30米。

2000年，修建府北路、郜秦路、建新路、镜湖路。2001年，修建环湖路、滨河路，宽14米；

▲　定陶城区一角　（2008年摄）

修建站前路，路宽18米。2005年，修建连接线，宽15米。2009年，提升改造东丰路，柏油路面30米。城区道路总长由1985年的35千米增加到2010年的120.45千米。

2012年，定陶提出“对接大市，把定陶建成大市新区”的思路，城市建设进一步加快。2013年，提升改造连接线，拓宽到30米。对东、北外环进行提升改造。当年底，城区道路增加到54条，其中，新建道路（主要在开发区）10条。新建城市主干道全部为沥青路面，快车道宽度均在30米以上，最宽40米以上。城区主次干道红绿灯、交通隔离护栏、交通标示线、交通岗亭、交通站亭等交通设施齐全。

在搞好城区道路建设的同时，给排水、供热、照明等也不断完善。菏（泽）商（丘）路、府前大道、青年路两旁的滨河鑫城、中央新城、镜湖壹号、陶都新韵、欧亚半岛、博文华府、怡和华庭等居民小区相继建成。定陶文化中心对外开放。定陶新河景观带、镜湖公园、陶朱广场等成为定陶居民休闲、健身、娱乐、消夏的场所。

至2015年底，城区建成区面积84平方千米；道路总长168.12千米，是1985年的4.88倍，城区人均道路25平方米；城区排水干道总长176千米，建设生活、工业污水处理厂各1座；铺设天燃气管道143.56千米；铺设热力管网35千米；铺设自来水管网80千米；建设主要道路桥梁22座；公园、广场从无到有，先后建成怡心园广场、范蠡像东北角广场、新河景观带、汽车站广场、陶朱广场等公园广场6处。

第四章　村　庄

第一节　村名来历

2015年，定陶县有自然村1020个，村庄名称的来历，按其特征大致有17种类型。

① 用姓氏命名。如王庄、张庄、高家、谢家、张董庄、戚李庄等。

② 用人名命名。如孟海、李玉池、李君辑、张秀雨等。

③ 用地理位置命名。如三里井、五里墩、十里铺等。

④ 用职业命名。如李竹匠、工厂李庄、铁炉庄、张油坊、绳李庄、织纱刘、王厨庄、李线庄、赵窑等。

⑤ 用动植物名称命名。如虎腰李庄、白菜王、黄瓜园等。

⑥ 用吉祥愿望命名。如保宁集、万福集、富王庄等。

⑦ 用建筑物命名。如腊真寺、玉皇庙、姑庵、张桥、曹楼、大李阁、天宫堂等。

⑧ 用民族命名。如回民张楼、李鞑（大）庄等。

⑨ 用地质、地形命名。如沙窝赵、盐土堌堆、堌堆刘庄、赵洼、辘湾、桶子河、吕沟、周海、孔莲坑等。

⑩ 用方位词命名。如东曹庄、西谷庄、南王庄、北朱集、前陈庄、后王楼、朱楼寨里、邵堂寨外、中沙海等。

⑪ 用村的规模命名。如大万庄、大赵家、大陈楼、小陈楼、小万庄、小周庄等。

⑫ 用建村时间命名。如新刘庄、旧刘庄、新仝庄、新西台集、新曹庄等。

⑬ 用官名命名。如西台集、赵官府等。

⑭用集结、屯居之意命名。如赵屯、牛屯、官庄、曹官庄等。

⑮ 用交易场所命名。如北丁集、三义集、大坞集等。

⑯ 用传奇故事命名。如公机楼、麦仁店张庄、黄大瓜等。

⑰ 用古迹命名。如塔坡刘庄、仿山、教场刘庄等。

第二节　历史名村

孟海村　位于定陶县城东北25千米处，是用农民起义首领孟海公命名的村庄。

隋末，各地农民相继起义，孟海公于隋大业九年（613）以周桥（定陶县冉堌镇和曹县古营集乡交界处）为据点，筑城围寨，自称录事，聚众起义，队伍发展到3万余人，曾一度攻陷曹、戴（成武）两州。后因起义军互相吞并，唐武德四年（621），孟海公在和窦建德交战中被俘，义军溃散。此后，家乡人为纪念孟海公，便将本村名改为孟海城。

清朝年间，禁忌起义首领姓名命名的村庄，清嘉庆二十二年（1817）改为田长营。清道光二十四年（1844），又改为古风村。

人们为纪念孟海公，于1921年恢复孟海村。1934年，在孟海村设古风镇，属第五区。

中华人民共和国成立后，孟海曾设区、乡、公社、乡、镇等。2015年，该村有耕地133.8公顷，2004人。南靠定（陶）龙（堌）公路。村西建有影剧院，村内街道两旁设有百货、生产、生活门市部，每月逢（农历）一、二、六、八为集市。

袁姑集村　位于定陶县城东北12千米处，是杜堂镇的1个行政村。定（陶）万（福）公路穿过该村。

明弘治年间（1488—1505），袁德从成武县袁堂迁此建村，以姓氏命名为袁家村。袁德后裔袁本第四女袁姑娘，兄妹7人，兄弟姐妹相继婚嫁后，2个哥哥各得1子。母亲去世后，哥嫂又亡。袁姑娘立志赡父育侄。2个侄儿成人完婚后，又各生1子。不幸的是，2个侄儿、侄媳和父亲相继伤亡，留下2个侄孙，大的不满2岁，小的仅数月。袁姑娘又继续抚养2个侄孙，白日耕种，夜间纺棉。袁姑娘年已老迈，虽牙齿脱落，仍嚼馍喂养，终使2个侄孙长大成人，成家立业。袁姑娘终身未嫁。后来，袁姓人口渐旺，后裔不忘袁姑娘恩德，便改袁家村为袁姑村。后因成集市，故称袁姑集。

清末，袁姑集为北方袁姑村驻地，村内设有杂货铺，每逢集日，农民进行买卖交易。民国年间，在袁姑集设立袁姑乡，归属定陶县第一区。1947年，袁姑集又设为行政村，属汜阳区。

中华人民共和国成立后，袁姑集仍为行政村，属三区。1952年为乡，属九区。1958年，袁姑集为管理区，属杜堂人民公社。1984年1月，恢复袁姑集行政村，属杜堂乡，辖白庄、后杨庄、刘楼、袁姑集4个自然村。2012年11月，属定陶县杜堂镇。每月逢（农历）二、七为集日。2015年，该村有耕地32.7公顷，人口1868人。

冉堌集村　是冉子故里，位于定陶县城东南16千米处。

冉子名求，字子有，周文王第十子周聃季载的后裔，聃去耳为冉，故为冉姓，是孔子贤徒之一。据《冉堌村志》记载：“冉求系出于周聃季载，冉伯牛，冉仲弓三贤鼎足，世居山左”。因冉氏定居于此，故称冉山。据《冉氏族谱》记载：“汉高祖刘邦起兵至吉旺里，练兵卒于冉山南，改冉山为冉堌。”故自汉朝始称冉堌，后因冉堌成集，改名冉堌集。据《曹南文献录》和《冉氏族谱》所记，明成化十七年（1481），曹县知县邹鲁在冉堌集为冉子、冉伯牛、冉仲弓三贤合祠。明、清时期曾4次重修。三贤冉子祠在冉堌集村中心路北，分前后两院，有2个圆门相通。后院大殿3间，塑有三贤泥像，石碑数块，两侧各有配房3间。前院石碑6块，其中有“先贤冉子故里”碑1块。冉祠已荡然无存。

冉堌集在明朝年间是曹县冉堌都社。清朝年间为曹县冉堌里，辖73个自然村。1946年，冉堌划归定陶县，为定陶县第六区区公所驻地。后为乡、公社驻地。1984年1月，为镇驻地。

2015年，冉堌全村有耕地414.5公顷，5480人。村南有定（陶）砀（山）公路，村内有冉堌镇中心卫生院、冉堌镇第一中学、1座影剧院，小学1处。街道铺沥青路面，两侧设有百货、烟酒、生产、文具等门市部。村里有农机修造厂、酿酒厂、面粉厂等。每月逢单日（农历）为集日。

第二编

自然环境

ZI RAN HUAN JING

定陶县地势平坦、土地肥沃、气候适宜，属暖温带季风大陆性气候，冬冷夏热，四季分明。雨量适中，适合各种农作物生长，但在夏秋季节易发生暴雨、冰雹、龙卷风等恶劣天气，会给农业生产造成一定的损失。定陶县土地、矿产资源较为丰富。土地总面积8.46万公顷；矿产资源主要有煤炭、地热和矿泉水。其中，已探明地下煤炭总储量约7.5亿吨。境内环境污染主要有烟尘污染和废水污染。随着城市建设和工农业的发展，环境问题日益突出。1991年以后，定陶县通过对污染企业限期治理、污染物排放总量控制和关停污染严重的企业，城乡环境质量明显好转。经过多年努力，至2015年，全县工业废水排放达标率、工业烟尘排放达标率和城镇生活污水处理率分别为98.35%、99.02%和89.26%。

第一章　地质　地貌

第一节　地　质

地质构造　定陶县地质构造属于鲁西中台隆的菏泽地垒的东南边缘，与东部的成武地垒相连。西部有兰考—聊城张性大断裂经过，东部又有曹县—巨野大断裂，县内新构造活动强烈。据史料记载，自15世纪至20世纪500年间共发生过9次破坏性地震，22次有感地震。上述地质构造形态，控制着定陶的基本轮廓，决定新生代地层的形成和近代地貌形态的发育。

地层　定陶地层均为第四纪地层，下伏第三纪。第四纪地层一般属于河湖相沉积，其上部全新世地层为黄河冲基层，历史上由于黄河泛滥、冲刷、淤积，形成多个层次、厚薄不一的土质结构。岩性疏松，层理分明，主要岩性为黏土、亚黏土、亚砂土、砂土、粉砂，局部有细中砂和少量礓石，多呈灰黄色、棕褐和紫红色。在黄河冲积层的下部属河湖相沉积层，岩性多为深色淤泥并有贝壳出现。0米～4米岩性面积分布比例为：黏土102.3平方千米，占12.1%；亚黏土98.02平方千米，占11.6%；亚砂土138平方千米，占16.3%；亚砂、亚黏互层28.3平方千米，占3.35%；粉砂、黏土互层193.37平方千米，占22.85%；其他占33.8%。

第二节　地　貌

定陶地处黄泛平原，属黄河冲积扇类型。由于黄河多次决口泛滥，受地形、流速等诸因素的影响，形成高低起伏复杂的微地貌。

远古时期，定陶一带主要有菏山、左山、白土山等。古河流主要有黄河、济水、菏水、汜水等河流，虽《禹贡》有“导菏泽，被孟潴”的记载，但黄河每一决口，这几条河流便相互为患，有时则交替为主流。黄河及诸河流所带泥沙少则数尺，多则丈余，加之风雨剥蚀，人工劳作，至清朝中期，县境之内已尽成平原，古河道也多淤塞干涸，丘陵冈阜也多成为平原和小土堌堆。

地貌类型属于黄河冲积平原，全县地势西南高、东北低，高地和洼地多为东西走向和西南东北走向，呈微倾斜状。海拔高度在44～53.5米之间，落差为9.5米，平均坡降为万分之一，整体为60°的扇面，以张湾镇蔡楼一带为扇轴，南部高、洼地多为东西走向，依次往北偏转，至县西北邓集、游集、保宁一带。全县总面积846平方千米，其中，高地142平方千米，占16.8%，高地又可分为3种类型：缓坡高地75平方千米，占总面积的8.9%；河滩高地30平方千米，约占总面积的3.5%；岛形高地37平方千米，约占总面积的

4.4%。洼地共220平方千米，占总面积的26%，其中，缓坡洼地153平方千米，占总面积的18.1%；槽状洼地23平方千米，占总面积的2.7%；碟形洼地44平方千米，占总面积的5.2%。缓坡平地共484平方千米，占总面积的57.2%。

第二章　气　候

第一节　气候特征

定陶地处北温带，属季风区域大陆性气候，光照充足，热量丰富，雨量适中，四季分明。

春季，日照时间增多，白天渐长，夜间渐短，太阳辐射增强，气温回升快，风多雨少，蒸发快，湿度小，常造成春旱。由于寒潮侵袭，气候温差为常年最大，常出现冰霜和春寒。夏季，温度高，气压低，湿度大，降雨多而集中，多出现短时间过湿和内涝，也间有伏旱、冰雹和龙卷风出现。秋季，降温较快，雨量大减，形成秋高气爽的特点。降水减少，常出现秋旱（有些年份也出现秋雨连绵、过湿和秋涝）。冬季，受寒潮影响，北风凛冽，气候干冷，雨雪稀少，虽有些年份雪较大，但为数不多。

第二节　气候要素

日照　1991年至2015年，年平均日照时数2235.5小时，最多2412.2小时（1997年），最少1891.5小时（2003年）。年平均日照百分率50%（平均日照百分率，即实际日照时数与可照时数百分比）。最大值54%（1997年、1999年），最小值43%（2007年）。历年中，月平均日照百分率最大值56%，出现于4月，最小值44%，出现于7月。月日照百分率最大值71%，出现在1998年9月，最小值22%，出现在2002年12月。

气温　平均气温　1991年至2015年，全县累年平均气温为14.1℃，年平均最高气温为19.7℃，年平均最低气温为9.3℃。年较差27.5℃，年际间热量差异明显，四季分明，冷热交替。

极端温度　1991年至2015年，定陶25年间的气温极高值40.7℃，出现于2002年的7月15日；极端最低值-17.9℃，出现于1990年的1月31日。全年7月份温度最高，月平均温度26.8℃；1月份温度最低，平均温度-0.7℃。

1991—2015年定陶各月平均气温统计表

表2-2-1

项目＼月份	1	2	3	4	5	6	7	8	9	10	11	12	年均
平均气温℃	-0.5	3.1	8.6	14.9	20.3	25.4	27.0	25.5	20.8	15.3	7.6	1.4	14.1
最高平均℃	11.9	17.3	23.9	28.9	33.4	37.0	36.6	34.6	32.2	28.5	22.4	13.8	37.7
最低平均℃	-10.6	-7.8	-3.4	1.5	8.1	14.8	19.3	16.1	9.7	2.4	-3.8	-8.8	-12.1

1991—2015年定陶各月极端温度统计表

表2-2-2

月份		1	2	3	4	5	6	7	8	9	10	11	12
极端最高(℃)	气温	16.0	25.1	29.4	31.5	38.8	40.4	40.7	36.8	35.6	31.7	27.4	20.2
	日	21	13	9	30	29	13	15	15	1	1	2	1
	年	2009	1996	2013	2006	2014	2012	2002	2013	2002	1994	1991	2010
极端最低(℃)	气温	−15.4	−15.2	−8.1	−2.5	3.9	11.1	17.6	11.4	5.5	−0.9	−13.5	−15.8
	日	19	18	5	1	5	1	24	30	29	27	26	28
	年	2000	1996	1992	1997	2014	1997	1993	2009	2012	1991	2015	1991

地温　年平均地面（0厘米）温度15.8℃，7月最高29.9℃，1月最低-0.5℃。地面极端最高68.7℃（2002年7月15日），极端最低-20.3℃（2001年1月15日），平均最高为29.9℃，平均最低为8.0℃。

降水　1991年至2015年，每年平均降雨量654.2毫米。降雨集中时间分布不平衡，最多年份1188.4毫米（2003年），最少年份434.2毫米（2001年），年极差754.2毫米。各季各月降水量分布不均，降水变率大。夏季最多，秋季次之，冬季最少，春季降水实际变幅最大，整个冬、春季无雨情况也并不鲜见。一日降水量最大为236.0毫米（1993年8月4日）。平均每年暴雨2.5天，最多5天（2003年、2004年、2005年），个别年份无暴雨。雨季降水集中、暴雨较多、强度较大，雨水大部作为地面径流流失，易造成涝灾；个别年份雨季开始较晚，雨量较少，出现严重夏旱。

1991—2015年定陶逐年降水量统计表

表2-2-3

年份	1991	1992	1993	1994	1995	1996	1997	1998	1999
降水量(mm)	541.1	708.3	797.0	834.2	853.5	674.9	441.5	671.4	472.5
年份	2000	2001	2002	2003	2004	2005	2006	2007	2008
降水量(mm)	603.5	434.2	363.8	1188.4	856.6	921.4	603.5	788.0	645.4
年份	2009	2010	2011	2012	2013	2014	2015	年平均	—
降水量(mm)	657.9	739.7	702.1	544.7	471.9	607.3	672.4	654.2	—

湿度　全年各月平均相对湿度为72%，夏季湿度较大，在80%左右，秋季次之，在70%左右，冬、春季最小，为65%左右。历年中年平均相对湿度最大值为89%（2003年），最小值为52%（2009年），全年湿度的季节变化及年度差异与其降水量差异相关密切。

风　全年最多风向为南风，多发生在春、夏季，频率为10%；其次为北风，多发生在秋、冬季，频率为8%。平均风速2.2米/秒。最大风速15.8米/秒（风向西南，出现在1995年6月29日）。

雾　1991年至2015年，年平均雾日数为25.5

天，最多的一年为82天，出现在2014年。一年中，大雾主要发生在冬季。

霜 最早初霜日10月19日（1992年），最晚初霜日11月15日（2006年）；最早终霜日3月11日（2015年），最晚终霜日4月25日（1993年）。年平均无霜期206天，最长235天（2015年3月11日至11月2日），最短177天（2013年4月21日至10月16日）。最多霜日185天，最少霜日129天。

▲ 霜降 （2012年 李春阳 摄）

雪 最早初雪日11月8日（2004年），最晚初雪日1月25日（2015年）；最早终雪日12月31日（2007年），最晚终雪日4月20日（2013年）。最大积雪深度20厘米，出现在1996年2月17日。

冻土 最大冻土深度29厘米，出现于2011年2月4日。

1991—2015年定陶气象概况统计表

表2-2-4

年份	年日照时数（小时）	年日照百分率（%）	年平均地面温度（℃）	年平均相对湿度（%）	年霜日数（天）	年平均风速（m/s）	年雾日数（天）
1991	2238.2	51	15.3	76	161	1.8	16
1992	2328.3	52	15.6	74	162	1.8	29
1993	2288.9	52	15.6	74	185	1.7	18
1994	2282.8	52	16.5	74	149	1.8	18
1995	2357.3	53	15.5	69	166	2.7	23
1996	2049.7	46	14.9	72	174	2.8	37
1997	2412.0	54	16.4	72	166	2.8	21
1998	2263.7	51	16.1	74	159	3.0	24
1999	2401.8	54	16.7	70	147	2.8	21
2000	2284.1	50	16.1	74	162	2.7	32
2001	2155.0	49	16.1	72	165	2.8	24
2002	2226.1	50	16.8	69	163	2.7	13
2003	1891.5	43	15.3	75	153	2.7	27
2004	2273.9	51	16.0	71	165	2.0	16

续表2-2-4

年份	年日照时数（小时）	年日照百分率（%）	年平均地面温度（℃）	年平均相对湿度（%）	年霜日数（天）	年平均风速（m/s）	年雾日数（天）
2005	2109.0	48	15.3	70	166	2.0	14
2006	1939.2	44	16.4	74	150	2.0	21
2007	1912.3	43	16.1	75	154	1.8	18
2008	2107.9	47	15.6	71	147	1.8	23
2009	2066.4	47	15.9	72	144	1.8	17
2010	2285.7	52	15.6	67	163	2.1	3
2011	2076.2	47	15.2	68	166	2.1	23
2012	2147.4	48	15.7	73	162	2.1	20
2013	2316.9	52	16.5	70	173	2.4	19
2014	2284.6	52	16.3	70	150	2.3	82
2015	2070.4	47	15.8	71	129	2.2	76

第三节 物 候

春季 柳树最早发芽变绿；大雁经县境上空由南往北飞；家燕清明前后始见，筑巢在房檩上；蛇和昆虫，惊蛰出蛰；清明前后，冬小麦开始拔节；杏树清明前后首先开花，梨树、桃树接着开花；枣树谷雨前后发芽；谷雨前后止霜；荷叶谷雨后出水。谷雨开始蛙鸣。相关农谚有：九九杨花开，十九燕子来。枣芽发，种棉花，谷雨前后把种下。杨叶打呱嗒，满地瞎哈啦。蛤蟆打哇哇，四十天喝疙瘩。三月清明榆不老，二月清明老了榆。桃花开，杏花败，李子开花杏下来。谷雨前后，种瓜点豆。

夏季 立夏前后，布谷鸟鸣。小满前后，冬小麦开始成熟变黄，楝树开花，桑葚成熟变黑，有“小满椹子黑，楝子开花吃燎麦”的农谚。6月5日前后，芒种节气，冬小麦开始成熟收获。有农谚：芒种忙，乱打场。布谷叫，麦收到。夏至，蝉猴出洞，始有蝉鸣。伏天，天气炎热，蝉鸣不止。

秋季 立秋后，杂草普遍结籽，梧桐树开始落叶。有“立秋十八天寸草结籽”和“梧桐一叶落，天下尽知秋”之说。枣、梨、柿子果实相继成熟，农谚有“七月枣，八月梨，九月的柿子红了皮”和“七月十五枣红圈，八月十五晒半干”。晚秋农历九月，菊花开放；霜降前后，开始有霜。

冬季 初冬，蛇与昆虫入蛰，进入冬眠，有“九月九，封虫口”农谚；多数树叶黄落，野草枯黄；开始有严霜和结冰出现。冬至后，进入一年中最寒冷季节，有大雪降落和厚冰冻结。有“一九二九忙缩手，三九四九凌上走”的农谚。

附：其他物候谚语：

早看东南，晚看西北。

早霞不出门，晚霞行千里。

早晨烧霞，晚上抠蘼。

瓦片云，晒死人。

云向东，一阵风；云向南，雨涟涟；云向北，一阵黑；云向西，披蓑衣。

南北胡同去赶集，东西胡同去踏泥。

一场春风，一场秋雨。
日晕有雨，月晕有风。
星星眨眼，大雨不远。
七月十五定旱涝，八月十五定收成。
八月十五云遮月，正月十五雪打灯。
南风不过晌，过晌呜呜响。
夜雨三场下，不知哪场大。
三月怕三、七，四月怕初一，三、七、初一都不怕，就怕四月十二下，十二湿了老鸹毛，麦子水里捞。
有钱难买五月旱，六月里连阴吃饱饭。
麦子去了头，高粱没了牛。
蛤蟆哇哇叫，大雨要来到。
蚂蚁出洞蛇过道，大雨要来到。
蠓虫碰脸，下雨不远。

第三章　水　系

第一节　河　流

境内新、旧河流纵横交错，按河流形成时间可分为古代、近代和当代河流，这些河流多为季节性间歇河。古代河流均属济水流域，主要河道有济水、菏水、汜水、铁渠沟、溎水、灉水，以及后来演变而成的南渠河、中渠河、北渠河、柳河等。近代河流属淮河水系，主要有万福河、洙水河、店子河、南渠河、汜阳河、赵王河、古柳河、新冲小河、新冲大河等。当代河流属淮河流域，有洙水河、东鱼河北支（万福河）、东鱼河3大水系，这些河流皆流入南四湖，主要中型河道有12条，小型河道24条，大、中、小沟754条，河沟总长1315.3千米。2015年，境内流域面积在30平方千米以上的河流14条；流域面积在100平方千米以上的河流5条。

洙水河水系　该水系流经定陶县北部的陈集、半堤、孟海3镇，流域面积135.5平方千米，主要支流有薛寨渠、木河、汜阳河。

洙水河　古称溎河、南清河，又叫北渠河。民国初年改称洙水河。位于定陶县北边境，属季节性间歇河。历史上，由于缺乏管理，河床淤塞，汛期洪水倒流漫溢，流域内经常遭受洪涝灾害。中华人民共和国成立后，对洙水河进行5次大规模治理。至2015年，成为定陶县北部排灌结合的骨干河道。

洙水河源于菏泽市仓坊，在陈集镇西部进入县境，经陈集、半堤、孟海3镇，东入巨野县境内。县内长度28.5千米，流域面积93平方千米，除涝水位45.86米～47.1米，流量37立方米～46立方米/秒，最大排涝量63立方米/秒，河底宽5米～11米，河口宽23米～26米，河深2.8米，比降1/68785，边坡1∶3，内堤距离70米～80米。

薛寨渠　源于陈集镇齐庄，经曲丁庄、薛寨至胡海东南入洙水河，流经陈集、半堤、孟海3镇，全长10.3千米，流域面积30.3平方千米。

木河　境内开挖的新河，源于半堤镇王土楼，东流经孟海镇车刘庄入巨野境，县内长度7.8千米，流域面积44.5平方千米，因与巨野县木河相接，故称木河。该河有支沟5条，长约31千米。该河深2米，流量23立方米/秒，河底宽6米～14米，边坡1∶3，比降1/6100。

汜阳河　古时称汜水，是定陶最古老的河道之一。民国时期称杨河。新中国成立后，改名汜阳河。源于张湾镇灵圣湖，流经马集、仿山、陈集3镇，全长39千米。1958年后，全县水系调整，新挖定陶新河、菏曹运河、万福河（东鱼河北支），致使该河被截成4段，分别注入定陶新河、菏曹运河、万福河和洙水河。最大宽度14米，深1.7米。

万福河水系 原万福河水系境内流域面积718.68平方千米，占全县总面积的85%。1970年，东鱼河北支开挖，境内万福河段自孟海镇大薛庄建涵闸截流，纳入东鱼河流域，境内万福河流域减少到105平方千米，干流长度2千米，有柳林河1条支流。

柳林河 原为古菏水故道，自春秋战国至明朝一直称菏水，清朝称中渠河，之后，又称万福河、老万福河。1958年，开挖新万福河，老万福河中、下游段因在巨野柳林入新万福河，故称柳林河。源于陈集镇陈洼西南，陈洼闸上有干沟与东鱼河北支接通，经郭庄、姚庄、董小集、冯潘寺、苗堌店至白屯东南出县境，东至巨野柳林入万福河，境内共流经陈集、杜堂、半堤、孟海4镇，县内长度18.8千米，流域面积81平方千米。该河河口宽20米～30米，河床底宽4米～9米，河底深2米～3.5米，边坡1∶3.5。

东鱼河水系 是中华人民共和国成立后建立的新水系，境内流域面积603.5平方千米，占总面积的72%，除东鱼河干流外，流域面积在30平方千米以上的支流有东鱼河北支、赵王河、店子河、仿山河、定陶新河、南渠河、南坡河、古柳河、沈庄沟、菏曹运河10条。

东鱼河 流经定陶南部，东西走向，为季节性间歇河。1967年至1969年分3期施工，开挖新河，时称红卫河，上游源于东明县刘楼，东至鱼台县入昭阳湖。境内西起张湾镇大冯村，流经张湾、马集、南王店3镇的南边境及冉堌镇的中部，总长度42.5千米，境内流域面积37平方千米。该河河口宽40米～50米，河床宽29米～30米，河底深2.8米。1985年，更名为东鱼河。

东鱼河北支 流经定陶县中部，自仿山镇吴登庙，经陈集、杜堂、滨河、黄店、半堤、孟海等7个镇街，全长25千米，流域面积483平方千米，主要支流有店子河、仿山河、定陶新河、沈庄沟、南渠河。该河河口宽80米，河底深3米，最大排洪量396立方米/秒。

赵王河 是由古灉水演变而来的一条坡河，原为洙水河支流。1960年成为万福河的支流。1975年，在调整水系中，原赵王河自张湾镇大蔡楼西北改道东行，截汜阳河上段，于马集镇五里长寨东入定陶新河，成为定陶新河的支流。该河流经马集、张湾2镇，经李家分为两支，一支沿老赵王河故道向北流入菏泽市境内；一支东流入定陶新河、县内长度12千米，流域面积35平方千米。该河河口宽4.5米～21.5米，河底宽4.3米～21.4米，河深3.1米，边坡1∶3，比降1/10000。

店子河 位于定陶县西部，为西南—东北流向。该河原是洙水河上游，1960年截为万福河支流，1971年成为东鱼河北支支流。上游起于马集镇大赵庄西南地，流经张湾、仿山镇店子洼，至仿山镇吴登庙西入东鱼河北支，全长16.2千米，流域面积90平方千米。该河原发源于店子洼，故得名店子河；1971年，取“农业学大寨”之意，改名大寨河；1978年，恢复原名店子河。该河河口宽34米，河底宽3米～9米，河底高程44.5米～48.3米，河深3.6米，边坡1∶3.5，比降1/970～1/8000，最大流量58.8立方米/秒。

仿山河 古代为菏水上游，近代为中渠河上游，新中国成立后为万福河上游。1958年开挖新万福河，截断老万福河，上段改称仿山河，成为新万福河支流，后归入东鱼河北支。该河源于仿山镇姜庄北，穿菏曹运河，经仿山至裴河西入东鱼河北支，全长10千米，流域面积46平方千米，河底宽3米～4米，河底高程43.5米～44.5米，边坡1∶2.5，比降1/10000。

定陶新河 是1958年新开挖的河道，上游源于曹县黄水口，西南—东北流向，截断新冲大河、南坡河，于邓庄南入万福河，因流经定陶城北，故名定陶新河。1967年开挖东鱼河，定陶新河在马集镇李园被截断，上段入东鱼河干流，下段仍称定陶新河，该河流经马集、仿山、滨河、杜堂、黄店等镇，全长31千米，流域面积128平方千米。河口宽33米，河底宽12米～13米，河深3米，比降1/4500，防洪水位52.44米，防洪流量326立方米/秒。

南渠河　古称铁渠沟，清康熙年间（1662—1722）称南渠河，1971年改称东风河，1975年复称南渠河。源于马集镇刘庄寨北，东经天中街道至黄店镇傅楼汇入东鱼河北支，全长31千米，流域面积140平方千米，河口宽8米～38米，河床底宽3米～7米，河底深1.5米～3.5米，最大排洪量140立方米/秒。

古柳河　古称柳河，又称古河，因定陶县有“柳河春浪”古景，清末取其意，命名古柳河。源于南王店镇五里墩，经冉堌、黄店等镇的边境，东至成武大侯庄汇入南坡河；县内长度22千米，流域面积63.5平方千米，河口宽28米，河底宽3米～11米，河底高程43米，河深2.5米～3米，比降1/5000～1/9000，边坡1∶2.5～1∶3。

南坡河　西起马集镇李园，东经南王店、冉堌等镇，至冉堌镇朱楼寨里入成武境。该河为东西走向，县境内长度40.5千米，流域面积142平方千米，河底宽2米～11米，河深3米，比降1/6000，边坡1∶2.5，最大流量60.5立方米/秒。

沈庄沟　原是一条排水沟，为老万福河支流，1960年汇入新万福河，1965年改入南渠河。该河源于滨河街道前杨楼村，全长10千米，流域面积32.5平方千米，河口宽4.3米～7米，河底宽4米～6米，河底高程43米～44米，河深1.3米～2.13米，比降1/3000，边坡1∶2。

菏曹运河　是定陶县1958年沿菏商公路新开挖的一条南北河流。该河沟通了定陶县的南北水路，穿南坡河、南渠河、定陶新河、氾阳河、店子河等中型河流，南与东鱼河接通，北通东鱼河北支，可使东鱼河南水北调，东鱼河北支北水南引。全长17千米，流域面积393平方千米，河口宽23.5米，河底宽20米，河底高程45米，河深4米，比降1/10000，边坡1∶3.5。最大流量110.1立方米/秒，防洪水位海拔50米。

第二节　水　库

仿山水库　位于定陶县仿山镇仿山河上，1998年3月开工，1999年11月竣工，属小（一）型平原水库，设计库容155万立方米，调节库容139万立方米，死水位43.0米，死库容16万立方米，设计蓄水位48.0米，年供水量263万立方米，设计灌溉面积1000公顷，水库面积0.32千平方米。

刘楼水库　位于定陶县城西南1.5千米处的黄泛冲积平原上，库址东临菏曹运河和临商公路，南临定马公路。工程利用路菜园分水闸从东鱼河引黄河水，经过南坡河和菏曹运河输水至库区。库底高程40.70米，设计蓄水深11.0米，设计蓄水位51.70米，围坝轴线长5.05千米。东围坝段修建入库泵站，北围坝段修建出库泵站。刘楼水库批复概算工程量为：土方开挖824.96万立方米；土方回填50.48万立方米；砌石工程6.22万立方米；混凝土及钢筋混凝土6万立方米，防渗墙11.81万平方米，水泥土搅拌桩4762米。工程完成土方开挖820万立方米；土方回填50万立方米；砌石工程6.22万立方米；混凝土及钢筋混凝土6万立方米，防渗墙9.1万平方米，水泥土搅拌桩5000米。工程于2015年5月26日正式开工建设。

第四章　土壤　植被

第一节　土　壤

土壤类型　定陶县土壤属于潮土土类，下分2个亚类，2个土属。一是潮土亚类，潮土土属，包括69个土种，面积56577公顷，占可利用面积的86.35%，这类土壤潜水埋深在3米～5米，潜水矿化度为1克～3克/升，多分布在高地和缓坡高地的上端；二是盐化潮土亚类，盐化潮土属，包括42个土种，面积8943公顷，占可利用面积的13.65%，该类土壤潜水埋深较浅，一般在1.5米～2.5米，潜水矿化度小于10克/升，地表面有盐斑，表层为软质土壤，多分布在大型洼地边缘或缓平坡地的中、下端和洼坡地带。为了便于在农业生产上的应用，全县111个土种划分面淤蒙金地、两合土蒙地、厚面淤土、厚淤土、厚两合土、沙蒙金地、面淤金底腰沙地、两合土金底腰沙地、沙蒙银地、有底沙土、薄型土、漏沙地、飞沙地、蒙金碱地、有底碱地、蒙银碱地、无底碱地等17个类型。

成土母质类型与分布　定陶县属于黄河冲积平原，土壤母质为黄河冲积物。历次黄河泛滥及流速流向等因素的变化影响，沉积时进行了一系列的分选作用，土壤剖面形成不同质地的土壤夹层，土壤质地有松沙、紧沙、沙壤、轻壤、中壤、重壤、黏土之分。定陶县土壤含有丰富的钙质，土壤石灰反映性强，土壤呈中性至微碱性，速效磷易被钙固定；同时，黄土母质多分布在表层，且深浅不一。含钾较多的次生黏土矿物占一定比例，水溶性钾随黄水冲积汇集，土壤中钾富而磷贫。2015年，全县土壤表层质地主要有松沙土、沙壤土、轻壤土、中壤土、重壤土5种。

第二节　植　被

定陶县自然条件优越，植被丰厚，植物种类繁多。地面植被主要是人工栽培的农作物、林木、果树、花卉、藤条、牧草等，自然植被已经很少，仅限于草本植物。

农作物占植被的绝大部分，其中，主要是粮食作物小麦、玉米、高粱、地瓜等；经济作物主要有棉花；油料作物有花生、大豆、芝麻等；瓜果蔬菜类品种繁多，有西瓜、甜瓜、黄瓜、冬瓜、南瓜、丝瓜、白菜、萝卜、大葱、大蒜、辣椒、茄子等。

林木面积仅次于农作物，有用材林、防护林、农田林网、农林间作、四旁植树等，树种主要是杨树，其次是泡桐、槐、榆、柳、桑、松、柏等。定陶县林地总面积为10202.46公顷，其中，有林地7753.81公顷，占林地面积的76.00%；灌木林地82.44公顷，占林地面积的0.81%，包括国家特别规定灌木林51.19公顷，其他灌木林31.25公顷；未成林地487.87公顷，占林地面积的4.78%；全部是人工植苗造林。苗圃地1042.49公顷，占林地面积的10.215%；无立木林地830.27公顷，占林地面积的8.14%；宜林地5.09公顷，占林地面积的0.05%；林业辅助生产用地0.49公顷，占林地面积的0.005%。果树有苹果、桃、梨、杏、李、葡萄、柿子、山楂等。

花卉植物有牡丹、月季、芍药、菊花、玫瑰、木槿、美人蕉、百日红等。

灌木类有柽柳、杞柳、紫穗槐、白蜡条等。

牧草有苜蓿草、松香草等。

自然野生植物主要分布在地埂、路边或极少的荒地上。为多年生或一年生野草，有茅草、芦草、节节草、抓地秧、蒺藜、马齿苋、蒲公英、车前子、青蒿等。

第五章　自然资源

第一节　土地资源

定陶县土地资源以潮土、风沙土为主，土壤母质以黄泛冲积母质为主；地下水埋深一般在2米左右；地下水矿化度多在3克/升以下；土壤含盐量1‰以下；pH值7.1～8.5之间，呈中性至微碱性；土壤有机质含量大都在0.7%～1%左右，矿物质养分钾含量较丰富，氮、磷贫乏；土壤耕性较好，保水保肥能力较强，适合多种苗木和农作物生长。

辖区总面积8.46万公顷，其中，耕地6.22万公顷，占总面积的73.52%；城镇村及工矿用地1.49万公顷，占总面积的17.56%；交通运输3417.84公顷，占总面积的4.04%；水域及水利设施用地3857.76公顷，占总面积的4.56%；其他土地270.72公顷，占总面积的0.32%。

第二节　水资源

地下水　全县多年平均地下水位埋深3.02米，最大值为4.72米，最小值为1.48米；年平均变幅为2.14米，年最大变幅为3.54米，开采强度较大的陈集镇地下水位埋深最大，多年平均为5.03米，最大年平均7.82米，最大年变幅4.75米。

地下水大部分属于淡—咸—淡3层分带，局部属于咸—淡2层分带，其中，浅层淡水底界面埋深0～10米的面积5.3平方千米，占全县总面积的0.6%；10米～20米埋深的90.9平方千米，约占全县总面积的11%；20米～30米的223.75平方千米，约占26.7%；30米～40米的294.75平方千米，约占24%；大于50米的面积21.3平方千米，约占2.6%。

全县机井出水量大于40立方米/小时的一类富水区面积116.75平方千米，占全县总面积的13.8%；出水量30立方米～40立方米/小时的二类富水区面积480.2平方千米，占56.8%；出水量小于30立方米/小时的三类贫水区面积137.53平方千米，占16.2%；矿化度大于2克/升的微咸水区面积112平方千米，占13.2%。

地下水质大部分属于重碳酸型水，占全面积的93.2%；其次是硫酸盐型水，占5.1%；其余属氯化物型水，占1.7%。地下水酸碱度在6～8度之间，平均为7.3度，属中性水。地下水总硬度（德国度）平均33度。氨氮平均为0.198毫克/升。地下水质大都适于生活饮用和农业灌溉，但由于污水的排放和农药的施用，地下水有害元素含量逐渐增高，影响部分地区农业和养殖业的发展，造成人畜吃水困难，危害人体健康。

第三节　矿产资源

煤炭　山东省定陶县张湾地区煤炭普查项目位于定陶县张湾镇、马集镇所辖范围内，南与曹县青岗集煤炭普查项目区块接壤，勘查面积126.51平方千米，该区控制含煤面积较大，含煤面积约66平方千米，估算储量7.5亿吨。本区完成二维地震物理点7093个，完成钻孔22个，钻探工作量27383米。区内可采煤层为3煤层及其分叉区3上、3下煤层，赋存范围约66.7平方千米，估算储量7.5亿吨。厚4.95米～8.83米，平均6.92米，煤层结构简单，属稳定煤层。本井田煤类主要为1/3焦煤、少量焦煤和肥煤，灰分在10.26%～25.75%；挥发分在27.43%～36.97%；发热量在25.93～32.08MJ/kg（6200～7670大卡）；硫分在0.26%～0.84%。是优良的炼焦用煤、炼焦配煤和动力燃料等工业用煤。

地热　2004年，山东鲁南地质工程勘察院勘查出县城区以滨河街道秦河村为中心，辐射周围52平方千米为地热异常区，钻探地热井1眼，深度1230米，地热水井口温度58℃。采矿权4个，分别是怡和华庭、陶都新韵、中央新城、文鼎苑。已钻探成井13眼，其中，怡和华庭1眼、中央新城3眼、陶都新韵3眼、文鼎苑2眼、仿山旅游区1眼，东城社区1眼，天沐度假小镇1眼（勘探项目井）、秦河1眼（勘探项目井）。已投入使用的5眼，其中，怡和华庭1眼、中央新城1眼、陶都新韵1眼、文鼎苑1眼、仿山旅游区1眼。

矿泉水　境内有矿泉水厂1处，“保宁泉”牌矿泉水含有碘、锶等人体必需的微量元素。生产企业位于陈集镇保宁村，年生产能力10万桶。

第四节　生物资源

定陶地处暖温带，气候温和湿润，土地深厚肥沃，适合多种动植物生长发育，生物资源丰富。

动物资源　定陶境内野生动物资源丰富，兽类18种，分属于5个目，两栖类8种，爬行类10种；鸟类157种，分属于16个目41个科。

兽类饲养动物主要有牛、马、驴、骡、猪、羊、狗、家兔、猫、貂、鹿等；野生兽类有老鼠、狐狸、黄鼠狼、獾、野兔、刺猬等。

禽鸟类有人工饲养的鸡、鸭、鹅、鸽子、鹌鹑、画眉、百灵等；野生的优势种为麻雀、花喜鹊、灰椋鸟、大山雀、珠颈斑鸠、燕等；普通种有斑啄木鸟、四声杜鹃、金翅雀、金腰燕、黑枕黄鹂、普通翠鸟等；稀有种有金黄鹂、栗苇鳽、大鸨等。

昆虫类有桑蚕、蜜蜂、蝴蝶、蜻蜓、蝉、天牛、蟋蟀、螳螂、瓢虫、蜘蛛、蝗虫、蝼蛄、地老虎、金针虫、棉铃虫、红蜘蛛、钻心虫、苍蝇、蚊子等。

爬行动物有蛇、蝎子、蜈蚣、壁虎、蜥蜴等；两栖类有青蛙、蟾蜍等。

鱼类有8纲、17目、33科、44属60余种，多为人工饲养。主要鱼种有鲤鱼、鲢鱼、草鱼、鲫鱼、鲶鱼、鲂鱼、乌鱼、鳜鱼、黄鳝、泥鳅等；野杂鱼有麦穗、棒花、黄桑、鮥鱼、狗鱼、餐条；甲壳类有甲鱼、米虾、小龙虾、罗氏沼虾、秀丽白虾、螃蟹、大耳螺、中华园田螺、河蚌、河砚等。

植物资源　粮食作物有小麦、玉米、大豆、高粱、谷子、地瓜、绿豆、红小豆等；经济作物有棉花、花生、芝麻等；瓜果蔬菜有西瓜、甜瓜、香瓜、黄瓜、冬瓜、南瓜、苦瓜、丝瓜；西红柿、土豆、豆角、茄子、辣椒、大葱、白菜、菠菜、韭菜、卷心菜、大蒜、洋葱、萝卜、山药、茼蒿等。

林木有52科95属157种266个品种。用材林、防护林主要树种有黑杨类、白杨类、泡桐、刺槐、国槐、榆树、柳树、桑树、椿树、楝子树等；果树有蔷薇科、石榴科、柿科等7个科300个品种，树种主要有苹果、桃、梨、枣、葡萄、核桃、石榴、樱桃、木瓜、果桑等；绿化观赏林木主要树种有法桐、垂柳、白蜡、紫叶李、紫荆、海棠、樱花、大叶女贞、紫薇等。

花卉类，有木槿、海棠、月季、紫薇、玫瑰、牡丹、芍药、美人蕉、山茶花、杜鹃、君子兰、菊花、虞美人、荷花、紫茉莉等。

水生植物有芦苇、蒲草、菱角、藕荷、浮萍、茨藻、水葫芦、水花生、金鱼藻等。

野生植物主要是草本植物，多生长在河渠、

地边、路旁和荒地中，有茅草、芦草、地锦草、葛巴草、墩子草、三棱草、抓抓秧、黄蒿棵、狗尾巴棵、星星草、蒲公英、荠荠菜、苦柳、苦苦菜、扫帚菜、车前草、蒺藜、龙葵、菟丝子、藜菜、牛筋草、节节草、葎草（拉拉秧）、小蓬草、喇叭花、铁苋菜、青蒿、薄荷等。

药材资源 药材种类繁多，药材按药用部位共分10类250余种，根类有白芷、生地、半夏、党参、黄芪、山药等；果实类有山楂、银杏、瓜蒌、黑芝麻、绿豆、赤小豆、无花果等；全草类有茵陈、马齿苋、蒲公英、艾蒿、地丁、小蓟、大蓟、车前草等。

动物类有鸡内金、牛黄、蝉蜕、僵蚕、蜂房、蟾酥、土元、全虫、蝼蛄、蜂蜜等。

第六章　自然灾害

定陶的自然灾害主要是干旱、雨涝（暴雨、暴雪）、大风、冰雹和连阴雨。

第一节　旱　灾

在定陶历史上，旱灾是发生最为频繁、危害最大的自然灾害。民间有“十年九旱”“春雨贵如油”之说。自古春、夏、秋、冬四季均有干旱发生。随着引黄灌溉和人工降雨科学技术的发展，抵御干旱灾害的能力得以增强。

1997年，夏季降水明显偏少，出现百年不遇的干旱，夏季作物大幅度减产，甚至绝产。1998年，出现夏旱和秋冬连旱。

1999年，春夏季气温偏高，降水偏少，农田出现干旱。

2000年，春季干旱。

2001年，春秋干旱。

2007年，3月下旬至5月中旬，较长时间无有效降水，农田普遍干旱。

2011年，1月全月无降水，旱情持续至2月下旬的25日，对小麦越冬不利。

2011年，7月8日至22日，连续无降水，部分农田出现旱情。

第二节　涝　灾

1993年，8月4日至5日特大暴雨，日最大降雨量236.0毫米，平均降水量189.5毫米，秋作物全部受灾，部分作物绝产。

1994年，8月7日大暴雨，日降水量220.8毫米，大部分作物减产。

2004年，出现夏季涝灾，秋播期推迟，粮棉作物减产。

2005年，6月、9月，降水量明显偏多，全县平均降雨量896.7毫米。比常年同期多428.1毫米，超过平均汛期降雨的91.3%，9月，全县平均降雨量334.7毫米，是有水文资料记载的最高值，形成历史上罕见的秋涝。全县受灾人口22.7万人，直接经济损失16232万元，其中，农业经济损失14384万元，农作物受灾面积2.4万公顷，绝产5600公顷，损坏蔬菜大棚6514个，倒塌房屋1236间，损坏房屋2896间。

2006年，7月，全县多次普降大雨，累计降雨量800毫米，尤其是7月2日至3日，陈集、半堤、孟海等乡镇降雨量260毫米。全县受灾人口16万人，农作物受灾3.7万公顷，损毁蔬菜大棚500个，损毁房屋2750间，损毁桥涵230座。

2007年，8月6日至7日、30日至31日2次较大降水过程造成部分农田积水，局部内涝，棉花蕾铃脱落。

2009年，8月17日，定陶全境出现暴雨强降水天气，全县各乡镇平均降水量92.3毫米，定陶县城128.0毫米，降水时间集中，强度较大，城区与农田严重积水，农作物大面积倒伏，全县受灾总人口16530人，经济总损失3430万元。

2009年，11月11日至12日，全县普降暴雪，部分蔬菜大棚与养殖大棚倒塌，个别民房损坏，直接经济损失149万元。

2010年，9月6日至7日，全县均降暴雨，全县房屋损坏1563间、倒塌586间，有36处村庄被水围困，大棚损坏22顶，农田受灾面积2.19万公顷，受灾人口22万人，直接经济损失5518万元。

2011年，9月14日，定陶县全境遭受暴雨袭击，陈集、马集、南王店、孟海、杜堂、仿山6乡镇日降水量均超过100毫米，陈集镇最多，为150.1毫米，全县日平均降水量为104.4毫米。全县受灾人口20万人，农作物受灾面积3.53万公顷，成灾面积1.74万公顷，倒塌房屋301间，损坏房屋1139间，直接经济损失3100万元。

2012年，8月20日，全县普降暴雨，降水量为104.2毫米，低洼地积水。马集镇、天中、滨河街道等12处镇街受灾，98户倒塌房屋240间，173户损坏房屋428间，紧急转移安置人口356人，农作物受灾面积近5600公顷，成灾面积3400公顷，直接经济损失798万元。

2013年，5月26日，全县遭受暴雨袭击，局部为大暴雨，全县日平均降水量83.4毫米，日最大降水量出现在陈集镇，为105.0毫米，降水时风速较大，小麦大面积倒伏，农田短时积水，农田受灾面积5690公顷，受灾人口3.39万人，直接经济损失865万元。

2015年，11月24日至25日，定陶遭受暴雪袭击，降雪量31.7毫米，雪深24厘米，全县受灾人口5455人，作物受灾面积583公顷，成灾面积403公顷，损毁房屋34间，损毁大棚2433个，损毁厂房24座，直接经济损失共计1.9亿元。

第三节　风灾　雹灾

风灾　1995年，6月29日12时45分，境内遭受暴风、暴雨和冰雹的袭击，最大风力11级（30.6米/秒），降雨量43毫米，全县农田受灾面积2.13万公顷，折断树木80万株，倒塌房屋3124间，砸死1人，砸伤130人，砸死牲畜2315头，砸死家禽8万余只，17个乡镇高压线路、通讯线路中断。

1996年，5月26日23时，境内遭受狂风暴雨袭击，最大风力8级，风速11米/秒，降雨量平均44.7毫米，最大降雨量52毫米。全县19个乡镇465个行政村的小麦严重倒伏，有1.67万公顷小麦减产30%～50%；1.07万公顷小麦减产50%～80%，全县小麦共减产6720万千克。棉花、西瓜等经济作物受灾面积1.75万公顷。全县经济损失1.73亿元。

2010年，8月1日、4日至5日、13日至14日，境内3次遭受不同程度的雷雨大风袭击，玉米等秋

▲　被大风吹倒的树木　　（2010年　李斌　摄）

作物大面积折断、倒伏。全县损毁房屋25间，500余件家电遭雷击，农作物受灾面积1.4万公顷，受灾人口19.3万人，直接经济损失5800万元。

2013年，3月9日至10日，出现大风降温过程，9日极大风速达每秒21.0米。张湾、马集、杜堂3镇与天中、滨河2街道出现灾情，农作物受灾面积约5公顷，受损蔬菜大棚41个、养殖大棚15个，直接经济损失85万元。

冰雹 1995年，6月17日、29日出现2次降雹过程，农业生产损失严重。

2014年，5月8日7时15分至7时40分，部分镇出现冰雹，南王店、马集、仿山3镇种植的西红柿、黄瓜受灾，农作物受灾80公顷，成灾53公顷，全县直接经济损失共计90万元。

第四节 连阴雨天气

2011年9月11日至19日，出现连阴雨天气，城区及各镇街均有不同程度的灾情，全县直接经济损失5160万元。

第三编

人口与计划生育

REN KOU YU JI HUA SHENG YU

1991年，全县出生11472人，死亡2711人，净增8761人，人口自然增长率16.0‰。2000年出生6966人，死亡3690人，净增3276人，人口自然增长率5.55‰。2010年出生人口14961人，死亡4938人，增加10023人，人口自然增长率15‰，至年底，全县共有672738人。2015年，全县出生12244人，死亡4782人，净增7462人，人口自然增长率10.77‰。1991年到2015年，全县净增142424人。随着人们生活水平不断提高和医疗条件的不断完善，全县人均寿命逐年提高。2000年底，全县百岁以上老人10人。2010年底，全县百岁以上老人44人。2015年底，全县百岁以上老人72人。

第一章　人口状况

第一节　人口数量

1991年，全县总人口550079人。2000年，全县总人口589836人，比1990年增加30267人，年均增长5.3‰。2010年，全县总人口672738人，比2000年增加82902人，年均增长13.2‰。2015年全县总人口692503人，比2010年增加19765人。

1991—2015年定陶县人口数量统计表

表3-1-1

年份	户数（户）	人口（人）			在总人口中	
		合计	男	女	农业人口（人）	非农业人口（人）
1991	127178	550079	279361	270718	507426	42653
1992	145144	557829	282701	275128	513475	44354
1993	147044	561772	285430	276342	513647	48125
1994	145685	563311	288127	275184	511920	51391
1995	146900	566114	289444	276670	506175	59939
1996	149168	567277	290352	276925	504959	62318
1997	149540	569843	291773	278070	505636	64207
1998	145706	571408	292794	278614	505920	65488
1999	141643	577597	295156	282441	510775	66822
2000	162573	589836	298488	291348	518000	71836
2001	144938	596328	304240	292088	522389	73939

续表3-1-1

年份	户数（户）	人口（人）			在总人口中	
		合计	男	女	农业人口（人）	非农业人口（人）
2002	147445	601424	302791	298633	526219	75205
2003	150263	607591	308864	298727	516766	90825
2004	153716	613288	312505	300783	509029	104259
2005	163695	615424	315356	300068	513342	102082
2006	166798	632853	324341	308512	556158	76695
2007	168024	639819	328247	311572	554718	85101
2008	174328	648320	332813	315507	558004	90316
2009	174635	660427	339617	320810	553508	106919
2010	178988	672738	346462	326276	554654	118084
2011	179547	676018	349577	326441	556881	119137
2012	178020	669377	347265	322112	545935	123442
2013	181868	665633	345425	320208	495233	170400
2014	191399	686019	356692	329327	497818	188201
2015	197251	692503	360745	331758	434748	257755

第二节　人口分布

定陶县人口主要分布在农村。1991年，全县总人口550079人，其中，农业人口507426人，占总人口的92.25%，主要分布在全县19个乡镇的465个行政村、1044个自然村中；非农业人口42653人，占总人口的7.75%，主要分布在县城和乡镇政府驻地的党政机关、企事业单位、工厂、学校。1991年以后，随着商品经济的发展、市场经济的建立和全县城镇化、工业化进程的加快，城市和非农业人口逐渐增加。2000年，全县总人口589836人，其中，农业人口518000人，占总人口的87.82%；非农业人口71836人，比1991年增加29183人，增长68.42%。乡村人口497735人，占总人口的84.39%；城镇人口92101人，占总人口的15.61%。至2010年，全县总人口672738人，其中，农业人口554654人，占总人口的82.45%；非农业人口118084人，比2000年增加46248人，增长64.38%。乡村人口543994人；在该年人口普查时城镇人口128744人，占常住人口的19.13%。至2015年，全县总人口692503人，其中，农业人口434748人，占总人口的63%，比2010年减少21.62%；非农业人口257755人，比2010年增加139671人。随着全县城镇化进程的加快，2015年，城镇化率41.1%。

2015年定陶县各镇街人口情况统计表

表3-1-2

地区	户数（户）	人口数（人）			农业户口人数	非农业户口人数
		合计	男	女		
合计	197251	692503	360745	331758	434748	257755
天中街道	18608	60535	31176	29359	8579	51956
滨河街道	20847	67044	34641	32403	18227	48817
陈集镇	18300	67333	35140	32193	26804	40529
冉堌镇	24889	90047	47195	42852	71170	18877
张湾镇	14235	55423	29161	26262	38622	16801
黄店镇	22775	79402	41423	37979	63582	15820
孟海镇	12756	45994	24077	21917	33258	12736
马集镇	17223	57654	30058	27596	43404	14251
仿山镇	14977	58180	30349	27831	51293	6886
半堤镇	11347	43013	22484	20529	32903	10110
南王店镇	10010	33950	17465	16485	28656	5294
杜堂镇	11284	33928	17576	16352	18250	15678

第三节　人口密度

1991年，定陶县人口密度650人/平方千米；2000年，697人/平方千米，比1991年增加47人/平方千米；2010年，795人/平方千米，比2000年增加98人/平方千米。2015年，819人/平方千米，比2010年增加24人/平方千米。人口密度最大的是滨河街道，1363人/平方千米；人口密度最小的是南王店镇，640人/平方千米。

2010年定陶县各镇（街）人口密度统计表

表3-1-3

镇街名称	人口数（人）	面积（平方千米）	人口密度（人/平方千米）
天中街道	56626	48.7	1162.75
滨河街道	57956	49.2	1177.97
陈集镇	57727	82.5	699.72
冉堌镇	75493	126.1	598.68
张湾镇	45069	63.5	709.75
黄店镇	60417	102.7	588.29
孟海镇	35170	63	558.25

续表3-1-3

镇街名称	人口数（人）	面积（平方千米）	人口密度（人/平方千米）
马集镇	45486	69.6	653.53
仿山镇	46783	75.7	618.01
半堤镇	34391	63.6	540.74
南王店镇	24441	53	461.15
杜堂镇	26234	48.3	543.15

第二章　人口构成

第一节　民族构成

2000年，全国第五次人口普查，定陶县共有民族17个，其中，汉族551920人，占全县常住人口总数563352人的97.97%，少数民族人数较多的是回族和蒙古族，其中，回族11277人，蒙古族53人。其他少数民族分别是藏族17人，维吾尔族2人，苗族14人，彝族12人，壮族7人，布依族5人，朝鲜族7人，满族22人，侗族2人，土家族1人，哈尼族9人，拉祜族1人，景颇族2人，普米族1人。

2010年，全国第六次人口普查，定陶县共有民族18个，其中汉族554483人，占全县常住人口总数565793人的98.00%，少数民族人数较多的是回族和壮族，其中回族11236人，壮族24人。其他少数民族是：蒙古族10人，藏族1人，维吾尔族6人，苗族2人，彝族2人，布依族1人，满族12人，土家族1人，哈尼族1人，哈萨克族2人，黎族1人，景颇族3人，土族3人，羌族1人，怒族2人，其他未识别的民族1人，外国人加入中国籍1人。

2010年第六次人口普查定陶县各镇（街）民族构成统计表

表3-2-1　　单位：人

地区	常住人口																				
	合计	汉族	蒙古族	回族	藏族	维吾尔族	苗族	彝族	壮族	布依族	满族	土家族	哈尼族	哈萨克族	黎族	景颇族	土族	羌族	怒族	其他未识别的民族	外国人加入中国籍
总计	565793	554483	10	11236	1	6	2	2	24	1	12	1	1	2	1	3	3	1	2	1	1
天中街道	56495	52317	1	4168	—	2	—	—	3	1	—	—	1	—	—	—	2	—	—	—	—
滨河街道	57909	57740	2	158	—	—	—	—	3	—	6	—	—	—	—	—	—	—	—	—	—

续表3-2-1

地区	常住人口																				
	合计	汉族	蒙古族	回族	藏族	维吾尔族	苗族	彝族	壮族	布依族	满族	土家族	哈尼族	哈萨克族	黎族	景颇族	土族	羌族	怒族	其他未识别的民族	外国人加入中国籍
陈集镇	57941	51084	—	6856	—	—	—	—	1	—	—	—	—	—	—	—	—	—	—	—	—
冉堌镇	75263	75258	—	1	—	—	—	—	—	—	1	—	—	2	—	—	—	—	—	—	1
张湾镇	44975	44971	—	1	—	—	—	—	1	—	—	1	—	—	1	—	—	—	—	—	—
黄店镇	60840	60823	4	5	—	—	1	—	5	—	2	—	—	—	—	—	—	—	—	—	—
孟海镇	35301	35292	—	6	—	1	—	1	1	—	—	—	—	—	—	—	—	—	—	—	—
马集镇	45304	45294	1	4	—	1	—	—	1	—	1	—	—	—	—	—	1	1	—	—	—
仿山镇	46639	46600	—	34	—	—	—	—	2	—	2	—	—	—	—	—	—	—	—	1	—
半堤镇	34373	34371	—	2	—	—	—	—	—	—	—	—	—	—	—	—	—	—	—	—	—
南王店镇	24514	24499	1	1	—	1	—	1	6	—	—	—	—	—	—	3	—	—	2	—	—
杜堂镇	26239	26234	1	—	1	1	1	—	1	—	—	—	—	—	—	—	—	—	—	—	—

第二节 性别构成

1991年，全县总人口550079人。其中，男279361人，占总人口的50.79%；女270718人，占总人口的49.21%；男女性别比为103.19（以女性为100，男性对女性的比例）。2000年，全县总人口589836人。其中，男298488人，占总人口的50.61%；女291348人，占总人口的49.39%；男女性别比为102.45，比1991年下降0.74%。2010年，全县总人口672738人。其中，男346462人，占总人口的51.50%；女326276人，占总人口的48.50%；男女性别比为106.19，比2000年上升3.74%。2015年，全县总人口692503人。其中，男360745人，占总人口的52.09%；女331758人，占总人口的47.91%；男女性别比为108.74，比2010年上升2.55%。

2010年第六次人口普查定陶县各镇（街）常住人口性别构成统计表

表3-2-2

地区	人口数（人）		
	合计	男	女
合计	565793	285357	280436
天中街道	56626	29035	27591
滨河街道	57956	29375	28581
陈集镇	57727	29422	28305

续表3-2-2

地区	人口数（人）		
	合计	男	女
冉堌镇	75493	38925	36568
张湾镇	45069	22848	22221
黄店镇	60417	29923	30494
孟海镇	35170	17309	17861
马集镇	45486	23014	22472
仿山镇	46783	23670	23113
半堤镇	34391	17028	17363
南王店镇	24441	11894	12547
杜堂镇	26234	12915	13319

第三节　年龄构成

2000年，定陶县总人口为589836人，常住人口563352人，其中，0—4岁27038人，占总人口的4.8%，比1990年减少63.74%；5—19岁164629人，占29.2%，比1990年增长1.12%；20—44岁216469人，占38.4%，比1990年增长5.61%；45—64岁108532人，占19.3%，比1990年增长36.36%；老年人口（65岁以上）46684人，占总人口的8.29%，比1990年增长24.01%。劳动人口负担系数为48.73%，少年人口系数为36.4%，老年人口系数为12.33%。

2010年，定陶县总人口672738人，常住人口565793人，其中，0—4岁46002人，占总人口的8.13%，比2000年增长70.14%；5—19岁96977人，占17.14%，比2000年减少41.09%；20—44岁225920人，占39.93%，比2000年增长4.37%；45—64岁138987人，占24.56%，比2000年增长28.06%；老年人口（65岁以上）57907人，占总人口的10.23%，比2000年增长24.04%。劳动人口负担系数为42.17%，少年人口系数为27.62%，老年人口系数为14.55%。

对照国际划分人口类型的通用标准，60岁以上人口占总人口比例达到10%或65岁以上人口比例达到7%，作为国家或地区进入老龄化社会的标准，2000年定陶县已进入老龄化社会，至2010年，人口老龄化明显加剧。

2000年第五次人口普查时，全县有百岁老人10人，全部为女性；2010年全国第六次人口普查时，全县百岁老人44人，其中男9人，女35人。据2015年统计，全县百岁老人72人，其中男9人，女63人。

2010年第六次人口普查定陶县常住人口年龄状况统计表

表3-2-3

年龄	人口数（人）			比重%			性别比（女=100）
	合计	男	女	合计	男	女	
总计	565793	285357	280436	100	50.43	49.57	101.75
0—4	46002	26381	19621	8.13	4.66	3.47	134.45
5—9	35702	20377	15325	6.31	3.6	2.71	132.97
10—14	28206	15606	12600	4.99	2.76	2.23	123.86
15—19	33069	17918	15151	5.84	3.17	2.68	118.26
20—24	53224	26225	26999	9.41	4.64	4.77	97.13
25—29	40712	19971	20741	7.2	3.53	3.67	96.29
30—34	33089	16102	16987	5.85	2.85	3	94.79
35—39	40540	19000	21540	7.17	3.36	3.81	88.21
40—44	58355	29016	29339	10.31	5.13	5.19	98.9
45—49	44041	20711	23330	7.78	3.66	4.12	88.77
50—54	30161	15001	15160	5.33	2.65	2.68	98.95
55—59	36811	18503	18308	6.51	3.27	3.24	101.07
60—64	27974	14157	13817	4.94	2.5	2.44	102.46
65—69	19605	9731	9874	3.47	1.72	1.75	98.55
70—74	13805	6661	7144	2.44	1.18	1.26	93.24
75—79	11536	5173	6363	2.04	0.91	1.12	81.3
80—84	7960	3195	4765	1.41	0.56	0.84	67.05
85—89	3473	1164	2309	0.61	0.21	0.41	50.41
90—94	1201	361	840	0.21	0.06	0.15	42.98
95—99	283	95	188	0.05	0.02	0.03	50.53
100岁及以上	44	9	35	0.01	0.00	0.01	25.71

第四节 文化构成

2000年，全国第五次人口普查，全县6岁及其以上人口531345人，文盲、半文盲人口（15岁及15岁以上不识字或识字很少的人）36324人，占6.84%，小学以上文化程度的227242人，占42.77%；其中，小学240505人，初中181077人，高中（含中专）38944人，大专以上文化程度的7221人。每万人小学文化程度的4269.18人，比1990年增加602人；初中文化程度的3214.28人，比1990年增加530人；高中文化程度的691.29人，比1990年增加228人；大专以上文化程度的128.18人，比1990年增加95人。

2010年，全国第六次人口普查，全县6岁及其以上人口510803人，文盲、半文盲人口47632人，占9.32%，小学以上文化程度的284883人，占55.77%；其中，小学172539人，初中216538人，高中（含中专）47672人，大专以上文化程度的20673人。每万人小学文化程度的3049.51人，比2000年减少1210人；初中文化程度的3827.16人，比2000年增加613人；高中文化程度的842.57人，比2000年增加151人；大专以上文化程度的365.38人，比2000年增加237人。

2010年第六次人口普查定陶县常住人口文化程度统计表

表3-2-4　　单位：人

年龄	常住人口									
	6岁及以上人口			未上过学	小学	初中	高中	大学专科	大学本科	研究生
	合计	男	女							
总计	510803	253788	257015	53381	172539	216538	47672	15289	5112	272
6—9	26714	15189	11525	937	25303	474	—	—	—	—
10—14	28206	15606	12600	376	15980	11354	496	—	—	—
15—19	33069	17918	15151	214	3039	16851	11931	707	321	6
20—24	53224	26225	26999	498	5371	33214	8637	3995	1453	56
25—29	40712	19971	20741	455	5326	27301	4257	2313	985	75
30—34	33089	16102	16987	566	6105	20563	3358	1872	594	31
35—39	40540	19000	21540	1058	10212	23093	3491	2024	630	32
40—44	58355	29016	29339	2152	18480	31997	3743	1466	494	23
45—49	44041	20711	23330	2551	15469	20973	3745	1003	287	13
50—54	30161	15001	15160	3656	12967	9762	3097	559	114	6
55—59	36811	18503	18308	6402	18465	9057	2329	460	86	12
60—64	27974	14157	13817	6471	14576	5338	1167	361	55	6
65—69	19605	9731	9874	5999	9084	3488	730	251	48	5
70—74	13805	6661	7144	6079	5507	1652	386	152	24	5
75—79	11536	5173	6363	6722	3728	791	200	82	12	1
80—84	7960	3195	4765	5492	2005	375	56	28	4	—
85岁及以上	5001	1629	3372	3753	922	255	49	16	5	1

第五节　行业职业构成

行业构成　2000年，全县16岁以上从业人员358000人，占全县总人口589836人的60.69%，其中，男性182430人，女性175570人。从事农、林、牧、渔业人员311420人，占从业人员的86.99%；从事制造业等工业人员17550人，占从业人员的4.90%；从业建筑业人员1860人，占从业人员的0.52%；从事交通运输、仓储和邮政业人员2100人，占从业人员的0.59%；从事批发和零售贸易、餐饮业人员6620人，占从业人员的1.85%；从事其他行业人员18450人，占从业人员的5.15%。

2010年，全县16岁以上从业人员374530人，占全县总人口672738人的59.67%，其中，男性188520人，女性186010人。从事农、林、牧、渔业人员312500人，占从业人员的83.44%；从事制造业等工业人员18910人，占从业人员的5.05%；从事建筑业人员12620人，占从业人员的3.37%；从事交通运输、仓储和邮政业人员2870人，占从业人员的0.77%；从事批发、零售、住宿和餐饮业人员12140人，占从业人员的3.24%；从事其他行业人员15490人，占从业人员的4.13%。

2010年定陶县行业从业人员构成统计表

表3-2-5

职业类别	小计（人）	占在业人口%	男		女	
			人数（人）	占本行业%	人数（人）	占本行业%
农、林、牧、渔业	312500	83.44	150140	48.04	162360	51.96
采矿业	130	0.03	110	84.62	20	15.38
制造业	18260	4.88	8370	45.84	9890	54.16
电力、燃气及水的生产和供应业	520	0.14	400	76.92	120	23.08
建筑业	12620	3.37	11580	91.76	1040	8.24
交通运输、仓储和邮政业	2870	0.77	2500	87.11	370	12.89
信息传输、计算机服务和软件业	540	0.14	380	70.37	160	29.63
批发和零售业	9980	2.66	4780	47.90	5200	52.10
住宿和餐饮业	2160	0.58	1280	59.26	880	40.74
金融业	650	0.17	360	55.38	290	44.62
房地产业	100	0.03	60	60.00	40	40.00
租赁和商务服务业	330	0.09	240	72.73	90	27.27
科学研究、技术服务和地质勘查业	110	0.03	30	27.27	80	72.73
水利、环境和公共设施管理业	160	0.04	120	75.00	40	25.00
居民服务和其他服务业	1630	0.44	1110	68.10	520	31.90
教育	3890	1.04	1880	48.33	2010	51.67
卫生、社会保障和社会福利业	1700	0.45	840	49.41	860	50.59
文化、体育和娱乐业	290	0.08	200	68.97	90	31.03

续表3-2-5

职业类别	小计（人）	占在业人口%	男		女	
			人数（人）	占本行业%	人数（人）	占本行业%
公共管理和社会组织	6090	1.63	4140	67.98	1950	32.02
合计	374530	100	188520	50.34	186010	49.66

职业构成 2000年，全县16岁以上从业人员35.8万人，占全县总人口589836人的60.69%，其中，男性182430人，女性175570人。国家机关、党群组织、企业、事业单位负责人3440人，占在业人员的0.96%；专业技术人员10240人，占在业人员的2.86%；办事人员和有关人员5070人，占在业人员的1.42%；从事商业、服务业人员9970人，占从业人员的2.78%；从事农、林、牧、渔、水利业生产人员311890人，占在业人员的87.12%；从事生产、运输设备操作人员及有关人员17390人，占从业人员的4.86%。

2010年，全县16岁以上从业人员374530人，占全县总人口672738人的59.67%，其中，男性188520人，女性186010人。国家机关、党群组织、企业、事业单位负责人2960人，占在业人员的0.79%；专业技术人员8990人，占在业人员的2.40%；办事人员和有关人员4190人，占在业人员的1.12%；从事商业、服务业人员15670人，占从业人员的4.18%；从事农、林、牧、渔、水利业生产人员312130人，占在业人员的83.34%；从事生产、运输设备操作人员及有关人员30530人，占在业人员的8.15%；从事其他职业人员60人，占在业人员的0.02%。

2010年定陶县从业人员职业构成统计表

表3-2-6

职业类别	小计（人）	占在业人口%	男		女	
			人数（人）	占本行业%	人数（人）	占本行业%
国家机关、党群组织、企业、事业单位负责人	2960	0.79	2070	69.93	890	30.07
专业技术人员	8990	2.40	4990	55.51	4000	44.49
办事人员和有关人员	4190	1.12	2780	66.35	1410	33.65
商业、服务业人员	15670	4.18	8460	53.99	7210	46.01
农、林、牧、渔、水利业生产人员	312130	83.34	149980	48.05	162150	51.95
生产、运输设备操作人员及有关人员	30530	8.15	20200	66.16	10330	33.84
不便分类的其他从业人员	60	0.02	40	66.67	20	33.33
合计	374530	100	188520	50.34	186010	49.66

第六节　城乡构成

1991年，定陶县总人口为55.01万人，其中，农业人口为50.74万人，占总人口的 92.24%，非农业人口为4.27万人，占总人口的7.76%。城镇化人口为8.02万人，总人口的14.58%，乡村人口为46.99万人，占总人口的85.42%。

2000年，定陶县总人口为589836人，其中，农业人口为518000人，占总人口的87.82%；非农业人口为71836人，占总人口的12.18%，比1990年的非农业人口39000人增长了50.72%。城镇化人口为9.21万人，乡村人口为49.77万人。

2010年，定陶县总人口为672738人，其中，农业人口为554654人，占总人口的82.45%，比2000年降低5.37个百分点；非农业人口为118084人，占总人口的17.55%，比2000年提高5.37个百分点。2010年常住人口中，城镇人口为128744人，占总人口的19.14%；乡村人口为543994人，占总人口的80.86%。

2015年，定陶县总人口为69.25万人，城镇化率为41.1%，城镇人口为28.46万人，乡村人口为40.79万人。

第七节　婚姻状况

2000年，全国第五次人口普查，全县15岁以上人口425970人，占总人口的75.61%，其中，男性211610人，占49.68%，女性214360人，占50.32%。15岁以上的婚龄人口中未婚的92240人，占婚龄人口的21.65%，其中，男性50750人，占55.02%，女性41490人，占44.98%；有配偶人口308550人，占婚龄人口的72.44%，其中，男性152300人，占49.36%，女性156250人，占50.64%；丧偶人口23730人，占婚龄人口的5.57%，其中，男性7360人，占31.02%，女性16370人，占68.98%；离婚人口1450人，占婚龄人口的0.34%，其中，男性1200人，占82.76%，女性250人，占17.24%。2000年和1990年相比，全县15岁以上人口增加45632人，其中，男性增加23197人，女性增加22435人，男女性别比由98.17：100变为98.72：100。未婚人口男性增加335人，女性减少351人，实际未婚人口减少16人；有配偶人口增加47772人，其中，男性增加22981人，女性增加24791人；丧偶人口减少2404人，其中，男性减少339人，女性减少2065人；离婚人口增加280人，其中，男性增加220人，女性增加60人。

2010年，全国第六次人口普查，全县15岁以上人口447990人，占总人口的66.59%，其中，男性218130人，占48.69%，女性229860人，占51.31%。15岁以上的婚龄人口中未婚的89700人，占婚龄人口的20.02%，其中，男性50450人，占56.24%；女性39250人，占43.76%。有配偶人口327820人，占婚龄人口的73.18%，其中，男性157120人，占47.93%，女性170700人，占52.07%。丧偶人口28180人，占婚龄人口的6.29%，其中，男性8880人，占31.51%，女性19300人，占68.49%。离婚人口2290人，占婚龄人口的0.51%，其中，男性1680人，占73.36%，女性610人，占26.64%。2010年和2000年相比，全县15岁以上人口增加22020人，其中，男性增加6520人，女性增加15500人，男女性别比由98.72：100变为94.90：100。未婚人口减少2540人，其中，男性减少300人，女性减少2240人；有配偶人口增加19270人，其中，男性增加4820人，女性增加14450人；丧偶人口增加4450人，其中，男性增加1520人，女性增加2930人；离婚人口增加840人，其中，男性增加480人，女性增加360人。

2010年第六次人口普查定陶县人口婚姻状况统计表

表3-2-7　　　　单位：人

地区	常住人口														
	15岁及以上人口			未婚			有配偶			离婚			丧偶		
	合计	男	女	小计	男	女	小计	男	女	小计	男	女	小计	男	女
总计	447990	218130	229860	89700	50450	39250	327820	157120	170700	2290	1680	610	28180	8880	19300
天中街道	44340	22330	22010	10010	5780	4230	31890	15720	16170	260	150	110	2180	680	1500
滨河街道	45620	22480	23140	10670	5660	5010	32480	16030	16450	280	160	120	2190	630	1560
陈集镇	43200	20230	22970	7770	4210	3560	32590	15400	17190	90	60	30	2750	560	2190
冉堌镇	57170	28390	28780	12580	7150	5430	40720	19770	20950	410	300	110	3460	1170	2290
张湾镇	35300	17270	18030	7020	3900	3120	25760	12340	13420	160	140	20	2360	890	1470
黄店镇	48550	22930	25620	7670	4290	3380	37030	17270	19760	260	160	100	3590	1210	2380
孟海镇	28390	13500	14890	5720	3190	2530	20780	9660	11120	140	130	10	1750	520	1230
马集镇	40930	20530	20400	9140	5280	3860	28750	14020	14730	220	170	50	2820	1060	1760
仿山镇	36450	17860	18590	6420	3880	2540	27300	13110	14190	150	120	30	2580	750	1830
半堤镇	27290	13290	14000	6390	3600	2790	19160	9040	10120	120	110	10	1620	540	1080
南王店镇	19600	9160	10440	2790	1630	1160	15370	7070	8300	70	70	—	1370	390	980
杜堂镇	21150	10160	10990	3520	1880	1640	15990	7690	8300	130	110	20	1510	480	1030

第三章　人口变动

第一节　自然变动

1991—2015年间，定陶县共出生226779人，死亡90017人，净增136762人，年均增加5470人，平均出生率14.56‰，死亡率5.82‰，人口自然增长率8.74‰。其中，1991年出生11472人，出生率21‰，死亡人口2711人，死亡率5‰，自然增长率16‰；2000年出生6966人，出生率11.8‰，死亡人口3690人，死亡率6.26‰，自然增长率5.55‰；2010年出生14961人，出生率22.4‰，死亡人口4938人，死亡率7.4‰，自然增长率15‰；2015年，出生12244人，出生率17.7‰，死亡人口4782人，死亡率6.91‰，自然增长率10.77‰。

1991—2015年定陶县人口自然变动统计表

表3-3-1

年份	出生（人）	出生率（‰）	死亡（人）	死亡率（‰）	净增人口（人）	自然增长率（‰）
1991	11472	21	2711	5	8761	16
1992	10378	18.7	2451	4.4	7927	14.3
1993	6943	12.4	2749	4.9	4194	7.5
1994	5730	10.2	2985	5.3	2745	4.9
1995	5166	9.1	2968	5.3	2198	3.8
1996	4784	8.4	2872	5.1	1912	3.3
1997	5106	9	2579	4.5	2527	4.5
1998	5381	9.4	3214	5.6	2167	3.8
1999	9212	16	2783	4.8	6429	11.2
2000	6966	11.81	3690	6.26	3276	5.55
2001	6968	11.75	3021	5.09	3947	6.66
2002	6834	11.41	3471	5.79	3363	5.62
2003	7471	12.36	4771	7.89	2700	4.47
2004	6909	11.32	2996	4.91	3913	6.41
2005	6766	11.01	3630	5.91	3136	5.1
2006	7409	11.87	2047	3.28	5362	8.59
2007	7289	11.45	3111	4.89	4178	6.56
2008	7627	11.84	3579	5.55	4048	6.29
2009	12440	18.3	3126	4.8	9314	13.5
2010	14961	22.4	4938	7.4	10023	15
2011	11955	17.7	9868	14.6	2087	3.1
2012	8054	11.96	4048	6.02	4006	5.94
2013	10203	15.28	3498	5.24	6705	10.04
2014	28511	41.56	4129	6.02	24382	35.54
2015	12244	17.68	4782	6.91	7462	10.77

第二节　机械变动

1991年，全县迁入人口3938人，迁出人口3619人，净迁入319人。2000年，迁入3529人，迁出4118人，净迁出589人。2010年，迁入5626人，迁出5618人，净迁入8人。2015年，迁入5052人，迁出6595人，净迁出1543人。

1991—2015年定陶县人口机械变动统计表

表3-3-2　　　　　　　　　　　　　　　　　　　　　　　　　　单位：人

年份	迁入		迁出		净迁入
	省内迁入	省外迁入	省内迁出	省外迁出	
1991	3938		3619		319
1992	3758		3945		−187
1993	4488		4739		−251
1994	3153		4359		−1206
1995	5453		4848		605
1996	4292		5041		−749
1997	4341		4302		39
1998	3229		3831		−602
1999	4397		4697		−300
2000	3529		4118		−589
2001	2656		3528		−872
2002	3217		4085		−868
2003	3171		4593		−1422
2004	3276		5000		−1724
2005	3905		5887		−1982
2006	3356		4798		−1442
2007	5857		3346		2511
2008	3547		3175		372
2009	4592		4398		194
2010	4221	1405	4115	1503	8
2011	2988	1340	3536	1390	−598
2012	7352	980	8006	17	309
2013	9290	1012	10247	1233	−1178
2014	7619	1269	8475	—	413
2015	4273	779	5307	1288	−1543

第四章　计划生育

第一节　政策法规

生育政策　1991年以后，定陶县继续实施《山东省人口与计划生育条例》（简称《条例》），提倡和鼓励一对夫妇只生育一个孩子，对确有实际困难和特殊情况的夫妻可以允许有间隔的再生一个孩子。2002年9月，《条例》规定，夫妻可以自行选择生育第一个子女的时间，应当在生育前到一方户籍所在地乡（镇）人民政府或者街道办事处登记，免费领取《计划生育服务手册》。凡符合《条例》规定要求生育第二个子女的，经夫妻双方申请，县计划生育部门批准发给生育证，持证后方可生育。

晚婚晚育政策　20世纪90年代，国家提倡和鼓励晚婚晚育，少生优生。男年满25周岁、女年满23周岁以上初婚为晚婚，晚婚并按计划生第一个孩子的为晚育。男女双方按晚婚要求结婚的，除国家规定的婚假外，增加婚假两周；晚育的，除国家规定的产假外，增加产假两个月，增加的婚假、产假、护理假，视为出勤。对实行晚婚、晚育的农业人员，可免去一年的集体义务劳动工。2002年，对晚婚晚育的，男方增加护理假7日。增加的护理假，视为出勤，工资照发，福利待遇不变。

▲　计生政策宣传　　(2012年摄)

独生子女优待政策　20世纪90年代，生育一个孩子后采取节育措施不再生育的，经夫妻双方申请，所在单位核实，乡（镇）人民政府或街道办事处批准，发给独生子女证，凭证享受以下待遇：夫妻均为国家机关和企业事业单位职工的，每月发给独生子女保健费不少于5元；夫妻均为农业人口的，从集体提留或乡（镇）、村企业留利中每年发给独生子女保健费不少于60元；夫妻一方为国家机关和企业事业单位职工，另一方为农民的，独生子女保健费由双方所在单位各负担50%。独生子女保健费从领取独生子女证之月起，到独生子女满14周岁止。国家机关和企业事业单位职工，退休后加发百分之五的退休金（退休金为百分之百的不加发）。独生子女优先入托、入学、就医、招工，城镇分配住房、农村划分宅基地应优先照顾独生子女。1993年开始，独生子女保健费提高到每月10元。符合生育二胎条件主动不生育的，给予500元～1000元的一次性奖励。2000年后，除享受上述奖励待遇外，独生子女参加高中、技校、职业中专或招工考试时，照顾10分计入考试成绩；符合生育二孩条件，终生只要一个子女的夫妻与所在单位或乡镇签订合同后，由单位或乡镇给予不少于1000元的一次性奖励；在分配帮扶资金时，独生子女户享受比一般贫困户多20%的资金。2004年年底，县设立计划生育公益金，主要用于独生子女死亡后，其父母不再生育和不再收养子女的家庭，男年满55周岁，女年满50周岁，每人每月发放30元补助金。2009年8月，定陶县印发《关于全面建立人口和计划生育利益导向政策体系的实施意见》，符合二胎生育条例，有生育能力而自愿终生只要一个孩子的家庭，经夫妻申请，领取独生子女父母光荣证，签订合同并公证后，一次性给予不低于3000元的现金奖励。

农村计划生育家庭奖励扶助政策 2004年，山东省计生委 山东省财政厅联合印发《关于开展对部分计划生育家庭实行奖励扶助制度试点工作的意见》，规定凡本人及配偶均为农业户口或界定为农业户口、1933年1月1日以后出生、1973年至2001年期间没有违反计划生育法律法规和政策规定生育，现存一个子女或两个女孩或子女死亡现无子女，年满60周岁的农村部分计划生育家庭夫妻按每人每月不低于30元的标准发放奖励扶助金。2007年，菏泽市人民政府印发《关于对农村部分计划生育家庭提前发放奖励扶助金的意见》，规定凡本人及配偶均为农村户口或界定为农村居民户口、1973年以后没有违反计划生育法律法规和政策规定生育，现存一个子女或两个女孩或子女死亡现无子女，年满55周岁未满60周岁的农村部分计划生育家庭夫妻，以及60周岁以上的农村部分计划生育家庭夫妻，按每人每月不低于50元的标准发放奖励扶助金。当年，全县登记55—59周岁符合条件人员462人，60周岁以上人员867人，发放奖励扶助金79.74万元。2008年，山东省人口计生委、山东省财政厅联合印发《山东省计划生育家庭特别奖励扶助制度试点方案》，规定凡符合1933年1月1日以后出生，户籍在山东境内、女方年满49周岁、只生育一个子女或合法收养一个子女、现无存活子女或独生子女被依法鉴定为伤残（伤病残达到三级以上）的计生家庭，由政府发放计划生育特别家庭扶助金，扶助标准是独生子女死亡后未再生育或收养子女的夫妻，给予每人每月不低于100元扶助金，直至亡故为止；独生子女病残后未再生育或收养子女的夫妻，给予每人每月不低于80元的扶助金，直至亡故或子女康复为止。当年，审批独生子女病残家庭3个，独生子女死亡家庭18个，发放扶助金2.448万元。2009年，执行菏泽市人口计生委、菏泽市财政局联合印发的《关于实施计划生育家庭奖励扶助制度和计划生育家庭特别奖励扶助制度有关问题的通知》，对年满55周岁未满60周岁的农村部分计划生育家庭夫妻，以及60周岁以上的农村部分计划生育家庭夫妻，按每人每月不低于60元的标准发放奖励扶助金。当年，登记55—59周岁符合条件人员490人，60周岁以上符合条件人员1089人，发放奖励扶助金113.69万元。至2015年，享受奖扶人员共计2152人，发放奖励扶助金237.86万元。2009年9月以后，开始落实计划生育利益导向政策，按照申报、公示、审核、确认等程序，为遵守计

▲ 农村计生奖励政策资金发放 （2012年摄）

划生育户办理优待证，当年，全县共办理优待证23713户，其中，独生子女户13660户，农村双女计划生育户2765户。2009年7月1日起，农村合法两女户在规定时间内落实计划生育措施的，一次性发放补助3000元。

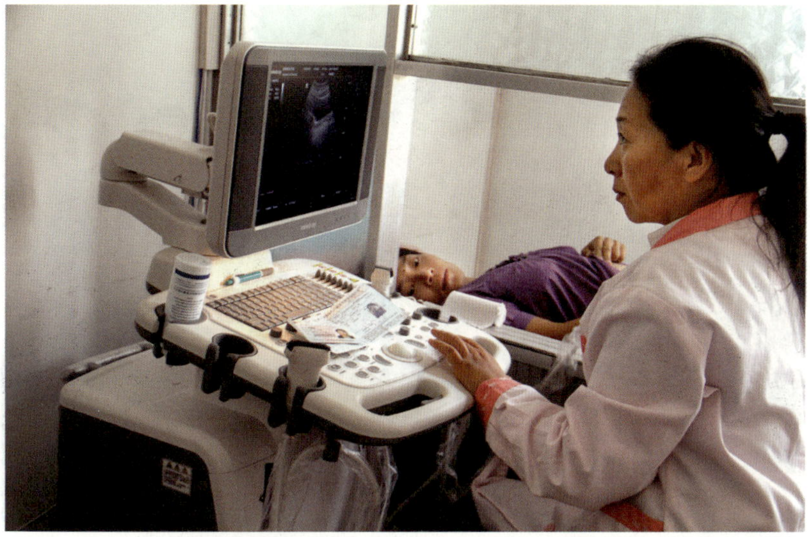

▲　计划生育查体服务　（2012年摄）

处罚政策　1991年7月，全县贯彻落实中央和省、地关于计划生育工作指示精神，对超生子女的父母征收超生费（即社会抚养费）。2001年，县委、县政府制定《关于在计划生育工作中实行责任制管理的意见》，明确村干部、乡镇及县直单位有关工作人员的责任。2002年9月，执行第二次修改后的《山东省人口与计划生育条例》，对不符合条例规定生育子女的，由县计划生育行政部门结合当事人的实际收入水平和不符合法律、法规规定生育子女的情节，按照男女双方各自的子女数分别计征社会抚养费。2004年2月，菏泽市纪委、组织部、监察局、人事局、计生委联合下发文件，决定把干部职工生育情况纳入人事档案管理。2004年5月，贯彻执行菏泽市委办公室、市政府办公室关于《菏泽市计划生育领导责任追究暂行办法》《菏泽市计划生育有关工作人员责任追究暂行办法》和《菏泽市违法生育当事人责任追究暂行办法》，对各类人员责任追究分别作出明确规定。2006年，县委办公室、县政府办公室印发《关于进一步规范干部职工计划生育档案管理工作的通知》，进一步明确干部职工违反计划生育政策法规的有关处理规定。

第二节　计划生育服务

计生技术服务队伍　1991年以后，全县各级计划生育服务组织相继建立，2002年以后，全县各乡镇计划生育服务机构逐步健全，计划生育服务队伍不断加强。各乡镇计划生育服务站均配备了专业技术服务人员，技术人员全部具有相应的执业资格，并持证上岗。至2015年，全县共有计划生育服务人员157人。县计生服务站46人，其中技术人员42人，占91%，具有执业医师、执业护士资格的专业技术人员比例80%以上；镇（街）计生服务站111人，其中技术人员90人，占81%。镇（街）服务站共有临床执业（助理）医师16人，中心计生服务站有执业（助理）医师2人，普通站有执业（助理）医师1人。县、镇（街）计划生育技术服务人员持证上岗率100%。同时，按照“年轻化、知识化、女性化”的条件，实行公开招考、择优录用，为全县324个村全部配齐妇女专职主任，组织她们全部接受了省人口学校的中专函授教育，达到中专学历，落实聘任制、目标管理责任制、工资统筹绩效制、分级分类培训制和分流退出机制“五制”管理。

节育技术服务　1991年以后，定陶县实行对生育一孩的育龄妇女放置宫内节育器，对生育二孩的育龄夫妇施行输精（卵）管结扎术。2007年，定陶县被评为“国家计划生育优质服务县”之后，对照“国优”标准，加大县、乡服务站的重建、改建和设备更新、升级力度，投资400多万元实现了县计生服务站独院办公，有2060平方米的综合服务楼；投资900多万元建设4个国家标准乡镇计生服务站，投入资金300多万元，建起120

▲ 育龄妇女免费查体

多个高标准村级服务室。配备了X光机、通液仪、B超等诊疗设备，实现装备现代化，全面开展避孕节育技术服务。并在实践中探索出“三三一〇”优质服务工作模式，在村级落实婚前、新婚、孕前、孕期、产后、避孕、优育、保健、生活生产、流动人口“十到户”服务，为群众提供全方位、系列化、个性化服务，满足群众不同时期、各个方面的需求。2012年，定陶县被列为国家免费孕前优生健康检查项目试点县之后，为保障项目顺利实施，按照《国家免费孕前优生健康检查试点工作技术服务规范》要求，全面实施免费孕前优生健康检查。

避孕药具管理服务 定陶县计划生育避孕药具管理站成立后，指导乡村两级搞好药具管理和服务。全县以建设“省村级计划生育药具管理规范化项目县”为契机，投入20多万元，为所有行政村配齐药具储存展示柜、服务箱、知识图板等基础设施。实行城区避孕药具管理体制改革后，健全有效的避孕药具管理服务网络，并加快避孕药具城乡一体化建设，畅通药具渠道。在全县12个镇（街）设立免费避孕药具发放点，在城区人口集中的地方设置6个免费发放点，8个自取箱，2个IC卡自动取套机，方便育龄群众。药具调拨全部实行微机管理，严格执行“乡（镇）领取避孕药具呈批表”制度，根据省药具管理站要求，统一启动“计划生育药具申领单”，实行避孕药具小批量跟踪管理到乡镇。2005年，定陶县被国家人口计划生育委员会授予全国人口和计划生育系统药具工作先进集体。

第三节 优生优育

定陶县按照“收集信息—科学决策—组织实施—考核评估”的工作模式，实施“民心工程”，开展计划生育优质服务。1999年，首先在姑庵乡、邓集乡、力本屯乡进行计划生育优质服务试点。2000年、2001年，开始在黄店镇、仿山乡、半堤乡、南王店乡、马集镇进行示范。在此基础上，2002年，全县范围内广泛开展计划生育“三创”活动。2004年以后，全面推行县乡搞随访、村级“十到户”的优质服务运行模式，全面实施避孕节育优质服务、出生缺陷干预、生殖道

▲ 孕前优生宣传 （2012年摄）

感染干预“三大工程”。深入开展孕前优生咨询指导、孕期保健服务、独生子女病残儿家庭生育二胎优生监护服务，建立已婚育龄妇女生殖健康服务档案，实行全程监护。建立男性参与生殖保健机制，提高男性参与意识。2012年，定陶被列为国家免费孕前优生健康检查项目试点县之后，按照《国家免费孕前优生健康检查试点工作技术服务规范》要求，投资30多万元对县计生服务站进行改造修缮，服务大厅建设、科室设置等全部达到规定标准，保障项目顺利实施；投资200万元为县计生服务站购买全自动生化分析仪、全自动化学发光免疫分析仪、高分辨率彩超等先进的医疗检查设备，全面实施免费孕前优生健康检查，确保优生优育。

第四编

经济综述

JING JI ZONG SHU

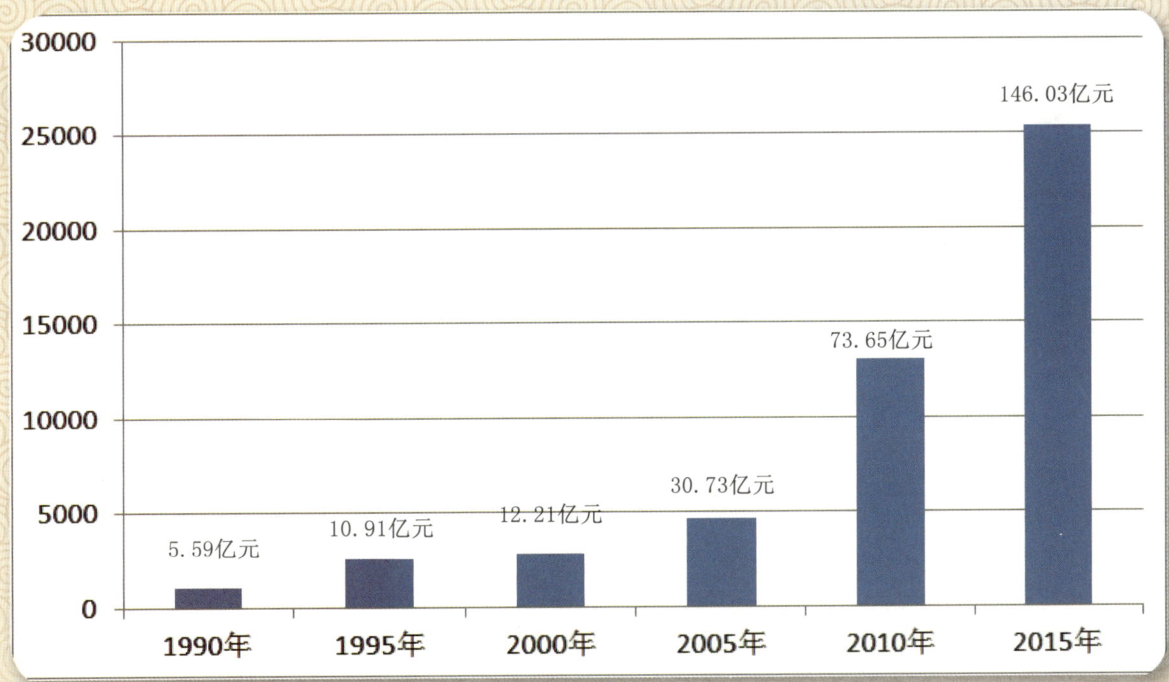

第一章 国民经济发展概况

第一节 “八五”期间经济和社会发展

综合经济实力 1995年，全县国内生产总值10.91亿元，按可比价计算，“八五”期间（1991—1995年）年均增长14.7%。5年固定资产投资累计完成7.6亿元，建成了一批大中型项目。通过“稳一、上二、加快三”经济战略的实施，一、二、三产业不尽合理的状况有了明显改善。农村经济突破以种植为主的传统模式，多业并举的局面蓬勃兴起。农，林、牧、渔业比重由1990年的32%提高到36%。乡村工业产值占全县工业总产值的比重为84%。

农业 1995年，农业总产值8.5亿元，粮食总产31.5万吨，棉花总产0.81万吨，油料总产2.22万吨，果品总产1.21万吨，肉类总产3.63万吨，水产品产量7000吨，除棉花外，均比1990年有幅度不等的增加。1995年全县乡镇工业和村及村以下工业总产值分别为5.83亿元和4.57亿元，分别比1990年增长2.3倍和1.7倍。

工业 经历了初创阶段，已进入大发展时期。1995年，全县工业总产值13.2亿元，“八五”时期年均增长13%。其中，乡及乡以上工业总产值8.64亿元，年均增长14%，利税总额3608万元，年均增长11%。

内外贸易 1995年，完成社会消费品零售总额3.56亿元，年均增长19%。“八五”期间，共兴办三资企业40家，实际利用外资1500万美元，出口商品供货值6.5亿元。

基础设施建设 京九铁路的建设，结束了定陶没有铁路的历史。菏商路定陶段、定丰路改线、定张路、定陈路等公路扩建和改造，实现了乡乡通柏油路，1995年货运量49.5万吨，客运量4.5万人次。新建、改造7座35千伏变电站、1座110千伏变电站，实现行政村全部通电。开通程控电话和移动通讯，实现国际国内直拨。

科技教育 “八五”期间累计取得重要科技成果44项，科技进步因素在经济增长中的比重达到38%。普及九年制义务教育工作已全面展开，1995年高中在校生3750人，初中在校生22912人。

居民生活 1995年，农民人均纯收入1409元，比1990年增加856元；职工人均收入3143元，比1990年增加1532元。城乡居民储蓄存款余额5.95亿元，比1990年增加4.15亿元。城乡人民居住条件、食品结构、消费结构明显改善，家用电器拥有量迅速增加。

第二节 “九五”期间经济和社会发展

综合经济实力 “九五”时期，农业突破以种植业为主的传统模式，开始向多元化的现代农业结构转变，主导产业初步形成，产业化水平有了一定提高。工业在困难中实现新的增长，发展势头良好，效益明显提高，一批骨干企业正在崛起，民营经济实现新的突破。通讯、商贸流通、服务业发展加快，逐步成为经济增长的重要力量。社会固定资产投资5年累计完成21亿元，比“八五”期间增长1.8倍。2000年，全县国内生产总值12.21亿元，年均增长2.27%。全县地方财政收入7652万元，年均增长21%。

基础设施建设 完成定砀路、东丰路、刘民路的升级改造，地方公路网建设步伐加快，公路通过能力明显提高。城市交通、通信、供水、亮化、绿化等基础设施投入大幅度提高。全县固定电话和移动电话分别为4万部和1万部，广播、电视人口覆盖率分别为100%和88%。

科技教育 5年共取得科技成果48项，8项达到国内先进水平，5项填补了国内空白，13项达到省内先进水平。教育事业发展加快，普及了九年义务教育，民办教育、职业技术有了新的发展，办学质量明显提高。

居民收入 2000年，城镇居民人均收入5257元，农民人均纯收入2091元，“九五”期间年均分别增长8.6%和8.2%。城乡居民居住条件得到显著改善，城市人均居住面积12平方米，农村人均居住面积20平方米。

第三节 “十五”期间经济和社会发展

综合经济实力 “十五”期间（2001～2005年），通过实施科教兴县、开放兴县、工业立县、民营经济富县、农业产业化和城镇化战略，全县经济综合实力明显增强。农业产业调整步伐加快，农业规模化、标准化、产业化取得新进展，初步形成一批以瓜菜、林果、畜牧为主的特色产业基地。2005年，全县实现地区生产总值30.73亿元，比“九五”末增长1.52倍，“十五”期间年均增长10.5%。第一产业增加值13.23亿元，按可比价计算，年均增长4%。医药化工、农副产品加工等工业产业初具规模，骨干企业支撑作用明显加强。第二产业增加值11.78亿元，年均增长18%。商贸物流、房地产开发等发展迅速，第三产业增加值5.72亿元，年均增长13%。民营经济发展较快，初步形成一批较具活力的民营特色产业集群。财政收入9638万元，年均增长18.8%。

基础设施建设 改编新一轮城市总体规划，完成兴华路改造提升，建设了青年路、东丰路、连接线、菏关高速连接线和东北绕城线。全面完成农村一、二期改造和域网改造。老城区商贸设施进一步改善，北苑小区等相继建设。

内外贸易 2005年，全社会消费品零售总额完成15.6亿元，年均增长19.5%；进出口总额1588万美元，比“九五”末增长2.3倍；5年实际利用外资累计3000万美元，比“九五”期间增长10倍；全社会固定资产投资累计完成74亿元，比“九五”期间增长5.5倍。

科技教育 共组织实施国家级省市科技发展计划33项，取得各类科技成果64项。“两基”（基本普及九年义务教育、基本扫除青壮年文盲）成果进一步巩固和提高，教育布局进一步优化，2005年，全县有小学139所，比2000年减少134所，小学学龄儿童入学率100%，小学毕业生入学率100%，初中毕业升入高中阶段的升学率69%。

居民生活 2005年，全县农民人均纯收入3121元，城镇居民人均可支配收入7270元，分别比2000年增加1030元和2013元。城乡居民储蓄存款余额由2000年的10.54亿元增加到2005年的18.77亿元。实现了村村通电、通电话。

第四节 “十一五”期间经济和社会发展

综合经济实力 2010年，全县地区生产总值73.65亿元，“十一五”期间年均增长17.3%。地方财政收入3.63亿元，年均增长30.4%。农民人均纯收入5780元，年均增长13.1%。实现社会消费品零售总额42.93亿元，年均增长22.1%。省市级农业产业化重点龙头企业13家，比2005年增加9家，农民专业合作社经济组织120个，比2005年增加60家；农产品标准化基地1.27万公顷。农业实现了规模化生产、区域化布局。实施工业立县战略。规模以上企业由2005年的48个增加到2010年的164个；主营业务收入由2005年的23亿元增加到2010年的142.84亿元，年均增长44%；利税总额由2005年的1.59亿元增加到2010年的17.35亿元，年均增长61%。三产服务业以项目为平台，加快打造区域商贸物流中心。服务业完成增加值18.78亿元，“十一五”期间年均增长26.8%，占国内生产总值比重25.4%。5年社会固定资产投资165.5亿元，是“十五”的3.2倍。

科技创新　5年实施市级以上科技计划项目43个，建立企业技术研发机构31家，市级以上高新技术企业新增3家，高新技术企业产能占规模以上工业的比重比2005年提高8.5个百分点。

城镇建设　编制完成县城体系规划、农村住房建设与危房改造规划、老城区控制性详细规划和绿地、水系等专项规划，完成乡镇总体规划和108个村庄建设规划，实现城乡规划全覆盖。实施重点工程32项，总投资36.7亿元。城区新增绿地面积2.69万平方米，铺设人行道8.28万平方米，安装、改造路灯2680盏，实现城区亮化全覆盖，并与菏泽市区亮化相衔接。

外向型经济　2010年，进出口总额3030万美元，其中出口总额2914万美元，“十一五”期间年均增长13.9%；累计利用外资3029万美元。

第五节　“十二五”期间经济和社会发展

综合经济实力　2015年，实现地区生产总值146.03亿元，年均增长14.6%；公共财政预算收入7.7亿元，年均增长16.2%；农村居民人均可支配收入9731元，年均增长10.9%，城镇居民可支配收入18734元，年均增长11%；社会消费品零售总额85.7亿元，年均增长13.7%；金融机构存、贷款余额分别为147.2亿元、83.2亿元，年均增长20.4%、20.5%；规模以上固定资产投资73.21亿元，年均增长8.7%。

经济结构　2015年，三次产业结构为16.34∶51.66∶32，二、三产业比重提高9.7个百分点。粮食总产量达到62.8万吨，实现“十三连增”；新型农业经营主体发展迅速，特色农产品种植面积扩大，农业生产向规模化、产业化加快转型。传化集团、九州通医药集团、稻香村食品、仙琚药业等世界500强、中国500强及国内行业龙头企业进驻定陶，规模以上工业企业达到210家，实现主营业务收入371.28亿元，年均增长20.4%；“四上”企业达到413家，纳税过千万元的企业达到16家。服务业实现快速发展，增加值达到46亿元，年均增长22.8%。

基础设施建设　城乡规划体系进一步完善，规划的控制和引领作用进一步凸显。总投资11.2亿元，对接菏泽市区的12条、110千米道路基本建成通车；润鑫产业园、中小企业园配套设施日益完善，工业污水处理厂建成并即将运行；城区实现集中供暖，居民用气价格实现与菏泽市区同价；刘楼水库建成蓄水；菏泽机场启动征地清障，即将开工建设；华电定陶电厂纳入省“十三五”规划纲要；万福河码头规划通过评审，融入市区发展的空间格局初步形成。

城乡面貌　新（改）建城区道路112.2千米，铺设雨污管网104.6千米，新增绿化面积136万平方米；开工房地产面积322万平方米，竣工面积235万平方米，新城区建设框架已经拉开，城市功能逐渐完善，城镇化率41.1%，提高11.4个百分点。小城镇基础设施、服务设施、综合开发投入不断加大，功能日趋完善。新建、改建农村公路651.5千米，改造农村电网1135.5千米，建设垃圾中转站14个，实现城乡环卫全覆盖。

社会事业　城乡居民基本养老保险、基本医疗保险和城乡低保等社保待遇水平逐年提高。新建改建中小学和幼儿园117所，山东大学附属中学定陶实验学校、新一中、新区实验中学、新区实验小学等投入使用，有效缓解了城区中小学大班额问题。改造提升城乡医疗卫生机构265个，县医院与中医院实现一体化发展，公共医疗卫生服务实现全覆盖。改造城中村、城郊村9个，改造农村危房1388户，建设各类保障房1508套，发放住房补贴2109户。铺设农村供水管网11488.74千米，农村安全饮水实现全覆盖。精准扶贫成效显著，11372户、3.5万人脱贫。

第二章　经济结构

第一节　工农业总产值结构

1991年，实现工农业总产值14.75亿元，其中，农业总产值占41.36%，工业总产值占58.66%。2015年，工农业总产值446.79亿元，比1991年增长29.29倍，其中，农业总产值占9.76%，工业总产值占90.24%。

农业总产值结构　定陶县主要从事以粮、棉、油为主的种植业，兼以林、牧、副、渔业生产。1991年，种植业产值占总产值的比重62.21%，林业产值占农业总产值的比重5.98%，牧业产值占农业总产值的比重28.77%，其他副业产值占农业总产值的比重3.04%。2015年，种植业和畜牧业产值占农业总产值的比重分别为62.89%和32.68%，种植业和畜牧业产值之和占农业总产值的比重95.57%。1995年，全县调整农业种植结构，发展“高产、优质、高效”农业，扩大蔬菜种植面积8942公顷，占种植业总面积的10.55%，产值占种植业的5.74%。2015年，全县蔬菜种植面积14552公顷，占种植业总面积的12.51%，产值占种植业的9.1%。1995年，畜牧业规模化饲养、集约化程度提高，实现畜牧业产值3.76亿元，占非粮产值的87.17%。2015年，实现畜牧业产值14.29亿元，占非粮产值的88.25%。

工业总产值结构　20世纪90年代，定陶县工业企业主要有全民所有制工业、集体所有制工业、城镇个体工业、村办及村以下办工业。1991年，全县实现工业总产值8.65亿元，全民工业占工业总产值的7.71%，县以上集体工业占工业总产值的19.62%，乡镇办工业占工业总产值的35.85%，村办及村以下办工业占工业总产值的36.82%。20世纪末，境内企业全面实行企业产权制度改革，国有资产逐步从中小企业中退出。21世纪初，定陶县推进工业化进程，着力培植优势产业，实施重点突破，医药化工、食品加工、农产品加工、林木加工等发展成为重点支柱产业。2015年，全县工业总产值403.2亿元，规模以上工业总产值371.1亿元，占工业总产值的92.04%，规模以下工业32.1亿元，占工业总产值的7.96%。

第二节　三次产业结构

结构变化　2015年，全县实现地区生产总值146.03亿元，其中，第一、二、三产业增加值分别为23.87亿元、75.44亿元和46.73亿元。与1991年相比，第一产业增加20.18亿元，第二产业增加73.47亿元，第三产业增加45.25亿元。三次产业增加值在经济总量中的比例由1990年的54.1∶26.1∶19.8，调整到2015年的16.34∶51.66∶32。第一产业所占比重由高到低，下降37.76%；第二产业比重稳步上升，增长25.56%；第三产业在徘徊中发展，由低到高，上升了12.2%。产业结构实现了由“一、二、三”型到“二、三、一”型的历史性转变。

结构特征　1990年，全县三次产业结构为54.1∶26.1∶19.8。到“八五”末，第一产业增加值占国内生产总值的比重为51.07%，第二产业占28.29%，第三产业占20.64%。第一产业占国民经济的主导地位。

“九五”末，第一、二、三产业占国民经济的比重分别为58.23%、30.48%和11.29%，与“八五”末相比，第一产业由54.1%上升为58.23%，第二产业由28.29%上升为30.48%，第三产业由20.64%下降为11.29%。第二产业稳步上升。

“十五”期间，三次产业结构逐步得到调整，三次产业的比重为43.1∶38.3∶18.6，与“九五”末相比，第一产业比重明显下降，第二、三产业对经济的拉动作用明显增强，实施“工业立县”战略的成效开始显现。

“十一五”期间，第二、三产业快速发展。2006年，第二产业的比重首次超过第一产业，实现了由一、二、三产业向二、一、三产业的历史性转变。2010年，全县三次产业结构分别为26.2∶48.4∶25.4，与“十五”末相比，第一产业下降16.9%，第二产业上升10.1%，第三产业上升6.8%。

“十二五”期间，2015年，全县三次产业结构分别为16.34∶51.66∶32，与“十一五”末相比，第一产业下降9.86个百分点，第二产业提高3.26个百分点，第三产业提高6.6个百分点。

1990—2015年定陶县产业结构统计表

表4-2-1

年份	生产总值构成（100%）			年份	生产总值构成（100%）		
	第一产业	第二产业	第三产业		第一产业	第二产业	第三产业
1990	54.1	26.1	19.8	2003	44.8	36.2	19
1991	52	27.6	20.4	2004	42	40.8	17.2
1992	48.9	32.8	18.3	2005	43.1	38.3	18.6
1993	47.6	34.2	18.2	2006	36.7	41.2	22.1
1994	52.9	31.8	15.3	2007	34.2	43.0	22.8
1995	51.07	28.29	20.64	2008	31.2	45.4	23.4
1996	57.1	27.5	15.4	2009	29.7	46.1	24.2
1997	56.7	27.2	16.1	2010	26.2	48.4	25.4
1998	56.2	27.8	16	2011	22.9	50.7	26.4
1999	55.5	28.7	15.8	2012	20.8	51.1	28.1
2000	58.23	30.48	11.29	2013	19.1	51.5	29.4
2001	52.2	29.4	18.4	2014	17.75	51.79	30.46
2002	50	31.4	18.6	2015	16.34	51.66	32

说明：表内三次产业比例数均按当年价格计算所得

第三章 经济总量

第一节 国内生产总值

1990年，全县国内生产总值5.59亿元，人均生产总值1048元。乡镇企业迅速发展，乡村工业已占工业总产值的一半以上。1995年，全县国内生产总值10.91亿元，人均生产总值1927元。“八五”时期，全县生产总值年均增长14.7%。2000年，全县生产总值12.21亿元，人均生产总值2070元；按可比价计算，“九五”期间全县生产总值年均增长2.27%。2005年，全县地区生产总值30.73亿元，比上年增长28.6%；人均生产总值4993元，比2000年增加2923元。按可比价格计算，“十五期间”生产总值年均增长10.5%。2010年，全县地区生产总值73.65亿元，比“十五”末增长1.43倍；人均生产总值10948元，比“十五”末增长1.19倍。“十一五”期间生产总值年均增长17.3%。2015年，全县地区生产总值146.03亿元，比“十一五”末增长0.98倍；人均生产总值21087元，比“十一五”末增长92.61%。“十二五”期间生产总值年均增长14.6%。

第二节 三次产业增加值

第一产业增加值 “八五”时期，农村经济结构突破以种植业为主的传统模式，多业并举的局面蓬勃兴起。1995年，第一产业增加值5.57亿元，比上年增长8.3%，占国内生产总值的比重51.05%。“九五”时期，农业开始向多元化的现代农业结构转变，主导产业逐步形成，产业化水平有了一定提高。2000年，第一产业增加值7.11亿元，比上年增加8.5%，占国内生产总值的比重58.23%，按可比价格计算，“九五”期间年均增长6%。“十五”时期，农业结构调整步伐加快，农业规模化、标准化、产业化取得新进展，初步形成一批瓜菜、林果、畜牧业为主的特色生产基地。2005年，第一产业增加值13.23亿元，年均增长8%。2010年，全县第一产业增加值19.33亿元，占国内生产总值的比重由2005年的43.1%下降至26.2%。2015年全县第一产业增加值23.87亿元，占生产总值的比重由2010年的26.2%下降至16.34%。

第二产业增加值 “八五”时期，境内工业发展速度不断加快，乡镇企业异军突起，个体私营经济发展势头强劲。1995年，第二产业增加值3.28亿元，比上年下降9.2%，占国内生产总值的比重上升为30.06%。“九五”期间，工业在困难中实现新的增长，发展势头良好，效益明显提高，一批骨干企业正在崛起，民营经济实现新的突破。2000年，第二产业增加值3.72亿元，占国内生产总值比重的30.47%，按可比价计算，“九五”期间年均增长12.3%。“十五”时期，医药化工、塑料加工、农副产品加工等工业产业初具规模，骨干企业支撑作用明显加强。2005年，第二产业增加值11.78亿元，年均增长28%。“十一五”期间，大力实施工业立县战略，强化调度和服务，促进了工业经济的快速发展。2006年全县第二产业增加值15.32亿元。2010年，第二产业增加值35.65亿元，比上年增长15.9%，“十一五”期间年均增长24.7%，第二产业在国民经济中的主导地位已经形成。2015年全县第二产业增加值75.44亿元，占地区生产总值的比重达到51.66%。

第三产业增加值　“八五”期间，发展多成分、多形式、多渠道的商品流通体制，加强市场建设，以商贸业为主的第三产业蓬勃发展。1995年，第三产业增加值2.25亿元，“八五”期间年均增长37.6%。“九五”时期，通讯、商贸物流、服务业发展加快，已逐步成为经济增长的重要力量。年均增长9.2%。2000年，第三产业增加值1.37亿元，占国内生产总值比重的11.22%。“十五”时期，商贸物流、房地产开发等发展迅速，2005年，第三产业增加值7.15亿元，年均增长13.8%。进入“十一五”时期，第三产业保持快速增长，年均增长27.5%。2010年，第三产业完成增加值18.67亿元，占国内生产总值的比重25.35%，成为拉动经济增长的重要力量。2015年第三产业完成增加值46.73亿元，占国内生产总值的比重32%，已成为拉动经济增长的重要力量。

第五编
城乡建设
CHENG XIANG JIAN SHE

20世纪90年代之后，定陶城市建设逐渐进入快速发展时期，城市面貌日新月异，基础设施日臻完善。至2015年底，城区建成区面积84平方千米；道路总长168.12千米，是1985年的10.2倍，城区人均道路25平方米；城区排水干道总长176千米，建设生活、工业污水处理厂各1座；铺设天燃气管道143.56千米；铺设热力管网35千米；铺设自来水管网80千米；建设主要道路桥梁22座；公园、广场从无到有，先后建成怡心园广场、范蠡像东北角、新河景观带、汽车站广场、陶朱广场等公园广场6处，城区居民的居住条件得到较大改善。

1991年以后，全县实施小城镇建设，乡镇驻地竞相开辟街道、拓宽路面和硬化街道，并将平房改建为楼房。2001年，全县乡镇驻地实有建筑面积185.49万平方米，其中，楼房面积10.89万平方米；街道总长度233.72千米，总面积196.72万平方米；安装路灯总数272盏；驻地总人口12.3万人。2006年，乡镇驻地实有建筑面积236.63万平方米，其中，楼房面积32.97万平方米；街道总长度490千米，总面积325.8万平方米；路灯645盏；公共绿地面积48公顷；排水管道长度247千米；驻地总人口23.3万。2015年，乡镇驻地实有建筑面积436.82万平方米，其中，楼房面积96.62万平方米，分别为2001年的2.35倍和8.87倍；街道总长度1206千米，总面积1156.1万平方米，分别为2001年的5.16倍和5.88倍；路灯3086盏；公共绿地面积400公顷；排水管道长度1086.7千米；驻地总人口32.7万人，为2001年的2.66倍。

第一章　城乡规划

第一节　总体规划

1994年，县政府委托山东省城乡规划设计研究院编制《定陶县城市总体规划（1994—2010）》，1996年，山东省人民政府予以批复。2004年，委托山东省城乡规划设计研究院对上一轮总体规划进行修编《定陶县城市总体规划（2004—2020）》，经县第十五届人大常委会第26次会议审议通过。2007年4月，菏泽市人民政府以菏政复〔2007〕21号文件批复，并由定陶县人民政府以定政发〔2007〕34号文件予以公布实施。随着经济社会的发展，原有规划已经不能适应当前经济发展，不能较好指导城乡建设的开展，迫切需要重新编修。2013年，委托山东省城乡规划设计研究院对定陶县城市总体规划进行规划评估，并完成《定陶县城市总体规划评估报告》初步成果。2014年，重新对城市职能和产业进行定位，聘请中国建筑设计研究院完成《定陶县空间发展战略研究》初稿编制，2015年，编制完成《定陶县空间发展战略研究》初步成果，将根据菏泽机场、高铁站选址情况进行最终完善。同年，完成城市总体规划实施评估工作，于5月28日经县人大常委会通过，委托深圳城市空间设计有限公司编制《定陶县城市总体规划（2015—2030）》。

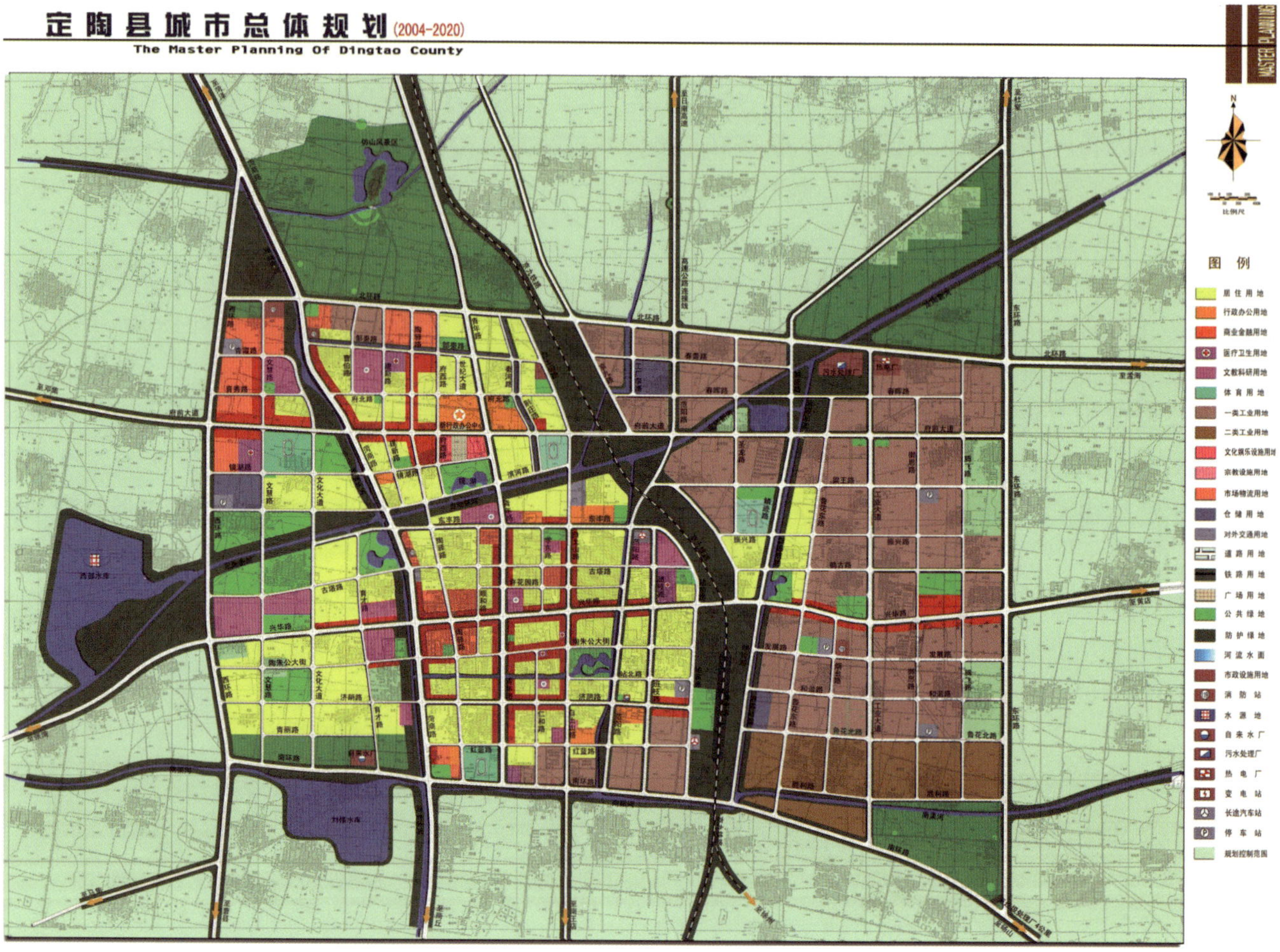

▲ 城市规划图

第二节 详细规划

2005年5月，委托烟台市规划设计研究院编制《定陶（烟台）工业园控制性详细规划》，同年6月，定陶县人民政府以定政发〔2005〕18号文件批复实施。2007年12月，委托菏泽市城市规划设计研究院编制《定陶县东部经济开发区控制性详细规划》，2008年1月，定陶县人民政府以定政发〔2008〕2号文件批复实施，完成规划成果27项，全县城市详细规划覆盖率提高到60%。同年编制完成《定陶县城新区控制性详细规划》，此规划覆盖面积7平方千米，覆盖率40%。2009年，委托上海同济城市规划设计研究院编制《定陶县中心地区城市设计》。同年3月，委托山东省城乡规划设计研究院编制《定陶县老城片区控制性详细规划》，5月，定陶县人民政府以定政字〔2010〕21号文件批复实施，完成老城区地形图。在新城区城市规划设计中，推行方案征集制度，有5家双甲级规划设计院参与新区城市设计方案竞争，按照优中选优的原则，选定上海同济规划研究院编制的《新区中心地区城市设计方案》以定政发〔2010〕18号文件批复实施。全县建成区详细规划覆盖率100%，完成中央新城南区、滨河春天小区、陶都新韵小区、定陶新河景观规划设计，对新区40余千米道路规划定桩，新区建新路、府北路、镜湖路、滨河路的设计、定线测量工作。

2013年7月，委托山东省城乡规划设计研究院编制《定陶县西部城区概念性规划》，规划范围为菏商路以西至西外环，覆盖面积10.5平方千米。同年11月，委托山东省食品发酵工业研究设计院编制《定陶润鑫产业园总体规划（2014—2023年）》。根据全县产业现状，初步规划了新兴产业园区、润鑫产业园区、中小企业工业园区等3大产业园区。其中，新兴产业园区位于菏泽东部工业园东侧，紧临上海路，北起长江路，南到万福河，在高速连接线和日南高速之间，与菏泽市区工业企业相连，规划产业园区总面积15.2平方千米，总用地1520公顷，扣除村庄和基础设施用地后可利用土地1000公顷。2014年5月，定陶县人民政府以定政复〔2014〕22号文件批复实施。2013年12月，委托山东省城乡规划设计研究院编制《定陶县新型农村社区布局规划（2013—2020）》。2014年，有6个新型农村社区的规划编制完成，15个新型农村社区规划通过县政府批复。2015年7月，委托山东建大建筑规划设计研究院编制《定陶县及各乡镇加油加气站布点规划（2015—2025）》。同年8月，委托菏泽市城市规划设计研究院编制《定陶县中小企业园总体规划》，并开展相关配套设施规划。

第三节　专项规划

2009年3月，委托山东省城乡规划设计研究院编制《定陶县城市消防规划》《定陶县城市绿地水系系统规划》。2010年5月，定陶县人民政府以定政字〔2010〕22号文件批复实施。编制完成定陶县北环路城市绿化带、府前大道、青年路地下管网设计和老城区兴华路、陶驿路和菏商路提升改造设计，为城市建设提供了依据。2012年7月，委托山东省城乡规划设计研究院编制《定陶县城区排水工程专项规划（2011—2020）》，定陶县人民政府以定政复〔2012〕53号文件批复实施。进行菏曹运河生态治理工程规划方案调整、效果图设计和施工图设计，推进菏曹运河生态河项目实施，设计河道长度10.8千米，面积232.35公顷。2012年8月，委托山东省城乡规划设计研究院编制《定陶县环境卫生专项规划（2012—2020）》《定陶县燃气专项规划（2012—2020年）》，围绕“民生为先”，对全县范围内的交通、电力、燃气、供热等公共服务设施进行统筹规划。2012年8月，定陶县人民政府以定政字〔2012〕63号文件批复实施。2014年4月，委托山东建大建筑规划设计研究院、北京锐政旅景建筑规划设计院编制《定陶县服务业发展中长期规划》《定陶县乡村旅游发展总体规划》，2014年10月，定陶县人民政府以定政字〔2014〕23号文件批复实施。2015年2月，委托山东省城乡规划设计研究院编制《定陶县城区供热专项规划（2015—2030年）》，同年11月，定陶县人民政府以定政复〔2015〕71号文件批复实施。

第四节　村镇规划

2003年12月，委托山东省城镇规划建筑设计院编制《定陶县张湾镇总体规划（2002—2015）》，2005年，县政府以定政字〔2005〕22号文件批复实施。2008年，定陶县被列为全省村镇规划编制试点县，争取省专项补助资金78万元，对7个乡镇总体规划和50个村庄建设规划编制，对5个乡镇完成乡镇驻地和63个村庄的现状图测绘，总面积35平方千米。2009年，围绕农村危房改造和新农村建设，聘请菏泽市城市规划设计院编制完成《定陶县农村住房建设与危房改造规划》，根据此规划，农房集中连片建设或改造项目完成定陶镇的张河、李线庄，仿山乡的张秀雨、高河、顺河集，张湾镇的蔡楼，南王店乡的田楼、孟庙，半堤的周庄，陈集的前沙海，杜堂的辘湾等10个村庄建设规划及其他21个示范村庄建设规划。2011年，推进城乡一体化建设，编制完成孟海镇、杜堂乡、南王店乡、仿山乡、黄店镇、半堤乡、马集镇等11个乡镇总体规划方案，进行陈集镇、冉堌镇和张湾镇3个中心镇控制性详细规划，编制完成中心村规划和整村建设改造规划179个。2013年，陈集镇总体规划经过省专家评审，并经省政府批复实施。冉堌镇已完成总体规划修编方案；张湾镇总体规划完成初步方案；完成乡镇控制性详细规划。组织有关专家对山东省城乡规划设计研究院规划的《陈集镇镇区控制性详细规划》方案进行评审，规划成果修改完善；对《冉堌镇镇区控制性详细规划》进行初步审查；黄店镇完成市民广场设计；完成23个新型农村社区建设详细规划编制工作，孟海镇许楼社区等15个新型农村社区，经县政府批复实施。2015年，编制完成《冉堌镇总体规划》《张湾镇总体规划》，《冉堌镇总体规划》成果通过省建设厅专家评审，被山东省住房和城乡建设厅评为新增示范镇总体规划三等奖。编制铁渠庙社区、魏庙社区2个新型农村社区建设规划。

第二章　市政建设

第一节　道路　桥梁

道路　1991年前，定陶城区只有城中街、隅首街、和平街、府前街、白土山路、学东路、陶驿路、青年路、菏商路、建华路，之后，陆续进行拓宽和延伸，不断进行升级改造。1991年，修建和延伸青年路，道路宽度由原来的15米扩建到24米，红线控制宽度50米；修建和延伸陶驿路，路宽13米，柏油路面宽9米。1995年，新修济阴路城区段，路宽15米。同年，改造古塔路，宽度18米，柏油路面12米。1998年，拓宽和延伸兴华路中段，向东延伸1400米。道路红线宽度45米，柏油路面宽30米。同年，修建东丰路，侧铺柏油路面宽15米。2007年，修建府前大道，红线控制宽度60米，柏油路面30米。2008年，修建府北路、郜秦路、建新路、镜湖路。2009年，提升改造东丰路，柏油路面30米。2011年，修建环湖路、滨河路，路宽14米；修建站前路，路宽18米；修建连接线，宽15米。2012年，提升改造兴华路，兴华路改造工程共分为东段、中段和西延工程3段，全长4100米，总投资2700万元，包括道路工程、人行道铺装工程、管网工程、强弱电入地工程、绿化工程和清淤工程。陶驿路是连接新区和老城区的主干道之一，贯通了陶驿路南北路段，老城区段综合改造工程全长2100米，总投资820万元。北段长800米，规划设计路面宽度为30米，两侧各10米绿化带。定陶新河景观带上建设景观桥1座，总投资2000万元。拓宽改造城区东西方向的主干道东丰路，红线宽50米，自菏商路至定陈路，全长3030米，总投资4500万元，两侧共拓宽快车道15米，并对快车道进行整体罩面，面积9.09万平方米，配套内径1米的雨水管网6060米，配套污水管网3030米，两侧硬化人行道，宽度共15米，硬化面积4.55万平

▲ 兴华路西段　（2015年 叶宏 摄）

▲ 府前大道

方米，改造两侧隔离带各4米。对府前大道进行雨污管网配套，府前大道是新城区东西方向的主干道，西起菏商路，东至东丰路，全长3700米，规划道路总宽84米。工程包括道路工程、人行道铺装工程、绿化工程和路灯安装工程，总投资2650万元。其中，新建慢车道4.5万平方米，新铺装花岗岩人行道。对青年路南段（定陶县老城区定砀路与济阴路之间）进行改造，包括人行道铺装、沿街绿化及健身广场建设，总投资138万元。整个改造工程总长度1100米，其中，人行道铺装工程6600平方米，土方工程量5000立方米，健身广场395平方米。对新区道路基础设施进行配套，包括新区府北路、建新路、陶驿路、镜湖路、郜秦路等5条道路的供、排水配套、强弱电燃气管道入地、人行道铺装及绿化、亮化等，总投资约3000万元。新修站前路，站前路是定陶县城市总体规划的一条南北向主干道，南北长1200米，规划道路红线宽45米，一块板，中间21米快车道，两侧各5米人行道，7米绿化带，配套建设供水、供电、路灯、弱电和两侧雨水管，概算投资1200万元。对济阴路进行提升改造，济阴路是贯穿县城东西方向的一条主干道，全长3300米，规划红线宽50米，建设内容主要包括两侧雨污管涵的铺设，快车道拓宽，整体罩面及绿化亮化等工程，工程概算投资3000多万元。对陶朱公大街进行提升改造，全长2314米，投资600多万元，共挖补路面2000平方米，铺设混凝土沥青2.88万平方米，清淤下水道4000米，铺设路沿石4500米，铺设人行道面积1.6万平方米，安装路灯58盏，同时完成弱电入地、绿化等工程。弱电入地工程共铺设光缆29.8千米，投入资金54.5万元，其中县财政投入9.6万元。对青年路北段进行提升改造，青年路是城区南北方向主干道，红线宽45米，全长2400米，其中，快车道宽29米，两侧人行道各宽8米，绿化带各宽15米，投资1800万元，快车道拓宽3.36万平方米，路面罩面面积3.6万平方米，新建绿化带7.2万平方米，硬化人行道面积3.84万平方米，改造路灯96盏。2014年，修建广州路，上海路、仓南路、漓江路、春蕾路、麟迹路，对连接线提升改造，扩宽到30米。提升改造东外环、北外环。同年，老城区完成隅首路、和平路、府前路等3条街道的提升改造。其中，隅首路基础挖补298平方米，铺设沥青路面3200平方米，铺设路沿石800米，铺装人行道1200平方米；和平路基础挖补4500平方米，铺设路沿石3200米，铺设沥青路面1.49万平方米；府前路基础挖补800平方米，铺设沥青路面4900平方米，铺设路沿石1200米。完成定砀路至定陶二中南墙段道路加宽工程，道路路面向东加宽8米。完成青霞路建设工程、青年路路口人行道铺装4500平方米以及东丰路（铁路桥至东外环段）绿化工程。至2015年，城区道路增加到54条，其中，新建道路（主要在开发区）10条。城区道路总长由1985年的35千米增加到2015年的125.45千米，增长3.58倍，城区人均道路27平方米。新建城市主干道全部为沥青路面，快车道宽度都在30米以上，最宽的40米以上。城区主次干道红绿灯、交通隔离护栏、交通标示线、交通岗亭、交通站亭等交通设施齐全。同年，定陶县被评为全国平安畅通模范县。

桥梁 1991年，定陶城区桥梁较少，经过10余年的发展，至2007年，县城区有张河桥、兴陶桥、定张公路桥、八大寨桥、王洪庙桥、药

▲ 新河桥 （2013年摄）

厂南小桥、二中桥、郑庄桥、鲁花西路桥、三里井桥、东丰路桥、陈小楼桥、新河桥、郭庄排水沟桥、南护城河桥、范蠡像桥、东门桥、东护城河桥、建华路桥、三中桥、南门桥、南塘桥、站前路桥等桥梁25座，多为单孔拱桥，全为砖石结构。2012年，新建陶驿桥、仿山河桥。2015年，城区共有桥梁29座，其中，新修、改建7座。

第二节 绿化 照明

绿化 1991年后，每年植树节期间，县委、县政府组织全县干部职工参加城市义务植树活动。1992年8月，《中华人民共和国城市绿化条例》实施后，城市绿化水平显著提高。2005年，实行绿化承包责任制，完成6万平方米绿地养护及4200平方米的绿篱修剪和行道树的管护工作。2010年，完成府前大道综合配套工程，建绿化面积16万平方米，铺花岗岩人行道2.9万平方米。并对兴华路东西段进行提升改造工程，绿化面积1.56万平方米。青年路完成绿化面积1.09万平方米，栽植各种乔灌木2200棵。至年底，全县城区绿地面积370余万平方米，建成区绿化覆盖率和人均公共绿地面积分别为34.58%和4.37平方米。2012年，升级改造菏商路，主要包括菏商路城区段（南起定砀路口、北至张河桥）的亮化、绿化、硬化、西侧林荫路的铺设、仿古亭廊景观的建设和沿途户外广告牌的治理、各种弱电的入地迁改，工程总投入742.3万元，其中，县财政投入695万元。菏商路东侧人行道改建、花池边蘑菇石砌筑、西侧林荫道铺装、绿化、景观灯亮化、石雕景观、仿古游廊等7项主要工程，共16个标段；东侧人行道改建共破除旧路面11720平方米，新铺人行道5553平方米，铺设外沿石5023米；花池边蘑菇石砌筑长度5342米；西侧林荫道铺设长度1600米；绿化总面积12000平方米；石雕景观工程包括定陶新八景石亭8座、石游廊40米、石栏杆226米、石排椅60个、石凳10个、十二生肖石雕1组；两个仿古游廊总长度88米。菏商路兴陶桥两侧小广场面包砖铺设2200平方米、栽植大叶女贞19棵、五角枫22棵、垂柳54棵，菏商路两侧破损

▲ 菏商路仿古亭廊 （2012年 叶宏 摄）

▲ 城市雕塑 (2013年 车刚 摄)

路沿石补栽长度500米，路西侧原花砖补铺2200平方米。工程总投入约330万元。

照明 20世纪90年代，县路灯管理所刚成立时，城区路灯很少，没有专门灯杆，均安装在电线杆上，且时常断电。2000年，城区路灯增加到370盏，主要集中在城区主干道北关街、西关街等。2005年，城区路灯638盏，全部为新光源高压钠灯。电缆线路18千米，架空线路5千米。路灯控制方式为时空表控制。2010年，公园、广场、主要区段绿地、城区主要跨河桥梁等实施了景观亮化建设。景观灯亮化共完成兴陶桥亮化、景观灯44盏、射灯41盏、公园灯69盏、太阳能灯6盏；菏商路路灯更新安装工程共安装双臂灯119盏、单臂灯317盏、箱式变压器10台、架空高压线300米、入地高压线600米、路灯电缆2.5万米。同时，主次干道两侧高层建筑物、企事业单位、沿街门市门头广告、行道树、广播电视塔、开发区居住小区建筑等全部实施美化、亮化立体包装。每到春节、元宵节等传统佳节，街头绿地、城市重要出入口等城市节点被流星雨、LED灯光网片等装饰一新。城区路灯控制开关由原来的手动改为微电脑自动开关，能根据日落日出时刻自动控制开关时间。2014年6月，县城区路灯管理移交给县城市管理局管理，成立县城市管理局路灯管理所，配备管理人员5人。城区路灯采用市场化运作，由北京风光动力科技有限公司负责道路照明的施工、维护，成立菏泽方欧市政工程有限公司，工作人员25人，14米平台作业车1台，吉普巡查车1台，8吨吊车2台，叉车1台，风暴螺丝机2台，钻孔机1台。当年，路灯共2547盏，灯头数量共3500盏，实际亮灯数共1958盏。至2015年底，新增路灯2000盏，改造路灯660盏。城区亮灯率95%，主次干道亮灯率98%，维修及时率95%，设备完好率100%。

▲ 老城区夜景 (2007年摄)

第三节 供 水

城区自来水全部利用地下水。1991年，自来水公司有深井5眼，日供水能力不足0.4万立方米。供水管网总长度约10.1千米，管道所用材料主要是铸铁管和水泥管，由于使用年限较长，跑冒滴漏情况较为严重，供水压力偏低，全城供水普及率50%。1992年，新铺主管道1.4千米，维修更换老旧管道0.5千米，供水量年增长近10%。1993年，为满足城东郊火车站及周边居民的用水，在济阴路东段打深井1眼，下半年又在针织厂内打深井1眼，并安装供水主管网1600米，日供水能力提升至0.5万立方米。1995年，新增供水管网3.2千米，更新管网1.5千米，供水普及率提高到60%。1997年，为满足日益扩大的用水需求，安装PVC供水管网12.7千米，分别在城区供水能力薄弱的地方打新井3眼，首次采用变频技术，实现24小时供水。2000年，在自来水公司院内和潘庄打680米深井2眼，城区供水管网总长度26千米，用水人口4.5万人，供水普及率65%，开始向烟台工业园供水。2003年，随着城区发展规模的不断扩大，新城区向北发展，又在仿山打深井1眼，在开发区主要道路铺设供水管网，与艺达等企业签订供水协议，完成新老城区的管网对接，定陶新、老城区实现供水一体化。2006年，经省计委批准，投资500万元，建成日供水能力1万吨水厂，改善供水设施。城区内绝大多部分居民已使用自来水的同时，开始向周边村庄延伸供水，先后对定砀路南侧的吴庄、郑庄等，菏商路西侧的赵庄等，鲁花东路东的三里井等，北外环以北的仿山村等实现自来水供应。2010年后，本着先地下后地上的原则，先后铺设供水主管网近20千米，收购三垒塑业、九发公司、路达电子、艺达家纺深井4眼，并全部配套使用，日供水能力达到2万立方米，实际供水能力突破1万立方米。2014年，建设独立的水质化验室，具备日检10项常规检测能力。至2015年底，共铺设DN100以上供水管网76千米，主管网覆盖范围东到东外环、西到西外环、南到定砀路、北到仿山（广州路—游集路口），供水面积达30余平方千米，用水人口约10万人，供水普及率90%以上。

第四节 排 水

城区的排水河主要有东护城河、南护城河、定陶新河、菏曹运河、南渠河、四级河网等。其中，定陶新河是新城区及老城区东丰路以北大部分区域的排水通道；南护城河是陶朱公大街以南城区排水河道。排水管道有管网排水管道、砖砌排水管道、管网砖砌相结合排水管道3种。2005年，投资20万元疏通陈小楼排水沟、郭庄排水沟、东丰路南侧排水沟3200米。投资42万元修建青年路西侧下水道573米，投资110万元修建古塔路中段北侧下水道1400米。至年底，城市排水管道长度达17千米。2012年，对全县新老城区的雨污管网进行拉网式排查，按照“最直接、最有效、最管用”的原则，利用上级下拨的近1000万元管网资金，采取“堵、疏、提”的方式，先后

▲ 陈小楼截污闸 （邵贤杰 摄）

▲ 第二污水处理厂 （邵贤杰 摄）

实施东丰路与府前大道联通顶管工程、陶驿路与东丰路联通顶管工程、新河桥东侧污水提升泵站工程、定陶新河南岸（铁路以东至污水处理厂）管网清淤工程、东护城河北段污水引流工程、新建南关节制闸、新建县二中污水处理站、菏白线管道铺设、菏曹运河城区段污水截流工程等9项污水管网配套工程，解决部分区域污水直接排放，提高了污水管网负荷运行率。2014年，共铺设雨污水管网8590米，建设完成陈小楼、郭庄排水沟截污闸，完成菏曹运河一体化提升泵站，有效提高了城区污水的收集率，完成兴华路、古塔路、范阳路等道路下水道以及陈小楼排水沟、郭庄排水沟等清淤8200余米，确保城市安全度汛。2015年，完成府前大道西延管网工程，铺设雨水管网3200米，铺设污水管网1600米，建污水提泵站1座，配备变压器1座；完成盛阳路雨污管网施工，铺设雨水管网1.04万米，铺设污水管网5200米；完成润鑫化工污水管网4300米，建污水提泵站1座，配备变压器1座；完成兴华路西延铺设雨污管网工程，铺设雨水管网3200米，铺设污水管网1600米。

第五节 广 场

2005年后，城区共建怡心园广场、范蠡像休闲广场、新河景观带、汽车站广场、陶朱广场、镜湖公园6处公园广场及1处音乐喷泉。

范蠡像休闲广场 位于定陶县济阴路与范阳路交界处，总面积7900平方米，其中，土方工程4000立方米，硬化面积3200平方米，绿地面积4700平方米，安装广场灯21盏，新建长廊31米，新栽乔木150棵。

新河景观带 定陶新河景观带工程位于定陶新区和老城区结合部，西起菏曹运河，东至京九铁路，全长2600米。现状河口宽60米，两侧各建设60米宽绿化景观带，建设用地面积31.2万平方米，景观规划设计方案由北京城市建设研究院编制，该工程主要有广场、铺装、水体、亭廊、小品、灯光亮化等内容，其中，绿化工程18.7万平方米，铺装及硬化工程12.5万平方米，水体工程15.6万平方米，灯光亮化工程埋设电缆5200米，安装景观灯、草坪灯250盏，另有橡皮坝、小景点及附属设施等。

▲ 新河景观带 （2014年摄）

▲ 镜湖小景 （2014年 许常哲 摄）

▲ 广场里的天中公园 （叶宏 摄）

镜湖广场 南起定陶新河，北至府前大道，东起青年路，西至环湖路，总面积26.7万平方米，其中，水体13万平方米，广场铺装4.1万平方米，绿化工程9.6万平方米，灯光亮化工程埋设电缆2500米，安装各种景观灯300盏，另有园林小景点及附属建筑等。

陶朱广场 陶朱广场由山东大卫规划设计院设计，定陶亚泰置业有限公司建设，湖北省荆州市金隆建设公司负责施工。广场占地2.4万平方米。主要建设内容包括：石材铺装13000平方米；绿化1.1万平方米；广场主题雕塑；停车场、露天舞台；柱灯及地下排水、供水管网、强弱电网建设等。广场两侧的太和东路和太和西路，沥青路面4700平方米、人行道3300平方米，总计3.2万平方米，整个广场总投资1000万元，是定陶居民休闲、健身、娱乐、消夏的场所。

怡心园广场 位于定陶区中部，西邻青年路，北邻农商行，距定陶县政府0.7千米。2007年10月，开工建设，12月完成建设，占地6400平方米，投资127万元，栽植银杏、雪松、大叶女贞、紫薇等乔灌木10余种。

站前广场 位于城区东北部，西邻范阳路，南邻东丰路，与新汽车站相对，距定陶县政府2.5千米。2008年3月，开工建设，2009年5月竣工，投资200万元，总占地面积3.8万平方米，栽植雪松、垂柳、紫薇、大叶女贞、龙柏、凤尾兰、栾树、火炬等乔灌木10余种，中心广场面积5000平方米，全部为花岗岩铺装，是周围居民的重要休闲娱乐场所。

音乐喷泉 位于镜湖广场南侧，由宜兴市东达园艺设备有限公司设计，共建设陶公聚宝、孔雀开屏、魔幻跑泉、彩虹飞渡等景观17种，设计安装喷泉喷头1074只，水泵263台，彩灯1250盏，电磁阀141只，总功率约为1014.39千瓦。

▲ 音乐喷泉 （2012年 车刚 摄）

第三章 城市管理

第一节 市容市貌管理

20世纪90年代初，由县城建委负责街面违章建筑、乱放物料的管理。1999年5月，正式成立城市园林市容中队。主要负责对占用道路以及公共场地的占道经营、店外经营、摆摊设点、摆摊经营、早夜市的管理；负责对庆典、促销、展览、宣传咨询、演出等活动占用道路、广场等的管理；负责对沿街门市乱搭乱建、乱停乱放、乱悬乱挂等有碍城市市容的行为规范；负责对各类灯箱、标牌、广告图幅、“野广告”检查和清理；负责露天烧烤带来的占道经营、油烟扰民等各类违规问题查处。2001年，女子市容大队正式成立，主要整治、维护校园周边环境，校园周边的市容市貌环境得到明显提升。2005年，成立城市管理行政执法局直属（市容）中队，对市容市貌进行专项管理，并开通“12319”城市管理服务热线，方便群众咨询、投诉。2006年，成立县城市管理行政执法局市容大队。2007年3月，与城区内1000多户沿街门市及企事业单位逐一签订门前包卫生、包绿化、包秩序“三包”责任书。2008年，在县委、县政府、白土山转盘、金茂街路口、县一中、青年路红灯6处设立“青年文明岗”，在治理市容市貌工作的同时，为群众免费提供茶水、打气筒、休息椅子等服务。2010年，招录工作人员充实市容大队，工作人员增加至78人，实行岗位责任制，即“定岗位、定任务、定目标、定奖惩”四定管理办法，同时实行“流动摊点固定化、固定摊点规范化、规范摊点长效化”，严格按路段、区域、开闭市时间进行经营管理。2011年，协助金茂街物业对该小区开放商业道路进行集中治理，规范金茂街中间的汇源菜市场外溢的情况。2012年，分别在城区范阳路、古塔路、青年路、济阴路设立临时便民瓜果市场6处，方便瓜果农民进城销售瓜果。2013年，将青年路中段的动物市场、陶驿路中段的粮食市场迁至青年路南段路西、陶驿路南段东侧。2014年1月，分别在城区范阳路、陶驿路、古塔路、青年路、济阴路设立临时春节年货市场7处，方便市民置办年货。2015年，在餐饮业大气污染综合整治活动中对主要街道及2个空气监测站周边1千米内进行露天烧烤集中整治，重点整治范阳路、济

▲ 学校及周边环境综合整治 （2014年摄）

阴路（和平路口以东）、陶驿路室外烧烤、店外用炉具加工菜品、流动烧烤等严重影响大气环境、市容环境、存在安全隐患和影响居民生活的行为。对城市“牛皮癣”进行长期清理，聘请社会保洁人员对城区主要街道的野广告进行长期专人定路段清理。

第二节　户外广告管理

户外广告原由城建委城市管理监察大队市容监察中队管理，后改为环境卫生管理处代管。负责市政设施养护和管理。拟定市政设施专项规划和年度计划，并组织实施；组织拟订城市户外广告规划和技术标准；负责占用、挖掘城市公用道路、开设路口和城市市政公用设施的有偿使用等进行审批和管理；负责商业噪声污染、建筑施工噪声污染等其他噪音的管理；负责户外广告、门头牌匾、电子显示屏、建筑物外装饰等设施设置的审批和管理；负责市管市政公用基础设施的日常巡察管理工作。

2004年1月，《山东省环境噪声污染防治条例》颁布，逐步加大宣传车的管理力度和严格控制开业庆典促销活动和商演活动，有效治理城区环境噪音。2005年，对城区主次干道两侧的废弃及破旧广告牌进行清理拆除，共拆除广告牌200余块，取缔可移动灯箱广告牌500余个。2006年9月，成立城市管理行政执法局户外广告管理科，将户外广告纳入专项管理。2011年，县政府印发《城市户外广告实行统一管理的通知》。同年，对城区兴华路沿街广告牌进行集中治理，对未经审批擅自设立，不符合城市容貌标准的户外广告，进行强制拆除，共拆除违法设置的广告牌500余块、面积6000平方米，清理二楼以上违规户外广告400余块。2012年，按照以人为本，分级管理，公众参与，社会监督的原则，对新城区进行统一治理，利用对新建门市通过张贴宣传纸、口头宣传、广播电视通告等形式，要求户外广告设置采用新技术、新材料、新光源，力求美化、亮化、高档次、高品位，提高城市形象。规定户外广告牌要上不遮窗，下不挡门，上平下齐，左右一致，一店一牌，二楼及以上禁立广告，对不符合城镇容貌设置的户外广告，早发现早制止，以减少商户的损失。对不服从管理的经营户，根据《城市市容和环境卫生管理条例》及《山东省城镇容貌和环境卫生管理办法》的有关规定进行处罚。当年，拆除违规设置的户外广告牌1200块，面积1万平方米，清理二楼以上违规设置户外广告699块，初审报批广告牌200份，完成整改安装700块，面积6000平方米。严禁在电线杆、路灯杆、行道树等公用设施设置广告牌、悬挂商业广告条幅（横幅）；严禁在人行道摆放落地广告灯箱。进一步规范各种节日促销、庆典、演出等商业广告宣传活动，严禁用高音广播喇叭招揽顾客，做到“不扰民、不堵塞”。2015年，严格控制噪声扰民，治理噪音污染和扬尘污染。依据《中华人民共和国大气污染防治法》对城区及周边沙石料场进行整治，对不符合经营条件的场所进行关停，对经营不规范的料场进行停业整顿，帮助及督促覆盖裸露沙石料堆1万立方米。

▲　整治路边广告牌　　　　　　（2013年摄）

第三节　规划管理

2004年，县政府印发《定陶县人民政府关于开展城市管理相对集中行政处罚权工作的请示》，集中行政处罚职能，进一步明确城区违法建设查处、执行力度。2005年，城乡规划建设监察中队改称城区规划建设监察大队，负责城市规划区内规划建设执法检查，违法建设行为的日常巡查，违法建设的查处、拆除工作；城市规划区内房屋修缮、危房翻建进行监管；对城市规划方面的部分监察工作；建设噪音、建设粉尘污染等违法违章行为查处；沿街两侧扒门开窗及室内外装修的查处等工作。2008年，县政府印发《关于定陶县城市管理行政执法局行使强制措施权的批复》，城市管理行政执法局可以对违章建筑予以强制拆除。利用《中华人民共和国城乡规划法》颁布实施之际，散发宣传材料3000余份，接待群众咨询800余人，对重点工程进行批前公示，接受群众监督。组织有关人员对城市规划区4环范围内的项目进行10余次的规划巡查，巡查建设项目420余个。2009年，县政府印发《定陶县人民政府关于在县城禁控区内禁止零星建设的通告》，在城市规划区内禁止和严格控制零星建设，实行城市住宅综合开发。2010年，对公建项目进行全天候巡查。共发放建设项目选址意见书8份，拟用地面积6.3万平方米；建设用地规划许可证8份，用地面积5.6万平方米。

2014年11月，成立6个全县重点项目对接服务小组，采取提前服务、上门服务、靠上服务等方式，及时为项目建设单位解决各种疑难问题，确保建设项目顺利开工建设，全年服务各类建设项目100余个，单体工程130余个。对报批材料不齐全的，实行预审制度和提前放线、验线，确保大项目建设快速推进。全年共完成包括房地产开发、新农村社区、工业、道路管线等81个项目的地形图测绘任务，测绘总面积20.1平方千米；完成各类项目地界测量41个，测绘面积118.2公顷。2015年，完成华景雅苑、名都雅苑、欧亚半岛等17个房地产开发项目和传化物流、友邦化工、五洲医疗、纳福尔玉米油等21个工业项目的修建性详细规划方案审核，为教育局片区、传化物流、陈集山药等98宗土地出具设计条件，总面积201.34万平方米。

第四节　环境卫生管理

1992年，环卫所由县卫生局划归县城乡建设委员会。1996年，正式成立县环卫处。2005年，为实现省级卫生城市目标，推行环卫市场化运作，对城区14条主要道路清扫保洁权实行招标承包，城区保洁面积84万余平方米，城区垃圾做到日产日清，粪便及时清掏，全年完成生活垃圾清运5.5万吨，卫生死角垃圾2000多车，城区陈旧垃圾基本清除。在城区单位、居民集中的地方建造垃圾池21座。2010年，实施环境卫生精细化管理，完成200多万平方米的清扫保洁工作，清运生活垃圾5.8万吨，清掏粪便5400吨，治理卫生死角10余处，清除垃圾1000余吨，在城区主要道路增设可移动垃圾桶40个。组织实施城区大环境蚊蝇消杀，喷施高效药物、药液300多吨。2012年，职能划转，由县城市管理局管理。县城区保洁面积300多万平方米，共有环卫人员210人，其中，行政管理人员20人。城区居民日产生活垃圾170吨，投入环卫资金500万元。保洁道路30余条，日清运

▲ 环卫工作者　（2012年 车宜珂 摄）

生活垃圾100余吨，日清运建筑垃圾30余吨，日清掏粪便3.5吨。落实“六净、四无”（路面净、道沿净、人行道净、墙根净、树坑净、垃圾箱净、收水口净；无砖头瓦块、无人畜粪便、无污泥积水、无果皮纸屑）。2015年7月，环卫作业引入市场化模式运作，引进4家保洁公司，保洁公司独具法人资格，自主经营，自负盈亏，建立科学合理、职责明确、调控有力的环卫管理、作业、监督三位一体的环境卫生管理体制，城区实现全覆盖、无缝隙管理。清扫保洁、垃圾清运、粪便清掏等各项作业长效管理，实现城乡环卫一体化。

环卫设施 1991年，环卫处运输工具多为地排车；之后，相继购置人力三轮车、拖拉机、机动三轮车等。2000年以后逐步购置钩臂车、吸污车、洒水车、压缩车、侧装车、后八轮车、金刚王车、铲车、摆臂车、清掏车、扫地车、洗扫车等专业环卫车辆。至2015年年底，新建垃圾中转站14个，配备垃圾桶2.1万个，购置封闭式垃圾清运侧装车65辆、小钩臂车20辆、机动三轮车118辆、大钩臂车5辆、金刚王自卸车2辆。

洒水保洁 2013年，定陶开始实行洒水保洁。至2015年，有大型高压洒水车4辆。每年5月1日至10月1日，每天早上、中午、下午对对城区陶朱公大街、兴华路、青年路、东丰路、府前大道等各主要路段、重点路段洒水保洁3次；高温季节增加洒水次数，在保洁的同时亦起到路面降温的作用；天气干燥或雨后泥沙较多时，洒水冲刷道路，湿润空气，降低扬尘。每到干旱季节或植树季节，义务浇水。

垃圾处理 垃圾处理厂负责全县生活垃圾集中处置工作。处理场位于滨河街道（原定陶镇）刘楼窑厂，距县城东7.7千米。项目总投资5184.62万元，占地面积11公顷，采用卫生填埋处理工艺，渗滤液处理工艺为氨氮吹脱+UASB+外置超滤+反渗透，设计填埋库容87.28万立方米，使用年限13年。2010年10月，定陶县城市生活垃圾处理场一期工程开始动工，2011年11月通过市环保部门试运行验收。2012年、2013年，分别获得省住建厅等级评定（I级）、环保厅环保竣工验收。2015年，实施城乡环卫一体化，生活垃圾进入处理场处理，每天进场垃圾450吨。生活垃圾无害化处理场严格按国家标准建设，污水处理达到国家规定的排放标准。

城乡环卫一体化 2014年，成立县城乡环卫一体化办公室，主要负责拟定城乡环卫一体化专项规划和年度规划，并组织实施；负责组织起草城乡环卫一体化监督考核办法；负责全县城乡环卫一体化监督考核。同年，申请中央预算资金1100万元，为全县各镇（街）建设14座垃圾中转站。2015年5月，将全县的城乡环卫一体化工作托管至昌邑康洁、山东金佳、山东银湾和县环卫处。县城管局和各镇（街）环卫所对保洁公司的运行情况共同监督考核。印发《定陶县对镇街城乡环卫一体化工作考核办法》，按照日考核、周

▲ 城区洒水保洁 （2015 年摄）

▲ 城乡环卫一体化活动 （2014 年摄）

汇总、月排名的方式，将各镇（街）每月的考核得分进行通报，并将考核结果纳入全县科学发展综合考评。8月28日，全市城乡环卫一体化长效机制建设推进会在定陶县召开。2015年年底，全省城乡环卫一体化群众满意度调查，定陶县在全市排名第一、全省排名第二。

第四章　乡村建设

第一节　乡镇驻地建设

乡镇驻地建设概况　20世纪90年代，全县乡镇驻地建设较好的有陈集镇、冉堌镇、张湾镇、黄店镇等镇，人口、街道较多，规模较大，又是历史上的集贸市场，市场繁荣。但街道普遍狭窄弯曲，柏油路面较少，房屋多为砖木结构的平房，楼房极少，沿街店铺参差不齐。实施小城镇建设政策后，各乡镇驻地相继拓宽街道，并将沿街平房改建为楼房。1996年5月，陈集镇驻地兴建2条大街和街两旁商住楼房，吸纳商户100多家。2001年，全县乡镇驻地实有建筑面积185.49万平方米，其中，楼房面积10.89万平方米；街道总长233.72千米，总面积196.72万平方米；安装路灯272盏；驻地人口12.3万人。2006年，乡镇驻地实有建筑面积增加到236.63万平方米，其中，楼房面积增加到32.97万平方米；街道总长度增加到490千米，总面积增加到325.8万平方米；路灯总数增加到645盏；公共绿地面积48公顷；排水管道长度247千米；驻地总人口增加到23.3万。2010年，全县乡镇驻地启动“三个一”工程建设，定陶、陈集、冉堌、张湾、仿山、孟海等乡镇居住小区全部建设高标准的单元式多层住宅楼，规划并启动商贸城建设。2015年，乡镇驻地实有建筑面积增加到436.82万平方米，其中，楼房面积增加到96.62万平方米，分别为2001年的2.35倍和8.87倍；街道总长度增加到1206千米，总面积增加到1156.1万平方米，分别为2001年的5.16倍和5.88倍；路灯总数增加到3086盏；公共绿地面积增加到400公顷；排水管道长度增加到1086.7千米；驻地总人口增加到32.7万人，为2001年的2.66倍。

重点镇驻地建设简介　陈集镇　2011年，编制陈集中心镇控制性详细规划。2013年，委托山东省城乡规划设计研究院编写《陈集镇镇区控制性详细规划》。根据两个规划，陈集镇累计投资近2亿元，先后完成国华北路、文化路升级改造，新修润鑫路、洙华路、振兴路、育英路、泉润路等，新建文化广场、集贸市场等一批市政和民生工程，启动瑞景新村、七一社区、泰运嘉园建设等。镇区开发面积达到47万平方米。围绕提

▲ 陈集镇社区新村外景　（苑肇波　摄）

高公共服务能力和水平，不断改善民生，建设省级标准的中心敬老院、中心幼儿园、镇中学、卫生院、民生服务中心。派出所、计生服务站、国地税、工商、国土等基层便民设施，达到全市一流、全省先进水平。在发展经济过程中，注重保护环境，不断加大治污力度，先后关停整改企业6家，所有企业实现达标排放。投资4000余万元，新建和改造污水处理厂2处，新建龙门压缩式垃圾中转站1处，新铺设配套雨、污水分离管网10千米。垃圾采取户集、村收、镇运、县处理的方式，垃圾处理收集达到全覆盖，日处理垃圾8吨以上，日处理污水能力1.6万吨，污水处理率90%以上。陈集镇两次代表菏泽市接受国家迎准检查，先后被命名为全省生态优美乡镇和全国生态文明镇。有陈集、保宁两处客运站， 日发客运汽车80班次。邮政支局、电信支局各2处。通过产城融合体发展，2015年建成区面积6.2平方千米，镇区人口3.2万人。

冉堌镇　位于定陶县东南部，305省道穿境而过。镇域面积126平方千米，耕地面积9380公顷，9万人，辖51个行政村，151个自然村。2014年，完善镇区设施配套，清理冉子街、冉兴路下水道3000米，铺设定砀路南侧下水道1000米，挪移安装镇区路灯136盏，将冉子街集贸市场主干道由原来的12米拓宽到22米，对冉子街、冉达路、冉泰路、冉中路4条镇区主干道重新铺油7.3万平方米。镇驻地面积5平方千米，常住人口1.8万人。是省人民政府首批命名的中心镇，菏泽市首批重点镇。

第二节　村庄建设

20世纪90年代，农村住房普遍建砖混瓦房，石灰抹墙，砖铺地。此后，逐渐开始建楼板起脊房和二层楼房，沙灰墙，地板砖铺地。1998年，开始进行小康村建设，2001年年底，全县农村实有建筑面积1251.36万平方米，其中，砖混结构的楼房2900平方米，占0.02%；半土墙瓦房36.24万平方米，占2.9%。全县农村人均居住面积7.74平方米。道路长度9033千米，高级、次高级道路200千米，路灯33盏。2006年，开始新农村建设，年底，房屋建筑面积1740.4万平方米，其中，楼房5.34万平方米，占0.3%；土瓦房很少有人居住，人均居住面积11.25平方米。道路长度10343千米，其中，高级、次高级道路527千米。路灯574盏。排水管道200千米。2010年，全县启动整村建设改造项目53个，涉及村庄66个，开工户数10002户，危房改造完成3385户。2015年年底，全县农村房屋建筑面积3480.8万平方米，其中，楼房15.62万平方米，占4.5%，土瓦房消失，人均居住面积29.6平方米。高级、次高级道路5364千米，路灯5842盏，排水管道1800千米。

▲ 冉堌镇街景　　（2015年 王义合 摄）

▲ 马集镇袁堂村街景

第三节　新农村建设

新农村建设政策措施　2006年，按照中央提出的“生产发展、生活富裕、乡风文明、村容整洁、管理民主”20字新农村建设方针，县委、县政府成立社会主义新农村建设领导小组，制定《定陶县社会主义新农村建设实施意见》和《定陶县村镇布局总体规划》，确定小城镇、中心村、基础村的总体布局，并在全省率先完成乡镇驻地总体规划和86个重点村的建设规划，对新农村建设任务，进行层层分解，实行县领导包乡镇、县直部门包试点村责任制，实施“四四四一”工程（即“四洁”：洁粪堆、洁柴草堆、洁垃圾堆、洁土堆；“四改”：改厕、改灶、改水、改路；“四学”：组织村民学政策、学文化、学技术、学法律；“一”：一规划）。根据不同情况，全县分城中村、城郊村融合型、小城镇聚集型、重点村培育型、空心村改造型等5种类型，因地制宜进行建设。

县委、县政府综合利用国家和山东省关于城乡建设用地挂钩置换的办法和农村住房建设危房改造政策，发挥各职能部门作用，向上级争取政策扶持资金，把各种惠农项目资金捆绑使用，将改水、改灶、改厕、改电、绿化、亮化、硬化、党员活动室、孤寡老人周转房、卫生室、计划生育服务室等建设资金和项目，向试点村集中倾斜。另采取群众自筹一部分、协调贷款一部分，建筑商垫资一部分等方法解决。

新村新房建设按照统一规划，统一设置纵横街道，统一住房规格标准，统一配备基本设施，达到村成方，房成排，基本设施齐全。村民房屋多为二层楼房，村中街道均进行硬化，街两旁设有排水沟，绿化带，安装了路灯。村村均建有村委会办公室、卫生室、幼儿园、文化院、文体活动广场等。

旧房拆迁按原房屋质量标准面积大小评估作价，给予补贴。旧房面积丈量、作价评估张榜公布、民主监督。新房建设尊重群众意愿，可以自拆自建，也可由开发商统一承建。

至2015年年底，全县先后建起张湾镇高家新村，仿山镇高河新村，马集镇李刘楼村，南王店镇宋庄新村，冉堌镇祝奶庙新村，孟海镇许楼新村，黄店镇司许刘庄新村等。

新村选介　张湾镇高家新村　该村由高家村和谢家2个村庄整合而成，共214户，953人。2010年6月动工兴建，2012年建成。项目建设按照“发挥城镇聚集功能，实施合村并点，建设中心村、打造新农村建设样板”的工作思路，由县政府组织全县各乡镇（街道）以大会战的形式、作为新农村建设示范点项目建设。资金来源采取群众集资、银行贷款、政府筹集、建筑公司垫资等办法，筹集投资1200万元，建设用地5公顷，总建筑面积6.7万平方米，共214户，每户建筑面积300平方米。房屋均为成排二层小楼。村内建有群众文体大院、党建活动室、文化站、小学、幼儿园、卫生室、超市等，配有绿化、美化、亮化等设施。

孟海镇许楼新村　位于孟海镇驻地西南6千米处，属空心村改造型新农村，由原南董村、雷

▲　孟海镇许楼新村　　(2013年摄)

楼村、柳圈村、侯楼村、许楼村等5个自然村合并而成。5个村共1100余户，4400余人，土地400.47公顷。改造前，旧村占地80多公顷。合并后，占地23.33公顷，节约土地56.67公顷。新村采取统一规划、房屋统一设计、统一样式、统一标准、统一验收，村民自拆自建的方式，均为二层楼房，成排成行，高低一致。建有村委会、文体活动广场、幼儿园、卫生室等。腾出的土地用于发展高效生态农业，一部分发展蔬菜，增加了农民收入。

▲ 南王店镇宋庄新村 （2015年摄）

南王店镇宋庄新村 该村由原宋庄、赖庄、吴庄、河底陈村4个自然村合并而成，属空心村改造型。总人口1500人，400户。原村占地30.67公顷，新村占地8.9公顷，节约土地21.77公顷。新村建设采取自拆自建的方式，统一规划、统一标准、统一验收。村内街道四纵一横，十二条胡同，均设有下水道、绿化带、太阳能路灯。房屋建设一种是二层楼房，一种是适于老人居住的平房。户户实现了改厕、改灶、改水。村内建有村民委员会办公楼、文体活动广场、卫生室、幼儿园、超市等。

第五章　建筑业

第一节　建筑设计

定陶县建筑设计院为定陶县唯一的建筑设计单位，其前身为1986年成立的定陶县建筑设计室。1993年，定陶县建筑设计室改为定陶县建筑设计院，以建筑工程设计为主。2015年，全院专业技术人员28人，其中，工程硕士2人，学士16人，技术人员全部为本科学历；一级注册建筑师2人，二级注册建筑师2人，一级注册结构师2人，二级注册结构师1人，注册设备师3人；高级工程师9人，工程师12人。定陶县建筑物的抗震设防烈度为七度，设计基本地震加速度值为0.15克，所属地震设计分组为第一组。工程结构设计使用年限大多为50年。1995年以前的建筑大多以3、4层为主，之后，建筑物越来越高，6层以上和高层建筑已成为趋势。

2015年，定陶县建筑设计院晋升为建筑工程设计资质乙级，定陶较大建筑物大多由该院设计。完成的大中代表项目主要有翡翠湾小区、陶都新韵北区、新河湾小区、陶然居小区、华景雅苑小区、中央新城北区、滨河鑫城小区、文鼎苑小区、惠民小区等。其中，第一中学住宅楼、新华书店住宅楼、工厂李小学、姚庄新村小区、消防大队综合楼、齐鲁新农村住宅建筑，分别获

▲ 高层建筑成为趋势　（2014年 车刚 摄）

省、市优秀设计奖。

第二节　工程质量管理

工程测绘　2010年6月，定陶县建设工程测绘队成立。2013年10月，由山东省国土资源厅批准，由测绘丁级资质晋升为丙级资质单位。至2015年，有工作人员12人，其中，高级专业技术职称1人，中级专业技术职称6人，初级专业技术职称5人。有测绘仪器10台，其中，华测X90型GPS2台，拓普康HiPer Gb型GPS2台，拓普康MS05全站仪1台，宾得R-202NE全站仪1台，科力达KTS-442R全站仪1台，拓普康DL-502数字水准仪1台，莱卡250M电子水准仪1台，苏一光DSZ2光学水准仪1台，惠普A1彩色绘图仪1台。业务范围：丙级工程测量有变形（沉降）观测、形变测量，丁级工程测量有地形测量、城乡规划定线测量、市政工程测量、竣工测量。其间，出台《定陶县住房和城乡建设局建筑工程竣工测量管理办法》。

城建档案　2010年3月，定陶县住房和城乡建设局城建档案室成立，有工作人员5人，16个档案柜400卷档案，至2015年，有档案柜60个，包括电子档案、地下管线等重要基础档案1980卷。对境内城乡规划、建设和管理中形成的建设工程档案的验收、收集、保管和综合利用，开发建设工程档案资源，为城市建设服务。其间，出台《定陶县住房和城乡建设局建设工程档案移交办法》和《定陶县城市地下管线工程档案管理办法》。

安全管理　20世纪90年代，定陶县建筑施工安全监督站负责对施工安全指导、监督、管理和安全责任认定、安全生产考核奖惩、安全检查、出具安全事故报告等工作。2004年，实行安全生产风险抵押金制度，根据《山东省建筑施工企业安全生产许可证管理实施细则》，实行建筑安全生产许可制度，由施工企业申报，建设主管部门审核，符合条件的由省建工局发放安全生产许可证，未取得许可证不得从事建筑施工。2006年，办理施工许可手续43个，面积19.3万平方米，造价1.6亿元。全年组织安全质量大检查2次，共检查建筑施工企业10家，监理企业7家，各类建设工程项目42个，限期整改19处。2010年，办理施工许可28个，建筑面积32.3万平方米。全年检查建筑施工企业15家，监理企业1家及各类建设工程项目73个，单体工程146个。下达有关建设手续方面责令整改通知书35份，质量隐患整改通知书38份，安全隐患通知书58份，涉及建设投资4.8亿元。2015年，县住建局与各施工企业签订《安全生产目标责任书》，制定印发《2015年定陶县建筑施工安全监督管理工作要点》《定陶县建筑施工2015“安全生产月”活动方案》《全县建筑施工安全生产大检查深化“打非治违”和专项整治工作方案》等一系列管理规定和检查实施方案，为建筑施工安全生产管理工作提供了依据。

质量监督管理　20世纪90年代，定陶县建筑工程质量监督站负责监督管理全县建设工程质量。1990年成立试验室，负责对工程原材料、构造配件质量检测。后成立工程质量监理站负责监督管理全县建设工程质量。2001年，改进监督管理模式，由原来的企业自评为主、监督核准制，改为“政府监督、企业内控、社会监理”，并建立健全工程质量责任制度、工程质量巡查制度、质量事故报告处理制度、竣工验收备案制度等。全县工程质量合格率为100%。2004年，质量监管改为“备案制”，对五大责任主体（建设、监理、设计、勘察、施工）的行为重点监督。2006年，对住宅工程实行分户验收制度。全年共监督工程56个，建筑面积26.2万平方米，工程总造价1.3亿元。全县竣工工程17个，合格率100%。2009年1月1日，根据国务院精神，取消工程质量监督费。2010年，监督工程161个，面积68.4万平方米；监理工程205个，建筑面积79.78万平方米；竣工工程17个，合格率100%。2013年，更名为定陶县建设工程质量监督站，工作人员10人。2015年，在监工程全部落实质量终身责任“两书一牌”制度，住宅工程全部实施质量常见问题防治措施；住宅工程分户验收比对性复核率10%以上；质量投诉处结率100%。同年，监督在建工程项目22项，建筑面积130万平方米。其中，新开工单体工程160个，建筑面积77万平方米，监督竣工验收工程56个，建筑面积21.46万平方米，验收合格率96%，办理监督手续13项，建筑面积39.68万平方米。监理房屋建筑工程378个，市政工程22个，房屋建筑面积约175万多平方米，其中，房屋建筑工程投资约16.8亿元，市政工程总投资约2亿元，工程质量合格率100%，合同履约率100%，顾客满意100%，监理人员持证上岗100%。

建筑节能管理 2000年后，全县推广使用新型墙材，实行建筑节能工作。2006年，执行省政府第181号令，对23家黏土砖厂进行全面检查，关停4家，创办新型砖厂5家，有2家砖厂生产的混凝土普通砖通过省级认定，全年城区建设工程应用新型墙材面积10万平方米，占全县建筑总面积的80%。2008年，县建设局成立专门领导小组，印发《推进墙体材料革新与建筑节能管理工作的通知》，开展以“认真贯彻市政府4号令，大力推行新型墙材”为主题的宣传活动，对进入施工工地的有关建筑节能材料，严格执行检测制度和见证取样送检制度，同时严格按照标准进行征收新型墙体材料专项基金。2010年，推广新能源规模化应用。全年建筑节能审查备案工程项目53个，怡和华庭一期工程、中央新城一期工程等10个项目顺利通过认定评审，总面积16万平方米。全县所有在建工程门窗全部采用了中空玻璃塑钢窗或中空玻璃铝合金窗，3家门窗厂已通过省级认定备案。县人力资源与社会保障局办公楼采用保温复合板外墙外保温系统；县建公司职工住宅楼、鑫源北区中央新城、文鼎苑小区、张湾镇金湾花园、南王店田楼新村采用太阳能光热建筑一体化。2013年，通过宣传《山东省民用建筑节能条例》，实行建筑节能闭合式管理，竣工工程建筑节能标准执行率达到100%，新型墙材应用率达到90%以上。其中，菏建滨河春天工程项目获得省级绿色建筑星级标识认证。全县完成太阳能光热建筑一体化面积37.6万平方米。2015年，收取墙材专项基金137.8万元，太阳能建筑一体化推广面积16.7万平方米。

第三节　建筑队伍

1991年至2000年，境内有定陶县建筑公司、定陶县第二建筑公司、定陶镇建筑公司、定陶镇

▲ 建筑企业施工中　（2014年 李媛媛 摄）

第二建筑公司、定陶县陈集镇建筑公司、定陶县定陶镇东城建筑公司、定陶县郭庄建筑队、孟海乡建筑队、半堤乡建筑队、游集乡建筑队、保宁乡建筑队、张湾乡建筑队、一千王乡建筑队、马集乡建筑队、力本屯乡建筑队、杜堂乡建筑队、南王店乡建筑队、黄店镇建筑公司、冉堌镇建筑队、邓集乡建筑队、东王店乡建筑队、姑庵乡建筑队、田集乡建筑队、王双楼乡建筑队共24支施工队伍。其中，定陶县建筑公司、定陶县第二建筑公司、定陶镇建筑公司、定陶镇第二建筑公司、定陶县定陶镇东城建筑公司、定陶县郭庄建筑队6家公司主要承担城区基本建设任务；定陶县陈集镇建筑公司为定陶县陈集国华贸易公司基建科自有建设力量，主要承担本公司及陈集建设任务；定陶县孟海镇建筑队、半堤乡建筑队等17支建筑施工队伍主要承担本乡镇及外出施工任务，隶属于定陶县第二建筑公司。

1996年，定陶县建筑公司更名为定陶县建筑工程公司，定陶县郭庄建筑队更名为定陶县城区建筑公司。2001年10月，定陶县建筑公司与定陶县第二建筑公司合并，更名为定陶县建筑工程总公司。除定陶镇建筑公司、定陶镇第二建筑公司、定陶县定陶镇东城建筑公司、定陶县城区建筑公司、定陶县陈集镇建筑公司外，取消各乡镇建筑队资质，其队伍合并至定陶县建筑工程总公司。2002年6月，定陶县建筑工程总公司晋升为二级资质企业。2003年10月，定陶县建筑总公司改为定陶鲁意建筑安装工程有限公司，2004年6月，改为定陶鲁意建筑开发工程有限公司，2007年，改为定陶县建设开发总公司。2009年8月，定陶县天宇建筑工程有限公司成立，为三级资质，2011年5月，晋升为二级资质企业。2010年5月，定陶永强建设工程有限公司成立，为三级资质，2013年1月，晋升为二级资质企业。

2012年6月，定陶县方程建筑工程有限公司晋升为二级资质企业。全县有11家总承包企业，5家专业承包企业，5家劳务企业。2013年，新增2家三级总承包企业，新增预拌商品混凝土、铁路电气化、化工石油设备管道安装，机电设备安装等6家专业承包企业。2015年，定陶有11家房屋建筑施工总承包企业（其中二级企业5家、三级企业6家）；11家专业承包企业；9家劳务分包企业（涵盖房屋建筑总承包、装饰装修、市政公用工程、钢结构、地基与基础工程、预拌商品混凝土、铁路电气化、送变电等专业）。

第四节　建筑企业选介

定陶县建设开发总公司　定陶县建设开发总公司始建于1951年7月，名称先后为定陶县建筑公司、定陶县建筑工程公司。2001年10月，与定陶县第二建筑公司合并，更名为定陶县建筑工程总公司，2002年6月，晋升二级资质等级，2007年，更名为定陶县建设开发总公司，隶属定陶县城乡建设局，为县属集体企业。公司注册资金5018万元，二级资质等级。具有高、中职称的工程技术人员28人，初级100人，一级建造师3人，二级建造师36人，持证上岗的特殊工种178人，施工员60人。公司有塔吊20台，龙门架15台，混凝土搅拌机48台，另有各种小型配套机械。

定陶县建设开发总公司承担了定陶县大部分大型的工业及民用建筑工程的施工。先后被省、市评为先进企业，连续15年获“重合同，守信用”企业称号。2008年至2015年，连续获“建筑业AAA级资信企业”。承建的工程主要有山东立海润生物发酵车间，单体建筑面积9000平方米，跨度36米；定陶县华航食品有限公司生产车间，单体面积7000平方米，跨度32米；定陶县国家粮食储备库，跨度21米。共承建定陶县农村校舍改造工程共180余项，总施工面积16万平方米；参与临近县区校舍改造工程14项，总建筑面积1万平方米。承建定陶县实验中学、实验小学、新一中等建设工程6万平方米。承建定陶县文鼎苑商住小区17万平方米；经济适用房惠民小区8万平方米；博文小区商住楼7万平方米；中央新城18万平方米；总揽定陶县镜湖壹号高档商住小区建设，总建筑面积50万平方米。承建定陶区污水处理厂土建工程，日污水处理能力2.5万吨。完成菏泽市水岸嘉苑、中达金河湾多栋27层住宅楼的建设。

定陶鲁意建筑开发工程有限公司 创建于1964年3月，前身为定陶镇建筑公司。1990年7月，公司资质为施工总承包三级资质，2002年6月公司资质升级为房屋建筑施工总承包二级资质。2003年10月，改为定陶鲁意建筑安装工程有限公司，为镇集体企业。2004年6月，改名为定陶鲁意建筑开发工程有限公司，企业性质由镇集体企业变为民营股份有限责任公司，公司注册资金6000万元。2015年，有高、中级职称工程技术人员48人，初级90人，一级注册建造师4人，二级注册建造师45人，持证上岗的职业技能岗位人员286人，施工员52人，预算员21人，质检员32人，安全员21人，资料员12人，材料员8人。公司有各类机械和检测设备180余台（套）。其中，塔吊28台，混凝土搅拌机65台，砂浆搅拌机30台，另有各种电焊机，对焊机，切割机等小型配套机械。是资信AAA级，为质量、环境、职业健康体系认证企业，是集建筑施工、房地产开发、设备安装、装饰装修为一体的有限责任公司。自创建后，先后承建了定陶县范蠡大酒店、山东艺达家纺工业园群体工程、定陶县财政局结算中心综合楼、怡和华庭小区、陶都新韵花园南区、陶都新韵花园北区、县医院医技楼等群体工程，创建一批省级优良工程、省级安全文明工地，市级“牡丹杯”工程，市级优良工程，市级安全文明工地。公司先后获省级“守合同重信用企业”“全市建筑业先进集体”“文明诚信企业”“建筑业AAA级诚信企业”等多项荣誉。

山东永强建设集团有限公司 2008年10月成立。公司名称先后为定陶永强水泥制品有限公司、定陶永强建设工程有限公司。2014年12月，更名为山东永强建设集团有限公司，注册资金6000万元，至2015年，具备房屋建筑工程施工总承包二级资质及市政公用工程施工总承包二级资质。公司有一级建造师7人，注册二级建造师12人，工程技术和经济管理人员154人，持证上岗人员246人。各种大、中、小型施工机械70多台套，设备总功率5096千瓦。先后承建了定陶县华景雅苑•亦泰居工程、欧亚半岛工程、滨河街道张坑、部庄棚户区改造工程、定陶县一中教学楼和多功能餐厅建设工程、牡丹区2014年千亿斤粮食田间改造工程、定陶菏曹运河污水截流工程等多项工程的施工，工程质量全部合格。

定陶县方程建筑工程有限公司 前身是定陶县定陶镇第二建筑工程公司，始建于1978年10月，隶属于原定陶镇人民政府，建筑资质等级三级，有干部职工530人、注册资金605万元，总资产1313万元，属集体企业。2010年12月，经定陶镇人民政府批准由原来的集体企业改制为股份制企业，改制后公司注册资本2005万元，晋升为施工总承包二级资质并且拥有市政工程、钢结构工程三级资质，总资产2901万元，至2015年，有高级工程师、工程师、经济师、建造师及员工830人，有塔吊、挖掘机等大、中、小型建筑机械设备127台（套），通过“质量管理体系”“职业健康安全管理体系”“环境管理体系”认证。

公司承建的县文化中心综合楼工程被评为“菏泽市安全文明示范工程和安全文明优良工程”。李线庄回迁楼5号、陶都新韵19号、20号楼等被评为菏泽市安全文明优良工程；被山东省工商行政管理局授予省级重合同守信用企业。

第六章　房地产业

第一节　住房制度改革

公房清理与出售　1991年12月，县住房制度改革领导小组成立，下设办公室，由县经济体制改革委员会代管。1993年6月，改由县城乡建设委员会代管。1995年，县房改房管办公室设立。8月，县政府印发《定陶县出售公有住房试行办法》，开始按标准价出售公有住房，交清售房款后发放房屋所有权证，购房户拥有部分产权。1998年1月，县住房制度改革领导小组办公室更名为县住房委员会办公室，与1997年成立的县房地产管理局合署办公。县房改办组建之后，开始对全县公有住房摸底调查、绘制示意图、统计数字、办培训班及印发关于公有住房提租、出售、售后管理等文件。1999年，公有住房出售开始由标准价向成本价过渡，按成本价出售公有住房购房户拥有全部产权。2005年，全县共83个单位参与房改，出售公有住房2187户。全县大规模的房改工作基本结束。城镇职工住房建设投资体制由原国家和单位统包转变为国家、单位、个人三者合理负担。

保障性住房建设　2004年，定陶开始推行住房公积金制度。至2005年，县乡全额财政供养人员及中央、省、市驻陶单位共9900人建立住房公积金制度，缴存总额1340.35万元，支取公积金40.10万元。同时，建立以中低收入家庭为对象的具有社会保障性质的经济适用住房供应体系和以高收入家庭为对象的商品房供应体系。2006年，定陶县启动经济适用住房和廉租住房建设。制定了《定陶县城镇最低收入家庭廉租住房管理办法》和《定陶县城镇经济适用住房管理办法》，着力解决城市弱势群体住房困难。后又制定廉租住房保障标准、经济适用住房资格申请认定办法和公共租赁住房实施办法等一系列配套政策措施，起草了住房保障“三年规划”和“十二五”规划，建立了“三级审核、两榜公示”的住房保障机制。2010年，定陶争取中央和省住房保障资金806万元，在惠民小区开工建设经济适用住房1.6万平方米；配建廉租住房146套，7300平方米；以棚改解决方式在文鼎苑、怡和华庭小区建设廉租住房300套，1.5万平方米。对廉租住房实行租赁补贴，共发放租赁补贴300户，发放资金63.4万元。在范蠡中学推广公共租赁住房试点，建设公共租赁住房175套，3.05万平方米。2011年，惠民小区开工建设经济适用住房150套，1.2万平方米，完成上年结转项目200套，累计竣工350套，2.8万平方米。1083户符合购房条件的家庭参加了2011年经济适用住房公开摇号，296户低收入住房困难家庭取得购房资格。发放廉租住房补贴380户，比上年增加80户。同时公共租赁住房开始启动，在惠民小区投资700万元开工建设公共租赁住房100套，4700平方米。2012年，定陶制定《2012年定陶县城镇租赁补贴申请条件及标准》《定陶县城镇廉租住房实物配租暂行办法》《2012年定陶县经济适用住房购房户资格认定及申购办理程序》《定陶县公共租赁住房暂行管理办法》《定陶县经济适用住房售后管理暂行办法》等一系列配套政策措施，住房保障制度体系日趋健全。按照公平、公正、透明的原则和“三审两公示”程序，经现场公开摇号，全县第一批56户城镇低收入住房困难家庭获得廉租住房租住资格，喜迁新房。对338户符合条件的低收入住房困难家庭发放廉租补贴资金50.44万元；对419户经济适用住房申购户进行审核、公示。2015年，开工建设公租房400套，发放住房补贴316户，81.4万元。同时，争取国开行棚改融资贷款1.24亿元，争取国家和省棚改项目资金2415.63万元，实施棚户区改造项目6个，1580户。

第二节　房地产开发

1991年，定陶城区以平房为主，街道狭窄，城市面貌破旧，仅有定陶县城镇建设综合开发公司1家房地产开发企业，房地产开发尚未起步。1996年起，县委、县政府加大招商引资力度，积极吸引外地房地产开发商到定陶投资开发，先后有济南、临沂、泰安及江苏、浙江、北京、上海、河南、江西等地的房地产开发商相继进入定陶。1997年5月，定陶县房地产开发管理办公室成立，负责全县房地产开发管理工作，房地产开发逐步加快。2005年，引导、吸引外商投资开发，吸引社会资金参与，开发项目逐渐增多，开发规模不断扩大，开发建设面积9万平方米，销售面积8.6万平方米。府后小区、金茂商业街、北苑小区初见规模，城区人均居住面积由2000年的15平方米，上升到20平方米，居住环境和居住条件得到明显改善。加大城市环境综合整治和开发建设市场化运作力度，对以白土山路为核心的北城居民城中村进行改造，投资5000万元，建筑面积4.6万平方米，形成商贸、住宅等功能齐全的商住区；对四街居民城中村进行改造，由棚户区变成中档住宅小区。北苑小区一期工程建成3.8万平方米的住宅小区，安置340余户住房困难户。金茂、府后2个商业居住小区建筑面积3.7万平方米。2009年，完成房地产开发投资2.57亿元，开工面积15.3万平方米，竣工面积3.9万平方米，销售房屋917套，销售面积10.77万平方米。中央新城北区、蓝盾小区、怡和华庭二期、国大农贸商城等一批规模大、档次高的项目相继开工建设。2015年，完成房地产开发投资9亿元，新开工面积83万平方米，竣工面积40.29万平方米，商品房登记备案2702套，备案面积30.68万平方米。

商业街开发　范蠡商场　1997年，定陶沧海房地产开发有限公司对原县体育委员会所在地块进行开发，总投资3000万元，占地7300平方米，建筑面积5万平方米，容纳商户605户，以经营服装、鞋类为主。

金茂商街　2004年9月，定陶金茂房地产开发有限公司对白土山路菜市场开发改造。拆迁210户，拆迁面积2.3万平方米。项目总投资4000万元，占地2.8万平方米，建筑面积4.6万平方米。容纳沿街商户350户，以经营鞋服、餐饮为主。

百汇商业街　2012年8月，定陶百汇房地产开发有限公司对陈集镇百汇商业街进行开发，项目总投资1900万元，占地1.6万平方米，建筑面积2.5万平方米。容纳沿街商户248户，以经营服装、鞋类为主。

▲ 旧城新城

商贸城、农贸城开发　国大农贸城。2009年8月，菏泽国大农产品市场有限公司对临商路以西、兴华路北进行开发，项目总投资4800万元，占地7万平方米，建筑面积4万平方米。容纳商户300户，以经营农产品、物流、家具为主。

舟子商贸城　2010年12月，山东

骏鑫房地产开发有限公司对冉堌镇冉堌村进行开发，项目总投资4000万元，占地6.2万平方米，建筑面积5万平方米。容纳商户94户，以经营建材、批发为主。

兴华商贸城　2011年11月，定陶县福晟房地产开发有限公司对兴华商贸城进行开发，项目总投资5000万元，占地4.2万平方米，建筑面积6万平方米。容纳商户100户，以经营建材、家具为主。

天源商贸综合体　2015年3月，菏泽万泰置业有限公司对临商路以西、兴华路南侧进行开发，项目总投资7000万元，占地8.6万平方米，建筑面积6万平方米。容纳商户1269户，以经营小商品为主。

住宅小区开发　北苑小区　2006年7月，定陶新世纪房地产开发有限公司在东丰路北侧开发建设住宅小区。小区总投资2500万元，占地8.3万平方米，建筑面积4万平方米，容纳住户780户，为定陶首个多层住宅小区。

西苑小区　2006年12月，菏泽市达鑫房地产开发有限公司对陶驿路西、古塔路北进行开发。总投资1800万元，占地1.7万平方米，建筑面积2.4万平方米，容纳住户144户。

明珠嘉园　2007年4月，菏泽市康乾房地产开发有限公司对原橡胶厂所在地块进行开发改造，小区命名为双星嘉园，后更名为明珠嘉园。总投资2800万元，占地3.1万平方米，建筑面积4.7万平方米，容纳住户400户。

鑫苑小区　2008年5月，定陶鲁意建筑开发工程有限公司对青年路西、东丰路南所在地块进行开发。总投资1200万元，占地1.09万平方米，建筑面积1.69万平方米，容纳住户144户。

金帝国际花园　2008年5月，定陶金地房地产开发有限公司对兴华路东段北原天丰面粉厂所在地块进行开发改造。总投资2000万元，占地1.2万平方米，建筑面积3万平方米，容纳住户220户。

怡和华庭　2008年5月，定陶鲁意建筑开发工程有限公司对兴华路南、青年路西原农机厂家属院进行开发改造。总投资4000万元，占地2.5万平方米，建筑面积4.5万平方米，容纳住户380户。

中央新城　2009年6月，定陶鑫源房地产开发有限公司对府前大道北侧，陶驿路西进行开发，命名为中央新城牡丹园。总投资1900万元，占地4万平方米，建筑面积6.2万平方米，容纳住户880户。之后又对府前大道南侧，陶驿路西进行开

▲ 新建成小区　（2013年 车刚 摄）

发，命名为中央新城丽锦苑。总投资1.63亿元，占地16.5万平方米，建筑面积15.2万平方米，容纳住户1279户。

文鼎苑　2009年8月，定陶陶兴置业有限公司对菏商路东、府北路南侧进行开发。总投资3.36亿元，占地8.6万平方米，建筑面积16.8万平方米，容纳住户1860户。

陶都新韵　2010年3月，定陶鲁意建筑开发工程有限公司对府前大道南、青年路东侧进行开发。总投资2.8亿元，占地12.32万平方米，建筑面积26万平方米，容纳住户1716户。之后又对府前大道北侧、青年路东侧进行开发。总投资3亿元，占地12.33万平方米，建筑面积52.2万平方米，容纳住户2716户。

菏建·滨河鑫城　2010年9月，山东菏建建筑集团房地产开发有限公司对菏商路与滨河路交汇处原张河村进行开发改造。总投资1.5亿元，占地9.3万平方米，建筑面积16.7万平方米，容纳住户783户。为定陶首个复式住宅、多层住宅和高层住宅楼3种建筑类型小区。2014年，被评为“菏泽市优秀住宅小区”。

新河嘉园　2010年10月，菏泽市康乾房地产开发有限公司对青年路北段东侧、定陶新河南进行开发。总投资2.3亿元，占地9.8万平方米，建筑面积21万平方米，容纳住户1750户。

博文华府　2010年11月，定陶县博文置业有限公司对青年路西、东丰路北侧进行开发。总投资8000万元，占地1.2万平方米，建筑面积4.9万平方米，容纳住户390户。

翡翠湾　2013年9月，定陶家森房地产开发有限公司对府前大道东段北侧进行开发。总投资5200万元，占地5.66万平方米，建筑面积11.21万平方米，容纳住户788户。

菏建•新河湾　2014年1月，山东菏建建筑集团房地产开发有限公司对菏商路西、古塔路西段北进行开发。总投资10.38亿元，占地19.12万平方米，建筑面积45.11万平方米，容纳住户2270户。

美景国际现代城　2014年4月，菏泽市美景房地产开发有限公司对兴华路南、白土山路东原老三街片区进行开发改造。原老三街片区内871户居民、13个企事业单位全部征收，征收房屋建筑面积17.3万平方米。该片区是国务院《国有土地上房屋征收与补偿条例》实施后第一个房屋征收项目，也是征收房屋面积最大、户数最多的一个旧城改建项目。项目总投资20.6亿元，占地19.3万平方米，总建筑面积91万平方米，由高品质住宅、品牌步行街、标准化农超、大型百货、星级酒店、幼儿园、小户型公寓等多种物业形态组成，容纳住户4506户。

华景雅苑　2014年9月，定陶亦泰房地产开发有限公司对菏商路与府前大道交汇处原姚庄村进行开发。总投资3.8亿元，占地7.03万平方米，建筑面积19.26万平方米，容纳住户1174户。

镜湖壹号　2014年11月，定陶亚泰房地产开发有限公司对府前大道南、陶驿路西原李线庄村进行开发改造。总投资10.4亿元，占地1.56万平方米，建筑面积52.08万平方米，容纳住户2576户。

府前一品　2014年11月，山东水苑置业有限

▲ 住宅小区冬季夜景　（2015年 车刚 摄）

公司对府前大道南侧、滨河路北侧进行开发。总投资2亿元，占地4.7万平方米，建筑面积10.22万平方米，分复式住宅和高层住宅楼2种建筑类型，容纳住户570户。

欧亚半岛　2014年11月，山东菏泽鹏达房地产开发有限公司对府前大道南侧、青年路西侧进行开发。总投资33亿元，占地3万平方米，建筑面积13.96万平方米，容纳住户799户。

第三节　房地产交易与确权登记

房地产交易　1995年，县房地产管理交易所成立，负责全县规划区内的商品房预售和房地产交易市场管理。2002年，成立县房地产交易服务大厅，业务范围包括商品房预售、商品房备案、房产交易、房产抵押、中介服务、房产信息查询等。2005年，办理各类交易手续104件，交易额1500万元，为财政提供税收22万元，商品房预售登记560户，面积5.4万平方米。2010年，房地产供给市场充足，销售市场日益旺盛。商品房预售面积28万平方米，同比增长2.6倍，其中，住宅销售面积23万平方米，同比增长2.9倍，商品房均价为每平方米1956元，同比增长26%。随着房地产经济的发展，交易所业务量逐年增多，至2015年底，累计办理商品房预售106件，预售建筑面积286.95万平方米；商品房销售12000余套，销售建筑面积143.64万平方米，成交额35.23亿元；房地产转让、抵押登记75000宗，面积420万平方米，交易额43.56亿元。

房屋租赁管理　2007年2月，成立县房地产管理局城市房屋租赁管理所，负责全县城市规划区、镇规划区内的房屋租赁及其监督管理。通过发放租赁政策明白纸等形式，宣传国家房屋租赁政策、法规，加大房屋租赁宣传力度，使失管多年的房屋租赁工作纳入法制化管理轨道。2007年，办理房屋租赁登记56户，建筑面积4816平方米。2010年，租赁管理所严格落实城市房屋租赁登记备案制度，办理房屋租赁备案420件，为住房保障和加强对流动人口计划生育管理以及社会治安综合治理提供了基础资料和保障。至2015年底，累计办理房屋租赁合同登记备案2168宗，建筑面积17.35万平方米，合同登记备案归档率达100%。

房产确权登记　1996年10月，定陶县设立县城镇房屋确权发证办公室，开始对公有住房出售进行确权发证。1997年，县房地产管理局开展首次县城镇房屋登记发证工作，涉及全县各行政、企事业单位和县城镇居民，发证8000余件，加盖定陶县人民政府印章。2002年底，进行第二次县城镇房屋权属登记，将加盖定陶县人民政府印章的房屋所有权证换发为建设部统一印制的防伪房屋所有权证；对未进行房屋权属登记的房屋进行房权登记，共新登记发证、换证1万余本。2005年，办理房屋权属登记证书968份，登记面积25.8万平方米。2006年，被建设部命名为房地产交易与权属登记规范化管理单位。2010年，房产交易与权属登记管理水平进一步提升，开展房屋登记数字化和规范化管理创建活动，实现规范化、科学化、数字化管理。全年办理房屋登记业务2800件，受理面积41.29万平方米，其中，办理初始登记380件，登记面积12万平方米；办理转移登记550件，登记面积6.53万平方米；办理预告登记1274件，登记面积15.46万平方米；办理抵押登记240件，登记面积7.3万平方米，抵押额2.4亿元，实现抵押贷款1.2亿元。2011年，率先在全市成立房屋登记中心，负责定陶县行政区域内的房屋登记工作，包括农村集体土地上房屋的登记发证。至2015年，共发放房屋所有权证2.8万余本，其中，集体土地上房屋所有权证1000余本。

第四节　城市建设房屋拆迁

1996年10月，定陶县成立县城市建设房屋拆迁办公室，围绕全县城市建设重点项目，坚持依法拆迁、有情拆迁、和谐拆迁和“四合法一到位”，进行项目建设前的拆迁协调服务和资金监管。2005年，全县共完成拆迁面积7910平方米，其中，私房5345平方米，公房2565平方米；动迁单位6个，居民66户；占用土地7.99万平方米，其中，国有土地2.33万平方米，集体土地5.66万平方米；补偿金额450万元。2009年张河整村搬迁，张河自然村是定陶县第一个整村搬迁项目，共135户，房屋按成本价进行补偿，土地按区片价进行补偿，回迁楼为四层单元楼，回迁均价760元/平方米。张河村的搬迁拉开新区合村并点整村搬迁的序幕。2010年，根据城镇化建设需要，参与古塔路西段建设工程、建材大市场工程、刘楼水库工程、长江路东延工程、临商路改造工程、新河景观带改造工程、东丰路拓宽工程、新城区合村并点工程、兴华路东延工程以及冉堌、南王店、杜堂等9处乡镇的新城镇和新农村建设等18个拆迁项目，拆迁面积5.6万平方米，动迁单位9个，居民630户。2011年2月，县城市建设房屋拆迁办公室更名为县房屋征收补偿办公室。2012年，姚庄、李线庄整村搬迁。房屋按成本价进行补偿，土地按区片价进行补偿，按期完成的每平方米奖励300元。2014年，签订征收补偿协议13户，有10户签订协议未搬迁户完成搬迁；司法强制执行5户，通过诉讼渠道依法动迁1户。完成“十路一河”拆迁400余户，涉及4个镇（街道），11个自然村；完成县医院扩建项目房屋征收工作，共征收5户，征收房屋4200平方米。启动金茂街北延片区房屋征收工作。2015年，对滨河街道张坑、郜庄、范店，陈集镇胡庄和刘楼水库工程进行征地拆迁，共拆迁村庄5个，1105户，房屋建筑面积26.8万平方米。完成仿山镇后董丈量工作，共280户，5.1万平方米；对飞机场项目占地范围进行调查摸底工作，涉及4个村庄，房屋7.9万平方米。

府后小区拆迁　府后小区开发前是一处繁华的批发市场，位于县城兴华路中段南侧（五街），曾是古城墙，房屋以低矮平房为主。1996年，府后小区一期工程拆迁64户。府后小区拆迁是定陶县第一个综合开发拆迁项目，第一次采用房屋重置价格进行拆迁补偿。

金茂街综合开发拆迁　2003年，进行白土山路菜市场段拆迁开发，共210户，建筑面积2.3万平方米，规划一条商业街，一个蔬菜市场和一处居住小区。拆迁前该路段是一处菜市场，道路狭窄，交通拥堵，脏乱差严重。丈量评估后通过招商，与金茂房地产开发公司达成开发协议，开发建成了金茂街、金茂汇元市场、金茂汇元小区。

范阳路拆迁　范阳路是菏关高速连接线的一部分，2005年，主要是打通南北段，南段打通温庄，北段主要是裘革服装厂家属院。2006年，对范阳路中段进行拓宽，主要是县政府家属院和东关居委会居民。原劳动局办公楼（后卖给个人），直到2010年才得以拆除。

▲　旧城改建　　（2015年　车刚　摄）

长江路东延拆迁　2010年，主要是陈集镇胡庄自然村，拆迁101户；2014年，张楼、杨李庄拆迁。2015年，对长江路以南胡庄进行拆迁。

住建局对过片区房屋征收拆迁　该项目东至护城河，北至兴华路，西至白土山路，南至陶朱公大街，2011年11月，开始征收，征收房屋建筑面积17.3万平方米，871户，13个企事业单位，是国务院《国有土地上房屋征收与补偿条例》实施后定陶县进行的第一个房屋征收项目，也是征收房屋面积最大、户数最多、第一个整片区旧城改建项目。

第五节　物业管理

2002年，定陶县设立县物业管理中心，负责全县物业服务行业的监督、指导、管理。同年，县房地产管理局注册成立定陶县第一家物业服务企业——定陶县安居物业管理中心。随着住宅小区建设快速发展，物业服务行业进入快速发展阶段，至2015年，共建成或部分建成小区22个，建筑面积170余万平方米，总入住人口1.98万人。在定陶县注册的物业企业11家，全部为三级资质，其中，8家有在管物业项目，另有6家外来企业在定陶县执业，其中2家为一级资质企业；从业人员近300人，其中，73人取得物业企业经理岗位证书，11人取得国家注册物业管理师资格。在管物业类型以住宅为主，普通多层住宅物业收费为0.2元～0.45元/月/平方米，带电梯住宅物业服务收费为0.8元～0.95元/月/平方米。其他类型物业（办公、学校等）主要是由物业企业提供专项服务，如县医院的保洁、保安服务，山大附中、供电公司的保洁服务等。

加强住宅专项维修资金管理，更新原住宅专项维修资金管理软件，使住宅专项维修资金管理明细到户，方便业主查询，业主所交住宅专项维修资金数额，利息一目了然。严格执行前期物业招投标制度，完成镜湖壹号、名都雅苑前期物业服务招投标工作，严格要求物业企业按资质经营，受理企业资质年检5家，其中1家因服务不到位降级处理。集中检查小区绿化、保洁、公共设施维护，提倡物业企业在小区内做公益宣传，张贴公益宣传画。清理杂草1万余平方米；督促物业企业疏通各小区主、支排水排污管道2.3万米；更新排水排污井盖15个；清理楼顶、平台垃圾，维修落水管40人次。加强小区车辆管理，与价格主管部门协调小区停车收费问题，与业主达成共识。滨河春天小区蓝牙门禁安装运行，新河嘉园小区进行门禁改造。加强物业服务从业人员培训，组织52人次参加市物业企业经理培训班，多次组织各物业项目负责人召开现场会，交流经验。

第六编

交通 邮电

JIAO TONG YOU DIAN

20世纪90年代以后，定陶县交通设施建设迅猛发展。1991年，全县19个乡镇全部通公路。1996年9月1日，京九铁路建成通车，结束了定陶县无过境铁路的历史。2003年，公路“村村通”工程启动。2006年、2008年，日兰（日照—兰考）、德商（德州—商丘）高速公路先后在境内建成通车。至2015年，全县公路通车总里程1962.5千米，其中，国道（含高速公路）43.4千米，省道102.3千米，县道177.7千米，乡道103.6千米，村道1639.1千米。百平方千米公路密度232千米，处于全省领先水平。

邮政业务稳步发展，20世纪90年代，城市投递及农村投递主要以自行车为主，兼有两轮摩托车辅助投递。2003年初，农村投递开始向三轮摩托化发展。2010年，定陶邮政投递路线长1563千米，农村投递基本实现摩托化。2014年，城市投递改为电动三轮车投递。至2015年，全县邮路208千米，投递路线2238千米。全部实现电动化、机械化，投递函件113.57万件，包件1.27万件，汇兑1.56万张，报刊订阅471.38万份。

电信业快速发展，1991年，实施户线工程和村村通电话工程。1992年，开通无线寻呼业务，1994年开通移动通信，1996年，实现数字化传输，互联网业务等相继开通。2003年，完成宽带网络延伸工程。2010年，开通3G网络。2013年，4G业务启动。2015年，全县固定电话用户1.3万户，移动电话用户48.06万户，互联网用户7.75万户。电信业务总量2.59亿元。定陶县迈入信息化、数字化、多媒体时代。

第一章　交　通

第一节　高速公路

至2015年，县内有日兰高速和德商高速2条过境高速公路，长39.29千米。

日兰高速　日兰高速为东西走向，东起山东省日照市，西至河南省兰考县，2007年建成通车，在定陶境内9.56千米。

▲ 德商高速定陶出入口　（李斌　摄）

德商高速　德商高速是济广高速的一部分。该段工程起点位于菏泽市牡丹区皇镇乡大倪庄村，呈南北走向，途经牡丹区、定陶县和曹县，终点位于鲁豫两省交界处的黄河故道大桥上，与河南省商亳高速公路连接，全长86.61千米。2006年5月开工建设，2008年11月竣工通车。定陶境内全长29.73千米，在砀定路南侧79K+700处建定陶收费站。

第二节　国　道

1991年至2012年，境内无国道。2013年，境内有国道1条——国道220东郑线，境内长4.09千米。由仿山镇吴登庙北入境，至陈集镇桶子河西出境。

2008年建成通车，为国家一级公路，路面宽24米～32米，路基宽35米～45米，设计时速100千米。

第三节 省 道

1991年至1996年，境内4条省道（临商路、砀定路、刘民路、东丰路），过境里程70.5千米。1997年至2003年，境内有5条省道，总里程90.7千米。2004年，砀定路改线，养护里程增加至102.3千米，至2014年，定陶境内5条省道（临商路、砀定路、刘民路、东丰路、砀定辅线），过境里程102.3千米。2015年，砀定线改建，省厅规划处取消砀定辅线，境内有临商路、砀定路、刘民路、东丰路等4条省道，总里程86.51千米。

省道259临商线 临清至商丘。境内长17.05千米，北起定陶县与菏泽市开发区界，南至定陶县与曹县界。1992年，第一次升级改造，设计时速80千米，为省道二级公路。2005年、2010年，分别对北段10.74千米和南段6.31千米升级改建为省道一级公路，路面宽20米～25米，路基宽21米～30米。

省道261刘民线 刘口至民权。境内长9.14千米，北起定陶县与菏泽市牡丹区界，南至定陶县与曹县界，途经蔡楼、张湾等村庄。1990年，改建为省三级公路。2000年，升级改建为省道二级公路，路面宽9米，路基宽12米，设计时速80千米。

省道346东丰线 东明至江苏丰县。境内长23.39千米，起于定陶县与成武县界，止于定陶交警队处，途径姑庵、高庄、黄店、东王店、定陶城区村镇。1998年，第一次升级改建，路面宽10.5米～12米，路基宽12.5米～14米，设计时速60千米，为省道二级公路。2012年，第二次改建，路面宽13.5米～30米，路基宽15米～31.5米，设计时速80千米。

▲ 省道346丰东线城区段 （2013年 叶宏 摄）

省道351砀定线 砀山至定陶。1997年，S351砀定线建成通车。境内长22.5千米，东起成武县界，西至定陶西关王洪庙，为省二级公路，设计时速80千米，路面宽12米～22米，路基宽15米～25米。2004年，砀定路改线，东起成武县界，西至定陶县仿山镇，境内长30.19千米。路面宽12米～15米，路基宽15米～18米，设计时速80千米。2015年，砀定路升级改造为省一级公路，设计时速100千米，路面宽18米～23米，路基宽20米～24.5米。

▲ 省道351定陶北环路段 （2015年 叶宏 摄）

省道905砀定辅线 1997年，原定砀线改名为砀定辅线，砀定辅线从成武县伊岗到定陶县从庙15.7千米，为沥青表处路面三级路，路基宽9米，路面宽6米。1997年原定砀路改线后，省不再投资养护。2015年，砀定路升级改造，从庙到定陶西关王洪庙6.8千米，由原来的二级路升为一级公路，路基宽25米，路面宽24米。2015年，砀定路升级改造后，省厅规划处取消砀定辅线。

第四节　农村公路

县道及园区道路　1991年至1995年，先后对县道定陈路、定陶至张湾路、仿山路进行改造。1996年至2000年，先后对陈集至皇镇、陈集至菏泽、定马路、姑沙路南段、定邓路、姑沙路北段进行改造。2001年至2005年，先后对双庆路西段、定陈路、定孟路、冉黄路、定陶至一千王路、陈孟路、张湾至一千王段、兴华路大街、杜堂连接线、城区青年路、菏关高速连接线进行改造。2006年至2010年，先后对山南路、郜秦路、县武装部靶场路、仿山旅游区道路、定陶（烟台）工业园区3条道路、润鑫工业路、鲁花东路等园区道路、陈菏北路、定陈路北段、定陶至张湾路、双庆路西段进行改造。2011年至2015年，先后对双庆路、游保路、定孟路、陈菏南路、冉半路、陈皇路进行改造。至2015年年底，全县县、乡、村公路总里程1816.8千米，其中，县道177.7千米。

▲　长江路东延工程施工中

乡村公路　“村村通工程”建设。2003年，落实中央和省关于农村公路建设、实行道路修建补助政策，推动全县“村村通”农村公路建设工程。2004年，省委、省政府实施“突破菏泽”战略，山东省交通厅对口帮扶定陶县。至2010年，全县新建改建农村公路1362.3千米，实现由黄土路到柏油路的突破，基本实现村村通柏油路目标。定陶县先后获得“全省农村交通建设先进单位”“全市农村公路改造先进县”等多项荣誉。

▲　农村行路难问题得到改善　　　　（2015年摄）

“网化工程”建设。2013年，在“村村通”工程的基础上，省委、省政府在全省开展“村级公路网化示范县活动”。定陶县被省政府确定为全省第二批网化示范县，主要是通过“全省村级公路网化示范县”建设，基本消灭断头路，实现所有村与邻近公路的连接，改善和实现村与村之间的畅通，实现农村公路循环网状的目标；为每个村建设1～2条主要街道。至2014年，全县完成网化工程建设里程290.4千米，境内大部分断头路、乡村公路与干线公路连接路相继打通，一些农村街道得到硬化，全县构建布局合理、标准适宜的农村公路网，实现由“村村通”到“村村连”的跨越。

▲ 乡村公路（2008年摄）

“千村公路扶贫”行动。2012年，定陶县按照“统筹规划、分步实施”的原则，完善重点扶持村的农村公路设施，实现“打通断头路、硬化穿村道、连接必要村、消除危窄桥”的目标。重点扶持村主要街道与临近公路实现顺利连接，全面实现行政村通柏油（水泥）路；每个重点扶持村村内有1条硬化穿村公路（或街道）；重点扶持村与临近村之间实现必要的柏油（水泥）路通达；改建连通重点扶持村道路上的危窄桥。至2015年，定陶县争取上级资金2000余万元，先后完成省、市扶贫项目38个，里程100千米，解决70多个自然村行路难的问题。

北区道路建设 2013年年底，定陶县委、县政府进行全新定位和战略选择，作出“融入大市、同城发展”的决策，先后筹措资金10多亿元建设“十二路一河”（陈皇路、东北外环、广州路、上海路、漓江路、万泉路、高速连接线、仓南路、西外环路、人民路、定砀路、长江路东延和菏曹运河景观带），对10.8千米长的菏曹运河景观长廊主干工程进行升级改造。2015年，北部新区12条道路（六纵六横）总长99.7千米全部竣工通车。实现与菏泽大市城市路网相匹配，拉近定陶与大市的距离。

第五节 桥 涵

桥梁 1991年，境内国、省道公路共有桥梁12座，长531.2米。1997年，砀定路新建桥梁7座。2000年后，公路建设步伐加快，配套桥梁不断增加。至2015年底，境内公路桥梁共有29座，长1287.14米，其中，国道桥梁1座，长39米；省道桥梁28座，长1248.14米。

▲ 临商线张河桥（2009年摄）

1991年定陶县公路大中型桥梁统计表

表6-1-1 单位：米、吨

线路名称	桥梁名称	桥梁类型	结构形式	桥梁长度	孔/径	桥宽	设计荷载	修建时间
临商路	张河桥	中桥	空心板梁	34	3/10	7	汽-13，挂80	1965
刘民路	蔡楼桥	中桥	空心板梁	42.8	4/10	6	汽-13，挂80	1976
	红卫河桥	中桥	空心板梁	36.1	10/3.6	6.5	汽-13，挂80	1973
丰东路	吴河桥	中桥	空心板梁	72.9	4/15	7	汽-13，挂80	1973
砀定辅线	郝庄桥	中桥	板拱	36.7	3/8	7	汽-13，挂80	1967
	冉堌桥	大桥	工字梁	171	15/10.5	7	汽-13，挂80	1969

2011年定陶县公路大中型桥梁统计表

表6-1-2 单位：米、吨

线路名称	桥梁名称	桥梁类型	结构形式	桥梁长度	孔/径	桥宽	设计荷载	修建时间
临商路	张河桥	中桥	空心板梁	45	左4/10 中右3/13	23.4	汽-20，挂100	1992
刘民路	蔡楼桥	中桥	空心板梁	44	3/13	16.6	汽-20，挂100	2000
	红卫河桥	中桥	空心板梁	70	5/13	13.3	汽-20，挂100	2001
丰东路	吴河桥	中桥	空心板梁	70.5	5/13	12.9	汽-20，挂100	2002
砀定路	冉堌大桥	大桥	空心板梁	245	12/20	15	汽-20，挂100	1996
	郝庄桥	中桥	空心板梁	43.04	3/13	14.8	汽-20，挂100	1996
	南渠河桥	中桥	空心板梁	44	3/13	16.5	公路－Ⅱ级	1996
	新河桥	中桥	空心板梁	70.4	5/13	16.5	公路－Ⅱ级	2004
砀定辅线	冉堌桥	大桥	空心板梁	171	15/11.4	7.84	汽-15，挂80	1969

2015年定陶县公路大中型桥梁统计表

表6-1-3 单位：米、吨

线路名称	桥梁名称	桥梁类型	结构形式	桥梁长度	孔/径	桥宽	设计荷载	修建时间
东郑线	台楼桥	中桥	空心板梁	39	3/13	25	汽-20，挂100	2008
临商路	张河桥	中桥	空心板梁	45	左4/10 中右3/13	23.4	汽-20，挂100	1992
临商路	王洪庙桥	中桥	空心板梁	39	左 2/13+1/8 左中、右 中、右3/8	30.6	汽-20，挂100	1984
刘民路	蔡楼桥	中桥	空心板梁	44	3/13	16.6	汽-20，挂100	2000
	红卫河桥	中桥	空心板梁	70	5/13	13.3	汽-20，挂100	2001

续表6-1-3

线路名称	桥梁名称	桥梁类型	结构形式	桥梁长度	孔/径	桥宽	设计荷载	修建时间
砀定路	冉堌大桥（左）	大桥	空心板梁	245	12/20	15	公路－Ⅰ级	1996
	冉堌大桥（右）	大桥	空心板梁	245	12/20	15	公路－Ⅰ级	2015
	郝庄桥	中桥	空心板梁	44	3/13	26.75	公路－Ⅰ级	1996
	古柳河桥	中桥	空心板梁	38	2/16	24.5	公路－Ⅰ级	1996
	邓庄桥	中桥	空心板梁	26.5	5/13	24.5	公路－Ⅰ级	1996
	南渠河桥	中桥	空心板梁	56.1	3/13	27.25	公路－Ⅰ级	2004
	新河桥	中桥	空心板梁	80	5/13	27.25	公路－Ⅰ级	2004
砀定辅线	小农场桥	中桥	空心板梁	26	1/20	30.1	公路－Ⅰ级	2011

涵洞　1991年，境内国、省道公路共有涵洞112道，长1660.7米。2000年后，交通建设速度加快，涵洞数量不断增加。至2015年底，境内国省干线公路共有涵洞144道，长5067米。

窄危桥改造　2001年至2005年，先后对南王庄、保宁、张董集、南王店、戴庄、郭邓楼、丰庄桥、周楼桥等进行改造。2006年至2010年，先后对张圈桥、均张庄桥、中沙海桥、潘寺桥、周庄桥、赵庄桥、韩庙桥、北陈桥、冉堌刘庄桥等进行改造。2011年至2015年，先后对陈河桥、陆庄桥、王庄南桥、王庄北桥、南蔡楼桥、胡庄桥等进行改造。

第六节　公路管护

公路养护　1991年，县公路站养护股下设8个养护管理所。1998年3月，公路局内部体制改革，成立养护公司，对外称公路养护处，实行企业化管理和经理负责制，下设5个管理站。2011年，公路养护管理运行机制改革进一步推进，按照“管养分离、事企分开、公开透明”的总体要求，县公路局设立养护科、养护中心和公路管理站。养护科负责本辖区国（省）干线公路正常养护工作的组织、监督和指导。养护中心主要负责参与辖区内小修保养实施，以及本辖区内干线公路应急抢险、救援等工作。公路管理站是普通干线公路养护生产基层管理单位，根据市局统一规划，将原有公路站进行整合，成立城关公路管理站和东王店管理站2个新的公路管理站。养护专业技术人员8人和养护技术工人20人，有压路机1台，小型养护综合车1台，灌缝机1台，切割机2台，大型清扫车2台。

▲ 省道351砀定线东环段路面保养作业　（2009年摄）

路政管理 1998年，县公路局路政股改为路政大队，2009年，更名为县公路管理局路政管理大队，为副科级单位。依法行使公路路政管理权，维护路产路权，保障公路安全畅通。至2015年，县公路局路政管理大队完成公路巡查9.5万千米，实现路赔收入165.5万元。

▲ 临商路公路巡查 （2008年摄）

治理超载 2008年，开始建设定陶治超检测站，2009年10月建成使用，位于省道259线K229+200m处。至2015年，共检查车辆16158辆，其中超限车辆296辆，卸载分流货物4985吨，超限罚款收入154.7万元。

▲ 定陶治超检测站 （2014年摄）

规费征收 1992年，县公路局设立养路费征收稽查办公室，征收公路养路费、公路运输管理费、公路客货运附加费等费用。2009年1月1日，全部取消收费。

临商路景店收费站位于定陶城南4千米处景店村。2002年2月开始建设，5月1日开征过往车辆通行费，收费期限至2010年4月30日，经鲁政字〔2010〕43号文件批准，收费站延期至2017年3月31日。收费标准按鲁价费发〔2002〕103号文件规定执行，收费标准发生调整后，按鲁价费发〔2006〕43号文件和鲁价费发〔2007〕82号文件执行。2009年，山东省实施取消政府还贷二级公路收费政策，景店收费站作为一级公路收费站保留下来。2011年，为增加公路收费透明度，山东省人民政府发布《关于公布全省收费公路收费站目录的通知》，公布修订后的山东省收费公路收费站目录，临商路景店收费站是其中之一。2002年至2015年，累计收费16764.24万元。

▲ 省道259临商路景店收费站 （2014年摄）

第七节 公路运输

客运 20世纪90年代，城乡客运主要以摩托三轮车、机动三轮车为主，全县有60余辆。至21世纪初，逐步实行中巴客运，但车辆破旧，车型、车况较差，营运效率、效益较低。2000年后，公路客运呈快速增长势头，客车档次不断提升，标准化、规范化、集约化、人本化管理程度日趋规范，城乡交通一体化和农村客运网络化水平显著提高。2001年，全县有客运车辆163辆，1304客位。完成客运量57万人次，旅客周转量2798万人／千米。2009年，全县有客运车辆389辆，5928客位。完成客运量517万人次，旅客周转

▲ 人力三轮　　（2007 年 李春阳 摄）

量38255万人／千米。2015年，全县共有城际长短途客运车辆66辆，客运线路28条；城乡客运车辆173辆，客运线路27条；城区客运车辆30辆、出租车103辆。完成客运量1256万人，客运周转量46185万人／千米。

客运基础设施　20世纪90年代，全县有客运站1处，基础设施陈旧，客运线路少，通车里程短，客运车辆标准低，不能满足群众出行需求。2003年后，国家和省与村村通油路同步实施村村通客车工程，全县先后投资480万元，征地2.4公顷，对陈集、仿山、马集等8处乡镇客运站进行改造；投资30万元树立站点牌、候车亭370余个，基本解决群众乘车难问题；2006年，借助省交通运输厅帮扶，投资1600万元，建设定陶县客货运中心，2010年10月，建成投入运营，为二级站标准，占地面积7.8公顷，建筑面积5000平方米，设计日发送旅客3000人次，成为定陶县城的一座标志性建筑。

▲ 城乡公交　　（2006 年摄）

公交事业　2012年4月，开通定陶至菏泽汽车总站城际公交线路，始发站为定陶汽车站新站，途经临商路，终点站为菏泽汽车站总站。2015年初，开工建设定陶公交停车站，建筑面积4440平方米，总投资1200万元。开通县公交停车站—定陶火车站、县公交停车站—二中—仿山景区、县公交停车站—东关建材大市场3条城区公交线路。同年9月，定陶至镇街18辆新能源公交电车投入运营。12月，开通定陶至菏泽第二条公交线路，始发站为定陶汽车站新站，途径菏关高速定陶连接线，终点站为菏泽火车站。购置66辆新能源公交车参与运营，营运时间为每日早6点至晚7点30分，每10分钟1班，日发送乘客5000人次。

▲ 定陶公交车站建成投入使用

货运　1991年后，农用汽车、厢式货车、重型货车、特种货物专用车等技术先进、高效低耗的运力增加。至2002年，全县拥有营运汽车289辆，农用汽车、拖拉机、机动三轮车1504辆，完成货运量82万吨、货运周转量7884万吨千米。2015年，全县拥有营运汽车1875辆，完成货运量2576万吨，货运周转量623985万吨千米，创历史最高水平。

运输市场监管　20世纪90年代，定陶实行道路运输经营许可证和道路运输证制度，对参与运输经营的单位和个人进行管理。对无证经营、宰客、甩客等违章行为进行治理。2000年后，按照“规范管理、稳定秩序、确保安全”的原则，每年对营运车辆驾驶员从业资格进行培训考试，不断加强对驾培学校和车辆维修企业的规范和监管。2005年，开展客货运市场整治活动，对无照经营、不按规定线路营运、“黑出租”（无合法经营资格的出租车）等进行重点打击。加大对公路超限、超载车辆的打击力度，超限、超载现象得到有效遏制。2010年后，加强安全生产管理工作，定期对各运输企业进行安全生产培训，通过制作宣传图版、发放宣传材料等进行广泛宣传，组织开展危险化学品泄漏处理、场地灭火应急救援演练活动，事故防范和救助能力显著提高。开展“安全生产月”“打非治违”“百日大检查”等专项活动，做好春运、菏泽牡丹花会、“五一”“十一”等重要时段的安全生产工作，未发生一起安全稳定责任事故。

▲ 城际公交 （2012年摄）

第八节 铁路建设与运输

京九铁路定陶段纵贯定陶中部，由北向南从菏泽市开发区入境，依次穿过仿山、定陶镇、杜堂、南王店等4个乡镇（街道），全长16千米。1994年，定陶段开工建设。1996年9月26日，全线建成通车。京九铁路定陶段由济南铁路局管理。京九铁路定陶段建有桥梁5座，涵洞35道。1999年，为适应铁路提速，平交道口全部改为立交涵。

火车站 定陶火车站位于定陶县城济阴路东首，候车室面积719平方米，可容纳旅客300人，有2个售票窗口。车站内有站线5股，其中，正线2股，到发线3股；另有货物线2股，牵出线1股。有旅客站台2个，站前广场面积7800平方米。在火车站东侧有1个货场，占地面积9万平方米。货场内建有2条停车线和1条专用线，设计年货物吞吐量20万吨以上。

▲ 定陶县火车站 （李斌 摄）

铁路运输 京九铁路定陶段全线开通后，定陶火车站投入临管运营。1996年正式运营，当年停发车次2个，发运旅客7000人次。2000年后，停发车次逐渐增加。2009年，停发车次增至8个，属过路车次，年发送旅客49566人次。2015年，停发车次有8个，属过路车次，年发送旅客

▲ 火车出行 （2013年 叶宏 摄）

59896人次。

2005年，定陶铁路货站开始发运货物，当年运进货物5万吨。此后，运量逐渐增加。2015年，发送货物15万吨，主要品类有小麦、面粉、玉米等。

第二章 邮政

第一节 邮政网络

邮政局所 1991年，定陶县邮电局下设1室2股，8个生产班组和15个邮电支局、所。1998年9月，邮电分营，定陶县邮政局成立，辖邓集、张湾、力本屯、马集、南王店、冉堌、黄店、姑庵、杜堂、保宁、孟海、半堤、陈集、一所、二所（青年路）、东王店16个邮政支局，其中，农村网点14个，城市网点2个。2002年4月，增设城市网点兴华路邮政支局。2007年，邮银分营，城市一所、陈集支局划归邮储银行，定陶邮政局成立沙海支局，后搬迁至陈集更名为陈集支局。2009年，东王店邮政支局储蓄营业厅与邮政营业厅分开营业，邮政业务厅留在原址滨河街道东王店村营业，储蓄营业厅搬迁到县城，成为邮政城市储蓄营业网点。2013年，青年路邮政支局搬迁至陶朱公大街，更名为陶朱公大街营业所。

邮政线路 定陶县内汽车邮路2条，分别是南路和北路，南路总长102千米，北路总长106千米。南路：定陶县局—冉堌—南王店—马集—力本屯—张湾—邓集。北路：定陶县局—东王店—黄店—姑庵—孟海—半堤—陈集—保宁—杜堂。

邮件投递 1991年至1997年，定陶县邮政局到农村邮政支局邮件运输工具为汽车，城市投递及农村投递主要以自行车为主，兼有两轮摩托车辅助投递。1998年后，城区投递及农村投递采用自行车与两轮摩托相结合的投递方式。2003年初，农村投递开始向三轮摩托化发展，邮路长195千米，投递路线长1455千米。到2005年底，90%的农村投递实现摩托化。2008年，城市投递实现节能环保的两轮电动车投递。2010年，定陶邮政投递路线长1563千米。同年12月，全县农村投递全部实现摩托化。2014年，城市投递改为电动三轮车投递。2015年，农村投递全部实现摩托三轮投

▲ 定陶黄店邮政支局 （2015年摄）

▲ 定陶邮政投递员队伍 （2015年摄）

递。至2015年底，定陶邮路长208千米，投递路线2238千米。

第二节　邮政业务

函件　1991年，函件业务的种类为信函、印刷品、盲人读物、义务兵免费信件等，邮政部门在元旦春节期间，开始发行有奖明信片业务，并作为经常性函件业务每年发行，成为广大客户庆贺新年、互致节日问候的良好载体。1995年，推出方便住址经常流动或住址尚未确定收件人接收邮件的存局候领业务。1996年12月1日，邮政资费进行调整，函件资费不再分为本埠外埠，统一资费。2000年，办理函件业务42万件。2005年，邮政开办邮送广告和商业函件业务，办理函件业务108万件。2006年，推出邮政贺卡业务。2010年，开办数据库商函业务、账单业务、广告邮资明信片、广告邮资封、无名址函件等业务，办理函件业务229.02万件。随着电话和网络普及，人们通信习惯发生改变，函件业务使用量出现下滑趋势，2015年，函件业务113.57万件。

包件　1991年，包件业务分普通包裹和国际包裹，普通包裹装寄一般物品的为35千克，装寄易碎或流质物品的为10千克。国际包裹一般规定是每件包裹重量不超过20千克，每件包裹的任何一边长度不超过1.5米，其横周长不超过3米。2000年，包件1.52万件。2005年，包件1.08万件。2009年，推出快递包裹业务，快递小包为500克，整件不能拆开的为1千克。同时还以能够装入邮袋发运和便于处理、防止遗落为原则，分别规定每件包裹的最大尺寸100厘米和最小尺寸限度20厘米。随着市场经济飞速发展，多家速递公司迅速崛起，市场竞争日益激烈，再加上邮政业务与速递业务的分营，包件业务逐年递减。2010年，发展包件0.23万件。同时，响应国家扶贫办公室和妇联的相关要求，开办爱心包裹和母亲包裹业务，更好的帮助贫困妇女和儿童。自2014年起，逐渐开始重视邮政小包业务的发展。2015年，提出“一体两翼”发展战略，要求“寄递翼”利用互联网这个有利平台，充分结合电子商务发展状态，全面渗透寄递市场，不断加强邮政在寄递市场的主导地位。2015年，包件1.27万件。

汇兑　1991年，汇票主要按址汇款通知单和密码汇款，以1元起汇兑，限额1万元。1992年7月1日，开始办理国际邮政汇兑业务。1999年2月26日，开办邮政入账汇款业务和邮政礼仪汇款业务。由于新业务的不断开展，2000年，发展汇款1.84万张。2001年8月，开通第一批电子汇兑网点。2002年4月，邮政网点全部开办电子汇兑业务。2004年，拓展加急汇款、特急汇款、汇款回执等汇兑增值业务。2005年上半年，农村支局利用电子汇兑终端开通电子化支局系统，实现汇兑业务处理电子化，汇款实现2.16万张。随着汇兑业务的快速发展，2010年实现汇款4.28万张，2012年实现汇款4.44万张，随着银行卡、网上银行、手机银行等业务的快速发展和普遍使用，汇兑业务逐渐萎缩，2015年，实现汇款1.56万张。

▲ 兴华路邮政综合营业厅　（2014年摄）

发行 1992年，邮政营业网点开始使用微机收订报刊，工作效率明显提高。1996年，部分报刊脱离邮政自办发行，邮政报刊发行陷入低谷。1998年分营后，邮务类业务发展较快。2000年，实现报刊流转额157万元，订阅报刊294.62万份。2005年，实现报刊流转额202.58万元，订阅报刊267.5万份。2010年，实现报刊流转额344.37万元，订阅报刊390.62万份。2015年，实现报刊流转额650.51万元，订阅报刊471.38万份。

物流配送 2001年，境内开始尝试由投递员以直接模式代投牛奶起步，逐步涉及到面粉、食用油等日常生活用品，再发展到农产品、农业生产资料的配送，为客户提供揽收、仓储、运输、配送、信息等一体化服务。起初主要以县城为主，逐渐扩展到全县支局网点。在县城主要侧重于面粉、大米、牛奶、液化气罐等日常消费品为主，农村主要以配送洗衣粉、酒水、种子、肥料、农药等生活消费品和农资产品为主。邮政物流业务在菏泽市推广后，先后有河南、广西等多省市到定陶交流学习，后推广到全国。2003年，定陶成立物流公司，专业经营分销业务，将生活消费品和农资产品配送到户，配送到田间地头，邮政服务三农得到政府和群众的认可。2008年，成立物流分局，逐渐把物流业务做大做强，当年完成业务收入92.89万元。2011年，邮政专业化改革，作为邮政八大专业之一，当年物流业务实现收入214.73万元。2013年以后，在不断加大渠道建设的同时，物流村及万亩示范田建设工作也在不断开展，通过物流村及万亩示范田的建设完善，不断助力邮政物流业务发展，2015年，实现业务收入246.19万元。

集邮 1991年以后，集邮业务主要经营的集邮品有纪念邮票、特种邮票、首日封、纪念卡、邮折、明信片、集邮册及其他集邮用品。1998年分营后，集邮业务逐渐被重视起来。2006年，成立函件集邮局，当年完成业务收入7.63万元。2011年4月，邮政专业化改革，撤销函件集邮局，成立函件广告局和邮票公司，邮票业务成为邮政八大专业之一，实行专业化运营，当年实现业务收入50.51万元。2015年，函件广告局与邮票公司合并，更名为函件集邮局，集邮收入79.99万元。

第三节 邮政资费

1990年至2004年，国家先后进行4次资费调整，定陶邮政局各营业窗口执行国家制定的邮政资费标准。

1990年7月31日，在信函平信外埠0.08元执行40年后，经国务院批准，国家发改委、国家邮政局发出通知，对国内邮政资费进行调整。信函平信本埠从0.04元调整为0.1元，外埠平信从0.08元调整为0.20元；明信片本埠从0.015元调整为0.04元，外埠从0.03元调整为0.08元；挂号信由0.12元调整为0.30元。普通包裹每500克为一个计费单位，按照寄递里程分区核订。

1996年12月1日，国内邮资调整。取消本埠、外埠之分，统一为一个资费标准：信函调整为0.50元，明信片调整为0.40元，印刷品调整为0.30元，挂号信调整为1元。

1999年3月1日，国内邮政资费进行结构性调整。恢复本埠、外埠资费之分。信函本埠为0.60元，外埠为0.80元；明信片资费为0.60元；印刷品本埠为0.30元，外埠为0.60元；挂号信的资费调整为2元。

2004年1月1日，国内邮件挂号信资费进行调整。国内挂号信资费从2元调整为3元；函件在原有资费的基础上普遍上调150%。

第四节 设备设施

设备 1991年以后，县城营业厅开始使用包裹收寄机，各支局均配备电子秤。1992年，电子计算机开始在邮政储蓄、报刊发行和邮件接发等工种出现。1996年后，开始使用信函邮资机。1998年，定陶邮政分公司生产服务车辆只有3辆。

▲ 杜堂邮政支局24H银行自助设备　　（2015年摄）

2000年，各支局配备微机，逐步代替人工手写，提高了邮件收寄效率。2008年7月，为配合快速发展的储蓄业务需求，对邮政网点的电脑终端全部进行更新，并配备打印机、验钞机、捆钞机、复印机、身份证识别仪器等多种银行设施，并逐渐配备外网电脑、叫号机、ATM机、填单机、补登折机、网络银行等。2012年，网点改造升级，所有前台终端全部更换成液晶终端。2014年，综合营业厅配备火车票出票机。2015年，综合营业厅配备智能包裹柜。至2015年底，定陶邮政分公司共有生产服务车辆22辆。

设施　1998年分营后，县邮政局使用青年路联通公司办公楼办公。2002年5月，购置兴华路东段定陶县裘革服装厂厂房，建邮政局办公楼，占地面积7680.6平方米，建筑面积4124.11平方米，主体楼层3层，主体高10.5米。2008年，与邮政储蓄银行和速递物流分营后，一直共同使用。2010年，对主体办公楼进行装修改造，成为最主要的办公、会议场所。2015年，对二楼东办公用房进行改造和办公室重组。

1998年邮电分营后，除孟海、邓集、姑庵、冉堌支局划归邮政所有外，其余网点产权全部划归电信，邮政网点均为租赁电信房产。2008年后，省市公司加大邮政网点改造力度，把服务面积狭小、服务环境差、没有功能分区、不能满足邮政业务快速发展的网点重新租赁新局址。至2015年，完成黄店、陈集、张湾、南王店、杜堂、马集、力本屯、半堤、东王店、陶朱公储蓄所10个营业网点搬迁改造，以及孟海、邓集、姑庵、冉堌、保宁、兴华路储蓄所6个网点装修改造。同年，对兴华路、姑庵、力本屯、马集、陈集等局所进行再次升级改造。

第五节　邮政储蓄

1990年1月1日，根据中国人民银行、邮电部要求，邮政储蓄转为自办。同年，中国人民银行批准设立邮政储蓄网点，发放金融许可证。邮政储蓄开办的业务种类主要有活期、定活两便、整存零取、零存整取等。1997年，邮政储蓄开始发行银行卡，为借记储蓄卡类，简称“绿卡”，卡面为邮驿使图。1998年分营后，全县共有邮政储蓄网点16处，其中，14处农村支局，2处城市网点。2001年，邮政储蓄由单机网点全部升级改造成联网网点，活期储蓄实现全国范围内通存通兑。2002年4月，全面启动代理保险业务。2004年12月，邮政储蓄系统实现全国通版，当年储蓄余额28513万元。2008年10月，成立代理金融业务局，负责金融业务、中间业务及代理保险业务。当年，全县邮储余额46723.52万元，比年初净增9743.37万元，市场占有率44.09%。全年发行绿卡3.03万张，卡均余额1509.08元；全年代理保额4085.05万元，实现收入192.62万元。2011年2月，保险理财业务分离，成立单独

▲ 兴华路邮政储蓄营业大厅　　（2015年摄）

的代理保险业务部，代理多家保险业务及理财、证券、基金等业务，同年，实现保险业务收入336.54万元，完成当年计划目标的115.25%。2015年，邮政金融、保险业务实现业务收入4477.06万元，完成计划目标的104.12%，同比增长18.47%，全年储蓄余额净增4.8亿元，累计余额达到31.65亿元，同比增幅8%。保险理财业务实现业务收入831.14万元，完成计划目标的101.61%。同比增长18.07%，新增原始保费2.42亿元，增幅18.2%。

第三章　电　信

第一节　电　报

有线电报　1991年，定陶县至菏泽、定陶县至济南电报电路各1条，定陶县进入全区自动传报网，各支局为话传电报电路。全年电报业务总量3.6万份，为历年之最。1994年年底，开通县局至10个支局的传真机传报，替代话传电报，县局进入全省自动传报网。1995年，启用载报机4线，实占1线。1996年，改为光纤传输电报电路，开通公众电报分集器24线，定陶县至菏泽、定陶县至济南电报电路4条。全县支局全部进入全省自动传报系统，全面实现光纤传输，自动化传真电报电路。1998年，邮政电信分家，电报业务归属电信局，当年，电报业务总量1.8万份。此后，随着电话用户的增加，电报业务量逐年下降。2000年，定陶县电信局报房撤销，业务转至营业大厅。2002年，全年电报业务量仅1200份。2015年，新型电子业务取代传统电报业务。

无线电报　其主要作用是战备、抢险、救灾或有线电报线路阻断等特殊情况下的应急使用。

第二节　固定电话

1991年，全县固定电话交换机2台，交换机容量2400门，有固定电话650部。1993年，市话淘汰磁石式电话交换机，全部改用纵横制自动电话，市内电话交换机总容量2400门，电话机总数1032部。1994年，实现乡乡通电话。1997年，定陶县6000门程控电话开通。出局用户线1万对，实占3389对，电话用户3389户。2001年，全县固话1.5万部。2005年，县境内固定电话用户3.6万户，普及率为每百人7.2部。2007年后，随着移动电话的普及，固话用户逐年减少，至2015年，固定电话用户1.1万户。

▲　交换机房　（2015年摄）

长途电话　线路设备　1991年，有长途电路63路。开通长途对端设备DD16，对端容量32路。1993年3月，随着定陶程控设备的开通，长途交换机容量为120门，其中，人工交换机20门，长途模拟终端复用设备12路，长途数字终端复用设备480路，实占480路；微波数字终端设备容量480路，实占330路。同年，凡具有“国外、国内长途全自动权”的电话用户，均可利用自己的电话机直拨国际国内长途电话。1994年，长话电路156路，全部采用微波电路传输。1995年底，全县C4网建成，1996年升级为C3网，全部采用数字微波电路传输。1997年至2004年，先后组建622mb/s光环网、华为2.5cc/s环网，SDH环网通过定陶。2002年，长途、市话、农话合一，交换程控化，传输数字化，全县所有电话用户可直拨国内、国际长途电话。

业务　1991年，全县个人拨打国内、国际长途，需到邮电营业厅办理手续，排队等候。1993年，撤销长话人工接线台，用户挂发长途电话业务实现自动转接，定陶长途电话进入全国自动网并开放国内长途电话有权直拨业务。1995年，定陶C4本地网建成，长途直拨区号统一使用“0530”。

市内电话　线路　1994年以前，市话杆路31千米，电缆长度105千米，出局用户线2400对。1994年，建兴华路电缆管道，完成拓宽道路杆路迁移和管道铺设工程，铺电缆2350米。1995年，更新全县市话电缆，完成陶驿路、白土山路、城中街、菏商路、学东路电缆工程，架设钢线3.1万米，新架电缆14条，铺电缆6万米。1996年，完成中心局至菏商路的电缆管道工程，铺放管道14孔千米，完成2400对出局电缆，铺电缆4500米；完成和平路等6处电缆工程，共铺电缆3200米。2000年12月，完成部分市话线路及主干电缆的改造。2015年，市话管道35管千米，其中，光缆总长度2996皮长千米。

设备　1991年，县邮电局市话有400门。1992年，市内自动电话增加1200门，达到1600门。设环路载波设备1部共24路，增加地下管道12千米，市话电缆11皮长千米，出局用户线2400对。1994年9月15日，5000门程控交换设备开通，完成市话由纵横制向程控制的转变，直拨全国各地。1995年，随着C4本地电话网的建成，市话完成升7位联网工作，市话完成5000门扩容到7048门。1998年15000门。2010年，市话两中心端局总容量2万线。

业务　1991年，市内电话业务主要是电话语音，电话号码为4位。1994年9月，全县程控电话交换机开通使用后，电话用户可办理缩位拨号、呼叫等待、转移呼叫、三方通话、遇忙回叫、呼叫限制、追查恶意呼叫、热线服务、缺席用户服务、免打扰服务、114自动查号等新业务。并开办闹钟服务、168天气预报、117报时、110、112、122等服务性公益电话业务。1995年，定陶县电话号码升至7位。

农村电话　1990年，新建乡镇电话交换点1处，完成县城到陈集中继线路更新改造和杜堂至孟海中继杆路迁移工程，增开农话半自动电路24条。1994年后，陆续延伸乡镇电话通信杆路。1995年，本地网内17个乡镇设18个交换点，全部实现自动化。1998年，乡乡通电话建设步伐加快，农村自动交换点45处，中继线路140条，基本实现乡乡通电话。至1999年，定陶县有农村电话中继电路68条，全县有直达电路的乡镇17个，均安装农话交换机。杆路长900千米，架空明线长185千米。2000年，乡镇至行政村的光缆架设完成，共架设光缆650皮长千米。市农话程控总容量37422门。至2001年，全县农话网络建设总投资近4亿元，网络规模、传输技术手段得到提升，实现光缆到村。2004年5月，县联通公司研制的农村“平安互助网”电话报警系统，引起中央部委和省市领导的高度重视，并在全国推广。2005年，村村通光缆普及率100%，交换设备全部采用数字程控交换机。2015年，联通公司全县农村中继光缆为1056皮长千米，光纤13650芯千米。

1991—2015年定陶县市话主要设备统计表

表6-3-1

年份	出局电缆对数	实占对数	年份	出局电缆对数	实占对数
1991	2400	386	2004	58600	38000
1992	2400	389	2005	58600	35000
1993	2400	395	2006	58600	32000
1994	2400	402	2007	58600	28000
1995	2400	450	2008	58600	27680
1996	2400	580	2009	58600	25780
1997	6000	2300	2010	58900	24365
1998	6000	3600	2011	58900	23759
1999	6000	4100	2012	58900	21320
2000	19600	8900	2013	58900	18230
2001	27600	10850	2014	1600	1350
2002	27600	14000	2015	1600	1180
2003	58600	36000	—	—	—

说明：2014年光改后，市话通过光缆传输，实行PON市话，实有固话1.1万部

无线市话 2003年3月，定陶县网通无线市话（小灵通）建成开通，5月，实现放号。至2011年，先后开通小灵通基站297处，当年发展用户1.2万户。2006年后，陆续在各乡镇驻地开通PHS无线市话业务。至2008年，小灵通用户1.8万部。之后，随着联通2G手机业务的快速发展，3G业务的推出，小灵通业务逐步被联通2G手机业务所替代。

会议电话 1980年8月，县邮电局备有TH302－Ⅲ型和JH302－N型交直两用双向晶体管会议电话终端机两部，JH102型－Ⅳ会议电话汇接机1台，采用语音收听互交方式。2001年，开通数字可视电话会议终端设备，国家及省、市上级部门等重要会议基本采用可视电话会议的形式召开。2009年，联通视频会议电话级联延伸到县委会议室，节约了会议经费，增强会议的实效性。

公用电话 公用电话包括市内公用电话和农村公用电话两种，分别利用市、农话线路通话。1998年，定陶县开始办理公用电话。1999年，开通磁卡电话。2001年，城区内增设IC卡电话机，同时开通虚拟网业务。

第三节　移动电话

网络 1994年，全县建模拟移动基站5个，65个模拟信道。1996年，建数字基站5个，65个数字信道。1996年，增建终兴模拟基站6个。2015年底，共建设2G、3G、4G各类通信基站838座。

业务 1994年，模拟信号网开通，为客户提供最基本的语音通话和缩位拨号、热线服务、呼叫等待、三方通话、呼叫转移，以及漫游服务。模拟信号手机俗称大哥大投放市场。1999年10月，开通GSM网数字移动通信电话业务，具备模拟业务的各项功能，还相继开发短信、彩信等各种

功能，数字移动手机开始普及。1999年7月，移动业务从电信局析出，成立中国移动通信有限公司定陶县分公司（简称定陶县移动公司）。语音通信主要从事移动话音、数据、IP电话、多媒体及互联网接入业务。用户号码段包括“134（0至8号段）”“135”“136”“137”“138”“139”和“147”“150”“151”“152”“157”“158”“159”“182”“187”“188”等。数据通信有“全球通”“神州行”“动感地带”3大服务品牌。2001年12月，模拟移动通信网退出服务。2002年后，移动公司相继开通手机证券（2002年）、有线通和无线宽带业务（2003年）、手机报（2004年）、无线音乐俱乐部（2005年）、飞信（2006年）、全时通（2006年）、手机钱包（2007年）、移动网信（2007年）、中国移动集团铁通宽带（2010年）等新业务。

▲　定陶移动服务大厅

▲　定陶县联通公司营业厅　　　　（2009年摄）

2004年，成立中国联合通信公司定陶县分公司（定陶县联通公司），经营GSM和CDMA两个移动通信网络，有130、131、132、155、156等5个号段。相继开通和推出新时空、如意通、联通新资讯、呼叫中心、定位之星、彩铃、GPRS手机上网等业务。当年，移动公司用户5.5万户，联通公司用户3万户。2008年10月，国家电信重组，原联通CDMA网整体划归电信，原联通GSM网整体与原网通合并，成立中国联合网络通信有限公司定陶县分公司，简称定陶县联通公司。2011年，新联通正式启动3G试用。同时，网上营业厅开通“3G在线客服”，提供包括3G产品、资费标准、网络覆盖、增值业务、国际漫游等咨询，并为首批186号段体验用户提供话费查询、交费充值、业务办理等服务。10月1日，3G业务正式商用。2013年，4G业务开始发展。2015年，全县移动电话用户达到48.06万户，其中，县移动公司移动电话35.06万户，县联通公司移动电话10万户，县电信公司移动电话3万户。

第四节　无线寻呼

1993年，开通127自动寻呼台，当年有用户1200户。寻呼机有数字式和汉字式两种，数字式只能传递数字编码，根据预先编好的代码信息解读内容。汉字式可以编写短语，传递信息。1998年，县网通公司开通无线寻呼（BP机）业务，使用特服号码“126”，实行昼夜服务。同年，无线寻呼系统在菏泽地区实现联网。无线寻呼最兴旺的时间是1998年，全县用户5366户。随着移动电话的普及，寻呼业务逐渐走向衰落。2001年，停止寻呼业务。

第五节　互联网

1997年，开通因特网。1998年，定陶县开通互联网业务，首次采用163/169拨号上网，当年用户150户。同年，开通数字数据网（DDN）。1999年，综合业务数字网LSDN推出，互联网用户迅速增加。2002年，推出宽带业务，由于其速度快，稳定性好，技术先进，功能强大，基本上取代拨号上网和LSDN等窄带业务。2003年，宽带延伸至乡镇驻地，宽带用户2100户。随着科学技术的快速发展，互联网广泛适用于全县政府信息化、企业信息化、教育信息化、办公自动化、网上缴费、电子商务及多媒体通信的会议电话、可视电话、远程教育、医疗等各个领域。2008年底，开通GPS卫星定位系统。2015年底，全县宽带互联网用户7.75万余户。

第七编

农 业

NONG YE

定陶县农业历史悠久。进入20世纪90年代，为发展高产高效农业和市场农业，实施商品粮生产基地开发建设，大力推行农业产业结构调整，蔬菜等经济作物种植面积大幅度增加。1996年至1998年，全县农村经济全面发展，形成区域化布局、专业化生产、一体化经营、社会化服务、企业化管理、产供销一条龙、贸工农一体化的农业生产格局。1999年，完成第二轮农村土地延包工作。2000年后，按照全县农村产业结构调整的总体规划，压减粮食种植面积，扩大以蔬菜为主的经济作物面积，区域化、规模化的生产格局初步形成。2003年始，国家实施惠农政策，逐步取消和减免各种税费，落实粮食、良种、农机等各项补贴政策，调动农民生产积极性，全县农村经济进入快速发展轨道。2005年，定陶县的粮食、棉花、油料、蔬菜、林业、果品、畜牧、花卉等产业的发展初具规模，全县农业增加值9.34亿元，农民人均纯收入3298元，农业和农村经济主要指标达到历史新高。2010年，全县农业总产值56.9亿元，是1991年的10.23倍；农民人均纯收入5798元，是1991年的8.18倍。2015年，全县农业总产值43.59亿元，增加值23.87亿元，农村居民人均可支配收入9731元。

第一章　农村经济体制改革

第一节　农业土地使用制度改革

土地承包　1994年，根据中共中央、国务院《关于当前农业和农村经济发展的若干政策措施》精神，完善家庭联产承包为主的责任制和统分结合的双层经营体制，其重点是明确所有权，稳定承包权，搞活经营权。1998年第一轮土地承包到期。1999年，全县开展第二轮农村土地延包工作，以发展农村社会主义市场经济为目标，深化农村改革。稳定农业政策，改革完善农村土地承包制度；推行农村股份合作制，加快股份制在农村各业的建立和推广；完善农村社会化服务体系，强化服务功能。发包单位与农户签订土地承包合同，承包期限为30年，县政府颁发土地承包经营权证书。同年，全县318个行政村基本完成土地延包工作，签订承包合同16万份，发放农村土地承包经营权证书15.8万份，占总承包合同的99%。2013年，开始试点农村土地承包经营权确权登记颁证。2014年5月全面铺开。通过确权登记颁证，解决承包地块面积不准、四边不清、空间位置不明、登记簿不健全

▲　土地确权试点村证书及档案　　（姚桂琳　摄）

等问题，进一步稳定和完善农村土地承包关系。实现承包面积、承包合同、登记簿、经营权证书“四相符”；承包地分配、边界测绘登记、承包合同签订、经营权证书发放“四到户”。建立土地承包信息管理系统，实现智能化管理。

土地流转 2000年后，随着城镇化速度加快，农村大量劳动力开始向城镇转移，农村劳动力逐渐减少，农民土地开始自发出现土地流转现象。2004年，鼓励农民通过出租、转包、转让等形式合并地块，向种田能手、种田大户集中，逐步推行规模经营。2009年，根据定陶县农村经济发展现状，政府鼓励农民依法进行土地流转。特别是经济比较发达的陈集镇、冉堌镇、杜堂镇、定陶镇，土地流转现象普遍。2010年，按照《中华人民共和国农村土地承包法》的规定，在保障农民利益的前提下，按照“发展生产，推进土地规模化、集约化经营，增加农民收入”的要求，围绕土地流转主体（农民），采取转包、互换、入股、租赁、再租赁、转让等多种模式进行。至2015年，全县共流转土地9516.6公顷，占全县总耕地面积的15.3%。

第二节 农村经营管理改革

农民负担管理 20世纪90年代初，农村“两工”（劳动积累工和农村义务工）逐步实行以资代劳，乡镇、村征收“三提五统”（三提指村提留、包括公积金、公益金和管理费；五统指乡统筹费用于安排乡村两级办学、计划生育、优抚、民兵训练、修建乡村道路等民办公助事业），农业负担相对过重。1992年至1993年，县政府印发《定陶县贯彻〈国务院农民承担费用和劳务管理条例〉及〈山东省农民负担管理条例实施细则〉的补充规定》，要求乡镇统筹和村提留人均负担比例，以乡镇为单位控制在上年人均纯收入的5%以内；全县统一使用县农民负担监督管理办公室统一印制的农民负担卡。全县农民的提留、统筹费、以资代劳、集资等费用开始降低。1996年，中共中央、国务院下发《关于切实做好减轻农民负担工作的决定》。1998年5月，菏泽地委、地区行署下发《关于进一步做好减轻农民负担工作的决定》。根据上级文件精神，从1998年起，定陶县19个乡镇全部与农户签订“农民负担合同书”，并由公证机关进行公证，对有关农民负担问题全面实施，依法治理。2001年3月，全县进行农村税费改革，取消“三提五统”，改为按地亩征收“农业两税”及附加。2003年，村级兴办农田水利、道路等一些与村民生产生活密切相关的公益事业，除政府补助和市场运作外，由村民通过“一事一议”的方式筹集部分资金和劳务来解决。禁止把“一事一议”变成农民负担的固定项目，必须在两税附加返还到位且不足的情况下进行。从2003年起免收公益事业金和农业特产税。2004年，根据山东省委办公厅、省政府办公厅《关于进一步做好减轻农民负担工作的意见》，农业税按3%执行，农业税附加仍占农业税正税的40%；农村每个劳动力承担“两工”不得超过10个；严格执行村级“一事一议”筹资筹劳政策。水费的收取和管理实行收益交费，计量收费。2005年农业税征收，税率再降低2%，即按1%执行，农业税附加为现行农业税正税的40%。一类地每亩征

▲ 减轻负担的农民 （2015年摄）

收农业税正税9.17元、附加3.66元；二类地每亩征收农业税正税7.50元、附加3.00元；三类地每亩征收农业税正税5.83元、附加2.34元。“一事一议”筹资筹劳，每个劳动力负担的劳务不超过10个工，在不筹劳的情况下，劳动力可以负担不超过15元的筹资义务。筹劳范围之外的非劳动力一年内每人所负担的“一事一议”资金不超过15元。2004年全面推行粮食直接补贴；2006年取消农业税；2007年推行农业生产资料补贴；2011年推行农作物良种补贴；2012年，推行小麦“一喷三防”补贴。

农村财务管理　20世纪90年代初，农村集体经济有所发展，农村财务管理混乱。1992年，全县98%的村建立三账一簿，各乡镇均健全财务管理制度，建立健全村级财务监督管理机构。1996年，县委、县政府在农村基层组织建设实行综合改革中，印发《关于在全县农村建立实行村财乡管制度的意见》，村财乡管制度包括钱账分离制度、开支审批制度、集体审账制度，招待费每年不超过全村人均1元的规定、村账目向乡村财乡管办公室每月一报账制度。同时，对全县各行政村会计及村财乡管工作人员分3期培训。村财乡管制度的实施，解决了农村财务管理混乱的局面。1998年，各村均建立5～10人的理财小组，理财小组负责监督、检查财务管理工作，审核和处理有关财务问题，理财小组长由村委会主任兼任，吸收三分之二的群众代表参加，实行经济民主、财务公开制度。2000年，全县19个乡镇全部实行村财乡管，理顺农村财务管理体制。2004年，根据《山东省农村集体资产管理条例》《山东省农村集体经济审计条例》的规定，继续加强对农村集体经济审计和村级财务的监督管理，对农税附加及“两工”以资代劳款的管理使用进行审计。2010年至2015年，落实全市农村经济经营管理制度建设现场会精神，实行农村财务会计委托代理制；开展村三资（资金、资产、资源）管理、村级财务审计、农村中小工程招投标试点工作。

第三节　农业社会化服务体系

20世纪90年代，发展农村社会化服务组织，逐步形成以村集体统一服务为主题，以县、乡职能部门服务为依托，联合体、个体服务为补充的县、乡、村、联户、个体相结合的综合服务体系。逐步建立为农业生产各环节服务的体系，搞好良种、植保、农机、排灌、疫病防治等服务；以商业、粮食、供销、物资、外贸、农行等部门为主，建立购销服务体系，搞好农用生产资料的供应和农副产品的加工销售；以科委、农委、科协为主，建立科技服务体系，组织有关部门搞好科技兴农；以经委为主，组织乡镇经委，建立信息服务体系，搞好农业和乡村企业信息的搜集、整理、传递和反馈，指导农民发展生产。对于集体经济实力较强，生产水平较高的村，逐步形成贸工农、农工商一体化，生产、加工、销售一条龙的服务体系。对于集体经济发展状况一般的村，形成统一组织排灌、统一农机作业、统一技术指导、统一供应良种、统一购买农用生产资料；对于集体经济薄弱的村，主要是围绕农民生产、生活的迫切要求做一些服务方面的组织协调工作。1998年，开展清理农民负担工作，全县停止统一小麦供种、畜禽防疫服务，将其转向市场化运作。

2000年以后，县农口（农业局、水利局、林业局、畜牧局、水产局）转体的几大服务中心，以转轨变型为契机，兴办各种类型的服务实体，重点围绕农副产品加工、运销等，建立龙头企业，实行贸工农牧一体化经营，由第一产业扩大到二、三产业，由生产性服务扩大到信息、技术、原材料供应、产品销售等系列化服务，全县农村社会化服务组织逐步实行市场化运作。按照市委、市政府《关于以科学发展观为指导，大力推进工业化进程的决定》的要求，实施以工促农、以城带乡战略，大力发展工业，一二三产业之比发生明显变化，2005年，一二三产业增加值分别增长9%、35%、15%，三次产业比43：38：19。

2010年以后，特色农业区域化规模发展扩大，立足镇村资源基础，发挥传统优势，突出产业特色，推进“一镇一业”“一村一品”产业模式。发展市级“一村一品”示范镇3个、示范村30个。推进杜堂镇的蔬菜、陈集镇的山药、南王店镇的西瓜、黄店镇的玫瑰、冉堌镇的林果等特色农业区域化发展，依托蔬菜、瓜果、玫瑰等资源，发展生态观光农业、采摘农业，促进农业与旅游融合发展，为农业注入现代元素。探索农村土地承包经营权流转交易平台建设，加强农业技术推广体系建设，强化动植物疫病防控、农作物病虫害统防统治，扩大政策性农业保险覆盖面，鼓励发展多形式的农业信贷担保，扩大农业信贷投放，为农业增效、农民增收增劲助力。至2015年，全县农业社会化服务体系进一步规范，全县共申请“三品一标”认证20个；完成农村土地承包经营权确权颁证，规范土地经营权有序流转和土地托管。

▲ 大棚草莓采摘 （2015年 苑肇波 摄）

第四节 农业产业化

20世纪90年代，全县农业主要以粮棉生产为主，粮食作物以小麦、玉米为主，经济作物以棉花、花生为主。后逐步发展桐粮间作。2000年，优化农业产业结构，推广大棚蔬菜种植。2005年，全县优质小麦4.2万公顷，占小麦总面积的85%，绿色小麦666.67公顷，保护地蔬菜1.67万公顷，新建日光温室大棚1000个，大中拱棚4270个；新建食用菌园区7个，高标准菌棚300个。全县规模以上农业龙头企业29家，带动基地和合作经济组织的发展，农业产业化、标准化和市场化进程加快。全县标准化基地面积1万公顷，16种农产品得到国家无公害产品质量认证。至2005年底，全县种植基地2.33万公顷，占全县耕地面积的46%。新发展饲养园区11个，规模饲养场58个；新建丰产林1600公顷，农林网9333.33公顷，林牧渔业在农业产值中的比重占到40%。2009年，发展“一村一品、一乡一业”，区域板块初步形成，各乡镇通过政策引导、资金扶持、营造环境，发展种、养、加、销项目，特色产业加工大户出

▲ 智能温室大棚

现，各类加工户4000多户，从业人员3万多人。全县形成以鲁花花生油，都庆、金豆饲料为重点的粮油加工体系；以利德尔、嘉宏为重点的果蔬加工体系；以艺达、金龙为重点的棉纺加工体系；以晨鸣、森菊为重点的木材加工体系；以宏兴、盛华达为重点的畜产品加工体系。区域板块经济快速发展，形成以开发区、定陶镇为中心的家纺产业；以张湾、仿山为中心的木材加工区；以定陶镇、陈集镇为中心的裘皮加工贸易区；以马集、张湾为中心的羊毛衫加工区；以黄店、杜堂、半堤、孟海为中心的保护地瓜菜种植区；以仿山、杜堂、陈集为中心的规模饲养产业区；以马集、南王店为中心的粉皮、粉条加工区；以黄店、冉堌为中心的肉鸭养殖加工区；以南王店、马集为中心的西瓜、食用菌种植区等区域特色板块经济。“一村一品”发展迅速，新增21个特色专业村，达到105个，占全县行政村总数的28%。马集镇蔡楼村依托粉皮、粉条加工，利用下脚料养猪，利用猪粪生产沼气，利用沼渣、沼液发展无公害高效种植业，探索出一条多渠道增加收入、综合利用、生态环保、发展循环经济的新特色之路。陈集镇七一张庄、齐庄的规模养鸡，冉堌镇、黄店镇的林下养鸭，生产态势好，不仅增加收入，还加快林木成长速度，节约了土地。

2010年以后，“订单农业”和“龙头产业+合作社+农户”是定陶县产业化经营的2种主要模式。龙头企业根据市场需求直接与农户签订农产品种植合同，双方按照合同约定进行生产种植和产品收购。如利德尔公司与冉堌镇部分农户签定的糯玉米种植合同。半堤、孟海等乡镇的露地菜种植与当地的脱水蔬菜加工企业签订的农产品收购合同。县内9家果蔬加工企业，70%以上的生产原料来源于农户签订的订单合同。按照“龙头企业+合作社+农户”的产业发展模式，发展农民专业合作社，将农民组织起来，通过合作社，上连龙头企业，下连基地农户，建立龙头企业与农民之间稳定的利益联结机制。全县在优质专用粮食、果蔬、食用菌、畜牧养殖等主导产业中发展各种类型的农民专业合作社70多家，入社农户1.8万户，占全县农户总数的14%。2012年，实施标准化生产，加快农业产业化发展。率先在全市启动有机食品认证，天智绿叶公司及泰兴富硒合作社对小米、地瓜、土豆、山药、葡萄、玉米、小麦等进行了有机产品认证。按照《农民专业合作社法》规定，引导农民发展合作经济组织，全县农民专业合作社数量不断增加，农民合作意识不断增强。从2008年的农民专业合作社23家，发展到260家，入社成员36933人，入股资金68911万元，资产总额59631万元，培训成员和农户10万人次，带动农民增收66000万元。合作社涉及种植、养殖、农产品销售、技术服务等领域，其中，国家级示范社1家，省级示范合作社2家，市级明星合作社10家，县级规范化合作社10家。合作社获得无公害农产品认证4个，国家绿色食品认证9个，国家地理标志认证产品1个。全县规模以上农产品加工企业160家，其中，省级重点龙头企业3家，市级重点龙头企业24家。

2015年，成功申报绿色食品55个，无公害农产品12个。“一乡一业、一村一品”示范村镇总数9个，其中，国家级2个（陈集镇、陈集镇七一村），省级示范村镇3个（杜堂镇、杜堂镇辘湾村、黄店镇朱庄村），市级示范村镇4个（南王店镇王楼村、孟海镇张庄村、马集镇蔡楼村、马集镇白菜王庄）。至年底，新增农民专业合作社188家，全县备案795家，其中，省级示范合作社5家

▲ 定陶县中远蔬菜专业合作社 （2015年摄）

（天中山药合作社等），市级明星合作社3家（天中山药合作社、杜堂中远蔬菜合作社、冉堌昌发养猪合作社等），市级示范社12家（泰兴富硒农产品专业合作社、健卫农产品专业合作社、兴陶蔬菜专业合作社、天蓝果蔬种植专业合作社、鑫利源养鸡专业合作社、万福畜禽养殖专业合作社等），同时引导农户规范有序土地流转，新增土地流转面积4400公顷，累计近1万公顷。

第二章　种植业

第一节　粮食作物

1991年，境内粮食作物有3个科、18个属、147个种，主要包括小麦、玉米、大豆、地瓜、谷子、高粱、水稻、绿豆、豇豆、扁豆、红小豆等。当年，粮食作物总播种面积6.04万公顷，平均亩产303千克，总产27.43万吨。2002年，播种面积4.67万公顷。2004年开始，国家对农民种粮实行直补政策，粮食播种面积逐年增加，当年播种面积6.6万公顷。2008年，粮食作物总播种面积7.95万公顷，粮食总产50.25万吨。2015年，粮食作物总播种面积10.07万公顷，粮食总产78.28万吨。

小麦　1991年，种植面积3.67万公顷，亩产278千克，总产15.78万吨。主要品种为鲁麦1号，播种面积2.36万公顷，占小麦面积的65.92%。后因鲁麦1号优势退化，抵抗力差，逐渐被淘汰。之后，引进优质专用小麦PH82-2-2小面积试种。通过示范种植与推广，小麦单产增加。1994年，先后引进具有高产稳产、分蘖力较强等特点的大穗大粒型品种PH86-4、215953、鲁麦14、鲁麦15等小麦新品种。1995年，引进54368（后定名为济南16号）、鲁麦21、鲁麦22、稳千1号等小麦新品种，亩产最高达343.2千克。1997年，引进924142（济南17）、淄麦12、烟优361（烟农19）、955159（济麦20）、山农664等新品种。小麦生产出现恢复性增长高峰，当年亩产344.6千克。1998年至2004年，因小麦市场价格较低，农民种植小麦的积极性受挫，小麦亩产稳定在260千克～300千克。2004年开始，每年每亩小麦直补14.2元，农民种植小麦的积极性提高，当年小麦种植面积4.67万公顷，优质专用小麦4万公顷，占小麦总面积的85.7%。2005年，播种面积4.92万公顷，亩产357.6千克，总产26.4万吨。随着农业生产条件的逐步改善，小麦面积和单产趋向增加。2009年，小麦播种面积5.07万公顷，亩产435.35千克，总产31.91万吨。高产创建示范方十亩攻关田亩产708.5千克，创历史最高纪录。2015年，全县小麦播种面积5万公顷，亩产485.86千克，总产

▲ 小麦丰收　（李斌 摄）

36.44万吨。

玉米　1991年，全县玉米种植面积为1.47万公顷，平均亩产384.85千克，总产8.49万吨。主要品种有丹玉13号、掖单4号、2号等。玉米品种株型逐步由平展型向紧凑型过度，提高玉米的栽培密度，种植面积和单产逐渐增加。1996年，种植面积2.01万公顷，亩产429千克。1997年至2003年，因玉米市场价格低迷，农民种植玉米投入不足，玉米面积减少到1.33万公顷，亩产在350千克左右。2005年后，随着玉米机播机收、化学除草剂等技术的推广应用，以及玉米价格的回升，玉米品种更新速度加快，农民种植玉米积极性普遍提高，玉米面积和单产逐年增加。2009年，种植面积4.33万公顷，主要品种有平展型丹玉13、沈单7号；紧凑型掖单2号、掖单4号、登海1号、登海3119、鲁单50、农大108、鲁单981、郑单958等，平均亩产448.1千克，总产29.17万吨，播种面积、单产、总产均达到历史最高水平。2015年，玉米种植面积4.73万公顷，种植品种主要有郑单958、先玉335、蠡玉35、圣瑞999等，平均亩产515.2千克，总产36.58万吨。

地瓜　1991年，全县地瓜种植面积533公顷，品种以徐薯18、南京12、济薯2号、济薯5号为主。分春夏两茬，以夏茬为主。多为小面积种植，主要用于改善口味。2005年，种植面积1066.67公顷，平均亩产203千克，总产325吨。2015年，种植面积1333.33公顷，平均亩产365千克，总产730吨。

大豆　1991年，全县大豆种植面积600公顷，以夏播为主，平均亩产47千克，品种主要有鲁豆1号、鲁豆4号、鲁豆10号、菏豆1号、跃进10号等。2005年，种植面积1200公顷，平均亩产177千克，总产318.6吨。2015年，全县种植面积1333.33公顷，平均亩产160千克，总产320吨。

1991—2015年定陶县主要粮食作物面积、产量统计表

表7-2-1

年份	小麦			玉米		
	面积（万公顷）	亩产（千克）	总产（万吨）	面积（万公顷）	亩产（千克）	总产（万吨）
1991	3.67	287	15.78	1.47	384.85	8.49
1992	3.33	271.6	13.58	1.41	418.1	8.84
1993	3.58	300.4	16.13	1.5	405	11.04
1994	3.68	334.32	18.45	—	—	—
1995	3.69	343.2	19.02	—	—	—
1996	3.67	328.89	18.1	2.01	429	12.91
1997	3.58	344.6	18.49	1.90	348.3	9.95
1998	3.67	251.59	13.84	1.73	357.3	9.29
1999	3.67	362.2	19.92	—	—	—
2000	3	331.9	14.9	—	—	—
2001	3	301.9	13.6	—	—	—
2002	3	296.6	13.35	1.33	390.45	7.81
2003	3	292.7	13.17	1.33	320.5	6.41

续表7-2-1

年份	小麦			玉米		
	面积（万公顷）	亩产（千克）	总产（万吨）	面积（万公顷）	亩产（千克）	总产（万吨）
2004	4.67	339.9	23.8	1.67	352.4	8.81
2005	4.92	357.6	26.39	2.33	380.8	13.33
2006	—	—	—	2.33	359	12.58
2007	4.86	376.8	27.46	2.73	490.3	20.3
2008	4.86	406.8	29.65	2.73	440.3	18.1
2009	5.07	435.35	33.09	4.33	448.7	29.17
2010	5	423.5	31.76	4.33	453	29.45
2011	5	471.2	35.34	4.53	432	29.4
2012	5	446.9	33.52	4.73	498	35.4
2013	5	448.1	33.6	4.73	491.5	34.9
2014	5	478.9	35.3	4.73	514	36.5
2015	5	485.86	36.44	4.73	515.2	36.58

第二节　蔬菜种植

定陶县系黄泛平原，土地肥沃，地下水储量丰富，地表水浅；四季分明，降水充沛，无霜期长，非常适合蔬菜生产。定陶县依据资源优势，调整优化蔬菜产业布局，促进优势蔬菜、优势品种快速发展和有效聚集，初步形成各具特色的蔬菜生产区和经济隆起带。重点发展陈集镇的山药；南王店镇的西瓜、朝天椒；黄店镇的西红柿、西芹、豆角；杜堂镇的黄瓜、苦瓜；孟海镇的辣椒、芸豆；半堤镇的胡萝卜、甘蓝；马集镇的茄子、土豆和菜花等地方名产蔬菜。全县蔬菜生产形成露地—地膜覆盖—拱棚—日光温室等栽培模式有机结合的多元结构生产格局。同时，加快名优新品种引进步伐，形成以茄果类、瓜菜类蔬菜为主，其他蔬菜为辅的10大类年产30余个品种的多样化种植结构，蔬菜生产实现“四季有鲜，均衡上市，品种繁多，优质营养”的周年生产目标。全县形成杜堂、黄店日光温室大棚菜；半堤、孟海露地胡萝卜、甘蓝；南王店早春西瓜，马集茄子、土豆等3条蔬菜经济隆起带。2009年，按照“保护地蔬菜促规模，标准化种植上水平”的要求，全县新发展日光温室大棚1800个，新增无公害蔬菜生产基地666.67公顷，达到1万公顷，发展无公害蔬菜产品13个。连栋大棚面积66.67公顷。黄店镇前陈孙庄发展的新型高温越

▲　“杜堂牌”黄瓜

冬大拱棚30个，棚均投入12万元，每棚年获益15万元以上。杜堂乡无公害蔬菜面积0.13万公顷，冬暖大棚7300个。“杜堂牌”黄瓜、辣椒被山东省农业厅批准为无公害蔬菜，“杜堂牌”苦瓜被农业部认定为无公害蔬菜。至年底，普通日光棚均纯收入1.5万元，高效棚收入4万元。南王店乡种植西瓜1000公顷，其中，大拱棚西瓜166.67公顷，小拱棚西瓜666.67公顷，地膜西瓜166.66公顷，仅西瓜一项，全乡人均增收400多元。全县食用菌面积新增30万平方米，主要集中在马集、仿山2个乡镇，食用菌生产效益有显著提高，双孢菇7元/千克，平菇6.6元/千克，价格分别比上年

▲　大棚里的蘑菇

高出4元/千克、2元/千克。2011年，定陶县被评为全国无公害蔬菜生产十强县；2011年至2015年连续5年被农业部列为全国蔬菜生产信息监测基点县；2011、2012、2015年3年被列为全国蔬菜标准园创建县；2013年至2015年连续3年被山东省农业厅确定为现代农业生产发展资金果菜产业项目实施县。2015年，定陶县蔬菜年种植面积稳定在3.18万公顷，其中，设施蔬菜种植面积1.59万公顷，日光温室蔬菜种植面积7200公顷，大中小拱棚蔬菜种植面积8733公顷，全县蔬菜总产153.65万吨，产值37.23亿元。

露地菜生产　20世纪90年代初，定陶县蔬菜生产以露地菜种植为主。1991年，蔬菜种植面积1333公顷左右。1992年种植面积2667公顷。1994

▲　白菜收获　　　　（2015年摄）

年，突破6667公顷。1997年后，随着冬暖蔬菜大棚迅速发展，露地菜种植有所减少。2000年前后，黄店大葱、西芹，南王店早春西瓜，仿山甜瓜，游集夏西瓜，马集菜花等露地菜种植形成规模。此后，山药种植面积逐年扩大，形成陈集山药这一名牌产品，常年维持3667公顷左右。露地菜种植开始采用地膜覆盖技术。至2015年，定陶县露地菜主要有以陈集、半堤、孟海、杜堂等镇为主的山药；孟海、半堤等镇为主的胡萝卜、甘蓝；南王店、仿山、张湾、冉堌等乡镇为主的西瓜；仿山镇姜楼为主的黄瓜；南王店镇为主的朝天椒；马集、杜堂等镇为主的白菜、土豆等。亩纯效益在3000元～8000元之间。

设施蔬菜生产　1997年后，定陶县设施蔬菜生产呈跃进式发展，主要分为冬暖大棚和大中拱棚，各乡镇都建设冬暖大棚小区.冬暖大棚主要种植模式为秋延迟黄瓜接早春辣椒，秋延迟黄瓜品种以津研、津春系列为主，早春辣椒品种主要是寿光羊角辣椒等。此后，通过引进、试种、培育、选优、推广，蔬菜种植品种越来越丰富，产量越来越高，效益越来越好，菜农的生产积极性逐年高涨，种植面积逐年扩大，至2008年，设施蔬菜种植面积扩大到1.33万公顷，增加西红柿、西葫芦、苦瓜、西芹、豆角、芸豆、茄子等蔬菜品种。至2015年，设施蔬菜种植面积1.59万公顷，其中，日光温室（冬暖大棚）蔬菜种植面积7200公顷，主要分布在黄店、杜堂、孟海、半

▲ 冬暖大棚小区 （2015年摄）

堤、马集等镇，主要种植西红柿、西芹、豆角、早春辣椒、黄瓜、苦瓜、茄子等作物，亩平均效益一般在2.5万元～3万元。大中小拱棚蔬菜播种面积8733公顷，主要分布在黄店、南王店、杜堂、冉堌、半堤等镇，主要种植西红柿、西芹、豆角、西瓜、早春辣椒等作物，亩平均效益一般在1.5万元左右。

1998年，连栋蔬菜大棚开始出现，到2008年发展到66.7公顷。连栋大棚抗灾能力差，发展潜力弱。蔬菜技术推广部门没有重点推广，没有大面积发展。

▲ 莲藕收获

蔬菜园区生产 2010年至2015年，蔬菜种植面积继续保持稳定，生产态势朝现代农业方向发展，打造了一批精品农业示范园区，定陶蔬菜生产成为菏泽市农业生产亮点。定陶县有实力的农业生产合作社、企业流转农民的土地，建设了一批蔬菜园区。

▲ 西红柿交易市场 （叶宏 摄）

定陶县中远蔬菜示范园 主要是培育蔬菜种苗。在育苗方面，建设占地5312平方米的智能化育苗温室1座，占地1.56万平方米的育苗日光温室17座，智能育苗拱棚2.5万平方米，试验示范温室40余座。主要培育黄瓜、辣椒、茄子、西红柿、西甜瓜、苦瓜等优质无土穴盘种苗，年育苗能力5700万株以上，是菏泽市规模最大的育苗基地。在新品种、新技术示范方面，中远蔬菜示范园还建有24个日光温室，10个双坡面新型大拱棚，共占地13公顷的示范园。另外还建有1处占地13.33

▲ 中远蔬菜示范园

公顷的草莓、甜瓜采摘园。

旺天下生态园　是集蔬菜生产、包装销售、示范带动、观光采摘为一体的示范园区，有8000平方米智能化日光温室1座，高标准温室大棚20座，新型泡沫墙体钢管骨架结构温室及阴阳棚7座，高标准双坡面大拱棚16座，重点推广基质栽培、水肥一体化、物联网配套等先进设施蔬菜技术，树立全市蔬菜标准化生产示范样板。

▲ 旺天下生态园　　(2015年 李怀鹏 摄)

尚谷庄园　1997年成立。至2015年，先后完成投资6000万元，建设农业试验大棚12座，露地农业试验田2处，与1100余户群众签订责任书，在黄店镇发展生产基地6处，使该镇666.7公顷土地在半年时间内从粗放式的农业生产，过渡到现代生态农业。另外，在其他地区发展生产基地9处，产销蔬菜等农产品4200吨，实现销售收入900多万元。

陈集天中山药合作社　经营场地面积2万平方米，其中，常温库1000平方米，恒温库600平方米，产品初加工车间800平方米，产品精加工车间400平方米，成员培训、阅览室180平方米。有9部联网微机，建立自己的网站。合作社是国家示范社、山东省级示范社、省农业信息化联盟会员单位、省农民专业合作社联盟常务理事单位、菏泽市旅游商品和装备协会常务理事单位、马来西亚山东商会会员单位，合作社理事长张海玉是共青团中央、农业部命名的全国“第八届农村青年致富带头人”。天中山药合作社引领全县山药生产，使全县山药健康、持续、稳定发展。

此外，还有润泰蔬菜专业合作社、恒信蔬菜专业合作社、冉子蔬菜示范园、陈集七一蔬菜示范园、佳木斯示范园、含宇蔬菜种植合作社（主要生产土豆）、狮克生态园等示范园区及南王店早春西瓜生产基地等，均具有较大示范带动能力。

标准化生产　1991年后，定陶县蔬菜标准化生产水平逐步提高，至2015年，全县有黄瓜、辣椒、茄子、西红柿、山药、苦瓜、甘蓝、土豆、芸豆等32个蔬菜品种获得67个绿色食品认证证书。

▲ 辣椒标准化生产　　(2007年摄)

第三节 良种管理与推广

1989年3月13日，《中华人民共和国种子管理条例》颁布后，定陶县种子管理站走上法制化轨道，经营和推广的农作物新品种，全部经过审定，农作物常规种子实行多渠道经营。1991年，主要农作物杂交种子由定陶县种子公司组织经营，并纳入同级农作物种子管理部门的计划。种子检验人员佩带省农业主管部门核发的《种子检验员证》依法执行公务，县乡两级都设有种子管理员并颁发《中国种子管理员》证件，依据《中华人民共和国种子管理条例》，管理辖区内种子生产、经营。2000年12月1日，《中华人民共和国种子法》施行，规定农业行政主管部门及其工作人员不得参与和从事种子生产、经营活动；种子生产经营机构不得参与和从事种子行政管理工作。种子的行政主管部门与生产经营机构在人员和财务上必须分开。种子行政管理人员徇私舞弊、滥用职权、玩忽职守的，或者违反本法规定从事种子生产、经营活动的，依法给予行政处分；构成犯罪的，依法追究刑事责任。原《中华人民共和国种子管理条例》规定的两位一体的种子管理站和种子公司必须分设，种子公司人员不能再参与种子管理。同时《中华人民共和国种子法》规定种子经营者专门经营不再分装的包装种子的，或者受具有种子经营许可证的种子经营者以书面委托代销其种子的，可以不办理种子经营许可证。主要农作物杂交种子由政府指定经营变为市场化经营。当年，全县种子经营户20多户，至2015年底发展到300多户。

1991年，定陶县人民政府印发《关于建立种子基地实行统一供种的意见》，指出“八五”期间主要农作物实行统一供种，要求良种统一供应的覆盖面积达到95%以上。同时实施山东省农业厅倡导棉花30工程，棉花品种主要推广中棉所10号，中棉所16号，中棉所17号，中棉所12号，鲁棉6号，鲁棉8号、鲁棉13号，新棉33B、新棉99B等；玉米品种由外调转向县内制种，玉米品种主要推广丹玉13、沈单7号、掖单2号、掖单4号、掖单13号、掖单22号、登海1号、登海9号、登海11号、鲁单50等。小麦遴选丰产、抗病、抗灾能力强的品种有鲁麦1号、4号、215953、311303、10293等品种，发病重品种有晋麦21、鲁麦12、陕农7859等品种逐渐淘汰。定陶县认真实施省农业厅倡导的小麦“125”工程（按小麦播种面积的万分之一建穗行圃，千分之二建一级种子繁育田，百分之五建二级种子繁育田），逐步改善小麦品种的多乱杂，小麦单产由1991年前的200多千克/亩，提高到1995年的300多千克/亩，期间推广的小麦品种主要有鲁麦1号、鲁麦4号、鲁麦7号、鲁麦14号、鲁麦15号、215953、311303、莱州953、烟农19等。2000年后，棉花面积迅速减少，棉花品种主要有鲁棉研22，鲁棉研23，银瑞361等；玉米、小麦品种数量迅猛增加。2005至2015年，定陶累计推广优质小麦面积40万公顷，推广小麦良种4300万公斤，推广的主要品种有济麦19、济麦20、济麦21、济麦22、鲁原502、山农15、山农664、山农8355、稳千一号、淄麦12、临麦2号、邯6172、潍麦8号、济南17、烟农19、良星66、良星77、良星99等。至2015年底，推广面积比较

▲ 小麦良种繁育基地 (2015年 李怀鹏 摄)

大的玉米品种有30多个，推广面积比较大的小麦品种20多个，蔬菜品种更加多样化。

第四节　肥　料

20世纪90年代，全县农田增施肥料（特别是氮、磷肥），提高复种指数，推广增施有机肥，作物秸秆还田，深耕深翻，提高肥料利用率，培肥土壤，提高农作物产量，改善品质，减少土壤面源污染的压力。1991年后，定陶县施用的肥料主要有农家肥、化肥、生物肥料和其他种类肥料。农家肥有圈肥、厩肥、人粪尿、草木灰等；化肥有氮肥、磷肥、钾肥、专用肥、复合肥、复混肥等；生物肥料有菌肥或菌制剂肥。此外，还有微肥、绿肥、二氧化碳气体肥以及生长激素类调控剂等肥料。按施肥环节和用途分为基肥、种肥、追肥、叶面肥。施肥方法主要有沟施、穴施、撒施、随水冲施、叶面喷施及温室内密闭条件下施二氧化碳气体肥等。在实际操作中，以沟施、穴施为主，撒施的利用率较低。2005年，农业部在全国组织大规模的测土配方施肥技术推广行动。2006年，开始实施测土配方施肥补贴资金项目，通过项目的实施，进一步完善测土配方施肥推广机制，建立不同作物施肥指标体系，指导施肥更加科学合理。2010年后，结合深耕重点推广增施有机肥和秸秆还田，做到有机和无机相结合，大量元素和中微量元素相结合，因缺补缺，

▲　土壤检测　（2006年摄）

▲　测土配方施肥示范片　（2013年摄）

平衡施肥。因地制宜，结合水肥一体化、机械施肥技术。推广水溶肥和缓控释肥，提高肥料利用率。2015年年底，定陶县推广测土配方施肥面积5万余公顷。

第五节　农作物保护

主要病虫害　小麦全蚀病于1989年在天中街道王洪庙村首次发现，2001年至2010年，发病区域呈蔓延趋势。小麦条锈病在1990年大流行，全县3.3万公顷小麦全部发生小麦条锈病，损失惨重，减产2.75万吨。杂粮病虫危害较重的有玉米褐斑病、弯孢菌叶斑病、玉米螟、二代粘虫、玉米蓟马、苗枯病、红蜘蛛、蚜虫、金针虫等；另外大小斑病、茎腐病、纹枯病、青枯病、蝼蛄、蛴螬、地老虎等也是玉米常发病虫害。2008年玉米田蜗牛在部分田块发生较重，之后，有逐年加重趋势，蜗牛危害始期一般是从拔节期始，危害盛期是在玉米生长中后期，即大喇叭口期以后，主要危害玉米叶片，还可危害苞叶、花丝、籽粒等。可造成叶片撕裂，严重时仅剩叶脉。危害花丝造成授粉不良，严重时吃光全部花丝，使玉米不能授粉结实。还可危害细嫩籽粒，造成雌穗秃尖。2011年，在孟海镇首次发现二点委夜蛾，之后，每年都有不同程度的发生，主要在玉米气生根处的土壤表层处危害玉米根部，咬断玉米地上茎秆或浅表层根，造成缺苗断垄，危害严重的地

块甚至需要毁种。棉花主要病虫害有二斑叶螨、棉铃虫、棉蚜、棉盲蝽象、蓟马、烟粉虱、甜菜夜蛾、枯黄萎病、炭疽病等。油料作物病虫害主要有大豆孢囊线虫病、花生叶斑病、茎腐病、地下害虫、大豆蚜、叶螨、大豆造桥虫、豆天蛾、豆荚螟、大豆食心虫、花生蚜等。蔬菜主要病虫害有霜霉病、病毒病、细菌性角斑病、斑枯病、早疫病、晚疫病、线虫病、甜菜蛾、茶黄螨、蜗牛、二斑叶螨等。果树病虫害主要有斑点落叶病，轮纹病、腐烂病、叶螨、炭疽病、食心虫、金龟子、介壳虫、白粉虱等。各种作物田的草害呈上升趋势，鼠害呈下降趋势。2015年，境内主要农作物病虫害达200余种，小麦蚜虫、蝼蛄、蛴螬、金针虫、红蜘蛛、麦叶峰、小麦吸浆虫、纹枯病、白粉病、叶锈病、叶枯病等成为小麦常发性病虫害。

病虫测报　县农业局植保站每年固定3人以上专职从事测报工作，采取群众测报和专业测报相结合，严格按国标、省标开展规范调查，病虫测报对象40余个，每年发布《病虫情报》20期左右，2000余份，准确率90%以上。

以病虫监测为基础，深入田间，搞好重大病虫害的系统定点调查与大田普查，及时掌握主要病虫害的发生消长规律及发生危害特点。在做好病虫害基数调查的基础上，结合历年资料，作物布局及长势，天敌、气象因素等，运用多种先进手段，准确预测和发布各种病虫害的发生期、发生量、防治适期以及防治方法，适时指导农作物病虫草害防治工作的开展。

化学防治　全县推广以16型卫士喷雾器和泰山18型弥雾机为主的先进药械，提高防治效果。每年实施小麦、玉米、大豆、棉花、瓜类等作物病虫害综合防治4万公顷，经济、生态和社会效益同步增长。2011年3月，建立乡镇农作物病虫害机械化防治队12个，村级农作物病虫害机械化防治队26个。至2015年，全县农作物病虫草鼠害年发生面积73万公顷次左右，防治面积67万公顷次，年挽回粮食损失8.5万吨，挽回棉花损失0.2万吨，挽回油料损失0.1万吨，挽回蔬菜损失2.4万吨。

生物防治　每年建立生防示范区3个，保护利用天敌1.67万公顷以上。开展生物防治，推进可持续农业发展。

植物检疫　1995年以后，县农业局专职植物检疫员始终保持在5人，每年对小麦、棉花、蔬菜等制种基地实产地检疫333.3公顷以上，开展调运检疫20批次以上，对种子生产经营单位或个人进行检疫登记，依法换发植物检疫登记证工作，普查植物检疫对象。2000年开始，加强完善植物检疫化验室建设，充实光电培养箱、电冰箱等仪器和设备，经山东省植保总站验收，2004年至2007年获得山东省农业植物省间调运检疫证授权。2015年，根据省、市植物保护站的安排，在全县范围内开展农业有害生物普查。普查面积5万公顷次，发现小麦全蚀病、棉花黄萎病、美洲斑潜蝇的发生呈上升趋势。

▲ 小麦检疫　（2006年摄）

植保项目　2000年至2015年，先后实施“全国棉铃虫灾变预警系统的建立与应用”“山东省320万亩果菜安全生产配套技术推广”“出口蔬菜高效配套技术开发试验”“除草剂减量使用新技术”等项目，获全国农牧渔业丰收奖二等奖2项；农业部农业科技三等奖1项；菏泽地区科学技术进步奖一等奖1项；山东省农牧渔业丰收奖多项。

第六节 耕作熟制

耕作制度 1991年后，境内农作物熟制多为一年一熟、一年二熟或二年三熟，菜园或温室大棚为一年三熟或多熟。一年一熟占10.6%，主要有棉花、春花生、春地瓜等，多为春棉花—春棉花、春地瓜—春棉花、春棉花—春地瓜、春地瓜—春花生、春地瓜—春地瓜、春花生—春棉花等轮作方式。二年三熟占8.1%，主要有小麦、大豆、高粱、春谷、春玉米、芝麻等，多为高粱—小麦—大豆；春谷—小麦—大豆；芝麻—小麦—大豆（或小杂粮）等轮作方式。一年二熟制占75.8%，主要有小麦、大豆、玉米、谷子、棉花、花生、油菜、瓜类等，多为小麦收获后种夏玉米、大豆、谷子、棉花、花生、西瓜等轮作方式。一年三熟或多熟占4%，多为温室大棚内芹菜、韭菜、油白菜、香菜等生长期短的蔬菜。2005年，一年二熟制占80.5%，一年三熟或多熟占16%，其他熟制占3.5%。2009年，一年二熟作物占88.3%，一年三熟制占10.2%。2015年，一年二熟作物占80.5%，一年三熟制占17.8%，其他占1.7%。

耕作技术 1991年后，全县耕作以机耕为主，畜耕为辅，机收机播面积较小。2000年后，随着大型耕作机、收割机的推广应用，耕种和收获等机械化程度逐年加快，劳动生产率提高。至2009年，机耕率96%。有30%的地块采用第一遍深耕，第二遍旋耕等耕作方式，加深耕作层，小麦等主要农作物机播率95%以上。2015年，小麦等农作物机播率98%以上。

▲ 机械播种玉米 （2013年摄）

第七节 农业技术推广

1991年，全县对种植方式、田间管理等开展技术指导，主要推广小麦、玉米、棉花等作物良种。重点推广小麦精播、半精播技术，提高小麦单产。推广玉米指标化管理技术，在玉米叶龄指数30%时（小口期5～6片叶期）追一次攻杆肥，在叶龄指数60%时（大口期12～13片叶期）追一次攻穗肥，玉米产量提高。同年，全县推广“五统一”技术服务措施，使多年推而不广的技术难题得到解决。1994年，实行种植方式改革，预留套种行，走麦棉两熟双高产的路子。1995年，全县开始推广配方施肥技术。1998年，淘汰玉米平展型品种，扩大玉米套种面积，小麦区域化种植有所突破，秋种时选择邓集乡为小麦品种繁育基地，按照“1.2.5”工程要求，建立包种繁育体系，精播、半精播、配方施肥有所突破，推广病虫害综防技术。1999年，推广小麦中后期“一喷三防”增产技术，确保小麦正常发育，实施省“三〇”工程开发项目。2000年，小麦生产推广配方施肥，增加农民收入；推广适墒适量精播，实行机耕、机播，推广包衣种子，在高产田推广氮肥后移技术，小麦高产栽培技术措施逐步完善。2001年，在小麦高产示范区实行“四统一”（统一机耕、统一供种、统一种子包衣、统一机播）。2008年，推广玉米秸秆还田和秋种深耕和少免耕技术，在小麦玉米一年两熟的地区，推广麦收后玉米夏直播技术，秋种时杜绝预

▲ 全县农技推广体系技术员培训会 （2014年摄）

留玉米套种行，提高土地利用率和玉米出苗率及整齐度，减轻玉米“粗缩病”等病虫危害；推广玉米晚收技术。同年，实施农业部小麦高产创建活动，在定陶镇牛楼、石庄等行政村实施万亩片1个。2009年，推广小麦规范化播种技术，继续实施农业部粮棉油高产创建项目，实施面积2000公顷，其中，在马集镇和孟海实施小麦万亩片2个，在定陶镇实施玉米万亩片1个。2015年，全县实施小麦万亩片15个，玉米万亩片12个。

第三章　农业综合开发与多种经营

第一节　农业开发

1991年以后，定陶县农业综合开发办公室以改造中低产田为重点，以科技为先导，以方田建设为核心，以综合配套为灵魂，以“四高八化”为标准，以农民增收、财政增收为目标，实施基地化开发，产业化经营。

1991年至2005年，累计完成开发投资13340万元，改造中低产田1.9万公顷，开挖沟渠203条，长728千米，修建各类配套建筑物1745座，修建防渗渠91千米，埋设地下管道171千米，新打机井及配套3201眼，新增农田林网1.9万公顷，改造旧果园266.67公顷，新植经济林253.33公顷，林业育苗67.33公顷，建作物良种繁育基地8000公顷，购置大中型农机具35台，小型农机具150台，建青贮氨化池3000个，开垦宜农荒地153.33公顷，改造旧坑塘45.33公顷，先后建成3处以河灌为主的高标准扬水站灌区（赵坤寨、路菜园、北付庄扬水站灌区）和多处以管灌、喷灌为主的节水农业示范区，新建大型节制闸2座（邵堂节制闸、均张庄节制闸）。同时，利用开发专项资金，新建扶持全县一大批龙头企业项目，主要有县良种棉保种厂、县肉联厂、县畜禽良种繁育厂、山东都庆集团公司、鲁西南食品责任公司和县食用菌基地项目。

2006年至2010年，农业综合开发项目区涉及南王店、冉堌、黄店等3个乡镇，32个行政村。土地治理项目总资金7724万元，其中，财政资金6291.9万元（中央财政资金3444万元，省级2524.8万元，市级323.1万元），县以下自筹1432.1万元。共实施土地治理项目8426公顷。其中，2006年至2008年世行三期项目涉及到黄店镇、冉堌镇、南王店乡5000公顷；2009年水毁

▲ 新建桥涵一角 （2009年摄）

工程涉及到黄店镇、冉堌镇、南王店乡、陈集镇1333.33公顷。2009年至2010年高标准农田涉及到陈集镇、杜堂乡2093公顷。5年间土地治理项目共建标准化方田505个，疏浚灌排渠道413千米，配套渠系建筑物1210座，新打修复机井752眼，输变电线路配套159.3千米，建机排灌站38座，衬砌渠道3.5千米，埋设PVC地下管道543千米，新筑机耕路235千米，其中，砂石路88千米；完成农田防护林网8426.67公顷，土壤改良8426.67公顷，培训农民15000人次，购置农业仪器设备98台（件）；组建农民用水者协会15个，农民专业协会9个。产业化经营项目3个，总投资1352.7万元，其中，中央财政投资228万元，省财政99万元，市财政11万元，企业自筹资金1064.7万元，银行贷款1600万元。2008年，垦利来农业科技发展有限公司复合肥生产财政贴息28万元项目，项目共需投资4000万元，资金筹措方案为项目单位自筹2400万元，申请贷款1600万元。用于基础设施建设投资1800万元，设备投资1200万元。此项目的建设可直接带动农民养殖户800户，直接带动农民增加收入总额16万元。2009年，定陶万福食品有限公司1000吨脱水蔬菜加工扩建财政补助项目投资539.3万元。其中，财政资金100万元（国家财政50万元、省配套45万元、市配套5万元），自筹439.3万元。主要建设内容为扩建生产车间1座，恒温产品库1座，地磅室1处，扩建面积1300平方米，购置脱水蔬菜生产线设备128台套，新品种和新技术示范推广508户，职工业务、安全知识培训1560人次，农民培训1100人次。2010年，定陶县嘉宏脱水食品有限公司1000吨脱水蔬菜加工扩建财政补助项目投资785.4万元。其中，财政资金160万元（国家财政100万元、省配套54万元、市配套6万元），自筹625.4万元。主要建设内容为扩建建筑工程总面积4700平方米，包括扩建二层加工车间1座、原料大棚库2座、企业大门1座及硬化路面；购置脱水蔬菜生产线设备123台件套；在定陶县半堤乡新增蔬菜订单基地266.67公顷、800户。项目建成后，形成年新增1000吨脱水蔬菜加工能力，脱水蔬菜总加工能力2500吨。

2011年至2015年，开发土地治理项目资金6853万元，其中，财政资金6412万元（中央财政资金4391万元，省级2806万元，市级215万元），县以下自筹441万元，共实施土地治理项目4100公顷。5年间土地治理项目共建标准化方田505个，疏浚灌排渠道235千米，配套渠系建筑物733座，新打修复机井959眼，输变电线路配套183千米，建机排灌站38座，衬砌渠道3.5千米，埋设PVC地下管道334千米，新筑机耕路64千米，其中砂石路31千米；完成农田防护林网246.67公顷，土壤改良4100公顷，培训农民9600人次，购置农业仪器设备25台（件）；组建农民用水者协会15个，农民专业协会9个。完成产业化经营项目10个，总投资1838.4万元，其中，中央财政投资385万元，省财政131.3万元，企业自筹资金1239.9万元，银行贷款11000万元。2011年定陶县200亩山药种植基地扩建项目、2012年定陶县金玉粮食1000吨脱水蔬菜深加工扩建项目、2012年定陶县30000吨粮食加工扩建项目、2013年定陶县嘉宏脱水1000吨蔬菜深加工扩建项目、2013年定陶县金玉粮食30000吨加工扩建项目、2014年定陶县20000只蛋鸡养殖示范基地扩建项目、2014年定陶县200亩标准化苹果种植基地扩建项目、2015年定陶县180亩蔬菜种苗繁育基地扩建项目、2015年定陶县年存栏2000头良种仔猪繁育示范基地扩建项目、2015年定陶县惠优蔬菜200亩蔬菜种植示范基地先建后补项目。

定陶县2012年度贷款贴息单位为山东菏泽市金玉粮食购销有限公司。收购加工小麦30000吨，共需投资6500万元，项目单位银行贷款贷款5500万元，自筹资金1000万元，贷款贴息金额为34万元。年直接受益农户5000户，新增就业人数80人，直接受益农民年收入500万元。

定陶县2013年度贷款贴息单位为山东菏泽市金玉粮食购销有限公司。收购小麦、玉米30000吨加工扩建项目，总投资7000万元，自筹资金1000万元，贷款贴息金额为68万元。主要建设内容有为扩建生产车间1座，恒温产品库1座，地磅室1处，扩建面积1300平方米，购置脱水蔬菜生产线设备128台套，新品种和新技术示范推广508户，职工业务、安全知识培训1560人次，农民培训1100人次。年直接受益农户5000户，新增就业人数400人，直接受益农民年收入500万元。

第二节　多种经营

定陶县多种经营项目主要是开发食用菌。20世纪90年代初，食用菌产业处于起步阶段，产业规模小，档次低，产业化程度不高，发展速度缓慢。1998年，定陶县把发展食用菌列为全县发展农村经济的主导产业、重点工程，在总结前几年发展食用菌的基础上，抓住南菇北移的机遇，走食用菌产业化之路。先后组织干部、科技带头户近万人到外地和本地考察学习，举办不同形式的学习班、报告会350余次，在全县形成种菇能致富的氛围；聘请山东省食用菌协会理事长为全县技术总顾问，县食用菌开发办在全县举办各类学习班355期，开办电视讲座，并聘请外地和当地技术员200人到乡镇村具体指导，在全县形成技术网络；县成立食用菌研究所，全县投资1250万元，建起年产20万～30万瓶的优质规模菌种场站14处。当年全县发展各类菌棚5万个，投料5000万千克，其中，袋栽花菇1200万包，可产优质鲜花菇700万千克；优质鲜板菇500万千克；双孢菇100万平方米，可产双孢菇700万千克；平菇投料1000万千克，可产平菇1500万千克；其他食用菌投料500万千克。1999年，全县投资250万元，推广花菇管道加温催花、排潮保花、无毒栽培新技术。全县产业化格局初步形成。2003年12月14日，胡锦涛总书记到山东省定陶县视察食用菌生产，对定陶县以食用菌产业为突破口，搞好农业产业结构调整、增加农民收入、转移富余劳动力的做法，给予充分肯定。2005年，全县发展双孢菇30万平方米，平菇、香菇等投料5000吨。定陶县被中国食用菌协会授予全国食用菌行业优秀基地县。县多种经营服务中心编写《双孢菇无公害栽培技术》，印刷5000册，免费发放到菇农手中，引进和推广新品种、新技术，在全县普及科学配方，二次发酵，草炭土覆土、菇房式多层种植等新技术，双孢菇产量由1997年的平均每平方米6千克发展到2005年的12.5千克，最高产量18.5千克。至2005年年底，全县发展食用菌园区7处，食用菌种植面积120万平方米，菇农人均增收4000元，形成马集、仿山等一批食用菌专业乡镇。2009年，定陶县被国家食用菌产业技术体系（济南试验站）列为双孢菇规范化生产试验、示范县，完成双孢菇不同配方覆土试验面积1万平方米，示范推广面积10万平方米。至2010年底产鲜菇1600多吨，经济效益1300多万元。以平菇为主的其他菇类投料2000多吨，年产鲜菇3000多吨，产值2100万元。同年，定陶县被中国食用菌协会授予“十一五”期间全国食用菌行业优秀基地

▲ 食用菌大棚　（2015年摄）

县。2012年，通过对双孢菇先进技术的试验、示范、推广，总结创新了4项先进技术，筛选出适于定陶县及周边县区栽培的双孢菇品种2个，栽培配方1个；平菇品种4个，栽培配方2个。2013年，培训推广双孢菇室外鼓风发酵、蒸汽发酵及林下食用菌周年高效栽培技术。同年，定陶县被授予全国食用菌产业化生产示范县。2015年，天中街道南城社区茗嘉兴食用菌合作社建食用菌大棚32个；仿山镇徐石村建食用菌生产小区1处，占地3.33公顷，建食用菌大棚40个；仿山镇陈河食用菌生产小区进行扩建，增加食用菌大棚27个；马集大刘楼食用菌生产小区建食用菌大棚6个；马集镇李刘楼建食用菌生产小区1处，占地1.33公顷，建食用菌大棚12个；南王店万庄村建食用菌生产小区1处，占地5.33公顷，建高标准食用菌棚55个。10月，在中国食用菌产业“十二五”百项优秀成果展示交易会上，定陶县被评为全国优秀主产基地县。至年底，全县共发展各种食用菌大棚（菇房）2862个，栽培面积200多万平方米。

第四章 农业机械

20世纪90年代初，定陶县贯彻落实农业部关于“允许农民买卖农业机械，维护其所有权，保障农机经营者合法权利”的政策，鼓励支持农民购买农业机械，全县农业机械化进入快速发展时期。1991年，全县有拖拉机4212台，柴油机14914台，电动机6349台，农用三轮车625辆，犁3691台，耙266台，小麦播种机561台，农机总动力23.8万千瓦。1995年以后，农民对农机化的认识和接受程度逐步提高，政府和社会对农机化的关注、宣传和支持日益加强。2005年，《中华人民共和国农业机械化促进法》颁布实施。国家相继制定一系列对农民购买农机具给予补贴的政策，在国家和省政策的引导下，全县农业生产机械化进程进一步加快。至2015年，全县农业机械总动力92.15万千瓦，其中，农用拖拉机7447台、22.13万千瓦；柴油机1.89万台、19.27万千瓦；电动机1.29万台、9.91万千瓦；农用运输车20196辆、25.18万千瓦；大型联合收获机2207台、12.88万千瓦。农业生产综合机械化水平86%。

第一节 农机具

耕种机具 1991年，全县大中小型拖拉机4212台，1995年增加到4501台，与之配套的悬挂式铧犁等耕作机具有3919台。其中，与泰山-12拖拉机配套的1L-220型悬挂二铧犁，耕深18厘米～20厘米，每小时耕地2亩～3亩；与泰山-25、泰山-30拖拉机配套的L×T25-3-20型悬挂铧犁，耕深17厘米～20厘米，每小时耕地3亩～5亩；与上海-50型拖拉机配套的1L-425型悬挂式四铧

▲ 旋耕机在田间作业 （陈希锋 摄）

犁，耕深18厘米～25厘米，每小时耕地6亩～8亩。2005年，有大中小型拖拉机9944台，与之配套的犁等耕作机具有6340台，与上海-50型拖拉机配套的1L-330B型气动翻转犁引进使用（耕深20厘米～30厘米，每小时耕地8亩～10亩）。东方红55～80型履带拖拉机（铁牛）逐步退出耕作环节，主要服务于河道清淤、筑堤修路等工程建设。2010年，小型拖拉机悬挂的机引犁逐步减少，旋耕机广泛应用，共有2277台，主要机型有1GQN-180～1GQN-250系列型号，与50马力以上的拖拉机配套，耕幅180厘米～250厘米，耕深8厘米～12厘米，每小时旋耕面积5亩～12亩。2015年，旋耕机共有2163台。新型的深松联合整地机和深松机开始推广应用，保有量254台，其中，深松联合整地机的主要机型有山东大华1SZL-230G～1SZL-270G系列型号和山东奥龙1SZL-230～1SZL-270系列型号，与100马力以上配套，深松深度≥25厘米，整地深度≥8厘米，每小时作业面积5亩～12亩；深松机主要机型有山东大华1S-270和山东奥龙1SQ-280，与120马力以上四驱拖拉机配套，深松深度30厘米～35厘米，每小时作业面积12亩～20亩。

播种施肥机具 1991年，全县播种机561台，1995年1077台，2000年增加到3021台，多为三行铁耧。2005年，播种机3509台，化肥深施机43台。2010年，全县播种机4629台，施肥机945台。至2015年，全县播种机5002台，施肥机1223台。主要机型有与12马力至30马力拖拉机配套的2BF-9和2BF-11小麦播种施肥机，作业幅宽170厘米～200厘米，每小时6亩～15亩；与12马力至30马力拖拉机配套的2BYF-2和2BYF-3玉米播种施肥机，作业幅宽120厘米～280厘米，每小时6亩～15亩。

收获机械 小麦收获机械 1991年，全县小麦收割机（割晒机）570台，主要有与泰山-12型拖拉机配套的4GH-140型麦稻收割机，割幅140厘米，每小时收割小麦4亩～6亩。后逐渐使用与泰山-25型、泰山-30型拖拉机配套的4GL-170型麦稻收割机，割幅170厘米，每小时收割小麦5亩～7亩。1995年以后，使用小麦联合收割机，全县有背负式小麦联合收割机1台，与50马力拖拉机配套。2000年，小麦联合收割机普遍推广应用，全县共有156台，其中，自走式62台。2005年，全县有小麦联合收割机251台，其中，自走式62台。2010年，全县有小麦联合收割机1362台，其中，自走式731台。主要机型有与上海-50型拖拉机配套的向明、桂林、巨明、大丰等型号背负式联合收获机，每小时收获小麦3亩～7亩；佳木斯JN-3060W、新疆-2A、金亿、三中收、福田谷神系列自走式联合收获机，割幅2.1米～2.5米，每小时收获小麦8亩～12亩。2015年，全县有小麦联合收割机2207台，其中，自走式1362台。自走式小麦联合收割机广泛应用，并逐步取代背负式小麦联合收割机。主要机型有福田雷沃4LZ-5E（4LZ-

▲ 小麦播种机在田间作业 （陈希锋 摄）

▲ 小麦联合收割机在田间作业 （陈希锋 摄）

6E7、4LZ-6E3）、中联重机4LZ-6B3、郑州中联4LZ-6、巨明4LZ-6.0、洛阳中收4LZ-5（4LZ-7）等，割幅2.5米～3.8米，每小时收获小麦12亩～20亩。

玉米联合收获机械　2001年，开始推广应用玉米联合收获机，全县仅有1台。2005年，国家对购置玉米联合收获机实行重点补贴，购置数量逐渐增加，全县玉米联合收获机12台。2007年，全县玉米联合收获机械增加到113台。2010年445台，主要有与上海-50型拖拉机配套的4YW-2型玉米联合收获机，每小时收获玉米3亩～5亩；4YZ-3型自走式联合收获机，每小时收获玉米5亩～15亩。2015年699台，主要以自走式玉米联合收获机为主，主要机型有金亿4YZP-3X、襄垣县仁达4YZX-2B、福田4YZ-3H、爱科大丰4YZ-3A、山东大丰4YZP-3、山东巨明4YZP-3、中联重机4YZ-3G、中农博远4YZ-3C等，每小时收获玉米5亩～15亩。

▲ 玉米联合收割机在田间作业　　（陈希锋　摄）

植保机械　1991年，全县机动喷雾机738台，主要使用泰山-18型机动喷雾机，每小时作业量50亩～60亩。1995年1390台。2000年1420台。2008年，利用农机购置补贴，县财政投入资金10万元，购买东方红宝马3WF-15背负式机动喷雾喷粉机10台、东方红宝马WFB-18G背负式机动喷雾喷粉机65台、金奥3WF18-3机动喷雾喷粉机19台，建立机防队12个。2010年，全县机动喷雾机1871台。2015年，全县机动喷雾机5049台，主要型号为WFB-18机动喷雾喷粉机有手动喷雾（粉）机和FST-18D电动喷雾器。

排灌机械　1991年，境内排灌机械主要为水泵和喷灌机，有水泵13852台，喷灌机268台。1995年，有水泵14589台，喷灌机314台。2000年，有水泵15265台，节水灌溉类机械720套。2005年，有水泵16993台，节水灌溉类机械764套。2010年，全县共有排灌动力机械24869台，动力22.4万千瓦。其中，柴油机144477台，电动机10284台，动力7.95万千瓦；农用水泵21702台，节水灌溉类机械766套。2015年，全县共有排灌动力机械24563台，动力22.19万千瓦。其中，柴油机144477台，电动机9968台，动力7.74万千瓦；农用水泵23983台，节水灌溉类机械797套。

其他机具　运输机械　1991年，全县有农用汽车98辆，农用三轮运输车625辆。1995年，农用运输车954辆，农用三轮运输车939辆，农用拖拉机4501台。2000年，全县农用汽车222辆，农用三轮运输车8150辆，农用拖拉机7995台。2005年，全县农用汽车269辆，农用三轮运输车14240辆，农用拖拉机9944台。2010年，农用运输车17698辆，农用三轮运输车17327辆。2015年，农用运输车20196辆，农用三轮运输车19824辆。

农副产品加工机械　20世纪90年代，境内农副产品加工机械主要有磨面机、碾米机、轧花机、榨油机、淀粉加工机、饲料加工机等。1991年，全县有磨面机946台、碾米机432台、轧花机246台、榨油机371台、淀粉加工机42台、饲料加工机571台。2000年后，粮食、棉花、饲料等加工机械发展较快。2010年，全县粮食加工机械2285台，棉花加工机械535台，油料加工机械421台，饲料加工机械759台。2015年，全县粮食加工机械2289台，棉花加工机械535台，油料加工机械421台，饲料加工机械761台。

秸秆还田机械　1998年，落实山东省人民政府“3413”计划，加快全县农作物秸秆粉碎还田机的推广应用。2000年，全县购置秸秆粉碎还田机270台。2005年以后，随着国家农机购置补贴政策的实施，到2010年，全县购置秸秆粉碎还田机1024台。2015年1179台。

第二节 农机管理

农机牌照换发 1990年，县交警部门委托农机监理部门管理从事农业生产运输的拖拉机，每年2次检验，统一换发有效期4年的驾驶证。1996年，驾驶证有效期改为6年，每年验证1次。1998年，对从事农田作业的拖拉机换发“鲁R”字头的号牌。2005年始，对从事农田作业的拖拉机、联合收割机，换发“鲁17-4”字头的新号牌。2015年，新换发号牌319副，其中，拖拉机126副，联合收割机193副。

农机执法 1994年，随着《山东省农业机械管理条例》的实施，全县农机管理工作逐步纳入法制化管理。1998年，全县统一办理执法证件，其中，农机管理系统办理执法证12个。2008年办理22个。2009年，农机管理系统办理执法证12个，农机执法人员上岗，均佩戴“中华人民共和国监理证”和“山东省执法证”。2014年，制定完善公安、农机联合执法制度，由县公安局、县农机局联合制定《关于开展公安、农机联合执法工作的实施意见》，建立联合执法的长效机制。

农机购置补贴 2004年始，国家实施农机购置补贴政策。2005年起，每年由县农机服务中心，制定年度农机购置补贴实施方案。对补贴原则、补贴资金比例、补贴对象、补贴机具种类和工作程序做出具体规定。2005年，全县共落实农机购置补贴资金25万元，补贴农机具24台，其中，补贴拖拉机12台，玉米收获机12台。2006年后，补贴资金数量和补贴农机种类逐年增加。至2015年底，全县累计落实农机购置补贴资金7540万元，补贴农机具9625台，其中，补贴拖拉机884台，联合收获机1511台，播种机1119台，秸秆还田机461台，深松机250台，机动喷雾机4747台，卷帘机653台。

▲ 农机补贴机具发放仪式 （2009年 陈希锋 摄）

农机深松整地作业补助 2015年，定陶县作为农机深松整地作业补助试点县，共实施农机深松整地作业6666.67公顷，落实农机深松整地作业补助资金400万元，涉及12个镇（街）、95个行政村，收益农户1.9万余户。

▲ 农机深松整地作业 （陈希锋 摄）

第三节 农机服务

服务体系 1991年后，全县以村级为主的农业机械化服务体系逐步建立。1992年，县级农机服务组织8个，乡镇级农机服务组织132个，村级农机服务组织251个，农机大院5个。形成以县级农机服务为龙头，乡镇级农机服务为骨干，村级服务为主体，个体农机服务为基础的多层次、多成分、多形式的农机社会化服务体系。1995年，全县19个乡镇全部建成“管理、服务、经营”三位一体的农机管理服务站，全县510个行政村全部配齐农机管理员，各类农机服务组织270个。2005年，按照“提高县级、强化乡级、健全村级、扶持专业户”的原则，农机社会化服务体系得到进一步完善，全县村级农机服务社会化服务组织400多个，农机作业专业户3620个。2008年，按照“因地制宜，多元创办，政府扶持，市场运作”的基本思路，用现代工业的管理理念，不断创新发展各类新型农机社会化服务组织，并积极引导农机从业人员及农机户参加农机作业、运输、销售、维修及工程开发等农机社会化服务，成立定陶县第一个农机专业合作社（沃田农机专业合作社）。全县村级农机服务社会化服务组织400余个，农机作业服务专业户1万个，其中，农机总值在20万元以上的农机服务专业大户32个。2010年，全县农机专业合作社20个，其中，规范化农机专业合作社7个。农机作业服务专业户1万个，其中，农机总值在20万元以上的农机服务专业大户100个。2015年，全县农机专业合作社71个，规范化农机专业合作社17个。“三夏”“三秋”期间，全县农机专业合作社共签订作业合同2万公顷，跨区作业1.67万公顷，作业面积4.4万公顷。

服务网点　1991年，全县农机维修网点51个，从业人员121人，年实现收入34万元。2000年以后，农业机械猛增，农机维修网点也逐渐增多。2005年，有农机供应点22个，供油点40个。维修网点、农机修理厂（点）77个，从事农机维修人员173人。2015年，全县维修网点、农机修理厂（点）100个，从事农机维修人员450人，年维修拖拉机等各种农机具3680余台次，实现收入368.56万元。

跨区作业　2000年始，定陶县组建小麦联合收获机跨区作业服务队，先后赴安徽、河南、河北等省进行跨区作业，创收12万元。2005年，贯彻落实农业部《联合收割机跨区作业管理办法》，规范管理程序，完善有关政策，跨区作业的机械逐渐增多。全县组织跨区作业队14个，派出小麦联合收割机160余台，完成跨区作业面积4267公顷，创收160余万元。2010年“三夏”期间，组织22个跨区作业服务队，310台小麦联合收割机，完成机收面积1.97万公顷，创收1320万元；引进小麦联合收割机400台，小麦机收率97%。2015年，组织25个跨区作业服务队，200台小麦联合收割机，完成机收面积1.67万公顷，创收1000万元。

农机技能培训　定陶县农业机械化学校，承担着全县农机技能培训工作。1991年，共培训各类农机人员2593人，其中，培训驾驶员432人、柴油机手270人、农机具操作手1700人、管理干部70人、修理工121人，向菏泽地区农机校选送培训站长16人。1992年，多方筹集资金25万元，建成1座集培训、经营于一体的综合性大楼，购置教学工具、仪器。1995年，共举办农机技术培训班15期，培训各类农机管理、驾驶操作人员2470人。1998年，以“科教兴机”为宗旨，采取送教下乡、县乡结合，长训与短训相结合的方式，拓宽科技服务范围，招收电工、电焊中专班各1个。共举办农机技术培训班24期，培训拖拉机驾驶员380人，复训500人，培训各类农机具操作手1200人次。2000年后，县农机校每年培训拖拉机驾驶员300余人，小麦联合收割机操作人员100余人，农机具操作手2000余人次。至2015年，县农机校有标准化教室9间，电教室7间，教练车库3间，农具库2间，拖拉机综合训练场1处，教职员工12人，其中，专职教师8人，教练员3人。举办技能培训班24期，培训小麦收割机机手800人，培训玉米收割机和小麦免耕播种机机手1000人，其他各类机手4589人。并培训农机管理人员32人，农机技术人员216人次。

第四节　农机科研与推广

农机研发　2004年，经县委、县政府批准，派出科技特派员1人驻菏泽明庆机械有限公司，帮扶明庆公司研发新型机械，共获专利24项，其中，研制的JQM系列玉米秸秆切碎灭茬还田机，2007年至2009年连续3年中标为山东省财政购置补贴产品，产品应用覆盖山东省及周边省部分地区。全封闭环保节能系列清扫（机）车，自2008年投放市场后，共销售186台。

农机推广 1991年，推广195柴油机（旧机）应用95J活塞技术（扩缸增容），节约柴油18.4%，机油15%，功率提高19%。1995年，争取县政府财政专款12.5万元，对部分先进、实用的农机具进行补贴，共推广、供应割晒机450台、深耕犁250台、脱粒机306台、套播耧100台，全县实施机械精播5200公顷，年增产幅度8.1%～23%。2000年，推广小麦收获机械化技术和玉米秸秆还田综合机械化增产技术。2005年始，推广玉米生产机械化和保护性耕作技术，推广应用小麦联合收割机251台，小麦精播机120台，玉米联合收获机11台，秸秆粉碎还田机379台。机收机种率90%。2006年后，每年在农业生产关键季节，适时召开小麦联合收获、玉米收获、秸秆还田、机械深耕、机械播种现场会和大型、新型农机具展示会等，推广新机具、新技术。至2015年，全县建立农机化示范园2处，举办现场会10场，农机展示会5场，推广农业机具780件。小麦机耕、机播、机收面积分别为5.22万公顷、9.59万公顷和8.95万公顷，机耕、机播、机收率分别为96%、95%和99%；玉米机播机收面积分别为4.6万公顷和4万公顷，机播机收率分别为95%和82%。玉米秸秆还田面积4.2万公顷，占86%。

2005—2015年定陶县农机购置补贴情况统计表

表7-4-1 单位：万元、台

年份	补贴金额	补贴农机具	其中							
			拖拉机	联合收获机	播种机	秸秆还田机	深松机	机动喷雾机	卷帘机	其他
2005	25	24	12	12	—	—	—	—	—	—
2006	60	104	—	55	7	37	—	—	—	5
2007	65	109	22	27	19	30	—	—	—	11
2008	330	451	47	92	147	59	—	94	12	—
2009	770	512	127	119	159	94	3	15	25	—
2010	770	689	123	126	126	58	—	20	179	57
2011	860	3949	124	202	316	36	11	2560	159	541
2012	990	3464	168	153	64	119	70	1688	101	1101
2013	1085	1188	60	223	76	12	44	286	136	351
2014	1285	750	75	309	65	10	45	83	40	123
2015	1300	596	126	193	140	6	77	1	1	52

1991—2015年定陶县主要农业机械统计表

表7-4-2

年份	总动力（千瓦）	拖拉机		柴油机		电动机		汽油机		农用汽车		农用运输车			
		台	千瓦	台	千瓦	台	千瓦	台	千瓦	辆	千瓦	辆	千瓦	其中：三轮运输车	
														辆	千瓦
1991	238203	4212	54963	14914	133336	6349	37824	11	131	98	6238	637	2790	625	2685
1992	240870	4416	57625	14846	132333	6325	36507	19	185	89	5880	741	3471	727	3246
1993	246836	4429	56658	15633	137562	6330	36180	7	98	91	6058	946	5792	931	5558
1994	249803	4436	56488	15030	135450	6951	42599	19	185	93	6231	805	4226	784	3877
1995	250298	4501	57284	15036	132142	6521	36516	1	88	86	5727	954	5906	939	5672
1996	282890	4762	64263	16617	151425	8314	47027	13	175	91	6918	1107	6387	1071	5804
1997	296615	5086	67346	16717	153060	8324	47127	15	195	93	7224	1428	12952	1372	12040
1998	337352	5816	83633	18562	171507	8336	47914	12	151	91	7242	2166	19613	2093	18452
1999	416419	7107	95540	18577	173949	8826	50760	12	151	207	15031	6806	70750	6506	65669
2000	451088	7995	107708	18567	173841	9443	52036	12	151	222	16490	8513	89960	8150	81314
2001	453501	8180	110364	18957	173878	9477	52112	12	151	223	16557	8515	90013	8160	81691
2002	494020	8397	119227	19146	191228	9764	52937	12	151	227	16515	9237	103350	8792	96387
2003	501893	8588	121676	19218	190856	10178	54648	12	151	230	16722	9628	106653	9292	99843
2004	523040	8942	126252	19038	190856	10306	60331	12	151	238	17067	10278	115186	9944	108375
2005	605812	9944	147024	18894	190228	11295	67962	12	151	269	19160	14240	166122	13899	155867
2006	640344	10938	172615	18837	186075	11489	69429	12	151	271	19301	14713	171043	14368	162332
2007	676956	11144	184537	18822	189543	11702	70769	12	151	272	19391	15784	186034	15418	177253
2008	760566	11840	216779	18852	192724	11780	88158	—	—	—	—	16809	200575	16438	191695
2009	778351	12130	228844	18852	192727	12494	94723	—	—	—	—	17352	209255	16981	200375
2010	817283	12374	250403	18852	192727	13188	101104	—	—	—	—	17698	213289	17327	204409
2011	824333	9678	225904	18852	192727	13812	106723	—	—	—	—	18698	225086	18327	216206
2012	847451	8950	221842	18852	192727	12818	98967	—	—	—	—	19562	242378	19191	233498
2013	874648	8325	223900	18852	192727	12867	99040	—	—	—	—	20162	251378	19791	242498
2014	907786	8369	227482	18852	192727	12867	99040	—	—	—	—	20166	251428	19794	242524
2015	921541	7447	221355	18852	192727	12882	99070	—	—	—	—	20196	251796	19824	242892

1991—2015年定陶县农田作业配套机械统计表

表7-4-3　　单位：台

年份	联合收获机	其中		机动喷雾机	犁	耙	旋耕机	深松机	播种机			收割（割晒）机	秸秆粉碎还田机
		自走式	玉米联合收获机						小计	其中			
										精少量	免耕		
1991	—	—	—	738	3691	266	28	—	561	2	—	570	1
1992	—	—	—	1402	3579	355	26	—	725	3	—	728	1
1993	2	—	—	1325	3668	364	35	—	1078	39	—	728	1
1994	1	—	—	1263	3339	311	40	—	811	18	—	661	19
1995	1	—	—	1390	3919	275	26	—	1077	32	—	793	1
1996	21	—	—	1468	4113	356	33	—	1107	29	—	944	7
1997	62	—	—	1428	4180	410	33	—	1260	30	—	1260	104
1998	78	—	—	1406	4737	648	34	—	1770	35	—	1395	248
1999	128	50	—	1427	5573	1566	37	—	2560	134	—	2076	270
2000	156	62	—	1420	5984	1806	41	—	3021	2320	—	2710	270
2001	156	62	1	1416	6095	1854	44	—	3198	2250	—	2928	267
2002	156	64	1	1430	6236	1975	43	—	3302	2289	—	3163	269
2003	172	80	1	1434	6346	2185	569	—	3493	2482	—	3213	354
2004	236	126	1	1439	6164	2385	673	—	3415	2602	—	3414	373
2005	251	130	12	1468	6340	2508	785	—	3509	2659	—	3411	379
2006	566	340	57	1490	6616	2734	1390	—	3642	2765	—	3395	504
2007	652	343	113	1511	7208	3435	1822	—	3708	2804	20	3395	567
2008	976	505	205	1737	6911	3454	1946	2	3953	2687	405	3395	776
2009	1219	709	324	1798	6952	3454	2135	5	4374	2945	776	3395	926
2010	1362	731	445	1871	6990	3454	2277	9	4629	3031	945	3395	1024
2011	1445	806	453	2730	6640	3281	2163	20	4741	3038	1050	3395	1060
2012	1436	890	400	4423	4641	2781	2163	103	4805	3053	1209	2895	1150
2013	1659	1063	450	4709	3441	2781	2163	147	4881	3118	1220	2382	1162
2014	1970	1233	591	5035	3441	2781	2163	192	4881	3191	1222	2322	1173
2015	2207	1362	699	5049	1441	2781	2163	254	5002	3311	1223	1401	1179

第五章　水产业

定陶境内有洙水河，东鱼河，万福河，南坡河，水质良好，水源较为充足，有可开发利用坑塘3330余公顷。围绕渔业增效、渔民增收的总目标，引进和推广鲫鱼、泥鳅、乌鳢、优质鲤鱼等名优品种，形成本地特色养殖。

第一节　水产资源

1991年，全县养殖面积533.33公顷，水产品总产量3000吨。1995年1066.67公顷。2000年以后，县水产技术人员分组分片开展无偿技术承包服务活动，水产养殖快速发展。2013年，全县水产养殖面积900公顷，养殖产量3497吨，渔业从业人员3500人。“两高一优”渔业示范户389户，面积633.33公顷，平均单产12吨，亩产值1.3万元，亩纯利3000元～5000元。2015年，全县开发利用废旧窑坑和高速公路取土坑78.67公顷，水产养殖面积905公顷，水产品产量4462吨，捕捞量160吨，渔业总产值9498万元。

第二节　水产养殖

1991年至1996年，养殖品种主要为鲢、鳙、草、鲤，养殖模式主要为粗放粗养，鲢鱼、鳙鱼占70%，鲤鱼占20%，草鱼10%。1996年至2000年，养殖品种由主养鲢鱼、鳙鱼转变为主养草鱼、鲤鱼，引进部分名优新品种，1998年，引进河蟹8000只，2000年，引进团头鲂16万尾，建鲤300万尾。2003年，引进银鲫、三角鲂、黄鳝、牛蛙等名优品种300万尾。2006年后，全县养殖品种相对稳定，重点是提高产量，提高品质，调整养殖方式。2015年，全县主养品种除鲤鱼、草鱼、鲢

▲ 水产养殖

鱼、鳙鱼，还有高背鲫、银鲫、三角鲂、黄鳝、牛蛙、河蟹、甲鱼、中华鳖、泥鳅等名优品种，养殖模式以多品种、高密度、高产高效为主。鱼藕混作、休闲渔业、甲鱼仿生态养殖、大水面无公害养殖等得以发展。

第三节　渔技推广

定陶县水产站负责全县的渔业技术推广工作。12个乡镇设立水产站，为县水产站的派出机构，基本建立起覆盖县乡的渔业技术推广体系。定陶推广的主要技术有黄河鲤优质高产技术、草鱼健康养殖技术、浮性颗粒饲料投喂技术、池底微孔增氧技术、微生态制剂综合调控水质技术。为适应互联网技术的发展，“互联网+渔业”的理念不断渗透到渔技推广中，利用“渔业通”工程，开展远程鱼病诊断、更新渔技服务方式，提高工作效率。

第八编

水 利

SHUI LI

20世纪90年代，定陶深化水利改革，逐步形成全社会参与兴办水利的格局。坚持走“以井保丰，以河补源”的道路，大搞机井建设、河道治理、开挖沟渠及工程建筑物配套。每年冬春农闲季节，开展大规模农田水利基本建设，多次被山东省人民政府授予“全省水利工作先进县”称号。1992年，获山东省水利厅“鲁水杯”水利优质工程银奖。进入21世纪，在开展机井建设、河道治理的同时，水利建设的重点转向节水灌溉工程建设。2003年，定陶县被列为山东省15个节水灌溉示范项目县之一。2014年11月，定陶县被确定为农田水利设施产权改革国家级试点县。2015年，全县有效灌溉面积4.21万公顷，旱涝保收面积3.26万公顷。

定陶县虽属山东省丰水区，但县内不同区域的地下水分布和水质差别较大。随着工业的迅猛发展，浅层地下水污染严重。2005年起，启动村村通自来水工程，至2015年，全县共投入资金1.82亿元，完成供水工程32处，自来水受益村623个。定陶县获“全省村村通自来水示范县”称号。

2010年起，实施库区移民后期扶持政策，帮助库区移民发展生产，提高生活水平。至2015年底，全县共落实扶持资金70.7万元。

第一章 水利工程建设

第一节 河道治理

1991年至2015年，全县以骨干河道治理为重点，相继治理了东鱼河南支、古柳河、南坡河、仿山河、定陶新河、氾阳河、南渠河、薛寨渠、常店沟、木河、柳林河、二坡河12条骨干河道及主要支流，增强了抗御自然灾害的能力。同时参与治理市管河道东鱼河及东鱼河北支县内段，并出境参与洙赵新河清淤。

东鱼河南支治理 东鱼河南支是淮河流域东鱼河的一条主要支流，由河南省兰考县胡桥入境，自西南向东北流经曹县的庄寨、桃源集、楼庄、常乐集、魏湾、砖庙、倪集、青岗集、普连集等9个乡镇，在定陶县冉堌镇均张庄闸前入东鱼河，全长89.25千米，流域面积1239平方千米。其中，境内长5千米，流域面积123平方千米。2003年，根据菏泽市委、市政府统一部署，由定陶县和曹

▲ 河道清淤治理 （2012年摄）

县对东鱼河南支菏泽段进行清淤治理。定陶县施工段自东鱼河中心往上游5.6千米，土方45万立方米，折合人工工日38万个。2003年10月26开工，出动机械96台套，其中，挖掘机8台，泥浆泵88台，11月25日完工，比市规定提前5天完成，完成投资360万元，施工质量达到优质工程等级。2010年，对东鱼河南支再次治理，包括河道清淤、大堤加高培厚及建筑物配套，新建涵洞3座，改建、新建桥梁2座。清淤河道自东鱼河中心往上至县界，长度5千米，清淤土方57.8万立方米，共完成投资1324.19万元，其中，河道土方投资699.38万元。

2010年东鱼河南支（定陶段）水利要素一览表

表8-1-1

起止点	起止桩号	底宽（米）	比降	河底高程（米）	边坡	备注
东鱼河交汇处	0+000	57	1/5000	44	1：3.5	
县界	−5+000	49	1/5000	45	1：3.5	

东鱼河治理　东鱼河上游源于东明县刘楼，东至济宁市鱼台县入昭阳湖。定陶县内段西起张湾镇大冯，经马集、南王店，到冉堌镇康洼东出境，县内总长度42.5千米。建有节制闸3座，分水闸3座，扬水站5处，主要桥梁15座。东鱼河自1967年开挖后一直没有治理，河道淤积严重，河道排涝标准普遍降低50%～70%，引调水困难，效益降低。2000年，经省政府批准，济宁、菏泽2市统一组织对东鱼河进行全线治理。定陶县施工段，上起均张庄闸东（桩号103+705），下至老定砀公路康庄桥（桩号94+604），施工段长9231米，计划土方136.5万立方米，工日120.9万个。10月13日全县组织机械化施工，投入各类施工机械1066台套，其中：挖掘机98台，推土机66台，铲运机36台，大型自卸车220台，柴油小翻斗574辆，泥浆泵18台套，排水机械51台套，施工人员3000人。历时30天，11月13日竣工，夺取全区施工第一名，被淮工局东鱼河施工指挥部评为施工样板工程，一次性通过东鱼河治理工程项目监理部验收，工程质量优良率95%以上，菏泽地区曾3次在定陶召开质量、进度现场会，《菏泽日报》头版5次报道定陶施工经验。

东鱼河北支治理　东鱼河北支是东鱼河流域最大一条支流，全长96.4千米，贯穿东明、牡丹区、开发区、定陶、成武3县2区，流域面积1443平方千米。东鱼河北支是1970年开挖的一条大型河道。治理标准是按水电部淮河规划组1966年6月分析的水文成果，按3年一遇除涝，20年一遇防洪标准进行设计与施工，在防洪、排涝、改碱、灌溉等方面发挥了巨大作用。经过30多年的运行，河道呈全线淤积状态，平均淤深3米左右，工程老化失修，防洪除涝能力降低，除涝能力只有原设计3年一遇流量的20%左右，防洪能力只有原设计20年一遇流量的30%左右，制约了流域内工农业生产的发展。2003年冬，对东鱼河北支进行清淤治理。本着就近施工的原则，土方分配到沿河的成武县、定陶县、开发区、牡丹区、东明县。定陶工段上起裴河闸下游1.3千米处（桩号37+400），下至成武县境内2.4千米处（桩号21+100），全长16.3千米，土方144.78万立方米，折合人工工日122万个，同时进行堤防修筑。2003年10月26日全线开工，共投入机械891台套，其中，挖掘机90台，推土机66台，大型自卸车20台，柴油小翻斗574辆，排水机械51台套。11月25日竣工通过验收，完成投资1158.24万元。

2008年，菏泽市决定对东鱼河北支扩挖，定陶县施工段自新建张衙门闸上游桩号1+106—3+900、4+750—4+900两段，施工段总长度2944

米，挖运土方共计142.8万立方米。工程于10月28日开工，共投入施工机械96台，其中，挖掘机21台，自卸汽车75台，12月28日完工。

其他河道治理　1991年，南干渠清淤、恢复开挖氾阳河，长24千米，完成土方80万立方米，工日40万个。1992年，清淤菏曹运河南坡河至店子河段，长度16千米，土方51万立方米，工日23.6万个，完成投资259万元；清淤南渠河自菏曹运河至下游曹口闸段，长度5.4千米，土方12万立方米，工日6.03万个，投资66.28万元；清淤南坡河自菏曹运河起以下5.4千米，土方7.9万立方米，工日3.9万个，投资43.3万元；清淤定陶新河自菏曹运河至吴河闸段，长度3.5千米，土方9.8万立方米，工日3.9万个，投资43.2万元。

1993年，疏浚治理薛寨渠9.64千米，完成土方9.93万立方米，工日4万个；清淤常店沟自东鱼河北支涵洞至洙水河段，长9.13千米，完成土方9.46万立方米，工日3.78万个。

1996年，清淤治理立新沟、定陶新河定张路朱楼桥以上段，长度11千米，土方28万立方米，投资84万元。

1997年，治理菏曹运河自路菜园分水闸至仿山河入口段，长度15.2千米，土方62.9万立方米，工日28.5万个；治理南渠河，上游自菏曹运河起下游至观吴庄桥，长8.5千米，土方29.6万立方米，工日10.9万个；治理南坡河，自菏曹运河至郝庄闸段，长16千米，土方33万立方米，工日12.2万个；治理古柳河自菏曹运河至罗庙闸段，长度2.55千米，土方7.64万立方米，工日2.9万个。1998年冬，全县组织机械化施工，对木河进行清淤治理，长度11.5千米，土方25万立方米，投资87.5万元。

1999年秋，对南坡河上段路菜园干渠大渡槽至马集红旗干渠4千米地段进行治理，土方6.5万立方米，投资18万元；由县机械化公司对古柳河上游进行3次清淤，清淤长度自菏曹运河以下1.5千米，土方5.6万立方米，投资59.4万元。同年冬，县机械化公司对菏曹运河清淤治理，上起东鱼河，下至南渠河入口，含南渠河500米削坡，古柳河400米削坡，南坡河自菏曹运河至石马闸段，全长10.5千米，土方43万立方米，工程投资137万元。

2001年夏，为给圣龙集团送水开挖子河，上起南渠河，下至四级河网入口，全长9.3千米，土方7万立方米，投资12万元。同年冬，组织6个机械化施工队对菏曹运河清淤治理，土方39.6万立方米，投资123万元。

2002年春，组织机械化施工队对氾阳河自菏商路至前王楼闸段清淤治理，长3.8千米，土方2万立方米，投资3万元。

2004年，完成南坡河、古柳河、南渠河清淤工程，完成土方64万立方米。

2005年，清淤治理立新沟、纸坊沟、南渠河，总长度18.85千米，土方70.44万立方米。其中立新沟施工段自东鱼河中心至定陶新河，长6.2千米，土方11.03万立方米；纸坊沟施工段自东鱼河至赵官府闸，长9.65千米，清淤土方38.71万立方米，搬堤土方9.57万立方米，合计48.28万立方米；南渠河自菏曹运河起往下游3千米，土方11.13万立方米。

2006年至2007年，清淤治理定陶新河、氾阳河下游段。定陶新河清淤治理长度24.5千米，土方96.4万立方米，投资352万元；氾阳河治理南干渠至洙水河段，长6.05千米，土方12万立方米，投资350万元；店子河刘线庄闸至东鱼河北支段清淤，长4.39千米，土方20.69万立方米；薛寨渠清淤，自陈集镇香李庄东南南干渠起至洙水河止，全长9.9千米，土方23.47万立方米。

2007年，仿山河改道工程，完成土方4.7万立方米，配套建筑物2座，投资113.2万元。2008年春，治理柳林河、南渠河、赵王河、常店沟等骨干引排水工程，工程总长度55.5千米，土方140余万立方米；冬季对店子河、菏曹运河进行清淤治理，长度7.21千米，土方31.5万立方米；拓宽治理定陶新河城区段，长度2.6千米，土方40万立方米，投资265万元，提高城乡水环境面貌。

2009年，清淤治理菏曹运河上段、店子河上段、四级河网、三干沟、南坡河等骨干引排水工程，工程总长度37千米，完成土方167万立方米，工程投资720万元。

2010年至2011年，采取招投标方式治理东鱼河南支定陶段5千米，改、重建生产桥2座，新建涵洞3座，完成土方69.32万立方米，完成投资1324.19万元。纸坊沟清淤治理10.5千米，土方25.6万立方米；立新沟清淤治理6.5千米，完成土方13.6万立方米。

2011年，东鱼河南支支流削坡6.86千米，土方25万立方米，投资107万元；仿山河清淤9千米，自菏曹运河至东鱼河北支，土方12.01万立方米。

2012年，二坡河清淤，长度5.1千米，土方20.9万立方米，投资108.3万元；南干渠清淤16.8千米，土方26.26万立方米，投资94.8万元。

2013年，清淤治理南坡河29.68千米，支流削坡6条沟共3千米，土方150.94万立方米，完成投资990万元；清淤治理南渠河24.2千米，土方97.81万立方米，完成投资699.6万元；南渠河城区段绿化升级改造工程：菏曹运河—郑庄闸段，绿化面积12万平方米，投资1960万元。

2014年，古柳河上游治理工程长度5.7千米，土方12.2万立方米，投资63.1万元；纸坊沟、王油坊沟、赵王河河道清淤工程，总长18.6千米，土方55.8万立方米，投资220万元。

2015年，清淤治理店子河，自东鱼河至东鱼河北支，长度25.9千米，整治支流入口3千米，土方74.5万立方米，筑堤0.35千米，土方2.65万立方米。

第二节　水利建筑物配套建设

境内主要河道的桥、涵、闸等配套建筑物，大多兴建于20世纪60～70年代，主要由国家投资。90年代后，随着各级投资的增加，建设速度逐渐加快。1991年至2000年，共投入资金1407.79万元，修建配套建筑物51座。其中，投资244.59万元，新建王油坊公路桥、中沙海公路桥、定陈公路桥等39座桥梁；投资1163.2万元，修建邵堂节制闸、均张庄节制闸、均张庄分水闸、付楼尾水闸等12座水闸。2001年至2010年，共投入资金1621.85万元，修建配套建筑物22座。其中，投资784.97万元，修建桥梁7座；投资736万元，建节制闸6座；投资83.17万元，新建涵洞3座；投资17.71万元，维修加固涵洞6座。2011年至2015年，共投入资金3036.76万元，修建配套建筑物49座。其中，投资1841.36万元，修建桥梁30座；投资1195.4万元，新建维修水闸19座。至2015年，全县河道建筑物配套共投入资金6066.4万元，修建建筑物122座。其中，投资2870.92万元，新建、改建桥梁76座；投资100.88万元，新建、维修涵洞9座；投资2984.6万元，新建、改建节制闸37座。

▲ 吴河闸　（2012年 李春阳 摄）

▲ 东鱼河北支上的节制闸　（李斌 摄）

1991—2015年定陶县河道配套桥、闸统计表

表8-1-2

河道名称	工程名称	位置	结构形式及级别	孔数*跨度（米）	投资（万元）	兴建年份
三干沟	均张庄西桥	冉堌均张庄西	汽-6级石墩盖板	3*6	3.8	1995
	田海南桥	冉堌田海南	汽-6级石墩盖板	3*6	3.8	1995
	南冉公路桥	冉堌田海东	汽-6级排架桥	4*6.6	14.6	1995
	田海桥	冉堌田海北	汽-6级石墩盖板	3*6	3.8	1995
	藏庄桥	冉堌藏庄东	汽-6级石墩盖板	3*6	3.8	1995
	陈庄东桥	冉堌陈庄东	汽-6级石墩盖板	3*6	3.8	1995
	陈庄东南桥	冉堌陈庄东南	汽-6级石墩盖板	3*6	3.8	1995
	折桂集西桥	冉堌折桂集西	汽-6级石墩盖板	3*6	3.8	1995
	双庆路桥	冉堌单庄西南	汽-6级石墩盖板	1*8	3.7	1995
王油坊沟	王油坊西南桥	冉堌王油坊西南	汽-6级石墩盖板	3*6	4.2	1997
	王油坊公路桥	冉堌王油坊东南	汽-6级排架桥	4*6.6	14.6	1997
	崔张庄北桥	冉堌崔张庄北	汽-6级石拱桥	1*8	3.7	1997
	崔张庄东桥	冉堌崔张庄东北	汽-6级石拱桥	1*8	3.7	1997
	周菜园西桥	冉堌周菜园西北	汽-6级石拱桥	1*8	3.7	1997
	周菜园北桥	冉堌周菜园北	汽-6级石拱桥	1*8	3.7	1997
	天官堂桥	冉堌天官堂南	汽-6级石拱桥	1*8	3.7	1997
	王先庄桥	冉堌王先庄西	汽-6级石拱桥	1*8	3.7	1997
	郭邓楼桥	冉堌郭邓楼南	汽-6级石拱桥	1*8	3.7	1997
	东李庄桥	冉堌东李庄东	汽-6级石拱桥	1*8	3.7	1997
南干渠	罗庄桥	陈集镇罗庄北西	汽-6级石墩盖板	3*6	3.8	1997
	施庄桥	陈集镇施庄南	汽-6级石墩盖板	3*6	3.8	1997
	后李家庙桥	陈集镇后李家庙北	汽-6级石拱桥	1*8	3.7	1997
	定陈公路桥	陈集南门	汽-6级石墩盖板	1*8	18.6	1997
立新沟	姚堂桥	马集镇姚堂南	汽-6级石墩盖板	3*6	3.8	1997
	郭油坊桥	马集镇郭油坊南	汽-6级石墩盖板	3*6	3.8	1997
洙水河	中沙海公路桥	陈集中沙海东	汽-20级公路桥	4*10	62.5	1997
桶子河	桶子河桥	陈集桶子河村中	汽-6级石拱桥	1*8	4.3	1998
王油坊沟	王油坊西桥	冉堌王油坊西	汽-6级石墩盖板	1*8	3.65	1998
	苗楼桥	冉堌苗楼东南	汽-6级石墩盖板	1*8	3.65	1998

续表8-1-2

河道名称	工程名称	位置	结构形式及级别	孔数*跨度（米）	投资（万元）	兴建年份
立新沟	前范桥	马集前范南	汽-6级石拱桥	1*8	3.65	1998
	后范桥	马集后范南	汽-6级石拱桥	1*8	3.65	1998
	朱庄桥	马集朱庄南	汽-6级石墩盖板	3*6	3.8	1998
	郭庄桥	马集郭庄南	汽-6级石墩盖板	3*6	3.8	1998
三干沟	折桂集桥	冉堌折桂集北	汽-6级石墩盖板（斜）	3*6	6.3	1998
南干渠	李曰庄桥	半堤乡李曰庄北	汽-6级石墩盖板	3*6	3.62	1999
	薛庄北桥	半堤乡薛庄北	汽-6级石墩盖板	3*6	3.62	1999
	薛庄东北桥	半堤乡薛庄东北	汽-6级石拱桥	1*8	3.75	1999
	中程桥	孟海中程北	汽-6级石拱桥	1*8	3.75	1999
	宁庄桥	孟海宁庄南	汽-6级石墩盖板	1*8	3.75	1999
古柳河	田楼排架桥	南王店田楼南	汽-6级排架（改建）	4*6	4.9	2002
南干渠	半堤公路涵桥	半堤乡半堤南	汽-20级石墩盖板	1*2.8	12.6	2002
菏曹运河	兴陶桥	县城西关兴华路西头	公路-Ⅱ级	1*28	210	2003
定陶新河	丰庄桥	南王店丰庄	公路-Ⅱ级	5*13	66.98	2005
	新河桥	青年路定陶新河	公路-Ⅱ级	1*26	180	2005
东鱼河南支	晁新庄桥	南王店镇晁新庄南	公路-Ⅱ级	6*13	150	2010
	郑庄桥	冉堌镇郑庄南	公路-Ⅱ级	6*13	160.49	2010
菏曹运河	程庄桥	南王店程庄村东	汽-6级	5*8	28.5	2011
	张庄桥	南王店张庄村东	汽-6级	6*6.6	16.9	2011
古柳河	水庙桥	南王店水庙村南	汽-6级	5*6.6	13.8	2011
柳林河	孙桥桥	孟海镇孙桥村南	汽-6级	5*6.6	13.8	2011
木河	朱庄桥	孟海镇朱庄村北	汽-6级	5*6.6	15	2011
南渠河	潘庄桥	天中街道潘庄村南	汽-6级	6*6.6	17.2	2011
南坡河	张坡楼桥	冉堌镇张坡楼村南	汽-6级	6*6.6	16.8	2011
	郝庄桥	冉堌镇郝庄村南	汽-6级	5*8	14.9	2011
菏曹运河	建华桥	建华路与菏曹运河交叉处	城市-B级	3*20	375.8	2012
二坡河	王庄砦桥	南王店王庄砦村南	汽-6级	5*6.6	19.7	2012
南渠河	北张庄桥	黄店镇北张庄村西	公路-Ⅱ级	4*8	58.9	2013
	司庄桥	黄店镇新司庄村南	公路-Ⅱ级	5*8	73.2	2013

续表8-1-2

河道名称	工程名称	位置	结构形式及级别	孔数*跨度（米）	投资（万元）	兴建年份
南渠河	观堂桥	天中街道观堂村西	公路—Ⅱ级	5*8	71.1	2013
	王庙桥	天中街道王庙村西	公路—Ⅱ级	5*8	72.4	2013
	魏胡同桥	天中街道魏胡同村西	公路—Ⅱ级	5*8	72.4	2013
	大坞集桥	黄店镇大坞集村北	公路—Ⅱ级	5*8	71.9	2013
南坡河	马集南桥	马集镇马集村南	公路—Ⅱ级	3*8	47	2013
	大李桥	南王店镇大李村南	公路—Ⅱ级	5*8	68.6	2013
	十里铺桥	南王店镇十里铺村南	公路—Ⅱ级	4*8	56.5	2013
	许庄桥	南王店镇许庄村南	公路—Ⅱ级	4*8	56.5	2013
	王双庙桥	冉堌镇王双庙村南	公路—Ⅱ级	5*8	65.8	2013
	曹楼桥	冉堌镇曹楼村南	公路—Ⅱ级	5*8	65.8	2013
	王堌墩桥	冉堌镇王堌墩村北	公路—Ⅱ级	5*8	65.8	2013
	朱楼桥	冉堌镇朱楼村北	公路—Ⅱ级	6*8	85.1	2013
	张庄桥	冉堌镇张庄村南	公路—Ⅱ级	6*8	85.1	2013
	混元庙桥	冉堌镇混元庙村南	公路—Ⅱ级	5*8	65.8	2013
店子河	王洪庄桥	仿山镇王洪庄村西	公路—Ⅱ级	4*8	56.88	2015
	大王庄桥	仿山镇大王庄村东	公路—Ⅱ级	5*8	57.1	2015
	大赵庄桥	马集镇大赵家村南	公路—Ⅱ级	5*8	56.2	2015
	蔡庄桥	仿山镇蔡庄村南	公路—Ⅱ级	5*8	56.88	2015
东鱼河北支	邵堂节制闸	仿山镇邵堂寨外东北	钢筋砼开敞式	10*5	278.2	—
东鱼河	均张庄节制闸	冉堌镇均张庄东	钢筋砼开敞式	11*8	720	—
三干沟	均张庄分水闸	冉堌均张庄西	开敞式砌石结构	3*3.2	42.1	—
王油坊沟	王油坊分水闸	冉堌王油坊西北	开敞式砌石结构	1*4	16.8	—
	后苗楼闸	冉堌后苗楼北	开敞式砌石结构	1*3	9.8	—
常店沟	常店沟分水闸	陈集后桶子河北	开敞式砌石结构	2*2.5	14.6	—
南坡河	郝庄分水闸（南）	冉堌郝庄南	开敞式砌石结构	1*2.2	5.2	—
	郝庄分水闸（北）	冉堌郝庄南	开敞式砌石结构	1*2.2	6.7	—
王油坊沟	陈洼尾水闸	冉堌陈洼东	开敞式砌石结构	1*2.2	8.2	—
三干沟	付楼尾水闸	黄店镇付楼东	开敞式砌石结构	3*3.2	37.8	—
南干渠	吕楼尾水闸	孟海吕楼西	开敞式砌石结构	1*2.5	9.6	—

续表8-1-2

河道名称	工程名称	位置	结构形式及级别	孔数*跨度（米）	投资（万元）	兴建年份
南干渠	大徐节制闸	半堤乡大徐庄北	开敞式砌石结构	1*4	14.2	—
定陶新河	吴河闸	天中街道吴河村南	钢筋砼开敞式	8*4	518.8	—
南干渠	黄庄闸	孟海黄庄南	开敞式砌石结构	1*3	6.7	—
河槽运河	董庄节制闸	仿山镇董庄村东	开敞式砌石结构	3*2.8	62	—
南干渠	李庙节制闸	陈集镇东李庙	开敞式砌石结构	1*3	25	—
七里河	谢庄闸	杜堂乡谢庄西	开敞式砌石结构	1*3.5	13.5	—
定陶新河	郝庄节制闸	杜堂乡郝庄东	开敞式砌石结构	4*3	110	—
四级河网	桑庄节制闸	滨河街道桑庄村西	开敞式砌石结构	3*3	57.3	—
氾阳河	何楼节制闸	仿山镇何楼村西	开敞式砌石结构	1*3	12	—
定陶新河	孔莲坑节制闸	滨河街道孔莲坑南	开敞式砌石结构	4*3	60	—
店子河	吴登庙尾水闸	仿山镇吴登庙西	开敞式砌石结构	4*2.5	116.3	—
古柳河	五里墩节制闸	南王店镇五里墩西	开敞式砌石结构	1*3	15	—
二坡河	张董集闸	南王店镇张董集南	开敞式砌石结构	3*3	76.4	—
南渠河	吴庄闸	黄店镇吴庄村东北	钢筋砼开敞式	4*3.8	55.9	—
	曹口闸	天中街道曹口东南	钢筋砼开敞式	3*3.8	44.4	—
	大坞集闸	黄店镇大坞集村东北	钢筋砼开敞式	5*3.8	35.6	—
	郑庄闸	天中街道郑庄北	钢筋砼开敞式	3*4	125.7	—
南坡河	高庄闸	冉堌镇高庄西北	开敞式砌砖结构	5*1.9	27.4	—
	郝庄闸	冉堌镇郝庄西北	钢筋砼开敞式	8*2	29.4	—
	石马闸	南王店镇石马庄南	开敞式砌石结构	3*3.8	37.8	—
柳林河	白屯节制闸	孟海镇白屯村东南	开敞式砌石结构	3*3	94.6	—
	冯潘寺闸	半堤冯潘寺村西	井桩	3*3	21.8	—
	陈洼闸	陈集镇陈洼村东	井桩	3*3	20.1	—
店子河	大赵家闸	马集镇大赵家西南	开敞式砌石结构	4*3	100	—
	赵官府闸	马集镇赵官府村北	开敞式砌石结构	3*3	113.1	—
	周楼节制闸	仿山镇周楼东	开敞式砌石结构	5*3.5	152.6	—
	孔庄节制闸	马集镇孔庄村西	开敞式砌石结构	5*3	154.6	—

定陶县河道配套涵洞统计表

表8-1-3

工程名称	孔数（孔）	工程量			投资（万元）	兴建年份	备注
		土方（立方米）	混凝土（立方米）	砌体（立方米）			
东鱼河崔张庄涵洞	1	1082	—	102.4	2.25	2004	维修
东鱼河张庄涵洞	1	1620	—	159.6	4.1	2004	加固
东鱼河张楼涵洞	1	1050	—	126	3.2	2004	接长
东鱼河郝庄涵洞	1	800	—	41.2	1.8	2004	维修
东鱼河王庄砦涵洞	1	2560	—	130	3.8	2004	维修
东鱼河解庄涵洞	1	1140	—	85	2.56	2004	维修
东鱼河南支邵楼涵洞	1*2.5	5212	24.16	614.8	28.17	2010	新建
东鱼河南支李庄涵洞	1*2.5	5273	24.16	614.8	27.5	2010	新建
东鱼河南支晁新庄涵洞	1*2.5	5176	24.16	614.8	27.5	2010	新建

第三节 水库建设

刘楼水库 刘楼水库距定陶县城西南1.5千米，库址东临菏曹运河和临商公路，南临定马公路。工程利用路菜园分水闸从东鱼河引黄河水，经过南坡河和菏曹运河输水至库区。库底高程40.70米，设计蓄水深11.0米，设计蓄水位51.70米，围坝轴线长5.05千米。东围坝段修建入库泵站，北围坝段修建出库泵站。2012年10月，山东省水利厅以鲁水建字〔2012〕308号文批复定陶县刘楼水库工程建设管理处为项目法人，明确了法人代表。建设管理处下设工程科、质量检测科、占迁保卫科、财务科、后勤保障科5个科室，项目法人全面负责刘楼水库的建设工作。2015年5月26日正式开工，共土方开挖820万立方米，土方回填50万立方米，砌石工程6.22万立方米，混凝土及钢筋混凝土6万立方米，防渗墙9.1万平方米，水泥土搅拌桩5000米。

▲ 刘楼水库施工现场

工程建设期水土流失防治措施体系由工程措施、植物措施和临时措施构成。其中，工程措施主要为施工后期绿化用地土地整治措施，共整平土地53.3公顷，整平搬运土方40万立方米；植物措施主要包括草皮护坡、林木绿化、管理设施的绿化美化措施等，共栽植林木5000多棵，草皮护坡33.3公顷；临时措施主要包括设置临时排水沟、编织袋装土防护等。工程项目完工后的剩余弃土，约300万立方米运至水库附近的景店窑厂和马集窑厂填埋废弃窑坑用于造地；约200万立方米用于南外环、西外环及其他规划道路路基回填；其余土方运至水库西北侧弃土区，用于生态园建设。积水采用排水明沟和集水井等措施配合潜水泵抽排至菏曹运河中。

仿山水库　定陶县仿山水库位于定陶县仿山镇仿山河上。1998年3月开工，1999年11月竣工，属小（一）型平原水库，设计库容155万立方米，调节库容139万立方米，死水位43.0米，死库容16万立方米，设计蓄水位48.0米，年供水量263万立方米，设计灌溉面积1000公顷，水库面积0.32平方千米。

库区移民安置　移民　仿山水库建设搬迁仿山镇仿山村，搬迁住户112户，人口390人，搬迁住房466间，住房多为土木结构，部分为砖木结构，淹没土地30公顷。

刘楼水库工程影响区内的搬迁户，移民搬迁31户，113人。工程占迁涉及到天中街道的玉皇庙、耿赵庄、八大寨、西城社区4个村和马集镇的谷胡同、大刘楼2个村。工程永久占地141.1公顷，其中，耕地132.5公顷，建设用地8.6公顷；共需拆除各类房屋共5664.67立方米，其中，砖混结构房屋3881.83平方米，砖瓦结构房屋137.55平方米，土木结构房屋21.5平方米，简易房1623.79平方米，门楼24座，院墙811米，厕所35座，畜禽舍134平方米，水泥地面390平方米，手压井29眼，自来水14户，电话35部，有线电视24户。

安置　2010年开始，对仿山库区移民实行扶持政策。至2015年，山东省水利厅6次共投入仿山水库库区移民扶助资金70.7万元，共疏浚沟渠2910米，建生产桥（净跨3米，宽5米的砌石拱桥）5座，更换变压器1台，农村改厕13处，新打机井4眼，安装自来水122户，村庄治理1处（修建下水道等）。

对刘楼库区移民进行生产安置的基本原则是确保移民有一份口粮田。征地后，所剩土地不满足环境容量要求的八大寨村和西城社区2个村，对失地村民进行一次性货币补偿，享受农村低保；征地后，所剩土地满足环境容量要求的玉皇庙村、耿赵庄村、谷胡同村、大刘楼村等4个村，采取村内调整土地方式进行生产安置，对减少土地村民进行货币补偿。按照鲁价费发〔2013〕13号文对其原有房屋进行补偿，并在定陶县农茂小区进行集中安置。根据工程影响区的实际情况，本次安置区位置是经过充分征求地方政府和移民意见的基础上确定，移民对居住楼房表示认可，对安置区表示满意。2015年，在修建刘楼水库过程中，由定陶县刘楼水库建设指挥部组织县财政局、审计局、房产局、水务局及天中街道办事处、马集镇政府会同山东省淮河流域水利管理局规划设计院，对水库工程建设征地及影响实物进行复核、公示，并得到户主（或权属单位）和相关镇村的支持。

第四节　出工协作工程

洙赵新河治理　1993年，菏泽地区统一组织治理洙赵新河。定陶县组织全县17个乡镇（一千王、邓集进行内河施工）5万多民工赴菏泽施工，完成工段长11550米，土方129万立方米，工日118万个。10月28日开工，12月18日竣工。

2008年，经市政府批准，对洙赵新河淤积较为严重的地段（安兴闸至海头闸段，桩号88+013—131+281）进行开挖疏浚，并对其主要支流渔沃河、高庄沟、马河等3条支流入口处削坡，削坡总长度6.1千米。定陶县施工段下起黄罡镇宋堂桥，上止小留镇菏鄄公路桥，主要处于牡丹区黄罡、刘寨乡和小留镇3乡镇交界处，长3.6千米。10月10日全线开工，投入机械312台套，其中，挖掘机32台，推土机13台，铲运机3台，各类运土机械245辆，排水机械19台套。10月16日竣工。完成清淤土方22.5万立方米，完成投资169.9万元，通过市指挥部验收，单元工程优良品率83.3%，达到优良工程等级。

2014年冬，再次对洙赵新河清淤治理，同时进行复堤和建筑物配套建设。定陶县施工段位于郓城县唐庙镇，工程计划清淤治理河道3430米，清淤土方62.7万立方米，工程完成投资819.9万元。11月2日开工，投入机械220台套，其中，挖掘机37台，推土机6台，小型自卸车143台，排水机械34台，工程于2015年1月22日完工。

其他协作工程　1991年，菏泽地区组织对东明县谢寨一干渠拓宽并筑沉沙池工程，定陶县组织全县17处乡镇出工2.2万人，11月11日至27日，共完成工程长度11.95千米，完成土方70万立方米，工日28万个。

1994年，菏泽地区统一组织分配定陶外线工程包括东明谢寨引水渠、一干渠和沉沙池3项工程，总土方56万立方米，工日36万个。

1999年11月，菏泽地区分配给定陶县对东明县谢寨一干渠引水工程清淤任务，上起黄河闭沙闸，下至东明县刘楼乡王许庄村南，长2.5千米，土方2.16万立方米，采用机械化施工，历时1月完成。

第二章　农田水利建设

20世纪90年代始，全县开展以增打机井、修复旧井、机井配套、开挖沟渠、整修渠道、河沟清淤为重点的农田水利基本建设。1991年，全县疏挖沟道595条，长920千米，配套建筑物400座；新打机井631眼，淘洗旧井700眼，全县有效灌溉面积3.82万公顷，占全县耕地面积的78.1%。1992年后，境内连年遭受多种自然灾害，干旱持续时间长，受害面积大。县委、县政府制定“统一规划、集中会战、轮流治理、逐年找平”的河道治理规划，治理曹西北流域，疏浚引黄送水河道。按照“以井保丰，以河补源”的原则，开展以机井建设为中心的农田水利建设。至2009年，全县累计开挖整修沟渠2350条，长3735千米，完成土石方1607万立方米，新建修复建筑物2101座，新打机井10984眼，淘洗旧井8146眼，新配套机井9720眼，配套机井总数11170眼。2010年至2015年，分别利用各类项目资金6324.79万元，完成清淤沟渠106条，250.78千米，完成土方400.41万立方米；配套建筑物1182座，新打机井1610眼，维修旧井219眼，配套1468眼。进入21世纪以后，以排、灌、路、林相结合的农田水利基本建设趋于完善，机井灌溉、引黄灌溉、节水灌溉等相结合的灌溉体系逐步形成。2015年，全县有效灌溉面积4.21万公顷。

第一节　机井建设

1991年，定陶新打机井631眼，年底机井数量9534眼，其中，配套9243眼。此后，定陶县新打机井逐年递增。2001年以后，随着农田水利建设的发展，深沟远引小机群引河灌溉有较大发展，

▲ 打井作业　(2011 年摄)

机井建设的步伐有所变缓。2002年至2008年，机井保有量有增有减，至2008年底，全县机井灌溉面积有所缩减。2010年以后，由于用水部门增多，生态河道需水量的增加，引河灌溉水源受到制约，节水灌溉提上议事日程，定陶开始发展低压pvc管道节水灌溉，机井建设逐步加大，新打机井逐年增加。

1991—2015年定陶县机井统计表

表8-2-1

年份	年末机井总量（眼）	配套（眼）	机井灌溉面积（公顷）	年份	年末机井总量（眼）	配套（眼）	机井灌溉面积（公顷）
1991	9534	9243	27580	2004	11864	10940	31750
1992	11898	10889	28760	2005	11871	10947	31770
1993	12394	9626	34730	2006	11884	10960	31800
1994	12624	11416	33740	2007	11974	11050	32050
1995	12628	11450	33800	2008	11976	11052	32050
1996	12645	11502	33950	2009	12094	11170	32370
1997	13405	12137	34890	2010	12233	11364	32740
1998	13095	11840	34420	2011	12494	11520	33440
1999	13104	11886	34460	2012	12610	11636	33750
2000	12895	11861	34500	2013	13024	10856	34860
2001	13152	12118	35200	2014	13119	11215	35110
2002	12984	11982	34750	2015	13415	11531	36070
2003	11879	10955	31800	—	—	—	—

第二节　扬水站建设

扬水站　1991年，全县正常运行扬水站有赵坤寨、路菜园2处，灌溉面积400公顷。之后，直到2004年没有扬水站新建项目，原有扬水站下放乡（镇）、村、生产队管理经营，因管理不善，大部分扬水站废弃闲置、毁坏，机泵丢失、报废。2005年，在冉堌镇邵楼北东鱼河上新建扬水站1座，设计灌溉面积200公顷。2009年，在孟海镇许楼、侯楼东鱼河北支上新建2座扬水站，设计面积333.3公顷。2015年，县内原有35处扬水站中，只有5处站基本保存完好，偶尔使用的有赵坤寨、路菜园2处扬水站。

小机组泵站　2010年以后，随着水利资金

▲ 农田灌溉泵站　（2014年摄）

投入的加大，结合农业生产实际，小机组泵站迅速发展，每座泵站安装2～4台泵，每台泵独立工作，每台泵装机功率7.5千瓦，控制灌溉面积13公顷～20公顷，方便管理和运行。至2015年，共发展泵站123座，控制灌溉面积5246.7公顷，由定陶县润田灌溉服务中心管理，运行良好。

第三节　引黄工程

1991年以后，定陶县实施平原河道梯级建闸方案，提高工程引水灌溉效益。随着引黄水量的增加，骨干输水工程淤积加剧。为充分发挥黄河客水的灌溉效益，提高黄河客水利用率。定陶县对东鱼河水系的胜利沟、纸坊沟、立新沟、菏曹运河、三干沟、王油坊沟、东鱼河北支水系的南干渠等7条骨干引黄输水工程进行多次疏浚治理，7条引黄输水工程的总引黄量80立方米/秒。至2015年，通过建筑物配套和配套工程实施，基本实施对黄河客水的梯级开发利用，实施井渠结合灌溉面积85%以上，引黄灌溉面积43540公顷，全县基本形成“西挖、中截、东拦”的格局。

第四节　节水工程

20世纪80年代，定陶县开始发展节水灌溉。至1990年，全县节水灌溉面积1.33万公顷。

低压管道灌溉　1991年以前，低压管道灌溉面积1000公顷。1991年，定陶县先后引进黄淮海开发资金120万元，在陈集镇陈集村、七一村、八一村3个行政村建低压管道灌溉示范区，控制灌溉面积533.33公顷。1992年，东王店乡石庄村实施低压管道灌溉133.33公顷。1993年，东王店乡李王庄和石庄行政村又分别实施低压管道灌溉66.7公顷。1998年，马集乡袁堂行政村，实施低压管道灌溉110公顷；南王店丰庄、沈庄2个行政村实施灌溉40公顷；东王店孔朱庄实施灌溉33.33公顷，当年，共实施低压管道灌溉183.33公顷。1999年，在黄店镇周海行政村、黄东行政村和姑庵乡耿楼行政村实施低压管道灌溉总面积86.66公顷。至2000年，全县新增低压管道节水灌溉面积1103.33公顷。2001年至2005年，全县低压管道灌溉发展放缓。2006年，在马集镇朱楼村和白菜王庄实施低压管道节水灌溉200公顷，投资100万元。2007年，在陈集镇中沙海行政村实施低压管道节水灌溉333.33公顷，投资140万元。2008年，利用农业综合开发资金965万元，在黄店镇张楼、牛楼，冉堌镇洪寺刘、三义集4个行政村实施低压管道灌溉面积666.67公顷；在仿山镇邓集、西李2个行政村实施低压管道节水面积200公顷，投资100万元。2009年，利用第四批扩大内需中央预算内资金300万元在冉堌镇陈楼、陈庄、折桂集、孙庄4个行政村发展低压管道灌溉面积500公顷。至2010年，共新增低压管道节水灌溉面积1166.7公顷。2010年以后，国家对农村水利基础设施加大投资，低压管道灌溉发展加快。陈集、杜堂2乡镇投资2500万元，发展高标准农田示范工程1866.7公顷，全部为低压管道灌溉。2011年，在均张庄灌区发展低压管道灌溉节水面积300公顷，投资259.33万元。2010年至2012年，利用现代小麦产业项目专项资金8573.8万元在仿山、陈集、半堤3镇发展低压管灌6000公顷。2013年至2014年，仿山镇发展低压管灌3500公顷，完成投资5609.88万元；另利用国家财政土地出让资金400万元在马集镇梁堂、袁堂2个行政村实施低压节水灌溉266.67公顷。2015年，利用小农水专项资金2780.5万

▲　农田节水灌溉工程施工　　（2011年摄）

元在马集镇发展低压管道灌溉1720公顷。至2015年年底，全县低压管灌面积1.69万公顷，其中，1991年至2015年新增低压管道灌溉面积1.67万公顷。定陶县水务局成立润田灌溉服务中心，统一管理利用小农水专项资金建设的项目。

▲ 仿山现代小麦产业项目 （2011年摄）

地上防渗渠灌溉 定陶县地上防渗渠按灌溉方式可分为扬水站防渗渠和机井防渗渠，按其结构形式又可分为U型、梯形和矩形，过水流量最大2.5立方米/小时。至1990年，全县有地上防渗渠165条，长283千米，配套各建筑物1543座，控制灌溉面积6666.7公顷。1991年，对马集赵坤寨扬水站实施渠系防渗建筑物配套，发展渠系防渗灌溉面积800公顷。1992年，分别对南王店路菜园扬水站和定陶镇北付庄扬水站进行防渗渠延伸、配套，发展防渗渠灌溉面积1033.33公顷。其中，路菜园村800公顷，北付庄村233.33公顷。1993年，对马集赵坤寨扬水站进行防渗渠延伸，扩大灌溉面积100公顷。1993年后，由于管理措施跟不上时代要求，地上防渗渠节水灌溉基本没有发展。

喷灌、滴管引进推广 1991年，定陶县发展喷灌面积566.67公顷。1998年，县水利局在马集镇袁堂行政村、西刘楼行政村进行30公顷半固定式喷灌试点。同年，又在南王店沈庄行政村宗庄和东王店孔朱庄发展半固定式喷灌63.33公顷，其中，宗庄43.33公顷，孔朱庄20公顷。1999年，在姑庵乡辛店村发展移动式喷灌28公顷，黄店镇阎楼行政村发展半固定式喷灌30公顷。2011年，县水务局在陈集镇中沙海行政村发展卷盘式移动喷灌21.33公顷。2012年，在陈集镇陈集行政村发展半固定式喷灌40公顷。至2015年底，全县喷灌面积779.33公顷。

1997年，开始引进推广蔬菜大棚膜下滴管技术。1998年，县水利局在马集镇白菜王庄7公顷蔬菜基地86个蔬菜大棚进行微机自动控制膜下滴管试点，取得较好社会、经济效益，综合技术达到国内先进水平。获得省水利厅科技进步二等奖。2015年，利用小农水专项资金203.3万元，对马集镇白菜王庄蔬菜基地进行提升改造和扩大规模，实施面积66.7公顷共475个蔬菜大棚，采用内镶式滴头对蔬菜膜下滴管，采用恒压变频和IC射频器控制新技术，取得良好经济效益。

第五节 水土保持

水土流失状况 1985年，全县水土流失面积2.18万公顷，其中，轻度流失9920公顷，中度流失1.02万公顷，强度流失1667公顷。强度流失主要分布在原一千王乡的沙山寺、苏家、东村、西村4个行政村，半堤乡的大常庄、王土楼也属于强度流失。其他乡镇有大小不等的零星分布。后经多年治理，全县水土流失状况发生明显变化，呈现出微度流失面积增加，轻度、中度及强度流失面积逐渐减少的趋势。2009年，全县水土流失面积1.53万公顷，其中，轻度流失1.03万公顷，中度流失5000公顷。经过治理，至2015年，定陶水土流失面积1.05万公顷，其中，轻度流失7000公顷，中度流失3500公顷。

水土保持 20世纪90年代，定陶采取生物措施、工程措施和农业措施相结合的办法，对水土流失进行综合治理，以水利部门为主，其他部门如农业、林业、国土部门进行一些生态治理，群众在各自地块上也种植一些水土保持林木。水利部门利用上级资金治理的项目有：1990年至1994年，治理游集、杜堂、姑庵、黄店、东王店5个片区，治理面积2200公顷，总投资13万元；1995年至1999年，共治理姑庵、力本屯2个片区，治理面积400公顷，总投资12万元；2000年至2004年，共治理张湾、陈集、黄店3个片区，治理面积1350公顷，总投资60万元；2005年至2009年，共治理半堤、孟海、陈集3个片区，治理面积970公顷，总投资130.66万元；2010年至2015年，共治理半堤、孟海、马集3个片区，治理面积1850公顷，总投资703万元。定陶林业、农业、国土部门和群众自筹资金500万元，治理面积2500公顷。经过多方治理，定陶水土流失情况基本得到控制，治理前定陶县水土流失模数是1456吨／平方千米·年，治理后水土流失模数是800吨／平方千米·年。

第三章　农村饮水工程建设

第一节　农村饮水状况

定陶县人畜饮水困难属历史遗留问题。定陶县地质为第四经地层，其上层由于黄河泛滥、冲刷、淤积，形成厚薄不一的黄河冲积层，岩性疏松，层理分明，粉细砂及裂隙土为主要含水层。地下水补给源主要为大气降水，其次为引黄补源和灌溉回归水。由于特殊的地理位置和地质条件，定陶县境内基本没有可饮用浅层淡水资源，经水质化验分析，占总面积65%的区域浅层水的矿化度在2克～4克/升，小于2克/升的仅为25%左右，大于4克/升的占10%以上。定陶县境内深层淡水资源分布不均，经过水文勘测和现有成井资料分析，定陶县深层淡水资源一般埋深在350米～500米左右。定陶县属暖温带季风区，河流补给主要靠大气降水，均属季节性河流。受气候和地理条件影响，水资源时空变化比较复杂，表现出明显的季节性特点。全县水利工程设施灌溉工程配套差，建筑物老化严重，标准低。拦蓄地表水工程不足，调蓄能力较差。工程的总体质量、设备水平不高，管理水平、手段较落后。全县年降水和蒸发的年内、年际分配不均，形成“春旱秋涝、涝后又旱、旱涝交替”的气候特点。随着工农业的发展，工业废水排放量、农药化肥使用量大量增加，水资源遭受到不同程度的污染；由于工业废水利用率低，城区、城郊多数坑塘、河沟的水质有机污染为V级。另外，定陶新河等由于长期排放工业及生活污水，河中水质及沿线地下水质均受到不同程度的污染。经对定陶县地下水质分析化验，定陶县浅层地下水水质受到不同程度的污染，其化学类型主要为碳酸盐类，占总面积的43.6%，硫酸盐类占36.2%，氯化物盐类占20.2%，ph值在6.6～7.8之间。定陶县农村安全饮水状况一直不容乐观。至2004年底，全县建成单村浅井农村自来水工程36处，日供水能力1.08万立方米，解决9个乡镇，61个自然村4.66万人的吃水困难和6120头牲畜的饮水问题。有983个自然村49.66万人未能用上自来水。其中，饮水不安全人口29.06万人，涉及11个乡镇576个自然村。至2009年，全县建成农村安全饮水工程7处，解决7个乡镇116个自然村8.06万人的农村安全饮水问题。2015年，批复实施饮水安全工程总投资7896万元，解决张湾、冉堌、天中等8个镇（街）280个村庄及11所学校23万人的农村饮水安全。

第二节　改水工程建设

1991年以前，定陶改水工程是结合兴建水利工程以及除氟改水工程来解决。至2004年，定陶县农村自来水工程建设经历了2个阶段：2000年以前，以乡镇供水为主，共建成农村供水工程23处，受益人口2.25万人，工程总投资536.32万元。2001年至2004年，以解决人畜饮水困难为主，建成集中供水工程40处，解决3.63万人的吃水困难，工程总投资844.19万元，其中，利用国债资金287.33万元，配套自筹556.86万元。

2005年，定陶县政府编制《定陶县村村通自来水工程规划报告》启动村村通自来水工程。贯彻“农村供水城市化，城乡供水一体化”战略；坚持“规模化发展、标准化建设、市场化运作、企业化经营、专业化管理”的五化方针；采取“上级专项资金、市场融资、受益群众投资投劳”三位一体的多元化筹资渠道；本着“突出重点，统一安排，先易后难，逐步实施”的原则，分批分期建设农村自来水工程。新建5处乡镇供水工程，涉及村庄126个，人口8.05万人。2006年，新建5处农村自来水工程，工程涉及村庄129个，人口8.01万人。2007年，新建农村自来水工程15处，涉及132个自然村，人口7.92万人。2008年，全县农村饮水安全工程项目总投资1173.38万元，其中，国家预算内专项资金90万元，省财政配套257万元，市县配套196万元，群众自筹及市场融资630.38万元，共解决3个乡镇87个村3.65万人的饮水安全问题。2009年，全县农村新增饮水安全工程项目总投资770万元，其中，国家预算内专项资金260万元，省财政配套150万元，县配套及群众自筹360万元，共解决1个乡镇35个村1.58万人的饮水安全问题。

2013年，完成南王店、半堤镇46个行政村，7.26万人通自来水工程，新建集中供水工程4处，建设管网延伸工程4处，新打深井4眼，安装潜水电泵、除氟设备各4台，铺设供水管网1662.1千米，总投资3510.2万元。新建黄店集中供水工程1处，新打深井1眼，铺设PE供水管网1048千米，解决60个村庄3万人的农村安全饮水问题，工程计划总投资1485万元，其中，利用国家财政资金439万元，省财政资金366万元。至2015年，定陶县累计投资2.1亿元，共建设集中供水工程32处，解决12个镇、街道623个自然村、45.41万人的饮水安全问题。

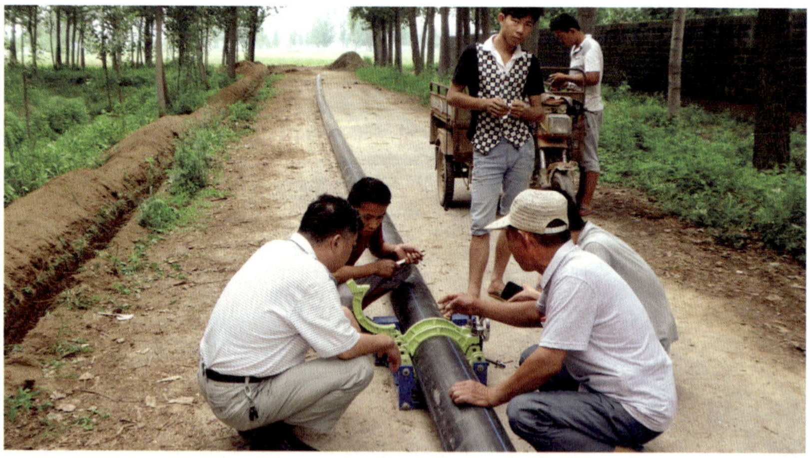

▲ 农村安全饮水工程施工　（2015年摄）

第四章　防汛抗旱

第一节　防汛抗旱指挥机构

1995年6月，县水利局设立防汛抗旱办公室，负责全县的防汛抗旱工作。1997年，成立定陶县人民政府防汛抗旱指挥部，由县长任指挥长，县水利、商业、物资、农业、林业、武装、公安、交通、电力、邮电、气象等部门负责人为成员，下设办公室；各乡镇成立防汛抗旱指挥部，乡镇长任指挥长；各行政村成立防汛抗旱领导小组。每年汛期，防汛办公室昼夜值班。全县各乡镇设雨量站，每次降雨后，上下传递水情，遇有大雨、暴雨发生涝灾，立即组织人员抢救。各级指挥部领导成员，汛期实行包河道、包险工责任制，明确责任，各负其责。每遇旱情，各级加强对抗旱工作的领导，召开动员会、现场会、电视电话会，部署组织抗旱。县委、县政府领导成员实行包乡镇责任制，带领工作队，深入乡镇和农村，组织带领群众进行抗旱斗争。2007年8月，成立定陶县人民政府防汛抗旱指挥部办公室，为正科级事业单位，由县水务局代管。

第二节　防　汛

1991年以后，县委、县政府贯彻“安全第一、常备不懈、以防为主、全力抢险”的防汛方针，每年汛期前召开全县防汛动员大会，部署防汛工作，与各乡镇（街道）、县直有关单位签订防汛目标责任书，落实分包工程责任制。县防汛抗旱指挥部修订完善《定陶县内河防洪预案》，成立防汛督导组、后勤保障组、防汛抢险技术服务队等，组织力量对全县度汛工程进行检查、抢修加固，疏挖河道。各乡镇、村组织抢险队伍，筹备防汛物资，做到“人员、物资、地点、任务”四落实。每逢汛期（每年的6、7、8、9月），县防汛抗旱指挥部办公室固定专人24小时值班，保证指挥通讯畅通，及时搜集传递雨情、汛情和天气预报信息，统一指挥调度全县的防汛工作。

2003年，遭受百年一遇的洪涝灾害，全县平均降雨量1173.88毫米，汛期延长至10月上旬。6月至10月上旬，全县平均降雨量993.03毫米，比多年同期降雨多60%。汛期降雨的主要特点是时间短、雨量大且降雨时间集中。全县11个乡镇受灾，受灾人口51.84万人，倒塌房屋1.77万间，农作物受灾面积4.4万公顷，其中，成灾面积3.35万公顷，重灾面积1.64万公顷，交通、通讯及水利设施也遭到不同程度的破坏，直接经济损失4.12亿元。面对严重灾情，县委、县政府成立领导小组，县防汛抗旱指挥部召开多次紧急会议指挥全县救灾工作，采取县领导包乡，乡领导包村，村领导包户的措施抗灾。及时疏通9条排涝骨干河道，组织群众疏挖田间排水沟渠1000多条，出动各种排水机械4.5万次台（套），搞好灾后重建和生产自救，使灾害降至最低限度。

2004年6月至9月上旬，全县平均降雨量809.94毫米，比多年同期降雨量多58%，降雨主要集中在7月中旬到8月下旬，全县11个乡镇受灾，受灾人口46.38万人，倒塌房屋1.27万间，农作物受灾面积3.65万公顷，其中，成灾面积2.99万公顷，重灾面积12.1千公顷，交通、通讯及水利设施遭到不同程度的破坏，直接经济损失2.93亿元。灾情发生后，县防汛指挥部组织抢险队伍迅速到达防汛救灾第一线，及时疏通8条排涝骨干河道，组织群众开挖田间沟渠，排除田间积水，减轻洪涝灾害损失。

2005年，全县平均降雨量896.7毫米，几次较强的降雨过程，历时长，强度大，农作物受灾面积2.4万公顷，其中，重灾面积0.56万公顷，损坏蔬菜大棚6514个，损坏房屋2896间，倒塌1236间，受灾人口22.7万人，损坏公路9.9千米，损坏桥涵61座，损坏机井295眼，直接经济损失1.62亿元，农业经济损失1.44亿元，县乡两级政府组织出动机械4200多台，疏通沟渠500多千米，排除田间积水4036公顷。

2006年7月，全县多次普降大雨，累计降雨量800毫米，2日至3日最为集中，降雨量260毫米。全县受灾人口16万人，3.7万公顷农作物受到不同程度的损失，成灾面积1.4万公顷，重灾面积1500公顷，倒塌房屋450间，损坏房屋2300间，被水围困村庄16个，围困人口13400人，损坏机井570眼，损坏输电、通讯线路24千米，损坏公路48千米，损坏桥涵230座，直接经济损失6860万元，其中，农业经济损失4500万元。灾情发生后，全县干部群众组织抢险队120多个，妥善安置转移灾民，开挖新抗洪排涝沟渠600多条，总长40多千米，疏通三沟370多条，除涝面积2.13万公顷。

至2015年，平均每年投入水利建设资金2000余万元，疏浚大中型河道25条，长400余千米，开挖治理小型河道和引排水沟260条，长600余千米，新建、改建大中型节制闸、引水闸42座，一次调蓄水能力1000余万立方米。

定陶县根据国家、集体和群众相结合的办法，本着筹而不集，用后付款的原则，落实防汛料物。按照“一天降水100毫米，连续两天不出现内涝”的具体要求，组织各乡镇、街道治理乡村沟渠。

第三节　抗　旱

1991年至2015年，境内几乎每年不同程度发生干旱。其中，2001年、2003年的旱情较严重。每遇旱情，县委、县政府都组织各乡镇（街道）和县直部门多方筹措资金，加大抗旱投入，加强水资源统一规划管理，推行科学用水，推广节水灌溉新技术，把干旱造成的损失降到最低限度。

2001年，全年降水量320.2毫米，比常年偏少近388.4毫米。从2月下旬至6月初，全县基本无有效降雨，加上地下水位下降，造成机井出水不足，全县4000余眼机井吊空1000眼，引黄灌溉难度增大，全县农业灌溉水源得不到保证。全县的农作物普遍受旱，其中，农作物受灾面积1.33万公顷，成灾面积2000公顷，重灾面积33.33公顷。县委、县政府采取“农业减产副业补，粮食减产蔬菜补，大田减产庭院补，种植业损失养殖业补”的补救措施。利用机井8000眼，机械2.3万台套，把灾情所造成的损失降到最低程度。挽回粮食损失3500万千克，挽回经济损失近5000多万元。

2002年10月至2003年6月，全县一直无有效降雨，降雨量仅218.2毫米，不及常年四成，冬旱连春旱，旱情不断发展，为定陶历史上罕见的大旱。加上河道引蓄水量严重不足，全县15条主要河流干枯95%以上，坑塘无蓄水，机电井出水不足的3600余眼，吊空1200余眼，分别占全县机井总量的46%和15.4%。6月，地温逐步升高，地表水蒸发量大，小麦返青、拔节、抽穗，需要大量水分。抗旱水源严重不足，全县干旱面积2.4万公顷，其中，受灾面积2.27万公顷，成灾面积8000公顷，白地缺墒2667公顷，粮食减产6000万千克，直接经济损失6000万元，经济作物直接损失2000多万元。236个村庄14万余人，4.5万头大牲畜饮水困难。县委、县政府抽调县、乡干部组成抗旱专业队支援抗旱，全县投入抗旱劳力20余万人，增打机井80眼，检修旧井150眼，并进行机井配套。有计划、有组织引水、配水、调水，保证抗旱用水。

1999年，全县投入抗旱劳力20万人次，利用机井0.8万眼，机动抗旱设备1万套，抗旱浇灌面积7067公顷。

2000年以后，为抵御旱灾，定陶县采取多项措施：疏浚开挖河道沟渠。加大引黄力度，加强农田基本建设，提高抗旱防汛设施标准，增打新井检修旧井，大力发展节水灌溉等，保障农业生产需要。2005年，清淤疏通河沟300余条，土方400余万立方米，修建配套涵闸200余座，新打机井1000眼，淘洗旧井300眼。2010年，清淤疏挖河道67.5千米，治理乡村沟渠76条317千米，新建配套建筑30座，铺设涵管600米，新打机井150眼，维修旧井180眼，年引黄8000万立方米。2015年，引黄9000万立方米，改造新建各类桥涵157座，新打机井436眼，发展节水灌溉1733.3公顷，顺利度过夏秋旱，确保全县粮食生产12年，连续丰产丰收。

▲ 抗旱施工现场　(2011年摄)

第五章　水务管理

第一节　水资源管理

1988年，《中华人民共和国水法》颁布实施后，全县对水资源实行统一规划，统一调度，统一发放取水许可证，统一征收水资源费，统一管理水质水量的“五统一”管理办法。1992年，编制《定陶县水长期供求计划》和《定陶县水资源开发利用现状调查报告》。2001年，开始征收水资源费，征收对象为全县范围内使用自备井的行政、企事业单位。2008年1月，县政府办公室印发《关于进一步加强水资源管理和水资源费征管工作的通知》。2013年8月，县政府印发《关于落实实行最严格水资源管理制度的实施意见》，至年底，对全县160余家规模以上企业进行排查、摸底、登记，完成45家取水企业自备井取水水表安装工作。2014年，追缴自来水公司2002年至2014年的水资源费270万元。至年底，全县水资源费征收330余万元。2015年，全年征收水资源费200万元。

第二节　农村供水工程管理

2006年5月，定陶县农村供水公司成立，辖邓庄、乔楼、游集、袁堂、西刘楼、蔡楼、冉堌集、王双楼、田集，耿楼、黄店集、牛楼、范店、何庄、力本屯、顺河集村16个农村供水管理站。至2015年底，有职工136人，村供水管理员375人，日供水2.5万吨。全县农村安全饮水工程累计完成投资2.1亿元，铺设输水管道950余千米，受益人口56万人。在农村供水管理上，定陶实行管理与建设同步走方式，按照“规模化发展，标准化建设，市场化运作，企业化经营，专业化管理”的原则，实行市场化运作、企业化经营，建立健全公司各项章程、制度，坚持保本微利的经营原则，解决管护经费，保障群众饮水安全。农村供水公司运行以来，社会反映良好，省水利厅领导多次来检查指导改水工作，并在全省推广定陶县的管理经验和模式，对定陶县的改水模式和管理成效给予肯定。同时，成立116涉水服务热线，各供水站成立供水应急服务保障队，及时做好抢修服务保障。

第三节　农田水利工程管理

定陶县润田灌溉服务中心成立于2011年3月，前身为县水务局抗旱服务大队，主要职能是对国有投资水利项目工程进行接管维护。服务中心实行公司化管理，采取中心＋服务站＋农户的管理模式。在职职工65人，下辖财务科、办公室、灌溉服务队、维修设备供应站等科室，下设仿山、陈集，杜堂3个农村灌溉服务站。有打井洗井设备4台，应急供水车10辆，移动灌溉设备16台，发电动力设备10台。2011年，润田灌溉服务中心先后接管冉堌均张庄节水灌区工程、2010年现代小麦产业项目工程，接管农业开发项目区灌溉面积4000公顷，2012年9733.33公顷，2015年年底1.4万公顷。

第四节　水利执法

1996年，定陶县水政监察大队成立，集执法管理、检查监督、取水许可审批、依法收费为一体，按照《中华人民共和国水法》《中华人民共和国水土保持法》《中华人民共和国河道管理条例》《山东省水资源管理条例》等有关规定，负责全县境域内的水行政执法工作。充分利用“3•22世界水日”“中国水周”，广泛宣传水资源与自然和人类生存，经济社会发展的重大关系，树立“保护水资源就是保护地球和人类生存发展”的观念，将有关水资源利用和执法的法律法规及会议、文件精神等装订成册，分送到各大企业负责人手中，人手一册。通过电视讲话，出动宣传车、散发宣传材料、召开企业座谈会、发放征求意见函、进企业征求意见、在电视台播放专题片等方式广泛宣传。在水行政管理执法中，坚持宣传教育在先、处罚在后的原则，开展水法宣传，严格执法，加强河道工程管理，重点对河道管理范围内建设项目及在河道管理范围内乱取土等情况进行巡查。至2015年，全县共查处各类违法取土案件85起。

▲　水政工作人员开展工作

第九编

林业

LIN YE

20世纪90年代，定陶县政府每年与各乡镇及单位签订任期绿化目标责任状，明确绿化任务，严格奖惩制度，林业发展加快。1994年开始，定陶县确定每年3月为林业法规宣传月。1998年以后，全县调整农业产业结构，重点建设高标准农田林网、绿色通道和城镇村庄绿化为主的平原绿化，初步形成片林、农田林网、绿化带、林带间作相结合的绿化防护体系。2000年以后，随着招商引资力度加大，全县林产品加工业迅速发展。2006年，县委、县政府出台优惠政策，加大资金投入，推动林业产业发展，新建一批大型木材加工企业。2010年以后，县委、县政府扶持苗木生产、绿化企业，引进、发展一批规模大、科技水平高、影响力大的苗木花卉生产企业。至2015年，定陶县林地总面积1.02万公顷，城市绿化率40%，森林覆盖率21.1%。

第一章　林业资源

第一节　林　地

定陶县林地总面积10202.46公顷。其中，有林地7753.81公顷，占林地总面积的76.00%；灌木林地82.44公顷，占林地总面积的0.81%，包括国家特别规定灌木林51.19公顷，其他灌木林31.25公顷；未成林地487.87公顷，占林地总面积的4.78%，全部是人工植苗造林；苗圃地1042.49公顷，占林地总面积的10.215%；无立木林地830.27公顷，占林地总面积的8.14%；宜林地5.09公顷，占林地总面积的0.05%；林业辅助生产用地0.49公顷，占林地总面积的0.005%。

2015年，定陶县城市绿化率40%，森林覆盖率21.1%。

▲ 城市绿化

第二节　林　种

在全部林地中，公益林地面积3609.63公顷，占林地面积的35.38%；商品林地面积6592.83公顷，占林地面积的64.62%。公益林全部为一般公益林地，其中，防护林面积3089.12公顷，占公益林地面积的85.58%；特用林面积75.08公顷，占公益林地面积的2.08%；其他林地面积445.43公顷，占公益林地面积的12.34%。

在商品林地中，重点商品林地面积3227.85公顷，占商品林地面积的48.96%；一般商品林地面积3364.98公顷，占商品林地面积的51.04%。用材林面积4315.67公顷，占商品林地面积的65.46%；经济林面积325.69公顷，占商品林地面积的4.94%；

▲ 防护林 （叶宏 摄）

其他林地面积1951.48公顷，占商品林地面积的29.60%。

第三节 树 种

定陶县属暖温带落叶阔叶林区，树种多为人工栽培。林木有52科95属157种266个品种。用材林、防护林主要树种有黑杨类、白杨类、泡桐、刺槐、国槐、旱柳等；经济树种有苹果、桃、梨、枣、葡萄、核桃、石榴、樱桃、木瓜、果桑等；绿化观赏林木主要树种有法桐、垂柳、白蜡、紫叶李、紫荆、海棠、樱花、大叶女贞、紫薇等。

第四节 林木蓄积量

1991年，定陶县林木蓄积量67.5万立方米。至2015年年底，全县林木总蓄积量为99.14万立方米，其中按森林类别分：重点商品林蓄积35.23万立方米，一般商品林蓄积21.96万立方米，一般公益林蓄积41.95万立方米；按林种分：防风固沙林蓄积0.40万立方米，风景林蓄积0.13万立方米，护岸林蓄积9.74万立方米，护路林蓄积4.15万立方米，名胜古迹和革命纪念林蓄积0.02万立方米，农田牧场防护林蓄积27.51万立方米，一般用材林蓄积57.19万立方米。

第五节 古树名木

全县有古树名木资源单株75株，其中，国槐29株、枣树22株、皂角5株、毛白杨4株、侧柏2株、圆柏1株、棠棣3株、合欢2株、榆树2株、瘤皮榆、刺槐、桑树、柿子各1株；古树群5处，分别是侧柏4处、核桃1处，大约160余株，古树名木资源有11个科15个属15个种。全县古树资源从年龄结构分析，按照国家分级标准分类，单株500年（国家一级）以上的4棵古树分别分布在滨河街道、张湾镇、冉堌镇、杜堂镇4个镇街。

▲ 杜堂镇裴河村皂角树 （李斌 摄）

定陶县部分古树名木状况一览表

表9-1-1

编号	树种	树龄（年）	树高（米）	胸径（厘米）	平均冠幅（米）	位置
38	侧柏	600	18.5	112.7	15	张湾镇一千王东
057	国槐	525	15.2	106.3	13	冉堌镇王先庄村
068	皂角	560	18.6	141.7	17	杜堂镇裴河村
080	枣树	530	6	38.8	5.7	滨河街道塔刘村

古树主要分布农村庭院、村旁、路旁。21株属农户个人所有，54株属农村集体所有，古树群5处。定陶虽然对古树名木资源的保护管理工作实施了一些较为得力的措施，但由于利益驱动，非法采伐、无证经营的现象时有发生；导致数量逐年减少，古树资源流失严重。

第二章 林业生产

第一节 林木种苗

定陶县苗木生产起步早、基础好、区位优势明显、规模化、科技化水平较高，是山东省第一个实现苗木良种化的县。2001年以后，镇、村苗木基地建设效果明显，以冉堌镇为中心发展木瓜、国槐、垂柳等绿化树种666.7公顷；以黄店镇为中心发展玫瑰基地200公顷；以陈集镇为中心发展冬青、黄杨等绿化苗木600公顷；以杜堂镇为中心发展葡萄、樱桃、苹果等经济林苗木基地266.7公顷。2005年，发挥承南接北的地理优势和适宜的气候条件发展苗木生产，形成黄店镇孔李楼、定陶镇张坑、杜堂乡张庄寨、仿山乡朱集等12个苗木生产专业村，仿山乡常青花木园、孟海乡森淼苗木公司、马集镇常州花木园等8个育苗大户，引种黄金槐、红叶杨、雪松、女贞、海棠等100多个绿化树种，年产各类花卉苗木200万株。2010年以后，县委、县政府扶持苗木生产、绿化企业，引进、发展一批规模大、科技水平高、影响力大的苗木花卉生产企业。2015年，全县有有才苗木绿化公司、大华苗木绿化公司等苗木生产、销售龙头企业6家。栽培法桐、柳树、木瓜、女贞、白蜡、五角枫共计2000公顷。至2015年底，全县培育苗木4000公顷，其中，国槐、木瓜、女贞、法桐等为主要树种，从业人员5000余人，产值1.5亿元，占农业产值的13%。

第二节 经济林

1991年，苹果市场价格上升，苹果园建设快速发展，到1992年年底，全县每个乡镇的苹果种植面积均在万亩以上。1995年，全县经济林面积7500公顷，产量56250吨。1995年以后，果树发展以名特优杂果为主。重点发展葡萄180公顷，其中大片成规模的葡萄园有冉堌镇王路口村80公顷，保宁乡曹楼村50公顷。1997年至1998年，以发展杏为主，共发展杏900公顷，其中大片杏园有冉堌镇定砀路两侧700公顷，张湾乡一千王村80

公顷，半堤乡大常村10公顷。1999年，苹果市场价格下降，效益不佳，果园管理技术跟不上，出现砍树毁园现象，果园面积、产量大幅度减少。2000年，全县经济林600公顷，产量9500吨，其中，苹果300公顷，产量6800吨，杏125公顷，产量700吨，葡萄148公顷，产量1500吨。2001年以后，根据市场需求，全县果园有增有减，经济林总面积和产量仍保持相对稳定。至2005年，经济林向规模化、集约化、高档化发展，形成以冉堌镇董庄、聂庄等8个名特优果品生产专业村，种植总面积1000公顷，有苹果、梨、桃、杏、葡萄、枣等10多个树种，有红将军、皇家嘎拉、黄金梨、大果杏、京亚等20多个名特优品种。年产优质果品3.2吨。2013年以后，全县林业以发展特色经济林为主，树种有苹果、梨、樱桃、核桃、桃等。2015年，全县经济林面积640公顷，产量1.07万吨，其中，苹果280公顷，产量4700吨；梨33公顷，产量500吨；桃80公顷，产量890吨；葡萄146公顷，产量3250吨；杏7公顷，产量100吨；樱桃27公顷，产量50吨；果桑47公顷，产量1000吨。

第三节　花　卉

2011年以前，定陶牡丹以药用和观赏为主，面积67公顷。2012年，定陶县推进油用牡丹产业建设，制定扶持政策，对新增成方连片的，每亩补贴50元～100元。2013年，对新增成方连片的，每亩补贴50元～200元。年底，油用牡丹种植面积1000公顷，33公顷以上油用牡丹基地10处，6.7公顷以上牡丹种植大户28家，发展牡丹种植专业合作社（家庭农场）9个，入社社员1500余人，基本形成规模化、区域化、产业化发展新格局。2015年，油用牡丹面积520公顷，结籽40万千克。

▲ 油用牡丹种植基地　（2014年 张玲 摄）

2014年，南王店镇从庙村建5座温室大棚，占地3.3公顷，栽培非洲菊生产鲜切花，每年产鲜切花130万支，年收入10多万元。

▲ 非洲菊温室棚　（2015年摄）

至2015年底，定陶县花卉面积1900.7公顷，其中，玫瑰800公顷、牡丹534公顷、观赏苗木400公顷、菊花134公顷、芍药14公顷，连翘14公顷、金银花4公顷、非洲菊0.7公顷。花卉企业50家，花卉农户1935户，花卉产业人员3870人，温室大棚面积8600平方米。

第四节　林产品加工

1992年，定陶县成立木材加工私营企业“陶城家具有限公司”，主要经营实木家具。此后，张湾、仿山、冉堌等乡镇涌现出林木加工户，1995年形成规模，出现耿家、邵堂等木材加工专业村，加工户500余家，年加工木材30多万立方米。2000年以后，随着招商引资力度加大，全县林产品加工业发展加快。2001年，菏泽森菊木业有限公司落户定陶，主要经营建筑集成柱、集成

▲ 个体户从事林产品加工　　（车刚　摄）

材、窗户条、墙壁板、各种推拉门窗等，产品主要销往日本。2003年，晨鸣板材投资近亿元，建起多条生产高中密度板，年产量近30万立方米。2005年，形成以晨鸣为中心的产业集群，张湾工业园、仿山乡邵堂等3个木材个体加工群。木材加工企业28家，加工户160户，从业人员5600人。产品主要有密度板、刨花板、饰面板、拼板、桐木工艺品、家具、建筑模板等9大类100多个品种，投资100万元以上企业14家，其中规模以上企业4家。2006年，县委、县政府出台优惠政策，加大资金投入，推动林业产业发展。新建一批大型木材加工企业，山东和信家具有限公司、定陶万氏木业、定陶县宜尚空间创意家具有限公司、定陶嘉恒木业、嘉诚木业、众信木业等10家木材加工龙头企业，其中，山东和信家具有限公司家具“和信美”牌商标被评为山东省著名商标。定陶县宜尚空间创意家具有限公司带动周边村庄20多家发展林木工艺品。2008年，全县林产品加工企业126家，加工户2500家，从业人员3.5万人，固定资产2.6亿元，产值11亿元。2010年以后，以张湾镇为中心，形成拼板加工群体，加工户400多家。以黄店为中心形成定陶汇鑫玫瑰有限公司、定陶花香食品有限公司、菏泽玖香食品有限公司等玫瑰加工企业，加工户10余家。2015年，新增林木加工龙头企业1家，木材加工拼板专业村3个。有4个林木加工企业参加第十二届中国林产品交易会。至年底，全县林产品加工企业256家，其中，省级龙头企业4家，市级龙头企业10家，加工户5000多家，从业人员10万余人，产品近万种。

▲ 晨鸣板材公司　　（2005年摄）

第三章　林木管护

第一节　法规政策

1991年，县林政站设立后，履行林业法规宣传、行政执法、依法管理等职责。1994年，定陶县确定每年3月为林业法规宣传月。宣传月期间，县电视台、县人民广播电台开辟专题栏目；县林业局组织人员在县城重要街道开展咨询活动，发放宣传单2000余份；在主要街道沿线悬挂宣传条幅，在公路两侧刷写宣传标语；出动宣传车，对《中华人民共和国森林法》等林业法律法规开展广泛宣传。1999年，通过广播、电视宣讲林业法规、政策17次，出动林业法规宣传车29辆次。

2000年，在全县统一开展的普法活动中，林业部门出动宣传车120次，深入到乡镇、村庄、田间地头巡回宣传《中华人民共和国森林法》《中华人民共和国森林法实施细则》《中华人民共和国野生动物保护法》等林业法律法规，有20余万人次接受教育。2001年，投入资金3.8万元，印发《林业法规汇编》1万本，干部群众林业法规意识明显增强。2007年，定陶县电视台《百姓热线》栏目做林业法规专题节目8期，接受有关林业法规、政策方面的群众咨询210人次。2010年至2015年，利用广播电视宣传林业法规15期，出动宣传车240次，刷写张贴宣传标语850幅，印发宣传单1.5万份。随着林业法规宣传逐步深入人心，增强了全民自觉遵守林业法律法规的自觉性，减少林业违法案件发生，形成全社会爱林护林的良好氛围。

第二节　林权制度改革

在林地总面积中，权属为国有的林地面积61.56公顷，占林地面积的0.6%；权属为集体的林地面积10140.9公顷，占林地面积的99.4%。

1991年至1997年，全县实行集体林地集体管理集体受益，个人林地个人管理个人受益的政策，但投入少，效益低。1998年，姑沙路绿化使用权公开拍卖，根据不同路段，底标为3元～5元，最后竞标5元～8元，全长7500米。群众积极参与投标，当场公布竞标者，当场交钱，当场签订造林绿化合同。姑沙路绿化使用权拍卖试点成功，为全县林权制度改革提供宝贵的经验。1999年，按照公开、公平、公正、竞争的原则，采取公开招标的方式，对荒沟、渠、路、河堤和小片宜林地推行拍卖，拍卖后的林地允许继承和转让。当年，以每米4元的价格拍卖3条镇级公路林权，全长13千米，每年节约绿化资金10万余元，解决了过去“政府拿钱栽，栽上无人管，年年栽树不见树，年年栽树老地方”的问题。2001年，冉堌镇进行林权制度改革试点，对东鱼河河堤及部分镇村路、村村路绿化使用权进行拍卖。群众积极参与，造林积极性高涨。2002年，按照“明晰所有权，搞活使用权、放开经营权、保护受益权”的原则，主要采取村镇投资、农户栽植管理、收益分成，镇村统一规划、个人投资、树随地走、谁栽谁有，绿化权拍卖，反租承包等形式，普遍推行林权制度改革。2008年7月，林权制度改革步伐加快。全县拍卖160条沟、路、渠林权，长1200千米，植树120万株。2010年后，全县承包林业用地1600公顷，签订林业承包合同2500份，发展育苗、经济林、油用牡丹等。2012年，拍卖36条河、沟、路、渠林权，长150千米，植树7.5万株，确权林地32公顷。至2015年底，全县共拍卖215条河、沟、路、渠林权，长1482千米，签订林业承包合同3500份，确权林地265.3公顷。

第三节　林业执法

采伐许可　1990年，县政府印发《关于加强林木管理、制止乱砍滥伐林木的通知》，实行林木凭证采伐、限额采伐制度，严格控制采伐量。此后，县政府根据林业生产情况，5年下达一次林木采伐限额。2000年，国家统一制定林木采伐许可证，对林木采伐实行专人负责，审核材料，现场勘察，做出标记，记好台账，伐中监督，伐后验收，采伐量严格控制在县政府规定的限额以内，乱砍滥伐现象得到有效禁止。2010年至2015年，共发放林木采伐许可证58份，采伐量10211.6立方米。

木材运输　1991年后，木材运输主要实行木材凭证运输（国家统一调拨的木材和农民自用木材除外）制度，木材运输证由山东省林业厅统一印制，县林政执法人员签证办理。1995年，在山东菏泽人造刨花板厂和县林业局设2处运输签证点。2012年，木材运输证签证点迁往县行政服务大厅，工作人员2人。至2015年年底，共签发木材运输证1.52万份。

育林费征收　1990年，在黄店、张湾、半堤、孟海等乡镇设立育林费征收点，其余乡镇聘用1名代征员负责育林费征收，当年征收育林费3万元。1997年以后，县林业局统一征收育林费，每年征收10万多元。至2015年，共征收育林费27万元。

案件查处 1993年，查处毁林案件9起，涉案26人。1998年，依法查处破坏围村林案件4起。2003年，开展专项打击涉林犯罪活动，出动车辆20余辆次，执法人员100多人次，查处盗伐林木案1起，滥伐林木案3起，破坏林木案2起。2004年，查处捕捉青蛙案1起，放生青蛙5000只。至2015年，共查处涉林案件865起，涉案人员1865人。

第四节 病虫检疫与防治

林木病虫检疫 县林业局设专职检疫人员负责县内森林植物及产品产地检疫和调运检疫。1991年至2015年，产地检疫9000公顷次，累计调运检疫苗木2200万株，木材80万立方米。

2009年，美国白蛾传入境内，严重影响树木生长，传统防治效果较差，全县加强产地检疫和调运检疫，2009年至2015年，产地检疫3000公顷次，检疫调运苗木680万株、木材30万立方米，复检苗木50万株。

林木病虫测报 县林业局在全县12个镇（街）设置12个中心测报点，固定专人进行预测预报。县林业局森保站定期发布《林木病虫情报》，并根据病虫情报，及时召开现场会，举办培训班，指导林木病虫防治工作。

林木病虫防治 1998年12月，县林业局森保站承担的《锈色粒肩天牛生物学特性及综合防治技术研究》项目，获得菏泽地区科技进步一等奖。至2015年，县境内林业常见病虫害：杨树常见病虫害有杨树黑斑病、杨树溃疡病、杨扇舟蛾、杨小舟蛾、春尺蠖、草履蚧、杨白潜蛾、杨黄卷叶螟、光肩星天牛、桑天牛、杨梢叶甲；泡桐树常见病虫害有大袋蛾、泡桐丛枝病；柳树常见病虫害有柳蓝叶甲；苹果病虫害主要有苹果腐烂病、炭疽病、白粉病、轮纹病、早期落叶病及

▲ 飞机防治林木病虫害 （2012年摄）

苹果红蜘蛛、苹果黄蚜；桃树病虫害主要有桃细菌性穿孔病、桃流胶病和桃小食心虫、桃蛀螟；危害较重的美国白蛾等34种，以上病虫害均得到有效防治。

大袋蛾防治 1991年至1995年，大袋蛾虫害在全县范围内发生较重。1991年，全县调查大袋蛾发生情况，泡桐平均虫口密度每百叶15头。马集、南王店、孟海、冉堌等镇，部分虫口密度每百叶80头以上。同年，防治面积5300公顷次，防治泡桐25万株，投资80.5万元，出动人工20万人次，用药35吨。1991年至1995年，全县共防治2万公顷次，防治泡桐110万株，投入资金320万元，出动人工75万人次。1995年以后，大袋蛾暴发势头得到遏制，危害程度逐年减轻。

杨尺蠖防治 2005年以后，杨尺蠖在全县开始暴发。每年平均调查3000余千米，发布预报2～3期，发放宣传单2万余份。每年发生面积2000公顷，防治面积5333公顷，投入人工5000人次，投入资金100万元。县林业局组成专业防治队到

▲ 杨尺蠖防治培训现场 （2012年摄）

各镇街进行防治指导，2005年至2015年，共发生面积1.4万公顷，防治2.7万公顷次，投入资金520万元，投入人工4.5万人次。至2015年，杨尺蠖的发生势头有所减弱，发生面积呈零星分布，没有成灾。

第五节　林产品经营管理

1991年，全县木材加工经营实行许可证制度。1992年，发放许可证12份。1997年，发放许可证110份。2000年以后，每年开展发证、审验及换证工作。取缔非法木材经营点，木材经营加工实行规范化管理。至2015年，全县办理木材加工经营许可证337份，规模以上木材加工经营企业办证率100%。

第六节　野生动物植物保护

1991年，林业部把每年的11月定为野生动物保护宣传月，县林业局通过广播电台、电视台进行宣传普及野生动物保护知识。每年4月23—29日为爱鸟周，在爱鸟周中开展宣传教育和保护鸟类活动，发放宣传页1万余份。同时，县林业、工商、公安等部门每年对集市、饭店、库区进行检查，严厉打击销售、捕杀、贩运野生动物的违法犯罪行为。

第十编

畜牧

XU MU

20世纪90年代，农作物秸秆等丰富的农副产品资源，为畜牧业生产提供了有利条件。放开畜产品的经营和价格，鼓励畜牧业向商品生产发展。农民养畜、养禽由过去传统的分散饲养向适度规模饲养转变。农村出现养殖专业户、专业村。1992年，全县存栏大牲畜11.85万头，其中，牛10.17万头、生猪16.86万头，羊53.15万只。1995年，县委、县政府印发《关于大力发展畜牧业的意见》，并举办陈集镇第一届畜产品交易会。同年，定陶县被农业部批准为“全国秸秆养羊示范县”。1997年，定陶县被财政部批准为财政支持青山羊提纯复壮技术示范项目试点县，被山东省财政厅定为商品瘦肉型猪生产基地。2003年，县委、县政府把畜牧业确定为全县四大主导产业之一，先后出台一系列扶持政策。2004年开始，肉鸭养殖在全县开始推广。至2006年年底，养鸭场67处、养鸭大户1100户。2010年以后，推广林下规模养殖、标准化生产、生猪人工授精等良种良法配套技术，累计举办技术培训班60余期，培训人员5000余人次，取得明显成效。至2015年年底，全县各类合作社145家。大牲畜存栏5.1万头，猪35.10万头，羊54.80万只，家禽526.69万只，兔8.58万只。全县蛋鸡优良品种覆盖率90%以上，生猪优良品种覆盖率95%以上。

第一章 畜禽品种

第一节 家 禽

鸡 本地品种 菏泽麻鸡。俗称柴鸡，该品种毛色复杂，有黄、黑、灰白和花色等，麻鸡从羽毛上分黄麻、黑麻、红麻、青麻和灰麻5种。头部多为平头，其次为凤头、胡子嘴。喙色以青色为最多，其次是黄色和灰色。冠型以单冠最多，其次是双冠、三冠和平冠。趾爪以青色居多，其次是白色和黄色。皮肤以青色最多。菏泽麻鸡体型结构紧凑，动作灵敏，羽毛紧密，清秀美观，背较平直，属于单用鸡体型。该品种性成熟较晚，一般需190天～220天，成年母鸡年产蛋140枚～200枚。

▲ 雏鸡 (2015年摄)

斗鸡。定陶县是斗鸡原产区之一。斗鸡以体型魁梧、体质健壮结实、结构匀称紧凑、筋肉发达强壮、健肌肉发达、性强悍、善斗为基本特征。骨骼发达，骨质致密而粗硬。头、颈昂起，颈、胸、胫几乎成一直线。冠红色，冠、髯、耳垂不发达。眼大而锐，喙粗短、坚硬呈楔形，颈粗长灵活，腿强劲有力，胫长，距发达。爪粗大、坚硬锋利。全身羽毛稀薄、粗刚、短而紧贴体表，并富光泽，羽色多样，以黑色羽居多。多为斗鸡爱好者自繁自养，存养量不多。

引进品种　来航鸡。定陶县最早引进的蛋鸡品种，该品种体轻秀，冠大，母鸡冠多倒向一侧。耳垂、喙、脚和皮肤黄色，产蛋后因色素减退而呈白色。全身羽毛紧密洁白。标准体重成年公鸡2.7千克，母鸡2千克，蛋壳白色。性情活泼，体质强健，无就巢性。后被其他品种替代。

海兰褐。是美国海兰国际公司培育的四系配套优良蛋鸡品种，定陶县从20世纪90年代开始引进，到2003年前后推广普及。商品代海兰褐蛋鸡的特点是产蛋多、死亡率低、饲料报酬高、适应性强，为定陶县褐壳蛋鸡主打品种。

罗曼褐蛋鸡。由联邦德国罗曼公司育成的四系配套的褐壳蛋鸡系杂交鸡。其特点为生长发育快，性成熟早，产蛋性能优良，饲料报酬高，适应性强，定陶县从1995年前后开始引进商品蛋鸡，2000年推广普及。

农大3号粉壳蛋鸡。节粮小型蛋鸡，是中国农业大学培育的优良蛋用品种。该品种体形小、耗料少、抗病力较强。2009年，定陶县开始引进商品代饲养，主要集中在冉堌镇周边。

艾维茵。是美国艾维茵国际家禽公司育成的优秀四系配套肉鸡。肉仔鸡生长速度快，饲料转化率高，适应性强。是定陶县白羽肉鸡主要饲养品种。

爱拔益加（简称AA）。是美国爱拔益加公司培育的四系配套肉鸡。其父母代种鸡产量高，并可利用快慢羽自别雌雄，商品仔鸡生长快，适应性强。

鸭　定陶县蛋鸭品种主要是麻鸭，体型较小，颈细长，前胸较小，后躯丰满，体躯似船形。母鸭毛色以红麻为多，颈羽及背部羽毛颜色相同，喙多豆青色。公鸭头颈乌绿色，发蓝色光泽。胫趾以橘红色为多，少数为橘黄色，爪黑色。全县饲养量较少。肉鸭品种主要是樱桃谷鸭，该品种是世界著名的瘦肉型鸭。具有生长快、瘦肉率高、净肉率高和饲料转化率高，以及抗病力强等优点。

鹅　定陶县鹅的养殖量很少，主要是家鹅，比鸭子大，颈长，喙扁阔，尾短，体白色或灰色，额部有肉质突起，雄的突起较大，颈长，脚大有蹼。

第二节　家　畜

牛　鲁西黄牛　定陶县是鲁西黄牛原产地。鲁西黄牛以其体躯高大、遗传性能稳定、挽力强、耐粗饲、宜管理、皮肤干燥富有弹性、役肉兼用而著称。20世纪90年代后，随着农业机械化的普及逐渐退出役用。鲁西黄牛体躯高大，前躯发育好，肌肉发达，体质结实，结构匀称，适应性强，皮薄，产肉率较高，肉质鲜嫩，脂肪均匀地分布在肌肉纤维之间，形成明显的大理石样花纹，有“五花三层肉”之美誉，是世界上著名的肉用品种牛之一，并列入国家级畜禽遗传资源重点保护品种名录。

鲁西黄牛有许多突出的优点，但生长缓慢、增重不大、尻部尖斜、大腿肌肉欠充实、母牛乳房发育较差、泌乳期短、产乳量低等，与国外肉

▲ 鲁西黄牛交易市场　（1995年 苑肇波 摄）

牛品种相比，经济效益欠佳。

鲁西黄牛被毛从浅黄到棕红，以黄色居多，一般前躯毛色较后躯深，公牛毛色较母牛的深。鼻与皮肤均为肉红色，部分有黑色斑点。多数牛具有完全、不完全的“三粉特征”，即眼圈、口轮、腹下为粉白色。鼻镜多为淡肉色，部分牛鼻镜有黑斑或黑点。牛角型多为“倒八字角”或“扁担角”，母牛角型以“龙门角”较多，色蜡黄或琥珀色。公牛肩峰高而宽厚，胸深而宽，前躯发达，肉垂明显；中躯背腰平直，肋骨拱圆开张。前蹄形如木碗，后蹄较小而扁长。母牛耆甲较平，前胸较窄，头较长而清秀，口形方大，颈部较长，眼大明亮有神，四肢强僵，蹄多为琥珀色，后躯发育较好，背腰短而平直，尻部稍倾斜，尾细长呈纺锤形。体型结构分为3类：高辕牛、抓地虎与中间型。

黑白花奶牛　黑白花奶牛是中国荷斯坦奶牛的原先名称，于1992年更名“中国荷斯坦奶牛”。本品种是利用引进国外各种类型的荷斯坦牛与中国黄牛杂交，并经过长期选育而形成的一个品种，也是国内唯一的奶牛品种。20世纪90年代初，定陶县开始引进饲养，存养量始终维持在200～300头，主要分布在滨河街道石庄村、天中街道南城社区和陈集镇前沙海、中沙海村。

马、驴、骡　在定陶县农村主要以役用为主，1988年，全县马、骡、驴饲养量最高达到1.7万匹，以后随着农业机械化程度的提高，存栏量逐年下降。至2015年底，全县马、驴、骡存栏500余匹。

生猪　本地猪　定陶县本地黑猪主要外貌特征是：体型中等，头大小适中，被毛全为黑色，鬃粗毛长，两耳下垂，嘴长中等，嘴筒较粗直，面纹少而浅，背腰平直。主要优点是体质结实，适应性强，耐粗饲，抗病力强，繁殖率高，遗传性能稳定。缺点是：生长发育慢，育肥性能差，瘦肉率低，饲料报酬低。现已绝种。

引进品种　大白猪。又称为大约克夏，原产于英国。由于大白猪体型大，繁殖能力强，饲料转化率和屠宰率高以及适应性强，是世界上最著名、分布最广的主导瘦肉型猪种。定陶县引进法系大白，主要作为第一、二父（母）本使用。

长白猪。原产于丹麦，是世界著名的瘦肉型猪种。主要优点是产仔数多，生长发育快，省饲料，胴体瘦肉率高等，但抗逆性差，对饲料营养要求较高。定陶县宏兴猪场引进法系原种大白猪，主要作为第一、二父（母）本使用。

杜洛克猪。原产于美国东部的新泽西州和纽约州等地，分为美系和加系杜洛克；产于台湾地区的杜洛克经过培育自成风格，因而称台湾杜洛克或台系杜洛克。杜洛克猪具有生长发育快、饲料报酬高、瘦肉率高几大特点，定陶县宏兴猪场引进台系杜洛克作为终端父本使用。

皮特兰猪。原产于比利时的布拉帮特省，是由法国的贝叶杂交猪与英国的巴克夏猪进行回交，然后再与英国的大白猪杂交育成的。主要特点是瘦肉率高，后驱和双肩肌肉丰满。宏兴养猪场引进皮特兰作为终端父本使用。

羊　定陶县养羊业历史悠久。通过多年的定向选育，培育出著名的小尾寒羊、青山羊等不同

▲ 小尾寒羊、青山羊交易市场　（1995年 苑肇波 摄）

用途的优良品种。

小尾寒羊　是肉裘兼用型绵羊品种，具有生长发育快、早熟、繁殖力强、性能遗传稳定、适应性强，被国家定为名畜良种，被人们誉为中国"国宝"、世界"超级羊"及"高腿羊"，被列入《国家畜禽遗传资源保护目录》。定陶县是小尾寒羊主要原产地之一。

青山羊　是世界上著名的三大毛皮品种之一，尤其羔皮最为出名。鲁西南青山羊公母羊均有角，有须，有髯，体格小，结构匀称。被毛由黑白两种纤维组成，外观呈青色，黑色纤维在30%以下为粉青色，30%～40%为正青色，50%以上为铁青色。全身有"四青一黑"特征，即背部、唇、角、蹄为青色，两前膝为黑色，故称为青山羊。定陶县青山羊以生产各类猾子皮著称，3日龄羔羊被毛短，紧密适中，所得皮板品质最佳。成年公羊可剪毛230克～330克，母羊150克～250克，公羊抓绒50克～150克，母羊25克～50克。繁殖力高是该品种的重要特征，母羊1岁前即可产第一胎，初产母羊平均产羔率163.1%，一生平均产羔率293.7%，最多时1胎可产6～7羔，2年产3胎，或年产2胎。

家兔　境内饲养家兔品种主要有德系长毛兔和獭兔。德系长毛兔体形大，繁殖力强，被毛密度大，细毛含量高，有明显的毛丛结构，被毛不易缠结，产毛量高，是理想的毛用品种。獭兔体型较大，头呈方形，嘴巴平齐，耳朵短。被毛浓密平齐，分布均匀，粗毛含量少，毛纤维长度为1.6厘米～1.8厘米，是一种典型的皮用兔。因其毛皮酷似珍贵的毛皮兽水獭，故群众多以獭兔称之。

第三节　良种繁育与技术推广

繁育推广　1991年，县畜禽良种繁育场引进京白Ⅲ系父母代1000套、星杂288父母代蛋鸡1500套、罗斯父母代蛋鸡1000套、艾维因父母代肉种鸡2000套，当年提供良种商品代雏鸡28万只。县家畜改良站引进利木赞种公牛1头，建立冷冻精液人工授精点13处，推广家畜冷配技术，依托"中原优良肉牛生产配套技术推广"项目，开展利木赞杂交改良本地黄牛试验推广。1994年，"平原农区畜牧发展样板开发试验"获山东省科技进步二等奖；"牛、羊、猪肉品品质研究"获菏泽地区科技进步一等奖；"青山羊系列化生产及加工技术研究"获菏泽地区科技进步二等奖；"青山羊泌乳实验研究"和"青山羊人工授精及冷配技术试验研究"分获菏泽地区科技进步三等奖。1996年，全县引进种优良瘦肉型公猪100头、新西兰肉种兔1500组（每组4母1公）、父母代种鸡40000套。利木赞杂交改良比例达25%。县供销合作社联合社（简称县供销社）畜禽公司祖代鸡场开始建设。三棉场万头猪场（宏兴猪场）初具规模，与中国农业科学院合作建立良种猪繁育基地。1997年，定陶县开展畜牧科技推广年活动，在县电视台开辟专栏，组织专家做畜牧专题讲座；举办培训班6期，培训人员2000人次；聘请中科院、兰州畜牧研究所、山东农业大学等专家讲学指导。1998年2月，从新西兰引进2只波耳种山羊，县家畜改良站成功制作了青山羊冻精颗粒，全县冷配点达15个。

2000年，实施国家"948"（1994年8月国务院决定启动并实施"引进国外先进农业科学技术"项目计划）项目，宏兴养猪场利用中央财政资金18万美元，引进80头法国原种大白猪。全县冷配站点25个，鲁西黄牛杂交改良率25%；波尔种山羊杂交改良进入推广阶段。2001年，国家"948"项目引进的80头法国原种大白猪已繁殖600多头，全县"三元"瘦肉型猪杂交育肥技术得到广泛推广；鲁西黄牛改良率30%，波尔种山羊杂交改良本地山羊6万余只。2003年，县委、县政府把畜牧业确定为全县四大主导产业之一。国家"948"项目引进80头法国原种大白猪进行有计划繁育扩群，核心基础母猪群扩大到600多头，累计向社会推广良种猪1000多头，顺利通过国家验收。2004年至2005年在鲁宝小尾寒羊场进行国家

▲ 陈集镇林下养殖　　（2014 年　苑肇波　摄）

重要技术标准——小尾寒羊生产标准验证试验，组织起草《小尾寒羊肥羔生产技术规程》，被省质量技术监督局批准发布实施。宏兴种猪场实施标准化生产，生产的“三元”杂交瘦肉型育肥猪打入上海市场。2006年，推广肉鸭养殖，引进世界优良肉鸭品种“樱桃谷”鸭，当年发展养鸭场67处、养鸭大户1100户。2007年10月，宏兴公司建成种公猪站，种公猪存栏90余头。2008年，长源种公猪站获省级验收批准，存栏种公猪60余头，年向社会提供精液6万余份。2009年7月，宏兴公司从法国引进一批长白、大白、皮特兰优质种猪。2010年后，推广林下规模养殖、标准化生产、生猪人工授精等良种良法配套技术，累计举办技术培训班60余期，培训人员5000余人次。至2015年底，全县蛋鸡优良品种覆盖率90%以上，生猪优良品种覆盖率95%以上。

定陶长源种猪供精站　始建于2002年，2008年通过省级验收，是全市最大的专业种猪供精企业。自2002年建站后，长源种猪供精站连续多年从北京生猪育种中心、北京华都种猪场、北京北郎中种猪场、潍坊江海种猪场、菏泽宏兴原种猪繁育有限公司等多家国内知名种猪场引进世界先进水平的大白、长白、杜洛克等优良品种。至2015年，种公猪存栏106头，每年向社会提供精液6万余份，辐射定陶县、菏泽市牡丹区、曹县、成武县等多个县区。

第二章　饲草饲料

第一节　饲草饲料资源

饲草资源　农作物秸秆　境内可用作饲草的主要有麦秸、玉米秸、地瓜秧、花生秧等。原来大部分秸秆直接还田，真正饲喂家畜的不到10%。通过推广玉米秸秆青贮技术，逐步使用青贮玉米秸代替麦秸喂牛、羊，效果明显，也有一部分采取全株玉米青贮喂牛。

树叶　定陶县林木面积大，许多树叶是畜禽的好饲草。如榆树叶、槐叶、杨叶等都可以饲喂畜禽。2006年以后，定陶县发展林下养殖，推广林下放牧、林下养鸭、柴鸡放养等技术，充分利用林地资源发展畜牧生产。

野草　境内河滩、堤岸、沟渠、农田、果园等野草资源丰富，人们历来有收割野草喂畜的习惯，夏季可作为畜禽青绿饲料直接饲喂。

人工种植饲草　主要有紫花苜蓿、冬牧70黑麦草、墨西哥玉米等。2000年以前，全县牧草种植面积在100多公顷左右。2002年，规模场建设和牧草种植作为畜牧工作的重点，当年发展规模场92处、饲养大户318个，种植牧草600余公顷。2003年，牧草种植1700余公顷，出现一批种草养畜典型，仿山乡姚庄村实行种养结合的模式，户均2头牛、5只羊，户户种牧草，取得较好效益。2006年以后，牧草种植面积逐年减少，但始终维持在100公顷左右。

饲料资源 粮食类 定陶县用作饲料的粮食主要有玉米、豆类、小麦、大麦等。每年饲料用粮20万吨。

农副产品加工类 主要有豆粕、棉粕、玉米胚芽粕、麦麸、豆腐渣、酒糟等。

多汁饲料 主要有各种蔬菜、瓜类、地瓜、胡萝卜等。

动物性饲料 主要有骨粉、血粉等。

配合饲料 根据动物的不同生长阶段、不同生理要求、按科学配方把多种不同饲料，依一定比例均匀混合，并按规定的工艺流程生产的饲料。

第二节 饲料加工

1991年，县畜牧兽医站购置饲料粉碎机、搅拌机各1台，开展配合饲料推广，当年推广配合饲料700多吨。同年粮食局饲料厂建成投产，年生产能力6万吨。1998年，菏泽金豆饲料有限公司建成投产，年设计生产能力20万吨。之后，相继建成尊威六合、和美华、天普阳光饲料、心众成饲料、海鼎饲料等6家大型饲料加工企业。到2015年年底，全县形成猪、鸡、鸭、鹅、牛、羊、兔、鱼等8大系列，几十个品种的浓缩料、全价配合饲料生产加工能力，产品远销鲁、豫、皖、冀等省，年产量100万吨以上。

菏泽金豆饲料有限责任公司 1998年，东方希望集团携全部资金、专有技术、商标等无形资产到定陶县兴建的高科技饲料加工企业。先后投资5000余万元，占地3.8万余平方米，拥有先进的

▲ 金豆饲料厂区 （2012年摄）

饲料自动生产线，年生产能力20万吨；生产的“金豆”“名门”牌猪、鸡、鸭、鹅、牛羊、兔等6大饲料系列产品，销往鲁、豫、皖、冀等4省。

菏泽和美华饲料有限公司 位于定陶县高新技术开发区，隶属于山东和美华集团，总投资3000万，占地面积3.3万平方米，有员工200余人，有3条全价配合饲料生产线和2条预混合饲料生产线，年产销预混合饲料、浓缩饲料、配合饲料18万吨，拥有自主发明专利7项，是菏泽市高新技术企业。

定陶尊威六和饲料有限公司 位于仿山镇经济开发区，隶属于山东新希望六和集团有限公司。公司采用广东天地和郑州中粮公司设备，运用国内最先进的电子配料和微机控制技术，分为3条生产线，生产鸡、鸭、猪三大系列几十个品种全价配合饲料，年加工能力10万吨。公司有员工78人，其中，硕士1人，本科学历11人，大专、中专学历22人。

山东心众成无抗食品有限公司 位于定陶（烟台）工业园，占地面积4.3万平方米，建筑面积3.7万平方米，是一家以饲料研发、生产、销售为主的企业。2009年11月成立，注册资金3000万元，公司有员工36人，主要生产蛋鸡浓缩料和配合饲料等产品，年生产能力20万吨，生产能力、生产水平和产品质量均达到国内先进水平。公司生产的饲料通过先进的微生物技术和科学的配方技术完全取消抗生素。

菏泽天普阳光饲料有限公司　成立于2009年，是以饲料生产销售为主要产业的股份有限公司。坐落于定陶开发区烟台工业园，有员工95人，专业技术人员占员工总数的65%以上，固定资产近1000万元，引进武汉三江集团有限公司整套设备，年设计生产能力18万吨。借鉴各大公司的配方技术，生产研发适合市场需要、最大限度提高养殖效益的高端产品。

菏泽市华牧饲料有限公司　成立于2009年，位于定陶县陈集镇开发区。有江苏正昌420饲料设备2套。化验检测设备1套，可生产畜、禽、水产饲料三大系列几十个品种的浓缩料、全价配合饲料。与国内多所知名科研院所和大专院校建立长期合作关系。产品主要销往山东、河南、河北、安徽、江西等地。

第三章　畜禽饲养

第一节　家畜饲养

20世纪90年代，养殖业成为农民增加收入的主要途径。1992年，全县存栏大牲畜11.85万头，其中，牛10.17万头，生猪16.86万头，羊53.15万只。1994年，定陶县被评为“山东省畜牧强县”；被菏泽地区行署授予“畜牧发展先进县”称号；邓集、东王店2个乡镇被菏泽地区行署授予“畜牧示范乡镇”称号；南王店、游集、杜堂3个乡被菏泽地区行署授予“畜牧先进乡镇”称号。1995年，县委、县政府印发《关于大力发展畜牧业的意见》。同年定陶县被农业部批准为“全国秸秆养羊示范县”。1997年，定陶县被财政部批准为财政支持农业青山羊提纯复壮技术示范项目试点县，被省财政厅定为商品瘦肉型猪生产基地。2000年，县政府印发《关于加快发展畜牧业的意见》，进行畜牧结构调整，大力推广种草养畜。当年种植牧草100公顷。规模化养殖初见成效，全县新增50头以上规模养猪户近百户。2002年，县委、县政府制定畜牧生产考核奖励办法，与各乡镇签订畜牧工作目标责任状，当年新发展规模场92处、饲养大户318个，种植牧草600余公顷。孟海镇规划建设30余公顷的饲养园区1处，内有14个饲养场，前场后草。同年县畜牧服务中心被评为“全省畜牧工作先进集体”。2003年，县委、县政府把畜牧业确定为全县四大主导产业之一，先后出台一系列扶持政策，新增养殖园区19处、规模养殖场116处、养殖专业村45个、养殖大户6080个，种植牧草1700余公顷。2005年至2015年，黄牛饲养量急剧下降。家畜饲养从一家一户的散养模式逐步转变为集约化规模饲养，规模养殖比重由2005年的10%提高到2015年的80%以上。

▲ 肉牛养殖　（2009年摄）

▲ 生猪养殖（2012 年摄）

2007年至2011年国家对能繁母猪发放补贴，全县累计补贴能繁母猪6.27万头，补贴资金523.18万元。从2007年到2014年，国家连续实施生猪标准化养殖场区改造项目，菏泽宏兴原种猪繁育有限公司等30余家规模养猪场（小区），先后实施了生猪标准化规范化养殖场区改造项目，享受国家财政补贴。2010年，针对牛羊养殖量下降的现实，抓住国家和省市振兴牛羊产业的机遇，实施振兴肉牛产业工程，新发展存养能繁母牛5头以上的养牛专业户100户，发展存养200头以上的养牛专业村10个，规范化肉牛育肥场5个。从2010年开始，实施标准化养殖示范场创建工作，至2015年年底，先后有菏泽宏兴原种猪繁育有限公司、菏泽鲁旺养羊场获得国家级示范场称号，孔君牧业有限公司等9家养殖场获得省级示范场称号。

2015年，全县肉、奶产量分别为7.52万吨、0.25万吨，出栏牛5.51万头、羊63.12万只、生猪54.88万头。年底全县存栏牛5.02万头、羊50.80万只、生猪35.10万头。

第二节　家禽饲养

鸡　境内鸡的饲养量最大，其次还有鸭、鹅、鹌鹑等。1991年，陈集镇齐庄村农民齐传珍从饲养1000只蛋鸡起步，逐步发展到存栏蛋鸡4万只，在他的带动下，全村有40余户村民从事蛋鸡养殖，到2001年，全村存栏蛋鸡30余万只，成为远近闻名的养鸡专业村。后逐步形成以陈集、孟海、黄店、冉堌等乡镇的蛋鸡集中养殖区。1991年到2002年，是全县养鸡业发展的黄金时期，出现一大批养殖专业村、养殖大户。陈集镇齐庄蛋鸡、半堤镇冯潘寺和冉堌镇聂庄的肉鸡基本形成产销一体化生产。2003年至2005年，由于“非典”、高致病性禽流感等因素影响，养鸡效益明显下降，严重影响肉鸡养殖。2006年，蛋鸡饲养开始发展，之后，蛋鸡存栏规模始终保持在300万只左右。

▲ 高标准蛋鸡养殖场（2009 年摄）

鸭　2004年，肉鸭养殖在全县开始推广，许多肉鸡养殖户转为饲养肉鸭，到2006年年底，养

▲ 肉鸭养殖 (2009年摄)

鸭场67处、养鸭大户1100户，出现了国华鸭业、惠达食品、阎氏御鸭、东旭食品、聚德鸭业等一批肉鸭加工企业。天普阳光食品有限公司和圣沣华航食品有限公司分别建成投产日宰杀4万只肉鸭生产线，两企业均采取合同式订单生产，保证养殖户利润，肉鸭出栏每年稳定在1000万只上下。

2010年，家禽饲养存栏量556.67万只，出栏量2067.32万只。2015年，家禽饲养存栏量526.69万只，出栏量2276.45万只，产蛋3.64万吨。

第三节 特种养殖

定陶县特种养殖数量较少，1991年至2000年间，水貂、狐狸养殖数量保持在3000～5000只，主要分布在定陶镇南关、王洪庙和陈集镇的前沙海、中沙海等回民居住地，后随皮毛市场疲软养殖量下降。

獭兔养殖起伏较大，1992年到1993年，定陶县形成第一次獭兔养殖高潮，全县养殖量最高时达到177万只。1994年到1995年存养量急剧下降。1997年，獭兔养殖量又迅速上升，仅1997年就新建规模5000只以上兔场5处，之后獭兔养殖一直随市场行情起伏，没有得到充分发展。

肉鸽饲养在定陶县出现较晚，2000年前后，开始有部分农户引进饲养，品种以美国落地王鸽为主，到2011年，陈集镇台楼定陶黄河故道种鸽繁育基地建成高标准种鸽舍32栋，饲养美国白羽王种鸽3万只，带动周边群众饲养肉鸽10万余只。

蜜蜂养殖在定陶县起步较早，20世纪80年代，由县外贸公司引进推广，当时，刺槐栽植量较大，加之收购蜂蜜出口，带动了养蜂业发展，到20世纪90年代末，外贸公司蜂蜜出口业务停止，养蜂数量逐年下降，之后，全县蜜蜂存栏量保持在2000箱上下。

第四节 养殖企业选介

菏泽宏兴原种猪繁育有限公司 创建于1995年7月，位于山东省定陶县陈集镇南3千米，占地面积20万平方米，是国家生猪核心育种场、国家生猪标准化示范场、中央储备肉活体储备基地、国家“948”项目承担单位、国家星火计划承担单位、中国养猪业百强企业、全国猪联合育种协作组成员单位、中国畜牧兽医学会养猪学分会副理事长单位、无公害农产品认证企业、HACCP认证企业。2015年，总资产1.6亿元，从业人员96人，存

▲ 宏兴场房 (2012年摄)

栏能繁母猪3000头，后备母猪1000头，年出栏生猪6万余头，其中，种猪2.6万余头。

定陶县鲁旺畜牧养殖场 建于2012年2月，位于陈集镇外环北2千米，占地面积2.4万平方米，建有标准产房、母羊舍、育肥舍等4000平方米，消毒室、消毒池、兽医室、草料库等配套设施齐全，是全县规模最大、档次最高的肉羊养殖企业。2015年，有职工10人，其中，技术人员2人。存养小尾寒羊、青山羊600多只，采取自繁自养的方式进行集中育肥，每年出栏2000只。

定陶孔君牧业有限公司 位于山东省定陶县冉堌镇王双楼村，占地面积5.3万平方米，2012年7月建成投产，牛舍建筑面积6000平方米，建有青贮氨化池6000立方米，有1500瓦饲料粉碎搅拌机2台、1500瓦青贮粉碎机4台，兽医室、隔离舍、畜禽无害化处理、粪污排放处理等设施齐全。2015年，存栏肉牛360头，其中，能繁母牛290头，有职工13人，其中，专业技术人员6人。

第五节 养殖专业户

1991年以后，出现大批养殖专业户。1994年，全县实施“258”畜牧大户（“258”畜牧大户标准：20头牛、5000只禽或80头猪）带动战略，发展养殖专业户，至1996年年底，全县有各类养殖场区35个、“258”大户587个、养殖专业村15个。1997年，“258”大户760家，养殖专业村200个。2000年以后，逐步形成以生猪、蛋鸡、肉禽等分工明确的养殖规模场，养殖专业户，各类专业户总数保持在6000户上下。从2001年定陶县成立养鸡协会开始，各类养殖协会、合作社不断注册成立，至2015年年底，全县各类合作社145家。

▲ 养羊专业户 （2013年 李春阳 摄）

第四章 疫病防治

第一节 疫病种类

传染病 家畜口蹄疫 国家规定的一类动物传染病，纳入国家强制免疫计划，每年春秋两季集中进行免疫。1991—2015年，全县没有出现口蹄疫疫情。

牛流感 1991年发病8000头，1998年发病3000头。多集中发生于秋季，发病率较高，一般为15%～30%；死亡率不高，一般为0.1%～0.5%，无并发症。

猪瘟 猪瘟是影响生猪发展的主要疾病。全县每年都有零星发生，典型性猪瘟已不常见，多呈非典型性或者隐形发病。

猪蓝耳病 1990年，传入定陶县，呈散发流行，对规模养猪场危害较大，国家将此病列入二类动物传染病，属强制免疫病种。

猪丹毒病 20世纪70～80年代，猪丹毒病常发病，2000年后，基本得到控制，2010年以后未见该病发生。

猪流行性腹泻　多发生于寒冷季节，以当年12月到次年3月多发，规模化猪场几乎每年都有发生，大部分为合并流行，大、中、小猪均可发生，日龄越小死亡率越高。该病流行呈上升趋势。

猪伪狂犬病　在部分规模养殖场呈零星发生，能引起妊娠母猪流产、死胎，公猪不育，新生仔猪的大量死亡，育肥猪呼吸困难、生长停滞等，是危害养猪业的重大传染病之一。

鸡新城疫　20世纪60～70年代，在定陶县呈暴发流行，20世纪70年代，推广疫苗防控技术后，逐步得到控制，主要表现为非典型症状，呈散发流行。

高致病性禽流感　2003年，定陶县成立高致病性禽流感防控指挥部，开展高致病性禽流感强制免疫工作，通过多年的连续预防，辖区内无该病发生。

鸡传染性法氏囊病　1990年，定陶县首次发生，1991年到1996年，呈暴发流行，以后发病逐年减少。由于免疫技术的推广，该病在一定程度上得到有效控制，仍然是鸡的主要传染病之一。

鸡痘　每年8—9月都有发生。刺种鸡痘疫苗可进行有效预防。

鸭病毒性肝炎　2000年以后，传入定陶县，主要感染20日龄内雏鸭，是鸭的主要疫病，一旦确诊可注射鸭病毒性肝炎卵黄抗体治疗。

羊快疫　1993年至1994年流行严重，以后每年夏秋季节有零星发生。

小反刍兽疫　2014年，嘉祥县有病例发生，定陶县于当年4月进行紧急预防，全县共防疫羊10万余只，确保全县无疫情。以后每年将小反刍疫纳入强制免疫计划。

兔瘟　1985年传入定陶县后，每年零星发生。

寄生虫病　定陶县家畜寄生虫病有60多种，呈致病作用的有十余种。大牲畜的胃肠道寄生虫一般无致病作用。猪的寄生虫病主要有猪蛔虫、猪棘头虫、肺丝虫、猪囊尾蚴、细颈囊尾蚴等。羊的寄生虫病主要有肺丝虫、绦虫、肝片吸虫病等。鸡的寄生虫病主要有鸡蛔虫、鸡绦虫、鸡异刺线虫、组织滴虫、鸡住白细胞虫病等。兔主要有兔球虫病等。体外寄生虫病主要有介螨、鸡蜱等。随着饲养管理水平的提高，畜禽寄生虫病发病率逐年下降，寄生虫病发病占畜禽疾病的2%左右。

普通病　1991年后，随着广大养殖户饲养管理水平的提高，全县家畜普通病明显减少。马属动物普通病主要有肠炎，便秘等；牛的普通病主要有前胃弛缓、瘤胃积食、肠炎等；猪主要是肠炎、疝气和关节炎等。

第二节　疫病防治

防治体系　1991年到2003年，县政府设立“防控牲畜五号病指挥部”，由分管县长任指挥长，畜牧、公安、卫生、公路、交通、工商等部门主要领导为成员，办公室设在县畜牧局（中心），由畜牧局长（中心主任）兼任办公室主任，负责全县牲畜五号病（即家畜口蹄疫）防控工作。2003年，防控牲畜五号病指挥部更名为重大动物疫病防控指挥部，防控重点扩大到家畜口蹄疫、高致病性禽流感、猪瘟、猪蓝耳病等。

1991年到1993年，县畜牧兽医工作站负责全县畜禽防、检、治工作，19个乡镇设乡镇畜牧兽医工作站。1993年3月，成立县动物防疫检疫站，具体负责全县畜禽疫病防控，县兽医站负责疾病诊疗，县畜牧站负责畜牧技术推广。2000年，县政府先后印发《关于加强动物防疫工作的意见》和《关于做好今冬牲畜口蹄疫防疫工作的通知》，各乡镇明确3～5人专门从事防疫工作。2002年，县动物防疫检疫站与县兽医卫生监督所合并组建定陶县动物防疫监督所，同时成立县动物防疫站。2003年，在全县聘请村级动物防疫员403人，形成县、乡、村三级防疫网络。2015年10月，县畜牧中心设立动物卫生防疫股，将县动物防疫监督所更名为县动物卫生监督所，县动物防疫站更名为县动物疫病预防控制中心。

诊疗技术 受资金、效益影响，定陶县兽医诊疗技术相对落后，县兽医站主要开展常规诊疗。2008年，县动物卫生监督所建成兽医实验室，开展细菌学检查、药敏试验、抗体监测等诊疗项目。2000年后，X光检查、B超诊断等技术先后引入兽医诊疗应用。

第五章 畜禽加工

第一节 畜禽加工种类

20世纪90年代以前，境内畜禽加工仅限于个体加工户以家庭宰杀经营为主，加工的种类以生猪、鸡、羊为主，其他根据市场需求有少许加工，一般到农贸市场销售。之后，随着规模养殖的发展，出现了专门从事畜禽加工企业，如2006年，国华鸭业、惠达食品、阎氏御鸭、东旭食品、聚德鸭业等一批肉鸭加工企业。企业生产主要是宰杀、分割、冷储、销售。至2015年，境内加工企业的加工种类主要有生猪、肉鸡、肉鸭等。

第二节 加工企业选介

圣沣华航食品有限公司 位于定陶县经济开发区梁王路中段，始建于2009年，2011年6月正式投产。主要从事肉鸭加工冷藏及其相关业务，占地面积4万平方米，建筑面积2.1万平方米。11月，公司通过ISO 22000食品安全管理体系认证。2012年，被评为菏泽市农业产业化龙头企业。2012年到2013年期间先后通过进京、进津、进沪审核。2014年12月，通过无公害畜产品认证。2015年，有员工400余人，日宰杀毛鸭4万只，速冻能力100吨，冷藏能力1000吨，产品销往全国各地。

菏泽天普阳光食品有限公司 隶属于山东天普阳光集团肉食事业部，是鲁西南一现代化大型肉食鸭分割企业，位于菏泽市定陶县（烟台）工业园鲁花东路。公司引进全新宰杀分割冷冻肉食鸭生产设备，2010年8月开业，生产能力为日宰杀分割肉食鸭4万只，平均日产量85吨，有职工300人。

▲ 圣沣华航食品有限公司生产车间一角 （2011 年摄）

定陶县康迈隆食品有限公司 前身是鑫鲜肉制品有限公司。成立于1997年，2009年变更为康迈隆食品有限公司，是集生猪屠宰、加工、销售、储存为一体的民营企业，为定陶唯一一家A级生猪定点屠宰企业。2015年，公司拥有总资产1160万元，干部职工85人，其中，专业技术人员40人，技术力量雄厚。占地面积1万平方米，建有标准的生猪待宰圈、急宰圈1200平方米，屠宰加工车间960平方米，速冻室，冷藏室3600平方米，可一次速冻猪肉产品30吨，拥有先进的生猪宰杀线一条，供水、制冷、排污、化验、交通、通讯等配套设施设备齐全，日宰杀生猪300头，日生产猪肉产品20吨。

1992—2015年定陶县部分年份主要畜禽存栏量统计表

表10-5-1　　单位：万头、万只

年份	大牲畜		生猪	羊			家禽	兔
	合计	其中牛		合计	山羊	绵羊		
1992	11.85	10.17	16.86	53.15	43.68	9.47	307.57	163.16
1993	16.41	14.67	17.01	56.45	45.73	10.72	373.10	177.08
1994	20.66	18.76	23.96	78.07	69.04	9.03	392.56	48.35
1995	22.41	20.43	23.99	104.12	90.30	13.82	739.25	29.48
1996	22.23	20.23	23.44	106.69	91.44	15.25	828.21	43.08
1997	22.26	20.61	23.47	106.71	93.32	13.39	828.32	55.62
1998	6.79	6.51	15.61	35.89	33.87	2.02	191.40	9.93
1999	7.62	7.30	16.52	39.00	34.93	4.07	277.38	12.35
2000	7.91	7.49	17.87	43.95	37.93	6.02	322.02	15.31
2001	7.96	7.67	18.40	44.48	36.00	8.48	320.18	7.57
2002	8.09	7.99	18.44	34.66	24.08	10.58	413.41	9.62
2003	8.34	8.24	21.52	46.23	32.53	13.70	423.86	6.72
2004	8.58	8.54	24.61	48.55	34.79	13.76	503.84	9.69
2005	8.89	8.85	28.31	54.43	38.57	15.86	638.39	9.89
2006	7.94	7.90	26.42	45.62	30.50	15.12	593.86	8.51
2007	6.80	6.75	29.00	44.69	33.57	11.12	453.99	8.96
2008	6.09	—	31.77	48.35	35.57	12.78	500.09	8.03
2009	6.15	6.09	33.13	51.90	38.45	13.45	536.75	8.04
2010	6.13	6.08	36.26	53.73	39.87	13.86	556.67	8.45
2011	6.07	6.01	38.27	57.52	42.84	14.68	571.14	8.60
2012	6.17	6.11	38.80	59.52	43.84	15.68	581.28	8.80
2013	6.10	6.04	39.58	59.54	43.86	15.68	560.58	8.96
2014	5.74	5.68	37.24	57.14	41.97	15.17	538.87	8.78
2015	5.10	5.03	35.10	54.80	40.20	14.60	526.69	8.58

1992—2015年定陶县部分年份主要畜禽出栏量统计表

表10-5-2　　　　单位：万头、万只

年份	大牲畜		生猪	羊	家禽	兔
	合计	其中牛				
1992	2.84	2.78	19.71	55.90	185.54	92.05
1993	4.91	4.58	21.54	49.51	198.06	130.13
1994	6.74	6.40	23.46	57.32	524.99	38.59
1995	6.85	6.46	30.62	67.20	1094.40	29.48
1996	8.77	8.3	33.87	101.29	1366.36	45.01
1997	9.58	9.17	35.77	107.50	1336.90	55.36
1998	1.57	1.50	17.88	26.95	255.55	9.24
1999	2.45	2.41	16.30	24.54	328.71	7.66
2000	2.70	2.62	16.98	39.56	588.38	8.23
2001	2.73	2.68	17.48	40.04	838.19	3.71
2002	2.82	2.70	15.41	31.20	775.79	21.50
2003	3.74	3.61	23.67	37.91	941.98	4.04
2004	4.31	4.30	32.00	39.81	1280.08	7.24
2005	4.57	—	39.63	44.63	1650.37	5.25
2006	4.83	—	40.68	46.53	1826.47	5.48
2007	4.84	—	34.28	43.99	1597.90	5.93
2008	5.35	—	38.40	50.46	1797.18	6.22
2009	4.10	—	41.37	54.08	1894.87	6.27
2010	5.86	—	43.24	56.79	2067.32	6.47
2011	5.99	—	44.05	57.43	2206.65	6.65
2012	5.29	—	50.05	59.43	2326.95	6.95
2013	5.93	—	55.06	63.97	2263.82	7.09
2014	5.82	—	54.89	63.57	2269.71	6.89
2015	5.50	—	54.88	63.16	2276.45	6.70

第十一编

名优特产

MING YOU TE CHAN

定陶县物产丰富，名优特色产品众多。鲁西黄牛、青山羊、青滑皮、羊剪绒、羊毛地毯、条编等远销海内外。西瓜、山药、玫瑰、食用菌、地瓜粉条、绿豆粉皮、孟海高馍、清真点心、柴烧鸡、清真水煎包、胡辣汤、生炒羊羔肉、沙海厢子羊肉、黄店壮馍、驴肉、焖子、席地、御思香酒和冉子白酒等一直是定陶县的名优特产，尤以陈集山药、黄店玫瑰、南王店西瓜等最为有名。

第一章　山　药

第一节　种植面积及范围

定陶山药代表性产品是陈集山药。种植历史悠久，据传2000多年前定陶就有种植。陈集镇八一行政村东李庙村是传统山药种植专业村，清朝中后期就有山药种植。据东李庙村张氏族人回忆，其先祖张以正（1866—1947）时，山药种植已经历四世。清末民初，东李庙村人普遍种植山药，但面积都较少。新中国成立后，人民安居乐业，生活稳定，山药种植面积稳步上升。20世纪90年代，随着种植业结构调整，瓜果蔬菜种植比重迅速加大，山药种植面积快速发展。1997年10月，国务院副总理邹家华到定陶视察“陈集山药基地”，品尝陈集山药，赞誉“陈集山药”面、甜、香、绵，指示要解放思想，把“陈集山药”这一历史名产，发掘好、发展好、宣传好。至2007年，全县山药种植面积266余公顷。2008年11月，陈集山药被国家质检总局核准为地理标志产品，山药的药用价值、食用价值和潜在的经济价值，为人们所认识，山药种植面积迅速扩大，陈集镇附近的杜堂、半堤、孟海、仿山等镇开始引种，成为定陶县陈集山药种植的最集中区域，后逐渐扩展到全县（适宜山药生长的地块）11个乡镇，辐射到定陶的临近县区，带动苏、鲁、豫、皖4省交界部分县市。至2015年，天中陈集山药合作社建起生产示范基地166余公顷，带动合作社社员种植山药面积533余公顷，辐射带动周边乡镇3330余公顷，主要分布在陈集镇、杜堂镇、半

▲ 山药大规模种植　　(2015 年摄)

堤镇、孟海镇、张湾镇等乡镇。定陶县附近的菏泽市县区山药种植面积8000公顷。部分农民到河北、河南等地流转土地种植山药3000余公顷。

第二节　山药品种

定陶县陈集山药人工栽培的优良品种主要有西施种子和鸡皮糙。

西施种子　别名有苎萝蓣、西伯种子、西北种子等。

西施种子山药，茎蔓圆形，紫绿色，右旋，主茎长2.5米～3米，14～15节分枝，叶片瘦小，三裂、瘦长，叶脉7条，基部心形，叶腋间不生珠芽（不结豆）。块茎长柱形型，一般长度60厘米～120厘米（商品部分40厘米～80厘米），一般中端直径2厘米～4厘米。表皮淡黄，较光滑。一般单株重200克～500克，每亩种植密度4000～4500棵。一般亩产1000千克～1500千克。

西施种子山药，是国内品质优良、濒临绝种的珍贵品种。2000年以后，在市场大潮的冲击下，原先独门传承种植的祖训、家规被打破，该品种在定陶陈集年种植面积已扩至近66公顷。

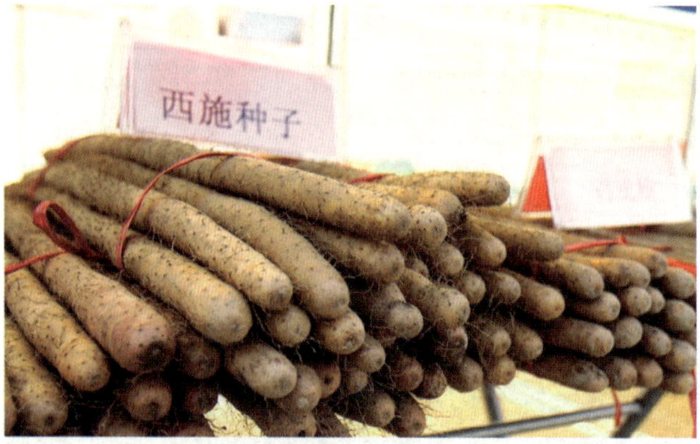

▲　山药品种——西施种子

鸡皮糙　别名鸡皮苕子、52豆子、双喜子、铁棍山药、钢棍山药、铁杆山药等。

鸡皮糙山药是鲁西南年种植8000公顷产区的主栽品种。茎圆形、绿色、长势强，右旋，第12～13节开始分枝，分枝多，主茎长3米～4米、第17～28节开花，花色米黄，花而不实。叶腋间生有珠芽（结豆）。叶片大小中等，绿色、三裂宽大，叶脉7条，基部心形。地下块茎长柱形，根毛稠长，毛瘤点大而突出，似白条鸡（宰杀拔毛后）鸡皮状，因此得名“鸡皮糙”。块茎一般长60厘米～120厘米（可食商品部分40厘米～80厘米），单株块茎重150克～400克。一般亩产1000千克～1100千克。

第三节　山药的特性与作用

山药的特性　陈集山药属淮山药之长柱型家山药、铁棍品系，是山药家族中铁棍山药品系中的精品。

陈集山药中的干物质含量25.7%～26.3%，其中，淀粉含量17.2%～17.8%，蛋白质含量3.5%～3.9%，可溶性不饱和多糖含量2.9%～3.9%。丰富的淀粉、蛋白质、不饱和糖含量，形成陈集山药“面、甜、香、绵、爽”的优美口感。陈集山药还含有17种氨基酸，锌、硒、钙、铁、钾等有益微量元素，以及大量的胆碱、淀粉酶消化素、植酸、尿囊素、黏液汁等，尤以锌、硒含量丰富，高出一般山药140%～350%。

山药的药用、食用价值　陈集山药富含锌、硒等多种微量元素。现代医学证实锌是人们增食、长智的必须物质；硒是防癌、抗癌的有益物质；淀粉酶消化素，在人体中有调节平衡的作用，既可减肥，又可增胖，有使人体匀称之功效；山药的黏液蛋白，是多糖混合物，可有效防止血管脂肪沉积，预防动脉硬化，防止结缔组织萎缩，增加人体T淋巴细胞，增强免疫能力。

《神农本草》记载：“薯蓣味甘，性温，主养中，补虚羸，除寒热邪气，补中益气力，长肌肉，久服耳目聪明”。《日华子本草》有：山药“助五脏、强筋骨，长志安神，主治泄精健忘”。李时珍《本草纲目》记载：山药“益肾气，健脾胃止泻病，化痰涎，润皮毛”。陈集山药强身、健体、治病作用尤佳。

医学专家认为“脾胃虚弱者、倦怠无力者、食欲不振者、久泻不瘉者、肺气虚燥者、痰喘咳嗽者、肾气亏损者、年老体弱者、少儿发育不良者、遗精早泄者、带下白浊者、性功能低下者，肥胖消瘦者、糖尿病者”应多食山药。

食用方法　陈集山药由于其淀粉、糖、蛋白质含量高，营养丰富，可用蒸、煮、煲、炸、炒等方法食用。最营养、保健和基本的食用方法有：

煮。清水洗净，削皮，切寸段，入锅做成各种粥饭；或不削皮，清水煮8～10分钟，取出食用。可根据个人爱好，蘸白糖、蜂蜜。

蒸。洗净上笼篦蒸8～10分钟，即食，也可蘸白糖食用。

煲。洗净，削皮，切寸段，据个人爱好，配以各种肉、蔬、调料煲食。

吃山药最好分季节。山药刚收刨下来，只面不甜，贮藏一段时间后，气温下降，山药块根内的淀粉，会转化成糖，冬至到春节期间，山药既面又甜，是吃山药的最好时期。春节后，随着气温升高，山药又会面而不甜。

第四节　山药栽培技术

2000年以后，陈集山药的生产发生巨大变化，机械开沟代替人工挖沟；标准化绿色食品生产，代替传统生产方式。

选地　山药比较“娇贵”，对水土、地势要求非常苛刻，不耐渍涝，地下水质差，出产山药口感涩腻、品质差；若土质黏重，极易造成山药块根弯扁，商品性差；若土质过沙，虽上层疏松，适宜山药生长产量较高，但含糖量较低，面而不甜。土属必须为两合土，土层深厚，地下水位低，水质甜而不咸，地势高呈南北比降，多雨季节有利排水，少受渍涝，南北行种植有利采光。土质ph值7.5～7.8，呈弱碱性。地表30厘米～40厘米为两合土。地下40厘米～150厘米全部是轩砂。地势要高，地下水位要在3.5米以下。地周边三沟畅通，遇涝排水顺畅。

种子处理　种子选用原嘴或1～2年的龙头嘴。播前晾晒15天～20天。

整地施肥　将地整平，亩施优质有机肥3000千克～4000千克，或亩施腐熟的饼肥150千克，加尿素15千克，二铵10千克，硫酸钾25千克，均匀撒施、悬耕。

机械开沟　按行距90厘米放线，顺线机械开沟。沟宽20厘米～25厘米，沟深150厘米～170厘米。每亩开沟730米。

▲ 机械开沟　　　　(2014年摄)

播种　播种的适宜温度为10厘米地温稳定在10℃以上，时间点为清明节前后。将种子平播在沟垄上，每米播种5.8～6.5棵，折合亩植4000～4500棵。

田间管理　扎架　架高要达到1米～1.5米。山药出苗后，及时引蔓上架。

追肥　在6月至8月3个月的中旬，追3次肥。

除草　山药出苗前可用一次封盖除草剂。出苗后禁用任何除草剂，有草及时人工拔除。

病虫害防治 山药的病虫害相对较少，发生病虫害，要按绿色食品生产规定的方法，许可的药物及时防治。

疏通内三沟 30米～50米要开一条腰沟（毛沟），100米要开一条通沟，通沟要与外沟相通，保证排水畅通。

采收 10月10日至翌年3月均可采收。不可过早采收。只有完全成熟的山药，才能保证其口感、风味、质量。

储存 10月下旬新山药上市至翌年3月下旬，可在室内阴凉通风处常温保鲜储存；4月初至10月需在4～6℃条件下恒温保鲜储存，若脱离这个条件，保鲜期为7天～10天。

真伪识别 辨别陈集山药真伪的诀窍为：两看、一掂、一捏。看外观长相是否符合陈集山药修长、圆润、顺直、表皮褐黄，其中鸡皮糙品种，表皮毛囊点突出的特征；看包装是否有陈集山药地理标志标识。用手掂起一根山药，应有掂起一根铁棍的感觉，上下用力摆动，其鸡皮糙品种不会折断。用手捏不坏。

▲ 陈集山药交易市场 （2011年 苑肇波 摄）

第五节 效 益

山药亩产平均约1000千克～1100千克，刨去成本，每亩纯收益约3000元～4000元，比种植一般农作物高出不少。山药种植的高收入、高盈利驱动一批农民以山药种植为职业，在县内外，甚至外省，他们通过土地流转，承租农民土地，雇用当地农民进行山药种植、田间管理和收刨等。全县承包种植面积超过6公顷的大户有近50家，超过3公顷的100余家。

2000年以后，健康、绿色、环保食品开始受到人们青睐，药食同源的山药得到普遍认可，山药的销量不断增大，价格也稳中有升，农民生产效益明显提高，山药种植面积和产量明显增加，形成种植、养护、劳务、技术、销售、中介、运输、加工等行业组成的产业链，从业人员3.5万人，经济效益和社会效益十分显著。

随着山药产业集群的发展，出现一批职业经纪人，他们与农户直接对面帮助全国各地客商联系资源，帮助采购，组织整理、包装、运输，全县有80余人从事此项工作，按每千克0.4元收取服务费用，年收入超过50万的有近10人，超过10万的不下40人。

随着山药种植面积的迅猛扩大，生产技术短缺问题凸显，于是出现专门从事技术服务这一行业，全县有专门技术从业人员100余人。他们在县内外及外省进行专门技术指导，每年收取服务费8万～10万元。山药种植需挖1.5米以上的深沟，费时、费工、劳动强度大，传统上人工挖掘。随着挖掘机的出现，效率大幅度增长。2014年，第二代挖沟机问世，挖沟效率成倍增长。到2015年，在山药种植季节，全县专门从事挖沟工作的机械300台，每亩山药行长730米，按0.5元～0.7元/米收费。

山药种植除挖沟外，几乎全部是人工操作，

特别是山药采刨。从种子处理、整地施肥、播种、田间管理，包括成品山药的销售、加工都需要大批的务工人员，劳务市场应运而生。山药生产所需工人要求不高，一般中老年男人、妇女皆可，人工费一般60元～80元/天。山药收刨劳动强度大，技术要求高，全靠人力操作，人工费1.4元～1.5元/米，中午雇主管饭，并给男人1盒烟，打工者最高每日收入可超过300元。

陈集山药的销售大多以生鲜为主，由山药经销商上门收购，经过初级包装出售到主要消费地区和消费者手中。以天中合作社为引领，成立销售公司。在大中城市建立形象店、旗舰店推介产品，销往全国29个省、市、自治区。天中山药合作社投资4500多万元，建立北京、济南、上海、广西等4处旗舰店，建成冷、恒温库面积5000平方米，贮存能力8000吨左右。实施农超对接、农店对接、农校对接和农军对接，对接超市482家、星级旅店142家、高校9所、部队3个。2010年后，先后参加寿光、北京、济南、青岛、广州等23场优质农产品展销会。

▲　山药产品

为增加山药的附加值，开始联合龙头企业研发山药深加工。定陶研发生产山药粉、山药酥皮、山药月饼、山药汁、山药粉皮、山药罐头等3大系列20余个山药品牌，年加工生鲜山药1200余吨，山药价值成倍增长。

第六节　标准化与品牌建设

标准化建设　为发展商品经济，挖掘历史珍品，把优质、味美的保健佳品、封建王朝的贡品—陈集山药，供应全国各地，2008年，定陶县人民政府、陈集镇政府，把陈集山药申报“地理标志产品”保护。同年，定陶天中陈集山药专业合作社成立。天中合作社高标准、规范化办社，实施标准化生产，提高产品质量，民主管理体系，与三大龙头企业联姻，与大专院校、科研单位合作，聘请高级农艺师常驻合作社。在地理标志产品要求的基础上，提升产品质量档次，制定“陈集山药绿色食品生产技术操作规程”，设立生产档案，通过了绿色食品认证，实施产品安全可追溯。为提高全社成员的标准化生产技术水平，采取密集的技术培训，田间地头技术指导，发放技术说明纸，编印《陈集山药——高产优质栽培技术》等措施，实行生产资料统一供应、生产技术统一标准、生产档案统一记录、产品统一认证、统一包装、统一销售。至2015年，合作社成员1028个，年产优质陈集山药8000吨，占地理标志保护面积的68%。投资200万元建设了陈集山药文化中心，投资280万元建设了陈集山药专业市场、大型恒温库，经营办公场所总面积1960平方米，配有23台联网微机，开通了电子商务。

品牌建设　陈集山药于2008年被国家批准为“国家地理标志产品”，2011年12月24日，在北京钓鱼台举办陈集山药新闻发布会，53家媒体现

▲ 陈集山药新闻发布会现场 （2011年摄）

场做采访报道，203家媒体转载报道。印制《陈集山药的故事》，制作《陈集山药专题片》和陈集山药网站，《人民日报》《大众日报》《齐鲁晚报》、北京卫视、山东卫视等117家媒体相继、多次报道陈集山药。中央电视2台《生财有道》《消费主张》、中央电视4台《走遍中国》、中央电视7台《乡约》《财富经》《每日农经》，从多个角度连续报道陈集山药，中央电视10台科教频道《我爱发明》栏目专题报道陈集镇七一行政村栗广臣发明的二代山药开沟机。在农业部举办的2013年第十一届中国国际农产品交易会、2014年第十二届中国国际农产品交易会上，陈集山药连续获得金奖。

▲ 山药双沟直线开沟机 （2014年 苑肇波 摄）

陈集山药是菏泽市第一个被批准为“地理标志产品”和入选《中国地理标志产品大典》的农产品。

第七节 山药的传说

陈集山药在定陶种植有2400多年的历史。定陶人代代相传，呵护有加，留下一串串美丽的传说。

西子喜好成源头 朱公回报掷千金

定陶民间广泛流传，春秋战国时期，范蠡助越灭吴后，弃官经商，携美女西施泛舟五湖，辗转来到时称“天下之中”的陶丘（今定陶），定居19载，三掷千金，卒于陶丘，成为其第二故乡，定陶也因此而得名。

西施随范蠡定居陶丘后，因西施有“食薯蓣（山药）、美容体之好”，常思故乡的“苎萝蓣”，故常茶饭不思，日渐消瘦。范蠡看在眼里，疼在心上。知其缘由后，就密派家丁范想等人从苎萝购来十数担“苎萝蓣”。西施食后不几日，果然又满面红润，恢复了昔日的美丽、娇柔。西施为在陶长期食用，派人在陶遍访适宜种植之地，终在陶丘北三十里唐集（今陈集）访得一块沙壤平地。于是就将“苎萝蓣”种子交给一个忠厚老实的乌姓农民种植。至此，“苎萝蓣”在定陶陈集落地生根，成为陈集山药的源头。

范蠡在陶经商，终日操作劳苦，体魄自然有损，身体倦怠。西施劝其在家小憩几日，自己亲自下厨，为之调养，范蠡从之。西施下厨，多用自己喜食的山药，蒸、煮、煲、炸，翻新花样，范蠡甚感美味可口。旬余，范蠡精神焕发，对自己旬前旬后截然不同的体魄，大为不解。当西施为其讲解，是购来的“苎萝蓣”，在唐集种植，食用之功效时，范蠡一脸茫然。自己整日为经商操劳，竟不知“苎萝蓣”在陶丘种植之事。随后，便命人叫来种植“苎萝蓣”的乌振。只见其人在壮年，骨硕肉少，衣襟破烂。范蠡一时感慨万千，心想自己虽经商劳苦，却锦衣美食。乌振植蕷劳苦，却衣食不足。遂起资助之念，一掷千金资助劳苦百姓。乌振自然成了资助重点，相赠百金。乌振得金后，随成富户，自然感激不尽，立下家规家训：代代传承种植“苎萝蓣”，并把“苎萝蓣”改名为“西伯种子”“西施种子”，以纪念西施和范蠡。

万历年间现奇迹　张善育出鸡皮糙

西施种子山药具有不结豆的习性，繁殖只能靠自身的营养体，这一习性，给扩大面积种植带来很大困难。据传，自春秋战国西施、范蠡引种陶丘，至明朝时期，其一直为独门传承种植，种植面积一直在千亩左右。

到了明朝万历年间，独门传承种植西施种子山药的是一户张姓农民，名曰张善。张姓农民种植西施种子山药，家规家训又增加了“传儿不传女”。凡是售出的西施种子山药，都是经过技术处理的，只能食用，不能做种，种在地里不发芽。张姓的这一家规，进一步增添了西施种子山药的珍贵、神秘，同时也进一步限制了种植面积的扩展。

万历年间，出现奇迹！一日，张善闲来无事，在自己的山药地里转悠。突然发现自己的西施种子山药出现了一棵变异株，千百年来从不结豆的西施种子山药，却结了一串豆。一时惊得张善心跳加速，两眼放光。稍静，张善细心数了一下，这棵西施种子山药变异株结了52个豆。张善得豆视若珍宝，第二年用心培植。结果，长出的山药修长、顺直，质地硬实如铁棍，与西施种子山药外观形状非常相似。再尝其口感，“面、甜、香、绵”与西施种子相差无几，只是表皮毛囊点突出，似鸡皮。

张善得豆这年，恰是52岁，又喜得贵子，当时就给这种山药取名“双喜子”“52豆子”。后人根据这种山药的表皮毛囊点突出、质地硬实如铁棍的特点，习惯地叫它“鸡皮糙”山药、“铁棍”山药。

自从有了结豆的“鸡皮糙”山药，陈集山药才得以扩种面积，才有更多的人得尝陈集山药的美味，陈集山药的美名才得以在世间广泛传播。

清末献宝为贡品　陈集山药始得名

清朝之前，陈集山药两个品种的名字多称之为“西施种子”“鸡皮糙子”。

清道光年间，有陈集人谷姓武进士谷韫璨，字宝岩，任永州总兵时，因剿匪有功，得胜回朝。途经故乡定陶陈集，顺便将家乡的“西施种子”“鸡皮糙”山药献给道光皇帝。道光食后连赞：“美哉、妙也”。随又赐予后宫、大臣品尝，俱赞味美。接着又命朝中侍卫、陈集人李守身回乡收集山药，作为贡品。至此，人们不再称呼山药品种的名字，而统称“陈集山药”。

第二章　玫　瑰

第一节　玫瑰种植

定陶县的土壤、气候等适宜玫瑰生长。清道光二十二年（1842年），美籍波兰人包志理来华传教，从保加利亚引来数株玫瑰，他赠送定陶秀才李暮增红、白2种，后经不断移植、与本地品种杂交，培育出花多体大，瓣厚味浓，色艳期长的优良杂交品种——黄店大花玫瑰。

定陶玫瑰经过盆养、园栽、沟边地头栽植、大田栽培等几个阶段，建国前已有成片栽植。1960年以后，玫瑰种植面积逐年增大，年产玫瑰花5万千克左右。半堤乡成海、黄店镇朱庄、冉堌镇、东王店乡均有连片种植。1988年，种植面积230公顷，最高单产800千克，年产量33万千克，是全国玫瑰天然香料资源基地之一。1991年，全县玫瑰种植面积330公顷，年产玫瑰花50万千克。1995年以后，玫瑰花价格稳定，行情看涨，花农种植积极性高涨，仅黄店镇玫瑰种植面积就有1300余公顷。时任全国人大常委会副委员长的何鲁丽赞誉黄店镇为玫瑰之镇，并欣然题词“中国玫瑰第一镇”。2000年以后，由于国际国内玫瑰行情波动大，种植面积减少。

黄店镇朱庄村的玫瑰种植历史悠久，现仍保留有建于清同治年间的玫瑰园。但由于销路不畅、品种老化，种植方法落后，虽有种植，但效益较低。1995年以后，花农加大玫瑰种植结构调整力度，为玫瑰种植外出找市场，改变传统种植方法，更新品种，使玫瑰生产起死回生，种植面积、经济效益逐年提高。至2002年，形成以朱庄村为中心的玫瑰种植基地和沿东丰路的玫瑰十里长廊，面积1000公顷，玫瑰专业村20个。栽培技术达到国内领先水平。朱庄村全村110公顷耕地全部种植玫瑰，总收入400万元，玫瑰市场由原来单一输出型变为集散型。

▲ 黄店万亩玫瑰园 （2015年摄）

全国盐碱地绿化开发协作组对全国玫瑰资源普查后，确认黄店镇玫瑰种植面积居全国之首。2002年，黄店镇被全国特色经济开发中心命名为“中国玫瑰第一镇”。先后成立山东黄店玫瑰研究所、山东省黄店玫瑰实业开发总公司、黄店镇玫瑰新品种推广中心，形成以北京大学、江南大学、山东农业大学为依托的技术网络，先后注册“黄店大花玫瑰”商标，引进“四季玫瑰”“杂交玫瑰”“丰花玫瑰”“多刺玫瑰”等新品种。2004年以后，玫瑰种植主要集中在黄店镇的朱庄、何庄、吴庄、路楼和天中、滨河、孟海、半堤、杜堂等镇街部分村，玫瑰主要品种有黄店大花玫瑰和平阴玫瑰，以黄店大花玫瑰为主，种植面积稳定在800公顷左右。2010年以后，玫瑰制品得到消费者认可，价格逐步提升，花农种植积极性高，玫瑰种植面积逐年扩大。至2015年，黄店镇从事玫瑰生产人员超过1万人，3000余户，玫瑰种植面积1300余公顷，从业农民人均纯收入1.2万元，形成朱庄、吴庄、何庄、路楼等多个集约化、产业化生产基地，年产销玫瑰6000余吨。

第二节　习性与特征

形态特征　黄店大花玫瑰属直立灌木，高可达2米；茎粗壮，丛生；小枝密被绒毛，并有针刺和腺毛，有直立或弯曲、淡黄色的皮刺，皮刺外被绒毛。

小叶5厘米～9厘米，连叶柄长5厘米～13厘米；小叶片椭圆形或椭圆状倒卵形，长1.5厘米～4.5厘米，宽1厘米～2.5厘米，先端急尖或圆钝，基部圆形或宽楔形，边缘有尖锐锯齿，上面深绿色，无毛，叶脉下陷，有褶皱，下面灰绿色，中脉突起，网脉明显，密被绒毛和腺毛，有

▲　大花玫瑰

时腺毛不明显；叶柄和叶轴密被绒毛和腺毛；托叶大部贴生于叶柄，离生部分卵形，边缘有带腺锯齿，下面被绒毛。

花单生于叶腋，或数朵簇生，苞片卵形，边缘有腺毛，外被绒毛；花梗长5毫米～225毫米，密被绒毛和腺毛；花直径4厘米～5.5厘米；萼片卵状披针形，先端尾状渐尖，常有羽状裂片而扩展成叶状，上面有稀疏柔毛，下面密被柔毛和腺毛；花瓣倒卵形，重瓣至半重瓣，芳香，紫红色至白色；花柱离生，被毛，稍伸出萼筒口外，比雄蕊短很多。

果实橘红色扁球形，直径2厘米～2.5厘米，砖红色，肉质，平滑，萼片宿存。一般4月底5月初开花，5月10日左右到盛花期，花期5—6月，具有二次花期；果期8—9月。霜降后开始落叶，11月底基本落光。

习性与生长环境　玫瑰花性喜阳光，较耐寒、耐旱、喜通风凉爽气候，适宜生长温度为15℃～25℃。玫瑰适应性较强，对土壤要求不严，在肥沃的中性或微酸性轻壤土中生长良好，开花多。栽植前，穴内要施腐熟有机肥作基肥，以后一年当中再施4次肥，即2月至3月施1次催芽肥，花前施1次催花肥；花谢后施1次花后肥，以增强植株长势；入冬前叶落时施1次越冬肥，量可稍多些，这对提高地温，使植株安全过冬有利。盆栽玫瑰，每10天1次腐熟液肥为宜。繁殖方式是嫁接、分株。

第三节　功能与用法

玫瑰的功用　玫瑰花果是珍贵的药材，味甘微苦、性温，最明显的功效是理气解郁、活血散瘀和调经止痛，对于新脑血管、高血压、心脏病有显著疗效，对消化不良、胃痛腹胀、胃痛及月经不调、痛经等妇科疾病都有一定疗效。

玫瑰花（蕾），泡水喝有强心润肺、安神、靓肤、香体等功效；香味浓郁怡人，幽雅持久，排毒养颜。还能促进新陈代谢，使人神通气爽，而且身体排出的汗气俱香，起到香体的作用。促进血液循环，使肤色红润，可治肝气郁结（情绪）引起的胃痛。精品玫瑰花（蕾）性质温和、男女皆宜。平衡内分泌、补血气，对肝及胃有调理的作用、并可消除疲劳、改善体质，玫瑰花茶的味道清香幽雅，能令人缓和情绪、纾解抑郁，常饮可去除皮肤上的黑斑，令皮肤嫩白自然。

玫瑰花还可制成玫瑰酒、玫瑰露、玫瑰酱等，具有清热消火，美容养颜的奇特功效。

民间有用玫瑰花蕾加红糖熬膏的秘方，服用后可以起到补血养气，滋养容颜的作用。其做法是将100克玫瑰花蕾加清水500克左右，煎煮20分钟后，滤去花渣，再熬成浓汁，加入500克～1000克红糖，熬成膏状即可。如服用时间长，可放进冰箱，每天服1～2茶匙，长期使用，效果更佳。

将加工过的花蕾3克～5克，用沸水冲泡5分钟，可加糖或蜂蜜，或掺入自己喜欢的茶叶一起冲泡，芳香怡人，有理气和血、舒肝解郁、降脂减肥、润肤养颜等作用。

加工与销售　20世纪60～70年代，利用玫瑰花生产的玫瑰酱先后销往上海、西安、郑州、开封、济南、青岛等城市。1983年，半堤公社开始利用玫瑰鲜花加工玫瑰油，后又研制成功玫瑰油浸膏。定陶玫瑰油、玫瑰膏等产品经过化验和物理分析，定陶玫瑰具有亩产量大、出油率高的特点，其香气成分、理化指标均达到国内外先进水平。通过浸提法生产的玫瑰油，不仅较大程度上保留了玫瑰花原有的头香，一些高沸点的定香成分也被提取出来，为玫瑰香料的生产开辟了新途径。2001年，建玫瑰加工厂，先后开发了玫瑰酱、玫瑰酒、玫瑰茶、玫瑰饮料等新产品。通过招商，引资2800万元，建起了集科研、展示、销售、加工于一体的玫瑰综合大厦。定陶县玫瑰加工较大的企业有5家：定陶汇鑫玫瑰贸易有限公司、菏泽玖香食品有限责任公司、定陶花香食品有限公司、福鑫玫瑰合作社、盛世玫瑰合作社，玫瑰家庭作坊30余户，从事玫瑰生产人员1.3万人，玫瑰种植户4000余家。玫瑰产品主要销往北京、上海、广东、福建等地。主要生产玫瑰鲜花、玫瑰干花、玫瑰茶、玫瑰酱、玫瑰酒、玫瑰饮料等系列加工产品，年实现产值6000万元。

清末，定陶采收加工的玫瑰干花就开始销往江南和日本、南洋等地。20世纪80年代后，玫瑰产销一般在年均10万千克～50万千克，产品主要有玫瑰干花、玫瑰酱、玫瑰酒等。90年代产销量超过1000吨。2001年，黄店镇玫瑰生产总收入4500万元。黄店玫瑰产品商品率98%以上，年产的200万千克玫瑰花蕾，主要销往北京、浙江、广东、陕西等省市，并间接出口到日本、韩国等国家和中国香港等地区。2004年，随着市场行情转暖，干花蕾价格稳定在13万元每吨左右，黄店镇充分利用招商签约会、牡丹花会、新闻媒体等媒介大力宣传玫瑰，畅通玫瑰销路，全县玫瑰产销量一直稳定在4000吨左右。2010年以后，全县玫瑰产销量一直保持稳定增长，2015年6000多吨。

▲ 玫瑰干花 （2014年 车刚 摄）

第三章 西 瓜

第一节 西瓜种植

定陶县西瓜种植历史悠久，全县各镇街均有种植，南王店镇种植面积最大，西瓜种植已有500余年历史。据载，早在明朝中期，定陶“城南十五里，户多种瓜，沙而味甘，消暑甚宜”。多为自家食用，很少出售。20世纪80年代初，开始采用地膜覆盖技术替代传统大田种植方法，种植面积逐年增大。90年代开始保护地种植，大、中、小拱棚西瓜栽培技术广泛采用，种植面积300余公顷。2000年后增加到600余公顷。2010年，种植面积1000公顷。2015年，全镇保护地西瓜种植面积1200公顷，其中，大棚种植1000公顷，中小拱棚200公顷，有2800多户种植户，60公顷以上的专业村9个，2公顷以上种植专业户52家，成立西瓜种植专业合作社12家。吸收中老年普通劳动力2000余人进棚务工，西瓜产业已成为精准扶贫的主要帮扶平台。

南王店西瓜大约在4月中旬上市，比大田西瓜提前2个多月，是苏鲁豫皖交界地区批量上市最早的西瓜生产基地。

南王店西瓜的形状、颜色丰富多彩，成功引

▲　西瓜种植

种、试种方形、心形西瓜，和黄皮红瓤、黄皮黄瓤、绿皮黄瓤、黑皮黄瓤等西瓜。以皮薄、肉质脆且沙、纤维少，中心含糖量12%以上，早熟、汁多、味正、甘甜而远近闻名。2013年、2015年，先后通过无公害和绿色产品认证。远销北京、天津、河北、内蒙古、河南、江苏等10多个省市和地区。与三信、银座、天联、怡和等5家超市签订购销合同，有225家超市建立专柜销售南王店西瓜，实现农超对接模式。

大棚早春西瓜头茬上市可卖到6元/千克以上，亩产5000千克左右，平均价格2元～3元/千克左右，亩均纯收入在10000元以上；中小拱棚亩均纯收入6000元左右。

为把西瓜这一优势产业做大做强，定陶县以西瓜协会为平台，对西瓜种植实行“五统一”服务，即统一品种，把“京欣一号”“早佳8424”（又名五叶果）两个优质早熟品种做为主栽品种，逐步推广早春红玉、彩虹等礼品、特色西瓜；统一技术操作规程，通过召开现场会、研讨会、培训班等措施，按照绿色西瓜生产标准，全程指导会员进行生产；统一农资供应，推广重施生态有机肥，控制化肥，严格按照绿色西瓜生产标准供应农资；统一监测农药残留物，对会员生产的西瓜，实施统一检测，确保西瓜质量绿色安全；统一贴标销售。2014年定陶县西瓜协会申请注册“南王店西瓜”“南王店镇”“陶蠡源”3个商标，并推广“一瓜一标、一标一码”，实施质量可追溯体系，确保西瓜上市质量，促进西瓜产业的发展。2014、2015年，连续2年成功举办南王店西瓜节，扩大南王店西瓜的知名度和影响面。

▲　王楼西瓜交易市场　（王哲　摄）

第二节　西瓜品种

南王店西瓜种植的主要品种有京欣一号、早佳8424和早春红玉西瓜。

京欣一号　由北京市农林科学院蔬菜研究中心选育。属早熟品种，全生育期90～95天，果实发育期28～30天，第一雌花节位6～7节，雌花间隔5～6节，抗枯萎病、炭疽病较强，在低温弱光条件下容易坐果。果实圆形，果皮绿色，上有薄薄的白色蜡粉，有明显绿色条带15～17条，果皮厚度1厘米，肉色桃红，纤维极少，含糖量11%～12%，平均单果重5千克～6千克，最大可达18千克。适用于温室、大中小棚、露地地膜覆盖栽培等多种栽培形式。施肥以底肥为主，每亩有机肥3000千克左右，在栽培过程中实施追施氮磷钾等肥料。每亩700～800株，株行距0.6米×1.5米，采用3蔓整枝，每棵秧选坐1个果，留瓜节位在12～15节，以侧蔓第2个雌花坐果为主，当果实达到鸭蛋大时，及时灌膨果水肥，以后保持地面湿润，采收前5～7天，停止浇水以防裂瓜。

早佳8424　1984年2月，由上海市原南汇区农业专家育种成功，由于皮薄，汁多、甘甜、爽口，再加上个头适中，成为西瓜中的“王牌”，深得消费者喜爱。

开花至果实成熟28至45天左右，生长势中等，坐果性好。果实圆形，绿皮上覆墨绿窄条带，外形美观，红瓤，质脆口感极佳，中心含糖11～12度。耐贮运。合理密植，适于双蔓整枝或3蔓整枝，喜肥沃土壤，适度灌溉。适于早熟地膜覆盖及露地栽培，花期遇雨应进行人工辅助授粉，九成熟时采收为宜。上市时间4月中旬至10月上旬。采瓜前3天不宜浇水，以防裂瓜和降低糖度。

早春红玉西瓜　是杂交一代极早熟小型红瓤西瓜，由日本引进的特早熟小型杂交一代西瓜新品种。春季种植，5月收获，坐果后35天成熟；夏秋种植，9月收获，坐果后25天成熟。该品种外观为长椭圆形，绿底条纹清晰，植株长势稳健，果皮厚0.4厘米～0.5厘米，瓤色鲜红肉质脆嫩爽口，中心糖度12.5以上，单瓜重2千克，保鲜时间长，商品性好。早春低温光下，雌花的形成及着生性好，开花后遇长时间低温多雨，会导致花粉发育不良，存在坐果难，或瓜型变化等问题。

第三节　栽培技术

西瓜的种植对土壤、气候、肥料等条件要求较高，需要一定的技术。

播种与育苗　一般在每年12月至次年3月育苗。为培育优质苗，宜采用电加温育苗。发芽温度一般在28～30度。采取直播或催芽播。

采用肥沃、疏松、保水性良好的人工配制的营养育苗土进行育苗。土壤如有病原菌污染时，宜事先进行土壤消毒。育苗温度一般20～25度。定植前7天开始降至15度，进行练苗。育苗天数约40～45天，以真叶4～5片的大苗定植为宜。定植前2天可苗床留5叶打顶事。早春促成栽培，定植后容易导致植株生长缓慢甚至停止生长，宜采用直径为10厘米×8厘米～10厘米×10厘米营养钵育苗。要注意苗床温度的管理，防止瓜苗徒长，培育壮苗，定植前要充分练苗。

大田准备　定植前1个月，至少在半个月以上，要求施肥、整地、作畦。整地前5天充分灌水（如土壤含有适宜水分时则不必灌水），待土壤水分通过浸透和蒸发达到适宜时，将基肥均匀地施于地面，然后翻耕、碎土、作畦宽连沟2米，高畦（畦高30厘米）。在连作或有蔓割病发生危险的土地上栽培，必须进行土壤消毒，或使用抗蔓割病砧木嫁接的嫁接苗。对于早春促成栽培，整地完成后，切忌马上定植，必须覆盖好透明地膜，做好大棚内小拱棚，并封闭大棚，提高畦内土温。

按不同品种对肥料量的需求，同时还要考虑栽培地的肥沃程度、或前作残效量多少。一般情况下，不宜过多施肥，特别是氮肥，否则会导致植株生育过旺、雌花着生不良、影响坐果、果皮变厚等不良现象的发生。一般基肥的施肥量为：有机肥700千克，氮（N）3千克～4千克，磷12千克～15千克，钾6千克～8千克。使用的肥料以腐熟的有机堆肥配合适量的化学肥料为宜。生育期如有缺肥现象发生时需进行适当的追肥。

定植　真叶4～5片的大苗定植为宜。栽培地的土温15度，以利成活。宜选择晴天，尽可能在下午3点前完成。株距，因整枝枝数不同有区别，以蔓与蔓之间的距离20厘米为基准来确定栽培的株距。如3蔓整枝栽培时株距为60厘米，5蔓整枝栽培时株距应为100厘米。地爬栽培亩栽600～800株，嫁接苗350～400株，立架栽培1000株密度。

整枝　大棚早春早熟栽培要求打顶，由子蔓坐果。一般采用3蔓整枝，也可采用5蔓整枝。如定植前没有进行打顶，定植后3～5天留5叶打顶。以5蔓整枝栽培为例，侧枝（子蔓）长出后，留下5条长势基本一致的侧枝，将其余的侧枝摘除，并调整侧枝向一个方向伸出。从子蔓长出的孙蔓，分数次及时摘除，直至坐果节为止。坐果节以后的孙蔓则放任，不作摘除。当子蔓长至80厘米～100厘米长时，将子蔓向植株基部牵回，使子蔓的顶端对齐在一条线上。在每条子蔓的第2雌花（一般12至15节位）上一齐坐果。坐果方法可使用蜜蜂授粉或人工辅助授粉，用涂色或挂牌等方法对每朵雌花做好开花授粉的标记。待果实长到鸡蛋大小时，进行疏果，3蔓整枝留1～2果，5蔓整枝留2果。一次坐果达不到目标果数时，必须在其后的雌花上继续授粉让植株继续坐果，直至每株达到目标果数为止。坐果后15～20天，对果实进行一次翻身操作，使原与地面接触的一面转向上面，同时用干燥稻草或果垫垫果，可使收获时的果皮颜色均一漂亮。

温湿度管理　定植初期，为确保植株成活，促进早发，白天棚内温度保持30～35度，下午尽早（17时左右）将内外棚封闭，以确保夜温。待植株成活后，以白天温度30度，夜间温度15度进行管理。坐果前后将温度稍稍提高，确保顺利坐果以及果实初期的膨大。坐果后10天左右，当果实已有一定的大小时，逐渐将管理温度降低。如果坐果后直到收获都进行高温管理，会影响果实糖度的上升，缩短收获后果实的贮藏时间。外棚可完全密闭，留适当的通风口。根据大棚内外湿度和天气情况，要及时进行通风换气。

病虫害防治　主要病害有枯萎病、蔓枯病、炭疽病、霜霉病、白粉病和疫病等，害虫有地老虎、蚜虫等。要以防为主，定期喷药。

收获　根据不同品种的成熟天数，适时摘取。如栽培期间病虫害防治得当，收获时枝叶保持茂盛，可以继续管理，摘取二至五茬果。

▲ 西瓜收获　（2015年摄）

第四节　价值与作用

西瓜全身都是宝，西瓜汁可做早晚的化妆水，非常适合肤质敏感的人群；西瓜肉与西瓜皮之间的白皮可以用作面膜，使肌肤清新、细腻、洁白、健康，有光泽；瓜子有清肺润肺功效；对因长时间坐在电脑前而双腿麻木肿胀的白领女性而言，果肉又是纯天然美腿水果。此外，西瓜皮做菜，如酿西瓜酱，凉拌西瓜皮，爽口，美容又减肥。

营养价值　含丰富的不饱和脂肪酸、优质蛋白，还含有钾、磷、钙、镁、硒元素及维生素E、维生素B1等营养元素。可防止血脂胆固醇过多、动脉硬化；含丰富的钾元素可以保护心脏功能，预防高血压；盛夏，止烦渴、化湿利尿、解暑清热，对咽喉肿痛、口舌生疮有一定辅助疗效。

▲ 新型西瓜（2015年摄）

益处 可清热解暑，除烦止渴；在急性热病发烧、口渴汗多、烦躁时，吃上一块又甜又沙、水分十足的西瓜，症状会有改善。西瓜所含的糖和盐能利尿并消除肾脏炎症，蛋白酶能把不溶性蛋白质转化为可溶的蛋白质，增加肾炎病人的营养；西瓜还含有能使血压降低的物质。食用西瓜后尿量会明显增加，可减少胆色素的含量，并可使大便通畅，对治疗黄疸有一定作用。西瓜肉中含有极高量的维生素A、维生素B和维生素C，而这些全部是保持肌肤健康和润泽所必需的养分。

第十二编

工 业

GONG YE

1991年，全县有独立核算工业企业155家，其中，县属17家，城镇街道21家，农村乡（镇）办117家。主要生产面粉、棉纱、白酒、磷肥、机制纸、地毯、布鞋等。企业规模小，产品档次低。当年完成产值5.48亿元，产品销售收入4.4亿元，从业人员2.24万人。1991年后，按照县委《关于搞活经济若干问题的暂行规定》，围绕开发利用本地资源，重点抓工业技术改造和基本建设，通过引进联合，工业规模不断扩大。1994年，全县工业总产值17.57亿元。1998年开始，工业企业改制，原国有和县、乡集体企业大多改为股份制、股份合作制或个人买断、租赁等民营企业。同时，对年销售收入500万元以上的企业，纳入限额以上工业企业进行统计。1998年，全县规模以上工业总产值4.23亿元，产品销售收入3.96亿元，从业人员1.1万人。

2001年以后，着力发展圣龙纸业、林申、御思香酒厂、国华、都庆、菏达等优势骨干企业。2006年后，县委、县政府确定25户重点企业并给予重点扶持，骨干企业的支撑作用不断增强。2008年，围绕企业的发展和大项目建设，完善《关于扶持全县25家重点企业加快发展的意见》，25户重点企业完成增加值14.6亿元，实现主营业务收入54.6亿元，入库税金1.97亿元。至2010年，全县工业已形成食品、纺织服装、化工、林木、机械、裘革等产业体系；山东省名牌产品3个，山东省著名商标5件，全国驰名商标1件，其中，鲁花牌花生油、菏达的机制纸、都庆的大豆多肽等产品在国内外市场有较高的知名度；规模以上工业企业164家，完成工业总产值145.05亿元，主营业务收入142.84亿元，利税总额17.35亿元。至2015年，全县规模以上工业企业210家，完成工业总产值371.09亿元，主营业务收入371.28亿元，利税总额38.55亿元，从业人员2.56万人，初步形成以农副产品加工、医药化工、机电设备制造等为主导的三大产业，润鑫、鲁花、艺达家纺、中食都庆、嘉宏食品、沃特管业等企业进入全市纳税100强，工业已成为定陶经济的主要支柱。

第一章　工业体制改革

第一节　管理体制改革

1993年12月，定陶设立经济体制改革委员会及其办公室，县工业局、县二轻工业局分别改称为县工业总公司、县二轻工业总公司。县经济委员会改称为县经济贸易委员会（简称县经贸委）。县工业总公司、县二轻工业总公司改为企业性经济实体，行政管理职能归并县经贸委。县经委改为经贸委后，职能发生相应变化，由原来主要负责全县经济的管理协调，转向技改项目的申报和审批。县体改办主要负责组织协调县属工业企业及乡镇工业企业的改革工作。原县属全民、集体工业企业改制后，与原管理机构不再具有传统意义上的从属关系，县工业总公司、县二轻工业总公司等管理机构对工业管理的职能逐渐弱化，主要处理原所属企业遗留问题。2001年7月设立工业经济运行总调度室，隶属县经贸委领导。2002年4月，县二轻工业总公司归并入县工业总公司，由企业性经济实体改为事业单位。县经济贸易委员会改称县经济贸易局。县乡镇企业局改称为县民营经济服务中心，单位性质由行政变为事业。2005年，县经济贸易局不再管理县安全生产监督管理局。2010年4月，县经济贸易局改称为县经济和信息化局，加挂县商务局牌子。

2011年11月，县民营经济服务中心改称为县中小企业局，主要负责全县中小企业的技改、新上项目进行宏观调控。至2015年，管理体制未再有大的变动。

第二节 经营机制改革

1991年，县委、县政府制定《关于工业企业第二轮承包的意见》，全县国有、集体工业企业在1988年的基础上进行第二轮承包，本着“大稳定、小调整和领导班子集体承包”的原则，采取以“续聘为主，选聘为辅”的方法，稳定和优选经营者。具体办法是：承包前，成立县企业承包基数测算小组，合理确定承包基数，然后由企业主管局拟定承包方案。承包内容是“两包一挂”，即包上缴利润，包技术改造任务，实行工资总额与经济利益挂钩。承包期限原则上一定3年，技术改造周期长的企业与项目周期相一致。为保证企业承包任务的完成，建立健全承包指标考核体系，并建立健全自我约束机制，防止企业的短期行为。承包年度结束后，由发包方根据考核结果，对照有关规定予以兑现。按此办法，全县工业企业普遍进行第二轮承包。1992年，企业领导实行聘用制，工人身份担任厂长（经理）的人数占全部企业厂长（经理）的32.3%。在分配制度上，实行工资分配与企业效益挂钩的制度。1993年，贯彻落实国务院《全民所有制工业企业转换经营机制条例》，进一步简政放权，完善机制，深化企业内部3项制度改革，加快企业经营机制的转换。1998年至1999年，县属工业企业除自来水公司和供电集团总公司外，全部进行经营体制改革。2000年开始，限额以上企业实行“一书四制”，由县国资委、县经贸委、县体改委与相关企业经营者签订总经理聘书、资产经营责任制、工业企业综合审计评价制、年度经营目标责任制。在企业内部，实行干部聘用、劳动用工、工资分配3项制度改革，赋予企业完全的经营自主权。至2015年，县属工业企业伴随着产权制度改革，大多进行破产重组，实行股份经营或租赁经营。

第二章 规模效益与结构

第一节 规模与效益

企业规模 1991年，全县有纺织业、印刷业、饲料业、饮料制造、皮革、皮毛及其制品业、木器制造、造纸及纸制品业、文体、工艺美术品制造、电力、自来水、化工、建材、金属制品、机械等工业门类。有独立核算工业企业155家，其中，全民企业17家，集体企业138家，企业固定资产净值15.66亿元。在能源资金紧张和原材料涨价的情况下，完成工业总产值5.48亿元（不包括城镇个体、城镇合作经营、农村村办工业产值），其中，全民工业产值6734万元，集体工业产值4.81亿元。1994年，全县乡镇以上工业企业184家，其中，县属工业企业44家，乡镇办工业企业140家，固定资产3.69亿元，从业人数2.96万人。全县初步形成木材加工、造纸及纸制品业、棉花加工、家具制品、皮革、橡胶制造业、化工等28个行业，156种产品为主的工业生产体系。至1995年，工业生产经历了资金紧张，原材料涨价，棉花歉收等方面的困难。1995年，乡镇以上独立核算工业179家，工业总产值8.61亿元，占工农业总产值的56%。1996年，全县工业企业6828

家；独立核算工业企业185家，从业人员2.71万人，固定资产净值8.61亿元。全年完成工业总产值9.91亿元（1990年不变价），其中，国有工业1.63亿元，其他经济类型工业1933万元，集体工业8.09亿元（其中乡镇办工业6.53亿元）。

1998年后，随着企业产权制度的改革，股份制企业、民营企业成为定陶县工业的主体。至2000年，全县工业企业3729家，全年完成工业总产值18.55亿元。其中，国有及限额以上独立核算工业企业18家，工业产值5.79亿元，销售收入6.96亿元，从业人员1.06万人；限额以下非国有工业企业3711家，工业总产值12.77亿元。2000年始，培植增加了支柱产业和骨干企业，打破之前依靠棉、林木、酒的格局。2004年以后，全县工业快速发展，化工、纺织、服装、食品加工、机械电子、林木、裘革制品等支柱产业逐步形成，圣龙集团、都庆、菏达纸业、金豆饲料、九发食用菌等等一大批骨干企业规模进一步扩大。

2005年，全县工业企业4125家，实现工业总产值42.15亿元，其中，国有及年销售收入500万元以上独立核算企业48家，工业总产值23.07亿元，规模以下工业企业4077家，工业总产值19.08亿元。2007年至2008年，定陶有鲁花浓香花生油有限公司、艺达家纺有限公司、晨鸣板材有限公司、菏达纸业有限公司、金豆饲料有限公司5家企业进入菏泽市60强企业。2008年，全县规模以上企业132家，完成增加值17.34亿元，完成主营业收入76.47亿元，从业人员31658人。至2010年，全县规模以上工业企业164家，比2008年增加32家；实现工业总产值145.05亿元，主营业务收入142.84亿元。其中，过10亿元的企业1家，过亿元的企业64家。

2015年，全县规模以上工业企业 210家，比2014年增加24家；实现工业总产值371.09亿元，主营业务收入371.28亿元，利税38.55亿元。纳入全市重点培育企业有8家，分别是鲁花、润鑫、艺达家纺、坤和木业、蜀中药业、五洲医疗、天山丰耘、中食都庆，8家企业完成主营业务收入69.1亿元、利税8.05亿元，分别占规模以上企业总量的18.61%、20.88%。

经济效益　1991年，全县独立核算工业企业净产值1.13亿元。1997年，深化企业改革，乡及乡以上工业累计完成增加值2.36亿元。1999年，工业增加值完成1.11亿元。2000年，全县国有及年销售收入500万元以上工业企业工业增加值1.81亿元，占工业总产值26.1%。2004年，全县限额以上工业企业实现增加值5.57亿元，销售收入15.05亿元，分别比上年增长43.5%、67.1%和27.3%。2004年后，随着实施“工业强县”战略和加大技术改造力度，经济效益逐年提高。2005年，全县国有及年销售收入500万元以上工业企业48家，工业增加值5.82亿元，占工业总产值的13.8%。2008年，规模以上工业企业132家，比2007年新增32家，实现主营业务收入76.47亿元，工业增加值17.34亿元，比上年分别增长51.5%、21.1%。2010年，新增规模以上工业企业15家，达164家。规模以上企业主营业务收入142.84亿元，完成增加值36.3亿元，分别比上年增长56.2%和43.2%。2011年，定陶县规模以上企业168家，完成工业总产值194.21亿元，同比增长33.89%；实现销售收入193.36亿元，增长35.37%。2012年，全县规模以上企业165家，完成工业总产值251亿元，同比增长29.24%；实现销售收入252亿元，增长30.33%。2013年，全县规模以上企业178家，完成工业总产值288.7亿元，同比增长15.02%；实现销售收入291亿元，增长15.48%；实现利税34.6亿元，增长19.68%。2014年，全县规模以上企业174家，完成工业总产值322.8亿元，同比增长11.81%；实现销售收入319.68亿元，增长9.86%。2015年，全县规模以上企业210家，完成工业总产值371.09亿元，同比增长14.96%；实现销售收入371.58亿元，增长16.23%。

工业利税　1991年，全县独立核算工业企业利税总额2792万元，其中，利润1540万元。1992年至1996年，随着工业的发展和企业经济效益的提高，利税总额随之增长。1997年，全县独立核算工业企业利税总额4415万元，比1991年增长58%。其中，利润3269万元，增长1.12倍。2000年，国有及年销售收入500万元以上工业企业利税总额7814万元，其中，利润3599万元。2004年后，工业企业快速发展，企业利税迅速增长。2005年，国有及年销售收入500万元以上工业企业利税总额1.59亿元，其中，利润1.13亿元。2010年，规模以上工业企业利税总额17.35亿元，其中，利润12.23亿元。2011年，规模以上企业实现利税18.97亿元，2012年25.36亿元。2013年，规模以上工业企业实现利税34.6亿元，增长36.44%；2014年，实现利税35.98亿元，增长3.99%；2015年，实现利税38.55亿元，增长7.14%，实现利润28.37亿元，增长3.35%。

主要产品产量 1991年，全县工业以农副产品加工为主，产品种类少，档次低。主要产品产量为食用植物油5311吨、白酒2800吨、纱1202吨、布10.4万米、服装42万件、家具5.2万件、机制纸及纸板200吨、磷肥1418吨、地毯19万平方米。经过5年发展，全县工业企业初具规模，产品种类和产量大幅度增加。1995年，全县工业主要产品产量为小麦粉1.02亿吨、食用植物油8136吨、饲料16346吨、饮料酒3593吨、纱552吨、布123万米、服装81万件、布鞋17万双、鞣制皮革122.4万张、人造板2.81万立方米、家具15.2万件、机制纸及纸板1.59万吨、地毯81.1万平方米、塑料制品613吨。1997年，因企业经营体制及产权制度改革，部分企业转产停产。主要产品小麦粉、食用植物油、白酒、服装、人造板、家具等工业品产量均比上年有不同程度的下降。2000年，规模以上工业企业主要产品产量为食用植物油2008吨、白酒668吨、纱1480吨、服装18万件、人造板4.2万立方米、机制纸4.36万吨、罐头182吨。2008年，工业企业主要产品产量为小麦粉9561吨、饲料17.54万吨、罐头2.84万吨、白酒126.1万升、精制食用植物油4.63万吨、棉纱2.79万吨、布3204.2万米、服装398.96万件、人造板8.85万立方米、家具2.16万件、机制纸7.49万吨、合成复合肥料4.91万吨、化学原料药3437.1吨、皮革服装2.65万件。

第二节 工业结构

所有制结构 20世纪90年代初，全县工业所有制以全民和集体所有制为主。集体工业在全县工业中占较大比重，主要分布在县经委系统、县供销社系统、县棉麻系统和乡镇工业。1991年，全县全民所有制企业主要有县自来水公司、副食品加工厂、饲料加工厂、供电局、物资局木材厂、粮油加工厂、浸油厂、粮食局食品厂、物资服务公司、拖拉机站、毛纺厂、针织厂、毛巾厂、印刷厂、磷肥厂、机械厂、酒厂17家；集体工业企业主要有县橡胶厂、鞋厂、五金厂、剪刀厂、竹业社、汽修厂、制革厂、皮毛厂、裘服厂、木器厂、肉联厂、阿胶厂、地毯总厂、刺绣厂、地毯公司、童服厂、一棉厂、二棉厂、三棉厂、四棉厂、五棉厂21家。1995年，个体民营和三资企业开始起步。全县全民所有制企业21家，集体工业企业151家，联营企业1家，外商投资企业4家。2000年后，原有国有企业及集体工业企业逐渐改制为股份制企业。2001年，国家控股企业5家。2005年以后，随着招商引资力度的加大和投资环境的改善，以增强经济综合竞争力和可持续发展能力为目标，大力调整优化所有制结构，全县工业所有制结构基本呈现出以股份制企业、个体私营企业、外资企业为主的格局，企业内多种资本并存，全民及集体所有制企业处在向所有制转变过程中。2015年，全县国家控股企业只有县自来水公司、供电公司2家，集体所有制企业全部转为私营和股份制企业。

行业结构 20世纪90年代初，全县工业企业规模小，产品档次低，骨干企业以建筑材料、机械制造、纺织类企业为主，属劳动密集型工业。1995年以后，随着改革的逐步深入和市场的放开搞活，兴办了一批皮毛加工、食品加工、化工、非金属矿物制造等企业和项目。21世纪初，在工业结构调整中，以培植名牌产品为目标，加大以造纸、农副产品加工、医药为龙头的重点产业培植力度，发展壮大优势产业，着眼于特色资源带动全县工业。2010年后，新型产业在发展中调整和升级，加大利用高新技术改造传统产业的力度，医药、化工、肥料、农副产品深加工等重点企业形成技术含量高、市场前景好的核心企业。2015年，全县工业涵盖纺织服装、化工、农副产品加工、食品制造、医药、木材加工及家具制造、专用设备制造等20多个行业。

第三章　工业门类

第一节　化学工业

行业概况　1991年，全县有县磷肥厂、橡胶厂、阿胶厂、陈集水泥厂等化工企业10家，年产磷肥1418吨、再生胶2000吨、水泥1000吨、中成药86吨，年工业总产值3377万元。1997年，化工企业20家，实现工业总产值9382万元。2002年以后，化工行业依靠科技进步，加大研发投入，加快产品结构调整，加强企业管理，开拓国内外市场，企业发展较快，形成无机化学品、基本有机原料、精细化工等3大类、60多个产品品种的行业体系，成为定陶工业经济的主导产业之一。2002年，建立山东润鑫精细化工有限公司，主要产品为2，2-二溴-3-氰基丙酰胺（DBNPA）3000吨/年，溴硝醇（布罗波尔）2000吨/年，年生产能力4000余吨。同年，全县规模以上化工工业企业6家，其中，化学原料及化学制品制造业2家，医药制造业1家，塑料制品业1家，其他2家，总资产8194万元，产值1.05亿元，主营业务收入1.31亿元，利税总额611万元，从业人员386人。2010年，全县规模以上化学工业企业35家，产值36.14亿元，占全县工业总产值的24.9%；销售收入35.47亿元，利税3.5亿元。2015年，定陶县化工企业47家，重点企业是润鑫、百瑞、宇隆生物、蜀中药业、清源化工、盼达化工、三化药业、晔康化学制品，完成工业总产值114.97亿元，实现销售收入110.61亿元，实现利税12.67亿元。

企业选介　山东润鑫精细化工有限公司　成立于2002年，位于定陶县东外环路南段润鑫产业园区，是一家专业从事微生物控制剂和新型激素医药中间体的研发、生产、销售的省级高新技术企业。公司分为山东赛托生物科技股份、山东斯瑞医药和菏泽润鑫生物3个子公司，总资产11.6亿元，占地面积32.2公顷，员工602人。公司紧盯国家产业战略导向，围绕新型甾体生物医药中间体研制开发和产品链延伸，加快实施转型和结构调整，走出一条集高端技术、高端人才、高端装备、高端产品、高端市场合一的创新发展之路。2015年，实现销售收入突破9.6亿元，实现税收9100万元。公司是菏泽市重点企业、定陶骨干企业和第一纳税企业。

▲　润鑫化工车间　（2010年摄）

山东蜀中药业有限公司 成立于2008年12月，原名为山东科比达生物化学科技有限公司，2010年3月更名为山东蜀中药业有限公司。公司位于定陶（烟台）工业园（鲁花东路北段），总资产1.4亿元，职工140人，其中，高级工程师2人，销售精英18人，技术骨干20人。主要产品有诺氟沙星USP22-31版、盐酸诺氟沙星（企标）、烟酸诺氟沙星（企标）。是山东唯一一家生产氟哌酸的企业，填补了山东省医药原料行业的空白。公司与蜀中制药、新华鲁抗药业

▲ 山东蜀中药业有限公司外景　（2011年摄）

集团、石家庄制药集团、广州白云山制药、山东鲁抗医药集团、鲁南制药、哈药集团等十几家大中型医药企业建立广泛的供销网，公司生产的诺氟沙星系列产品供不应求。2015年，完成主要营业收入5.64亿元，利税8411万元，分别同比增长2.55%、13.63%。

山东五洲医疗器械有限公司 2010年3月，取得营业执照，位于定陶烟台工业园内，注册资金1180万元，主要生产一次性注射器、输液器、扩张器。产品销往中国台湾地区及南美、中亚、东南亚、西亚、北非的60多个国家和地区。公司占地面积3.3公顷，职工300余人，总资产17117万元。2015年，实现主营业务收入2.21亿元，

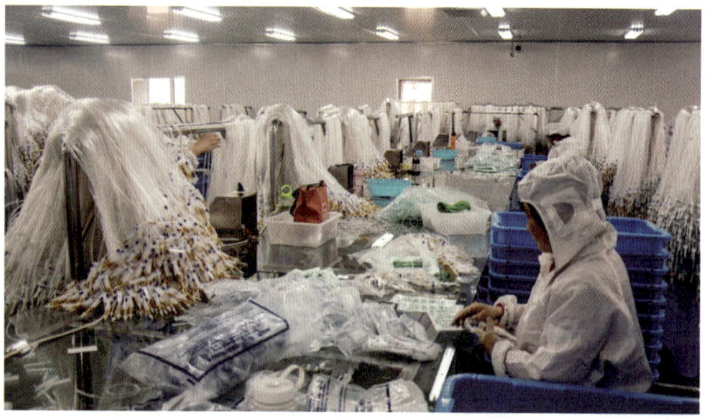

▲ 五洲医疗生产车间　（王哲 摄）

利税2274万元，分别同比增长8.33%、7.91%。

第二节　纺织服装工业

行业概况 1991年，全县有纺织服装工业企业17家，包括棉纺织业、麻纺织业、针织品业和棉花加工业、服装加工。实现工业总产值1.04亿元，产品销售收入1.57亿元，职工3940人。2004年，通过招商引资，山东艺达家纺有限公司、山东荣达纺织有限公司等相继落户定陶。至2005年，全县国有及规模以上的纺织工业企业发展到14家，实现工业产值2.93亿元，主营业务收入2.96亿元，利税总额607万元，从业人员2766人。2010年，全县规模以上纺织工业企业25家，实现

▲ 定陶万丽织造有限公司生产车间一角　（2013年 车宜珂 摄）

工业总产值19.96亿元，主营业务收入19.56亿元，利税总额1.73亿元。2015年，全县规模以上纺织工业企业32家，实现工业总产值39.1亿元，主营业务收入39亿元，利税总额3.39亿元。

企业选介　山东艺达家纺有限公司是山东艺达集团的子公司，2004年4月创建。2015年，公司下辖8个工业厂区及经贸物流配送、经贸培训2个经营性公司，形成以床上用品生产经营为主、纺纱织布、物流配送、酒店服务为辅的大型现代化园区。公司有员工近2000人，占地面积93公顷，建筑面积44万平方米；引进多头电脑绣花机、拉布机、棉制品生产线、喷气式织机等先进设备4000多台（套），具有年生产加工床品1200万件（套），棉品800万件（套），特宽幅坯布5000万米的生产能力。企业先后通过ISO9001、ISO14001、OHSAS18001、Oko-tex standard 100等多项国际认证，并建立省级技术研发中心，拥有50多个专利。企业先后获“中国家用纺织品出口百强企业”“中国家用纺织品常务执行理事单位”“全国青年文明号”“山东省优秀思想政治工作先进企业”“山东省先进基层党组织”“山东省消费者满意单位”等称号，被山东省旅游局确定为“全省工业旅游示范点”。艺达家纺被评为“中国名牌”“国家免检产品”，“艺达”商标被评为山东省著名商标，实行国际注册。2015年，公司完成工业总产值9299万元，实现销售收入9299万元，实现利税680万元。

▲ 艺达产品展厅　(2006年摄)

第三节　食品工业

行业概况　1991年，全县有饮料制造业3家，完成工业总产值1681万元。2002年，山东鲁花浓香花生油有限公司落户定陶，年产花生油15万吨。当年，规模以上食品加工业8家，总资产3.05亿元，产值1.89亿元，主营业务收入2.2亿元，利税903万元，从业人员2964人。2010年，规模以上食品加工业34家，产值40.68亿元，主营业务收入41.75亿元，利税4.87万元。2015年，规模以上食品加工业32家，产值65.75亿元，主营业务收入71.4亿元，利税9.26亿元。

企业选介　山东鲁花浓香花生油有限公司2002年落户定陶县，是大型食用油生产企业。企业于2003年2月破土动工，同年10月投产试运行。2004年，又新建纸箱和PET管胚生产线。公司占地面积23.3万平方米，设计年生产花生油能力15万吨，总资产12.85亿元，员工386人，其中，管理人员19人，技术人员58人。2015年，公司完成工业总产值7.07亿

▲ 鲁花食用油生产车间　(2007年摄)

元，实现销售收入13.45亿元，利税3.43亿元。

菏泽市利德尔食品有限公司　2003年8月成立，为西班牙外商投资兴建的外商独资企业，主要从事出口果蔬罐头和果蔬速冻食品加工业务。占地7.7公顷，建筑面积12000平方米。引进12条西班牙罐头流水线，设计年生产各种罐头1万吨以上。主要品种有蘑菇罐头、蔬菜罐头、大葱罐头、绿豆芽罐头等系列产品，产品全部销往欧美等国际超市。2005年5月，投资1500万元扩建果蔬速冻厂，扩建建筑面积4000平方米，引进全国先进的果蔬速冻流水设备1套，设计年生产能力2万吨。主要品种有蔬菜、绿芦笋、白芦笋、双孢菇、黄桃等系列产品，产品销往日本及欧美等发达国家。2007年投资3000万元，发展400公顷无公害蔬菜种植基地。

▲ 芦笋罐头生产车间　（2013年 车宜珂 摄）

第四节　机械工业

行业概况　1991年，全县有机械工业企业25家，产值3000万元，年生产中小农具及其他22万件。2000年以后，怡力铝业、天地大建材、双龙冶金机械、华宝隆轻工机械等企业相继成立，机械工业发展较快。规模以上机械工业15家，产值1.3亿元，主营业务收入1.27亿元，利税1016万元。2010年，规模以上机械工业18家，产值13.51亿元，主营业务收入13.41亿元，利税1.33亿元。2015年，规模以上机械工业41家，产值65.27亿元，主营业务收入64.74亿元，利税5.95亿元。

企业选介　定陶怡力铝业有限公司是南山集团组建的铝合金深加工企业，是菏泽市唯一一家铝型材生产、加工企业，专业从事铝型材生产加工，同时是建设部建筑型材定点生产企业。公司占地面积8公顷，有20余条技术先进、配套齐全的生产线，集熔铸、模具开发、挤压、喷砂、氧化电泳、粉末喷涂、断桥隔热等高档铝型材的研发、生产、销售于一体，年生产量超过5万吨。公司的“创好”牌铝材以卓越的品质和良好的服务畅销国内市场，并被评为“中国著名品牌”。

▲ 怡力铝业外景　（2007年摄）

第五节　造纸　印刷工业

行业概况　1991年，定陶有造纸及纸制品、印刷企业5家，其中，造纸业及纸制品业3家，印刷企业2家，完成工业产值346万元，产品销售收入203万元，从业人员710人。2000年6月，成立菏泽胜利包装有限公司，占地面积2.9公顷，建筑面积9420平方米，2001年建成投产。主要生产高档瓦楞纸箱，年生产能力5000万平方米。2005年，全县规模以上造纸及纸制品业发展到8家，其中，造纸业3家，纸制品业5家，总资产3.25亿元，实现产值6.35亿元，主营业务收入6.11亿元，利税总额5214万元。2010年，全县规模以上造纸及纸制品业2家，分别是泉润纸业、鲁森木制纸，实现产值3.54亿元，主营业务收入3.5亿元，利税总额1589万元。2015年，全县规模以上造纸及纸制品业3家，分别是泉润纸业、鲁森木制纸、天鸿纸业，实现产值4.03亿元，主营业务收入3.98亿元，利税总额5423万元。

企业选介　山东泉润纸业有限公司是一家以废纸、商品浆为原料生产机制纸的骨干企业。公司位于定陶县陈集镇综合产业园中部，占地面积27公顷，厂房建筑面积5万平方米，公司总资产3.43亿元，员工780人，其中，技术人员170人，年制浆能力8.1万吨，年产特种纸能力10万吨，主导产品有文化用纸、装饰原纸和模板原纸。其产品畅销山东、河南、河北、天津、江苏、安徽、上海等10余个省市。公司先后被省质量技术监督局评为“标准化管理达标企业”，被省工商局评为“重合同守信用企业”，通过省环保厅清洁生产审核验收。2015年，公司完成工业总产值1.83亿元，实现销售收入1.82亿元，利税2713万元。

第六节　皮毛制品工业

1991年，定陶皮革制品制造企业有8家，产值1.96亿元，销售收入1.13亿元，从业人员5810人。至2000年，限额以上皮革制品制造工业企业有1家，为山东国华实业总公司。完成产值2560万元，销售收入3281万元，从业人员1720人。1999年，县皮毛厂产权出售，县皮革厂、皮鞋厂实行租赁经营。2004年至2005年，皮毛制品民营企业发展迅速，仅陈集镇沙海就相继有吉光皮革、鲲鹏皮革、越盛皮毛等企业成立。2010年，全县规模以上皮毛鞣制加工企业7家，产值4.92亿元，主营业务收入4.63亿元，利税总额1021万元。2015年，全县规模以上皮革、毛皮及其制品业7家，产值12.65亿元，主营业务收入12.47亿元，利税总额7670万元。

▲　皮毛玩具制品

第四章　县经济开发区

第一节　园区规划

2002年6月，经菏泽市人民政府批准设立定陶经济开发区，2006年3月，山东省人民政府批准为省级开发区。按照定陶县《城市利用总体规划》和《土地利用总体规划》的要求，开发区规划总面积300公顷，管辖总面积2000公顷。东至崔庄东路，南至古塔路，西至菏商路，北至定陶新河。定陶开发区是由山东省城乡规划设计院规划设计，整个规划与城市规划、仿山风景区规划

▲ 园区规划图

相衔接。根据城市规划的调整，结合定陶县实际情况，2013年开始，定陶开发区重点打造定陶工业园、烟台工业园、润鑫生物医药产业园、中小企业园、高新技术产业园等特色鲜明的园区，并根据需要逐步修订和完善土地利用规划和城乡建设规划，同时根据产业布局的特点做好经济社会发展规划和城市生态功能规划，重点打造医药化工、机电制造、农副产品加工、高新技术、商贸物流等功能区。根据全县产业现状，初步规划了新兴产业园区、润鑫产业园区、中小企业工业园区等3大产业园区。其中，新兴产业园区位于菏泽东部工业园东侧，紧临上海路，北起长江路，南到万福河，在高速连接线和日南高速之间，与菏泽市区的工业企业相连，规划产业园区总面积15.2平方千米，总用地1520公顷，扣除村庄和基础设施用地后可利用土地约1000公顷。园区涉及17个自然村，12344人，规划区村庄占地313.8公顷。园区规划“九横三纵”共12条道路组成的道路网，其中，万福河南路、钱塘路等6条横路与市区道路相连。园区内主要布置商贸物流、农副产品加工、机电制造等主导产业。园区规划一期用地面积4.1平方千米，二期用地面积5平方千米，三期用地面积6.1平方千米。润鑫产业园区位于天中街道境内。园区规划范围东起德商高速公路，西至东外环，南起定砀路，北至西牛庄村后道路，总面积约3.8平方千米。园区涉及4个自然村、2030人，规划区村庄占地36.8公顷。园区主要发展定位为激素类药物、疫苗、单克隆抗体和高端医药原料的加工生产。组建研发中心，博士后流动站，建设多功能中试车间，围绕生物合成技术，对产品进行技术支持。中小企业工业园区位于县北外环两侧，北起万泉路，南至府前大道，西起京九铁路，东至东外环路，规划总面积21平方千米，一期用地面积5平方千米。主要布局木材加工、农副产品加工、食品加工、商贸物流和机械电子产品等产业。

第二节　园区基础设施建设

至2015年底，定陶县共投入11.2亿元完善园区基础设施建设，上海路、广州路、仓南路、定砀路、东丰路、东外环、北外环、丽江路、万泉路、高速公路连接线等10条道路建设，总长度50余千米。润鑫路、御思路、盛阳路、麟迹路、春蕾路、广州路等8条园区道路，总长度9.7千米全部通车。园区工业污水处理厂投入运营，第二污水处理厂开工建设，集中供热项目投入运营。菏泽机场、高铁站、万福河码头规划建设中。

定陶县工业园　位于临商路以东、京九铁路以西、北外环两侧，规划面积8平方千米，整个规划与城市规划、仿山风景区规划相衔接。重点发展机械制造、农副产品加工、休闲旅游、商贸物流等主导产业。园区完成基础设施投入1.36亿元，建设北外环、希望路、山南路、青年路、仿山路等9条道路，总长19千米，区内实现“七通一平”和绿化、亮化、美化。

烟台工业园　位于定陶县城东南部，南靠定砀路，北接东丰路，京九铁路贯穿中央，规划面积1.77平方千米。至2015年，共完成基础设施投入9000万元，修建了工业大道、鲁花东路、麟迹路等10条道路，总长度7.3千米，修筑路面约11万平方米，铺设地下给排水管网2.3万多米，园区内实现了“七通一平”和绿化、亮化、美化。形成医药化工、食品加工等主导产业。

润鑫生物医药产业园　园区位于东外环两侧，规划面积5.58平方千米，先后投资1.5亿元，修建东外环、南外环、润鑫路、御思路，基本实现“四通一平”的条件。重点规划生物制造重大产业片区、新兴医药及原料片区、润鑫生物核心片区、科技孵化平台片区、贸易物流片区、环保片区等6大功能区，主要布局高科技生物医药、高端生物制造、新型医药及原材料生产等生物产业，规划建设集人才培育、科技研发、生物医药制造于一体的节能环保示范园区。

中小企业园　园区位于北外环和高速连接线两侧，规划面积9.9平方千米，投资2.2亿元，修建高速公路连接线、盛阳路、麟迹路、春雷路、广州路，基本实现“四通一平”的条件。重点规划污水处理厂、热电厂、高压走廊、中小企业集聚区，主要布局机械制造、电子、纺织、汽车销售服务、驾驶培训等主导产业。

高新技术产业园　园区位于陈集镇境内，日南高速以东，高速连接线两侧，规划面积13.9平方千米，该区域先后投资4560万元，修建高速公路连接线、泉润路、润鑫南路，实现“四通一平”的条件。主要布局现代商贸、交通物流、能源加工利用、新材料、新技术等新兴高科技产业。

第三节　园区开发

招商引资概况　2001年，县招商局成立后，因在资金、人才、项目等方面存在许多困难，招商引资发展比较缓慢。2005年，定陶在上海举办定陶县招商引资项目推介会，县政府主要领导和招商局带领仿山乡、陈集镇、定陶镇、张湾镇参加，推介会共邀请到会客商36人，签订项目合同、协议6个，引资2.8亿元。同时编印了《定陶县投资指南》《定陶县招商项目册》《中国部分家纺企业名录》《中国北方家纺名城规划方案》等宣传资料，为全县招商引资提供了借鉴。至当年底，成功引进了晨鸣板材有限公司、山东鲁花浓香花生油有限公司、艺达家纺集团、利德尔食

▲ 润鑫产业园

品有限公司、荣达纺织有限公司等一批龙头企业。2011年，中国菏泽国际牡丹花会期间和中国林交会期间，在定陶艺达培训中心举办了定陶县投资环境说明会暨项目集中签约仪式。当年底，成功引进的润鑫化工、昌能铸造、华航食品等40个项目投产，鑫源高碳、煜升电子、华宝隆机械等36个项目正在建设。2014年，新落地重点项目20个，总投资57.18亿元，其中，工业项目13个，投资24.88亿元；服务业项目7个，投资32.3亿元。项目分别是：鼎森木业、润鑫ADD、斯瑞医药、玻璃烤花、玖香食品、沃特管业、正隆干粉、天地大建材、瑞莱宝立体车库、高铁附件、LED电子、山通电子、宏勋家具、山大附中、奥特莱斯、鲁西南记忆、交通物流园、九州通、星光通盛、曼天然观光园。

2015年，新落地过亿元项目22个，总投资121.66亿元，其中，工业项目14个，总投资31.76亿元；三产服务业项目8个，总投资89.9亿元。项目分别是：投资4.5亿元的天久医药中间体，投资3.8亿元的稻香村食品，投资5亿元的纳福尔粮油，投资2.5亿元的盛陶化工二期，投资2.38亿元的中达山药，投资1.8亿元的宝光电力科技项目，投资1.58亿元的LED照明灯，投资1.5亿元的丰泰服饰，投资2.1亿元的植物甾醇，投资1.2亿元的润鑫污水处理厂，投资30亿元的传化物流，投资1亿元的天久集团科技孵化器，投资17亿元的亿利达国际商贸物流，投资15亿元的万亩生态观光园，投资5.8亿元的大刘楼水库，投资5亿元的集中供热，投资1.1亿元的日处理2万吨工业污水厂，投资15亿元的部庄片区开发，投资1.3亿元的博泰塑业制品，投资1.2亿元的卜米电子，投资1.7亿元的元达家具，投资1.2亿元的红旗家具。在建过亿元工业服务业项目49个，累计完成投资72.8亿元，同年底，完成投资33.7亿元。

定陶县工业园企业　至2015年，园区入驻坤和木业、艺达家纺、金豆饲料、鲁星机械、天沐温泉、奥特莱斯等企业27家，吸纳就业岗位2120个，累计完成固定资产投资32亿元。

开发区企业选介　山东恳利来农业科技发展有限公司　公司成立于2001年1月，位于经济技术开发区，属菏泽市高新技术企业，固定资产2亿元。占地面积5.8万平方米，建筑面积1.835万平方米。有员工120人，设有复合肥生产车间、掺混肥生产车间、包装车间、锅炉车间、仓储部、质检室、财务统计办、机电维修部、行政办、供应部、销售部等10个部门。2015年，产值3.05亿元。产品获“菏泽市专利技术二等奖”。公司主要产品有复合肥、复混肥、掺混肥、有机肥、脲甲醛缓释复混肥等产品。

山东鲁星工程机械有限公司　成立于2012年3月，位于定陶县经济技术开发区内，有固定资产2.6亿元。主要从事流动式起重机、挖掘机、电动轿车及专用汽车的设计研发、生产与销售。公司占地面积11.6万平方米，建筑面积5.54万平方米。员工35人，其中，大专以上学历人员10人，中专学历人员10人，各类技术人员15人，下设办公室、生产部、设计部、销售部、财务部、企管部、人事部、后勤部8个部门。2015年，完成产值404万元，利税额负247万元，注册商标为“鲁星”。曾获“中国科技精品博览会金奖”“山东明星企业”“高新技术企业”“先进企业”；连续多年获“产品合格、质量体系健全、产品质量稳定企业”“放心消费单位”，并在同行业山东产销量第一名。

第五章　电　力

第一节　供电设施

输配电线路　20世纪90年代，境内有110千伏输电线路1条，长0.5千米；100千伏输电线路1条，长2.82千米；35千伏输电线路8条，长67.36千米。2001年，110千伏输电线路3条，长20.7千米；100千伏输电线路4条，长34.84千米；35千伏输电线路3条，长24.8千米。2010年，全县110千伏输电线路6条，长23.81千米；35千伏输电线路14条，长105.68千米。至2015年底，境内有110千伏输电线路9条，长109.05千米；35千伏输电线路17条，长136.54千米，10千伏输电线路94条，长1351.54千米；0.4千伏线路2787.64千米。

▲　输电线路　　（2014年 叶宏 摄）

2015年定陶县110千伏输电线路一览表

表12-5-1

线路名称	起至点	线路长度（千米）	电压（千伏）		杆塔		运行时间
			设计	现用	杆型	基数	
110KV仿河线	仿山—张河	6.51	110	110	水泥杆\铁塔	35	2007.2
110KV仿陶线	仿山—定陶	20.79	110	110	水泥杆\铁塔	100	1982.1
110KV白陶线	白庄—定陶	28	110	110	水泥杆\铁塔	114	1982.1
110KV白陶线#83分支	白陶线83#—路楼	6.5	110	110	铁塔	28	2007.5
110KV仿陶线#31分支	仿陶线31#—张河	0.05	110	110	铁塔	1	2003.12
110KV仿陈线	仿山—陈集	10.82	110	110	水泥杆\铁塔	51	2008.11
仿朱Ⅰ线	仿山—朱楼	13.59	110	110	铁塔	56	2013.06
仿朱Ⅱ线	仿山—朱楼	13.69	110	110	铁塔	57	2013.06
开陈线	开发—陈集	9.1	110	110	铁塔	35	2013.11

2015年定陶县35千伏输电线路一览表

表12-5-2

线路名称	起至点	线路长度（千米）	电压（千伏）		杆塔		运行时间
			设计	现用	杆型	基数	
35KV城关线	定陶—城关	2.9	35	35	铁塔	28	1994.5
35KV邓集线	定陶—邓集	10.24	35	35	水泥杆\铁塔	103	1993.11
35KV定杜线	定陶—杜堂	6.86	35	35	水泥杆\铁塔	55	1985.12
35KV冉堌线	定陶—冉堌	12.352	35	35	水泥杆\铁塔	99	1993.1
35KV半堤线	刘庙—半堤	8.5	35	35	水泥杆	77	1994.4
35KV刘杜线	刘庙—杜堂	6.55	35	35	水泥杆\铁塔	44	1985.12
35KV刘庙线	陈集—刘庙	3.41	35	35	水泥杆\铁塔	30	2003.7
35KV张海线	城关—张海	15.5	35	35	水泥杆\铁塔	173	1994.11
35KV南城线	沃野—南城	5.4	35	35	水泥杆\铁塔	45	2001.6
35KV沃野线	定陶—沃野	6.6	35	35	水泥杆\铁塔	71	2006.9
35KV路孟线	路楼—孟海	11.89	35	35	铁塔	51	2011.12
35KV半孟线	半堤—孟海	4.06	35	35	铁塔	18	2011.12
35KV朱海线	朱楼—张海	6.7	35	35	铁塔	32	2013.12
35KV朱南线	朱楼—南城	7.28	35	35	铁塔	38	2013.12
35KV路堌线	路楼—冉堌	9.4	35	35	铁塔	35	2014.08
35KV路郝线	路楼—郝庄	9.1	35	35	铁塔	35	2014.08
35KV黄店线	定陶—黄店	9.8	35	35	水泥杆\铁塔	94	1978.6

2015年定陶县10千伏输电线路一览表

表12-5-3

输电站名	条数/总长（千米）	线路名称/线路长度（千米）/运行时间
陈集变电站	6/130.51	陈农Ⅱ线/56.99/2005；镇工Ⅱ线/14.84/2005；菏达Ⅲ线/2.03/2006；陈白线/19.5/2006；张胡同线/4.9/2014；保宁Ⅱ线/32.25/2006
定陶变电站	15/89.19	圣龙线/5.96/2001；福田线/2.49/2002；鲁花Ⅰ线/3.37/2003；鲁花Ⅱ线/3.37/2003；东王店线/27.71/2005；工业线/13.3/2008；范店线/5.03/2010；邓庄线/2.99/2010；崔庄线/5.93/2011；梁楼线/4.38/2011；曹口线/3.36/2015；火车站线/1.22/1996；孔楼线/3.36/2015；秦庄线/3.36/2015；王庙线/3.36/2015
路楼变电站	5/196.19	姑庵线/67.87/2005；联黄线/2.79/2007；黄北线/24.49/2015；黄店线/62.5/2004；黄西线/38.54/2015

续表12-5-3

输电站名	条数/总长（千米）	线路名称/线路长度（千米）/运行时间
张河变电站	15/63.75	张邓Ⅰ线/1.45/2005；张邓Ⅱ线/1.45/2005；晨鸣线/1.2/2005；开发区线/5.35/2005；林盾线/1.21/2005；城郊Ⅱ线/8.38/2005；建华Ⅱ线/5.25/2005；艺达Ⅱ线/0.54/2006；艺达Ⅰ线/2.3/2006；希望线/24.08/2006；荣达线/0.91/2006；府前线/3.15/2015；郜秦线/2.1/2015；郜庄线/2.67/2015；李线庄线/3.71/2015
朱楼变电站	6/125.42	段刘线/15.9/2014；郭伯堂线/21.93/2014；陈河线/18.35/2014；樊庄线/27.45/2014；李玉池线/17.67/2014；姚庄线/24.12/2014
半堤变电站	4/85.97	半农线/31.28/2004；孟海线/15.71/2004；兴隆线/17.95/2004；万福线/21.03/2005
城关变电站	4/27.47	邓农线/5.17/2004；邓北线/5.29/2004；游集线/40.51/2005；临商线/20.61/2012；张庄线/6.1/2012；邓金线/0.2/2008
邓集变电站	6/77.88	邓农线/5.17/2004；邓北线/5.29/2004；游集线/40.51/2005；临商线/20.61/2012；张庄线/6.1/2012；邓金线/0.2/2008
黄店变电站	1/0.05	黄北线/0.05/2004
刘庙变电站	5/10.62	刘庙变电站/陈农线/0.21/2004；刘庙变电站/联络线/5.22/2004；刘庙变电站/镇工线/3.48/2004；刘庙变电站/保宁线/0.5/2004；刘庙变电站/三棉厂线/1.21/1992
孟海变电站	2/26.72	南王庄线/14.34/2012—12—1；许楼线/12.38/2012—12—1
南城变电站	7/68.55	马集线/0.25/2004；南郊线/11.82/2005；济阴Ⅱ线/8.06/2005；西郊线/1.06/2005；城中Ⅱ线/4.04/2005；兴华Ⅱ线/4.61/2005；南王店线/38.71/2008
冉堌变电站	4/121.65	王双楼线/29.31/2004；冉达线/6.79/2004；冉农线/40.84/2004；田集线/44.71/2005
沃野变电站	8/57.91	济阴Ⅲ线/10.38/2004；曹家线/5.23/2013；范阳线/4.27/2012；南山线/1.21/2009；司庙线/30.55/2014；温庄线/4.85/2012；周庄线/1.37/2012；综合楼变线/0.05/2014
张海变电站	6/269.66	张农线/11.92/2005；力本屯线/0.96/2005；一千王线/29.08/2005；张化线/22.27/2011；张北线/23.56/2015；张工线/2.31/2006

变电站　20世纪90年代，全县有100千伏变电站1座，35千伏变电站10座。2001年，有100千伏变电站1座，变电容量31500千伏安；35千伏变电站9座，变电容量49100千伏安。2010年，有中心、陈集、张河、路楼等110千伏变电站6座；黄店、陈集、冉堌、邓集、半堤、张海、南城、杜堂、沃野等35千伏变电站20座。到2015年年底，县域内有220千伏变电站1座，变电容量330000千伏安；110千伏变电站5座，主变压器9台，变电容量389000千伏安；35千伏变电站11座，主变压器21台，变电容量192250千伏安；公用配变1273台。所有35千伏变电站均实现双主变运行、双电源供电，形成以220千伏变电站为龙头，110千伏变电站为骨干，35千伏变电站为支撑的电网体系。

2015年定陶县110千伏变电站一览表

表12-5-4

站名	占地面积（亩）	投运时间	变压器		位置
			千伏安	台	
定陶站	0.73	1997.12	31500	1	滨河街道
		2003.3	50000	1	
陈集站	0.45	2003.7	31500	1	陈集镇
		2013.5	50000	1	
张河站	0.31	2015.9	31500	1	仿山工业园
		2006.1	63000	1	
路楼站	0.5	2005.12	31500	1	黄店镇
		2014.9	50000	1	
朱楼站	—	2012.8	50000	1	马集镇

2015年定陶县35千伏变电站一览表

表12-5-5

站名	占地面积（亩）	投运时间	变压器		位置
			千伏安	台	
城关站	0.18	2005.11	10000	1	天中街道
		2015.12	20000	1	
南城站	0.25	2015.9	20000	1	定陶县城
		2015.9	20000	1	
邓集站	0.25	—	10000	1	邓集镇
张海站	0.33	2005.12	10000	1	张湾镇
		2003.3	6300	1	
冉堌站	0.28	2005.12	6300	1	冉堌镇
		2005.12	10000	1	
黄店站	0.21	1995.1	6300	1	黄店镇
		2003.7	6300	1	
刘庙站	0.37	1997.7	6300	1	陈集镇
		1997.6	3150	1	
半堤站	0.18	2002.8	6300	1	半堤镇
		2003.4	6300	1	

续表12-5-5

站名	占地面积（亩）	投运时间	变压器		位置
			千伏安	台	
杜堂站	0.24	2003.7	5000	1	杜堂镇
		2014.6	10000	1	
沃野站	0.23	2003.11	10000	1	烟台工业园
		2012.4	10000	1	
孟海站	0.11	2003.4	5000	1	孟海镇
		2001.6	5000	1	

第二节　供　电

调度管理　1991年至2015年，全县电力调控由县供电公司（供电局）调度所（电力调控分中心）负责，归属菏泽地区（市）供电公司地调所（电力调控中心）领导。每年1月，县调所编制年度电网运行方案，经县供电公司（供电局）相关部门会审批准后，报菏泽地区（市）供电公司地调所（电力调控中心）备案，于当月下发有关单位执行。

调度自动化　1989年，调度自动化开始起步，1999年，调度自动化主站更换为DF-2000型，满足三遥功能，实现电网实时监控，并实现模拟屏显示。2003年，调度自动化系统更换为SE-9000型，进一步完善变电站集中监控功能。2013年，更换为OPEN-3000型智能调度自动化主站系统，实现地县一体化监控，AVC功能上线；省地县全部覆盖调度数据网络，变电站远动通道全部实现网络通信。2014年，配网自动化系统主站上线，实现中心城区配电线路自动化全覆盖。2015年，调度自动化模拟屏更换为LCD液晶拼接大屏幕，能动态直观显示电网实时运行状态。

负荷调度　20世纪90年代初，电力供需矛盾突出，供需能力不成正比，负荷调度严格按照计划实施；经常出现电网出力不能满足用电负荷需求或输变电设备无法承载更多负荷，采取调整

▲　常态化带电作业

负荷分布还是不能满足运行要求，出现“拉闸限电”情况。1995年以后，随着电网供电形势变化，“拉闸限电”次数随之减少，1997年，电力供应放开，定陶电网负荷随之增加。至2015年，定陶电网最高负荷168万千瓦，电网保持安全稳定经济运行。

安全供电　1991年以后，随着全县电网安全生产管理水平的稳步提高，县供电局修订完善各单位安全生产责任制，组织好全县线路清障工作，开展以“四防”为主的安全检查。同时开展农网升级改造工作，改造薄弱电网。1998年，公司在春检工作中本着“应修必修，修必修好”的原则，开展安全生产大检查活动，将安全生产工作落到实处，确保全县电网安全运行。强化线路运维管理，对输配电线路采取双重编号，使色标、相序、标志牌清晰醒目，对线路运行中发现

的不安全因素及时整改，执行线路巡查制度，并对检查结果做好记录，同时强化低压配电线路施工标准，对乱拉乱扯电线的不安全用电行为进行规范，保障低压用户安全用电。2000年，以“保设备、保人身、保电网”为工作目标，建立健全各项管理制度，实行重奖重罚、以责论处的考核办法，当年公司获全省“安全生产先进单位”称号。2005年，加强对检修、工程施工现场的安全监督和管理，强化农村安全用电管理，开展春季、夏季、冬季、重大节日安全大检查，实现连续安全生产7725天。2008年至2010年，强化应急管理，制定电网迎峰度夏、防汛和各类应急预案，坚持警企联合，依法打击窃电和破坏电力设施行为，维护用电秩序。2012年，开展“安全年”活动和“隐患排查治理深化年”活动，通过设置宣传展板和咨询台，发放用电安全宣传材料5000份，组织学习15起事故通报及安全警示教育片，对增强全社会安全防范意识和自我保护能力取得显著成果。2014年，成立安全督察队，组织反违章督察，检查并督导整改各类隐患，牢固树立全员“大安全”理念，组织“防雷治理月”“隐患排查月”等12项主题活动。2015年，强化教育培训，组织考试12次，累计参加600人次，参与率100%。开展“依法从严治企严肃规范服务”百日隐患排查整治活动，进行“拉网式”安全大检查，散发宣传材料3万份，清除违章树木8000余棵，下发通报14期，考核9人次，协同公安部门查处窃电、破坏电力设施案件11起，维护权限用电秩序，被省安监局确定为“省级安全文化建设示范企业”。全县电网安全生产延续新高，突破1万天。

1991—2015年定陶县电网供电情况统计表

表12-5-6　　单位：万千瓦时

年份	全社会用电量	全社会净用电量	工业电量	农业电量	居民生活电量
1991	5161	4814	2741	1366	707
1992	5997	5617	2734	1448	1435
1993	5546	5228	2269	1462	1497
1994	6605	6215	3657	1245	1313
1995	8045	7586	3192	1495	2899
1996	9250	8725	3504	1897	3324
1997	10738	10140	4181	2068	3891
1998	11637	10938	4242	2238	4458
1999	13832	13076	5377	2617	5082
2000	16872	15955	6638	3151	6166
2001	18955	17885	7305	3813	6767
2002	22143	20993	9137	3907	7949
2003	21215	20118	7457	4728	7933
2004	19661	18517	5270	4915	8332
2005	27737	26192	10804	5059	10329

续表12-5-6

年份	全社会用电量	全社会净用电量	工业电量	农业电量	居民生活电量
2006	32075	29797	14317	3708	11772
2007	36300	33874	17514	3484	12876
2008	35032	32776	16135	3204	13437
2009	34756	32514	12481	4421	15612
2010	38436	36024	13577	4698	17749
2011	53552	50227	23614	5311	21302
2012	60946	55400	29272	3089	23039
2013	69720	64700	41577	3398	19725
2014	72968	67933	44503	3380	20050
2015	75328	70432	42108	4346	23978

第三节　用　电

1991年，全县社会用电量5161万千瓦时，全县社会净用电量4816万千瓦时。其中，工业电量2741万千瓦时，占56.94%；农业电量1366万千瓦时，占28.38%；居民生活电量707万千瓦时，占14.68%。1994年后，全县开展电网建设，19个乡镇465个行政村实现全部通电。1996年1月30日，实现全县户户通电。1997年，全县社会用电量和净用电量均突破1亿千瓦时，2002年，全县社会用电量和净用电量均突破2亿千瓦时，2015年，全县全社会用电量达到75328万千瓦时，是1991年的14.60倍，年均递增11.82%。全县社会净用电量70432万千瓦时。其中，工业电量42108万千瓦时，占59.79%；农业用电4346万千瓦时，占6.17%；居民生活电量23978万千瓦时，占34.04%。

▲　变电站

第六章　乡镇企业　民营经济

第一节　乡镇企业

1991年，乡镇企业发展环境发生较大变化。国家在税收、金融、外贸、投资体制等方面一系列的改革措施相继出台，并逐步到位，个体私营经济迅速发展，乡镇企业过去所拥有的政策、机制优势相对减弱。面对新的形势，全县乡镇企业把工作重点转移至突出深化改革、扩大开放、加强管理、科技进步等关键环节上来。乡镇企业局成立科技攻关小组100多个，选派企业干部职工1000多人到高等院校参加培训。乡镇企业完成技改项目65个，新上项目15个，开发新产品25个。同年底，全县企业13687个，从业人员7.04万人。产品18个门类，3000多个花色品种。全县乡镇企业完成总产值8.37亿元，利税7384万元。

1992年，从各乡（镇）村实际出发，因地制宜确定发展突破口，在所有制构成上，坚持以乡（镇）村集体所有制企业为主，同时引导个体、私营经济发展。将“抓外经，促发展”作为实现县域经济腾飞的重要措施，全县外向型企业完成产值2.5亿元，出口交货值2亿元，外向型企业95个。主要外向型企业有条柳编、地毯、裘皮、裘革、羽绒服、皮夹克等。为解决乡镇经委工作人员及企业主要领导、技术骨干的后顾之忧，县委、县政府研究决定，凡符合条件的都转招为农民合同制工人。1993年，乡镇企业完成产值5.41亿元，实现利税4592万元，完成出口交货值3.11亿元。新上项目215个，总投资8000万元，技改项目135个，总投资3500万元。从业人员7.3万人，企业1.4万个，企业产品18个门类，2000多个品种，主要销往29个国家和地区，成为定陶县经济的重要支柱和财政收入的重要来源。同年，在陈集镇、定陶镇、黄店镇开展“抓技改、上项目”试点工作，陈集镇争取省技改资金4000多万元，新上技改项目16个；张湾乡投资8万元新上宝丽板厂；黄店镇投资50万元，对原陶瓷工艺品工艺厂进行技术改造，实现当年改造，当年见效；定陶镇投资70万元新上蚜玲王农药厂。1995年年底，乡镇企业实现总产值32.9亿元，利税2.2亿元，其中，纳税额1363.9万元；固定资产投资2.4亿元。出口产品交货值6.69亿元。全县乡镇企业固定资产总投入2.4亿元，比1993年增长5倍多。新上技改项目1500多个，为1993年的2倍，其中，乡镇58个，村办64个。投资200万元以上项目12个，新上个体私营企业1000个，其中，投资50万元以上的企业65个。随着个体私营经济的崛起，至1998年，乡镇企业逐步退出历史舞台。

第二节　民营经济

1998年，乡镇企业重点发展民营经济，以联合、租赁、购买股份、兼并等形式涉足国有、集体企业，鼓励、引导个体私营经济发展，允许单位和个人以资金、技术、设备等投资创办企业，除国家明令禁止经营的行业和商品外，都允许个体私营企业经营，全县乡镇企业总投资1.5亿元。同年，定陶县相继出台3个文件，对定陶县乡镇企业改制进行全面规范和指导。明确3条企业改制路子：①部分骨干企业建立规范的股份有限公司，建立以“三会”为主要框架的法人治理结构；②对中等规模的企业走股份合作制的路子；③对小微亏损企业实行私营，改变所有制形式。

▲ 中小企业孵化园 （2015 年摄）

2005年以后，民营企业结构调整，与农业产业结构调整相结合，有选择地改造一批企业，使其围绕“定单农业”，发展农副产品的储藏、保鲜、加工、运销等行业；与发展区域特色产业相结合，形成家纺、化工、食品、林产品加工、食用菌、养殖、裘皮加工、编织等主导产业。马集镇的粉条、粉皮加工，双孢菇食用菌种植、羊毛衫编织、拖拉机装配、毛刷把加工；定陶镇的家纺、畜产品加工；陈集镇的裘皮、皮毛玩具加工；冉堌镇的棉花加工、果蔬加工；张湾镇的木材加工、棉花加工、麦草加工、毛衣编织；黄店镇的大棚蔬菜及肉鸭宰杀；杜堂乡的条柳编及大棚菜、南王店乡的大棚西瓜；半堤乡、孟海镇的蔬菜加工等板块迅速发展，初步形成规模，成为乡镇经济的主要支撑。

2009年，鲁花、艺达、利德尔、金豆饲料、丽天抽纱、润鑫化工、九源食品、林盾等骨干民营企业的支撑拉动作用明显增强。围绕这些骨干企业，带动一批加工、收购、运输大户，形成主业带副业，一业兴多业的集群发展效应。全县民营企业经营种类和领域不断拓宽，主要涉及家纺、食品、化工、医药、木材加工、果蔬加工、编织、机械制造、服装等10余个行业30多类产品。同年底，民营经济完成营业收入68.92亿元，同比增长36.2%；利润总额6.46亿元，同比增长89.27%；完成增加值16亿元，同比增长38.66%；完成出口交货值4.75亿元，同比增长2.96%；固定资产投资完成额18.93亿元，同比增长4.9%；上缴税金2.56亿元，同比增长47.16%。

2015年底，全县小微企业户数2094户，同比增长26.2%；个体工商户1.59万家，同比增长13.2%；各种专业合作社1198个，同比增长13.6%；经济强镇5个（天中街道、陈集镇、滨河街道、半堤镇、仿山镇）；提供就业岗位6.2万个，社会贡献率占整个工业企业的90%以上。同年，定陶县中小企业公共服务平台被省中小企业局评为“全省中小企业优秀平台”，并纳入省管理咨询协会的协作平台。培育省级产业集群1个；省级特色产业镇1个；省级“一企一技术”研发中心6家；市级“一企一技术”研发中心2家；省级“一企一技术”创新企业6家；市级“一企一技术”创新企业3家。

第三节 民营企业选介

山东天九实业集团有限公司 成立于2014年，由山东天骄、山东天美、天智绿业、山东天久、中食都庆等5家公司发起成立，是一家集研发、生产、营销于一体的省级高新技术企业，主要从事以动植物蛋白为原料的生物制品、保健食品的开发、生产和销售。集团公司总资产2.47亿元，员工600人。具备年产植脂末4万吨、低聚糖1万吨、蛋白肽1000吨的生产能力。是国内最大的生产植脂末和蛋白肽产品企业。集团公司子公司山东天久生物技术有限公司是山东省高新技术企业、山东省优秀中小企业、山东省知识产权示范企业。

菏泽三垒塑业股份有限公司 成立于2006年，是一家专业从事塑料管材管件的研发、生产、制造、销售于一体的现代化企业。公司年生产PE、PVC各种给水用管材15000吨，产品主要适用于城市供水工程、农村自来水工程、现代农业节水灌溉工程，取得发明及实用新型专利成果16项。2015年，投资3.6亿元，建立占地面积为13.3公顷，建筑面积为4.5万平方米的三垒产业园区。园区内引入合作公司10余家，提供就业岗位500余个。鲁西南第一家专业从事各种塑料给水管材、管件生产制造股份制合作企业。

山东定陶学志黍米酒酿造研发中心 该中心为民营企业，有员工38人。其主导产品是登基台汉邦黍米酒系列，为保健酒。黍米酒酿造历史悠久，据传已传至第19代。1994年，其传人邓广存研制的“名流酒”曾获“中国保健酒王”称号。该酒采用传统工艺，进行液态二次复式发酵，产品色金黄、味醇厚、清香绵甜，富含人体所需的16种微量元素和18种氨基酸，其中硒和锗是防癌抗癌的理想元素。2015年，获中央电视台科教频道《发现之旅》栏目“特别地标产品”，为菏泽市非物质文化遗产。

第十三编
商业贸易
SHANG YE MAO YI

20世纪90年代初，随着改革开放的深入，商贸业逐步向市场经济转轨，形成以国营商业为主导、多种经济成分、多种流通渠道、多种经营方式并存的、开放式的商业体系。1991年，全县有国有商业机构6个，营业网点64个。之后，除关系国计民生的石油、食盐等商品由国家控制外，全县商业、供销、物资、粮油等商品贸易实行市场、经营、价格三放开，打破主要商品由商贸部门独家经营的局面，个体商户逐年增多。1994年取消计划商品以后，企业实行市场化运作，市场主导企业经营，国有商业主渠道作用逐步削弱。1997年以后，实行股份制改造和个体经营，全县个体私营经济占主导地位。至2015年，个体私营商业企业占据市场的主导地位。全县社会消费品零售总额85.69亿元。

第一章　商　业

定陶古称陶，又名陶丘，是一座历史悠久的古城。春秋战国时期，陶是一个重要的交通枢纽，四方商客川流不息，是当时中原地区最繁华的经济都会。享有“天下之中，儒商之源”的美誉。

1991年，全县共有国有商业企业6个，干部职工807人，营业网点64个，食品站19个，生产加工车间6个，实现商品销售收入5715.7万元，商业工业产值99.7万元，上缴利税155万元。1992年，全部取消计划商品，企业实行市场化运作，市场主导企业经营，国有商业主渠道作用逐步削弱。1993年，开始推行“国有民营”改革，国有商业所占市场份额大幅度减少，企业经营全面滑坡。1999年，全县国有商业系统销售收入仅为42万元，亏损28万元。“资金、人员、三角债”三大包袱的困扰更加凸显，国有商业企业的经营更加举步维艰。2004年，全系统销售收入30万元，亏损24万元。之后，随着电子商务等新型经营模式迅速崛起，传统商业企业的经营受到冲击与挑战。

第一节　商业体制改革

经营体制改革　1991年初，商业系统对经营无特色，品种单调，经营规模小，地理位置差的“边、小、微亏”门点进行改革，抽回资金，全部实行租赁经营或柜台承包。1992年4月，组建定陶县商业总公司，减少内耗的同时，国有商业的群体优势和规模实力得到充分发挥。1993年，全系统实现商品收入5240万元，商办工业产值284万元，上缴利税105.4万元。6月，所有国有商业企业全部引入“风险共担、利益共享”的风险机制，从总经理到一般职工实行全员风险抵押机制。9月，商业系统推行以“经营、价格、分配、用工”四放开为主要内容的企业改革工作，把打破干部职工身份和工资界限作为改革的重点和突破口，对零售网点实行以柜台承包为主的国有民营改革。对批发网点全部实行百元工资含量和联利联销计酬办法，对生产加工企业实行“三制一分红”机制，即岗位工资制，全员劳动合同制，股份合作制，年终分红。每股2000元，流动资金按40%分红，固定资金按60%分红，职工参股人数95%以上。饮食服务公司立足自身网点多，地理位置好的优势，打破行业间经营界限，新增1个家电门市部，实现人员就业与经济效益的双赢。

1993年4月，撤销县百货总公司，组建县百货公司、家用电器公司、县第一百货楼和县第二百货楼。1994年6月，以县饮食服务公司服务楼为班底，成立县商业顺达公司。1997年8月，百货公司与家用电器公司合并组建定陶实业商城。2001年3月，以饮食服务公司部分优质资产为依托，成立定陶县信源商贸公司。

产权制度改革 随着市场经济的发展，计划经济条例下形成的企业产权制度，已成为企业发展的瓶颈。按照“产权明晰、责任明确、政企分开、科学管理”的要求，推行企业产权制度改革。1994年6月，商业顺达公司进行股份制改革，成立县顺达股份有限公司。12月，县第一百货楼实行股份制，组建县第一百货有限公司。2001年3月，经县改革领导小组和国资局批准同意，县信源商贸公司以经营者买断的形式成立县信源商贸有限公司，退出国有商业企业序列。

第二节 国有商业

20世纪90年代初，定陶县国有商业运营分为4大板块，即工业品经营板块，由百货公司、五金交电化工公司、糖业烟酒公司经营；农畜产品经营板块，由县食品公司经营；餐饮、宾馆等服务业板块由县饮食服务公司经营；酱油、食醋、糕点等副食品生产加工板块，由县副食品加工厂组织实施，企业间经营范围界限清晰，企业内部批发、零售互不渗透。1991年，国家计划商品逐步减少，国有商业企业的经营计划主要靠市场调节来完成。同年3月，国务院办公厅下发《关于一次性削价处理积压商品的通知》，4月，商业部制定《关于国营商业提高经济效益的意见》，要求按照国务院办公厅《通知》精神，认真开展好“三清”工作（清商品、清资金、清账目），有效解决国营商业企业库存结构不合理，结算资金膨胀，“三角债”前清后欠的问题。在“三清”活动中，县商业系统有关企业对四类商品（残损变质、超储积压、冷背呆滞、质次价高），特别是后三类商品进行清理排查工作，2次争取“三清”专项资金120万元，有效调整了库存结构。1992年，取消自行车、缝纫机、电风扇等20多种耐用商品的提价申请制度，实行市场调节。取消长期制约批发企业经营的批发企业代扣税。至1993年，除生猪、食糖、纯碱、卷烟纳入管理外，其余商品全部放开，全系统完成商品销售收入4240.7万元，实现利税135.6万元。1994年全部取消计划商品，企业经营进入市场化运作轨道。

随着国家计划分配物资的减少和取消，市场调节物资增加，国有商业所占市场份额逐年下降。同时，各种所有制经济组织和个人参与经营，工业品生产企业自销比例扩大。企业间经营范围壁垒被打破，企业内部批发与零售已无购销渠道严格界限，商贸市场更加活跃，市场竞争更加激烈，尤其是县级批发企业受到极大的冲击。为破解困局，国有商业企业推行柜台承包、国有民营、股份制等形式的改革措施，开展以扩销增收为主要内容的商品销售竞赛活动，采取订货会、供货会、网点下伸等办法变坐门等客为送货上门，积极抢占农村市场，举办擂台赛、院内商场等，收到良好效果。1996年，全商业系统完成销售收入4695.8万元，实现利税61万元。

▲ 综合超市一角 （2011年 李春阳 摄）

20世纪90年代和21世纪初，商业市场日益繁荣，一些传统日用工业品和副食品逐渐被新颖、廉价、实用的商品所取代。日用百货类玻璃器具、铝制品和塑料制品，化妆护肤品、美容芳香用品等品种增多，纺织品特别是成衣品种销售大增，鞋类品种型号应有尽有。家用电器如洗衣机、彩电、冰箱、电饭锅等商品货源充足。文化办公用品如笔墨纸张等更加丰富多彩，电脑已成为不可或缺的办公用品。高科技商品如环保冰箱、洗衣机、高清晰彩电、多功能智能手机、电脑、节约型和智能型家电及数码摄像机、照相机、打印机、复印机、传真机等现代化办公设备。花色款式繁多的纺织品类成衣、鞋帽、箱包，日用化妆护肤品、高档烟酒副食，全国各地土特鲜产品及易于存放开袋即食的方便软包装食品、饮料，现做现卖的新鲜食品、肉类冷冻产品，新颖高档实用的流行家具、床上用品，还有微波炉、电磁炉等实用性灶具等商品充满各个市场、超市。大件高档商品的售后服务更趋完善、规范。一些具有新型流通业性质的电子商务连锁店、专卖店、专业店、精品店开始出现。进入21世纪，各类商品都能满足各种不同消费人群的需求。

1991—1999年定陶县商业企业经营情况统计表

表13-1-1　　单位：万元

年份	销售	利润	税金	固定资产
1991	5715.7	23	58.1	423.3
1992	5909	21.3	57	472.3
1993	5240.7	20.9	114.7	312.8
1994	2647.2	3.2	41	562.2
1995	4070.2	7.2	4.2	738.4
1996	4695.8	18	43	767.6
1997	5605.7	11.5	6.1	761
1998	1834	−71	28	748
1999	424	−28	16	622

说明：自2000年起，国有和集体商业企业无营业额

第三节　股份制商业

定陶县国有商业企业股份制改造工作起步较晚，实施的企业经营规模、经营范围较小，实力不足，改制后的企业运行效果不理想。1994年6月，组建成立县顺达股份有限公司，其前身是饮食服务公司的服务楼，改制后主要经营范围分为两大块：升级原来的宾馆改造为顺达宾馆，继续开展宾馆住宿业务；新增餐饮业务，增设顺达酒楼。同年12月，县第一百货楼实行股份制改造，组建县第一百货有限公司。企业改制后，经营范围、经营规模没有任何变化，1995年，顺达股份有限公司实现营业收入219.3万元，利润1.3万元，税金5万元。2003年7月，县第一百货有限公司宣布破产。顺达酒楼停止营业，顺达宾馆实行租赁承包经营，是至2015年唯一一个正在运营的股份制企业营业网点。其他企业实行的股份制改革多是企业内部推行的一种经营管理形式，并不是真正意义上的股份制。

▲ 顺达宾馆　（李斌 摄）

第四节　集体商业

定陶县商业批发公司是商业系统唯一的集体商业企业，由县商业总公司代管，其前身是上海电器商店的零售门市部。1992年11月，由商业总

公司正式命名为县商业批发公司，主要从事家用电器和自行车批发零售业务，与国有商业企业五金交电化工公司和家用电器公司相比，无论是资金筹集、人员结构上，还是经营策略、经营效益上都占有明显的优势，一度成为同行业的龙头老大。1997年，这个不足10人的公司实现商品销售收入729万元，利润18万元，税金14.5万元。由于市场和企业自身因素的影响，2000年2月，公司停止运营。

第五节　民营商业

1991年，定陶县国有企业实行国有民营改革，只是企业为改善“边、小”门店长期亏损的困局采取的管理措施，并没有上升到所有权与经营权相分离，建立现代企业制度这样的高度。1991年3月，县百货公司率先对第二、第三2个零售网点实行国有民营改革，企业抽回资金，提供营业设施，职工交一定数量的承包费。1992年8月，县百货公司对第二百货楼88节柜台实行内部承包，拉开国有商业企业推行国有民营改革的序幕。1994年6月，商业顺达股份有限公司成立。1994年12月，第一百货楼改制为第一百货有限公司。2001年3月，组建信源商贸有限公司，以经营者买断的方式，改变企业性质。2001年4月，食品公司300吨冷库实行租赁经营。2003年，国有民营改革呈爆发之势，商业系统所属企业门点、宾馆、车间及大部分食品站全部实行租赁经营，民营商业占据市场的主导地位。

第六节　商业网点建设

1991年，定陶县商业系统共有营业网点64个，其中，批发网点18个，零售网店20个，饭店4个，理发店1个，照相馆1个，宾馆1个，食品站19个。有生产加工间6个，300吨冷库1个。1993年城中街拓宽，涉及商业企业网点14个、125间，其中，需要拆除74间，受到影响51间，375人需要重新安置，商业网点改造与建设成为当务之急。1993年7月，对街道拓宽受到影响的第一百货楼进行技术改造，即在剩余部分的基础上向后扩建7米建两层楼与原楼对接形成一个整体，增加营业面积320平方米，升级改造工作于1994年12月竣工并投入使用。百货公司第二门市部，1965年建设，地处城中街县委对过，是全县政治经济文化中心，紧邻医院、银行、学校，人口密集、流动量大，是建设商业网店的黄金地带，配套设施不完善而且营业面积小。1994年5月，商业总公司对百货公司第二门市部拆除重建，拆除面积2200平方米，建成集营业办公于一体的综合性大楼，总建筑面积4608平方米。定陶县兴华商业城地处兴华路与武装部商业街交汇处，北与定陶一中、北关小学掎角相望，东与府后小商品市场浑然一体，西与范蠡宾馆比邻，是全县最大的商品批发零售集散地。2008年10月，兴华商业城扩建营业楼，营业面积由原来800平方米扩大到1700平方米，成为全县商业系统营业面积最大的网点。

▲ 原第二百货大楼

第七节　商业企业

1991年，全县商业企业有6家，县百货公司、县五金交电化工公司、县糖业烟酒公司、县食品公司、县饮食服务公司和县副食品加工厂。1992年6月，成立县百货总公司。1993年4月，撤销县百货总公司，成立县百货公司、县家用电器公司、县第一百货楼和县第二百货楼。1992年11月成立县商业装潢公司和县液化石油气公司，主要承接室内外装修、广告制作、打字、复印业务，开展液化气储运与销售业务。1994年6月，成立县商业顺达股份有限公司。1997年8月，筹建县浙鲁编织袋厂。同月，百货公司与家电公司合并组建县实业商城。2001年3月，成立县信源商贸有限公司。2002年4月，县副食品加工厂内部成立定陶绿康源酿造有限责任公司。同年，县商业系统所属企业13个。受市场、资金以及管理因素的影响，县第一百货有限公司于2003年7月宣布破产。商业装潢公司、液化石油气公司和浙鲁编织袋厂先后停业停产，停业停产后的3个企业的人员与资产分别并入县饮食服务公司和县糖业烟酒公司。停业后的绿康源酿造有限责任公司的人员和资产重新并入县副食品加工厂。2015年年底，定陶县商业系统所属企业9个。分别是县五金交电化工公司、县糖业烟酒公司、县食品公司、县副食品加工厂、县饮食服务公司、县兴华商业城、县顺达股份有限公司、县实业商城和县信源商贸有限公司，全系统共有营业网点13个，300吨冷库1个，生产加工车间2个，食品站15个。

定陶县百货公司　1991年，有干部职工250人，经营网点13个，其中，批发网点6个，零售网点7个，固定资产187.6万元。主要经营日用百货、化妆品、文化用品、针织纺织品和轻工产品5大类，年商品销售额1301万元，上缴利税42万元。1992年6月，成立定陶县百货总公司，下设百货公司针纺织品公司、百货公司百货鞋帽文化用品公司、百货公司家用电器公司、百货公司第一百货楼、百货公司第二百货楼。1993年4月，撤销定陶县百货总公司，组建定陶县百货公司、定陶县家用电器公司、定陶县第一百货楼和定陶县第二百货楼。总公司资产与人员全部分流到4家新组建企业。

定陶县五金交电化工公司　1991年，有干部职工147人，2个零售门市部，3个批发部，固定资产68.8万元。主要经营五金、交电、化工3大类3000多个品种的批发和零售业务，年商品销售完成1105.7万元，上缴利税24.9万元，1995年，晋升为小型Ⅰ企业。1998年，停止集体经营，实行租赁承包。2015年年底，有干部职工114人，营业网店1个。

▲　原五金交电化公司

定陶县糖业烟酒公司　原为县烟酒公司。1991年，有干部职工177人，批发网点8个，零售门市部4个，固定资产33万元，主要经营糖果、糕点、酒类、茶叶、调味品等副食品，年商品销售971.6万元，上缴利税17.8万元。1991年4月，对所属零售网点进行升级改造，12月，晋升为小型Ⅱ企业。1992年11月，成立装潢公司和液化石油气公司。1993年，城中街拓宽影响营业网点3个21间。1995年，县烟酒公司更名为县糖业烟酒公司。2003年，实行租赁经营。2015年，有干部职工190人，经营网点2个，全部实行租赁经营。

定陶县食品公司 1991年，有干部职工161人，下辖食品站19个，300吨冷库1个，零售门市部1个，固定资产77.2万元，年销售收入1235.8万元，上缴利税31.8万元，主要开展猪、牛、羊、禽、蛋5大类农畜产品的购、销、调、存业务。1991年，全年收购生猪3.2万头，外调3万头；收购牛4500头，外调4400头；收购羊2.2万只，外调2.1万只；收购蛋170吨，外调166吨。同年，晋升为小型Ⅰ企业。1997年9月，食品公司19个，食品站被县确定为生猪定点屠宰点。2001年4月，300吨冷库实行对外租赁经营。2009年，所属食品站全部实行租赁经营。2012年，老三街改造，城关食品站被征用。2015年，有干部职工220人，下辖300吨冷库1个，食品站15个。

定陶县副食品加工厂 1991年，有干部职工87人，下辖酱油、食醋、糕点、酱菜等生产加工车间4个，1个批发部和3个零售门市部，固定资产42.5万元，年产值160.2万元，上缴利税3.5万元。1993年5月，城中街拓宽改造，2个零售网点被拆除。1995年，晋升为小型Ⅱ企业。2002年4月，以部分优质资产为依托组建绿康源酿造有限责任公司。2004年，酱油、食醋、糕点车间停止生产，酱菜车间以职工内部承包的形式，维持生产。2015年，有干部职工132人，生产加工车间1个，零售网点1个。

定陶县饮食服务公司 1991年，有干部职工266人，辖餐饮店4个、宾馆2个、照相馆1个、理发店1个、零售门市部2个，固定资产62.9万元，年营业收入15.7万元，上缴利税1.7万元。1993年5月，因城中街拓宽，照相馆和理发店被拆除。1994年6月，西关服务楼从公司分离，成立定陶县商业顺达有限公司。2001年3月，饮食服务公司进行资产重组，以公司部分优质资产为依托，组建定陶县信源商贸公司。

定陶县顺达股份有限公司 成立于1994年6月，其前身是定陶县饮食服务公司西关服务楼，有干部职工32人，下辖顺达宾馆和顺达酒楼2个网点。1995年1月，晋升为小型Ⅱ企业。2003年8月，顺达酒楼停止营业，顺达宾馆实行租赁经营。2015年，有干部职工52人，营业网店1个。

定陶县兴华商业城 其前身是定陶县百货总公司的1个零售门市部。1993年4月，撤销定陶县百货总公司，成立包括定陶县第二百货楼在内的4个具有法人资格的商业企业。1995年，晋升为小型Ⅱ企业。1996年12月，定陶县第二百货楼更名为县兴华商业城。2008年，实施扩建工程，营业面积由原来的800平方米扩大到1700平方米。2015年，有干部职工94人，是全县营业面积最大的国有商业企业，实行对外租赁经营。

定陶县实业商城 成立于1997年8月，是由定陶县百货公司和定陶县家用电器公司合并而成的，国有小型Ⅱ企业。主要从事餐饮业和宾馆住宿业。成立百花酒店和实业宾馆。1998年10月，百花酒店停业，实业宾馆实行对外租赁经营。2015年，有干部职工91人，营业网点1个。

定陶县信源商贸有限公司 其前身是定陶县信源商贸公司。2001年3月，经县企业改革领导小组、县经济体制改革办公室和县国有资产管理局批准同意，信源商贸公司实行产权制度改革，以经营者买断的形式，成立定陶县信源商贸有限公司。2015年底，有干部职工109人，经营网点4人，其中，零售网点3个，宾馆1个。

定陶县第一百货有限公司 成立于1994年12月，由定陶县第一百货楼改制而成，国有小型Ⅱ企业，2003年7月，宣布破产，2015年年底，有干部职工72人，无营业网点。

第二章　供　销

第一节　经营体制改革

1991年，县供销社坚持深化改革，完善经营承包，强化企业内部机制，提出占领农村市场，发展“三级网络”，形成“五大服务”体系。按照“先行试点、以点带面、分类指导、梯次推进”的要求，有16个基层供销社工业品门市全部实行退库经营，租赁单位170个，房屋680间，参租职工510人，租赁费52万元，一次性退库150万元，交纳风险金142万元。1992年，建立县畜禽总公司，下设县冷藏厂、县畜禽良种繁育场；在孟海乡设立县第六棉花加工厂；张湾供销社分设为张湾供销社和一千王供销社。1993年，县供销社转变职能，组建供销集团总公司，逐步由行政管理型向经营实体转变过渡，新办经济实体2个。企业内部经营机制初步得到理顺。所属企业全部实行任期目标责任制，厂长、经理、主任负责制和效益审计制。有17个基层供销社、3个公司、186个零售门市实行退库租赁，参与承租职工352人，收回退库金195万元，租金69.5万元，上缴税金15万元。至年底，除田集、保宁外，其余基层供销社全部推行退库租赁经营，跳出单一购销的旧框框。1996年5月，选择杜堂和一棉厂先行试点。11月，县供销社成立发展专业合作社领导小组，实行党委成员包片、科室包社责任制。至年底，全县专业合作社16个，涉及种植、养殖、加工等多个领域，股金144万元。同时，组建盐业果品站、县盐业分公司；第五棉花加工厂投资78万元创建刨花板厂，投资50万元组建面粉厂（后投资35万元改建为银龙面粉厂）。1997年，投资40万元组建家具厂；县二棉厂租赁畜禽公司增加浸出油生产线，增加杨木拼板细木板生产线；第六棉厂包装车间扩建胶印彩印生产线；第四棉厂改建山东牧康动物保健品厂；一棉厂扩大食用菌生产规模；县棉纺厂以收取部分折旧费的形式将全部净资产租赁给县针织浩达纺织厂（后更名为县华兴纺织厂）；第五棉厂投资56万元创建加油站。同年，田集供销社加油站出售给石化公司。

县供销社按照“一年试点、两年推开、三年发展”的规划，把发展与规范专业合作社作为推进农业和农村经济发展的一项重要任务。1997年年底，入社社员1829户，股金293万元，实现企业效益30万元，社会效益2000万元。1998年，全系统发展各类专业合作社17个，入社社员2284个，股金额282万元，农民增收300万元，向社员二次返利30万元，专业社增利20万元。杜堂草柳编专业合作社、田集银雪食品专业合作社被省供销社、省体改委命名为省级示范社。县供销社按照乡镇建设规划，进行经营设施改造和专业市场建设。全系统兴建门市160间，增加经营服务设施4000平方米。9月，县供销社结合棉麻企业实际，进行棉麻企业改制，改制范围为6个棉花加工厂、棉纺厂、储备库及附营项目企业。棉麻企业改革分两块进行。棉厂重点转换内部经营机制，实行“三项”制度改革（人事、用工、分配）。对定陶三棉厂附属企业陶朱公酱菜厂进行出售。1999年5月，县土产杂品公司、县龙仙食品公司、县盐业果品站、县综合贸易公司、县供销综合服务公司、县华夏实业公司、县果品公司、县华胜公司等8个公司合并为县金泰商贸有限公司，2000年3月，更名为县土产杂品公司。

因盐业经营体制改革，地、县分别成立盐务

局，食盐的经营由供销社经营管理变为盐务局独立经营管理，供销社食盐经营量逐步减少。1999年销售671吨，2000年销售522吨，2001年至2005年每年的销售量仅占全县销售量的30%。

2003年，先后对县四棉厂、三棉厂、二棉厂、六棉厂、县畜禽公司等单位进行体制改革。2004年，以180万元的价格对四棉厂改制拍卖。2005年对六棉厂、二棉厂、三棉厂改制拍卖，六棉厂拍卖给菏泽金龙纺织有限公司；二棉厂、三棉厂分别以400万、200万拍卖给临沂天友集团。通过改革改制、资产重组，招商引资额达990万元。

2006年，县城关农资协会、冉堌供销社再生资源协会成立，建成日用品连锁店10个，村级日用品超市180家。2009年，按照省供销社建设“一个网络、两个平台”的整体部署，结合“万村千乡”市场工程，在全县形成县、乡、村三级连锁经营服务网络。2010年，安排供销社改革发展专项资金30万元。县供销社出资110万元，对定陶双联农资有限公司进行股份制改造，新征土地2.1公顷，建设农资配送中心1个，仓储面积1700平方米，购置配送车辆8部，建设乡镇级直营店3个，乡镇级连锁店29个，村级连锁店43个，全县农资三级连锁经营服务体系初步形成。基层供销社全部破产重组，组建各类专业合作社、协会12个，涉及棉花、农资、种植、养殖、服务等多个行业。

2014年，县供销社结合服务“三农”工作，以土地托管为突破口，至2015年，完成大田作物托管3333.3公顷，投资75万元建烟花仓库1000平方米，展厅150平方米。发展专营门店210家，经营品种120余种，经营额500万元。2015年，全系统组建各类专业合作社、协会27个。并按照全县小城镇建设的要求，供销社与镇街政府紧密结合，共投入资金3000万元，在5个基层供销社驻地建成供销商贸街。探索发展供销社电子商务，与京东商城成功合作对接，举办电子商务培训班4期，发展推广员132人，发展建设电商合作网店118家。

第二节　农业生产资料供应

1991年，供销系统坚持以农为本、综合服务、富民兴社，发展“三位一体”三级服务网络，服务内容逐步由单一物资供应转向物资供应与技术服务相结合，建立棉花高产开发点7个，面积1563公顷，向农民发放贴息贷款1192.26万元，其中，发放化肥、农药等物资4438吨。生产资料供应额4725万元，其中，化肥67148标准吨，农药185吨，农膜61吨，柴油1429吨，中小农具5万件。以县生产资料公司为依托的服务中心逐渐发展为物资供应与技术服务双层功能的服务机构，发展村级服务站72个，形成近200人的农资科技服务队，扩大农资销售200余万元，销售化肥5700吨，农药80余吨，让利农民10多万元。王双楼供销社郝庄服务站，采取预约统计与送货上门服务相结合，物资服务与科技服务相结合，扩大农资销售，销售化肥400多标准吨，农药3吨，销售额20多万元。在农资专营上，开辟货源抓供应，保需求，先后派出600余人的外采队伍，采购化肥7.49万吨，农药400吨，农膜98吨，柴油1900吨，中小农具15.5万件。黄店供销社通过化肥预售、赊销等形式，预售化肥1400余吨。至1992年，生产资料供应总额9568万元，其中，供应化肥15.1万标准吨，农药500吨，农膜85吨，柴油1900吨，中小农机具11万件。

1993年至1995年，县供销社重点对农资行业及基层供销社石化门市实行多种形式的经营责任制，农资行业坚持有理事会统一管理经营，石化门市实行定额管理、联销计酬等，进一步明确责、权、利，进行农资经营渠道的清理、整顿，取缔非法经营，打击假冒伪劣，净化农资市场，共查处非法经营点92户，收缴化肥378吨，查处违价经营12起，设置保质监销点20个。县生产公司加强外采，增加货源，优质服务，扩大供应，1994年共购进各类化肥3.99万标准吨，为基层供销社让利调拨化肥1.19万标准吨，农资经营额

1800万元，实现企业效益32.3万元。全系统农资销售额1.68亿元，供应各类化肥21万标准吨，农药465吨，农膜158吨，柴油2700吨，中小农具10万件。

1996年，县供销社围绕“稳价、多供”的目标，在搞好农膜、农药等生产资料供应的同时，通过送货下乡，设立综合服务站，拆整卖零，批零兼营，实行保质监销等措施，依托庄稼医院，开展测土配方施肥，推广新技术、新产品，提供咨询服务等，提高服务科技含量。以生产公司为龙头，实行联购分销，变两级核算为一级核算，变两级经营为一级经营，实行购销统一计划，统一安排调度资金，统一进货，统一调配，统一价格，统一管理。全系统共调运各种化肥30万标准吨，销售31万标准吨，占社会需求量的60%，基本杜绝经营假冒伪劣农资的现象。

2001年以后，推行联合经营战略，与省内外大中型厂家开展业务联营合作，以生产公司为龙头，以基层供销社和生资合作社为依托，兴办村级服务站和庄稼医院，形成县、乡、村三级的经营网格，指导农民测土配方施肥，科学种田。村级综合服务站190个，庄稼医院38个，恢复和新增新业务19项，兴办各类专业小市场4个，各类服务网点280个。共为农民提供技术咨询服务21万人次，发放技术说明资料30万份。利用县、乡、村三级服务网络，开展联村联户、预约销售、送货到户等服务活动，供应各类化肥15万标准吨，农药200吨。2006年，县供销社以县生产公司为依托，以乡镇村级服务站、农家店为基地，为农民提供咨询服务3万人次，提供化肥、农药配方2万个，发放说明资料5万份。至2008年年底，全县共供应各类化肥9.5万吨，农药7万千克，销售额3.6亿元，占全县农资供应总额的70%以上。

2009年，县供销社着重于专业合作社、专业协会的规范运作，重点从专业社、专业协会的登记注册入手，吸收更多的农民参加，促进农业产业化进程。城关农资协会吸收会员120户，为会员及农民提供科技服务，开展测土配方施肥，聘请有关专家开展技术讲座，深受会员及农民欢迎。2010年，县供销社出资110万元，对定陶县双联农资有限公司进行股份制改造，形成县有配送中心、乡镇有连锁超市、村有便民店的连锁经营体系。配送中心实行“统一采购、统一配送、统一标识、统一经营、统一服务、统一价格”的“六统一”服务。12小时内配送到位，直营店配送率100%，连锁店配送率70%以上。同年，共销售化肥4.8万吨，销售额1亿多元。

2015年，县供销社按照“壮大龙头企业，组建配送中心，拓展乡村网络，发展现代流通”的整体目标，组建县希望农资有限公司，建设农资配送中心2个，仓储面积3400平方米，购置配送车辆8部，新增乡镇级直营店3个，乡镇级联锁店29个，村级连锁店43个。2010年至2015年，全县供销系统农资经营额6.8亿元，销售各种化肥21万吨。

第三节　生活资料供应

1991年，县供销社坚持店内店外相结合，零售批发一起抓，采取延长营业时间，增设网点、有奖销售、预约送货等多种形式开展销售活动，完成生活资料供销1491万元。全系统送货下乡4800人次，送货额303万元，对集体、个体商户批发466万元。田集供销社批发部灵活经营，服务热情，辐射面广，年销售额110万元。1992年，全系统完成生活资料销售1620万元，同比增长8.7%。与100多个工业企业建立了稳定的购销关系，从工厂进货261万元，比上年增长4.6%。开展联购分销业务，分销电视机1158台，各类电风扇1256台，红糖60吨，联购分销额192万元。同时扩大家用电器、建材、家具、农机等产品的经营，全年扩大销售500万元。

1993年，县供销社转变职能，逐步由行政管理型向经营实体型转变过渡，把个体经营模式引入到供销社企业，完成生活资料销售2009万元，下乡送货、库外销售额1000余万元。1994年，基层供销社通过对零售门市实行承包和租赁经营，转换机制，随着市场需求的变化不断调整，跳出单一经营的框框，完成销售额2251.8万元。其中，食品类商品销售额857.8万元，衣着类商品销售额672万元，其他日用品类商品销售额722万元。

1996年以后，全系统生活资料经营日益萎缩，为搞好联购分销，恢复批发业务，进行联村联户服务活动，按农户需求，组织货源，送货下乡，最大限度提高市场占有份额。2009年以后，由于供销社经营连年亏损，资金极度紧缺，市场萎缩，各基层供销社把门市、场地租赁给职工及他人经营，只收取租赁费，供销社集体不再开展生活资料零售业务。

2009年，县供销社进行新农村流通服务网络建设，建日用品配送中心1处，乡镇日用品超市5个，新建扩建村级日用品超市158个，其中，符合商务部标准的超市58个，省政府标准的100个，基本形成县、乡、村三级连锁经营网络。孟海供销社筹措资金80余万元，建成1400平方米的日用品超市，月销售额50余万元。张湾供销社对原有34间门市进行拆除改造，投资110万元，新建日用品超市2个，营业面积2880平方米，当年底，正式投入运营。全系统增加营业面积1.75万平方米，完成销售额9600万元，增加就业人员800余人。2011年，县供销社筹资300万元，成立定陶县恒兴日用品有限公司。2012年，利用全国总社“社区综合服务中心”建设资金20万元，在滨河街道牛楼行政村建成农村社区服务中心1个。2013年至2015年，累计投入3000余万元，在5个镇（街）政府驻地建成供销商贸街，建筑面积2万平方米，供销社商品经营网络体系建设快速发展，全县供销系统生活资料销售额8.24亿元。

第四节　农副产品收购

县供销社立足当地资源优势，围绕棉花、条柳编、食用菌、畜禽养殖等项目，开展信息、资金、技术、物资、销售一条龙服务。1991年，县供销社根据县委、县政府“粮棉一起抓，重点抓棉花”的指导思想，参与棉花生产，开展技术培训、高产开发、药肥供应等工作，印发植棉技术资料9.5万份，通过培训班、技术讲座培训农民15.7万人次。在棉花收购调拨工作中，认真执行政策标准，严把质量关，推行收购责任制。开展优质服务，自觉接受群众监督，加快收购进度，杜绝排长队过夜等现象。全县共收购棉花（折皮棉）23467吨，占地区分配任务的149.5%，比县分配任务和上年分别增长26.8%和54.1%，超过历史最好水平，全县人均贡献一担（50千克）棉。1992年，围绕市场抓鸡兔养殖，提供良种服务，从滕州等地引进良种兔2.8万只，为农民提供雏鸡苗60万只，签订饲养合同4415份。开展种鸡种兔送上门，饲料、配方送上门，技术指导上门，治疗防疫上门，收购鸡兔上门“五上门”服务，公开招聘35名技术员具体负责鸡兔生产技术服务工作。至年底，兔社会存栏量80万只，鸡存栏量30万只。全县柳编出口产值300万元，向社会投放食用菌种2.2万千克，发展草菇20万千克，增加社会效益170万元。

1994年至1995年，县供销社采取农副产品代理制、合同制、预约登记、联户服务等经营方式，完成农副产品收购额2.2亿元（含棉花）。开展苹果、蒜薹、肉食禽蛋类收购加工，收购额705万元，销售额1020万元。

1996年以后，进行高产开发示范田和良种繁殖基地建设，建立高产示范田333.33公顷、良种繁殖基地1000公顷。在收购上，克服资金不足的严重困难，多渠道筹集回笼资金，不给棉农打白条。2001年以后，国家逐步取消发放棉花收购贷款，部分棉厂职工集资收购棉花，业务大幅度萎缩，部分棉厂资不抵债，进入破产。县畜禽公司设备落后，配套资金跟不上，无法进行鸡肉收购加工，也实行了破产。杜堂供销社条柳编跟不上时代的发展，产品花样更新缓慢，放弃生产。2006年以后，由于国家政策的调整，棉花种植面积逐步减少，收购资金停放，再加上棉麻企业人员多，企业资不抵债，棉花加工企业陆续进入停业破产。至2015年，除五棉厂、保种厂外，其他都进入破产。

第五节　废旧物资回收

1991年至1995年，县土产公司废品收购股和企业废品收购站由原来的坐门等客转向上门服务，充分发挥小商贩的积极性和灵活性，走村串巷，扩大收购，全系统废旧物资回收额500万元，实现利润43万元。1996年以后，基层供销社的经营门市全部实行退库租赁。废旧物资回收由于环境差，工作脏，利润低，没有人继续承包经营，回收工作日趋萎缩。全县仅有马集、冉堌2个回收站勉强维持，废旧物资回收额仅30余万元。2006年以后，再生资源回收业务在系统内逐步恢复，2010年，收购额500余万元。2012年，以马集、冉堌2站为基础，加快网络体系建设，新增收购点5处，吸纳社会收购人员120余人，全年实现废旧物资回收额1050万元。2015年，废旧物资经营额780万元。

第三章　粮　油

第一节　经营体制改革

1991年，国家调整粮油政策，取消加工、制药、酿造等行业用粮，对城镇居民采取限购措施，逐渐取消平价经营。1992年，全部放开粮价，由平价经营转为议价经营，针对国家粮食政策调整，县粮食局发展多种经营和粮办工业，实行议价经营和专项储备。1993年，粮食全面推向市场。全县粮食系统进行以统管分营、国营个体化、股份制承包经营、兴办经济实体为重点的粮食改革。充分发挥主渠道作用，搞好“两代一换一延伸”（代农储存、代农加工、品种兑换、下伸基层农村服务网点）业务（简称211业务），促进粮食企业全面走向市场经济。1994年，县粮食系统进行机构精简、人员分流和三项制度改革，机关科室由原来的12个精减到6个，人员由原来的76人精减到40人。经营机制实行“转、联、通、顺”4字战略，开展向农村延伸，向城镇居民、2个企业延伸，向内外2个市场延伸，向外向型经济延伸，向集团化经营延伸，继续做好“211业务”。

1995年，理清政策性业务与商业性经营的关系，在抓好多种经营、粮办工业、“211业务”的同时，加强对国家专项储备粮管理。1996年，按照政策性业务和商业性经营分开的管理体制，组建县粮油集团公司，辖粮油贸易总公司、粮油工业总公司。粮油贸易总公司辖19个基层粮所和储备库。粮油工业总公司辖7个县直粮办工业企业。

1998年，进一步深化粮食流通体制改革，粮食主附营业务实行分离，资金进行分离，附营企业占用的农业发展银行贷款和相应的存款，全部划转农业银行。1999年，巩固深化粮食流通体制改革成果，粮食局联合相关部门对粮食流通市场进行全面检查。检查国有粮食收储企业是否按保护价敞开收购农民余粮，有无违法粮食收购政策，压级压价、拒收限收、代扣代缴除农业税以外的税费和打白条行为，是否执行粮食顺价销售政策，有无违反粮食定价原则、降低亏本销售库存粮食，是否骗取财政补贴挤占挪用粮食收购资金，有无不及时归还银行贷款和虚报新增粮食财务挂账的行为；检查工商行政管理部门是否正确履行职责，真正做到管理粮食收购市场，是否管理粮食加工企业、用粮大户、粮食批发市场的粮源，是否查处违法收购和贩运粮食的行为；检查铁路、交通等部门是否按规定承运粮食，支持、配合工商部门加强对粮食市场的管理工作；检查农业发展银行是否对粮食收购资金实行封闭运行，按省级人民政府确定的收购价格和实际收购数量，将粮食收购贷款发放到粮食收储企业；检查财政、粮食部门对粮食风险基金、储备粮和仓储库存补贴款是否及时足额拨补到位，有无截留、挪用粮食企业资金用于行政性开支问题。对有令不行、有禁不止的违纪违法行为，进行严肃处理。

2001年，定陶取消城镇居民粮食供应转移证明、农转非供应审批凭证、农村粮食关系转移证明，城镇供应点等相关资料业务档案封存。在改革发展上，打破老框框束缚，进行人事用工改革，引入竞争机制，向社会公开招聘选配年轻干部。分配制度打破档案工资制，企业法人实行年薪，一般职工按劳计酬，多创效多收入。经营上严格执行保护价敞开收购农民余粮政策，认真做好促销压库工作，降低库存，坚持“货出去钱进来”的“钱随粮走”的原则，及时回笼货款。实行收购资金封闭运行，防止挤占挪用。2004年，经营性企业全部推向市场，独立核算，自主经营，自负盈亏，直接对农业发展银行承贷。县粮食局对单位的经营给予宏观指导与服务，以保持全县购销价格的统一，不干预单位经营，把经营自主权全部下放给企业。随着粮食流通体制改革的深入，粮食购销市场化和市场主体多元化渐趋形成，主权指导改革也势在必行，解决“三老”（即老粮、老人、老账）问题提上日程。

2005年，进一步深化粮食流通体制改革，南王店、保宁等17个基层粮所完成以资产转股份的改革，成立新的粮食购销有限责任公司。对一次性买断的储备库职工，全部办理买断手续，按《中华人民共和国劳动法》《中华人民共和国劳动合同法》等相关法律解除了劳动关系，签订解除劳动合同。此次改革中，资产转股份的职工1155人，全部一次性买断、解除劳动关系568人。

2006年9月，成立县粮食市场管理稽查大队，负责全县粮食市场的稽查监督、行政执法、政策宣传、案件查处、维护全县粮食市场秩序。2007年，认真贯彻有关粮改政策，全面做好粮食托市收购，开展粮食执法宣传，加强粮食市场管理，坚持粮食市场准入制度，营造依法管理的氛围，提高依法行政水平。2009年，根据《山东省粮食资格审核办法》结合定陶实际，进一步细化粮食收购市场准入条件，规范粮食市场准入制度，开始办理粮食收购许可证。并对粮食经营和转化用粮企业的粮食购销统计行为进行规范。

2011年，进一步加强粮食市场管理，重点检查粮食收购者的经营行为，对囤积居奇、哄抬物价、恶意操纵市场价格等行为进行严厉打击。2015年，县粮食局主要承担全县的粮食政策执行、粮食购销存、粮食收购准入、粮食市场管理和社会粮食统计等工作，全县收储企业拥有仓储能力4亿千克，先后获省级文明单位、全省粮食系统先进单位、全省粮食规范化执法示范县等称号。

第二节　粮油购销

1991年，粮油购销实行议价和订购价相结合双轨收购制，订购、专储、议购粮油购销数量和价格均由上级粮食部门分配或规定。当市场粮油价格高于国家规定议转平时，由国家确定补贴粮油差价。县粮食部门负责安排落实，保证按计划完成。对收购、储存调拨、销售国家专项和商品储备食油，采取统销价格，严禁趁调整价格之机弄虚作假，套取国家粮油和财政补贴。根据菏泽地区粮食局文件精神，本着自行消化的原则，将1989年因受灾严重、报经上级同意收购未处理的芽麦与好麦搭配处理和供应；同时，为保证面粉质量，芽麦搭配比例按20%掌握，霉变粒在5%以下。在全县开展粮食销售整顿工作，加强粮食供应管理，堵塞漏洞，减少不合理销量。根据人口、工种（儿童年龄）和粮食定量标准进行核实。清查非农业人口和“农转非”人口供粮情况。

1993年，重视秋季粮油收购工作，树立“手中有粮，心里不慌”和“秋季粮油收购是经营的起点”思想，兼顾“两代一换一延伸”的同时，多方筹措资金，集中时间、物力和财力，做好秋粮收购工作，以适当的价格将农民手中的余粮收购上来。1994年，开展“满意在粮所活动”，圆满完成3.3亿千克的定购任务，完成粮油贸易总经销量1.81亿千克。1995年，实行粮食定购任务和国家下达专储粮收购计划，国有企业掌握社会商品粮油70%～80%，确保军队、城市和农村灾区的口粮需要，确保粮油供应。

1996年，根据《国务院关于推迟调整粮食销售价格出台时间的紧急通知》和《国家计委关于粮食销售价格方案审核意见的通知》，对粮食、面粉销售价格实行最高销售限价，县粮食局对销售价格，报上级粮食、物价部门审批，明确规定国家定购粮油计划是指令性计划，并将第三季度国家定购粮食计划下达任务，要求各基层粮所严格执行调运计划，坚持好粮外调的原则，对粮食装具、标包、缝口绳及价格、结算方式等均作出明确规定。1997年，针对粮食质量差、价格明显倒挂、市场疲软、销售困难情况，在夏粮收购中严格执行国家收购政策，做到以质论价、合理论价、不压级压价、提级提价。继续实行定购粮食奖售化肥政策，每50千克小麦奖售国产尿素5千克。执行国务院关于保护价敞开收购议购政策，采取“先定购，后议购，议购随行就市”“保证定购，争取议购”的办法，按照“购得进，销得出”原则，保证小麦质量。满足了人民群众出售余粮的要求，并为乡镇人民政府代储代销提留粮。同时按照国务院“关于国有粮食部门要按照有关规定合理安排粮食销售价格、不得降价销售粮食”的有关规定，各基层粮食企业在库存压力大、资金周转困难、利息、费用增加的情况下，严格执行国家粮食购销政策。

1998年，国家实行“敞开收购，顺价销售，封闭运行”政策。县粮食局对夏秋粮收购政策执行情况进行定期检查。粮食收购中严格执行粮食收购政策，以质论价，不“打白条”、不压级压价，不为乡镇代扣代缴粮，实行“户交户结”，做到常年、常时、挂牌敞开收购，按保护价敞开收购农民的余粮。严格执行国家粮食销售价格政策，按照保本微利的原则加价作价，按保护价收购的议价与定购粮执行同一销售价格，零售价格最高不超过1997年按顺加规定的作价办法定价，加强粮食销售价格管理，加强库存订购粮、保护价粮价格管理，不降价销售。加强粮食销售管理，严格执行国家粮食销售政策，认真进行库存的审计检查，实行挂牌销售办法，认真做好夏季防汛保粮食工作。1999年，各收储企业执行国家收购政策，在有利于农民获得合理的收益、有利于粮食企业顺价销售、有利于农民面向市场调整和优化粮食种植结构定价的基本原则下，保留粮食定购价格制度和定购价格的形式，考虑与河南省价格衔接问题，合理确定保护价水平。公示质量标准和论价办法，常年、常时、挂牌按保护价敞开收购农民的余粮，不拒收、不限收、不停收，坚持以质论价，坚持随收随结、户交户结原则，同时开展优质服务收购活动，实行收购经济责任和工效挂钩。对购销企业下达半年促销压库计划，与基层粮所主要负责人签订不发生新的亏损目标责任书，收到了良好的效果。

2002年，进一步规范粮食购销行为，修订完善《定陶县粮食购销企业管理制度》。对收购中敞开收购、以质论价、资金结算、收购程序及手续传递、收购责任、网点收购等作出详细明确规定，对粮食销售中的作价原则、申请与审核、手续传递、利润及销售费用的返还等作出详细明确的规定。2004年，粮食市场放开后，针对粮食市场波动，粮食价格上涨，认真落实各项粮食宏观调控任务，按照国家粮食政策规定和上级工作部署安排，做好粮食收购、储存、保管、调运、供应等工作，粮源充足，市场基本平稳。

2006年，夏粮收购总量9.46万吨；2007年，托市收购小麦14.2万吨，创历史新高；2008年，托市收购小麦18.1万吨，销售13万吨；2009年，托市收购小麦5万吨；2010年，托市收购小麦4.2万吨，居全市前列。2015年，托市收购小麦11.19万吨，销售8.6万吨。

1991—2015年定陶县部分年份粮食系统粮食购销统计表

表13-3-1　　单位：吨

年份	国有		年份	国有	
	购进	销售		购进	销售
2003	29480	67979	2009	50000	—
2004	27462	62346	2010	42000	—
2005	7843	15978	2012	500	—
2006	94560	24950	2013	16433	4376
2007	142000	—	2014	25424	16513
2008	181000	—	2015	111927	86144

第三节　粮食储备

1993年10月，定陶国家粮食储备库成立，国家专项储备4万吨。按照《中央储备粮管理办法》要求，严把入库质量关，严格查化制度，做到账实相符，质量良好，储存安全。1995年，严格执行国家储备小麦调控计划，上级粮食业务部门对核算价格，费用结算方式及结算后还贷等均有明确规定。县粮局具体负责协调落实到位。1997年开始，粮油储备开始执行国家储备局、国家技术监督局联合下发的粮油质量标准。1998年，国家粮食局、省、地区粮局对中央储备粮进行专项检查，指出问题，提出具体整改意见，县粮食局进行整改。同年，定陶国家粮食储备库粮食转运站开通运营。

2000年，根据《中央储备粮油管理办法》有关规定，定陶县结合储粮实际对原有的储备粮进行轮换。2004年，面对粮食市场波动、粮价上涨，进行统筹安排，强化市场监管和地方储备粮管理，严禁盗卖国家储备粮，抓好地方储备粮体系建设，确保粮源充足，储备规模到位，库存数量真实，储备质量完好。

2005年，县粮食局加大投入对国家储备库升

▲ 定陶粮食储备库　　（2008 年摄）

级改造。至2015年，国家粮食储备库注册资金2278.4万元，占地面积27公顷，干部职工60人，专业技术人员占70%以上，有固定资产1.3亿元，仓库总容量31万吨。储备库由主库区、聂庄库区、万达库区组成，其中，主库区占地面积6.7公顷，位于定陶（烟台）工业园区内，有自备铁路专用线，仓库容量6万吨；聂庄库区占地面积4公顷，位于定陶城区东南，仓房容量5万吨；万达库区占地面积15公顷，位于定陶城区范阳路中段，仓房容量20万吨。

▲ 定陶万达粮食物流中心　　（2009 年摄）

第四章　物　资

第一节　经营体制改革

1991年，定陶县物资系统进行第二轮企业承包经营，企业与物资主管部门签订承包合同，采取规划、调控等手段和一系列监督措施，引导企业进行生产经营活动，由直接管理变为间接管理，扩大企业经营自主权。在国家、集体和个人三者兼顾和“责、权、利”相结合的原则下，不断改革物资管理体制。1992年，进行经营、价格、分配、用工为主要内容的“四放开”和“三项制度”改革，实行优化组合和全员风险金抵押。1993年，国家全部取消统配物资，物资企业全面推向市场，参与社会市场竞争，企业自身对市场经济不适应，经营困难，经济效益滑坡，出现行业性亏损。至此，物资系统的主要经营公司全部退出市场，物资流通以个体私营为主。

第二节　物资经营

县物资局负责全县物资供应及管理工作，自成立至1993年，先后建立燃料、木材、金属材料、建材化轻、机电设备、金属回收、物资服务协作开发、物资木材经销8个公司。县物资系统管理的国家统配物资有钢材、木材、水泥、煤炭、化工原料、有色金属等。购进的物资一直来源于两部分：一部分是国家按统配计划调拨；另一部分是物资局根据社会需要自行组织购进。1993年，计划内调拨物资和计划外自行组织的物资的比例为3：1，所购物资有各类金属材料、机电产品、建筑材料、化工材料、煤炭、木材等上千种物资。

燃料公司　1975年11月成立，主要经营煤炭，按计划供应全县工农业生产和人民群众生活用煤。1980年8月，先后在南王店、冉堌、黄店、东王店、万福、陈集、杜堂、保宁、邓集、张湾、马集11个公社建立“煤炭供应站”。实际上东王店、陈集公社未建，另改在田集、半堤两地建站。1993年，公司停止经营。

木材公司 1977年成立，主要经营各类木材，以满足定陶县生产和建设的需要。1989年，木材公司分成木材公司和家具厂，家具厂后改称物资木材经销公司。1993年，公司停止经营。

物资综合公司 1979年成立，主要经营各类金属材料、水泥、玻璃等建筑材料，烧碱、纯碱等化工原材料，汽车、电动机以及其他机电设备等物资，供应定陶县工农业生产和建设。1993年，公司停止经营。

建材化轻公司 1988年1月，建材化轻公司建立，主要经营水泥、玻璃等建筑材料和烧碱、纯碱等化工原材料，供应工业生产和城乡建设。1993年，公司停止经营。

机电设备公司 1988年1月，机电设备公司建立，主要经营汽车、电动机以及其他机电设备，供应工农业生产。1993年公司停止经营。

金属回收公司 1988年1月，金属回收公司建立，主要业务是废金属回收，销售废金属串换的钢材，兼营汽车等。1993年，公司停止经营。

物资服务协作开发公司 1988年1月，物资劳动服务公司成立，为集体性质的副股级企业单位，主要经营物资部门所经营的生产资料以及烟酒百货等物资。1988年8月31日，物资劳动服务公司改称为物资服务协作开发公司，同时由集体性质变为全民性质。1993年，公司停止经营。

第五章 专 营

第一节 烟 草

经营管理体制 县烟草专卖局（营销部）全称为山东省定陶县烟草专卖局、山东菏泽烟草有限公司定陶营销部，位于定陶县东丰路东段。成立于1983年，按照国家对烟草行业的政策，实行一个机构两个牌子合署办公，受菏泽市烟草专卖局（公司）和定陶县人民政府的双重领导。主要职责是贯彻执行《中华人民共和国烟草专卖法》《中华人民共和国烟草专卖法实施条例》，行使定陶县烟草专卖行政管理权力；在定陶县经营卷烟、雪茄烟批发业务，建设与管理城乡卷烟销售网络。

机构网点 县烟草专卖局（营销部）主要负责天中街道、滨河街道和仿山镇、张湾镇、马集镇、冉堌镇、黄店镇、孟海镇、半堤镇、陈集镇、杜堂镇、南王店镇共12个街道（镇）的专卖管理、卷烟销售工作，辖区共有2466户卷烟零售客户。

购销 20世纪90年代初，县内卷烟品种少，档次结构单一，省外卷烟的购进受上级部门控制，卷烟销售须严格审批，供需矛盾比较突出。1996年以后，卷烟购进计划放松，供需矛盾缓解。2001年，根据需要可直接向市烟草公司提交计划，由市公司将货配送到县，卷烟购进实施大物流、大配送。通过整合零售网点，形成城乡一体、统一运行、集中配送的购销模式。2005年，全县批发网点撤销，卷烟营销直接送货上门，完成由网点到网络的过渡。是年底，全年销售卷烟13752.6箱，实现销售收入9138.06万元。2006年开始，推行“大网络、大访销、大配送”，市局建立呼叫中心，对全市客户开展电话访销，客户经理（原为访销员）指导客户经营，县烟草专卖局建立配货中转站，实现客户访销后隔日送货。2010年以后，客户可通过电话订货、手机订货、网上订货，订单提交后可通过工商银行、农业银行、农村信用社、邮政银行等即时交易结算，卷烟经市局（公司）分拣系统分拣后，一户一码，塑包包装，隔日送到客户手中。2014年，销售卷烟9.35亿支（1.87万箱），比上年增长2.06%；实现销售收入40553.12万元，比上年增长12.56%；卷烟人均销量8.19条，比上年增加0.05条。2015年，销售卷烟8.5亿支（1.70万箱），比上年减少7.88%；实现销售收入38197万元，比上年减少5.81%；卷烟人均销量7.51条，比上年减少0.68条。

烟政管理　2000年以后，县烟草专卖局（营销部）对专卖组织机构优化调整，机构和岗位设置更加合理；对执法人员加大实用技能培训，提高一线执法人员依法行政水平。依法开展行政许可，进一步完善行政审批服务窗口，将审批时限由20个工作日缩短至10个工作日。2005年，强化专卖管理，提高市场控制力和市场占有率，深入开展打击非法经营大户，破解非法经营网络活动。共查处非法经营卷烟案1466起，查获假冒卷烟71445条，案值447.23万元。刑事拘留12人，批捕13人。2006年以后，开展普法宣传活动，以“3•15”“12•4”消费者权益保护日等为契机，组织及参加大型普法宣传活动，宣传新修订的《菏泽市烟草制品零售点布局规定》，认真贯彻落实新《中华人民共和国广告法》，树立知法守法的社会形象。2010年以后，加强卷烟销售网络建设，加快卷烟流通和内部机制体制改革，建立覆盖面广、遍布城乡、功能完善的卷烟销售网络体系，加快传统商业向现代流通的转变，取得良好的经济效益和社会效益。以“端窝点、断源头、破网络、抓主犯”和经营案件为重点，强化专卖管理。完善与公、检、法、工商等部门的联合执法机制，先后开展烟草市场治理打私打假反走私综合治理，集中整治返流“红将军”“齐鲁之盾”，双节期间卷烟市场整治，打击道路交通和物流环节涉烟违法犯罪活动等多个专项行动。2014年，共查处各类案件69起，案件总值19.85万元。查获违法卷烟36.92万支。拘留涉烟违法犯罪分子15人，逮捕13人，判刑9人。2015年，共查处各类案件111起，案件总值104.17万元。查获违法卷烟168.95万支，拘留涉烟违法犯罪分子9人，逮捕8人，判刑6人。

▲　烟草知识宣传

第二节　盐　业

盐业管理　1991年，食盐由县供销社经营管理，多为大粒散装。1996年，成立菏泽盐业公司定陶分公司，负责全县食盐、工业用盐的购销、网点建设、盐政管理等。加碘食盐开始进入定陶市场，实行统一计划、统一渠道、统一品种、统一包装、统一价格五统一，由菏泽盐业物流配送站直接送到各经销网点。2001年，定陶县盐业公司独立，同时加挂县盐务局牌子。2005年，县盐务局以推广纸塑包装食盐和提高食盐“三率”为重点，以“四个强化”（强化盐政管理，抓市场；强化财务管理，搞挖潜；强化营销管理，促效益；强化人事管理，提效益）为主攻方向，大力推进入口包装食盐，满足不同消费者的需求，完善营销网络，提高优质服务。将5个监销站合并为4个，坚持60%以上人员下派乡镇，分片包干。2008年，定陶县贯彻落实《关于强化食盐专营加快食盐网点建设的通知》精神，对食盐零售网点组织开展全面普查，强力推进食盐零售网点建设。对辖区内食盐零售网点按照市局规定“一证”“一薄”“一合同”“一牌”的要求；对符合网点建设要求的食盐零售网点进行年检，对不符合设置要求的，无证经营的，违规经营网点进行依法取缔。运用现代化营销方式，全面提高服务水平，改提货制为送货制。建立销售台账，对各网点的食盐销售库存进行量化核定，掌握销售动态，以客户的需求及时供应。2010年以后，做好大包装盐的管理工作，加强与用盐企业的沟通交流。给用盐户签订供货合同，办理购盐本；对大包装盐供应实行分管领导签字销售制度；由业务人员对用盐户进行追踪回访，稽查人员予以监督检查。对全县所有饮食业全面摸底检查、登记造册、不留死角，做到不漏村、不漏街、不漏户，统计检查饭店、宾馆、学校、熟肉门市，采取直供措施，发放《食盐直供服务薄》，实现对饮食单位监管与服务无盲区。整合送销线路，改造业务流程，规范送销行为，降低送销成本，提高送销效率。其他工业用盐实行计划和统一经营管理。2015年，加强网点建设，提高经营水平，对符合建设要求的食盐零售网点进行年检；对不符合设置要求的、无证经营的、违规经营的网点等依法取缔。

盐政执法　20世纪90年代，县盐业分公司采取常规检查与重点检查、夜间与白天稽查、送货与稽查相结合的方式，打击涉盐违法犯罪活动。2001年县盐务局成立后，每年根据不同季节的不同特点，开展几次规模较大的集中整治活动。春季开展整治以小工业用盐用户和饭店、熟食店、机关食堂为主要内容的春季严打活动；夏季开展以整治食盐经营秩序、取缔无证经营为重点的专项清理整治活动；秋季开展以打击非法购销为主要内容的秋季大行动；冬季开展以查源头、查边界、查内部、查网点、查用盐大户为主要内容的“五查”活动。2005年，县人民政府印发《关于成立定陶县整顿和规范盐业市场领导小组的通知》，在全县联合开展整顿和规范盐业市场秩序专项行动，共出动执法人员340人次，执法车辆40台次，张贴通告1000余份，发放各类宣传材料1000余张，检查食盐零售点1200处，食品加工用盐和工业盐企业40个，宾馆5所，饭店300余个，熟食店90个，整治重点区域和农村集贸市场30处，取缔无证经营25处，查处各类涉盐违法案件16起，查没私盐及不合格食盐200余千克。2008年以后，县盐务局先后与河南、江苏、安徽省相邻的盐业部门多次召开联席会议，开展边界市场专项整治行动。2012年以后，县盐务局工作人员紧盯市场，加强市场管理工作，持续不断地打击各类涉盐违法行为，防止私盐冲销。对以往被处理过的私盐贩子，逐一登记拜访，提前打“预防针”，送法上门，预防他们重操旧业。对于私盐较多的区域重点治理，重点宣传，打击与宣传并重，打防结合，把“走私盐”的思想控制在萌芽状态，遏制走私念头。重点区域，重点监控，昼夜不停，在全县造成严打的声势，白天中队巡查市场，夜晚中队堵路口，每周一轮换，24小时有人管理盐业市场。

▲ 盐务局“3·15”宣传

购销　20世纪90年代初，定陶县盐产品由县供销社统一组织购销。1996年，菏泽盐业物流配送站对供销社基层门店实行送货上门，销售网络扩展到乡镇村庄各零售店。2001年，采取电话预约和送货相结合方式，盐业公司安排专人接听要货电话，编制《购货记录表》，送货人员按记录的用户地址、盐种、数量和供货时间，送货上门。直接入口食盐供应小包装合格碘盐，食品加工用盐供应合格碘盐，并严格执行国家定价。至年底，购进各类盐产品4480吨，销售各类盐产品4474吨。2004年，发放《食盐零售许可证》，2007年，重新换发新证，取缔无证经营户。凡食品加工和工业用盐户确须用盐的，报监销站或稽查队实地考察，然后由监销站提报计划，监销站不给提报计划的不予销售。同年，开始销售营养盐（即添加一种或几种营养强化剂的食盐）。2008年，共购进各类盐产品5235吨，销售各类盐产品5230吨。2009年，盐业公司进一步完善加碘盐购进、仓储和销售环节的质量管理，对每批购进的食盐抽样进行碘含量检测，合格后方可入库；对库存加碘食盐每月进行两次检测，检测合格后才能销售。2010年，共购进各类盐产品3548吨，销售各类盐产品3540吨。2015年，共购进各类盐产品3022吨，销售各类盐产品3019吨。

2001—2015年盐产品购销统计表

13-5-1　　　　单位：吨

年份	购进	销售	年份	购进	销售
2001	4480	4474	2009	5215	5209
2002	4505	4499	2010	3548	3540
2003	4532	4525	2011	3902	3895
2004	4545	4539	2012	3715	3706
2005	4863	4857	2013	2645	2638
2006	4984	4977	2014	2142	2130
2007	5093	5089	2015	3022	3019
2008	5235	5230	—	—	—

第三节　石　油

经营体制改革　1992年开始，成品油购进基本以自采为主，价格上实行“双轨制”（平价、高价），成品油流通渠道增加。同年11月，山东省石油公司定陶支公司改为山东省石油集团菏泽总公司定陶分公司，有加油站1座，固定资产200万元，从业人员112人，年销量1.5万吨，销售额700万元，实现利税33万元。1994年7月，全县成品油流通体制改革，成立县成品油流通体制改革领导小组和成品油市场整顿办公室。1995年，取消计划内供应，石油供应全面市场化。1998年6月开始，国内油价与国际油价接轨，由石油、石化2个集团公司负责国内全部成品油的批发业务，其他单位、公司不得参与，炼油企业不得自行销售成品油，2个公司统一组织油品销售。同年，定陶石油分公司随山东省石油集团整体划归中国石油化工集团总公司。石油经营开始实行“五统一”管理，即：统一资源配置、统一调运、统一价格、统一结算、统一资金运作。2000年4月，中国石化进行重组改制，按照统一要求，菏泽石油总公司将优良资产剥离组建中国石油化工股份有限公司山东菏泽石油分公司（股份公司）和中国石化集团山东石油总公司菏泽石油分公司（存续公司）并行。定陶石油分公司改为中国石化菏泽石油分公司第四经营管理处。股份公司集中了大部分经营资产和人员，负责经营管理工作；存续公司保留少数人员，负责固定资产管理、关联交易、清欠、离退休人员管理等工作，此后各项工作逐渐向股份公司移交，至2005年，存续公司已无专门机构，无专职人员。2005年年底，菏泽公司本部下设4个部室、2个中心和7个经营片区，中国石化菏泽石油分公司第四经营管理处更改为定陶片区。2010年8月，定陶片区恢复县公司职能。

经营网点 1990年开始，社会上其他部门开始建设加油站，开展成品油零售经营业务。1991年以后，零售网点发展迅速，石油系统的市场占有率开始大幅下降。至1997年，全县共有加油站23座，其中，石油系统5座，供销系统4座，农机系统6座，个体经营8座。1999年后，石油系统加大网点建设力度，统一悬挂“SINOPEC＋中国石化集团”的形象标识，定陶公司先后收购10座，新建2座。2010年12月，全县具有零售经营资格的加油站（点）共有38座，在营38座。其中，石油系统12座，在营11座；其他单位和个人26座，在营26座。2015年，全县石油成品油总供应量约3万吨，其中，石油系统区内纯销量约1.5万吨。

▲ 中国石油加油站 （李斌 摄）

石油购销 1992年，成品油主要进货渠道为齐鲁石化公司辛店炼油厂和济南石化厂。随着计划外油品进入市场和价格上“双轨制”（平价、议价）的实行，石油市场管理有所放松，成品油流通渠道急剧增加。至1994年，全县成品油经营单位20多个，多头经营和地方小炼油、土炼油的低价倾销，致使市场疲软，石油系统库存饱和销量锐减，年销售量仅0.5万吨，市场占有量不足30%。1995年，随着石油成品油流通体制改革的逐步深入，全县成品油市场秩序趋于好转，石油系统一方面严格落实经济目标责任制，开展全员促销；另一方面，积极增加网点，提高市场占有率和控制力，销售量回升到1.6万吨。至2010年，石油系统成品油销售首次突破1.6万吨。此后至2015年，零售市场占有率稳定在35%。

油政管理 1991年以后，随着计划外油品进入市场，尤其是小炼油厂产品无计划销售，部分单位和个人乘机乱设摊点，倒买倒卖，掺杂使假，致使石油市场出现混乱。县政府成立清理整顿石油市场领导小组（办公室），多次对成品油市场进行整顿，但收效甚微。1998年上半年，中国石油产销体制进行重大改革，以长城为界划分和组建石油、石化2个特大型企业集团公司。同年6月，国务院进行原油、成品油价格和流通体制改革，由石油、石化2个集团公司负责国内全部成品油的批发业务，其他单位、公司不得参与；所有的炼油企业不得自行销售成品油，2个公司统一组织油品销售。社会经营单位要按集团公司规定的零售价代销石油公司的成品油。1999年，地区经贸委、消防局、贸易局、工商局、公安局、国税局、技术监督局7部门联合转发省经贸委等7部门《关于印发清理整顿成品油流通企业和规范成品油流通秩序的实施方案的通知》，对境内所有从事成品油批发、仓储、零售以及外商投资成品油流通企业进行清理整顿。地区成立清理整顿成品油流通秩序领导小组，下设办公室，负责统一部署全区成品油流通秩序的清理整顿工作。各县也成立相应的清理整顿办事机构。要求所有从事成品油批发、仓储、零售及其他成品油流通企业将有关情况上报地区清理整顿办公室，经省整顿办公室审核后，核发有关《批准证书》，企业据此到工商管理、税务部门重新办理工商、税务登记手续。加油站（点）的清理整顿工作在2000年6月底前基本完成。至2000年底，有14座加油站取得零售经营资格。此后，石油系统逐步退出成品油市场管理，完全致力于经营工作。

第十四编

综合经济管理

ZONG HE JING JI GUAN LI

20世纪90年代以后，随着国家经济体制改革的推进，定陶县各经济管理部门的职能有较大变化。计划管理实现了由“计划经济为主，市场经济为辅”到“计划经济与市场调节”相结合，再到市场经济体制建立的转变，计划工作内容转变为研究制定全县国民经济和社会发展战略，制定发展规划并监督实施计划落实情况。统计部门不断扩大业务范围，统计工作日趋规范。审计工作已形成国家审计、内部审计、社会审计和经济责任审计较完整的审计体系。物价部门除对商品价格、农村电价和非商品收费等进行管理外，加强物价监督检查，推行明码标价，形成以市场调节价为主体的价格体系。工商行政管理部门主要履行工商企业登记、经济合同、商标广告管理和市场监督、执法经济检查、消费者权益保护等职能，运用法律、行政手段对市场进行宏观监督调控。质量技术监督部门从一般的工业标准化管理和计量管理，扩展到标准化、计量法制、产品质量监督管理、食品安全和特种设备安全监察等方面，形成标准、计量、质量监督三位一体的管理体制。国土资源部门通过实施土地使用制度改革和土地调查规划评估，加强土地资源管理、矿产资源管理、地籍规划管理、土地开发利用等工作。

第一章 发展与改革

第一节 计划体制改革

20世纪90年代初，以“治理、整顿”为中心，实行计划经济与市场调节相结合。树立市场经济观念，进一步减少指令性计划，工作重心向计划的落实和综合平衡倾斜。压缩固定资产投资，控制基建过热及重复建设。1992年，计划管理体制改革步伐加快。计划的职能是进一步加强和改善宏观调控，年度计划工作主要通过对市场和经济趋势的分析预测，进行国民经济总量和结构的平衡，研究提出宏观调控的目标和重大政策措施。精简指令性计划，改进生产和流通的计划管理。同年，将“农转非”纳入计划管理。1993年开始，商品收购调拨除粮食、棉花、油料、生猪的收购调拨等实行指令性计划，其他由市场调节。放宽固定资产投资计划审批权限，凡企业用自有资金，自行解决投资建设和生产条件，符合国家产业政策的项目一律自主立项。计划工作的任务逐步转变，主要是合理确定国民经济和社会发展的战略、宏观调控目标和产业政策，搞好经济预测，规划重大经济结构、生产力布局、国土整治和重点建设，实行社会主义市场经济体制。切实转变政府的经济管理职能，计划职能向研究战略、制定规划、宏观调控、总量平衡、培育市场、重点建设、协调服务转变，向运用经济杠杆和经济政策进行间接管理转变。制定计划以市场为基础，逐步建立与市场经济体制相适应的宏观调控体系，完善社会主义市场经济体制，建立以市场价格为主的价格形成机制。1995年，按照中央关于加强和改善宏观调控的要求，开始建立符合市场经济要求的宏观目标、预期指标、公共资金和资源配置计划指标三大体系。2000年以后，计划工作逐步侧重于宏观性，开始注重以人为本，力求实现经济、社会和人的全面协调可持续发展。计划职能实现从微观干预到宏观调控，从直接调控到间接调控，从局限于对国有经济的管理到引导全社会经济活动，从大量的行政审批到创造公平竞争的四大实质性转变。至2010年后，定陶建立起以指导性、宏观性、战略性和政策性为基本特征的社会主义市场经济计划管理体制。

第二节　计划编制

年度计划　1991年，计划指标逐步改为宏观性和指导性指标。1992年，计划指标全部改为指导性指标，只对农业总产值、粮食总产量、工业总产值、土地开发利用、工业利税等几项主要指标分解下达。1995年，年度计划提出实施外向带动战略，提高经济素质和运行质量。1997年，指标体系进一步调整变动，减少生产规模性和微观性指标，增设效益性和宏观性指标。增设国内生产总值、农民人均纯收入、工业效益综合指数等指标，减少各种农作物的播种面积、工业产品产量等指标。2000年，年度计划突出优化个体私营经济发展环境，提高对外开放水平。2002年，年度计划重点加强园区建设，扩大工业规模，加大招商力度，提高农业产业化水平。2004年，年度计划按照“重点抓工业，突出抓招商，大力抓环境”的指导思想，重点实施工业发展、招商引资、开发区建设、城市建设、服务业发展、农业发展等。2008年，年度计划围绕“三个转变”的指导思想和“一三三一”的工作思路，加快实施工业立县、三产富县、城乡统筹发展战略，重点实施财政增收、农民增收、投资增加、重点项目建设、招商引资、城市建设、产业结构调整等。2010年后，年度计划围绕贯彻落实科学发展观思想，坚持“转方式、调结构、增投入、谋跨越”的战略主题，全面推进工业化、城镇化、农业产业化三化互动共同发展，切实保障和改善民生。

中长期规划　中期计划期限一般为5年，10年及10年以上为长期计划（或远景规划）。县级一般在提出5年计划的同时，从战略的高度对10年计划作出一个远景目标规划。1991—2015年，全县共编制“八五”“九五”“十五”“十一五”“十二五”5个五年计划。

1990年，编制《定陶县国民经济和社会发展第八个五年计划及十年规划纲要》（1991—2000）。提出“八五”期间及其以后10年定陶县国民经济和社会发展的总任务是实现4个方面的转变：即由粗放经营为主向集约经营为主转变，由资源的粗加工为主向资源的精、深加工和市场导向型转变，由单一的传统产业为主向改造传统产业、开发新兴产业转变，由内向型经济为主向外向型经济转变。到1995年，国民生产总值达到9.36亿元，年均递增9.8%；国民收入8.5亿元，年递增10.5%；工农业总产值达到22.5亿元，年递增13.1%。其中工业总产值达到15.6亿元，年递增16.9%；农业总产值达到6.9亿元，年递增6.6%；地方财政收入4093万元，年均递增18.4%；农民人均纯收入800元，年均增长8.5%；职工工资年均增长3.2%；人口自然增长率控制在9‰以内。到2000年，国民生产总值达到14.4亿元，国民收入达到13.3亿元，工农业总产值达到37.95亿元，农民人均纯收入达到1000元。

1995年，编制《定陶县国民经济和社会发展第九个五年计划及2010年远景目标纲要》（1996—2010），确立“九五”期间的主要任务是加快经济总量的增长，转变经济增长方式，优化产业结构，着力提高经济整体素质和效益。到2000年，国民生产总值达到28亿元，年均增长15.7%；地方财政收入达到1亿元，年均增长16.2%；固定资产投资5年累计达到14亿元，人口自然增长率控制在6‰以内，总人口不突破60.2万。在实现“九五”目标的基础上，再经过10年的努力，初步实现工业化和农业现代化。

2000年，编制《定陶县国民经济和社会发展第十个五年计划纲要》（2001—2005）。计划提出“十五”期间的主要任务是按照“科教兴县，开放兴县，工业立县，农业稳县，商贸富县”的发展思路，加快农业产业化、工业现代化、城乡一体化进程，大力发展第三产业，努力提高经济素质和竞争能力，增加居民收入，改善人民生活，促进国民经济快速健康发展和社会全面进步，尽快实现由“农业大县、工业小县、财政穷县”向“农业强县、工业大县、财政富县”的跨越。到2005年，国内生产总值达到28.6亿元，年均增长11%；固定资产投资累计完成45亿元以上，年均增长15%以上；全县社会消费品零售额达到12.5亿元，年均增长14%；城镇居民人均可支配收入达到6000元，农民人均纯收入3300元，年均分别增长8%和9.6%；人口自然增长率控制在6‰左右，总人口控制在62万以内。

2005年，编制《定陶县国民经济和社会发展第十一个五年总体规划纲要》（2006—2010）。《纲要》提出“十一五”期间，按照省委、省政府“突破菏泽”“三三一一”目标的总体要求，加快城市化和工业化进程，建立家纺、食品、物流3大基地，实施外向带动工业强县、科技兴县、城镇一体化战略，增创经济发展新优势，推动社会事业全面进步。到2010年，全县生产总值达到56.6亿元，年均增长13%，其中一、二、三产业增加值年均分别增长4%、20%和15%；地方财政收入达到2亿元，年均增长18%；固定资产投资年均增长30%，累计达到200亿元；高新技术产业产值占规模以上工业总产值的比重达到25%，万元生产总值综合消耗每年降低4.5%，工业用水重复利用率提高到95%；城镇居民人均可支配收入达到12000元，农民人均纯收入达到4500元，年均分别增长10%和8%；人口自然增长率控制在6‰以内，总人口控制在63万以内。

2010年，编制《定陶县国民经济和社会发展第十二个五年规划纲要》（2010—2015）。《纲要》提出“十二五”期间，以“转方式、调结构、增投入、谋跨越”为指导，紧紧围绕“全面建设小康社会”一大目标，积极实施“新型工业化强县、农业现代化大县”两大战略，努力打造“历史文化名城、生态宜居靓城、现代物流新城”三大品牌，全面推进四大建设，认真落实五大战略支撑工程，推动经济科学发展，跨越发展。到2015年，地区生产总值达到136亿元，年均增长14%；三次产业比例调整为15：55：30；地方财政收入达到7.62亿元，年均增长16%；全社会固定资产投资达到108亿元，年均增长18%；社会消费品零售额达到105亿元，年均增长20%；农村居民人均纯收入达到10000元，年均增长12%。

第三节　计划实施

1991年开始，实施“八五”计划。至1995年，全县国内生产总值10.91亿元，按可比价格计算，完成计划的150%，年均增长14.7%；工业总产值13.2亿元，年均增长13%；粮食总产31.5万吨，比1990年增加9.2万吨；棉花总产0.81万吨，比1990年减少1.32万吨；农民人均纯收入1409元，比1990年增加856元；职工人均收入3148元，比1990年增加1532元；社会商品零售额3.56亿元，年均增长19%。

1996年开始，实施“九五”计划。至2000年，全县国内生产总值12.21亿元，按可比价格计算，比1995年年均增长2.27%，其中一、二、三产业增加值分别年均增长6%、12.3%、9.2%；财政收入7652万元，年均增长21%；社会商品零售额6.4亿元；全县社会固定资产投资5年总额21亿元，年均增长22.5%；城镇职工人均生活费收入5257元，农民人均纯收入2091元，年均分别增长8.6%和8.2%。

2001年开始，实施“十五”计划。至2005年，全县地区生产总值30.73亿元，年均增长10.5%，其中一、二、三产业年均分别增长8%、28%、13.8%；地方财政收入9638万元，年均增长18.8%；固定资产投资累计完成74亿元，是“九五”期间的5.5倍，年均增长40%；累计利用外资3000万美元，比“九五”期间增长10倍；2005年，进出口总额1588万美元，比2000年增长2.3倍；全县农民人均纯收入3121元，城镇居民人均可支配收入7270元，分别比2000年增加1030元和2013元。

2006年开始，实施“十一五”计划。至2010年，全县地区生产总值73.65亿元，“十一五”期间年均增长17.3%；地方财政收入3.63亿元，年均增长30.4%；全社会固定资产投资5年累计165.5亿元，是“十五”的3.2倍；实现社会消费品零售总额42.93亿元，年均增长22.1%；农民人均纯收入5780元，年均增长13.1%；进出口总额5年累计13759万美元，年均增长13.9%；5年累计利用境外直接投资3029万美元；年均人口自然增长率稳定在6‰以内。

2011年开始，实施“十二五”计划。至2015年，全县实现地区生产总值146.03亿元，年均增长14.6%；公共财政预算收入7.7亿元，年均增长16.2%；农村居民可支配收入9731元，年均增长10.9%，城镇居民可支配收入18734元，年均增长11%；社会消费品零售总额85.7亿元，年均增长13.7%；金融机构存贷款余额分别为147.2亿元、83.2亿元，年均增长20.4%、20.5%；规模以上固定资产投资73.2亿元，年均增长8.7%。

第四节　固定资产投资项目

1991年至1995年，即“八五”期间，全县固定资产总投资7.6亿元，主要有人造板厂、毛纺厂、陈集造纸水泥厂、菏泽第四制药厂等项目。1996年至2000年，即“九五”期间，全县固定资产投资21亿元，主要有圣龙、都庆、林盾农村电网改造、电信网改造、农村公路建设、县城单位楼房建设等项目。2001年至2005年，即“十五”期间，固定资产投资累计完成74亿元，重点项目有鲁花、艺达、利德尔、东北绕城线、菏泽高速连接线、金茂街开发、北苑小区等项目。2006年至2010年，即“十一五”期间，固定资产总投资165.5亿元，重点项目有润鑫化工、福天糖醇、天久生物、百瑞制药、五洲医疗器械等40多个过亿元的企业相继投产。城镇化建设总投入52.4亿元，县城建成区面积12.4平方千米，比2005年增加5.2平方千米。2011年至2015年，即“十二五”期间，对接大市的框架基本形成，规模以上工业企业210家，重点实施润鑫产业园、中小企业创业园、高新技术产业园、刘楼水库，新修对接大市12条道路，新建改建农村公路651千米，改造农村电网1135.5千米，改造农村危房1388户，建设各类保障房1508套，新建山东大学附属中学定陶实验学校、清华园学校、新一中、县医院内科病房楼等。城镇化率达到41.1%，提高11.4个百分点。

第二章　统　计

1991年以后，统计业务进行一系列改革，至2015年，统计内容包括国内生产总值统计、农村社会经济统计、工业统计、交通统计、能源统计、固定资产投资统计、批发零售贸易餐饮企业统计、劳动情况统计以及教育、卫生、财政、金融、保险、科技、环保、社会福利统计等方面，并建立完善统计信息网，实现统计数据社会共享。

第一节　统计业务改革

1991年以前，主要对经济和社会发展情况进行统计调查、汇总和分析。此后，随着社会主义市场经济体制的逐步建立和完善，统计内容由经济型向全方位多角度反映经济和社会发展型转变。其调查方式从全面调查逐步向周期性普查为基础，以经常性抽查为主，以必要的统计报表、重点调查、综合分析等为补充，征集及综合统计资料的方式转变，根据经济和社会发展的要求调整、增加统计的内容和范围。1991年，改革农村统计制度，推行农村基层统计一套表制度，涉及农业生产、农田水利、农业机械和农村社会、科技、文教卫生等方面，农村基层统计指标逐步系统化、科学化、规范化。1992年，实施新国民经济核算体系，编制国内生产总值及其使用表，工业统计报表中增加工业销售产值、利税等经济效益指标，建筑、批发零售、服务业等增加财务指标。1993年，使用国家新统计报表。按专业内容由基层单位填报，县统计局负责汇总、处理和分析。同时，改变国民经济综合核算统计方式，分别采用生产法、收入法、支出法核算国内生产总值，取消国民收入核算统计。1994年，国民经济综合核算范围扩大到乡镇级。1995年，规范企业原始统计记录和统计台账，在企业和行政事业单位建立劳动工资统计台账。同年，统计业务增加统计抽样调查，减少全面统计。1998年以后，工业、商业、饮食服务业由全面统计改为规模以上企业进行全面统计和规模以下企业进行抽样调查。国民经济综合统计由总量统计转向总量、效益统计和经济运行监测。2000年、2002年，先后增加县经济情况（县卡）、乡镇基本情况（乡卡）、村基本情况（村卡）监测。2007年开始，县统计局建立完善统计信息网，统计数据在网站上向外公布，实现统计数据社会共享。

第二节　统计报表调查

1991年，县统计部门直接调查汇总的统计项目主要有工业、农业、商业、固定资产投资、劳动工资、物资及财政金融、交通运输、文教卫生等。1993年，执行国家统计局制发的国家统计报表制度（俗称一套表制度），主要包括农业、工业、建筑业、交通运输业、批发零售贸易业及餐饮业、服务业、行政事业单位等7个部分。至2015年，主要有国民经济核算、农村经济、工业、固定资产投资、建筑业、批发零售贸易餐饮业、对外经济、劳动工资、能源、城市基本情况、科学技术、交通运输及邮电统计等。

国民经济核算统计　1991年，县国民经济核算处在物质产品平衡表体系（MPS）与国民账户体系（SNA）并存的情况，其间报表制度包括MPS的国民收入统计、SNA的国民生产总值统计和社会经济效益统计3个方面。1992年开始，对全县季度国内生产总值进行测算。1993年以后，县国民经济核算全面实施新国民经济核算体系（SNA），执行一套国内生产总值统计报表制度，从分配法、生产法到支出法三方面开展国内生产总值核算，并取消社会经济效益统计。1999年以后，国内生产总值数据须经市统计局评估认定。

农村社会经济统计　1991年，农业主要统计农产品产量、农业产值、收益分配、农村专业户及新经济联合体等方面的内容，农业统计开始向农村社会经济统计转变。至1994年，县农村统计先后增加农村外向型经济、农业增加值和乡（镇）农村社会经济统计。2002年以后，农村社会经济统计主要包括农村基本情况、农业生产条件、农林牧渔业生产情况、农业和农村经济总量情况及对外联系情况、农村社会经济发展水平状况等。

工业统计　1991年，主要统计工业总产值、产品产量、财务成本等。1992年，建立工业经济效益平均指标体系、工业增加及工业销售产值月度统计。1995年，工业统计由原来的按隶属关系分类改为按企业规模分类，即分为国有、年产品销售收入500万元以上及500万元以下非国有工业（简称“规模以上”“规模以下”工业）。1999年以后，规模以上工业统计仍采用企业自报、县统计局汇总的调查方法，规模以下工业统计采用抽样调查方法。

交通统计　1991年，主要调查企业的运输能力、运输量等。1997年以后，统计数据由行业主管部门提供，包括由公安部门提供的辖区全部登记注册的民用车辆，由交通部门提供的交通运输线路和运输情况。

能源统计　1991年，统计范围与工业统计的范围一致。采用全面统计的方法，主要统计工业企业能源购进、消费及库存和重点企业单位产品综合能源消耗。1995年开始，重点调查的对象是辖区内年耗能5000吨标准煤及以上的企业或者有能源加工转移活动的工业企业，全面调查的对象为辖区内全部国有及年产品销售收入500万元以上非国有工业企业。

固定资产投资统计 1991年以前，主要统计基本建设和技术改造投资，城镇建房情况及城镇集体所有制固定资产投资。随着城乡集体、个人投资建设的发展，基本建设统计逐步发展成为全社会固定资产投资统计。1991年，开始建立单独的商品房建设投资统计。1991年至1997年，开展农村集体固定资产投资统计。1995年，建立房地产开发统计报表制度。2002年以后，统计范围为投资50万元以上投资项目，包括基本建设投资、更新改造投资、城镇集体投资、房地产开发投资、城镇和工矿区私人建房投资、其他投资等内容。

批发零售贸易餐饮业统计 1991年，商业主要统计社会商品零售额及购买力、农副产品收购、商业商品购销存、工业产品销售与库存、商业机构、人员等。1993年，统计的范围是除乡镇企业以外的各类独立核算、法人批发零售贸易、餐饮企业、附营商业饮食单位。1994年，统计范围扩展到乡镇企业和所有外资企业。2001年开始，统计对限额以上企业实施全面调查，对限额以下批发、零售、住宿、餐饮业、个体户实施抽样调查。2002年以后，主要统计社会消费品零售额，限额以上批发零售贸易业商品购进、销售、库存总额，限额以下餐饮业销售情况等。

劳动情况统计 1991年，主要统计全民、集体所有制单位职工人数与工资，工业、建筑业职工分类情况，个体劳动者人数，城乡劳动力资源分配等。1998年以后，劳动情况只统计单位从业人员和劳动报酬。统计范围是国有、城镇集体及其他经济类型的单位，含企业、事业、机关，不含乡镇企业、直接注册的私营企业和个体工商户。

其他统计 包括教育、卫生、财政、金融、保险、科技、气象、文化体育、广播电视、社会福利、社会救济等，由有关业务主管部门负责统计，县统计局负责整理、汇总。

第三节 统计普查

人口普查 第五次全国普查 1999年12月，成立定陶第五次人口普查领导小组及其办公室，全县抽调3000人组成人口普查专业队，普查时点为2000年11月1日零时。普查采用全面调查和抽样调查相结合的方法，普查表分为“短表”和“长表”两种类型。“短表”调查项目主要包括住户人口数量、住房情况，以及个人姓名、年龄、性别、民族、户口等基本情况；“长表”是在“短表”的基础上进一步拓展形成的，增加的内容主要包括住户房屋用途、房屋建成时间、房屋结构、房屋生活设施、房屋墙体材料、房屋来源、房屋费用、炊事燃料、用水情况、个人出生地、迁移情况、就业情况、婚姻状况及妇女生育情况等。“短表”要求对所有住户逐户逐人调查填写，“长表”则要求按10%比例抽选调查户后，逐户逐人调查填写。经普查，全县登记总人口为563352人（包括外来人口11313人，不包括外出人口24194人），其中，男285086人、女278266人；共有家庭户159501户，家庭人口557450人，户均人口3.5人；大专以上7221人，高中（含中专、职高）38944人，初中181077人，小学24人，文盲人口（15岁及15岁以上不识字或识字很少的人）为36906人，文盲率为14.95%。

第六次全国人口普查 2010年5月，成立定陶县第六次人口普查领导小组及其办公室，全县抽调3150人组成人口普查专业队，普查时点为2010年11月1日零时。普查采用全面调查和抽样调查相结合的方法，普查表分为“短表”和“长表”两种类型。普查内容包括人口总数、人口素质、结构、分布、民族、家庭、婚姻、生育、受教育程度、行业分类、住房等100多项指标。经普查，全

▲ 第六次人口普查启动仪式（2010年摄）

县登记总人口为565793人（包括外来人口14061人，不包括外出人口97001人），其中，男285357人、女280436人；共有家庭户175059户，家庭人口542897人，户均人口3.1人；研究生272人，大学本科5112人，大学专科15289人，高中（含中专、职高）47672人，初中216538人，小学172539人，文盲人口（15岁及15岁以上不识字或识字很少的人）为53381人，文盲率为11.71%。

全国农业普查　第一次全国农业普查　1996年3月，全县开展第一次全国农业普查工作。普查时点为1996年12月31日。时期资料为1996年度。普查范围包括农村住户、非农村住户的农业生产经营单位、行政村、乡镇和乡镇企业。普查的内容为农村耕地、用地情况、农业种植、养殖、农村住户、从业人员分布、乡镇工业企业、财政收入等。

第二次全国农业普查　2007年，进行第二次全国农业普查。普查时点是2006年12月31日。时期资料是2006年度。普查对象为所有农村住户，城镇农业生产经营和农村生产经营户。普查的行业范围包括农作物种植业、林业、畜牧业、渔业和农村牧渔服务业。

经济普查　第一次全国经济普查　普查时点为2004年12月31日，时期资料为2004年度。普查对象是在县境内从事第二产业、第三产业的全部法人单位、产业活动单位和个体经营户。普查的主要内容包括单位基本属性、从业人员、财务状况、生产经营情况、生产能力、原材料和能源消耗、科技活动情况等。经普查，2004年年底，定陶从事二、三产业的法人单位1175个，产业活动单位380个，个体经营户14777户；二、三产业就业人员97340人，其中，第二产业73005人，第三产业24335人。

第二次全国经济普查　普查时点是2008年12月31日，时期资料为2008年度。普查对象是在县境内从事第二产业和第三产业的全部法人单位、产业活动单位和个体经营户。普查内容包括单位基本属性、从业人员、财务状况、生产经营情况、生产能力、能源消耗、科技活动情况等。经普查，2008年年底，全县从事二、三产业的法人单位2195个，产业活动单位557个，个体经营户27278个；二、三产业从业人员158152人，其中，第二产业98050人，第三产业60102人。

第三次全国经济普查　普查时点是2013年12月31日，时期资料为2013年度。普查对象是在县境内从事第二产业和第三产业的全部法人单位、产业活动单位和个体经营户。普查内容包括单位基本属性、从业人员、财务状况、生产经营情况、生产能力、能源消耗、科技活动情况等。经普查，2013年年底，全县从事二、三产业的法人单位2366个，产业活动单位444个，个体经营户27047个；二、三产业从业人员162729人，其中，第二产业71599人，第三产业91130人。

基本单位普查　第一次全国基本单位普查　普查时点是1996年12月31日，时期资料为1996年度，普查范围和对象为辖区内法人单位及其所属产业活动单位和个体工商户。普查项目包括单位概况、资料状况、经营情况等。

第二次全国基本单位普查　普查标准时点为2001年12月31日，时期资料为2001年度。查清全国基本单位经济成分构成、组织形式及生产要素的配置以及行业分布、地区分布等情况。

第四节　统计服务与监督

统计服务　1991年以后，县统计局继续按年编印出版《定陶国民经济统计资料》《定陶统计年鉴》，定期发布年度国民经济和社会发展公报。同时，利用统计信息资源，对全县经济建设和社会发展状况进行研究分析，提出有关经济和社会发展规模、发展水平，工业经济发展，农业产业结构优化等统计分析，为县委、县政府宏观经济决策提供统计服务。先后编印《第四次人口普查汇总》《2000年人口普查资料》等国情国力普查资料。2008年，对《定陶统计年鉴》进行修订，内容包括1949—2008年全县主要经济指标。2009年开始，编印《统计月报》，内容包括全县到工业、农业、固定资产、商业、财政、金融、交通等主要经济指标。同年，利用《新定陶》报，报道定陶工业、农业、第三产业及社会发展情况。

统计监督　1991年开始，县统计局法规执行情况检查办公室每年对统计执法情况进行检查。1994年，县统计局配合市统计执法小组对工业、农业、商业等企事业单位进行检查，对屡次迟报和拒报统计报表的单位进行重点查处，对问题较严重单位给予警告，并责令改正。1996年，执行修订的《中华人民共和国统计法》，定期对全县统计工作进行执法大检查，组织专业人员到基层调查核实统计数字，对拒报、迟报的单位进行通报批评。2000年以后，不断改进执法办案手段，提高统计执行的影响力。邀请县人大常委会、纪委、监察部门参加，联合有关主管部门在全县范围内开展统计执法大检查，对在统计数据上弄虚作假、有违法行为的，及时进行查处。

第五节　农业调查

主要职能　以抽样调查方式，完成国家统计局布置的各项统计调查任务；接受地方政府交办的有关调查任务；完成上级调查队交办的地方统计调查任务；协助地方统计局完成有关重大国情国力普查任务；负责查处调查队组织实施的统计调查中发生的统计违法行为；完成国家统计局和上级调查队交办的其他事项。

主要调查任务　1991年开始，在全县抽选15个村作为农作物产量调查点，分别对夏粮、秋粮和棉花等作物产量进行抽样调查，其中，夏粮和秋粮的主要作物采用实割实测的方法进行调查；抽选10个村100户作为家计调查的记账调查户，以现金账和实物账的形式进行调查，用来系统记载、观察、研究农民的生产、交换、消费和积累的全过程，推算全县农民人均纯收入和消费水平；抽选若干农村固定资产投资调查样本乡（镇）和样本村，对农村固定资产投资情况、乡村劳动力及转移情况进行抽样调查，按季、年进行监测。调查项目样本每5年轮换1次。2000年开始，山东省建立国家、省、市地、县农村多目标抽样调查网络，在全县重新抽选国家调查村及村以下调查样本，建立多目标抽样，对农民收入、从业人员、粮食（包括小麦、玉米、大豆、地瓜）、棉花、油料产量及播种面积、畜牧（含猪、牛、羊、家禽）存栏出栏、水产、水果、农村固定资产等项目开展抽样调查。增加主要农产品生产价格、中间消耗、农作物面积调查、畜牧业调查等抽样调查项目。2004年年底，根据样本轮换程序进行新一轮住户调查样本轮换，调查样本从10个村100户增至12个村120户。2006年，增加服务业调查，对抽选的服务业法人单位的基本情况、经营状况、经营环境、遇到的困难等进行调查。2007年12月，启动主要畜禽监测调查项目，通过对大型养殖场户、中小型养殖场户和散养户进行抽样调查，反映全县畜牧业生产经营状况。2008年12月，开展农民工监测摸底调查工作，调查样本与农村住户调查样本一致，以此收集农民工相关信息，准确反映农民工数量、流向、结构、就业、收支、生活、社会保障及创业等情况，2009年1月开始，增加为常规调查项目，有季报和年报。2014年5月，住户调查样本从12个村120户增至15个村150户。同年10月，增加新设立小微企业和个体经营户跟踪调查项目，对抽中的5个乡镇相关新设立小微企业和个体经营户经营状况进行跟踪调查。2015年7月，增加劳动力调查项目，从抽选的12个村中每月抽选48户进行调查，以此反映全县城乡劳动力资源、就业和失业人口的总量、结构和分布情况。

▲ 农作物对地调查

至2015年年底，定陶调查队共组织实施居民收支调查、农作物对地调查、畜禽监测调查、农民工监测调查、劳动力调查、规模以下服务业调查、小微企业和个体经营户进行跟踪调查、农产品生产者价格调查和主要农产品中间消耗调查等9项调查任务。

第三章　审　计

第一节　体制改革

20世纪90年代初，定陶实行审计监督制度，并在企业行政事业单位设立内审机构，之后，审计范围延伸到乡镇，对乡镇财政财务收支实行审计监督。1997年，按照《中华人民共和国审计法》《中华人民共和国预算法》及《山东省本级预算执行情况审计监督暂行办法》的要求，对全县财政预算执行情况进行审计。1998年开始，实行经济责任审计，对党政和事业单位领导干部实行离任审计，参照审计结论，决定干部任用。2004年以后，县审计局连续保持省级文明单位称号。2015年，县审计局被评为全国审计宣传工作先进单位。

第二节　国家审计

财政审计　乡镇财政审计　1990年开始，开展乡镇财政收支审计工作。1993年开始，采取2年审1次，1次审2年的办法，每年审计50%的乡镇，审计内容主要是财政财务收支的合规性。同年，审计田集乡、保宁乡、游集乡等乡镇。1997年开始，所有乡镇1年1审，审计内容包括财政收支管理情况、乡镇债务情况和下属拨款单位财务收支情况等。2007年，对全县乡镇财政进行决算审计。至2015年年底，共完成乡镇财政审计项目112个，提出审计建议245条。

县级预算执行审计 1997年，开始对上年县级预算执行情况进行审计。在审计财政、税务部门的基础上，同时延伸审计部分一级预算执行部门、单位和重点税源企业。1999年，对8个预算执行单位进行审计，查出预算编制不完整、往来账户清理不及时、虚列开支等违纪违规问题。2007年，对定陶县上年度预算执行及其他财政财务收支情况进行审计，在对县财政、地税、国库等部门审计的同时，对县民政局、粮食局、广播局、劳动局、环保局、人事局、旅游局、残联8个预算执行单位进行延伸。2015年，重点对县级预算收支情况、县地税系统税收征管情况，以及县直部门财政财务收支情况进行审计。审计出预算编制不规范、专项资金拨付不及时、收支两条线执行不严格等问题，向财政部门提出审计建议11条。至2015年，共完成县级预算执行审计项目18个，提出改进和加强财政管理的审计建议142条。

财政专项资金审计 1991—1994年，主要对财政支农专项资金进行审计，同时，对育林资金、夏粮征购资金、农业发展专项资金等支农资金进行审计，共提出12条加强农业专项资金管理方面的审计建议。1995年，对科技3项经费的管理、使用和效益情况进行专项审计。1998年，对社会保障资金进行审计。2003年，对上年度城建资金进行审计。2007年，对全县新型合作医疗基金进行专项审计。2009年，对全县上年度养老保险基金、医疗保险基金、失业保险基金、工伤保险基金、生育保险基金等社保基金进行审计。针对社保基金在筹集、管理、安排和使用中存在的问题，提出审计建议12条。2013年，对2009年至2012年体育彩票公益金筹集、分配和使用情况进行审计；对2011年至2012年环保资金筹集、管理、拨付使用及效益情况进行审计；对上年度水利基金管理、拨付、使用及效益情况进行审计。至2015年，共完成财政专项资金审计项目52个，提出审计建议124条。

金融审计 1991年，对县国有保险公司进行审计。1997年，开始对农村信用社进行审计。2005年，对冉堌镇、黄店镇、陈集镇等9个农村信用社进行资产、负债、损益情况综合审计，摸清全县信用系统资产、负债家底，核实不良资产数额。至2015年年底，共完成金融审计项目42个，提出审计建议76条。

企业审计 1991年，对县御思香酒厂、县糖业烟酒公司、县橡胶厂上年度财务收支情况进行审计。1992年，对县金属材料公司、县烟草公司、菏泽裕鲁木业有限公司、县第四棉花厂、第五棉花厂、县御思香酒厂、县石油公司7个企业进行审计。2004年，对县大禹公司、县供电公司等企业进行审计和审计调查。2013年，对县供电公司进行审计。在企业审计中，不断深化审计内容，改进审计方法，开展内部控制制度测评审计和效益审计，帮助企业分析影响经济效益的原因，查找经营管理中的薄弱环节，监督企业资产、负债和损益的真实、合法、有效，促进企业提高管理和效益水平。至2015年，共完成企业审计项目56个，提出审计建议118条。

固定资产投资审计 1995年，对县第一中学基建项目—实验室、图书室、综合楼进行审计。1999年，对县建设公司开发小区进行工程决算审计。2004年，对县开发区建设投资情况审计，对县兴陶桥建设投资情况审计，对县2003年及2004年上半年农村公路改造工程审计。2005年，对县农村公路改造工程情况进行审计。2006年，对县新河桥工程建设项目情况进行审计。2008年，对半堤镇卫生院门诊建设工程专项资金进行审计，对定陶县2006年至2007年农村公路建设和养护情况进行审计。2010年，对全县下半年新增投资项目的专项审计。2015年，对县西区、北区桥梁工程、砀定路绿化平台土方及绿化工程等36个政府投资项目进行审计，预算造价44305万元，36529万元审减造价7776万元，审减率17.6%。至2015年，共完成投资审计128个，提出审计建议256条。

第三节　内部审计

1991年，全县内审机构45个，内审人员108人。基本形成涵盖行政主管部门、企业主管部门和部分重点企业的内部审计网络。县内审机构从起初的内部审签、财务收支审计，发展到经济责任审计、经济效益审计、投资审计等。2002年，县内审机构审计32个项目（单位），纠正违纪违规问题，促进增收节支，提高经济效益，提出审计建议64条。至2015年，全县共实施内部审计项目221个，提出审计建议356条。

▲ 学习审计业务知识

第四节　经济责任审计

1998年，对县农业局原主要负责人、城乡建设委员会原主任等7人任职期间的经济责任进行审计。2001年，贯彻落实中共中央办公厅、国务院办公厅《县级以下党政领导干部任期经济责任审计暂行规定》，增设经济责任审计办公室，开始对党政群机关、事业单位、乡镇党政主要负责人、国有及国有控股企业法定代表人进行任期经济责任审计。同年，对县环保局、广播局等17个单位的主要负责人进行任期经济责任审计。2008年，对县人事局、民政局等10个单位主要负责人进行任期经济责任审计。2015年，对县粮食局、卫生局等12个单位主要负责人进行任期经济责任审计。至2015年，共对85个单位的112名主要负责人进行任期经济责任审计，提出审计建议289条。

第四章　工商行政管理

第一节　体制改革

1992年7月，县工商局工会第一次代表大会召开，大会选举首届工会委员会和经费审查委员会。1993年12月，全县机构体制改革，县物价局撤销，人员、职能并入工商局。县工商局内设办公室、企业个体登记管理股、合同商标广告管理股、物价管理股、会计审计股5个行政股室；经济检查所、物价检查所、信息服务中心、农本调查室4个事业单位；劳动者协会、消费者协会2个群团组织；下辖18个基层工商所。1994年，成立市场管理监察大队，增设县范蠡商场工商所，均为事业单位。原城关工商所分设为城关一工商所（简称城关一所）和城关二工商所（城关二所）。全局共有机构29个，其中，内设机构7个，基层工商所19个，直属所1个，挂靠单位2个。7月，设立个体经济管理股（行政编制），设立县车辆管理所（事业编制）。8月，成立民营企业协会，县长任名誉会长，局长任会长。12月，县工商局系统内19个基层工商所的名称统一规范，其名称为：定陶县工商行政管理局××所。1996年5月，城关一所改称为西城所，城关二所改称为东城所。6月，设立定陶县个体私营经济管理局（副科级单位），定编3人。1997年3月，设立市场管理股、法纪股（行政股）。

1998年12月，实行省以下工商行政管理机关垂直管理，县工商局为菏泽地区工商行政管理局的直属机构。1999年1月，县工商局对机关科室进行调整，设办公室、政工股、会计股、企业登记管理股、个体检查股、个体注册股、市场管理股、商广合同股、法纪股、市场检查大队、车管所、经济检查所12个股室、所、队，消费者协会和个体劳动者协会2个挂靠单位。2001年1月，设立范蠡商城管理办公室。2001年12月，直属所并入西城所。至此，全系统有19个基层所。2002年5月，以经济区域划分基层所，西城所、东城所、东王店所、范蠡商城管理办公室合并为县工商局城区工商所（副科级）；姑庵工商所并入黄店工商所（副科级）；保宁、杜堂工商所并入陈集工商所（副科级）；半堤工商所并入孟海工商所（副科级）；王双楼、田集工商所并入冉堌工商所；力本屯工商所并入马集工商所；邓集工商所改为仿山工商所；南王店所和张湾所设置不变。至此全县共有9个工商所。局机关设办公室、人事政工科、财务装备科、法制科、监察室、市场合同科、商标广告科、消费者权益保护科8个股级科室和消费者协会、个体私营企业协会2个社会团体，另设公平交易局、企业注册局2个副科级直属局。2004年4月，全县建立“12315”无缝隙监管申诉网络。6月，《定陶县工商局关于工作人员转岗从事民营经济的实施意见》出台，全系统有156人转岗从事民营经济。先后对办公室、公平交易局、消保科、车管所、消协、劳协等岗位实行竞争上岗。年底，全系统实行双向选择。

2005年11月，根据省、市工商局的有关文件精神，进行“小局大所”改革。基层工商所机构设置和2个协会组织不变，将8个科室2个直属局调整为办公室、财务装备科、人事政工科、法制科、监察室5个股级科室，企业注册局、公平交易局、市场监管局3个副科级直属局，市场合同科、商标广告科、消费者权益保护科合并为市场监管局。机关科室由原来的12个减少为10个。2012年，重点开展基层工商所规范化建设工作。从所容所貌、办公设备、软件建设等都逐一进行规划、核算，完成陈集、冉堌、马集3个工商所的试点建设工作。对3个工商所进行修建粉刷，配备办公桌椅，统一制作高档公开制度牌上墙公布，投入近15万元；对陈集、黄店、冉堌、马集、孟海、城区等工商所逐一进行维修，投入17.2万余元；统一为基层配备执法车辆12辆，投入近46万元；在市局的支持下，为科室所更换微机；加强基层小伙房建设，配备橱柜、餐桌等。2014年3月，市场监管体制改革，工商流通领域食品监管职能划转县食品药品监督管理局，工商监管人员划走公务员63人。2015年7月，县工商局、县质量技术监督局、县食品药品监督管理局3局合一，组建县市场监督管理局，基层工商所随之划转。

第二节　企业登记

1991年，计划经济向市场经济转轨，国营物资、商业批发企业开展联合经营，组织名优商品货源，建立销售网络，或在经营上分专划细，分设机构，增设网点。同年，开始清理不具备开业条件和产业结构不合理的集体企业。人民影院及工人文化宫等文化、体育和娱乐业开始办理登记。1992年，对企业申请调整生产项目或转产的，及时核准办理变更登记。对不属于法规规定的专项审批和许可证，均不作为登记的前置条件，允许“先发照、后办证”。对一时看不准经营没把握的，允许试经营。并积极支持政府机关、事业单位转变职能，兴办服务实体，及时为120个实体办理登记手续。1993年，对由县经委、镇经委、乡经委出资的建筑行业进行登记，对商业、物资、供销社系统所属的专业公司进行全面登记。至年底，全县各类工商企业达到1363家，注册资金3.3亿元，从业人员39488人；个体工商户658户。1994年，开始对有限责任公司进行登记，同年办理10个企业集团。在企业改制过程中，及时为企业办理承运、租赁、转让、兼并、股份等变更手续。1995年，对全县工商企业实行计算机管理，结束手工登记管理。基层供销社所设立的分支机构，大部分都进行退库承包，为了理顺集体与个人之间的经济关系，对退库承包的98户分支机构办理注销登记，作为个体工商户办理个体登记注册手续。

1996年，烟草行业专营办理营业登记，金融业增加县农村信用合作社联合社。1998年，坚持“因企制宜，一企一策”的原则，从实际出发，不搞“一刀切”，在租赁、承包、兼并、拍卖等方式上严格按照有关法律、法规办理手续。

2000年，实现省市联网，建立机读档案，实现网上查询。2002年，县工商局将企业股和个体股合并为企业注册局，负责全县内资、外资、私营和个体企业的注册登记和监督管理工作。至年底，全县登记注册内资企业623户，注册资金6.5亿元；全县国有企业218户，注册资金2.19亿元；私营企业345户，注册资金1.37亿元；个体工商户5920户，从业人员6644人，注册资金4691万元。2004年，根据《中华人民共和国行政许可法》，重新审视和调整企业登记工作职能，对企业登记有关前置审批事项依法进行精简，由过去193项减至112项，对企业登记统一注册标准、统一登记程序和统一登记要求。至年底，全县内资企业620户，注册资金5.8亿元；私营企业529户，注册资金2.92亿元；个体工商户9455户，从业人员10693人，注册资金9395万元。2005年，根据国家工商总局个体工商户分层分类管理办法，委托工商所对个体工商户进行设立、变更、注销登记和验照，对农村小商小贩免于工商登记，对农民在集贸市场或者地方人民政府指定区域内销售自产农副产品免于工商登记。对免于工商登记的个体经营者的基本经营情况进行备案。至年底，定陶县国有企业为202户，注册资金2.16亿元；内资企业619户，注册资金6.15亿元；私营企业747户，注册资金4.14亿元；集体企业287户，注册资金2.08亿元；个体工商户7977户，从业人员9925人，注册资金7441万元。2009年，县工商局创新服务机制，将扶持推动农民专业合作社发展列为促进农民增收、农业增效的重点，实行一审终身制，简化登记程序，免收登记费等相关费用，提升了农村新型市场主体的准入效率。全县登记注册企业926户，其中内资企业300户；私营企业626户；个体工商户9988户。全县新发展养殖、种植等各类农民专业合作社15家，农民专业合作社累计发展到46家，成员总数7310户。

2010年，通过实施首问责任制、限时办结制、咨询一次性告知制、延伸服务等措施，让企业办事最简化。在登记注册工作中，材料齐全、符合法定形式的，企业登记1个工作日办结，个体工商户登记当场办结。实行预约服务，凡遇节假日，企业可提前预约。对重大项目和招商引资项目，开辟绿色通道，特事特办，提供全方位服务。县工商局企业注册局帮助冉堌、张湾、陈集等乡镇招商企业派专人到省工商局办理名称核准手续10次。在不违背法律、法规的条件下，放宽市场准入限制。对登记的失业人员、残疾人、退役士兵以及毕业2年以内的普通高校毕业生从事个体经营的，免收登记费和证照费共计3万余元。年底全县新登记注册企业131家，其中，内资企业28家，私营企业103家；新注册个体工商户929户；农民专业合作社达148家。2014年是企业登记监管改革的第一年，工商职能不断优化和调整，先证后照、企业信用公示等制度逐步实施。在服务大厅设立注册登记专用咨询台，设置注册登记服务专员。全面推行便民服务举措，对前来办理咨询业务的做到“一口讲清”、对领取材料的做到“一次发全”、对申请材料齐全的做到“即时办结”，最大限度提高服务效能，方便人民群众。共接待群众咨询3000余人次，全县注册登记企业2580户，内资企业283户，私营企业1262户，农民专业合作社1035户，个体工商户13765户。2015年，定陶县“三证合一、一照一码”注册登记制度改革工作启动，共办理企业、农业合作社“三证合一”证照1426户，企业注册数量增长率位居全市第一，各类市场主体总量10.71万户，新增市场主体4250户，增长56%，其中，新增注册企业1781户，增长114%；新增个体工商户2469户，增长31%。

第三节 经济合同

1991年，县经济合同仲裁委员会根据《经济合同仲裁委员会组织规则（试行）》规定，任命6名仲裁员和2名书记员。共签证经济合同50份，金额2418万元；受理经济合同纠纷案件65起，解决争议金额189万元，为企业挽回经济损失109万元。同年，县工商局评出1990年度地区级“重合同、守信用”企业41家，其中，御思香酒厂、陈集国华贸易公司、县木材经销公司被评为省级“重合同、守信用”企业。1992年，狠抓利用经济合同骗买骗卖的不法行为，先后查处假种子、农药案件4起，挽回经济损失2万元。全年签证经济合同7份，金额10万元。1993年，帮助企业建立健全经济合同管理网络。全年共签证10万元以上经济合同105份，金额1749万元；确认无效经济合同13份，为企业挽回经济损失123万元；培育“重合同、守信用”企业153家。帮助企业追讨公款、解决“三角债”“连环债”200多起，为企业挽回经济损失38万元。1994年，县工商局举办企业厂长经理《山东省经济合同管理条例》培训班4期，培训300人。1995年，根据合同示范本和法人委托代理制，监督企业依法签证和履行合同。1月至6月，签证经济合同30份，金额1600多万元，协助经济合同当事人挽回经济损失28万元。10月，县工商局根据《企业动产抵押物登记管理办法》，加强与金融机构贷款业务相关的企业财产抵押合同登记管理工作，发挥企业财产抵押对贷款人的担保作用，促进债权的实现，保护抵押权人和抵押人的合法权益。

1996年，县工商局宣传贯彻《山东省经济合同监督管理条例》和《中华人民共和国担保法》，对企业专、兼职合同管理人员进行业务培训，组织现场观摩、学习，拓宽经济合同签证范围，签证份数比上年增加50%，建筑工程、室内装修合同使用率100%，统一文本使用率90%。同年，共签证各类经济合同60份，签证金额1000多万元，为企业挽回经济损失120万元。受理经济合同纠纷8起，解决争议金额92万元，为企业挽回经济损失35万元。1998年，推行签订合同依据营业证、资质证、法人证“三证”制度，为企业鉴证合同456份，鉴证金额12690万元；办理抵押登记53件，抵押物价值1600万元。为内外地国有、私营企业提供咨询服务28家次，避免经济损失200余万元。2000年，县工商局宣传贯彻新《中华人民共和国合同法》（简称合同法），组织开展合同法实施两周年宣传活动和合同法培训活动，布展条幅20余幅，散发有关材料1000多份，受教育万人次；先后培训企业厂长、合同管理员200人次。重点帮扶天丰制粉有限公司、圣龙集团等5家企业，使企业合同管理人员持证上岗率100%。先后查处合同欺诈案件3起，罚款3万余元，为罗田县天池公司、郑州市动物药品厂挽回合同欺诈款7万余元。

2002年，县工商局依法办理抵押合同登记13份，抵押物价值6142万元。至2009年年底，全县共争创“重合同、守信用”企业15家，其中，省级10家，市级5家。2010年至2013年，县工商局增强服务意识、创新服务机制，开展“大走访”活动，共走访企业130家，为企业提供合同示范文本等方面的建议120余条次。办理抵押登记9份，为企业融资2亿余元。2014年至2015年，强化合同监督管理。查处各类合同违法案件48起；申报公示省级守信用重合同企业5家，市级守重企业13家。

第四节　商标与广告管理

商标管理　1991年，县工商局加强商标法规的宣传、普及工作，引导企业注册商标。商标广告股共向全县各企业单位发放各种商标法规学习材料280本。举办驻城所有企业法人代表培训班，主动与企业联系，为企业设计商标图样提供方便，县工商局申报核转的8件商标无一退回。18个工商所配备专职商标管理员，60多个注册商标企业、20多个商业企业设立兼职商标管理员。全年共查处商标假冒侵权案件12起，罚没金额2.4万元，没收、销毁商标标识23万套。1992年，在电台，电视台开办《中华人民共和国商标法》（简称商标法）讲座3次，举办假冒伪劣商品鉴定1次，发放宣传材料300份，组织宣传咨询3次，查处商标侵权案件20起，没收、销毁商标标识10万套，共申报注册商标17件。1993年3月，进行商标法实施十周年宣传月活动，发放宣传资料1000多份，举办驻城所有企业法人代表学习班，组织商标、广告法律法规知识竞赛。全年申请注册商标16件，查处商标违法案件7起。

1996年，以“公平交易执法年”和“工商形象建设年”为核心，进一步强化对商标广告的管理，全年共查处假冒商标案件11起。1997年，县工商局帮助企业实施名牌战略，全面开展商标注册、续展、转让、保护工作。深入5家企业，帮助设计制作商标，指导其运用商标战略，宣传产品，开拓市场。分期举办广告审查员、商标审查员和厂长、经理商标法规培训班，新发展商标印制单位4个，商标年检80个。1998年，引导企业提高商标广告意识，充分运用商标作用，促进企业的市场竞争力。加大对商标监管力度。吉林珲春市一企业假冒定陶县“龙池”注册商标，县工商局在当地工商部门协助下，查封假冒“龙池”牌甲板鞋260箱，并委托当地工商部门立案查处。至1999年，共查处商标案件5起，立案3起，收缴销毁假冒商标标识4000余份。新注册商标5个，查处商标违法案件5起。2000年，县工商局帮助企业申报商标注册14个，办理商标使用许可备案合同5份，商标续展3个。查处商标案件4起，立案2起，罚款1万余元，收缴销毁假冒注册商标2000余份。取缔商标印制单位2家，没收印制物品及商标标识。

2001年，收缴销毁假冒注册商标2000余份，依法保护定陶安箕酵母厂等2家企业商标专用权。2002年，走访企业63户，引导企业实施商标广告战略，加大对驰名商标、著名商标和知名商品的保护力度，认定安箕富强酵母和鲁西南“郝王”调味品2家知名商品，注册商标4件，实施商标印制、生产和流通环节的全方位监管。清理商标印制企业2家，收缴和销毁商标标识5000份。2003年，实施“争创名牌工程”，引导企业通过“树牌子”实现增效益，指导和帮助企业办理商标注册，申报山东省著名商标。定陶县丘粮春酒业有限公司“丘粮春”商标获得“山东省著名商标”称号。

2005年，开展保护企业注册商标专用权，严厉打击侵犯注册商标专用权的违法行为。全年共查侵犯注册商标专用权案件2起。至2009年，开展保护商标专用权整治行动，查扣假标识、假包装商品622包（袋、瓶）。帮助企业申请注册商标3件，接受商标咨询136起。至2013年，为企业提供商标注册保护等方面的建议80余条次。2014年，指导林盾公司和和信公司申报山东省著名商标，协助定陶县陈集天中山药合作社申报地理标志商标。共查处商标侵权案件34起，移送司法机关案件1起。2015年，加强商标专用权监管，打击侵犯驰名商标、著名商标专用权行为，查处商标违法案件2件。

广告管理　1991年，举办驻城所有企业法人代表《中华人民共和国广告法》培训班，发放各种广告法规材料280本。为18个工商所配备专职广告管理员，20多个商业企业配备兼职广告管理员。1992年，在电视台举办广告法规知识讲座3次，查处户外广告600份，违法广告案件7起。1993年，加强对户外广告的管理，在城区新建6处户外广告张贴栏，清除乱贴广告1500多处。1994年，开展对药品、食品、化妆品、医疗器械等专项治理活动，查处虚假广告和误导消费者的广告190份，清理户外广告1000份，查处违法广告案件15起，在城区繁华地域设立公共广告栏10处。

1997年2月，组织广告法宣传月活动，利用广播、电视宣传广告法15次，发放宣传材料1000多份。全年共查处户外违法违章及未登记广告4100余张，查处虚假、违法广告案6起，办理广告审查登记69件，驳回、扣留、杜绝未发布虚假违章广告12件。1998年，发展广告经营户4户，广告经营额80万元。1999年，查处违法违章广告10起，清缴张贴户外广告、非法印刷品广告1000多份，罚款3000余元。取缔无照经营广告单位2家。2000年，对15家广告经营单位进行年审，帮助2家广告经营单位建立广告业档案和规章制度。清理收缴张贴广告、非法印刷品广告2万余份，查扣条幅20条。

2001年，共清理收缴张贴广告、非法印刷品广告2万余份。至2004年，清理整顿广告发布者7户，查扣宣传单2000份，查处违法广告案件100余起，没收广告牌匾70余幅。至2009年，组织各种形式的广告市场专项检查 4 次，出动执法人员236人次，检查保健食品、药品、医疗、化妆品、美容服务广告407条次。查处广告案件 4 件，案值9.5万元。2010年，进行广告审查监管，审核户外广告172张，清理乱发广告3524张。至2015年，共查处各类广告合同违法案件63起。

第五节　市场建设

1992年8月，定陶动工兴建范蠡商场西市场，投资165万元。至年底，全县扩建和改建市场9处，拓宽市场面积23万平方米，总投资500万元。1993年至1995年，定陶县先后在城乡建设了10大

▲ 木材市场　（2011 年　李春阳　摄）

▲ 范蠡商场　（2011 年　李春阳　摄）

专业批发市场，即范蠡工业品专业批发市场、东环城小商品专业批发市场、城关木材专业市场、城关粮食专业批发市场、陶驿路中药材专业批发市场、南关畜产品专业市场、冉堌酒类等工业品专业批发市场、张湾毛巾类专业批发市场、黄店蔬菜专业批发市场、力本屯粉条专业批发市场。1995年11月，在陈集镇建成大型畜牧产品交易市场1处。同年，范蠡商场连续3年被评为“全国文明市场”。至2000年，全县新增集贸市场12处。2001年后，市场管办脱钩，市场建设以谁建设谁受益为原则，市场建设形成多元化。至2005年，改造扩建范蠡商场、黄店蔬菜专业批发市场、杜堂蔬菜批发市场、南王店西瓜市场、力本屯大李家粉条市场5大专业批发市场。乡镇共有59处集贸市场。连锁店、超市迅速发展，城乡大小连锁店189家，大小超市58个。2007年，各类连锁超

市300家，其中，营业面积在500平方米以上的21家，各类交易市场65家，总营业面积57.9万平方米。构建新的物流配送网络，推进“万村千乡”市场工程，建成100家高标准规范化“农家店”。2008年，完善农村市场网络，规范市场秩序，改善消费环境，形成以城区店为龙头、乡镇店为骨干、村级店为基础的农村现代商品市场网络。全县标准化“农家店”548个，实现标准化“农家店”覆盖全县100%的乡镇和90%以上的行政村。2011年，全县把发展商贸流通基地作为“转方式、调结构”改善群众生活条件的重点工作，以“万村千乡市场工程”为依托，兴建改造农家店，配送中心等农村物流体系，加大招商引资力度，培育商贸物流服务市场，推进商贸流通服务向农村延伸，逐步使流通业规模得到提升。菏泽粮油仓储物流中心、天源农贸城、冉子商贸城被纳入全市重点商贸物流基地项目，菏泽安通物流服务有限公司、定陶汽车站物流配送、中邮物流菏泽分公司等运输流通物流企业成立。市场经营模式逐渐呈现多元化状态，各种经营模式不断出现，改变了过去封闭式、一对一的传统柜台销售为主的方式，连锁店、专卖店、购物中心、购物广场等经营业态一应俱全。天联购物中心、华茂购物中心、怡和超市、金菊超市、金霸电器、三联家电、意中家电、兴亚家电等零售市场形成规模；金茂商街、东关建材市场、冉子商城、天源农贸城等项目商贸市场建成；初步形成黄店镇万家蔬菜市场、杜堂乡反季节蔬菜批发市场、仿山乡、南王店乡西瓜批发市场、马集镇粉条菜花批发市场、马集镇丁楼旧机动车交易市场等5个专业交易市场。2013年，天源农贸城投资21.6亿元，一、二期竣工投入运营，美景国际商贸城投资25亿元开工建设。至2015年，范蠡汽车产业园、交通物流园、九州通医药物流、传化物流园区等一批商贸物流项目相继建成，中邮物流菏泽分公司、韵达、圆通等运输流通物流企业有51家，天联购物中心、怡和超市、大润发超市等3家大型超市，陈集山药批发市场、南王店镇西瓜批发市场、马集镇粉条菜花批发市场等8家较大专业批发市场。在乡镇人民政府驻地建成5条供销商贸街，建筑面积2.6万平方米，其中，张湾商贸城1.6万平方米，孟海商贸城5000平方米，邓集商贸城2000平方米，南王店商贸城2000平方米，游集商贸街1000平方米。乡镇级日用品超市9个，村级日用品超市178个，在全县基本形成县、乡、村三级日用品连锁经营服务网络。

▲ 天联购物广场　　（李斌　摄）

▲ 金茂商街　　（李斌　摄）

第六节　市场监督

1994年，开展创建文明市场、文明摊位和文明经营户活动，查处欺行霸市、掺杂使假、以次充好、缺斤短两等违法行为30起。2009年，共立案查处销售不合格食品违法案件24件，案值10万余元。2010年，贯彻落实《中华人民共和国食品安全法》，组织专门人员深入宣传，以工商所

▲ 销毁假劣食品、药品

为单位，健全和完善食品经营户“经济户口”档案、信用监管档案和有关台账，推动该项民心工程巩固发展。6月，开展食品集中整治活动，清理假冒食品，检查经营户986户次，查获假冒食品638千克，查处无照经营户4户，退市不合格食品86.8千克。2012年，全县商户推行“一票通”制度，共办理食品流通许可证202户，使用一票通1.5万册，录入追溯食品信息2.5万条。9月，开展“保中秋保国庆”两节食品安全专项整治活动，集中对一批假冒过期饮料、食品进行销毁。对生猪肉销售经营户推行“一览式公示”及“信誉卡”制度，提高生猪肉市场监管水平。2015年，开展淀粉制品、红酒、肉及肉制品、学校周边食品、餐饮服务、学校食堂、保健食品等专项检查和整治活动30余次，抽检高风险产品260批次，签订《食品生产安全承诺书》60份，签订《流通环节食品安全承诺书》3500余份，张贴《校园食品安全告知书》110余份，开展“无注水牛羊肉”挂牌活动2次，立案查处各类食品类案件631件，其中移送公安机关处理4件，移交法院强制执行1件。

第七节　经济检查

1991年，全县共查获假劣化肥25吨、种子20吨、棉花3390千克、假农药250千克。组织4次大型市场检查活动，先后查处假劣酒1.54万瓶，劣质香烟7.6万盒，变质罐头4800瓶，糕点3800盒，奶粉1813袋，饮料4000瓶，劣质茶叶300千克，假商标3.65万张。同时，还查出短尺少秤案件197起，无明码标价214起，吊销营业执照11户，责令停业整顿7家，挖出并捣毁制酒窝点3个，缴获其他伪劣商品和作案工具一大宗。1993年，查处各种违法违章案件1114起，其中，万元以上的大要案10起，捣毁制售假冒伪劣商品窝点5个，罚没款12.5万元。查获的主要商品有假酒4742瓶（其中假茅台432瓶），假烟1467条，劣质花生种子2.86万千克，假农药48.25吨，劣质电线10.4万米，假冒十三香2.4万盒，冒牌味精720千克，劣质茶叶276千克，假洗发精367瓶，以及变质饮料，啤酒等一大宗，共涉及17大类，50多个品种，总额100多万元。查获私购走私汽车6辆，棉花4464多千克。县工商局、县种子部门联合查处劣质玉米种5000多千克；县工商局联合县检察院查封力本屯大赵家制售假六六六粉1处，销毁假农药300吨，查获假冒“龙亭”牌十三香和假冒“鸡”牌味精窝点1处。1994年，县工商局、县检察院联合查处中国工商银行广东省始兴县支行银发实业总公司驻北京办事处非法倒卖“专供出口”将军烟案，查扣走私烟1740件，违法金额326万元。

1998年，针对山西假酒案件和单县碘钙片事件，县工商局对酒类、保健品市场进行拉网式检查，查获劣质白酒1500千克，饮料1.3万瓶，假劣香烟10件，剧毒鼠药300袋，假劣兽药300袋。10月，为净化县卷烟市场，县工商局与烟草公司、公安部门配合，对全县卷烟市场进行整顿，共没收假烟2000条，走私烟90条，外地烟210条，罚没共计2000余元。2000年，共查处各类经济违法案件200余起，查处假劣肥料63吨，劣质面粉40吨，假酒1240箱，不合格电线40余吨，仿冒铅笔56箱，假烟400余条，劣质饮料、食品案件数起。县工商局、公安局、文化局联合开展“扫黄、打非”专项活动，关闭整顿24家理发店、饭店、游戏厅。

2001年，共查处违法违规生产经营案件600余起，捣毁制售假冒伪劣窝点24处，查获假劣种子

2000千克，化肥40吨，农药12箱，不合格电线43吨，电机46台，劣质食品、饮料1000余箱，酒500箱。严格规范粮食、棉花等重要商品交易活动，查处非法收购、倒卖小麦、玉米、棉花案件206起，小麦18万吨，棉花4500千克。2004年，开展对网吧等互联网上网服务营业场所，奶粉及婴幼儿食品市场、药品和农资市场的专项整治活动，打击制假、售假违法行为。全年共查处各类违法案件800余起，查处网吧等互联网上网服务非法营业54家，查获假劣奶粉、农资、劣质食品、药品一大宗。2005年，县工商局共查处各类经济违法案件13起，查处网吧等互联网上网服务非法营业6家，查处违法广告案件46起，查扣假劣农资食品一大宗。

2006年至2008年，出动执法人员268人次，检查经营户2163户，查处无照经营案件61件。2010年，开展“红盾护农”行动，加大农资市场监管力度，严厉打击超范围经营和无证照经营行为，严厉打击制售假冒伪劣农资商品等损害农民权益的违法行为，查处农资案件65件；县工商局、县质检部门联合抽检15家经营单位的18个化肥品种。查处假化肥42吨，假种子1860千克。

▲ 红盾护农咨询服务　　(2005年摄)

2011年，以食品安全及流通领域产品质量监管、打击商业贿赂、强化商标广告执法、打击传销为重点，开展散装食用油、春季农资打假护农、猪肉市场、液化气石油等专项整治活动。

▲ 食品安全监测车投入使用

2013年至2015年，结合安全生产“打非治违”工作，依法查处无照经营违法行为，共检查各类经营主体3650户，排查出无照经营企业132户。开展“红盾保春耕”“红盾护夏播”“红盾保秋种”专项检查和整治活动10余次，检查化肥生产经营单位920余家，检查农资商品玉米种子230个品种，化肥60个品种，立案查处10家，抽样检验54个品种，抽检合格率达95%以上。

第八节　消费者权益保护

1991年以后，县消费者协会陆续开展法律学习、宣传培训、咨询服务、受理调解消费者投诉和市场监督检查及“消费者满意单位”评选一系列活动。1998年，县工商局建立“3•15”投诉网络，在工商企业、机关、学校中建立60个监督站、45个联系站，在行政村建立280个村级消费指导站。2003年11月，以县工商局“12315”申诉举报中心为依托，在9个基层所建立消费者申诉举报站，统一为各所申诉举报站制作《消费者申诉须知》《“12315”职责范围》《工作流程图》《案件分流图》，把网络范围从市场、企业、社区延伸到农村、机关、学校，建立91个申诉举报联络点，联络点名称统一为定陶县工商局XX所申诉举报联络点，接受当地工商所12315申诉举报站的指导。在全县形成上下贯通、规范完善的保护消费者合法权益的组织网络。2004年，“12315”申诉

▲ 《消费者权益保护法》宣传 （2005年摄）

举报联络站和消费者协会投诉站联合办公。2007年，定陶县消费者协会成功调解1起白糖消费纠纷，消费者获得赔偿4500元。2010年，受理消费相关问题咨询356人（件）次，受理消费申诉125件，为消费者挽回经济损失20余万元。“3•15”活动期间，紧紧围绕“消费与服务”主题，开展消费维权一条街、流动服务车宣传等一系列维权宣传活动，发放宣传资料4400多份，受理申诉11件，接受咨询169人次。2012年，开展“3•15”国际消费者权益保护日纪念宣传活动、“12315学雷锋开放日”活动，举办全县食品药品假冒伪劣商品销毁现场会，在全县建立70个消费维权服务站，在城区显著位置设置3处大型形象宣传展示牌。2013年全县受理消费者咨询336件、申诉156件、举报15件，圆满调处申诉案件150件，处结率96%。2014年，完善“12315”维权体系建设，推进“12315”进商场、进企业、进学校、进社区、进农村，扩大维权服务点覆盖面。及时发布消费提示和消费警示，提高消费维权执法效能。全年共受理消费者投诉500余起，为消费者挽回经济损失200万元。“3•15”期间，开展“新消法、新权益、新责任”为主题的大型宣传咨询活动，讲解各种消费维权和辨别真假商品相关的知识，发放各种画册、书刊等宣传材料1000余册（张），现场受理消费投诉13件，消费咨询36件。2015年，共受理各类举报投诉102件，办结率100%，调处满意率98%，为消费者挽回直接经济损失10万余元，办理投诉转立案案件10起。

第五章 物 价

第一节 价格管理

1991年以后，市场商品价格逐步发展为国家定价、国家指导价、市场调节价等多种形式。1993年以后，随着市场经济的逐步确立，市场商品价格逐渐放开，商品价格体系逐步转变为以国家指导价、市场调节价为主，国家统一价为次的格局。

商品价格调整与管理 1991年，全县较大幅度地提高油脂、油料的定购价格，花生油每50千克提高47.1元，精炼棉籽油提高44.5元。以销定购的豆油收购价格，每50千克提高50元；大豆提高10.50元。提价幅度为新中国成立后之最，对缓解供需矛盾，促进油料生产起到积极作

▲　规范价格明码标价

用。1997年，稳定市场物价，特别是稳定主副食品价格。加强对照明电、自来水、教育、医疗、公交、房租等与居民生活关系密切和具有垄断性的商品价格和服务收费的管理。加强对土地价格、商品房价格的管理，搞好房地产价格评估，严防搭车涨价。开展涉农产品的价格管理以及涉农收费管理，制止侵害农民利益的乱涨价、乱收费行为，解决农产品收购、农业生产资料供应和农业用水、用电等农民反映强烈的乱涨价和压级压价问题。1998年《中华人民共和国价格法》颁布实施，物价管理开始走向法制化、规范化。2002年，加强对通讯、电力、药品、自来水等居民生活必需品价格的调整和监管工作，特别是在药品集中采购方面，制止某些医疗服务行业靠提高药品差价保工资养人行为，扼制药品购销环节靠回报谋私利、吃回扣等违法行为。市场物价呈小幅回升态势，全县价格总水平相对稳定。2003年，“非典”防治期间，抑制相关商品和服务价格上涨，对按各种药方所配的中药，实行最高限价管理，凡是属于政府指导价和政府定价的与防治“非典”相关的商品和药品、医疗服务，严格执行政府规定的价格。2005年，贯彻落实药品价格政策，降低部分药品价格，同年，在原来对农资价格监测的基础上，重点对化肥等农资市场批发、零售环节的价格进行监测调控。确保其销售价格的进销差率控制在规定的范围之内（20%）。至2015年，主要对关系国计民生的商品进行监管（比如药品价格），其他全部放开。

农村电价　1991年，对全县农村用户电价的上缴情况进行摸底调查，找准农村电价升高的原因，对电费及时进行调整。1992年，制定3项措施：严格电价政策，各用户电价均不得超过最高限价，把过高的电费降到限价以内；实行电费公开，采取三联单收费和三级张榜公布，提高电价透明度；严格收费手续，电工收电费严格使用三联单。1996年，减少电费收取手续，达到全县统一收费标准，执行农村用电综合电价，农村变压器的综合结交价为每千瓦时0.5828元。1997年，针对农村电价组成较高，用电管理混乱，电费电价管理制度落实不到位，低压设备缺陷，技术性损耗大，致使电价偏高的现象，建立健全各级管电组织，加强村电工的管理，推行统一抄表、统一核算、统一开三联单、统一张榜公布、统一收费的“五统一”管理办法，同时降低用电损耗，有效降低农村电价。1998年，全县电价整改分3步走：安装集装箱；村电工统管；农村低压电网改造。全县每千瓦时平均电价基本降至1元以内，较整顿前平均下降0.41元。至2001年，居民照明电价每度降至0.67元。2010年，农业生产用电每千瓦时0.4955元，一般工商业用电每千瓦时0.7063元，居民生活用电每千瓦时0.5469元。2015年，全县电价未变。

平抑物价　1994年，落实“自查从宽、被查从严、实事求是、宽严适度”的政策，对与群众生活关系密切的基本生活必需品和服务价格进行大检查，对物价违法单位和个人非法所得，能退还给购买者或用户的，限期退还，不能退还的，由物价检查机构予以没收，并根据情节轻重给予处罚。1997年，把对市场物价影响大、国家定价及群众反映强烈的商品价格和服务收费价格作为调控的重点，跟踪监测。整顿农电价格，印发粮价改革政策，对农资部门的外采化肥价格按保本微利的原则进行逐笔审批，并由专人负责对物价控制目标的考核，对监测商品实地采价，按月汇总填报指数资料。2006年，实施《政府定价行为规范》《政府定价成本监审办法》和《成本监审目录》，规范政府价格管理行为。在实行政府定价、政府指导价和服务项目的价格调整过程中全面推行价格听证制度。县二中高中学杂费调整、城区自来水价格调整、出租车运价调整均召开价格听证会。2008年，“三鹿”牌婴幼儿奶粉的重大安全事故发生后，加强市场价格监管，保护消费者和经营者的合法权益。同年，在全县商业、餐饮业、旅游业、物业管理业、医疗、教育等各行业开展价格诚信评选活动，评选出山东艺达家纺有限公司、山东鲁花浓香花生油有限公司、定陶县供电公司、定陶惠普三联家电有限公司4家价格诚信企业。2009年，按照政府应对突发事件的相关要求，及时启动应急预案，实行防范甲型H1N1流感相关商品价格巡查制度，运用调查、提醒、告诫、劝阻、发放价格自律告诫书等多种方式，稳定防治甲型H1N1流感相关商品的价格。2011年，对城区供气、基本药物等成本价格进行调查，实行商品房“一房一标价制度”，制定7个物业小区的服务收费标准，开展经济适用房成本监审工作。2014年，县医院、中医院公立医院改革，贯彻落实菏泽市物价局、卫生局、人力资源和社会保障局《关于调整试点县级公立医院医疗服务价格的通知》，关注调整后的医疗服务价格执行情况，调研调整后医疗服务价格收入弥补药品差价情况。督促县级公立医院药品“零差率”政策落实到位，督促医院建立健全医疗服务和药品价格公示制度、收费一日清单、医院内部价格管理等医药价格管理制度。

第二节　价格鉴证

2001年7月，成立定陶县价格认证中心，鉴证领域涉及刑事、经济、民事、行政执法等涉案案件；贷款抵押、房地产处置、成本核算等认证案件；交通事故车、物损毁，车辆资产处置的认证。2002年，根据《山东省涉案物品价格鉴证条例》，县政府印发《定陶县人民政府关于加强涉案物品价格鉴证工作的通知》，提供价格咨询和相关服务。参与制定《定陶县房屋重置价格及附属物赔偿标准》《500千伏东明—石堡III回输电线工程赔偿标准》《定陶县城区土地级别与基准地价》等价格事务性政策规章。2009年11月，县价格认证中心获得省级规范化单位称号。2011年，县人民政府印发《定陶县二手房交易计税价格认定暂行办法》，明确物价局设立的价格认证中心为二手房交易计税价格认定的指定机构。参与定（调）价成本的认证，先后对中小学教育收费成本、农村自来水供水成本、仿山旅游门票成本、城镇保洁费成本等进行认证，为定调价提供可靠准确的依据。

第三节　收费管理

1992年7月，根据省物价局《关于换发收费许可证的通知》精神，原收费许可证统一换发为行政事业性收费许可证或临时收费许可证。8月，举办全县行政事业单位收费执收人员培训班。参训人员经考试合格后，颁发《收费员证》，执收人员持证上岗。1993年，行政事业性收费实行年审制度。年审工作从每年的3月开始，审查上年度或本年度的收费执行情况。至1994年，分3批取消公安、劳动、人事、交通、民政、城建、电力、教育等部门不合理的收费项目。实行亮证收费和挂牌服务。1997年3月，全县统一换发收费许可证。1998年，实行进企业收费“两证、一书、一卡”制度，对可收可不收的收费项目建议有关单位不要到企业收费，收费标准有浮动的，一律按最低标准收取。2001年，推行收费公示制度。首批推出公安、交通、民政、计生等14个在社会上影响较大的系统和单位，作为收费公示工作的示范单位。2003年，防治“非典”期间，减免部分行业行政事业性收费，对餐饮、旅店、旅游、娱乐、集贸市场、公路客运、出租汽车行业，全部免征企业注册登记中的年检费、排污费、卫生质量检验费、预防性体检费、疫情处理费。2006年，取消和降低汽车出租行业的公路客运附加、治安联防等6项收费项目和标准。严格义务教育“一费制”管理办法，落实农村义务教育收费减免政策。2007年，对全县32个系统，325个行政事业性收费单位的收费许可证、收费员证进行审验，共取消收费项目2项，变更收费项目19项。2008年，审验收费单位、部门300余个，年审金额4787.23万元，变更收费项目1项，撤销收费许可证2个。根据《中华人民共和国行政许可法》和《山东省行政事业性收费管理条例》等有关规定，县政府办公室印发《定陶县人民政府办公室关于统一换发收费许可证的通知》。在换证工作中，严把“两关”（收费资格关、收费依据关），对收费项目进行逐个审核，经审核无误手续齐全后方可履行办证手续。同年，县物价局、县卫生局、县教育局联合对全县300多个新农合定点卫生室（院）和100多所幼儿园办理收费许可证。2013年，取消3个单位4项收费，变更收费许可证。印发《定陶县关于涉企收费的实施方案》。2014年，县物价局、县行政服务中心全面清理涉企行政事业性收费和服务价格，共清理规范涉企单位13个，清理涉企行政事业性收费和服务价格共39项，并在县行政服务中心及收费单位进行公示。2015年，对全县行政事业收费单位的许可证进行注销，并对收费单位的收费公示工作进行检查，要求执收部门不仅要在单位醒目位置悬挂收费公示牌，还要在单位网站上做好收费公示工作，便于群众监督。

第四节　价格监督检查

1992年，随着商品价格的不断放开，市场物价监督检查以服务为主，将价格政策宣传放在首位。1994年，企业、行政事业单位和个体工商户，在其收购、销售商品或收取费用时，实行明码标价制度。从事批发、零售业务的，实行商品标价签，凡提供有偿服务的单位和个人，均在其经营场所或收缴费用的地点醒目位置公布其收费项目明细价目表。1997年，对“米袋子”“菜篮子”的市场价格进行经常性监督检查。2003年，在全县开展涉及“非典”相关商品和服务价格的专项检查，检查的范围是所有相关生产经营单位。2007年，检查土管、交通、城建、民政、环保等涉企、涉农收费部门。检查新农合医疗机构药品价格和医疗收费标准。2008年，对全县20所新农合定点医院和403个新农合定点卫生室进行

▲ 市场价格巡查

拉网式检查，共查出违价金额27.6万元，收缴财政13.55万元，提高新农合医疗收费透明度，减轻农村患者负担。2009年，对甲型H1N1流感相关药品价格检查。对全县11个药品经营单位、20个医疗单位和所有县直及乡镇卫生室进行巡查监控，向各有关经营单位和个人印发《关于稳定甲型H1N1流感相关药品价格的提醒函》600余份。2011年，开展商品房销售明码标价检查。对不执行明码标价规定、明码标价不规范，或利用标价进行商品房销售价格欺诈等价格违法行为的，责令开发商履行“一房一标”，并依法严肃查处。2013年，开展医疗卫生服务和药品价格专项检查，共查处乡镇医疗机构和一体化卫生室19个，查处违价金额64.85万元。2014年，开展涉企、驾校、教育、医疗以及电力、药品市场专项检查活动，共查处价格违规案件9起，违规金额中退还群众3000余元，其余违规收费20余万元全部收缴国库。2015年，先后开展节假日市场价格检查、涉企收费专项检查、药品和医疗服务价格重点检查、明码标价专项整治行动。共查处价格违法案件36起，没收违法所得52.85万元，罚款34.40万元。

第六章 质量技术监督

第一节 体制改革

1991年，计划经济逐渐向市场经济过渡，市场开始繁荣，个体经济迅速发展，假冒伪劣产（商）品开始出现。县技术监督局相继增设行政执法队和定陶县产品质量监督检定所2个下属机构，打击制假售假的违法行为，对市场、企业的产（商）品进行质量检验。1992年，全国掀起经商热潮，县委、县政府动员全县各党政事业部门经商办企业，县技术监督局成立定辽电子批发商店和装饰公司，一年后相继关停、转让给私人经营。1993年7月，县技术监督局更名为技术监督服务中心，其职能权限不变。8月，成立党政机关、团体、企事业单位组织机构代码办公室，开展对党政机关、团体、企事业单位组织机构代码颁证工作。1997年6月，分别设立行政执法队、计量稽查队、办公室、县计量测试所、县产品质量监督检验所、县标准化情报所、县纤维检验所等7个局属机构。7月，撤销县技术监督服务中心，恢复县技术监督局名称。2001年6月，属社会劳动保障部门管辖的锅炉、压力容器、特种设备的安全监察职能，整体移交技术监督部门管理，成立县技术监督局锅炉、压力容器监察股。2002年2月，局机构编制整体划转省垂直管理，更名为县质量技术监督局。2004年1月，县计量测试所、县产品质量监督检验所和新成立的特种设备安全检验所等驻定陶工作站技术机构整体移交给市局3个技术机构管理，简称技术机构整合。2008年，技术机构下划，回归县质量技术监督局管理。2013年10月，县质量技术监督局由省垂直管理改为地方分级管理。2015年7月，县质量技术监督局、县工商局、县食品药品监督管理局3局合并，成立定陶县市场监督管理局，为县政府工作部门。

第二节 标准化管理

20世纪90年代，县技术监督局履行标准化管理职能，建立产品标准档案，在县属以上企业宣传推广国家标准，并受理企业产品标准备案。2005年，做好标准登记和标准备案工作，巩固和扩大无公害蔬菜标准生产的成果，全县企业标准登记率98%，备案标准率95%；全年完成采标任务5项；推广无公害蔬菜标准的产品14个，农业标准化示范区面积超过4666.6公顷；至年底，有8家企业获得ISO 9000国家标准质量体系认证证书。全年完成代码颁证320家，年审代码476家，受理企业商品条形码2家。2009年，开展“百家企业标准化提升工程”“农业标准化示范区建设”和“服务标准化试点”等活动，帮助企业申报标准化良好行为，开创标准服务。培育农业标准化示范区2个，新增标准登记20家，年审标准登记50家；完成298家企事业单位代码的换证、颁证工作，495家证书年审，条码新增2家，续展6家。2015年，实施标准化战略，培育帮扶县田园农业开发有限公司通过国家级农业标准化示范区验收；帮助县供电公司申请国家级服务标准化试点单位。全面开展“千家企业标准化提升工程”“农业标准化示范区建设”和“服务标准化试点”等活动，帮助企业申报标准化良好行为，开创标准化服务。拓展代码、条码运用领域，提高条代码工作质量，取消组织机构代码证书的年审工作，实行网上年审制度，代码新增、换证、变更979家，条码新增、续展33家；实行限时办结制度，每月业务办结率100%。

第三节　计量管理

1991年到1996年，主要开展非自行指示秤、压力表、血压计、加油机和机械天平的检定工作。1997年，开始真正意义的计量认证工作。首先对人员资质提出要求，只有具备检定员证才可持证上岗，当年，计量所全体人员参加培训，均考试合格取得检定员资格。然后对标准的级别、稳定性和重复性提出严格要求。对不符合要求的全部淘汰，对符合要求的要有实验数据证明，并对出具的数据进行不确定度评定，做到量值传递和溯源的准确可靠。随着经济的发展，电能广泛使用，2002年，建立单相电能表检定装置和三相电能表检定装置，开展电能表首次检定和与民间纠纷有关的电能表仲裁检定。2007年，计量所正式第一次制定本所的质量手册、程序文件和质量记录式样，做到每一次的检定、校准均有章可循，让质量管理工作规范化程序化。2009年，开展定量包装商品净含量资质认证工作。2010年，建立环境实验室设备校准装置、二等玻璃量器检定装置、电子天平检定装置，有效满足认证需求。开展“计量进社区”活动11次，免费检测计量器具49台，发放各类宣传材料3300份，义务接受群众咨询90余人次。2015年，开展各种计量器具的检定和定量包装的检验工作，共检测计量器具4211台，其中，机油机110台，电子汽车衡75台，电子台秤1390台，血压计758台，天平80台，干燥箱121台，压力表1257块，电能表157块，玻璃量器263个。检定率92%，定量包装抽检170批次，抽检合格率86%。举办“5•20”世界计量日宣传活动，接受咨询500余人次，免费为群众检测计量器具126台件，发放宣传材料1200余份。

第四节　质量管理

2000年以后，县技术监督局推进“质量兴县”战略，深入企业广泛调研，制定切合实际的“质量兴县”发展规划，推动质量兴县目标的实现。2005年，共检验115家企业268种产品320批次，批次合格率87.2%，开展对化肥、农药、种子、白酒、啤酒、面粉、糕点、家用小电器、民用建筑材料等32种产品专项检查，产品抽查率90%以上。全县有28家食品生产企业获得国家颁发QS食品生产许可证。2008年，为陈集山药培育申报“菏泽十大名吃”和国家“地理标志产品保护”，2009年11月16日，国家质量监督检验检疫总局2009年第105号公告，批准“陈集山药”地理标志产品专用标志的使用申请，确定“定陶县绿博源陈集山药专业合作社”，为第一批可以按照有关规定在相关产品上使用地理标志产品专用标志的企业，获得地理标志产品保护，并依法接受监督。2014年，在公布的山东名牌产品名单中，山东林盾木业有限公司生产的林盾牌贴面板、山东和信家具装饰有限公司的和信美牌办公家具榜上有名，实现定陶县名牌产品“零”的突破。2015年，为山东天山丰耘生态肥业有限公司、山东红大地化工科技有限公司申报《山东名牌产品》，为县农村信用联社、县邮政储蓄银行申报山东省服务名牌，开展“质量月”活动，优化质量发展环境。

第五节　质量监督检验

2009年，县产品质量监督检验所扩建实验室，面积增加129%。遵循“办公让位于检验检测”的原则，投入几十万元装修改造，将原来的南楼办公室13间280平方米全部改建为计量检测室；北一楼办公室（包括东一楼10间200平方米）全部改建为质量检验室。在硬件建设方面，购买制作了实验台和样品、材料柜，满足所有和新增检验检测项目需要，改善环境条件和设施，符合相应检定规程规定的环境条件等要求，不同的检验、检定项目均有相互独立的场所，避免相互之间造成不利影响。检验设备和项目明显增加，设备投入增加1.8倍。在五项计量认证标准（衡器、二等金属量器、血压计、压力表、二等克组毫克组砝码）的基础上，对原有不符合检定规程要求的陈旧落后主标准器和配套设备（M1级砝码、二等金属量器、无磁砝码及配套设备）进行完善和更新，购置电能表、定量包装、电子天平、电话计时计费器等标准装置，全部通过省、市考核。在市质监局的支持下，结合定陶当地经济发展需求和实际，通过论证作出2010年新增包括水表在内的5个检定项目和完善、更新、升级包括电能表在内的3个检定项目的预算，计量检定项目10项以上，基本满足地方经济发展和企业生产经营的需要。通过98个品种632个食品、化工、轻工、建材等项目认证，检验工作顺利运行。2015年，县政府成立定陶县产品质量检验检测中心，产品质量监督检验职能合并至县检验检测中心。

第六节　特种设备安全监察

2001年6月，成立县技术监督局锅炉、压力容器监察股，全面开展工作。2005年，开展3次特种设备安装使用情况大检查，向13家企业发放《安全监察意见书》，拆除3台“土锅炉”，取缔1家非法充装液化气站，打掉4家地下非法充装点，消除3起安全事故隐患。建立全县特种设备安全运行电子档案，与全省电子管理网络联网，实现电子信息动态管理。2010年，分类查处设备登记证和人员上岗证的违法行为，提高设备登记率、定期检验率和人员持证上岗率，开展全县压力管道、气瓶充装专项整治。在“仿山庙会”“安全生产月”“特种设备安全知识进校园、进企业、进社区”等系列活动中，共向企业免费发放特种设备安全手册510余份，向学校发放安全知识彩页570余份，向群众发放宣传资料1120余份。2015年，全县共有特种设备1624台，其中，锅炉使用312台，停用220台，在用92台；压力容器829台，停用291台，在用538台；压力管道4.96千米，起重机械177台，停用60台，在用117台；电梯225台，停用8台，在用217台；厂内专用机动车辆51台，停用11台，在用40台。县加气站10家，停用1家；氨制冷企业32家，停用8家。特种设备安全监察以办好“两证”、提高“三率”为工作重心。检查企业120家，特种设备356台，出动监管人员328人次，查处安全隐患36起，下达《特种设备安全指令书》36份。完善和落实特种设备事故应急救援预案的制定及演练，督促企业及时整改发现的设备安全隐患，提高企业应对突发事件的能力，县质量技术监督局、消防队、公安局、安监局等部门联合，组织开展相关企业危险化学品泄漏事故应急救援演练。

第七节 行政执法

规范行政执法行为，提升行政执法水平。开展农资及食品相关产品、车用油、儿童用品、建筑防水卷材、7类重点车辆及12类产品质量提升专项执法检查等专项执法打假行动，开展针对当前人民群众反映强烈的假冒伪劣问题的集中打击活动。加强特种设备监督检查力度。重点开展涉氨制冷企业安全隐患、危险化学品企业安全管理、仿山庙会、安全生产月等专项整治活动。完善执法办案程序和相关制约机制，强化办案主体责任，完善办案流程，规范执法程序。适时召开案审会；不定期组织案例分析会，促进办案能力和办案质量的提升。推行行政执法责任制，层层签订行政执法责任状，建立执法违法和错案责任追究制，杜绝执法过程中出现“吃、拿、卡、要、报”等违法违纪行为。强化执法队伍培训。开展质监法律法规培训，组织行政执法人员学习《中华人民共和国行政许可法》《中华人民共和国行政处罚法》以及质监相关法律规定。严格执法程序，加强执法监督。运用召开座谈会等形式学习和交流经验，规范行政执法文书，确保案件办理质量。

第七章 国土资源

第一节 土地使用制度改革

根据《中华人民共和国土地管理法》，1991年，定陶县开展农村地籍调查和宅基地有偿使用，打破传统的宅基地使用制度“私有”观念，树立土地所有权公有的新观念。通过地籍调查，对全县13万宗宅基地依法确认使用权，核发土地使用证，建立地籍档案。

根据《中华人民共和国城镇国有土地使用权出让和转让暂行条例》规定，1992年8月15日，县政府制订《定陶县国有土地使用权出让和转让暂行办法》，改革城镇国有土地使用制度，培育和规范土地市场。1995年4月至8月，清理整顿未经批准，擅自转让、出租、抵押土地使用权行为，按照国务院《关于城镇国有土地使用权出转让暂行条例》规定进行处理，共有800多个单位（户）补交出让金，补交出让金额640万元。依法无偿收回因迁移、撤销、解散的5个单位的国有土地使用权。加大土地使用制度改革力度，1995年8月14日，县政府首次召开国有土地使用权拍卖现场会，对3宗国有和1宗集体土地使用权依法公开拍卖。3宗国有土地经过198轮角逐，各有得主，总成交价36.8万元，比标定价高出12.8万元。

依据《中华人民共和国土地管理法》《中华人民共和国城市房地产管理法》，2000年9月定陶出台《定陶县土地储备实施办法》，对需盘活的土地依法收回收购予以储存，通过前期开发进行出让，有效配置土地资源。2001年11月，定陶县政府《关于实行国有土地租赁制度的通知》印发到各单位，规定从2002年1月1日开始，全县国有土地实行租赁制度，明确租金征收标准。

2009年，试行城乡建设土地使用挂钩政策，将乡镇开展空心村改造、新农村建设节约腾出的土地指标，用于城市开发建设和工业建设所需的土地占压指标，达到土地的占补平衡。2009年至2015年，省政府共批复定陶县9批挂钩项目，建设马集镇李刘楼、仿山镇张秀雨、高河、张湾镇高家、冉堌镇祝奶庙、南王店镇宋庄等10个新

▲ 国土资源局办事窗口 （李斌 摄）

农村，节约腾出土地167.45公顷，保障鲁西南记忆、坤和木业、商圣文化园、亿业石油、汽车城、润鑫化工、稻香村等大项目用地。

第二节 土地调查

土地资源调查 1986年2月至1988年3月，遵照国发〔1984〕70号和鲁政发〔1984〕136号文件精神，定陶县完成土地资源详查任务，这次详查是中华人民共和国成立后定陶县规模最大、土地分类最细、面积量算最准确的一次，也是全区土地资源详查的试点。全区各县市共156名业务骨干汇集定陶县共同开展这项工作。通过详查，查清了各类用地状况，全县总面积8.46万公顷，其中，耕地6.22万公顷。在资源调查中，采用签订合同，层层承包的办法，即办公室把整个技术工作承包给技术组，技术组以乡镇为单位承包给作业组，每个作业组负责1～2个乡镇。技术组负责巡回检查，发现问题，及时解决。此次调查，核实了县、乡（镇）、行政村和企事业单位土地的行政界线和权属界线，查清了各类土地面积，以及土地利用中存在的问题。编制土地利用现状图、地籍图、县乡（镇）土地边界接合图表等980余幅，进行土地初始登记统计和变更登记统计，编写了县土地资源调查报告和乡镇土地资源调查说明书。2014年9月，完成第二次土地调查工作，总体目标是查清现状、摸清家底、明确权属、统一平台，实现土地资源管理信息数字化、网络化、规范化。

地籍调查登记 1990年至1994年，按照全国城镇地籍调查规程要求，定陶县完成城区地籍调查任务。这次调查在县城区内共布设四等导线点375—4、三角高程导线点5个，实测界址点3500个，编制1∶500铅笔原图和着黑底图84幅，四等水准里程27.8千米。这次调查布设导点、引高程导线由省地矿局承担，实施测量任务由定陶县独立完成。通过调查，详细掌握县城区各类用地状况，填补定陶无大地高程的空白。此项工作，1994年9月经省检查验收，获省级科技进步二等奖。

测绘 2004年以前，定陶县地籍测绘采用勘丈法，手工绘制图件，测量精度不精确，绘制图件达不到要求。2004年1月，成立国土资源土地勘查测绘队，并投资10余万元，购置GPS2台、全站仪1台、制图软件1件等，结束用尺子丈量土地的历史。可以提供微机制图、打印、复印等一体化服务。土地勘查测绘队每年平均测量土地266.7公顷，为定陶县地籍发证、道路用地、储备用地、土地报批、城市建设、新农村建设、土地开发整理提供准确的数据资料。2009年被省国土资源系统评为“全省测绘管理行业管理工作先进单位”。

第三节 土地规划与评估

土地规划 1996年，县土地管理局抽调20余人分组到各乡镇，实地收集资料，然后对土地利用现状、自然条件和自然资源、社会经济发展水平进行分析比较，全方位对各部门、各行业的规划用地进行定性、定量分析，优先安排农业用地、交通、水利、能源、原材料等重点建设项目用地，林牧渔业充分利用荒地、荒水、荒滩地，各部门、各行业之间进行平衡协调，编制《定陶县土地利用总体规划（1996—2010）》。同时编制《定陶县基本农田保护区规划》《定陶县整理开发复垦规划》2个专题规划；形成《定陶县城镇土地利用问题研究报告》《定陶县耕地总量动态平衡方案》2个专题调研报告；绘制《定陶县土地利用总体规划图》98幅、《土地开发复垦规划图》5幅。2001年2月，菏泽市土管局组织市纪委、市建委、市农业局等有关单位专家、领导，对规划进行评审，认为规划的指导思想和遵循的原则正确，规划目标、任务明确，各类用地安排合理，依据充分，切实可行。此后，定陶县土地的利用即按此规划执行，保障了全县经济的协调、持续发展。

地价评估　1995年4月，县土地管理局成立土地估价事务所。1998年，全部完成建制镇土地定级估价任务。2000年上半年，完成企业清产核资中土地估价工作，共清查估价企业5家，78宗土地，估价国有企业土地资产总价值8098万元。2005年，按照国家颁布的《城镇土地定级规程》《城镇土地估价规程》，完成了城区15.9平方千米的土地定级估价工作。配合城区房地产制度改革，把城区划分为4大片，共采集有代表性的调查样点400余个。汇总上图后，参考上年地价评估成果，合理调整一、二、三级土地级别，确定基准价格。其中，商服用地基准地价一级510元/平方米，二级为315元/平方米，三级为175元/平方米；住宅用地基准地价一级215元/平方米，二级为166元/平方米，三级为100元/平方米；工业用地基准地价一级168元/平方米，二级为142元/平方米，三级为96元/平方米。为规范土地市场，建立健全土地价格评估制度，维护土地所有者和使用者的合法权益，县政府制定《定陶县土地估价管理暂行办法》。县国土资源局为全县土地估价管理的行政主管部门，具体负责土地估价结果的审查确认工作，未经县国土资源局审查确认的，其评估结果一律无效。土地使用权出让价格，由政府控制，出让底价依土地估价事务所评估结果确定，土地使用权转让、出租、抵押等交易价格，在政策允许范围内充分发挥市场调节作用，由交易双方协商确定。

第四节　土地保护与开发

耕地保护　1992年10月，县政府制定《关于非农业建设用地有偿使用的暂行规定》，对各种非农业建设用地的范围、占地交费标准，特别是对城镇居民住宅的占地面积和交费标准，作出严格规定。对其中超标多占的，加倍收费或罚款，收回土地。1994年，按照国家《基本农田保护条例》要求，完成县级划定基本农田保护区。全县95%以内的耕地纳入保护范围，总耕地保护面积到2000年控制在59489.13公顷。其中一级保护面积45563.58公顷；二级保护面积13925.55公顷。1995年11月，根据国家《基本农田保护条例》，县政府制定并开始实施《定陶县基本农田保护管理办法》。

1996年，全县落实基本农田保护目标制，县、乡、村、户层层签订基本农田保护目标责任书，将基本农田保护责任到户、到人。并将国务院颁发的《基本农田保护条例》《基本农田保护公约》，发放到每个行政村。重新制作标志牌，重新签订责任书，基本农田保护措施更加完善。新《中华人民共和国土地管理法》实施后，全县执行耕地占补平衡制度。严格贯彻用、养结合、先补后占、占一补一的土地使用原则，确保占补平衡，不减少耕地。对建设占用耕地，涉及农用地转为建设用地的，及时办理农用地转用审批手续。

土地复垦开发　2003年7月，经国土资源部批准立项，定陶县张湾镇土地整理项目为2004年第一批国家投资、地方承建的土地整理重点项目，项目总规模672.62公顷，总投资1348万元，建设期为2年。2003年，定陶县南王店乡废弃窑场复垦及陈集镇土地开发项目是第二批省投资2年期土地开发、复垦重点项目，总规模371.74公顷，总投资971万元，新增耕地220.05公顷，新增耕地率59.19%。2005年，定陶县孟海镇土地整理项目是第二批国家投资2年期土地整理重点项目，总规模1052.21公顷，总投资2019万元，新增耕地138.75公顷，新增耕地率13.19%。2010年，定陶县王洪庙村土地整理项目经菏泽市财政局、菏泽市国土资源局批复为2010年市投资土地整理重点项目，项目总规模60.42公顷，总投资118.45万元，建设期为1年。2011年，定陶县陈集镇等3乡镇高速连接线土地综合整治项目，经山东省国土资源厅、山东省财政厅（鲁财综〔2011〕119号）文件，批复为2011年省级第二批农村土地综合整治项目，项目总规模3970.4公顷，总投资12445.91万元，新增耕地138.48公顷，新增耕地率4.06%。定陶县2013年度高标准基本农田建设项目，总规模4767.93公顷，计划建成高标准基本农田4707.62公顷，总投资2984.24万元，建设期为6个月。定陶县冉堌镇庞楼村高标准基本农田建设项目，总规模114.95公顷，总投资210万元。定陶县2014年度黄店镇高标准基本农田建设项目，总规模4765.21公顷，建成高标准基本农田4673.79公顷，总投资3222.28万元，建设期为6个月。定陶县2015年度高标准基本农田建设项目，总规模4832.71公顷，计划建成高标准基本农田4403.29公顷，总投资2763.77万元，建设期为1年。

第五节　行政执法

20世纪90年代初，中共定陶县委印发《关于加强土地管理、制止乱占耕地的通知》。1995年4月，县土地管理局增设土地监察大队、直属管理所。1999年，全县开展非农业建设用地大检查，查处非法占地单位65个，占地116公顷，均依法进行处理。1997年至1999年，连续3年对全县土地使用证进行年检。主要查有无土地使用证书，有无改变土地用途，有无少批多用，土地登记是否完整、规范。查处各类违法用地和非法交易165宗，追缴各类应交税费189万元。1998年9月，查处乱占耕地建砖瓦窑厂12座，退还耕地11.2公顷。1999年至2002年，全县开展第二次非农业建设用地大清查，对其中违法建设各类园区、市场的12个乡镇清理整顿。2007年，开展土地违法违规综合整治百日行动，共查出各类违法用地61宗，面积102.3公顷。按照既处理事、又处理人的要求，对各类违法占地进行处罚，对责任人进行处理，凡不符合土地利用总体规划的进行拆除复耕。2009年，全面落实执法动态查询制度，坚持“预防为主、事前防范和事后处理相结合”的原则，第一时间将违法用地案件报到县国土资源局和当地政府，否则，按失职问责。提高执法水平，采取“天上看、网上管、地上查、图上对”，确保对违法行为管得早、管得严、管得住、管得好。在全县365个行政村聘任村土地监察信息员，设立土地违法案件举报箱，开通12336国土资源违法举报电话。县土地执法监察大队和镇街所、分局配备车辆、电话、摄像机、照相机等工具，确保执法监察及时到位。开展土地违规问题专项整治，查处违法占地39宗，通过拆除复耕、瘦身、完善手续，使违法占用耕地面积比例下降到11%。2015年，全县开展违法违规用地集中整治清理活动，与各镇、办事处签订违法违规用地整改目标责任书，查处违法违规用地267.7公顷。

第十五编

环境保护 安全生产

HUAN JING BAO HU AN QUAN SHENG CHAN

随着生产的发展和人口的迅速增长，环境污染日趋严重，定陶县环境保护部门采取明察暗访、错时执法和环保专项行动等多种形式，对环境违法行为和对县乡环境质量进行无缝隙监管和管理。并通过各种宣传，增强全社会环境意识和环保法制观念。

以人为本、安全第一。关爱生命、安全发展。为提高群众安全意识，定陶县把安全生产列入日常工作重要内容。安全生产监督侧重于安全生产、管理和监督监察，防止重大安全生产事故发生。

第一章　环境保护

第一节　环境监测

地面水监测　1991年后，监测网点不断增加，至2011年，监测点断面增加到3个，分别是：万福河南王庄断面、南渠河大坞集断面和洙水河胡海断面，均为出境考核断面。至2015年，万福河南王庄断面、洙水河胡海断面均安装在线监测设备，并与上级联网。县级财政及企业共投资100多万元，建立基本覆盖全县重点企业的环境监控网络。东鱼河北支河流出境断面安装1座河流水质自动监测站，全县7家市控以上水污染企业和1家大气污染企业及重点企业总投资160多万元，安装在线监测仪器11台（套），实现省、市、县联网。全县环境质量有效改善，3条主要河流COD平均浓度由2005年的56毫克/升下降到2015年的29毫克/升，下降了48.2%；NH3-N由1.5毫克/升下降到0.87毫克/升，下降了43.2%。

▲ 环境监测　（2012年摄）

2012—2015年万福河南王庄断面监测数据统计表

表15-1-1

年份	项目	1月	2月	3月	4月	5月	6月	7月	8月	9月	10月	11月	12月
2012	高锰酸盐指数（毫克/升）	4.89	5.25	6.11	6.41	3.24	5.80	5.97	5.38	6.75	6.65	7.58	6.86
	氨氮（毫克/升）	1.04	1.37	1.64	1.27	0.746	1.26	1.26	1.89	1.03	1.15	1.45	1.32
2013	高锰酸盐指数（毫克/升）	6.45	5.83	4.73	4.50	6.73	5.78	5.69	5.61	6.98	断流	5.80	6.21
	氨氮（毫克/升）	2.08	2.12	1.40	1.35	2.31	0.877	1.32	0.937	1.22	断流	0.506	0.928

续表15-1-1

年份	项目	1月	2月	3月	4月	5月	6月	7月	8月	9月	10月	11月	12月
2014	高锰酸盐指数（毫克/升）	6.56	7.32	断流	断流	7.23	7.53	5.87	7.36	6.00	6.24	7.26	断流
	氨氮（毫克/升）	0.663	0.992	断流	断流	1.04	1.24	0.878	0.953	0.744	0.672	0.905	断流
2015	高锰酸盐指数（毫克/升）	7.24	6.71	5.40	5.92	5.98	5.70	6.28	6.86	7.08	8.97	9.89	10.8
	氨氮（毫克/升）	1.20	1.05	1.12	0.561	0.754	0.450	0.586	0.763	1.21	0.488	0.97	4.93

大气监测 2014年，定陶县开始进行空气质量监测，全县设立县环保局、县民政局2处环境空气质量自动监测站，设置PM10、PM2.5、二氧化硫、二氧化氮、一氧化碳等项目，24小时对空气质量进行监测监控。参照执行GB3095-2012《环境空气质量标准》中二类区进行评价与管理。

2014—2015年民政局监测点监测数据统计表

表15-1-2

监测点位	年份	项目	1月	2月	3月	4月	5月	6月	7月	8月	9月	10月	11月	12月
民政局	2014	PM10日均值（毫克/立方米）	0.280	0.189	0.159	0.157	0.139	0.153	0.109	0.109	0.095	0.146	0.178	0.134
		PM2.5日均值（毫克/立方米）	0.199	0.143	0.098	0.105	0.071	0.110	0.088	0.084	0.071	0.107	0.133	0.096
		二氧化硫日均值（毫克/立方米）	0.080	0.061	0.042	0.032	0.026	0.024	0.014	0.020	0.020	0.035	0.050	0.066
		二氧化氮日均值（毫克/立方米）	0.054	0.039	0.039	0.032	0.023	0.027	0.021	0.023	0.002	0.046	0.054	0.056
		一氧化碳日均值（毫克/立方米）	1.444	1.152	1.040	1.048	0.836	1.047	0.986	1.041	1.145	1.072	1.336	1.050
	2015	PM10日均值（毫克/立方米）	0.197	0.171	0.152	0.124	0.127	0.117	0.070	0.086	0.124	0.172	0.182	0.199
		PM2.5日均值（毫克/立方米）	0.146	0.122	0.094	0.078	0.083	0.079	0.045	0.066	0.090	0.121	0.142	0.162
		二氧化硫日均值（毫克/立方米）	0.067	0.049	0.035	0.020	0.017	0.013	0.009	0.009	0.017	0.028	0.019	0.029

续表15-1-2

监测点位	年份	项目	1月	2月	3月	4月	5月	6月	7月	8月	9月	10月	11月	12月
民政局	2015	二氧化氮日均值（毫克/立方米）	0.062	0.040	0.034	0.025	0.022	0.020	0.009	0.018	0.031	0.051	0.040	0.040
		一氧化碳日均值（毫克/立方米）	1.412	1.272	1.001	0.887	0.832	0.857	0.642	0.953	0.982	1.120	1.467	1.997

2014—2015年环保局监测点监测数据统计表

表15-1-3

监测点位	年份	项目	1月	2月	3月	4月	5月	6月	7月	8月	9月	10月	11月	12月
环保局	2014	PM10日均值（毫克/立方米）	0.269	0.176	0.148	0.150	0.117	0.130	0.105	0.101	0.086	0.142	0.165	0.141
		PM2.5日均值（毫克/立方米）	0.189	0.136	0.093	0.097	0.070	0.103	0.088	0.078	0.065	0.104	0.126	0.093
		二氧化硫日均值（毫克/立方米）	0.081	0.063	0.039	0.033	0.026	0.025	0.012	0.016	0.019	0.030	0.044	0.058
		二氧化氮日均值（毫克/立方米）	0.054	0.039	0.039	0.032	0.023	0.027	0.021	0.023	0.002	0.046	0.054	0.056
		一氧化碳日均值（毫克/立方米）	2.301	1.557	1.088	1.010	0.813	0.995	0.920	1.058	1.172	1.175	1.496	1.317
	2015	PM10日均值（毫克/立方米）	0.155	0.160	0.145	0.111	0.124	0.123	0.056	0.088	0.109	0.130	0.141	0.202
		PM2.5日均值（毫克/立方米）	0.106	0.144	0.086	0.068	0.083	0.075	0.033	0.061	0.076	0.100	0.112	0.143
		二氧化硫日均值（毫克/立方米）	0.055	0.039	0.028	0.018	0.018	0.012	0.006	0.008	0.013	0.021	0.016	0.031

续表15-1-3

监测点位	年份	项目	1月	2月	3月	4月	5月	6月	7月	8月	9月	10月	11月	12月
环保局	2015	二氧化氮日均值（毫克/立方米）	0.055	0.038	0.033	0.026	0.022	0.021	0.005	0.018	0.029	0.050	0.036	0.054
		一氧化碳日均值（毫克/立方米）	1.629	1.460	1.101	0.954	0.962	0.995	0.643	0.935	1.026	1.308	1.416	2.401

第二节　环境治理

大气污染治理　随着生产的发展和人口的迅速增长，生产废气、生活烟气、车辆尾气及扬尘增多。1997年，定陶县开始建设烟尘控制区，重点防治烟尘及二氧化硫污染，覆盖率100%。1999年，落实环保法律、法规，完成“一控双达标”（即污染物总量控制，工业污染源要达到国家或地方规定的污染物排放标准，空气和地面水按功能区达到国家规定的环境质量标准）任务，专门制定《定陶县烟尘控制区管理办法》，对烟尘控制区进行污染源治理，禁止餐饮行业食堂大灶散烧原煤，改烧其他清洁燃料，推行集中供热，推广优质煤和油、电等清洁燃料。2002年，全县有工业锅炉33台，工业炉窑26座，全年工业燃煤9.4645万吨，非工业用煤0.6041万吨，燃油119.20吨，年排放废气197576万标立方米，二氧化硫排放量3781.20吨，烟尘去除量4437.70吨，烟尘排放量1718.80吨，工业粉尘去除量315.10吨，工业粉尘排放量78.80吨。2013年，县委、县政府把生态文明建设融入全县经济社会发展的各个方面，成立以县委书记、县长担任指挥长的大气污染防治工作指挥部，9名县级领导担任副指挥长，分工负责11个具体工作组，全面组织协调、指导督导，全县大气污染防治工作取得扎实成效。2014年，对润鑫化工、三化药业、百瑞制药等15家工业异味企业，制定《定陶县整治工业企业异味、粉尘责任表》，全部责任到县级领导，对企业污染治理工作负总责。每个企业由乡镇、县环保局、乡镇环保所抽调人员为具体责任人，专门负责所包企业的污染治理工作。聘请省、市专家对工业企业污染源逐一问诊，因情施策，对15家工业异味企业限期整治，其中，14家企业完成治理任务，1家被关停取缔。同时开展燃煤锅炉治理“百日会战”行动，9家燃煤锅炉完成升级改造，县医院燃煤锅炉实行煤改气，县妇幼保健站实行煤改电。2015年，重点治理工厂企业生产锅炉、窑炉，机关、事业单位取暖锅炉、城区浴池锅炉和餐饮服务行业锅炉。泉润纸业和鲁花公司2家企业进行锅炉超低排放改造，9家企业实行煤改气。县政府拨款100余万元补贴资金，淘汰城区72家10吨/小时以下燃煤小锅炉，其中12家与中石油昆仑燃气公司签订用气协议，财政局、烟草公司、交通局、天中街道办事处等4家改用热力公司热力取暖，其余使用液化气或其他清洁能源作为燃料。

为保障空气质量的持续改善和人民群众身体健康，有效防止在夏秋收期间造成大气污染，从2009年开始，每年夏秋两季开展秸秆禁烧工作。6名副县级以上领导联系乡镇办事处，12个县直部门分包12个乡镇办事处，县环保局牵头协调。通过召开动员会议、悬挂条幅标语、出动巡回宣传车等进行宣传，实行层层签定责任状、秸秆综合利用、禁烧保证金、罚款、拘留等措施，群众环保意识和综合利用意识明显增强，杜绝焚烧农作物秸秆现象。

水污染防治　20世纪90年代，随着城内人口的增加和工业的发展，每年排放出的大量生活污水和工业废水，由于得不到较好的处理，水质开始恶化。全县工业主要以淀粉、造纸、化工等行业为主，大部分企业排放废水都未经处理，直接外排，造成东鱼河、万福河、洙水河等水质不断恶化。1996年，按照省、市环保局要求，采取“零点”专项行动，取缔一批污染严重的小造纸企业。至2000年年底，全县工业主要污染源基本实现稳定达标。2001年，对已达标排放企业实施污染治理再提高工程。2002年，全县年排放工业废水1668.70万吨，其中，化学需氧量6095.90吨，氨氮155.80吨，挥发酚4.3吨。此后，全县污水排放量逐年减少。2007年，对辖区河流断面水质和重点污染企业，每周至少1次取样监测，建立监测监管长效机制；开展蒜干加工、裘革加工、畜禽加工、养殖园区专项整治活动，取缔了14家污染严重的蒜干加工厂；督促菏达纸业有限公司、都庆股份有限公司等5家企业排污口安装了COD自动监控仪，与省、市、县实现联网；20余家污染企业得到有效治理，工业企业废水处理率95%，废水循环利用率35%，辖区内3条主要河流均达到国家规定的区域河流水质标准，全县生态环境质量明显改善。2010年4月，制定《定陶县环保“十个一”工程实施方案》，全县1家国控企业（县污水处理厂）、5家市控企业（鲁花公司、润鑫化工、泉润纸业、利德尔食品、福田糖醇）每家建设一套技术水平先进的治污设施、一套中水回用工程、一套固废处置系统、一个规范的排污口和生物指示池、一套在线监控系统、一个事故应急处置池、一套科学的应急预案、一个标准化的化验室、一套精、细、准的台账和运行记录及一支水平较高的环境管理队伍（“十个一”）。2011年，6家市控企业全部通过“十个一”工程验收。在对市控企业实行环保“十个一”工程建设的基础上，全县对所有涉水企业参照环保“十个一”工程建设标准进行环境管理，企业废水实现稳定达标排放。

2012年，为保障南水北调东线工程通水水质安全，定陶县对万福河、南渠河、定陶新河、洙水河和陈集排污沟5条河流实行“河长制”，5条河流分别由县委书记、县长、县人大常委会主任、县政协主席和县政府分管县长担任河长，采取一河一套班子、一河一策深化治理。通过“提、疏、堵、治”等有效措施，提高城区污水收集率，减轻对河流水质的冲击。辖区内河流水质明显改善，基本达到国家地表水标准要求，全县河流断面水质逐年好转。

2015年，县政府向市政府提交《关于实施城区护城河生态治理工程的请示》，从定陶的城市污水管理的县情出发，对生活污水直排口“堵要堵死、提要尽提”，确保在枯水期时，城市污水收集到位，处理到位。除对11家日排废水30立方米以上企业排污口进行整治外，还将所有化工企业排污口纳入整治范围，促进对企业的环境监管和社会的监督。全县投资3240万元，建设农村污水处理站12个；投资3000万元，建设县生活垃圾处理场二期工程；投资1000万元，完善城区雨污管网6千米；对新建各项市政工程，高标准规划配套雨污管网，畅通污水处理通道；投资110万元，建设郭庄沟、陈小楼沟等提污泵站，彻底封堵

▲ 污水处理　（邵贤杰 摄）

污水直排口；加强截污闸、泵站运行监管，确保生活污水全部进入管网，全部进行处理。

固体废弃物处理利用 2002年，全县工业固体废物产生量3.6万吨，其中炉渣3.5万吨。工业固体废物综合利用量3.6万吨。2012年，全县一般工业固体废物产生量3.78吨，综合利用率100%。对工业固废存放场所和标识进行规范管理，实行固废五联单转移制度，县医疗废物全部委托市有资质公司进行收集处理，签订处理协议。

第三节 环境管理

2003年以前，由于管理有盲区，主要是对三小企业等进行管理。2003年以后，执行《中华人民共和国环境影响评价法》有关规定，对全县所有新、扩、改建设项目实行环境影响评价审批制度，执行环境保护“第一审批权”和“一票否决权”的有关规定，未经环境保护行政主管部门审批环境影响评价报告书（表）、环境影响登记表的情况下，发展和改革局、国土资源局、住房和城乡建设局、工商局等部门不得为有污染的建设项目办理审批、用地、设计审查、竣工验收、注册等事项。2003年全县执行环评制度的项目36个，2004年全县执行环评制度的项目37个，2005年，全县执行环评制度的项目53个。2006年至2015年全县执行环评制度的项目分别为114个、123个、73个、86个、100个、102个、102个、85个、80个、96个，环评执行率100%。

2005年以后，按照国务院《建设项目环境保护管理条例》规定，对全县所有新、扩、改建项目实施“三同时”（即：建设项目中防治污染的措施，必须与主体工程同时设计、同时施工、同时投产使用。防治污染的设施必须经原审批环境影响报告书的环保部门验收合格后，该建设项目方可投入生产或者使用）制度，至2015年，“三同时”执行率均为100%。2005年全县建设项目执行“三同时”环保投资630.1万元，2006年12104万元，2007年5366.37万元，2008年5111.80万元，2009年7247.78万元，2010年17347.28万元，2011年20938.10万元，2012年62651.02万元，2013年20265.43万元，2014年14279.58万元，2015年21560.70万元。

在执行国家产业政策和环保法律法规，严格环境准入制度同时，围绕经济发展大局，简化审批程序，提高办事效率，为项目建设提供优质高效服务。对不符合产业政策、高污染、高耗能、没有总量指标的项目坚决否决。将执法力量全部充实到基层一线，采取明察暗访、错时执法和环保专项行动等多种形式，始终保持对环境违法行为的高压态势和对县乡环境质量的无缝隙监管。

第四节 环保宣传

1991年以后，每年6月5日（世界环境日）组织开展多种形式的环保宣传活动。在城区、乡镇主要街道粉刷永久墙体环保宣传标语，在城区主要街道设立环保法律法规咨询点，现场接受群众咨询，散发宣传材料，悬挂、张贴环保宣传条幅、标语等，同时，县环保局还与各企事业单位和社会团体共同开展环保宣传活动，宣传环保法律法规。2005年，坚持每月设立咨询点向群众宣传环保法律、法规，开辟电视环保栏目，提高全民的环保意识。2006年，在县电视台开设环保专题栏目，每周2期，宣传环保法律法规、通报环保执法检查情况。在城区主要街道设立环保咨询投诉站，每周1次集中活动，发放宣传单，接受咨询和投诉。同年6月，开展以构建生态安全和环境友好型社会为主题的宣传活动，发放宣传材料3000余份，接受环境咨询30余人次。2011年，利用电视台、报纸、互联网等各种新闻媒体，发表信息稿件300余篇，广泛宣传环境保护法律法规和环保知识，通过每年“6•5”世界环境日、“七一”建党节和“12•4”全国普法日，组织人员在城区主要街道设立环保宣传站，现场接受咨询和投诉，发放宣传材料6000余份。至2015年，每年通过环境政务信息、环境网站宣传环保工作，并发放环保明白纸1万余张，增强全社会环境意识和环保法制观念。

第五节　生态建设

2003年以后，按照省市生态建设要求，成立以县长为组长，分管副县长任副组长，县环保、经贸、发改、建设等20个单位和部门主要负责人为成员的生态县建设工作领导小组，全面做好生态县建设工作的协调、调度和督察，高标准编制《定陶生态县建设规划》，并报请县人大批准实施，全方位开展生态县建设工作。根据与市政府签订的《定陶县生态市建设县长目标责任书（2008—2012）》的要求，县政府与县直有关部门及各乡镇政府签订《生态县建设目标责任书（2008—2012）》。至2015年，全县共创建6个省级绿色学校，6个市级绿色学校，1个国家级环境优美乡镇，5个国家级生态乡镇，5个省级环境优美乡镇，8个省级生态乡镇，2个省级生态文明村，2个省级绿色社区，2个市级绿色社区，1个市级环境教育基地。

2015年年底定陶县生态建设文明单位一览表

表15-1-4

荣誉称号	单位名称
全国环境优美乡镇	定陶镇
国家级生态乡镇	马集镇、张湾镇、陈集镇、冉堌镇、定陶镇
省级环境优美乡镇	陈集镇、冉堌镇、张湾镇、定陶镇、马集镇
省级生态乡镇	陈集镇、冉堌镇、张湾镇、孟海镇、马集镇、杜堂镇、仿山镇、黄店镇
省级绿色学校	定陶县第一中学、定陶县陈集镇中学、定陶县冉堌镇中学、定陶县定陶镇牛楼小学、定陶县定陶镇中学、定陶县南王店乡清泉希望小学
省级绿色社区	定陶县国税局生活小区、定陶县建华社区
市级绿色学校	定陶县仿山乡孔庄小学、定陶县黄店镇牛楼小学、定陶县马集镇左山寺小学、定陶县冉堌镇东陈楼小学、定陶县杜堂镇中学、定陶县马集镇四合村小学
市级绿色社区	定陶县国税局生活小区、定陶县建华社区
市级环境教育基地	定陶三达水务公司

第二章　安全生产监督管理

第一节　安全生产宣传教育

1991年9月，成立县安全生产委员会办公室。在每年的5月，县安全生产委员会办公室组织开展“安全生产周”活动，利用广播、电视等宣传媒体，采取散发传单、张贴标语、举办知识竞赛等形式，宣传安全生产知识，提高职工群众的安全意识。1994年至2000年，对司炉工、电工、焊工、电梯操作工和特种作业人员技术培训，提

▲ 居家安全知识宣传

高职工的安全生产意识和作业技能。从2002年开始，将每年5月的“安全生产周”改为每年6月“安全生产月”，开展安全教育进企业、进校园、进乡村、进社区、进家庭（五进）一系列活动。2004年，开展“以人为本、安全第一”为主题的宣传教育活动。2007年6月，组织相关单位在主要街道、公共聚集场所，张贴悬挂安全标语80幅，设置安全生产主题宣传栏40个，组织宣传车辆10辆，秧歌队40人。在广场、汽车站等人员密集场所设置咨询台9处，布置安全知识展板35个，发放安全生产法律、法规和安全生产常识等宣传材料1万份。2008年，以“治理隐患、防范事故”为主题，面向基层，面向企业，面向生产第一线，面向社会，开展以“隐患治理年”“百日安全督查专项行动”和“迎奥运、治隐患、保安全”等宣传活动。2009年6月，以“关爱生命、安全发展”为主题，邀请县人大常委会、县政府、县政协有关领导参加安全生产月活动。2010年6月，以“安全发展、预防为主”为主题，开展“安全生产月”宣传活动。2015年，以第十四个“安全生产月”活动为载体，面向基层、面向企业、面向群众，开展多种形式的宣传活动，被省政府安全生产委员会授予全省安全生产宣传教育先进县。

第二节　安全生产综合管理

安全生产监管网络建设　1991年，县经济委员会设1名副主任分管安全工作，生产科配有专职安全人员，各主管局都成立以分管局长为组长的安全生产管理领导小组，所属各企业均建立5至7人的安全生产领导小组。2003年3月，全县11个乡镇全部建立安监站。2004年，加强“三级机构、四级网络”建设。县安监局成立安全生产监察管理大队，对安全生产违法行为实施行政执法，乡镇安监站加强安全监督力量，明确专职安监站人员。2006年，开展“安全生产规范化乡镇”创建活动，至2007年底，完成3个执法中队建设和11个规范化乡镇的创建工作，各安监站全部实行安全生产台账化管理，安全管理制度、主要生产经营单位分布图全部上墙，安全执法文书、企业管理台账规范。各乡镇明确村（居）委会安全管理员，将安全生产列入驻村干部日常工作重要内容。2008年，各乡镇（街道办事处）明确安监站站长，成立安全生产执法中队，统一配备服装，明确界定安全生产执法监察管辖范围，委托乡镇开展安全生产执法监察。2009年，开展村（居）委会安全生产规范化试点创建活动。当年，创建陈集镇、仿山镇、定陶镇3个安全生产规范化试点，并通过市级验收。2010年，创建张湾镇、孟海镇、冉堌镇3个乡镇市级安全社区。2011年，创建杜堂乡、马集镇、南王店乡、黄店镇、半堤镇5个乡镇市级安全社区，明确3～5人的安全生产专职人员。2015年，确定第一批信息化平台监控企业10家，10家危险化学品生产企业监控平台运行正常，基本达到生产环节实时监控、回放、手机在线视频等操作功能。督促指导14家危化企业、28家非煤矿山企业、12家一般工商贸企业编写应急救援预案并备案。编制《定陶县生产安全事故应急救援操作手册》，进一步规范生产安全事故的应急管理和应急响应程序。8月，举办处置大面积停电政企联合应急演练，12月11日，在艺达纺织公司举办全县火灾事故综合应急救援演练。

安全生产目标管理　1995年以后，县政府与各乡镇、县直部门、重点企业每年签订安全生产目标管理责任书，各乡镇、各行业系统、各企业层层分解目标，签订安全生产责任状。2005年，县政府制定《定陶县安全生产责任目标考核办法》，与乡镇、县直部门、重点企业签订安全目标责任书。当年，共有11个乡镇、56个部门、17个企业，与县政府签订年度安全生产责任书。2007年年初，县政府与全县11个乡镇、1个经济技术开发区及59个安委会成员单位签订安全生产责任书，下达年度安全生产目标管理责任制考核目标。相关企业和部门与隶属单位层层签订安全生产目标管理责任状，并将安全生产责任逐一分解落实。2009年，县政府制订《关于落实生产经营单位安全生产主体责任实施方案》，对建设施工、交通运输、烟花爆竹批发、非煤矿山、危险化学品生产等重点生产经营单位主体责任落实工作评定等级，至2015年年底，22家企业A级，30家企业B级，14家企业 C级。

安全检查　1991年，县经济委员会、安全生产办公室、劳动局、保险公司等部门对全县工业企业进行3次全面安全生产大检查，发现事故隐患673处，责成相关部门立即整改，立时不能整改的均采取防范措施。抓好冬、夏两季“四防”和棉花收购期间的安全检查。9月，县经济委员会、县供销社、县棉麻公司对全县各棉花加工厂的消防设施进行检查。供销系统新增干粉灭火机200多台，棉麻系统为棉厂TK-1双快系列供水系统投资7万多元，消防器材及设施的维修、保养和管理明确专人负责，实行挂牌管理。2001年6月，特种设备的安全监察监督管理改由县质量技术监督局负责。至2003年，处理事故隐患10处，发放监察意见书120份，查封、拆除“土锅炉”100台。2005年，“五一”“十一”等重大节日期间，县安监局组织有关部门开展安全大检查和危险化学品、人员密集场所、道路交通等重点领域的专项整治。2006年，多次召开专项整治联席工作会议，建立联合执法工作制度，组织开展建筑施工、危险化学品、烟花爆竹、特种设备、道路交通、人员密集场所消防安全等专项整治。全年检查各类生产经营单位930余家次，排查整改各类隐患1520余处。2007年，道路交通检查整治以机动车超载、超限运输、事故多发路段排查、道路运输安全监控和驾驶员管理为重点，共排查出安全隐患56处并及时进行整改。对全县65家砖瓦窑厂，每季开展一次安全生产大检查，各乡镇安监站每月至少开展一次安全检查。全年共排查安全隐患200多处，发出监察指令书50多份，取缔非法砖瓦窑厂5座。对烟花爆竹各批发单位、经营网点、集贸市场开展联合执法检查，集中查处打击非法生产、经营、运输行为。全县共取缔无证经营网点13家，查封烟花爆竹成品65件。在消防安全专项整治活动中，共检查在建工程30余次，涉及25个施工单位，检查建筑施工特种设备40余台。特种设备安全专项整治共检查锅炉31台，压力容器19台，电梯7台，压力管道5条，拆除土锅炉6台，下达整改意见书39份。

2008年，实行县级领导包重点危化企业负责制。县公安、安监、建设、质监、交通、工商等部门加大安全生产行政执法力度，对排查出的隐患，能立即整改的责令企业立即整改；不能立即整改的，下达《整改指令书》，督促企业采取措施限期整改；对存在较严重隐患和过期整改仍达不到要求的企业，实施停产停业强制措施；对无照生产经营的场所会同有关部门立即取缔。2009年，开展“安全生产责任落实年”活动。成立15个检查组，县安委会成立10个督查组，对各部门、各单位安全生产工作开展情况进行督查。全年共检查各类生产经营单位1500家，查出事故隐患825项，当场整改778项，限期内整改47项。在打非治违抓责任活动中，共检查生产经营单位150余家，查出安全隐患108处，整改96处，查处非法承包租赁生产经营2家，检查特种作业人员55人。“两会”及重大节日期间，对重点行业、重点领域、重点生产经营单位进行重点检查，并向重点企业派驻了13个驻厂安全监管员。检查组共检查300余次，取缔15户无证经营的业主，查处非法经营储存运输等违法行为20余起，查出安全隐患217处，提出整改意见117条，停产整顿经营单位2家。

2010年，开展严厉打击非法违法生产经营建设行为专项行动，共检查企业345家，排查隐患110处，惩处违法非法生产经营企业15家。危险化学品集中整治共检查生产经营单位35家，查出安全隐患24处，下达责令书1份，取缔非法经营3家。2015年，开展执法组检查26次，出动综合执法人员820余人次，参加执法检查专家210余人次，其中，危化品领域参加专家查隐患的企业21家，涉氨领域企业参加专家查隐患企业28家，较上年参加数量增加66%。对重点区域和单位实施明察暗访56次，消除安全隐患226条，处罚隐患整治不到位的企业25家，其中，对利合化工、宇隆化工等5家安全隐患较大的企业，予以停产停业整顿。

▲ 查封非法生产危化品企业 （2012年摄）

教育培训与安全资格考核 2002年《中华人民共和国安全生产法》颁布实施，安监部门开始对安全生产管理人员进行培训和资格考核，督促企业严格执行安全培训制度并保证培训考核质量，不断加强对危险化学品生产企业、经营企业及非煤矿山企业主要负责人、安全管理人员及特种作业人员的培训、考核工作。企业主要负责人、安全管理人员和特种作业人员接受培训后，经考试合格后，为其颁发安全资格证书。2007年至2008年，分2期举办安全知识培训班，对乡镇所有分管安全生产的领导及专职安监人员进行培训。2015年，组织企业负责人、安全管理人员参加市级安全生产教育培训528人，各企业一线员工安全培训6次，培训740人，确保全县各类安全生产人员持证上岗。

安全事故责任处理 1991年至2015年，全县安全生产形势基本稳定，没有发生较大以上安全生产事故。对于一般性安全生产事故，成立事故调查组，及时介入，严格按照“四不放过”（事故原因查不清不放过、责任人得不到处理不放过、没有落实防范措施不放过、职工群众受不到教育不放过）原则进行调查处理，分析原因，督促企业及时整改，落实防范措施。在安全生产事故上，严格按照“四不放过”原则进行调查处理。

2004年以前，生产安全事故只对企业进行统计。2004年以后，交通和火灾事故及社会性事故纳入生产安全事故统计范围。2007年，全县共发生各类事故81起，死亡39人，受伤40人，比上年分别下降40.4%、7.1%、54%。2008年，全县共发生各类事故61起，死亡37人，受伤28人，比上年下降24.7%、5.1%、30%。2011年至2015年，全县没有发生较大以上安全生产责任事故，事故起数、死亡人数、受伤人数3项指标均在市政府下达的指标范围内。

第十六编

财政 税务

CAI ZHENG SHUI WU

1991年至2015年，定陶县的财政税务工作在改革中不断创新，财税收入连年增长。在财政管理方面，县财政局充分发挥部门职能作用，“以财行政，以政控财”，培植财源，严格收入征管，堵塞各种漏洞，优化收支结构，狠抓增收节支，财政收入逐年增长，财政支出得到合理调控。2015年，全县共完成地方财政收入7.7亿元，比1991年全县地方财政收入的2379万元增长31.4倍，年均增长率15.2%。全县财政支出为241323万元，比1991年的4173万元增长56.8倍，年均增长率18.4%。在经历“利改税”“国地分税制”等税务制度改革以后，全县国地税两个系统建立征管、检查分设机制，实行公开办税、申报纳税制度，坚持依法治税，依率计征，认真落实国家税收政策，打击偷逃税行为。2015年，全县共实现税收88202万元，比1991年的2067万元增长42.67倍，年均增长率为16.9%。其中，国税收入36347万元，比1994年的2619万元，增长13.88倍，年均增长率13.34%；地税收入51855万元，比1994年的753.6万元，增长68.81倍，年均增长率22.32%。

第一章　体制改革

第一节　财政体制改革

县级财政体制改革　20世纪90年代初，实行财政大包干体制，即以地方财政基期的收支数为基础，据以计算确定其计划期的上缴任务，留用比例或补助数额，由地方在划定的收支范围内自行组织收入，自主安排支出，自求收支平衡。期间对原有体制进行调整。将税额零星、税源分散、时效性强、征收难度大的13种“小税”（城乡个体工商户所得税及营业税、个人收入调节税、个人所得税、国有企业工资调节税、契税、农林特产税、奖金税等）划给地方作固定收入，抵顶支出；按原来核定的收支基数，收大于支的部分，确定固定的上解数额。因定陶县收不抵支，实行“收入全留，定额补助”。

1994年，中央与地方实行“分税制”财政体制。根据事权与财权相结合的原则，按税种划分中央收入、地方收入、中央与地方共享收入。消费税为中央固定收入，增值税为中央和地方共享收入，其中，增值税中央分享75%，地方分享25%，其他地方税种为地方固定收入。中央财政对地方税收返还数额以1993年为基期年核定，按照1993年地方实际收入以及税制改革和中央与地方收入划分情况，核定1993年中央从地方净上划的收入数额（即消费税加75%的增值税减中央下划收入）。1993年中央净上划收入，全额返还地方，保证现有地方既得财力，并以此作为以后中央对地方税收返还基数。1994年后，税收返还额在1993年基数上逐年递增，递增率按上缴中央“两税”（增值税的75%和消费税）增长率的1：0.3系数确定，即上述“两税”每增长1%，中央财政对地方的税收返还增长0.3%。如1994年以后中央净上划收入达不到1993年基数，则相应扣减地方税收返还数额。继续保留原定额上解基数和其他各项专项上解。统筹安排预算支出，多收多支，少收少支，自求收支平衡。“两税”1：0.3增长返还政策山东省于2010年终止执行。

财政体制改革的重点是确定收入划分问题，支出划分范围和内容基本上没有变动。2002年，对分税制部分税种分成体制进行调整，改革按企业隶属关系划分所得税、营业税收入的办法，对企业所得税、个人所得税收入实行中央、省与各市按比例分享。同时，对地方营业税收入实行省与各市按比例分享。基数计算以2001年为基期，按改革方案确定的分享范围和比例计算确定。

涉及县财政收入划分的主要变化情况是：自2002年1月1日起，一般企业所得税实行中央、省、县三级分成。其中，2002年，中央分享50%，省分享10%，县分享40%；2003年至2012年，中央分享60%，省分享8%，县分享32%；2013至2015年，中央分享60%，县分享40%。企业所得税入库时按以上规定的比例实行中央、省、县三级分享，基数内上划中央和省部分全额返还，超基数部分不再返还。

一般个人所得税实行中央、省、县三级分成。其中，2002年至2004年（除储蓄存款利息所得个人所得税外），中央分享60%，县分享40%；2005年中央分享60%，省分享15%，县分享25%，同时县也参与利息所得税的分享，一直执行至2012年。个人所得税入库时按以上规定的比例实行中央、省、县三级分享，基数内上划中央部分全额返还，超基数部分不再返还；营业税实行省、县二级分享，2002年至2003年，省分享20%，县分享80%。营业税入库时按以上规定的比例实行省、县二级分享，基数内上划省部分全额返还，超基数部分不再返还，2004年省对财政困难县实行优惠政策，2004年、2005年、2006年、2008年、2009年、2010年6年内，每年比上年增长部分的省所得20%部分也返还给县。营业税基数为209万元，2002年核定的县企业所得税基数为1386万元，个人所得税基数为468万元。

2009年，市财政体制改革，为了提高税收质量，做到应收尽收，不收过头税，市也参与三税分享，增值税分享2%，企业所得税分享3%，营业税分享5%。

2005年，财政部出台以“三奖一补”为核心的一系列政策，以缓解县、乡财政紧张的局面。内容包括：对财政困难县政府增加税收收入和省市级政府增加对财政困难县财力性转移支付给予奖励；对县乡政府精简机构和人员给予奖励；对产粮大县给予奖励；对以前缓解县乡财政困难工作做得好的地区给予补助。山东省为加强县乡财政建设，缓解县乡财政困难，配合中央奖补政策，制定实施“五奖一补”的激励性扶持政策。“五奖”是对财政困难县增加工商税收给予奖励，对市级增加所辖财政困难县财力补助给予奖励，对产粮大县给予奖励，对各县撤销乡镇、精简分流人员给予奖励，对财政困难县按时归还政府借款给予奖励，“一补”是对财政困难县基本支出缺口给予财力补助。定陶县作为财政困难县，享受省财政“五奖一补”政策。

2006年，财政部、省财政厅对“中央财政对地方缓解县乡财政困难奖励和补助办法”做出调整：农业税附加取消后，“村级支出”由财政安排，列入基本财政支出范围；凡2005年县乡财政实际供养人数比上年减少的省份，精简1人，奖励1万元，撤并1个乡镇奖励50万元；对产粮大县建立存量与增量结合、激励与约束并重的奖励机制；对按时归还政府债务按还款额的5%给予一次性奖励；对2005年确定的51个财政困难县，根据2006年市级下移财力情况按1：0.3给予奖励；对中央和省确定的财政困难县，根据2006年地方税收增幅和增加额按1：0.2或1：0.3给予奖励。实行绩效考评奖励，根据考核结果，适当进行奖励。2007年，财政部统一明确财政收入口径，包括地方一般预算收入、在当地缴纳的国内增值税中央分享收入、国内消费税、纳入分享范围的企业所得税和个人所得税中央分享收入。2008年，省出台《山东省对口支援北川灾后恢复重建工作方案》，规定今后3年，省对口支援财政性资金分别按上年地方一般预算收入的1%筹集，由省财政集中统一安排，此政策延续执行。

2009年，国家推行增值税转型改革，由生产型增值税转变为消费型增值税，山东省对缓解县乡财政困难转移支付办法进行调整和改进，当年省试行“省直管县”财政改革试点。

2010年，省政府决定，对现行财政体制作3方面调整：一是建立主体税收增长激励机制，2010年至2012年，对市县上缴省级的营业税、企业所得税、个人所得税增幅超过15%以上部分，省级给予全额返还。二是提高出口退税省级负担比例，对市县负担的出口退税比上年增长15%以内部分，省级继续负担25%；增长15%以上部分，省级负担50%。三是取消市县上划中央增值税和消费税1：0.3增量返还政策。健全预算管理体系，将一般预算资金、政府性基金、预算外资金、国有资本经营收入等各类政府性资金全部纳入政府预算，加快形成覆盖政府所有收支、完整统一的政府预算体系。

2013年，省政府对省以下财政体制进行调整完善，涉及定陶县主要内容：①下划省级部分收入，将省级分享的一般企业营业税、企业所得税、个人所得税等收入，全部下划市县，作为市县财政收入，属地征管、就地缴库。对省级下划的收入，以2012年决算数为基数，每年由市县定额上解省财政，县定额上解基数是2696万元；②建立统一规范的省市税收增量分享机制，对增值税、营业税、企业所得税、个人所得税、资源税、房产税、城镇土地使用税、土地增值税、耕地占用税、契税收入比核定的2012年收入基数增长部分，由省与市县按照15:85的比例分成，其中耕地占用税2013年至2015年省级暂不分成，省级分成税收，年终通过体制结算上解。③完善出口退税省市分担机制，对市县负担出口退税比上年增长部分由省级补助50%，其中对西部地区的补助比例统一提高到70%，为保证新老政策衔接，以2012年省级对菏泽市出口退税补助额为基数。每年定额补助菏泽市；④对省级因体制改革集中的财政困难县收入给予全额返还；⑤对省级分享税收增长15%以上部分给予返还；⑥对县级税收收入上台阶给予奖励；⑦强化财政收入质量考核和政策约束。

2015年，在现行分税制基础上，市政府调整市与县区财政体制。市对县区（不含菏泽开发区）实现的税收收入总量按10%比例分成，年终按决算数通过体制结算上解市财政。实际结算办法是：分成10%部分剔除2009年三税2、3、5分成部分和市负担县区部分项目配套资金（省重点镇市配套、社会养老服务体系建设市配套、农村义务教育校舍标准化建设市配套等）后，剩余部分返还县区。同年财政部、国家税务总局在全国开展交通运输业和部分现代服务业营业税改征增值税试点，在现行增值税17%和13%两档税率的基础上，新增设11%和6%两档低税率。随着营改增改革的全面完成，作为地方主体税种的营业税将被完全取代。

乡镇财政体制改革　1993年前，全县19个乡镇实行“核定收支，定额上解，超收全留，短收自负”分灶吃饭的财政体制。

1994年以后，国家先后进行分税制改革及农村税费改革。2002年，省农村税费改革试点，取消农业特产税，取消“三提五统”，农业税附加征收比例由15%提高到40%；农业税税率为6%。2004年，开始逐步取消农业税，农业税税率3%，2005年，农业税税率2%，2006年，全部取消农业税。2次重大税改涉及不同层面的税费及利益分配，直接影响县乡政府的财税收入及财政能力，对地方财政体制及运行机制产生了重大而深刻的影响。分税制在规范中央和省级政府分配关系的同时，由于省以下财政体制改革不到位，地方各级财税关系并没有理顺。县乡财政体制在错综复杂的省以下财政体制中处于最基础的地位，县乡财政处于最薄弱、最困难的境地。

比照省市对县分税制办法，1994年，开始县对乡镇实行分税制财政体制。执行县乡“分灶吃饭”的体制模式。增值税、消费税，按2000年下达数为基数，基数内25%部分为地方财政收入，入中央部分按省市对县的返还比例进行返还，完不成基数的按同比例扣减；超基数部分按25%计算地方财政收入，入中央部分按增值税和消费税的平均增长率的1：0.3系数确定，即“两税”增长

1%，县财政对乡镇的税收返还收入增长0.3%；企业所得税、个人所得税乡镇分享比例按中央确定的中央、省和市县的比例确定，营业税乡镇分享比例按省确定的省与市县的比例确定。期间如果省市对县分税制结算办法变化，县对乡镇分税制结算办法相应改变，县级不参与分享乡镇收入。

2000年以后，取消屠宰税、乡统筹费、农业特产税，减免直至全部取消农业税，传统的以农业税收为主要来源的定陶县乡财政来源大幅度减少，收入结构发生变化，财政收入匮乏的问题显得非常突出。随着农村税费改革的深入和财政收入结构的变化，县乡财政支出结构相应发生重大调整，原来主要依靠农民和乡镇政府负担的农村义务教育、计划生育、民兵训练、五保供养等公共支出逐步纳入县级财政预算，实行以县为主的投入体制。根据农村税费改革带来的县乡财政收支结构的巨大变化，中央和省财政不断改革和完善县乡财政管理体制，缓解县乡财政困难。主要是通过加大财政转移支付力度，县乡财政普遍困难的势头得以一定程度的遏制，但县乡政府运转和工资保障依然十分困难，用于经济社会发展的资金严重不足。2001年，对乡镇财政采取“乡筹、乡用、县监管”的办法，统一设立“工资专户”，对教师和在编行政事业人员工资筹集划入工资专户，采取银行代发。

2003年，继续完善乡镇财政体制，制定《定陶县2003年乡镇财政体制》，对乡镇继续实行“分税制”和“分灶吃饭”的财政体制。重新确定陈集镇、定陶镇、黄店镇、马集镇、仿山乡、半堤乡、孟海镇为定额上解乡镇，张湾镇、南王店乡、冉堌镇、杜堂乡为自收自支乡镇。明确乡镇地方财政收入的组成：国税部门组织的增值税25%部分；地税部门组织的企业所得税、企业所得税退税（口径同企业所得税）、个人所得税、营业税、资源税、城市维护建设税、房产税、印花税、城镇土地使用税、土地增值税、车船使用和牌照税、教育费附加收入；财政部门组织的农业税、农业特产税、耕地占用税、契税、国有资产经营收益、国有企业计划亏损补贴、行政性收费收入、罚没收入、海疆场地矿区使用费收入、其他收入等。明确预算内财力构成：乡镇组织的地方财政收入、税收返还收入、所得税和营业税基数返还、专项补助收入、一般性转移支付补助收入、农村税费改革转移支付补助收入、结算补助收入、调整收入任务增加或减少补助收入。明确乡镇财政支出的范围：基本建设支出、企业挖潜改造资金、科技三项费用、农业支出、林业支出、水利和气象支出、文体广播事业费支出、教育支出、科学支出、医疗卫生支出、其他部门的事业费支出、抚恤和社会福利救济支出、行政事业单位离退休费支出、社会保障补助支出、行政管理费支出、城市维护支出、政策性补贴支出、支援不发达地区支出、海域开发建设和场地使用费支出、专项支出、其他支出、体制上解支出等。这次乡镇财政体制确定以后3年不变。对乡镇组织的地方财政收入实行超收全返、短收自负。乡镇地方财政收入，必须根据省市对定陶下达的收入增长目标逐年增长；定额上解乡镇必须足额完成上解任务；企业所得税、个人所得税乡镇分享比例按中央确定的中央、省和市县的比例确定，营业税乡镇分享比例按省确定的省与市县的比例确定。

2005年8月，在全县范围内实施“乡财乡用县管”财政体制改革，成立乡镇报账核算中心，与县直会计核算中心合并办公。将乡镇教师和离休人员上划县级管理，同时上划乡镇应负担的上划人员的经费及保险金等，乡镇预算内外资金全部缴入县级国库或财政专户，对乡镇财政、财务实行报账制监管和集中会计核算，乡镇财政的“三权”（预算管理权、资金所有权、使用审批权）不变。至2015年8月，乡镇会计核算中心下划给12个镇街，“乡财乡用县管”财政管理模式终止。

2013年，县对乡镇财政体制适当调整，取消天中街道办事处、滨河街道办事处、仿山镇、马集镇、黄店镇、孟海镇、半堤镇、陈集镇定额上解，抵顶税收基数返还部分。2015年，县乡体制是参考省、市对县区结算办法，按企业隶属关系，确定县乡收入；按中央、省、市分税制办法划分收入，县不参与乡镇税收收入分享；核定乡镇收支，超收全留，短收自负，“分灶”吃饭与“分税制”双轨并行财政体制。

第二节　税务体制改革

税收会计　1991年至1995年，税收会计属于单式记账，只对征收数、入库数、退税数等进行序时核算。1995年8月，国家税务总局颁发《税收会计核算办法》。1996年1月，整个地税系统全面推行税收会计改革，实行复式记账。1997年7月，山东省地方税务局下发《山东省地方税务局税收会计核算工作规程（试行稿）》，规定税收会计核算的一般原则、税收会计科目、税收会计凭证、税收会计账簿、税收会计报表等详细内容，地税局划分入库单位、上解单位、双重业务单位、和混合业务单位，分别实行各自的会计程序。1998年10月，国家税务总局印发《税收会计制度》，1999年1月1日开始，县地税局按照新的《税收会计制度》进行会计核算，每年开展全面税收会计检查工作。2003年开始，县地税系统全面开通税收征管软件，其中包括税收会计核算系统，提高了工作效率和准确性，2005年软件升级，运行良好。2010年，正式开展财税库银税收收入电子缴库横向联网工作，通过电子网络系统办理税收收入征缴入库等业务，税款直接缴入国库，实现税款征缴信息共享的缴库模式，提高税款征缴工作效率，方便纳税人缴税。

税票管理　1994年，国地税分设后，国家税务总局对税收票证种类进行统一和规范。1995年2月，地税局明确13种票证，规定税收票证的意义种类、税收票证设计、税收票证填写、税收票证审核、票证工作的报告制度。

1998年4月，菏泽地区地方税务局印发《税收票证填写说明》，1999年2月，对《税收票证填写说明》进行修改。7月，菏泽地区地方税务局转发《山东省地方税务局税收票证管理实施办法》，对税收票证管理工作进行明确规定，使票证管理工作逐渐走向制度化、规范化轨道。同年，新版税收票证启用，设计微机和手工2种，提高票证填开效率和准确率，杜绝开票中的徇私舞弊现象。2004年，县地税局规定凡正常纳税户必须杜绝手工开票。

2010年1月1日，启用税收票证管理系统，实现税收票证领发、结报、缴销等一系列票证业务的电子化，摆脱记账、结账、报表等工作的手工操作。按照上级规定要求，县地税局设立专用票证库房，建立各种票证账簿，制定税收票证管理制度、税收票证安全管理值班制度等，加强监督检查。票证管理人员调换都要进行严格的票证交接，杜绝票证丢失现象。2015年，开展《全国税收征管规范》，实行客户端电子报税、委托代征优化功能。在办税服务大厅统一设置综合办税区和专项业务区，联合开展税务稽查，实现纳税人、国税、地税等多方互利共赢。

▲　纳税服务中心前台　　（叶宏　摄）

第二章 财 政

第一节 财政收入

1991年，全县完成地方财政收入2379万元。至2000年，地方财政收入完成7652万元，年均递增13.81%。2002年，国家进行农村税费改革，农业税收全部计入地方财政收入，同时，对分税制部分税种分成体制进行调整，全年地方财政收入完成9071万元，比2000年增长18.54%。2005年，农业税再降2个百分点，对个人所得税分成机制进行调整，全年完成地方财政收入9638万元，剔除烟草企业税收上划、农业税降低因素影响，比上年增长16.01%。2006年以后，经济社会快速发展，财政收入同步增长。2015年，全县地方财政收入7.7亿元。

1991—2015年定陶县农业税收统计表

表16-2-1 单位：万元

年份	合计	农业税	特产税	耕地占用税	契税
1991	249	204	15	30	—
1992	289	252	16	21	—
1993	265	225	39	1	—
1994	881	463	361	56	1
1995	852	452	390	10	—
1996	1602	752	578	272	—
1997	1859	739	1100	20	—
1998	1786	737	1028	21	—
1999	2140	613	1330	183	14
2000	2351	555	1769	4	23
2001	1927	505	1373	44	5
2002	3559	3505	10	42	2
2003	4774	4691	—	77	6
2004	2938	2362	—	396	180
2005	887	744	—	30	113
2006	316	—	—	100	216
2007	1203	—	—	534	669

续表16-2-1

年份	合计	农业税	特产税	耕地占用税	契税
2008	656	—	—	417	239
2009	1436	—	—	684	752
2010	3096	—	—	1750	1346
2011	3269	—	—	2042	1227
2012	11347	—	—	7042	4305
2013	8824	—	—	4550	4274
2014	7995	—	—	1093	6902
2015	8012	—	—	2764	5248

说明：2003 年停征农业特产税，2006 年取消农业税

1991—2015年定陶县财政收入统计表

表16-2-2　　单位：万元

项目＼年份	1991	1992	1993	1994	1995	1996	1997	1998	1999	2000	2001	2002	2003	2004	2005	2006	2007	2008	2009	2010	2011	2012	2013	2014	2015
财政收入合计	2379	2730	4041	2260	2952	4459	5459	6423	6944	7652	8818	9071	10027	9179	9638	14561	20700	24780	27913	36334	43689	61104	66416	67000	77000
工商税收类	1939	2280	3630	961	1224	1623	1903	—	—	—	—	—	—	—	—	—	—	—	—	—	—	—	—	—	—
农牧业税及耕地占用税类	249	289	265	881	852	1602	1868	—	—	—	—	—	—	—	—	—	—	—	—	—	—	—	—	—	—
企业所得税类	51	57	62	46	851	815	1175	—	—	—	—	—	—	—	—	—	—	—	—	—	—	—	—	—	—
国有企业上缴利润类	150	163	136	120	—	112	108	—	—	—	—	—	—	—	—	—	—	—	—	—	—	—	—	—	—
国有企业亏损补贴类	−168	−155	−133	−135	−299	−123	—	—	—	—	—	—	—	—	—	—	—	—	—	—	—	—	—	—	—
国有企业计划亏损补贴类	—	—	—	—	—	—	−166	—	—	—	—	—	—	—	—	—	—	—	—	—	—	—	—	—	—
专款收入类	39	37	13	16	16	91		—	—	—	—	—	—	—	—	—	—	—	—	—	—	—	—	—	—
其他收入类	119	59	68	371	308	339	140	—	—	—	—	—	—	—	—	—	—	—	—	—	—	—	—	—	—
罚没收入、行政性收费收入类	—	—	—	—	—	—	431	—	—	—	—	—	—	—	—	—	—	—	—	—	—	—	—	—	—
增值税	—	—	—	—	—	—	—	641	732	664	832	923	1025	721	2135	2402	2108	2301	2050	2158	2938	4406	3945	5628	5118
营业税	—	—	—	—	—	—	—	576	681	492	647	730	976	1306	1959	3562	3403	4269	5966	7095	7639	7721	13215	14678	21681
企业所得税	—	—	—	—	—	—	—	1706	656	1332	1880	603	150	309	471	1033	1641	1542	901	1685	2385	2361	3609	4275	7606
个人所得税	—	—	—	—	—	—	—	389	226	308	468	239	147	171	225	300	346	364	296	331	340	292	831	839	1148
资源税	—	—	—	—	—	—	—	—	1	35	37	93	69	217	122	998	3867	3148	3426	4151	3275	5258	3483	42	104
固定资产投资方向调节税	—	—	—	—	—	—	—	185	428	30	4	—	—	—	—	—	—	—	—	—	—	—	—	—	—
城市维护建设税	—	—	—	—	—	—	—	142	149	164	183	187	189	278	337	503	531	625	632	796	969	1224	1394	1764	1948
房产税	—	—	—	—	—	—	—	95	120	138	134	108	108	206	292	407	735	1110	837	983	921	2611	1656	1129	1172
印花税	—	—	—	—	—	—	—	12	8	14	27	27	12	23	304	122	120	217	145	255	359	395	501	532	899
城镇土地使用税	—	—	—	—	—	—	—	42	61	60	68	51	94	131	252	439	1211	3899	5069	7663	7792	11291	7062	5948	7464
土地增值税	—	—	—	—	—	—	—	4	—	5	—	14	13	—	4	125	278	246	244	1089	1262	1054	2386	2133	2183

续表16-2-2

项目 \ 年份	1991	1992	1993	1994	1995	1996	1997	1998	1999	2000	2001	2002	2003	2004	2005	2006	2007	2008	2009	2010	2011	2012	2013	2014	2015
车船使用税	—	—	—	—	—	—	—	34	88	126	252	235	352	298	465	781	703	975	1082	543	1238	295	376	692	799
屠宰税	—	—	—	—	—	—	—	103	21	223	22	8	—	—	—	—	—	—	—	—	—	—	—	—	—
农业税	—	—	—	—	—	—	—	737	613	555	505	3505	4691	2362	744	—	—	—	—	—	—	—	—	—	—
农业特产税	—	—	—	—	—	—	—	1028	1330	1769	1373	10	—	—	—	—	—	—	—	—	—	—	—	—	—
耕地占用税	—	—	—	—	—	—	—	21	183	4	44	42	77	396	30	100	534	417	684	1750	2042	7042	4550	1093	2764
契税	—	—	—	—	—	—	—	—	14	23	5	2	6	180	113	216	669	239	752	1346	1227	4305	4274	6902	5248
国有资产经营收益	—	—	—	—	—	—	—	—	—	100	—	—	370	—	—	—	—	—	—	—	—	—	—	—	—
国有企业计划亏损补贴	—	—	—	—	—	—	—	−11	−11	−11	—	—	—	—	—	—	—	—	—	—	—	—	—	—	—
行政性收费收入	—	—	—	—	—	—	—	49	314	507	1009	995	460	1610	804	1331	1500	2534	3595	4149	4734	5057	11401	12259	10166
罚没收入	—	—	—	—	—	—	—	463	1185	1008	1213	1105	487	691	1030	1757	2503	2319	1725	1757	5746	6250	5541	6093	3808
土地和海域有偿使用收入	—	—	—	—	—	—	—	134	14	—	—	—	—	—	—	—	—	—	—	—	—	—	—	—	—
专项收入	—	—	—	—	—	—	—	73	131	106	115	163	200	247	311	425	463	470	465	536	694	843	994	1565	3423
国有资本经营收入	—	—	—	—	—	—	—	—	—	—	—	—	—	—	—	—	—	—	—	—	—	—	—	20	—
国有资源（资产）有偿使用收入	—	—	—	—	—	—	—	—	—	—	—	—	—	—	—	—	—	105	44	46	105	694	768	993	1323
其他收入	—	—	—	—	—	—	—	—	—	—	—	31	601	33	40	60	—	—	—	1	23	5	430	415	146

第二节 财政支出

1991年，全县财政支出4173万元。随着全县财政收入的增长，财政状况逐渐好转，财政保障范围日趋扩大，支出规模逐年增加。全县财政支出按照“一要吃饭，二是建设”和“保工资、保运转、保稳定”的原则，坚持量入为出，量财办事，较好地保障了经济建设、事业发展和改革开放的需要。1992年，大幅度增加对教育、科技、文化、卫生事业的投入。全年用于发展教科文卫事业的财政支出1967万元，比上年增长19.96%。1997年，全县财政突破亿元，达1.02亿元。2000年以后，全县重点支出得到较好保障，工资发放基本正常，基层运转得到有效保证，逐步将乡镇教师等在编人员工资统一上划县级统一发放。2007年，建立义务教育经费保障机制，教育事业投入实现快速增长，保障义务教育阶段事业经费需要。同年，定陶县启动新农村合作医疗制度改革，随着参合范围的不断扩大，农民得到基本医疗保障。随着政法经费保障机制的建立，中央和省级财政加大政法转移支付力度，政法机关经费得到较好保障。2015年，全县财政公共财政预算支出24.13亿元。

2007—2015年定陶县一般预算支出统计表

表16-2-3

单位：万元

预算科目＼年份	2007	2008	2009	2010	2011	2012	2013	2014	2015
一般公共服务	11862	11220	22381	19186	20677	25628	31617	20292	26647
公共安全	1874	2929	3335	6518	4268	4724	5668	7053	7664
教育	16439	20413	22700	20811	33326	49039	31267	42846	47054
科学技术	610	800	255	719	344	237	443	534	930
文化体育与传媒	665	1297	1080	1470	1561	2028	3244	17831	2812
社会保障与就业	12255	16689	14029	12384	22167	28200	37784	48060	52706
医疗卫生与计划生育	3239	6649	8271	18062	17806	23527	24402	37529	39153
节能环境保护	1269	1581	835	1654	2622	3159	10502	3463	3108
城乡社区事务	1428	1962	1941	7057	1759	3207	3820	5694	11323
农林水事务	6409	10033	6641	9167	12611	22309	24402	21486	28389
交通运输	551	477	1053	2219	4390	2969	5949	8873	6059
资源勘探电力信息等事务	—	—	—	397	2590	1138	3979	1444	2343
商业服务业等事务	—	—	—	2925	3855	2001	1963	1613	2793
国土资源气象等事务	—	—	—	1410	1328	1519	1536	3110	3983
住房保障支出	—	—	—	1237	1480	4120	2829	1767	4778
工业商业金融等事务	676	1260	—	—	—	—	—	—	—

1991—2015年定陶县财政支出统计表

表16-2-4

项目＼年份	1991	1992	1993	1994	1995	1996	1997	1998	1999	2000	2001	2002	2003	2004	2005	2006	2007	2008	2009	2010	2011	2012	2013	2014	2015
财政支出合计	4173	5006	5640	6021	6555	8008	10204	11316	12061	13080	15712	17949	20162	26065	31825	42856	58350	72164	85840	106039	131142	174606	190042	222526	241323
基本建设支出	—	—	—	—	—	—	—	—	—	—	—	—	—	—	2	—	—	—	—	—	—	—	—	—	—
企业挖潜改造资金	32	144	154	154	142	84	22	25	5	6	230	9	30	11	71	—	—	—	—	—	—	—	—	—	—
简易建筑费	15	2	20	20	20	20	20	5	—	—	—	—	—	—	—	—	—	—	—	—	—	—	—	—	—
地质勘探费	—	—	—	—	0	2	—	—	—	—	—	—	—	—	—	—	—	—	—	—	—	—	—	—	—
科技三项费用	—	—	—	48	54	68	89	100	135	160	185	210	257	280	357	408	—	—	—	—	—	—	—	—	—
支援农村生产支出	143	319	385	231	535	255	244	369	509	490	421	267	—	—	—	—	—	—	—	—	—	—	—	—	—
农业综合开发支出	—	—	—	—	—	68	202	120	5	5	5	7	—	—	—	—	—	—	—	—	—	—	—	—	—
农林水利气象等部门的事业费	283	317	321	419	478	674	930	905	984	784	797	915	—	—	—	—	—	—	—	—	—	—	—	—	—
农业支出	—	—	—	—	—	—	—	—	—	—	—	—	—	—	2118	2657	—	—	—	—	—	—	—	—	—
林业支出	—	—	—	—	—	—	—	—	—	—	—	—	173	187	228	310	—	—	—	—	—	—	—	—	—
水利和气象支出	—	—	—	—	—	—	—	—	—	—	—	—	298	315	462	588	—	—	—	—	—	—	—	—	—
工业交通等部门的事业费	50	40	45	37	24	41	47	75	57	82	45	48	68	87	97	164	—	—	—	—	—	—	—	—	—
流通部门事业费	—	—	—	—	—	—	—	—	—	—	—	—	—	—	—	55	—	—	—	—	—	—	—	—	—
文体广播事业费	—	—	—	—	—	—	—	—	—	—	—	—	—	—	—	2333	—	—	—	—	—	—	—	—	—

续表16-2-4

项目＼年份	1991	1992	1993	1994	1995	1996	1997	1998	1999	2000	2001	2002	2003	2004	2005	2006	2007	2008	2009	2010	2011	2012	2013	2014	2015
城市维护费	150	96	123	70	18	186	329	371	309	196	222	227	330	423	1123	827	—	—	—	—	—	—	—	—	—
文教事业费	1469	1959	2100	2453	2522	2452	3223	—	—	—	—	—	—	—	—	—	—	—	—	—	—	—	—	—	—
教育事业费	—	—	—	—	—	—	—	2599	2682	2989	3797	4509	—	—	—	—	—	—	—	—	—	—	—	—	—
科学事业费	9	8	21	22	11	8	15	12	12	33	23	23	—	—	—	—	—	—	—	—	—	—	—	—	—
卫生经费	—	—	—	—	—	658	823	880	748	796	821	683	—	—	—	—	—	—	—	—	—	—	—	—	—
教育支出	—	—	—	—	—	—	—	—	—	—	—	—	5883	6613	7734	10681	—	—	—	—	—	—	—	—	—
科学支出	—	—	—	—	—	—	—	—	—	—	—	—	11	34	51	45	—	—	—	—	—	—	—	—	—
医疗卫生支出	—	—	—	—	—	—	—	—	—	—	—	—	710	1093	1156	2917	—	—	—	—	—	—	—	—	—
其他部门事业费	152	168	235	228	306	504	541	—	—	—	—	381	507	759	720	756	—	—	—	—	—	—	—	—	—
税务统计财政审计等部门的事业费	—	—	—	—	—	—	—	582	441	417	385	—	—	—	—	—	—	—	—	—	—	—	—	—	—
抚恤和社会福利救济费	217	221	270	285	341	296	287	304	502	430	457	798	1013	1168	1386	1685	—	—	—	—	—	—	—	—	—
行政事业单位离退休经费	—	—	—	—	—	63	1054	1114	1534	2353	2880	3559	—	—	—	—	—	—	—	—	—	—	—	—	—
行政事业单位离退休支出	—	—	—	—	—	—	—	—	—	—	—	—	4418	4733	5798	7061	—	—	—	—	—	—	—	—	—
社会保障补助支出	—	—	—	—	—	—	—	388	524	190	432	707	547	565	605	751	—	—	—	—	—	—	—	—	—
行政管理费	573	800	872	1008	1286	1640	1334	1511	1802	2128	2374	2179	2392	2867	3350	3825	—	—	—	—	—	—	—	—	—
武装警察部队支出	—	—	—	—	—	3	5	16	18	16	16	18	16	17	19	103	—	—	—	—	—	—	—	—	—

续表16-2-4

项目 \ 年份	1991	1992	1993	1994	1995	1996	1997	1998	1999	2000	2001	2002	2003	2004	2005	2006	2007	2008	2009	2010	2011	2012	2013	2014	2015
公检法支出	207	183	228	324	379	487	511	661	713	1008	1325	972	815	1220	1557	1756	—	—	—	—	—	—	—	—	—
价格补贴支出	459	492	98	364	68	223	166	—	—	—	—	—	—	—	—	—	—	—	—	—	—	—	—	—	—
政策性补贴支出	—	—	—	—	—	—	—	228	192	60	5	20	35	28	21	43	—	—	—	—	—	—	—	—	—
支援不发达地区支出	—	1	—	—	7	4	—	40	60	70	57	80	—	15	10	13	—	—	—	—	—	—	—	—	—
车辆税费支出	—	—	—	—	—	—	—	—	—	—	—	—	—	5	—	—	—	—	—	—	—	—	—	—	—
专项支出	35	24	17	8	14	65		74	153	123	113	466	192	402	577	552	—	—	—	—	—	—	—	—	—
其他支出	379	232	751	350	350	207	362	456	201	182	514	580	512	1646	2358	5326	—	—	—	—	—	—	—	—	—
一般公共服务支出	—	—	—	—	—	—	—	—	—	—	—	—	—	—	—	—	11862	11220	22381	19186	20677	25628	31617	21715	26647

第三节 财政管理

预算管理 1995年，《中华人民共和国预算法》颁布实施，全县预算管理实现规范化、法制化管理。各项收支预算严格按照国民经济和社会发展计划及收支平衡的原则，下达具体收支计划。预决算的编报程序，除按规定上报上级审核外，同时报县人民代表大会审查批准。建立健全定期分析、考核和报告制度。1998年，预算管理体制进行以预算收支分类为主要内容的改革。1999年，实施“罚缴分离”制度，规范执罚行为，减少乱罚款，强化预算管理，减少收入流失。2002年，推行预算编制改革，逐步将部门预算外资金统一纳入预算收支之中，实行部门预算与综合财政预算捆绑统筹，综合安排，提高财政资金综合运筹能力。2005年，进行“乡财县管”财政体制改革，对全县11个乡镇的财政财务实行报账制监管和集中会计核算。2014年，建立公务卡消费制度，制定公务卡强制消费目录，加强了对各预算单位大额现金使用的审核和监控，从严控制现金支付结算。对全县政府性存量债务进行清理甄别，摸清政府性债务来源、债务使用和未到期债务分年偿还情况，完善地方政府性存量债务台账，为地方政府存量债务纳入预算管理奠定了基础。同年，积极推行预决算公开。7月，对县级政府收支预算、10个试点单位的部门预算、县级以及试点单位的“三公经费”预算信息进行公开。2015年，新《中华人民共和国预算法》正式实施，全县建立综合预算统筹管理机制。将政府性收支按照资金性质全部纳入预算管理，实行一般公共预算、政府性基金预算、社会保险基金预算同步编制，实现一般公共预算与其他预算统筹衔接，建立起全口径政府预算体系，财政统筹运用各项资金的能力进一步增强。县级财政预决算、各部门的预决算、“三公”经费预决算，全部在政府网站和部门门户网站上公开，人员公用经费和公车运行维护费按定员定额标准执行。7月，县财政不再统管镇（街）财政财务，下放至各镇街管理。

预算外资金管理 1991年，建立财政第二预算，对纳入财政第二预算管理的资金，遵循“先收后支、先存后用、专款专用、量入为出”的原则，实行年初编预算、收入进专户、支出按计划、年终报决算的管理办法。1996年，贯彻落实国务院《关于加强预算外资金管理的决定》，对预算外资金实行“两权”改革，即还所有权于政府，还管理权于财政，进一步加大预算外资金管理力度。2001年，贯彻落实《财政部关于深化收支两条线改革进一步加强财政管理的意见》，进一步完善、深化“收支两条线管理”制度，实现“单位开票、银行代收、财政统管”的管理体制，提出“收支脱钩”预算管理原则。2004年，财政部下发《关于加强政府非税收入管理的通知》，明确政府非税收入的概念和管理范围，要求政府非税收入分期分批纳入财政预算管理。规定从本通知发布之日起，按照国家规定审批权限新设立的行政事业性收费、政府性基金以及按照本通知规定新取得的其他政府非税收入一律上缴国库，纳入财政预算，不得作为预算外资金管理。2009年1月1日开始，国家取消或停止100项行政事业收费项目，其中，涉及定陶县的行政事业收费项目有35项。2010年，财政部下发《关于将按预算外资金管理的收入纳入预算管理的通知》，要求对以前年度结存在财政专户中应缴未缴国库的原预算外资金结余进行认真清理，于2012年年度之前分类缴入国库。同年，山东省财政厅下发《关于政府非税收入纳入预算管理有关问题的通知》，调整部分非税收入管理方式，2011年1月1日开始，定陶县除教育收费以外的财政专户管理的行政事业性收费，全部纳入国库管理。2012年，财政部下发《关于进一步加强地方非税收入管理的通知》，要求纠正对现行机构中仍沿用的“预算外”等名称，预算外资金的概念被政府非税收入所代替。2013年，山东省财政厅下发《关于印发<山东省财政票据管理规定>的通知》，启用部分新版财政票据。同年，全县开展财政票据清理检查，对各单位以前年度旧版票据进行核销清理，规范了单位财政票据使用管理。2014年1月，在全县推行政府非税收入集中征缴改革。启动政府非税收入“单位开单、财政委托开票、银行收款、财政统管、政府统筹”的财政直接收缴新模式，资金通过政务中心代收银行上缴财政。所有进驻政务中心的财政直接征收项目，取消财政票据供应，一律在政务服务中心直接缴纳。2015年11月，全县开始启用新版山东省新版非税收入和票据管理系统。所有执收单位及用票单位纳入系统管理，在线进行票据计划填报、开票、核销、销毁等操作，票据管理全过程电子化，实现单位开票、银行代收、资金清分全过程监管。新系统同时支持柜面缴费、POS缴费、网银缴费、自助设备、批量代扣等多种形式，最大限度方便交款人及执收单位，非税收入和票据管理水平得到全面提升。

企业财务管理　1991年，全县取消承包经营制和税前还贷政策，统一内资企业所得税税率，并对地方国有工业企业实行分期分批免交能源交通重点建设和预算调节基金的政策，促进企业间公平竞争。1998年以后，开始推行企业体制改革，建立现代企业制度，督促企业执行新会计制度。2004年，加强改制企业的财务管理，指导企业规范会计机构，提高财务人员业务能力，完善财务核算制度。2005年，建立山东财务企业信息网，规模企业财务月报将纳入信息网络。2006年，结合粮食部门完成粮食系统企业改制工作。同年，外商投资企业财务登记工作由市级下划到县级，实行属地管理。2010年2月，对重点粮油加工企业加入农资企业（分国内外两个市场及进出口的情况）的效益情况和适用的税率政策情况（是否适用优惠政策）进行调研，进出口业务开展情况，国内同类市场占有率等。5月，印发贯彻《山东省2010年度促进外经贸平稳较快发展的财政扶持政策》的通知，共5大项14条。同时，做好国际服务外包扶持政策的落实工作，加快服务外包产业发展，支持服务外包企业做大做强。7月，根据上级指示，关闭小企业、淘汰落后产能、出口企业贴息补助。2011年，建立中小企业发展资金项目库，分为重点贷款项目、技术创新项目、产业集群项目、中小企业信用担保风险补助项目。2012年6月，贯彻菏泽市外贸公共服务平台建设资金管理办法。8月，争取企业上市扶持资金和安全生产专项资金，根据上级指示，进行新兴产业和重点行业发展资金效绩评价。9月，贯彻地方特色产业中小企业发展资金管理办法。2013年8月，开展外商投资企业、利用外资情况和中小微企业的调研。10月，申报省级企业创新及技术进步项目和贯彻《关于做好2013年度重点行业升级改造项目贷款财政贴息工作的通知》。2014年6月，制定《定陶县专项资金管理使用考核办法》，并下发各单位和乡镇贯彻执行。2015年11月，对《企业财务通则》实施情况调研。

农业财务管理　1989年，山东省确定定陶县为黄淮海平原开发项目县，成立县黄淮海平原开发办公室。为了管好用好项目资金，县财政局成立县开发投资公司。财政投入的结构包括中央财政资金、省配套资金、市财政配套资金、县乡配套资金及村队自筹等，财政资金总量从每年的近200万增长到1500余万元。投入的方向主要是农业基础设施的改善及产业化龙头企业、农民合作组织的扶持等，扶持方式有直接资金投入，也包括财政贴息。1990年，定陶县开始引进外资，通过县级报账提款制取得（即先实施项目，竣工验收后再报账提款），项目期间累计报账提款2400余万元。新建棉花保种厂，均张庄节制闸，实施节水灌溉面积5000公顷，改造中低产田7000公顷。项目涉及冉堌、田集、南王店、马集、力本屯、张湾、一千王等7乡镇，至1996年项目结束。

1991年，建立农业发展基金，以保证多渠道、多元化的增加支农投入。每年县财政在预算中安排150万元用于农业生产的发展。县财政局农业股具体承担农口各单位财务的监督管理职能，上传基层支农工作存在的问题，为基层搞好服务，下达上级财政支农管理的方针政策、制度、办法和规则。对所属农口各部门进行定期或不定期的抽查监督，预防财政支农资金的跑、冒、滴、漏。随着中央、省、市对“三农”工作的重视，对农业的投入也越来越多，财政资金更能发挥“引子”和“酵母”作用，吸引社会闲散资金和金融资金投入到农业发展中来。2000年，重点支持双增工程、农副产品加工龙头企业、多种经营项目和农业基础设施建设，开展实施高产、高效、优质农业，建立综合社会化服务体系。2003年以后，农技推广体系建设不断建立健全和完善，各乡镇逐步恢复和完善农技推广机构，配备人员和设备。开始重视土壤肥力，在全县连续实施测土配方施肥项目。通过土样的采集、分析和化验，对土壤结构进行细致科学的分析，并根据土质进行科学配方施肥。至2004年，争取并投入1.56亿元，实施小型农田水利重点县项目、小麦产业项目县等项目。争取并投入财政资金1.1亿余元为全县46万农民群众解决饮水安全问题，367个行政村村民吃上放心水、安全水。2005年以后，每年争取财政资金扶持小麦、玉米、棉花等农作物的高产创建。通过科学种植，2013年，滨河街道李王庄村的小麦产量773千克，创历史新高，全市小麦测产现场会在李王庄村召开。玉米也大面积地实现亩产吨粮田。

1998年开始，国家财政设立大中型拖拉机的更新补贴项目，补贴类型和资金逐年增加。完善补贴管理办法，规范操作程序，充分发挥市场机制作用，尊重农民购买农机自主权，引导农机企业加强研发生产适销对路农机产品，提高产品质量；加大先进适用农机化技术推广应用力度，提高主要农作物和养殖关键环节机械化水平，最大限度发挥财政补贴政策的引导效应，调动农民购买和使用农机具的积极性，提高农民购买农业机械能力，扩大农户直接受益范围，促进农民增收。2015年，全县补贴额度年达到1200万元。同年，开始实施耕地深耕项目，农机部门依托农机合作社，财政投入400万元，全面完成年10万亩的深耕计划。争取1400万元上级财政资金实施果蔬项目，以县蔬菜中心为主导，依托定陶中远蔬菜合作社、定陶惠优合作社、冉堌冉子合作社。中远蔬菜合作社重点建设工厂化育苗，年可育苗5500万株。冉子合作社重点实施基质栽培。惠优合作社吸收外地先进经验，率先建设阴阳棚，阳面种青菜，阴面种植食用菌或发展养殖等。

基金管理 住房资金 1993年，全县住房公积金由县房改办管理，主要用于职工购买、建造、翻建和大修自住住房。2001年，县房改办将住房公积金交县财政局住房公积金管理股管理。2005后12月，县住房公积金管理股及其职能，全部上划到市住房公积金管理中心管理，定陶县设立管理部，隶属市住房公积金管理中心。

粮食风险基金 1997年，国务院决定在保护价敞开收购议价粮的同时，对超储粮实行财政利息、费用补贴，按中央和地方1∶1.5的比例建立粮食风险基金，作为政府调控市场的专项资金。粮食风险基金实行财政专户管理，财政部门在同级农业银行设立粮食风险基金专户，并通过专户拨付，滚动使用。主要用于：粮食直补资金发放，每年通过农发行风险基金专户直接拨付到各乡镇财所设立的粮食直补专户，再由农村信用联社直接拨付到农民的“涉农一本通”中。至2015年，粮食直补和粮食综合补贴并入“农业支持保护补贴”，用于地方储备粮利息费用补贴，通过农发行风险基金专户直接拨付到县粮食储备中心提供的账户上。

会计管理 1991年8月，县财政局设立会计事务管理股，负责会计从业资格管理、会计专业技术资格管理、会计电算化管理、珠算协会事宜管理等。1992年10月，实行会计专业技术资格考试制度，成绩合格者，会计师职称由国家财政部颁发证书，会计员、助理会计师由市人事局发证。1993年至2001年，实行会计从业资格管理，统称会计证，后改称会计从业资格证，需要参加全省统一考试才能取得，并以每两年为1个年检周期，实行年检制度。2002年，对会计人员进行初级会计电算化培训。由县负责培训，市里组织网上考试，成绩合格者，由省财政厅颁发初级会计电算化证书。同时，定期不定期对会计法执行情况进行检查，对违规行为按照有关规定进行处罚。2004年7月，取消会计从业资格证的年检制度，要求持证人员每年参加不少于24学时的网络学习，对本年度学习考试情况进行注册。会计专业技术资格管理，包括会计人员初、中级专业技术职称的评审、考试、认证等。2005年，财政部颁布新的会计从业资格管理办法，要求从事会计工作必须履行上岗注册手续。同时，对会计从业资格证书的内容和格式进行调整，并实行IC卡辅助管理，用于记载持证人员个人基本信息、继续教育情况以及办理注册、变更、调转登记等，与会计从业资格证证书一并颁发。2007年以后，山东省统一的会计从业资格证考试全部实行计算机网络考试，会计从业资格证管理系统全省联网。2008年，会计从业资格考试报名基本实行网上报名形式。2009年1月，取消会计从业资格证工本费和IC卡费。2009年至2015年，会计从业资格考试全部实行网上报名，由报考人员自己在网上填写基本信息，网上上传照片，自己打印准考证。

财务监督 1989年，成立县税收财务物价大检查办公室，挂靠县财政局管理，至1994年共查出违纪金额5539万元，上缴财政1022万元。同年，机构撤销，职能移交县财政局。1997年3月，设立县财政局大检查办公室，2004年，改为县财政局财政监督室。财政监督由过去的事后监督逐步转变为同步监督，重点监督财税方针、法律、法规的执行情况，检查反映财政收支管理中的重大问题。每年组织、参与全县预算外资金和小金库的清理检查、会计信息质量检查等。随着经济社会事业的发展和财政职能的转变，财政监督转为对财政预算的执行和社保、支农、义务教育等涉及群众切实利益的专项资金的监督。2007年，制定《定陶县财政专项资金管理办法》。2012年，制定《定陶县财政专项资金监督管理处罚制度》，对财政专项资金的使用实行“专户管理、封闭运行、专款专用、跟踪问效”的全过程监督管理方式，强化对财政专项资金的事前调查、事中监督检查和事后跟踪问效，跟踪监督资金的使用情况，确保资金专款专用和安全高效。2008年11月，山东省颁布《山东省财政监督条例》，2009年3月1日起施行，县财政局财政监督室加强日常性监督力度，构建事前、事中、事后三位一体的财政监督体系，形成日常监督与专项监督并存的新格局。

粮食直接补贴和农资综合补贴资金管理 2004年，山东省人民政府下发《关于对种粮农民实行直接补贴的通知》，改革粮食补贴方式，把粮食流通环节的间接补贴改为对种粮农民的直接补贴。补贴依据为小麦种植面积，补贴标准由省统一确定每年对种粮农民实行直接补贴的单位面积基准补贴标准。粮食直接补贴资金在县农业发展银行设立直接补贴农民粮食风险基金专户，补贴资金一律通过专户运行。补贴资金以现金形式直接发放给种粮农民，全县粮食直接补贴标准为每亩补贴13元。2006年后，全县在农村信用社为农民开设齐鲁惠民“一本通”，补贴资金通过粮食直补专户直接打入到种粮农民的齐鲁惠民“一本通”上。因柴油、化肥价格上涨，对种粮农民实行农资综合补贴，补贴标准每亩14.2元，粮食直补标准提高到每亩14元。2007年，农资综合补贴标准每亩提高到30.5元。2008年，统一将粮食直补和综合补贴合并一次性发放给种粮农民，并逐年提高补贴标准，至2014年2项补贴提高到每亩125元。

2015年，根据《财政部 农业部关于调整完善农业三项补贴政策的指导意见》，山东省人民政府调整农作物良种补贴、种粮农民的直接补贴和农资综合补贴（以下简称农业“三项补贴”）合并为农业支持保护补贴，政策目标调整为支持耕地地力保护和粮食适度规模经营，将80%的农资综合补贴存量资金、种粮农民的直接补贴和农作物良种补贴资金，统筹用于支持耕地地力保护，以小麦种植面积为依据，每亩125元标准对种粮（小麦）农民进行补贴；将20%的农资综合补贴存量资金、种粮大户补贴试点资金和农业“三项补贴”增量资金，统筹用于支持粮食适度规模经营，对种粮大户和种植粮食家庭农场进行补贴，补贴依据：种植小麦，且种植压茬玉米、水稻或其他作物的，以小麦种植面积为补贴依据；种植单季水稻的，以种植单季水稻面积为补贴依据。补贴标准：经营土地面积50亩以上、200亩以下的，每亩按照60元标准进行补贴；200亩及以上的，每户限额补贴1.2万元。2015年，全县共发放农业支持保护补贴资金1.87亿元。

政府采购管理 2002年，成立县政府采购办公室，负责县直单位临时预算项目的政府集中采购管理及组织工作。2005年10月，成立县政府采购招标中心，负责全县政府采购活动组织实施工作。当年完成采购项目10个，合同金额509万元，节约资金82万元，资金节约率13.92%，采购项目主要是县医院CT项目、教育局高考电子监控项目、城管局摆臂式垃圾车项目及通用办公设备等。2006年，政府采购范围扩大到工程、通用办公设备、交通工具、车辆保险等领域。政府采购项目44个，采购合同金额1519.28万元，节约资金212.19万元，综合节约率12.25%。2007年，完成采购项目151个，采购合同金额2608万元，累计节约资金438万元，综合节约率14.38%。2008年，县政府制定印发《关于实行政府采购制度的通知》，在全县实行政府采购制度，县政府采购办公室制定年度政府集中采购目录，对采购范围、采购方式、限额标准及落实政府采购最新政策做出明确规定。当年共实施政府采购34项，合同金额366.57万元，节约资金25.78万元，资金节约率16.57%。2009年，印发《定陶县政府采购集中采购管理办法》《定陶县政府集中采购办事程序》《定陶县分散采购管理暂行办法》，全面实行政府采购信息公开，对于采购预算金额超过10万元的项目，依法通过山东省政府采购网发布采购公告。同时对采购预算数额较大的采购项目主动邀请县纪委、监察、检察机关进行全程监督。当年，政府采购中心共完成政府采购项目95个，合同采购金额2163.33万元，资金节约率15.69%。

2010年，依托定陶县人民政府网网络平台，开设政府采购专栏，在通过山东省政府采购网发布政府采购信息的同时，通过定陶县人民政府网发布采购信息，扩大政府采购的影响力、提高采购的透明度。同年，完成政府采购项目95个，签订政府采购合同98份，合同采购金额1723.36万元，资金节约率12.45%。2011年，推进政府采购制度改革，将关系群众利益，关系改善民生的项目优先纳入政府采购范围。组织实施水务局抗旱设备；农业局“一喷三防”项目农药、化肥；陶朱公大街、济阴路、青年北路路灯亮化工程及高压入地工程主要设备材料采购。当年完成政府采购项目83个，合同采购金额1219.47万元，资金节约率13.25%。2012年，组织实施农业局“一喷三防”农药、化肥项目、实验中学教学楼加固工程项目、城管局垃圾处理设备等项目的政府采购，累计完成政府采购项目85个，合同采购金额1554万元，节约资金262万元。2013年，组织实施集中采购84次，其中竞争性谈判13次，询价采购71次，签订政府采购合同108份，合同采购金额1862.19万元，资金节约率13.35%。2014年，所有政府集中采购项目集中到县公共资源交易中心进场交易。全年共组织定陶县农村土地承包经营权登记颁证项目、县农业局小麦“一喷三防”物资项目、县城市管理局地埋式垃圾箱等环卫设备等项目采购。完成政府采购项目80个，合同采购金额2342万元，节约资金299万元，资金节约率12.78%。2015年，印发《2015年度定陶县集中采购目录》《关于试行政府采购专管员的通知》等文件，实行政府采购信息“六公开”，加强政府采购信息统计，按照“管采分离”的原则，由县公共资源交易中心负责将具体采购业务交由有资质的社会中介机构办理。完成政府采购项目101个，在“中国山东政府采购网”“菏泽市公共资源交易网”“中国定陶网”等网站发布政府采购信息215条。完成政府采购额3.82亿元。其中，货物类合同采购金额2322万元，节约资金1961万元，资金节约率12.29%。

第四节 国有资产管理

1995年，成立定陶县国有资产管理局，为副科级行政单位，隶属县财政局管理。主要职能：贯彻落实国有资产管理的方针、政策和法律法规，拟订县国有资产管理的实施细则及办法；负责办理全县行政事业单位及企业单位的产权登记工作；负责全县的清产核资工作；对行政事业单位及企业单位拟处置的国有资产进行审批；通过和确认对资产评估实施监督管理，防止国有资产流失。2002年，更名为定陶县国有资产管理办公室。全县国有资产管理工作日趋加强。先后制定国有资产配置申报制度、国有资产处置审批制度、国有资产信息化管理制度等。全县各行政事业单位每年对国有资产进行登记，县国有资产管理办公室每年进行摸底统计。

第三章 国 税

第一节 税制税种

1991年，停征建筑税。1993年，境内开征的税种有16种，即：产品税、增值税、营业税、国营企业所得税、国营企业调节税、集体企业所得税、奖金税、建筑税、屠宰税、牲畜交易税、集市交易税、城市维护建设税、盐税、城镇土地使用税、车船使用税、印花税。1994年1月，产品税、牲畜交易税和集市交易税停征。1994年，国、地税分设后，境内国税征收的税种有：增值税、消费税、企业所得税、外商投资企业和外国企业所得税、利息所得税、车辆购置税。1999年1月1日，存款利息所得税开征，2008年10月免征。

增值税 1994年1月1日，按照国务院规定，定陶县增值税以在境内销售、进口货物，提供加工、修理、修配劳务的各类企业、单位、个体经营者和其他个人为纳税人，增值税税目扩大到20余个，基本税率为17%，低税率为13%，出口货物一般适用零税率。1994年5月1日开始，对各类农业产品均改按13%的低税率征收增值税。2009年1月1日开始，全面实施增值税转型改革，由生产型转为消费型增值税，定陶县开始执行一般纳税人购进固定资产凭进项发票抵扣进项税的规定。2013年8月1日开始，深化财税体制改革，定陶营业税改增值税，对交通运输业、部分现代服务业、广播影视服务业、铁路运输业以及邮政业和电信业分阶段实施营业税改增值税。

消费税 1993年12月国务院颁布《中华人民共和国消费税暂行条例》，财政部制定《中华人民共和国消费税暂行条例实施细则》，开征消费税。1994年1月1日，定陶县开征消费税。其征收范围仅涉及酒和酒精、贵重首饰和零售环节征收的金银首饰。

企业所得税 1994年税制改革，把国营企业所得税、集体企业所得税、私营企业所得税、股份制及其他企业所得税统一合并为企业所得税，税率为33%。从2002年1月1日起，新办开业登记的企业，其企业所得税由国家税务局负责征收管理。2008年1月1日，所有内、外资企业，税率统一降低至25%，取消地区性优惠税率。

外商投资企业和外国企业所得税 1991年7月1日，境内开征外商投资企业和外国企业所得税，征税对象包括生产、经营所得和其他所得两类。对外商投资企业和外国企业在中国设立的机构、场所所取得的经营所得税率为30%，地方所得税税率为3%，总体税率是33%。对外国企业在中国境内未设立机构、场所而有来源于中国境内的所得，或者虽然设立机构、场所，但其所得与其机构、场所没有实际联系的，税率为20%。

利息所得税 1999年1月1日，定陶县对个人储蓄存款利息征收个人所得税，税率20%。2007年8月15日，税率降为5%。2008年10月9日以后，暂免征收此税。

车辆购置税 2001年1月1日起，按《中华人民共和国车辆购置税暂行条例》规定，定陶县开征车辆购置税，征收范围包括汽车、摩托车、电车、挂车、农用运输车，税率为10%。按照上级规定，2004年10月1日开始，对农用三轮车免征车辆购置税（农用三轮车是指：柴油发动机，功率不大于7.4千瓦，载重量不大于500千克，最高车速不大于40千米/时的三个车轮的机动车）。

第二节 税收征管

1991年，主要进行国营企业、集体的税款征收；个体税收的管理，逐渐正规，均以“双定”的形式征收。1992年9月，《中华人民共和国税收征收管理法》颁布。1996年，在国税系统各分局建立标准的办税服务厅，设置税务登记、发票管理、申报征收、咨询服务等窗口。同年，国税系统推行使用stmis（山东省税收管理信息系统）征管软件，税收征管走上信息化管理轨道。1997年，国税系统建立纳税人自行申报纳税制度。纳税人可任选直接申报、邮寄申报和电子申报（电话申报、微机申报）等方式。同年，税务代理工作开始起步运行。1998年，省国税局统一制定产品税、增值税和营业税纳税申报表，地区国税局补充制定了土地使用税、个体收入调节税、扣缴个人收入调节税、个体工商业户定税4种纳税申报表开始启用。2001年7月，推行使用CTAIS（中国税收征管信息系统）软件，征管数据全部集中到市国税局，提高了征管效率。10月，实行银行网点申报、邮政网点申报、网上申报、电话申报的多元化申报方式。2002年，国税系统推行“个体双定户定额核定管理系统”，实现计算机定税。2003年以规范税务行政管理为目标，将ISO9001质量管理认证体系引入国税系统；成功推行税收征收改革，实现“无纸化”征收，借助CTAIS软件的强有力支持，率先在办理涉税业务中推行“柜员制”和“同城异地通办”管理服务模式，全县91%的纳税人通过“同城异地办税”，在全市国税系统推广。2005年，推行“信息广泛采集—数据集中评析—疑点分头核实—结果反馈确认”新模式，在全市国税系统推广。2006年，实施监控管理岗初审初评、分局联席评析、重点评估的“三级评估分析”工作机制。共开展评估602户次，增加税收收入694万元。2007年实施“预约定耗”管理，开展小规模企业、个体工商户核实税负、调整定额专项活动，推广“耗电控税”管理办法。2011年推进“六个体系”建设工作，依法加强税收征管，强化收入措施，税收收入不断增长，创历史最高水平，入库税款19545万元。

▲ 国税培训班 （2006年摄）

2012年，加强窑业及个体税收管理，增加税收85万元，其中，达到起征点的个体纳税人增加58户，月均增税4万余元。督导企业自查补税增加税收1880余万元。其中，鲁花缴纳增值税1536万元，信用社补缴所得税240万元。2013年，开展纳税人户籍核查工作、强化个体及小规模企业税收管理、加大税务检查，“强化征管、堵漏增收”活动效果明显，补税756.39万元。2014年，改进作风开展党的群众路线教育实践活动，共有1600余户（次）企业享受小微企业优惠，涉及免税额7.6万元；审核170户次出口退税资料，办理退税2186万元、免抵额700万元。2015年，开展税收分析预测，强化税务稽查、纳税评估，开展多项清理、检查活动，共组织入库各项税收收入36347万元，同比增收5307万元，同比增长17.10%。

1991—2015年定陶县国税局国税收入统计表

表16-3-1

年份	实现税收（万元）	上年同期（万元）	同比增减额（万元）	同比增减率（%）
1991	2067	1832	235	12.83%
1992	2427	2067	360	17.42%
1993	3830	2427	1403	57.81%
1994	2619	3830	−1211	−31.62%
1995	1919	2619	−700	−26.73%
1996	2065	1919	146	7.61%
1997	2409	2065	344	16.66%
1998	2755	2409	346	14.36%
1999	3009	2755	254	9.22%
2000	3071	3009	62	2.06%
2001	4004	3071	933	30.38%
2002	4204	4004	200	5.00%
2003	4774	4204	570	13.56%
2004	6983	4774	2209	46.27%
2005	10012	6983	3029	43.38%
2006	13165	10012	3153	31.49%
2007	13689	13165	524	3.98%
2008	14166	13689	477	3.48%
2009	10964	14166	−3202	−22.60%
2010	13928	10964	2964	27.03%
2011	19545	13928	5617	40.33%
2012	25009	19545	5464	27.96%

续表16-3-1

年份	实现税收（万元）	上年同期（万元）	同比增减额（万元）	同比增减率（%）
2013	24984	25009	-25	-0.10%
2014	31040	24984	6056	24.24%
2015	36347	31040	5307	17.10%

第四章　地　税

第一节　税种税制

1994年7月国、地税分设后，县地税局主要负责征收营业税、企业所得税、个人所得税、城建税、固定资产投资方向调节税、房产税、土地使用税、印花税、土地增值税、屠宰税、车船税、资源税、教育费附加、地方教育费附加、文化事业建设费、地方水利建设基金等税费。

营业税　是对在境内提供交通运输业、建筑业、金融保险业、邮电通信业、文化体育业、娱乐业、服务业等应税劳务、转让无形资产或者销售不动产征收的一种税。营业税实行比例税率，税率范围3%～20%不等。2009年1月1日，新修订的《中华人民共和国营业税暂行条例》《中华人民共和国营业税暂行条例实施细则》同步实施。税率变化：对个人出租住房，自2008年3月1日开始，不区分用途，在3%税率的基础上减半征收营业税。

企业所得税　以纳税人在一个纳税年度内的收入总额减去准予扣除项目后的余额为应纳税所得额，实行比例税率，税率33%。对年应纳税所得额3万元以下（含3万元）的，减按18%的税率计税；对年应纳税所得额在3万元以上10万元（含10万元）以下的，减按27%的税率计税。地方国有企业、集体企业、私营企业缴纳的所得税由地方税务局负责征收和管理。2008年1月1日，《中华人民共和国企业所得税法》《中华人民共和国企业所得税法实施条例》同步实施，内、外资企业适用不同税法的历史结束。新税法将新的税率确定为25%，对符合规定条件的小型微利企业实行20%的优惠税率，对国家需要重点扶持的高新技术企业，减按15%税率征收。新的企业所得税制将现行企业所得税以区域优惠和外资优惠为主的格局，转为以产业优惠为主、区域优惠为辅、兼顾社会进步的新优惠格局。

个人所得税　是以个人（自然人）取得的各项应税所得为征税对象所征收的一种税。1993年10月31日，新修改的《中华人民共和国个人所得税法》（简称税法）发布，1994年1月28日，国务院配套发布《中华人民共和国个人所得税法实施条例》。2005年10月27日，第十届全国人大常委会第十八次会议审议《个人所得税法修正案草案》，通过全国人大常委会关于修改个人所得税法的决定，工资、薪金所得个人所得税每月减除费用由800元提高到1600元，于2006年1月1日起施行。2008年3月1日起工资、薪金所得个人所得税每月减除费用由1600元提高到2000元。2011年9月1日开始，工资、薪金所得个人所得税每月减除费用调整为3500元。从2011年9月1日起，下列各项个人所得，应纳个人所得税执行以下税率：

1. 工资、薪金所得：适用超额累进税率，税率3%至45%。

2. 个体工商户的生产、经营所得：适用5%至35%的超额累进税率。

3. 对企事业单位的承包经营、承租经营所得：适用5%至35%的超额累进税率。

4. 劳务报酬所得：适用比例税率，税率为20%。对劳务报酬所得一次收入超高的，可以实行加成征收，具体办法由国务院规定。

5. 稿酬所得：适用比例税率，税率20%，并按应纳税额减征30%。

6. 特许权使用费所得：适用比例税率，税率20%。

7. 利息、股息、红利所得：适用20%的比例税率。

8. 财产租赁所得：适用20%的比例税率。

9. 财产转让所得：适用20%的比例税率。

10. 偶然所得：适用20%的比例税率。

11. 经国务院财政部门确定征税的其他所得。

城市维护建设税（以下简称城建税）　是国家对缴纳增值税、消费税、营业税（以下简称“三税”）的单位和个人就其缴纳的“三税”税额为计税依据而征收的一种税。现行的《中华人民共和国城市维护建设税暂行条例》是国务院于1985年2月8日发布，并于同年1月1日起实施的。

城建税实行差别比例税率，即按照纳税人所在地的不同，实行不同档次的税率。具体为：

1. 纳税人所在地为城市市区的，税率7%。

2. 纳税人所在地为县城、建制镇的，税率5%。

3. 纳税人所在地不在城市市区、县城或者建制镇的，税率1%。

固定资产投资方向调节税　征税范围亦称固定资产投资方向调节税“课税范围”。凡在中国境内用于固定资产投资的各种资金，均属固定资产投资方向调节税的征税范围。各种资金包括：国家预算资金、国内外贷款、借款、赠款、各种自有资金、自筹资金和其他资金。固定资产投资，是指全社会的固定资产投资，包括：基本建设投资、更新改造投资、商品房投资和其他固定资产投资。1991年4月16日国务院发布《中华人民共和国固定资产投资方向调节税暂行条例》，从1991年起施行。自2000年1月1日起新发生的投资额，暂停征收固定资产投资方向调节税。

房产税　是以房屋为征税对象，按照房屋的计税余值或出租房屋的租金收入征收的一种财产税，由产权所有人缴纳。产权属于全民所有的，由经营管理的单位缴纳。产权出典的，由承典人缴纳。产权所有人、承典人不在房产所在地的，或者产权未确定及租典纠纷未解决的，由房产代管人或者使用人缴纳。私有出租房屋应缴纳的房产税，由税务机关确定出租者自缴或租用者代缴。

房产税的税率及计税依据如下：

1. 自用房产按房产原值减除30%后的余值依1.2%计征。

2. 租赁房产按租金额依12%计征。

2008年12月31日，国务院公布第546号令，自2009年1月1日起废止《城市房地产税暂行条例》，外商投资企业、外国企业和组织以及外籍个人依照《中华人民共和国房产税暂行条例》缴纳房产税。

土地使用税　是对在中国境内拥有土地使用权的单位和个人，就其实际占用土地面积从量定额征收的一种税。凡在城市、县城、建制镇和工矿区范围内使用土地的单位或个人都是土地使用税纳税人。拥有土地使用权的纳税人不在土地所在地的，由代管人或使用者纳税，土地使用权未确定或权属纠纷未解决的，由实际使用者纳税；土地使用权共有的，由共有的各方分别纳税；军队无租出借的房产占地，由使用者代缴土地使用税。

土地使用税的计算公式为：年应纳税额＝应税土地平方数×单位核定税额。

每平方米年税额如下：

1. 大城市0.5元至10元。

2. 中等城市0.4元至8元。

3. 小城市0.3元至6元。

4. 县城、建制镇、工矿区0.2元至4元。

2006年12月30日，国务院第163次常务会议通过重新修订《中华人民共和国城镇土地使用税暂行条例》（国务院令第483号），并自2007年1月1日起执行。此次修订的主要内容为：将税额幅度提高2倍；将征税对象扩大到外商投资企业、外国企业、外籍个人。

根据《山东省人民政府关于调整城镇土地使用税税额标准的通知》（鲁政字〔2014〕153号），定陶县调整后城镇土地使用税每平方米年税额如下：

县城一级土地每平方米：8元/年

建制镇土地每平方米：5元/年

工矿区土地每平方米：5元/年

印花税 是对经济活动和经济交往中书立、使用、领受具有法律效力的凭证的单位和个人征收的一种税。

在中华人民共和国境内书立、领受规定应征税的各种证、照、凭证、簿据的单位和个人都是印花税的纳税人。同一凭证上两方或两方以上当事人签订并各执一份的，应当由各方按所执一份各自全额纳税。由代理人代办经济凭证，则凭证当事人的代理人有代为纳税的义务。

纳税人根据应纳税凭证的性质，分别按比例税率或者按件定额计算应纳税额。具体税率、税额的确定如下：

1. 购销合同：包括供应、预购、采购、购销结合及协作、调剂、补偿、易货等合同，按购销金额万分之三贴花。

2. 加工承揽合同：包括加工、定作、修缮、修理、印刷、广告、测绘、测试等合同，按加工或承揽收入万分之五贴花。

3. 建设工程勘察设计合同：按收取费用万分之五贴花。

4. 建筑安装工程承包合同：按承包金额万分之三贴花。

5. 财产租赁合同：包括租赁房屋、船舶、飞机、机动车辆、机械、器具、设备等，按租赁金额千分之一贴花。税额不足一元的按一元贴花。

6. 货物运输合同：包括民用航空、铁路运输、海上运输、内河运输、公路运输和联运合同，按运输费用万分之五贴花。单据作为合同使用的，按合同贴花。

7. 仓储保管合同：按仓储保管费用千分之一贴花，仓单或栈单作为合同使用的，按合同贴花。

8. 借款合同：银行及其他金融组织和借款人（不包括银行同业拆借）所签订的借款合同，按借款金额万分之零点五贴花。单据作为合同使用的，按合同贴花。

9. 财产保险合同：包括财产、责任、保证、信用等保险合同，按投保金额万分之零点三贴花。单据作为合同使用的，按合同贴花。

10. 技术合同：包括技术开发、转让、咨询、服务等合同，按所载金额万分之三贴花。

11. 产权转移书据：包括财产所有权和版权、商标专用权、专利权、专有技术使用权等转移书据，按所载金额万分之五贴花。

12. 营业账簿：生产经营用账册，记载资金的账簿，按固定资产原值与自有流动资金总额万分之五贴花。其他账簿按件贴花五元。

13. 权利许可证照：包括政府部门发给的房屋产权证、工商营业执照、商标注册证、专利证、土地使用证，按件贴花五元。

土地增值税 是一种对转让国有土地使用权、地上建筑物及其附着物所取得的增值额为征税对象，依照规定税率征收的一种税。土地增值税以转让房地产所得取得的增值额为征税对象。对以继承、赠予等方式无偿转让的房地产不征税。纳税人转让房地产所取得的收入减除扣除项目金额后的余额，为增值额。

土地增值税实行四级超率累进税率：

1. 增值额超过扣除项目金额50%的部分，税率30%。

2. 增值额超过扣除项目金额50%、未超过扣除项目金额100%的部分，税率40%。

3. 增值额超过扣除项目金额100%、未超过扣除项目金额200%的部分，税率50%。

4. 增值额超过扣除项目金额200%的部分，税率60%。

屠宰税　凡屠宰猪、羊、牛等牲畜者，均应交纳屠宰税。自养、自宰、自食的牲畜，免纳屠宰税；如有出售者，其出售部分，仍应纳税。耕畜、运输畜、种畜、乳畜、胎畜、幼畜，应予保护。各省（市）人民政府，依据当地经济特点及人民生活习惯，自行订定保护及屠宰许可办法。屠宰税，按牲畜屠宰后的实际重量从价计征，税率10%。不能按实际重量计征之地区，要规定各种牲畜的标准重量，从价计征。屠宰税纳税肉价，由当地税务机关按日或按期调查公告之。屠宰税由税务机关征收；距离税务机关较远之地区，委托区、乡（村）人民政府或合作社代征，但不得采用包征办法。屠宰牲畜，须向税务机关或代征机构报验纳税，经检验发给完税证并于肉上加盖验戳后，始准出售；如认为有碍卫生者，应禁止出售，不予征税。凡专营或兼营屠宰业者，均应于开业前向工商管理机关及税务机关申请登记，歇业时并须办理撤销登记。各省（市）人民政府可以对于辖区少数民族的宗教节日屠宰牲畜许可及免税。从2002年6月18日，开始停止征收屠宰或者收购的屠宰税。

车船使用税　是以车船为征税对象，向拥有并使用车船的单位和个人征收的一种税。凡在中华人民共和国境内拥有并且使用车船的单位和个人，为车船使用税的纳税义务人。船舶的适用税额，依照《船舶税额表》计算。车辆的适用税额，由省、自治区、直辖市人民政府在《车辆税额表》规定的幅度内确定。

车船使用牌照税是对行驶于国家公共道路的车辆、航行于国内河流湖泊或领海口岸的船舶，按其种类、大小，实行定额征收的一种税。凡在中华人民共和国境内拥有并使用车船的外侨和外商，中外合资经营企业、中外合作经营企业和外国企业。外国船舶和外商租用中国船舶，按规定缴纳船舶吨税的，不缴纳车船使用牌照税。车船使用牌照税原则上以车船使用人为纳税人，如有租赁关系，拥有人与使用人不一致，可由双方确定纳税人；双方未确定的由使用人纳税。2006年12月27日国务院第162次常务会议通过《中华人民共和国车船税暂行条例》（中华人民共和国国务院令第482号），自2007年1月1日起施行。1951年9月13日原政务院发布的《车船使用牌照税暂行条例》和1986年9月15日国务院发布的《中华人民共和国车船使用税暂行条例》同时废止。

车辆税目税额一览表

表16-4-1

税目	计税单位		年税额	备注
载客汽车	每辆	大型	600元	乘坐人数大于或等于20人的汽车（包括电车）
		中型	480元	乘坐人数大于9人且小于20人的汽车
		小型	420元	乘坐人数小于或等于9人的汽车
		微型	240元	车长小于等于3.5米，发动机气缸总排气量小于等于1升的汽车
载货汽车	按自重每吨		96元	包括半挂牵引车、挂车
三轮汽车、低速货车	按自重每吨		60元	
摩托车	每辆		60元	

续表16-4-1

税目	计税单位	年税额	备注
专项作业车、轮式专用机械车	按自重每吨	96元	专项作业车是指装置有专用设备或器具，用于专项作业的汽车。轮式专用机械车是指具有装卸、挖掘、平整设备的轮式自行机械

船舶税目税额一览表

表16-4-2

计税单位	年税额（每吨）	备注
净吨位小于或者等于200吨	3元	拖船是指专门用于拖（推）动运输船舶的专业作业船舶。拖船按照发动机功率每2马力折合净吨位1吨计算征收
净吨位201吨至2000吨	4元	
净吨位2001吨至10000吨	5元	
净吨位10001吨及其以上	6元	

资源税 以各种自然资源为课税对象，为了调节开采资源存在的级差收入并体现国有资源有偿使用而征收的一种税。征缴范围是凡在中华人民共和国境内开采税法规定的应税矿产品和生产盐的单位和个人为资源税的纳税义务人。中外合作开采石油、天然气，按照现行规定只征收矿区使用费，暂不征收资源税。因此，中外合作开采石油、天然气的企业不是资源税的纳税义务人。收购未税矿产品的单位为资源税的扣缴义务人。

定陶县主要资源税为黏土资源税，税率为1元/立方米。

2000年1月1日开始，暂停征收固定资产投资方向调节税，推动了投资增长。2002年6月18日开始，停止征收屠宰或者收购的屠宰税，一定程度上减轻了农民负担。至2015年，县税务局主要负责企业所得税（金融、保险除外）、个人所得税、营业税、土地增值税、印花税、资源税、房产税、城镇土地使用税、车船税、城市建设维护税的征收管理以及教育费附加、地方教育附加、文化事业建设费、残疾人就业保障金等地方附加费金的代收工作。国地税机构分设后，地税收入从1994年完成753.6万元增至2015年的51855万元。

1994—2015年定陶县地方税务局税收完成情况统计表

表16-4-3　　　　单位：万元

项目＼年份	1994	1995	1996	1997	1998	1999	2000	2001	2002	2003	2004	2005	2006	2007	2008	2009	2010	2011	2012	2013	2014	2015
营业税	482.1	479.7	347	477	473.3	810.1	573	884	912	1219.6	1632.6	2449	4452	4254	5337	7458	8868	9548.4	9651.6	13215.5	14678.6	21681.5
企业所得税	47	851	814.6	1132.1	1705.7	655.7	1331.8	1874	1388	287.3	641.7	611	526	705	494	525	689	499.0	1205.1	783.4	865.9	2102.6
个人所得税	23.4	95.3	230.1	269.3	389.2	225.7	308.2	467	476.9	365.8	426.3	388	565	663	961	935	1265	1332.6	1156.5	2072.1	2097.4	2868.4
资源税	—	—	—	—	—	—	35	37	92.3	69.7	217.6	122	998	3867	3148	3426	4151	3275.4	5258.0	3482.9	41.8	103.7
城市维护建设税	72.6	76.7	128.6	240.4	142.3	149.4	164.5	183	186.5	188.6	277.8	337	503	531	625	632	796	999.4	1224.6	1394.3	1763.7	1947.7
房产和城市房地产税	46	51.9	93.8	82.5	95	120.5	138.2	134	108.2	108.1	205.8	292	407	734	1110	837	983	921.2	2610.9	1636.4	1128.4	1172.0
印花税	4.8	6.5	16.4	12.8	11.9	8.3	14	27	27.1	12.1	23.5	304	122	120	217	145	256	359.5	394.9	500.5	532.2	898.7
城镇土地使用税	26.1	31.7	46.6	38.1	42.1	60.7	59.7	68	51	94.3	131.4	252	439	1211	3899	5069	7663	7792.0	11291.1	7061.7	5948.0	7463.8
土地增值税	—	—	—	—	3.5	—	5	—	14.4	13.4	0.1	4	125	278	246	244	1089	1261.7	1053.8	2385.5	2132.9	2182.9
车船使用税	6.6	15.3	63.8	40.2	33.9	88	126.1	252	235.6	352.3	297.7	465	781	704	974	1082	543	1237.7	294.7	375.8	691.6	799.1
屠宰税	4.5	90.6	146.5	189.4	103.2	21.1	223.2	22	7.9	—	—	—	—	—	—	—	—	—	—	—	—	—
固定资产投资方向调节税	32.8	125.9	148.5	186.3	185.3	427.8	30.6	4	—	—	—	—	—	—	—	—	—	—	—	—	—	—
耕地占用税	—	—	—	—	—	—	—	—	—	—	—	—	—	—	—	—	—	1977.6	7042.4	4549.8	1093.0	2764.1
契税	—	—	—	—	—	—	—	—	—	—	—	—	—	—	—	—	—	1154.0	4305.6	4274.3	6903.2	5248.4

续表16-4-3

项目＼年份	1994	1995	1996	1997	1998	1999	2000	2001	2002	2003	2004	2005	2006	2007	2008	2009	2010	2011	2012	2013	2014	2015
教育费附加	7.7	4.8	60.4	60.6	12.3	66.3	50.3	66	105.3	117.5	163	229	329	364	395	400	492	598.9	721.9	826.0	1045.2	1169.3
地方教育附加	—	—	—	—	—	—	—	—	—	—	—	50	110	122	133	134	167	398.7	480.3	560.3	697.2	779.0
文化事业建设费	—	—	—	—	0.5	1.2	0.7	1	1	1.1	0.8	1	2	3	5	5	6	6.3	9.6	6.1	1.2	—
税务部门其他罚没收入	—	—	—	—	—	—	—	—	—	—	—	—	—	—	2	1	1	1.3	5.6	3.1	12.6	9.8
地方水利建设基金	—	—	—	—	—	—	—	—	—	—	—	—	—	—	—	—	—	72.3	240.5	275.8	348.0	390.8
工会经费	—	—	—	—	—	—	—	—	—	—	—	—	—	—	—	—	—	—	—	148.0	159.9	133.6
残疾人就业保障金收入	—	—	—	—	—	—	—	—	—	—	—	—	—	—	37	—	—	50.0	58.9	180.6	162.4	139.4

第二节 税收征管

1994年，县、地税局加强税收征收管理，推进征管改革。1998年8月，定陶县委、县政府联合制定印发《关于定陶县地税局机构改革的实施方案》，对县地税系统机构设置重新予以明确，撤销19个乡镇地税所，设立定陶镇征收分局、张湾征收分局、黄店征收分局、冉堌征收分局、陈集征收分局、孟海征收分局。按照“以纳税申报和优质服务为基础，以计算机网络为依托，集中征收，重点稽查”新的征管模式要求，在每个分局设立“一厅三股”，即办税服务厅、综合股、税收征管股、税务检查股。2000年6月，县地税局加强对企业分支机构的征收管理，对全县162户名为企业分支机构，实为个体经营的注册税务登记户实行定额征收，堵塞税收征管漏洞，维护个体税收征管秩序。2001年5月1日，新的税收征管法颁布实施。2002年，推行“以票控税”，通过消费者索取发票参与刮奖和举报发票违章有奖的双重奖励机制，有效减少或防止经营者不开发票、拒开发票等违章现象，同时进行税控装置推广应用工作。2003年9月，县财政局、县地税局与国税局、工商局、审计局等5部门联合开展税源调查活动，摸清全县税源基本状况。2004年，根据《山东省地方税务局委托代征税款管理办法》，对个体双定户推行“双委托”，即由地税机关委托农村信用网点代收税款，纳税人委托农村信用联社网点代缴税款的申报征收管理方式。落实“抓大控中定小”工作，科学划分大、中、小3类纳税人。2005年，加强纳税评估工作，全面应用纳税评估软件。2006年，推行税收管理员制度，落实税收管理员职责任务，建立税收管理员工作业绩考评机制。2008年，强化餐饮业税收征管，打破片区界限，实行专人专组管理，采用税控机、发票控管、蹲点计核等多种办法，重点控管大户，确保了足额征收。理顺工业园、开发区企业税收管理体制，将其由招商引资、乡镇地税分局分别管理，改为县地税局直属分局负责日常征管，对税收进行统一划转。2009年，采取“双向调查、分析测算”的办法，科学、公正、公平、合理地对3411户纳税人更新了微机定税，达到起征点户数2524户，占个体总户数的74%。结合税源普查相关资料，重新丈量核实，将应税土地面积逐户登记造册，从严征管，全年入库城镇土地使用税5069万元，同比增长30.01%，增收1170万元。2010年，县地税局定陶镇中心所实行“专人专组”进行餐饮业管理，城区餐饮业税收由每月6万元上升到15万元。县地税局成立房地产税收管理办公室，进行房地产市场专项整治，全年入库房地产业税收2616万元，是上年同期的1.8倍，增收1163万元。2011年，县地税局办税服务厅内安装POS机，与2523户纳税人签订“委托划转税款协议书”，90%以上现场办税纳税人通过POS机刷卡缴税。2012年，全年入库地方各税4.7亿元，同比增长49.3%，增收1.55亿元。2013年，县地税局成立餐饮服务业、房地产业、建筑大项目、建材制造业、金融保险业共5个税源专业化管理小组。同年10月，金税三期系

▲ 陈集地税所 （2005年 叶宏 摄）

统正式上线运行。2014年，推行网开发票工作，全县320户纳税人实行网开发票，占全市网开发票户数的27.18%，位居全市第一。全年累计入库契税6903万元，增幅62%。2015年，推进国、地税联合办税“一体化”，国、地税统一设置综合办税区和专项业务区，提升纳税服务水平。

第三节 税收执法

1994年，县地税局成立稽查分局，按照税务稽查对象确定及管辖、税务稽查实施、税务稽查审理、税务处理决定执行等稽查程序严格进行税务稽查。1999年，坚持选案、稽查、审理、执行“四分离”制度，以查促管。2001年，县地税局稽查分局被省人事厅、省国税局、省地税局授予“全省税务系统先进集体”。2008年，开展送法上门、有奖答题、举办税收知识培训班等一系列税收宣传活动。2011年，成立提高收入质量防范执法风险领导小组，与各基层单位负责人签订《税收收入质量责任书》，将收入质量责任落实到个人。2012年，层层签订《税收收入质量责任书》和《税收执法责任书》，全县没有税务行政复议和诉讼案件发生。2013年，稽查局通过强化稽查力度，增收地方税费及滞纳金罚款311.8万元。检查省地税局安排的专查户数2户，查补税费及滞纳金罚款3.13万元。2014年，集中清理城镇土地使用税期间，先后对45个欠税企业采取税收强制执行措施，提高企业的纳税遵从度。2015年，共查处各类税收违法案件12件，查补入库各项收入344万元。

▲ 税法宣传活动 （1999年 叶宏 摄）

第十七编
金融
JIN RONG

1991年以后，境内金融、保险业有长足发展。至2015年，金融机构主要有国家指导性金融机构——中国人民银行定陶县支行，政策性银行——中国农业发展银行，商业银行有中国农业银行定陶县支行、中国工商银行定陶县支行、中国建设银行定陶县支行、中国银行定陶县支行、定陶县农村信用合作联社、中国邮政银行定陶县支行，还有跨地区的莱芜商业银行定陶县支行。至2015年，全县存、贷款余额分别由1991年的19478万元、51347万元增加到1471797万元、831817万元。

1996年，境内保险机构由1家分设为2家，即中国人民财产保险股份有限公司定陶县支公司和中国人寿保险股份有限公司定陶县支公司。2006年以后，中国太平洋保险公司、太平保险公司、阳光保险公司等相继进驻定陶县营业，2015年，全县保险业12家，境内保险业进入竞相发展的新时期。全县共实现保险业务收入1.31亿元，是1986年的161倍；保险赔付总额为1130.55万元，比1986年增加23倍。

第一章　金融体制改革

第一节　银行体制改革

人民银行体制改革　1991年，信贷资金主要采取直接控制手段，采取“限额管理”办法，实行资金与规模双控，通过贷款总量控制来迫使经济降温。1993年，人民银行定陶县支行工作重点转向加强金融监管、金融宏观调控和金融服务。1995年，《中华人民共和国中国人民银行法》颁布实施，首次以国家立法形式确立人民银行为国家中央银行。根据法律规定，人民银行定陶县支行不再向非银行金融机构和非金融部门贷款，不对任何单位和个人提供担保。2003年，人民银行部分监管职能分拆，人民银行定陶县支行集中从事宏观调控与管理，传导与执行国家货币政策，维护辖区金融系统稳定，提供金融服务。至2015年，人民银行定陶县支行职能以实施金融宏观调控、维护金融稳定、从事人民币管理、组织金融业反洗钱活动、实施外汇管理、开展金融服务、经理国库、维护支付结算秩序、开展金融统计、管理征信业、维护金融消费权益等业务为主。

政策性银行体制改革　中国农业发展银行定陶县支行是按照1996年10月中国人民银行山东省分行《关于同意筹建中国农业发展银行山东省分行133个下属分支行的批复》，从中国农业银行定陶县支行分设建立。1996年11月28日，在中国农业银行定陶县支行办公楼3楼会议室举行成立挂牌开业仪式大会，设办公室、计划信贷部、会计出纳部。2000年6月，支行被上级行定为二类行。2005年9月，按照商业化打造现代化政策性银行，机构改制内设办公室，客户部，会计结算部。

商业银行体制改革　中国工商银行股份有限公司定陶支行　1991年，中国工商银行定陶县支行辖第一储蓄所、第二储蓄所、第三储蓄所、第

▲ 工商银行

四储蓄所、第五储蓄所5个储蓄所；在岗人员共84人。1999年9月24日，中国工商银行定陶县支行降格为中国工商银行菏泽分行定陶分理处。2005年10月，中国工商银行菏泽分行定陶分理处更名为中国工商银行股份有限公司菏泽分行定陶分理处。2007年7月，中国工商银行股份有限公司菏泽分行定陶分理处升格为中国工商银行股份有限公司定陶支行（二级支行）。2012年1月，中国工商银行股份有限公司定陶支行升格为一级支行。

中国农业银行股份有限公司定陶定陶县支行 1994年，县农村信用社由中国农业银行定陶县支行分出，仍有县农业银行领导。1996年，1996年10月，县农村信用社与县农业银行脱离行政隶属关系。同时中国农业发展银行定陶支行从中国农业银行定陶县支行分出。1998年，全面实行资产负债比例管理和风险管理，使中国农业银行定陶县支行向自主经营，自担风险，自求资金平衡的商业银行转变。2008年12月，中国农业银行定陶县支行改为中国农业银行股份有限公司定陶县支行。

▲ 农业银行 （李斌 摄）

中国银行股份有限公司定陶支行 2001年，中国银行定陶支行进行股份制改革，2004年正式挂牌成立为中国银行股份有限公司定陶支行。2015年，内设营业部、业务发展部、综合办公室。核定在编人员19人，离退休人员3人。

中国建设银行股份有限公司定陶支行 2004年，中国建设银行定陶县支行更名为中国建设银行股份有限公司定陶支行，是一家在全县处于领先地位的股份制商业银行，为客户提供全面的商业银行产品与服务。

▲ 建设银行 （2012年 车刚 摄）

中国邮政储蓄银行有限责任公司定陶县支行 邮储银行定陶县支行从1990年由代办模式转变为自办模式，邮政储蓄的存款改为全额转存中国人民银行；双方协商确定转存款利率。1998年邮电开始分业经营，独立运行后的邮政储蓄业务发展势头良好，成为邮政业务中规模最大、增长速度最快、贡献率最高的高效与支柱业务。2003年国家对邮政储蓄开始实行“新老划段、新增资金、自主运用”的改革，邮政储蓄业务步入发展期。2005年7月25日国务院批准《邮政体系改革方案》，邮政储蓄银行进入筹备阶段。2006年12月31日，银监会正式批准中国邮政储蓄银行开业，同意中国邮政集团公司以全资方式出资组建中国邮政储蓄银行有限责任公司，并核准《中国邮政储蓄银行有限责任公司章程》。2008年4月，中国邮政储蓄银行有限责任公司定陶县支行被核准开业，2012年1月21日，完成股份制改革，登记注册为中国邮政储蓄银行股份有限公司。

山东定陶农村商业银行股份有限公司 20世纪90年代初，县农村信用社划归县农业银行领导。1994年5月，根据国务院关于金融体制改革的决定，县农村信用合作社从农业银行中分离出来，成立定陶农村信用合作社联合社。成为一支

▲ 定陶农村商业银行

“自主经营，自担风险，自负盈亏，自我发展”的集体合作经济组织。辖属基层信用社18处，储蓄所15个。1996年10月，与农业银行脱离行政隶属关系，自我管理，由县人民银行监管。农村信用社改革为由农民入股，由社员民主管理，主要为入股社员服务的合作金融组织。1999年9月，定陶县城市信用社划归县农村信用合作联社管理。2005年10月，改制为股份合作制法人机构，为定陶农村信用合作联社，实行一级法人统一核算，分级管理。撤科设部，设综合部、公司业务部、个人业务部、风险管理部、资金营运部、财务会计部、审计稽核部、监察保卫部8个内部职能管理部门。纪检监察职能由审计稽核部划归监察保卫部。县农村信用合作联社以自主经营为中心，根据市场和金融形势的变化，灵活吸收居民储蓄存款和集体存款，自主决定信贷的投向和数量，建立自己的决策、运行、管理、制约机制，实现经营利润的增长。2012年2月，定陶联社内设人事综合部、资产管理部、风险管理部、市场发展部、财务会计部、科技部、审计部、监察保卫部、押运大队、审贷中心、信贷管理部，共10部1中心。2015年12月26日，定陶农村信用合作联社改制为山东定陶农村商业银行股份有限公司，辖营业部1处，支行30处。

莱商银行股份有限公司菏泽定陶支行　莱商银行股份有限公司菏泽定陶支行于2015年3月开业，至2015年底，各项存款余额3亿元，其中，储蓄存款1.3亿元，储蓄日均7108万元。各项贷款余额2亿元，信贷客户31户。

第二节　保险体制改革

1996年3月，定陶县保险支公司脱离县人民银行领导。4月，中国人民保险公司分业，改组为中国人民保险（集团）公司，下属中保财险、中保寿险、再保险公司，原中国人民保险公司定陶县支公司改为中保财险定陶县支公司，原公司人险科改为中保人寿保险定陶县营业部，依照《中华人民共和国保险法》，中保财险定陶县支公司和中保人寿保险定陶县营业部，分别经营财产保险业务和人寿保险业务。1997年8月25日，根据山东省人寿分公司“关于在全省系统实行劳动合同制通知”要求，定陶县营业部于当年9月1日推行劳动合同制。1999年9月，定陶县营业部保费管理和财务管理，统一上收到地区公司管理，定陶县营业部由单独核算变成报账单位。2003年4月，定陶县营业部改为中国人寿保险股份有限公司定陶县支公司。2006年2月，人寿定陶县支公司公司制定《中国人寿保险股份有限公司定陶县支公司司务执行督察问责实施办法》，境内人寿保险系统实行问责制。2006年以后，中国太平洋保险公司、太平保险公司、阳光保险公司等相继进驻定陶县营业。2015年，全县保险业12家。

第二章 银行业

第一节 货币发行与出纳

货币发行 20世纪90年代初，中国人民银行发行库定陶支库设在中国人民银行定陶支行，负责辖区货币的发行。全县使用国家发行的第四套人民币，与第三套人民币混合流通。第四套人民币采取一次公布分次发行的办法，陆续发行1元、2元、5元、10元、50元、100元6种主币和1角、2角、5角3种辅币。1992年6月1日，发行1991年版1角、5角、1元流通金属币。8月20日，发行有“无色荧光图案”和防伪安全线的1990年版50元和100元券。1999年9月20日，首次发行面值50元纸制流通纪念钞一套（1张）。10月1日，发行第五套人民币，采用一次公布多次发行的办法，与第三套、第四套人民币同时流通。2000年7月1日，第三套人民币停止流通使用。10月1日起，陆续发行第五套人民币纸币20元和硬币1元、1角。2001年9月1日，发行50元、10元纸币。2002年11月18日，发行5元纸币、5角硬币。2004年7月30日，发行1元纸币。2005年8月31日，发行第五套人民币纸币100元、50元、20元、10元、5元和1角硬币。至2009年，国家发行5套纸币、4套金属币，各类流通纪念币57套72枚（张）。2015年发行2015年版第五套人民币100元纸币。

出纳业务 定陶长期为货币投放县，且投放量呈逐年增加态势。1994年，全县现金收入4766万元，现金支出5488万元，货币投放722万元。2004年，全县现金收入2.60亿元，现金支出3.21亿元，货币投放6122万元。2015年，全年净投放1.49亿元。

1994—2015年定陶县市场货币流通情况统计表

表17-2-1　　单位：万元

年份	货币投放（+）回笼（−）	现金收入	现金支出	年份	货币投放（+）回笼（−）	现金收入	现金支出
1994	722	4766	5488	2003	4881	33230	38111
1995	1094	7246	8340	2004	6122	26024	32146
1996	2507	8564	11071	2005	5698	46489	52187
1997	1689	10620	12309	2006	4094	51252	55346
1998	5549	12660	18209	2007	6234	72568	78802
1999	1253	15260	16513	2008	6981	98578	105559
2000	1275	18835	20110	2009	8869	106346	115215
2001	4428	22360	26788	2010	9689	15698	25387
2002	5712	23064	28776	2011	10996	201762	212758

续表17-2-1

年份	货币投放（+）回笼（-）	现金收入	现金支出	年份	货币投放（+）回笼（-）	现金收入	现金支出
2012	25170	23184	256984	2014	22155	212156	234311
2013	31397	192765	224162	2015	14939	255147	270086

反假币　县内假人民币，主要是从外地流入。全县反假人民币由县人民银行、各商业银行和县公安局、县工商局等部门负责，配备专职或兼职反假币人员，不断加大对制、售假币的打击力度。1994年以后，人民银行定陶支行每年举办反假人民币知识培训班，提高出纳人员的反假币技能。至2015年，累计培训银行和企事业财会人员2800多人次，金融机构柜面堵截、收缴假币0.19万余张，金额10.98万元。2015年，办理兑残鉴定业务2296笔，金额2234万元。收缴假币601张，金额6.23万元。

金银管理　20世纪90年代，单位和部门经营黄金及其饰品业务，必须报县人民银行批准，获得经营金银制品许可证，并到工商行政管理部门领取营业执照。2002年7月，白银饰品放开经营，个体银匠无须再经人民银行审批。经营黄金饰品只要达到人民银行规定的条件，取得省级人民银行颁发的经营许可证，也可放开经营。2015年年底，定陶境内有9家金银饰品经营单位，年销售量3.22万克。

第二节　储　蓄

全县各项存款主要包括人民币企业存款、储蓄存款、农业存款、其他存款和外币存款。

企业存款　是企业在生产流通经营活动中暂时或较长时间闲置而存入金融机构的资金，主要包括工、商企业的结算户存款和专项存款。1991年，全县企业存款余额4427万元，占全部人民币存款余额的22.73%。2001年后，企业存款稳步上升。2003年底，存款余额达到2.07亿元，占全部人民币存款余额的11.06%。2008年企业存款增至4.03亿元，占全部人民币存款余额的10.21%。2015年底，全县企业存款余额14.25亿元，占全部人民币存款余额的9.68%

储蓄存款　1991年，全县储蓄存款余额为1.3亿元，占全部人民币存款余额的66.7%。1996年5月1日，中央银行降低银行存款利率。1999年年初，开办教育储蓄业务，实行利率优惠。同年11月1日，对居民个人开立存款账户实行实名制。2005年底，全县储蓄存款余额18.77亿元，占全部人民币存款余额的77%。2006年后，随着经济的发展，城乡居民收入的增加，全县储蓄存款增加更明显。2015年底，全县储蓄存款余额116.46亿元，占全部人民币存款余额的79.13%。

农业存款　农业存款包括乡镇、村、企业单位和农村其他经济组织存款。1999年，全县农业

▲ 定陶兴华路邮政储蓄营业厅　（2012年摄）

存款余额867万元，占全部人民币存款余额的0.77%。此后，农业存款迅速增长。2000年，存款余额4646万元，占全部存款余额的3.67%。2011年因统计项目更改，农业存款项不再进行统计。

其他存款多为临时性存款，数额不一。定陶县港澳台侨胞较少，外向型企业不多，外币存款很少。

1991—2015年度定陶县各项存款余额统计表

表17-2-2 单位：万元

年份	存款合计	企业存款	财政存款	储蓄存款	农业存款	机关团体存款	委托存款	其他存款	临时性存款
1991	19478	4427	185	12994	2094	321	815	642	—
1992	20138	3470	1026	15129	2395	234	815	751	—
1993	27639	3792	730	20010	2571	212	815	969	—
1994	52917	5849	453	45805	834	—	34	10	—
1995	66511	6422	190	59469	459	—	34	5	—
1996	76134	6974	499	68843	630	—	18	168	—
1997	106755	13162	203	89171	876	379	2348	616	—
1998	108024	10351	1224	94680	541	41	658	1845	—
1999	112992	12318	1740	95696	867	—	436	2807	—
2000	126705	12481	722	105433	4646	1961	856	2318	—
2001	140450	11594	3640	118946	2291	1947	1913	3945	—
2002	159933	15519	2759	134531	1101	3319	1880	4584	—
2003	187068	20699	2153	153873	2794	5000	1830	4379	—
2004	213169	20339	3793	170524	2447	5811	1760	12015	—
2005	243719	23575	6621	187662	2504	10489	70	12798	—
2006	275228	22473	10742	223459	2737	11435	88	4294	—
2007	309511	21581	12065	257955	6422	6129	70	5289	—
2008	394146	40260	12253	318073	7417	9756	70	6317	—
2009	470003	53962	6295	381926	8135	11050	70	8565	—
2010	581265	48871	9577	477817	128	41330	70	3472	—
2011	742233	128283	19826	593955	—	—	70	16	83
2012	928229	163533	12221	751678	—	—	0	15	782
2013	1096040	181297	5221	888707	—	—	0	18721	2094
2014	1267323	235181	4566	1027415	—	—	—	6	155
2015	1471797	142476	21711	1164619	—	—	0	142991	—

第三节　信　贷

1991年，信贷资金主要投向企业和重点工业项目。1994年，各专业银行向商业银行转轨，扩大信贷自主权，贷款规模迅速扩大。当年，全县贷款余额9.19亿元，比同期增加2.21亿元。1994年以后，调整贷款种类，根据贷款期限的长短，分为短期贷款、长期贷款和其他类贷款。短期贷款指贷款期限在1年以内的贷款，主要用于生产经营过程中的流动资金需要；中长期贷款指贷款期限在1年以上的贷款，分为基本建设贷款、技术改造贷款、地方经济开发贷款及个人消费贷款等。1998年，国家在防范金融风险的同时，适量扩大贷款规模和货币供应。对商业银行贷款实行指导性计划管理，扩大其信贷自主权，当年贷款余额16.33亿元。2002年，根据国家稳健货币政策要求，全县信贷资金主要投向基础设施建设、农业产业化项目及重点工业。2010年，贷款种类全面改革.至2015年年底，全县各项贷款余额83.19亿元。

工业贷款　工业贷款主要用于工业企业、交通运输和物资供销企业。1991年以后，随着“工业立县”战略的实施，加大对工业企业的扶持力度。1996年，全县新增工业贷款2540万元。2004年，工业贷款余额2.27亿元，占全部贷款余额的10.91%。

商业贷款　商业贷款主要包括对国有商业、供销合作社、外资企业及城镇、个体商业贷款。1991年，全县商业贷款余额3.37亿元，占全部贷款余额的56.56%。1996年，县农业发展银行成立，增设粮棉油加工贷款。1997年以后，商业贷款余额保持相对稳定，至2008年有所回落，全县贷款余额4.49亿元，占全部贷款余额的17.84%。

农业贷款　农业贷款主要包括国有农业贷款、合作农业贷款以及对农民的生产、生活贷款等。1991年，农业贷款余额6229万元，占全部贷款余额的10.46%。1996年，农村信用社从农行析出后，调整农村信贷政策，着力投放支农贷款，重点支持全县农业产业化、高新农业及科技含量高的农产品加工业的发展。同年，全县农业贷款余额1.25亿元。2000年后，农业贷款快速增长，2009年年底，全县农业贷款余额11.83亿元。

1991—2015年度定陶各金融机构贷款余额统计表

表17-2-3　　单位：万元

年份	工商银行	农业银行	建设银行	中国银行	农业发展银行	农村信用联社	邮政储蓄
1991	7183	35872	3986	3731	0	0	0
1992	8483	35184	5531	4590	0	0	0
1993	8923	37811	6074	4827	0	0	0
1994	9269	15951	6838	5300	39829	0	0
1995	9549	17626	7946	4914	48271	10319	0
1996	10545	19455	11149	5300	53596	14779	0
1997	10352	20795	10864	5787	72308	19867	0
1998	10252	26855	15683	5211	80298	24955	0
1999	10008	47754	9292	4222	61246	25894	0
2000	3965	33458	6135	3512	61258	20737	0

续表17-2-3

年份	工商银行	农业银行	建设银行	中国银行	农业发展银行	农村信用联社	邮政储蓄
2001	3119	34458	5311	86	58825	61155	0
2002	4838	9192	5509	4433	60834	73625	0
2003	5703	14487	5103	7503	59185	90685	0
2004	5489	17210	8325	15438	56933	104517	0
2005	2712	19941	8477	11011	72937	107225	0
2006	1764	45170	10625	10062	85209	105964	0
2007	1362	61062	18166	7503	88767	117816	55
2008	1729	26125	20196	5934	60128	135912	1567
2009	7334	33660	19537	4506	29629	159652	5780
2010	14800	43374	20560	9599	51649	178647	7948
2011	32029	62633	39540	12701	51955	203962	10174
2012	46891	72713	47417	18318	57873	239799	10058
2013	79377	84261	53718	21816	57070	284579	9380
2014	79739	90330	61139	34547	56100	361570	14273
2015	131451	78692	55691	36488	40728	450967	17884

第四节 结 算

1991年，全县各金融机构执行中国人民银行制定的《银行结算办法》，结算种类有银行汇票、商业汇票、银行本票、支票、汇兑总值、委托收款6种。同时废止国内信用证、付款委托书、托收无承付、托收承付、省内限额支票等。1995年，县人民银行建成完全电算化的票据清算交换所，简化手续，缩短交换时间，提高资金利用率。2001年，县人民银行接入电子联行系统，方便各商业银行跨系统汇兑。2005年，县级金融机构全部联入大额支付系统，加快资金清算速度。2007年，全国支票影像交换系统运行，定陶县金融机构实现支票全国通存通用，中间业务非利息收入随之增加，2009年所占比例8%。

▲ 建设银行营业厅 （2012年摄）

1991年，银行结算账户实行计算机管理。1994年，中国人民银行总行颁布新的《银行账户管理办法》，县人民银行对全县银行存款账户进行清理，撤销不符合规定的账户，重新核发开户许可证。2005年4月，全国人民币结算管理账户系统开始运行，统一换发开户许可证，对2005年以前开立的银行账户进行清理核实。2007年5月，人民银行结算账户管理系统全面推广。6月，联网核查公民身份信息系统运行。2009年后，随着非现金结算工具的推广，网上银行、特约商户、个人理财、银保合作等中间业务发展迅速，全县布放自动柜员机、银行卡刷卡机等金融基础设施4729台。

第五节　计划管理

信贷计划管理　1991年年初，信贷资金主要采取直接控制手段，采取“限额管理”办法，实行资金与规模双控，通过贷款总量控制来迫使经济降温。1993年，人民银行定陶县支行工作重点转向加强金融监管、金融宏观调控和金融服务。

利率管理　1993年5月和7月，人民银行2次提高贷款利率。一年期贷款利率分别为9.36%、10.98%。1998年，一年内连续3次降低贷款利率。一年期贷款利率降为6.39%。2006年以后，人民银行多次调整贷款利率。2014年开始下调，至2015年10月，一年期贷款利率下调到4.35%。

现金管理　1991年以后，人民银行定陶支行要求各专业银行按月编制现金计划，各金融营业网点配备现金专管员或兼管员。1997年8月，要求凡在国家工商行政管理机关登记注册的企业，只能选择一家银行，开立一个基本存款账户，办理现金收付业务。对一日一次性从储蓄账户提取现金5万元以上的，取款人应提供有效身份证件，并经储蓄机构负责人核实后予以支付。任何单位和个人都不得将单位资金以个人名义开立账户存储，严格禁止公款私存。2003年9月，人民银行总行制定《人民币银行结算账户管理办法》，定陶各商业银行严格按照现金缴存、支取、收付、专用存款的规定办理取现。至2015年，全县金融机构现金管理进一步加强，在满足企业、居民正常现金供应的基础上，大额提现情况相对稳定。

第六节　外汇管理

国家外汇管理局定陶县支局、中国人民银行定陶县支行系一套机构、两块牌子，外汇局局长由人行行长兼任。1994年，人民币汇率并轨，实行以市场供求为基础、单一的有管理的浮动汇率制度，取消外汇留成与上缴制度，实行银行结售汇制，建立银行间外汇市场，实行人民币经营项目有条件可兑换。1996年12月1日开始，实行人民币经营项目可兑换，对经营性的国际收支和转移不予限制。2000年以后，县外汇管理局（人民银行）多次组织县内多家银行开展外汇业务学习，并定期不定期开展外汇业务宣传活动。至2015年，全县共有自营进出口经营权的企业近60家，自营进出口总额6265万美元。对辖内外汇指定银行国际收支统计申报业务进行现场核查和非现场核查，促进国际收支统计申报业务的规范化。涉外收入申报404笔，金额331万美元，涉外支出46笔，金额1100万美元。同时，加强货物贸易外汇监测，监测10多家涉外企业进行货物贸易资金流与货物流，维护县域国际收支的平衡与相对稳定。

第七节　信用卡业务

2009年，随着非现金结算工具的推广，网上银行、特约商户、个人理财、银保合作等中间业务发展迅速，全县布放自动柜员机、银行卡刷卡机等金融基础设施4729台，开通网上银行5.5万余户，发放银行卡92.19万张；大额支付系统和小额支付系统开通；农民财政补贴实现即时到账。

第三章　保险业

第一节　财产保险

财产保险收入　1991年，增加农业险、小麦两全险和农业综合险、农综一揽子还本险、厂长经理责任险4个险种。1995年，开展涉外业务，主要险种有企业财产险、货运险、机动车辆及第三者责任险、蔬菜大棚农业险。1997年，涉外业务停办。同年，新开展业务有现金险、雇主责任险、变压器险、建筑工程险等。2000年，新增个人抵押贷款房屋险、货运险、机损险。2003年，新开办财险业务有一般家财险、金锁家财险、金牛投资型家财储金险及各种附加险等20多个险种。2009年3月26日，中国人民财产保险股份有限公司向中国保监会申报的车险电话投保专用产品——“直通车”全面获批，中国人保财险可以在全国范围内通过电话直销渠道销售车险产品。为便于客户记忆，当年总公司把直通车电话由4008195518更改为4001234567。车主只需拨打直通车电话即可轻松购买该产品。2010年，中国人民财产保险股份有限公司定陶支公司正式开通车保电话投保直通车。至2015年，中国人民财产保险定陶支公司主要经营企事业单位财产保险、家庭财产保险、机动车辆保险、船舶、货物运输、航空航天、建筑安装工程、出口信用保险、农业保险、人身意外保险、健康保险、安康险和各种责任保险等，险种200余个。保费收入由1991年的608.8万元，到2015年上升为2464万元。

▲　中国人保财险公司

财产保险赔付　1991年，理赔2000件，财产保险赔付额228.1万元。1995年，理赔3893件，财产保险赔付额568.7万元。2000年，理赔3500件，财产保险赔付额678万元。2005年，理赔3980件，财产保险赔付额482万元。2010年，理赔2600件，财产保险赔付额850万元。2015年，理赔1844件，财产保险赔付额1106万元。

1991—2015年中国人民财产保险股份有限公司定陶支公司收入和理赔情况统计表

表17-3-1

年份	承保		理赔	
	保险金额（万元）	保费收入（万元）	件数（件）	赔款金额（万元）
1991	51937.9	608.8	2000	228.1
1992	52943.3	600	1900	351.1
1993	70369.7	696	3000	445.8
1994	84541.6	835.2	3501	513.86
1995	98267.6	918	3893	568.7
1996	59321.1	593	1890	412
1997	65265.4	652.3	2100	463.1
1998	68410.2	684.6	2300	535
1999	73849	718.8	3100	618.2
2000	87168.3	861.6	3500	678
2001	86551.9	850	3200	613.12
2002	89058.3	882.4	4020	648.32
2003	71114	701	4120	666.5
2004	75439.8	740	4500	687.01
2005	73511.8	734	3980	482
2006	773.4	798	3900	590
2007	915.5	915	4300	419
2008	953.9	956.9	2740	558.5
2009	1228.8	1228	3670	679.6
2010	1980.2	1980	2600	850
2011	1358	1016	2860	934
2012	4837	2249	2700	881
2013	4577	2374	1984	1368
2014	6181	1997	1664	1038
2015	7704	2464	1844	1106

第二节　人寿保险

人寿保险收入　20世纪90年代，人们对人寿保险处于认识了解阶段。1996年4月，人身险科改为中保人寿保险有限公司定陶县营业部，定陶县营业部实现保费收入230万元，占计划109.5%，其中，寿险保费收入165万元，短险人身险保费收入65万元。1997年，定陶县营业部经营险种概括为3大类，即：人寿险保险、健康保险和意外伤害保险。主要险种14种：学生团体平安保险；驾驶员意外伤害保险；福寿安康保险；简易人身保险；团体福利保险；个人养老保险；养老金还本保险；鸿寿养老金保险；66鸿运终身保险（A、B型）；88鸿利终身保险；99鸿福终身保险；重大疾病定期保险；重大疾病终身保险；人身意外伤害保险等。同年，师生团体保险在境内逐步展开，当年收取学生平安险保费45万元。1998年，全县师生投保率85%，共3.5万人参加保险，收取学生平安险保费60万元。1998年10月，定陶县营业部与中国农业银行定陶县支行、中国工商银行定陶县支行、中国建设定陶县支行和中国银行定陶县支行签订保险代理业务协议书，人寿定陶县营业部委托上述几家银行代理销售人寿保险、意外伤害保险、健康保险业务，并代理收取保费。签单、理赔等有关手续仍由人寿定陶县营业部办理。同年，开设续期保险业务。1999年9月，地区公司对各县营业部实行报账制，财务、保费集中上收地区公司统一管理，定陶县营业部当天发生的业务当天报地区公司。2000年2月，国寿总公司下发《关于恢复办理国寿人险养老保险趸缴业务的通知》，同年2月1日开始，定陶县营业部办理趸交保险业务。2005年，中国人寿保险定陶县支公司保费总收入4600万元，保费总量和新单总量均达到全市寿险系统前列，成功跳出全省30弱县域。此后，中国人寿保险股份有限公司定陶县支公司年年有突破，多次被省公司评为“发奋崛起先进单位”和“促强扶弱先进单位”；被省工商局授予省级“重合同守信用”企业；被评为“省级青年文明号单位”；被菏泽市公司评为“突破菏泽先进单位”和“综合管理先进单位”以及“市级青年文明号”等多项荣誉。2013年，实现保费收入1.04亿元，突破亿元大关，各项指标全市排名第三；2014年，全年实现保费收入1.17亿元，各项指标全市排名第二；2015年年底，保费年收入1.35亿元，各项指标全市排名第二。

中国人寿保险股份有限公司定陶县支公司开展个人业务的同时，不断优化险种结构，开办了银龄安康工程、学生平安保险、妇女安康保险、新农合大病保险、独生子女家庭意外保险、团体及个人意外伤害保险、建筑工程保险、个人养老及重大疾病保险、住院医疗保险及企业年金保险等惠民险种。在一些突发事故和重大事故中，及时赔付，一定程度上化解了群众和企业及政府之间的矛盾。

1991—1995年定陶县人寿保险业务收入统计表

表17-3-2

年份	投保人数（人）	保费收入金额（万元）
1991	787	24.8
1992	240	2.6
1993	5221	87.97
1994	1558	14.92
1995	180	14.42

1996—2015年中国人寿定陶县支公司人寿保险业务收入统计表

表17-3-3　　单位：万元

年份	市公司计划数	实际完成数	其中保费收入金额		
			寿险	续期保险	短险
1996	210	230	165	—	65
1997	360	380	312	—	68
1998	530	560	320	160	80
1999	650	670	338	249	83
2000	900	958	542	330	86
2001	1320	1345	799	455.5	90.5
2002	1410	1502	911.5	498.2	92.3
2003	1450	1560.3	918.6	549.9	91.8
2004	1950	3981	2547	1342	92
2005	2500	4600	4358	1205.3	93
2006	3840	4797	4546	2180	130.17
2007	4700	5352	3524	2421	150
2008	7600	9030	6279	4136.6	280
2009	8100	6934.69	3957.81	2825.7	151.18
2010	9300	9398.01	5645.07	3461.62	291.32
2011	9400	9414.09	4900.16	4152.48	361.45
2012	9600	9379.65	3457.73	5516.55	405.37
2013	9900	10377.75	3318.93	6553.84	504.98
2014	11000	11674.78	3960.07	7129.38	582.33
2015	11500	13451.57	5062.53	7637.71	751.32

人寿保险赔付 20世纪90年代，中保人寿保险有限公司定陶县营业部为群众选择推荐适合定陶县经济情况的交费低、保障高、收益多的产品，许多保户年交几十元的保费，一旦发生意外伤害或患重大疾病，就可得到几千元、几万元的保险赔偿。为全县10万中小学生开办学生幼儿平安保险，全县有1500多名学生发生意外伤害，公司先后支付50多万元赔偿金。2005年，全县有2000多保户出险，人寿险公司支付保险赔偿金150多万元。2012年，针对50岁以上的老年人，推广“银铃安康”意外保险工程，为全县3万多名老人送去2.4亿元的保障，全年为客户送赔款53万余元。2014年，全县新农合参保居民56.01万人，全年赔付812.08万元，4880人次，其中，即时赔付174.58万元，2405人次；非即时赔付637.50万元，2475人次，大病保险总赔付率达41.42%。全县受理各类理赔案件969件，赔付403.83万元。2015年，理赔案件939件，赔付477.67万元，其中，长险124件，赔付285.91万元；意外险798件，赔付152.64万元。新农合大病给付案件15326人次，赔付1400余万元。结案率100%，客户满意率98%以上。

第十八编

中共定陶县地方组织

ZHONG GONG DING TAO XIAN DI FANG ZU ZHI

1991年，全县有乡镇党委19个，县直党委1个，企业党委1个，党总支45个、党支部1574个，党员21334人。1991年以后，中国共产党定陶县委带领全县人民，以经济建设为中心，坚持改革开放搞活的方针，不断深化政治体制和经济体制改革，呈现出百业兴旺、蓬勃发展的新局面。1998年，对全县工业企业进行改制，逐步建立起与市场经济相适应的现代企业经营管理机制和科学管理体系，促进定陶县工业快速发展。2000年，县委、县政府制定《关于广泛开展招商引资的若干规定（试行）》，使全县各级领导班子和广大党员干部进一步解放思想，迅速掀起“大推介、大招商、大落地、大建设”的高潮。2004年10月，县委、县政府制定《关于加快经济技术开发区建设和发展的意见》，以工业园区为目标，以基础设施建设为重点，以优化环境为保障，坚持高起点规划、高标准建设、高效能管理，走市场化运作、多元化投入的路子，强力推进开发区建设。2006年，县委、县政府制定《关于社会主义新农村建设的实施意见》，加快社会主义新农村建设步伐，农村水、电、路等生产生活条件逐步改善，进一步提高农民生活质量。2010年以后，县委以转方式、调结构为重点，聚精会神搞建设，一心一意谋发展，全心全意保民生，人民群众收入水平不断提高，物质文化生活明显改善。2015年，定陶县有镇（街道）党委12个，县直机关党委9个，党工委1个，党总支30个，党支部914个，党员队伍发展到28168人。

第一章　中共定陶县代表大会

1990年3月，中国共产党定陶县第七次代表大会召开。至2015年12月，先后召开中共定陶县第八次、九次、十次、十一次、十二次代表大会，每次代表大会都听取、审议并通过中共定陶县委、中共定陶县纪律检查委员会的工作报告，选举产生新一届中共定陶县委员会、中共定陶县纪律检查委员会。

第一节　党代表选举

1990年3月至2015年12月，全县共进行6次党代表选举，代表任期与中国共产党定陶县委员会任期相同，为3至5年，每次均依照《中国共产党基层组织选举工作暂行条例》的规定，由党员直接选举代表，县委根据党章规定和全县党员数量确定代表总名额，将名额分到各选举单位。选举单位党组织采取由下而上、自上而下的方法，酝酿出多于应选代表20%的候选人名单。选举单位党组织对初选名单进行考察，确定候选人预备人选，填写代表候选人预备人选登记表，报县委组织部审查。审查后，选举单位召开党员大会对候选人预备人选进行充分酝酿，直接选举代表。每次代表分配，少数民族和妇女代表都占一定的比例。对代表过于集中的县领导机构的部分代表，分派到各选区参加选举，一般每乡镇1个选区，县直单位划分为3至5个选区。

中共定陶县第七至十二次代表大会代表组成统计表

表18-1-1　　单位：人

届次	任期时间	代表总数	工人代表	农民代表	干部代表	知识分子代表	妇女代表	少数民族代表
第七届	1990—1995	352	22	20	238	35	33	4
第八届	1995—1998	341	21	21	229	35	31	4
第九届	1998—2003	349	42	34	199	42	29	3
第十届	2003—2007	248	21	19	165	20	21	4
第十一届	2007—2012	212	17	16	137	18	20	4
第十二届	2012—2017	237	12	17	158	23	22	5

第二节　党员代表大会

中共定陶县第七次代表大会　1990年3月3日至5日在县人民影院召开，出席会议代表352人。会议听取、审议并通过文廷良代表中共定陶县第六届委员会所作的工作报告；听取、审议并通过梁可建代表定陶县纪律检查委员会所作的工作报告。会议选举产生中共定陶县第七届委员会和中共定陶县纪律检查委员会，选出县委委员32人、候补委员5人，县纪委委员22人。

中共定陶县第八次代表大会　1995年2月25日至26日在县范蠡宾馆召开，出席会议代表341人。会议听取、审议并通过文廷良代表中共定陶县第七届委员会所作的工作报告；听取、审议并通过史步军代表中共定陶县纪律检查委员会所作的工作报告。会议选举产生中共定陶县第八届委员会和中共定陶县纪律检查委员会，选出县委委员33人、候补委员6人，县纪委委员17人。

中共定陶县第九次代表大会　1998年3月16日至18日在县范蠡宾馆召开，出席会议代表349人。大会听取、审议并通过刘殿毅代表中共定陶县第八届委员会所作的工作报告和李清安代表中共定陶县纪律检查委员会所作的工作报告。会议选举产生中共定陶县第九届委员会和中共定陶县纪律检查委员会，选出县委委员33人、候补委员5人，县纪委委员15人。

中共定陶县第十次代表大会　2003年2月11日至12日在县范蠡宾馆召开，出席会议代表248人。大会听取、审议并通过段伯汉代表中共定陶县第九届委员会所作的工作报告和董超代表中共定陶县纪律检查委员会所作的工作报告。会议选举产生中共定陶县第十届委员会和中共定陶县纪律检查委员会，选出县委委员33人、候补委员5人，县纪委委员17人。

中共定陶县第十一次代表大会　2007年1月18日至19日在县范蠡宾馆召开，出席会议代表212人。大会听取、审议并通过王彤宇代表中共定陶县第十届委员会所作的工作报告；听取、审议并通过张继争代表中共定陶县纪律检查委员会所作的工作报告。会议选举产生中共定陶县第十一届委员会和中共定陶县纪律检查委员会，选出县委委员43人、候补委员8人，县纪委委员13人；选举产生出席中共菏泽市第十次代表大会的代表54人。

中共定陶县第十二次代表大会　2012年1月3日至5日在定陶县艺达经贸培训中心召开，出席会议代表237人。大会听取、审议并通过张毓华代表中共定陶县第十一届委员会所作的工作报告；听取、审议并通过刘守文代表中共定陶县纪律检查委员会所作的工作报告。会议选举产生中共定陶县第十二届委员会和中共定陶县纪律检查委员会，选出县委委员38人、候补委员7人，县纪委委员29人。

中共定陶县第七至十二届委员、候补委员一览表

表18-1-2

届次	委员	候补委员
第七届	马乃灿　文廷良　申传根　史步军　刘宪佩　刘殿毅 齐传玉（女）　苏敏波　李伦文　李松亭　时华镇 张芳林　张秀长　张作田　张顺松　张善朋　陈启忠 陈宝亭　范尚贵　周连瑞　孟平原　赵传山　段伯汉 祝传金　徐光璞（女）　曹长明　曹厚山　符广甦 韩方景　程玉峰　程西魁　梁可建（32人）	丁志刚　毕研成　李洪新 吴兆科　赵保银（5人）
第八届	王振钦　文廷良　孔凡云　卢庆林　申传根　史步军 乔秋寒　刘本明　刘殿毅　李伦文　李洪新　李清安 李清斌　杨洪德　吴兆科　张在祥　张芳林　张顺松 张修田　张宪礼　陈启忠　范尚贵　孟平原　赵传山 段伯汉　徐光璞（女）　高艳民（女）　曹厚山 董　超　韩方景　程西魁　蔡玉河　潘信文（33人）	马雪瑜　王祥祯　李新雷 张华君（女）　赵保银 郭绪福（回族）（6人）
第九届	王乃光　王乃忠　孔凡云　孔庆雪　卢庆林　申传根 乔海顺　刘文强　刘本明　刘守文　刘殿毅　李志军 李洪新　李清安　李清斌　杨春景　杨洪德　张　峰 张代卿　张在祥　张茂真　张修田　张宪礼 张培华（回族）　陈丕治　赵传山　段伯汉 高艳民（女）　郭绪福（回族）　席福亮　董　超 程西魁　蔡清禄（33人）	马思爱（回族）　杨汝增 张善甲　董玉章　魏庆禄 （5人）
第十届	马思爱　王乃光　王乃忠　王彤宇　王鲁陶　牛继红 孔庆雪　孔祥坤　田同修　乔方臣　乔海顺　刘兴成 刘守文　李清斌　吴三军　张　峰　张代卿　张茂真 张宪礼　张继争　张培华（回族）　陈宝华　周福举 郑金宏　段伯汉　徐文芹　高艳民（女）　陶体华 鹿长松　阎　凌　董　超　董玉章　魏庆禄（33人）	任培华　刘广杰　刘明芬（女） 贾翠平（女）　梁学钦 （5人）
第十一届	马思爱　王彤宇　牛继红　尹开亮（挂职）　孔祥训 孔祥坤　田同修　宁淑跃　成　伟　毕经福　乔方臣 乔海顺　任培华　刘传龙　刘守文　刘明芬（女） 安圣兵（挂职）　许学新　牟　强（挂职）　李广根 李长松　李玉文　李俊英　李　颖（女）　杨文涛 杨汝增　吴三军　张国胜　张　晖（女）　张　峰 张继争　张新雷　张毓华　陈尔桥　陈宝华　陈承杰 周福举　栾　波（挂职）　陶体华　崔敬涛（回族） 阎　凌　韩宪玉　游福泉（43人）	王瑞忠　孔令潭　孔瑞华（女） 任会路　任明钊　李庆福 张永春　胡修良（8人）
第十二届	马法运　马常斌　王利军　王瑞臣　王瑞忠　牛继红 孔令潭　孔祥坤　孔瑞华（女）　乔方臣　刘广杰 刘传龙　刘守文　许晓生　李　勤　李广根　李广彬 李长松　吴　彬　张　晖（女）　张华春　张志强 张国胜　张继争　张毓华　陈尔桥　陈宝华　陈承杰 周福举　孟　杰　袁建东　袁绍林　袁朝平（女） 徐承明　盛冬梅（女）　崔敬涛（回族）　游秋亭 潘素霞（女）（38人）	马思爱（回族）　田　冰（女） 孙学启　张　琳　赵玉亭 聂志刚　游福起（7人）

第二章　中共定陶县委员会

第一节　县委机构设置

县委领导成员　中共定陶县每次代表大会均选举中国共产党定陶县委员会并召开第一次会议，选举本届常务委员会委员和书记、副书记，在委员会闭会期间行使委员会职权。

1990年3月3日，中共定陶县第七届委员会举行第一次全体会议，选举县委常委10人，文廷良任书记，张作田、张秀长任副书记，张作田、张秀长、程玉峰、徐光璞（女）、符广甦、祝传金、陈宝亭、梁可建、张善朋任常委。1995年2月25日，中共定陶县第八届委员会举行第一次全体会议，选举县委常委10人，文廷良任书记，刘殿毅、范尚贵、段伯汉任副书记，赵传山、史步军、程西魁、李伦文、孟平原、潘信文任常委。1998年3月16日，中共定陶县第九届委员会举行第一次全体会议，选举县委常委10人，刘殿毅任书记，段伯汉、张修田、赵传山任副书记，刘本明、张在祥、李清安、董超、高艳民（女）、李清斌任常委。2003年2月11日，中共定陶县第十届委员会举行第一次全体会议，选举县委常委9人，段伯汉任书记，高艳民（女）、张培华、董超任副书记，李清斌、乔海顺、刘守文、张茂真、张继争任常委。2007年1月18日，中共定陶县第十一届委员会举行第一次全体会议，选举县委常委11人，王彤宇任书记，陶体华、陈宝华任副书记，乔海顺、刘守文、张继争、阎凌、周福举、乔方臣、李颖（女）、李玉文任常委。2012年1月3日，中共定陶县第十二届委员会举行第一次全体会议，选举县委常委10人，张毓华任书记，陈宝华、刘守文任副书记，张继争、牛继红、周福举、乔方臣、陈尔桥、张晖（女）、李长松任常委。

中共定陶县委第七至十二届书记、副书记、常委更迭表

表18-2-1

届次	职务	姓名	任职时间	籍贯	备注
第七届	县委书记	文廷良	1990.03—1995.02	菏泽市牡丹区	
	县委副书记	张作田	1990.03—1993.01	济宁市梁山县	
		张秀长	1990.03—1993.01	菏泽市单县	
		程玉峰	1990.03—1993.05	定陶县仿山镇	
		李松亭	1993.01—1995.01	菏泽市曹县	
		周连瑞	1993.01—1995.01	菏泽市鄄城县	
		刘殿毅	1993.05—1995.02	菏泽市开发区	
		吴传宝	1994.03—1996.03		挂职
		范尚贵	1995.01—1995.02	菏泽市牡丹区	

续表18-2-1

届次	职务	姓名	任职时间	籍贯	备注
第七届	县委副书记	段伯汉	1995.01—1995.02	菏泽市巨野县	
	常委	文廷良	1990.03—1995.02	菏泽市牡丹区	
		张作田	1990.03—1993.01	济宁市梁山县	
		张秀长	1990.03—1993.01	菏泽市单县	
		程玉峰	1990.03—1993.05	定陶县仿山镇	
		徐光璞	1990.03—1993.01	菏泽市曹县	女
		符广甦	1990.03—1995.01	菏泽市郓城县	
		祝传金	1990.03—1995.01	定陶县冉堌镇	
		陈宝亭	1990.03—1995.01	菏泽市曹县	
		梁可建	1990.03—1993.01	菏泽市郓城县	
		张善朋	1990.03—1993.01	菏泽市成武县	
		马乃灿	1991.11—1993.06	菏泽市郓城县	
		李松亭	1993.01—1995.01	菏泽市曹县	
		周连瑞	1993.01—1995.01	菏泽市鄄城县	
		范尚贵	1995.01—1995.02	菏泽市牡丹区	
		史步军	1993.01—1995.02	定陶县仿山镇	
		刘殿毅	1993.05—1995.02	菏泽市开发区	
		申传根	1993.05—1994.06	菏泽市曹县	
		程西魁	1994.01—1995.02	定陶县仿山镇	
		李伦文	1994.01—1995.02	定陶县南王店镇	
		段伯汉	1995.01—1995.02	菏泽市巨野县	
		赵传山	1995.01—1995.02	菏泽市开发区	
		孟平原	1994.01—1995.02	菏泽市鄄城县	
第八届	县委书记	文廷良	1995.02—1997.06	菏泽市牡丹区	
		刘殿毅	1997.06—1998.03	菏泽市开发区	
	县委副书记	刘殿毅	1995.02—1997.06	菏泽市开发区	
		范尚贵	1995.02—1997.12	菏泽市牡丹区	
		段伯汉	1995.02—1998.03	菏泽市巨野县	
		张修田	1997.05—1998.03	菏泽市曹县	正县级
		赵传山	1997.12—1998.03	菏泽市开发区	
	常委	文廷良	1995.02—1997.06	菏泽市牡丹区	

续表18-2-1

届次	职务	姓名	任职时间	籍贯	备注
第八届	常委	刘殿毅	1995.02—1998.03	菏泽市开发区	
		段伯汉	1995.02—1998.03	菏泽市巨野县	
		赵传山	1995.02—1998.03	菏泽市开发区	
		张修田	1997.05—1998.03	菏泽市曹县	
		范尚贵	1995.02—1997.12	菏泽市牡丹区	
		史步军	1995.02—1997.01	定陶县仿山镇	
		程西魁	1995.02—1997.12	定陶县仿山镇	
		李伦文	1995.02—1996.06	定陶县南王店镇	
		孟平原	1995.02—1997.12	菏泽市鄄城县	
		潘信文	1995.02—1997.05	定陶县半堤镇	
		蔡玉河	1995.06—1997.12	定陶县张湾镇	
		刘本明	1997.12—1998.02	菏泽市曹县	
		张在祥	1996.06—1998.03	潍坊市临朐县	
		李清安	1997.01—1998.03	菏泽市成武县	
		董　超	1997.05—1998.03	菏泽市鄄城县	
		高艳民	1997.12—1998.03	河南省范县	女
		卢庆林	1997.12—1998.03	菏泽市东明县	
		李清斌	1997.12—1998.03	菏泽市成武县	
第九届	县委书记	刘殿毅	1998.03—2000.12	菏泽市开发区	
		段伯汉	2000.12—2003.02	菏泽市巨野县	
	县委副书记	段伯汉	1998.03—2000.12	菏泽市巨野县	
		张修田	1998.03—2001.03	菏泽市曹县	正县级
		赵传山	1998.03—2002.12	菏泽市开发区	
		王彤宇	2002.12—2003.02	青岛市即墨市	
		周云平	1998.04—2000.04		挂职
		郭尊东	1999.01—2000.11	青岛市莱西市	挂职
		李清安	2001.03—2003.02	菏泽市成武县	
		张培华	2001.03—2003.02	菏泽市曹县	回族
		高艳民	2001.03—2003.02	河南省范县	女
		曹宇翔	2000.07—2002.12		挂职
		王宜清	2000.09—2002.09		挂职

续表18-2-1

届次	职务	姓名	任职时间	籍贯	备注
第九届	常委	刘殿毅	1998.03—2000.12	菏泽市开发区	
		段伯汉	1998.03—2003.02	菏泽市巨野县	
		张修田	1998.03—2001.03	菏泽市曹县	
		赵传山	1998.03—2002.12	菏泽市开发区	
		王彤宇	2002.12—2003.02	青岛市即墨市	
		乔海顺	2001.03—2003.02	菏泽市东明县	
		刘守文	2001.03—2003.02	菏泽市开发区	
		张茂真	2001.03—2003.02	菏泽市曹县	
		刘本明	1998.03—2001.03	菏泽市曹县	
		张在祥	1998.03—2000.07	潍坊市临朐县	
		蔡清禄	2000.07—2003.02	潍坊市青州市	
		李清安	1998.03—2003.02	菏泽市成武县	
		董　超	1998.03—2003.02	菏泽市鄄城县	
		高艳民	1998.03—2003.02	河南省范县	女
		卢庆林	1998.03—2001.03	菏泽市东明县	
		李清斌	1998.03—2003.02	菏泽市成武县	
		张培华	2001.03—2003.02	菏泽市曹县	回族
		周云平	1998.04—2000.04		挂职
		郭尊东	1999.01—2000.11	青岛市莱西市	挂职
第十届	县委书记	段伯汉	2003.02—2005.12	菏泽市巨野县	
		王彤宇	2005.12—2007.01	青岛市即墨市	
	县委副书记	王彤宇	2003.02—2005.12	青岛市即墨市	
		陶体华	2005.12—2007.01	菏泽市鄄城县	
		季善亭	2003.03—2005.01	烟台市海阳市	挂职
		许祖强	2004.02—2006.04		挂职
		王　博	2004.02—2006.04		挂职
		牟　强	2005.01—2007.01	山东省栖霞市	挂职
		高艳民	2003.02—2005.01	河南省范县	女
		安圣兵	2006.04—2007.01	菏泽市巨野县	挂职
		栾　波	2006.04—2007.01	山东省荣成市	挂职
		张培华	2003.02—2006.01	菏泽市曹县	回族

续表18-2-1

届次	职务	姓名	任职时间	籍贯	备注
第十届	县委副书记	董　超	2003.02—2007.01	菏泽市鄄城县	
		陈宝华	2005.01—2007.01	菏泽市开发区	
	常委	段伯汉	2003.02—2005.12	菏泽市巨野县	
		王彤宇	2003.02—2007.01	青岛市即墨市	
		陶体华	2005.12—2007.01	菏泽市鄄城县	
		张培华	2003.02—2006.01	菏泽市曹县	回族
		高艳民	2003.02—2005.01	河南省范县	女
		董　超	2003.02—2007.01	菏泽市鄄城县	
		陈宝华	2005.01—2007.01	菏泽市开发区	
		李清斌	2003.02—2005.01	菏泽市成武县	
		乔海顺	2003.02—2007.01	菏泽市东明县	
		刘守文	2003.02—2007.01	菏泽市开发区	
		张茂真	2003.02—2006.01	菏泽市曹县	
		张继争	2003.02—2007.01	菏泽市鄄城县	
		刘兴成	2003.03—2004.02	山东省泰安市	
		阎　凌	2004.12—2007.01	菏泽市曹县	
		周福举	2006.01—2007.01	菏泽市单县	
		郑金宏	2004.02—2007.01	安徽省灵璧县	
		乔方臣	2006.03—2007.01	定陶县仿山镇	
第十一届	县委书记	王彤宇	2007.01—2011.08	青岛市即墨市	
		张毓华	2011.08—2012.01	安徽省南陵县	菏泽市委常委
	县委副书记	陶体华	2007.01—2009.05	菏泽市鄄城县	
		成　伟	2009.05—2011.11	菏泽市牡丹区	
		牟　强	2007.01—2007.04	烟台市栖霞市	挂职
		安圣兵	2007.01—2008.04	菏泽市巨野县	挂职
		栾　波	2007.01—2008.04	菏泽市牡丹区	挂职
		陈宝华	2007.01—2012.01	菏泽市开发区	
		王昌华	2009.05—2011.11		挂职
	常委	王彤宇	2007.01—2011.08	青岛市即墨市	
		张毓华	2011.08—2012.01	安徽省南陵县	菏泽市委常委
		陶体华	2007.01—2009.05	菏泽市鄄城县	

续表18-2-1

届次	职务	姓名	任职时间	籍贯	备注
第十一届	常委	成　伟	2009.05—2011.11	菏泽市牡丹区	
		陈宝华	2007.01—2012.01	菏泽市开发区	
		乔海顺	2007.01—2011.12	菏泽市东明县	
		刘守文	2007.01—2012.01	菏泽市开发区	
		张继争	2007.01—2012.01	菏泽市鄄城县	
		阎　凌	2007.01—2011.01	菏泽市曹县	
		牛继红	2010.01—2012.01	菏泽市东明县	
		周福举	2007.01—2012.01	菏泽市单县	
		乔方臣	2007.01—2012.01	定陶县仿山镇	
		陈尔桥	2011.01—2012.01	定陶县黄店镇	
		张　晖	2011.12—2012.01	菏泽市鄄城县	女
		李　颖	2007.01—2010.01	定陶县陈集镇	女
		李玉文	2007.01—2010.08	菏泽市巨野县	
		尹开亮	2007.04—2009.04		挂职
		李长松	2010.08—2012.01	潍坊市临朐县	
第十二届	县委书记	张毓华	2012.01—2013.06	安徽省南陵县	菏泽市委常委
		张红旗	2013.06—	菏泽市单县	
	县委副书记	陈宝华	2012.01—2013.09	菏泽市开发区	
		聂元科	2013.09—	菏泽市曹县	
		刘守文	2012.01—2014.03	菏泽市开发区	
		黄福常	2014.01—	菏泽市单县	
	常委	张毓华	2012.01—2013.06	安徽省南陵县	菏泽市委常委
		张红旗	2013.06—	菏泽市单县	
		陈宝华	2012.01—2013.09	菏泽市开发区	
		聂元科	2013.09—	菏泽市曹县	
		刘守文	2012.01—2014.03	菏泽市开发区	
		黄福常	2014.01—	菏泽市单县	
		张继争	2012.01—2014.01	菏泽市鄄城县	
		牛继红	2012.01—	菏泽市东明县	
		周福举	2012.01—2015.08	菏泽市单县	
		乔方臣	2012.01—2013.12	定陶县仿山镇	

续表18-2-1

届次	职务	姓名	任职时间	籍贯	备注
第十二届	常委	陈尔桥	2012.01—	定陶县黄店镇	
		张　晖	2012.01—	菏泽市鄄城县	女
		李长松	2012.01—2012.03	潍坊市临朐县	
		张志强	2012.03—	河南省太康县	
		田文建	2012.05—	菏泽市牡丹区	挂职
		田继雷	2012.05—	菏泽市郓城县	挂职
		王　敏	2012.05—	菏泽市郓城县	女，挂职
		张　防	2015.07—	菏泽市郓城县	
		刘海鹰	2012.05—		挂职

县委工作机构　1991年，县委下设办公室、纪律检查委员会、组织部、组织员办公室、宣传部、统一战线工作部（简称统战部）、政法委员会、县直机关党委、县委党校、党史资料征集研究委员会（简称党史委）、信访办公室、档案局、老干部局、打击经济犯罪领导小组办公室、社会治安综合治理委员会办公室等。1993年12月，县乡机构改革，按照撤、并、转、改的办法，县委序列由24个部门精减为县委办公室、组织部、宣传部、政法委、党史委、信访局、档案馆、机关党委、党校、老干部工作办公室共11个职能部门。1995年6月，设立山东省定陶县行政干部学校，与县委党校1个机构两个牌子。同年9月，复设精神文明办公室。1996年6月，设立中共定陶县委政策研究室。11月，县委党校升格为副县级事业单位。1997年5月，设立中共定陶县委督查室。2001年4月，设立机要局，重设政策研究室、档案局、老干部局。2002年4月，设立县委保密委员会办公室（挂县政府保密局牌子）、县委督查办公室、县委组织部党员电教中心。7月，机构改革，县委设工作机构7个，即县纪律检查委员会（与县监察局合署）、县委办公室、县委组织部、宣传部、统战部（县委台湾工作办公室与其合署）、政法委（县综合治理办公室与其合署）、县直机关工作委员会。2005年5月，设立维护稳定工作领导小组办公室，为正科级行政单位，隶属县委办公室；设立党员干部现代远程教育中心，正科级事业单位，隶属县委组织部。台湾工作办公室（挂县政府台湾事务办公室牌子）从县委统战部分出，由县委办公室管理；10月，设立定陶县老年大学，为正科级事业单位，与老干部活动中心合署办公，隶属县委老干部

▲ 中国共产党定陶县委员会

局。2006年10月，县委机要局、保密委员会办公室（县政府保密局）升格为正科级单位。2007年5月，设立县经济实绩考核工作办公室，为正科级行政单位，隶属于县委组织部。2010年，县机构编制委员会办公室列入县委机构序列。2015年，县委下辖办公室、纪律检查委员会、政研室、督查室、机要局、档案局、信访局、台湾工作办公室、组织部、组织员办公室、老干部局、党史委、机构编制委员会办公室、宣传部、统战部、政法委员会、县直机关工作委员会、县委党校等。

第二节　重大决策

党的建设　1991年，全县开展社会主义思想教育活动。1993年，开展学习邓小平建设中国特色社会主义理论、学习党章活动。1994年12月，县委制定《关于农村基层组织建设集中活动的意见》，决定1995年1月到3月中旬，在全县集中开展农村基层组织建设活动。1996年12月，县委下达《关于今冬村级组织集中整顿的意见》。对村级组织进行集中整顿。其重点工作：改革行政村管理体制，合并行政村，扩大行政村规模；调整健全以党支部为核心的村级组织；改革村级干部选拔任用办法，采取“一推双考”的办法公开选拔村级干部；改革村级组织管理办法，完善激励监督机制，实行规范化管理；理清发展经济的路子，找准强村富民奔小康的突破口和发展壮大集体经济的切入点。2000年，开展以“讲学习、讲政治、讲正气”为主要内容的党风教育活动。2003年2月，县委、县政府在全县深入开展创建“五好党支部”（支部班子好、党员队伍好、活动开展好、制度建设好、作用发挥好）、“六好乡镇党委”（好领导班子、好干部队伍、经济发展好路子、好工作制度、好工作作风、好工作格局）和农村基层组织建设先进县为主要内容的“三级联创”活动。2005年1月，县委决定用1年半的时间，在全县各级党组织和党员中，深入开展保持共产党员先进性教育活动。2007年9月，县委、县政府实行村“两委”换届选举县级领导干部包乡镇和县直部门驻乡镇蹲点制度，指导村“两委”换届选举工作。2012年4月24日，县委在《关于进一步加强机关党的建设的意见》中提出：机关党员每年不少于40个学时，一般党员不少于24个学时；严格党的组织生活，坚持“三会一课”制度，慎重做好党员发展工作，机关专职党务干部一般要占机关工作人员的1%～2%；开展“共产党员先锋岗”“共产党员责任区”等评选活动；完善服务群众机制。6月20日，县委制定《关于在全县党员干部中集中开展廉政教育活动的实施意见》，提出召开1次廉政教育会；各乡镇、各单位主要党政正职到菏泽监狱接受1次廉政教育；各乡镇、县直各单位中层以上党员干部和“村两委”负责人到县廉政警示教育基地接受1次廉政警示教育；对新提拔科级领导干部开展“六个一”廉政教育。2013年1月9日，县委、县政府印发《关于开展基层组织建设提升年活动的实施意见》，重点实施5大工程，推进5项建设：实施“晋档工程”，实现农村党建新提升；实施“创新工程”，实现机关党建新提升；实施“精品工程”，实现社区党建新提升；实现“覆盖工程”，实现“两新”组织新提升；实施“项目工程”，实现村级集体收入新提升。推进党员干部队伍建设；推进党建活

▲　党的群众路线教育实践活动动员会　　（2014 年摄）

动阵地建设；推进工作制度建设；推进主题活动建设；推进经费保障建设。2014年3月7日，召开全县党的群众路线实践活动动员大会，部署全县党员群众路线实践活动。7月4日，县委、县政府下发《定陶县“转变作风、服务群众”活动实施方案》，结合县级领导联系镇街分工和部门业务特点，选派县直部门、镇街干部成立工作组，分别联系367个村（居），对全县群众实行全覆盖服务。按照人口规模，每村工作组分别由1名科级以上干部和1至3名一般干部组成。选派干部的主要职责任务是：进村入户访民情；沟通交流释民惑；化解矛盾息民怨；帮办实事暖民心；建章立制正民风；理清思路帮民富；破解难题惠民生。2015年1月23日，在中共定陶县第十二届委员会第十一次会议上，县委书记张红旗作《融入大市 借力发展 奋力开创定陶科学发展新局面》，明确提出工作重点是坚持全面融入大市战略，推动全县各项工作开展。8月5日，召开中共定陶县第十二届委员会第十二次会议，县委书记张红旗作《在其位 谋其政 尽其责 善其事》工作报告，要求党员干部履职尽责谋发展，勇于担当做贡献。

改革开放 1992年6月，县委、县政府作出《关于进一步深化改革，扩大对外开放的决定》，要求进一步解放思想，树立大开放意识，抓住机遇，加快外向型经济的发展；强化对外开放，扩大对外联络；实施重点启动，创办经济技术开发区；广开筹资渠道，支持经济发展；积极引进先进技术和人才，重奖重用招商引资有功人员；进一步优化产品结构，增加创汇能力；发挥本地资源优势，积极发展创汇农业；广泛招商引资，努力搞好房地产开发；深化流通、经济体制改革，全方位拓宽国内国际市场；外放内联相结合，加强经济技术合作；进一步改善投资环境，促进外向型经济的发展；加强领导，全力推行对外开放。

机构改革 1993年12月，全县党政机构改革，将县直104个党政机构精简为40个，行政编制600人；将乡镇机关分类定编，全县乡镇编制615人。同时，县政企合一的8大公司，其行政职能划归县经贸委，其公司均改为企业性质经济实体。向乡镇放权，将农技站、林业站、水利站、农机站、经管站、文化站、广播站、计划生育服务站等8个事业单位及其人、财、物全部下放到乡镇。1995年8月，县委、县政府下发《关于乡镇机构设置的试行意见》，按照“小机关、大服务”要求，设“一办四委”，即综合办公室、农业委员会、经委或经贸委、科学教育文化卫生委员会、综合治理委员会。2001年2月，全县乡镇规模调整，撤销一千王、力本屯、田集、王双楼、姑庵、保宁、游集、邓集8个乡，邓集乡与游集乡合并为仿山乡；一千王乡撤销并入张湾镇；力本屯乡撤销并入马集乡；王双楼乡、田集乡撤销并入冉堌镇，姑庵乡撤销并入黄店镇，保宁乡撤销并入陈集镇。2002年8月，县乡党政机构再次进行改革。2006年，完成公务员登记。2010年初，县委、县政府对县政府机构进一步改革，县政府机构设置工作部门24个。半堤乡、仿山乡撤乡设镇，定陶镇分设为天中、滨河2个街道。

招商引资 2005年，县委通过《关于树立和落实科学发展观、大力推进工业化进程的决定》，在招商引资发展经济方面，建立起以“三个面向”为主攻方向，以扩大引强为重点，以开发区、工业园和各乡镇工业区为载体，以企业招商和领导招商为线，全面共同参与招商工作机制。

稳定完善土地承包制 1995年8月，县委、县政府印发《关于进一步稳定和完善农村土地承包责任制的试行规定》。明确合并零星地块，在全县进行全面土地调整。同时延长土地承包期，并重新签订土地承包合同。1998年5月，县委、县政府制定《关于切实做好延长土地承包期工作的意见》。提出把土地承包期再延长30年，进一步强化所有权，稳定承包权，放活经营权，明确发包权，调动农民生产积极性，保持党在农村基本政策的连续性、长期性和稳定性。2013年3月12日，县委、县政府制定《关于加快推进农业现代化建设的意见》确定，自2013年开始，利用3年时间完成土地确权发证工作。

减轻农民负担　1998年6月4日，县委、县政府印发《关于切实做好减轻农民负担工作的意见》，要求：农民直接承担的“三提五统”不得超过本行政村上年人均纯收入的5%。“村三提、乡五统”只占2.5%。农业税、农业特产税必须依法据实征收，不得按人头或田亩均摊，要严格掌握“两工”（义务工和劳动积累工）的使用范围和提取数量，不准强行以资代劳，严禁搞任何形式的集资活动。2006年7月，县委、县政府建立减负工作长效机制，要求各级各部门落实完善“四项制度”：落实健全涉农税收、价格及收费“公示制”；落实农村义务教育收费“一费制”；乡镇、村级组织和农村中小学公费订阅报刊严格执行“限额制”；落实涉及农民负担案件“责任追究制”。2008年6月，县委、县政府下发《关于进一步做好农村低保工作的实施意见》。要求开展农村低保普查清理整顿活动，明确条件，遵守程序，加强领导，实施动态管理和分类施保。

企业体制改革　1998年7月4日，县委、县政府作出《关于加快县属企业产权制度改革的决定》，决定对全县国有中小企业、集体企业进行改制工作。要求改制工作做到：坚持产权清晰、权责分明、政企分开、管理科学的原则；坚持确保国有、集体资产保值增值的原则；坚持优势膨胀、以强并弱、强强联合的原则；坚持因企制宜、一厂一策的原则；坚持盘活存量和优化投入相结合的原则。要求以推行股份合作制为主，多种改制形式并存，实行一厂一策。改制的主要形式有股份合作制、租赁、兼并、联营和联合、组建企业集团、抵贷返租、委托经营、出售、一厂多制、破产等10种。

经济环境治理　2007年3月2日，县委、县政府在《关于进一步优化经济环境的意见》中要求，深化行政审批制度，提高办事效率和服务水平；规范执法行为，营造宽松生产经营环境；整顿装卸秩序，净化企业周边治安环境；严查破坏经济环境案件，重处设乱违纪人员；加强政风行风建设，深入开展政风行风评议活动；加强组织领导，完善经济环境治理工作机制。2010年2月25日，县委、县政府在《关于进一步优化经济环境的意见》中特别要求：精简审批项目；规范涉企收费行为；规范查车行为；强化社会治安等。2014年7月9日，县委、县政府在《关于进一步优化经济环境的意见》中安排部署对行政审批服务，涉企检查、收费和罚款行为，中介组织，上路执法行为，重点建设项目和企业周边治安环境进行4个专项治理。

经济社会发展　2007年4月10日，县委、县政府制定《关于全县工业经济“二二一二”工程发展规划的实施意见》，确立到2010年的工业经济发展目标：实现销售收入过30亿元的企业2个，超过10亿元的企业2个，过亿元的企业20个，年实现销售收入130亿元。2012年9月11日，县委、县政府制定《关于进一步加快县域经济科学发展跨越赶超的实施意见》，提出发展重点：加快新型工业化进程；加快新型城镇化进程；加快农业现代化建设；加快文化旅游业发展。2014年，县委、县政府印发《关于大力推进全县民营经济健康发展的意见》：明确民营经济发展目标；深化工商注册制度改革，降低市场准入门槛；加大财税政策扶持力度；加强融资支持与服务；加快民营经济创业创新发展；营造民营经济良好发展环境。

农村、城区基础设施建设　2007年，县委、县政府印发《关于2007年精神文明建设工作的意见》，明确推进农村改厕、改水、改厨工作。2010年，县委、县政府编制完成《定陶县城镇建设三年实施纲要》，明确县域体系规划、农村住房建设与危房改造规划、所有乡镇的总体规划和108个村庄建设规划。实施重点城建工程32项。城区新增绿地面积2.69万平方米，铺设人行道8.28万平方米，改造城区道路5.15千米，新修、改造雨污管网28.2千米，安装、改造路灯2680盏，实现城区亮化全覆盖，并与菏泽市区亮化相衔接。实施房地产开发项目12个，规划建筑面积155万平方米，竣工43.2万平方米。在乡镇驻地实施了1座商贸城、1条达标街、1个居住小区“三个一”建设工程，整村建设改造项目53个，涉及村庄66个。2012年9月11日，县委、县政府下发《关于进一步加快县域经济科学发展跨越赶超的意见》，明确提出加强新城区建设、老城区改造和以陈集镇、冉堌镇为重点镇的基础设施建设，同时鼓励和支持张湾、仿山、孟海、黄店等镇建设。

开发区建设 定陶县开发区于2001年4月开始筹建，隶属于定陶县招商局。2002年6月，经菏泽市人民政府批准设立。2004年7月，设立中共定陶县开发区党工委和定陶县开发区管理委员会，与招商局分离。2005年，县委通过《关于树立和落实科学发展观、大力推进工业化进程的决定》，在招商引资发展经济方面，建立起以“三个面向”为主攻方向，以扩大引强为重点，以开发区、工业园和各乡镇工业区为载体，以企业招商和领导招商为线，全面共同参与招商工作机制。2006年3月，经山东省人民政府批准定陶县开发区为省级开发区。2014年1月，县委印发《定陶县开发区职能配置机构设置和人员编制的规定》，将原来的开发区、烟台工业园、招商局3个单位合并组建新的开发区，开发区党工委、管委会升格为副县级单位，配备副县级书记（兼主任）。

新农村建设 2009年8月28日，县委、县政府印发《关于加快村庄改造 推进新农村建设的意见》，按照“积极探索、先行试点、稳步推进、留有余地”的总体要求，分期分批实施村庄改造。每个乡镇启动2个以上试点村庄改造工作，全县启动30个以上、完成3个以上试点村庄改造工作；2010年，每个乡镇启动5个村庄改造工作，完成2个以上村庄改造任务；2011年，每个乡镇完成3个村庄改造任务，在3年内，完成60个村庄改造任务。2015年，县委、县政府在《关于“一村一品、一乡一业”发展的实施意见》中制定总体目标：围绕特色种植、畜禽养殖、食用菌栽培、农副产品加工、乡村旅游、商贸流通特色文化7个领域，形成5个专业镇街，93个专业村，确立指导原则和建设标准，明确工作重点，突出政策扶持和组织保障等相关细则。

第三节　组织工作

党员队伍建设 党员数量　1991年，全县有党员21334人，其中，男性19113人，女性2221人；高中以上学历6880人，初中6083人，小学及以下学历8371人；年龄35岁及以下的6087人，55岁以上的3600人。1995年，全县有党员23645人，其中，男性20947人，女性2698人；大专以上学历1844人，高中、中专学历7511人，初中及以下的14290人；年龄35岁及以下的6898人，36—45岁的6919人，46—55岁的5723人，56—60岁的2149人，61岁及以上的1956人。2000年，全县有党员26059人，其中，男性22756人，女性3303人；大专以上学历3650人，高中、中专学历8634人，初中及以下的13775人；年龄35岁及以下的7323人，36—45岁的7228人，46—55岁的6324人，56—60岁的2416人，61岁及以上的2768人。2005年，全县有党员26682人，其中，男性23206人，女性3476人；大专以上学历5310人，高中、中专学历8396人，初中及以下的12976人；年龄在35岁及以下的6203人，36—45岁的7261人，46—54岁的6097人，55—59岁的2939人，60岁及以上的4182人。2010年，全县有党员27921人，其中，男性23881人，女性4040人；大专以上学历6628人，高中、中专学历8648人，初中及以下的12645人；年龄在35岁及以下的3417人，36—45岁的6023人，46—54岁的5437人，55—59岁的3582人，60岁及以上的9462人。2015年，全县有党员28168人，其中，男性23723人，女性4445人；大专以上学历的7532人，高中、中专学历的9288人，初中及以下的11348人；年龄在35岁及以下的3270人，36—45岁的4831人，46—55岁的6343人，56—60岁的3024人，61岁及以上的10700人。

1991—2015年部分年份定陶县党员统计表

表18-2-2　　单位：人

年份	当年发展党员数	党员总数	其中		年份	当年发展党员数	党员总数	其中	
			男	女				男	女
1991	396	21334	19113	2221	2006	320	26994	23645	3349
1992	427	21629	19366	2263	2007	268	27359	23527	3832
1993	420	22009	19587	2422	2008	308	27631	23747	3884
1994	1011	23015	20489	2526	2009	423	27643	23711	3932
1995	702	23645	20947	2698	2010	428	27921	23881	4040
1996	924	24493	21646	2847	2011	314	28041	23927	4114
1997	796	25126	22101	3025	2012	397	28197	23961	4236
1999	722	25293	22252	3041	2013	211	28326	23992	4334
2000	609	26059	22756	3303	2015	174	28168	23723	4445
2005	552	26682	23206	3476	—	—	—	—	—

党员发展　1991年，按照“坚持标准、保证质量、改善结构、慎重发展”的方针和《中国共产党发展党员工作细则》，完善定陶县发展党员工作程序，年内发展党员396人。1993年，注重在企业和农村贫困村、后进村发展党员。1995年，注重发展科技人员、经济能人、技术管理人员中的优秀分子。当年，发展党员702人。1996年，注重发展优秀青年和优秀妇女入党。当年发展党员924人，其中，35岁以下优秀青年272人，占29.4%，优秀妇女160人，占17.3%。2000年，注重对农村入党积极分子的培养，每个村建立一定数量的入党积极分子队伍。2002年以后，注重把经过长期考验，符合党员条件的其他社会阶层的先进分子吸收到党内来。2005年，培养积极分子761人，发展党员552人。2010年，培养积极分子593人，发展党员428人。2013年，印发《关于在发展党员工作中实行“公推公选”入党积极分子制度的意见》，通过严格执行公开推优条件、党员群众公推确定初步人选、公示及党员大会公选等4项“公推公选”程序，扩大确定入党积极分子工作的透明度，将农村基层“家族党员”“关系党员”“人情党员”挡在门外。同年，培养入党积极分子255人，发展党员211人。2014年，按照“控制总量、优化结构、提高质量、发挥作用”的总要求，有领导、有计划的发展党员队伍。2015年，制定《关于加强新形势下发展党员工作的意见》，重点培养发展村组干部、返乡毕业生、复员退伍军人、致富能手、农业合作组织成员、务工经商人员等。年内，培养入党积极分子307人，发展党员174人。

党员教育　1991年，对党政机关、事业单位党员集中进行思想、作风、纪律整顿，开展社会主义思想教育活动。1992年，在党员干部中开展反腐防变教育和学习中国共产党第十四次代表大会精神活动。1993年至1995年，组织党员开展“双学”（学习邓小平建设有中国特色社会主义理论，学习党章）活动。2000年，开展以“讲学习、讲政治、讲正气”为主要内容的党性党风教育活动。2002年，开展学习中国共产党第十六次代表大会精神和“三个代表”重要思想教育活动。2005年1月至6月，全县94个县直单位、183个基层党组织、4474名党员参加第一批保持共产党

▲ 先进性教育学习班

▲ 党的群众路线活动文化巡演（2014年摄）

员先进性教育活动。7月至12月，乡镇机关及其直属单位、县派驻乡镇基层单位、社会团体、社会中介组织、民办非企业单位、公有制经济和非公有制企业等257个基层党组织、6696名党员参加第二批保持共产党员先进性教育活动。12月，开展第三批（农村）保持共产党员先进性教育活动，至2006年6月基本结束。全县共有326个党组织、12097名党员参加学习活动。同年，开展“设岗评星”活动，先后有8706名农村无职党员上岗。2007年，开展学习中国共产党第十七次全国代表大会精神活动。2009年3月，全县开展第二批深入开展学习实践科学发展观活动，8月底基本结束。共有108个单位的领导班子参加，其中，县级班子4个，科级班子104个，11个党（工）委，235个基层党组织，5593名党员。2009年9月，全县开展第三批学习实践科学发展观活动，共486个党组织、19526名党员参加。2010年，开展推进基层党组织“活力10”行动和创先争优活动，实施基层党建“五大工程”，建立党组织和党员“公开承诺”制度，并对全县基层党组织实行“星级管理”，913个基层党组织、26263名党员参与活动。同年，开展“送教下乡”实施农村党员干部“素质提升”工程。2012年，开展学习中国共产党第十八次代表大会精神活动。2014年，开展党的群众路线教育实践活动，全县22个党（工）委，其中，12个镇街党委，10个县直党（工）委，954个基层党组织，27425名党员参加，广大党员干部增强了政治上的清醒和坚定；“四风”问题得到有效遏制，干部作风明显好转；党内生活逐步规范，党组织的凝聚力、战斗力得到增强；群众看到变化得到实惠，密切了党群干群关系。2015年，在全县县级领导干部中开展“三严三实”专题教育，县级以下党员干部参与有关内容学习。

电化教育　1993年，成立定陶县委组织部党员电教中心。全县先后购置3台摄像机、42台录放机、35台电视机等电教设备。2002年，各乡镇党委和县直机关工委建立党员电教站，建立150多个村级播放点，10个县直机关播放点，配备专（兼）职工作人员160多人。至2004年，共播放电教片486部、2052场次，受教育党员36874人。2005年，成立定陶县党员干部现代远程教育中心，全县共建立党员干部现代远程教育站点381个，其中，县级站点2个，乡镇机关站点12个，村级站点367个，每个站点配备电脑、电视等远教设备，建立学习制度；组建县乡村三级管理员队伍，配备专（兼）职管理员、协管员450多人，通过培训，持证上岗。组建教学辅导专家组，对远程教育平台上学习的知识实时讲解、解读。至2015年，全县通过远程教育平台，累计培训农村党员干部11万余次，受教育党员220万余人次。通过远程教育示范基地、专业协会等载体，向农民培训增收致富技能，拓宽致富门路，累计培训农民25万余人次，发放光盘5500余张，解决技术难题9000多个。根据不同时期党员教育要求，制作农村实用技术和先进基层党组织、优秀共产党员事迹等方面的党员教育专题片47部，先后获得省委组织部课件评比一等奖1次、二等奖1次，多部课件在全国、省党员干部远程教育专网展播；在定陶县电视台开辟《党建新时空》《党旗飘飘》等党建栏目，全县党员受教育人数90%以上。

▲ 王双楼村服务型党组织建设 （2015 年 王义合 摄）

基层组织建设 农村党组织建设 1991年，开展争创“农村党的建设工作先进县”活动。县委成立创建工作领导小组，制定《关于进一步加强农村党的建设工作的意见》。1993年至1994年，集中开展农村基层党组织整顿活动，经过整顿，农村3类班子软、懒、散、瘫痪半瘫痪的状况得到根本扭转。1997年，开展农村基层组织综合改革，对行政村干部制定任期和年度目标，采取“一推双考”（群众推荐、考试、考察）办法选拔农村优秀人才，拓宽农村党支部选人用人渠道，同时下派干部到村任职。2000年5月，县委转发中共菏泽地委《关于开展创建“五好”村党支部、“六好”乡镇党委和农村党建工作先进县市活动意见》，全县开展创建活动。2003年，再次开展农村基层组织集中整顿活动，重点治理整顿36个后进村班子。2005年12月至2006年5月，开展农村保持共产党员先进性教育活动。2006年，深化“三级联创”，基层组织建设成效显著。2007年，农村党支部和村委会进行换届选举，党支部书记和村委会主任一人兼的比例占90.2%，村“两委”成员交叉任职比例81%。2009年，开展学习实践科学发展观活动，农村党组织建设进一步增强。2010年，以深入开展创先争优活动，全力推进基层党建“活力10”行动计划为契机，在农村基层党组织中实行“争当四个带头模范”，做好社会主义新农村的宣传和建设工作。2014年，农村党支部和村委会进行换届选举，233个村实现书记、主任“一人兼”，其比例为64.9%。2015年，推进村级服务型党组织创建活动，全县50个优秀服务型党组织坚强有力，经济蓬勃发展，村容整洁优美，乡风文明健康，村庄和谐稳定。

企业及民间组织党组织建设 1995年，县委制定《进一步加强国有企业党组织建设的意见》，就新形势下加强国有企业党的建设和领导班子建设提出要求。1998年，县委、县政府按照地委、行署的工作部署，采取股份制改造、产权出售等多种形式，对县属工业企业进行体制改革，指导改制后的工业企业党组织进行改选，重新配备班子。2000年，对全县非公有制经济组织和民间组织党建情况进行调查。当年，新建“两新”组织党组织23家。2003年以后，本着“成熟一个，组建一个”的原则，切实加强企业及民间组织的党组织建设。2008年，结合“讲党性、重品行、作表率”活动，在全县非公有制企业中开展以“亮身份、树形象、作表率”为主题的“党员示范岗”创建活动，建立非公有制企业党建工作的有效载体。2009年，在已建立党组织的非公有制企业中开展“党员示范责任岗”及“职工模范星”“团员示范星”“妇女建功星”为主要内容的“一岗三星”创评活动，有效推动了非公有制企业发展。2011年7月，在全县“两新”组织中开展“扩覆盖集中行动”，“两新”组织党组织组建率进一步提高，党员数量进一步增加，党组织建设进一步规范，党组织和党员作用进一步加强。2013年，下发《关于进一步加强和改进非公有制企业党建工作的意见》，扩大党的组织覆盖和工作覆盖。至2015年底，全县155家非公有制企业，建立党组织95个，其中，党委1个，支部75个，联合支部19个，党员423人。全县63家社会团体、民间组织，建立党组织23个，其中，支部20个，联合支部3个，党员114人。

县直机关党组织建设　1991年，调整党支部班子25个，优选新配支部成员47人，发展党员122人，评选先进党总支4个，先进党支部47个，优秀党支部书记29人，优秀共产党员312人。1995年，新发展党员102人。1996年，新发展党员98人。1997年，新建党总支1个，支部4个，发展党员102人。2000年，调整充实支部17个，支部成员46人，新增支部6个，评选45个先进党组织、48名优秀党务工作者和315名模范党员。2005年，新配备支部29个，支部成员112人。2011年，调整党总支（支部）班子49个，充实调整班子成员189人，评选先进基层党组织30个，优秀党务工作者50人，优秀共产党员280人。同年，为深入开展创先争优活动，开展争创“共产党员先锋岗”活动，16家单位获“共产党员先锋岗”称号。2014年，新建党总支1个，党支部4个，指导28个基层党组织进行换届选举，调整党组织班子12个，新配备班子成员152人，评选表彰40个先进基层党组织、50名优秀党务工作者、192名优秀共产党员。同年，在党的群众路线教育实践活动中进一步完善党员基本信息台账。2015年，重新设置党总支3个，整合党支部20个，新成立党支部1个，指导10个单位的35个基层党组织进行了换届选举，充实102名党组织班子成员。

服务基层活动　1991年，开展“双十”“双百”评选活动（即评选10名农村模范党支部书记、10名优秀党务工作者，100个农村党员带头户、100名农村优秀党员）。1995年，县委抽调69名县直机关干部，组成19个工作队，到村到户送信息、送技术。同年，在全县农村中开展“让党旗更红”活动，组织党员为群众义务修路、义务帮助困难户。2001年，开展百个部门包村活动，选择104个县直部门，有针对性地派驻到64个后进村，理思路促发展；抽调1100名县科级干部与1300个贫困户结对子，帮助其快速脱贫致富。2005年，开展“驻访帮解”（驻百村、访万户、

▲ 走访群众

帮民富、解民忧）活动，县乡村干部提供致富信息5190条，推介致富项目1869个，解决生产经营难题895个。2009年，深化为民服务代理制，全县11个乡镇设立代理中心，366个村（社区）设立代理站，各级累计为群众代办事项8160件，按时办结率98%。2010年，将第二批学习实践科学发展观活动梳理出的419个问题，第三批学习实践活动梳理出的864个问题，全部整改落实，并组织两代表一委员、服务对象等11847人进行评议，满意率均98%以上。2012年，选派344名县、乡机关干部到村（社区）担任“第一书记”，深入到农村进行党建、破难题、促发展、惠民生、保稳定工作。2014年10月，在全县开展“转变作风，服务群众”活动，针对群众反映的问题，按类别归结为“基层组织建设、乡村文明、中小学教育、看病就医、社会治安、农村生产生活设施、规范低保、村级管理公平正义、村级经济发展、扶贫攻坚、个性问题”等11大类43项。至2015年，共梳理解决路、水、电、医、学等各类问题2823件。2015年8月，开展“双联双创”活动（单位联系村社、干部联系户，创建村级服务型党组织、创造群众满意工作业绩），全县抽调机关事业单位干部9254人，联系367个村社，联系群众143949户、560819人。12月底，收集梳理群众诉求7089件，解决5908件，化解率83.3%。

干部工作　干部选拔任用与管理　定陶县委对领导干部的任免坚持依法办事、党管干部、任人唯贤和德才兼备、结构合理、不断更新的原则，并严格按照《党政领导干部选拔任用工作条例》和省、市关于干部任免工作的有关精神对定陶县正副科级干部进行任免管理。县委主要管理各乡、镇、县直各单位、局级企事业单位和副科级企事业单位的领导干部；县人事局主要负责政府系统（包括国有企业）股级以下干部的管理。

1991年以后，县委先后印发《关于加强干部管理工作的十条试行意见》《关于认真贯彻执行〈党政领导干部选拔任用工作暂行条例〉的意见》《关于进一步加强和改进县属企业党的建设和领导班子建设的意见》等一系列文件，进一步规范干部选拔任用程序，完善县委管理干部的任免审批权限。县人大常委会、县政府、县政协党组书记、副书记、成员，县直正科级单位党政副职、纪检书记、工会主席，县公安局、县检察院、县法院党的正副职、行政副职，县纪委副书记、常委及中层正职，县人大常委会、县政协专职常委、秘书长和中层正副职，县委党校、县第一中学党政副职、县直副科级单位党政正职、乡镇党委副书记、委员，乡镇人大常委会、政府、政协的正副职，乡镇纪委书记，乡镇武装部部长，以及其他相当职务的任免，由县委常委会讨论决定，县委书记签发任免通知。县直正科级单位的党组成员（党委委员）和总审计师、总工程师、总经济师、主编、正副主任科员，正副科级秘书，正副科级组织员、宣传员、纪律检查员、信访员，正副科级检察员、审判员、侦查员等非领导职务，县直小型〔I〕企业党政正职，中型企业党政正副职，县委党校、县第一中学中层正职，派出所所长的任免，由县委组织部按照干部任免程序研究提出意见，报县委分管副书记审查同意后，由县委组织部下发任免通知。1999年3月，县委组织部印发《关于政法系统干部管理的意见》，完善对政法系统干部管理的权限。

2002年7月，县委采取各种形式加强对干部任用条例的学习、宣传和贯彻，同时对干部选拔任用工作的有关规章制度进行规范、调整、完善。2003年6月，县委组织部印发《关于在干部选拔任用工作中严格执行规定程序的意见》《考察预告制实施办法》《任前公示制实施办法》《试用期实施办法》《实行考察责任制的意见》等配套文件，在干部选拔任用工作中严把干部选拔任用的推荐关、考察关、酝酿征求意见关和讨论决定关，干部选拔任用工作实现科学化、民主化、制度化。同年11月，对全县股级干部的管理权限进行调整。党群部门正科级单位的中层正副职，纪委、一中、党校的中层副职；各乡镇党群口的中层正副职；法检院的中层正副职，乡镇派出所长由县委组织部管理、任免。县直政府机关及事业单位的中层正副职，乡镇政府部门的中层正副职，乡镇中心校校长由县人事局管理、任免。乡镇中心校副职，乡镇中学正副职由教育局管理、任免。机关工委、乡镇武装部副部长、助理员由武装部管理、任免。2006年，印发《中共定陶县委关于实行新提拔干部到村蹲点制度的意见》，规定新提拔的干部必须到村蹲点工作，这一做法受到省、市委组织部的肯定。

2011年，完成撤销定陶镇人民政府设立天中街道办事处和滨河街道办事处相关干部调整工作。2012年，先后制定《关于选派优秀年轻干部到重点建设工程等一线顶岗锻炼的办法》《关于选派县直单位优秀年轻干部到乡镇（街道）挂职锻炼的实施意见》，将民主推荐产生的97名优秀年轻干部安排到全县近50个重点项目建设一线顶岗锻炼。同时，定期选派5～6名优秀年轻干部到县信访部门接受锻炼，使优秀年轻干部能够直接感受群众诉求、倾听群众心声，强化群众观念和服务意识。2012年7月，从县直机关选派18名优秀年轻干部到乡镇（街道）挂职任乡镇党委副书记。2014年，组织学习新修订的《党政领导干部选拔任用工作条例》。在县委中心理论学习组，组织县级党政领导班子成员，对《党政领导干部选拔任用工作条例》进行通读学习；设计《党政领导干部选拔任用工作条例》及4项监督制度为主要内容的测试题，对县党政班子成员、组工干部进行测试，为新修订的《党政领导干部选拔任用工作条例》在全县党员干部中做到应知应会打好基础。2015年，对县卫计局、市场监督局、城管局、林业局、政务服务中心等机构改革单位的领导班子进行理顺配备。制定下发《关于实施在工作一线考核干部的意见》，围绕全县中心工作选派干部到服务群众、信访维稳、经济建设、生态文明、基层党建等一线开展工作。

乡镇换届　1993年、1996年和1998年19个乡镇党委政府按时进行换届。2001年2月，全县乡镇规模调整，撤销一千王、力本屯、田集、王双楼、姑庵、保宁、游集8个乡，邓集乡与游集乡合并成立仿山乡，一千王乡撤销并入张湾镇，力本屯乡撤销并入马集镇，王双楼乡、田集乡撤销并入冉堌镇，姑庵乡撤销并入黄店镇，保宁乡撤销并入陈集镇。2006年年底，全县11个乡镇党委换届，换届后乡镇党委结构更趋合理，战斗力、凝聚力进一步增强。换届后，全县共配备乡镇党委委员总数81人，其中，乡镇党委书记11人，党委副书记（乡镇长）11人，专职党委副书记11人，其他委员48人。委员中兼任乡镇政府班子职务的有13人，党政交叉任职力度进一步加大。从年龄上来看，全县乡镇党委班子成员平均年龄36.21岁，较届前下降2.28岁；女干部比例有了较大增长，共配备14名女干部，较届前多出9人；新提拔大专学历以上的年轻干部19人；为两个少数民族较集中的定陶镇、陈集镇各配备了1名少数民族干部。2006年年底换届调整前，乡镇政府班子成员共54人，其中，党政交叉任职24人，40岁（含以下）49人（其中，35岁以下26人），女干部7人，非党干部1人，少数民族干部1人。调整中，现班子成员退出班子10人，其中，待安排6人，不提名保留待遇2人，不提名1人，转任综治办副主任1人。调整后，政府班子共配备44人（每个乡镇都是1正3副），其中，党政交叉任职24人，40岁（含以下）41人，35岁以下22人，女干部4人，非党干部1人。保留30岁以下、大学以上文化程度镇长1人，女乡长1人，每个乡镇的党政班子中至少有1名女干部，政府领导班子中至少有1名35岁以下的干部。乡镇人大常委会班子调整前，共配备24人，其中人大常委会主席11人、副主席13人。调整中，人大常委会主席交流县直安排1人；副主席到龄退出4人，不提名保留待遇7人，交流县直安排1人，转任综治办副主任1人。调整后，乡镇党委书记拟兼任人大常委会主席1人，保留专职主席10人，配备副主席1人。全县11个乡镇人大常委会、政府班子职数、结构均符合省、市要求。

2011年，12个乡镇（街道）完成换届，其中，2个街道只进行党委换届。换届调整后，乡镇

（街道）党政领导班子在知识结构、专业结构、年龄结构、交叉兼职、性别比例结构等方面都比较合理。既保留一部分基层工作经验丰富、能力较强的老干部，又配备一部分有发展潜力、有培养前途的年轻人，特别是高学历干部明显增加。调整后，全县共有乡镇（街道）党政班子成员109人。年龄最大的48岁，1人；年龄最小的25岁，2人；41岁至48岁干部21人，36岁至40岁干部52人，31岁至35岁干部18人，30岁以下干部18人；平均年龄37岁。每一个乡镇（街道）党政班子中都至少有1名30岁以下干部。全县有35岁以下的乡镇党政正职4人，其中，乡镇党委书记1人。全县乡镇（街道）领导班子中共有女干部18人，比上届增加4人，其中，党政班子中有女干部16人，比上届增加2人；每一个乡镇（街道）党政班子中都至少有1名女干部。乡镇党政正职中有女干部2人，其中，女乡镇党委书记1人。全县乡镇（街道）党政交叉任职25人，同时，每个乡镇（街道）的纪委书记、武装部长都由党委委员兼任。全县乡镇（街道）党政班子中，全日制大学本科以上学历18人（其中全日制研究生学历2人），比上届增加15人，首次在乡镇领导班子中配备全日制研究生学历干部。此外，还为乡镇政府配备党外干部2人，比上届增加1人。有10个乡镇人大常委会班子需要换届，换届调整后，全县共配备乡镇人大常委会主席10人、副主席1人，其中，由乡镇党委书记兼任人大常委会主席1人。2个街道共配备人大常委会联络处主任2人。换届调整后，乡镇（街道）党政班子、人大常委会班子配备职数、结构均符合省、市要求。

干部公开选拔　1995年7月，县委机关首次面向全县公开考选县委机关干部。其中，县委办公室4人，组织部4人，宣传部1人，信访局3人，档案局2人。考选工作遵照“公开、平等、竞争、择优”的原则，实行公开报名，统一考试、考察的办法进行。2004年7月，从乡镇副科级以上干部和全县公务员队伍中选拔30名干部充实县直单位。其中，录用县委机关文字工作人员10人，县纪委1人，县委办公室2人，县委组织部2人，县委宣传部3人，县委政法委1人，县人大常委会1人。2009年2月，根据《党政领导干部选拔任用工作条例》有关规定，通过公开竞争的方式选拔1名乡镇党委书记和2名乡镇长，按照党管干部、扩大民主、引入竞争、严格程序、公开透明的原则，确定了推荐竞争人选、审查人选资格、酝酿差额提名人选、票决差额人选、票决拟任人选、组织考察、发布任前公示7个步骤。

2010年，根据《党政领导干部选拔任用工作条例》和省委组织部《两公开四差额选拔任用县乡党政正职试行办法》，参照《菏泽市市直部门正职领导干部选拔任用工作试行办法》，制定《定陶县乡镇党政正职及县直部门正职领导干部选拔任用工作试行办法》，并分别于2月初、3月中旬先后2次，公开选拔3名乡镇党委书记、3名乡镇长、4名县直部门正职和5名乡镇党委副书记。2011年9月，部分乡镇长、党委副书记、党委委员等12个领导职位实行公开竞争性选拔，其中，乡镇长1人、乡镇副书记1人、30岁以下乡镇（街道）党委委员10人。2012年，为改善领导班子结构，增加年轻干部、女干部、少数民族干部和党外干部的比重，同时，为调动乡镇（街道）一线干部积极性，按照省委组织部“基层培养优选计划”的做法，通过“一推双考”的方式进行2次公开选拔，选拔干部27人。分2批次对县房管局局长、县文体局局长和县城镇综合开发办公室主任职位进行竞争性选拔。同时，在征得省市委组织部同意后，对团县委副书记、监察局党外身份副局长等26个职位、分2批次公开选拔，共有369人参与报名，资格审查后，有335人参与笔试考试。

干部培训　1991年至1995年，对全县科级干部和青年后备干部进行培训，主要内容是马列主义、毛泽东思想、邓小平理论、党和国家的方针政策、法律法规、科级知识、履行岗位职责必备的知识等，共培训干部3万余人次。1996年至2000年，制定《干部教育培训规划》，通过县委党校、职教中心等对干部进行教育培训，5年共举办各种类型的培训班876期，培训干部32398人次。选调干部到上级党校、高等院校培训452人次，提高干部的马克思主义理论水平、专业知识、科技文化知识和业务能力。2001年至2005年，以邓小平理论和“三个代表”重要思想及社会主义市场经济理论、法律法规知识、现代科技与管理知识为培训重点，先后培训干部34528人次，选送359人次参加上级调训。2006年至2009年，以马克思列宁主义、毛泽东思想、邓小平理论、“三个代表”重要思想和科学发展观为主要培训内容，以党政领导干部、中青年干部、公务员、专业技术人员、党外干部和女干部、纪检干部和公检法干部、村干部以及企业经营管理人员等为主要培训对象。先后培训干部29731人次，选送674人次参加上级调训。2010年至2015年，以县委党校为主阵地，以县党员干部培训中心、县职教中心和各级党员活动室为辅助，结合各相关部门，举办各类培训班327期，受训人员3.36万人次。其中，举办妇女干部培训班26期；举办全县基层团干部培训班45期，举办新任乡镇街道团委书记22期；举办“两新”组织团委负责人23期；结合县统战部举办党外干部培训班36期；结合县直机关工委举办全县党务干部培训班47期；结合县人社局对全县各级机关在职公务员（含参照公务员法管理的群团机关和事业单位人员）进行网络培训，参训人数8746人次；在县职教中心分20期对全县农村党支部书记、村委会主任和大学生“村官”进行培训；委托县委党校，举办科级干部培训班108期；针对不同干部类别，开设党史党建、经济管理、城乡规划、计划生育、行政法规、农业科技、医疗保健等培训。先后选派287名县、科级干部参加上级组织部门主办的县级领导干部进修班、中青年干部培训班、省委党校乡镇党委书记培训班、城镇规划建设与经营培训班和各类领导干部专题培训班。完成全县副科级以上干部在线学习的部门架构和信息采集等各项工作，成立县“名师送教”师资库，丰富干部教育培训资源。

干部监督　县委坚持从严治党，加强对干部特别对党政领导干部的监督。监督检查的原则是：实事求是，客观公正；发扬民主，群众参与；预防为主，违规必纠。通过考察考核，举报受理，分析研究领导干部思想、工作、生活中出现的问题，实施谈话、函询、诫免等制度。1991年后，对领导干部“八小时”以外监督管理，领导的权力行使到哪里，监督就跟到哪里，形成干部监督全天式工作机制。2001年，贯彻执行《关于加强组织部门干部监督工作若干意见（试行）》，加强对党政“一把手”、年轻领导干部、掌管人财物部门领导干部及执法党纪部门领导干部等重点对象的监督管理，制定完善了评议制度、考察制度、报告制度、举报制度、联席制度等监督管理措施，掌握了解每个领导干部的“生活圈”“社交圈”“娱乐圈”及“家庭、邻里圈”的信息和动态，考查其圈子中表现出的政治品质和伦理道德。对个别存在的问题，及时通过谈话打招呼等形式，早提醒，早敲警钟，促进领导干部的自身建设；同时实行对《党政领导干部选拔任用工作条例》执行情况的监督检查，在干部的推荐提名、考察考核、讨论决定等各个环节，严格把关，明确责任，促进干部选拔任用工作的科学、公正、合理。同时开展自查活动，将发现的问题妥善处理在萌芽状态。2003年6月19日，中共中央办公厅下发《党政领导干部选拔任用工作监督检查办法（试行）》。从民主推荐、公开选拔、考察酝酿、任用决策等环节上，科学界定干部选拔任用工作的责任主体、责任内容和责任追究，把选拔任用工作的权力同责任统一起来。2005年，建立选拔任用工作纪实全过程的存档制度。民主推荐票存档，个别谈话推荐记录存档，考察谈话、记录存档，执纪、执法部门证明材料存档，考察材料汇报材料存档，调查记录处理情况存档，会访记录存档等8项纪实制度。每一个程序都有详细记录。2007年后，对有关干部选拔任用的信访案件进行调查处理，对所有拟提拔重用的干部人选征求执纪执法部门的意见。做好首次集中报告个人有关事项工作，组织43名市管干部对个人重大事项进行集中申报。按照市委组织部统一要求，组织开展了全县财经纪律执行情况大检查。继续深化经济责任审计工作，对有关单位主要负责人进行离任经济责任审计。

▲ 老干部参观大项目建设（2013年摄）

老干部工作　*落实老干部政策*　1991年以后，县委、县政府坚持“基本政治待遇不变，生活待遇还要略微从优”的方针，落实好老干部“两项”待遇，成立老干部工作领导小组，建立健全领导联系老干部制度、走访慰问制度、驻城老干部每月15日学习制度以及每年向老干部通报情况制度、每年组织老干部参观工农业生产和社会建设情况制度，按规定请老干部参加重大会议，为老干部订阅报刊、杂志。2003年，全县离休干部纳入医疗统筹。2005年后，建立完善全县离休干部离休费保障机制、医药费保障机制、财政支持机制“三项机制”。老干部的政治、经济待遇得到落实。2009年，解决1995年至2003年拖欠离休干部的离休费、护理费、一次性抚恤金、医药费共计412万元。2014年起，离休干部医疗费统筹金增加至每人每年1万元。

老干部活动及场所建设　1991年起，组织老干部开展形式多样的文体活动。1995年以后，不断调整、充实县老年体育协会、老年书画协会，完善钓鱼、乒乓球、门球等老年体协分会，成立各镇（街）老年书画协会。每年至少组织1次全县老干部运动会、书画展览活动。2011年，对老干部活动中心倒塌墙体、乒乓球室、下水道及破损道路进行全面修缮，对健身器材重新刷漆，使老干部有一个良好的活动环境。2015年底，新的老年大学、老干部活动中心开工建设，为组织老干部开展活动提供保障。

发挥老干部作用　1991年，贯彻、落实省委组织部、省委老干部局、省人事局《关于进一步做好离退休干部发挥作用工作的意见》，全县10名老干部被县委聘为全县老干部工作顾问，14名老干部被县纪委聘为党风党纪监督员，146名老干部做行政村党支部参谋，218名老干部参加农村社教活动。1996年，全县126名老干部从事种植、养殖加工服务等项目，带动1100多户村民走上脱贫致富道路，创造财富14万多元。1998年，又有17名干部被聘为党政工作联络员。2005年、2009年，组织离退休干部参与“献爱心、送温暖”向困难职工、失学儿童等开展捐款活动，为社会献上一份爱心。县关心下一代工作委员会成立后，先后组织老干部为中小学生作法制报告、安全教育报告100场次，受教育师生8万余人次；成立2个关爱团，先后帮扶60名中小学生。2014年，360余名老干部为县、镇（街）、村三级党政领导当参谋、搞咨询，既当联络员，又当参议员，经常活动议事，为定陶县各项工作起到参谋协调作用。2015年，组织“五老”成立“两史”报告团，在全县各中小学巡回作“两史”报告12场次，受教育师生1万多人。

知识分子工作　1994年，县委、县政府印发《关于增加地县级专业技术拔尖人才的技术（业务）津贴的通知》，地区专业技术拔尖人才技术（业务）津贴由每人每月30元提高到50元，县级专业技术拔尖人才技术（业务）津贴由每人每月20元提高到每人每月40元。2001年，经过广泛推荐，严格评审，从各系统选拔出25名专业技术骨干，授予第三批县级专业技术拔尖人才称号；评选第二批农村优秀拔尖人才，5人入选市级专业技术拔尖人才。2004年，县委组织部召开全县人才工作会议，对全县人才队伍现状进行调查统计，开展“党员和人才双培养”及“人才建功”活动。选拔第四批县级专业技术拔尖人才，4人入选专业技术拔尖人才。2007年，研究制定定陶“十一五”人才队伍建设总体思路和实施意见，签订人才工作目标责任书，建立县领导联系专家和优秀人才制度。评选第一届优秀创新型科技人才19人、第三批优秀农村实用人才23人。在县电视台开辟专栏，对各类优秀人才的典型事迹定期进行宣传，营造“尊重知识、尊重劳动、尊重创造、尊重人才”的浓厚氛围。2009年，全县引进硕士以上高层次人才16人，首次引进海外人才2人，推荐评选5名市级专业技术拔尖人才和12名县级专业技术拔尖人才，取得市级以上科研成果15项。2015年，全县共有大学生村干部13人。通过建立工作机制，适应基层新岗位、新环境，提高其实际工作能力，引导其锻炼成才。

第四节 宣传工作

思想理论教育 1991年，开展“学党章、正党风”活动。1992年至2000年，组织党员干部学习邓小平视察南方重要讲话，开展解放思想大讨论，进行建设中国特色社会主义理论教育，学习江泽民《领导干部一定要讲政治》等重要讲话；学习中共十五大精神和邓小平理论。开展以讲学习、讲政治、讲正气为主要内容的“三讲”教育活动。2002年至2003年，组织学习中共十六大精神。2004年，组织召开学习“三个代表”重要思想、加强党的执政能力建设专题理论研讨会。2006年，结合实施“突破菏泽”、建设“和谐定陶”，制定学习方案和工作重点，把学习十六大、十六届五中、六中全会精神向广度、深度推进，获得省级先进县级党委中心组。2007年，组织开展学习党的十七大精神活动。举办专题学习报告会，组织举办建党86周年理论研讨会和建党86周年系列纪念活动。2008年，组成十七大精神宣讲团，集中进行党的十七大精神宣传教育活动，深入乡镇、企业、学校作报告13场，5000余名干部群众聆听报告。同时，在县电视台、《定陶采风》开辟“十七大精神”学习研讨会。开展“落实科学发展观，加快定陶发展”研讨活动，评选出优秀论文29篇。2009年，开展科学发展观和十七届四中全会宣传活动，在乡镇和县直部门、学校作巡回宣讲报告30余场。举办“庆祝新中国60周年”理论研讨活动，并为全市开展的“纪念改革开放30周年、建国60周年”理论研讨会提供理论文章14篇，其中有8篇获得优秀论文奖。2010年，集中宣讲40余场，直接听众万余人次。2012年，围绕建设“幸福定陶”总任务，发扬敢为人先的创新精神、迎难而上的拼搏精神、脚踏实地的务实精神、百折不挠的进取精神、众志成城的团结精神，积极作为。2013年，上报市调研报告5篇，开展“解放思想大讨论”活动，共收到意见、建议材料225篇；举行深入学习贯彻党的十八大及三中全会精神宣讲报告会，印发《关于深入学习贯彻党的十八届三中全会和习近平总书记一系列重要讲话精神的实施方案》。2014年，制定定陶县《县委理论学习中心组和基层党委（党组）理论学习中心组2014年理论学习安排意见》，邀请学者教授结合马克思主义哲学原理解读习近平总书记系列讲话精神。同年，开展四德榜建设工作，全县建成机关、企业、学校、行政村等四德榜共617个，上传至省平台617个。2015年，组织全县党员干部深入学习党的十八大、十八届三中、四中、五中全会和习近平总书记系列重要讲话精神，以及中央和省、市、县委重大决策部署，全年举办2期科级干部培训、70余场基层理论宣讲活动。抓好县委理论中心组学习工作，围绕“三严三实”专题教育，制定《县委理论中心组“三严三实”专题学习研讨计划》。

新闻宣传 1991年至1995年，全县共在地区级以上新闻单位用稿2516篇，其中，国家级313篇，省级906篇，地区级1297篇；在《大众日报》头版位置刊发7篇，在《菏泽日报》头版头条刊登18篇。其中，采写的冉堌民警张长路见义勇为的先进事迹在多家报纸重要位置刊载，济南军区前卫艺术中心拍摄《血染长路》2集电视连续剧。1996年，围绕“京九机遇”和农村种植业结构调整，于7月至9月进行新闻大会战，实现《菏泽日报》上稿“双百”目标。同年，举办“御思杯”新闻竞赛。1997年，围绕香港回归、十五大召开和县委、县政府的中心工作及菏泽牡丹花会、陈集畜产品交易会等重大事件、大型活动，集中采写一大批重点稿件，362篇稿件在中央及省、地新闻单位主要位置刊载。2005年，邀请山东卫视拍摄《寻找大刀会》专题片，编辑出版反映定陶改革开放成果的新闻作品集《奋进的脚步》。2006年，先后邀请中央电视台、山东卫视、《大众日报》《菏泽日报》及其他媒体记者到定陶采访，在《大众日报》《菏泽日报》等省市级以上媒体发表稿件1000余篇，其中头版头条28篇，向省、市电台、电视台供稿900余篇，被采用700多篇。在牡丹花会期间刊发招商引资特刊《菏泽日报•定陶专刊》，与山东电视台制作了反映定陶资源、区位优势及招商引资信息的宣传片《中国定陶》。2007年，坚持内外宣传并举，在全县形成“励精图治求发展，同心同德谋跨越”的主流社会舆论氛围。共在《大众日报》《菏泽日报》等省市级以上媒体发表稿件1500余篇，其中，头版头条26篇。反映定陶县发挥西部“洼地”效应、优化区域经济发展做法的报道，在央视新闻联播中播出。反映定陶县农业先进管理经验做法的节目在新闻联播中播出。2008年，打造高素质新闻宣传骨干队伍，对全县专职和兼职新闻报道人员进行充实调整，并聘请专家学者免费培训达200余人次，共在省市级以上媒体发表稿件1000余篇。完成《定陶报》改版，成为全市唯一一家县级周报。邀请中央电视台7套《致富经》栏目制作定陶县林下养殖的专题片，7月6日在中央电视台播出。建立“中国定陶”网站。2009年，在市级以上各类媒体发表新闻稿件1000余篇，为配合争取“山东最佳投资城市”，在《大众日报》进行专版宣传，对定陶县的资源优势进行集中展示。2010年，在市级以上各类媒体发表新闻稿件2000余篇，同时在牡丹花会期间和庆祝菏泽撤地设市10周年活动中在《菏泽日报》《牡丹晚报》进行专题宣传。2011年，在市级以上各类媒体发表新闻稿件1600余篇，特别是围绕“村两委换届选举”“迎接建党90周年”“干部作风集中整顿”等县内重大活动，开辟专版专栏，及时进行专题宣传。4月，中央电视台《焦点访谈》栏目播出《特殊的学校——关注留守儿童》专题，对县留守儿童学校的办学经验和做法进行报道。5月，灵圣湖汉墓保护性发掘取得重大发现，围绕灵圣湖汉墓保护性发掘集中策划宣传活动并召开新闻发布会，新华社、山东卫视、《大众日报》《牡丹晚报》等主流媒体进行大篇幅报道。2012年，为策划推介定陶，邀请中央电视台“身边的感动”栏目来定陶县采访，3月24日以《留守儿童的“临时爸爸”》为题，专题

▲ 《乡约》现场采访留守儿童的“临时爸爸”　(2012年摄)

报道刘传玺的典型事迹。4月17日至19日，邀请中央、省、市新闻及网络媒体在全市首次开展“百家媒体看定陶”活动。5月7日，中央电视台7套《乡约》栏目首次走进定陶，全方位展示定陶的人文风情。11月6日，中央电视台2套《生财有道》栏目对定陶县国家地理标志保护产品—陈集山药进行专题采访。同年，在新华社、中央电视台、人民网、《大众日报》《菏泽日报》、省市电视台等市级以上媒体发表新闻稿件2300余篇。同时，对中国定陶网站进行改版升级，开通了定陶政务微博、手机报。2013年，定陶县先后在人民网、新华网、《光明日报》《经济日报》《大众日报》、省新闻联播、《山东参考》《齐鲁晚报》《农村大众》等媒体发表稿件130余篇（条），在《菏泽日报》发表稿件900余篇，在中央电视台、山东电视台等省市级媒体刊播《记忆鲁西南　定陶过大年》《仿山千年庙会火爆开场》等20多篇专题报道，成功举办第二届百家媒体看定陶文化旅游产业新闻发布会，30多家国家、省、市级新闻及网络媒体，对全县文化旅游产业进行采访报道。2014年，在人民网、新华网、中国网、齐鲁网、大众网、中国菏泽网等重点网站发表稿件2400余篇，在《农民日报》《大众日报》《齐鲁晚报》《农村大众》等媒体刊发稿件90余篇（条），其中省级报刊《农村大众报》刊发了《合作社做好农超对接的“中间人”》《抗风险，合作社各有各的道》等头版头条4篇，在山东电视台刊播《居民反映用电紧张　供电公司扩容电量》《春耕春种忙　政策扶持力度大　农民返乡“抢”田种》《山东节后用工市场火爆　高技能人才受青睐》《山东大学附属中学实验学校落户定陶》等反映全县经济社会良好发展的稿件20余篇。2015年，围绕“融入大市、同城发展”战略和全县中心工作，在中央电视台重点栏目、新华社、人民网、《大众日报》、山东电视台、《齐鲁晚报》《农村大众》等省级以上媒体刊发（播）稿件150篇（条）；在《菏泽日报》发表稿件420余篇；在市级以上行业类报刊发稿件1000余篇；中央、省市重点网站论坛上发布正面宣传帖文1.4万条，新闻2600余条。山东电视台《新闻联播》《今日报道》《早安山东》等重点栏目先后以精准扶贫、机场选址、定陶汉墓、两夹弦戏剧《春秋商圣》等为主题，刊播定陶县相关报道30余条。定陶第二届南王店西瓜节举办期间，新华社、《大众日报》、山东电视台、齐鲁晚报等20家国家、省市级重点媒体深入定陶县采访，宣传定陶县特色农业，展现定陶良好形象。《定陶报》每周一期按时发行，至2015年已编发46期。

▲　中央媒体文化山东行采访团　（2015年摄）

第五节　统战工作

民主党派工作　定陶县有民革、民盟、九三学社3个民主党派，其成员主要分布在教育、文化和卫生系统。1991年以后，定陶县民主党派工作严格执行政治协商、民主监督制度，定期召开民主党派、无党派知名人士政治协商会议；采取走访、座谈、交知心朋友等方式，不定期召开党委主要领导人同民主党派负责人、无党派代表人士

▲ 党外干部培训班 （2012 年摄）

座谈会，听取意见和建议；推荐民主党派成员为定陶县特约监察员，参与参政议政。

党外干部工作　1991年以后，每年定期举办党外干部培训班、党外干部座谈会和情况通报会；定期开展无党派人士主题教育活动，定期对党外干部进行摸底、考察，按照“一职二备”要求，建立党外干部人才储备库。1992年5月，与组织部联合印发《关于培养选拔党外干部的工作规划》，对选拔、使用党外干部的指导思想、标准条件和近期目标做了详细的规定。1995年至2015年，定陶县先后有5名民主党派和4名无党派人士担任副县级领导职务。

党外知识分子工作　1991年开始，每季度召开1次党外知识分子、各民主党派和各界人士代表工作交流会，对具有窗口作用和社会舆论传播中心特点的单位，不定期召开由单位党组负责人和党外知识分子代表参加的思想交流会。2010年，在全县范围内开展一次大普查，全面了解党外知识分子队伍基本情况。2015年，全县共有党外知识分子4236人，其中，对教育、卫生、中介组织、非公企业等单位中有代表性的365人进行重点掌握，对他们的特长、政绩、专业成果等进行全面的调查登记并建立了档案卡。

对台工作　交流交往　20世纪80年代末和90年代初，台胞多为单人到菏泽探亲。冉堌镇田集台胞贾某某1986年9月到定陶探亲，这是定陶县台胞第一次回乡探亲。1995年，旅台同乡会第一次组团到菏泽，受到菏泽市领导的欢迎和款待。台胞高秉涵回台后在台湾筹建同乡会，率领同乡会探亲团11次到菏泽定陶探亲观光；动员同乡为菏泽学院、曹州书画院、贾坊乡、牡丹区医院捐款款物100万人民币。1994年4月，为庆祝香港回归，筹办庆回归海峡两岸书画展，邀请台湾书画界17名知名人士到菏泽参加展出。1998年4月，邀请台湾著名摄影爱好者一行5人到菏泽作摄影作品展，共展出作品216幅。2004年6月，邀请《中时晚报》社社长陈国祥一行10余人到菏泽考察农业生产。一家九博士的台胞杨正民积极为家乡教育奔走呼吁，并动员其亲家王永庆多次为家乡定陶捐资助学，共建明德小学6所，每所无偿投资45万元，共计270万元。嘉宏公司捐资5万多元捐助半堤镇72名困难学生。

每年菏泽牡丹花会、林交会期间，邀请台胞到菏泽定陶考察、观光。台湾著名企业家高新平、熊恩义、陈吉雄多次应邀考察。至2015年，接待台湾团体考察20余次，探亲观光600多人次。县电视台为颂扬高秉涵先生爱国爱乡、期盼祖国统一的情怀，专门制作专题片《归根》，在全市、全国播放。以杨正民先生无偿捐助建校为题材创作的《浓浓两岸情，殷殷感恩心》一剧被市委市政府选中，代表菏泽市参加全省汇演，得到省领导和其他市领导的好评。

对台宣传　对台宣传的主要任务是宣传“和平统一，一国两制”基本方针和国内形势。

1995年，县台办把《齐鲁乡情》《菏泽乡人萍踪》捎（寄给）知名台胞。并利用台属联谊会，向境内台属发倡议、动员大家利用书信、电话、传真等向台亲人宣传中国共产党的对台方针、政策，宣传家乡的投资环境，据统计每年均有800余（人次）台属向台亲友邮寄信件。同时利用元旦、春节向台胞发贺卡，以拜年形式表达两岸同胞血浓于水的情感和期盼统一的心情。2000年7月，通过台属联谊会建立网页，宣传牡丹文化、投资环境等。至2005年共邮寄贺卡1万余份；向台湾《工商时报》供稿35篇，图片60余张；捎寄《齐鲁乡情》1609份。在中小学校开展“祖国宝岛在我心中”“华夏儿女齐迎奥运”系列活动，并组成由宣传、教育、党校等部门人员参加的对台政策宣讲团，在全县12个镇街及县直单位着力宣传两岸关系形势和中央对台新政策。县电视台制作专题片《归根》，在全市、全国播放，颂扬高秉涵先生爱国爱乡、期盼祖国统一的情怀。以杨正民先生和县台办联系争取的万所明德小学、每所45万元、共计45亿元无偿资金捐助为题材创作的《浓浓两岸情，殷殷感恩心》一剧被市委市政府选中，代表菏泽市参加全省汇演，得到省领导和其他市领导的好评。2013年有关部门制作了一批宣传定陶文化、投资环境的画册、专题片、光盘等宣传品，赠送给岛内外同胞。

台属工作　定陶去台湾人员200多人，涉及台属1000余户，9000多人。2002年，利用菏泽台联会换届之际，在各乡镇街道和县直部门设立对台工作联络员。每年对全县重点台属、台属企业及定居台胞和台资企业进行走访看望，了解他们的工作、生活和企业的经营情况，为他们排忧解难。2007年台协会换届三周年及中国（菏泽）台商论坛在菏泽举行之际，县台办正确处理1起台商投诉事件。帮助解决冉堌镇金洲木业董事长萧锡杰的孩子在菏泽市入托上学的困难，并帮助另一台商在县城购买商品房。2008年，全年接待各类台胞66人次，其中，探访、访问、参观、考察团3批26人次。邀请在海外有很高知名度的台胞杨正民回家祭祖考察。配合全省开展“台胞服务车”活动，加强对现有台资企业的服务工作，共为台资企业解决困难问题4件，解决台商投诉纠纷案件2起，成功化解5起台属遗产继承诈骗案，使台属免受损失。做好困难台属帮扶工作，为困难台属家庭提供致富信息，使3家非常困难的台属家庭脱贫致富。同年，筛选一批台属先进人士，担任市、县人大代表和政协委员，成立县台属联谊会，并推荐8名台属骨干，分别担任市台属联谊会副会长、常务理事等职务。使台商台属们倍感荣耀，进一步提高为祖国统一和全县经济建设做贡献的积极性。2009年，开展“台胞服务年”活动。共为台资企业解决困难问题4件，解决台商投诉纠纷案件2起，成功化解5起台属遗产诈骗案。同时，协调县公安局解决台商宋坤霖贷款诈骗案，台商宋坤霖深感定陶投资环境良好，又决定扩大投资在菏泽日大木业追加投资600万元新上木制马桶项目，在菏泽园霖木业新增200万元新上2条胶合板生产线。县公安局出入境管理科认真遵守服务承诺，多次为申请人提供多种良好的服务，认真为台胞办理居留签注，受到企业和台胞的好评。至2015年，累计走访慰问重点台商台属200多人次。

▲ 定陶县台胞台属联谊会成立大会

台商投资　2010年，加强与定陶县在台人士杨正民、高秉涵、史锡恩等人的联系与沟通，正式邀请杨正民先生一家到定陶投资兴业。至2013年年底，台商企业菏泽嘉宏脱水食品公司共投资3亿多万元。浙江交泰集团董事长、天源农贸城董事长陈方正达成在天源农贸城建购物中心的协议，投资7000多万元建成1万多平方米的大型超市1座。至2015年，定陶县累计引进台资企业4家，总投资10亿多元，合同外资近8亿多元，实际利用台资7.5亿元，缴纳税金合计8000多万元。

第六节　党校教育

教师队伍　1991年开始，选调优秀教师和部分优秀大学毕业生到党校任教。2000年开始，聘任校外优秀领导干部授课，并组织教师参加各种政治学习和培训，开展教学评比竞赛活动，培养政治强、业务精、作风正的高素质教师队伍。至2006年，县委党校有专（兼）职教师20人，其中，高级讲师9人、中级讲师3人、助理讲师3人。2007年，除党校在职老师外，又外聘5人教授专业知识。2008年，在职教授14人，外聘8人。2013年，采取“请进来、走出去”的教学模式，不仅让党校教师深入基层调研讲课，而且不断从各个单位聘请专业领导干部进校授课。2015年，党校有教职员工25人，其中，高级讲师9人，中级讲师4人，助理讲师2人。

基础设施　党校占地1.53公顷，总建筑面积5100平方米，其中，办公室20间，教室4间，学员宿舍20间，有2个会议室，1个图书室，1个微机室。1991年，修建餐厅1处，面积132平方米，宿舍楼1栋，280平方米。2004年，党校开通中央党校远程教学网；2005年，又开通农村党员干部远程教育网，建成远程教学系统。

干部培训　1991年，遵照中央领导关于加强对新世纪干部培养的指示精神，分3期对全县19个乡镇的120多名副乡镇长、党委副书记进行培训，分批、分期培训青年科级后备干部，培训主要内容为马克思主义基本理论，同年，增设经济理论、现代管理知识等教学课程。1992年，完成青年干部培训班、外经外贸培训班和中青年优秀妇女干部培训班3个班次的培训工作，培训170余人。1993年，承担工商局干部哲学辅导培训、县档案局大专班哲学和语文知识的教学与辅导2个班次的培训工作。1994年，举办4期领导干部培训班，其中，1期厂长经理培训班120余人；1期市场经济理论培训班108人；2期《邓小平文选》研讨班441人，培训时间为15天。1995年，举办农村党支部培训班培训38人，定陶棉厂青工培训班培训82人；第二期妇女干部培训班培训250余人。培训内容为马克思主义基本理论、中国特色社会主义理论以及经济管理等内容。

1997年，举办全县副科级以上领导干部《邓小平文选》学习班2期987人；经贸干部和乡镇企业干部“市场经济理论学习班”3期共543人；青年妇女后备干部培训班共118人。县委中心理论组读书班科级干部64人，副县级以上干部34人。经济弱村和经济强村支部书记学习班2期共164人。企业后备干部学习班131人；厂长经理培训班60人；第二期青年干部培训班51人；农村致富党员干部培训班50人。培训内容为中国特色社会主义理论、市场经济已定理论、马克思主义基本理论以及经济理论、市场管理等已定内容。1998年，举办青年后备干部市场经济理论培训班45人。1999年，举办10期培训班共932人，其中，上半年举办1期青年后备干部培训班45人；2期行政村两委成员培训班160人；1期跨世纪青年团干部学习班84人，1期入党积极分子培训班240人。下半年举办人民武装干部培训班80人；2期财税干部培训班66人；1期妇女干部培训班72人；副县级以上干部培训班46人；电化教育人员培训班50人。培训内容为中国特色社会主义理论、党史、经济管理、财税知识等。2000年，举办专职人民武装干部培训班38人；妇女干部培训班40人。

2006年，举办两期青年后备干部培训班共108人；两期新任职科级干部培训班共60人。培训内容主要有十六届三中、四中、五中全会精神、科学发展观、建设社会主义新农村、党性修养等。2007年，举办农村党支部书记、主任轮训班共400

余人，两期新任职科级干部培训班共101人。培训内容主要有党史、胡锦涛总书记系列讲话、科学发展观、积极推进社会主义新农村建设、国内外形势等内容。2008年，举办第六期青年干部培训班共91人；新任职科级干部培训班共89人。培训内容主要有十六大精神、建设和谐社会、新农村建设、党的先进性等。2009年，举办入党积极分子培训班共54人，培训内容为党史、十七大精神、党的先进性等。

2012年，举办组织工作干部培训班53人；青年干部培训班77人；科级干部培训班61人。培训内容为党史、中国特色社会主义理论、生态文明、十七届三中全会精神等。2013年，举办科级干部培训班共90人，培训内容为十八大精神、生态文明、党性修养等。2014年，举办春季科级干部培训班51人；春季青年干部培训班50人；秋季科级干部轮训班41人；秋季科级干部培训班46人。培训内容为十八届三中全会精神、党性修养、社会主义核心价值观、大数据应用、新型社区建设、党员干部廉洁纪律等。2015年，举办春季科级干部轮训班51人；秋冬季新任职科级干部培训班99人，培训内容为十八届四中、五中全会精神、海洋战略、创新建设、党员领导干部应急管理、社会主义核心价值观等。

学历教育　1992年，89级党员干部成人中专班有36名党员干部获中专文凭。1993年开始，按照党委培训干部的要求，开设中央党校专科学历函授班，当年共招收中央党校函授大专班学员360人。1994年，开设山东省委党校本、专科学历函授教育班，设政治、经济管理、行政管理、法律4个专业，学制2年半或3年。设《马克思主义基础理论》《市场经济理论》《国际贸易》等25门课程。根据中共中央关于加强农村工作的决定，1994年，开始招收农村干部函授大专班，全年共招收函授学员649人，其中，中央党校函授大专班112人；省委党校业余函授大专班192人、省委党校业余函授本科班169人；省委党校农刊大176人。

1996年，招收省委党校业余函授大专班120人、本科班101人。1997年，共招收省委党校业余函授大专班、本科班学员2000多人。1998年，招收省委党校经济管理函授大专班54人、本科班51人，中央党校政法函授专科班64人。1999年，招收省委党校经济管理函授大专班73人、本科班61人。2000年，招收省委党校经济管理函授大专班63人、本科班39人，省委党校政法函授本科班44人。

2001年，招收省委党校函授法律本科班33人；省委党校函授经济管理专科班68人。2002年，招收省委党校函授经济管理大专班38人、本科班39人；省委党校函授交通行政管理专科班49人。2003年，招收省委党校函授经济管理大专班72人、本科班50人。2004年，招收省委党校函授经济管理大专班53人、本科班42人。2005年，招收省委党校函授经济管理大专班20人、本科班31人。2006年，招收省委党校函授经济管理大专班40人、本科班82人。2007年，招收省委党校函授经济管理大专班68人、本科班191人。2008年，招收省委党校函授经济管理大专班73人、本科班77人。此后，停止学历教育。

教学科研工作　1991年以后，党校不断深化教学改革，开展教学科研工作，1992年，编写《马克思主义立场观》《农村基层干部培训》《企业管理纵横谈》《干部新知识词典》《村级管理概论》等书。2007年，定陶县委党校承担市级科研课题《菏泽市社会主义新农村建设的经验、存在的问题及对策》；2010年的科研课题《定陶县城乡一体化进程中的土地流转问题研究》；2011年的科研课题《定陶县农业产业化问题研究》被评为市级课题；2012年的科研课题《定陶县社会管理体制改革和创新研究》；2013年的科研课题《定陶县新型城镇化建设问题研究》被评为省级课题。

第三章　纪检监察

1991年以后，定陶县纪检监察部门贯彻落实中央、省、市纪委全会精神，坚持标本兼治、综合治理、惩防并举、注重预防的方针，自觉围绕中心，服务全县改革发展大局，扎实履行职责，在廉政教育、制度、监督、改革、纠风、惩处等方面作好工作，为全县经济社会的健康快速发展提供坚强保证。定陶县纪委监察局两次获山东省纪检监察系统先进集体称号。

第一节　宣传教育

1991年以后，全县先后举办纪检干部业务培训班和行政村党支部书记轮训班，组织学习菏泽市人民法院纪检书记柴学进先进事迹；组织观看戏剧《焦裕禄》、电影《白求恩大夫》、录像教育片《案与纪》《灯岛》等，进行忠诚党的事业、全心全意为人民服务的教育；先后3次召开公开处理违纪党员大会，公开处理违纪党员45人，通报典型案件6起，对7起案件公开征求处理意见。先后深入开展“学党章、正党风”教育、农村社会主义思想集中教育、城市社会主义思想集中教育、党规党法教育、反腐败防演变教育等一系列的教育活动，提高了党员干部的思想境界和遵规守纪意识。1994年，开展学习孔繁森、王廷江和韩素云活动，组织全县纪检监察干部进行为期10天的政治业务培训，组织全县100多名纪检监察干部分两批参加地县纪委、监察局举办的全县纪检监察干部学习班。1995年10月，举办反腐倡廉教育图片展览，3500多人参观展览；树立5个清正廉洁的正面典型，组织3次英模事迹报告会，连续在县电视台播放16部反腐倡廉录像片，营造良好的反腐倡廉氛围。至1996年，连续3年召开全县公开处理违规违纪案件大会，对56起典型案例进行公开处理，对广大党员干部进行警示教育。1997年，在县直机关领导干部中开展“进农家、察实情”活动，456名副科级以上领导干部，深入到10个乡镇的28个特困村，共走访群众258户，为群众捐衣物1200件，给小麦追肥浇水40公顷，维修房屋26间，栽树500棵，干其他农活1080件次。开展“如何做一名合格党员”的大讨论和“三比三看”活动：比党性强不强，看能否自觉地用党章、《中国共产党廉洁自律准则》规范自己的言行；比廉洁不廉洁，看能否自觉按廉洁自律规定办事；比政绩怎么样，看能否真正摆正自己的位置，脚踏实地干工作。1998年8月，县纪委、监察局、县检察院

▲ 党员干部参观廉政警示教育展

联合在县电视台开办“警钟长鸣”专题栏目，播放20多部典型案例片，引起强烈反响。组织“师德报告团”和“以案论纪”巡回演讲活动，共举行10场报告会，听众1万余人。

1999年至2005年，先后开展“三讲”教育、“学党章、守纪律、正党风”教育、学习实践“三个代表”重要思想教育、“艰苦奋斗、廉洁从政”教育、“端正思想、纠风反腐”集中教育整顿、保持共产党员先进性教育，进一步提升党员干部的思想道德素养、政策理论水平和廉洁从政意识。其间，聘任反腐廉政建设新闻报道员196人。2006年至2010年，先后开展“勤政廉政、科学发展”“加强作风建设、促进社会和谐”“做勤廉表率、促科学发展”“加强党性修养、弘扬优良作风”“增强制度意识、争做执行表率”“以人为本、执政为民”等主题教育活动。2010年6月，成功举办“移动杯”《中国共产党党员领导干部廉洁从政若干准则》等反腐倡廉法规知识竞赛；组织全县各单位举办廉政党课500多小时，党员干部受教育面95%以上；播放一批党风廉政教育专题片。县纪委与县电视台开办“反腐倡廉之声”电视栏目，组织党员干部观看电教片760多场次，解决纠正干部自身存在的突出问题和不足之处。2011年至2015年，开展主题教育、警示教育、示范教育，加强廉政文化建设，创立市级以上廉政文化建设示范点18个，其中，县国税局被评为省级廉政文化建设示范点；多方位宣传廉政文化，强化舆论宣传，撰写网络评论360余篇；宣传工作经验和亮点，扩大纪检监察声音，财务管理“双核会审”制度被《中国纪检监察报》专刊报道，并被省纪委、省监察厅评定为“山东省反腐倡廉创新成果”。中央纪律检查委员会《华东之窗》专刊采用定陶纪检监察信息27篇。市电视台《廉政菏泽》栏目播出定陶县专题片7期。

第二节　信访举报

1991年，发挥“信息、反馈、监督、保障”职能，建立健全来信来访登记制度和领导定期接访制度，采取定期召开基层负责人会议和职工群众座谈会，设立意见箱、举报箱、定期排查等形式，拓宽信访渠道。1992年，来信来访65件，其中，申诉31件、控告20件、其他14件，结案率100%。1993年以后，县纪委建立健全集体上访和突发性事件应急处理机制，加强与有关部门和单位的协调配合，控制化解各种突发性事件、群体性事件。集中排查化解了一批多年的信访积案和影响社会和谐稳定的突出问题，无序上访大幅度减少，信访秩序明显好转。1997年，推行电话举报，当年共接受群众来信来访和电话举报95件（次），其中，电话举报9次。1998年，农民负担过重、公安干警违法乱纪、民师转招、征兵、整顿农村电价等方面的问题成为信访重点，县纪委全面分析信访案件情况，采取措施进行化解。1999年，受理来信来访90件次，其中，来信56件，来访28件次，举报电话6件，当年全部处结。

2002年，受理来信来访95件次，其中，来信60件，来访23件，举报电话12件。2004年，强化信访举报工作，采取6项措施：党政领导信访接待日制度延伸至县直单位和乡镇一级；建立健全信访网络，配齐县、乡、村三级信访专职人员；处理好极易引发群众上访的农村宅基地审批以及土地承包等苗头性问题；坚持副书记、常委包案和挂牌督办制度；转变工作作风，变上访为下访，深入基层化解矛盾纠纷；加大责任追究力度，增强信访举报工作的严肃性和责任感。同年，针对重复访、越级访问题，建立信访“会诊”制度；针对实名信访举报件，根据不同情况由受理者和信访者签订双向书面承诺书，推行信访举报双向承诺制。2005年5月，国务院新修订《信访条例》颁布实施，县纪委加大法规制度宣传力度，引导上访人依法有序上访。推行信访办事公开，建立信访举报工作联系点，实行信访举报办理双向承诺制度，规范信访工作人员和信访人的行为。在全县普遍建立领导接待群众来访、领导包案制度。开展各种形式的下访活动，为群众信访举报创造良好环境。2008年，县纪委开通全国统一举报电话“12388”和定陶纪检监察举报网站，建立纪检监察信访举报信息系统，运用现代通信、网络技术开辟信访举报新渠道。2009年，信访案件办结率100%，优质结案率95%，重复越级信访率保持为零，“三无”乡镇保持100%。2010年，县纪委信访室受理信访举报案件71起，处结71起，其中，来信38件，接待来访22起、28人次，受理来电11起；涉及副科级以上干部16人，党员26人，一般干部20人，其他人员30人；上级交办案件11起，按期处结11起，处结率100%；排查信访苗头16起，及时化解16起。

2011年，县纪委信访室受理信访举报件64起，处结64起，其中，来信40件，来访14起、18人次，受理来电10起；涉及副科级以上干部16人，党员38人，一般干部20人，其他人员45人；上级交办案件7起，按期处结7起，处结率100%；排查信访苗头11起，及时化解11起。2012年，接待信访投诉举报88件次，其中，接收中纪委转办件4件次，省纪委转办件18件次，市纪委转办件19件次，县群众来信16件次、电话举报14起，接待群众来访反映14人次，其他3件次。2013年，县纪委、监察局受理群众信访举报总量133件次，实际信访量106件，其中来信52件，来访35起，电话举报19起。2015年，县纪委信访室坚持属地管理，分级负责，聚焦主责主业，督促基层纪检监察机关强化监督执纪问责，处理群众身边的“四风”和腐败问题，印发《纪检监察信访线索管理规定》等文件。及时就地解决群众来访事项，规范信访秩序。信访室受理登记群众信访举报384件，总信访量为469件次。其中，来信82件，接待来访64起，来电29起，网络举报46起；涉及副科级以上干部27人次，党员209人次，一般干部315人次，其他人员15人。

第三节　案件审理

1991年，县纪委按照《党的纪律检查机关案件审理工作条例》有关规定，从事实、证据、程序3个方面，严把基层纪委所查案件的审理关。全年共纠正基层备案案件70多起。2001年4月开始，县纪委监察局对1998年以后党政纪处分执行情况进行检查，对受撤销行政职务处分的人员，部分单位未按规定撤职后的工资标准执行的；在企事业单位的一般工作人员，受开除党籍或留党察看处分后，多数单位没有给予相应政纪处分的；被判处拘役、缓刑人员中，党籍虽然受到处理，但拘、缓期间大多数单位未按规定标准把工资降级等问题进行纠正。2004年，县纪委、监察局对案件审理工作从受理到处分执行，严格按制度办事，建立一系列新的制度，使审理工作走向制度化、规范化，全年立案查处案件103件，处理违纪人员109人。2005年，县纪委、监察局对全县处分决定执行情况进行全面检查，内容包括处分决定的宣布、存入个人人事和组织档案、年度考核档次确定备案、工资变动执行等情况进行自查，对执行有明显偏差的予以纠正。

2007年，县纪委、监察局开始在11个乡镇推行“乡案县审”制度，制定《关于进一步规范乡镇所办案件交由县纪检监察机关审理工作的意见》，就乡镇所办案件移送县纪委监察局审理程序及要求等都作了明确规定。至2013年，审理室对其中的18件证据不充分、6件程序不到位、12件定性不准确的案件，退回进行补充调查、完备手续或重新定性，提高乡镇纪委所办案件的质量。

2014年以后，县纪委、监察局强化办案问责，充分发挥审理部门的审核把关和执纪监督职能，共立案查处违纪违法案件82件，党纪处分80人，其中，大案要案17起，开除党籍6人。2015年，查处基层党员干部在土地征收流转、惠农补贴、扶贫救济、低保医保、危房改造资金管理使用等方面损害群众利益问题，查处执法、监管、审批、公共服务等行业和领域存在的“吃拿卡要”、乱罚款、乱收费等突出问题。处置问题线索312件，立案246件，党政纪处分284人，移送司法机关2人。

1998—2015年定陶县纪检监察案件查处情况统计表

表18-3-1

年度	处结案件数（件）	处分党员干部（人）	党纪处分人数（人）					行政处分人数（人）							
			开除党籍	留党察看	撤销党内职务	严重警告	警告	开除公职	开除留用	撤职	降职	记大过	记过	警告	刑事处罚
1998—2000	407	395	45	49	13	89	134	3	7	9	1	20	19	12	6
2001—2006	589	625	44	42	47	170	230	8	12	7	12	22	17	16	10
2007—2010	311	314	36	24	10	120	109	0	0	1	0	1	4	11	22
2010—2015	697	735	54	39	10	268	332	4	0	5	1	10	16	9	50

第四节　纠风治乱

1998年，县纠正行业不正之风办公室成立后，坚持“标本兼治，纠建并举”方针，优化经济发展外部环境，促进全县反腐败斗争的开展。1999年，纠正行业不正之风办公室为保证中央和省地有关减负政策真正落到实处，切实减轻农民负担，把该项工作纳入廉政建设责任制，建立专项审计制度；优化经济环境，综合治理“五乱”和吃拿卡要行为；对公安、工商、国税、地税4个系统开展行风评议；在全县医药卫生系统开展纠正医药购销不正之风专项治理活动，对全县21个县乡医院和医疗卫生单位1998年后药品价格执行情况进行重点检查或抽查，共查出违价金额200余万元，取缔非法行医近百家，没收药品器械价值8万余元，查处不法药贩8起；开展对公路“三乱”、中小学乱收费等其他专项治理工作，电视曝光或通报典型的公路“三乱”问题7起，重点查处保宁工商所乱查车事件，严肃处理5名责任人，其中，给予党政纪处分3人，通报批评2人；对8个乡镇教委、9所乡镇中学执行学生收费情况进行检查，发现存在自立项目收费、超标准收费和支出混乱等方面的问题，查出违纪资金85.6万元。

2000年，县纠正行业不正之风办公室对减轻农民负担各项规定进行落实，全县农民人均预算方案负担120.19元，比1999年人均减少20.13元，全县农民负担总额比上一年减少988.69万元。狠刹医药购销不正之风工作，共查摆出进药渠道乱、低进高出、开方提成、开单提成等10余方面的问题，减轻患者的负担。检查2所高中、16所初中，发现巧立名目收取水电费、校改资金、桌凳费，收取国家明令取消的资料费、学籍档案费、财产押金，超标准收取学杂费，多收书籍费、文教用品款等9个方面的问题，共计多收款52.6万元。开展“万家企业评行风”活动，对52个国有企业，68个集体企业，9个外资企业，21个个体私营企业等150余个企业厂长、经理开展评议，发放问卷150份，回收率100%，通过汇总，满意率最高的为64.7%，最低的为38.8%。2001年，会同卫生、物价等部门，对医药购销中的不正之风进行治理。开展2次药品集中招标采购，招标药品56种，中标金额265万余元。通过招标，卫生单位节省购药费用28万余元。整顿医疗市场，取缔非法行医56家，查处假冒伪劣药品9宗，折款2.5万余元；对全县药品、医疗服务价格进行检查，查处23个单位，查出非法所得28万余元。纠风办会同农业部门坚持“标本兼治、堵疏结合”的原则，先后对全县11个乡镇进行2次大规模检查，查处涉及农民负担的案件12起，其中，给予纪律处分的4人，批评教育的8人。全县人均总负担比2000年减少5.02元，下降3.8%，总额比上一年减少269.59

万元。开展对执法部门、经济服务部门和医疗卫生机构的民主评议行风活动，共发放调查问卷577份，回收有效问卷500份。2003年，在菏商路、定砀路等主要交通要道增设10个“定陶公路无三乱”大型反光标牌，在县电视台向社会公开县纠正行业不正之风办公室24小时值班电话，实行昼夜值班，受理群众投诉，坚持明察暗访力度，严查“三乱”事件。全面推行医药集中招标采购。2005年，严查“三乱”事件，明察暗访52次，对违规单位负责人给予撤职处分，对3名直接责任人给予行政记大过、下岗1年处理。

2006年，受理群众咨询85起，接待群众来访33人次，协调职能部门处理问题34起。接到市纠风办批件3件、市长公开电话5件、县长公开电话2件、政协提案4件。开展春季道路交通检查集中整治月活动。2008年，专项治理全县中小学乱收费，实行中小学乱收费一票否决制。规定凡出现一起中小学乱收费的，该校校长、分管副乡镇长、县教育局局长要引咎辞职，并追究有关人员的责任。2009年，在全县范围内开展新农合资金使用情况检查，组成4个检查组对涉及新农合资金的单位和乡镇，采取明查暗访、进村入户等方式进行重点检查。2010年，上路巡查120多次，受理群众投诉35件次，对3起不规范执法问题进行纠正，对一起公路“三乱”问题进行全县通报，严肃处理3名执法人员。共查处涉农案件46起，受到组织处理的涉案人员46人。

2011年，县纪委联合县农办等部门对抗旱补贴等资金情况进行检查验收，严肃查处虚报冒领小麦直补款、农村低保资金等违规违纪行为。2012年，治理行政审批环境、交通运输环境、企业发展环境和项目建设治安环境，严肃查处公路“三乱”、刁难企业发展、破坏营商环境的典型案件。推行权力清单制度，从审批项目的名称、法律依据、受理条件、办理条件、申报资料到主办科室、承办人、收费标准、收费依据、工作时限等，全部要进行公开，同时畅通投诉举报途径，超期严肃问责；继续落实好纪检监察干部巡查企业工作，严查吃、拿、卡、要和不作为、慢作为、乱作为问题；实行优化营商环境“110”制度，公开服务人员联系电话，项目和企业需要到县直部门或服务大厅办理事项，由联系人协调陪同办理、全程服务，营造高效、宽松、和谐的营商环境。2013年，在全县12个乡镇（街道）、90个县直单位推行财务管理“双核会审”制度，严格规范财务管理，加强对权力运行的监督和制约。县纪委、监察局通过“双核会审”制度进行财务支出备案1092件次，涉及金额105171.60万元。2015年，实行明查与暗访相结合，在元旦、春节、中秋、国庆等重要节日，集中明查，定期不定期暗访，标本兼治，综合治理，婚丧事大操大办、公款大吃大喝、公车私用等行为得到有效遏制。对违反“八项规定”精神和“四风”问题，快查快结，量纪从严，共查处违反中央八项规定精神问题44件，处理77人，其中党政纪处分48人。

第五节　效能监督

2003年5月，县行政效能投诉中心设立，公开举报电话，受理和查处全县社会各界对各级行政机关及其公务员、具有社会管理职能的事业单位及其工作人员出现的10类行为的投诉。在全县政府机关中开展学习《全面推进依法行政实施纲要》活动，推广改善机关作风、提高办事效率、坚持依法行政和廉洁行政的典型经验，推行行政过错责任追究办法，查处以权谋私、吃拿卡要、办事拖拉和敷衍塞责的行为，对有倾向性的问题及时开展专项治理。至年底，共受理各类投诉252人次，其中，咨询类104人次、求助类39人次、投诉类92人次、上级转办类3件次、领导交办类14件次，当场处结206人次，限期查结46人次，重点查处实验中学、县土管局、县法院等单位的财务违纪问题，处理有关责任人员5人，清退违纪资金42万余元，追缴违纪资金8.9万元，遏制不作为和乱作为现象的发生。

2004年至2006年，行政效能投诉中心对有法不依、执法不严、推诿扯皮等问题强化监管措施，对行政慢作为实施定期检查和通报制度，对行政乱作为实施有诉必查、有查必果制度。同时，对执法执纪部门进行关键岗位监督，对行政机关业务目标量化监督。2007年，定陶县抽调专门人员，组成暗访组对重点县直职能部门进行暗访，制定《定陶县机关干部作风纪律整顿实施方案》《关于促进效能提升进一步优化经济发展环境的实施意见》等文件。对违反规定、存在影响机关工作效能和形象工作人员当场实施行政告诫，并通过新闻媒体通报曝光，通过集中治理，干部作风明显好转。

2008年至2013年，印发《定陶县党政领导干部问责暂行办法》《定陶县行政过错责任追究暂行办法》，建立责任追究制度体系。梳理规范行政许可事项，提高行政效能。通过检查，纠正行政执法中存在的问题39个，收缴违纪资金75万元。2014年至2015年，加强制度建设，严格落实问责制，相继制定印发《定陶县深入贯彻落实〈菏泽市党政机关工作人员问责暂行办法〉的实施办法》《定陶县关于贯彻落实〈菏泽市解决群众诉求中不作为、慢作为、乱作为的问责办法〉的实施办法》《定陶县涉农专项资金使用监管问责暂行办法》《定陶县治理公路三乱问责暂行办法》《定陶县国土资源违法行为问责暂行办法》《定陶县环境保护违法行为问责暂行办法》《定陶县关于在全县开展“庸懒散”专项治理突出解决办事效率低下问题的方案》等10个规范性文件。对问责工作“全境覆盖、全岗覆盖、全员覆盖、全程覆盖”，进行转变作风、提升效能，根治庸懒散，取得明显成效。各镇街、县直各单位分别建立相应的问责工作机构，成立问责工作领导小组，并结合各自实际，将工作目标分解，明确岗位职责，制定配套的问责工作制度和落实措施，以问责促勤、促绩、促廉、治庸、治懒、治散，取得较好效果。

▲ 党建石基

第十九编

地方国家权力机关

DI FANG GUO JIA QUAN LI JI GUAN

20世纪90年代初，县人民代表大会3年一届；1993年开始，改为5年一届。每次县人民代表大会的法定程序是：听取并审议县人民政府工作报告、县人民政府关于上年度国民经济计划执行情况及当年国民经济和社会发展计划的报告（草案）、县人民政府关于上年度财政预算执行情况的报告和当年财政预算（草案）的决议；县人民代表大会常务委员会工作报告、县人民法院和县人民检察院工作报告；作出上述报告的相应决议。每届人民代表大会的第一次会议，选举新一届县人民代表大会常务委员会主任、副主任、委员，选举县人民政府县长、副县长、县人民法院院长、县人民检察院检察长、市人民代表大会代表。1998年开始，县人大常委会主任由县委书记兼任。县人民代表大会每年至少举行一次会议，会议由县人民代表大会常务委员会召集；经1/5以上县人民代表大会代表提议，可临时召集县人民代表大会会议。2012年1月，县委书记张毓华兼任市委常委，选举张峰为县人大常委会主任。

第一章　县人民代表大会

第一节　代表选举

定陶县历次县人民代表大会代表的选举，都实行直接差额选举。其代表资格均按照《中华人民共和国选举法》的规定审查确认，即凡年满18周岁的公民，不分民族、性别、职业、社会出身、宗教信仰、教育程度、财产状况、居住期限，都有选举权和被选举权（有精神病的人和依法被剥夺选举权和被选举权的人除外）。整个选举工作均在县选举委员会统一领导下进行。选区的划分，乡镇以自然村或行政村为单位，县直各单位由县选举委员会统一划分选区。主要经过建立组织、宣传发动、培训骨干；划分选区、选民登记；提名推荐代表候选人、选举代表等阶段的工作。1991年至2015年，出席全国人民代表大会代表2人，出席山东省人民代表大会代表19人，出席菏泽市人民代表大会代表137人。

▲ 人大代表投选票　　（2013年摄）

第二节　代表会议

县第十二届人民代表大会　县第十二届人民代表大会自1990年2月至1993年3月，共召开3次人民代表大会会议。第一次会议于1990年2月23日召开。

第二次会议　1991年3月12日至16日在定陶县城召开，出席代表310人，特邀2人，列席268人。会议听取并审议县人民政府工作报告、《1990年国民经济和社会发展计划执行情况及1991年国民经济和社会发展计划草案》的报告、《1990年财政执行情况和1991年财政预算草案》的报告、县人大常委会的工作报告、县人民法院和检察院的工作报告，并作出了相应决议。会议审议通过《定陶县人民代表大会议事规则》。会议期间，代表共提出建议、批评和意见141件。

第三次会议　1992年3月2日至5日在县影剧院召开，出席代表291人，列席292人。会议听取并审议县人民政府工作报告、《1991年国民经济和社会发展计划执行情况及1992年国民经济和社会发展计划草案》的报告、《1991年财政执行情况和1992年财政预算草案》的报告、县人大常委会的工作报告、县人民法院和检察院的工作报告，并作出相应决议。会议审议通过《定陶县关于实行村民代表会议制度的规定》。

县第十三届人民代表大会　县第十三届人民代表大会自1993年3月至1998年3月，历时5年。共召开6次人民代表大会会议。

第一次会议　1993年3月15日至19日在县影剧院召开。出席代表296人，列席299人。会议听取并审议县人民政府工作报告、《1990年至1992年国民经济和社会发展计划执行情况及1993年至1995年国民经济和社会发展计划草案》的报告、《1990年至1992年财政执行情况和1993年财政预算草案》的报告、县人大常委会的工作报告、县人民法院和检察院的工作报告，并通过各项决议。会议期间，共收到人大代表建议、批评和意见107件。选举程玉峰为县人大常委会主任，刘春兰（女）、王笃庆、周合元、李振兴、杨慎波、刘宪佩为县人大常委会副主任；李松亭为县人民政府县长，周连瑞、范尚贵、刘殿毅、张芳林、安文焕为县政府副县长；姜守新为县人民法院院长；韩方景为县人民检察院检察长。选举出阎世海、李松亭、周合元、曹绪胜、郭绪福5人为山东省第八届人民代表大会代表。

第二次会议　1994年3月16日至19日在县影剧院召开。出席代表308人，列席310人。会议听取并审议县人民政府工作报告、《1993年国民经济和社会发展计划执行情况及1994年国民经济和社会发展计划草案》的报告、《1993年财政预算执行情况和1994年财政预算草案》的报告、县人大常委会的工作报告、县人民法院和检察院的工作报告，并通过各项决议。会议期间，共收到代表批评、建议和意见77件。会议补选苏敏波为县人大常委会副主任，申传根为县人民政府副县长。

第三次会议　1995年3月1日至5日在县影剧院召开。出席297人，特邀11人，列席284人。会议听取并审议县人民政府工作报告、《1994年国民经济和社会发展计划执行情况及1995年国民经济和社会发展计划草案》的报告、《1994年财政预算执行情况和1995年财政预算草案》的报告、县人大常委会的工作报告、县人民法院和检察院的工作报告，并通过各项决议。会议期间，共收到建议、批评和意见53件。会议补选祝传金为县人大常委会副主任，刘殿毅为县人民政府县长。

第四次会议　1996年2月28日至3月2日在县影剧院召开。出席代表321人，特邀17人，列席321人。会议听取并审议县人民政府《关于定陶县国民经济和社会发展第九个五年计划及2010年远景目标责任制纲要》的工作报告、《1995年国民经济和社会发展计划执行情况及1996年国民经济和社会发展计划草案》的报告、《1995年财政预算执行情况和1996年财政预算草案》的报告、县人大常委会的工作报告、县人民法院和检察院的工作报告，并通过各项决议。会议期间，收到人大代表联合提出的议案1件，即“关于建立全县村级账目公开日制度的议案”，收到代表建议、批评和意见53件。会议补选苑宪章为县人大常委会副主任。

第五次会议　1997年3月7日至9日在县政府招待所召开。出席代表323人，特邀19人，列席297人。会议听取并审议县人民政府工作报告、《1996年国民经济和社会发展计划执行情况及1997年国民经济和社会发展计划草案》的报告、《1996年财政预算执行情况和1997年财政预算草案》的报告、县人大常委会的工作报告、县人民法院和检察院的工作报告，并通过各项决议。会议期间，共收到代表建议、批评和意见127件。会议补选李志军为县人民检察院检察长。

县第十四届人民代表大会 县第十四届人民代表大会自1998年3月至2003年1月，历时4年10个月。共召开6次人民代表大会会议。

第一次会议 1998年3月4日至8日在范蠡宾馆召开。出席代表228人，特邀22人，列席123人。会议听取并审议县人民政府工作报告、《1997年国民经济和社会发展计划执行情况及1998年国民经济和社会发展计划草案》的报告、《1997年财政预算执行情况和1998年财政预算草案》的报告、县人大常委会的工作报告、县人民法院和检察院的工作报告，并通过各项决议。会议期间，收到代表建议、批评和意见111件。选举刘殿毅为县人大常委会主任，刘春兰（女）、刘宪佩、周合元、苏敏波、祝传金、陈启忠为县人大常委会副主任；段伯汉为县人民政府县长，刘本明、申传根、程西魁、张培华、孙凤云（女）、王乃光、鲍加玉为县人民政府副县长；王乃忠为县人民法院院长；李志军为县人民检察院检察长。选举出徐学孟、毕可文、段伯汉、王凤娟（女、非党）、张九勋、华保章6人为山东省第九届人民代表大会代表。

第二次会议 1999年2月24日至26日在范蠡宾馆召开。出席代表228人，特邀19人，列席123人。会议听取并审议县人民政府工作报告、《1998年国民经济和社会发展计划执行情况及1999年国民经济和社会发展计划草案》的报告、《1998年财政预算执行情况和1999年财政预算草案》的报告、县人大常委会的工作报告、县人民法院和检察院的工作报告，并通过各项决议。会议期间，收到姑庵乡、马集乡代表提出的2件治理水污染议案，收到代表提出的建议、批评和意见59件。

第三次会议 2000年1月18日至20日在范蠡宾馆召开。出席代表大会230人，特邀19人，列席120人。会议听取并审议县人民政府工作报告、《1999年国民经济和社会发展计划执行情况及2000年国民经济和社会发展计划草案》报告、《1999年财政预算执行情况和2000年财政预算草案》的报告、县人大常委会的工作报告、县人民法院和检察院的工作报告，并通过各项决议。会议期间，共收到代表建议、批评和意见73件。会议决定接受周合元辞去县人大常委会副主任职务的请求，补选孔凡云为县人大常委会副主任。

第四次会议 2000年12月23日至24日在范蠡宾馆召开。出席代表229人，列席66人。县人大常委会根据《中华人民共和国全国人民代表大会和地方各级人民代表大会选举办法》及菏泽地区人大工委发布的《关于菏泽市第十五届人民代表大会代表选举问题的通知》向大会作报告。会议选举出44人为菏泽市第十五届人民代表大会代表。会议决定接受刘殿毅辞去县人大常委会主任职务的请求。

第五次会议 2001年1月14日至16日在范蠡宾馆召开。出席代表236人，特邀17人，列席123人。会议听取并审议县人民政府《关于定陶县国民经济和社会发展第十个五年计划纲要草案》的报告、《2000年国民经济和社会发展计划执行情况及2001年国民经济和社会发展计划草案》的报告、《2000年财政预算执行情况和2001年财政预算草案》的报告、县人大常委会的工作报告、县人民法院和检察院的工作报告，并通过各项决议。会议期间，共收到代表建议、批评和意见54件。补选段伯汉为县人大常委会主任，赵传山为县人民政府县长。

第六次会议 2002年1月28日至30日在范蠡宾馆召开。出席代表236人，特邀12人，列席113人。会议听取并审议县人民政府工作报告、《2001年国民经济和社会发展计划执行情况及2002年国民经济和社会发展计划草案》的报告、《2001年财政预算执行情况和2002年财政预算草案》的报告、县人大常委会的工作报告、县人民法院和检察院的工作报告，并通过各项决议。会议补选申传根、程西魁为县人大常委会副主任，吴三军为县人民检察院检察长。会议评选并表彰10名“人民好公仆”。

县第十五届人民代表大会 县第十五届人民代表大会自2003年1月至2007年12月，历时4年零11个月。共召开5次人民代表大会会议。

第一次会议 2003年1月20日至24日在范蠡宾馆召开。出席代表228人，特邀21人，列席97人。会议听取并审议县人民政府工作报告、《2002年国民经济和社会发展计划执行情况及2003年国民经济和社会发展计划草案》的报告、《2002年财政预算执行情况和2003年财政预算草案》的报告、县人大常委会的工作报告、县人民法院和检察院的工作报告，并通过各项决议。会议期间，共收到代表提出的建议、批评和意见81件。会议通过等额和差额2种方式，选举李清安为县人大常委会主任，申传根、程西魁、孔凡云、赵庆泉、张鲁建、王凤娟（女）为县人大常委会副主任；王彤宇为县人民政府县长，李清斌、孙凤云（女）、王乃光、张峰、徐文芹、牛继红为县人民政府副县长；王乃忠为县人民法院院长；吴三军为县人民检察院检察长。会议选举出44人为菏泽市第十六届人民代表大会代表。

第二次会议 2004年2月8日至10日在范蠡宾馆召开。出席代表229人，特邀31人，列席69人。会议听取并审议县人民政府工作报告、《2003年国民经济和社会发展计划执行情况及2004年国民经济和社会发展计划草案》的报告、《2003年财政预算执行情况和2004年财政预算草案》的报告、县人大常委会的工作报告、县人民法院和检察院的工作报告，并通过各项决议。会议共收到代表建议、批评和意见48件。

第三次会议 2005年1月23日至25日在范蠡宾馆召开。出席代表230人，特邀33人，列席70人。会议听取并审议县人民政府工作报告、《2004年国民经济和社会发展计划执行情况及2005年国民经济和社会发展计划草案》的报告、《2004年财政预算执行情况和2005年财政预算草案》的报告、县人大常委会的工作报告、县人民法院和检察院的工作报告，并通过各项决议。会议共收到代表建议、批评和意见57件。补选田同修为县人大常委会副主任。

第四次会议 2006年2月15日至17日在范蠡宾馆召开。出席代表226人，特邀32人，列席92人。会议听取并审议县人民政府工作报告、《2005年国民经济和社会发展计划执行情况及2006年国民经济和社会发展计划草案》的报告、《2005年财政预算执行情况和2006年财政预算草案》的报告、县人大常委会的工作报告、县人民法院和检察院的工作报告，并通过各项决议。会议共收到县人大常委会和代表10人以上联名提出的议案1件，代表建议、批评和意见59件。补选陶体华为县人民政府县长，陈尔桥、李广根、李颖（女）为县人大常委会副主任，崔敬涛为县人民法院院长。会议根据代表议案，作出《关于授予王博、王金广“人民功臣”称号的决定》《关于授予县供电公司等五单位“人民满意单位”荣誉称号的决定》。

第五次会议 2007年1月30日至2月1日在艺达经贸培训中心召开。出席代表225人，特邀33人，列席117人。会议听取并审议县人民政府工作报告、《2006年国民经济和社会发展计划执行情况及2007年国民经济和社会发展计划草案》的报告、《2006年财政预算执行情况和2007年财政预算草案》的报告、县人大常委会的工作报告、县人民法院和检察院的工作报告，并通过各项决议。会议收到代表建议、批评和意见60件。补选李清斌为县人大常委会副主任。授予7人“人民满意公仆”称号。

县第十六届人民代表大会 县第十六届人民代表大会自2007年12月至2012年1月，共召开4次人民代表大会会议。

第一次会议 2007年12月12日至15日在艺达经贸培训中心召开。出席代表245人，特邀26人，列席118人。会议听取并审议县人民政府工作报告、《2007年国民经济和社会发展计划执行情况及2008年国民经济和社会发展计划草案》的报告、《2007年财政预算执行情况和2008年财政预算草案》的报告、县人大常委会的工作报告、县人民法院和检察院的工作报告，并通过各项决议。会议收到县人大常委会提出的《关于授予安圣兵、徐志武“人民功臣”称号》的议案1件，代表建议、批评和意见68件。会议采取等额和差额2种方式，选举王彤宇为县人大常委会主任，田同修、王凤娟（女）、陈尔桥、李广根、郭玉灿、李清斌为县人大常委会副主任；陶体华为县人民政府县长，阎凌、李颖（女）、牛继红、张新雷、孔祥坤、刘存勇为县人民政府副县长；崔敬涛为县人民法院院长；吴三军为县人民检察院检察长。选举出46人为菏泽市第十七届人民代表大会代表。

第二次会议　2009年2月2日至3日在艺达经贸培训中心召开。出席代表245人，特邀21人，列席115人。会议听取并审议县人民政府工作报告、《2008年国民经济和社会发展计划执行情况及2009年国民经济和社会发展计划草案》的报告、《2008年财政预算执行情况和2009年财政预算草案》的报告、县人大常委会的工作报告、县人民法院和检察院的工作报告，并通过各项决议。会议共收到代表建议、批评和意见58人。授予5人“人民好公仆”、4人“人民好卫士”、6人“人民好老师”、5人“人民好医生”称号。

▲ 人民好公仆颁奖　（2009年摄）

第三次会议　2009年7月12日至13日在艺达经贸培训中心召开。出席代表242人，特邀22人，列席116人。会议补选成伟为县人民政府县长，安排部署深入开展人大代表“建功立业”活动。

第四次会议　2010年1月30日至2月1日在艺达经贸培训中心召开。出席代表245人，特邀25人，列席326人。会议听取并审议县人民政府工作报告、《2009年国民经济和社会发展计划执行情况及2010年国民经济和社会发展计划草案》的报告、《2009年财政预算执行情况和2010年财政预算草案》的报告、县人大常委会的工作报告、县人民法院和检察院的工作报告，并通过各项决议。会议共收到代表建议、批评和意见61件。补选宁淑跃为县人大常委会副主任，陈尔桥为县人民政府副县长。

县第十七届人民代表大会　县第十七届人民代表大会自2012年1月至2015年共召开5次会议。

第一次会议　2012年1月9日至12日在艺达经贸培训中心举行。应到代表253人，因事缺席2人，实到代表251人。会议听取并审议县人民政府工作报告、《2011年国民经济和社会发展计划执行情况及2012年国民经济和社会发展计划草案》的报告、《2011年财政预算执行情况和2012年财政预算草案》的报告、县人大常委会的工作报告、县人民法院和检察院的工作报告，并通过各项决议。选举张峰为县人大常委会主任，王凤娟（女）、陈海棠、韩宪玉、宁淑跃、游福泉为县人大常委会副主任；陈宝华为县人民政府县长，张继争、牛继红、孔祥坤、李广根、盛冬梅（女）、沙向东为县人民政府副县长；崔敬涛为县人民法院院长；袁建东为县人民检察院检察长。会议共收到代表提出的建议、批评和意见79件，其中，公路交通方面19件，占

▲ 定陶县十七届人民代表大会第一次会议 （2012年摄）

24.1%；文教卫生方面18件，占22.8%；城乡建设及管理方面16件，占20.3%；农业水利方面12件，占15.2%；其他方面14件，占17.6%。选举马春田等47人为菏泽市第十八届人民代表大会代表。

第二次会议 2013年1月3日至5日在艺达经贸培训中心召开。应到代表253人，因病因事缺席6人，实到代表247人，特邀人员27人，列席346人。会议听取并审议县人民政府工作报告、《2012年国民经济和社会发展计划执行情况及2013年国民经济和社会发展计划草案》的报告、《2012年财政预算执行情况和2013年财政预算草案》的报告、县人大常委会的工作报告、县人民法院和检察院的工作报告，并通过各项决议。会议共收到代表提出的建议、批评和意见60件（其中，作为建议、批评和意见处理的议案原件2件），其中，公路交通方面24件，占40.0%；农业水利方面11件，占18.3%；城乡规划建设及管理方面9件，占15.0%；文教卫生方面4件，占6.7%；土地管理方面4件，占6.7%；其他方面8件，占13.3%。

第三次会议 2013年10月26日至27日在艺达经贸培训中心召开。应到代表253人，因事因病缺席2人，实到代表251人。会议选举聂元科为定陶县人民政府县长。

第四次会议 2014年1月4日至6日在艺达经贸培训中心召开。应出席代表253人，因事请假3人，缺席1人，实到代表249人。会议听取并审议县人民政府工作报告、《2013年国民经济和社会发展计划执行情况及2014年国民经济和社会发展计划草案》的报告、《2013年财政预算执行情况和2014年财政预算草案》的报告、县人大常委会的工作报告、县人民法院和检察院的工作报告，并通过各项决议。收到代表提出的建议、批评和意见54件，其中公路交通建设管理方面17件，占31.5%；城乡建设规划及管理方面9件，占16.7%；农业水利方面7件，占13.0%；文教卫生方面4件，占7.4%；社会保障方面4件，占7.4%；其他方面13件，占24.0%。

第五次会议 2015年2月8日至11日在艺达经贸培训中心举行。应出席代表255人，因事缺席

3人，实到代表252人。会议听取并审议县人民政府工作报告、《2014年国民经济和社会发展计划执行情况及2015年国民经济和社会发展计划草案》的报告、《2014年财政预算执行情况和2015年财政预算草案》的报告、县人大常委会的工作报告、县人民法院和检察院的工作报告，并通过各项决议。会议期间，共收到代表提出的建议、批评和意见64件，其中，公路交通方面的8件，农业水利方面的13件，三农问题方面的5件，城乡规划建设管理方面的9件，文化教育方面的8件，卫生防疫方面的6件，财税金融方面的1件，其他4件。

1991—2015年定陶县人大常委会主任、副主任任职情况表

表19-1-1

届次	职务	姓名	任职时间	籍贯	备注
第十二届（1990—1993）	主任	马近舜	1990.02—1993.03	菏泽市郓城县	
	副主任	刘春兰	1990.02—1993.03	定陶县黄店镇	女
		郭耀恩	1990.02—1993.03	菏泽市巨野县	兼秘书长
		周合元	1990.02—1993.03	定陶县冉堌镇	
		王笃庆	1990.02—1993.03	山东省梁山县	
		马殿卿	1990.02—1993.03	菏泽市牡丹区	
		李振兴	1990.02—1993.03	定陶县冉堌镇	
第十三届（1993—1998）	主任	程玉峰	1993.03—1998.03	定陶县仿山镇	
	副主任	刘春兰	1993.03—1998.03	定陶县黄店镇	女
		王笃庆	1993.03—1993.12	山东省梁山县	兼秘书长
		周合元	1993.03—1998.03	定陶县冉堌镇	
		李振兴	1993.03—1998.03	定陶县冉堌镇	
		杨慎波	1993.03—1998.03	定陶县天中街道	回族
		刘宪佩	1993.03—1998.03	定陶县黄店镇	
		苏敏波	1994.03—1998.03	定陶县仿山镇	
		祝传金	1995.03—1998.03	定陶县冉堌镇	
		苑宪章	1996.03—1998.03	定陶县陈集镇	
第十四届（1998—2003）	主任	刘殿毅	1998.03—2000.12	菏泽市牡丹区	
		段伯汉	2001.01—2003.01	菏泽市巨野县	
	副主任	刘春兰	1998.03—2003.01	定陶县黄店镇	女，兼秘书长
		刘宪佩	1998.03—2001.03	定陶县黄店镇	
		周合元	1998.03—2001.03	定陶县冉堌镇	
		苏敏波	1998.03—2001.03	定陶县仿山镇	
		祝传金	1998.03—2003.01	定陶县冉堌镇	

续表19-1-1

届次	职务	姓名	任职时间	籍贯	备注
第十四届（1998—2003）	副主任	陈启忠	1998.03—2003.01	定陶镇天中街道	
		孔凡云	2000.01—2003.01	定陶县马集镇	
		申传根	2002.01—2003.01	菏泽市曹县	
		程西魁	2002.01—2003.01	定陶县仿山镇	
第十五届（2003—2007）	主任	李清安	2003.01—2007.12	菏泽市成武县	
	副主任	申传根	2003.01—2006.02	菏泽市曹县	兼秘书长
		程西魁	2003.01—2006.02	定陶县仿山镇	
		孔凡云	2003.01—2006.02	定陶县马集镇	
		赵庆泉	2003.01—2007.12	定陶县张湾镇	
		张鲁建	2003.01—2004.09	定陶县马集镇	
		王凤娟	2003.01—2007.12	定陶县冉堌镇	女
		田同修	2005.01—2007.12	定陶县冉堌镇	
		陈尔桥	2006.02—2007.12	定陶县黄店镇	
		李广根	2006.02—2007.12	菏泽市开发区	
		李　颖	2006.02—2007.01	定陶县陈集镇	女
		李清斌	2007.01—2007.12	成武县南鲁镇	
第十六届（2007—2012）	主任	王彤宇	2007.12—2010.12	山东省即墨市	
	副主任	田同修	2007.12—2010.12	定陶县冉堌镇	兼秘书长
		王凤娟	2007.12—2010.12	定陶县冉堌镇	女
		陈尔桥	2007.12—2010.02	黄店镇陈楼村	
		李广根	2007.12—2010.12	菏泽市开发区	
		郭玉灿	2007.12—2010.12	定陶县南王店镇	
		李清斌	2007.12—2010.12	菏泽市成武县	
		宁淑跃	2010.01—2010.12	河北省任丘市	
第十七届（2012—2017）	主任	张　峰	2012.01—	河南省台前县	
	副主任	王凤娟	2012.01—	定陶县冉堌镇	女
		陈海棠	2012.01—	菏泽市鄄城县	兼秘书长
		韩宪玉	2012.01—	定陶县冉堌镇	
		宁淑跃	2012.01—	河北省任丘市	
		游福泉	2012.01—	定陶县仿山镇	

第三节　乡镇换届选举

1993年3月，全县19个乡镇进行乡镇人民代表大会换届选举工作。届时成立了乡镇选举委员会。按照选举法和地方组织法赋予的权力进行选举。1996年1月，各乡镇根据新修改的地方组织法，召开乡镇第九届人民代表大会，选举出乡镇人民代表大会主席、副主席，替代乡镇人大工作处主任、副主任的工作。1999年1月、2002年3月分别召开了乡镇第十届、第十一届人民代表大会。2007年12月，县、乡人大首次同步进行换届选举，选举出乡镇人大代表811人，并召开乡镇第十二届人民代表大会。2011年12月，换届选出乡镇人大代表696人，召开乡镇第十三届人民代表大会。

第二章　工作机构

第一节　县人大常委会机构

1991年，定陶县人民代表大会常务委员会（简称县人大常委会）设办公室、代表组织科、法制科、财经科、文教科、农业科、信访科。2006年，将1室6科更名为办公室、人事代表工作室、来信来访工作室、内务司法委员会、财政经济工作委员会、教科文卫工作委员会、农业与农村工作委员会，增设研究室。2007年，增设老干部科，2011年老干部科更名为老干部服务中心。2015年3月，设立预算工作委员、民族侨务外事工作委员会、城乡建设与环境保护工作委员会。至年底，县人大常委会内设办公室、研究室、人事工作室、来信来访工作室、财政经济工作委员会、内务司法工作委员会、教育科学文化卫生人口工作委员会、农业与农村工作委员会、预算工作委员会、民族侨务外事工作委员会、城乡建设与环境保护工作委员会、老干部服务中心。

▲ 人大常委会办公楼

第二节　乡镇人大工作机构

20世纪90年代初，乡镇设立人大工作处，为乡镇人大的工作机构，为上一级人大常委会的派出机构，行政级别均为正科级。人大工作处和人大联络处配备了主任和副主任，之后又配备了人大秘书。1995年底乡镇人大在换届选举时，根据组织法乡镇人大设主席、副主席的规定，均选出人大主席、副主席，成立主席团，有些乡镇配备了工作人员。乡镇人大认真组织代表开展视察、检查、评议等活动，发挥监督职能。县人大常委会把加强对乡镇人大工作的指导摆在重要位置，列入常委会重要议事日程。坚持乡镇人大主席、副主席列席县人大常委会制度，坚持常委会组成人员分工联系乡镇、联系代表制度。并通过每年召开乡镇人大工作会议、举办乡镇人大主席培训班、组织上下联动的视察、调查和评议等方式，制定并完善乡镇人大工作考核办法，指导乡镇人大依法开展工作。2002年后，乡镇人大改为每届任期5年，至2010年，共设12个乡镇人大机构。2011年12月，根据撤销定陶镇设立街道的工作需要，县人大常委会设立县人大常委会天中街道联络处和县人大常委会滨河街道联络处。2015年，乡镇人大机构未变。

第三章　县人大常委会主要工作

第一节　决定重大事项

县人民代表大会常务委员会是县人民代表大会的常设机关，对人民代表大会负责并报告工作。在大会召开期间，参与国家立法工作的活动，如参与对《中华人民共和国宪法》《中华人民共和国地方组织法》等法律法规草案征求意见的讨论、组织学习、调研座谈等，保证《中华人民共和国宪法》和各项法律法规贯彻实施；听取审议“一府两院”工作报告和地方重大事项；依法行使干部任免权。县人民代表大会闭会期间，人大常委会议由主任主持召开。贯彻执行《定陶县人民代表大会常务委员会工作条例》，讨论本县行政大事，审议政府工作；组织代表视察，调查研究，依法行使职权。出席对象为每届人大常委会组成人员，列席对象为政府分管领导及相关部门主要负责人、部分乡镇人大主席或专职副主席。县人大常委会议一般每2个月召开1次，遇人事任免等特殊情况则随时召开。1991年至2015年，县人大常委会会议共召开147次。其中，做出重要决议、决定的会议有6次。

第十二届人大常委会　第七次会议于1991年2月召开，讨论修改《定陶县人民代表大会议事规则》。第九次会议于1991年7月召开，听取审议并通过《定陶县国民经济和社会发展“八五”计划和十年规划的决议》。第十一次会议于1991年12月召开，通过《定陶县人大常委会关于贯彻〈山东省农民负担管理条例〉的决议》和《定陶县实施九年制义务教育的若干规定》。第十二次会议于1992年2月召开，通过《定陶县关于实行村民代表会议制度的规定（草案）》。第十五次会议于1992年6月召开，通过《关于贯彻〈山东省禁止赌博条例〉的决议》和《〈定陶县依法治县五年规划〉的决议》。

第十三届人大常委会　第二次会议于1993年6月召开，听取并审议关于贯彻实施《全民所有制工业企业转换经营机制条例》、贯彻落实国务院《农民承担费用和劳务管理条例》和《山东省农民负担管理条例》，通过《〈定陶县1993年乡镇统筹费和村集体提留收缴方案〉的决议》。第四次会议于1993年10月召开，通过《深入开展反腐败斗争加强廉政建设的决议》。第九次会议于1994年3月召开，审议通过《定陶县人民代表大会常务委员会组成人员守则》。第二十次会议于1995年10月召开，审议并通过《定陶县“九五”科教兴县实施规划》《定陶县总体规划》。第二十四次会议于1996年4月召开，审议通过《定陶县人民政府关于建立全县村级财务账目公开日制度的实施方案》，并作出决议。

第十四届人大常委会　第一次会议于1998年4月召开，修订并通过县人大常委会议事规则、监督工作办法、人事任免办法、关于联系县人大代表的办法、关于县人大代表持证视察的决定、关于接待和处理来信来访的办法、关于机关科室职责的规定等八项工作制度、规定和办法。第二次会议于1998年7月召开，听取审议关于视察贯彻农业“两法”、实施科技兴农情况和全县个体私营经济发展情况。第四次会议于1998年11月召开，通过《关于1999年全县乡镇人民代表大会代表换届选举时间的决定》《关于1999年全县乡镇人大换届选举代表名额的决定》《关于1999年全县乡镇人大换届选举工作的安排意见》《关于任命乡镇选举委员会组成人员的决定》。第七次会议于1999年4月召开，任命席福亮为定陶县人民政府副县长。第八次会议于1999年6月召开，审议通过县人大常委会关于对县政府承诺1999年办好“八件实事”跟踪监督的实施意见。第十一次会议于2000年2月召开，听取审议县政府关于东西结合、加快定陶经济发展情况的汇报，关于实施公司法、企业“三改一加强”、企业增效情况的汇报，关于实施《中华人民共和国农业法》、推广农业产业化经营、增加农民收入情况的汇报。第二十次会议于2001年1月召开，任命赵传山为定陶县人民政府副县长，代理定陶县人民政府县长职务。第二十一次会议于2001年3月召开，任命董超、卢庆林、张峰、徐文芹、高会峰为定陶县人民政府副县长。第二十四次会议于2001年10月召开，听取审议定陶县2001—2005年依法治县规划和关于定陶县在公民中开展法制宣传教育第四个五年规划，并分别作出决议。第二十七次会议于2002年1月召开，会议审议通过《关于授予王鲁陶等10名同志定陶县“人民好公仆”荣誉称号的决定》。第三十三次会议于2002年12月召开，会议任命王彤宇为县人民政府副县长，代理县人民政府县长职务。第三十四次会议于2003年1月召开，任命牛继红为县人民政府副县长。听取审议县政府关于调整财政收入预算的报告，并通过决议。

第十五届人大常委会　第二次会议于2003年5月召开，审议通过《定陶县关于依法加强非典型肺炎防治工作的决定》。第三次会议于2003年7月召开，审议通过《定陶县人大常委会关于对政府部分职能部门负责人进行述职评议的决定》和《定陶县人大常委会关于对司法机关个案监督的暂行办法》。第八次会议于2004年3月召开，审议通过《定陶县人大常委会关于对部分刑事案件实行备案的规定》《定陶县人大常委会决议决定和审议意见执行办理办法》《定陶县人大常委会公民旁听办法》。第十七次会议于2005年5月召开，任命乔方臣为县人民政府副县长。第十八次会议于2005年6月召开，审议通过《定陶县人大常委会关于对驻定陶垂直管理单位进行工作评议的决定》。任命牟强为县人民政府副县长；齐伟为县人民政府科技副县长。第二十三次会议于2006年1月召开，任命陶体华、孔祥坤为县人民政府副县长，由陶体华代理定陶县人民政府县长职务。第二十五次会议于2006年召开，任命栾波为县人民政府副县长。第二十六次会议于2006年7月召开，审议通过《定陶县城市总体规划（2004—2020）》。第二十七次会议于2006年9月召开，审议通过《定陶县2006—2010年依法治县规划》《定陶县在全县公民中开展法制宣传教育的第五个五年规划》，并分别作出决议。第二十八次会议于2006年11月召开，审议通过《定陶县人大常委会关于开展预防职务犯罪工作的决定》。第三十次会议于2007年1月召开，任命李颖为定陶县人民政府副县长。第三十二次会议于2007年5月召开，听取县政府8名组成人员和县法院、县检察院7名副职领导人员的述职报告以及县人大常委会述职调查组的调查报告。通过定陶县人大常委会关于批准《定陶生态县建设规划》的决议。第三十五次会议于2007年12月召开，任命刘存勇为县人民政府副县长。

第十六届人大常委会　第十次会议于2009年1月召开，通过定陶县人大常委会《关于表彰2008年度“建功立业”优秀县人大代表的决定》。投票评选定陶县“人民好公仆”“人民好卫士”“人民好教师”“人民好医生”，通过《定陶县人大常委会关于授予荣誉称号的决定》。第十四次会议于2009年5月召开，任命成伟为县人民政府副县长，并代理县人民政府县长职务。第二十六次会议于2010年11月召开，会议听取审议并通过《县政府关于“十一五”规划实施和

“十二五”规划编制情况》的报告。

第十七届人大常委会 第二次会议于2012年5月召开，审议通过县政府《关于加快新型工业化进程及1655企业成长计划进展情况》《关于深化医药卫生体制改革情况》的报告和《定陶县2011—2015年依法治县规划（草案）》，决定任命田文建、田继雷挂职县人民政府副县长。第八次会议于2013年5月召开，决定王敏挂职人民政府副县长，免去田继雷的县人民政府副县长职务。第十一次会议于2013年9月召开，决定任命聂元科为县人民政府副县长，并代理县人民政府县长职务，决定接受陈宝华辞去县人民政府县长职务的请求。第十六次会议于2014年1月召开，决定任命黄福常、陈尔桥、李广彬为县人民政府副县长。第十八次会议于2014年5月召开，审议并表决通过《定陶县城市总体规划（2004—2020）实施评估报告》，决定刘海鹰挂职县人民政府副县长，免去王敏的县人民政府副县长职务。第二十一次会议于2014年9月召开，决定刘新宇挂职县人民政府副县长。第三十一次会议于2015年7月召开，决定任命张防为县人民政府副县长，刘芸挂职县人民政府副县长，王志飞挂职县人民政府科技副县长；决定免去黄福常、田文建、刘海鹰县人民政府副县长职务。第三十二次会议于2015年9月召开，会议听取审议县人民政府《关于定陶撤县设区有关事项的提请报告》，会议经过表决，同意定陶撤县设区的有关事项的提请报告，并由县人民政府按照有关规定，做好相关申报工作。第三十七次会议于11月召开，决定任命王洪兴挂职县人民政府副县长。

第二节 人大监督

对县“一府两院”实施法律监督和工作监督，是宪法和法律赋予县人大常委会的一项重要职权。

工作监督 1991年至2010年，县人大常委会听取审议县“一府两院”工作报告220次，组织视察和专题调查活动126余次。重点监督诸如地方经济发展战略实施、新农村建设和减轻农民负担、全县工业经济运行和企业改制、治理“三乱”、招商引资和发展民营经济、教育体制改革和校舍改造、环境保护、县城规划建设等工作，多次组织视察调查，并提出建议和意见，监督相关单位和部门认真解决问题。2015年，召开县人大常委会会议15次，听取审议“一府两院”15项工作报告，开展1次执法检查、3项视察、7项专题调研。对商贸物流产业、金融部门服务地方经济、现代特色农业等工作情况进行专题调研。对项目建设、基础设施建设情况进行视察。听取审议县政府关于教育管理工作情况的报告，督促县政府注重教育资源均衡配置，推动城乡教师合理流动。听取审议县政府关于扶贫攻坚工作情况的报告，要求集中各项政策向贫困村户倾斜，帮助贫困群众尽快脱贫致富。

法律监督 县人大常委会始终把法律监督作为监督工作的重中之重。1992年8月，县人大常委会第16次会议作出《关于依法治县五年规划的决议》。每年对2～3部法律法规实施情况组织代表进行视察、执法检查和专题调查，针对实施过程中出现的问题，及时提出改进意见和建议。对司法机关的监督主要是加强对司法工作人员违法办案责任追究、反贪污贿赂、解决“执行难”、规范化建设等工作的监督。常委会还利用每年12月4日全国法制宣传新法出台和颁布周年纪念日等机会，通过发表电视讲话、召开座谈会、上街宣传等形式，加强对法律法规的学习宣传。同时受理人民群众反映执法问题的来信来访共1111件。2015年，县人大常委会对提高审判质量和效率、加大查办贪污贿赂犯罪力度等提出意见建议。根据常委会审议意见，县法院整合审判资源，落实办案责任；县检察院规范侦查行为，加强科技强检。同年，受理人民群众反映执法问题的来信来访121件，结案率100%。

第三节　人事任免

干部任免采取无记名投票表决。人事任免工作中，严格遵守任前调查、法律知识考试、与会作供职报告、颁发任命书、离任经济责任审计等环节，不合格者不予任命。1991年至2010年，共任免干部1065人，提名未通过11人，撤销职务1人。对任命干部追踪考察、考核和监督工作。2015年，探索实施宪法宣誓制度，规范实施任前法律知识考试、供职报告、投票表决、颁发任命书等人事任免程序。任免国家机关工作人员84人次，任命人民陪审员48人。加强任后监督，听取县政府工作部门主要负责人和县法院副院长、县检察院副检察长2015年履职情况，并现场进行满意度测评。

第四节　代表工作

1990年7月，县十二届人大常委会进一步修订和完善《定陶县人大常委会关于联系县人民代表大会代表办法》。县人大常委会通过各种渠道，直接联系代表2500余人次，向代表寄送各类文件和材料5000余份。

县十三届人民代表大会5年间，每年7、8月，县人大常委会领导都分别深入各乡镇召开代表座谈会，广泛搜集代表的意见和建议，并及时转交县政府研究解决。

县十四届人民代表大会5年间，县人大常委会坚持驻会主任、委员分工联系代表制度，通过学习个别走访、召开座谈会、邮发学习材料等方式，保持与代表的经常性联系。每年有计划地逐乡镇召开代表座谈会，通报情况，听取代表对各方面工作的意见和建议。对代表反应较为集中的问题，及时整理报告县委，通报县政府及有关部门抓好整改。

县十五届人民代表大会期间，每年县人大常委会进行一次集中联系人大代表活动，通报县人大常委会工作情况，听取代表的意见和建议。对代表反应较为集中的问题，督促有关部门明确责任，采取有效措施，认真进行解决。

县十六届人民代表大会期间，县人大常委会利用电话、信函、邮发资料、召开座谈会等方式，保持了与代表的经常性联系，及时对代表的学习和围绕大局开展活动提出建议。每年的12月份，县人大常委会组成人员都集中联系一遍县人大代表，开展“送一份挂历、发一封慰问信、赠阅一份报纸、召开一次座谈会”的“四个一”联系代表活动，了解代表和履行职务情况，征求代表对县人大常委会工作的意见和建议。并建立了代表资料室，编印《定陶人大工作》，向人大代表通报县情，提供信息。2010年以后，实行县人大常委会组成人员分工联系代表制度和常委会领导接待代表日制度。组织代表开展“建功立业”“万件社会矛盾化解”“双引领”、代表述职、“百万册图书进校园”等活动。

2015年，县人大常委会通过向代表发送手机短信2500条次，邮寄重要工作情况信件1000封次，保障代表的知情权。接待代表78人次，并就有关工作征询代表意见建议。组织200名代表旁听市县法院公开审理案件10件，随案现场监督执行案件10件。推进“助千名学子圆梦”活动，为100名家庭贫困的中学生发放20万元关爱金，确保贫困家庭的孩子能接受高质量的教育。“百名代表领建百个新型社区”活动开展，领建社区建设进展顺利。

第五节　议案办理

县十二届人民代表大会3年间，代表共提建议409条。县人大常委会及时组织专门人员进行分类整理，提出具体的办理意见和要求，转“一府两院”办理。政府及有关部门对代表的建议采取面对面答复。

县十三届人民代表大会5年间，共收到代表建议693件。县人大常委会适时听取办理情况的汇报，并帮助办理单位研究解决困难和问题。

县十四届人民代表大会5年间，共收到代表提出的议案2件，建议300件。对县十四届人民代表大会二次会议代表提出的两件“治理水污染”议案，县人大常委会采取召开专题会议、现场检查、组织代表视察等形式，进行重点督办，拆除3家小造纸厂的设备。

▲ 人大代表视察大项目建设

县十五届人民代表大会5年间，共收到代表提出的建议344件。每年8月，县人大常委会都专门召开代表建议办理答复会，听取县政府办理情况的汇报，组织承办单位面对面地答复代表。

县十六届人民代表大会至2010年，共收到代表提出的建议183件，议案1件。这些建议均在规定的时间内全部办复完毕，并分别答复代表。第一次会议通过关于提请授予安圣兵、徐志武“人民功臣”称号的议案，做出相应决议。

2015年，推行重点建议由常委会主任牵头督办制，坚持代表建议办理答复面复制和办理情况票决制，代表提出的关于加快园区基础设施建设、建立城乡环卫一体化长效机制、加快刘楼水库建设等建议，在政府重点工作推进中得到体现。

第二十编

地方国家行政机关

DI FANG GUO JIA XING ZHENG JI GUAN

1991年，全县有68个县政府工作部门，19个乡镇政府工作机构。1993年12月，实行机构改革，政府工作部门精简为25个，另有按因地制宜的原则设立的机构2个，企事业单位39个，双重领导的部门17个；乡镇政府工作机构仍为19个。1999年，全县党政机关、事业单位超编人员分流，精简机构，优化人员，提高效能。2001年2月，19个乡镇政府合并为11个乡镇政府。2002年，进行党政机构改革，县政府工作部门24个，改革后的县政府机构不分组成部门和直属机构。2010年，县政府机构改革，设置工作部门24个，对部分科局进行结构优化和调整，转变政府职能，理顺部门职责。相继成立县政府法制办公室、督查室、行政审批中心，开通县长公开电话，改进施政方式，使县政府工作更加公开、公正、高效、亲民。同年，定陶镇政府撤销，设立天中街道办事处和滨河街道办事处。2015年，全县有24个县政府工作部门，12个镇（街）政府工作机构。

第一章　政府工作机构

第一节　县政府领导成员

县政府实行县长负责制，县长主持县政府的全面工作。副县长、县政府办公室主任协助县长工作。1991年1月至2015年12月，县人民政府历经6届，其中，第十二届任期3年；之后，每届任期5年。定陶县第十二届人民政府设县长1人，副县长5人；定陶县第十三届人民政府设县长1人，副县长5人；定陶县第十四届人民政府设县长1人，副县长6人；定陶县第十五届人民政府设县长1人，副县长6人；定陶县第十六届人民政府设县长1人，副县长6人；定陶县第十七届人民政府设县长1人，副县长6人。县长分别由张作田、李松亭、刘殿毅、段伯汉、赵传山、王彤宇、陶体华、成伟、陈宝华、聂元科担任。

1991—2015年定陶县人民政府县长、副县长任职情况表

表20-1-1

届次	职务	姓名	任职时间	籍贯	备注
第十二届	县长	张作田	1990.02—1993.01	济宁市梁山县	
		李松亭	1993.01—1993.03	菏泽市曹县	代
	副县长	张善朋	1990.02—1993.01	菏泽市成武县	
		李松亭	1990.02—1993.01	菏泽市曹县	
		曹长明	1990.02—1993.01	定陶县马集镇	
		周连瑞	1990.02—1993.03	菏泽市鄄城县	
		刘殿毅	1990.02—1993.03	菏泽市开发区	
		范尚贵	1993.01—1993.03	菏泽市牡丹区	

续表20-1-1

届次	职务	姓名	任职时间	籍贯	备注
第十二届	副县长	许有温	1991.02—1993.03	江西省南昌市	聘任
		侯文忠	1991.04—1993.03		挂职
		赵希和	1991.07—1993.03		挂职
第十三届	县长	李松亭	1993.03—1995.01	菏泽市曹县	
		刘殿毅	1995.01—1995.02	菏泽市开发区	代
			1995.03—1997.12		
		段伯汉	1997.12—1998.03	菏泽市巨野县	
	副县长	周连瑞	1993.03—1994.01	菏泽市鄄城县	
		范尚贵	1993.03—1995.01	菏泽市牡丹区	
		刘殿毅	1993.03—1995.03	菏泽市开发区	
		徐光璞	1994.01—1997.05	菏泽市曹县	女
		张芳林	1993.03—1997.12	定陶县黄店镇	
		安文焕	1993.03—1993.12	定陶县冉堌镇	
		乔秋寒	1994.01—1996.07	菏泽市东明县	
		刘本明	1997.12—1998.03	菏泽市曹县	
		申传根	1994.03—1998.03	菏泽市曹县	
		许有温	1993.03—1994.05	江西省南昌市	聘任
		纪智勇	1994.03—1995.09		挂职
		朱　明	1994.03—1995.09		挂职
		高丹峰	1994.03—1995.09	菏泽市曹县	挂职
		赵传山	1994.05—1995.01	菏泽市开发区	挂职
		王振钦	1995.01—1997.01	菏泽市鄄城县	
		张显生	1995.09—1998.03		聘任
		赵伯成	1995.11—1998.03		挂职
		孙铁卫	1995.11—1998.03		挂职
		徐　华	1995.11—1998.03		挂职
		马年桥	1996.06—1997.05	定陶县孟海镇	
		张培华	1997.01—1998.03	菏泽市曹县	回族
		段伯汉	1997.02—1997.12	菏泽市巨野县	
		潘信文	1997.05—1997.12	定陶县半堤镇	
		程西魁	1997.12—1998.03	定陶县仿山镇	

续表20-1-1

届次	职务	姓名	任职时间	籍贯	备注
第十三届	副县长	孙凤云	1997.12—1998.03	菏泽市成武县	女
		王乃光	1997.12—1998.03	菏泽市郓城县	
第十四届	县长	段伯汉	1998.03—2000.12	菏泽市巨野县	
		赵传山	2000.12—2001.03	菏泽市开发区	代
			2001.03—2002.12		
		王彤宇	2002.12—2003.01	青岛市即墨市	代
	副县长	刘本明	1998.03—2001.03	菏泽市曹县	
		申传根	1998.03—2001.03	菏泽市曹县	
		程西魁	1998.03—2001.03	定陶县仿山镇	
		张培华	1998.03—2001.03	菏泽市曹县	回族
		孙凤云	1998.03—2003.01	菏泽市成武县	女
		王乃光	1998.03—2003.01	菏泽市郓城县	
		杨玉生	1998.04—1999.12		挂职
		吴　建	1998.04—1999.12		挂职
		郭尊东	1999.01—2000.11	山东省莱西市	挂职
		席福亮	1999.03—2003.01	定陶县滨河街道	
		王宜清	2000.09—2002.07		挂职
		董　超	2001.03—2003.01	菏泽市鄄城县	
		卢庆林	2001.03—2003.01	菏泽市东明县	
		张　峰	2001.03—2003.01	河南省范县	
		徐文芹	2001.03—2003.01	定陶县半堤镇	
		高会峰	2001.03—2003.01	菏泽市曹县	
第十五届	县长	王彤宇	2003.01—2005.12	青岛市即墨市	
		陶体华	2005.12—2006.02	菏泽市鄄城县	代
			2006.02—2007.12		
	副县长	许祖强	2004.02—2006.04		挂职
		季善亭	2003.03—2005.01	山东省海阳县	挂职
		李清斌	2003.03—2005.01	菏泽市成武县	
		阎　凌	2005.01—2007.12	菏泽市曹县	
		牟　强	2005.01—2007.04	烟台市栖霞市	挂职

续表20-1-1

届次	职务	姓名	任职时间	籍贯	备注
第十五届	副县长	孙凤云	2003.01—2007.01	菏泽市成武县	女
		王乃光	2003.01—2004.12	菏泽市郓城县	
		张　峰	2003.01—2007.12	河南省范县	
		徐文芹	2003.01—2005.04	定陶县半堤镇	
		牛继红	2003.01—2007.12	菏泽市东明县	
		张新雷	2004.12—2007.12	菏泽市单县	
		孔祥坤	2006.01—2007.12	定陶县黄店镇	
		乔方臣	2005.04—2006.03	定陶县仿山镇	
		齐　伟	2005.05—2007.05		聘任
		栾　波	2006.04—2007.12	威海市荣成市	挂职
		李　颖	2007.01—2007.12	定陶县陈集镇	女
		刘存勇	2007.11—2007.12	菏泽市曹县	
		尹开亮	2007.04—2007.12		挂职
第十六届	县长	陶体华	2007.12—2009.05	菏泽市鄄城县	
		成　伟	2009.05—2009.07	菏泽市牡丹区	代
			2009.07—2011.11		
		陈宝华	2011.11—2012.01	菏泽市开发区	代
	副县长	栾　波	2007.12—2008.04	威海市荣成市	挂职
		阎　凌	2007.12—2011.01	菏泽市曹县	
		刘守文	2011.01—2011.12	菏泽市开发区	
		李　颖	2007.12—2010.01	定陶县陈集镇	女
		牛继红	2007.12—2012.01	菏泽市东明县	
		尹开亮	2007.12—2009.04		挂职
		张新雷	2007.12—2012.01	菏泽市单县	
		孔祥坤	2007.12—2012.01	定陶县黄店镇	
		李广根	2011.01—2012.01	菏泽市开发区	
		陈尔桥	2010.01—2011.01	定陶县黄店镇	
		刘存勇	2007.12—2011.12	菏泽市曹县	
		盛冬梅	2011.12—2012.01	菏泽市单县	女
		沙向东	2011.12—2012.01	菏泽市曹县	回族

续表20-1-1

届次	职务	姓名	任职时间	籍贯	备注
第十七届	县长	陈宝华	2012.01—2013.09	菏泽市开发区	
		聂元科	2013.09—	菏泽市曹县	
	副县长	张继争	2012.01—2015.01	菏泽市鄄城县	
		牛继红	2012.01—	菏泽市东明县	
		孔祥坤	2012.01—2013.12	定陶县黄店镇	
		李广根	2012.01—	菏泽市开发区	
		盛冬梅	2012.01—	菏泽市单县	女
		沙向东	2012.01—	菏泽市曹县	回族
		李广彬	2014.01—	定陶县南王店	
		张　防	2015.07—	菏泽市郓城县	
		刘　芸	2015.06—	菏泽市曹县	女，挂职
		黄福常	2014.01—	菏泽市单县	
		田文健	2012.5—	菏泽市牡丹区	挂职
		田继雷	2012.5—2014.05	菏泽市郓城县	挂职

第二节　政府职能部门

1991年，县政府工作部门有68个（不含公、检、法、司）。1993年12月机构改革，其工作部门为25个，另有按因地制宜的原则设立的机构2个，企事业单位39个，双重领导的部门17个。县志办公室由县政府办公室代管。1995年1月以后，增设（或复设）政府综合室、督查室、接待处、民族宗教侨务办公室、经济体制改革办公室、财贸办公室（后改为财政贸易委员会）、物价局、教育督导室、文物管理处、纠正部门和行业不正之风办公室、广播电视台（2002年4月与广播电视局实行局台合一）、房地产管理局、铁路工作办公室、中国农业发展银行定陶县支行等14个正科级单位；法制办公室、企业管理咨询事务所、经贸委技改办公室、城市环境卫生管理处、城市管理监察大队、县直计划生育办公室、人口与计划生育监察大队、流动人口管理办公室、人才交流服务中心、奖惩考核办公室、国有资产管理局（2002年4月改为国有资产管理办公室）、第二预算管理局（2002年4月改为预算外资金管理办公室）、会计管理局（2002年4月改为会计管理办公室，与预算外资金管理办公室1个机构2个牌子）、安全生产委员会办公室（2001年7月更名为县安全生产监督管理局）、劳动保险事业处、劳动就业办公室、公安局指挥中心、刑事警察大队、巡警大队，地税局稽查分局、直属征收分局、定陶镇征收分局、张湾征收分局、冉堌征收分局、黄店征收分局、陈集征收分局、孟海征收分局，蔬菜生产办公室、爱国卫生委员会办公室，土地管理局监察大队、陈集分局，国家税务局稽查局、直属征收分局、张湾分局、冉堌分局、陈集分局、黄店分局、游集分局，公路管理局收费管理办公室、养护处、工程处，水利工程公司、县乡公路管理处、法律援助中心等44

个副科级单位。将具有行政管理职能的农业服务中心、林业服务中心、技术监督服务中心、广播电视中心、粮食总公司分别恢复为农业局、林业局、技术监督局、广播电视局、粮食局，将劳动局、城乡建设委员会、老龄委员会办公室、环境保护办公室、黄淮海平原农业开发办公室、机关事业服务站分别改设为劳动和社会保障局、城乡建设委员会、老龄委员会工作办公室、环境保护局、农业综合开发办公室、机关服务总公司。农村经济调查队、新华书店由副科级单位升格为正科级单位。1995年6月，县文化体育委员会撤销，分设为文化局和体育运动委员会。1999年，房地产开发公司、对外贸易公司、棉花生产办公室、经济技术协作开发公司、菏泽进出口商品检验检疫局定陶办事处、个体私营经济管理局、棉麻公司等单位撤销。2002年，定陶县进行党政机构改革，县政府机构设置为县政府办公室、发展计划局、经济贸易局、教育局、科学技术局、监察局（与县纪律检查委员会机关合署）、民政局、公安局、司法局、财政局、人事局（县机构编制委员会办公室与其合署）、劳动和社会保障局、交通局、农业局、文化体育局、卫生局、计划生育局（2005年3月更名为县人口和计划生育局）、审计局、统计局、城乡建设局、国土资源局、环境保护局、粮食局、民族宗教事务局。改革后的县政府机构不分组成部门和直属机构，统称政府工作部门。之后，根据上级文件精神和工作需要，先后增设了地震局、事业单位登记管理局、第三产业服务中心、重点项目管理办公室、县人民政府办公室县长公开电话受理中心、双拥工作办公室、抗旱防汛指挥部办公室等正科级单位和机构；县经济责任审计办公室、县农业税务办公室、县土地开发整理中心、县建筑设计院、县安全生产监督管理局监察大队、机关事业单位保险处、交通运输管理处、交通稽查大队、新型农村合作医疗管理委员会办公室、粮食市场管理稽查大队等副科级单位。2003年5月，县劳动就业办公室升格为正科级单位。2005年11月，县公安局治安警察大队、经济犯罪侦查大队、国内安全保卫大队、县看守所均升格为副科级单位。2006年5月，县国税局下设机构均降格为股级单位。2008年8月，县社会医疗保险处升格为副科级机构。2010年4月，组建县经济和信息化局，挂县商务局牌子，将县经济贸易局职责划入县经济和信息化局，不再保留县经济贸易局。组建县人力资源和社会保障局，将县人事局、县劳动和社会保障局的职责，整合划入县人力资源和社会保障局，不再保留县人事局、县劳动和社会保障局。原与县人事局合署的县机构编制委员会办公室列入县委机构序列。组建县住房和城乡建设局，挂县城市管理局牌子。将县城乡建设局（县人民防空办公室）的职责划入县住房和城乡建设局，不再保留县城乡建设局（县人民防空办公室）。县城市管理行政执法局的职责划入县城市管理局，不再保留县城市管理行政执法局。将县农村工作领导小组办公室的职责划入县委办公室；将县农村改革试验区办公室的职责划入县农业局，不再保留农村改革试验区办公室；将县农业综合开发办公室的职责划入县财政局；县交通局更名为县交通运输局；县食品药品监督管理局列入县政府工作部门；将县广播电视局的行政管理职责、县委宣传部承担的新闻出版管理职责，整合划入县文化体育局；保留县旅游局，将第三产业服务中心（挂县旅游局牌子）的三产服务职能划入县发展和改革局，2011年4月，县发展和改革局的三产服务职能划入县商务局。2015年7月，县工商局、县质量技术监督局、食品药品监督管理局3局合一，组建县市场监督管理局。

第三节　乡镇政府（街道办）工作机构

1991年，定陶有19个乡镇政府工作机构。1992年，县直部门下设在乡镇的分设机构，区别不同情况，其人财物权和业务监督权分别下放到乡镇管理。1993年12月，乡镇进行机构改革，对乡镇进行分类定编，明确其内设机构及职能。其中，一类乡镇9个，即定陶镇、陈集镇、黄店镇、孟海乡、半堤乡、冉堌镇、南王店乡、东王店乡、力本屯乡，每个乡镇控编25人；其他10个乡镇为二类乡镇，每个乡镇控编30人，全县乡镇共控编615人。各乡镇统一设置党政办公室、农业办公室、经贸办公室、社会事务办公室、建设环保办公室、计划生育科教文卫办公室。1995年10月和1996年6月，孟海、张湾先后撤乡设镇。1996年，定陶镇城区办事处由副科级升为正科级行政单位，隶属于定陶镇。1997年11月，实行公务员制度，全县乡镇共设公务员615人。2001年2月，19个乡镇政府合并为11个乡镇政府。7月，乡镇不再配备计划生育专职副书记和专职副乡（镇）长，信访助理员改为信访办主任，综治办主任改为综治办副主任。2002年1月，乡镇不再设政协机构，其他与上级不一致的机构取消。同年9月，马集撤乡建镇。2011年4月，仿山乡和半堤乡撤乡设镇。2010年5月定陶镇政府撤销，设立天中街道办事处和滨河街道办事处。2012年11月，杜堂乡撤乡设镇。2013年12月，南王店撤乡设镇。至2015年底，全县共设10个镇和2个街道办事处，各镇（街）分别设立4个党政工作机构：党政办公室（加挂计划生育办公室牌子）、社会事务办公室（加挂社会治安综合治理办公室牌子）、经济发展办公室、农业办公室。

第二章　政府施政

第一节　施政方式

会议　县长办公会议　县长办公会议由县长、副县长和政府办公室主任组成并吸收县人民武装部负责人参加，由县长召集和主持。县长不在家需要召开县长办公会议时，由常务副县长召集和主持。一般每半个月召开1次。县长办公会议的内容主要是研究贯彻党中央、国务院的路线、方针、政策和省委、省政府、市委、市政府、县委的决定、决议；听取各副县长和县政府部门的重要工作汇报；审议通过向上级的重大内容的报告请示；审议通过县政府的指示、决定和县长的重要讲话稿；审议关系全县国民经济和社会发展的重大问题及长远规划、年度计划、财政预决算等；研究制定重大改革方案和措施；制定县政府职权范围内的重要法规和政策规定；研究处理县政府各部门和乡镇政府报请解决问题的请示、报告；讨论需要由县长办公会议集体规定的其他事项。

政府党组会议　县政府党组会议由县政府全体党组成员组成，由县政府党组书记召集和主持，党组书记不在需要召开时，由党组副书记召集和主持，一般每2个月召开1次。政府党组会议的内容主要是研究干部任免、干部奖惩及需要由政府党组会研究决定的事项。

政府成员会议　政府成员会议由县长、副县长、县政府办公室主任和政府序列的委（办、局）主任（局长）组成，由县长召集和主持，一般每半年召开1次。政府成员会议的内容主要是传达贯彻党中央、国务院、省委、省政府、地委、行署和县委的重要指示；通报重要工作情况；研究部署1年或半年的政府工作；讨论需要由政府成员会议决定的其他事项。

府务工作会议　由县长、副县长、县政府办公室主任和政府序列的委（办、局）主任（局长）和各乡镇长（街道办事处主任）组成，由县长召集和主持，一般1年召开1次。府务工作会议的内容为全面总结政府年度工作，研究部署下年度政府工作任务，讨论需要由府务工作会议决定的其他事项。

专题会议 专题会议由县长、副县长、县长助理或县长、副县长委托县政府办公室主任或副主任召集，研究协调解决县政府工作中的一些专题问题和分工范围内的重要问题。

会议制度 凡应参加会议的人员要按时参加会议，特殊情况不能参加者，要事先向会议召集人请假；各部门需要提交县长办公会议和政府党组会议审议的议题，事前必须做好调查研究和充分准备，议题材料要简明、扼要、准确，不仅要提出问题，而且还要提出解决问题的意见和办法，对需要会议决定的事项，其内容涉及有关部门的，要在会前协商一致，经过协商，意见不一致时，汇报单位在会上要将分歧意见如实汇报。对会议决定和需传达事项，要以正式文件、会议纪要或文字通知为准。政府办公室对会议决定或需传达事项，会后要及时拟写文稿，送领导签发后，及时送达有关部门，并抓紧催办工作，有关部门要及时办理，并将执行办理情况及时报送县政府办公室。

公文 县政府行文制度 县政府对各乡镇政府（街道办事处）、县政府各部门、直属事业单位和重点企业直接行文，并受理上述单位的请示、报告。县政府严格控制发文数量，属部门职权范围内的事务，由部门自行发文或县政府办公室转发；确需由县政府或县政府办公室发文的，由部门草拟文稿，并提前5个工作日送达县政府办公室，由县政府办公室按程序办理。未经县政府批准，县政府各部门、各直属机构不得直接向乡、镇、街道政府正式行文。属于业务性较强或行业性的重要工作，或其他需县政府同意的事项，报经县政府领导审定后，可加“经县政府同意”字样，由部门行文。

公文审批制度 各乡镇、各部门报送县政府审批的公文，按照《国家行政机关公文处理办法》和《山东省实施<国家行政机关公文处理办法>细则》的规定程序办理。由县政府办公室按照程序呈批，重大事项报县长审批。县政府报送上级政府审批的公文和县政府发布的规章、决定、命令、向县人民代表大会及其常务委员会提出的议案、人员任免等，由县长签署。以县政府名义发文，经县政府分管副县长审核后，由县长签发或委托副县长签发。以政府办公室名义发文，由县政府办公室主任签发，如有需要，可核报县长签发。县政府领导审批公文，对有具体请示事项的，应签署明确意见；对一般报告性公文，圈阅表示“已阅知”。

政务信息与调研 政务信息 政务信息包括经济活动、科技成果、新闻报道、社会动态等。1991年全年编发《政府工作简报》236期。1996年，县直各部门、乡镇政府、部分县属企业均配备1名兼职信息员，负责本单位信息的搜集、整理和反馈工作。2000年，全年编发《政府工作简报》42期。2005年3月，县政府办公室印发《关于印发2005年政务信息工作要点的通知》，规定县政府信息科负责全县政府信息工作，并制定当年政务信息工作的6个要点。2010年，共上报信息167条，被市政府采用96条，被省政府采用12条。2015年，共编发《政务信息》86期，上报信息198条，被市政府采用92条，被省政府采用16条。

调查研究 2000年，随着改革开放的深入和经济的不断发展，新情况、新问题不断出现，为加强调研信息工作，县政府办公室印发《关于进一步加强调研信息工作的通知》，在县政府各部门和各乡镇政府设立调研信息工作直报站，各部门、各乡镇政府办公室主任为调研信息站长，直报站配备调研信息员，具体负责政府工作调研信息的搜集、整理和上报工作。2002年按照“贴近中心、贴近领导、贴近实际”的原则，重点针对那些具有全局性、战略性、方向性、政策性的重大问题，以及社会关注、群众关心的焦点问题，精心确定调研课题，及时组织调研。对确定调研的课题，除县政府综合调研室直接调研外，还落实到责任部门和责任人完成调研任务。对领导临时安排的调研任务，实行牵头人或牵头部门负责制，集中力量开展调研，确保高标准、高质量地完成任务。2002年至2005年，县政府综合调研室每年完成调研课题15个；各乡镇政府及县政府各部门主要负责人每月开展1次调研活动，每季度写出1篇有针对性的调研报告，报送县政府综合调研室，由县政府综合调研室汇总、筛选、整理后报县领导参阅。2006年，县政府调研室经过有针对性地调查研究，写出高质量的调研报告，其中，在报刊上发表14篇，在国家级报刊发表3篇，在省级报刊发表3篇，在市级报刊上发表8篇。2007年上半年，对全县农村“空心化”现状进行调研并形成调研报告。县政府调研室与县国土局、开发区、经贸局等有关单位对开发区项目进行为期5天的调研，撰写《开发区项目基本情况的调查报告》。同年共组织调研活动19次，撰写调查报告17篇，编发《内部情况通讯》6期，为领导科学决策提供依据。2010年，综合调研室针对方向性、苗头性、全局性问题，广泛开展调查研究，全年组织各类大型调研活动14次，完成各类调研报告23篇。有7篇调研报告在《菏泽政务》《经济战略研究》等杂志上发表，有10余篇调研报告，纳入领导决策，2015年，深入到企业、项目、乡镇等基层一线摸实情、查问题，形成高质量的调研报告，为领导掌握全局、谋划工作、正确决策提供参考依据，开展公共资源交易、精准扶贫、信用社改制、城乡居民医疗保险综合调研活动10余次，形成调研报告10篇。

政务督查　1991年，县政府办公室印发《关于认真做好人大代表建议和政协委员提案办理工作的通知》，对于人大代表建议和政协委员提案，每年都督查办理。1992年10月，县政府办公室设立督查科，并配备专职人员。1993年，县政府办公室印发《定陶县政府系统督促检查工作暂行规定》，督查工作主要任务是：对上级和本级政府重要会议、决定和重要文件精神贯彻落实情况督促检查；对上级和本级政府日常会议决定事项催办；对上级和本级政府领导同志重要批示和交办事项催促落实；新闻媒介对本县的重要批评和建议，按照领导批示要求，检查承办部门落实情况；负责政府系统承办的人大代表建议和政协委员提案的组织、协调、催办答复工作。1997年5月，督查科改为县政府督查办公室，规格为正科级行政机构，督查工作逐步走向规范化、制度化、科学化。1999年10月，各乡镇政府、县直各部门均配备1名兼职督查员。2003年至2007年，共办复人大代表建议236件、政协委员提案365件。2007年，县政府重点工作和中心工作全部实行月或半月督查。督查工作分4个程序：每月的13日和27日，向承办单位下发督查通知，上报工作任务完成情况；县政府督查室把每个承办单位的工程进度情况整理后，组织人员现场查看，结合各单位上报和现场查看情况，汇总向县长汇报；按县政府领导的工作要求，督查室跟随县政府领导到每个项目现场进行督查调度；根据现场督查调度情况进行通报。全年共编发《政务督查》29期。2010年，承办县人大代表建议36件，县政协委员提案73件，主要涉及城市建设、交通运输、文教卫生、工业经济、新农村建设、广电网络、人力资源等问题。按照工作程序和要求，各承办单位全部予以办理答复，答复率为100%。2015年，督查室以人代会通过的《政府工作报告》和县委、县政府《2015年重点工作目标任务》及《定陶县人民政府关于2015年政府工作意见》作为全年督查工作的主线，对各项重点工作分解立项、明确任务目标和完成时限，确定承办单位及责任人，以县政府办公室文件形式下发到各乡镇、县直各部门。同时利用《定陶县政务督查》进行通报，表彰先进，鞭策落后，促进政府各项工作的落实。

县长公开电话　2006年，定陶县设立“县长公开电话受理中心”。2014年7月，在全县12个镇（街）及32个政府部门建立专网，使县长公开电话工作在全县形成一个联动的网络系统，实现问题网上受理、网上批办转办、网上催办、网上回复，确保受理工作的快捷、高效运行。各镇街、县政府部门均成立以镇长（主任）、部门主要负责人为主任的县长公开电话受理办公室，配备专职人员，明确工作职责，制定工作流程，具体负责县长公开电话的承办等工作，实现所有转办件由镇街、部门主要负责人阅批、专人受理、负责人把关上报的工作运行机制。制订完善《定陶县县长公开电话工作考核办法》《承办单位工作职责》《回访反馈制度》《工作通报制度》等制度，规范接听、受理、转办、督办、回访、回复等各个工作环节，形成运转流畅、执行有力的办理机制。并对12个镇街的专职受理人员实行坐班轮训制度，对工作方式方法、常用政策法规、规范回复、处理问题技巧、档案规范管理等进行点对点式培训，进一步提升工作人员的政策水平和沟通技巧，增强了工作能力。2015年，共接听群众来电4150次，形成县长公开电话处理单423件，受理菏泽12345转办单7333件，办理市、县领导批示件66件，编写《县长公开电话专讯》13期、《一周要述》45期、《社情快报》16期。承办件回访满意率位居全市第一名，其中，有6个月受理过程满意率、处理结果满意率均100%。8月，全市市长公开电话工作现场会在定陶召开，得到全体与会人员的高度评价，市电视台《市长热线》栏目组对定陶县的工作作法进行专题采访并连续2期节目予以报道，市开发区、成武县到定陶学习工作经验。2012年至2015年，定陶县先后获全市市长公开电话工作先进县区。

第二节　施政辑要

政府职能及职能转变　定陶县人民政府的主要职能是：执行本级人民代表大会及其常务委员会的决议，以及上级行政机关的决议和命令，规定行政措施，发布决议和命令；领导和监督所属各工作部门和下级人民政府的工作；执行经济计划和预算，管理本行政区域内经济文化建设、民政和公安等工作；依法任免和奖惩国家行政机关工作人员；保护公共财产，维护社会秩序，保障公民权利，保障少数民族的平等权利；监督所属各部门和下级人民政府的工作；办理上级国家行政机关交办的其他事项。

1991年，县政府开始简政放权。围绕简政放权，搞活企业这个中心，推行厂长负责制，完善企业内部经济责任制。当年，对县属国营工商企业和部分集体工商企业实行承包经营。之前，财政管理是全县统收统支，“吃大锅饭”，乡镇收入上缴，花钱伸手要，限制了乡镇政府当家理财积极性的充分发挥。根据上级要求，定陶县成立县体制改革委员会，分期分批建立乡级财政。同时，对卫生院管理体制进行改革，将乡镇卫生院划归乡镇政府管理。1993年4月，推进县级综合改革，彻底转变政府职能，在发挥市场对资源配置的基础性作用的同时，改进和完善计划手段，把该管的管住、管好，该放开的放开、放活，切实改善和加强宏观调控。县乡机构改革按照“精简、统一、效能”的原则和“政企分开、转变职能、理顺关系、强化服务”的指导思想，选择经济管理部门为突破口，采取“撤、并、转、放、分、控”的方法，逐步建立起适应市场经济发展的管理体制。撤销不适应市场经济发展的机构；合并职能交叉，业务重叠的机构；将部分经济技术管理部门转为自主经营、自负盈亏的经济实体；把宜于放到乡镇的县直分支机构或派出机构的人、财、物一齐放下去；对机构改革中的富余人员，按其专长，合理分流。2007年1月，县政府印发《定陶县人民政府工作规则》，要求县政府及各部门要加快政府职能转变，全面履行经济调节、市场监督、社会管理和公共服务职能。同年，定陶县对行政许可审批事项进行清理，取消和调整一批行政审批项目。2007年8月，县政府建立服务企业联席办公会议制度，每月的10日、20日、30日为县政府服务企业联席办公会议日。督查室安排专人参加。对会议上所提问题及时汇总，以督办单的形式下发到有关负责部门和乡镇，并进行跟踪督查，并要求责任部门每月的7

日、17日、27日报送办理进度。问题解决后，在下次办公会议上及时通报，做到事事有回音，件件有结果。2008年，对保留的行政审批事项，规范审批程序和审批方式，明确各个审批环节的标准、条件、时限和相应的责任，做到分工合理、职责明晰、相互制约、相互监督。2012年12月，成立定陶县行政审批服务中心，推进行政审批制度改革。开展行政审批权清理工作，做到“该除尽除”“应减必减”，以行政执法“窗口”单位为重点，凡面向群众的行政审批、登记、办证、收费等事项一律公开，切实为群众提供高效快捷的服务。

经济建设 1990年5月，印发《关于农村宅基地有偿使用的规定》，规定农村土地由乡镇政府和村民委员会统一管理，明确宅基地有偿使用的范围、有偿使用费征收、使用和管理办法。1994年8月，印发《关于加快外向型经济发展的意见》。1995年4月，印发《关于加强乡镇财政建设完善财政管理体制的通知》，规定乡镇财政具体负责乡镇财政预算内资金、预算外资金和自筹资金的管理，负责征收本乡镇范围内的农业税、农业特产税、耕地占用税、契税及罚没收入等。在管理体制上，农业税、耕地占用税属县财政固定收入，由乡镇征收，全额上缴县财政；农业特产税、工商税收、契税、罚没收入等属乡镇财政固定收入，全额留乡镇。支出按现行乡镇管理的范围由乡镇统筹安排，收支基数以1995年核定为准。1996年7月，印发《关于进一步深化国有土地使用制度改革的决定》，决定强化政府职能，全面推行土地“五统一”管理，县政府对各类非农业建设项目用地实行统一规划、统一征用、统一开发、统一出让和统一管理。1999年5月，印发《定陶县招商引资及引进人才的优惠规定》，规定外来投资者在定陶县兴办企业，可通过出租、出让方式取得土地使用权；兴办企业所需水、电、通信等设施，优先安排解决；新办的生产性企业，经营期10年以上的，从投资之日起3年内，企业所得税先征后返。对于为定陶县引进资金的中介人明确了奖励政策。2001年3月，印发《关于进一步加强土地管理切实保护耕地的通知》，明确土地使用制度改革的主要任务，建立国有土地储备制度。推行政府统一征用、统一储备、统一开发、统一配置、统一管理的土地配置管理模式，通过依法征用、收回、收购等途径，实现国有土地所有权的经济价值；建立土地有偿使用制度。要采取行政、经济、法律等手段，引导各种土地交易入市，消除土地隐形市场和非法交易，禁止非法买卖、转让土地现象；各类建设要统筹规划，小城镇建设要以旧城改造成方连片开发为主，鼓励各项建设向城市规划区内集中，乡镇办园区，市场向乡镇驻地集中，农民建房向中心镇、中心村集中。2002年7月，印发《关于优化经济发展环境的意见》，进一步压缩行政审批事项。2003年3月，印发《定陶县整顿和规范土地市场秩序工作实施方案》，整顿和规范的重点分为6个方面：非法占用、转让土地；各类园区、市场、加工厂、加油站用地；土地市场管理；土地审批和规划管理；土地执法监察；财务管理。2007年3月2日，县委、县政府在《关于进一步优化经济环境的意见》中要求，深化行政审批制度，提高办事效率和服务水平；规范执法行为，营造宽松生产经营环境；整顿装卸秩序，净化企业周边治安环境；严查破坏经济环境案件，重处设乱违纪人员；加强政风行风建设，深入开展政风行风评议活动；加强组织领导，完善经济环境治理工作机制。2009年8月28日，县委、县政府制定《关于加快村庄改造 推进新农村建设的意见》，按照“积极探索、先行试点、稳步推进、留有余地”的总体要求，分期分批实施村庄改造。2010年，县政府编制完成《定陶县城镇建设三年实施纲要》，明确县域体系规划、农村住房建设与危房改造规划、所有乡镇的总体规划和108个村庄建设规划。同年2月，县委、县政府在《关于进一步优化经济环境的意见》中强调，精简审批项目；规范涉企收费行为；规范查车行为；强化社会治安等。2014年7月9日，县委、县政府在

《关于进一步优化经济环境的意见》中安排部署对行政审批服务，涉企检查、收费和罚款行为，中介组织，上路执法行为，重点建设项目和企业周边治安环境进行4个专项治理。

社会事业 1991年5月，印发《关于做好劳动就业工作的通知》，解决城镇就业问题，除全民所有制单位按照国家计划招工外，发展各种形式的集体经济和个体经济加以安置。办好劳动服务公司集体企业；解决好乡镇待业人员就业问题；发展街居企业，安置待业人员；鼓励待业人员自谋职业。1993年6月，印发《关于实施九年制义务教育运行机制的意见》，1995年以前在全县范围内实现小学五年义务教育，到20世纪末实现九年义务教育。1994年11月，印发《关于开展农村社会养老保险工作的通知》，在全县开展农村社会养老保险工作。1995年年底前，农村适龄人口投保覆盖面50%；1996年年底前，投保率达到农村适龄人口的80%；1997年年底前，全县农村适龄人口投保率100%，建立健全定陶县农村社会养老保险制度。1995年4月，印发《关于恢复和推行合作医疗制度的意见》。农村合作医疗实行分级合作，资金由乡镇政府统一提取，交卫生院组织实施。在资金落实方面，按年人均3元至5元筹集，用于本乡镇的合作医疗费用。1997年5月，印发《关于分解落实全县农村奔小康工作任务的通知》，奋斗目标为实现2000年全县农村达到小康，确保全县农民人均纯收入1200元以上，农村用电比例95%以上，通电话的行政村比例70%以上，通公路的行政村比例85%以上，安全卫生水普及率95%以上，钢筋混凝土及砖木结构住房面积比例80%以上，享受五保户人口占应享受者的90%以上，人均地方财力达到小康标准（年人均190元）。2000年，《定陶县村庄规划建设的意见》规定，至年底编制完成全县所有村庄的规划。通过实施规划，争取用10年的时间，把定陶县多数村庄建设成布局合理，水、电、路等基础设施配套齐全，经济繁荣，环境优美，有地方特色的现代村庄。在规划建设上，有针对性地推广村庄合并和旧村改造两种形式。同年8月，印发《关于进一步加快全县社会救助制度建设的通知》，对城镇月人均收入在最低工资标准以下的家庭、农村人均收入低于当地上年人均收入1/3的家庭实行社会救助。推行社会救助制度，实行社会部门联户、企业联户、党员干部联户、富裕户联户，为贫困户指路子、助资金、教技术、上项目、供信息，帮其尽快脱贫。要把经常性的捐赠活动作为社会互助制度在全县开展起来。各有关部门，要为社会救助对象在生产、生活、经营、加工、技术培训、上学、治病等方面提供各项优质服务。2002年11月，印发《关于进一步完善城镇职工基本医疗保险制度改革的通知》，继续完善城镇职工基本医疗保险制度。职工个人缴纳的基本医疗保险金，全部计入个人账户。用人单位缴纳的基本医疗保险金的30%左右划入职工个人账户，并根据职工的年龄，分别确定划入个人账户的比例：在职职工以本人月缴费工资为基数，35岁及以下的，按0.7%划入；36岁至45岁的，按1%划入；46岁及以上的，按1.3%划入。退休人员以本人养老金为基数，按4.5%划入。2005年12月，印发《关于做好大中专毕业生就业工作的意见》，企业单位通过毕业生就业市场，按照“供需见面、双向选择”的办法接收毕业生；财政拨款事业单位坚持“逢进必考”，采取“公开、公平、竞争、择优”的办法接收毕业生；自收自支事业单位，可以面向社会公开招考，也可以通过“供需见面、双向选择”的办法接收毕业生。2006年3月，印发《定陶县新型农村合作医疗实施办法（试行）》，新型农村合作医疗（简称新农合）制度是指由政府组织、引导、支持，农民自愿参加，个人、集体和政府多方筹资，以大病统筹为主的农民医疗互助供给制度，新型农村合作医疗基金每人每年40元，主要由各级政府资助资金、参合农民个人缴纳资金、集体扶持资金和社会捐助资金构成。新型农村合作医疗基金支出有门诊支出、住院支出和其他支出。参合农民住院期间的药费、床位费、手术费、材料费、处置费、输液费、输血费、输氧费、常规影像检查以及常规化验费用均可按规定补偿。2007年10月，印发《定陶县村镇规划建设管理规定》，规定村镇规划在县建设行政主管部门的指导下，由各乡镇人民政府负责组织编制并监督实施；县人民政府组织编制村镇建设体系规划，县建设行政主管部门在村镇规划区内依据有关法律、法规，对村镇的各项建设用地和建设活动进行统一安排和控制，引导和调节村镇的各项建设事业有计划、有秩序地协调发展，保证村镇规划的实施。2008年4月，印发《贯彻实施〈中华人民共和国义务教育法〉扎实推进素质教育的意见》，加强和改进学校德育工作。教师实行一岗双责，既教书又育人，形成全员育人、全程育人的德育工作机制；各学校建立自己的校外教育场所，并充分发挥未成年人校外活动场所和社会实践基地的作用；根据不同年龄阶段学生的特点，有针对性地培养社会主义法制观念与法律素质；8月，印发《关于开展城市社区卫生服务的实施意见》，要求有计划、有步骤地建立健全社区卫生服务网络。按照每个街道所辖范围规划设置1个政府举办的社区卫生服务中心，按1万～1.5万人口设置1个社区卫生服务站，使居民步行15分钟可获得服务。2013年3月，印发《定陶县关于加强小城镇规划建设管理的意见》，坚持科学规划，提高规划质量水平；严格建设程序，加强基本建设监管：加快基础设施建设，加快功能设施建设；严格建设项目审批，严厉打击违法用地和违法建设行为；坚持建管并重，提高小城镇管理水平：加强镇容镇貌管理，加强环境卫生管理，加强镇区绿化美化，加强管理体制建设。

重要会议　1993年6月，县委、县政府召开全县乡镇企业工作会议，传达贯彻中央和省、地加快发展乡镇企业会议精神，对发展乡镇企业进行再认识，再发动、再加温、再加压，努力实现乡镇企业的跨越式发展。2000年6月28日，全县大中专学校毕业生就业工作会议召开，大中专学校毕业生就业工作将实行“不包分配、竞争上岗、择优录用”的新机制。2004年4月30日，烟台工业园奠基暨烟台对口帮扶座谈会召开，烟台对口帮扶由资金支持转向产业帮扶。2006年4月，全县新型农村合作医疗启动会议召开。会议要求各乡镇、县直有关部门，作好合作医疗资金的筹集工作；管好、用好合作医疗资金，保证全县新型农村合作医疗工作正常启动。2007年1月26日，召开全县教育工作会议，要求认真做好农村中小学危房改造和项目学校建设工作；以就业为导向，大力发展职业教育；加强教师队伍建设，提高整体素质；强化素质教育，提高教育教学质量；落实农村义务教育经费保障机制。2009年12月8日，全县行风评议暨企业评议部门工作会议召开，落实优化经济发展环境。2010年5月8日，全省公安机关现场勘察工作现场会在定陶县召开；8月4日，创建全国科普示范县大会召开。2013年7月10日，全市新农合暨大病保险工作会议在定陶召开。2014年7月20日，全县深化“乡村文明行动”会议召开。会议下发《全县深化“乡村文明行动”工作方案》。2015年3月23日，全省精准扶贫暨农业生产现场会在定陶县杜堂镇召开。8月27日，全市加快建立城乡环卫一体化长效机制现场会在定陶召开。

▲　全市加快建立城乡环卫一体化长效机制现场会　（2015年摄）

第三章　综合政务

第一节　行政审批

规章制度　2012年11月27日，定陶县人民政府办公室印发《关于县级行政审批事项和审批工作人员统一进驻县政务服务中心集中办公的通知》；29日，中共定陶县委、定陶县人民政府印发《关于加快建设县政务服务中心的实施意见》。12月，中心建立健全22项规章制度，编印《规章制度汇编》，同时印发《窗口及窗口工作人员考核办法》，制定“红旗窗口”“党员示范岗”评选办法，不断完善窗口管理机制。

进驻单位及审批事项　2012年12月1日，进驻单位47个，涉及308项审批项目。2015年，中心联合有关部门集中清理行政审批事项，确定进驻部门32个，87名工作人员进驻中心窗口。同时，设立出入境管理、交警队车辆管理2个分大厅，共涉及行政审批项目252项。

提速增效　2013年10月，县政府办公室印发《关于公布集中征收的政府非税收入项目的通知》，县直部门收费、罚款在中心集中征收，推动审批项目在中心办理，方便办事群众，杜绝各类坐收坐支、收缴不分、罚缴不分等财务违纪现象的发生。2014年5月，县政府办公室印发《定陶县行政审批事项联合办理暂行办法》，对涉及两个及以上部门实施的行政审批事项，按照“一门登记、集中告知、联合受理、同步审批、限时办结”的办理模式进行并联审批，使重大项目审批时间节省70%以上。同时，结合审批工作实际，设制“工业建设项目审批流程图”和“房地产建设项目审批流程图”，明确事项审批先后次序，解决审批项目互为前置和相互推脱的问题。

第二节　外事　侨务　港澳台事务

海外和港澳人口分布　主要分布在美国、韩国、日本和新加坡等16个国家和中国港澳地区，其中，归侨5户，华侨107人，海外华人139人，香港同胞11人，澳门同胞5人；归侨侨眷和港澳台同胞眷属117户，657人，其中，重点人士20人。

经贸　2007年3月，以巴西哥伦布市市长为团长的哥伦布市代表团到艺达工业园参观考察。10月，阿拉伯联合国酋长国政府代表、官方兽医及商业界代表一行到定陶县考察。2009年2月26日，波兰普克县代表团对定陶县进行考察访问，双方

▲ 与波兰普克县签订友好合作关系　(2009年摄)

就建立友好城市关系进行交流洽谈，签订友好合作关系意向书。2010年，加强与定陶县在台上层人士杨正民、高秉涵、史锡恩等人的联系与沟通，正式邀请杨正民先生一家到定陶投资兴业。至2013年年底，台商企业菏泽嘉宏脱水食品公司共投资3亿多元，缴纳税金7000多万元。浙江交泰集团董事长、天源农贸城董事长陈正方达成在天源农贸城建购物中心的协议，投资7000多万元建成的1万多平方米的大型超市1座。至2015年，定陶县累计引进台资企业4家，总投资10亿多元，合同外资近8亿多元，实际利用台资7.5亿元，缴纳税金合计8000多万元。

第三节　民族宗教

少数民族及分布状况　1991年，全县共有回族、满族、苗族、壮族、瑶族、水族、白族、藏族、蒙古族9个少数民族。2010年，全国第6次人口普查，定陶县共有回、满、藏、蒙、彝、瑶等18个少数民族，1.22万多人，占全县总人口的2.2%。其中，回族11236人，占全县少数民族人口的92%，呈小聚居、大杂居态势，主要聚居在定陶镇南城、王洪庙和陈集镇前沙海、中沙海等4个村（社区），其他少数民族人员主要是1978年改革开放后定陶外出打工、经商人员结婚迁入境内的媳妇及所生子女，每个族别1至数人不等，散居于全县城乡各地。县直少数民族文化层次相对较高，公职、科技人员较多，收入较稳定；其他大多是社区居民、农民，部分从事餐饮服务业及畜禽养殖业，大部分因人多地少或无耕地，人均收入相对较低。

少数民族经济　20世纪90年代以后，少数民族集体企业迅速发展，规格较大效益较好的有前沙海皮厂、中沙海皮厂、南关皮厂等。1998年以后，计划经济转轨为市场经济，全县绝大多数少数民族集体企业破产。2000年以后，私营、股份制等民营企业出现，民族经济基本形成养殖、制革、裘皮、皮毛工艺、餐饮业以及房地产开发等农工商一体化的产业格局。全县少数民族企业发展到60余家，其中，投资过千万元的3家，少数民族经济生产总值超过3亿元。吉光裘革、鲲鹏皮革、顺发裘革、月亮皮革等10余家公司，年生产裘皮服装5万件，裘皮褥子6万条，开发60多种新颖款式。向狐皮、獭皮、貂皮等高档产品发展，适应国际市场需求；皮毛工艺品，300多个花色品种，年生产10万只。裘皮服装、皮毛玩具等产品远销俄罗斯、美国、韩国、日本、加拿大、越南等多个国家，出口创汇1500多万美元，年上缴各项税金500多万元。南城“小吃一条街”渐成规模，南城社区规模养鸭户发展到150余户，鸭棚170个，年出栏量550万只；王洪庙村肉牛养殖存栏量1300余头。4个民族村（社区）农民人均纯收入高于全县平均水平。

少数民族社会事业　定陶县争取各项扶持资金，解决民族事业发展中的一些突出困难和问题，4个民族村农田水利建设日趋完善，村内道路基本硬化，农用电网改造全部完成，村村用上自来水，其他基础设施建设得到较大改善，少数民族群众新农合参合率达到97%，“看病难”得到缓解。全县5所民族中小学办学条件都达到全县一流水平，其中前沙海小学、中沙海小学、中沙海中学均为市级规范化学校。

民族团结进步工作　定陶县把握各民族“共同团结奋斗、共同繁荣发展”的主题，按照“抓发展，保稳定，促和谐”的总体思路，贯彻执行

▲　民族团结一家亲　　（2009年摄）

▲ “民族团结一家亲”爱心助学助困活动

党和国家的民族政策法规，发展少数民族经济，妥善处理民族事务，推动少数民族各项社会事业的全面进步，民族工作呈现出良好的发展趋势，为全县的改革、发展和稳定做出贡献。通过开展“民族团结进步宣传月”等多种活动，加强对各族群众的宣传教育；从组织协调、宣传教育、信息预警、应急处置、区域协作、法制保障、立体帮扶、责任追究等8个方面入手，强化工作措施，推动各乡镇、各有关部门贯彻落实，县、乡、村三级管理网络基本形成，建立不安定因素排查上报制度，制定预防和处置突发性群体事件工作方案和应急预案。4个民族村均成立民族团结促进会，开展民族法制教育、创建民族法制示范村活动。在省、市、县政府进行的民族团结进步表彰活动中，全县共有24个集体和38人受到表彰；2005年10月，县委被山东省人民政府授予“全省民族团结进步模范集体”称号，2010年6月，县政府被山东省人民政府授予“全省民族团结进步模范集体”称号。

宗教工作 定陶县依法纳入管理的宗教有佛教、道教、伊斯兰教、天主教、基督教，依法登记开放的宗教活动场所22处，以堂带点6处。其中，佛教寺院3座，分别是位于马集镇郭庄村的左山禅寺和仿山乡仿山寺及开心古寺；伊斯兰教清真寺6坊，分别是陈集镇中沙海东清真寺、中沙海西清真寺、前沙海清真寺、刘庄张楼清真寺、定陶镇南关清真寺和王洪庙清真寺；基督教活动点14处，分别是中心活动点（定陶镇郭庄村）、天中街道李王庄活动点、冉堌镇洪寺张庄活动点、冉堌镇均张庄活动点、冉堌镇冉堌集活动点、冉堌镇西陈洼活动点、仿山乡官庄活动点、黄店镇周海活动点、黄店镇大坞集活动点、黄店镇大赵庄活动点、张湾镇张湾村活动点、孟海镇牛屯活动点、马集镇力本屯活动点、半堤乡焦庄活动点；基督教以堂代点6处，分别是黄店镇李庄点、黄店镇董楼点、黄店镇耿庄点、冉堌镇张店刘庄点、半堤乡庞庄点和张湾镇一千王点。全县信教群众约1.7万人，其中，佛教1112人，伊斯兰教1万多人，天主教230人，基督教3700人。另天主教活动场所暂时没有登记开放，信徒大多数至菏泽市天主教堂进行宗教活动；道教信众人数不详，只有马集镇河滨上清宫1座道观。宗教教职人员37人，其中，伊斯兰教住寺阿訇6人、散班阿訇3人、海里凡6人，佛教比丘6人，基督教长老1人、传道员14人、神学生1人。

定陶穆斯林较多，清真寺是他们的宗教活动场所，也是传播宗教知识、培养宗教人才的地方。阿訇经常免费招收16～17岁青年（称海里凡）学习阿拉伯文和宗教知识，随到随学，不分学制，男女分班，毕业后经考核合格可穿衣挂幛，即成阿訇。中共十一届三中全会后，落实民族宗教政策，恢复宗教生活，定陶县于2004年分别成立爱国宗教团体定陶县伊斯兰教协会和定陶县基督教“三自”爱国运动委员会。将每年10月定为民族团结进步宣传月，利用各种媒体，宣传民族政策、民族理论和法律法规；每年定期举办4期由宗教活动点主要负责人参加的宗教培训班；加强宗教团体自身建设，协助宗教爱国会换届选举。每年统战部、民族宗教局及镇街领导均参加回族开斋节。规范宗教场所、人员管理，推行“五簿三册一账”管理模式，完善三级宗教信息网络，全面落实民族宗教因素月报制和“三级督查制度”。

第二十一编

地方人民政协组织

DI FANG REN MIN ZHENG XIE ZU ZHI

依照《中国人民政治协商会议章程》的规定，1990年2月，举行政协第四届定陶县委员会第一次全体会议，组织和团结各人民团体、各界人士，协商国家和地方的大事，对国家机关及其工作人员的工作提出意见、建议和批评，对党和政府的重大决策实施民主监督、参政议政，成为定陶政治体制的重要组成部分。

自1990年2月至2015年12月，定陶县政协认真贯彻执行党的路线、方针和政策，坚持党的基本路线，围绕县委和县政府的中心任务，突出团结、民主两大主题，团结和带领政协委员、各界人士不断探索新时期政协工作的新路子，认真履行政治协商、民主监督、参政议政职能。积极运用调研、提案和反映社情民意等多种形式和方法，在推动定陶经济和社会发展，维护社会政治稳定，发扬社会主义民主，健全社会主义法制，构建社会主义和谐社会等方面，做了大量工作，做出了积极的贡献。

第一章　政协定陶县委员会

各级地方委员会及其常务委员会的组成、产生办法、主要职责和工作机构的设置等，根据政协章程的规定，结合当地实际情况而定。

第一节　政协委员

政协是由委员组成的，政协履行政治协商、民主监督、参政议政的主要职能是通过委员的活动特别是委员有组织地履行职责的活动来体现的。

委员产生　协商决定委员，一般要经过4个步骤：①提名推荐，由各民主党派、各人民团体、无党派民主人士、各个界别等协商提出；②协商决定建议名单，对各方面提出的推荐名单，由党委有关部门进行综合平衡，反复协商形成建议名单；③政协常务委员会通过，将政协委员建议名单提交政协常务委员会进行协商和表决，经全体常务委员过半数同意即予以通过，通过的委员名单组成下届政协委员会；④公布，经政协常务委员会通过的委员，由政协办公室通知推荐单位和个人，向委员发委员证书，并通过新闻媒体向社会公布。增补政协委员的程序，也需要经过提名、协商、常务委员会通过和公布这几个步骤。

委员结构　委员以界别代表身份参加政协，由中国共产党、共青团、总工会、妇联、工商联、科协、无党派、文化艺术、科技、经济、农业、教育、体育、医药卫生、社会福利和保障、少数民族、宗教以及特别邀请的人士组成。历届政协界别随着形势的发展和经济社会结构的变化不断进行调整，根据每届的实际情况，界别设置有所不同。

1990—2015年政协定陶县委员会第四届至第九届委员界别构成一览表

表21-1-1　　单位：人

界别	第四届	第五届	第六届	第七届	第八届	第九届
委员总数	181	181	205	199	229	211
中国共产党	10	13	16	16	17	20
共青团	4	4	4	5	5	5
总工会（工会）	3	3	3	3	2	6
妇联（妇女）	4	4	4	5	4	9
工商联（工商）	6	5	17	26	34	21
科协	—	12	10	11	8	5
无党派	—	—	—	—	—	5
台联	12	12	11	9	8	—
文化艺术（文艺）	10	7	6	6	7	6
科技	35	11	10	9	10	10
经济	—	16	26	19	26	16
农业（农民）	20	20	19	14	22	22
教育	26	24	27	20	21	18
体育	2	2	2	2	3	2
医药卫生	10	9	9	13	11	11
社会福利和保障	—	—	—	—	5	5
少数民族	4	3	4	6	6	5
宗教	4	5	5	6	6	6
特邀	34	31	32	29	39	38

说明：本表仅统计第一次会议参加时委员，未涉及届中增补委员

第二节　政协会议

政协定陶县委员会自1980年5月成立，历经9届，至2015年12月，共举行36次全体会议。

政协第四届定陶县委员会

第一次会议　1990年2月22日至28日，在县委大会议室召开。中共定陶县委书记文廷良讲话。政协副主席王顺亭作常委会工作报告。本届共有政协委员181人。出席会议的政协委员列席县人代会。会议选举张秀长为县政协主席，王顺亭、杨慎波（回族）、钟友彰、张秀纯（回族）、翟震为县政协副主席，王顺亭为秘书长（兼），选举政协常委32人。

第二次会议　1991年3月12日至14日，在范蠡宾馆会议室召开。中共定陶县委书记文廷良讲话。政协副主席王顺亭作常委会工作报告。

第三次会议　1992年3月2日至4日，在范蠡宾馆会议室召开。中共定陶县委书记文廷良讲话。政协副主席杨慎波作常委会工作报告。

政协第五届定陶县委员会

第一次会议　1993年3月15日至20日，在范蠡宾馆会议室召开。中共定陶县委书记文廷良讲话，政协副主席杨慎波作常委会工作报告。本届政协委员共181人。出席会议的政协委员列席了县人民代表大会。会议选举张善朋为县政协主席，王顺亭、张永梅、钟友彰、翟震、刘端显为县政协副主席，库运朝为秘书长，选举常务委员37人。

▲ 第五届委员会第一次会议通过有关决议（1993年摄）

第二次会议　1994年3月16日至18日，在范蠡宾馆会议室召开。中共定陶县委书记文廷良讲话。政协副主席张永梅作常委会工作报告。会议补选李德森为县政协副主席，补选朱广奇等4人为县政协常委。

▲ 中国人民政治协商会议定陶县第五届委员会第二次会议（1994年摄）

第三次会议　1995年3月1日至3日，在范蠡宾馆会议室召开。中共定陶县委书记文廷良讲话。政协主席张善朋作常委会工作报告。

第四次会议　1996年2月25日至27日，在范蠡宾馆会议室召开。中共定陶县委书记文廷良讲话。政协副主席张永梅作常委会工作报告。

第五次会议　1997年3月4日至6日，在范蠡宾馆会议室召开。中共定陶县委书记文廷良讲话。政协主席张善朋作常委会工作报告。会议补选牛玉勤为县政协专职常委。

政协第六届定陶县委员会

第一次会议　1998年3月1日至4日，在范蠡宾馆会议室召开。中共定陶县委书记刘殿毅讲话，政协主席张善朋作常委会工作报告。本届政协委员共205人。出席会议的政协委员列席了县人民代表大会。会议选举范尚贵为县政协主席，张永梅、翟震、刘端显、朱广奇、张顺松、王利生为县政协副主席，韩宪玉为秘书长，选举常务委员41人。

第二次会议　1999年2月21日至23日，在范蠡宾馆会议室召开。中共定陶县委书记刘殿毅讲话。政协主席范尚贵作常委会工作报告。

▲ 中国人民政治协商会议定陶县第六届委员会第二次会议（1999年摄）

第三次会议　2000年1月15日至17日，在范蠡宾馆会议室召开。中共定陶县委书记刘殿毅讲话。政协副主席张永梅作常委会工作报告。

第四次会议　2001年1月12日至14日，在范蠡宾馆会议室召开。中共定陶县委书记段伯汉讲话。政协副主席张永梅作常委会工作报告。会议补选刘本明为县政协副主席，补选李慧敏、陈丕治为县政协常委。

第五次会议 2002年1月25日至27日，在范蠡宾馆会议室召开。中共定陶县委书记段伯汉讲话。政协副主席张永梅作常委会工作报告。

政协第七届定陶县委员会

第一次会议 2003年1月16日至19日，在范蠡宾馆会议室召开。中共定陶县委书记段伯汉讲话，政协副主席刘本明作常委会工作报告。本届政协委员共199人。出席会议的政协委员列席了县人民代表大会。会议选举王彤宇为县政协主席，刘本明、卢庆林、刘端显、王利生、李慧敏为政协副主席，韩宪玉为秘书长，选举常务委员48人。

第二次会议 2004年2月6日至7日，在范蠡宾馆会议室召开。中共定陶县委书记段伯汉讲话。政协副主席刘本明作常委会工作报告。会议补选杨汝现为县政协秘书长。

第三次会议 2005年1月23日至24日，在范蠡宾馆会议室召开。中共定陶县委书记段伯汉讲话。会议选举刘本明为县政协主席，王彤宇不再担任县政协主席职务。政协主席刘本明作常委会工作报告。会议补选王鲁陶、孔祥坤为县政协副主席，贾翠平为县政协秘书长，补选杨汝现等6人为县政协常委。

第四次会议 2006年2月15日至16日，在范蠡宾馆会议室召开。中共定陶县委书记王彤宇讲话。政协主席刘本明作常委会工作报告。会议补选陈海棠、郭玉灿为县政协副主席，补选陈承灵、徐志武为县政协常委。

第五次会议 2007年1月30日至31日，在艺达宾馆会议室召开。中共定陶县委书记王彤宇讲话。政协主席刘本明作常委会工作报告。会议补选祝兴才等3人为县政协专职常委。

政协第八届定陶县委员会

第一次会议 2007年12月11日至13日，在艺达宾馆会议室召开。中共定陶县委书记王彤宇讲话，政协主席刘本明作常委会工作报告。本届政协委员共229人，出席会议的政协委员列席了县人民代表大会。会议选举张峰为县政协主席，王利生、李慧敏、王鲁陶、陈海棠、张宪春为县政协副主席，贾翠平为县政协秘书长，选举常务委员45人。

第二次会议 2009年2月1日至3日，在艺达宾馆会议室召开。中共定陶县委书记王彤宇在会议上讲话。政协主席张峰作常委会工作报告。会议补选田同兰等5人为县政协常委。

第三次会议 2010年1月30日至2月1日，在艺达宾馆召开。与会委员听取并讨论中共定陶县委书记王彤宇的讲话；听取审议并通过县政协主席张峰所作的常务委员会工作报告，及八届二次会议以来提案工作情况的报告和会议期间提案审理情况的报告，通过各项决议；列席县人代会，听取并讨论定陶县人民政府工作报告和其他报告；协商有关人事事项。

第四次会议 2011年1月23日至25日，在艺达宾馆召开。与会委员听取并讨论中共定陶县委书记王彤宇的讲话；听取审议并通过县政协主席张峰所作的常务委员会工作报告及八届三次会议以来提案工作情况的报告和会议期间提案审理情况的报告，通过各项决议；与会委员列席县十六届人大五次会议，听取并讨论政府工作报告以及其他有关报告。

政协第九届定陶县委员会

第一次会议 2012年1月9日至11日，在艺达宾馆召开。与会委员听取并讨论中共菏泽市委常委、县委书记张毓华的讲话，听取审议并通过县第八届政协主席张峰代表政协第八届定陶县委员会常务委员会所作的工作报告，及提案工作情况的报告和会议期间提案审理情况的报告，通过各项决议；列席县第十七届人民代表大会第一次会议，听取并协商讨论了政府工作报告及其他有关报告。本届政协委员共229人，会议选举张新雷为政协第九届定陶县委员会主席，王利生、王鲁陶、张宪春、杨汝增、潘素霞、耿战秋为副主席，牛卫东为秘书长，万东亮等31人为常务委员。

第二次会议　2013年1月3日至5日，在艺达宾馆召开。与会委员听取并讨论中共菏泽市委常委、县委书记张毓华的讲话；听取审议并通过县政协主席张新雷所作的常务委员会工作报告，及提案工作情况的报告和会议期间提案审查情况的报告，通过各项决议；列席定陶县第十七届人民代表大会第二次会议，听取并讨论政府工作报告及其他有关报告。补选游福起等2人为常务委员。

▲ 中国人民政治协商会议定陶县第九届委员会第四次会议（2015年摄）

第三次会议　2014年1月4日至6日，在艺达宾馆召开。与会委员听取并讨论中共定陶县委书记张红旗的讲话；听取审议并通过县政协主席张新雷所作的常务委员会工作报告，及提案工作情况的报告和会议期间提案审查情况的报告，通过各项决议；列席定陶县第十七届人民代表大会第四次会议，听取并讨论政府工作报告及其他有关报告。

第四次会议　2015年2月8日至10日，在艺达宾馆召开。与会委员听取并讨论中共定陶县委书记张红旗的讲话；听取审议并通过县政协主席张新雷所作的常务委员会工作报告，及提案工作情况的报告和会议期间提案审查情况的报告，通过各项决议；列席定陶县第十七届人民代表大会第五次会议，听取并讨论政府工作报告及其他有关报告。

1990—2015年政协定陶县委员会第四届至第九届主席、副主席任职情况表

表21-1-2

届次	职务	姓名	任职时间	籍贯	备注
第四届 1990.02—1993.03	主席	张秀长	1989.07—1993.01	菏泽市单县	兼
		张善朋	1993.01—1993.03	菏泽市成武县	
	副主席	王顺亭	1990.02—1993.03	定陶县天中街道	
		杨慎波	1990.03—1993.03	定陶县天中街道	兼，回族
		钟有彰	1990.02—1993.03	枣庄市滕州市	
		张秀纯	1990.02—1993.03	定陶县陈集镇	回族
		翟　震	1990.02—1993.03	菏泽市成武县	
	秘书长	王澄宇	1990.08—1993.03	山东省菏泽市	
第五届 1993.03—1998.03	主席	张善朋	1993.03—1998.03	菏泽市成武县	
	副主席	王顺亭	1993.03—1993.05	定陶县天中街道	
		张永梅	1993.03—1998.03	定陶县陈集镇	女
		钟有彰	1993.03—1998.03	枣庄市藤州市	

续表21-1-2

届次	职务	姓名	任职时间	籍贯	备注
第五届 1993.03—1998.03	副主席	翟　震	1993.03—1998.03	菏泽市成武县	
		刘端显	1993.03—1998.03	定陶县冉堌镇	
		李德森	1994.01—1997.12	济宁市汶上县	
	秘书长	库运朝	1993.03—1998.04	河南省清丰县	
第六届 1998.03—2003.01	主席	范尚贵	1998.03—2003.01	菏泽市牡丹区	
	副主席	张永梅	1998.03—2003.01	定陶县陈集镇	女
		刘本明	2001.03—2003.01	菏泽市曹县	
		翟　震	1998.03—2001.03	菏泽市成武县	
		刘端显	1998.03—2003.01	定陶县冉堌镇	
		朱广奇	1996.11—2002.01	定陶县马集镇	
		张顺松	1996.11—2002.01	山东省莱芜市	
		王利生	1998.03—2003.01	定陶县杜堂镇	
	秘书长	韩宪玉	1998.03—2003.02	定陶县冉堌镇	
第七届 2003.01—2007.12	主席	王彤宇	2003.01—2005.01	青岛市即墨市	兼
		刘本明	2005.01—2007.12	菏泽市曹县	
	副主席	刘本明	2003.01—2005.01	菏泽市曹县	
		卢庆林	2003.03—2006.01	菏泽市东明县	
		刘端显	2003.01—2007.12	定陶县冉堌镇	
		王利生	2003.01—2007.12	定陶县杜堂镇	
		李慧敏	2003.01—2007.12	定陶县陈集镇	女
		王鲁陶	2005.01—2007.12	定陶县马集镇	
		孔祥坤	2005.01—2006.01	定陶县仿山镇	
		陈海棠	2006.01—2007.12	菏泽市鄄城县	
		郭玉灿	2006.01—2007.12	定陶县冉堌镇	
	秘书长	杨汝现	2003.03—2005.01	定陶县滨河街道	
第八届 2007.12—2012.01	主席	张　峰	2007.12—2012.01	河南省台前县	
	副主席	王利生	2007.12—2012.01	定陶县杜堂镇	
		李慧敏	2007.12—2012.01	定陶县陈集镇	女
		王鲁陶	2007.12—2012.01	定陶县马集镇	
		陈海棠	2007.12—2012.01	菏泽市鄄城县	
		张宪春	2007.12—2012.01	定陶南王店镇	
	秘书长	贾翠平	2005.01—2011.03	定陶县黄店镇	女

续表21-1-2

届次	职务	姓名	任职时间	籍贯	备注
第九届 2012.01—	主席	张新雷	2012.01—	菏泽市单县	
	副主席	王利生	2012.01—	定陶县杜堂镇	
		王鲁陶	2012.01—	定陶县马集镇	
		张宪春	2012.01—	定陶县南王店镇	
		杨汝增	2012.01—	定陶县黄店镇	
		潘素霞	2012.01—	定陶县半堤镇	女
		耿战秋	2012.01—	定陶县张湾镇	
	秘书长	牛卫东	2011.03—	定陶县孟海镇	

1990—2015年政协定陶县委员会第四届至第九届常务委员一览表

表21-1-3　　单位：人

届次	人数	姓名
第四届	32	于本清　王怀灵　王惠民　王澄宇　乔心敬　刘克芬（女）　刘甫修　刘端显　孙向东 李广彬　李秀芝（女）　杨汝英（女）　杨慎波（回族）何玉端　余有声　余洪泉 张秀长　张秀纯　张林伯　张映培（回族）　陈尔军　陈亦筠　郑爱民　赵文化 钟友彰　姜喜顺　高石山　梁茂勤　韩玉琴（女）　靳俊思　翟　震 潘常荣（女）
第五届	37	于本清　王广臣　王利生　王怀灵　王宗贵　王顺亭　台凡贵　朱广奇　朱其秀（女） 刘端显　李利生　李秀芝（女）　李宗湘　李宪真（回族）　李振勇　李雪云（女） 李德森　杨汝英（女）　杨绪清　何玉端　邹大明　库运朝　张永梅（女） 张兆新　张体荣（女）　张林伯　张映培（回族）　张善朋　邵明义　武汝尧 赵文化　钟友彰　侯居垒　董卫红（女）　韩玉琴（女）　翟　震　潘常荣（女）
第六届	39	丁秀英（女）　于本清　万鲁岱　王利生　王怀灵　王宗贵　牛玉勤　孔凡恩 甘永池　田同信　朱广奇　朱其秀（女）　刘远祥　刘端显　李兆云　李利生 李宪真　李振勇　李慧敏（女）　吴保良　库运朝　张永梅（女）　张林伯 张映培　张顺松　陈　民　陈　劼　陈　辉（女）　陈丕治　苗云萍（女） 范尚贵　侯居垒　曹济峰　戚　平　韩玉琴（女）　翟　震　樊纪元　潘常荣（女） 戴纪成
第七届	48	丁秀英（女）　马存平　马年学　马翠莲（女）　王文通　王利生　王彤宇 王宗贵　王鲁陶　孔庆雷　孔祥坤　孔瑞华（女）　卢庆林　卢践峰　申传信 刘本明　刘学省　刘累峰　刘端显　李振勇　李新智　李慧敏（女） 杨汝现　杨培杰　张　微（女）　张广平　张永春　张家平　张淑娟（女） 陈　民　陈　劼　陈　辉（女）　陈丕治　陈启俊　陈承灵　陈海棠　邵广平（女） 赵　冰（回族）　赵胜利　贾翠平（女）　倪兴才　徐志武　徐承明　郭玉灿 戚　平　董继英（女）　韩宪玉　魏庆禄

续表21-1-3

届次	人数	姓名
第八届	45	马存平（回族） 马翠莲 万东亮 王利生 王鲁陶 孔祥坤 孔瑞华（女） 田同兰（女） 徐剑军 赵玉铭 张建彬 贺重光 卢践峰 牛素敏（女） 刘述山 许累峰 李慧敏（女） 吴卫国 张　微（女） 张淑娟（女） 张富国 张　峰 张宪春 张现菊（女） 陈　民 陈　劼 陈　辉（女） 陈启俊 陈海棠 陈洪印 邵光萍（女） 邵光儒 余仕华 范　莹 赵　冰（回族） 贾翠平（女） 徐承明 徐志武 戚　平 董继英（女） 韩宪玉 高　玲（女） 耿战秋 梁　玉 魏忠诚
第九届	41	万东亮 王利生 王鲁陶 牛卫东 牛素敏（女） 朱兰亮 刘　石 刘艳红（女） 孙林源 李小海 杨汝增 吴　芳（女） 谷庆楼 邹　慧（女） 张廷俊 张现菊（女） 张建彬 张宪春 张富国 张新雷 陈　劼 陈尔民 邵光儒 范　莹 林炳强 赵　冰（回族） 赵玉铭 侯彦丽（女） 祝丽群（女） 袁甲亮 贾翠平（女） 高　玲（女） 崔海波 梁　玉 释一来 游福起 游聚安 路庆安 潘素霞（女） 薛方锁

说明：本表包括届中增补的常务委员

第二章　政协机构

第一节　政协工作机构

县政协自1990年2月召开第四届委员会以后，分别于1993年3月、1998年3月、2003年1月、2007年12月和2012年1月召开第五届、第六届、第七届、第八届和第九届委员会，选举产生每届委员会主席、副主席、秘书长和常务委员。县政协工作部门1991年有办公室、文史资料委员会、学习提案委会、文教卫生委员会、经济科技委员会、祖国统一联谊委员会。各科、室、委均为行政正科级。2008年6月26日，祖国统一联谊委员会更名为港澳台侨民族宗教委员会。2008年12月，设立县政协老干部服务中心，为事业副科级机构。2015年2月，设立研究室、委员活动工作室和社会法制委员会，均为行政正科级。

第二节　乡镇政协组织

1991年，乡镇设有政协工作办公室，乡镇政协工作室贯彻执行党的统一战线方针、政策，组织委员开展活动，撰写和办理提案，协助党委政府发展经济。2002年1月，机构改革，撤销乡镇政协工作办公室。

第三章　履行职能

第一节　政治协商

政协第四届定陶县委员会　自1990年2月成立至1993年3月，第四届县政协共召开全体会议3次，常委会议13次。围绕服务全县经济建设中心，根据形势发展的需要，不断探索协商监督的形式和内容，特别是邓小平视察南方谈话发表以后，认真学习，更新观念，就深化改革开放、发展商品经济、调整农村产业结构、发展第三产业、搞好多种经营、控制人口增长等问题，进行讨论协商、参政议政，提出50多条意见和建议，绝大部分被党委、政府采纳实施。1990年底，《关于建立杂交棉基地县的可行性报告》，以常委会建议案的形式送达县政府，县政府采纳建议并采取鼓励措施，促进杂交棉基地县建设。1991年，针对全县小麦统一供种问题、农村计划生育工作、农村合作医疗调研协商，为县委、县政府和有关部门提供决策依据和措施建议。

政协第五届定陶县委员会　自1993年3月成立至1998年3月，第五届县政协共召开5次全体会议，28次常委会议，58次主席会议，12次情况通报会议，突出全县战略性、关键性问题进行调研协商。五届二次全委会组织10名学有专长的委员进行专题议政发言，就制止“三乱”、反腐倡廉和发展民营经济等提出30余条建议。五届三次全委会提出开发全县人文资源和解决仿山土地确权、人员归属问题的建议，为县委、县政府作出在仿山进行大规模开发的重要决策提供依据和参考。五届五次全委会对定陶县国民经济和社会发展“九五”计划及2010年远景目标纲要认真协商讨论，为制定好县“九五”计划和远景目标竭诚尽智，建言献策，为县宏观决策发挥积极作用。5年间，在各种会议上共提建议260余条，收到较好的社会效益。政协负责人积极参与全县经济工作的决策和实施。联系企业、乡镇和后进村，参与组织定砀公路修建工作。

▲　第五届政协委员分组协商讨论　　（1994年摄）

政协第六届定陶县委员会　自1998年3月至2003年1月，第六届县政协召开5次全体会议、20次常委会议和65次主席会议。落实省委、省政府“突破菏泽”战略，加快定陶发展，围绕国民经济和社会发展“十五”规划、农业结构调整、企业改革解困、发展龙头企业、民营经济、优化外部环境、加快小城镇建设、发展社会事业问题，开展研究协商，提出建设性意见。1998年提出

“尽快出台扶持发展个体私营经济优惠政策”提案建议，被县委、县政府采纳并制定了鼓励和扶持个体私营经济发展的优惠政策。2000年，就定陶畜牧业发展进行调研协商，形成《直面WTO，抢抓大发展机遇，畜牧兴陶正逢时》调查报告，提出发展“一牛两羊”、扩种饲料作物、推广先进技术等建议，拓展畜牧生产思路，获省政协优秀论文奖。2001年针对多种经营提出加快发展食用菌生产建议措施，促进成为主导产业。及时召开“各界人士愤怒声讨北约轰炸我国驻南斯拉夫大使馆座谈会”，引导各界人士把爱国热情和民族义愤转化为发展经济的强大动力。

政协第七届定陶县委员会 自2003年1月至2007年12月，第七届县政协共召开5次全体会议，14次常委会议。学习贯彻《中共中央关于巩固和壮大新世纪新阶段统一战线的意见》，服务县域大局，就加快县域经济发展，建设社会主义新农村、农业结构调整、农村公路建设、义务教育、合作医疗、计划生育利益导向机制建立、“平安定陶”“和谐定陶”建设等议政建言。2003年，针对全县非典防治工作视察建言，先后组织2次视察活动，督促各单位做好非典防治工作，提出对外出返乡人员实行集中隔离的建议，杜绝非典传入。2005年，七届六次政协常委会围绕定陶整顿和规范市场经济秩序、优化经济发展环境工作进行议政发言。2007年，七届十二次政协常委会对全县“十一五”规划进行专题议政。县政协班子成员参与招商引资、旅游开发、城市建设、企业发展和新农村建设工作。

政协第八届定陶县委员会 自2007年12月至2012年1月，第八届县政协共召开全体会议4次，常委会议21次，主席会议45次。认真贯彻庆祝人民政协成立60周年大会讲话精神、《中共中央关于加强人民政协工作的意见》、新修订的《政协章程》，创新政协工作。2008年，针对规模以上企业、民营企业发展中存在的困难和问题进行协商，提出健全信用担保体系、膨胀企业规模、建立社会化服务的对策和建议。围绕“万户致富增收工程”，视察乡镇农业结构调整情况，提出扩大种植养殖规模、提高农畜产品科技含量和效益等建设性意见。2009年，针对农村中小学师资力量薄弱、留守儿童生活学习等问题专题协商，提出优化教师资源配置、农村支教、对偏远乡村实行教育倾斜等政策和建立留守儿童学校等建议，被县教育局采纳。同7月开始，根据菏泽市政协统一部署，在全体政协委员中开展为全县经济社会发展“建言献策、建功立业”活动，制定实施方案和考评意见，引导委员自觉把促进发展作为第一要务，在招商引资、大项目建设、改善民生中发挥更大的作用。2010年对全县招商引资、大项目、城镇化建设视察议政，形成《关于全县招商引资、大项目和城镇化建设情况的视察报告》，提出10多项针对性、前瞻性意见。2011年，八届政协十六次常委会议就定陶县“十二五”规划建议进行讨论。县政协班子成员联系城镇化、城乡建设用地增减挂钩工作，参与青年路扩建、垃圾处理厂、润春电器、鑫正钢构、好多亿玩具等重点项目建设。县政协牵头制定定陶文化旅游产业发展规划，发掘整合开发定陶历史文化资源，开展范蠡文化研究。

政协第九届定陶县委员会 2012年1月召开第一次全体会议，至2015年12月底，第九届县政协共召开全体会议4次，常委会议16次。认真践行科学发展观，围绕建设幸福美丽定陶、撤县设区、加快大市新区建设，探索发展思路，破解发展难题、产业转型升级等调研协商提出真知灼见。每年就全县招商引资、大项目、城镇化、民生工程建设进行视察议政。把服务“融入大市”战略作为服务发展的重点，召开议政性常委会议，展开协商讨论。2012年，就民营经济发展、民族宗教事业、文化旅游产业发展情况专题调研，提出建议。2013年组织委员对工业园区、新城区建设、土地资源使用情况、发展特色产业、食品安全等问题议政建言。2014年围绕“产业结构调整”和教育卫生工作召开议政性常务会议。2015年就“十二五”规划执行情况、“十三五”

规划编制、撤县设区工作、城市建设文化元素融合、全面放开二胎生育政策等情况，调研提出建议。县政协班子成员参与城市发展战略研究、城市规划编制、城市建设和道路工程建设及招商融资、城乡建设用地增减挂钩、文化旅游产业发展等重点工作，为定陶加快发展、对接大市、融入大市做出重要贡献。“关于建设农村垃圾处理点的建议”和“关于加大对定陶皮影保护力度的建议”等被省政协采用。从2012年开始，根据市政协统一部署，在全体政协委员中深入开展“建言献策、建功立业，促进发展、促进和谐”活动。印发《关于开展“建言献策、建功立业，促进发展、促进和谐”活动的实施方案》，以委员自主活动为主，同时搞好协调服务，采取大会动员，专委会和学习组讨论，新闻媒体扩大宣传，督促指导等措施促进活动的开展。

第二节　民主监督

第四届县政协主要通过政协例会、调查研究、提案、委员视察等形式开展民主监督，就教育、卫生、计划生育、工业、供销、农业科技服务体系调研视察中发现的问题，向有关部门建议并跟踪监督落实。1991年9月，政协主席带队，邀请分管副县长参加的15人组成视察组，就县政府采纳落实政协常委会建议案的情况进行实地视察，写出《关于杂交棉基地建设情况的视察报告》。王双楼政协工作办公室，对行政村财务管理情况视察后，向乡党委提出查处许单庄行政村经济问题的建议，乡党委立即组织专案小组进行调查处理，追回公款3000余元，并对有关干部进行严肃处理。在委员和各界人士中推荐5名特邀监察员、2名税务监督员和1名廉政建设义务监督员，参与执法、执纪、服务的监督检查监察工作，使政协民主监督更加经常化。

第五届县政协主要通过调查研究、委员视察、提案等形式开展民主监督。1994年7月和1997年10月，对城区道路建设、环境卫生及交通管理情况进行视察。1995年、1996年5月、1997年8月3次组织委员视察林申、国华、圣龙、虹宇等企业集团和其他县乡企业。为促进《中共中央关于加强社会主义精神文明建设若干重要问题的决议》的落实，对北关小学、侨联中学、陈集中学、前沙海小学和中沙海小学等中小学生升国旗、唱精神文明歌曲、初级卫生教育的情况进行视察。1996年初，半堤乡政协工作办公室针对该乡上访突出的问题，建议乡党委、政府从刹吃喝风入手，实行廉政建设，取得显著成效。部分委员应聘担任特邀监察员、教育督导员、党风廉政建设检查员，多次参与全县的执法、监察、财税、物价、减轻农民负担、党风廉政建设大检查活动。

第六届县政协除通过调查研究、委员视察、提案等形式开展民主监督外，还开展民主评议活动，促进职能部门的工作。关于进一步减轻农民负担的调查报告，引起县委政府的重视，促使人均减负26元。黄店、王双楼政协工作办公室针对本乡镇个别干部下村吃喝的问题，向乡镇党委政府提出明令禁止下村吃喝、对违规者予以严惩的建议。定陶镇政协工作办公室提出“党务、政务向群众公开，实行‘阳光操作’”的建议，得到党委政府的采纳。2001年9月，针对工商、土管、公安等12个行政执法部门的行业作风及履行职能方面的情况，进行民主评议。10月，组织政协委员参与“行风万人评”活动，对22个政府职能部门进行民主评议。

第七届县政协利用有关会议、提案、调研视察、委员举报等形式提出批评和建议。开展视察活动，视察招商引资、优化经济发展环境、城市建设、农村产业结构调整、乡村公路建设等。2003年，在视察全县非典防治工作后，召开专题常委会议，开展民主评议，每年组织百名政协委员和政协工作者，参与全县统一组织的行风评议活动。2005年，组织驻定陶县的省、市政协委员和县政协委员以及社会各界人士，就优化经济发展环境工作对县直16个职能部门开展民主评议活动。2006年，针对27个驻陶垂直管理单位的服务定陶发展工作进行民主评议。有近百名政协委员和政协工作者被工商、税务、交通、交警等部门聘为或特邀为监督员、监察员。与舆论监督有机结合，对政协组织的重要会议、调研视察活动等，进行宣传报告。

第八届县政协运用民主评议、民主测评、特约监督、反映社情民意等方式，开展民主监督活动。充分发挥提案的监督作用，通过跟踪办案、现场办案、领导督办、大力表彰优秀提案和先进办案单位等措施，切实提高提案办理实效，使提案的民主监督作用得到充分发挥。开展专项民主评议监督，通过向委员发放调查问卷、听取工作汇报、现场评议等方式，对政府职能部门和经济发展部门从落实县委工作部署、工作绩效、执法作风等方面进行民主评议，评议出名次报告县委通报。开展视察监督，先后组织委员围绕事关定陶发展大局的问题，群众普遍关心、反映强烈的问题，就招商引资、大项目建设、城镇化建设、新农村建设、环境保护、土地资源节约集约利用、人口和计生等重点工作，进行专题视察。

第九届县政协通过民主评议、调查研究、委员视察、提案等形式，就薄弱学校改造、教育管理、公立医院改革、城乡居民医疗保障、卫生人才队伍建设、老年服务体系建设、农村基础设施管护、饮水安全工程、发展现代农业、交通安全、食品安全、学校安全及周边环境整治等方面进行视察监督、提案督办活动，参与对镇街、县直部门的重点工作和政风行风评议活动，推动工作落实、促进环境优化。每年都组织对规模以上企业发展情况调研和招商引资、大项目建设、新型城镇化建设视察活动，专项听取县政府关于全县经济运行情况的通报，提出建设性的意见和建议。2013年、2014年和2015年，视察教育卫生工作，促进民生问题的落实。通过遴选重点提案，实行跟踪督办等方式，督促提案的落实。

第三节　参政议政

参政议政的主要形式是通过政协例会征集委员提案、组织委员调研视察等。

提案征集　1990年至1992年，第四届县政协收到各类政协提案394件，经审查备案的有381件，有347件被采纳，在实际工作中取得较好的经济效益和社会效益。谢锦绣委员关于《加强政治学习，提高思想觉悟》的提案，县委书记文廷良阅后，亲自写复函。文教卫生委员会《关于发展养老事业及各项社会保障事业，促进计划生育的建议》的提案，由县委书记文廷良批示县委常委传阅。卢广真委员关于《建好实验小学，以解决定陶县教学教育的燃眉之急》的提案，经县委、县政府研究，决定投资500万元，征地2.87公顷，建成1所具有36个教学班招生规模的学校。1993年至1997年，第五届县政协共收到各类政协提案600件，有438件得到落实采纳，参与提出提案的委员773人次。提案领域进一步拓宽，涉及农村经济、政策法律、劳动人事、金融财贸、精神文明等方面。在提案办理过程中，建立完善程序，修订工作条例，协助县政府召开提案交办会。采取电话联系、登门走访、跟踪督办等多种形式，抓好承办单位的落实。县政协还召开提案工作座谈会，总结经验表彰先进，促进提案工作的开展，办复率100%，委员满意度98%。1995年春，县政协针对粮价暴涨及时撰写“关于居民口粮实行供应制的建议案”，县委、县政府立即采纳，稳定粮价，稳定人心。1996年秋，县政协及时提出“关于房改问题的紧急建议案”，指明问题，提出切实可行的建议，被县委、县政府采纳后，房改工作得以顺利进行。1998年至2002年，六届县政协共收到委员提案868件，升格为政协建议案13件，有75件被评为县级优秀提案，25件被评为市级优秀提案，5件被评为省级优秀提案。这些提案涉及定陶的政治、经济、文化等各个方面，为促进全县各项工作的开展提供智力支持。1998年，关于“尽快出台扶持发展个体私营经济优惠政策”的提案被县委、县政府采纳，制定出鼓励和扶持发展个体私营经济的优惠政策。2000年初，县政协提交的“改造范蠡商场，尽快启动范蠡商城”的建议案得到县委、县政府的重视和采纳。2003年至2007年，七届县政协通过跟踪办案、重点提案领导督办、大力表彰优秀提案和先进办案单位等措施，使提案的作用得到充分发挥。提案的质量、涉及的广度、所提建议的深度以及提案办理落实的力度都有明显提高。县交通局积极落实村村通公路的提案，新改建农村公路1310千米，改造各类窄危桥51座、涵洞31道，在全市率先实现了村村通公路目标。县劳动和社会保障局认真办理搞好定陶县劳务输出的提案，仅2006年就新增市外务工人员2万人，全县市外务工人员达到9.5万人。2008年至2011年，八届县政协共收到提案603件，立案507件，提案办复率为100%，委员满意率为98%。提案内容主要集中在经济、城建交通、农业、非公企业、科教文卫等5方面，许多建议在全县的发展规划、部门工作中得到体现。2012年至2015年，九届县政协通过抓住提案的征集、审查、督办、落实等重要环节，努力增强提案工作能力，促进提案工作水平的提升。2012年编印《提案目录》，通过寄发征询意见表、电话询问、走访等方式了解委员提案意图和具体意见，促进“提”与“办”互动沟通。2013年，筛选10件重点提案，定期向主席会议汇报提案情况和提案办理情况，对重点提案承办单位进行走访，督促承办单位跟进办理。2014年，对提案办理工作早安排、早部署、亲自办，效果明显。2015年，创新办理机制，跟踪督导落实，确保办理质量，助推工作开展和重要、热点、难点问题解决。

1990—2015年定陶县第四届至第九届政协提案一览表

表21-3-1

届次	提案数（件）	涉及内容
第四届	394	文教卫生，机关干部政治学习，社会保障，教育，农业
第五届	600	农村经济，政策法律，劳动人事，金融财贸，精神文明
第六届	868	政治，经济，文化，农业产业结构调整，招商引资，小城镇化建设，发展民营企业，优化外部环境
第七届	626	交通，社会保障，新农村建设，农村合作医疗，城市规划，土地集约利用，招商引资
第八届	603	城建，文教卫生，农业，水利，公路交通，财税，环保，社会治安，社会民生，工业，人事
第九届	585	城乡建设，文教卫生，公路交通，农业，水利，食品安全，城乡规划建设及管理，社会民生，交通建设安全管理，旅游

附：提案及办理情况选介

坚决拆除农村乱建小庙，开展崇尚科学反对封建迷信活动的建议。中国人民政治协商会议定陶县委员会（八届二次会议）　提案人：刘玉惠、王晓光委员。

提案内容：一段时期以来，我县农村不少地方在村头路旁，甚至学校、幼儿园附近，又乱搭、乱建小庙，信男、信女、巫婆、神汉顶礼膜拜，堂而皇之，无人问津，它使绝迹半个多世纪以来的封建迷信活动沉渣泛起，大有卷土重来之势，败坏了社会风气、毒害青少年成长，不利于新农村建设，与社会主义精神文明建设背道而驰。为此，建议有关部门迅速开展一次广泛宣传崇尚科学，反对封建迷信的科学教育活动，并动员农村党团组织坚决拆除乱搭乱建的小庙，以正压邪，净化社会风气，让先进的科学文化知识占领农村文化市场，确保青少年健康成长，为农村社会经济发展营造一个和谐、文明、健康向上的社会氛围。

办理纪实：你们提出的关于坚决拆除农村乱建小庙，开展崇尚科学反对封建迷信活动的提案收悉。收到提案后，我局高度重视，对此项工作迅速作了安排部署，并及时组织县民政局办公室、社会事务股、移风易俗稽查大队等有关科室负责同志深入到17个村，进行了为期1个月的调研。通过调研，认为刘玉慧委员反映的农村乱建小庙的情况确实存在。这种现象不利于新农村建设和社会主义精神文明建设，影响了社会风气。对此，县民政局党组高度重视，周密组织，克服困难，积极采纳委员建议，采取多种形式遏制农村乱建小庙活动，取得了明显成果。一是成立了县平坟推碑拆庙活动领导组织。由县政府副县长孔祥坤任组长，纪委副书记监察局局长闫世瑞、县民政局局长许晓生任副组长，县政府督查室、公安局、民政局、土管局、卫生局、宗教局等部门负责人参加的领导小组，下设办公室，由县民政局分管副局长任办公室主任，加强了对提案建议落实工作的领导。二是在全县范围内广泛开展了崇尚科学，反对封建迷信的宣传教育活动。组织开展了为期1个月的专门针对封建迷信、乱建小庙的思想教育活动。结合清明节祭扫活动，进行了各种形式的宣传活动，打击封建迷信活动，宣传科学文明活动，开展崇尚科学反对迷信宣传活动。同时，还利用电台、出动宣传车等，对全县干部群众着重进行了马克思主义唯物论、无神论和崇尚科学精神的教育，深入清除了一些伪科学和封建迷信思想的影响。结合农村干部培训进行政策讲解，赵广宇副局长专门在镇村干部培训班上对镇村干部进行培训，围绕“文明祭祀、平安清明”的主题，宣传殡葬政策法规，倡导村级公墓建设，加大红白理事会建设力度，共分5期对全县366个村的支书、主任进行了政策及业务培训。另外，还结合县委宣传部，在今冬明春的社会主义思想教育活动中将崇尚科学，反对封建迷信作为重要内容。当然，由于思想改造的局限性和复杂性，对封建迷信思想的斗争将是一个长期的过程，今后还将采取有效措施，把集中教育与日常教育结合起来，彻底扫清封建迷信思想的流毒。三是集中清理了以各种封建迷信活动为职业的人员。对以封建迷信活动为职业的人员，坚持的一贯态度是“严加取缔，禁止活动”，县平坟推碑拆庙活动小组多次组织开展专项活动，依法取缔“灵灵教”等非法宗教，清理神汉、巫婆、算卦、测字、看相人员，仅今年3～4月份，就组织专项活动3次，取缔各种以封建迷信活动为职业的人员156人次。还集中对县乡街市上摆摊算卦、测字看相者进行了一次彻底清理。四是彻底清除村级小庙。县殡改领导小组，认真制定了《关于在清明节期间开展平坟推碑拆庙活动的意见》，并以定殡改〔2009〕3号文下发各乡镇、各有关部门。领导小组经常到各乡镇进行督导，各乡镇领导都高度重视，成立了组织，分解了任务，落实了责任。自活动开展以来，全县共平坟头1167个，推碑72块，拆庙59座。五是加大了对平坟推碑拆庙活动的检查力度，有效促进了活动的深入开展。由县政协、县文明委牵头，县委、县政府督查室、县监察局及民政局、宗教局、土管局、广播电视局等有关部门联合进行了检查，并在定陶报上公布了检查结果。对仍然工作不力，拆庙不及时的镇村相关负责人进行了批评教育，对工作认识不到位，措施不得力的乡镇，不仅作为殡改工作的一个扣分因素，更要作为年终精神文明考核的重要依据。六是净化了社会风气，树立了社会主义文明新风。通过一段时间的集中清理整治和宣传教育，全县社会风气大大好转。如今，在全县广大市民中尤其是农村群众中，出现了四多四少的现象。即：（1）相信科学，学习科学，应用科学，大力倡导崇尚科学精神的人多了，参与“法轮功”邪教组织非法活动和民间非法游神活动的人少了；（2）参加内容丰富，形式多样的节日文化、体育等健康娱乐活动的人多了，参加聚众赌博等低级趣味活动的人少了；（3）喜事新办的人多了，大操大办，铺张浪费的人少了；（4）村邻之间、邻里之间及家庭团结和睦的多了，封建械斗、邻里纠纷、家庭不和的少了。目前，全县正呈现出一派崇尚文明、崇尚科学、健康向上的良好社会风气。

反馈意见：对县民政局办理的情况表示满意，认为县民政局领导重视，措施得力，工作扎实，收效明显。

加快发展农村教育事业。中国人民政治协商会议定陶县委员会提案（八届三次会议）提案人：潘守华等7位委员。

内容：十七届三中全会《决定》提出了“大力办好农村教育事业”的总体要求和实现“农村人人享有接受良好教育的机会的历史性任务”。这充分体现了党中央坚持优先发展教育的意志和决心。根据这一总体任务的要求，我县在普及九年制义务教育方面，采取了一系列切实可行的有效措施，并取得了显著成绩。

但是，随着教育事业的进步与发展，我县农村中小学教育教学工作还存在着许多困难和问题，制约着素质教育的实施与发展。一是教学功能用房及内部设施还不够健全。二是师资不足，导致课程开设不齐。这些问题的存在，严重制约着农村中小学素质教育的进程。为此，提出如下建议：

一、加大教育投入力度，完善功能用房和内部设施。近几年来，我县农村中小学校舍改造工作尽管取得了一定成绩，但是还存在着许多问题。功能用房非常薄弱。如：实验室、多媒体教室、微机室、阅览室等几乎是空白，学生的学习和操作条件十分欠缺，影响了学生的智力开发和成长。所以说，必须进一步加大资金投入力度，加强功能用房建设，充实完善内部设施，为学生创造优良的学习和实习条件。二、充实教师队伍，开足开全课程，加快素质教育发展步伐。据调查分析，我县农村中小学，目前由于教师配备不足，致使绝大多数学校不能开全课程。特别是小学，百分之九十八的学校，仅仅能开设语文、数学、思想品德、科学课程，而音乐、体育、美术、英语、计算机等课程无法开设。学生学习生活单调，枯燥乏味，素质教育的步子非常缓慢。所以，还必须进一步充实农村中小学教师队伍，逐步开足课程，开全课程，努力推进素质教育的实施。

办理纪实：你们提出的“农村教育事业的提案”收悉。加快发展农村教育事业，是中央实施“科教兴国”战略的重要内容，是教育事业改革与发展的重中之重，是推动教育事业均衡协调发展的迫切需要。根据各位委员提案内容，结合全县教育实际，县教育局正积极采取一切措施确保提案落到实处。一、领导重视，措施得力。教育局党组一班人先后召开3次办公会议，认真研究学习，充分吸收提案中有益的意见和建议，制定了具体的工作目标和措施。首先把政协委员提案作为全年教育工作的重点。在落实过程中，主要领导亲自挂帅，分管领导亲自把关，严格按照局长办公会议精神，真正做到了把落实提案作为为人民群众服务和办好人民满意的教育的重要大事来抓，取得了良好的效果。二、努力改善办学条件，促进教育的均衡发展。牢固树立教育公平的思想，努力提高农村中小学办学条件和教学质量，促进城乡教育均衡发展，走活城乡教育一盘棋。一是加快实施了中小学校舍安全工程。由于中小学校舍建设标准的提高，全县需加固改造的校舍将大幅度增加，虽然近几年投入了大量资金，危房改造工作取得了很大成效，但任务仍十分艰巨。按照计划，2010年全县将投入中小学校舍维修改造资金1990万元，加固改造中小学校舍3.5万平方米。教育局已认真制定校舍加固改造计划，加大改造资金投入，严格校舍排查、鉴定、加固设计等工作，正分批分类进行改造，使中小学校舍达到重点设防类抗震设防标准。二是加强实验室建设和音体美器材、图书资料的更新配备工作。由于资金问题，全县中小学在实验室标准化建设及音体美器材、图书资料配备等方面情况普遍较差，这种现状已经成为实施课程改革和素质教育的一个瓶颈。但他们认为一定要从教育事业长远发展的眼光来看待这个问题，进一步加强音体美器材、图书资料的配备和实验室标准化建设，目前，在去年投资130万元，完成了4所中学和88所小学仪器更新工作的基础上，根据农村中小学教学仪器更新工程规划，市财政局已将2009年农村中小学教学仪器更新经费指标44万元下达我县，专项用于农村中小学教学仪器更新工程，并由市统一组织采购。县级财政安排的专项资金13.2万元正积极筹措。计划三至五年，全县中小学教学仪器、音体美器材、图书资料配备基本达到部颁标准，所有中学和部分条件较好的小学建成标准化实验室。三是加强了教育信息化建设。虽然全县的教育信息化水平较以前有较大幅度提高，但和发达县区相比，全县的教育信息化水平还很低，还不能完全满足教育教学的需要。教育局一班人正确认识工作差距，采取多种形式筹集资金，加强微机室、多媒体教室、校园网建设，加强学生用机和教师用机配备，今年争取配备微机600台以上，建成多媒体教室60个以上、校园网2～3处，全县中小学计算机保有量超过6000台，各学校生机比达到省定最低标准，力争全面实现“校校通”。5年内，全县中小学信息技术开课率达到100%，师机比达到1：1，全面实施“班班通”，基本普及信息技术教育。四是加快了标准化学校建设。针对全县农村中小学办学条件较为薄弱的实际，切实加强学校软硬件建设，重点改善农村学校办学条件。5年内，中小学校在建设用地、校舍建设、装备条件等方面达到省定标准。结合“两热一暖一改”工程的实施，大力改善农村学校卫生设施和食宿条件，切实做好学校厕所、围墙的改造工作，争取用两到三年的时间，实现“六有”的目标，即：寄宿制学校有合乎卫生条件的食堂，有满足需要的餐厅，有安全的宿舍，寄宿生每人1张床；所有中小学有清洁的冷热饮用水，有水冲式厕所。三、加强队伍建设，促进内涵发展。着重做了三项工作：一是充实了教师队伍。以办人民满意的教育为宗旨，以全面提高教师队伍素质为中心，重点抓了义务教育阶段师资、特别是农村师资补充工作，按照“退一补一”的原则，根据市核定的教师编制和自然减员情况，结合学科需求及市教育局《2010年菏泽市教师补充工作实施方案》，及时制定出了教师补充工作方案，面向社会公开招录了128名优秀大专毕业生充实教师到队伍，尤其注重了对音、体、美等薄弱学科教师的招录。二是着力提升了干部队伍素质。今年，要做好名校长、名教师的评选工作，进一步提升全县中小学校长和教师的整体素质，建设一支注重学习、成果丰硕的专家型队伍，使这些“名校长”“名教师”成为一个集思想引领、理论研究、实践探索、经验总结于一体的优秀教育团队，充分发挥辐射和集聚效应，从而影响和带动更多的教育工作者成长。三是着力促进了教师专业化成长。按照“面向全体、突出骨干、倾斜农村、服务急需”的培训思路，以农村义务教育学校教师为重点，采取集中培训、远程培训、校本培训、送教送课等灵活多样的形式，有针对性地开展了教师全员培训，增强了培训的针对性和实效性。为开足开全课程，利用县职教中心对音体美教师已重点培训了3批。全面实施教师读书成长计划，提高教师队伍学历层次和高学历教师的比例。加强骨干教师、学科带头人的培养选拔工作。选拔了100名优秀教师组建精英教学团队到农村学校支教。充分发挥其示范辐射作用，从而带动全县教师队伍整体素质的提高。

通过一年来的努力，全县农村教育工作上了一个新台阶，农村学校的软、硬件基础设施建设得到了较大的改善，农村教师队伍得到了充实，教师的整体素质有了很大的提高，受到了广大群众的一致称赞。

反馈意见：该提案引起了教育局的高度重视，他们做了大量的工作，制定了一系列落实措施，县政协还专门就此问题组织了视察，对该提案的办理很满意。

调研视察　第四届县政协重点围绕科技兴农、发展优质高效农业、增强工业后劲、发展教育、计划生育等问题，深入调查、研讨论证、提出建议。1990年，就职业教育、体育、计划生育等工作形成调查报告，得到党委、政府重视和采纳。1991年，针对小麦品种多乱杂退现象，提出《对全县小麦统一供种问题的建议》，后由县政府制定《关于做好小麦选种和统一供种的实施意见》，当年建立良种繁育基地1667公顷，播种面积2万公顷。

第五届县政协精心组织调研，1994年《关于落实中共中央“增人不增地、减人不减地”的调查报告》，引起省地有关领导重视，在《菏泽通讯》中刊登，对制止频繁动地起到促进作用。根据全县计划生育队伍状况提出稳定计生队伍的建议，县委、县政府采取有力措施，将1988年招聘的计生专职人员转为合同制职工，促进了计生工作开展。1996年，关于“康洼窑厂清淤烧窑”的调查报告，引起地委领导重视，在定陶召开现场会议。1997年，组织了蔬菜大棚生产、综合治理、企业解困、普及九年制义务教育、农民减负、农村产业结构调整等6项专题调查，其中，《关于农民“减负”的调查报告》在《联合日报》全文发表，引起较大影响。1995年、1996年和1997年3次就抓大放小、集中资金发展林申、国华等重点企业进行视察，并建议把圣龙集团排污工程列为一号工程采取得力措施。1993年3月至1998年3月，县政协组织各类调查336次、视察222次，撰写调查报告368篇，其中县政协机关组织调研视察88次，撰写报告68篇。

第六届县政协着重针对农业结构调整、发展龙头企业、招商引资、发展民营经济、发展食用菌支柱产业、优化外部环境、减轻农民负担、规范宗教活动、武校发展等问题进行视察调研，形成报告，提出意见建议。1998年3月至2003年1月，县政协先后组织各类调查、视察596次，撰写调查、视察报告518篇，提出有见地的意见和建议，为县委、县政府科学决策提供借鉴和参考。

第七届县政协围绕加快定陶发展中心，组织委员视察了招商引资、园区建设、优化经济发展环境、城市建设经营管理、土地集约利用、村镇规划建设、农业产业结构调整、禽流感防治、乡村公路建设等重点工作，提出有见地、操作性强的意见建议，进入县委、县政府和部门决策。2006年就全县学生安全状况、白酒市场整顿、平安创建工作进行调研视察。2003年1月至2007年12月期间组织各类调研210次、视察130余次，撰写调研视察报告260余篇，提出许多有针对性意见建议。

第八届县政协致力服务加快发展，围绕招商引资、园区建设、民营经济、食品药品卫生、优化经济发展环境，围绕计划生育、工作、城乡医疗保障体系、民族宗教等民生事业，围绕城市规划建设、经营管理、环境卫生、土地节约集约利用、村镇规划建设、农业特色经济、返乡农民工和高校毕业生就业创业、乡村道路建设、旧村改造、农村改厕等情况，组织视察调研、协商议事。2008年1月至2011年12月，共组织大型视察调研活动56次，写出有较高价值的报告54篇。

第九届县政协充分发挥委员智力密集优势，针对招商引资、项目建设、融入大市战略、城乡建设管理、公路交通、园区建设、三农、文化、教育、卫生、安全生产、劳动就业、社会保障、金融、土地、环保等方面，开展调研视察活动，提出诸多合理化建议。2013年配合市政协就城镇化建设中的文化内涵、文化旅游产业、关爱留守儿童进行调研。2014年重点对重点工业项目开工建设、生产经营情况和新型城镇化建设进行专题调研。2015年，结合对接大市、融入大市战略和“十三五”规划编制等重大问题，就城市发展战略规划研究、基础设施建设、园区发展和民生工程建设等重点调研视察、参谋建议。2012年1月至2015年12月，组织市县政协委员集中调研视察126

▲ 第九届政协委员在污水处理厂调研视察 （2012年摄）

次，形成调研报告137篇，为县委、县政府科学决策和全县加快发展发挥了重要作用。向省、市政协报送社情民意信息148条，采用86条。

第四节 政协活动

第四届县政协积极推动改革开放和服务经济建设，在委员、会友中开展“爱定陶、献良策、作贡献”活动，印发《献策报》29期，发表委员论文45篇，为县委、县政府领导决策提供参考。开展咨询服务活动，提出“必须建立健全农村科普网络”和“建设科技服务体系首先要解决人的问题”工作建议，举办科技培训班50多期，组织开展义务查体和义诊活动600人次。

第五届县政协包乡镇、抓企业，参与产业结构调整、企业改革、科技兴农等项工作。从郯城县引进银杏树苗3万株，试种成功；通过省农科所引进884187高蛋白小麦良种试种、推广。印发《献策报》29期，发表委员论文65篇。普及科技知识，组织撰写、出版发行《农业科技ABC》6万余册，作为实施绿色证书制度的必修课本，得到省地有关部门高度赞扬。

第六届县政协参与包乡镇、农业结构调整、税费改革、严打斗争、计划生育等多项工作。参与山东鲁花、澳大利亚国际有限公司投资的圣龙热电厂和高档装饰材料项目引进。参与举办咨询服务、科技讲座、科普书画展览、义诊等活动426次。与农业部门联合制作花菇、双孢菇栽培程序图1万余份，推动食用菌科学种植和管理。

第七届县政协在“突破菏泽”战略决策实施过程中，开展为加快定陶发展提一条建议、引进一个项目、撰一件提案、反映一条社情民意、为群众办一件实事的“五个一”活动，提合理化建议、反映社情民意、为群众办实事。组织开展科普、法制宣传、医疗健康咨询帮扶、蔬菜生产技术服务等活动。

第八届县政协为支援2008年四川地震灾后重建，组织交纳特殊党费、捐款捐物折合款项近300万元，组织医药卫生界委员赴灾区开展医疗救助活动。2009年、2010年、2011年先后开展了以“建言献策、建功立业，促进发展、促进和谐”为主题的“双建双促”活动，“走千家访万户构和谐争先锋”活动，“牢固树立政协意识、服务定陶科学发展”活动，丰富了委员履职载体，提高了履职成效。委员领办创办的企业发展态势较好，经济指标高于全县同类行业平均水平。多渠道开展“科技下乡”“科技进社区”“百场科普电影下乡”活动。2010年、2011年联合民政、教育等部门对全县100位优秀贫困学子进行救助。

第九届县政协继续深化“双建双促”“走千家访万户构和谐争先锋”“五个一”活动。政协委员领办兴办企业和商业经济实体40多家，为经济发展、吸纳就业、公益事业做出重要贡献。联合有关部门开展送科技、文化、卫生“三下乡”活动。投入“转变作风、服务群众”“双联双创”、精准扶贫、城乡环卫一体化工作，县政协党组成员联系滨河街道工作，政协机关联系滨河街道6个村社的包村联户工作，促进了街道、村社的党的基层组织建设、经济发展和社会和谐稳定。

▲　文史委部分成果

第五节　文史资料征集

1990年3月，县政协印发文件，建立各乡镇文史工作组，共选聘108名有一定社会阅历、历史知识和写作能力的委员、会友以及各界人士为文史工作研究员，颁发证书和纪念册。至1993年，共排查出较有史料价值的资料线索250条，调查登记80名知情的高龄人士，征集各类文史稿件210篇，计36万字，出版《定陶文史录》第七辑、2000多册，编辑《定陶文化专辑》。先后会同有关部门组织参加“菏泽地区各界人士书画展”“华东地区五省二市书画展”及菏泽地区在青岛等地举办的书画展，举办3次老人节书画展，承办菏泽地区书画巡展。1998年，印发《关于健全文史资料网络的通知》和《文史资料候选人推荐表》，健全组织，在全县文史资料研究员中，开展“三个一”活动（写一份文史稿件、提供一条文史线索、介绍一个知情人），共征集文史资料68篇，计18万余字。《杨正民和他的博士之家》被《春秋》杂志刊登。先后整理编写《县政协组织史》《文化专辑》《教育专辑》等文史资料，编辑出版10万余字的《古陶明星》一书。采访有关陶朱公的遗迹文物，为范蠡居陶提供部分物证。至2003年，开展范蠡研究工作，筹备召开“全国陶朱公（范蠡）学术研讨会”，开拓挖掘儒商文化。编辑出版的《商祖陶朱公》一书，被评为菏泽市精神文明建设“精品工程”优秀作品奖，获得第七届山东省对外传播奖。共征集史料373篇，68万字，使丰厚的定陶文化更加充盈，发挥了“存史、资政、团结、育人”的作用。至2008年，共征集文史资料500多篇，近70万字，图片300余幅。为《政协委员风采录》（山东卷）进行组稿，完成菏泽市“四乡”丛书有关定陶史料的征集任务，为菏泽市资料性书画作品集《菏泽书画》征集部分作品。2009年，编辑出版《定陶县政协志》。2010年，编辑出版《群星璀璨耀陶丘》一书。2012年8月，组织编写出版《定陶文化史略》。2015年，以纪念抗日战争70周年为契机，组织征集抗战史料20多万字，图片100多幅，并对资料进行系统的研究整理，编辑完成初稿。

第六节　祖国统一及联谊活动

1991年，县政协配合有关部门，妥善接待到定陶县探亲、考察的“三胞”14人。5月，接待巴西华侨杨正民先生。配合有关部门，深入合资企业调查了解情况，帮助解决问题。在“三胞”眷属中继续开展一封信活动。定陶镇的“三胞”眷属年内向海外发出信件54封。1992年，台湾退役军官王永才探亲时，同时考察定陶的投资环境。1993年，到定陶考察的台、港、澳和海外侨胞25人次。台胞贾光福先生到田集乡探亲，主动捐资为家乡打井办电。台胞曹有礼先生到陈集镇探亲，县政协帮助妥善处理问题。1994年，配合有关部门接待探亲访友、观光旅游、洽谈项目的“三胞”人员40多人次。1995年，2次走访“三胞”和“三胞”眷属，加强相互联系。利用春节和中秋节召开部分“三胞”眷属座谈会。1996年，牡丹花会期间，向定陶籍的“三胞”发信120余封，邀请“三胞”回乡观花探亲，投资合作，先后有36名港澳台同胞和海外侨胞回到定陶，其中，有5名“三胞”与有关单位签订合作合同，促进全县外向型经济发展。召开2次“三属”代表座谈会，了解“三属”的工作生活情况，为他们排忧解难。1997年，接待泰国丁氏宗亲会寻根考察团。他们通过考察，认定定陶是天下丁姓的发祥地，表示每年都要到定陶祭祖，并联合办一些合作项目。2001年，台湾客商赵金成专门来考察医药市场。同年，持续开展“六个一”活动，通过“三属”向海外亲朋好友发出邀请，宣传党的方针政策和定陶县良好的投资环境。2007年，通过“三属”向海内外亲朋好友发出邀请，服务招商引资。2008年6月26日，祖国统一联合委员会更名为港澳台侨民族宗教委员会。利用劳动节、中秋节、春节等节日，走访慰问三胞三属，做好与民族宗教界代表人士的经常性沟通工作。2009年至2015年，每年开展团结联谊活动，做好与民族宗教界代表人士的经常性沟通，组织民族宗教界委员参与相关活动。

第二十二编

群众团体

QUN ZHONG TUAN TI

1991年，定陶县的群团组织有县总工会、团县委、县妇联、县科协、县工商业联合会、县残疾人联合会、县计划生育协会，均为正科级单位。2000年9月设立县文学艺术界联合会和县社会科学界联合会。2002年4月，设立县妇联妇女儿童工作委员会办公室。这些团体充分发挥党和政府联系群众的桥梁和纽带作用，调动和发挥社会各界的积极性，为定陶的社会发展做出了突出贡献。

第一章　工　会

第一节　职工合法权益维护

1991年以后，全县企业生产运营稳定，工会维权职能主要是职工福利方面的监督检查。同年，协助处理侵权事件18起，化解因分配不公、拖欠工资等问题引发的矛盾3次。1994年，在企业单位试行平等协商、集体合同制度，全县签订集体合同68家。1998年，进行集体合同续签和改签工作。2002年，为保护好职工的经济利益和合法权益，建立县政府与总工会联席会议制度。2004年4月，在全县企事业单位中组织实施集体合同制度，明确行政与工会应尽的责任与义务，对职工的生产、生活条件，安全保障措施以及劳动休息、休假制度、工资、养老、医疗、工伤保险等明确界定。2010年，县总工会印发《关于在企事业内部实行分配公开制度的实施意见》，全县推开企事业内部实行分配公开制度，维护职工的切身利益。同年，全县有17个企业签订集体合同；推进工资集体协商，维护职工合法权益，以非公有制企业为重点，采取典型引路的方式，与天山、福田等117家企业签订工资集体协商协议。与146个单位签订专项女职工集体合同协议。设立陶城律师事务所驻工会维权站，化解维权积案3件。2015年，全县67家企业签订集体合同，职工的合法权益得到有效保证。职工法律维权中心为职工维权2件，代写法律文书6件，解答法律咨询21人次。

▲ 职工维权月启动仪式　（2014年摄）

第二节　民主管理

1991年，全县103家企事业单位建立职工代表大会制度。1995年，发展到126家。1996年，开展职工之家建设达标升级活动。同年，县供电公司被评为全国优秀职工之家。1999年，全县试点推行厂务公开民主管理工作，县委成立推行厂务公开民主管理工作领导小组，办公室设在县总工会，由县纪委牵头，组织部、宣传部、经贸局、房产局、国有资产管理局、总工会等为成员单位。至2002年，在76家事业单位推行厂务公开民主管理工作。2003年，民主管理工作逐步向国有企业推进。2005年，全县国有企业基本完成厂务公开民主管理制度建设。2008年年初，在非公企业试点推行厂务公开民主管理工作。同年，民主管理工作纳入全市科学发展观考核体系。2012年，县政府调整充实县厂务公开领导小组成员，制定印发《定陶县厂务公开民主管理工作考核评比实施办法》《定陶县厂务公开民主管理工作考核评比计分标准》。至2014年，全县建立工会组织的国有、集体及控股企业60家，建立职工代表大会制度的单位60家，推行厂务公开的企事业单位达60家，建制率为100%；事业单位78家，建立职工代表大会制度的78家，实行厂务公开制度的78家，建制率达100%；已建工会的非公有制企业349家，建立职工代表大会制度的349家，实行厂务公开的单位344家，建制率达98%以上。2015年，厂务公开民主管理工作，在全县非公企业普遍展开。

第三节　职业技能竞赛

1991年，组织全县职工开展“百日生产竞赛”，124个单位、579个班组、8576名职工参加。1993年，开展职工技术比武练兵活动。1996年，开展群众性合理化建议活动，提合理化建议369条，采纳实施109条，创经济价值300余万元。2001年，组织开展“安康杯”竞赛活动，提高广大职工劳动安全保护意识。2003年，县总工会以创建“工人先锋号”活动为载体，开展“同舟共济保增长、建功立业促发展”“我为节能减排作贡献”等立功竞赛活动。2004年7月至9月，县总工会、经贸局、人事局、劳动和社会保障局联合举办定陶县职工职业技能大赛，组织9个技术工种进行比赛，1万余名职工参赛，获得前3名的选手，被授予“定陶县技术能手”称号。在全县职工职业技能大赛中，8人在各工种比赛中获得第一名，县政府授予“全县劳动模范”称号，9人被县总工会授予“定陶县五一劳动奖章”，11人被县劳动和社会保障局授予“定陶县职工职业技能大赛优胜个人”称号。2005年4月，经县总工会推荐，都庆集团董事长张九勋获得全国劳动模范称号；5人获菏泽市劳动模范称号，李俊英获得山东省富民兴鲁劳动奖章。2005年5月，县委办公室印发《关于评选劳动模范和先进工作者的意见》规定，自2005年起，每两年评选一次劳动模范。2006年1月，定陶县总工会被菏泽市总工会、菏泽市安全生产监督局授予菏泽市“安康杯”竞赛优秀组织单位。5月，定陶县工会工作暨劳动模范和先进工作者表彰大会在县委大会议室召开，县政府对全县21名定陶县劳动模范和先进工作者进行表彰。2012年7月至9月，组织开展10个工种的职工职业技能大赛。2013年，培育命名2家市级高技能人才（劳模）创新工作室，10家县级高技能人才（劳模）创新工作室。县教育局、公路局、县医院、交通局、卫生局、国税局等单位开展10个项目的职工职业技能比赛，有12000余名职工参加比赛活动。2015年，全县各级工会以“工人先锋号”创争活动为载体，利用职工职业技能实训基地组织1.2万名职工参加各类劳动竞赛。

第四节　送温暖活动

1991年以后，全县企业生产正常，职工生活相对平稳。各级工会向困难职工发放救济150万余元，为18户特困职工捐款1.17万元。1994年，组织职工补充保险，共有2250名职工参与补充。1997年1月，县总工会、县妇联在县直单位开展“救助董瑞真，奉献一片爱心”募捐活动，为遭到歹徒残酷迫害的董瑞真募捐1.56万元。1998年，县总工会制定《送温暖工程实施方案》，成立储金互助会，募集资金15万元，将利息用于救助特困职工。2004年5月，县总工会出资4万元，成立困难职工帮扶中心，建立困难职工档案1346份，实行计算机动态管理。12月，组织实施“结对”帮扶进千家活动，全县有125个党政领导和单位与125户特困职工结成帮扶“对子”，落实3年脱贫计划。2006年1月，中共定陶县委办公室印发《县委办公室、县政府办公室关于春节期间深入开展“结对帮扶进万家”活动的通知》，各乡镇

▲ “金秋助学”活动　　(2014年摄)

党委、政府，县直各部门，有关企事业单位在春节期间深入开展“结对帮扶进万家”活动，确保全县困难职工群众不出现无房住、无衣穿、无饭吃、大病得不到救助的现象。2007年，组织实施“金秋助学”活动，对特困应届大学生实施生活帮扶，每人救助1000元～2000元。2010年，对商业、粮食、物资等8个行业困难职工进行调查，对其中20户困难职工进行解困帮助。对全县763户分三类分别建立档案，救助608户，发放救助金12万元；免费培训下岗失业职工720人，帮助630人实现再就业；筹集资金2万元，救助16名困难职工子女。2015年，县总工会筹集资金20余万元，走访慰问480名困难职工、劳动模范；在“金秋助学”活动中，为30名困难职工子女每人救助1000元。至2015年年底，共救助困难大学生200人次，救济资金74万元。

第五节　职工教育和文体活动

1996年1月，县工会与县体委共同举办迎春万人环城跑活动。1997年7月，配合菏泽地区工会办事处，开展千名优秀职工、百名先进班组、十个先进车间的评选活动，调动全县职工学先进、赶先进、争创先进的积极性，激发职工主人翁精神。2004年6月，成立活动领导小组，组织全县职工开展“创建学习型组织、争做知识型职工”活动，举办“创建学习型组织、争做知识型职工”活动百题问答。2006年，采取办培训班、以会代训等多种形式，对基层工会干部进行政治和业务培训，共举办培训班2期，培训工会干部120余人。并开展形式多样的职工文体活动500余次，参与职工3万余人次。至2011年，县总工会举办7届“古井贡杯”够级大赛。4月26日，县电视台演播大厅举办定陶县庆“五一”劳模颁奖典礼暨大型文艺晚会。4月，举办定陶县“鑫砾杯”乒乓球比赛。9月，参加菏泽市总工会组织的菏泽市休闲娱乐健身周活动，获优秀组织奖和够级、乒乓球比赛团体第二名。全县建“职工书屋”11家，“农民工书屋”4家。同年，定陶县总工会被中华全国总工会命名为“全国工会职工书屋示范点达标单位”，授予“全国工会职工书屋建设先进单位”。2012年，县总工会开展“创建学习型组织，争做知识型职工”活动，在全县职工中开展技术培训、岗位练兵活动。新建“职工书屋”10个，职工活动室10个。2015年，新建职工职业技能实训基地2个，培训职工1500人次。组织开展岗位培训、导师带徒、技能竞赛等活动，有750名职工提升技术等级。全县各级工会共举办各类培训班500余场次，培训职工3万余人次。

▲ 县总工会组织开展文体活动　　(叶宏　摄)

第六节　基层工会组织

1991年，全县有基层工会组织148个，专职工会干部152人，职工17850人，其中女职工6535人；工会会员17842人，女会员6516人。同年，定陶县党政机关、事业单位、乡镇企业、三资企业开始组建工会。1995年开始，在全县开展整顿基层工会组织、建设职工之家活动。至2000年，建成职工之家158个，优秀基层职工俱乐部37个，文化宫联系点17个。2001年，推行基层工会规范化建设，县供电公司等30家工会获县级A级标准。2003年，县供电公司等20家企业工会被菏泽市总工会授予基层工会工作规范化A级达标单位。2004年，开展职工代表大会创建活动。2005年，县林盾木业有限公司等31家企业工会职工代表大会被菏泽市总工会评为“优秀星”。2006年，县自来水公司、菏泽王氏药业有限公司、定陶森蘭木业有限公司（日本独资）相继组建工会。2007年5月，县委成立新建企业组建工会工作领导小组。同年，11个乡镇全部设立乡镇工会工作委员会，全县基层工会达到367个，工会会员3.01万人。2007年，县供电公司职工代表大会达到山东省总工会优秀星标准。2015年年底，全县工会基层组织857家，其中，国有及其控股企业40家，集体及其控股企业16家，事业单位79家，机关单位45家，非公企业373家，其他294家，工会会员11.39万人。

1991—2015年定陶县基层工会统计表

表22-1-1

年份	基层工会数（个）	专职干部数（人）	职工人数（人）	女职工数（人）	会员数（人）	女会员数（人）
1991	148	152	17850	6535	17842	6516
1992	151	155	18150	6740	18130	6730
1993	158	160	18520	6839	18512	6820
1994	164	168	18792	6974	18789	6967
1995	175	179	19260	7012	19243	7005
1996	186	190	19720	7120	19680	7102
1997	195	198	19840	7260	19650	7251
1998	201	210	20310	7426	20280	7358
1999	212	221	21320	7510	21210	7468
2000	232	240	22301	7620	22107	7542
2001	242	248	22720	7812	22510	7620
2002	251	254	23810	8905	23720	8860
2003	254	258	25761	9865	25531	9851
2004	279	282	26853	10176	26674	10151
2005	301	312	27965	10276	27623	10215
2006	325	332	29786	11056	29670	11023
2007	367	378	30120	12005	30120	12003

续表22-1-1

年份	基层工会数（个）	专职干部数（人）	职工人数（人）	女职工数（人）	会员数（人）	女会员数（人）
2008	402	421	30214	12016	30116	12007
2009	444	538	33526	13125	33413	13012
2010	484	545	37849	14213	37218	14012
2011	534	550	41829	15335	41153	15147
2012	589	553	46606	16442	46232	16304
2013	667	461	54564	18418	53664	18390
2014	757	462	85055	28347	84144	28319
2015	857	473	114811	39494	113900	39466

第二章　共产主义青年团

第一节　组织建设

共青团定陶县委　2000年，开展“党建带团建”活动，组织建设得到全面加强。下辖41个团委，7个团总支，992个团支部，57154名团员。2010年始，加强非公有制企业、新社会组织团组织建设，全县147家两新组织建立团组织，新建乡镇实体化“大团委”直属团组织230个。至2015年，下辖38个团委，7个团总支，737个团支部，19941名团员。

团代会　1991年至2015年，先后召开5次（第十二次至第十六次）定陶县共青团代表大会。

▲　中国共产主义青年团定陶县第十六次代表大会　　　　（2013年摄）

1991—2015年定陶县历次团代会统计表

表22-2-1

届次	召开时间	代表人数	书记	备注
十二	1992.06.12	297	鹿长松	
十三	1995.07.18	165	马雪瑜	
十四	1998.06.02	191	杨文涛	
十五	2010.11.12	119	陈启志	
十六	2013.12.27	125	田　冰	女

第二节　青少年思想教育

1991年至2000年，开展各种形式的读书活动和主题教育活动，对广大青少年进行政治理论和道德素质教育，帮助青少年构筑起强大的精神支柱。对团干部进行理论学习，采取“抓培训”“搞竞赛”等多种形式，注重学习的针对性和实际效果，提高团干部用理论指导实际工作的能力。对团员青年进行思想教育，以重要纪念日、重大活动为契机，开展“我的马克思主义观”演讲比赛、“党爱青年、青年爱党、爱社会主义”征文活动、“爱祖国知团情”知识竞赛等，企业团组织以“双岗双提高”为主题开展建功成才达标竞赛活动，同时在窗口行业开展“青年文明号”活动。使广大青年把远大理想落实到艰苦创业、开拓创新、无私奉献的实际行动中去，激发广大青年热爱家乡、建设家乡的热情。2000年，举办《中华人民共和国未成年人保护法》和《中华人民共和国预防青少年犯罪法》等专题报告会，3000名青少年接受教育。2002年以后，利用入队、入团、入党等时机，开展“民族精神代代传”活动，进行国情、党史和团史教育。开展团员先进性教育活动。2006年，开展雷锋精神进校园活动。2007年，开展社会主义荣辱观教育活动，先后有2万多名团员青年参加活动。2008年4月4日，组织各乡镇中学的优秀团员参观冀鲁豫边区革命纪念馆，对团员进行爱国主义教育，并重温入团宣誓仪式。5月12日，四川汶川大地震发生以后，团县委组织全县团员青年为地震灾区群众捐款献爱心，广大团员纷纷伸出援助之手，5月16日，城区中学的团员青年累计向灾区捐款8万余元。同时，为歌颂在地震中英勇献身的教师，团县委在杜堂乡中学举行“巍巍师魂”诗歌朗诵比赛。2009年，联合县安监局、交通局、教育局、公安局交警大队、执法局、民政局、信用联社等单位在北关小学举行“小黄帽”平安行动启动仪式，发放小黄帽2万余顶。2010年，在全县开展“五•四”青年演讲比赛活动。2011年3月，举办2期国学教育夏令营，青少年感恩父母、感恩社会的意识明显增强，自身综合素质得到提高。2012年，在清明、五•四、六•一、国庆、少先队建队日等重大节庆纪念日，组织开展“幸福定陶、青春颂歌”“我与祖国共奋进、我与定陶同发展”“红领巾心向党——感受你的爱”等一系列主题鲜明、形式多样、内容丰富、气氛活泼的爱国主义、集体主义教育活动。联合相关部门举办“预防青少年违法犯罪法制报告会”法制宣传进校园、“孝满天下，让爱回家”感恩励志教育、青少年快乐暑期科普活动、“珍爱生命、远离危险”暑期安全知识宣传以及在全县团员青年中学习宣传贯彻党的十八大精神活动。2013年清明节，全县中小学组织开展“缅怀革命先烈，继承革命传统”活动。五四青年节，举办“凝聚青春力量，勇担发展重任”全县各界青年“定陶梦”座谈会。六•一儿童节，开展共青团关爱农民工子女志愿服务活动，把印有共青团标志的260个水杯和400件T恤衫送到张湾镇沙山寺小学、马集镇力本屯小学的600多名留守儿童手中。2014年，在县一中为高三学生举行“迈入青春门，走好成人路”十八岁成人礼活动，召开五四青春创业座谈会，拍摄定陶县首部青春励志微电影《园长日记》和“奋斗的青春最美丽”专题片；建设北城社区青年志愿服务站1处，争取资金7万元。2015年，在学习雷锋日、清明、五•四、六•一、国庆、少先队建队日等重大节庆纪念日，组织开展“学习雷锋好榜样，同心共筑定陶梦”“缅怀革命先烈、继承革命传统”“青年志、定陶梦”、心愿直通车、“我和国旗合个影，我为定陶点个赞”“红领巾心向党”等一系列主题鲜明、形式多样、内容丰富、气氛活泼的爱国主义、集体主义教育活动；争取资金10万元，建设西城社区青年志愿服务站1处。

第三节　工农青年工作

1991年开始，全县各级团组织实施青年人才工程，培养青年岗位能手、农村青年星火带头人，开展青年技能教育培训，促进青年素质全面提高。工业战线上的团组织，通过推广先进操作法，开展岗位培训，提高青工的职业技能，创出企业最佳效益。农业战线上的团组织，围绕社会主义新农村建设，成功培养和扶持一批青年科技带头人，加强农业科技服务和信息传递，服务“三农”有新进展。全县累计培养青年科技带头人150余人，培训农村青年7000余人次。1996年至2002年，启动“青年致富”工程，举办农村青年科技培训班，建立农村青年科技书库，创办农业示范项目，促进农民增产、增收，帮助农民科技致富。2003年，启动青春创业行动。2004年，开展以“青年文明服务卡”为载体的“承诺”服务活动。2006年，开展第五届“定陶县十大杰出青年”和第一届“定陶县十大杰出青年企业家”评选活动。开展争创“青年文明号”、争做“岗位能手”活动。在“一对一”结对救助活动中，县国税局、移动公司等8个“青年文明号”单位分别与南王店乡电力希望小学等学校结成帮扶对子，取得良好的社会效果。2007年，开展第六届“定陶县十大杰出青年”和第二届“定陶县十大杰出青年企业家”评选活动。2008年，积极服务青年创业就业，与县信用社沟通协商，解决创业青年资金缺口的瓶颈问题，重点为创业青年提供不同方式的便捷的低利息的贷款，为重点产业项目和创业青年发展提供资金支持和帮助，同年为创业青年协调贷款40余万元。2009年，建立青年就业培训基地，对青年农民工进行免费培训，全年共免费培训学员300人。2010年，围绕全县重点工程建设，号召全县青年充分发挥先锋模范作用，积极服务全县经济发展，出现一批优秀团干部、团员青年、青年突击队和岗位能手。同年，有11个青年集体被评为市级“青年文明号”，县婚姻登记处被评为省级“青年文明号”，县供电公司团委被评为省级红旗团委。2011年至2012年，向团省委申请，为五洲医疗器械有限公司申请“青春创业”贴息资金3万元；联合中国人民银行定陶县支行启动农村青年信用示范户创建工作，成立县青年志愿者服务队，先后组织县城市管理局、县红十字会的青年志愿者到南王店乡敬老院、县特殊教育学校开展爱心慰问活动，为孤寡老人、聋哑智障儿童送上温暖和关爱。2013年，联合农村信用社开展“团银携手合作，共促青年创业”活动，为青年企业家、创业青年申请贷款构建“快车道”，给予优先调查、优先评级、优先授信、优先发放，并根据企业实际情况给予利息优惠。同年，为11

▲ 青年创业培训班　(2011年摄)

▲ 电子商务培训 （2015 年摄）

名优秀创业青年提供贷款140万元，带动就业160余人。2014年，举办以“践行菏泽精神，争做青年先锋”为主题的演讲比赛，参赛选手以不同视角，畅谈对新时期“菏泽精神”的理解和认识，并结合自身工作岗位和成长经历，阐述如何在实际工作中贯彻落实菏泽精神，立足岗位学习创造奉献。同年，争取资金10万元，建设省级青少年绿化基地1处。2015年，举办各种类型的创业技能、技术培训，针对全民创业、万众创新大潮，多次举办农村青年电子商务创业培训班，组织人员到滨州市博兴县、牡丹区天华电商产业聚集园区、万泰国际电子商务创业孵化园参观考察，推荐优秀青年代表参加省市举办的电商培训班和交流会，为青年就业创业创造条件。

第四节　学校共青团

1991年至2000年，团县委在全县学校多次组织开展大规模学雷锋活动，争做便民服务模范，不断掀起学雷锋活动的高潮。2001年至2005年，各中学团组织利用暑期集中开展“热爱祖国、热爱家乡”实践教育活动，开展“远离邪教”校园演讲比赛、漫画比赛，向青少年发出反对邪教，崇尚科学，传播文明倡议。2006年、2007年，组织少年军校、暑期夏令营活动，邀请全国学雷锋标兵田永亮在定陶一中、二中、博文中学举行纪念学习雷锋44周年事迹报告会。又在这三所中学建立雷锋事迹展览室，被县宣传部、团县委、教育局确定为定陶县青少年思想品德教育基地。2008年，团县委在定陶一中、二中、博文中学举行纪念学习雷锋45周年事迹报告会，纪念毛泽东“向雷锋同志学习”题词发表45周年。2009年至2011年，召开全县学校团队工作会议，团队工作进一步加强。2012年，在全县中小学开展“我们的节日•清明节”主题活动。2013年，发放《共青团实用知识简明手册》《新时期共青团工作20讲》《少先队辅导员工作必读》等图书200余册。共青团定陶县委被评为“山东省少先队工作红旗单位”。2015年，在全县团员青年中学习宣传贯彻党的十八大精神，举办“农村孩子看县城”公益夏令营。

▲ 定陶县中小学生“学雷锋 树榜样 讲正气”活动启动仪式 （2013 年摄）

第五节　少先队

1991年9月，召开中国少年先锋队定陶县第二次代表大会，选举产生中国少年先锋队定陶县第二届工作委员会。1993年，全县开始实施希望工程。2001年至2005年，多次举办少先队辅导员培

▲　少先队升旗仪式　　　　（2015 年摄）

训班，评选、表彰一大批优秀辅导员，为少先队组织的健康持续发展提供人员保障。2006年，开展“同在一片蓝天下，手拉手共同成长”活动，关爱进城务工人员子女。2007年，举办学习“八荣八耻”中小学生演讲比赛。先后有2000多名中小学生参与到这次主题教育活动。2008年，组织全县少先队员和团员青年为汶川灾区捐款活动。2009年至2011年，组织各乡（镇）团委书记、少先队辅导员进行科学发展观培训，使团干部队伍整体素质提高，团的凝聚力、战斗力加强。2011年至2013年，结合县教育局，配齐全县11名乡镇中心校总辅导员、141名大队辅导员队伍，发放了聘任证书，落实中心校总辅导员副校级待遇，提高少先队辅导员的工作积极性。2014年，在全县各小学开展“核心价值观记心中”主题队日活动，各校大队、中队辅导员围绕如何理解和践行社会主义核心价值观，向少先队员宣讲习近平总书记“六•一”重要讲话精神，鼓励队员们熟记熟背社会主义核心价值观24字内容，按照习总书记“记住要求，心有榜样，从小做起，接受帮助”的要求，做培育和践行社会主义核心价值观的小模范。至2015年，在全市率先完成了少先队辅导员配备、少先队活动进课程表及专项工作经费拨付等任务目标，并在15所小学建立标准化队室。在10月13日建队纪念日，组织拍摄少先队工作专题片，集中展示定陶县少先队员、辅导员风采和少先队工作成果，通过微信、微博、电视台等平台播出后，获得社会各界好评。

第六节　青少年权益维护

1999年，宣传《中华人民共和国预防未成年人犯罪法》，开展创建“优秀青少年维权岗”活动。2001年以后，县团委、宣传、教育、政法等部门先后开展法制宣传周活动，发放各类教育宣传资料2万余份。2004年，定陶县留守儿童学校成立，为菏泽市第一所留守儿童学校。2005年至2010年，以“12•4”全国法制宣传日为契机，通过举办座谈会、书画展，印发宣传资料，在报刊、广播、电视、网络等媒体制作播出专栏、专版、专题节目等多种形式，开展预防未成年人犯罪法制宣传教育活动，传播法律知识，弘扬法治精神，促进社会和谐。2012年，联合县综治办、检察院、司法局、教育局在冉堌镇中学举行“预防青少年违法犯罪法制报告会”法制宣传进校园活动启动仪式。

▲　定陶县留守儿童学校　　　　（2012 年　李春阳　摄）

2013年，成立由团县委书记任组长、县综治办副主任任副组长，县委宣传部、县妇联、法院、检察院、教育局、公安局、民政局、司法局、财政局、人社局、工商局等单位负责人为成员的预防青少年违法犯罪专项组，建立健全工作会议、情况报送及联络员等制度。在全县中小学巡回举行"预防青少年违法犯罪，共建和谐幸福定陶"法制宣传报告会，预防青少年违法犯罪工作实现新的发展。至2015年，开展"彩虹伞"青少年自护教育进校园活动，邀请青少年自护教育方面的专业老师，深入学校详细讲解青少年自护安全知识，教育青少年在面对危险、灾害时，如何正确保护自己的安全，普及青少年安全自护知识，增强自我保护意识，提高自护自救能力。开展重点青少年群体管理和预防犯罪工作，在每个乡镇建设留守儿童室1个，配备图书、电话等设备，要求各镇中心校定期开展学业辅导、亲情陪伴等活动，为留守儿童带去温暖和关爱。并联合县法院在县二中、县实验中学等中学举办青少年法制教育报告会11场。

第三章　妇女联合会

第一节　县妇联历次代表会

定陶县妇女第八次代表大会　1992年3月6日至7日召开。出席代表273人。会议选举产生本届委员会。

定陶县妇女第九次代表大会　1997年8月28日至29日召开。出席代表199人，特邀代表3人。贾翠平作《团结起来　锐意进取　为建设富裕文明的新中国而奋斗》的工作报告。大会选出九届执委37人、常委5人。选举贾翠平为主席，刘明芬、袁朝平为副主席。

定陶县妇女第十次代表大会　2004年5月28召开。出席代表192人，特邀代表3人。刘明芬作《全面贯彻"三个代表"重要思想　团结动员全县妇女　为加快定陶发展而努力奋斗》的工作报告。大会选出十届执委29人、常委7人。选举刘明芬为主席，袁朝平、陈蔚文为副主席。

第二节　组织建设

基层组织建设　1991年，县妇联向县领导和县组织部门建议，充实妇联领导班子，达到知识化、年轻化、专业化的标准。乡镇妇联和县直妇委会主任重新充实调整，全县61个符合条件的部委办局、企事业单位成立妇委会。1994年4月，定陶县委、县政府印发《关于全县党政群机关超编人员分流工作的实施意见》，县妇联领导干部职数调整为一正一副。1999年10月，县妇联与组织部联合下文，重新明确县直82个妇委会主任，同时，在全县12个乡镇企业建立妇代会，在3个专业市场建立妇委会，形成纵横交错的妇女组织网络。2002年，农村妇代会组建率100%，妇代会主任进两委比例进一步回升；对全县专职妇联干部实行量化管理，充分调动妇联干部的积极性、主动性和创造性。2005年11月，联合县委组织部对全县120名科级女领导干部、乡镇妇联主席、县直妇委会主任等进行知识培训。2010年，在全县11个乡镇、362个行政村、6个社区、县一中、二中、实验中学、实验小学等和县直符合条件65个机关事业单位均建立了妇女组织。在陈集镇、仿山乡创建市级示范乡镇，建立马集镇袁堂、陈集镇前沙海、仿山镇后董等10个示范村。在艺达、御思酒业、琴雅制衣、三文制衣、丽天抽纱5个私营企业建立妇委会。将妇代会主任的报酬纳入村干部生活补贴和薪酬范围。实施“党建带妇建”工作，推动妇联基层组织纳入党的基层组织建设整体规划，分别在杜堂乡、陈集镇建立“党建带妇建”联系点2个，并在全县妇联系统印发《关于在全县妇联系统深化推进党建带妇建开展创先争优活动的意见》。2015年，县妇联加强与县财政、各镇街党委的沟通协调，12个镇街的基层妇女工作经费全部纳入各自财政预算。

▲ 全县妇女骨干培训班　(2014年摄)

村（居）妇代会建设　1994年，举办妇代会主任培训班，对67名基层妇代会主任进行为期4天的集中业务培训，并解决妇代会干部的政治经济待遇。1995年11月，县妇联印发《关于开展农村基层妇女组织整建活动的意见》，要求妇代会主任进两委、工资待遇不低于村支部书记的80%或相当于村副职的工资。1998年，全县313个行政村全部配齐妇代会主任，4月，举办行政村妇代会主任培训班。1999年，村级班子换届选举，72%的妇代会主任进“两委”。2005年11月，根据“党建带妇建”的原则，扩大组织覆盖面。全县362个行政村全部配备妇代会主任，302名妇代会主任进村委（支委），进两委比率82%，实现村级妇女组织建设的新突破。2006年，全县362个行政村中，全部建立妇代会，其中，进村委196人，进支委42人，分别占53.4%和11.4%，进“两委”比率64.8%，妇代会主任的报酬达到村支书的70%以上。2007年，利用村级换届选举有利时机，妇女进“两委”比率73%。特别是冉堌镇各行政村妇代会主任全部进“两委”，在定陶县尚属首次。妇代会主任的报酬达到村支书的70%以上。县直机关组建妇委会组织86个。2008年，全县362年行政村妇代会组织健全率100%，村妇代会主任配备率100%，进“两委”人员占84%。2009年，全市农村妇代会换届直选工作在定陶试点，半堤乡的大常、曲庄、刘平坊3个村分别于11月9日、10日、11日进行妇代会直选。2010年，组织9名乡镇妇联主席参加市妇联举办的培训学习。2014年，利用村“两委”换届时机，确保村委会、社区居委会100%有女性，村妇代会主任、社区妇联主席100%进“两委”，村、城市社区党组织女性成员和“两委”女性比例高于上届。2015年，对新任职的367名村妇代会主任进行培训，提高她们的履职能力和工作水平。

第三节　妇女儿童权益维护

1991年，县妇联共举办普法学习班326期，6320人参加培训学习，提高妇女干部的业务素质，运用法律武器保护妇女儿童合法权益的能力。县妇联针对全县下岗女工再就业问题进行调查，并写出调查报告，县妇联与县司法局联合成立妇女儿童法律援助中心。1995年11月开始，组织全县各界妇女参加“一五”“二五”“三五”“四五”“五五”“六五”普法学习，举办法律知识竞赛32次，参赛865人，全县各级妇联50个单位获普法先进集体称号，320名妇女被评为普法先进个人。全县各级妇联参与打击拐卖妇女、儿童和卖淫嫖娼等专项斗争，配合公安部门，解救被拐卖妇女儿童78人，逮捕人贩子86人，发动妇女成立禁赌协会20余个。

1997年1月，县人大常委会、县司法局、县妇联联合制定普法规划。4月，县妇联印发《关于开展〈中华人民共和国妇女权益保障法〉颁布五周年纪念活动的通知》。8月，撰写的《新形势下妇女信访问题的调查与分析》调查报告在全省妇女工作刊物上发表。10月，有3名妇联干部被选聘为特邀陪审员，参加法院庭审工作。1998年4月，县妇联推荐14名乡镇妇联主席被提拔为乡镇党委、政府领导班子成员。9月，规定卫生系统严禁用B超进行胎儿性别鉴定预测，对违反者严重处罚。县妇联联合劳动局对违反《女工劳动保护条例》的企业给予警告和罚款，并限期改正。1999年，开展《中华人民共和国妇女权益保障法》的宣传贯彻和“三五”普法工作，举办法律培训班，对县乡妇联干部、县直妇委会及行政村妇代会主任进行培训。配合公安部门严厉打击卖淫嫖娼等违法行为，纠正“五乱”等行业不正之风。2000年3月6日，在县电视台发表有关“148”妇女维权周电视讲话，并利用电视台“148”园地，开放妇女维权法律咨询热线。4月，县妇联配备兼职法律援助工作人员。2001年6月21日，县妇联与司法局联合开展新《中华人民共和国婚姻法》宣传咨询日活动，出动宣传车沿县城主要街道宣传新《中华人民共和国婚姻法》，发放《致全县广大妇女的一封信》《法律援助制度简介》等宣传资料2000余份，在县政府门口设宣传咨询点1处，8名律师参加现场咨询，接待咨询189人次。2002年2月，定陶县人民政府颁布《定陶妇女发展纲要（2001—2010）》和《定陶儿童发展纲要（2001—2010）》。纲要主要以经济、参与决策和管理、教育、健康、法律、环境对妇女儿童的影响为主要编制内容。3月，县妇联分别以“新纲要、新女性、新发展”和“坚持儿童优先、共塑民族未来”为主题在全县开展新“两纲”宣传月活动。4月，开展《中华人民共和国妇女权益保障法》宣传月活动，成立家庭暴力鉴定中心，发挥妇联干部特邀陪审员、法律援助联络室的作用，把全县妇联系统维权干部聘为劳动保障法律监督员。同时在全县公、检、法、司等6个部门开展争创“优秀妇女维权岗”活动。2003年3月，发展特邀陪审员、劳动执法监督员、妇女维权志愿者3支队伍。2004年3月，参与“平安菏泽”创建活动，印发《关于动员全县妇女积极参与建设“平安菏泽”的意见》，签订县妇联建设“平安单位”目标责任书、县妇联安全管理目标责任书。2005年，县妇联组织参与评选菏泽市首届优秀女法官、女警官、女检察官评选活动，评选出优秀女法官、女警官、女检察官各1人。与县综治办联合印发《关于在全县开展创建“平安家庭”活动的意见》，积极开展“建设平安定陶、人人学法、自觉守法、普法宣传进我家”为主体的宣传活动，做好信访条例、禁毒、预防和制止家庭暴力的宣传，评选出12个“平安家庭”先进协调单位和30户“平安家庭”标兵户。2006年，上报10多篇维权调研报告、材料和信息。县妇联帮助解救1起妇女被非法拘禁案。2007年，有23名女干部走向领导岗位，提高了女性参政议政比率。2008年，争取“春蕾计划”救助金4万元，求助贫困女童200余人。2010年，与法院联合建立妇女维权合议庭，与民政局联合建立家庭暴力庇护所。2013年，争取救助金3万元，救助100名贫困母亲。2015年，举办3场“巾帼携手　依法同行”普法讲座暨文化下基层活动，各镇街妇联主席、各类致富女典型及各行业女代表共计540余人接受培训。为57名贫困“两癌”患病妇女登记造册、建立台账、复核申报。与县民政局联合，救助贫困“两癌”患病妇女53人，共计10.69万元。在冉堌邮电支局建立1处市级留守儿童之家。创新“春蕾计划”救助模式，组织42个县直单位认领126名春蕾女童；争取菏泽爱心笑脸协会支持，救助22名春蕾女童，发放救助金2万余元；联合有关部门为45名大学新生发放救助金16.8万元。

第四节　精神文明建设

1991年3月至8月，县妇联在全县范围内开展“我的母亲”征文活动，共收到各类题材征文128篇。1997年，围绕“欢庆七一、盼香港回归”这一主题，举办演讲会，18名来自各行业的干部职工参加演讲；举办文艺联欢会，演出30余个节目；组织12个方队1500余人的秧歌队表演，绕城一周，将整个庆祝活动推向高潮。1998年，县妇联、县环保局联合印发《关于开展妇女、家园、环境主题宣传教育活动的通知》，增强全县妇女的环保意识，动员广大妇女群众投身环保事业。2000年，在全县城乡普遍开展“宣传教育进村、婚育新风进家”活动和计划生育与发展农村经济相结合、与勤劳致富奔小康相结合、与建设文明幸福家庭相结合活动。2002年，转发省妇联《关于开展爱心献老人活动的通知》。利用三八妇女节、九九老人节等节日，与相关部门结合到敬老院进行慰问，举办老年人兴趣运动会、专场文艺演出和为老人送健康等活动。2003年，举办“突破菏泽，从我做起”演讲比赛。评出一等奖1人，二等奖3人，三等奖8人。2010年，县妇联在县农信广场举行低碳家庭时尚生活主题活动，宣传普及低碳知识，倡导广大家庭实行低能量、低消耗、低开支、低代价的低碳生活方式，引导家庭成员形成节约能源和保护生态环境的生活理念及消费模式，500余人参加活动。2015年，县妇联在县剧院广场举办定陶县“争当巾帼能手，争做文明市民”誓师大会，县直5名行业妇女代表做表态发言。县直各单位的1700名女干部职工参加大会，并在“争当巾帼能手，争做文明市民”的条幅上签名。

家庭文明建设　1991年初，县妇联印发《关于春节期间做好移风易俗工作的通知》，要求各级妇女组织和广大妇女群众做到反对铺张浪费，提倡喜事新办新风尚；严禁赌博恶习，提倡勤劳致富奔小康；破除封建迷信，提倡科学、文明家庭；治理脏、乱、差，创造健康向上新环境。1997年，县妇联印发《关于开展“尊老爱幼”活动月的通知》。1998年，中共定陶县委办公室转发县妇联《关于在全县小康村建设中广泛开展“美在家庭，富在庭院”活动的意见》的通知，在一千王乡堤上张村召开庭院绿化、美化现场会，在陈集镇中沙海村召开庭院致富现场会。2000年，县妇联实施“家庭文明工程”，开展“文明、美德”进家活动，出现一批科学教子、尊老爱幼、关心邻里的典型人物。2003年，在全县开展“家庭美德实践年”活动，联合县教育局举办3期家庭美德培训班，2000名家长参与培训。开展“美在家庭、富在庭院”示范乡、村、户创建工作，推动活动向纵深发展。2004年，县妇联、县检察院联合，召开“定陶县廉政助检贤内助”表彰大会，授予马秀英等13人“廉政助检贤内助”称号。2005年，县妇联印发《关于创建廉洁家庭活动意见》，表彰20名妇女“贤内助”，为她们披红戴花，在县电视台开辟专栏播放她们的优秀事迹。2015年八一前夕，县妇联、县民政局、县人民武装部联合开

▲　“学先进、庆七一”事迹报告会　(2014 年摄)

展“好军嫂、兵妈妈”评选活动，并对评选出的10名好军嫂和10名兵妈妈隆重表彰。

巾帼文明创建 1991年，在各行业开展“巾帼建功”竞赛活动，实施再就业工作，帮助下岗女职工创造再就业条件。1998年，在女工集中的各个行业开展争创“巾帼建功示范岗”活动，各系统根据本行业特点提出争创口号，把实施巾帼再就业工程作为“巾帼建功”活动的重要内容，共有2800名下岗女工重新就业。2001年，评选“巾帼文明示范岗”9个、“巾帼建功”能手15人。实施“巾帼社区服务工程”，鼓励下岗女工摒弃世俗观念，开办社区服务，开办50所家庭幼儿园，1980名下岗女工搞餐饮服务。至2002年，全县有1个省级巾帼文明示范岗，10个市级巾帼文明示范岗，22个县级巾帼文明示范岗。2004年，县妇联以书面竞赛的形式，在国税、地税、供电、农信等部分单位，开展以“学习、创造、成才”为主题的“岗位读书”知识竞赛活动。对仿山乡供电女子组、工行储蓄所等7个获“巾帼文明示范岗”的单位进行表彰，同时对刘晓品、谢启兰等12人获“巾帼建功”能手进行表彰。2015年3月，县妇联在影剧院广场举行“建功立业、巾帼争先”誓师大会，2000余名女干部参加，会上还表彰“巾帼建功女能手”14人。

第五节 服务经济建设

1991年，全县开展“吨粮田、高产棉”“双千田、高值田”开发竞赛，开展“庭院经济开发赛”，制定扶持庭院开发的具体规划，建立联系点、联系户制度。县妇联联系重点村18个，重点开发户56个，以点带面，全面开花。1997年，拓宽“双学双比”竞赛领域，开展“农村妇女闯市场”活动，组织有经营头脑的妇女积极投身第三产业。1998年4月，对72名农村妇代会主任和科技骨干进行实用技术培训。9月，县妇联、县科委、农委、科协、团委等部门联合开展科技宣传月活动。推动“巾帼扶贫”工作，结帮扶对子200个，举办扶贫培训班82期，提供扶贫项目14个，为贫困妇女脱贫致富送去“金钥匙”。2001年4月，举办第六届农村妇女科技培训班，90余名行政村妇代会主任和科技骨干参加培训。2002年，举办10大新技术培训班236期，培训妇女6.9万人次。11月，定陶县妇联在全市“巾帼科技致富工程”现场经验交流会上，作《突出重点，狠抓培训，大力实施“巾帼科技致富工程”》的典型发言。2004年，县妇联会同县科协、农业部门，抽调部分农技人员组成3个科技小分队，分赴各乡镇指导培训。同时，开展集中培训。全县各级妇联组织成立像南王店乡的西瓜专业合作社、杜堂的蔬菜专业合作社等形式的各类专业合作社38个、专业生产协会30个、科技示范基地17个。2015年，举办培训班56期，300名农村妇女获得“绿色证书”，100名农村妇女获得农民技术员职称。

第四章 工商业联合会

第一节 工商联代表大会

定陶县工商业联合会第二届会员代表大会 1990年10月20日，定陶县工商业联合会第二届会员代表大会召开。出席会议代表157人。选举产生定陶县工商业联合会第二届执行委员会委员

15人。执行委员会会议选举产生主任委员1人，副主任委员3人，秘书1人。

定陶县工商业联合会第三届会员代表大会　1994年12月27日，定陶县工商业联合会第三届会员代表大会召开。出席会议代表112人。选举产生定陶县工商业联合会第三届执行委员会委员19人。执行委员会会议选举产生主任（会长）1人，副主任（副会长）6人，秘书长1人。

定陶县工商业联合会第四届会员代表大会　1997年6月20日，定陶县工商业联合会第四届会员代表大会召开。出席会议代表123人。选举产生定陶县工商业联合会第四届执行委员会委员19人。执行委员会会议选举产生主任（会长）1人，副主任（副会长）6人，秘书长1人。

定陶县工商业联合会第五届会员代表大会　2002年8月15日，定陶县工商业联合会第五届会员代表大会召开。出席会议代表108人。选举产生定陶县工商业联合会第五届执行委员会委员38人。执行委员会会议选举产生会长1人，副会长13人，秘书长1人。

定陶县工商业联合会第六届会员代表大会　2012年3月28日，定陶县工商业联合会第六届会员代表大会召开。出席会议代表152人。选举产生定陶县工商业联合会第五届执行委员会委员79人。执行委员会会议选举产生主席（会长）1人，副主席（副会长）35人，秘书长1人。

第二节　工商联活动

调查研究和参政议政　1998年，县工商联起草《关于大力发展个体私营经济的意见》。2002年，起草《关于县乡党政群机关事业单位工作轮岗从事民营经济的意见》，经县委、县政府会议研究后，以县委、县政府文件下发。1991年至2015年，县工商联组织会员撰写《关于对重点私营企业挂牌保护的建议》《关于私营企业纳税和实行社保制度的建议》《关于治理经济发展外部环境的几点建议》《如何激活民间投资》《进一步优化中小型民营企业融资环境》《关于做好县级工商联工作的调查与思考》等调查报告54篇。在各届政协会议上，工商联界别委员向大会提交提案190余件，各种建议280条，就定陶城镇规划、城市交通、非公有制经济发展热点、焦点问题提出合理化建议，有90%以上的提案被政府采纳，受到广泛关注。

宣传教育和学习培训　1991年，组织50多人非公有制经济人士学习中央文件精神，进一步明确新时期工商联的性质、作用及有关政策。2010年，组织执委及部分非公经济代表人士100余人，学习党的十七届四中、五中全会精神和《中共中央国务院关于加强和改进新形势下工商联工作的意见》等文件，确保非公有制经济健康发展和非公有制经济人士健康成长。2013年，组织开展非公有制经济人士理想信念教育实践活动。2014年，组织非公有制经济人士开展党的群众路线教育实践活动。2015年，开展以守法诚信为重点的非公有制经济人士理想信念教育实践活动。先后举办财务管理、企业管理、产业政策分析、电子商务等培训班和报告会；组织工商联干部、会员企业参加中央统战部、全国工商联县级工商联主席、党组书记培训班，山东省工商联县级工商联主席、党组书记培训班，省基层会员企业家培训班、市优秀社会主义建设者培训班、市青年企业家培训班。

对外交流和招商引资　县工商联推进“走出去、请进来”战略，注意加强同省内外商会间的交流与合作，为招商引资搭建平台。2006年，加强与日照、淄博临淄、章丘、黑龙江绥芬河等友好商会的联系。西安私营企业主、淄博银都金属制品厂及荣成橡胶集团先后到定陶县洽谈合作事宜，协议投资金额420余万元。2013年，赴广东韶关、广州、佛山、东莞、深圳和云南昆明等6市学习考察交流，向发达地区商会企业介绍定陶县投资环境和重点产业。2015年，赴上海、广州、武汉等地商会开展商务考察学习、商贸洽谈和合作交流；组织企业参加了县政府在北京举办的五金机电、农业产业、医药、家具装饰业商会对接活动。先后与北京市木业商会、省工商联江苏商会、浙江商会进行座谈交流，宣传推介定陶。先后与济南章丘、威海荣成、烟台牟平等市区建立友好商会。

2001年8月29日，省工商联东西结合项目签字仪式在定陶举行，希望集团、烟台永生集团、潍坊大江集团分别同定陶县黄店镇、冉堌镇、仿山乡签定项目投资协议，协议投资5000万元。2010年，县工商联引进菏泽康乾房地产开发有限公司项目，投资4.5亿元开发定陶县北苑二期住宅小区。2011年5月28日至29日，利用菏泽闽商联谊会成立庆典活动在定陶举行之际，成功组织“闽商定陶行”活动，省政协副主席、省工商联主席王乃静，市委常委、市委统战部部长段伯汉及市委统战部副部长、工商联党组书记王宝军等领导视察定陶县部分企业和新城区建设，召开闽商座谈会，签订投资协议。2013年11月12日至13日，省政协副主席、省工商联主席王乃静，省委统战部副部长、省工商联党组书记孙孺声等领导到定陶检查指导工作，并组织全省知名企业家20余人在定陶县开展“山东省民营企业家定陶行”活动，对接定陶相关产业。山东龙冈旅游集团、山东晨曦集团和山东城建集团分别与定陶合作的山东•中华汉文化园、30万吨煤焦油加工和生活垃圾处理厂建设等签订投资协议，投资额达24.5亿元。2015年，组织承办广东山东商会、山东大学总裁会知名企业家定陶招商论坛会，邀请25名企业家到定陶考察座谈，广东省皮具皮革厂、广东科海信息科技股份有限公司与定陶县达成项目投资合作意向。

商务活动和会员服务 1991年后，县工商联以促进非公有制经济健康快速发展为重点，开展形式多样的服务活动和商务活动。为会员企业免费订阅工商联刊物《中华工商时报》和《齐鲁工商》，及时提供政策、市场、科技、招商引资等信息。先后组织部分企业参加民企欧洲行，到香港参加鲁港经贸洽谈会，到辽宁阜新参加招商会，组织鲁花公司等企业到山东临沂参加农副产品展销会，组织普天纺织、丘粮春酒业公司等企业到济南参加产品推介会，组织部分企业到郑州参加国际博览会，到河南漯河参加中国食品博览会，到湖南参加国际博览会，使企业负责人开阔视野，把握市场信息。针对中小企业融资难的突出问题，县工商联以推进与工商、中国、招商、光大等银行合作为重点，推广“银行+商会+企业”的融资模式。2009年，通过省工商联与省几家商业银行进行多次磋商，为艺达、鲁花这些知名企业争取贷款，省招商银行、光大银行分别与鲁花、艺达达成贷款1亿元和6000万元的协议。2010年，通过与县工商银行协商，为腾达制衣有限公司争取贷款300万元，使企业新上的第二条生产线正式投产；为支持鲁意建筑公司建设花园式小区，引进社会资金300余万元。2011年，通过和中国银行定陶分行、工商银行定陶分行协商，开展“企业联保互保贷款”活动。2012年8月，与县工商银行联合召开个人助业贷款、短期流动资金贷款推介会，签订贷款协议20余份，为会员单位协调贷款3000万元。2013年，县工商联与县人社局共同为非公有制企业、民

▲ 山东省民营企业家定陶行活动 （2013年摄）

营学校、医院、药房和建筑行业评定技术职称200余名，提高非公有制企业干部职工崇尚科学、钻研业务的积极性。同时，协同县人社局、总工会发挥推动再就业工作协调小组的人才服务职能，组织非公企业参加省市民营企业人才招聘会，举办大学生、农民工和技术工人专场招聘会，累计为企业招聘各类管理、技术人才270人，提供就业岗位3250个。2008年，县工商联与荣成市工商联合作，为荣成市第四职业中等学校在定陶县招收60余名免费生，解决部分贫困家庭子女上学难、就业难的问题。2010年，组织近100家企业参加大中专毕业生、农村富余劳动力就业及人才交流会和菏泽市2010年冬季人才招聘大会。同年，通过专题报告会、座谈会、现场会等引导民营企业深刻认识国家发展形势和依托科技创新提高企业核心竞争力的重要意义，及时把握发展政策，坚定对企业转型升级和创新发展的信心。2014年，成功组织10家会员企业在菏泽牡丹大酒店参加全省民营企业科技对接会，其中3家企业分别与山东大学、山东省科学院和齐鲁工业大学等科研院校签订合作协议。

公益活动和光彩事业　1991—2015年，县工商联开展“致富思源，富而思进”教育活动，采取深入企业宣传、召开座谈会、树立典型等形式，引导非公经济人士投入“双思”教育活动，带头思源、思进，鼓励他们投身到扶危济困、民企帮村和双拥活动中去。2007年“六一节”前夕，组织天元生物制品厂等10家会员企业捐款捐物2万元，对品学兼优、家庭困难的小学生进行资助。同年，县工商联组织山东普天纺织有限公司董事长刘述山、山东和信家具装饰有限公司总经理丁天亮资助两名大学新生，每学年分别资助每人2000元。2008年5月12日、2010年4月14日，四川汶川和青海省玉树发生大地震后，会员企业捐款捐物700余万元。其中，山东王氏药业有限公司捐赠药品价值216万元，山东艺达家纺有限公司捐赠23.83万元的床上用品，山东塑料集团有限公司捐物68万元。2011年1月，组织市工商联执委、常委会员企业开展“回报社会春节慰问活动”，鲁花公司、鲁意建筑公司等9家企业对部分乡镇敬老院、特困户、病残户进行慰问。2011年9月，以“走千访万”活动为契机，组织天山丰耘公司等多家企业以实际行动帮助弱势群体，其中，天山丰耘公司免费为20余户贫困农户提供全年所需化肥。2012年1月7日，组织鲁意建筑、百瑞制药、丽天抽纱、天山生态、和信家具等11家企业为县留守儿童学校、乡镇敬老院捐款5万余元。2012年8月25日，组织联想电脑、鲁意公司、天山丰耘公司等会员企业开展捐资助学活动，共为贫困学子捐款、捐物4万余元。2012年11月，在“山东省民营企业家定陶行”活动中，为杜堂镇袁姑村、张庄寨、赵庄等3个行政村争取山东东岳集团捐款60万元。2013年9月，争取省工商联为杜堂镇赵庄村、袁姑村和张庄寨村捐赠村农家书屋图书1200余册；争取东明石化帮扶资金45万元。2015年9月8日，明日之星教育基金会“一生一本•同心助学”公益活动在定陶举行，共为定陶县中小学争取学辅用品折合资金136万元。

▲　“一生一本，同心助学”公益活动　　（2015 年　王义合　摄）

第五章　残疾人联合会

第一节　组织建设

1990年11月17日至18日，召开定陶县第一次残疾人代表大会暨定陶县残疾人联合会成立大会，与会代表118人，选举产生县残联第一届执行理事会。1991年，组建乡镇残疾人联合会，各乡镇设理事长1人，乡镇配备专职工作人员，部分乡镇由民政助理员兼管残联工作。1992年，组建270个村级残疾人协会。1993年6月，全县457个行政村、5个居委会，全部建立残疾人协会。1994年，乡镇残联理事长由分管副乡镇长兼任，民政助理员为副理事长，并配备专职干部。8月，全县召开第二次残疾人代表大会，会议代表150人，选举产生第二届执行理事会。2004年5月31日，召开全县第四次残疾人代表大会，孔瑞华（女）任理事长。8月，成立县残疾人体育中心。2007年12月，县残联召开第五次残疾人代表大会，出席代表173人，选举产生县残联第五届执行理事会。2012年12月，县残联召开第六次残疾人代表大会，出席代表173人，选举产生县残联第六届执行理事会。2015年9月，县残联被中残联、国家体育总局评为十二五期间全国残疾人体育工作先进单位。孔瑞华（女）被中共中央、国务院评为全国劳模暨全国先进工作者。

▲　定陶县残疾人联合会被授予全国残疾人体育工作先进单位

第二节　残疾人康复

定陶县残疾人总数25100人，占全县总人口的4.5%，其中，聋哑残疾4785人，肢体残疾9460人，视力残疾4155人，智力、精神和综合性残疾6700人。1992年，县残联与县中心医院结合，成立小儿麻痹后遗症（简称儿麻）矫治领导班子，设立儿麻专科门诊和儿麻病区。1993年，为35例儿麻患者实施矫治手术。在县医院组织开展白内障患者复明手术，实施白内障手术75例。正式开展聋儿语训工作，培训聋儿10人。1995年，完成儿麻矫治手术32例，完成白内障复明手术48例，培训聋儿7人。1998年至2002年，县残联为100名肢体残疾人装配矫形器；对150名残疾人进行系统康复训练；实施白内障复明手术2300例，为低视力患者装配助视器36例；培训聋童150人，聋童家长150人；为残疾人提供用品用具20余种。2002年，县残联与县妇联联合开展“康复救残”爱心活动。建立康复指导站1处，配备必要的康复训练设备和专业技术人员。实施肢体残疾人装配矫形器30例；对30名肢体残疾人进行系统康复训练；对20名智残儿童进行机构训练；实施白内障手术493例；培训聋儿30人；配发助听器12台；提供各种用品用具20余件；装配假肢7例。2003年，对陈集镇、半堤乡、仿山乡等11个镇进行摸底调查，全县共查出精神病人3680人，占全县总人口的0.62%。实施白内障复明手术500例，为12名低视力患者佩戴助视器；收训聋儿40人，培训家长40余人，配发助听器15台。重新核发《中华人民共和国残疾人证》，当年换发新证7300人。2004年，共组织实施白内障复明手术500例，残疾人康复中心收训聋儿40人，配发助听器15台，为100名贫困精神病患者免费发放救治药品，为15名肢残患者免费安装假肢。2005年，为低视力患者佩戴助视器12例，组织实施白内障手术500例；收训聋儿40人，为耳聋患者配发15台助听器；为861名贫困精神病患者免费发放救治药品；为13名肢残患者免费安装假肢。2006年，为20名低视力患者配备助视器。同年，设立北城社区脑瘫训练中心、北城社区残疾人康复站、城关社区康复站、低视力定点配镜中心。2007年，建成完善县康复服务指导中心1处，乡镇康复指导站11处，村康复站285处，各级康复站点共为各类残疾人提供康复服务5000余人次。培训低视力儿童家长10人，为低视力患者配戴助视器18例；实施白内障复明手术753例；收训聋儿17人，培训聋儿家长17人；共培训弱智儿童28人，培训脑瘫儿童23人；机构训练肢体残疾人20人；救助贫困精神病患者130人。提供残疾人用品用具20余种，并为15名截肢患者安装假肢。9月20日，“曹仲植基金会”为残疾人捐助轮椅500辆。2008年，台北曹仲植基金会与山东省残疾人福利基金会为全县160名贫困残疾人捐赠轮椅。2009年，为各类残疾人提供康复服务6804次，培训县乡两级康复专业技术人员5期200人次。完成白内障手术677例；为全县13名贫困肢体残疾人安装假肢；为25名贫困精神病患者提供免费住院治疗，对全县200名精神病患者进行定期检查、免费服药登记、发放服药卡；为30名聋儿配发助听器及耳膜；系统训练智残儿童21人，脑瘫儿童12人，肢体残疾人47人，免费培训智残儿童家长12人，脑瘫儿童家长18人。供应残疾人用品

▲ 康复医院　　（2015年 车刚 摄）

用具11种达2680余件。2010年，为各类残疾人提供康复服务7926次，培训县乡两级康复专业技术人员6期240人次。实施免费白内障复明手术600余例；为18名低视力患者配戴助视器，培训低视力家长7人；共收训聋儿11人，培训聋儿家长11人；系统训练肢体残疾人25人，训练智残儿童20人，训练脑瘫儿童10人，培训智残、脑瘫家长各10人，救助智残儿童14人，救助脑瘫儿童10人；为100名贫困精神病患者免费发放药品；为90名贫困聋儿患者验配（戴）助听器。2011年，成立11个调查小组，对全县10256名残疾人进行问卷调查，并及时地进行统计汇总工作。根据康复需求汇总情况反映，全县共有康复需求残疾人10256人。其中，视力残疾1063人，听力语言残疾867人，智力残疾637人，肢体残疾6927人。

2012年以后，每年为各类残疾人提供康复服务，培训乡、村两级康复专业技术人员。至2015年，共为全县残疾人做白内障复明免费手术2800余例，为120名低视力患者配戴了助视器，收训0—6岁聋儿24人，培训聋儿家长及亲友42人，为546名聋儿免费提供配戴助听器，为198名智残儿童和87名脑瘫儿童实施系统性的康复训练；供应用品用具204件，为36名截肢患者安装普及型假肢。

第三节　残疾人就业

1991年，县残联创办定陶县塑料制品厂，安置残疾人19人。1993年，县残联创办的玻璃厂、防爆电器厂、残疾人用品商店、残疾人康复医疗门诊部，有职工120人，其中，残疾人职工45人。1998年至2002年，全县举办残疾人种植、养殖、缝纫、机电维修等各类培训班15期，培训残疾人475人。2003年至2006年，县残联举办种植、养殖、缝纫、电器维修、盲人按摩、理发等残疾人职业培训，培训残疾人568人，安置残疾人465人就业。

2007年，在县乡部分效益较好的企业集中、分散按比例安置残疾人104人，向外地输送残疾人113人，有34名残疾人自主创业。县残联通过扶贫经济实体和基地帮扶一部分残疾人就业脱贫，159名贫困残疾人解决温饱问题。2009年，党政群机关、社会团体、企事业单位按比例安置残疾人就业350人，社会福利企业集中安置残疾人172人，扶持个体及其他形式就业524人。实施“百千万残疾人就业创业扶贫工程”，依托县包装厂、蓓蕾童车厂、京菏健身器材厂和宏泰制衣厂，对240名残疾人进行培训，并全部实现就业。2011年，为2200名残疾务工人员提供就业岗位。2012年，为2300名残疾务工人员提供就业岗位。2013年，为66名残疾务工人员提供就业岗位。2014年，为66名残疾务工人员提供就业岗位。

第四节　残疾人教育及帮扶

2006年，县聋哑学校在校学生78人，县特殊教育体育学校在校生58人，全县中小学有415名残疾少年儿童随班就读，适龄残疾儿童入学率95%，为378名残疾人学生减免学杂费，对11名贫困残疾人学生给予重点资助。2007年，对50户残疾人家庭实施危房改造。2009年，县特殊教育体育学校招收新生19人，有8名残疾学生升入大中专院校深造。2010年，资助220名在校贫困残疾学生，帮助6名上线考生全部升入大专院校，并每人给予2000元的资助。2012年，为50名智力、精神和重度残疾人在县残疾人温馨家园托养院提供机构托养服务；为160名重度残疾人提供居家托养服务；2013年，资助在校贫困残疾少年儿童100人。在县残疾人技能培训基地进行3期家电维修、电脑维修等项目的培训，共培训人员90人。为50名智力、精神和重度残疾人在县残疾人温馨家园托养院提供机构托养服务；为160名重度残疾人提供居家托养服务。2014年，县残疾人技能培训基地进行3期家电维修、电脑维修等项目的培训，共培训人员90人。为160名重度残疾人提供居家托养服务。2015年，为95名残疾务工人员提供就业岗位。同时，针对那些愿意学有一技之长的残疾人，进行4期家

▲ 残疾人技能培训

电维修、电子商务、电脑维修等项目的培训，共培训人员150人，为其劳动就业创造有利条件。

第五节　残疾人权益维护

1992年，县残联进行第一次募捐，募集到资金60余万元用于县残联基础设施建设、聋儿语训以及康复训练。1993年，组织乡镇培训班共2期，培训残疾人专职工作人员44人。1995年3月，县编委、县人事局批复各镇街配备专职助理员1人，负责乡镇残联日常工作。2001年，县残联开展机关作风建设年活动和争创残疾人工作先进乡镇、先进村活动。5月，县残联会同司法局成立定陶县残疾人法律援助联络站，为残疾人提供法律咨询、代拟法律文书、非诉讼法律师事务调解与代理、组织年度残疾人涉法积案排查等服务。2003年，为残疾人提供法律咨询60余次，代拟法律文书10余份。全县11个乡镇全部建立残疾人工作协调委员会，全部配齐专职理事长。10月，举办乡镇残联理事长培训班。县残联建立盲人协会、肢残人协会，全县11处乡镇全部建立志愿者联络站。2004年，全县11个乡镇所辖行政村完善残疾人协会或小组，配备专职残疾人联络员。举办残疾人业务培训班2期，培训县、乡、村残联干部100多人次。开展“百名残疾人与爱心法律顾问签约”活动，为残疾人提供法律服务36人次。2005年，定陶县助残志愿者发展到220余人，辅助残疾人200余人。全县有321个行政村（居）全部建立残疾人协会，村（居）委会主任兼任残疾人协会主席，委员由3～5人组成。举办残疾人干部培训班4期，培训县、乡、村残联干部356人次。2009年，公开招聘11名乡镇残疾人专职干事。7月，启动第二代残疾人证换发工作，成立领导小组，确立专门的办证员、初审员和评定医师，制定工作日程。2010年，乡镇残联规范化建设达标率100%，配齐、配强乡镇残联理事长和残疾人专职干事，乡镇残联理事长全部大专以上学历，全县362个行政村、6个社区残协齐全，村级残疾人专职人员选配率100%。为21名残疾人提供法律咨询，为6名残疾人提供法律援助。2011年4月，对11个乡镇的残联理事长、专职干事、村残疾人联络员进行为期3天的业务水平和服务能力培训。2012年4月，对12个乡镇、办事处的残联理事长、专职干事、村残疾人联络员进行业务水平和服务能力培训。2014年10月，对12个乡镇、街道的残联理事长、专职干事、村残疾人联络员进行全县残疾人基础信息核查工作培训。2015年8月3日，在县残联体育馆举办“健身周”启动仪式，邀请2名国家级健身指导员和2名省级健身指导员参与活动指导和培训。12月，“国际残疾人日”和全国“法制宣传日”期间，广泛宣传残疾人工作方面的法律法规。

第二十三编

法治

FA ZHI

1991年，实施第二个五年普法规划，至2015年，顺利完成“二五”至“六五”普法工作。2010年，设立“148”协调指挥中心和法律援助中心，出现李洪华、李长进等全国司法行政系统劳动模范和全国模范人民调解员。2015年，县司法局被司法部全国普法办授予“全国法治县创建先进单位”。

1996年，成立“110”指挥中心，接处警及时，服务到位，赢得人民群众广泛赞誉。县公安局通过一系列大会战和各种专项活动，震慑犯罪分子的嚣张气焰，为创建平安定陶做出贡献。2011年，利用信息化技术，创新“猎鹰”“天网”和“猎豹”等技术侦破手段，效果十分明显。2014年，县公安局在“综治主题创建活动”中的作法，在全省推广。至2015年，先后有40人获得山东省优秀人民警察称号等省级以上荣誉称号，100个基层单位受到省级以上表彰。

在审判工作中，20世纪90年代，实行立审分立、审执分立、审监分立、统一立案和案件审判流程管理为主要内容的审判改革，建立“大立案、精审判、强执行、严监督”的立案审判管理格局，促进案件审判质量和效率的提高。2011年后，积极推进“三大公开”平台建设，实现裁判文书上网常规化，庭审直播全面化。

在检察工作中，坚持“坚决、慎重、准确”和“老虎、苍蝇”一起打的原则，做到有贪必肃、有案必查。在刑事检察中，依据党和国家的部署，根据社会上出现的新型犯罪，坚持“从重从快”方针和“稳、准、狠”的原则进行审查、批捕、起诉。“在押人员羁押期间表现纳入量刑建议”得到最高人民检察院的肯定。

至2015年，定陶县政法机关先后组织“严打”及专项整治斗争，严厉打击各种形式的刑事犯罪和经济犯罪。保护人民生命财产安全，维护社会公平正义和社会稳定，充分发挥其为社会、经济发展的保驾护航作用。

第一章 政法及综治工作

第一节 社会治安综合治理

组织建设 1991年，县委政法委把“三化”建设列入重要议事日程，成立专门班子，拨出专款，公安局、检察院、法院、司法局（简称公、检、法、司）分别指定1名领导干部深入到各乡镇督促指导，逐项抓落实。1992年，全县对“两委”进行充实调整，465个村级“两委”建立健全，村级群防群治组织进一步加强。1994年，结合乡镇换届，19个乡镇配备政法委员，机构改革中保留县综合治理办公室。1995年，乡镇全部建有7～10人的综合治理办公室，在行政村建立治保、调解、巡逻、帮教、普法5位一体的综合治理办公室。1996年，乡镇综合治理办公室配备专职副主任1人、专职工作人员2～3人，达到“四有”标准。2001年，完善农村四级综合治理组织，以管区为单位建立治安警务区，行政村“五位一体”的综合治理体系基本健全，1000人以上的村设立专职综合治理办公室主任，各乡镇配备20人以上的联防队，各行政村、自然村建立打更队。2005年，结合村（居）“两委”换届选举，配合组织部门调整充实基层“两委”班子，健全完善基层综合治理机构和治保、调解、巡逻、帮教、普法等5支队伍，发展治安信息员、义务治安员队伍，提高基层群防群治能力。2015年，加强镇街“两所一庭一室”、人民调解组织建设，整合基层政法维稳资源，将矛盾纠纷解决在基层。

防范措施 1991年，县、乡镇、村建立健全乡镇、村基层治保组织，各乡镇普遍调整充实治保会、调解委员会。行政村根据实际情况，建立3种形式的治安保卫队。较大的行政村建立5～7人的专职保卫队，中等行政村组织义务打更队，小的行政村由村干部兼管护村护院工作。1992年，普遍实行治安保卫领导责任制、岗位责任制，推行治安承包责任制，逐级签订治安目标责任书。1993年，在城区开展“三五一”系统工程建设，进行人防、技防、物防体系和组织实施体系建设。对治安问题较多的区域、场所、行业和单位实施分批治理。1994年，全面落实“两制一网”措施，城区“三队一岗”、农村治安联防队、护村队发挥积极作用，群防群治网络基本形成。城区治安案件、刑事案件分别比上年下降19%和31%，1995年，整顿车站、公共场所、文化市场、特种行业，取缔非法经营户17户，责令限期补办手续64户，查出违法犯罪人员11人。落实帮教措施，违法青少年和“两劳”人员普遍建档立卡，共建帮教小组514个，帮教对象213人，重新犯罪率为4%和6.5%。1996年，建立治安联防指挥中心和巡警大队，110报警服务台开通，成立巡警、刑警、交警、武警、消防、派出所6个机动队，形成配套联动的快速反应机制。加强流动人口和暂住人口的管理，各乡镇建有登记管理站，登记率、持证率99%。2000年，开展以“城乡双基建设年”为重点的安全长建活动，按照“提高层次、扩大覆盖面、增强实际效果”的要求，因地制宜，分类指导，整体推进，不断推动“创安”活动向纵深发展。2004年，全面更新设备，增加科技含量，加强城区和城乡接合部“一室一站两点”建设，发展保安服务业，走群防群治职业化道路。2005年，开展“城乡联动、同防严打、平安创建”活动，在城区建立以110为龙头，以公安特警、派出所和机关单位巡逻队为骨干，以社区巡逻队、群防组织、单位保卫人员为辅助的内守外巡的城区巡逻网络，建立以110、119、122为龙头，“点、线、面、片”相结合，人防、物防、技防相配套，打击、防范、震慑于一体的治安防控体系。2006年，被省委、省政府授予平安山东建设模范县。2007年，以完善治安防控体系建设，提高社会治安综合治理水平，增强各单位、有关场所防控能力和建设平安定陶为目标，建成以公安机关指挥中心为龙头，相关部门及实战单位为基础平台，覆盖整个社会面的社会治安动态监控系统。县直各单位、重点要害部位、金融网点门口、城区主要交通路口、公共复杂场所、大型商场超市门口、新建住宅小区，实行24小时实时监控，提高预防、发现、控制、打击违法犯罪和维护社会治安秩序的能力。2008年，按照“全面排查，突出重点，预防为主，防范在先”的原则，重点对可能发生重大治安问题和群体性事件的矛盾纠纷进行排查调处，特别是对社会矛盾、信访苗头和消防、安全生产等方面存在的问题和隐患，以及涉法上访案件的排查，做到排深排细并加以解决。2013年，成立县治安防范指挥部，6个治安防范工作督导组，县乡村和城区成立专职巡逻队，细化打更巡逻各项工作制度。完善城乡社会治安动态监控体系，建立互联互通、全面覆盖的治安动态监控网络。公安局110指挥中心进行升级改造，12个派出所建立技防平台，在城区单位、金融部门、公共场所和主要交通路口安装监控设施。

严打整治 1991年，开展“打现行、破积案、追逃犯、打团伙”以及反盗窃和打击拐卖妇女儿童犯罪等专项打击和专项斗争，共查处各类违法犯罪分子978人，其中，逮捕122人，劳教5人，治安处罚693人；摧毁各类犯罪团伙67个，成员319人；缴获赃款及赃物折款20余万元。1994年，组织开展春、夏、冬3次严打斗争，以“破大案、挖团伙、打流窜、追逃犯”为重点，打击暴力犯罪、团伙犯罪、流窜犯罪、侵财性犯罪和破坏性犯罪。1996年5月至7月，全县严打实行“一把手”工程，集中统一行动，声势大，群众参与意识强，全年共立各类刑事案件569起，破案545起，破案率95.7%，其中，立案重大案件119起，破案113起，破案率94%，侦破隐、积案273起，追捕逃犯81人；共抓获犯罪嫌疑人452人，打击各类团伙61个254人，其中，逮捕177人，劳教26人，起诉123人，判处109人。1997年，加大对宗教活动的管理力度，共抓获邪教组织骨干分子和非法传教人员43人，其中，逮捕1人，劳教5人；捣毁取缔非法传教窝点24处，缴获非法宣传材料80余份。2005年以后，开展“春季严打斗争”“夏季严打政治斗争”“两抢一盗”“扫黄打非”“百日会战”等一系列专项斗争和10余次集中行动。2007年，开展百日“严打农村盗抢牛羊犯罪专项行动”。2007年至2015年，每年开展“百日严打整治”专项斗争。以“反盗窃、打流窜”“夏季平安”“打黑除恶”等为重点，“稳、准、狠”地打击各类刑事犯罪。

第二节　维护社会稳定

1991年，在“二五”普法的第一年，制定“二五”普法规划和1991年普法实施方案，组织进行了普法考试和法律知识竞赛。1995年，开展“扫黄”和“除六害”斗争，净化社会环境，保持社会稳定。1997年，在开展评选遵纪守法户、遵纪守法模范户的基础上，开展创建安全文明乡镇、单位、村（居）、小区活动，针对本地区特殊的地理环境和社会环境，争当社会治安综合治理守法户、守法模范户和评定帮教户作为创建社会治安综合治理模范县，依法治理延伸到户，延伸到人。让帮教户、守法户和模范守法户家家亮门牌，增强了群众自我教育、自我约束、自我管理的守法意识，形成多数人监督、管理和孤立少数违法犯罪的治安格局。全县评出遵纪守法户137248户，遵纪守法模范户16408户，42个帮教户通过帮教转为遵纪守法户。2002年，开展“冬季集中行动”“春季攻势”“夏季集中行动”“反盗打流”“反抢夺、反抢劫”等8个有针对性的专项斗争，13次集中搜捕行动，共破获各类刑事案件775起，其中重特大案件146件；打击各类犯罪团伙33个98人。2004年，加强对暂住人口、流动人口的管理和重点人口、轻微违法青少年的监管帮教。对公共复杂场所、出租房屋和特种行业实行规范化管理。2005年，县委政法委制定印发涉法涉诉方面的文件，建立“五长”（公、检、法、司、信）联合接访制度，及时接待化解各类矛盾纠纷和涉法涉诉信访案件。同年，开展“城乡联动、同防严打、平安创建”活动，全县共建立11支治安联防队、63支管区互防队、369支行政村打更巡逻队、1052支自然村自防队。定陶县治安防范的做法被《山东法制报》给予系列报道，菏泽电视台、山东电视台《早新闻》栏目和中央电视台《平安中国》栏目均进行报道。2006年，加强全县学校安全和周边治安环境治理工作，创建平安校园。定陶县被评为平安山东建设模范县。2008年后，落实维护稳定工作领导责任制，加强侦察控制和情报信息工作，开展预防和处置突发群体性事件工作，做好有关方面人员的稳定工作。2011年，全县村（居）民

▲　政法维稳工作暨平安定陶建设大会　（2012年摄）

小组设立调解信息员，行政管理部门、基层法庭都设立调解室，在全县形成以乡镇调解中心为主体，村（居）调解组织为基础，行业调解组织为补充，人民调解、行政调解、司法调解三调联动的矛盾纠纷大排查、大调解格局。2015年，各镇街建立重大矛盾纠纷处置领导小组，完善处置预案。同年，坚持严打与整治相结合，相继开展企业学校周边环境专项治理活动，农村治安混乱区域、突出部位的集中整治，电力设施保护和反窃电斗争，公共复杂娱乐场所的集中清查等一系列活动。

第三节　执法监督

2005年4月，县委政法委设立执法督查科，2008年，执法督查科更名为执法督察办公室。6月，县委政法委制定《中共定陶县委政法委员会关于聘任政法工作督查员的决定》，全县聘请32名政法工作监督员，加强对涉法涉诉信访案件查处和案件评查工作。2011年，成立推进三项重点工作领导小组，在政法系统开展“创先争优、争创政法先锋”活动，开展案件评查、执法业绩档案建设，制定涉法涉诉信访积案限期化解活动实施方案，以及每个案件具体的解决方案，在案件处置工作中，实行离岗跟踪化解责任制，对涉案政法部门和干警实行严格的责任查纠查处，确保从源头上减少涉法涉诉案件。根据《案件评查工作规定》，从政法部门2013年办结的案件和涉法涉诉信访案件中抽取100件案件，从流程管理、办案程序、实体处理、法律文书质量、档案装订、是否严格执法等情况进行评查。此工作做法被中央政法委印发《山东省定陶县建立执法档案开展案件评查促进政法干警公正廉洁执法》向全国推广；《法制日报》《大众日报》、中国平安网等多家媒体进行报道。

第四节　政法队伍建设

1991年，全县成立由分管政法工作的副书记为组长，县委常委、副县长为副组长，政法委、公、检、法、司和组织、人事部门参加的领导小组，设立整顿办公室，对全县政法队伍进行大检查、大整顿。在整顿中，查处违法乱纪案件7件，处理违法乱纪干警8人。同时，开展“学优创先”和“立功创模”活动，弘扬正气，促进队伍建设。1992年，政法各部门都制定每周学习日和“三会一课”制度，组织干警进行集中学习。1997年，以落实“三条禁令”为重点，开展2次集中整顿，干警违法违纪问题基本杜绝。1998年，按照“内强素质、外树形象，公正执法，廉洁为民”的要求，突出抓好“六个一工程”，通过加强思想政治建设、业务能力建设、管理体制建设、物质待遇建设等方面，采取6项措施，坚持从严治警，造就一支党和人民满意、能够担当跨世纪重任、高素质的政法队伍。1999年，在政法系统开展“三讲”活动。2001年，全面深化“争创”活动，把为民、爱民、便民、利民等“以民为本”思想融入到各项执法活动中。2002年，县委和政法委分别制定《关于进一步加强政法队伍建设的意见》《关于切实加强和改进政法干部队伍作风建设的意见》，重申中央政法委“四条禁令”和省政法委的“十条禁令”，建立《政法部门和政法干警重大事项报告制度》。2003年，在全县政法部门中开展“出成绩、创经验、争一流”活动，在政法干警中开展“做公仆、讲奉献、创佳绩”活动。年底，在全县评选出10名“人民满意的政法干警”。2005年，开展“规范执法行为，促进执法公正”专项整改活动。2006年，县委组织部、政法委印发《关于政法干警素质建设实行百分制考核的办法》《关于建立业绩档案，严格管理考核，进一步加强政法队伍建设的实施意见》，成立政法干警素质建设考核督查领导小组，聘请71名政法工作社会监督员，对政法机关有效监督。2013年，在全县集中开展“群众路线大教育、涉法矛盾大化解、社会治安大治理、干警作风大整顿”活动，使政法干警从思想根源上解决“为谁掌权、为谁服务、为谁司法”的问题。

第二章 政府法制

第一节 规范性文件管理

1991年至2015年，共审查县政府规范性文件260件；组织人员在2004年对1991年至2003年的规范性文件，2011年对2004年至2009年的规范性文件，2015年对2012年之前的规范性文件进行了清理，共废止132件，修改76件，继续实行52件。

2004年、2008年和2011年，国务院先后发布《全面推进依法行政实施纲要》《国务院关于加强市县政府依法行政的决定》《国务院关于加强法治政府建设的意见》。2011年，山东省政府下发《山东省行政程序规定》，定陶县对全县规范性文件实行公众参与、专家论证、风险评估、集体决定，程序出台规范性文件，不经合法性审查，不得提交政府常务会议讨论通过。规范性文件制定走上科学化、法治化、现代化的轨道。

2012年，根据《山东省人民政府法制办公室关于落实规范性文件统一登记、统一编号、统一公布制度有关问题的通知》的要求，定陶县人民政府办公室印发《定陶县人民政府办公室关于落实规范性文件“三统一”制度有关问题的通知》文件，全县所有规范性文件实行统一登记、统一编号、统一公布的“三统一”制度。

第二节 规范行政执法

1991年以后，全县每年开展2次执法检查活动，共纠正不当执行政法行为1192件。1998年，全县首次办理山东省行政执法证件1200件。1999年至2015年，共有1780名行政执法人员申办山东省行政执法证件。根据国务院和省政府要求，县政府法制办每年举办2次行政执法人员培训班，对全县行政执法人员分批进行更新法律知识培训。对因调离、退休、执法证件过期及因故不能履行职责的行政执法证件予以注销并公告，共计850人。2001年，山东省开始办理山东省行政执法督察证（监督证）件，全县有20人依法实施行政执法监督。2014年10月，定陶县对全县行政执法部门的行政处罚自由裁量权进行规范，行文下发《定陶县行政处罚自由裁量基准》。开展行政执法资格认证，全面培训610名行政执法人员，执法队伍的素质和执法水平明显提升。分两期公布全县40个行政执法部门的自由裁量基准，规范和执法机关的自由裁量权及其依据，着力推进公平、公正执法。

第三节 行政复议

1991年至2015年，共审理行政复议案件385件。根据2009年修订的《山东省行政复议条例》，定陶县政府受理的行政复议案件实行听证与书面审理相结合，案件和解率大幅上升，基本做到案结事了。复议决定送达后引起诉讼案件不到百分之五。全县有60名政府法制人员持有“山东省行政复议应诉资格证”，至2015年，定陶县政府共办理行政应诉案件120件，依法维护政府合法权益。2015年，定陶县政府负责人开始出庭应诉，依法协调解决89起政府投资纠纷，挽回经济损失数亿元。

第四节　法制宣传

1991年至2015年，有500多篇（条）定陶依法行政信息被国务院、山东省、菏泽市（地区）法制机构及权威媒体刊发。2010年，定陶法制网专栏开通，将定陶法制信息、规范性文件、行政执法监督、行政复议应诉、仲裁等依法行政工作动态公开。2011年的《定陶县长陈宝华按党章要求推进依法行政》等11篇（条）信息被国务院法制网刊发，先后由18个省市级法制网站转载。2013年1月，定陶县政府被菏泽市人民政府评为全市行政程序年活动先进单位。

第三章　公　安

第一节　治安管理

治安防控　1991年起，县公安局坚持全面强化治安管理与防范工作，预防和控制犯罪的能力逐步提高。重点加强对公共复杂场所、特种行业的治理整顿，进一步严密首脑机关、要害部位的安全防范措施，储蓄所、财会室、物资仓库等重点单位普遍安装了报警装置。行政村建立各种形式的护村护院队、打更巡逻队，发挥了预防犯罪的第一道防线作用。加强对治安落后乡村、企业、学校周边环境、公共复杂场所和特种行业的整治，全面启动城区、单位内部、农村防范网络机制建设，收到良好效果。1997年至2001年间，成功扑救了453起火灾事故，为国家挽回经济损失261.7万元。5年间，共查处治安案件4876起，治安处罚3931人，其中，行政拘留2161人。1998年，山东省公安厅专门召开现场会推广定陶县“122”的先进经验。2001年，对学校内外部环境进行“三厅一台”专项治理，对企业周边环境和安全生产、治安落后村、道路交通秩序进行专项治理，共取缔各种非法生产场点14处，治安落后面貌明显改观。2002年，“三门一栏”安装率80%，行政村建立各种形式的护村护院队、打更巡逻队。2004年3月，全县132个单位中，建立健全保卫组织112个；金融单位的金库全部安装电视监控或电子报警装置。2005年，县公安局充分利用社区资源，优化警力配置，完善与新型社区管理体制相适应的社区警务机制，成立2支夜巡特警队，东城、西城派出所各建立1支专职巡逻队，配备警用巡逻车，坚持24小时值勤巡逻，强化对社会面的动态控制。在农村，狠抓打更巡逻队建设，推广治安防范承包责任制，堵塞农村治安防范漏洞。在首脑机关、要害部位和重点单位，落实人防，巩固物防，提高技防，防范水平进一步提高。在

▲　城区社会治安巡防　（2009年摄）

群防群治方面，开展“城乡联动，同防严打，平安创建”活动，全县成立59支机关干部城区街道夜巡队、12支乡镇治安联防队、63支乡镇工作片互防队、362支行政村及1044个自然村村级打更巡逻队，形成全社会共同参与社会治安综合治理局面。2008年，按照“十五个一”的标准推进社区和警务工作，建警务室34个，在每个行政村建立警务联络站。2010年，进一步健全完善治安防控网络，巡警大队和各派出所每天出动16部巡逻车进行巡逻防控，24小时出警于街面，对城区、乡镇驻地、城乡接合部实行全方位动态巡逻，加大治安混乱区域管理，特别是繁华地段、集贸市场和要害部位的巡查力度。同时，社区民警对辖区内各村居打更巡逻队进行督导检查，充分发挥群防群治的第一道防线作用，实现“警力+民力”无缝巡防体制有效联合。同年，开展机关民警包村居活动，组织机关民警分包全县362个行政村，开展矛盾纠纷排查、社情民意调查等工作，共走访群众28759人、企业128个、村庄364个，发放警民联系卡3000余张，征求意见信10000余份，召开警民座谈会117次，举办法制讲座37次，为全县362个行政村、1044个自然村制作了312字的“平安三字经”“防范七字歌”“户籍便民服务牌”等大型标牌。之后，县公安局全力强化公安基层基础工作，深化完善“四个全覆盖”（“天网”工程全覆盖、社区警务全覆盖、城乡巡防全覆盖和治安管理责任体系全覆盖）体系建设。2011年，加强维稳视频监控系统建设（即“天网”工程建设），以电信公司通讯网络为基础，重点要害部位和重点部门监控探头覆盖率100%，自主组网的可视频监控探头安装2230个，与公安机关联网的可视频监控探头安装237个，以“天网”工程为依托，开展治安卡口、卡点建设，在城区主要道路，城区、城郊接合部、出县边界建设卡口4处，严密“天网+地网”社会治安防控体系。2012年，推进维稳视频监控系统建设，建成二级监控平台1个，三级监控平台12个，城区监控网安装高清探头462个，全县有983个自然村中安装联网探头698个。2013年，初步形成“城乡一体、无缝覆盖、资源共享、服务实战”的动态监控体系，共安装高清监控探头3985个，自然村监控覆盖面95%以上；将城区合理划分为4个待警点、8个巡区网格，配备3辆电动巡逻执勤车，在城区繁华路段推行“驻点巡逻”，安排5辆警车加强街面巡逻，稳定了城区治安局势；按照“城区管辖不超过5000人、农村管辖不超过1万人”的标准，在全县共规划建成10个城区警务室和60个农村警务室，并为每个警务室配备至少1名民警和2名协勤；推行“社区六进”，建立“为谁服务，由谁监督”的社区民警考核机制，制定实施《社区警务工作考核办法》，成功打造陈集吴庄警务室等一批叫得响的品牌；组建各自然村专（兼）职巡逻队伍，开展专（兼）职巡控力量建设，购置巡逻用具，健全值班制。2014年，严格按照治安管理责任体系建设指导意见，将治安管理责任层层分解到全县58家公共特行、169家内部单位和52家涉危涉爆企业，建立起主体明确、职责明晰、监督考核更加科学、责任追究更加严格的治安管理责任体系，形成列管单位主体和公安机关职责自负、主动履职的良好局面。2015年，完善立体化防控体系，加强街面动态化巡逻，全年共出动巡逻车辆4800余辆次，巡逻警力1.2万余人次，处置各类警情768起，抓获街面现行犯罪36起42人；发挥“天网”工程实战化应用，利用视频监控破获刑事案件189起，抓获犯罪嫌疑人108人；配齐配强社区警务专职民警和辅助力量，招录事业编民警担任社区民警；将城区科学划分巡区，在农村继续推行“警灯闪烁”，最大限度地将警力屯积巡区街面；督导农村打更巡逻，发展治安志愿者队伍，织密群防群治网络，社会治安状况满意度名列全市前茅。

人口管理　1997年至2001年，坚持现住地管理的原则，对辖区内居住的所有人口普遍纳入管理范围，逐一掌握底数和基本情况，建立台账，利用微机系统进行管理；对流动人口、暂住人口，继续坚持函查、清查和发案倒查制度，实行分级、分类、双向式管理和跟踪管理；同时，全面加强租赁房屋管理，实行“谁出租，谁负责”“谁出租，谁申报”制度，严禁向无合法身份证件和无正当收入来源的人员出租私房，使违法犯罪分子无藏身之处；对重点人口，实行动态管理，逐人建档，随时掌握其动态。2001年，全县12个派出所全部配备人口信息微机，并推向前台办公，进一步建立健全县乡村三级管理暂住人口网络，提高了暂住人口管理效率和暂住人口登记率、发证率。2002年，全县共登记暂住人口522人，办理暂住证522个，发证率100%；对全县重点人口236人，监管对象67人，了解其基本情况、现实表现，落实管理、帮教措施。2003年，派出所全部建成常住人口计算机信息系统，并推向前台办公。同年3月至6月，在全县范围内开展人口信息户核对和纠错工作，对60万人口进行逐村逐单位逐人核对，逐人签字，共纠正错误信息1.8万条，身份证号码纠错1760余例，收回错证459份，常住人口登记表签字59.4万余人，更正逻辑错误1200余条，补录人口信息1.4万余条。2005年，加强对实有人口的管理。常住人口全部纳入微机化管理；对流动人口和暂住人口做到了“底数清、去向明、管得住”；对重点人口，逐人建档，随时掌握其动态；特别是对刑释解教人员，切实落实帮教责任，做好帮教工作，预防和减少重新犯罪；对出租房屋，实行“以房管人，以静制动”的工作机制，减少了违法犯罪空隙。2007年，换发第二代身份证198178个。2008年，对流动人口和暂住人口实行分级、分类、双向跟踪管理，对出租房屋实行“以房管人、以静制动”的工作机制。2011年，上门办理证照445份。2013年，清理整改各类户口问题1.7万余人次，受理上报公民因私出国境2997人次，户政和出入境服务满意率同比明显上升。2014年起，在证件办理、审批环节上，开辟绿色通道，简化审批手续、办事程序，实行“一站式”服务、挂牌服务、延伸服务、跟踪服务等便民举措，提高了行政审批的效率和质量。

▲ 流动户籍室 （2011年摄）

特种行业管理 1991年以后，县公安局加大对旅馆、刻字、委托、旧货、收购、修理等行业管理力度，对犯罪分子伪造证件、藏身落脚、窃取机密等犯罪活动起到一定控制作用。2001年，对特种行业进行专项治理，查禁黄赌毒和封建迷信等社会丑恶现象，共查处公共娱乐场所211家次，特种行业235处次。2002年，严密阵地控制，强化221处特种行业管理，其中，旅馆59处，修理业79处，废旧金属收购业34处，印刷业12处，刻字业10处，打字复印业27处；全面完成印章业治安管理信息系统建设，并逐步走向正轨；对全县旅馆业进行登记造册，为实现大型宾馆全省联网实现信息共享做准备；重点对废旧金属收购业治理整顿，7处无证经营的业户被取缔，对9户不按规定收购的业户停业整顿。2004年，先后开展5次治安集中清理检查活动，对没有落实实名上网、接纳未成年人上网、超时经营的7家网吧的电脑进行查扣，查扣机器17台，取缔黑网吧3家。2005年，进一步规范公共娱乐服务场所、特种行业的管理，查处卖淫、嫖娼案件3起，赌博案件24起，处理违法人员

▲ 禁毒宣传 (2015年摄)

234人，有效遏制了黄、赌、毒等社会丑恶现象的发生和蔓延。2009年，出动警力1200余人次对公共娱乐场所、中小型旅馆、网吧、机动车修理、二手商品交易、废旧物品收购等场所进行突击检查，对不符合安全标准、存在安全隐患的场所一律停业整顿，限期整改。至2010年年底，对全县50家旅馆登记发证，全部安装旅馆业信息系统，对旅馆业实行“登记四实”活动。2005年至2010年，每年对旅馆从业人员举办培训会20余场次，发放宣传材料2200余份。针对从业人员的文化水平和年龄层次不同，分批次进行业务技能培训，重点就旅馆信息登记、传输率进行培训，提高他们的法律意识、责任意识和业务技能。与每家旅馆签订《旅馆业守法经营治安管理责任书》。5年间查处不按规定进行登记的旅馆95家，处罚92家，吊销营业执照3家，发现隐患85处，当场整改76处，下发《限期整改通知书》9份；处罚不按规定传输旅客信息旅馆32家，取缔未经公安许可擅自经营的“黑旅馆”17家，查处“黄赌毒”案件23起。2012年，开展进攻性防范和治安清查行动，启动8次大规模的进攻性防范集中统一行动，高频度、高密度对歌厅、旅馆等场所、对“黄赌毒”等违法人员、对火灾高危单位严管严打，全年没有发生一起有影响的刑事案件。2013年，进一步落实旅馆业“四实”登记，加大全县旅馆业检查力度，取缔无证经营的“黑旅馆”3家。2014年，全县47家旅馆共上传住宿旅客信息14401条，上传合格率99.86%，上传延时率0.37%，通过旅馆信息系统抓获上网逃犯5人，研判分析抓获犯罪嫌疑人2人。2015年，加强对旅店、刻字、旧货“三业”的管理，共查处该类治安案件84起，行政处罚112人。

枪支弹药管理　1991年，党政干部不再配发枪支，已经配发的限期收回。针对各公务用枪单位特别是金融系统人员调整幅度大，配枪岗位人员管理比较松懈的情况，清查各公务用枪单位持枪人员，杜绝超范围违规配备公务用枪。县公安局严格按照省公安厅《全省公安机关规范武器库（室）及枪支弹药保管设施工作意见》，逐步规范、完善武器库（室）及枪支弹药保管设施，健全、落实枪支档案管理制度，安装防盗、防爆、防震以及电子监控设备，使用统一的枪支管理档案。至2001年，共收缴非法持有枪支398支，其中高档枪12支，军用枪3支，火药枪383支，炸药216千克，雷管202枚，子弹28447发，烟花爆竹345.9万头。对于爆炸物品的管理，县公安局每年都与相关单位或人员签订《定陶县公安局民用爆炸物品管理责任书》《派出所民用爆炸物品安全管理责任书》，要求各派出所将已签订的责任书向县公安局治安大队督导组提供，做到派出所、县公安局工作有记录。2001年12月，治安大队捣毁一非法生产烟花爆竹窝点，收缴爆竹60余万头，半成品8万余头，硫磺100余千克，银粉50余千克、纸张2吨，制作工具10余案。2002年，强化清理整顿烟花爆竹、易燃易爆、剧毒物品专项行动，共收缴非法持有枪支429支，其中，军用枪4支，高档枪15支，火药枪410支，炸药220千克，子弹28500余发，烟花爆竹109.2万头。2004年，在调查摸底的基础上，采取层层签订责任书、划片包干等形式，对流散在社会上的爆炸剧毒危险物品进行全面清查收缴，共收缴烟花爆竹30余万头，发现整改隐患20处。2005年，收缴各类枪支8支、子弹60发、手榴弹7枚；捣毁非法生产烟花爆竹窝点3处，收缴烟花爆竹5万头。至2010年，共查处涉及烟花爆竹案件30余起，行政处罚40余人。2012年，加大对枪支弹药、民用爆炸物品、剧毒物品的管理力度，实现枪爆物品管理“不炸响、不打响、不流失”的目标。2013年，继续加大对枪支弹药、民用爆炸物品、剧毒物品的管理力度，全面堵塞管理漏洞，共检查涉爆涉枪单位15家次，发现整改隐患12处，落实整改12处，悬挂横幅26条，制作宣传板报44个，张贴通告2500份，张贴宣传标语36份，发放宣传材料8000余份，设立举报牌（箱）16个，收缴民间闲散枪支2支，仿真枪40余支，子弹200余发，管制刀具36把。2014年，深入开展治爆缉枪专项行动，共收缴火药枪4支，小口径气枪2支，军用子弹1260发，仿真枪67支，管制刀具81把。2015年，清理收缴非法枪支，打击非法制造爆炸物品，加强对管制刀具、枪支、剧毒、炸药等重点物品的管控，对全县公务用枪开展自查，从严压实管理责任，未发生一起有影响的涉枪涉爆安全责任事故。

危险物品管理 1991年开始，县公安局每年组织2～3次安全大检查，对易燃、易爆、剧毒农药及其他有毒化学物质进行管理，及时堵塞漏洞，对不安全因素及时整顿。加强对制造、销售烟花、鞭炮的集体、个体经营者的检查，合乎安全规定者发给生产和销售许可证，对未经许可又不听劝告的一律没收、销毁其产品、所经营商品。1997年至2001年，对生产、运输、储存、销售、使用易燃易爆物品、剧毒农药的行业进行专项治理，共取缔各种非法生产场点14处。2002年，组织开展清理收缴剧毒物品专项行动，共收缴氰化物4.5千克、“毒鼠强”135包。2005年至2010年，县公安局每年开展1次危险物品专项治理行动，制定《危险物品专项行动工作方案》《危险物品专项行动宣传工作方案》和治理措施，健全完善防范打击危险物品违法犯罪活动长效工作机制，每年制作宣传条幅40余条，印制宣传单3000张，通告500张，条幅悬挂在制造危险品企业以及城区、乡镇主要街道，宣传单遍布每个乡村的角落，每周对制造危险品企业单位和个人由辖区派出所民警进行1次检查，县公安局每月对其进行不定期检查，发现隐患责令限期进行整改，对整改不合格单位和个人，根据《中华人民共和国治安管理处罚法》对其进行相关处罚，5年间全县共处罚单位和个人50余次，责令整改12余次。全县有2家剧毒化学物品使用单位，县公安局对其每月至少进行1次治安检查，要求使用单位健全人防、物防、技防及安全防范制度，安装电视监控探头12个，储存仓库实行双人保管，仓库建设符合国家剧毒化学品建设标准。2014年，检查五金门市、刀具店、加油站、液化气站268家1300余次，保障危险物品管理的安全有序。2015年，县公安局联合有关部门，开展易燃易爆危险品场所专项整治行动，对涉危化学品等重点企业，逐一签订安全管理责任书，严格落实危险物品检查制度。

▲ 远离烟花爆竹宣传 （2014年摄）

第二节　打击犯罪

打击刑事犯罪　1991年以后，随着改革开放的不断深入，全县公安机关先后开展“打黑除恶严打整治斗争”“百日破案会战”等一系列活动，有力地打击了刑事犯罪，遏制住刑事犯罪的高发势头。县公安局坚持全年4个季节适时开展不同规模范围的专项整治活动。引进先进的侦察理念，建立以公安信息网为平台，以公安业务工作为基础，以多警种整体作战为支撑的新型侦察模式。通过对重大刑事案件的侦破和对刑事犯罪分子的打击处理，震慑犯罪分子，宣传法制，教育群众，稳定社会秩序，保障各项工作顺利进行。1997年至2001年，共抓获各类犯罪嫌疑人1545人，其中，逮捕669人，劳教108人；破获各类刑事案件3448起，其中，重特大案件600起；打掉各类违法犯罪团伙135个、成员419人；缴获赃款及赃物折款600余万元。2001年4月，按照中央、省、市统一部署，全县公安机关以打黑除恶为龙头，围绕7条战线，迅速启动7项专项斗争，共破获各类刑事案件1498起，抓获各类犯罪嫌疑人635人，打掉各类违法犯罪团伙70个、成员247人；其中，“反盗窃、反抢劫”“反盗打流”、打击“两抢”专项斗争成效明显，共抓获犯罪嫌疑人214人，摧毁团伙25个、成员84人，破获盗窃、抢劫案件618起。6月至9月，县公安局在全县范围内组织开展破案大会战，百日之内，破获各类刑事案件209起，抓获犯罪嫌疑人194人，逮捕117人，劳教30人，追回逃犯10人，县委、县政府表彰有功人员68人。2002年，先后组织开展春季治安攻势、反盗打流、打击“两抢”等严打专项斗争，共抓获各类犯罪嫌疑人238人，破获各类刑事案件775起，打掉各类违法犯罪团伙33个、成员98人。2003年，先后开展“冬季行动”“春季攻势”、打击“两抢”、盗窃牛羊犯罪、夏季严打集中行动等一系列专项打击和专项治理活动，破获各类刑事案件651起，抓获各类违法犯罪嫌疑人222人，打掉各类犯罪团伙18个，成员68人，追回逃犯17人。2004年，先后组织开展严打整治“冬季行动”、打击盗抢机动车犯罪、“春季攻势”“夏季严打”“打击盗窃耕牛羊只、扒车盗窃”等一系列专项斗争和5次集中统一清查收捕行动，共破获各类刑事案件812起，抓获各类犯罪嫌疑人191人，打掉各类犯罪团伙8个、成员28人，追回逃犯18人。2005年，破获各类刑事案件744起，其中重大案件134起，抓获各类犯罪嫌疑人270人，打掉各类犯罪团伙17个、成员65人，追回逃犯19人，缴获赃款及赃物折款260万元。采取清街扫巷、侦查破案、集中收捕、深挖细查等多种措施，破获各类涉霸案件83起，打掉各类霸头75人。通过严厉打击盗抢牛羊和公路扒车盗窃犯罪，破获盗窃牲畜犯罪案件82起，抓获犯罪嫌疑人14人，打掉犯罪团伙2个、成员7人，追回牛羊36头（只），价值5万余元。2006年后，县公安局投资150余万元，加强刑警队、刑事技术室、刑侦信息化建设，完善打防控综合应用系统，形成了覆盖公安工作相对完善的综合应用平台。2008年，开展严打整治“冬季行动”、

▲　“零点”夜查集中行动　（朱建英　摄）

打霸治痞、打击“两抢一盗”等专项斗争，共查处破获各类刑事治安案件2620起，破获命案9起，抓获违法犯罪嫌疑人3933人，抓获逃犯90人，打掉犯罪团伙13个，成员53人。2010年，开展打击“两抢一盗”大会战、“打黑恶、反盗抢”安民行动、“打四黑、除四害”专项行动等一系列严打整治斗争，全县共破获各类刑事案件872起，抓获各类犯罪嫌疑人433人，抓获各类逃犯396人，打掉各类犯罪团伙35个，成员207人。2006年至2010年，全县共破获各类刑事案件1790起，抓获各类犯罪嫌疑人1464人，捣毁各类犯罪团伙121个、成员558人，追回各类逃犯652人。2011年，利用信息化先后创新“猎鹰”“天网”和“猎豹”等技战法，打掉犯罪团伙15个，破获各类案件480余起，抓获犯罪嫌疑人234人，抓获锁定网上逃犯226人。2013年，开展“打黑除恶”、百日严打整治、破案攻坚会战及“守护青山羊”反盗抢爱民护民等多种形式的专项行动，共破获各类刑事案件572起，抓获犯罪嫌疑人404人，打掉犯罪团伙48个、206人。2014年，破获刑事案件628起，打掉犯罪团伙42个，逮捕175人，起诉158人，查处治安案件2381起，行政处罚1192人，打击处理整体工作居全市第二名，在全省综治主题创建活动推进会上，定陶作为先进单位代表作典型发言。2015年，开展各项严打整治专项行动，破获刑事案件647起，逮捕198人，打掉各类霸痞团伙17个，抓获团伙成员76人；开展打击“两抢一盗”及反诈骗专项行动，侦破多发性侵财犯罪439起。

打击黄赌毒　1991年，制黄贩黄、淫秽传播、卖淫嫖娼、赌博、吸毒、非法种植罂粟等丑恶社会现象及违法行为开始抬头。在查获的赌博案件中，参赌人员涉及社会各个阶层和部门人员。1992年以后，卖淫嫖娼现象在定陶县有所增加，主要以宾馆、旅店、美容美发厅、洗头房、桑拿浴室、大型洗浴中心作为交易场所，实施卖淫嫖娼活动。1997年至2001年，先后进行25次拉网式集中治安清查，抓获卖淫嫖娼人员372人，捣毁卖淫嫖娼窝点50余处，查缴黄碟462盘。2002年，以“扫黄”工作为重点，打击与管理并重，净化社会治安环境，适时开展4次大的专项治理行动，查处各类案件138起，其中，卖淫嫖娼案件58起，赌博案件65起，传播淫秽物品案件9起，非法买卖毒品原植物案件4起，容留妇女卖淫案件2起，共处罚465人，其中，行政拘留153人，罚款282人，警告28人，批捕2人，捣毁卖淫嫖娼窝点21个，赌博窝点32个，查缴黄色影碟173盘，查缴罂粟壳2500克，共摸排出违法犯罪线索175条。全县有违法犯罪嫌疑场所27处，无证经营的47处，证件不全的34处，设施、经营人员不符合法定条件的67处。对47处无证经营的给予取缔，对67处设施、经营人员不符合法定条件的下发停业整顿通知书，限期整改，拆除23处设置包间、隔断、房中房，有内锁装置的场所，发现场所内有违法犯罪活动的，一律收回“公共场所安全审查合格证”，并建议工商部门吊销营业执照。2004年，贩卖传播淫秽光盘问题比较突出，仅11月，就查获传播淫秽物品案件5起，收缴淫秽光盘200余张。2006年，严厉打击“黄赌毒”违法犯罪行为，查处卖淫、嫖娼案件7起，赌博案件11起，处理违法人员84人。2008年，查处卖淫、嫖娼案件25起，赌博案件26起，处理违法人员139人，遏

▲ 清缴赃物　（2013年摄）

制了黄赌毒蔓延。2013年，侦破生产销售伪劣食品、涉黄涉赌、造假售假等“四黑四害”案件42起，捣毁涉娼涉赌涉毒“黑窝点”26个，查处收缴销毁赌博机76台，有效净化了社会治安环境。2015年，开展“百城禁毒会战”，破获毒品案件9起，打击处理12人。

打击经济犯罪　1991年以后，县公安局配合检察机关，联合打击经济领域犯罪活动，侦破了一批涉税和诈骗案件，为国家和企业挽回了大量经济损失。1995年，经济领域各类犯罪案件日趋增加，检察机关根据上级有关文件要求，将涉税、职务犯罪等案件的查办移交县公安局。同年7月，县公安局成立经济文化保卫科，专门从事打击经济领域犯罪。1997年，经济文化保卫科更名经济文化保卫大队，全面接手各类经济犯罪侦察活动。随着市场经济建设步伐的加快，经济领域各项法律、法规还不健全和完善，犯罪案件增多。2000年以后，年均立案30余起，且案件涉及面广，涉案金额大，其中诈骗案件属流窜跨区域作案，有的案件发案周期长，证据难查找，破案难度大。经侦部门以“破大案、打团伙、抓逃犯、追损失”为目标，不断加大侦查破案工作力度。1991年至2001年间，共破获涉企案件91起，涉案总价值1100余万元，抓获犯罪嫌疑人54人，为国家和企业挽回和避免经济损失404万元。2002年，集中优势兵力，积极开展侦破工作，共破获涉企案件8起，涉案总价值48万余元，抓获犯罪嫌疑人6人，为国家和企业挽回和避免经济损失48万元。2005年，共立案14起，破获12起，涉案金额高达4925万元，挽回和避免经济损失1000余万元。2008年，对全县规模以上企业实行挂牌保护和民警联系制度，严厉打击影响企业发展的违法犯罪活动，净化了企业发展环境，共破获经济犯罪案件35起，抓获经济犯罪嫌疑人41人，挽回经济损失230万元。至2009年，共破获各类经济案件154起，其中重特大案件36起，抓获犯罪嫌疑人172人，批捕36人，涉案金额2.3亿元，避免和挽回经济损失1805.5余万元，排查企业内部各类不安定因素62起，调解矛盾纠纷32起。2005年至2010年，经侦部门运用网上办案平台，加强网上追逃、信息传递、预警等各项业务工作的开展，提高了破案效率。2010年，通过破案追逃，打击经济领域犯罪，为企业挽回经济损失519.8万元。2011年，县公安局参与整顿和规范市场经济秩序，严厉打击贷款诈骗、集资诈骗、非法吸收公众存款等经济犯罪活动，共查处破获涉企案件28起，为企业挽回经济损失1570余万元，整顿、规范了全县经济秩序。2012年，全面开展打击经济犯罪“破案会战”，立案件46起，破案21起，打击处理犯罪嫌疑人68人。2013年，共立经济案50起，破案34起，抓获各类犯罪嫌疑人38人，涉案金额2100万元，为企业挽回直接经济损失620余万元。2015年，深化经侦工作，破获各类经济案件16起，为企业和群众挽回直接经济损失1151.91万元。

第三节　监所管理

看守所　定陶县看守所坚持对在押人员不打骂体罚、不虐待、不侮辱人格，实行人性化管理，保证在押人员饭菜熟热、量足、卫生，定时为在押人员理发、洗澡、通风、晒被褥，监室内每周消毒1次。2000年以后，定陶县的严打高潮和专项斗争高潮接连不断，看守所的在押犯人数量增多。2010年以后，开辟在押人员就医“绿色通道”及24小时医疗服务模式，有效改善看守所医疗卫生条件，采取政府、社会、家族教育“三位一体”方法管理在押人员。2015年，坚持以人为本，切实保障被监管人员的合法权利，最大限度降低重新违法犯罪率。

拘留所　定陶县拘留所狠抓规范化建设，严格按照公安部《拘留所建设标准》和《拘留所等级评定办法》要求，合理设置拘留区、办公区和劳动区，设置值班室、会见室、询问室、医务室、监控室、图书室、管教室、文体活动室、餐厅、男女浴室等多功能用房。强化监所安全管理，重点把握入所、会见、出所、就医、请假等执法环节，严格执行被拘留人员的奖惩制度、就医制度、通信管理制度、暂扣财物保管制度、出入所制度。严格落实民警双人值班巡视制度和民警主协管制度，做到巡视有记录、情况有处置、结果有移交，并与民警签订安全责任书，将安全责任落实到每个岗位、每位民警。2015年，全年共拘留人员768人，其中，治安拘留479人，司法拘留289人，未发生安全事故。

第四节　交通管理

交通安全设施　1993年，在兴华路、青年路交叉路口建全县第一座交通岗亭，兴华路设置水泥隔离墩。2001年，兴华路水泥隔离墩置换为不锈钢高隔离护栏，首次实现人车分流。在兴华路青年路交叉路口建成1座高标准交通信号灯，在城区安装限速标志等交通标志牌50块，在路口安装太阳能自动黄闪警示灯15台，在冉堌、仿山处设置卡口监控系统。2015年底，在姚庄社区、城关社区设交通安全宣传版8面；在临商路兴华路、兴华路青年路、东丰路范阳路、兴华路范阳路、青年路府前大道、北外环连接线、东外环兴华路、兴华路白土山路、兴华路陶驿路、陶驿路府前大道、青年路北外环、定砀路二中路等路口安装交通信号灯12座；在7个路口安装7套电子监控系统；建成智能化道路交通管控信息系统和集接处警、信息采集、交通控制于一体的交通指挥中心，形成全方位、立体化的交通、治安防控体系。

交通安全稽查管理　1991年至2015年，全县因交通违法行为行政拘留586人，吊扣机动车驾驶证430本，处置道路治安案件330件，打击车匪路霸团伙2个，年平均查纠道路交通违法机动车辆及驾驶员1126起，依法教育、警告、经济处罚6000次。全县主要道路日车流量由1991年至2005年间的4000辆次增加到9000至1万辆次，万车交通违法率由1991年至2005年间的55%下降到35%以下。

▲　交警道路执勤　　（2015年摄）

▲　定陶交警大队　　（李斌　摄）

机动车辆及驾驶员管理　1991年，全县只有1辆机动车。至2000年，机动车增加到27辆。2001年10月开始，机动车管理依据公安部《中华人民共和国机动车登记办法》执行。2002年，县交警大队建立被盗抢机动车核查库，及时将公安部公布的被盗抢机动车信息录入微机；取消沿用多年的人工加盖审验印章的方法，采用专用防伪打印机打印审验印章，增强印章的防伪性。2004年以后，依照《中华人民共和国道路交通安全法》和公安部颁布的《机动车登记规定》，规范机动车和机动车驾驶人管理。每年三月、四月集中进行机动车审验，按车辆单位和乡镇分片，对车辆按时间、按进度进行检验。县交警大队新建1条机动车检测线，提高了技术检测水平。2005年，全县有机动车287辆，其中，大型汽车7辆，小型汽车242辆，摩托车36辆，低速车2辆。2007年，机动车不再集中年审，年审时间变计划分配为周期循环，减少车辆集中年审对生产经营的影响。2007年8月，交警大队车管所建设车管服务大厅，公开岗位职责、服务承诺、服务项目、办事依据、工作流程、办结时限，完善各项便民利民工作措施，全面推行“一窗式”业务综合受理服务。2008年以后，实行小型汽车和“三小车辆”自编选号。2010年，全县有机动车1877年，其中，大型汽车166辆，小型汽车1527辆，摩托车149辆，低速车35辆。2015年，全县有机动车4864辆，其中，大型汽车187辆，小型汽车4019辆，摩托车405辆，低速车253辆。

交通事故处理 一般交通事故由县交警队处理。重大交通事故涉及犯罪的，交警队侦察定责后移送县检察院提起公诉，县人民法院依法审判，前期下达认定书后直接吊销驾驶证，后期待法院判决后吊销驾驶证。1991年，国务院颁布《道路交通事故处理办法》，公安交警依法对交通事故现场进行勘查，认定责任并进行处理，当事人对处理结果不满意，可向人民法院提起诉讼。1996年，县交警大队设立122报警电话。1997年，建立“122”接处警制度，成立122指挥调度室，24小时值班接警。1997年，县交警队事故处理股设立3个事故处理组，实现由最初的接警后全队出警到接警班组备勤，3个班组出警的转变。1998年，成立县人民检察院驻交警队监督室，接受执法监督。2004年，聘请执法执纪监督员，设立评警箱、监督台、监督电话和法律咨询处。至2015年，境内共发生交通事故6万余起，死亡1600余人，伤、残1万余人，造成直接经济损失5000余万元，肇事逃逸案1万余起，侦破9000余起。

第五节 “110”报警服务

1996年，县公安局“110”指挥调度室成立。1997年，开始推行“110”社会联动向社会延伸。1998年，县公安局加强对“110”工作的管理，着重完善“110”建设延伸工程，向农村延伸；向多警种延伸；向社会延伸。1999年，坚持“内抓规范，外抓联动”的指导思想和“巩固、深化、创新、提高”的原则，努力实践“四有四必”承诺，“110”接警、出警、处警更趋规范，“110”社会联动进一步扩展，“110”快速反应能力和服务水平进一步提高。至2001年，“110”调解纠纷3533起，当场抓获各类违法犯罪嫌疑人2056人，为群众提供服务43223人（次），挽回705名群众的生命，收到感谢信、镜匾、锦旗536封（面）。2002年，投入50万元购置覆盖全县的350兆警用无线集群通讯系统，增强指挥调度和控制能力，出警时间进一步缩短。2004年，巩固和完善以“110”为主体的快速反应机制建设，把指挥调度科从巡警大队划归到指挥中心，与通信科

▲ “110”街头宣传 （2014年摄）

合署办公，加强力量，理顺关系，“110”接处警工作效率明显提高。至2005年，“110”共接受各类报警1.6万起，破获和查处刑事、治安案件5725起，抓获违法犯罪嫌疑人744人，调解纠纷2180起，为群众提供救助服务4927人（次）；扑救火灾事故554起，挽回经济损失811.3万元；处理交通事故1629起。2008年，进一步完善规范“110”接处警工作，实现“民警着装携装标准化、现场取证规范化、处置重大复杂警情程序化、情报信息研判实战化”的要求。2012年，推行警务指挥模式改革，制定出台“110”接处警工作规范和考核办法，执行值班局领导坐镇指挥大厅指挥调度制度，所有出警车辆全部安装3G可视化指挥监督系统、配备执法记录仪，做到“领导带班到位、指挥调度到位、出警及时到位、取证规范到位、反馈监督到位”。2013年，坚持局领导和中层干部在“110”指挥中心坐镇指挥及警情调度制度，全天候指挥调度各类警情处置，实行350兆对讲机下达接处警指令。2015年，安装4G车载无线图像传输可视指挥系统32套，接处警全程可视可控。

第六节　队伍建设

1991年以后，县公安局把队伍建设摆在重要位置，坚持政治建警、以严治警、素质强警，推行岗位责任制，建立考评制度，激发民警的工作积极性，开展纪律作风整顿，全局上下签订《无违纪目标责任书》，加强内部督察和外部监督，确保政令、警令畅通，建立政治合格、作风过硬、纪律严明、能打硬仗的公安队伍，涌现出一大批先进集体和个人。1997年至2001年，开展“三讲”“三项教育”“思想、纪律、作风教育整顿”“学党章、守纪律、正党风”等活动；推进队伍规范化进程，开展自我剖析及“开门评警”活动；按照行为规范、执法规范、作风规范的要求，先后出台18种规章制度，形成统一完整的制度体系；调整充实中层领导班子，调整提拔多名民警进入中层班子，选派民警到省市参加业务培训，对联防队员进行法律知识、公安业务知识和军体训练等方面的培训。2001年，先后开展党员民警先进性教育、“大调查、大走访”“规范执法行为、促进执法公正”、岗位大练兵和“治理脏乱差、杜绝冷硬横、根除稀拉松”教育整顿活动。2002年，全面实行等级化管理，以量化分解的方式对公安民警的“德、能、勤、绩、廉”和科室的队伍建设、执法质量、服务质量、内务管理等方面进行综合考核评价，考核评价结果与单位、个人的评先、评优、晋职晋级，岗位调整紧密结

▲ 陈集镇中学生们打出“110 我们永远支持你”的标语　（2011 年摄）

合起来。2003年，组织开展“贯彻十六大，全面建小康，公安怎么办”大讨论活动，对公安队伍在酒、车、枪等方面存在的突出问题进行专项治理，推行警车使用证制度。2004年，开展“大练兵”活动，建立实施民警“每日必学，每周必练，每月必考”的工作运行制度，全面推行大法制工作格局。2006年，对基层民警进行轮训，举办计算机技能培训班和法制监督员培训班。全局民警大专以上文化程度的达到65%，其中本科以上占27%。调整充实派出所领导班子，所长、指导员全部为大专以上文化程度，平均年龄35岁。2007年，开展学习十七大、社会主义法治理念、执法规范化建设年、思想纪律作风整顿、“百十一”苦练基本功、“两能两会”等系列活动，层层签订党风廉政建设责任书和无违法违纪保证书，建立民警执法档案，“五条禁令”等纪律规定得到贯彻执行。2011年，开展思想纪律作风集中教育整顿活动、“发扬传统、坚定信念、执法为民”主题教育实践活动。2012年，开展“忠诚、为民、公正、廉洁”核心价值观教育实践活动和“转作风、消毒瘤、正法纪”大对照、大整顿、大检查活动。组织开展各类培训27期。开展党的群众路线教育实践活动，查准摆透“四风”方面存在的问题。2014年，继续开展党的群众路线教育实践活动，坚决反对“四风”问题，印发《关于进一步加强反腐倡廉建设的实施意见》。2015年，开展“三严三实”专题教育，严格执行中央“八项规定”，落实党风廉政建设责任制、“一岗双责”和问责制度，先后开展纪律作风教育整顿和“守纪律、讲标准、转作风、比奉献、创一流”教育整顿活动。

第七节　重大案件及侦破

杨××故意杀人案　1992年5月13日凌晨2时许，犯罪嫌疑人杨××（男，22岁，回族，初中文化，住定陶镇南关）因谈对象失败，怀疑是被害人沙×兰从中作梗，遂怀恨在心，持刀窜入本居委会沙×兰家，破窗入室，将其一家5口人杀死，后又盗走马××2000元存折一张。杨××取款外逃后，县公安局成立专案组，围绕杨××的社会关系展开调查。后获悉，杨××在案发前2个月刚从新疆打工回来，新疆有杨××的1个堂姨，专案组分析其很可能潜逃至新疆。兵贵神速，专案组民警迅速赶赴新疆，克服语言不通、缺氧、水土不服影响，划分区域，认真细致摸排走访。7月30日，专案组成功侦查到杨××已潜逃居住在新疆火车站其姨妹家中，后专案组制定详细的抓捕方案，于1992年8月1日凌晨将杨××成功抓获。

▲　特警队伍

“11•23”抢劫杀人案　2005年11月23日晚7时许，定陶县杜堂乡许楼村村民许某在定（陶）陈（集）公路被人杀害，摩托车被抢。案发后，县公安局成立专案组对案件展开侦查。经过10多天的缜密侦查，最终锁定犯罪嫌疑人。2005年12月12日上午，专案组民警获悉犯罪嫌疑人李××正在县城西南马集镇活动，迅速行动将犯罪嫌疑人李××成功抓获。与此同时，另一组队员在县城将另1名犯罪嫌疑人李××抓获。至此，“11•23”抢劫杀人案成功告破。

周×宝、周×平、贾××绑架案 2009年6月12日，犯罪嫌疑人周×宝、周×平、贾××为谋财商议实施绑架。14日凌晨1时许，周×平、贾×坚在定陶菏商路路边拦截下受害人程某驾驶的出租车，说是要去曹县，当出租车行至定陶马集路口时，两人以下车方便为由，要求停车，待出租车停车后，两人随即用砍刀架住受害人的脖子，跟在车后负责接应的周××赶上来将受害人用绳子捆绑，用受害人的手机给受害人家属索要现金10万元。县公安局接到出租车司机家人报警后，迅速成立专案组，开展侦查工作。专案组民警假装答应绑匪要求，一组民警假冒受害人家属前往绑匪指定地点交赎金，另一组民警紧随其后，随时待命，准备接应。在递交赎金时，民警把握机会，出其不意，先行制服1手持匕首的犯罪嫌疑人。另外两犯罪嫌疑人在逃跑时，被另一组民警现场控制。受害人程某被安全解救。

“2•13”特大拐卖儿童案 2009年2月13日，县公安局通过细致侦查，周密部署，成功打掉一特大拐卖儿童犯罪团伙。先后在定陶县、成武县、聊城市、陕西省等地抓获刘×山、刘×岭、何×芝、李×和、邓×彦、裴×法、王×变、崔×民等13名犯罪嫌疑人，解救被拐卖男婴6人。经侦查，犯罪嫌疑人刘×山、邓×彦、李×和自2008年7月至2009年2月初，采取交叉结伙的形式，先后多次前往山西低价收买6名男婴，以3.6万元至4.8万元不等的价格转卖到定陶县、成武县、上海市等地。此案的侦破，引起社会广泛关注，中央电视台、山东电视台、菏泽市电视台等多家媒体进行专题报道，多家报纸进行跟踪采访。

李××故意杀人案 2009年11月1日凌晨，县公安局接到报案称，南王店村发生一起凶杀案，被害人路×凤（女，17岁）、路×伟（女，11岁）姊妹俩被人砸伤后又被放火焚烧。由于案情重大，县公安局立即抽调民警组成专案组，迅速赶赴现场。通过细致的现场勘查，发现案发现场没有撬锁、翻墙痕迹，专案组分析应该是熟人作案。民警围绕受害人的亲戚朋友等社会关系进行广泛细致的摸排走访。很快，与受害人家庭有矛盾的本村村民李××（男，1983年4月29日出生，初中文化，南王店镇王庄村人）进入民警视线。专案组民警立即对李×进行监控，2日凌晨2时许，正欲外逃的犯罪嫌疑人李×被民警成功抓获。经讯问，其对杀人放火的犯罪事实供认不讳。

“3•26”重大抢劫文物案 2010年3月26日12时30分许，受害人芦×林与其朋友辛×明在定陶县城东久久鱼香水饭店内被人持刀抢走家传文物2件，涉案价值近千万元，犯罪分子作案后驾车逃离。接警后，县公安局成立专案组，全面开展案件侦查工作，通过调取案发时段监控录像、查询相关信息系统等手段，在市局有关业务部门的配合下，将犯罪嫌疑人宋××（男，37岁，济宁市嘉祥县纸坊镇人）、孔××（男，30岁，定陶县定陶镇耿庄村人）、吴××（男，29岁、定陶县人）、苏××（男，40岁，济宁市金乡县羊山镇胡庄村人）、李××（男，30岁，定陶县马集镇力本屯村人）抓获归案。

“1•28”特大故意杀人案 2012年1月28日7时许，犯罪嫌疑人穆××（男，40岁，定陶县滨河街道穆庄行政村穆庄村人）因与妻子吴××（35岁）离婚，心中不满，携带汽油、砍刀、铁锤等作案工具，窜至吴××娘家天中街道观堂行政村吴庄村，将吴××及其父亲吴×来（又名吴书东，64岁）、母亲刘×翠（58岁）、弟弟吴×中（25岁）、女儿穆×涵（4岁）5人杀害后畏罪潜逃。发案后，县公安局成立“1•28”专案组，迅速开展工作。此案的发生引起社会各界广泛关注，面对重重压力，县公安局专案组充分发挥整体作战优势，经过78天的昼夜奋战，先后辗转山东、河南、山西、陕西、湖南、广东、重庆、四川、河北、浙江、安徽11个省市，动用警力1000余人次，行程7万多千米，于4月14日在湖南省张家界市桑植县将犯罪嫌疑人穆××抓获，押解回定陶。

“5•25”强奸绑架案　2014年5月25日深夜，定陶县黄店镇赵丁庄村发生一起强奸、绑架案，1名戴着口罩、帽子遮挡面容的男子闯进村民马某（女，44岁）家中，暴力将马某强奸后，又绑架了她年仅4岁的儿子，索要赎金10万元。县公安局综合运用蹲点守候、化装侦察、刑事技术、技侦、图侦等多种侦查手段，连续奋战28小时，于5月27日将犯罪嫌疑人赵××（男，42岁，定陶县黄店镇赵丁庄村人）抓获归案，被绑人质成功获救。

第四章　检　察

第一节　反贪污贿赂

1991年至1995年，县检察院加大打击经济犯罪力度的部署，把查办发生在党政领导机关、行政执法机关、司法机关和经济管理部门中的犯罪案件作为重点，坚持依法从重从严的方针和“一要坚决，二要慎重，务必搞准”的原则，集中力量查办大案要案，共查办经济犯罪案件84人。1996年至2000年，开展“严打”集中统一行动，立案查办职务犯罪案件98件112人。2001年至2005年，县检察院依法履行法律监督职责，加大查办和预防职务犯罪的力度。共立案查办经济犯罪43人。2006年至2010年，县检察机关坚持“强化法律监督，维护公平正义”的工作主题，坚持“一要坚决、二要慎重、务必搞准”的原则，完善案件线索管理机制和侦查指挥协作机制，加强与执法执纪部门的配合，提高发现犯罪、侦破案件的能力。共立案查办56人。2011年至2015年，县检察院坚持凡腐必反、有贪必肃、有案必办，“老虎”“苍蝇”一起打，深入查办贪污贿赂案件，共立案查办贪污贿赂犯罪67人。

▲ 检察院开展举报宣传周活动　　（2010年摄）

第二节　渎职侵权检察

县法纪检察科把依法打击“侵权”、渎职犯罪当作法纪检察工作的首要任务，1991年至1995年，共查办案件34人。1996年至1998年，查办案件10件20人。1999年3月，撤销法纪检察科，成立县人民检察院渎职犯罪侦查局。1999年至2000年，县渎职犯罪侦查局贯彻落实“严格执法、狠抓办案”方针，严格执行高检院9条“卡死”规定，突出查办司法、行政人员徇私舞弊犯罪案件，集中力量查办大案要案，共立案查办6件9人，起诉4件7人。2001年至2004年，县渎职犯罪侦查局贯彻全省、市职务犯罪侦查会议精神，提高办案质量，提高大要案比例、案件起诉率和有罪判决率，查办涉及计生、盐务、公安等热点行业和领域的渎职、侵权犯罪案件15件22人，起诉14件20人。2005年，县渎职犯罪侦查局更名为县反渎职侵权局，当年立案查办2件5人，起诉1件

1人。2006年至2010年，以专项工作为切入点，加大“五化”建设（侦查一体化、执法规范化、管理科学化、队伍专业化、装备现代化建设），共立案查办18件38人，起诉16件33人。2011年至2015年，县反渎职侵权局以保障群众利益为中心，以小专项为查处重点，共计立查案件10件21人（正科级3人，副科级6人），起诉12件27人。

第三节　刑事检察

审查批捕　1991年至1995年，贯彻“从重从快”的严打方针，坚持对重特大案件的提前介入制度，在实践中摸索和总结出“审查犯罪要细，认定犯罪要准，防漏犯罪要严，调查研究要深，提高效率要快”的办案方法，共受理提请逮捕的各类刑事犯罪案件481件837人，其中批捕401件691人，不捕52件133人，退查26件36人。1996年至2000年，坚持“严格执法、狠抓办案”的工作方针，严厉打击杀人、抢劫、强奸、故意伤害等严重暴力犯罪及重大盗窃等犯罪，做到案件在法定期限内提前办结，共受理提请逮捕的刑事案件523件792人。经审查，批准逮捕489件553人，不捕142案188人。2001年至2005年，推进“平安定陶”建设，坚持“从重从快”的方针和“稳、准、狠”的原则，依法从重从快突出打击抢劫、杀人、故意伤害等严重暴力犯罪和盗窃、抢夺等影响人民群众安全感的多发性犯罪，共受理各类移送审查逮捕案件606件729人，经审查共批捕487件571人。批准逮捕的案件，没有捕后撤案、不诉和法院判无罪的情况，批捕准确率100%。2006年至2010年，贯彻党和国家关于维护社会稳定的重大部署，严厉打击严重暴力犯罪、破坏市场经济秩序犯罪、“两抢一盗”等影响群众安全和经济安全的多发性犯罪以及流窜犯罪，共受理各类移送审查逮捕案件536件865人，经审查共批捕和决定逮捕395件614人。2007年，侦查监督部门制作的法律文书被省检察院评为全省“十佳审查逮捕案件意见书”。2011年至2015年，坚持把维护社会稳定作为首要任务，严格依法审查，保持对严重刑事犯罪的高压态势，配合公安机关“清网”行动，做好积案清理工作，共受理各类移送审查逮捕案件750件1018人，经审查共批捕和决定逮捕616件822人。

审查起诉　1991年至1995年，县检察院按照中央、最高人民检察院和省、市检察院的统一部署，与公安、法院部门密切配合，重点打击“两抢一盗”等严重犯罪，组织专门力量，集中行动，投入“打流窜、挖团伙”的行动，配合公安等部门开展“打击拐卖人口犯罪”和“扫黄”“除六害”等专项斗争与专项治理，共受理移送审查起诉517件815人，提起公诉462件531人。1996年至2000年，重点打击杀人、抢劫等严重刑事犯罪，共受理移送审查起诉487件634人，提起公诉360件483人。2001年至2005年，全国范围的“严打”斗争全面展开，配合公安、法院在“严打”和“打霸”专项斗争中，把“打霸”案件作为刑事检察工作重点，共受理移送审查起诉486件786人，提起公诉379件484人。2006年至2010年，县检察院受理移送起诉案件513件772人，提起公诉434件594人，报送市检察院审查起诉22件40人。2011年至2015年，共受理移送起诉案件1165件1635人，提起公诉964件，依法不诉14件15人，报送市检察院审查起诉24件53人。

立案监督　1997年，继续把“有案不立、以罚代刑”等违法行为作为监督重点，监督公安立案2起。1998年，监督刑事案件立案1起。针对一些行政村群众瞒案不报，将刑事案件调解私了的现象，县检察院在基层无派出机构，难以及时发现和监督的实际情况下，聘请乡镇人大主席为立案监督员，并制定相关的联系制度。1999年，定陶县检察院批捕部门以监督公安机关有案不立、有罪不究、以罚代刑等问题为重点，强化刑事立案监督工作，全年共要求公安机关说明不立案理由13件，经督办，公安机关立案12件13人，批捕10件11人。以名片的形式制作立案监督联系卡，制定和完善《立案监督实施办法》，聘请各乡镇人大主席为监督联络员。针对定陶县重大交通事故频发，而一些肇事分子得不到应有惩罚的现象，审查批捕科与县交警大队联合成立执法联络室，监督交警大队对重、特大交通事故的处理工作。2004年，县检察院强化监督意识，坚持有罪追究、无罪保护、严格执法、客观公正的诉讼监督，依法监督纠正有案不立、有罪不究、以罚代刑、超期羁押等问题，强化立案监督。整合检察信息资源，加强与控申、渎侦、公诉、监所等部门联系沟通，确保案源畅通，加大对立案监督案件的跟踪监督力度。全年共办理立案监督案件14件14人，并对1起不应当立案而立案的案件进行监督纠正。2005年，为防止有案不立、漏捕漏诉和量刑畸轻畸重，与公安机关建立案件通报和联席会议制度，落实行政执法与刑事执法相衔接的工作机制，督促行政执法机关及时向公安、司法机关移送涉嫌犯罪案件。共监督公安立案15件16人。2006年，以公平正义为目标，强化法律监督，促进司法公正，监督案件14件17人。2007年，强化刑事立案监督，依法监督立案26件，依法监督撤销案件5件。2008年至2011年，加强刑事立案和侦查活动监督，重点监督有案不立、有罪不究、以罚代刑以及刑讯逼供、暴力取证等问题，共办理立案监督案件30件35人。2012年，共监督立案4件5人，监督撤案4件4人。2013年，依法监督立案2件7人，监督撤案10件。2014年，严惩危害民生民利犯罪，开展破坏环境资源和危害食品药品安全犯罪专项立案监督活动，建议行政执法机关移交案件线索2件，监督立案4件，监督撤案9件。2015年，监督立案1件，监督撤案3件。

侦查监督　1991年至1995年，在审查逮捕工作中，严把批捕关，通过对公安侦查、预审活动实行法律监督，向公安机关提出追捕、追诉及纠正违法口头意见或书面检察建议16件（次）。对公安机关遗漏起诉的人犯进行追捕追诉；对违反程序、乱用赃款赃物、乱罚款等违法行为，提出各类纠正意见27条，追诉案犯3人。1996年至2000年，把“有案不立、以罚代刑、重罪轻刑、有罪判无罪”等违法行为作为两大监督，结合办案，向公安、法院提出纠正违法建议60余条。2001年至2005年，强化侦查活动监督，考虑办案的法律效果和社会效果，有针对性地把侦查监督的重点放在应当抓捕而未报捕、应当起诉而未移送的案件监督上，共追捕16名犯罪嫌疑人。2006年至2010年，对公安侦查活动违法行为，依法提出书面、口头纠正意见47件次，追捕漏犯10人，追诉漏犯7件26人。2011年至2015年，对公安违法行为提出纠正意见92件次，追诉漏犯44件85人，改变案件定性31件34人。

审判监督　1991年至1995年，检察机关强化法律监督职能，开展审判活动监督。1996年至2000年，检察机关把法律监督摆到重要位置，注意防止和纠正打击不力的现象，对审判活动中违法行为提出纠正意见21条。2001年至2005年，县检察院对法院审判活动违法行为提出纠正意见12件，提起抗诉2件3人。2006年至2010年，对法院审判活动违法行为提出纠正意见21件37人，提起抗诉4件8人。2011年至2015年，对法院审判活动违法行为提出纠正意见17件，提起抗诉12件15人。

第四节　监所检察

看守所检察　1991年至2005年，依法对看守所监管、羁押期限和刑罚执行是否合法进行监管，切实维护监管秩序和在押人犯的合法权益。对检察中发现的违法现象坚持随时发现，随时纠正；轻微违法口头纠正，严重违法书面纠正；跟进纠正情况，确保纠正到位。对于多单位协调的问题，由法院、公安、武警统一思想，统一纠正等措施。2006年，按照市检察院《关于切实防止出现超期羁押的意见》要求，开展羁押期限情况专项检查。落实羁押期限台账制度，对看守所关押的犯罪嫌疑人、被告人的姓名、罪名、办案机关和诉讼阶段、羁押期限等基本情况要认真记载，及时核对；对诉讼阶段和羁押期限发生变化的，督促办案机关及时换押、及时送交文书副本；落实催办、报告制度，督促看守所对被羁押人员即将到达法定羁押期限的案件通知办案单位及时结案，发现超期羁押要及时报告。2012年5月，设立县人民检察院驻县看守所检察室，强化监所检察工作，监督纠正监管活动违法，探索建立羁押必要性评估体系，将在押人员羁押期间表现纳入量刑建议。该做法得到最高人民检察院肯定并在《检察日报》上刊发。2014年，按照最高人民检察院规范化检察室等级评定标准，县检察院驻看守所检察室被评定为三级规范化检察室。2015年，为加强对监管场所的安全管理，对县看守所开展安全防范检察专项活动。针对检察中发现的有关安全设施方面的安全隐患，看守所对相关安全设施新建改造，同时，为了保障在押人员的合法权益，将羁押必要性审查作为工作重点，加大羁押必要性审查工作力度，办理羁押必要性审查案件。

监外执行罪犯检察 20世纪90年代，县检察院监所检察科采用"一二三四五"工作法，多措并举，落实责任，开展监外执行检察工作。一清，即清查监外罪犯档案和名册，摸清外执犯底数；二查，即查各乡镇司法行政机关监管情况，查基层组织日常帮教情况；三见面，即与管理民警、监督考查小组、监外罪犯本人见面；四核对，即与司法行政部门、法院刑庭、检察机关公诉部门、派驻检察机构相互核对，全面摸底排查，实行一人一表，逐人逐项清查登记，切实做到底数清、情况明，扎实开展清查工作；五结合，依法履行职责与各司其职相结合，通过主动协调，取得法院、公安、司法行政机关的理解和支持。2007年，监所检察科对全县11个乡镇65名外执罪犯进行集中考察，对于考察中发现的问题，及时提出检察建议，取得良好的监督效果。2008年，对全县11个乡镇117名监外执行罪犯的监管情况进行集中考察，针对考察中发现的问题，及时向有关部门发出检察建议，确保监督实效。2009年，对全县外执犯的执行监管情况进行全面检查，依法提出纠正违法，消除不稳定因素。2010年，县人民检察院出台《定陶县人民检察院社区矫正检察监督工作制度》，全面加强全县社区矫正检察监督工作，保障国家法律正确实施，加大社区矫正检察监督工作力度，使社区矫正检察工作逐步走上规范化轨道。2011年，县检察院创新社区矫正监督管理机制工作办法，被省检察院推广。2012年至2014年，多次对全县11个乡镇监外执行罪犯进行全面考察，依法提出纠正违法，有效维护社会稳定。2015年，开展社区服刑人员专项检察活动，采取集中检察和个别抽查相结合、自行检察和联合检察相结合等多种方式对全县社区矫正工作开展情况进行监督，重点对脱管、漏管、因监管不到位导致矫正对象又犯罪、侵犯社区矫正人员合法权益等情况进行检察监督，至年底，共审核通过符合特赦条件的案件7件7人。

2011年，审查批捕罪犯又犯罪案件1起；审查起诉罪犯又犯罪1起。办理监管人员职务犯罪案件1起。2012年，审查批捕罪犯又犯罪案件2起。2013年，审查批捕罪犯又犯罪案件3起，审查起诉罪犯又犯罪2起。办理职务犯罪案件1起。

第五节 控告申诉

1991年至1995年，县检察院控申科贯彻落实最高检察院《举报工作若干规定》，受理群众来信来访452件（次），其中，举报贪污、贿赂、挪用公款等经济犯罪的来信来访235件，其他申诉及刑事控告217件，立案查处经济案件6件（其中，重大案件2件），为国家挽回经济损失60万余元，追缴赃款及非法所得82万余元；复查申诉案件35起，做到了查办有结果，转办有回音，件件有着落。1996年至2000年，受理群众来信来访378件，举报中心初查85件，立案9件，追缴赃款赃物41万余元，为国家和集体挽回经济损失204余万元，对19起不属于检察机关管辖的案件及时转交公安、纪检监察等有关部门处理。办理申诉赔偿案件1件。1999年，制定《内部罪案举报转办暂行办法》《举报线索管理规定》《举报奖励办法》。同年，最高人民检察院规定每年6月最后1周为举报宣传周，县检察院制作录音带、宣传挂图，印制宣传材料，利用5天时间，在县电视台、广播电台发表有关稿件，出动宣传车10余辆次到17个乡镇进行举报宣传，散发举报宣传材料3000余份，受教育群众4万余人。2001年至2005年，控申部门推行首办责任制，按照“谁主管、谁负责”的原则，全程解决群众反映的实际问题，力求将问题解决在基层，解决在首办环节。共受理群众来信来访174件，受理集体来访5件，做到及时分流，及时处理，及时反馈，把矛盾解决在初访环节。开通流动接访车和举报电话自动受理系统，发挥检察长信箱的作用，受理来电来信60件。按照实事求是、有错必究的原则，妥善处理4起申诉案件，办理国家赔偿案件1起。案件息访息诉率百分之百，没有出现一起到省进京上访案件。2005年，县检察院控申科被省检察院授予全省文明接待室称号。2006年，县检察院控申科实行公开听证和答询制度，严格执行首办责任制，建立责任考核机制，依法妥善处理信访案件40件，办理刑事申诉案件1件，有效化解了社会不安定因素。2007年，落实检察长接访、联合接访、预约接访、下访巡访等机制，实行受案标准、审查期限、办理程序、处理结果“四公开”，保持赴省进京零上访。开展“法制宣传进百村”活动，为群众提供法律咨询服务200余人次。2008年，严格落实领导包案、责任查究、督查督办等制度，依法妥善处理信访案件35件。2009年，开展涉检不稳定因素大排查大化解和“信访到我这里停止”专项活动，总结推广检察长接访、下访巡访、流动接访等做法，构建涉检信访处理及评估预警长效机制，依法妥善处理信访案件32件，排查化解矛盾纠纷12次。2010年，控申科依法妥善处理信访案件32件，其中，检察长接访、批办信件12件次，受理民生服务热线电话16件，及时排查化解矛盾纠纷8次。在全县11个乡镇全部设立民生检察联系点，聘请民生检察联络员，化解社会矛盾纠纷26件，帮助受害人挽回损失10万余元。开展“依靠群众、反腐倡廉、服务大局”举报宣传周活动和涉检涉农信访大排查活动，推行涉检信访风险评估预警机制，把息访息诉和预防涉检信访问题融入检察工作的各个环节，杜绝到市到省进京上访案件的发生。2011年，控申科推行“事前防范、事中化解、事后修复”的3段式信访处理机制，通过风险评估预警、检察长接访、下访巡访等措施，以有理推定的诚意对待上访群众，共解决群众诉求32件，提供困难救助、化解矛盾纠纷92起。2012年，完善执法风险评估预警、法律文书释法说理机制，坚持检察长接待日制度，开展带案下访，共受理来信来访36件，接待解答法律咨询90余人次，妥善处理集体上访、告急信访3件，及时办理96699民生热线反映问题98件。2013年，共处理群众来信来访38件，办理刑事申诉13件。按时参加县级领导干部接访，重视积案化解，对属于检察机关办理的信访案件，实行“定领导、定人员、定时限、定责任、包息诉”的“四定一包”责任制，在全县“信访积案集中化解月”活动中，化解1起信访积案。2014年，坚持检察长接待日制度，受理群众来信来访152件次，化解告急访、集体访12次，认真解决群众涉法问题16个，化解矛盾纠纷23起，对受理的14起不服法院正确判决裁定的申诉案件，耐心做好服判息诉工作。坚持有错必纠，不枉不纵，对发现的1件有新证据证明原判决认定事实确有错误的刑事案件，按照审判监督程序依法提请抗诉，维护了法律的统一和尊严。2015年，控申科受理来信78件，来访120起，接待来访群众150人次，其中申诉信14件，举报信16件。受理刑事申诉6件，其中立案审查2件，提请菏泽市检察院抗诉1件，菏泽中级人民法院指定定陶法院再审，再审后，定陶法院依法改判。查阅卷宗22本，初核1件，开展不立案线索审查1件。司法救助30件30人，发放司法救助款4.5万元。同时根据高检院的统一要求，建成远程视频接访室，并如期通过市检察院验收，实现省市县3级联网。2015年度，县检察院控申科被省检察院授予“全省文明接待室”称号，被省老龄委、省检察院等7家单位联合授予山东省首批“老年人公益维权服务示范站”称号。

第六节　民事行政检察

1994年，县检察院成立民事行政检察筹备组，1995年，正式设置县人民检察院民事行政检察科，为正股级内设机构。1996年，受理民事行政申诉案2件，提请菏泽分院抗诉1件；1997年提请抗诉3件，1998年提请抗诉4件，1999年，建议菏泽分院提请山东省人民检察院抗诉1件，2000年提请抗诉8件。2001年9月30日最高检察院颁布实施《最高人民检察院民事行政抗诉案件办案规则》，使检察机关办理民事行政抗诉案件进入一个新时期。依据上级规定，县检察院民事行政检察科制定了民事行政工作办案流程。2002年提请抗诉5件，不提请抗诉1件。2003年提请抗诉3件，向县法院发出检察建议1件，法院接受并恢复审理。2004年提请抗诉7件。2005受理申诉12件，从中立案审查10件，提请市检察院抗诉5件，建议提请抗诉3件。2006年提请抗诉2件，不提请抗诉1件。2007年，民事行政检察科针对案源少的实际，向人大代表、政协委员寄发资料等方式宣传民事行政工作，同时，探索民事行政检察新路子，在法律服务所、法律服务中心设立民事行政检察联系点，正确引导申诉，全面做好息诉。同年提请抗诉1件，建议县法院再审2件。帮助息诉案件26件。2008年，受理申诉案件16件，建议提请抗诉2件，帮助息诉案件14件。2009年立案审查民事、行政申诉案件12件，提请抗诉4件，建议县法院再审1件。2010年提请抗诉1件，建议县法院再审4件，帮助息诉案件26件。2011年，探索试行对民事案件执行活动的监督机制，提请抗诉5件，向法院发出执行监督检察建议1件。2012年，提请抗诉5件，办理支持起诉、执行监督、民事诉讼违法调查、行政执法监督等创新型案件8件。

2013年1月1日修改后的《中华人民共和国民事诉讼法》施行。同年，开展行政执法监督试点和虚假诉讼、调解监督专项工作，当年向县法院发出再审检察建议3件。2014年，综合运用抗诉、检察建议、诉讼违法调查等监督手段，办理各类民事行政申诉案件5件；突出抓好行政执法检察监督试点及民事调解和执行监督，办理监督案件4件，为国家和当事人挽回经济损失300余万元。2015年，开展环境保护行政执法检察监督和道路交通安全法律监督专项活动，形成《关于城区河道污染状况的调研报告》，发出行政执法检察监督检察建议7件，督促有关部门进行整改。办理再审检察建议案件1件，提请抗诉1件，诉讼违法监督和执行监督案件4件，不支持监督申请2件。民事行政检察由单一的对生效裁判的一元化监督，转变为对结果和过程的全面监督、多元化监督。

第五章　法　院

第一节　立　案

1991年，县法院立案工作实行审判庭、人民法庭自行立案、审理的模式。由于立、审不分致使审判效率低下，案件审判不公正，司法腐败滋生等现象逐渐被社会广泛关注。1998年，县法院根据最高人民法院“明确职责、分工合理、运转高效”的要求，开始立审分立、审执分立、审监分立、统一立案和案件审理实行审判流程管理为主要内容的立案改革，建立以“大立案、精审判、强执行、严监督”的立案审判管理格局。同年，立案庭成立，负责民事、经济、行政案件的审查起诉和刑事自诉案件的起诉，执行申请，申诉和再审申请的审查，上诉案件、抗诉案件的审查登记及信访工作。2000年，建立局域网，引进“案件综合信息管理系统”，借助科技手段，实行网上立案、巡回立案相结合的多轨制立案模式，方便群众诉讼。同年，设立立案大厅，实行案件审查、立案受理、费用收取、排期开庭一站式服务。完善“立审、审执、审监”三分立制度，初步建立起“大立案、精审判、强执行、严监督”的格局。2002年，全面实行网上立案，所有案件信息由手工填写改为微机信息录入。2015年7月，根据省市法院关于诉讼服务中心规范化建设的实施意见，县法院成立诉讼服务中心，整合立案、信访、律师服务平台、12368诉讼服务热线等功能，统一标牌、标示、布置导诉台，完善便民措施，初步建成诉讼服务三大平台。

第二节　信　访

1991年至1997年，县法院控告申诉庭负责信访处理工作，接待来信来访处理来信3330件次，办理县委、县人大常委会及上级法院转办信访案件16件次。1998年，立案庭成立以后，信访接待室归属立案庭，2008年，对原有涉诉信访案件，严格落实主审法官负责制、包案领导责任制和属地管理制度，包案到人、责任到人，由案件责任人进行信访人的思想疏导、矛盾化解、息诉罢访工作。至2015年5月，处理来信1300件次，来访2923余人次，办理县委、人大及上级法院转办信访案件27件次。同年5月，成立法院信访室，负责来信来访接待工作，至年底接待来信来访68件人次，主要涉及土地承包合同、征地补偿、房屋拆迁补偿、行政处罚以及审判执行中的判后答疑、执行答疑等问题。

第三节　告诉申诉

1989年8月，县法院设立控告申诉审判庭，主要受理刑事自诉、民事、经济和行政案件的告诉；审查处理不符本法院已经发生法律效力的判决、裁定、调解协议以及通知的刑事、民事、经济和行政案件的申诉；调解刑事自诉、民事、经济案件、解答法律咨询等，同时负责法院信访工作。1991年至1997年共接待来信来访处理来信3330件次，在此期间共审查立案5770件，受理刑事、民事申诉案件142件。1998年，控告申诉庭撤销，分设立案庭和审判监督庭。

第四节　刑事审判

20世纪90年代初，县法院配合公安、检察等部门开展“严打”斗争，先后参加“攻难案、打团伙、追逃犯”“反盗窃”和打击拐卖妇女儿童等专项斗争，至1995年共审结刑事案件363件448人次，召开宣判大会18场次。1997年新修订

▲ 人大代表现场观摩庭审　（2012年　马思虎　摄）

的《中华人民共和国刑事诉讼法》和《中华人民共和国刑法》相继实施，县法院把打击各类刑事犯罪和经济犯罪活动放在法院工作的重要位置。1998年，通过刑事审判，为企业挽回经济损失130余万元。在“打霸”专项斗争中，依法惩治了人民群众反映强烈的各类霸头。从严惩处在定陶县影响较大的张×相、张×民、刘×义聚众扰乱社会秩序、聚众冲击国家机关案，彭×生非法吸收公众存款案等。1999年，县法院在参与社会综合治理的同时，开展扫黄打非和打黑除恶等专项斗争，取得良好的成绩。至2000年，共审理各类刑事案件490件563人次。2002年，刑事审判庭增加审理并监督人民法庭的刑事自诉案件。至2005年，根据县委建设“平安定陶”的要求，县法院继续开展“严打”整治斗争，共审理各类刑事案件428件492人次。

2006年开始，县法院坚持惩罚犯罪与保障人权相结合、惩办与宽大相结合，贯彻罪刑法定、罪刑相适应等刑法原则，对严重危害公共安全与社会秩序的犯罪分子，坚决依法严惩。同时注重宽严相济，对于一般性犯罪，在依法办案的前提下，在量刑上实行宽和的政策，感化教育犯罪分子；对轻微刑事案件和刑事附带民事诉讼案件，加大调解力度，妥善化解社会矛盾。至2010年，共收案405件589人，审结399件575人。同时，县法院结合工作实践，认真分析犯罪的原因、规律和特点，及时向有关部门提出了加强和改进工作的司法建议，参与党委统一部署开展的专项斗争、综合治理活动，支持社会治安防控体系建设和平安创建活动。

2011年以后，法院刑事审判推行量刑规范化，在严格落实罪刑法定、罪刑相适应等刑法原则的同时，把握宽严的重点和幅度，做到宽严有度、罚当其罪。至2015年，共审理各类刑事案件972件1268人次，审结917件1168人次。对严重危害国家政权稳固和社会治安的犯罪、严重暴力犯罪及严重影响人民群众安全感的犯罪，始终保持高压态势，予以严惩，依法从重处罚。加大对抢劫、盗窃、诈骗、伤害等多发性案件的惩处力度，依法惩处了多起贪污、贿赂、渎职等职务犯罪。严厉打击杀人、强奸、绑架、邪教组织、非法集资、“两抢一盗”等严重危害群众安全感和生命健康、财产权益的各类犯罪，以及以农村留守妇女、儿童、老人及社会弱势群体为侵害对象的犯罪活动。

第五节　民事审判

1991年4月，贯彻实施《中华人民共和国民事诉讼法》，县法院12个人民法庭及民事审判庭负责审判民事一审案件，同时，在另外8个未设置法庭的乡镇，均设立了司法联络点。6月，在县土地管理局设立驻土管局巡回法庭，主要审理涉及农村土地承包、宅基地等涉农纠纷。1994年，全面推行“一公开三为主”（公开开庭审理案件，以庭审调查为主、当庭举证为主、发挥合议庭功能为主）、“一步到庭”的审判方式改革。认真贯彻《中华人民共和国民法通则》《中华人民共和国民事诉讼法》，注重坚持三条原则：①坚持“两便”原则，便于当事人诉讼，便于案件审理；②坚持先急后缓原则，对有激化苗头的案件，明确专人办理，将矛盾消灭在萌芽状态；③坚持依法办案和质量第一的原则。至1995年共受理各类民事案件2817件，审结2746件。

1996年，围绕“三个强化”（强化庭审功能、强化当事人举证、强化合议庭职能），进行以“控辩审”为主要内容的民事审判方式改革，并将当庭裁判纳入考核。全面落实公开审判制度，增加案件审理的透明度，强化庭审功能，审判活动一律在法庭上进行，做到公开举证、公开质证、公开认证、公开辩论、公开裁判，“一步到庭”率90%以上。1999年，推行庭审考核制度，评选优秀审判长制度，有效促进了审判方式改革。2000年，全面实行以审判流程管理为核心的“大立案”改革，对审判管理、缩短审理周期、维护当事人权益起到促进作用。至2000年，共受

▲ 民事诉讼案件庭审现庭

理各类民事案件7515件，审结7297件，分别比上一个五年增长166.78%和165.73%。2001年至2005年，受理各类民商事案件8607件，审结8713件。2006年至2010年，受理各类民商事案件6485件，审结6321件。2011年至2015年，受理各类民商事案件10065件，审结9640件。

第六节　商事审判

1991年，在经济审判工作中，县法院以“保证改革，服务四化”为出发点，以促进生产力发展为目标，在审理好案件的同时，不断拓宽服务渠道。下半年，县法院实行经济司法联络员制度，在全县重点骨干企业中聘任55名经济司法联络员，1992年，帮助粮食部门审查签订购销合同50余份，追回债务43万余元。1993年，县法院通过诉讼和非诉讼手段，为金融、商业、供销等系统企业清欠资金527.4万元，收回欠款、贷款360.3万元。为适应市场经济发展的新形势，县法院制定《定陶县人民法院关于强化经济审判为经济发展服务的决定》，确立经济审判的组织措施和工作目标。配合现代企业制度改革，审理与企业经营机制转换相关的企业联营、租赁、破产等案件，至1997年，在严格依法办案的同时，先后为企业完善经济合同2800余份，健全管理制度1300多项，提出司法建议1600余条，有效预防和减少了经济纠纷，促进了市场经济的健康发展。至2000年，共受理经济纠纷案件7499件，审结7048件。2002年，根据最高人民法院建立大民事审判格局的要求，经济审判更名为商事审判，商事审判纳入大民事审判格局。当年，共审理破产案件5件，涉案标的额5600万元，有效促进了破产企业顺利改制和转轨。2003年，县法院出台《进一步优化经济发展环境的意见》，提出加快发展服务的8条措施。当年，县法院共受理企业破产案件15件。在审理定陶县第四棉花加工厂破产案件中，涉及140余名职工的183万元集资款未能偿还，为稳定职工情绪，疏导化解矛盾，县法院工作人员深入职工群众，先后召开3次职工大会，5次召开职工代表大会，讲法律，讲道理，使职工情绪逐步趋于稳定，配合法院工作。在审理中，因破产企业无力支付破产费用，办案人员加大债权清收力度，最大限度地挽回经济损失。破产变现后，原本第一清偿顺序的偿还率仅为42%，最终偿还率达到50%，案件终结后，无一人上访闹事，取得了良好的社会效果。

第七节　行政审判

1991年，为宣传《中华人民共和国行政诉讼法》（简称行政诉讼法），县法院出墙报11期，撰写宣传材料6万余字，接受法人单位和人民群众法律咨询150余次，多次与相关科、局、企事业单位等行政执法部门负责人召开联席会议，有效促进了行政机关依法行政。在行政案件审理中，县法院坚持“积极慎重稳妥”的工作方针，排除干扰，秉公执法。至1995年，共审理行政诉讼案件85件，仅1995年就审结行政诉讼案件34件，结案数量比1994年增加31%。1996年10月1日《中华人民共和国行政处罚法》（简称行政处罚法）实施，县法院以此为契机，加大宣传力度，张贴宣传标语，组织干警开展咨询活动。同时，加强对行政机关的指导，对县直有关行政机关的科局长和乡镇党委书记、乡镇长进行《行政处罚法》专题讲座，深入土管、城建、环保等部门及乡镇开展行政司法服务，收到良好社会效果，1998年受理行政执行案件166件，执结163件，结案标的210万元。1999年至2000年，审理涉“三提五统”和农业特产税案件300余件，执行标的额400余万元。至2000年，共审理行政案件421件，审结412件，受理非诉执行案件707件，执行标的450余万元。在依法慎重审理行政诉讼案件的同时，对行政机关申请执行的非诉执行案件，县法院坚持说服教育为主，强制执行为辅的方针，依法予以执行，特别是对群体性诉讼案件慎重对待，依法公正审理，防止矛盾激化，改善了行政机关与人民群众的关系，至2005年，共受理行政诉讼案件681件，审结697件，非诉执行案件760件。在加大行政审判工作力度的同时，妥善审理涉及治安、工商、土地、城建、计生等方面的案件，既依法撤销违法的具体行政行为，保护行政相对人的合法权益，又坚决支持行政机关依法行政，充分发挥行政管理效能，维护良好的社会管理秩序。至2015年，共审理行政诉讼案件1043件，审结1012件，非诉执行案件1409件。

第八节　执　行

1992年5月至8月，在全县范围内开展执行工作大会战，在3个月内全院抽调28名干警，出动车辆100余台次，共执行各类案件92件，占应执行案件总数的82%。1994年，县法院组建司法警察队伍，与执行庭相互配合，协同工作，至1995年，县法院受理执行案件723件，有效执结656件。1997年，司法警察大队正式成立。同年11月，县法院集中开展“执行大会战”，仅1个月的时间执行各类案件318件，执行标的额480余万元。1998年，县法院根据上级法院统一部署，制定《集中清理执行案件行动方案》，共执行案件582件，执行标的额1366万元。1999年8月，县法院开展执行工作宣传周活动，严格采取罚款、拘留等强制措施。在活动期间，执行案件55件，司法拘留66人。1996年至2000年，县法院共受理执行案件2680件，执结2504件。

2001年，县法院成立执行局，下设综合室、执行一庭、执行二庭，配备人员14人，车辆4部，采取集中执行、公开曝光等方法，促使一批久拖未结的案件取得进展。原山东国华集团总公司申请执行福建厦门象屿大宇国际贸易有限公司和福建厦门天宇发展公司加工承揽拖欠价款纠纷一案，一直未能彻底执结，2002年5月，县法院组织人员外出执行，依法强制执行价款160万元，为国华公司挽回全部经济损失。2003年10月，县法院集中开展“执行百日会战”活动，制定《执行风险告知制度》《申请执行人举证制度》《执行案件听证规则》等5项新规定。至2005年，县法院共受理执行案件2361件，执结2290件。2006年至2010年，县法院完善法院内部执行机构与相关部门之间，县法院与县党委、县人大常委会、县政府及有关部门之间相互协调配合的内外两个“大合唱”工作机制，全面加强执行工作，紧密结合自身工作实际，健全完善执行威慑机制、执行联动机制、解决执行难长效机制等工作新模式。共受理执行案件2456件，执结2087件。

2011年至2015年，县法院以强化执行管理为切入点，不断完善执行案件流程管理制度，进一步加强并运用执行联动威慑机制，争取县委、人大常委会、政府及有关部门、新闻媒体的支持参与，动员社会力量协助执行，有效遏制规避执行的问题，使一批疑难复杂的案件得到执结。坚持“和解先行、强制在后”的工作方针，把和解工作贯穿于整个执行程序，促进矛盾在执行程序中化解；开展清理积案专项执行活动，以最大限度实现当事人胜诉权益为目标，充分运用法律赋予的各项措施，健全完善执行威慑、执行联动等工作机制；推行失信被执行人曝光制度，通过法院官方网站、微博、微信和电视台对失信被执行人进行曝光。共受理执行案件4089件，执结3831件。共曝光失信被执行人55人。

第九节 审判管理

2014年，定陶县人民法院设立审判管理办公室，以“规范、保障、促进、服务”审判执行为主题，充分发挥在案件信息管理、案件质量评估、案件质量评查、审判流程管理、审判运行态势分析、审判绩效考核6个方面的审判管理职能，同时负责法院机关审判庭的法庭记录和电子卷宗的扫描上传工作。推进“三大公开”平台建设，实现裁判文书上网常规化；推进庭审直播全面化，做到“每庭必录”，选择公众关注度较高、社会影响较大、具有法制宣传意义的案件选送省院直播平台进行直播、录播；检查和监督全院案件信息录入状况，确保案件相关信息录入的及时、准确和完整，以促进向当事人和公众公开。加强审判质效管理，定期通报超审限案件、长期未结案件、案件结收比、结案率、简易程序适用率，全面提升审判执行质效；做好优秀裁判文书评选和精品案例组稿和选报。县法院李丰安的《督促程序的破灭与再生——以支付令异议审查制度的完善为视角》《论诉前财产保全制度的适用》分别在《山东大学法律评论》《天津滨海法学》上刊发，发挥了审判管理参谋助手作用，发现影响审判质效的问题，分析原因，提出对策建议，为领导科学决策提供第一手资料。协助审委会和院领导开展好全院审执工作的一级管理，帮助各业务庭室抓好部门内部的二级管理，衔接好一级管理与二级管理的各项事务。2014年，整理纸质卷宗、上传电子卷宗1325件，法庭记录1225庭次，上传公布裁判文书1386篇，评查卷宗2210件，选送直播案件7件。2015年，审管办整理纸质卷宗、上传电子卷宗1981件，法庭记录1788庭次，上传公布裁判文书2313篇，评查卷宗2210件，选送直播案件10件。

第六章 司法行政

第一节 法制宣传教育

“二五”普法 从1991年开始，全县开展第二个五年普法教育活动，简称“二五”普法。主要内容是“十五法、二条例、一决定”，即《中华人民共和国行政诉讼法》《中华人民共和国义务教育法》《中华人民共和国土地管理法》《全国人民代表大会和地方各级人民代表大会选举法》《中华人民共和国国旗法》《中华人民共和国军事设施保护法》《中华人民共和国集会游行示威法》《中华人民共和国水资源管理法》《中华人民共和国森林法》《中华人民共和国环境保护法》《中华人民共和国矿产资源法》《中华人民共和国食品卫生法》《中华人民共和国文物保护法》《中华人民共和国未成年人保护法》《中华人民共和国残疾人保障法》《山东省计划生育条例》《山东省未成年人保护条例》和《全国人大常委会关于加强社会治安综合治理的决定》。重点普法对象是领导干部、执法人员和青少年。1991年，县普法办公室与教育局、公安局、法院、检察院联合开展青少年学法活动。1993年，举办专题法治报告会，邀请律师为副科级以上领导干部作《中华人民共和国企业法》《中华人民共和国公司法》《中华人民共和国税法》辅导报告，为县委、县政府领导作《中华人民共和国经济合同法》《全民所有制工业企业转换经营机制条例》等法制辅导报告。1994年，在县委党校开设法制课，把法律法规纳入授课内容。县电视台开辟“法制园地”专栏。乡（镇）、村（居）、县直机关、企事业单位、学校等共配备80名法制宣传辅导员，购买普法教材1万余册，召开年度普法动员会4次。1995年10月，通过菏泽地委、行署“二五”普法验收。

“三五”普法　“三五”普法教育主要内容是以邓小平建设有中国特色社会主义理论和党的基本路线、《中华人民共和国宪法》及社会主义市场经济等法律法规。普法重点对象是干部、司法人员、行政执法人员、青少年学生、企业经营管理人员。1997年11月，副科级以上领导干部系统学习《中华人民共和国公司法》《中华人民共和国合同法》《中华人民共和国劳动法》《中华人民共和国行政处罚法》《中华人民共和国行政复议法》《中华人民共和国行政诉讼法》等18门法律法规课程。“三五”普法期间将每年4月定为全县法制宣传月；全县325名执法人员通过专业法律知识考试合格，持证上岗；在全县12个乡镇、18个行政村、县城主要街道设立“法制宣传一条街”；发放普法教材2万余册，有15万名普法对象参加学法活动。2000年10月，通过菏泽市“三五”普法验收。

“四五”普法　“四五”普法的主要内容是以《中华人民共和国宪法》为基础的84部法律法规。重点普法对象是领导干部、国家公务员、司法和行政执法人员、青少年学生、企业生产经营管理人员等。“四五”普法期间，全县中、小学全部聘请法制副校长，并将每年12月4日定为全国法制宣传日。全县共设立宣传站160个，出动宣传车80余次，发放各类法制宣传材料2万余份。税务、工商、交通、公路等单位组织普法知识竞赛25场次，56个企事业单位聘请常年法律顾问，购买普法教材2万余册。2006年9月，通过菏泽市“四五”普法检查验收。

“五五”普法　“五五”普法的主要内容是以《中华人民共和国宪法》为主，包括《中华人民共和国行政许可法》《中华人民共和国公务员法》《中华人民共和国治安管理处罚法》《中华人民共和国道路交通安全法》《中华人民共和国传染病防治法》《中华人民共和国药品管理法》《中华人民共和国房地产管理法》《中华人民共和国个人所得税法》《中华人民共和国农业法》《中华人民共和国气象法》《中华人民共和国妇女权益保障法》《中华人民共和国刑法》《中华人民共和国城市居民委员会组织法》《城市房屋拆迁管理条例》《信访条例》等。“五五”普法期间，以创建“和谐定陶、平安定陶、法治定陶”为总体目标，坚持抓早抓实，扎实开展“法律六进”（进机关、进学校、进农村、进企业、进社区、进单位）活动。2008年6月，在全县范围

▲ 法制宣传　（2014年摄）

▲ “12·4”普法宣传活动　（2014年摄）

内开展“人文奥运、法治同行”大型普法宣传活动。投资5余万元在济阴路建设标准化法制宣传一条街，编印农民常用法律知识手册2万册。2010年，通过菏泽市“五五”普法检查验收。

“六五”普法　“六五”普法的主要内容是在深入开展宣传宪法、社会主义法治理念和国家基本法律制度基础上，进一步学习、宣传促进经济发展、保障和改善民生、加强社会管理、深入开展反腐倡廉等方面的法律法规。重点对象是各级领导干部、公务员、青少年、企事业单位管理人员、农民和社会特殊群体。按照“谁执法，谁普法”的原则，深入推进“法律六进”活动，在全社会广泛开展法制宣传教育，先后组织开展大规模“送法下乡”“新型农民法律法规知识百场宣讲”“送法进校园”等活动，在全县367个村居（社区）推行“法治一条街”和“法治广场”建设，在陶朱公大街和青年路两侧路灯杆上安装近2000块法治宣传固定标牌、6块大型普法液晶显示屏，与县电视台合作开播“以案释法”电视普法节目。每年“12•4”国家宪法日组织开展形式多样的大型普法宣传活动，增强普法宣传教育的渗透性和实效性。2013年，定陶县冉堌镇人民政府、定陶县国税局被山东省司法厅授予全省“六五”普法中期工作先进单位，杜堂镇谢庄村、仿山镇邓集村被山东省司法厅、民政厅授予省级“民主法治示范村”称号。2015年3月，定陶县被司法部授予全国“六五”普法依法治理工作先进县。

第二节　依法治县

1991年，是实施全省依法治省工作“一五”的第一年，也是“二五”普法的开局之年，按照省、地的意见和要求，县委、县政府及时调整充实普法领导小组及办事机构，印发《关于依法治县的意见》。10月，县人大常委会审议通过《依法治县实施方案》，作出《定陶县依法治县规划》。县司法局根据县人大常委会、县政府的决

▲ 法制广场　（2015年摄）

定开展集中宣传活动，当月印发宣传材料4000份，制作宣传板块120块，出动宣传车26台次。确定张湾、陈集、冉堌3个乡镇和县酒厂、县三中、定陶南关居委会为县依法治理试点单位。1993年，全县有13处乡镇，319个行政村制定并实施了依法治理规划，占乡镇总数的70%。1996年9月，县人大常委会审议通过《定陶县人民政府1996—2000年依法治县规划》。2003年，全县出动宣传咨询人员3000多人次，宣传车60多台，悬挂张贴横幅、标语、2万余条，印发法律明白纸15万份，设立咨询站38个，宣传图版200余块，录制宣传讲话磁带80盒，播放广播电视讲话26次，为依法防治非典营造良好法治环境。2011年，构建了以县司法行政法律服务中心为龙头，以律师事务所、法律服务所、司法所、基层调委会、法律援助站和镇（街）民生服务大厅为依托，以村居（社区）调委会、法律援助联系点为骨干的县、乡、村三级普法宣传服务网络，基本建成了以政府为主导，以财政为支撑，全民参与、多元普惠、覆盖城乡的公共法律宣传服务体系；以“民主法治村（社区）”“法治校园”“诚信守法企业”等为抓手，认真落实“四民主两公开”各项措施，不断深化基层民主法治建设。2013年，县国税局等6个单位被命名为“全省法治示范单位”，陈集村等12个村被命名为“全省民主法治示范村”，86个村被命名为市级“民主法治示范村”。2015年3月，县司法局被司法部、全国普法办授予第三

批“全国法治县创建先进单位”。

第三节　公　证

县公证处主要业务是办理合同、协议、继承、宅基、身份证明等。1991年县公证处与县法院联合办理赋予债权债务文书强制执行效力公证，县法院在公证处设立公证执行室。1992年，公证处有公证员5人，其他人员1人。1993年增加计划生育合同公证。1995年公证处开始参与房屋拆迁补偿协议公证。2001年公证处改革，取消行政体制公证处。2005年，县公证处开辟了银行贷款、国有土地拍卖、建筑工程招投标、建筑工程承包合同、房屋拆迁补偿协议、保全证据、政府采购等多项公证业务，办理各项公证业务472件，担任企事业单位法律顾问5家。2010年，办理各项公证582件；建立常年公证联络点5家，接待当事人法律公证咨询400多人次，为企事业单位和个人避免经济损失600多万元。2011年定陶县公证处被菏泽市司法局评为大练兵活动先进单位。2015年定陶县公证处参加山东省涉外业务培训，准备增加涉外公证业务。同年底，定陶公证处有公证员4人，2名辅助人员。主要业务是办理委托书、继承、遗嘱、各类经济合同、民事协议、招投标、土地招拍挂、保全证据等业务。

▲　公证业务宣传

1991—2015年定陶县公证业务情况表

表23-6-1　　单位：件

年份	民事公证	经济公证	合计	年份	民事公证	经济公证	合计
1991	348	22	370	2004	498	32	530
1992	433	27	460	2005	443	29	472
1993	475	26	501	2006	430	30	460
1994	440	30	470	2007	565	35	600
1995	766	34	800	2008	478	40	518
1996	408	22	430	2009	571	42	613
1997	360	20	380	2010	532	50	582
1998	385	25	410	2011	735	65	800
1999	430	20	450	2012	648	62	710
2000	339	21	360	2013	1030	70	1100
2001	435	25	460	2014	765	56	821
2002	410	21	431	2015	1150	60	1210
2003	361	24	385	—	—	—	—

第四节　律　师

1992年，山东菏泽青天律师事务所有工作人员8人，其中，律师5人、助理1人、其他2人。1995年，根据省司法厅要求，更名为山东九州苑律师事务所，有律师工作者13人，其中2人获得法学硕士学位，5人获得法学专业本科学历，平均年龄29岁。1997年，九州苑律师事务所获记集体二等功，被评为菏泽地区律师工作第一名。2000年9月，山东九州苑律师事务所与县司法局脱钩改制。同年11月，山东陶城律师事务所成立，有专职执业律师8人，律师助理及辅助人员4人。2005年，代理各类案件516件，调解纠纷630件，代书962份，解答法律咨询2000余人次，见证21件，为县、乡、村和企事业单位担任法律顾问60家。2010年，从律师事务所及法律服务所抽调精干人员，成立专业法律服务团队，针对在全县大项目建设中出现的各种矛盾，开展专项服务活动，把服务“三农”放在突出位置，推动律师、公证、基层法律服务等工作重心向农村转移。至2015年，定陶律师事务所担任定陶县人民政府等多家行政及企事业单位常年法律顾问，为顾问单位提供法律建议466项，草拟审查合同及其他法律文书1658件；共办理非诉讼事务1136件，诉讼案件7500件，追回和避免经济损失1.3亿元。

第五节　人民调解

1991年，全县有基层人民调解组织490个，人民调解员1238人。2005年，县成立人民调解工作指导委员会，乡镇成立调解中心，村（社区）建立村级调解委员会，在全县形成三级矛盾纠纷排查调解网络，全县11个乡镇、362个行政村、6个社区和4个企业都建立了调解委员会，人民调解员1358人，聘任首席调解员54人，开展矛盾纠纷排查453次，调解矛盾纠纷543件，调解成功505件；参与调解疑难复杂民间纠纷45件，协助基层党委、政府处理社会矛盾27件，防止群体性上访10起，制止群众性械斗3起。2008年，县委、县政府出台《关于进一步加强新时期人民调解工作的意见（试行）》，全县人民调解工作指导委员会重新调整充实，由县委政法委书记任主任，县相关部门负责人为成员，委员会下设办公室，办公室设在县司法局。与此同时，各乡镇均对本辖区人民调解委员会进行调整充实，村级人民调解组织覆盖率100%，各类企事业单位和区域性、行业性人民调解组织如回汉纠纷、交通事故、医患纠纷、土地纠纷、环境污染等36个特色调解组织相应成立，全县1535名人民调解员纳入等级化管理，相应落实首席、一级、二级、三级人民调解员待遇。2011年1月1日，《中华人民共和国人民调解法》正式实施。2015年，全县共有人民调解组织422个，其中，特色调解组织46个，人民调解员1711人，专职人民调解员658人。1991年至2015年共化解矛盾纠纷共计7.8万件，调解成功率97.2%，群众挽回经济损失1.2亿元。2005年以后，马集镇人民调解员李洪华先后被司法部授予全国标兵调解员、全国司法行政系统劳动模范；南城社区调委会主任李长进先后被司法部授予全国模范人民调解员、菏泽市人民最满意的人民调解员；仿山镇人民调解员陈丕文被司法部评为全国模范人民调解员。

▲ 人民调解工作现场

第六节 法律服务

基层法律服务 全县共有20个法律服务站，包括19个乡镇法律服务站和1个县局法律服务站，站内负责人由司法助理员担任。1990年8月，在全县19个乡镇设立司法所，工作人员41人。法律服务站与司法所合署办公，乡镇实行一套人员两个牌子。1993年，法律服务站统一更名为法律服务所，全县20个法律服务站缩减为19个法律服务所。2000年，司法部、山东省司法厅下发《关于基层法律服务机构脱钩改制的实施意见》，全县19个法律服务所全部实行脱钩改制，与司法所分离走向社会，实行“两不四自”体制，即不吃财政、不占编制，自主经营、自负盈亏、自我发展、自我约束。从此，基层法律服务所成为了自主执业、自收自支、自担风险、自我约束、自我管理、自我发展、平等竞争的社会中介机构。2006年，代理案件442件，其中代理民事案件310件，刑事案件30件，调节矛盾纠纷179起。2015年，全县共有基层法律服所5家，分别是信合、陶新、正衡、白云、吉祥，共有执业人员54人，10余年共代理民事案件6756件，经济案件563件，行政案件183件，担任法律顾问187家，调解纠纷5650件，代写法律文书4600余件，解答群众咨询1.8万人次，避免和挽回人民群众经济损失5000余万元。

法律援助 2000年9月，定陶县法律援助中心成立，有工作人员3人，每年办理法律援助案件100件以上，参与普法宣传20余场。对受到不法侵害和经济困难的当事人（尤其是残疾人、老年人、军属、妇女、儿童等弱势群体）予以免费或减费代理案件、办理公证和诉讼。2005年，办理法律援助案件25件，接待来访群众900余人次，解答法律咨询1200余人次。2010年2月，构建以县法律援助中心为主导，镇街和部门等22个法律援助站为支点，20个村级示范联络点为补充的县、镇街、村（居）法律援助三级网络，发放法律援助便民手册2500余份，发放法律援助绿卡1500个，共办理法律援助案件256件。2011年10月，定陶县司法行政法律服务中心成立，法律援助服务窗口同时设立，认真推行“微笑服务、上门服务、延时服务、预约服务”四项服务。2012年初，为使援助案件数量上升，向山东陶城律师事务所、县公证处、各法律服务所下达法律援助义务量，要求每名律师、公证员、法律服务工作者，每年承担5件法律援助案件。同时，对受援人实行“点援制”。至2015年，共向全县广大人民群众发放便民手册和援助绿卡6000余份，组织开展“法律援助质量建设年”活动。共办理法律援助案件1710余件，解答法律咨询12471人次。

“148”法律服务专线 1998年10月，定陶“148”法律服务专线在县司法局开通。2000年9月，“148”协调指挥中心正式成立，各乡镇也相继开通“148”法律服务专线，逐步形成“一个中心两支队伍四项制度”。“一个中心”即“148”法律服务协调指挥中心，设在司法局，统一组织律师、公证、基层法律服务组织，提供便捷、高效的法律咨询和各方面的法律服务。“两支队伍”即专线值班队伍和法律服务轻骑队。“四项制度”即服务承诺制度、上岗执勤制度、服务到家制度、配套联动制度。“148”其谐音为“要司法”，通过解答群众的法律咨询，对广大群众进行普及法律知识，提高广大群众依靠法律解决纠纷的能力，维护群众的合法权益，通过化解矛盾纠纷，维护社会的稳定。2003年6月，启用“12348”短号码。2005年，解答法律咨询1400余个，接待来访400余人次，为群众提供上门服务40次，解决各类纠纷26件，减少信访26起，避免民事转刑事3起。2010年，接听电话907个，接待群众来访107人次，解决各类纠纷49件，避免民事转刑事6起，息访16起。至2015年，“148”服务专线共解答群众法律咨询11612人次，移交有关部门处理案件769起，预防矛盾激化1166起。

第七节　安置帮教

2002年7月，定陶县安置帮教领导小组成立，办公室设在县司法局，司法局局长兼任办公室主任。同年，各乡镇与行政村治保调解主任分别签订重点人员帮教责任书。全县362个行政村和厂企基层单位，成立普法、治安、巡逻、调解、帮教“五位一体”的安置帮教办公室。2003年6月，县司法局投资30万元与定陶县东方预制有限公司合作建立起全市首个安置帮教基地——定陶县刑释解教人员安置帮教基地。对全县刑释解教人员摸底登记，逐人建档立卡，落实帮教措施。2010年，接收刑释解教人员65人，总人数246人，全部得到有效安置，对全县社区矫正人员进行业务培训，组织其进行公益劳动，为回归社会夯实基础，成功解除158人。2013年，安置帮教基地扩建，占地面积9.53公顷，固定资产200余万元，职工72人，累计过渡安置刑释解教及社区服刑人员483人，安置28人。至2015年，全县累计接收刑释解教人员3300余人，全部得到有效帮教和安置，帮教率达100%，安置率达100%，无一人重新违法犯罪。

第八节　司法鉴定

2006年12月，县人民医院司法鉴定所成立，是经山东省司法厅批准，依法取得司法鉴定许可证的合法鉴定机构。所有鉴定人员均经过司法部培训，并依法取得司法鉴定人执业证书，列入全国司法鉴定人员名册。出具的司法鉴定报告是公、检、法、司及劳动仲裁等机关办案的重要依据，在全国范围内均有法律效力。开展的司法鉴定业务主要有损伤程度鉴定及相关事项；伤残程度及相关事项。司法鉴定坚持公平、公正、科学、合理的原则。鉴定人员忠于法律、忠于事实。在鉴定工作中恪尽职守、科学严谨、保持中立、客观、科学、独立、公正地出具鉴定报告。2010年，鉴定各类案件42例。至2015年，先后开展鉴定业务600余件。

第二十四编
军事
JUN SHI

1991年至2015年，定陶县人民武装部在基层民兵组织建设、民兵训练、兵员征集、拥政爱民、民兵带建等工作中不断取得新成绩。在完成国防建设任务的同时，积极投身经济建设，特别是在抢险救灾等关键时刻，人民军队和民兵预备役人员充分发挥了中流砥柱的作用，赢得社会各界好评和上级军事部门的多次嘉奖。

第一章　军队建设

第一节　军事与文化建设

正规化建设　1991年，县人民武装部建立和完善工作目标责任制，各科室和个人都制定工作职责，做到工作有章可循，有据可依；建立考勤、值班、工作、学习、卫生等制度，使工作制度化、规范化。1993年，县人民武装部机关进行思想、作风、纪律整顿，认真学习条令条例和上级的有关规定，对照条令条例找差距，修改完善各种规章制度，明确职责，各科室和个人也都制定规划和措施。1996年4月，县人民武装部收归部队建制后，为适应县人民武装部归建和正规化建设的需要，开展“全员启动，岗位练兵，内增素质，外树形象”活动。6月，菏泽军分区县（市）人武部正规化建设现场会在定陶县召开。县人民武装部被济南军区评为“正规化建设先进单位”，省内多家县市区人民武装部到县人民武装部参观学习。2000年，县人民武装部贯彻山东省军区《用条令条例规范军分区系统“四个秩序”提要》和济南军区《县（市、区）人民武装部正规化建设若干规定》，健全完善各项管理规定和规章制度，用条令抓管理，用制度促工作；改善机关办公条件，各办公室配备微机，购置文件橱；建起娱乐室，购置乒乓球、羽毛球、象棋等。2002年，坚持管理工作经常化，进行作风纪律整顿，进一步落实“四个秩序”，做到一日生活条令化、营院秩序、资料管理、物品摆放规范化，保持正规的战备、训练、工作和生活秩序；“学职责、懂职责、尽职责、查职责”活动增强了各级按职办事意识；制定并印发《基层武装工作千分制考评办法》，为抓好基层武装建设提供了依据；对基层武装部建设进行年终考评，改变过去干好干差一个样，年终评奖凭印象的做法，调动专职武装干部工作的积极性。8月，军分区在县人民武装部召开正规化建设现场会。2005年，依据菏泽军分区提出的县武装部每年抓3个基层武装部，每个基层武装部每年抓3个民兵连的要求，本着缺什么、补什么，什么弱、抓什么的原则，一项一项抓落实，加强基层正规化建设，先后筹集资金1.8万元，对张湾、冉堌镇等基层武装部和9个基层民兵连正规化建设示范点统一标准，规范资料，提高正规化程度，帮助基层武装部落实基层民兵连“部、室、家”建设，9个村民兵连基本上达到设施完备、资料齐全、活动经常的要求。2007年，为迎接正规化建设达标检查，按照“先软件、后硬件，先机关、后基层，先大项、后细节”的工作思路，采取分工负责、限时定量、分段检查的方法，干部职工发扬“见第一就争，见红旗就扛”的拼搏精神，人人动手，事事从细，高标准完成达标检查任务，得到省军区检查组织和分区首长的充分肯定。2009年，重新修订《基层武装部、民兵连正规化建设标准》，对基层建设标准和内容进行具体规范和统一，在张湾镇武装部开展民兵基层建设试点工作；重点对冉堌镇、黄店镇、仿山乡、供电公司武装部（民兵连）正规化建设进行检查督导，基层正规化建设的整体质量有了新的提高；陈集镇前沙海民兵连在军分区民兵基层建设表彰会议上作典型发言。2011年，在巩固冉堌镇等8个乡镇正规化达标建设成果的基础上，充分发挥抓基层“一线指挥部”功能，采取“分工帮抓、试点带动、分批实施、定期调度、一线指导、限期完成”的方式，对第三批3个乡镇达标建设进行帮抓，促进民兵基层建设协调发展、整体提高，被军分区表彰为“抓基层先进一线指挥部”。2014年，县人民武装部进一步加大基础设施投入，整改部分办公室面积，改善机关工作生活条件，提升了机关的办公功能。

战备和训练 1991年，自觉利用各种机会进行战备教育，使广大干部和民兵增强战备观念；县、乡两级成立民兵应急分队，编制应急方案，并组织演练，提高应急分队应付各种突发事件的能力；加强节日值班和平时值班；修改作战方案，编写兵要地志。2000年，按照中央军委和济南军区、山东省军区善于战备工作的指示精神，对民兵预备役人员进行以国家安全为主要内容的战备教育，注重对敌情、社情的分析研究，严密关注社会动态，做到居安思危，有备无患。加强节假日期间和敏感时期的战备工作，完善各项战备制度、设施和战备方案。规范作战室、值班室、资料室建设；加强战备工作管理，加大战备检查的力度；加强战备资料管理，进一步修改、完善和落实作战计划、兵员动员、物资征用、维护社会稳定、抢险救灾、军警民联防、守护重要目标等7种战备方案；健全应急分队机构，明确分工，充实应急行动预案，完善以维稳和防汛为重点的相关资料；购置应急分队防暴器材、服装和相关装备，使战备工作保持高度戒备状态。2005年，为做好新军事变革形势下的对台军事斗争准备，县人民武装部落实战备训练和国防动员工作，制定与完善城市防卫作战、保障部队战役机动和快速动员方案，做好重点时期和节假日期间的战备工作，完善“三室一库”建设，提高了规范化、标准化建设水平。同时做好黄河、内河防汛准备工作，完善各项战备制度，拟定战备预案，适时进行演练，收到良好的效果。2008年，针对四川地震发生和奥运安保、防汛需要，修订完善《地震应急预案》《奥运安保应急预案》《防汛应急预案》，开展“迎奥运、抓安全、保稳定”安全整顿活动，组织民兵对沿线铁路进行巡护。2010年，严格战备训练，以现役人员为重点，突出信息化要求，采取集中授课、统一组织的形式，开展以军事理论知识、军事高科技、识图标绘和战术作业为主要内容的机关经常性训练，促进机关训练的制度化、经常化，提高了机关人员的军事业务和指挥技能。2013年，按照建设能打仗、打胜仗部队的目标要求，突出现役干部重点，进行一体化指挥平台等指挥信息系统操作使用、体能、“四会”教学、队列的学习训练，机关的指挥技能和业务水平得到整体提升，机关的指挥、保障能力明显增强。在军分区组织的现役干部年度考核中，单位成绩总评第二，部主官个人成绩总评第一。扎实开展大规模作战检验评估。2015年，县人民武装部军事训练和战备工作稳步提高，着眼担负保障战区部队战役机动和遂行多样化任务需要，修订“一个计划、四个方案”，健全完善黄河、内河防汛、维稳处突等预案。协调上级部门充实配备近10万元的战备物资，改善了民兵遂行任务条件。

安全防事故 安全防事故是军事工作的一项重要内容，主要从训练、征兵、节假日、车辆和武器弹药管理等方面加强安全防事故工作，从未出现过任何重大安全事故。1991年，县人民武装部建立车辆管理制度。坚持派车单制度，司机凭派车单出车，派车单由秘书统一填写，不准私自用车。特殊情况出车后要及时补填派车单；驾驶员要加强工作责任心，服从安排，按时出车，勤检查，勤保养，保证车辆的良好状态，严禁违章和酒后开车；明确用车范围，小车主要是保证部首长和各科室公务用车，原则上不允许私人用车，如果有特殊情况需要用车，需经办公室批准，要按规定交纳机燃费和司机出车补助费。1994年，县人民武装部对民兵装备仓库认真落实各项管理制度，严格干部值班、保管员在岗制度，武器库连续34年无事故，在历次的检查评比中，均获得较好成绩。2001年，民兵装备管理工作受到中央军委总参谋部的表彰。2001年以后，县人民武装部根据省军区和军分区有关车辆管理的要求，结合实际，制定5条规定，即严格派车、定点加油、定点维修、凡出长途车必须有带队干部、严格车辆管理。2008年，牢固确立安全发展理念，以人员、车辆、涉密载体和枪弹、库房等危险品为重点，有步骤、分阶段地开展整治活动，对枪支弹药进行普查，对预备役人员进行严格政审，配合分区对车辆驾驶员进行安全教育整顿和考核，确保安全工作横向到边，纵向到底，不留死角，消除隐患，受到省军区安全工作检查组的充分肯定。2012年，结合涉密安全教育整顿、“五项整治”、学习贯彻条令条例、军地领导“军事日”等活动开展，严格人员、车辆派遣、涉网涉密、枪弹管理制度落实，确保人、车、枪、弹和涉密安全。在抓好机关干部职工交班、值班、考勤、操课、着装的基础上，突出安全管理教育内容。

档案管理　1991年，集中整理退伍军人档案，购置铁档案柜12套，对全县退伍军人档案进行整理登记造册，由县人民武装部保管。1998年，整理历年来战备、训练、招飞、动员资料800余份，修改战备方案，绘制12种军事要图，拍摄照片210余幅，经军分区检查验收符合档案资料管理要求。2003年，县人民武装部对1998年后的文件资料进行整理装卷，共整理各类档案127卷，做到了准确、及时、安全。

保密　1991年，县人民武装部贯彻落实重新修订的《保密员职责》《保密室规定》《借阅文件和收发文件规定》《奖惩规定》《保密委员会学习制度》等规章制度，执行机关首长统一使用保密手册，会议文件办理登记，秘密图书有专人负责，销毁文件经过批准后要到指定地点销毁，机关统一购制人员保密和废纸袋等规定。1996年，新《保密条例》颁布后，县人民武装部认真组织干部、职工学习，进一步修订和完善保密制度。对秘密以上文件，做到随时登记，随时传递和签发；在日常工作中，为防止文件丢失，坚持每日清理文件；对已承办完的文件，及时收回归档；对漏登的文件，随时进行补登。2005年以后，县人民武装部建立保密室，购置办公桌椅、铁皮橱、密码柜和防盗门等，配备专职保密员，制定《保密员守则》和《保密室规定》等制度，在机关干部、职工中进行保密法规教育，组织学习上级保密工作指示和有关保密法规。坚持“四讲四克服”，即大讲新时期保密工作的重要性，克服无密可保的思想；大讲保密手段的有效性，克服有密难保的畏难情绪；大讲保密的群众性，克服与己无关的思想；大讲保密法规的约束性，克服有法不依的不在乎思想，提高干部职工的保密观念，增强了做好保密工作的自觉性，有效避免失密、泄密现象的发生。

军事志编修　2006年9月，县人民武装部根据中央军委和济南军区的部署，决定编纂出版《定陶县军事志》，安排专人撰写，并全力做好后勤保障工作。编纂人员先后4易其稿，通过了省军区和军分区的验收。2011年5月，《定陶县军事志》出版。这部志书全面系统地记述定陶县有记载以来的重大军事事件、武装组织、兵役等诸方面的演变发展状况，是定陶县有史以来第一部军事志书。《定陶县军事志》共28万字，是一部珍贵的资料性文献和资政之书，也是一部对广大人民群众，特别是青少年进行社会主义、爱国主义、革命传统和国防教育的生动教材。

第二节　政治建设

党建　党委是人民武装部工作的“核心”和“司令部”，每届县人民武装部党委都把自身建设工作作为一项重要内容，来提高党组织的凝聚力和战斗力。1999年，县人民武装部党委利用2个月的时间，分4个阶段进行“讲学习、讲政治、讲正气”的“三讲”教育。成立“三讲”教育学习领导小组，党委书记、副书记负总责，党委一班人对问题不隐瞒，不遮不盖，敢于讲真话，讲实话，不怕亮丑，大胆拿起批评和自我批评的武器，从小处着手，深处着眼，梳理好党委和成员个人存在的问题，制定出切实可靠的整改措施。通过“三讲”教育整顿，党委一班人受到马列主义的再学习再教育，找到了差距，振奋了精神，明确了方向，促进了工作的全面发展。2005年，县人民武装部党委开展保持共产党员先进性教育活动，结合单位和个人实际，本着实事求是的态度，按照有什么问题就解决什么问题，将学习内容与实际行为进行深刻剖析，查找出在领导素质、精神状态、工作作风和拒腐防变等方面存在的问题，并制定改进措施，进一步增强党委的创造力、凝聚力、战斗力，为打赢信息化战争提供政治保证和组织保证。2008年，党委班子建设坚强有力，“一班人”能够在加强学习中讲政治、聚中心，议大事、管方向，抓重点、促全面，不断提高科学统揽决策能力，把工作决策部署统一到上级指示精神上来。同年，县人武部党委被军分区党委表彰为先进团级党委。交流调整和选拔配备多名专职武装干部，优化专职武装干部队伍结构。2010年，在党委机关中开展“建设学习型党委，创建学习型机关，争当学习型干部”活动，积极探索“学习工作化，工作学习化”的方法路子，结合“双争”活动开展，自觉建立班子成员基层学习联系点制度，引导党员干部深入基层搞好调查研究，着力破解民兵预备役建设中存在的突出矛盾和问题，立足自身实际，制定《全面建设三年规划》，进一步提高了党员干部的思维层次和能力素质，较好地发挥了机关职能作用，增强了党委机关领导民兵预备役建设科学发展的能力，推动学习实践活动向深度和广度发展。同年，部党委班子成员先后调整，调整面比较大，班子成员识大体顾大局，把加强团结作为共事创业的基础，做到思想上互信、工作上互帮、生活上互助，营造了干事创业和谐氛围，班子建设得到平稳过渡，整体精神面貌焕然一新。2015年，县人民武装部党委团结协作、密切配合，坚持弘扬正气、杜绝歪风邪气，同心协力，做到大事讲原则、小事讲风格，工作互相支持、生活互相关心，风正气顺、运转高效，凝聚力、战斗力不断增强，核心作用发挥明显。积极开展“正形象、树新风”活动，认真组织岗位练兵，坚持抓学习强素质，大家自觉把学习当作提高工作能力的途径，态度端正，目的明确，自身素质得到全面提高。部党委摸清专职武装干部队伍的情况，争取地方党委政府的支持，在改善队伍结构上狠下功夫，一批专职武装干部得到提拔使用，增强了干部队伍的工作热情。

思想政治建设　县人民武装部的思想政治建设在不同的时期，有不同的内容和要求。1991年以后，县人民武装部积极探索新形势下思想政治工作的特点规律，思想政治建设主题日益鲜明，教育主线日益清晰，教育效果更加深入扎实。2008年，县人民武装部党委始终把思想政治建设放在各项工作首位，系统学习十七大、十七届三中全会精神、科学发展观等内容，提高了干部职工的理论素养。组织干部职工开展“坚定中国特色社会主义信念，有效履行我军历史使命”“讲党性、重品行、作表率”“中国特色社会主义发展史”主题教育，进一步坚定政治信念，强化模范意识和党性修养。2011年7月，县人民武装部以组织干部职工深入学习胡锦涛总书记的“七一”重要讲话为契机，在干部职工中深入开展爱党和理想信念教育。同时，为进一步增强干部职工的拒腐防变能力，不断通过举办各类法纪讲座、观看廉政教育专题片和“走出去、请进来”等多种途径进行反腐倡廉与警示教育，强化全体干部职工的宗旨意识、法纪意识和廉洁意识。2015年，围绕理论信仰和政治信念，开展“学习践行强军目标、做新一代革命军人”主题教育，促进“强军梦”进入思想、融入实践。结合纪念抗战胜利

70周年，组织干部职工和专职武装干部，参观了“不应忘却的面孔”抗战群体图片展，增强其历史使命感。开展“三严三实”专题教育整顿活动，着力解决基层反应突出问题，树立清风正气，营造良好的政治生态。

▲ 群众欢送入伍新兵　（2006年 王贞勤 摄）

拥政爱民　定陶县是革命老区之一，素有拥军优属和拥政爱民的光荣传统。县人民武装部按照“同呼吸、共命运、心连心”的总体要求，充分发挥职能作用，着眼促进社会生产力、提高部队战斗力的根本任务，全方位、多层次开展拥政爱民工作。县人民武装部参与全县中心工作，在黄河防汛、部门包村、干部驻村、民兵带建与扶贫、民兵参与社会治安中发挥作用。1991年，京九铁路开工建设，县人民武装部主动请缨，组织全县多数民兵开展“京九大会战”，经过3个多月的大会战，共完成土方200万立方米，圆满完成了京九铁路路基建设任务。1995年，县人民武装部积极探索民兵维护社会治安的经验，以村民兵连为单位，组织农村民兵成立治安巡逻队，协助公安部门维护社会治安，开展护村、护厂、护校、护路活动。县人民武装部、县综治委在试点推广的基础上，印发《农村民兵维护社会治安参与办法》《城镇民兵维护社会稳定参与办法》，建立城乡社会治安网络，全县90%的自然村成立了民兵社会治安小分队。被群众亲切地称为“老百姓自己的110”。2000年秋，县委、县政府决定组织人员对东鱼河清淤，这一工程需要3万人奋战1个月左右。县人民武装部积极请战，率领民兵只用25天就保质保量地完成清淤任务。2006年3月，结合自身实际，印发《民兵参与维护社会治安实施办法》《在全县民兵预备役和退伍军人中广泛开展“五好五带头”活动》《在民营企业建立民兵组织》等3个文件，为定陶县的社会稳定和经济发展起到积极作用。2010年，学习借鉴“双带双促”经验，在民兵预备役人员中广泛开展“兵帮兵”活动，解除现役困难战士家庭的后顾之忧，有力促进社会和谐。大力开展“关心国防建设双十佳”“党管武装工作好书记”“十佳兵妈妈”评选表彰活动，结合新一轮双拥创城活动，协同地方有关职能部门深入开展双拥共建工作，积极营造社会各界关心支持国防后备力量建设的浓厚氛围。2014年，县人民武装部配合全县进行城乡环卫一体化建设，机关干部职工承包了孟海镇的牛屯等村，带头帮助群众打扫卫生。同时发动全县民兵预备役人员在城乡开展“我为环境美化出把力”活动，得到全县干部群众的一致赞扬。2015年，结合省军区帮扶贫困村部署和县开展的“转变作风，服务群众”活动，人武部出资1万余元为结对帮扶的孟海镇牛屯村安装路灯80余盏，人武部领导每人为贫困学生资助1000元。维护军人军属合法权益，收到部队相关来信来函6件，县人民武装部都及时走访调查、会同有关部门协调处理，维护官兵及家属的切身利益，部队和军属对处理结果都比较满意。春节前积极协调政府、民政局，对2014年度在部队立三等功的战士家庭送去喜报并发放1000元慰问金。2015年11月，定陶县遭受数十年一遇的严重雪灾。灾情发生后，县人民武装部立即向全县民兵预备役人员发出团结一致、奋力抗灾的号召，带头到乡村一线抢险救灾，并给受灾群众带去急需的面粉、食用油等救灾物资，帮助受灾户和贫困户渡过难关。

新闻宣传 县人民武装部结合定陶县民兵预备役工作实际，采取得力措施，加强和改进民兵预备役新闻宣传工作，努力提高民兵预备役新闻宣传工作的效果。1991年在省级以上报刊、广播电台见稿32篇，完成计划任务的150%。1995年，在全县19个乡镇聘请民兵兼职通讯报道员，并制定关于加强通讯报道的奖励意见。1998年，从乡镇招进1名专职报道员进行新闻宣传工作，当年在地区级以上报刊、电台见稿143篇，年底被菏泽军分区评为通讯报道先进单位。至2015年，定陶县人民武装部每年都能完成菏泽军分区规定任务。

县人民武装部在新闻宣传工作中注重挖掘先进典型，用身边的事教育身边的人。自1991年以后，最先发掘和报道出了痴心调解的优秀退伍军人李洪华、十几年如一日照顾重残军人丈夫的好军嫂秦玖云、因帮助群众灭火而献身的新时期见义勇为好民兵王来文、在驻地因抢救地方群众而英勇献身的定陶籍战士周景收、李博等一批先进典型。特别是李洪华的事迹在全国引起巨大反响，被中央确定为全国学习宣传的重大典型。2015年12月20日，《山东国防报》在头版头条刊登《胸有大国防——记定陶县委书记、县人民武装部党委第一书记张红旗》的人物通讯。《中国国防报》《前卫报》《黄河民兵》《基层建设》等军内外报刊也对县委书记张红旗关心国防建设的典型事迹进行重点报道，促进了国防建设和全县民兵预备役事业的深入开展。

第三节　后勤保障

财务工作 财务工作是县人民武装部后勤工作中的一项非常重要的工作。人武部衣、食、住、行等一切开支，都需要财务部门去完成。建立财务制度，加强财务管理，实施财务监督审计，是财务工作的基本任务。

开源节流 1996年县人民武装部收归军队建制后，按照“突出工作重点，保证工作重点，克服薄弱环节，全面发展提高”的工作思路，以保障有力为目标，牢固树立过紧日子的思想，注重加强宏观管理，严格经费预决算和财经纪律，立足自身条件，积极谋求发展。严格坚持党委理财和党委集体领导下的“一支笔”审批制度。认真执行“一算四审”制度，充分发挥资金的最佳效益。按照后勤建设“五有”变“五优”的要求，建立并完善了统筹统供中心，办公物资实行统筹统供，提高了后勤保障能力。完善办公设施，改善办公条件，提高全面建设水平。坚持精打细算，突出保障重点，使有限的资金较好地保证了民兵军事训练、专武干部集训等重大活动和正规化建设的使用。2007年，压缩经费开支，树牢过紧日子的思想，在确保工作正常运转的情况下，偿还欠账近20万元；争取各项经费近百万元，更换指挥车1部，解决了县人民武装部大项活动多、经费紧张的问题。

经费财务管理 县人民武装部各年度的经费开支，始终坚持先报预算，后报决算的制度。经费预算经党委批准后，不得随意改变。任何超预算、超计划、超标准的开支，后勤科有权拒绝拨款和报销，并追究责任。后勤科在落实预算管理制度中，做到了没有预算的不准开支、超预算的不准开支、违反标准的不准开支、预算外经费没有经过党委、首长批示的不准开支“四不准”。1992年，县人民武装部以强化财务管理为主线，实行标准经费管理，突出治“超”、治“散”主题，落实物资统筹统供制度，圆满完成了正常经费的财务保障任务。1994年，按照三总部《关于严格经费预算管理的通知》和济南军区“三全三捆”综合计划管理要求，坚持“钱少，要把事情办好”的原则，做到按计划办事，季度有分析，半年有调整，年终有考评，跟踪问效，加强了宏观控制。1996年，对标准经费管理和预算外经费收支秩序进行了梳理，成立物资采购统筹供应中心，县人民武装部所需物品均由物资采购统筹供应中心负责采购，后勤科做到严格把好物资采购关，消耗性费用实行逐级承包，有效地控制了开支。2000年后，县人武部根据收入合法，开支合理，管理有序，制度落实的要求，继续实行财务计划管理。2007年，狠抓各种保障任务的协调组织，完成10余次市、县军地领导“军事日”活动保障任务。认真搞好方案计划的修订，先后完善“8个方案、4个计划”，后勤战备建设得到加强，参加军分区后勤部组织的全区后勤干部岗位练兵活动，业务能力素质显著提高。

营房基建　1994年，投资90余万元重建武器装备库，1995年9月建成使用，新武器装备仓库占地0.63公顷，共建成主库房11间，危险品库房2间，工作生活用房24间，为高标准、全省一流的武器装备仓库，1995年12月通过省军区检查验收。1997年，省、地军区对后勤建设提出“五有”（人员有住房，吃饭有食堂，接待有条件，医疗有保障，管理有规章）建设目标，当年10月建起一座两层高的临街楼房，一楼出租，二楼为会议室、娱乐室、资料室等。2002年3月，在菏商路西500米，定马路南侧、距离县城3千米处，建民兵训练基地，占地面积3.3公顷，2003年4月建成投入使用。民兵训练基地设施配套、功能齐全，建有标准化的综合教学楼、战术训练场以及队列训练场等。教学楼拥有电化教室、多功能电视电话会议室和小会议室，民兵宿舍、餐厅以及娱乐室，能同时保障120人食宿、训练。县国防动员指挥通信网和国防教育中心也建在这里，承担民兵应急分队训练、国防教育和征兵体检任务。

以劳养武　县人民武装部在进行战备训练的同时，利用空闲时间有计划地开展工、农、副业生产，生产经营收入主要用于补充经费。1996年，落实军委、总部、济南军区关于生产经营清理整顿规定，按照军委“三个不搞（不许搞的单位坚决不搞，不许搞的地区坚决不搞，不许搞的项目坚决不搞）”的总要求，归口管理、整顿秩序、理顺关系、强化管理、明确发展思路，生产经营秩序进一步规范。1998年，中央军委《批转全军生产经营工作领导小组〈关于非战斗部队不搞经营性生产的实施意见〉的通知》下发后，停止一切生产经营活动。2015年年底，根据中央军委的部署，全面停止对地方的有偿服务工作，收回出租的8间沿街门面房，改造成办公用房。

第二章　兵　役

第一节　兵役登记

1991年，定陶县兵役登记工作从7月初开始，经过组织准备、宣传教育、进站登记、检查验收等4个阶段，到9月20日结束。经目测和初步体检，确定当年的预征对象。1995年，县人武部根据《山东省征兵工作若干规定》的要求，在户口簿中统一标注兵役状况，将适龄青年应服兵役、免服兵役和不得服兵役的情况，用钢笔填写在户口簿的“兵役状况”栏目中，并压盖兵役登记专用章。1996年6月，省政府、省军区印发了《山东省兵役登记办法》，定陶县共有5643名适龄公民进行兵役登记，应征公民有1520人，经过目测、初步体检，确定预征对象。1998年12月，修改后的兵役法规定：每年12月31日以前年满18岁的男性公民，都应当在当年9月30日前，按照县（市）兵役机关的安排，进行兵役登记。经兵役登记和初步审查合格的，称应征公民。应征公民应当按照县（市）兵役机关的通知，到指定的体格检查站进行体格检查。同时规定对拒绝、逃避兵役登记和体格检查的，由市（县）级人民政府强制其履行兵役义务，并可以处以罚款。通过兵役登记，增强广大干部和群众的国防观念，提高了适龄公民参加兵役登记依法服兵役的自觉性，为战时兵员动员工作摸清了底子，为完成年度兵员征集工作任务打下基础。2000年，全县登记适龄公民4007人，其中，大专以上毕业的5人，肄业的2人；高中毕业的672人，肄业的19人；初中毕业的3191人，肄业的24人；小学91人；文盲3人。2002年，定陶县共登记适龄青年4282人，核对应征公民10472人，兵役登记率95%以上。同年，全县5630名在校高中生中，符合兵役登记条件的有1200人，其中，高二学生355人，高三学生560人，复课生185人，保证和提高了兵役登记工作的质量，为征集高文化素质的兵员奠定基础。2003年，定陶县共登记适龄青年5070人，核对应征公民12032人，兵役登记率达到95%以上。2005年，定陶县人民武装部设11个乡镇兵役登记站和一个县直机关兵役登记站。当年兵役登记4356人，占适龄数的96%。定陶县兵役登记工作严格按照《山东省兵役登记办法》实施，跨入法制化、规范化轨道。2006至2015年，每年登记率均占适龄青年总数的96%以上。

第二节　兵员征集

兵员征集是地方人民政府及其兵役机关的一项重要任务，为部队输送合格兵员是应尽职责和光荣义务。定陶县的兵员征集工作主要依据《中华人民共和国兵役法》《中华人民共和国征兵工作条例》及当年的征兵命令，建立征兵工作领导小组。从公安、卫生等部门抽调人员，同武装部门一起组成县征兵办公室，共同组织实施。按照相关政策法规、《关于征集兵员政治条件的规定》和《应征公民体格条件》，通过宣传教育、兵役登记、体格检查和政治审查完成兵员征集工作。

▲ 征兵咨询站

1991年征兵，在体检上按照国防部颁发的新的《应征公民体格检查标准》和《应征公民体格检查办法》执行。新标准和办法增加了尿样化验和心电图等项目，对身高、体重、血压、肝功等要求提高。在入伍手续上，《应征公民入伍批准书》一律由省征兵工作办公室印制、发放和管理。启用新的《应征公民入伍通知书》，按“非农”“农业”户口分别编号；从1991年12月1日起，实行“接收新兵专用卡”制度。1995年8月16日，山东省第八届人民代表大会常务委员会第17次会议通过《山东省征兵工作若干规定》，县征兵工作遵照执行。

1996年，县征兵办公室为加强廉洁征兵，纠正不正之风，成立纪检组，印发《定陶县征兵工作奖惩规定》和《关于搞好廉洁征兵的通知》及征兵工作“八不准”与征兵工作“禁酒令”，设立举报电话和举报箱。县人民武装部党委成员分片包乡镇，深入基层，调查指导征兵工作，确保政令、军令畅通。县征兵体检站按照正规化封闭式体检的标准进行设站。政审工作“严而又严，细而又细，慎之又慎”，实行“四张榜”制度，公开接受群众监督。

1998年12月29日，第九届全国人民代表大会常务委员会第六次会议对1984年颁布的《中华人民共和国兵役法》进行了修改，修改后的兵役法新增加3个条款，主要内容为调整兵役制度，改变过去“义务兵役制度为主”的提法，规定“中华人民共和国实行义务兵与志愿兵相结合、民兵与预备役相结合的兵役制度”；缩短义务兵服现役的期限。将义务兵服现役的期限由陆军3年，海、空军4年，均改为2年，并取消义务兵超期服役的规定；改革志愿兵服现役制度。修改后的《中华人民共和国兵役法》规定，志愿兵实行分期服现役制度，并调整志愿兵最低服役期限，从改为志愿兵之日起，至少服役3年，最高服现役期限一般不超过30年，年龄不超过55岁。

1999年，县征兵办公室对征集的年龄和对象上作出调整：要求新兵中高中以上文化程度的达到50%以上，其年龄可放宽到21岁，大专以上文化程度的可放宽到22岁；在政审上，严防“法轮功”等邪教骨干分子、有严重问题的练功者和对中央取缔邪教有抵触情绪的人混入部队。

2000年，省政府、省军区要求要把新兵的文化质量作为一项硬指标，高中以上文化程度的必须达到50%以上。为多征集高文化素质青年入伍，总部调整了普通高中生的视力标准；调整了女青年的征集条件，征集女兵的文化程度由应届高中毕业生（含同等学历），改为只征集应届普通高中毕业生；要求从企事业单位多征集一些具有军地通用的专业技术青年入伍；对政审、体检工作提出了新的要求。2003年，县征兵办重点抓“五个关口”：提高认识，把好政治素质关；认真细致，把好身体素质关；严格审查，把好文化素质关；精确认定，把好技术素质关；优中选优，把好定兵关。

2005年，县人民武装部和县纪委联合下发严格征兵纪律的通知，重申上级有关规定，明确了具体要求。重点教育征兵工作人员坚持原则，严守纪律，秉公办事，自觉遵守征兵工作“八不准”，做到不吃请、不收礼、不为不合格兵说情，不送一个不合格的兵，绝对不准闯“红灯”、越雷池一步。征兵期间，县征兵办公室吸收纪检、监察人员参加，专门成立了纪检督查组，人民武装部设立廉政岗，公布举报电话和信箱，自觉接受纪检部门和人民群众的双重监督。制定下发“征兵廉政手册”和“禁酒令”，提出明确的惩罚原则，发现1次违纪现象给予警告，3次以上，除通报批评外，给予党纪、政纪处分，并辞退；影响征兵工作，造成严重后果的，按有关征兵纪律执行。性质特别恶劣的，依法追究其刑事责任。

2008年，针对新兵征集主体对象和部分体检标准的调整，按照“两个优先”的要求，通过以会代训的方式，组织征接兵人员召开了业务培训会、走访政审会，发布征兵工作公告，开宣传车深入7个乡镇130余个行政村进行兵役法规和征兵政策宣传，先后散发宣传材料6000余份，悬挂横幅、张贴标语120余幅，做到思想重视，措施具体，组织得力，严格初审初检、上站验证、体格检查、走访政审、集体定兵环节和廉洁征兵制度落实，确保兵员征集质量，圆满完成新兵的征集任务，实现连续29年无责任退兵的目标。

2010年，征（接）兵制度改革，强化“负全责”意识，转变工作思路，坚持早协调、早安排、早准备，使征兵工作领导到位、措施到位、保障到位，确保征兵工作的有力、有序进行。针对冬季适龄青年应征意愿下降的实际，采取开设征兵宣传车、散发宣传单、张贴标语、悬挂横幅、发表电视讲话、群发短信等形式，建立党委成员联系乡镇制度。征兵领导小组成员和部机关现役干部到乡镇、学校进行调研，组织乡镇干部、村支书、民兵连长召开会议，进行再动员、再部署。人武部领导协调县教育局领导，组成工作组到全县3个普通高中召开座谈会，进行宣传发动，激发适龄青年和高中应届毕业生报名参军的热情。县政府与县人民武装部联合印发《关于做

▲ 走访应征青年 (2012年摄)

好义务兵家庭优待金统筹发放工作的通知》，明确义务兵家庭优待金的发放范围、统筹办法和标准、资金拨付和管理等。

2013年，组织12辆征兵宣传车深入乡镇宣传，采取张贴宣传标语、悬挂宣传横幅、发表征兵电视讲话，群发短信、开展乡镇领导征兵工作新闻访谈、创办《征兵简报》等形式，融合社会宣传资源，开展征兵政策法规宣传。严格征兵报名、初审、体检、政审、定兵等征兵工作环节程序，严格把关应征青年年龄，杜绝小龄兵、劣迹青年入伍现象发生。端正应征青年入伍动机，制作役前教育专题课件，撰写《算好人生兵役账》等4个方面的专题教育教案，对全县新兵及家长开展新兵役前教育贯穿全过程，聚合正能量，帮助应征青年以良好心态步入军营的役前教育做法被军分区转发。贯彻两级军区警示教育要求，采取“过一遍”的形式，组织征兵工作人员撰写《廉洁征兵承诺书》，深化征兵廉政建设，完成新兵征集任务。

2015年，按照军分区提出的“七个一”要求，利用全县主流媒体滚动播出征兵政策法规，走村入户进行征兵宣传，并与所有参与征兵人员

▲ 新兵入伍

签定廉洁征兵责任书、对所有应征青年发放了廉洁征兵监督卡，严格落实“五公开”“五公示”制度，保障征兵工作的顺利开展。针对“征兵难，当兵冷”的问题，协调政府兑现征兵奖惩措施，“八一”前将优抚金发放到位，提高了送子参军报国的积极性，顺利完成新兵的征集任务。

第三节　预备役登记

1991年后，根据《中华人民共和国兵役法》《预备役军官法》和上级有关加强预备役军官队

▲ 新兵役前教育

伍建设的有关文件精神，定陶县对预备役军官进行了登记、建卡、立档。并对1988年9月以后被授予军官军衔的转业干部进行补登。每年的7～8月，在转业干部的单位、职务确定并报到后，对军转干部进行登记、统计。1996年，对确定服预备役的军官军衔评定工作，由县委、县政府、县人民武装部的领导以及组织部、人事局等部门负责人组成评定领导小组，根据上级军事机关关于评定改授、授予预备役军官军衔的有关规定进行评定。1997年以后转业的部队军官军衔，在批准转业地方工作的同时，办理转服预备役，改授预备役军官军衔。2005年，预备役登记实行微机化管理。2015年，退伍军人预备役登记管理工作进一步规范化、制度化。

▲ 军转干部、复退军人座谈会　　(2002 年摄)

第三章　民　兵

第一节　组织建设

1991年，按照新的《民兵工作条例》的要求，对全县民兵进行整组，当年共编民兵连526个，其中基干连22个，基干排147个，基干班520个。通信连1个，武器维修分队1个。

1997年，中国人民解放军总参谋部、总政治部印发《关于深化民兵工作调整改革的意见》要求，基干民兵的编组要本着有利于领导、有利于提高质量、有利于开展活动、有利于执行任务、有利于平衡负担的原则进行调整。着眼于适应战场需要和“市场”要求，进一步调整基干民兵编组布局，抓好民兵应急分队和民兵专业技术分队的编组，做好城镇和农村基干民兵调整改革的工作。同年5月，中共定陶县委印发《关于组建民兵应急分队的通知》，境内民兵应急分队的编组，主要选择在生产形势稳定、基干民兵数量多的企事业单位，本着便于集中，便于训练，便于执行应急机动任务的原则进行，以企事业为单位建立班、排，联片建连，通信、卫生、运输、修理专业分队对口组建，成立民兵应急分队。民兵应急分队步兵第一连在金融系统、水利局、人造板公司、圣龙集团等单位组建，应急分队步兵第二连在定陶镇、建委、供电局、土管局、供销总公司等单位组建，通信排在东关民兵连组建，卫生排在县医院组建，运输排在交通局和汽车九队组建，修理排在邮电局、农机厂、二轻汽修厂组建。应急分队队员从退伍军人、经过军事训练的基干民兵、年龄18至28岁身体健康的男性公民中优选，政治上拥护党的领导，遵纪守法，政治可靠，现实表现好。退伍军人的比例80%以上，专业分队的专业人员对口率100%。

2001年，定陶县乡镇数量由原来的19个撤并为11个，民兵组织随着也进行调整，全县共编民兵连415个，其中，基干连2个，基干排54个，基干班288个。通信连1个，武器维修分队1个。2002年，全县共编民兵营13个，建民兵连375个，其中，基干民兵连15个、基干排54个，基干班212个。县人民武装部落实菏泽军分区《关于进一步深化城市民兵工作调整改革的意见》，加强城市民兵调整改革工作。2005年，编有民兵营12个，普通民兵连385个，基干民兵连42个。

2011年，按照“集中编、重点建、定点实编、相对稳定”的要求，对4类队伍共35支基干民兵分队进行整组，确保民兵专业对口率和人员在位率。2015年，民兵组织规模调整，应急、支援、储备3支民兵队伍共编32个分队，优化组织结构布局，奠定民兵遂行任务的组织基础。

第二节　政治教育

1991年后，县人民武装部对民兵进行爱国主义、公民权利义务教育和在新形势下提高对办好民兵重要性的认识。民兵教育突出“兵”的特点，增强广大民兵的国防观念，并针对民兵既是民又是兵的特点，采取“有分有合，分合结合”的方法，利用民兵例会、集训、重大节日，对民兵相对集中的单位，进行课堂教育和刊授、函授教育，并根据国际国内形势对民兵进行随机教育。1994年，为纪念新《中华人民共和国兵役法》实施10周年，对民兵进行国防教育和开展国防知识竞赛活动。1997年，结合香港回归和庆祝建军70周年，对民兵进行爱党、爱军、爱社会主义祖国和形势战备教育。1999年，对民兵进行庆祝澳门回归和庆祝中华人民共和国成立50周年和形势战备教育。2000年，对广大干部和民兵进行“三个代表”教育，使干部和民兵深刻理解“三个代表”重要思想的内涵，实践“三个代表”重要理论，全心全意地为人民服务。对民兵进行反对“法轮功”等邪教组织的教育，做到不信、不练、不宣传并做好亲属的思想工作。2005年11月，在保持共产党员先进性教育活动中，对民兵和民兵党员进行党的宗旨、科学发展观和构建和谐社会为主要内容的建设社会主义新农村教育，在民兵预备役人员中开展“为什么要准备打仗，准备打什么样的仗，怎样准备打仗”等重大现实问题的讨论和教育，培养和激发反“台独”作战的决心和意志，推动了战备训练和战备工作的开展。自2008年9月后，对民兵分批开展深入学习实践科学发展观活动，组织民兵特别是民兵中的党员深入学习实践科学发展观，切实增强大家贯彻落实科学发展观的自觉性和坚定性，着力转变不适应、不符合科学发展观要求的思想观念，着力解决影响和制约科学发展的突出问题以及党员在党性党风党纪方面群众反应强烈的突出问题。2014年以后，进行党的群众路线教育实践活动。注重用民兵身边的典型在民兵中开展经常性的思想、道德、理想教育，在民兵中形成学好身边典型、争

▲ 定陶民兵成为全县发展经济的主力军　　（2010 年 王贞勤 摄）

当新时期好民兵的浓厚氛围。

2010年至2015年，全县民兵中出现见义勇为、拾金不昧、扶弱助寡、科技帮扶等好人好事累计320人次，并有近150人次荣登县、乡人民武装部和其他组织的光荣榜，促进了全县的两个文明建设。

第三节　军事训练

1991年，县人民武装部分别对基干民兵连（排）长、基干民兵和民兵通信兵进行军事训练。基干民兵连（排）长10天，基干民兵和通信兵20天。训练科目主要有民兵工作条例、指挥、教学法、队列、射击、战术、爆破、投弹、战斗勤务等。经考核，各课目成绩均在及格以上，其中，队列及格率100%，优秀率53%；战术及格率100%，优秀率53%；射击及格率75%，优秀率31%；投弹平均38.1米，爆破及战斗勤务均为及格。通信分队主要进行队列、职责与装备器材、线路架设基本技术、野战线路架设与撤收、密码翻译等课目。经考核，队列及格率96%，优秀率31%，通信专业及格率100%，优秀率21%。1993年，对全县19个乡镇和县直机关民兵进行为期60天的军事训练，其中民兵连长训练120人，专业分队训练120人，民兵训练280人。主要进行民兵工作条例，指挥、教学法、队列、射击、战术、爆破、投弹、战斗勤务及专业技术等课目的训练。经考核验收均在及格以上，其中队列及格率100%，优秀率67.8%；战术及格100%，优秀率63%；射击及格率85%，优秀率42%；投弹平均39米，爆破均在及格以上，专业技术及格率100%，优秀率59%。1997年，民兵训练的重点转移到民兵干部、应急分队和对口专业分队的训练上来。1998年，组织民兵应急分队训练，主要训练队列基础动作，警棍盾牌操，防暴基础知识，防暴战术队形、捕俘技术等课目训练，时间15天。根据省、地《关于搞好民兵工作调整改革的意见》，对民兵训练进行改革，规定新任职的民兵干部在2年内完成30天的训练（含政治教育3天），其他民兵干部每年按1／5安排轮训。民兵应急分队和对口专业分队的军事训练，从过去以基础训练为主，改变为以应用训练为主。从过去以新入队单个人员训练为主，改变为按建制训练为主。民兵应急分队基础训练以班排为单位进行，应用训练以连为单位进行，年度训练时间为15天（含政治教育2天）。

2003年5月，新民兵训练基地建成使用，全县所有的民兵训练都在基地进行。2005年，军事训练于3月10日开始，至9月17日结束。首先进行15日的民兵教员集训；民兵应急分队一、二连分别完成15个训练日；通信分队训练完成30个训练日；对口专业技术分队完成5个训练日；步兵分队完成15个训练日；民兵干部训练完成7个训练日。民兵应急分队训练，一连主要进行升级训练，二连进行基础技术和应用训练；专职武装干部主要通过以会带训和军分区下发的函授作业进行训练；步兵分队和民兵干部重点训练新入队人员，主要进行单兵战术、战术基础训练；专业技术对口分队重点进行军事基础训练和应用训练。

2006年，强化民兵教练员素质，组织6名教练员进行为期1周的民兵教学课目训练.坚持训为用、练为战的原则，狠抓民兵应急分队的教育训练，参训民兵135人，完成军事理论、班组战术、警棍盾牌、射击等训练内容的组训任务，取得5项全优、总评优秀的好成绩。完成分区22名预备役人员20余天的训练保障任务。2008年，改进训练模式，民兵应急分队向专业作战分队转变，选拔18名专（兼）职民兵教练员，组织8名民兵教练员进行集中培训。在分区组织的教练员考核中，取得单项课目前两名，总评第一名的成绩。对72名专业作战分队民兵进行心理战7个课目的训练，促进民兵训练人员、时间、内容、质量的落实。

2010年，坚持训用对接、平战结合的原则，充分发挥地理区位和训练设施优势，坚持边保障、边训练，高标准保障了军分区首长机关手枪实弹射击训练、年度训练考核和军地领导“军事日”活动。4月，对县执法局等单位的125名民兵

▲ 民兵演练 （王贞勤 摄）

应急分队进行队列、盾牌操演、步兵班战斗、射击等内容的训练，促进了民兵训练内容、人力、时间和质量的落实，提高民兵应急分队遂行多样化任务的能力。5月，以省军区考核基层武装部长为契机，采取“领导跟班作业、考核评比、参观见学、科室协同保障”的方法，对15名基层武装部长和专职武装干部进行为期7天的军事业务集训，提高基层武装部长的业务能力、身体素质和军事技能。2013年3月，突出队列、战术、射击、盾牌、教育等内容，组织125人的民兵应急连开展为期10天的封闭训练。4月，以两级军区军事训练抽考为牵引，进行两期专职武装干部集训。参加军分区组织的“前卫—2013D”国防动员演练，在军分区组织的应急分队拉动和指挥所开设演练中，定陶县民兵应急分队汇报展示捕俘擒拿和硬气功两个课目的民兵训练成果，县人民武装部被军分区表彰为“军事训练工作先进单位”。2015年，组织40名民兵参加军分区“闪电—2015”实兵演练，组织了以指挥所开设为主要内容的民兵训练。

第四节 民兵武器装备管理

1991年后，县人民武装部把民兵装备仓库安全管理工作作为中心工作。部领导每周1次到仓库进行安全检查，发现漏洞，及时堵塞；对有关仓库安全方面的指示、通报，部领导都亲自传达，不定期突查仓库的值班情况，做到警钟长鸣；仓库每次调整人员，严把考核关，不合格的坚决不要，确保全县民兵武器装备的绝对安全。1994年5月，县人民武装部投资90余万元建设武器装备仓库，1995年9月建成使用，占地0.63公顷，其中主库房11间，危险品库房2间，工作生活用房24间。1995年12月，通过山东省军区检查验收，是高标准、全省一流的武器装备仓库。在仓库中，行政生活区与技术区由铁栅隔离，在技术区门口设有“技术区”标志牌。对库房进行统一编号，对建筑的使用和质量情况建立了永久性档案。构筑了防洪、排涝设施，每年检修1次，使其完好无损；行政生活区建有值班室、办公室、干部住库值班室、演习资料室、娱乐室、维修室、宿舍、食堂等。

在民兵武器装备仓库的安全管理上，建立警卫制度。警卫人员明确警卫目标、任务、要求和意外情况的处置方法，能熟记仓库规定的报警信号和联络方法，正确使用口令和报警器材。仓库执勤站岗，白天实行单岗，夜间实行双岗，每半小时巡库1次。枪弹同橱分开存放，弹药单独上锁。实行“双人双锁”互控管理，严格枪、弹领交登记手续。人武部领导和机关科室坚持每周对仓库进行1次检查，主要检查仓库看管人员的思想状况和履行职责情况，装备物资管理和规章制度落实情况；仓库主任坚持每天组织对仓库物资收发、人员出入登记、上岗执勤、武器使用、交接班及人员思想动态等情况进行检查和了解，每周坚持对库内物资管理情况、库房安全管理设施组织2至3次检查；看管人员坚持每日对库区设施进行2至3次巡查，主要检查围墙、铁丝网、门窗、通风设施、消防、报警和避雷设施，发现问题及时处理。查库时坚持2人以上参加，入库人员进行登记，夜间进行1次查铺查哨，对值班情况登记、交接；仓库管理人员调动工作时，交接核对账物，交接手续清楚；制定防暴、防盗、防火、防洪预案，建立军警民联防组织，每年根据预案组织一次演练；库管人员严格保密制度，无关人员不准进入库房，未经批准，不准在技术区参观、摄影、录像、测绘；所有库房严格落实“双人双锁”制度，库房钥匙，包括现有和备份钥匙，均入专用密码保险柜集中保管。做到钥匙使用有批准、有登记，仓库领导掌管柜门钥匙，保管员掌管柜内各个小门钥匙，人员更换或钥匙丢失，及时更换锁具，技术区内严禁烟火，火种不准带入库内，不准吸烟，不准存放易燃物易爆物品。

按照《民兵军械人员在职岗位专业训练大纲》的要求，每年对仓库人员训练30天；保管人员达到会保管、会识别、会收发、会登记统计、会保养、会使用、会排除故障的要求；坚持政治审查制度，对录用人员进行政治审查，建立档案，对已录用的看管人员，每半年进行1次政审，并将政审情况建立档案，对不适合仓库工作的人员，及时进行调整。红旗库房达到60%，优秀保管员达到50%。为确保武器仓库的安全，投资10多万元，构筑地下混凝土防护墙；加固围墙和门窗，更换锁具和照明设施；购置通信设备，实现有线、无线双通和与110连通；增加预知预报设施，调整高压线路，维修脉冲电网；修建执勤岗楼；新铺设柏油路面。至2005年顺利实现第45个安全年，武器仓库先后多次被济南军区、省政府、省军区和军分区评为安全管理先进单位，2001年受到中央军委总参谋部的表彰，成为鲁西南民兵装备管理的一面旗帜。2005年，定陶县民兵武器装备仍然由定陶县民兵武器装备仓库自己保管，菏泽其他各区县的民兵武器装备全部集中到军分区民兵武器装备仓库统一保管。2008年，军分区民兵武器装备仓库搬迁到定陶，与县民兵武器装备仓库进行合并，县人民武装部加大对看管人员的稳心尽责和安全警示教育，确保看管人员工作精力集中和思想稳定。按照数量性能完备、过程组织严密、指挥协调顺畅的要求，将民兵武器装备与分区进行顺利交接，民兵武器装备仓库实现连续48年无事故的安全工作目标。2015年，县民兵武器装备仓库严格按照相关规定要求进行管理，连续55年保持无安全责任事故。

第四章　国防动员与人民防空

第一节　国防动员发展

1991年以后，定陶县国防动员领域积极贯彻“军民结合、平战结合、军品优先、以民养军”和“减少数量、提高质量、抓好重点、打好基础”的方针，对国防动员结构和体制进行战略性调整。精干民兵队伍，组建预备役部队，建立民兵与预备役相结合的后备力量制度，将人民防空和交通战备纳入正规化建设。1997年1月，成立县国防动员委员会，与县人民武装委员会为一个机构两个牌子，办公室设在县人民武装部内。2003年，县国防教育委员会与国防动员委员会合并为国防动员委员会。2005年6月，县国防动员委员会根据国家国防动员委员会《关于明确国防教育工作领导关系的通知》文件精神，撤销县国防动员委员会秘书组，增设国防动员综合办公室和政治动员办公室。县国防动员委员会办事机构由原来的“四室一组”调整为“六室”，即综合办公室，设在人民武装部；政治动员办公室，设在人民武装部政工科；人民武装动员办公室，设在人民武装部军事科；国民经济动员办公室，设在县计划局；人民防空办公室人员编制、领导关系按先行体制不变。交通战备办公室，设在县交通局。

第二节　国防教育

全民国防教育　1991年，由县委宣传部、工会、妇联、团委、教育局、民政局、文化局、人民武装部等单位组建定陶县国防教育领导小组，负责全县国防教育工作。2000年8月，改称县国防教育委员会，设主任1人，副主任4人，成员11人，负责全县的国防教育工作。2003年5月，县国防教育委员会与国防动员委员会合并为县国防动员委员会，负责全县的国防动员、国防教育工作。

按照《中华人民共和国国防法》《中华人民共和国国防教育法》《山东省国防教育条例》规定，根据山东省国防教育工作会议和菏泽市国防教育委员会要求，突出抓好国防教育机制。定陶县在县民兵训练基地建立县国防教育基地，突出定陶县区位优势，把国防教育基地建设成进行革命传统教育的课堂，传播国防法规知识的阵地，培养国防教育宣传骨干的摇篮。在国防教育基地设国防教育图文展室、电化设备教育室和兵器实物展览室。除平时教育外，在全民国防教育日（每年9月的第三个星期六）定期进行全民国防教育。县国防教育的主要内容，遵照《中华人民共和国国防教育法》的相关规定："国家通过国防教育，使公民增强国防观念，掌握基本的国防知识，学习必要的军事技能，激发爱国热情，自觉履行国防义务"，把国防教育纳入社会宣传活动之中，运用广播、电视、报刊等大众媒体广泛宣传国防知识，把国防教育与全民教育结合起来，从幼儿、小学生抓起。根据有关规定，把国防知识，军事知识列入高级中学课程，在定陶一中、二中设国防教育课。利用国防教育基地开展国防教育，每年清明节组织中、小学校学生和机关团体人员到革命烈士陵园参观、瞻仰，凭吊革命烈士，在潜移默化中增强爱国、爱军、爱英雄的意识。在每年9月的第3个星期六"全民国防教育日"进行广泛宣传，平时，结合国庆节，建军节和具有重大历史意义的纪念日，开展以爱国主义为主题的国防教育，增强教育效果。

学生军训　全民国防教育的重点在青少年学生，学生军事训练（以下简称学生军训）是对学生开展国防教育的最有效形式。县人民武装部及武警中队每年都在新学期伊始由干部带队，派教练员到有军训任务的学校组织学生军训工作。

1991年后，每年暑假期间除高级中等学校进行学生军训外，初级中等学校也进行学生军训工作。1995年前后，曾在小学高年级开展过学生军

▲　国防知识竞赛　（1997年　邓传石　摄）

▲　"军营一日"夏令营　（2007年　王贞勤　摄）

训，扩大军训和国防教育面。2001年6月，国务院办公厅、中央军委办公厅转发教育部、总参谋部、总政治部《关于在普通高等学校和高级中学开展学生军事训练工作的意见》，对学生军训的指导思想和目的、规划和要求、工作机构和师资配备、训练保障以及组织领导等问题做出了明确规定。定陶县的学生军训由试点到全面展开，训练对象主要是初中、高中、中等专业学校学生，军训多在秋季开学前进行，时间15天左右。

1991年至2000年，定陶学生军训的形式主要有在县民兵训练基地训练和在学校训练2种。2001年至2015年，定陶县的学生军训一般都在学校进行。学生军训时间在每年的开学前10天对新招收的初、高中学生进行7～10天的军训。每年学生军训人数8000余人。

▲ 中学生军训　（2013 年摄）

定陶县国防教育基地　2003年5月，定陶县民兵训练基地正式投入使用，以此为依托，创建定陶县国防教育基地，2004年8月正式启用。县国防教育基地设置国防教育图板展厅、兵器模型展厅和电化教学厅。国防教育图板展厅和兵器模型展厅设在一楼，布展面积60平方米。展厅从历史回顾、国防法规、国防义务、国防动员、军史浪花、国防共建、人民防空、国防力量、兵器揽胜等9个方面，简要回顾古今发生在定陶境内的主要历史事件和涌现出的爱国将士及英模人物，同时陈列30余种现代最先进的武器装备和外军引领世界武器潮流的主战兵器模型。电化教学厅设在4楼，对机关、学校、企事业单位、社会团体和群众组织开展影像国防教育，是定陶县国防教育的重要活动场所。其他国防教育基地还有定陶县烈士陵园、定陶战役纪念碑等。定陶县在历次革命战争和社会主义建设事业中，先后有许多英烈为国捐躯。中共定陶县委和县政府为褒扬先烈，教育人民，于1969年修建烈士陵园。1980年为定陶县革命烈士编写英名录，并开展多种形式的缅怀活动。1990年，对后追认的39名烈士补记进《定陶县革命烈士英名录》。同时，纂写张志坚、王开森、王克勤等烈士的传略。1996年，为纪念定陶战役胜利50周年，修建定陶战役纪念碑，纪念碑耸立于烈士陵园内，碑名由开国上将杨得志题写。

第三节　人民防空

人防教育与宣传　2002年，成立县人民防空办公室，开始进行有计划地普及系统性“三防”教育，使群众了解一般空防知识，了解原子、化学、细菌武器性能以及一般防护方法和简单防护器材的制作、使用方法。2003年，开始在县一中、二中、实验中学、城关镇中学4所学校开设人民防空教育课，并逐渐走向正规化、制度化，城区初级中学人防知识受教育率达到100%。2010年，在城区和部分乡镇中学开设以防核武器、防化学武器、防生物武器为主要内容的人防教育课，配备专兼职教师。在党校、职业中专、社区、县直机关、工业园区开展人防教育活动，发放人防知识读本。2015年，将人防教育扩展到全部乡镇中学，全县人防知识受教育人数超万人。结合“平安校园”建设、普法宣传、“3•1”国际民防日和安全生产等活动载体，开展集中宣传教育活动20余次，发放宣传资料2万余份。

人防训练　围绕练指挥、练协同，组织开展疏散、消防等科目演练。为提高处置突发事件通信保障和应急组织指挥能力，每年均利用应急

▲ 消防疏散演练 （2015年摄）

移动指挥平台实施野外机动业务演练。演练内容主要是检验应急移动指挥平台的机动性能、各系统（功能）的开启、使用，同时也宣传人防建设成就和人防知识，使广大群众进一步了解人防通信现代化的手段、技术以及应急救援常识。2010年，组建9支人防专业队伍，在民兵训练基地进行为期10天的岗位、技能和专业训练。协助有关部门制定人防应急预案、城市供水应急预案、建筑工程重大质量事故应急预案、城市防汛应急预案等，人防专业队伍纳入应急救援队伍体系。2015年，修订完善《定陶县防空袭方案》及城区人口疏散方案。形成6个疏散地域、6处疏散点的格局，基本满足了新、老城区应急疏散人口的要求。围绕练指挥、练协同，组织开展疏散、消防等科目演练。县人防办多次利用应急移动指挥平台实施野外机动演练，提高处置突发事件通讯保障和应急组织指挥能力，检验移动应急指挥平台的机动性能，熟练掌握各系统（功能）的操作。

通信警报 2002年，在县城乡建设局办公楼顶、信合大厦楼上安装2台报警装置，并制定报警信号，平时承担城区险灾报警任务，战时承担防空袭警报任务。2003年，建立防空警报网，在县国税局、公路局、供电局安装3台防空警报器。2004年，又在交警队、县残联安装2台防空警报器，无线电台1部。2006年在县建设局安装手摇式警报器2个，实现城区无缝隙覆盖。并制定警报信号和试鸣日。警报信号分为防空警报和灾情警报2种，依次为：预先警报、空袭警报、灾情警报、解除警报。规定：预先警报鸣36秒，停24秒，反复3遍，时间3分钟；空袭警报鸣6秒，停6秒，反复15遍，时间3分钟；灾情警报鸣15秒，停10秒，鸣5秒，停10秒，反复3遍，时间2分钟；解除警报连续鸣3分钟。试鸣时间定于每年9月18日上午10:00。2010年，先后在城区安装防空警报器10台，并与所在单位签订警报设施保管合同，制定落实社会化管理制度，警报鸣响覆盖率100%。对警报控制系统，电视防空警报接收系统、无线电台和警报器定期维护保养，无线电台要定时与市联络，建立和完善信息快速预告、通报制度，保证空情、灾情信号的及时准确传递，初步建成城区防灾防空警报网，实现了防灾防空警报器鸣放与电视报警同步进行。

2015年，在全市第一个完成人防应急移动指挥平台（指挥车及其通讯设施）的升级改造，初步实现人防固定场所与机动指挥通讯互联互通。对城区原有电动防空警报升级改造，全县共设置防空警报器8台，音响覆盖率大幅提高。

人防工程建设 依据新一轮《定陶县城市总体规划》，会同县规划局启动定陶县人防工程建设规划和地下空间开发利用规划的编修工作，逐步规范人防工程建设秩序。实行人防审批前置制度，所有人防行政许可项目全部进入县行政服务大厅办理。县规划、住建等部门把人防手续作为必要前置条件，对未经人防审批的建筑项目，停止办理相关手续，人防工程建设速度加快。2015年，在陶都新韵小区建成定陶县首个人防工程，陶都新韵小区“结建”人防工程面积2908平方米，防核防常规6级。

宋陶县志 (1991—2015)
DINGTAO XIANZHI

第二十五编

人力资源 社会保障

REN LI ZI YUAN SHE HUI BAO ZHANG

在机构编制管理方面，历经1993年、2002年和2010年的3次县乡机构改革，1999年的全县党政机关、事业单位进行超编人员分流，机构编制管理逐步走向法制化、规范化。在人事管理方面，机关事业单位用人由单一的吸收录用制，发展到录用制、聘用制并存。2000年后，机关事业单位用人一律实行考试录用制。大、中专毕业生由分配制改为“不包分配，双向选择，自主择业”。

在劳动用工管理方面，1992年，企业进行人事、工资两项制度改革，废除国家统包统配的用工制度。1993年底，企业用工全部实行劳动合同制。在社会保障工作方面，相继建立失业保险、企业保险，机关事业单位医疗保险、机关事业单位社会保险、农村社会保险、工伤保险等制度。至2015年，境内各项社会保障制度完善，运行良好。

第一章　机构改革

第一节　县级机构改革

1991年，全县部、委、办、局68个（不含公、检、法、司），核定编制1229人，实有1473人；县直全民事业单位97个，人员2091人，乡镇事业单位537个，人员5574人。同年，改变工资划拨制度，实行“增加工作人员通知单”五联单制度，建立行政事业单位机构卡和人员编制卡片。1993年，菏泽地委、行署批准《定陶县机构改革方案》，县委设5个工作部门，县政府设立25个工作部门，人大、政协、群众团体及其他机构10个，县级党政群编制控制在600人（不含公检法司342人，人民武装部24人）以内。县党政群机构（含具有行政管理职能的事业单位）由原来的104个精简到40个，精减61.5%。1999年，对县、乡机关事业单位工作人员进行分流，共分流人员1892人，其中县乡党政群机关分流303人，县直执行职级工资制事业单位分流79人，县直事业单位分流522人，乡镇事业单位分流988人。

2001年，合乡并镇，定陶由19个乡镇合并为11个。2002年7月，进行县级机构改革，转变政府职能，调整组织机构，精简人员编制，完善行政运行机制。根据各部门的职责任务，重新核定编制，县委工作部门调整为7个，部门管理机构2个，行政编制由145人精简为127人，精简12%。县政府工作部门调整为24个，行政编制由404人精简为303人，精简25%。

2010年，县级机构改革以整合职能，理顺关系，提高办事效率为重点。县委工作部门增加了县机构编制委员会办公室。县政府工作部门24个，组建县经济和信息化局，挂县商务局牌子；组建县人力资源和社会保障局，将县人事局、县劳动和社会保障局的职责整合，成立县人力资源和社会保障局；组建县住房和城乡建设局，挂县城市管理局牌子；县交通局更名为县交通运输局；县食品药品监督管理局列入县政府工作部门。2013年全省食品药品工商管理行政体制改革，将工商行政管理局、质量技术监督局由省垂直管理下划至地方分级管理。

2015年机构改革，组建县卫生和计划生育局、县市场监督管理局。党委组成部门8个，部门管理机构2个；县政府工作部门24个，监察局、民族宗教局不计入政府部门个数，县政府派出机构2个。按有关规定设置机关9个（人大常委会、政协、检察院、法院、团县委、妇联、总工会、科协、工商联），镇街机关12个。全县行政编制总额1698人，其中县直党政机关行政编制694人，政法专项编制（公检法司）541人，镇街机关行政编制463人。

2015年全县党政群机关行政编制一览表

表25-1-1

序列	机构名称	行政编制数
县委工作部门	纪律检查委员会	23
	监察局	
	8个纪检组	40
	县委办公室	37
	扶贫办	5
	信访局	7
	维稳办	6
	县委台湾工作办（政府台事办）	3
	农村工作领导小组办公室	5
	组织部	19
	老干部局	4
	编办	8
	县事业单位监督管理局	3
	宣传部	11
	统一战线工作部	4
	政法委员会综治办	9
	县直机关工作委员会	7
县政府工作部门	政府办公室	29
	发展和改革局	24
	经济和信息化局（商务局）	15
	教育局	14
	科学技术局（知识产权局）	6
	公安局	300
	森林公安局	5
	民政局	13

续表25-1-1

序列	机构名称	行政编制数
县政府工作部门	司法局	50
	财政局	14
	人力资源和社会保障局	24
	安全生产监管局	7
	国土资源局	10
	住房和城乡建设局（规划局）	13
	交通运输局	11
	水务局	14
	农业局	14
	文化体育局	8
	卫生和计划生育局（中医药管理局）	17
	市场监督管理局（食药监管局）	49
	12处市场监管所	53
	城市管理局	12
	审计局	12
	环境保护局	10
	统计局	7
	民族宗教局	4
	林业局	12
按有关规定设置部门	人大常委会	25
	政协	19
	检察院	81
	法院	105
	团县委	4
	县妇联	5
	总工会	5

续表25-1-1

序列	机构名称	行政编制数
按有关规定设置部门	科协	4
	工商联	4
县政府派出	定陶县政务服务中心管理办公室	10
	开发区管委会	18

第二节　乡镇机构改革

1993年12月，乡镇行政机构改革，行政机构由114个减少到95个，精简16.6%。按照山东省关于乡镇分类计算的标准级人员编制分配的原则，全县19个乡镇中，一类乡镇9个，分别是定陶镇、陈集镇、黄店镇、孟海乡、半堤乡、冉堌镇、南王店乡、东王店乡、力本屯乡；二类乡10个，分别是邓集乡、马集乡、田集乡、姑庵乡、张湾乡、王双楼乡、保宁乡、一千王乡、游集乡、杜堂乡。

2010年乡镇机构改革，乡镇党政工作机构和财政拨款事业单位（不含教育、卫生）均实行综合设置，限额管理。一类乡镇党政工作机构不超过5个，财政拨款事业机构不超过6个，二三类乡镇党政工作机构不超过4个，财政拨款事业机构不超过5个。定陶县冉堌镇为一类乡镇，其他镇为二类乡镇。同年，行政区划调整，定陶镇划分为天中街道和滨河街道，列为二类乡镇。全县12个镇街共核定行政编制434人，财政拨款事业编制441人。

2015年镇街机构设置和编制一览表

表25-1-2

序号	镇街	类别	乡镇领导职数	党政工作机构个数	行政编制数	事业机构个数	事业编制数
1	天中街道办事处	二类	8	4	39	4	39
2	滨河街道办事处	二类	8	4	39	4	39
3	仿山镇	二类	8	4	39	4	38
4	张湾镇	二类	8	4	34	4	39
5	马集镇	二类	8	4	39	4	39
6	冉堌镇	一类	9	5	49	5	45
7	黄店镇	二类	8	4	44	4	39
8	南王店镇	二类	8	4	34	4	39
9	孟海镇	二类	8	4	34	4	39
10	半堤镇	二类	8	4	34	4	39
11	陈集镇	二类	8	4	44	4	39
12	杜堂镇	二类	8	4	34	4	39

第二章　人　事

1991年始，实行编制五联单制度。1993年2月，冻结党政机关、事业单位编制和人员；6月，设立县机构编制委员会办公室，为常设机构，与县人事局合署办公；7月，建立县人才交流中心。1996年9月，开始进行县乡国家公务员过渡工作，首批过渡范围包括全县67个单位，有1321人过渡为国家公务员和机关工作者。同年起，新录用国家公务员，均经过严格考试选拔，培训后上岗。

第一节　干部来源

大中专毕业生分配　1991年至1996年，大中专毕业生分配安置由县教育和县计划部门共同负责。1997年后，师范类毕业生分配由教育部门负责，非师范类毕业生由人事部门负责。2000年始，大中专毕业生安置就业以市场配置为主，政府不再实行计划分配政策。

军队转业干部安置　1991年至2000年，军转干部按照师团职充实到党政机关领导班子，担任相应的领导职务；营职或立二等功以上或从事飞行、舰艇工作或长期在边远艰苦地区服役，参加“抗洪抢险”等急难险重任务的，安置到公检法司第一线；连级以下安置到县政府系统及下属事业单位；技术干部尽量安排专业对口岗位。2001年，部队体制改革，接收自主择业军转干部（即工资由国家财政负担，享受除工资以外的公务员待遇）。2003年始，安置实行考试与考核相结合、从高分到低分、由军转干部挑单位的办法。

吸收录用　1991年以后，采取组织推荐与自愿报名相结合的方式，通过文化考试和考核，有计划地择优吸收录用干部。2001年以后，面向社会公开招录大学毕业生（事业编制），充实机关事业单位。2008年至2015年，为教育系统公开招聘885人，充实到县乡中小学。其中，2008年招聘100人，2009年招聘80人，2010年招聘57人，2011年招聘109人，2012年招聘121人，2013年招聘135人，2014年招聘101人，2015年招聘182人。为卫生系统公开招聘241人，其中，2009年招聘28人，2011年招聘28人，2012年招聘44人，2013年招聘71人，2014年招聘39人，2015年招聘31人。公开招聘优秀人才充实到县直机关，其中，2011年为统计局招聘5人，2012年为文化局招聘3人，2013年为文物局招聘2人、为规划局招聘2人，2015年公开招聘17人。为公、检、法系统公开招聘113人，其中，2012年为公安局招聘38人，2013年为法院招聘5人、为检察院招聘10人，2014年为公安局招聘60人。公开招聘研究生55人，其中，2012年招聘38人、2013年招聘17人。

第二节　干部管理

干部调配　1991年以后，县人事部门负责党群系统外的一般干部调动工作，承办县政府系统科级以上干部调动手续。调配范围是：干部跨县调动、县内各系统间的调动、干部调出调入国家机关等。调配原则是根据工作需要、发挥干部专长、任人唯贤、知人善用。有组织调动和本人要求调动两种。1997年以后，县内一般干部调动停止，科级以上领导干部由县委研究确定后，人事局负责办理调动手续。2011年至2015年，共调配干部562人次，其中，县外调入72人，县内调出104人，县内调整386人次。

公务员管理 公务员过渡 1993年10月1日，国家公务员暂行条例颁布实施。1996年9月22日，县人事局制定《定陶国家公务员制度实施方案》，开始进行县乡国家公务员过渡工作，首批过渡范围包括全县67个单位，1321人过渡为国家公务员和机关工作者。过渡后，政府序列机关干部统称公务员，党委机关干部统称机关工作者。在开展公务员过渡工作的同时，各单位根据机构编制三定方案（定职能、定机构、定编制）和职位设置方案，在职能分解的基础上，设置领导职位和非领导职位、公务员职位和机关工作者职位。

公务员录用与培训 1996年开始，新录用国家公务员，均经过严格考试选拔，并到有关院校进行任职培训和政治经济理论、专门业务、更新知识、学历等方面的培训。2006年，为乡镇招录公务员3人。2007年，为县直机关单位和乡镇招录公务员28人。2008年，为县直机关单位和乡镇招录公务员29人。2009年为县直机关单位和乡镇招录公务员27人。2010年为县直机关单位和乡镇招录公务员18人。2011年为县直机关单位和乡镇招录公务员14人。2012年为县直机关单位和乡镇招录公务员36人。2013年为县直机关单位和乡镇招录公务员32人。2014年为县直机关单位和乡镇招录公务员27人。2015年为县直机关和乡镇招录公务员51人。至2015年底，共组织公务员培训1758人次。

公务员登记 2006年，依据《中华人民共和国公务员法》，对全县公务员重新登记，县委工作部门、县人大常委会、县政府、县政协及乡镇的1405名干部，按照规定程序登记为国家公务员。2008年，对因故没有参加登记的197名人员补充登记。

辞职辞退 1998年以后，贯彻执行人事部《关于<国家公务员辞职辞退暂行规定>》和《国家公务员被辞退后有关问题的暂行办法》及省人事厅《山东省国家公务员辞职辞退实施办法》，对违反公务员法相关条例人员进行辞退。

专业技术人员管理 职称评聘 1992年以后，统计、会计、经济、审计等系列中、初级技术职务任职资格实行“以考代评”，取得中、初级专业技术职称任职资格必须参加全国统一考试。1994年职称评聘工作由县科委划归县人事局管理。1998年开始，专业技术职务实行评聘分开，竞争上岗。对评审专业技术职格只卡条件，不设限额。2001年起，对专业技术人员建立健全考核制度。2006年开始，卫生系列中、初级职称专业技术职务实行“以考代评”。2007年，开始对专业技术人员职务设定岗位，实行岗位管理。2009年，实行按岗位聘用，无岗不予评聘。2012年，中、小学教师职称制度进行改革，改革的主要内容是：健全制度体系、完善评价标准、创新评价机制、实现与事业单位岗位聘用制度的有效衔接。至2015年年底，全县专业技术职务系列有工程、农业、卫生、中专教师、经济、会计、统计、新闻、出版、体育、播音、图书、档案、文博、工艺美术、艺术、律师、公正等21个专业，14625人取得专业技术职务，其中，高级1012人，中级4247人，初级9354人。

继续教育 1992年，根据《山东省专业技术人员继续教育暂行规定》和省人事厅《山东省专业技术人员继续教育暂行规定实施细则》的要求，对专业技术人员进行继续教育。1995年，人事部印发《全国专业技术人员继续教育暂行规定》。《山东省专业技术人员继续教育条例》自2005年10月1日起施行，把专业技术人员继续教育当作专业技术队伍建设的重要内容，实行学分考核制度，每年下半年，都要进行为期3个月的继续教育活动。至2015年，先后举办“正交法”与二次创业“金融知识讲座”“WTO知识培训”“专业技术人员权益保护”“保护人类生存环境”“做人做事有能力”“心态决定成败”“低碳经济与可持续发展读本”“专业技术人员能力建设沟通与协调能力”“专业技术人员职业道德”“信息化管理”“社会主义核心价值观”“安全管理基础知识”“中国梦”等继续教育培训活动，参加培训人员20万人次。

第三节　人才交流

1992年5月，县政府印发《关于引进人才和发挥科技人员作用的规定》，强化人才引进，特别是具有高学历，高级职称和技能的急需人才，鼓励自带项目和资金到定陶创业，政策优厚。2000年11月，县人事局印发《定陶县人事代理暂行办法》和《关于为大中专毕业生办理人事代理有关问题的通知》，为进一步促进人才的优化配置，搞好人事社会化服务，规范化拓展人事代理业务奠定基础。2001年12月，县政府办公室印发《定陶县事业单位接收大中专毕业生暂行办法》，规定事业单位接收大中专毕业生，均采取公开考试或考核的办法择优录取，进一步规范事业单位接收毕业生的程序和做法；明确事业单位新聘人员一律实行人事代理，其档案由人才服务机构统一管理。2005年，组织晨鸣集团、都庆集团、一中、二中、中医院等10余家民营企业和国有事业单位参加了在济南举办的大中专毕业生暨人才交流大会，企事业单位与大中专毕业生双向选择，达成合作意向300余人次。6月，组织定陶天元生物制品厂、定陶润鑫精细化工公司、菏泽绿源农化公司等10家民营企业参加了全市人才交流大会，会上达成意向290人，21人当场签定意向合同。2010年，全年引进高层次人才16人，其中，硕士研究生15人，博士生1人；5人参加高级职业经理人培训班；为两家企业申报了外国专家引进项目。新增高技能人才220人，其中，技师13人，高级工207人，完成全年目标任务的157%。2015年，协助全县企事业单位引进“泰山学者”1人、研究生55人、博士生4人、引进专业技术人才95人。与高校搭建“人才直通车”，先后赴长春、西安、南京进行招聘，共签订协议63份。建立广州返乡创业人员工作站。

▲ 人才交流大会　　（2009年 李邦东 摄）

第四节　机关工资福利

工资改革　根据实施国家公务员制度和机关与事业单位工资制度分离的需要，1993年10月，国务院决定进行机关事业单位第三次工资制度改革，机关实行公务员工资制，即职级工资制，由基础工资、职务工资、级别工资、工龄工资4部分构成；事业单位专业技术人员实行技术职务（岗位）等级工资制，管理人员实行职员等级工资制；机关事业单位工人按照技术工人和普通工人分别制定了标准。全县参加工资改革的干部工人有11755人。按照“完善干部职务与职级相结合的制度，建立干部激励和保障机制”的精神和公务员法规定，进一步推进事业单位分配制度改革，建立符合事业单位特点、体现岗位绩效和分级分类管理收入分配制度，从2006年7月1日起，机关事业单位进行第四次的工资制度改革。机关公务员实行职级工资制，其基本工资由职务工资和级别工资构成；机关工人实行岗位技术等级（岗位）工资制，其基本工资由岗位工资和技术等级（职务）工资构成。

事业单位实行岗位绩效工资制，岗位绩效工资由岗位工资、薪级工资、绩效工资和津贴补贴4部分构成。全县参加工资改革的机关事业单位工作人员有15019人。

工资调整　1993年至2015年，先后进行20次工资调整。

1993—2015年定陶县机关事业单位工作人员工资调整一览表

表25-2-1　　单位：人、元

年份	项目	增资人数	人均月增资额	执行时间	文件
1993	工资制度改革	11755	120	1993.10	国发〔1993〕79号
1996	调整职务补贴	12434	85	1996.07	省委省政府通知
1997	调整工资标准	12433	30	1997.07	鲁人薪〔1997〕14号
1999	调整工资标准	12822	120	1999.07	鲁人薪〔1999〕2号
2001	调整工资标准	13352	100	2001.01	国办发〔2001〕14号
2001	调整工资标准	13352	80	2001.10	国办发〔2001〕70号
2003	调整工资标准	14373	50	2003.07	国办发〔2003〕79号
2006	工资制度改革	15019	300	2006.07	菏政办发〔2007〕1号
2008	增加地方福利补贴	15155	92	2008.07	人社局财政局请示报告
2009	规范津贴补贴	15168	100	2009.07	定政呈〔2009〕8号
2010	规范津贴补贴	15199	147	2010.07	人社局财政局请示报告
2011	增加住房补贴	15278	59	2011.01	人社局财政局请示报告
2011	调整津贴补贴和增加住房补贴	15278	151	2011.07	人社局财政局请示报告
2012	调整津贴补贴	15390	150	2012.01	人社局财政局请示报告
2012	调整津贴补贴	15390	50	2012.06	人社局财政局请示报告
2012	调整津贴补贴	15390	260	2012.12	人社局财政局请示报告
2013	调整津贴补贴	15300	245	2013.11	人社局财政局请示报告
2014	调整津贴补贴	15360	296	2014.07	人社局财政局请示报告
2014	调整基本工资标准	15360	300	2014.10	国办发〔2015〕3号
2015	调整津贴补贴	15733	100	2015.07	人社局财政局请示报告

第五节　机关事业单位离退休及退职人员管理

1991年，全县离退休人员干部2017人。1991年以后，离休干部逐渐减少，退休人员增加。至2015年，有5646名机关事业单位人员办理离退休手续，其中，离休114人、退休5449人。另有83名工作人员因身体等原因办理退职手续。

机关事业单位离退休及退职人员条件与手续办理　1949年9月30日前参加革命工作的干部，男年满60周岁，女年满55周岁，可享受离休待遇；

1949年10月1日后参加革命工作的干部，男年满60周岁，女年满55周岁，可享受退休待遇；达到退休年龄的干部，一般先由任免机关按规定办理免职手续，由组织、人事部门办理退休手续。

机关事业单位离退休及退职人员待遇 离休干部待遇 自2011年开始，1937年7月6日前参加革命工作的离休干部，生活补贴由原每人每年增发两个月的基本离休费，提高到每人每年增发3个月的基本离休费；1937年7月7日至1942年12月31日参加革命工作的离休干部，生活补贴由原每人每年增发一个半月的基本离休费，提高到每人每年增发两个半月的基本离休费；1943年1月1日至1945年10月1日参加革命工作的离休干部，生活补贴由原每人每年增发一个月的基本离休费，提高到每人每年增发两个月的基本离休费；1945年9月3日至1949年9月30日参加革命工作的离休干部，每年增发一个月的基本离休费，作为生活补贴。

自2014年1月起，红军时期参加革命工作的离休干部护理费调整每人每月3000元；抗日战争时期参加革命工作的离休干部护理费调整每人每月2100元；解放战争时期参加革命工作的离休干部护理费调整到每人每月1700元。

自2013年调整机关事业单位离退休人员取暖费标准：人均1700元/年。

退休干部待遇 1993年10月工资改革，机关事业单位的退休费相应进行调整。机关干部根据不同工作年限，分别按照88%、82%、75%计发；事业单位干部和机关工人，相应年限分别按基本工资的90%、85%、80%、70%计发。此后随着在职的工资调整相应增加退休费。2006年调整退休费计发比例，公务员退休，按本人退休前的职务工资与级别工资之和，根据不同工作年限，分别按照90%、85%、80%、70%、50%计发；事业单位工作人员按本人退休前岗位工资与薪级工资之和、机关工人退休按本人退休前岗位工资与技术等级工资之和，根据不同工作年限，分别按照90%、85%、80%、70%计发。2014年10月机关事业养老保险改革后，对于改革前参加工作，改革后退休的“中人”设立10年过渡期，过渡期内实行新老待遇计发办法对比，保低限高。

离退休及退职干部工资调整 1991年至2015年，先后28次提高离退休干部工资、职务补贴、生活补贴等。

1993—2015年定陶县机关事业单位离退休（职）人员工资调整情况表

表25-2-2

年份	项目	增资人数（人）	人均月增资额（元）	执行时间	文件
1993	工资制度改革增加离退休（职）费	2368	100	1993.10	国发〔1993〕79号
1994	增加离退休（职）费	2557	20	1995.10	国发〔1995〕32号
1996	调整职务补贴	2833	85	1996.07	省委省政府通知
1997	增加离退休（职）费	2924	20	1997.07	人发〔1997〕91号
1997	增加离退休（职）费	2924	20	1997.10	国发〔1995〕32号
1999	增加离退休（职）费	3404	110	1999.07	国办发〔1999〕78号
1999	增加离退休（职）费	3404	20	1999.10	国发〔1995〕32号
2001	增加离退休（职）费	3581	100	2001.01	国办发〔2001〕14号
2001	增加离退休（职）费	3581	80	2001.10	国办发〔2001〕70号

续表25-2-2

年份	项目	增资人数（人）	人均月增资额（元）	执行时间	文件
2001	增加离退休（职）费	3581	20	2001.10	国发〔1995〕32号
2003	增加离退休（职）费	3708	35	2003.07	国办发〔2003〕79号
2003	增加离退休（职）费	3708	20	2003.10	国发〔1995〕32号
2005	增加离退休（职）费	3778	20	2005.10	国发〔1995〕32号
2006	工资制度改革增加离退休（职）费	3913	250	2006.07	鲁政办发〔2006〕108号
2008	增加地方福利补贴	4275	92	2008.01	定陶县人社局财政局请示报告
2008	增加津贴补贴	4275	60	2008.06	定陶县人社局财政局请示报告
2009	增加津贴补贴	4481	88	2009.01	定陶县人社局财政局请示报告
2009	规范津贴补贴	4481	75	2009.07	定政呈〔2009〕8号
2010	调整津贴补贴	4666	75	2010.07	定陶县人社局财政局请示报告
2011	增加住房补贴	4780	117	2011.01	定陶县人社局财政局请示报告
2011	增加住房补贴	4780	150	2011.07	定陶县人社局财政局请示报告
2012	调整津贴补贴	4863	150	2012.01	定陶县人社局财政局请示报告
2012	调整津贴补贴和增加住房补贴	4863	319	2012.06	定陶县人社局财政局请示报告
2012	调整津贴补贴	4863	100	2012.12	定陶县人社局财政局请示报告
2013	调整津贴补贴	5122	245	2013.11	定陶县人社局财政局请示报告
2014	调整津贴补贴和增加住房补贴	5335	338	2014.07	定陶县人社局财政局请示报告
2014	增加离退休（职）费	5335	337	2014.10	国办发〔2015〕3号
2015	调整津贴补贴	5646	80	2015.07	定陶县人社局财政局请示报告

1991—2015年定陶县离退休人员一览表

表25-2-3　　单位：人

年份	合计	离休人数	退休人数	退职人数
1991	2017	421	1433	163
1992	2116	410	1543	163
1993	2368	405	1800	163
1994	2557	397	2003	157
1995	2684	390	2137	157
1996	2833	382	2299	152

续表25-2-3

年份	合计	离休人数	退休人数	退职人数
1997	2924	374	2398	152
1998	2965	365	2454	146
1999	3404	355	2906	143
2000	3494	347	3007	140
2001	3581	338	3103	140
2002	3664	329	3198	137
2003	3708	320	3255	133
2004	3733	312	3292	129
2005	3778	297	3356	125
2006	3913	281	3509	123
2007	4056	255	3680	121
2008	4275	240	3916	119
2009	4481	223	4143	115
2010	4666	197	4359	110
2011	4780	180	4493	107
2012	4863	155	4604	104
2013	5122	145	4876	101
2014	5335	139	5100	96
2015	5646	114	5449	83

第六节　机关岗位目标责任制

1991年7月，党政群机关实行岗位责任制考核，设立定陶县岗位责任制办公室，为正科级行政单位，负责全县党政群机关岗位责任制年终考核评比。1994年，按照国家公务员考核暂行规定，成立党政群机关工作人员考核委员会，办公室设在县人事局，按照《山东省国家公务员考核实施办法》要求，对全县党政群机关事业单位工作人员进行年度考核。考核内容包括德、能、勤、绩4个方面，重点考核工作实绩，机关工作人员考核分为优秀、称职、不称职3个等次。机关工勤人员和事业单位人员考核分为优秀、合格、不合格3个等次。2000年以后，考核内容包括德、能、勤、绩、廉5个方面，重点考核工作实绩，考核结果改为优秀、称职（合格）、基本称职（基本合格）、不称职（不合格）4个等次。

第三章　劳动与劳动保护

第一节　管理体制改革

20世纪90年代，全县加大对农村剩余劳动力转移培训力度。先后建立乡镇职业培训机构12所，每年培训转移农村劳动力数量逐渐增加。1995年，成立县劳动就业办公室，负责全县劳动就业服务和综合管理工作。1998年，成立定陶县职业介绍服务中心。

▲ 定陶县春风送岗招聘洽谈会　　(2014 年　郭晓华　摄)

第二节　就业与再就业

1995年，成立县劳动就业办公室，负责全县劳动就业服务和综合管理工作。1997年，成立以县长为组长的再就业工作领导小组。当年，全县安置下岗职工3657人。1998年，再就业工作重点转向国有和县以上集体企业下岗职工基本生活保障和再就业。同年7月，县劳动部门成立10个工作组，深入企业开展工作。9月，71个有下岗职工的企业全部建立再就业服务中心，4529名下岗职工进入中心，至年底，下岗职工全部领到下岗证。2000年12月始，职工下岗后，由企业依法与其解除或终止劳动合同，按规定领取失业救济金。2003年3月，12个乡镇全部建立劳动保障所。2004年，建立周三招聘会制度，开展免费就业咨询、信息发布、用工登记、社会保险办理等“一条龙”服务；建立困难群体就业帮扶机制，做好就业困难毕业生、失业人员、城乡“双零”（无就业）家庭等困难人员的就业工作，开展“一对一”援助服务；对下岗失业人员托底（一次性）安置，对不挑不拣工作岗位的下岗人员，48小时推荐到位；建立小额担保贷款制度，为下岗失业人员发放贷款，鼓励自主创业。2004年，下岗失业人员再就业2491人，发放小额担保贷款80万元。2009年，全县下岗失业人员再就业4600人。2010年，城镇新增就业6590人，城镇下岗失业人员再就业1480人，其中困难群体再就业659人，城镇失业登记率3.7%，新增农村劳动力转移就业15465人，小额担保贷款发放90万元，创建充分就业和谐社区2个。2015年，城镇新增就业13460人，农村劳动力转移就业1.27万人。通过落实就业政策，开发公益性就业岗位，开展“一对一”帮扶活动，全县失业人员再就业1370人，困难群体就业417人，累计发放小额担保贷款5061万元，支付小额担保贷款贴息57万元；登记失业率控制在3.5%以内。开展创业孵化基地创建工作，提升创业服务水平，定陶县智华创业孵化基地和万泰国际电子商务产业园被认定为菏泽

▲ 下岗失业人员再就业培训　（2011年 于乐 摄）

市级创业孵化示范平台。

第三节　劳动合同

1991年，开始实行鉴定劳动合同。当年，共鉴定897人。1995年，企业实行全员劳动合同制，劳动合同的内涵逐步完善。当年，共鉴定12163人。2002年1月，《山东省劳动合同条例》颁布实施，就劳动合同的订立、鉴证、续订、履行、解除、终止及管理等内容进一步规范。2008年1月1日《中华人民共和国劳动合同法》实施，9月18日《中华人民共和国劳动合同法实施条例》正式施行，劳动用工进一步规范。2012年至2015年，根据原省劳动保障厅《关于印发<山东省劳动用工备案办法>的通知》和《关于全省企业建立职工名册制度的通知》等法律、法规和政策规定，签订劳动合同、用工备案8.6万人次，集体合同签订326份，合同签订率99.8%，劳动用工备案率99.8%，集体合同签订率96.6%。

第四节　劳动监察

1996年，为保障《中华人民共和国劳动法》的贯彻实施，维护劳动者的合法权益，县劳动保障局成立劳动保障监察大队，以《中华人民共和国劳动法》及相关劳动法律法规为依据，对全县企业、事业单位、雇工的城镇个体工商业户，以及与其发生劳动关系的劳动者，遵守劳动法律、法规、规章情况进行监督检查；以《中华人民共和国劳动法》《中华人民共和国劳动合同法》《中华人民共和国社会保险法》《中华人民共和国劳动保障监察条例》等劳动保障法律法规为依据，开展各类专项执法检查活动。2005年，开展劳动力市场秩序专项整治活动，查处捣毁非法职业介绍中心8家，取缔职业介绍中心3家，净化全县劳动力市场环境。2007年，结合企业保险集中扩面征缴活动，对26家规模以上企业参保缴费情况进行检查和集中征缴，累计征缴社保基金110万余元。2010年，开展整治非法用工打击违法犯罪专项行动，对全县26家小砖窑、小作坊、小服务业等用工场所进行检查，对11家小砖窑未按月发放工资的行为责令改正。2013年，开展农民工工资支付情况专项检查，责令补签劳动合同1360份，为520余名农民工追讨工资156万元、工伤伤残待遇73万元。2014年，对驻县的中央省属单位使用劳务派遣人员用工情况、社会保险费缴纳情况及执行带薪年休假制度开展专项执法检查，规范5家中央省属单位使用的劳务派遣人员未按规定属地参保和带薪年休假的行为，维护劳务派遣人员的合法权益。同年，首次对全县卫生系统人事代理人员和自聘人员的社会保险费缴纳情况进行专项检查，新增参保人员339人，征缴社会保险费301万余元。至2015年底，劳动保障监察大队先后将定陶火旺塑料编织有限公司、国和建设集团预制板梁厂、菏泽爱斯特服饰有限公司以法人涉嫌拒不支付劳动报酬罪移交公安机关立案侦查，维护职工的合法权益。配合乡镇政府和其他有关部门，相继处理龙飞发业、晟阳酒水、商圣文化园、美景国际现代城、牡丹源温泉等群体性上访事件和各类信访隐患86起。

第五节　劳动仲裁

定陶县仲裁委员会下设办公室，主要负责全县劳动争议仲裁工作，负责劳动争议仲裁案件的立案、调查、审理、调解和裁定等工作，负责劳动仲裁文书、档案、印鉴的管理，负责劳动法律、法规及政策咨询和宣传工作。以《中华人民共和国劳动合同法》《中华人民共和国劳动争议调解仲裁法》《中华人民共和国劳动合同法实施条例》《劳动人事争议仲裁组织规则》《劳动人事争议仲裁办案规则》等法律法规为依据，积极开展调解仲裁工作。随着劳动争议处理案件逐渐增多，县人力资源和社会保障局仲裁委员会办公室以调解为主，“重调解、快结案”。针对不能达成调解协议的案件,对案情简单、事实清楚、适用法律明确的案件实行简易庭，独任审理；对案情复杂、适用法律不明确的案件一律实行3人合议审理，确保案件裁决质量。2005年，受理劳动争议案件18起，依法裁决5起，结案率100%。2010年，依法裁决劳动争议案4起。2015年，劳动人事争议调解仲裁工作以“重调解、快结案、保稳定”为原则，当年受理劳动人事争议案件19起，其中庭内调解结案5起裁决结案1起，按期结案率97%。

▲ 人力资源市场　　(2006 年　郭晓华　摄)

第六节　劳动中介

1991年始，县劳动局开展劳务中介工作，当年，输出各类劳务人员1000余人。1998年，成立县职业介绍服务中心。1999年，职业介绍中心设置用工信息发布栏，设立求职登记、用工登记、就业培训、劳动事务代理等窗口，开展“一条龙”服务。2000年，对劳务中介机构的审批、管理做出明确规定，当年，审批民办职业介绍机构6家。2011年12月，建筑面积4200平方米的人力资源市场正式启用。2015年，全县共有人力资源服务机构19家，劳务输出人员主要分布在珠江三角洲、长江三角洲、京津地区和胶东半岛等区域。

第七节　职业培训

20世纪90年代初，重点开展对农村剩余劳动力转移培训。1992年，依托县就业训练中心，开办电工、钳工、商品经营、烹饪、美发等培训班39期，累计培训待业青年1605人。之后，培训力度逐渐加大，转移农村剩余劳动力数量增加。2003年，按照“先纳入、后规范”的原则，降低职业培训机构审批门槛，加快推进民营职业培训机构的发展。至2004年，全县新增乡镇职业培训机构12所，培训转移农村劳动力2012人。2010年，为实现城乡劳动者平等就业，推进城乡统筹就业，进一步做好农村劳动力转移培训，县劳动就业办公室积极申报定点培训基地和定点培训学校。菏泽市人力资源和社会保障局与财政局通过招投标方式，确定县技工学校为定点培训基地，职教中心等5所学校被评为定点培训学校。当年，对2241名农民工进行技能培训，使他们有一技之长。同时举办下岗失业人员转岗培训，免费培训

▲ 家电维修技能培训班 （于乐 摄）

下岗失业人员1701人。共举办创业培训班19期，培训人员403人，95%的创业人员实现自谋职业和创办企业。2015年，全年共开展技能培训5031人，其中，初级3606人，中级960人，高级465人；开展创业培训29期，培训853人，320人创办了自己的企业，带动1300余人实现就业。

1994年，县劳动局职业技能培训股开始职业技能鉴定工作。2002年，成立定陶县职业技能鉴定中心，负责县内所属单位的初级技能职业的鉴定。核发职业资格证书及技师和高级技师的推荐，组织各类职业技能竞赛活动等。当年鉴定颁发证书243人次。至2009年，职业技能鉴定对象从单一的职业技能培训学校的毕业生扩展到机关、事业单位、企业、院校、下岗失业人员、农民工及个体私营门店的在职技术工人等，鉴定级别扩展到中级技能鉴定，鉴定工种由10多个扩至40多个，主要鉴定的职业有计算机、电工、维修电工、焊工、烹调师、汽车修理工、车工、钳工、美容师、按摩师、家政服务员、服装制作工等。至2015年，全县获得职业资格证书的有15597人，其中，初级10980人，中级2982人，高级1366人，技师269人。

第八节 企业劳动工资管理

20世纪90年代初，乡镇企业和个体私营企业用人和分配机制全面推行工资与企业经济效益、承包目标和贡献挂钩的办法，实行多超多奖、欠收扣罚、特殊贡献加奖，企业负责人（承包人）收入与普通职工距离拉大。1994年，根据国家劳动政策，对企业职工工资进行重大改革，彻底废除8级工资制，全面推行岗位技能工资制，各种补贴全部记入基本工资。除县自来水公司等承担社会管理服务职能的个别企业，产权和职工身份没有完全置换，其工资调整报劳动部门备案外。1999年12月，各类用人单位的工资全部取消批准制度。至2008年，绝大部分企业分配模式是自主分配，国家征税，政府宏观指导进行管理。通过公布年度最低工资标准、劳动力市场价位、企业工资集体协商意见等指导企业内部分配，促进企业职工工资正常增长。

2006—2015年部分年份定陶县企业职工最低工资标准一览表

表25-3-1 单位：元

执行时间	最低工资标准	执行时间	最低工资标准
2006	390	2012	950
2008	500	2013	1080
2010	600	2014	1200
2011	800	2015	1300

第九节　企业离退休及退职人员管理

2009年，全县有离退休职工4212人。2009年以后，离休人员逐渐减少，退休人员增加。2010年，全县企业养老保险净增参保2087人，基金增缴8133.2万元。至2015年，有8896名企业职工办理退休手续，其中，退休8830人、退职31人。

企业离退休及退职人员条件与手续办理。1949年9月30日前参加工作的干部，男满60周岁，女满55周岁，可享受离休待遇；1949年10月1日后参加工作的干部，男满60周岁，女满55周岁，可享受退休待遇；男年满50岁，女年满50岁，可办理内退手续。2005年以后，停止办理一般干部内退手续；不具备退休条件，经医院证明，并经劳动鉴定委员会确认完全丧失劳动（工作）能力的干部、工人应当退职。符合离休、退休、内退或退职条件的干部，需由本人提出申请，报所在单位和主管部门，按干部管理权限由组织部或人事、劳动部门审批后，才能享受离退休或退职待遇。

2009—2015年定陶县企业离退休人员一览表

表25-4-1　　单位：人

年份	合计	离休人数	退休人数	退职人数
2009	4212	96	4097	19
2010	4452	80	4351	21
2011	5247	69	5158	20
2012	6108	63	6024	21
2013	6854	58	6766	30
2014	7377	47	7300	30
2015	8896	35	8830	31

企业离退休及退职人员待遇　离休干部待遇　2011年开始，1937年7月6日前参加工作的离休干部，每年增发3个月的标准工资；1937年7月7日至1942年年底参加工作的干部，每年增发两个半月的标准工资；1943年1月1日至1945年9月20日参加工作的，每年增发两个月的标准工资；1945年9月30日后参加工作的，每年增发1个月的标准工资。

退休及退职干部待遇　1993年10月工资改革后，2005年至2015年，退休（职）干部先后11次增加基本养老保险金。全县已连续11年上调企业退休人员基本养老金，并对中华人民共和国成立前的老工人及按有关规定补缴参保人员进行调整。2015年，在原来调整的基础上增加了与缴费年限挂钩的方法，更加倾斜了缴费年限长的退休人员。

2013年调整范围为2012年12月31日前办理退休、退职手续并按月领取基本养老金的企业退休人员。退休人员调整水平和办法：1.定额调整136元。2.按本人月基本养老金的3.1%计算增加。

2014年调整范围为2013年12月31日前办理退休、退职手续并按月领取基本养老金的企业退休人员。退休人员调整水平和办法：1.定额调整144.5元。2.按本人月基本养老金的4.8%计算增加。

2015年调整范围为2014年12月31日前办理退休、退职手续并按月领取基本养老金的企业退休人员。退休人员调整水平和办法：1.定额调整125元。2.按本人月基本养老金的3.3%计算增加。同时，根据退休人员缴费年限长短划分为7个档次，月增加额为30元至90元。

2009—2015年定陶企业单位离退休（职）人员工资调整情况一览表

表25-5-2

年份	项目	增资人数（人）	人均月增资额（元）	执行时间	文件
2009	增加退休（职）费	3879	119.8	2009.01	鲁劳社发〔2009〕5号
2010	增加退休（职）费	4116	131.8	2010.01	鲁人社发〔2010〕5号
2010	增加企业退休人员取暖费补贴	4116	1100	2010.12	鲁人社发〔2010〕38号
2011	增加退休（职）费	4352	161.7	2011.01	鲁人社发〔2011〕4号
2012	增加退休（职）费	5178	190.1	2012.01	鲁人社发〔2012〕15号
2012	增加离休干部津贴补贴	60	670	2012.08	—
2013	增加退休（职）费	6045	191.5	2013.01	鲁人社发〔2013〕14号
2013	增加企业退休人员取暖费补贴	6045	600	2013.12	鲁人社发〔2013〕106号
2014	增加退休（职）费	6796	222.6	2014.01	鲁人社发〔2014〕27号
2015	增加退休（职）费	7330	245.3	2015.01	鲁人社发〔2015〕25号
2015	增加离休干部基本离休费	390	520	2014.10	鲁人社发〔2015〕50号

第四章　社会保障

20世纪90年代，全县职工逐步实行养老保险、失业保险、医疗保险、工伤保险和下岗职工基本生活保障制度。1999年7月，为进一步提高劳动和社会保障服务效率，转变政府职能，县机构编制委员会对县劳动和社会保障机构进行调整，原人事局下属的县机关事业单位社会保险事业处、民政局下属的县农村社会养老保险管理处、原县卫生局管理的县医疗保险管理委员会办公室划归县劳动和社会保障局，全县养老和医疗保险工作主要由县劳动和社会保障局负责。2004年4月，成立县工伤保险事业处，同年8月，县劳动就业办公室内设的事业保险股更名为县失业保险事业处，各项保险的管理和服务体制更加健全。2010年2月，原县劳动和社会保障局、原县人事局职责整合组建县人力资源和社会保障局。2011年8月，县社会保险综合服务中心建成投入使用，建筑面积990平方米，为广大干部职工提供政策咨询、退休管理和企业养老保险、机关事业单位养老保险、农村养老保险、医疗保险、失业保险、工伤保险、生育保险的社会保险业务办理、基金征缴等“一站式”服务，年可办理保险业务4.3万人次。2013年10月，扩建后的人力资源和社会保障综合服务中心投入使用，由2个综合服务区、9个服务场所组成，建筑面积4020平方米，其中大厅面积2420平方米，共分社保业务经办区、就业招聘洽谈区、就业人才服务区、大学生创业指导区、劳动监察服务区、劳动关系服务区6大服务区，服务窗口49个，实现办公自动化、信息网络

▲ 社会保险经办大厅　　(2015 年 郭晓华 摄)

化、服务社会化和人性化。2014年3月，县新型农村合作医疗管理委员会办公室整合划入县人力资源和社会保障局。自此，全县职工群众的养老、医疗、生育、工伤、失业保险各项业务全部由人社部门办理。在县人力资源和社会保障综合服务中心，各项社会保险业务实现一站式办理，养老、医疗保险基本实现全覆盖。2015年，县人力资源社会保障工作承担市科学发展综合指标考核和全市科学发展考核群众满意度均获得第二名，社会保险综合覆盖率达到98.7%。

第一节　企业职工养老保险

20世纪90年代初，县企业职工实行退休费用社会统筹。1993年，对企业职工基本养老金计发办法实行改革，职工基本养老金与社会平均工资和职工在职期间缴纳的基本养老保险费挂钩。固定职工个人缴纳基本养老保险费，缴费标准暂定为职工个人工资收入的2%，由企业在发放工资时代为扣缴。合同制工人养老金个人缴纳部分，由原来的按档次缴纳改职工个人工资收入的2%缴纳。同时，对参保企业职工换发、核发劳动部统一印制的职工养老保险手册，并对缴纳费情况核定登记。1995年，实行新的职工基本养老金计发办法。企业缴纳基本养老保险费的比例为：国有企业按全部职工上年度月平均工资总额的20%提取；县以上集体企业按全部职工上年度月平均工资总额加离退休费用两项之和的26%提取，职工个人按本人工资收入的2%由企业在发放工资时代为扣缴。至年底，县政府规定凡驻县境内的城镇企业（含不在城镇的全发和县以上集体企业）、三资企业、城镇县以下集体企业及私营企业的各类职工和个体劳动者，均应实行社会养老保险制度。1996年1月，县政府规定从当年1月1日起按照社会统筹和个人账户相结合的原则，县社会保险经办机构为参加养老保险的人员建立基本养老保险个人账户，个人账户以职工个人缴费工资的11%记入。1997年，根据国务院和山东省人民政府的有关规定，要求企业缴纳养老保险费的比例一般不得超过企业工资总额的20%，个人缴纳养老保险费的比例提高到4%，以后每两年提高一个百分点最终达到8%。个人账户按11%记入，个人缴费全部记入个人账户，其余部分从企业缴费中划入。

2003年后，加大养老保险费的依法征缴力度，县劳动部门结合县法院先后对欠缴养老保险费的企业采取财产保全、冻结账户等手段依法强制征缴，确保养老保险费的应收尽收。2005年，全县企业养老保险参保人数净增708人，基金征缴1722万元，分别完成全年任务的103%和113%。2010年，企业养老保险净增参保缴费2087人，基金征缴8133.2万元。2014年，企业养老保险征缴工作以企业职工参保和个体工商户扩面为重点，增加参保人数2196人，征缴保险费1.38亿元，完成全年任务的138%，按时足额发放养老待遇1.5亿元。2015年，企业参保2.93万人，新增参保1021人，征缴养老保险费2.99亿元，比上年增加1.6亿元，支付养老待遇1.79亿元，基金累计结余1.6亿元。

第二节 城乡居民社会养老保险

1992年5月21日，定陶县被民政部和山东省人民政府定为全国农村社会养老保险制度改革试点县之一。1994年11月，印发《关于开展农村社会养老保险工作的通知》，在全县开展农村社会养老保险工作。保险对象为非城镇户口、不由国家供应商品粮的农村人口，年龄20～60周岁，可自由选择每月2、4、6、10、12、14、16、18、20元9个档次的其中一项缴费标准，按照民政部确定的利率计息。参保人自年满60周岁的次月起，领取养老保险金。1995年年底，农村适龄人口投保覆盖面50%，建立健全定陶县农村社会养老保险制度。1999年，县民政局管理的农村社会养老保险事业管理处整建制划归县劳动和社会保障局管理。2004年，国务院决定农村社会养老保险工作要“有条件的地区探索建立新型农村社会养老保险制度”。基本原则：个人交纳为主，集体补助为辅，国家给予政策支持。2005年，通过加强舆论宣传，使广大农民对农村养老保险政策、法规、参保方法及养老金的计算和发放办法有了更深的了解。农村养老保险新增参保846人，收缴保险费28.5万元。当年底，为971名参保农民发放养老金9万元。2009年，加强农民保险档案管理，做到一人一档，缴费清楚，领款明白。至年底，农村养老保险新增参保965人，收取保险费51万元。

2010年2月，定陶县农村社会养老保险事业处更名为定陶县城乡居民社会养老保险事业处。主要负责贯彻执行国家有关城乡居民社会养老保险工作的方针、政策、法律法规，经办全县城乡居民养老保险工作；负责参保登记、保险费收缴、基金划拨、基金管理、个人账户建立与管理、待遇核定与支付、保险关系转移接续、档案管理、制发卡证、统计管理、受理咨询、查询和举报等工作，并对镇（街）人力资源和社会保障所的业务经办情况进行指导和监督；承担全县城乡居民社会养老保险工作的统计汇总工作和信访工作，做好农村社会养老保险处的精神文明建设和党风廉政建设工作。2015年，全县城乡居民基本养老保险35.6万人参保缴费，累计征缴保险费2.5亿元，为9.4万名符合领取条件的居民发放养老金2.4亿元。

第三节 机关事业养老保险

机关事业单位养老保险事业处成立于1993年，隶属于县人事局。1999年9月，并入县劳动和社会保障局。机关事业保险处主要职责是收缴在职人员的养老保险费、发放离退休人员养老金和经办养老保险关系转移等业务。2000年9月，全县机关事业单位中的所有在编工作人员全部参加养老保险。2010年，机关事业养老保险基金征缴8916万元，完成目标任务的101.3%。2015年，参保人员1.52万人，年收缴养老保险费2.64亿元，发放养老金2.6亿元。

第四节 医疗保险

职工医疗保险 1997年8月7日，成立县医疗保险管理委员会。1998年12月国务院印发《关于建立城镇职工基本医疗保险制度的决定》，部署全国范围内全面推进职工医疗保险制度改革工作。定陶县于2001年1月建立职工基本医疗保险制度，县医疗保险管理委员会变更为县社会医疗保险事业处，下设征缴科、基金科、稽核科、综合科、统计信息等科室，负责基本医疗保险基金的筹集、管理和支付；负责编制、执行基本医疗保险基金预决算，并定期报告执行情况；确定基本医疗保险定点医疗机构、定点零售药店，监督检查其协议执行情况；负责职工医疗保险的查询工作；向基本医疗保险定点医疗机构、定点零售药店派驻稽查员，并负责管理；做好相应的配套服务工作。主要服务对象是全县参加城镇职工医疗保险职工。2015年，全县职工参保43507人，征缴基金7199万元，支付基金待遇6937万元。

居民医疗保险　2006年4月，定陶县作为山东省第四批、菏泽第二批试点县启动实施新型农村合作医疗制度（简称新农合），成立县新型农村合作医疗管理委员会办公室，隶属县卫生局。2009年在全市实现首家市级联网即时结算。2010年8月，定陶县率先在全市开展以总额预付为主要内容的支付方式改革试点工作。2012年4月，定陶县通过考试、考核选拔56名新农合经办人员。县新农合管理办公室负责这些人员工作安排及工资发放，实行垂直管理，采取异地安置，交叉使用的方式分配到全县18个乡镇卫生院，负责各乡镇卫生院及辖区内卫生室的新农合审核、报销及日常监管工作。2013年对新农合管理模式进行改革，创新大病保险结算方式，与保险公司合署办公，实行一站式服务，做到在一个地点，采用一台机器，一个程序，一张凭证同时办理新农合报销费用和保险公司大病补偿费用。“定陶模式”在全省推广，卫生部对定陶县的服务模式进行专题调研。同年，在全省率先开展新农合直接扣减法，参合农民可以先看病后付费，直接在收费处交纳报销后自费费用，改变了传统的报销模式。建立以新农合管理平台为基础的新农合信息管理系统，并与医疗机构HIS系统、移动公司短信系统、民政部门救助系统、人寿保险大病系统、银行的网银系统等进行对接，实现了网上管理、网上结算、网上转诊、网上审核、网上监督、网上支付的目标。县新农合管理办公室被省卫生厅评为先进单位，获全国先进个人称号1人、省先进个人称号1人、市先进个人称号2人。2014年，按照省政府要求，新型农村合作医疗与城镇居民基本医疗保险进行整合，建立城乡居民基本医疗保险制度，将新农合整体从卫生行政部门划归人社部门管理。当年底，征缴城乡居民医疗保险5036.6万元。2015年，居民基本医疗保险开始实行市级统筹，实现省级联网报销，政策范围内住院报销比例达到65%。至年底，居民基本医疗保险基金支出2.3亿元，基金使用率为85.84%，全县累计受益194.52万人，参保居民受益率341.5%。

第五节　失业保险

1986年12月，根据《山东省关于<国营企业职工待业保险暂行规定>的实施细则》，设立待业保险科，隶属定陶县劳动局就业办。2004年8月，更名为县失业保险事业处，隶属县劳动和社会保障局，2010年，根据《菏泽市失业保险基金市级统筹办法》纳入市级统筹。主要业务范围是失业保险的登记、调查、统计；失业保险基金的管理；核定失业保险待遇；负责失业人员的职业培训和职业介绍费用；失业人员免费咨询服务。

2000年，全县参加失业保险人数0.9万人，2005年1.1万人，2010年1.7万人，2015年2.43万人，参加失业保险人数逐年增加，失业保险标准也由120元/每人每月逐渐提高到850元/每人每月。2015年，参加失业保险人数比上年增加2350人，征缴保费930万元。

2001年，安置圣威机械厂250名下岗职工重新走向工作岗位，使一个停产多年的老厂起死回生。2005年，向省市争取失业保险调剂金73.8万元，征缴失业保险费119万元，确保当年585名失业人员生活费按时、足额和社会化发放。2010年，对参加失业保险人员信息进行采集整理，并传入市局实现失业保险基金市级统筹。2015年，将失业保险缴费比例由原来的单位2%，个人1%，调整为单位1%，个人0.5%，参保单位和个人缴纳失业保险金由原来的3%调整为1.5%，解决了企业的缴费压力，但享受标准相应提高，由原来的每人每月800元，调整为每人每月850元。2010年，建立以收保发，以发促收的良性运行机制，失业保险全年新增扩面227人，基本征缴377万元，为900名失业登记人员支付失业金和培训费150万元，有效保障了的失业职工的基本生活。2015年，失业保险在缴费比例下降的情况下，参保2.43万人，扩面2350人，征缴保费930万元。

失业保险各项制度逐渐完善，逐渐展现出其内在的社会保险本质，发挥其保障生活和促进就业的功能。免费职业培训成效越来越显著。县失业保险处根据市场就业需求确定培训机构、培训专业和工种，对失业人员努力做到一人不漏的免费培训，先后举办职业培训班45期，设置汽车驾驶、美容美发、微机、电工、焊工、烹饪、缝纫、摩托维修、家电制冷、面点、电子商务等市场需求旺盛专业10余个，共培训失业人员4281人次。针对再就业岗位少、失业人员年龄偏大和技能单一等实际情况，县失业保险处积极为"4050"人员等就业困难群体开发保洁、保绿等公益性岗位，全县共开发岗位15个安置困难群体就业542人。

第六节　工伤保险

2004年4月，成立县工伤保险事业处，隶属县劳动和社会保障局；2010年2月，隶属于县人力资源和社会保障局。主要职责是根据国家、省市有关规定，征收工伤保险费；办理工伤保险登记，并负责保存用人单位缴费和职工享受工伤保险待遇情况的记录；进行工伤保险的调查、统计；按照规定管理工伤保险基金的支出及核定工伤保险待遇；为职工或其直系亲属免费提供咨询服务。

全县扩大工伤保险参保覆盖面，2011年参保人数30100人，征缴保险费332万元；2012年参保人数31317人，征缴保险费510万元；2013年参保人数34719人，征缴保险费670万元；2014年参保人数36284人，征缴保险费920万元；2015年参保人数41773人，征缴保险费1324万元。

第七节　生育保险

根据《菏泽市企业职工生育保险管理试行办法》《〈菏泽市企业职工生育保险管理试行办法〉实施细则》的精神，企业职工生育保险统筹工作于2008年10月实施，成立县生育保险事业处。定陶县机关事业单位职工生育保险统筹工作于2014年1月实施。2015年，生育保险参保职工30457人，征缴基金332.6万元，为150名参保职工发放生育保险待遇97.53万元。

第二十六编
民政 信访
MIN ZHENG XIN FANG

第一章　民　政

第一节　基层自治组织建设

换届选举　第三届村民委员会换届选举　1990年2月至4月，贯彻落实《中华人民共和国村民委员会组织法（试行）》，县、乡镇分别成立换届选举领导小组和办公室，全县抽调400名干部驻村指导换届选举工作。行政村以村民小组为单位提名、推选候选人，实行无记名投票选举村委会成员。全县465个村委会换届，选出村干部1671人，其中，村主任465人，妇女干部200人，村委会平均职数4～6人；年龄35岁以下的266人，36～45岁的445 人，46岁以上的960人，平均年龄40.5岁；文化程度高中以上的202人，初中的985人，初中以下的484人；设置村委会下属工作委员会3790个，其中，人民调解委员会300个，治安保卫委员会268个，文教卫生委员会280个，社会福利委员会262个；设置村民小组2680个。

第四届至第六届村民委员会换届选举　第四届（1992年12月至1993年5月）、第五届（1995年9月至1996年1月）和第六届（1999年1月至5月）村民委员会换届选举工作，县委、县政府都成立领导小组，印发文件，健全落实领导责任制，加强分类指导，如期完成换届选举工作。

第七届村民委员会换届选举　2002年8月至12月，村民委员会换届选举与党支部换届同时进行。县委、县政府成立调查、驻乡、督导、检查验收4个工作组下派到各乡镇，对换届选举中的各个环节监督指导。所有行政村从建立村换届选举委员会到“两委”班子成员产生，采取统一程序、统一选票、统一表格、统一验收、统一发证、统一建档的办法，让选民按照自己的意愿选举。全县366个行政村完成换届，占应换届数的96.6%。选出村“两委”成员1850人，其中，新进班子成员370人，占20%；村支书、主任一人兼的村160个，占43.7%；村两委成员交叉任职的599人，占32%。与往届相比，这次换届选举的村“两委”班子，平均年龄下降2.4岁，文化程度初中以下减少226人，高中（中专）增加202人，大专以上增加8人。

第八届村民委员会换届选举　2004年10月至2005年1月，换届选举与村党支部换届同步进行。县委与乡镇党委签订责任书，县纪委印发《关于严肃“两委”换届选举工作纪律的通知》，县检察院、公安局、司法局联合下发《关于严厉打击破坏换届选举违法犯罪活动的通知》，建立村“两委”换届选举工作信访接待室。2004年12月8日至9日，在定陶镇王洪庙村和陈集镇七一村进行村民委员试点选举现场观摩，统一全县选举现场模式。全县选出新一届村民委员会366个。选出村“两委”成员1562人，平均年龄41.2岁。其中35岁以下547人，占35%。村“两委”交叉任职的比例大幅度提高，村支书、主任1人兼的村340个，占93%。比上届提高近50个百分点；村“两委”成员交叉任职的1390人，占89%，比上届提高57个百分点。本届两委减少干部职数288人，精减幅度14个百分点；在新当选的村支书、主任中，有467人为“双高双强”（政治素质高、群众威信高、带头致富能力强、带领群众共同富裕能力强）型人才，占30%。

第九届村民委员会换届选举　2007年9月至11月。村委会换届与村党支部换届选举同步进行。按照落实科学发展观、构建和谐社会、农村基层民主政治建设和党的先进性建设等要求，选好配强社会主义新农村建设班子。遵照先村委会、后党组织的顺序，鼓励和要求村党组织成员参加村委会选举，依法兼任村委会委员，党支部书记依法兼任村委会主任；鼓励选调生（省委组织部每年从应届高校毕业生的学生党员，学生干部中招录一部分人员，以公务员身份到乡镇任职）、参与“三支一扶”（支农、支卫、支教、扶贫）人员到村任职，改善“两委”班子的年龄、文化、知识结构，提高“两委”成员中妇女的比例。全县应换届行政村366个，完成换届363个，选出“两委”成员1532人。其中，高中以上文化程度467人，女性268人，党员1262人，“两委”成员平均年龄41.2岁。全部实现村党组织成员依法兼任村委会成员、村支书依法兼任村委会主任，村委会成员兼任下属委员会主任和村民小组长。

第十届村民委员会换届选举　2011年3月至5月。全县参加村委会投票选举的选民共有22.3万人，参选率72.8%。换届选举一次成功率99.1%。共选举产生村（社）“两委”成员2094人，平均年龄42岁，其中35岁以下682人，占32.6%。

第十一届村民委员会换届选举　2014年10月至12月。全县参加村委会投票选举的选民共有27.6万人，参选率75.2%，换届选举一次成功率99.7%。新一届村（社）“两委”班子总体呈现出职数精简、结构改善、素质提升的特点，干部职数减少。全县共选举产生村（社）“两委”成员1991人，比届前减少103人。书记、主任1人兼比例提高。通过选举产生党支部书记364人（初次当选的78人，占21.4%），副书记135人（初次当选的52人，占38.6%），支部委员735人（初次当选的205人，占27.9%）；选举产生村（居）委会主任357人（初次当选的93人，占26.1%），副主任235人（初次当选的98人，占41.7%），村委员977人（初次当选的363人，占37.2%）；有233个村实现书记、主任1人兼，占比64.9%。年龄结构优化。新一届村“两委”班子成员中，35岁以下的140人，占7%，比届前提高0.3%；36岁至45岁504人，占25.3%；46岁至59岁1134人，占57%；60岁以上的213人，占10.7%。文化层次提高。村“两委”成员中，大专以上文化程度122人，占6.1%，比届前提高2.21%；高中文化程度667人，占33.5%，比届前降低3%。女干部比例提高。有393名女干部被选进村“两委”班子，占19.7%，比届前提高3%，确保每个村委会中都有1名女干部。

▲ 村民委员会换届选举公告　（2010年摄）

村民自治　1991年，全县有80个村民委员会，建立健全以村民代表会议为主要形式的民主议事、民主决策制度，制定村委会成员职责。1995年，按照全国农村村民自治示范活动纲要要求，建设村民自治示范乡镇2个，自治示范村103个。1998年，县委、县政府成立村务公开、民主管理领导小组，印发《关于在全县推行村务公开、民主管理的意见》，提出村村都要建立民主理财小组，设立公开栏，定期公布财务收支情况；涉及全体村民利益的重大事项，都要召开党员大会、村民会议或村民代表会议讨论，实行民主决策、民主监督；需要公开的村务工作和被列入民主管理范围的工作，都要以法律、法规和政策为依据，建立健全工作制度，全县开始建立以村民会议和村民代表会议为主要形式的村级民主决策制度，以村委会公开民主理财和定期报告作为主要内容的民主监督制度，以村民自治章程和村规民约为主要内容的民主管理制度。当年，全县80%的行政村建立起村民代表会议制度，310

▲ 村民代表大会　　（2014年摄）

个行政村建立村民自治章程，90%的行政村实行村务公开、财务公开、民主管理、民主监督。2004年，县委、县政府重新调整村务公开协调领导小组，制定《县村务公开协调领导小组工作职责》，印发《关于进一步做好全县村务公开民主管理的实施意见》，确定2004年至2006年工作目标，要求各乡镇成立相应机构，选择3～5个示范村进行试点。2007年，省委、省政府把村民自治纳入《关于健全推动科学发展促进社会和谐考核监督体系的意见》，按照市里的考核细则，全县组织开展村民自治工作。2009年，村民自治工作全面走向规范化。当年仿山镇被评为“全国村务公开先进乡镇”“全省村务公开民主管理示范乡镇”，冉堌镇冉堌集村、黄店镇司庄村被评为“全省村务公开民主管理示范单位”。2015年，全面推行村务公开民主管理规范化建设，完成《村务公开目录》修订，各镇街、村（居）依法依规完成《村民自治章程》《村规民约》的修订，推进全县农村村务公开民主管理工作的正常开展。

社区建设　2001年10月，定陶县社区建设委员会领导小组，对城区基本情况进行摸底，制订社区建设实施方案。11月22日，县委、县政府召开全县社区建设动员大会，部署社区建设工作，确定定陶镇城关、西城居民委员会为社区建设试点单位。2002年1月9日，城关、西城社区居民委员会正式揭牌成立。2007年，全县成立南城、北城、建华、东城4个城市社区。2008年6月，县委办公室、县政府办公室制定《关于实施农村社区建设的意见》，要求在农村以3千米左右的距离为服务半径、按3000～5000户左右规模建立社区，也可在原来乡镇所属管区的基础上改建为社区，全县共规划建立农村社区95个。社区设立党总支和发展协调委员会、农村社区服务中心。在服务中心内，设立警务、医疗卫生、计划生育、文化体育、社会保障、人民调解和法律服务等6个服务室（站）和1个办事服务厅。8月，县委、县政府制定《关于推进城区社医建设的意见》，提出建设小区型高标准新型城市社区，规定凡城市规划区内，连片开发新建的小区，居民户数达到1000户左右的，都要建立封闭式高标准社区；对拟规划重建小区，按3000户规模设置。2010年，巩固发展城市社区建设成果，深化城市和谐社区建设，提升城市社区服务水平，开展城市示范社区创建活动，建设处于全省领先水平的精品示范社区。加快农村社区建设步伐，坚持“成熟一批，实施一批”的原则，确保全县50%的农村实现社区建设全覆盖，推进社会保障、医疗卫生、教育文化等服务进入农村社区，探索建立较为完善的农村社区服务体系。2015年，重新对全县新型农村社区进行规划，共规划103个新型社区。初步建成16个高标准新型社区。并全面开展社区日间照料养老服务中心，初步建成崔庄社区日间照料中心和西城社区日间照料中心，提高了社区养老服务水平。

第二节　救灾救济

救灾　2002年，县政府颁发《定陶县救灾预案》。2005年，对《定陶县救灾预案》进行修订，更名为《定陶县自然灾害应急预案》并颁布实施。2008年至2009年，部分乡镇发生干旱、暴雨等自然灾害，下拨救灾款89万元，给予救助。2012年8月20日早2点至21日早8点，定陶县持续降雨，全县平均降雨量87.2毫米，马集镇、天中、滨河街道等12个镇街受灾，共倒塌房屋240间98户，损坏房屋428间173户，紧急转移安置人口356人，农作物受灾面积近5600公顷，成灾面积3400公顷，直接经济损失798万元。全县共发放救济款139万元，面粉150吨，棉衣棉被5000余件，救助困难群众1.5万元人次，保障了困难群众的基本生活。2013年5月25日16点至27日，定陶受强对流天气影响持续降雨，伴有短时阵风，最大风力七级，全县平均降雨量91.6毫米，滨河街道、天中街道、仿山镇、张湾镇、马集镇、南王店镇、冉堌镇、黄店镇、孟海镇、半堤镇、杜堂镇均降暴雨，其中陈集镇降雨量最大，这次降雨造成部分地块积水，小麦倒伏严重。全县农作物受灾面积8920公顷，成灾面积4960公顷，其中，陈集镇小麦倒伏2000公顷，孟海镇小麦倒伏1500公顷，冉堌镇小麦倒伏1500公顷，杜堂镇小麦倒伏400公顷，南王店镇小麦倒伏333公顷、损毁西瓜大棚67公顷，滨河街道小麦倒伏367公顷，天中街道小麦倒伏387公顷，仿山镇小麦倒伏1500公顷，马集镇小麦倒伏633公顷，半堤镇小麦倒伏333公顷，张湾镇小麦倒伏1133公顷，受灾人口约9万人，直接经济损失860万元。县民政局下拨救灾款130万元，给予救助。

2014年5月8日7时50分左右，定陶部分乡镇突降暴雨伴有冰雹，最大直径4公分，给部分农田，特别是西瓜等蔬菜作物造成重大损失。受灾城区1个，受灾乡镇3个，受灾村庄4个，受灾人口392人，农作物受灾面积74公顷，成灾面积49公顷，其中西瓜受灾面积36公顷，黄瓜受灾面积13公顷，直接经济损失79万元。县民政局下拨87万元救灾资金，用于救灾。

2015年11月23日至24日，受极端天气影响，定陶县出现大到暴雪，23日20时至24日15时，全县平均降雪量31.7毫米，雪深24厘米，是自1981年以来短时间内降雪最大的一次。持续强降雪造成部分镇街的蔬菜大棚倒塌受损，部分农作物和露天蔬菜等经济作物不同程度受损减产，一些养殖户大棚损毁严重，部分房屋和企业厂房倒塌或损坏。此次降雪造成所有道路封堵，多个蔬菜大棚坍塌。至26日18时，全县受灾人口5455人，紧急转移安置人口1100人。农作物受灾面积583公顷，成灾面积403公顷，损毁房屋16户34间，损坏大棚2433个，其中，蔬菜大棚2102个，养殖棚295个，连体钢架棚6个，食用菌棚30个，损毁工厂厂房14个，因灾直接经济损失1.9亿元，其中，农业损失1.65亿元，工矿企业损失736万元，杜堂、半堤、天中、滨河、黄店、马集、南王店等镇街受灾较重。民政局及时下拨救灾款44万元，对受灾群众救助。年底下拨救灾资金156万元。

城乡社会救济 1991年至1998年，县民政局对有特殊困难的城镇居民给予生活救济。1999年12月，建立最低生活保障制度。2000年开始实施城市最低生活保障制度。最低生活保障工作实行动态管理，每季度进行复核调整，对经救助、家庭经济状况发生变化不再符合救助条件的人员，及时收回生活保障金领取证，停发保障金；对申请低保的对象进行调查核实，确定符合条件的及时纳入保障范围，按规定给予救助。2007年，开始实施农村最低生活保障制度。城镇保障对象3836人，年发放保障金276万元；农村保障对象17816人，发放保障金534万元。之后，每年城乡低保标准不断提高，月补差发放标准亦不断增加，其中2009年城市保障标准200元/月，月补差提高到120元；农村保障标准1000元/年，月补差提高到60元。2010年城市保障标准220元/月，月补差提高到125元；农村保障标准1200元/年，月补差提高到70元。2012年城市保障标准280元/月，月补差提高到170元；农村保障标准1800元/年，月补差提高到100元。2014年城市保障标准360元/月，月补差提高到210元；农村保障标准

2400元/年，月补差提高到120元。2015年，城市保障标准提高到380元/月，人均月补差提高到220元；农村保障标准提高到2800元/年，人均月补差提高到140元。至年底，全县城市低保对象4293人，年发放低保金1173.39万元；农村低保对象25356人，年发放低保金4515.68万元。

救助　*慈善*　2005年5月，定陶县慈善总会正式成立，制定《定陶县慈善总会章程》《定陶县慈善总会资产管理办法》《定陶县慈善总会会议制度》，选出会长、副会长、秘书长、名誉会长等领导成员10人，吸收创始会员单位63个，创始会员个人24人。至2010年，全县11个乡镇全部建立慈善分会，367个村委会中有330个村委会相继建立村级慈善工作站。县慈善总会成立后，围绕“发扬人道主义精神，弘扬中华民族传统美德，广纳义举，广播爱心，筹集善款，扶弱济贫，发展慈善事业，促进社会文明”的办会宗旨，认真做好善款募集、积极开展社会救助活动、加强慈善宣传。2005年至2010年，通过开展一年一度的“慈心一日捐”“送温暖、献爱心”、赈灾捐款等善款募捐活动，共募集善款1197.79万元，善物3.6万件。其中，2008年，为四川汶川地震灾区捐款274万元，购置赈灾物资65万元，捐物3万余件。2009年、2010年，联合市慈善总会开展“黄如论救助”活动，为陈集镇敬老院建设争取“黄如论资助金”130万元，争取特困学生“黄如论资助金”58.86万元，救助特困大学新生54人，救助在校特困中、小学生193人，争取贫困老人“黄如论资助金”79.2万元，救助60岁以上生活贫困老人330人。2009年、2010年联合市慈善总会开展“暖心救助行动”，为21名贫困家庭先天性心脏病患者进行免费治疗，救助贫困大、中、小学生2193人。2005年至2010年，通过开展“朝阳助学”“夕阳扶老”“爱心助残”“康复助医”“情暖万家”5大救助工程和“周行一善”“万家温暖”“固我长城”等救助项目及向灾区捐款捐物，共支出救助金856.22万元。2011年至2015年，通过开展“慈心一日捐”和定向捐赠活动，共募集善款1815.44万元，其中“慈心一日捐”活动募集善款1410.42万元，为县公安消防大队募集消防公益定向捐款100.31万元，为两名白血病患者募集治病定向捐款38万元，为文萃小学募集基本设施改造定向捐款20万元，募集其他善款246.71万元。联合市慈善总会

▲　慈心一日捐动员大会

▲　救助困难学生　（2012年摄）

开展“暖心救助行动”“爱心复明”活动为22名贫困家庭先天性心脏病及284名贫困老年白内障患者进行免费治疗，救助贫困大、中、小学生834人。通过开展“朝阳助学”“夕阳扶老”“爱心助残”“康复助医”“情暖万家”5大救助工程和“周行一善”“万家温暖”等救助活动，共支出救助金1323.58万元。

城乡大病医疗救助　2007年，城乡特困群众大病医疗救助，按个人负担医疗费用的比例给予救助。至年底，发放大病医疗救助金25万元，救助重大疾病患者234人。2012年，城市大病医疗救助标准由2011年的4500元提高到5000元，农村大病救助标准由2011年的3500元提高到4000元。在救助过程中，严格按照救助程序，严格审核病患者申请和提供证件手续，及时提报领导审批，严把对象关和病种关，及时将大病医疗救助金发放到救助对象手中。全年共救助城乡大病医疗对象1116人，发放医疗救助金256万元。2015年，城乡困难群众大病患者事后医疗救助，经城乡居民基本医疗保险报销和大病补偿后，政策范围内的自付住院费用，在最高限额内的救助比例提高到70%，年最高救助金额2万元，重特大疾病年最高救助金额提高到2.2万元。至年底，共救助1648人，救助金额392.68万元。资助城乡低保对象参保参合28715人，缴纳基金344.58万元。

农村“五保”老人供养　农村五保对象是最困难的弱势群体，县民政局贯彻落实《农村五保供养工作条例》，保障农村五保对象的基本生活，实现“应保尽保”。2006年，农村五保对象2526人。2012年，定陶将全县1550名五保对象全部纳入新农合并将个人的自付部分给予免除。适时提高五保供养标准，集中供养标准由原来的年人均2100元调整为2500元，分散供养标准由原来的年人均1500元调整为1900元。及时下拨五保供养资金，对全县敬老院住房进行排查，并制定改造计划，先后对张湾镇、冉堌镇、仿山镇、马集镇、半堤镇等敬老院实施危房改造和改扩建工作，改善了院民的生活居住条件。春节期间，县民政局按照每位院民“2斤点心、2斤肉、20元现金”的标准，分发到每个院民手中。入冬时为敬老院院民每人配置一身新棉衣，一床新棉被。2014年1月开始，全面落实五保供养政策，及时调整五保供养标准，集中供养由每人每年3300元调整到4200元，足额列支五保供养资金。按照一站式结算方式，对农村五保户政策范围内的住院费用全部给予救助。贯彻落实省、市关于加强中心敬老院建设意见，定陶县印发《定陶县民政局关于加强全区农村中心敬老院建设的实施方案》，对定陶未来3年中心敬老院建设做出详细规划。2015年，全县共有农村五保供养对象1793人，集中供养1265人，分散供养528人，集中供养率70%以上。有敬老院12所，其中，民族敬老院1所。五保供养机构登记率100%。

第三节　社会福利

2009年3月，县民政局成立福利股办公室，专门负责全县社会福利企业报批、验收、年度检查及养老机构许可证发放工作。

福利企业　2009年9月，京菏健身器材有限公司成立。该企业属于民办福利企业，位于定陶县开发区，占地0.7公顷，建筑面积6000平方米，主要生产健身器材、体育用品。职工26人，其中残疾职工11人，固定资产200万元，年收入50万元，利税4万元。

福利机构　定陶县有2所福利机构。

定陶县颐福苑养老院　位于冉堌镇冉中路，于2013年8月投入使用，占地面积1.4公顷，其中建筑面积4368平方米。设有145张床位，有卫生室、娱乐室、健身室、餐厅、浴室等公共设施，配有有线电视、空调机、浴室、沙发等日用设施。

定陶县五福老年公寓　位于济阴路和平街，2011年4月开始建设，8月开始使用。投资199万元，占地面积1公顷，建筑面积2463平方米。设有康复中心、健身房、洗衣室、阅览室、浴室、厨房、大小餐厅及多功能室，统一供暖，实行入住

▲ 定陶五福老年公寓 （2012年摄）

自由、消费自定、娱乐、健身免费、医疗、生活费用自理的管理模式。可自愿选择长期或短期入住，入住老人分自理、半照顾护理、特殊护理3个类别，实行分类护理等级服务。至2015年，累计入住老人570人。

福利彩票 1993年，定陶第一期即开型社会福利有奖募捐活动在县电影院前举行，历时42天，销售福利彩票5万元。1995年1月至2月，销售即开型福利彩票32万元。1996年12月，开展150万元“齐鲁风采”即开型福利彩票发行活动，历时20天，销售额25.5万元。1997年、1998年、2000年，3次在青年路开展“齐鲁风采”即开型福利彩票销售活动，销售总额320万元。1999年7月，定陶县被山东省社会福利有奖募捐委员会、山东省民政厅授予先进单位；8月，县民政局福利彩票发行工作获菏泽地区有奖募捐委员会、菏泽地区民政局一等奖。2000年5月1日，山东省“齐鲁风采”电脑福利彩票在定陶县顺利开通，全县福利彩票销售工作进入快速发展阶段。县民政局成立电脑福利彩票销售管理中心，年销售电脑福利彩票70多万元。2002年，在各乡镇设立投注站，福利彩票销售工作全面展开。2003年3月，菏泽市人民政府对定陶福利彩票销售管理中心通报表彰。2004、2006年，县内两次有彩民获得“30选7”百万元以上大奖。2008年，年度销量首次突破500万元大关，年销售电脑福利彩票580万元。2010年，再次实现新的突破，年销售福利彩票1014万元，获得全市“销售进步一等奖”。2015年，全县福利彩票销售站点32个，年销售福利彩票2073万元，获得“年度综合考评”“年度销售增长率”“年度目标任务完成比例”三项第一。至2015年底，全县累计销售各类福利彩票1.1亿元，筹集福彩公益金3000余万元。

第四节 优 抚

拥军优属 20世纪90年代，每年元旦、春节、“八一”建军节期间，全县各级领导都开展走访慰问活动，与当地武装部、武警、消防官兵举办座谈会、文艺联欢会，帮助驻陶部队解决训练、生活中的困难；召开烈属、军属、伤残、复员退伍军人先进个人和拥军优属先进单位代表大会，对先进集体和先进个人进行表彰。2000年后，县委、县政府从维护“改革、发展、稳定”的大局出发，把“双拥”工作做到“四纳入”

▲ “双拥”宣传

▲ 八一期间开展拥军慰问

▲ “军民鱼水情”军地联欢会 （2014 年摄）

（即把双拥工作纳入重要议事日程、纳入干部政绩考核范围、纳入经济和社会发展总体规划、纳入精神文明建设重要内容）、“三挂钩”（即与领导干部职责持钩、与部门责任挂钩、与单位评先创优挂钩）；把双拥宣传纳入全民教育计划，在县党校增设国防和双拥课。2005年节日期间，县乡组成慰问组，分别对双拥单位及优抚对象走访慰问，组织“鱼水情”大型军民联欢晚会和“送健康到军营”活动，为驻陶官兵进行免费查体。全年赠送各类慰问品折款32万余元。2007年，定陶县被中共山东省委、省政府、省军区命名为“全省双拥模范县”。县电视台在《定陶采风》开设双拥工作专题栏目，制作了反映新时期军民鱼水情的节目《情暖万家》，在菏泽电视台播出。2009年，开展“固我长城”拥军优属活动，救助优抚对象27人。开展“关爱功臣活动”，为一至五级伤残军人配备新型辅助器械，为157名在乡老优抚对象配备助听器。2014年，全县有义务兵优待家属598户，共发放优待金572.48万元，对部分烈士子女发放定期生活补贴。2015年，投入14万元对全县25户特困重点优抚对象进行了住房新建和维修，其中，新建34间，维修44间。在县电视台开办双拥专题栏目，八一期间举办大型双拥联欢会，进一步加强军民间的沟通，促进军民感情，使双拥意识深入人心。

优待 1991年后，国家逐步提高优抚对象“三属”（革命烈士遗属、因公牺牲军人遗属、病故军人遗属）、在乡复员军人（1937年7月6日至1954年10月31日期间入伍）、革命伤残军人和带病回乡退伍军人的抚恤优待标准。2003年，对凡户口在本县、经县征兵办公室征集的义务兵，服役期间其家属由当地人民政府给予优待，在农村的由乡镇政府按每人每年不低于700元给予优待，在城镇的由其父母双方单位按每人每年不低于500元优待；革命烈士家属、因公牺牲军人家属、病故军人家属、革命伤残军人、在乡老复员军人优待金最低不低于当地上年底人均纯收入的30%；带病回乡退伍军人优待金最低不低于20%；优抚对象中的孤老和特困户优待金适当增发。2011年，实行义务兵优待金全县统筹，对2010年及以后入伍的义务兵优待金执行普通地区兵员3000元/年；进藏进疆5000元/年。2012年开始，城镇和农村籍义务兵优持金，均按照每人每年不低于上年底市统计局公布的所属县（区）农村人均纯收入的标准发放；进藏兵优待金按照普通地区兵员优待标准的2倍发放；进疆兵优待金按照普通地区兵员优待标准的1.5倍发放。2014年，共发放优待金572.482万元。对部分烈士子女发放定期生活补助。2015年，全县共发放义务兵优待金591万元。在乡伤残111人，在乡老复员204人，“三属”102人，带病521人，共发优待款24万元。

定期抚恤 1991年，全县享受“三属”抚恤的有383户，发放抚恤金18.4万元。1993年1月起，“三属”月抚恤补助标准调整为：烈属、因公牺牲军人家属居住农村的，每人每月发放抚恤金45元～50元。居住小城镇的，每人每月发放55元～60元；病故军人家属居住农村的，每人每月发放40元～45元。居住小城镇的，每人每月发放50元～55元。1996年、1999年、2003年国家3次调整“三属”月抚恤标准。自2006年开始，每年10月均调整抚恤补助标准。到2010年10月，月抚恤标准调整为：烈属居住农村的每人447元，居住城镇的每人738元；因公牺牲军人家属居住农村的每人428元，居住城镇的每人662元；病故军人家属居住农村的每人410元，居住城镇的每人624元。当年，全县有“三属”172人，年发放抚恤金95.2万元。2011年8月开始，将符合上级文件规定的60岁以上的烈士子女纳入定期抚恤，月标准130元。2015年10月开始，月抚恤标准调整为：烈属居住农村的每人1210元，居住城镇的每人1594元；因公牺牲军人家属居住农村的每人1155元，居住城镇的每人1368元；病故军人家属居住农村的每人1106元，居住城镇的每人1287元；60岁以上烈士子女月标准为每人300元。当年，全县有“三属”142人，烈士子女346人，年发放抚恤金277.4万元。

伤残抚恤　1991年，对伤残军人的抚恤标准（年计算）做出新规定。全县有伤残军人551人，发放抚恤金和保健金22.8万元。

1991年在乡伤残军人年抚恤标准一览表

表26-1-1　　单位：元

特等		一等			二等甲			二等乙			三等甲		三等乙	
因战	因公	因战	因公	因病	因战	因公	因病	因战	因公	因病	因战	因公	因战	因公
1560	1440	1260	1170	1060	920	830	760	656	590	554	416	400	342	342

1994年在职伤残军人年保健金标准一览表

表26-1-2　　单位：元

特等		一等			二等甲			二等乙			三等甲		三等乙	
因战	因公	因战	因公	因病	因战	因公	因病	因战	因公	因病	因战	因公	因战	因公
450	420	374	342	332	288	268	250	231	214	210	174	160	132	122

一等、特等伤残军人的护理费根据上年度当地社会平均工资额，于每年的7月自动调整，特等伤残人员的护理费为年平均工资的50%；一等因战、因公伤残人员的护理费为年平均工资的40%；因病致残者的护理费为年平均工资的30%。2005年，原特等、一等、二等甲、二等乙、三等甲、三等乙由一至十级新的伤残等级代替，对抚恤金标准进行新的等级套改，同级、同性的伤残军人不论城乡，一律享受同样的抚恤金。2006年开始，每年10月均提高伤残军人抚恤标准。2010年，全县伤残军人504人，发放抚恤金428.1万元。2015年，伤残军人541人，发放抚恤金434.4万元。

2015年伤残军人年抚恤金标准一览表

表26-1-3　　单位：元

一级			二级			三级			四级			五级		
因战	因公	因病	因战	因公	因病	因战	因公	因病	因战	因公	因病	因战	因公	因病
60210	58310	56400	54490	51620	49690	47810	44930	42080	39180	35370	32500	30610	26760	24850

六级			七级		八级		九级		十级	
因战	因公	因病	因战	因公	因战	因公	因战	因公	因战	因公
23920	22630	19120	18170	16260	11470	10500	9530	7650	6690	5730

▲ 定陶战役纪念碑（车刚 摄）

定期定量补助 1991年，对1954年10月31日以前的在乡老复员军人，不同时期的带病退伍军人实行定期定量补助，并逐步提高标准。2006年，在乡老复员军人每人每月补助172元～213元；带病退伍军人每人每月70元。2007年，县委、县政府将符合上级政策规定的参战（1954年11月1日后中央军委规定的14次战役）和涉核人员纳入定期定量补助范围，全县有参战人员1152人、涉核人员155人，全部享受定期定量补助，人均月补助100元。2008年，老复员军人月补助标准增加到222元～264元；带病回乡退伍军人和参战涉核人员月补助标准增加到130元。2011年8月，开始将3049名符合上级文件规定的部分农村籍60岁以上退役老兵纳入定期补助，补助标准为：每服役一年义务兵役每月补助10元。2014年10月开始，老复员军人月补助标准增加到722元～764元；带病回乡退伍军人和参战涉核人员月补助标准增加到360元，60岁老兵每服役一年义务兵役每月补助15元。2015年10月开始，老复员军人月补助标准增加到922元～964元；带病回乡退伍军人月补助标准为410元；参战涉核人员月补助标准460元，60岁老兵每服役一年义务兵役每月补助20元。2015年全县享受定期定量补助人员5734人，年发放定期定量补助款1525.2万元。

烈士陵园 定陶县革命烈士陵园始建于1969年，坐落在定陶县城西关菏商公路与定张公路交界处，占地面积2公顷，为省级革命烈士纪念设施保护单位、省级文物保护单位，市级爱国主义教育基地、市级“关心下一代教育基地”。1990年，修建六角式纪念亭2座，分别命名为“王克勤亭”和“群英亭”，以纪念在解放定陶战斗中牺牲的一等战斗英雄王克勤和定陶战役中牺牲的无名英雄。在纪念碑两侧，在园的最后部，以塔树环树环绕掩映着一排24座烈士墓，其中，21座是1990年修建，2座是2012年园内规整墓区移至，墓的中心是1座显耀的无名墓，安葬着378位无名烈士的忠骨。在墓前方两端，2012年，分别修建54座散葬集中管理的烈士墓和两座仰视无名纪念墓，2014年翻修陵园内部，纪念河贯穿陵园东西两端，并在纪念河两岸及永恒桥两侧增设汉白玉栏杆。河的北端至纪念馆8000平方米的英雄广场，用芝麻白大理石、五莲红点缀方块铺地而成。将“定陶战役纪念碑”修缮塑化后向后移24米。2015年，又增修40座散葬集中管理烈士墓，完成陵园门前主体的修建，正式向社会开放，将原来破旧砖墙大门改建成开放式广场。

纪念馆 建于1969年。1987年，在馆北面扩建二分之一，建馆面积约600平方米。馆内存有省级重点文物5件。2012年，重新对纪念馆布展与修整，在馆内正中上方布设1个大屏幕，能观看有关重大战役的影视资料，馆内分为前厅和后厅2个区，每厅分6块版面，前厅展示1921年至1949年革命活动及烈士照片、史料、遗物等。后厅展示1949年至今革命活动及烈士资料，英烈屏风上书写着全县近千位烈士的英名。

第五节　退伍安置

农村退伍军人安置　1991年至2015年，对服役期满的转业士官，服现役期间平时荣立二等功以上或者战时荣获三等功以上奖励的，因公、因战致残被评定为5～8级残疾等级的，退伍后按照有关政策规定安排工作。全县共接收8229人，全部安排工作。对有经济头脑，具有一定经济基础的退役士兵发展专业户，政府在资金、贷款、用地等方面给予扶持；在办理注册登记、营业执照和产品销售许可证等方面优先照顾；在原材料供应、企业经营、产品销售等方面提供服务。协调有关部门、教育培训机构与各类企业用人单位建立密切联系，强化服务，开展“订单式”教育培训、定向教育培训、定岗教育培训等，做到需求、培训、就业有机衔接。民政部门利用就业培训中心，为退役士兵提供政策咨询、岗位信息、职业指导等服务方面的援助，每年根据实际情况组织退役士兵职业介绍招聘会，扶持退役士兵自主就业，进一步增强退役士兵就业创业能力，努力提高就业率和创业成功率。利用县、乡军地两用人才介绍所、服务站，大力开发使用军地两用人才建设，推荐退役士兵充实到村级班子、鼓励劳务输出、资助兴办企业等方面拓宽安置渠道，广泛开发使用两用人才。2011年以后，参加职业教育和技能培训人数逐年增多，培训率和就业率不断提高。培训率均在95%以上，就业率90%以上。2015年，全县培训退役士兵167人，培训率90%以上，合格率95%以上。

城镇非农业户口退伍军人安置　按照《中华人民共和国兵役法》《中华人民共和国退役士兵安置条例》，实行“三公开一监督”的阳光安置办法，按照县政府当年度安置计划，根据退役士兵档案考核和文化考试成绩，由高分到低分，依次挑选单位。2002年以后，县政府依照有关政策，分为重点安置人员和一般安置人员，将服役12年以上的转业士官、服役期间平时立二等功以上或者战时获三等功以上奖励的，因公、因战致残被评定为5～8级残疾等级的重点安置人员，安置到事业单位，并落实人、财编制。2002年度转业士官14人，因公致残1人，共15人全部被安置到乡镇事业单位。2008年至2013年，对符合政策的重点安置人员全部安置到县直事业单位。全县的退役士兵安置工作多次受到上级领导的肯定和表彰。1997年6月，被菏泽地区行政公署评为“安置工作先进单位”。2002年8月，被菏泽市人民政府评为“全市退役士兵安置工作先进单位”。2010年12月，定陶县被菏泽市人民政府评为“全市退役士兵自谋职业先进县”。

2003年，鼓励城镇非农业退役士兵发挥专长，给予自愿自谋职业的退役士兵一次性经济补助，当年度有20人报名自谋职业，共发放一次性自谋职业补助金20万元。之后根据情况，逐年提高自谋职业一次性补助金标准。2010年度，有17人自谋职业，发放一次性自谋职业补助金39.2万元，自谋职业率达50%以上。2015年，发放2014年度冬季退役士兵自主就业一次性补助金443.48万元，发放待安置期间生活补助金8064万元。全县自谋职业率不断提高，一直排在全市前列。

1991—2015年定陶县接收安置退伍军人统计表

表26-1-4 单位：人

年份	合计	城镇安置				两用人才安置				
		符合政策	转业士官	伤残军人	小计	第三产业	激励成才	劳务输出	务农	小计
1991	367	163	25	17	205	57	12	20	73	162
1992	461	242	23	14	279	48	20	15	99	182
1993	443	210	27	9	246	40	15	26	116	197
1994	418	200	37	7	244	35	10	25	104	174
1995	447	189	26	5	220	33	8	12	174	227
1996	429	179	28	9	216	19	5	17	172	213
1997	430	224	30	3	257	42	16	32	83	173
1998	422	226	24	4	254	22	13	33	100	168
1999	368	229	33	1	263	11	7	4	83	105
2000	332	209	27	4	240	7	5	10	70	92
2001	332	154	25	0	179	48	2	25	78	153
2002	303	148	14	1	163	29	12	56	43	140
2003	453	219	24	8	251	45	3	75	79	202
2004	262	54	10	8	72	60	23	80	27	190
2005	216	59	3	3	65	39	14	78	20	151
2006	219	29	3	6	38	67	10	82	22	181
2007	303	39	9	7	55	103	16	89	40	248
2008	287	39	15	6	60	109	8	58	52	227
2009	217	25	17	5	47	86	5	46	33	170
2010	234	47	17	2	66	82	6	51	29	168
2011	239	32	14	2	48	93	10	62	26	191
2012	249	23	16	0	39	112	16	56	26	210
2013	261	9	36	7	52	108	12	61	28	209
2014	282	4	32	10	46	121	20	73	22	236
2015	255	4	29	7	40	102	17	71	25	215

第六节　地名管理

1991年7月，县地名委员办公室（简称地名办），由县政府办公室整建制划归县民政局。2004年9月至12月，全县进行街巷标志和门楼标牌整顿工作，以城关社区为街巷门楼标牌试点，陈集镇为农村设标试点。2006年，设触摸屏1台，乡镇政府驻地设路牌60余块，被省民政厅评为“地名公共服务体系先进单位”。为适应定陶经济发展，2013年重新收集整理各项数据，印制发行新版定陶县政区图。

行政区划调整　1995年10月，孟海乡撤乡设镇。1996年，张湾撤乡设镇。2001年2月，全县乡镇合并，力本屯乡与马集乡合并为马集乡；邓集乡与游集乡合并为仿山乡；一千王乡与张湾镇合并为张湾镇；东王店乡合并到定陶镇；保宁乡与陈集镇合并为陈集镇；王双楼乡、田集乡与冉堌镇合并为冉堌镇；姑庵乡与黄店镇合并为黄店镇。2002年4月，马集乡撤乡设镇。2010年原定陶镇撤销，在其原行政区域内设立天中街道办事处和滨河街道办事处。2011年撤销仿山乡和半堤乡，在其原行政区域内分别设立仿山镇和半堤镇。2012年撤销杜堂乡设立杜堂镇。2013年撤销南王店乡设立南王店镇。

勘界　1997年，开展县边界勘界工作，勘界工作按照立足现实、尊重历史、顾全大局、互谅互让的原则，采取分段实施先易后难的方法进行。定陶县际边界分定陶—曹县段，定陶—成武段，定陶—菏泽段，定陶—巨野段。1998年2月至12月，定陶县与菏泽、成武、巨野、曹县完成县际勘界工作，工作行程500余千米。1998年年底，定陶县分别与曹县、菏泽、成武、巨野签订行政区域界线协议书和实施方案。1999年12月，定陶—菏泽段获“全省勘界成果奖”。

第七节　民间组织管理

管理机构　1991年，县民政局成立社会团体管理办公室，负责对民间组织的管理。2003年，改称县民间组织管理办公室，为副科级事业单位，负责全县的社会团体和民办非企业单位登记管理工作。2015年，改称社会组织监督管理局，为县民政局内设机构。

社会团体登记　1991年，开始社会团体登记，当年登记7个。1998年10月25日，国务院颁布实施新的《社会团体登记管理条例》。1999年，对社团依法清理整顿，撤销不合格社团4个，新批社团4个，全县共有社团7个。2008年，社团增至11个。2004年，按照新条例规定，对长期不组织活动的1个社会团体撤销登记。2009年，新成立社会团体3个。2010年，成立8个。2014年，新增13个。2015年全县共有社会团体31个。

民办非企业单位登记　1998年10月25日，国务院颁布实施《民办非企业登记管理暂行条例》。2001年，成立定陶民间组织管理工作领导小组，县委办公室、县政府办公室印发《关于开展民办非企业单位复查登记工作的通知》，开始办理民办非企业单位登记。当年登记非企业单位1个。2005年，开展民办非企业单位自律与诚信建设活动，定陶县博文中学被评为“全国民办非企业单位自律与诚信活动先进单位”。2008年，登记增加到5个。2010年民办非企业单位成立16个，2015年，民办非企业单位共登记21个。

第八节　婚丧管理

婚姻登记　1990年，县民政局民政股开始办理婚姻登记业务。法定结婚年龄为：男22周岁，女20周岁。由男女双方申请，持单位或村介绍信即可结婚登记，统一使用省民政厅制作的结婚证、离婚证、夫妻关系证明书、解除夫妻关系证明书。1996年9月，成立县民政局婚姻登记管理处，取消乡镇民政的婚姻登记业务，统一由县婚姻登记管理处办理。同年10月1日起，开始婚前健康查体。2003年7月，婚姻登记实现办公自动化。10月，婚姻登记管理处更名为婚姻登记处。2004年被省厅评为“全省先进婚姻登记处”。2012年12月，被民政部评为“3A级婚姻登记机关”。

殡葬改革　1992年，县委、县政府召开全县殡改工作动员会，印发《破除丧葬陋习，推行殡葬改革》，同时与各乡镇签订目标责任书。当年火化尸体3582具，平坟3万余座，推碑1800多块，火化率95%。同年8月，菏泽地区行署在定陶召

▲ 首届公益花坛葬活动（2015年摄）

开平坟推碑现场会，推广定陶县平坟推碑工作经验。至1993年，全县各乡镇均建立劳动人民纪念堂。2003年3月，成立定陶县移风易俗稽查大队，推进定陶县殡葬改革。2005年至2009年，马集镇郭伯堂村和仿山镇邓庄村建立村级公墓。2009年，县监察局和民政局联合印发《关于殡葬改革工作中以罚代化行为进行清理整顿的通知》，治理以罚代化，查处违规的人和事件。2011年，省民政厅批复定陶县仿山镇施孝陵园。2012年，定陶县建设德孝生态陵园。2014年县委、县政府办公室出台《关于党员干部带头推动殡葬改革工作的意见》。2015年，菏泽市首届公益生态花坛葬共祭仪式在定陶县德孝生态陵园举行。

附：定陶县殡仪馆

殡仪馆始建于1976年，1977年5月，正式投入使用。位于县城东北七里河村东侧，有干部职工35人，负责全县的尸体火化工作。馆内北部为火化区，南部为工作区。遗体告别厅位于殡仪馆东南部，建筑面积160平方米，能容纳100人举行告别仪式。火化车间占地面积360平方米，总体布局合理，水电设备齐全，配有柳州五菱车1部，牡丹殡仪用车1部，HENGIEI型火化炉与SPM-2003-C型火化炉各1台，三体冷藏柜1台，恒温棺1台，消毒整容、悼念接待、骨灰寄存、送尸床、祭奠设备1套。2007年至2010年，新上中档火化炉与高档捡灰炉各1台，火化服务设施齐全。火化间配有接灰房、员工更衣室、油料室，占地面积80平方米。东面为电机房，占地面积40平方米，有自备发电机1台。告别厅的楼上是骨灰寄存室，占地面积160平方米，有6个骨灰架，能同时安放骨灰200余盒。大门南部一楼为营业室、丧主休息室、供水房等，占地面积300平方米。营业室办理火化手续，经营骨灰盒、骨灰寄存。

第二章　老龄工作

第一节　老年活动

政策法规宣传　20世纪90年代初，县老龄办在每年老年节期间，向全县广大城乡居民发出敬老爱老倡议，利用广播、黑板报等宣传工具进行广泛宣传，营造尊老敬老舆论氛围。1996年8月，《中华人民共和国老年人权益保障法》颁布实施，县老龄办组织鼓号队、老年秧歌队绕县城主要街道载歌载舞，宣传庆祝。2002年10月23日，山东省人民政府发布《山东省优待老年人规定》，全县通过张贴标语、印发传单等多种形式进行宣传活动，以推行老年法规政策的落实与实施。2006年，《中华人民共和国老年人权益保障法》实施十周年，在城内主要街道、乡镇驻地粉刷、悬挂敬老标语，利用气象预报显示屏、电视台播放尊老敬老口号，通过县电视台制作“百善孝为先”公益广告在黄金时段播放。开辟《银龄在线》栏目，宣传报道老龄问题、老龄工作、尊老敬老典型。2009年，全县所有老年活动场所周边的墙体粉刷敬老宣传标语，设立老龄宣传标牌200多块，粉刷墙体敬老标语1000多条。在老年人聚集的北关社区、杜堂乡政府驻地建设高标准的老龄宣传一条街。2012年，新的《山东省优待老年人规定》施行，全县设立老龄宣传标牌100多块，粉刷墙体敬老标语500多条，在省级以上报刊杂志、网站、电视等新闻媒体发表稿件173篇，宣传推出定陶老有所为典型。2013年10月13日（九月九日），中国第一个法定的老年节，定陶举办老年法学习培训班，在老年人聚集的北关社区、怡和公园广场制作老龄宣传板块，利用户外大屏幕滚动播放《中华人民共和国老年人权益保障法》宣传标语；《定陶报》开辟敬老宣传专栏、开展敬老主题征文活动。在全县“四德”工程建设示范点，设置高规格宣传图版。设立老龄宣传标牌220块，粉刷墙体敬老标语1000余条。2015年1月1日，《山东省老年人权益保障条例》施行，全县以乡村道德大讲堂、“四德榜”为载体，开展好媳妇、好公婆等各类评选表彰活动，广泛宣传老年法规政策，着力营造孝老爱亲浓郁氛围。

敬老爱老活动　20世纪90年代后，县老龄办联合团县委、县妇联、县总工会等单位，开展为老年人“送温暖、献爱心”活动。每逢老年节、中秋节、春节等重大节日，县委、县政府领导和有关单位负责人到百岁老人、特困老人、“五保户”老人家中慰问，送去党和政府的关怀和温暖。2005年，开展“开发式助老扶贫”工作，为84户农村特困户实施“赠羊救助工程”，对62户农村特困户进行慰问和救助。2010年，开展“牵手骨干企业，共创老龄辉煌”活动，鼓励和支持企业通过各种形式参与老龄事业发展。鲁艺建筑公司提供5000元赞助举办“五一”老年人体育运动会；御思香酒厂赞助10000元举办“九九”老年节体育运动会；定陶镇城关社区、陈集镇七一行政村为本村（居）1100名符合条件的老年人赠送了银龄安康保险；天联超市、旗航手机大卖场在“敬老月”期间走访慰问敬老院老人、特困老人。在全县开展助老志愿服务活动，建立助老志愿服务队，以高龄、特困及孤寡老人为重点服务对象，开展“一对一”“多对一”的助老服务，全县助老志愿队共服务400余人次。2013年，组建厚德银龄志愿团，2015年年底，有团员150余人，志愿团开展送戏曲、送书法、帮扶困难老人、义务捡垃圾、义务植树等志愿服务活动32次。春节和“九九”老年节期间，对部分特困老人、老党员、老干部进行走访慰问，发放救助金11000元。

▲ 慰问困难老人　(2015 年摄)

老年文体活动　20世纪90年代，通过不断完善老年文体组织，加快老年活动站、室、点建设，组织和引导老年人开展各种文体活动。县老年体协辖保健操、排球、羽毛球、门球、书法、棋类等12个分协会。全县各乡镇相继建立老年体协，县直各单位成立离退休人员活动组织。2005年，全县对12处可利用的闲置校舍改建为养老活

▲ 老年书法展进校园　(2015 年 车刚 摄)

动基地，置办100多件办公用品配备到3个老年活动室，征订老年报刊，配备扑克、象棋、军棋、麻将等活动用品。在“老人节”期间，举办大型老年人体育活动，有600余老年人参加9个项目的活动。组织老年人参加全国“牡丹杯”老年门球邀请赛，获得第二名。2010年，40多名体育辅导员深入到乡镇培训老年活动骨干240人，经常参加体育锻炼的老年人占老年人总数的45%。“五一”“九九”老年节期间，召开体育运动会暨健身展示会，近千名老年人参加健身展示表演。“敬老月”期间，县老龄办联合县文体局开展戏曲敬老活动，举办全县老年书画展。2015年，全县新建和改建标准化老年活动场所34处，设置阅览室、棋牌娱乐室、乒乓球室、台球室、健身室、电视室等，约80%的行政村组建秧歌、腰鼓、健身操等老年健身队。同年4月23日至26日，举办全县老年人体育运动会，城区健身站点的15支代表队参加活动；420名老年选手参加门球、乒乓球、钓鱼、太极拳（剑）等6个项目的比赛；9月26日至29日，举行“九九”老年节运动会暨中老年文体健身展演开幕式，全县800多名老年人，参加6个项目的比赛；同年，县老龄办、县邮政局联合举办“银龄杯”定陶站中老年广场舞大赛，活动历时3个月，逐镇街举办选拔赛10场。

第二节　老年人优待与服务

老年人优待　20世纪90年代，全县60岁以上老年人不再承担义务工、劳动积累工和各种社会集资，对农村70岁以上老年人免除乡村公益事业金和村级兴办集体公益事业出资义务。2003年，全面落实老年优待政策，免费为全县60周岁以上的老人办理由省老龄委统一印制的《山东省老年人优待证》，同年，发放老年人优待证8000本。全县各医疗机构对持证老年人就医全部免收普通门诊挂号费，县级医院对老年人住院期间除药费外的各项费用给予优惠；仿山旅游景点对持证老年人免收门票费。2009年，县陶城律师事务所成

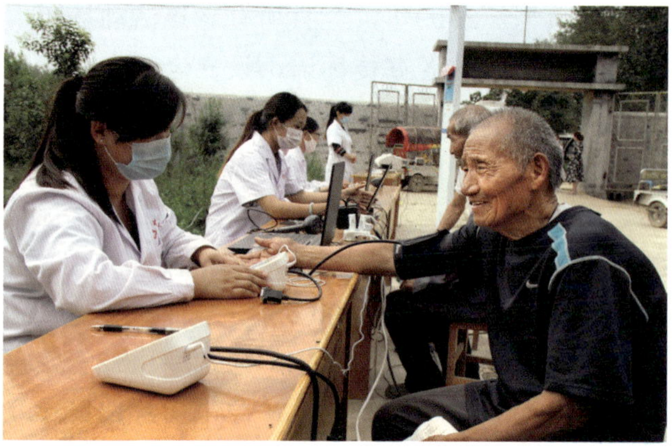

▲　为老年人免费查体

立老年人维权中心，县法院设立老年维权巡回法庭，各乡镇司法所建立老年维权岗，畅通了老年维权渠道。2013年后，卫生部门每年都集中组织对60岁以上老年人进行免费健康查体，老年人参与查体6.5万人次。

养老服务　1991年，全县有乡镇敬老院20所，基本实现1乡1院，主要是供养孤寡老人。全县大多数老年人主要通过其子女给老年人养老。2006年，为促进养老服务业发展，陈集镇中沙海行政村自筹资金30余万元，建成占地3500平方米、建筑面积750平方米，可设40张床位的养老院。定陶镇自筹资金把闲置的原东王店乡政府大院改建为可设200张床位的养老院，当年有75位老人入住。2009年，成立定陶县佳园居家养老服务中心。县民政局投资4400万元建立县老年公寓，陈集镇投资500万元建立占地4000平方米的高标准

▲　定陶镇敬老院　（2008年摄）

敬老院。2012年南城社区将闲置房屋改建为民办五福老年公寓，为全市规模最大、档次最高的老年公寓之一。居家养老服务中心开始运营，建立智能化居家养老服务呼叫网络平台，组建专业化与志愿者相结合的居家养老服务队伍，实现城区居家养老全覆盖。2015年，全县有镇街敬老院12所，社区日间照料中心8处，农村幸福院50处。定陶县养老服务中心即将投入使用。

第三节 养老保障

1991年，全县首次开展签订老年人家庭赡养协议书工作，帮助全县老年人与其子女签订家庭赡养协议，并进行法律公证。2005年，再次开展签订老年人家庭赡养协议书工作，对全县4000户农村60岁以上老年人签订家庭赡养协议书，并将家庭赡养协议书的兑现和续签工作作为评选“敬老模范村”的主要内容。2006年开始，省政府为全省百岁老人每月发长寿补贴金100元，当年有32位百岁老人享受到长寿补贴金，并有医务人员对其进行免费查体。2009年，全县启动“银龄安康工程”，有13678名老年人投保，承保金额139860元，当年有97位老年人受益，受益额56600元。2010年，百岁以上老人的长寿补贴金提高到每人每月300元。对农村所有符合条件的老年夫妇给予每月不低于50元的计划生育奖励扶助金。完善农村“五保”供养制度，全县2526名“五保”老人全部纳入供养范围。建立城镇和农村最低保障制度，有274名老年人纳入城镇低保，占城镇低保人数的30%；10187名老年人纳入农村低保，占农村低保人数的83%。99%的农村老年人参加了新型农村合作医疗，4300多名老年人参加了城镇医疗保险。建立城镇医疗救助制度，老年人优先纳入救助对象。2012年，定陶县为全县90～99周岁老人发放高龄补贴每人每年200元。2015年，为全县2062名90～99周岁老年人按照每人每年200元的标准，发放高龄补贴41.24万元；为全县72名百岁老人发放长寿补贴金20.97万元。

▲ 90周岁以上高龄老人补贴金发放仪式
（2012年 孔涛 摄）

第三章 信 访

第一节 信访制度建设

接访 1991年，定陶县建立“分级负责，归口管理”的信访工作制度和领导接访制度。以领导阅批的信访案件为重点，立案交办。2004年，县委、县政府建立县集中处理信访突出问题和群体性事件联席会议，县委书记任联席会议总召集人，县委副书记、县政法委书记、县政府分管领导任召集人，28个相关部门任成员。联席会议下设办公室，办公室设在信访局，县委办公室副主任、信访局长任办公室主任。县信访联席会议办公室一般每季度召开1次成员例会，非常和敏感

▲ 接待群众来访 （2010年摄）

时期即时召开会议，听取信访工作汇报，集中研究解决信访突出问题和群体性事件。1991年后，坚持领导干部接待群众来访，阅读群众来信，实行领导包案责任制制度；建立信访工作领导责任制，实行调研排查、来访督查和信访户回访制度，有效减少了群众越级上访、集体上访和重复上访。2006年，收到群众来信147封，接待群众来访353起1287人，接待集体上访67起804人，越级上访52起96人，处结率为83%。2007年至2010年，上访量大幅度下降，2008年，到县上访量比2007年同期下降16%，越级访同期下降31%。2010年、2013年，中共定陶县委、定陶县人民政府被山东省委、省政府评为“全省信访工作先进单位”。

领导公开接访 1999年，定陶县开始推行县级领导公开接访制度。县委、县政府制定《关于县级领导干部公开接待群众来访的实施意见》，建立领导接访日和领导处理信访问题制度。1999年至2004年，实行县级领导每月1日、15日公开接访制度；2005年后，改为每周二县级领导公开接访制度，地点在县信访局。根据信访工作形势和政治敏感时期需要，开展县委书记、县长大接访活动，设立人社劳保、涉法涉诉、农村农业、城建国土4个接访组，分别由县级分管领导任组长，48个部门主要负责人陪访，处理热点、难点和焦点问题。2010年，县级领导共接待上访群众318起，1356人次，当场化解165起，379人次。签批到乡镇和有关部门限期解决153起。2013年起，实行维稳信访工作领导小组集中接访，重点由副县级以上领导干部接访。县直部门、乡镇（街道）党政领导干部每天公开轮流接访，书记、镇长至少每周接访1次，增加了接访密度和频率，有效减少全县信访存量，初信初访得到有效化解。

第二节 基层信访网络建设

1991年起，全县逐步建立县、乡、村三级信访网络，县直有关部门设立信访科，或配有专（兼）职信访干部；乡镇设立信访办公室，配备信访干部2～3人，有专门的人民来访接待室；各行政村都建立3～5人的信访民调小组。2004年，县直部门成立以单位主要负责人为组长的信访工作领导小组，各乡镇成立以党委书记或副书记任组长的信访领导小组。利用办培训班和以会代训的形式对全县信访干部进行培训。2006年，在全县开展重信重访专项治理活动。2007年，加强信访基层组织建设，充实调整基层信访工作干部，强化动态预测，超前工作，把问题解决在基层。2008年，开展迎奥运、保稳定“矛盾纠纷排查化解百日集中活动”。2010年，成立7个专项工作组、10个督导组，对梳理出的信访突出问题，集中时间，集中力量，开展信访积案大化解活动。2014年，推行网上信访和阳光信箱，通过网上信访反映问题、提出意见建议，做到受理渠道、工作程序、诉求事项、责任单位和办理结果公开，增加工作透明度。群众以书信形式向上级信访部门反映信访事项时，只要用阳光信箱免费专用信封，投放在每个行政村都设置的阳光信箱里，就可享受免费投递服务。并实行“三专”（专人、专职、专业）队伍化解信访积案。2015年，对“三专”队伍进行充实调整，组成11个组，对排查出的信访问题交办到“三专”工作组，签定化解时限承诺书，明确案件责任单位的主体责任，责任单位和“三专”工作组协调配合，形成化解合力。

第三节　信访案件处理

1991年后，信访案件的处理，主要是历史遗留问题、农村提留问题和农民责任田及宅基地纠纷，群访和越级访案件很少。至1997年，共接到来信案件822件，接待来访案件1310件（其中群访案件123件，越级访案件111件），处结1800件，处结率在84.4%。随着改革的不断深入，部分人的利益受到冲击，社会矛盾渐显突出，信访案件逐渐增多。1998年，企业改制，信访案件更为突出，主要是下岗再就业问题、工资待遇问题、养老保险金缴纳问题等。县信访局采取应对措施，切实发挥有关单位的作用，变上访为下访，有效遏制了各类信访案件的发生。同年，共收到来信来访案件405件，处结368件，处结率为90.8%。2000年后，随着城市建设大开发，信访案件内容也随之变化，其主要内容为拆迁补偿问题、农民工工资问题、项目用地清障补偿问题等。针对上述问题，县信访部门加大措施，遏制了信访案件的发生。2005年，共收到来信来访案件605件，接待来访群众1726人次，处结521件，处结率86.1%。2010年，县信访局强化内部管理，实行全天候值班，采取工作动态栏管理，做好“信访代理制”。全年共接待来访548起，2230人次；集体访63起，728人次。其中，全县各级信访部门共为群众代理信访案件183件，结案率95%，接服率90%，群众满意率100%。2015年，共收到来信来访案件834件，接待来访群众3218人次，处结783件，处结率达到93.8%。

1991—2015年定陶县人民来信来访统计表

表26-3-1

年份	来信（件）	来访		集体访		越级访		处结（件）	处结率（%）
		起数（起）	人数（人）	起数（起）	人数（人）	起数（起）	人数（人）		
1991	79	126	539	11	463	9	26	175	84
1992	95	153	698	18	513	12	39	205	83
1993	103	179	756	14	569	18	36	245	87
1994	112	196	832	17	679	15	29	262	85
1995	135	201	978	19	796	17	32	292	87
1996	146	224	1078	21	726	19	36	318	86
1997	152	231	1279	23	913	21	38	303	88
1998	157	248	1169	29	865	26	41	368	91
1999	165	241	1236	26	903	23	39	365	90
2000	169	253	1356	28	893	28	49	375	89
2001	189	298	1635	36	896	35	63	402	83
2002	176	275	1398	31	723	37	58	396	88
2003	198	296	1456	29	896	31	49	424	86
2004	206	336	1521	32	753	33	56	471	87
2005	259	346	1726	35	813	41	68	521	86

续表26-3-1

年份	来信（件）	来访		集体访		越级访		处结（件）	处结率（%）
		起数（起）	人数（人）	起数（起）	人数（人）	起数（起）	人数（人）		
2006	347	453	2887	67	804	52	96	678	85
2007	235	323	1678	41	821	31	56	496	89
2008	298	303	1593	39	863	36	64	504	84
2009	315	328	1890	52	839	49	87	540	84
2010	268	596	3097	76	1983	53	96	734	85
2011	291	723	4970	82	2388	61	89	861	85
2012	282	916	8806	155	4969	94	293	1066	89
2013	279	826	6451	115	4180	88	201	994	90
2014	252	608	4192	87	1821	69	173	782	91
2015	278	556	3218	72	1496	61	149	783	94

第四节 信访法规宣传

1996年1月，《中华人民共和国信访条例》颁布实施后，县委、县政府利用多种形式进行信访法规宣传活动，规定每年的3月为信访法规宣传月。1996年至2000年，县信访部门累计发放各类宣传材料100万份，发放录音磁带350盒，张贴标语4万幅，悬挂横幅1000余条。在信访法规宣传月中，县五大班子领导上街宣传，接受记者采访，接待群众来访1000余人，出动宣传车32辆。2001年至2004年，信访法规宣传月累计出动宣传车30辆，发放各种宣传材料120万份，发放录音磁带260盒，张贴标语35000幅，悬挂横幅800余条，现场接待群众来访900余人。2005年4月29日，全县《中华人民共和国信访条例》集中学习、宣传、培训工作会议召开；4月30日，县五大班子领导，县信访局、法制办公室、普法办公室、公安局、检察院、法院等27个单位负责人及80多名工作人员，走上街头，向群众宣传《中华人民共和国信访条例》及有关政策，在城乡共设咨询台120个，过街条幅112条，发放宣传材料60多万份，接受群众咨询2300余人次，把《中华人民共和国信访条例》1200多份发送到乡村、企业，副科级干部、专兼职信访人员人手1册，《信访手册》《信访人须知》达到户均1份。2005年5月1日，新的《中华人民共和国信访条例》颁布实施。当年起，县委、县政府将每年的5月1日作为信访法规集中宣传日，广泛宣传信访法规，贯彻实施《中华人民共和国信访条例》，使全县信访工作不断走向法制化、程序化、正规化轨道。2014年起，通过电视、广播、宣传车、宣传条幅、讲座、培训等方式，在全县范围内深入广泛开展依法逐级走访宣传教育活动，进一步规范信访秩序。

定陶县志（1991—2015）
DINGTAO XIANZHI

第二十七编
科学技术

KE XUE JI SHU

1991年后，科学技术在定陶县成为经济发展和社会进步最主要的推动力量。1995年，定陶县被国家科委授予全国科技工作先进县。1996年，县委、县政府作出《关于加快科学技术进步的决定》，推动科技事业的快速发展。2009年年底，市级以上高新技术企业11家，实施国家级星火项目2项，市级以上科技攻关项目46项，科技成果重点推广项目10项，全县登记在册的科技成果261项，其中96项获科技进步奖。小麦、玉米、棉花、蔬菜等新品种的普及，使粮、棉、菜产量成倍增长；地膜覆盖技术的推广应用，使土地的产出率大幅度提高；反季节经济作物栽培技术的推广，使亩效益增加几倍乃至几十倍。围绕机械、化工、纺织等行业，实施科技攻关、星火计划，狠抓企业的技术改造和新产品开发，企业创新能力逐步增强，实现经济的跳跃式发展，高新技术产业的快速发展。全县新增工业产值中有40%来自科技进步。

第一章　科技队伍

第一节　人员分布

1991年，随着科技事业的发展，一批批大中专毕业生不断充实到科学技术领域，壮大了科技队伍。全县有各类科技人员5998人，其中，工程技术人员563人，农业技术人员258人，卫生技术人员855人，国家机关、财贸以及从事自然学科的教师4322人。1994年，全县有各类技术人才7356人，主要分布在教育、卫生、农林业等行业。1997年后，为激励科技人员投入经济建设，促进全县经济和社会发展，县建立了专家人才库，并设立由学科带头人参加的专家委员会。2010年，全县各类专业技术人员13856人。2015年，全县各类专业技术人员14652人。

第二节　技术职称评定

到1990年，全县共评定获得专业技术职称的技术人员9016人，其中，高级83人，中级1538人，初级7395人。专业技术人员中，有专业技术干部4150人，其中，高级81人，中级1156人，助理级2300人，员级613人；以工代技、以工代教以及工人身份2159人，其中，高级2人，中级107人，助理级1021人，员级1029人；农民身份的科技人员2707人，其中，中级职称的275人，助理级1719人，员级713人。1993年技术职称评定工作划归县人事局管理。2015年，全县取得专业技术职务的共14625人，其中，高级1012人，中级4247人，初级9354人。

第三节　农业技术人员

至1991年，县乡农业专职技术人员287人，科技带头户9653户，其中，种植业2506户，养殖业1448户，林业1205户，其他行业4494户。2002年，县乡农业技术人员增至452人，科技带头户15300户。2010年，全县有农业专业技术人员298人，科技带头户16268户。2015年，全县有农业技术人员316人，科技带头户17352户。

第四节　基层科协组织

1991年，县科学技术协会（简称县科协）形成以县科协为枢纽，县级学会部为纽带，乡镇科

▲ 创建全国科普示范县动员大会 （2010年摄）

协为骨干，村科协为基础，农村专业技术研究会为依托，科普学校为阵地，科委服务部为窗口的上下贯通，左右相连的科普服务网络，为全县科技工作的顺利开展奠定基础。2001年2月，全县乡镇撤并，乡镇科协组织由19个随乡镇调整为11个；2011年9月，撤销定陶镇，设立定陶县天中街道办事处、滨河街道办事处科协组织，至2015年底，定陶县有天中街道办事处、滨河街道办事处、仿山镇、张湾镇、马集镇、南王店镇、冉堌镇、黄店镇、孟海镇、半堤镇、陈集镇、杜堂镇等12个镇（街道）科协组织。各镇（街道）科协有专职科协主任1人，兼职科协工作者2～3人，负责开展镇（街道）科协工作。全县建立土木工程建筑学会、林学会、农机学会、青少年辅导员协会、畜牧兽医学会、定陶县老科协等9个县级学会、协会。围绕村（居）科普“站、栏、员”建设，实施科普村村通工程。先后建成高标准科普画廊16处、展示长度达286米。建起32处科普惠农服务站，286个村（居）建起科普活动室。365个村（居）全部建有科普宣传栏，全县站、栏、员建设村（居）覆盖率达到98%以上。先后引进科技人才122人，建立由机关干部、教师、工程技术人员、企业技术人员参加的县科普服务团；从辖区单位吸纳专业技术人员为科普志愿者，全县有12支科普志愿者队伍、230名志愿者活跃在基层。目前全县共有科普示范家庭600户，科普带头人30人，科普示范村（居）120个，科普示范基地24个。种养加等各类农技协会、农村经济合作组织157个，会员15570余人。全县形成上下连通、纵横交织的科普组织网络。

第二章 科技普及

第一节 科普宣传

1991年起，县科技部门每年进行1次科技宣传周活动，开展“科技是第一生产力”“可持续性发展战略”“崇尚科学反对迷信”等大型科普宣传活动。1991年，全县有科技黑板报1108块，宣传栏30个，村村厂厂有科技板报，城镇集市有科技宣传栏。在县文化馆举办科技图片展览，共展出图片150余张。5月，在科技兴农宣传月活动中，制作24个版面，到全县各乡镇巡回展览，受教育群众达5万多人。10月，为配合秋种，组织秋种技术宣传队，绘制农业技术宣传挂图32幅，并携带技术资料等在全县19个乡镇巡回宣传。《定陶科技》出版42期；《山东科技》发行站585个，兼职发行员738人，订阅《山东科技报》30671份；《科技信息》共出版27期，发放5.4万份。

▲ 科普服务队进社区　　(2008年摄)

1999年，全县共成立各类科技咨询服务部119处，参加咨询服务的科技人员1560人，咨询项目200余项，年咨询人数10余万次，间接经济效益300余万元。2001年，全县成立各类科技咨询机构128处，参加咨询服务科技人员2680人，咨询项目1600项，年咨询人数11万余人次，间接经济效益8000余万元。2005年5月15日至21日，为科技活动周，县科协与县委宣传部、县科技局联合相关群团组织，开展科普“四进”社区活动，发放科技资料2000余份，接受居民咨询800多人次，义诊260多人次。同年，争取上级扶持资金18万元，筹集社会资金12万元，在全县行政村建设高标准宣传栏365个，全县镇（街道）科普宣传栏建设行政村覆盖率达100%。2008年后，开展百场科普剧下乡、百场科普电影下乡行动。自编《地下洇灌就是好》《赞科普工作者》《科技兴农结硕果》《花开京城更灿烂》《腰鼓乐翻天》《拉呱》等科普剧巡回演出近200场次，播放科普电影300余场次。2010年，开展科普日宣传活动，在县城主要街道悬挂30幅科普日活动宣传条幅，对全县科普画廊和行政村科普宣传栏内容更换为预防疾病、科学生活、节约能源等内容。2013年，利用“科技活动周”“科技宣传月”“4•26”知识产权日，联合相关部门组织专家和科技特派员成立科技服务队，分别到12个乡镇、街道开展送科技下乡活动。先后组织宣传活动16次，科普展览26次，送科技下乡56次，发放科技资料近10万份，各类科普活动参与人数8万人次。2015年，通过“科技活动周”“科技三下乡”“科普宣传日”“4•26”知识产权日等形式，开展科技知识的宣传普及。先后组织宣传活动18次，科普展览26次，送科技下乡46次，培训各类技术人员6000人次，发放各类科技资料近10万份，各类科普活动参与人数8万余人。至2015年，全县有各类科技咨询组织184个，科技咨询服务人员4430人，咨询内容2000余类，年咨询人数15万人次。

▲ 百场科普电影下乡　　(2008年摄)

第二节　科技特派员工程

2005年，定陶县被列为省级试点县，全面开展科技特派员示范工程。通过政府组织、市场运作、双向选择、利益挂钩、政策倾斜，选派40名专业技术人员到农村和企业，带着信息、技术、资金与农民和各类经济组织结成36个利益共同体，其中，农产品加工企业7个，项目总投资3200万元。2007年，40名科技特派员为全县229个行政村、3家龙头企业、9个养殖场、5个生产基地提供全方位科技服务，共推广农业新技术新成果23项、新品种19项，播放高科技录像50多场次，举办科技咨询86次，咨询服务近3万人次，组织科技讲座15次，举办实用技术培训班近百期，印发科技资料2.6万份。2008年，有89人作为科技特派员，到龙头企业、骨干企业和农村农业生产中进行服务。至年底，引进农业新技术43项，农业新品种30个，实施科技开发项目10个，组建利益共同体41个，形成龙头企业9家，年项目投资300万元，年利润120万元；举办科技培训、讲座60场次，直接培训农民人数1.2万人次，辐射带动4万人，发放科普资料2.5万份。2010年，新聘科技特派员20人，总人数达120人，涉及医药、化工、食用菌、蔬菜、育种、畜牧养殖、机械制造等领域，下派进驻47个村，25家企业。共推广良种800公顷，举办科技讲座百余期，发放科技资料2万余份，培养农村技术员80人，科技带头户4000余户，科技重点村15个。2013年，科技特派员142人，建立特派员工作站12处，培训农民1.21万人，推广新技术新品种73个，带动农民增收6000万元。2015年，经重新选聘，聘请科技特派员53人，选派21人服务企业科技创新，全年共推广农业实用新技术、新品种53个，帮助企业解决技术难题61个，培养农民技术员80人，科技示范户600余户，为农民增收、企业增效起到带动作用。

第三节　培训与推广

1991年以后，围绕农民科学素质建设，积极实施“农民实用技术培训工程”“农民创业培训工程”“农民致富培训工程”“农业科技入户示范工程”“农民技能培训工程”等。以农村适用技术推广、保护生态、防灾减灾、反对迷信、倡导文明等主要内容，利用农村远程教育、农广校等多种途径开展农民科技培训。针对定陶县农业产业结构发展特点，先后举办农业产业标准化生产、高产创建、测土配方施肥、速生林丰产栽培、林果无公害栽培、林下养殖、节水农业、地下洇灌、安全使用农药、蔬菜无公害栽培等技术培训班8000期，培训农村公众85万人次。先后引进推广大棚地下洇灌技术，半旱作、陈集山药高产栽培技术等新技术75项，开展科技咨询9.6万人次，传递致富信息2000余条，销售小麦、玉米、瓜菜果良种230余吨，推广农药、激素、微肥1500余吨。为“三农”生产提供技术及硬件支撑，推动全县农业的高产、优质、高效发展。2005年，坚持服务“三农”，进行农业科技示范工程，组织实施良种产业化项目，推广先进技术和成果，建设农业科技示范园区，开展农业重要技术标准研究，加快农业产业化进程。引进培育各类动植物优良品种28个，重点实施小麦、玉米、大豆、棉花等7项良种产业化项目，推广16项先进实用技术，全县良种普及率达95%以上。2007年，县科技局共组织农业方面专家及专业技术人员60余人，出动宣传车辆30余台，到马集、南王店、冉堌、孟海、杜堂、仿山、张湾、黄店8个乡镇216个行政村，或集中授课，或到田间地头，面对面为农民解答生产方面遇到的技术难题，组织科技讲座300多场次，发放科技光盘3200余盘，科技资料及明白纸8500余份，发展科技示范户1137户，推广10余项农业高科技产品。2010年，送科技下乡48次，培训各类技术人员5000人次，培训农民6万人次，发放各类科技资料近10万份，发展科技示范户2300户，推广农业高科技产品15项。2015年，利用各种媒体传播科技知识，开展科技知识的普及，送科技下乡46次，培训各类技术人员6000人次，发展科技示范户2360户，推广农业高科技产品16项。在全县形成弘扬科学精神，普及科学知识，学用科技的深厚氛围。

第四节　青少年科技工作

20世纪90年代以后，为使广大青少年掌握更多的科学技术知识，县科技部门结合团县委、教育局、体委等单位，组织青少年参加各种科技活动。2007年，县科协在8个中小学开展科技辅导，举办科技培训班8期，培训师生8000余人。县科协与教育部门联合实施第22届青少年科技创新大赛评选活动，共征集小制作、小作品300余件，筛选出100多件作品参加菏泽市第22届青少年科技创新大赛评选活动，有52件作品获奖。在菏泽市青少年科幻画大赛中，定陶作品有6件获一等奖，12件获二等奖，12件获三等奖。2010年，在菏泽市科技创新大赛中，定陶作品有2件获一等奖，6件获二等奖，36件获三等奖。5月，菏泽市科技体验百校行活动在县陈集中学举行，展出20件科技展品和40余块科普展板组成。菏泽市科协、市教育局等部门向陈集镇中学赠送3000册科普图书。同年，县科协组织40名优秀中小学生代表到省科技馆，近距离体验科学，把科技知识的普及和书本学习联系起来。“山东省科普大讲堂—青少年科普报告百校行走进定陶”在县二中开讲，500余名师生聆听中国科学院老科学家科普演讲团团长孙万儒所做的《改变我们生活的生物技术》报告。至2015年，共组织全县青少年科技创新大赛、科普报告百校行、暑期青少年科学调查体验活动、科普知识竞赛、航模比赛、科普微童话创作等活动156次，参与人数11.35万人。活动共征集小论文、小发明、小制作、小创造2606项，获市级以上奖励795项。县滨河中学、张湾镇中学、南王店镇中学等5所学校被授予山东省科普示范学校（或基地）称号，42所中小学校均建立了科技活动室，配备65名科技辅导员，95%以上在校学生积极参与，提升了学生的科学素质。随着素质教育的推进，科普活动规模日益扩大，活动参与学校和参与人数每年大幅上涨。

▲ 科普报告百校行活动　　(2010 年摄)

第五节　学术交流

1991年，共召开年（例）会21次，参加人数2385人次，征集学术论文1207篇。县科技部门在搞好内部学术交流的同时，还积极参加国家、省、地区召开的学术交流会、经济交流会、学术报告会等进行学术交流。至2000年，全县科技工作者共在国家、省级、地级不同学术会议上发表论文89篇，在报刊、电台上发表稿件124篇。2005年，县科协组织各学会、协会、研究会及广大科技工作者围绕如何建好科技工作者之家和如何为政府科学决策服务2个课题，进行2次学术交流活动。同年5月，开展第五届自然科学优秀学术成果评选活动。2007年，开展第七届自然优秀学术成果评选活动，评出自然优秀学术成果137篇，其中一等奖37篇，二等奖60篇，三等奖40篇。2013年，在第十三届自然优秀学术成果评选中，共评出优秀学术成果56项，参加市级评选，获二等奖3项，三等奖11项，优秀奖11项。至2015年，围绕工、农、医、教等行业组织献计献策活动65次，活动参与过程中具有中级以上职称的1600人，共提出合理化建议200多条，其中160余条受到县委、县政府和各科局重视。全县科技工作者发表农学、医学、畜牧兽医学等各类学科学术论文800余篇，其中600余篇在市级以上会议或刊物上交流发表。

第三章　科技管理

第一节　项目管理

20世纪90年代，县科委根据国务院1961年颁发的《新产品、新工艺、新技术鉴定暂行规定》，具体负责组织安排成果的鉴定、登记、申报和推广工作。按照分级管理的原则，凡列入县级科技计划的项目，或没列入计划单经过鉴定的科技成果，归县科委统一管理。凡符合国家、省、地区条件要求的项目，及时上报省、地区科委进行评审鉴定。凡上报的科技成果，均按其行政隶属关系逐级上报，并附送科学技术研究成员报告表、技术鉴定证书或评审证书、研究实验报告、调研考察报告等材料。对列入省、地、县的科技成果，县科委统一建档保存，至1991年，全县共保存科技成果档案200余份。2005年，全县共组织实施科技计划项目12项，其中，列入市以上科技计划的4项，争取科技补助资金37万元。2010年，以“工业强县、项目兴县”为目标，申报省、市以及国家级的科技项目，争取政策资金。申报省级中小型企业创新基金1项，省级科技计划项目2项，市级创新提升工程项目1项，市级科技计划项目8项立项3项，市级重点项目1项。2015年，策划筛选各类科技计划项目23个，申报各类科技计划8项，获市级以上立项5项。至年底，全县共保存科技成果档案增至400余份。

第二节　科技成果

20世纪90年代，定陶县先后经过评审鉴定、大会肯定及报刊发表的科技成果125项，其中，国家级成果1项，部、省级科技成果29项，地区级科技成果31项，县级科技成果64项。获国家专利1项，受省级有关部门奖励17项，地区有关部门奖励31项，县级奖励42项。2005年，取得各类科技成果32项，评出县级科技进步奖19项，获市级科技进步奖4项。2006年，绿鲁公司的“秸秆气爆变性处理新技术”与生态板、生态肥产业化示范工程项目达到国际领先水平，明庆公司的4JQM-110型玉米秸秆还田机达到国内先进水平。2010年，实施科技成果转化项目12项，成功鉴定省级科技成果5项，市级科技成果7项。2015年，共评定各类科技成果34项，其中，通过科技成果鉴定10项，获市级奖励11项，其中二等奖2项，三等奖9项。组织评审县科技进步奖18项，转化科技成果9项。至2015年，定陶县先后经过评审鉴定、大会肯定及报刊发表的科技成果588项，其

▲ 生物制肽车间　（2015年摄）

中，部、省级科技成果46项，地区级科技成果227项，县级科技成果315项。获专利247项，受省级有关部门奖励22项，地区有关部门奖励80余项，县级奖励144项。

2003—2015年定陶县部分获市级科技成果项目一览表

表27-3-1

项目名称	完成单位	获奖等级	获奖年份
双针鞘内脑膜脊液置换法治疗急性蛛网膜下腔出血的临床研究	定陶县黄店卫生院	菏泽市科学技术进步奖三等奖	2003
双孢菇专用肥的研制及其配套栽培技术	定陶县科达肥业有限公司	菏泽市科学技术进步奖二等奖	2004
国家“948”项目——英国大白猪（大约克夏猪）的引进	定陶县畜牧局	菏泽市科学技术进步奖三等奖	2004
顺铂和卡介苗交替灌注预防膀胱癌术后复发的临床研究	定陶县人民医院	菏泽市科学技术进步奖三等奖	2004
腰腿麻痛灵支持护理研究	定陶县人民医院	菏泽市科学技术进步奖三等奖	2005
4JQM-110型玉米秸秆切碎灭茬还田机的研制与推广	菏泽明庆机械有限公司	菏泽市科学技术进步奖二等奖	2006
一种治疗骨关节痛症的药物及制备方法与应用	定陶县城关医院	菏泽市科学技术进步奖二等奖	2006
单项交流多功能节电器	定陶德波尔电器科技开发有限公司	菏泽市科学技术进步奖三等奖	2006
护理干预对颈内外静脉穿刺置管的护理及增补叶酸的临床研究	定陶县人民医院、二中、计生站	菏泽市科学技术进步奖三等奖	2006
4JQM-110型玉米秸秆切碎灭茬还田机的研制与推广	菏泽明庆机械有限公司	菏泽市科学技术进步奖二等奖	2007
变性秸秆气爆新技术及生产板生态肥产业化示范基地	菏泽市绿鲁生态工业有限公司	菏泽市科学技术进步奖二等奖	2007
“多功能益智龙字棋”研发	定陶县实验小学	菏泽市科学技术进步奖三等奖	2007
气腹针穿刺腹腔灌注联合热疗治疗卵巢癌腹水的临床应用研究	定陶县马集镇卫生院	菏泽市科学技术进步奖三等奖	2008
工业化养猪高效生产与环境保护综合技术开发	定陶县养猪协会	菏泽市科学技术进步奖二等奖	2009
高效节能玉米收获机械研发	菏泽明庆机械有限公司	菏泽市科学技术进步奖三等奖	2009
无源电解生命水发生器的研究与开发	山东王氏药业有限公司	菏泽市科学技术进步奖三等奖	2009
优质小麦新品种“济麦22”超高产栽培技术师范与推广	定陶县农业技术推广站	菏泽市科学技术进步奖三等奖	2009
玉米综合机械化增产技术推广	定陶县农业技术推广站	菏泽市科学技术进步奖三等奖	2009

续表27-3-1

项目名称	完成单位	获奖等级	获奖年份
无公害蔬菜设施栽培规范化技术研究与开发	定陶县植物保护站	菏泽市科学技术进步奖三等奖	2009
胰岛素调控应用对重型颅脑损伤并高血糖、乳酸中毒的疗效研究	定陶县人民医院	菏泽市科学技术进步奖三等奖	2009
冷水溶耐酸植脂末（奶精）的研究与开发	山东天骄生物技术有限公司	菏泽市科学技术进步奖二等奖	2010
电能远程监测智能化管理系统	定陶县供电局	菏泽市科学技术进步奖三等奖	2010
无柄人工髋关节置换术的临床研究与应用	定陶县人民医院	菏泽市科学技术进步奖三等奖	2010
下肢静脉曲张致足靴区皮肤溃疡的病因学研究	定陶县人民医院	菏泽市科学技术进步奖三等奖	2010
软骨素废液生产透明质酸的研究与开发	定陶县地元生化制品有限公司	菏泽市科学技术进步奖二等奖	2011
玉米联合收获（青贮）机、节能环保清扫机的研制	菏泽明庆机械有限公司	菏泽市科学技术进步奖二等奖	2011
益生素的应用研究	定陶县畜牧局	菏泽市科学技术进步奖二等奖	2011
应用基因工程菌生产4-雄烯二酮新技术研究与开发	山东省润鑫精细化工有限公司	菏泽市科学技术进步奖三等奖	2011
茶碱缓释片联合噻托溴铵治疗慢阻肺夜间呼吸难临床研究	定陶县人民医院	菏泽市科学技术进步奖三等奖	2011
腰麻联合胸段硬膜外麻醉用于上腹部手术的应用研究	定陶县人民医院	菏泽市科学技术进步奖三等奖	2011
纳络酮、神经节苷脂治疗新生儿缺氧缺血性脑病临床研究	定陶县人民医院	菏泽市科学技术进步奖三等奖	2011
卵蛋白肽产品开发及产业化	山东天久生物技术有限公司	菏泽市科学技术进步奖二等奖	2012
软骨素废液生产生物柴油的研究与开发	定陶县地元生化制品有限公司	菏泽市科学技术进步奖二等奖	2012
骨筋再生汤治疗股骨头缺血性坏死的临床研究	定陶县人民医院	菏泽市科学技术进步奖三等奖	2012
腹横纹下横切口治疗小儿外疝临床研究	定陶县人民医院	菏泽市科学技术进步奖三等奖	2012
PL450A重型高温节能垂直斗式提升机的研制	菏泽双龙冶金机械有限公司	菏泽市科学技术进步奖二等奖	2013
功能性杂粮营养粥品	菏泽旺天下有限公司	菏泽市科学技术进步奖二等奖	2013
酶法生产小麦肽的开发及应用	山东天久生物技术有限公司	菏泽市科学技术进步奖二等奖	2013
改良式阴式子宫系列手术	定陶县人民医院	菏泽市科学技术进步奖三等奖	2013

续表27-3-1

项目名称	完成单位	获奖等级	获奖年份
剖宫产术后再次足月妊娠分娩方式选择临床研究	定陶县妇幼保健院	菏泽市科学技术进步奖三等奖	2013
多巴胺联用酚妥拉明治疗原发性肾病综合征、患儿重度水肿及心肌梗死早期康复的临床研究	定陶县人民医院	菏泽市科学技术进步奖三等奖	2013
N—Boc—哌嗪的研究与开发	定陶县友邦化工有限公司	菏泽市科学技术进步奖二等奖	2014
应用基因工程菌生产雄甾—1，4—二烯—3，17—二酮技术研究与开发	菏泽赛托生物科技有限公司	菏泽市科学技术进步奖二等奖	2014
转鼓蒸汽造粒生产脲甲醛缓释复合肥工艺研究	山东天山丰耘生态肥业有限公司	菏泽市科学技术进步奖二等奖	2014
3—巯基丙酸的研究与开发	定陶友邦化工有限公司	菏泽市科学技术进步奖三等奖	2014
锈色粒肩天牛生物学特性	定陶县林木保护检疫站	菏泽市科学技术进步奖三等奖	2014
尿激酶溶栓治疗急性心肌梗死激脾破裂围手术期临床研究	定陶县人民医院	菏泽市科学技术进步奖三等奖	2014
生物转化年产1000吨雄烯二酮	山东润鑫精细化工有限公司	菏泽市科学技术进步奖二等奖	2015
卵蛋白肽产品开发及产业化	山东天智绿叶生物科技有限公司	菏泽市科学技术进步奖三等奖	2015
动物软骨综合利用产业化技术开发	定陶县地元生化制品有限公司	菏泽市科学技术进步奖三等奖	2015
TDD保温装饰一体化（XPS/EPS/岩棉板复合水泥纤维复合板/硅钙板）外墙外保温系统	山东天地大建材科技有限公司	菏泽市科学技术进步奖三等奖	2015
复合黄豆、荞麦、玉米均衡蛋白营养粉研制与开发	菏泽旺天下有限公司	菏泽市科学技术进步奖三等奖	2015
足月妊娠分娩过程中手法协助旋转胎方位临床研究	定陶县人民医院	菏泽市科学技术进步奖三等奖	2015

第三节　发展高新技术产业

1991年以后，全县重点培养骨干企业，督促企业按照《中华人民共和国科技进步法》要求合理提取研发资金，加大科技投入，帮助、促进企业建立研发中心、开展产学研合作，开发高新技术产业。1998年，随着知识经济大潮的到来，县委、县政府把发展高新技术产业作为企业发展的方向，狠抓企业新产品的研制、开发，培植一大批行业性龙头企业，形成纺织、建材、制革、化工、机械等支柱产业，县属企业和乡镇骨干企业大都建立新产品开发机构，多数企业与大专院校、科研单位建立正式的长期技术合作关系，不断增加科技投入，促进高新技术产业规模化发展，进一步促进技术创新和提高，使之保持技术领先水平。2005年，中食都庆生物技术有限公司、王氏药业有限公司和德波尔电器科技开发有限公司被认定为省级高新技术企业，全县省级高新技术企业达到5家，市级高新技术企业1家，纳入全省高新技术产业统计的企业发展到9家，全县高新技术产业值实现1.33亿元。民营科技企业达到10家，技术贸易机构达到21处。2007年，全县高新技术企业9家，其中，天元生物制品厂的硫酸软骨素项目和中食（山东）都庆股份有限公司的多肽项目规模成为亚洲第一。2010年，为将技术创新提升工程计划落到实处，对纳入全市“1655”工程和县“555”工程企业以及高新技术企业的情况进行调查摸底，收集技术难题，完善科技计划备选项目数据库。市级高新技术企业达9家，省级高新技术企业4家，高新技术产业值达27.4亿元。2015年，新增省级高新技术企业2家，市级高新技术企业2家，市级以上高新技术企业达到25家，申报省级示范工程技术研究中心2家，认定市级工程技术研究中心1家。

▲ 知识产权宣传

第四节 知识产权

知识产权管理 20世纪90年代初，定陶县未建立专利管理机构。1998年，定陶县成立专利工作领导小组，办公室设在县科委。2001年以后，全社会专利意识不断增强，人们申报专利的积极性得到提高，专利申请量逐年增长。2006年，成立知识产权管理办公室，为股级事业单位，隶属县科技局。2007年，制定出台《定陶县人民政府关于加强知识产权工作的意见》，利用“4·26”世界知识产权宣传日、科技宣传周，采取多种形式加大专利宣传力度，开展知识产权“下乡入企”活动，促进专利技术的转化实施，促进企业新技术、新工艺、新产品知识产权的申请获取。2010年，开展以“尊重知识、崇尚创新”的知识产权保护宣传周活动，知识产权管理工作得到加强。2012年7月，成立县知识产权局，正科级事业单位，与县科技局一个机构两个牌子。2015年，利用各类宣传日，采取多种形式，加大宣传力度，推动专利技术的转化实施，使知识产权深入人心。

专利申请 1991年至2015年共申请专利852件。获得省级专利二等奖1项、市级专利一等奖5项、二等奖11项、三等奖15项；省级知识产权贯标企业3家，山东省专利示范企业1家，国家级知识产权优势培育企业1家。

1991—2015年定陶县专利申请一览表

表27-3-2

年份	件数	年份	件数
1991—2006	128	2012	66
2006—2008	144	2013	107
2009	28	2014	122
2010	35	2015	198
2011	24	—	—

行政执法与宣传培训　县知识产权局有完善的专利行政执法队伍，具体负责专利的宣传培训、行政执法等工作。利用每年的“4•26”知识产权宣传日，将行政执法和宣传培训结合起来，利用一周的时间宣传《中华人民共和国专利法》《中华人民共和国知识产权保护条例》等法律法规，组织相关单位和企业学习知识产权法律法规及业务知识；同时联合县公安局、食药局、工商局对辖区内专利商品流通点进行执法检查，确保知识产权工作平稳发展，专利保护工作大幅增强。至2015年，全县无重大知识产权案件发生。

第五节　科技经费管理

1991年以后，改革科技计划管理办法，提高科技经费有偿使用比例，工业项目80%～90%回收，农业项目50%～60%回收，提高有限资金的利用率。对重大科技项目实行向社会招标。1993年年底，根据山东省委、省政府《关于企业科技进步工作的决定》文件规定，从1994年起建立工业企业技术资金。县属实行责任承包制的国营工业企业，在不调减承包基数，保证完成财政上缴任务的前提下，从销售收入中提取1%作为技术开发资金，其中，承担国家和省重点开发项目的企业按销售收入的2%提取，被评为地区以上技术进步的先进企业，经批准允许按销售收入的2%提取；纺织产品按销售收入的2%提取。县属集体工业企业按上述比例提取技术开发资金。1995年，县科委印发《定陶县工业企业技术开发基金和使用暂行办法》，技术开发基金以县科委、经委为主，会同县财政局、税务局、工商银行进行管理；企业提取的技术开发基金，所有权不变，有偿储蓄按月利率2.4%计算；县集中的技术开发基金，所有权不变，有偿使用按月利率2.4%计算，自存入工商银行之日起计息，使用期3年，期满后，本息一并付还各企业。1995年后，建立起多渠道、多层次科技资金投入系统，全社会的科技投入不断增加，科技事业费用的增长速度高于全县财政预算指出的增长速度。1996年，开展“创建全国科技先进工作先进县”活动，安排科技三项经费50万元。2013年，开展“创建全国科技工作先进县”活动，安排科技三项经费50万元。

第六节　星火计划

1993年，定陶县开始实施星火人才培训计划，定陶县培训高层次人才50人，提高型人才120人，普及型人才600余人；完成技改项目36项；开发新品种16种，优质产品率为60%。1998年，开展“青年星火带头人”活动，实施具有较高水平的适合青年开发的星火项目（包括国家级、省级、地级、县级），把培养“青年星火带头人”活动与乡镇企业青工技术比武结合起来，与脱贫致富结合起来，与黄淮海平原农业开发结合起来。2009年至2010年，在省“星火”项目中，菏泽宏兴原种猪繁育有限公司承担“生猪养殖生产技术研究及示范”。

1990年，星火计划贷款，重点是开发和利用以农副产品为原料的深加工、保鲜、贮运及综合利用技术；农用工业技术进步所需的配套技术；农业急需的技术装备开发以及各种名特优产品开发。星火计划项目的拨款，地区科委按项目拨给县科委，并签订资金使用合同，定期收回，滚动使用。

第四章　气象测报

第一节　气象业务

定陶国家基本气象站主要气象业务是完成基本站的观测、记录处理，发送数据文件的任务，每天向山东省气象信息中心发送8次天气预报，不定时重要天气报。有区域交换的气候月报和预约热带气旋加密天气报、雨量报任务，指定的观测项目有电线积冰观测和雪压观测；还有天气预报和农业气象服务工作。

地面观测　1963年1月1日开始，每日3次气候观测，1973年1月1日改为4次，1981年1月1日又改为3次；1963年至1994年白天守班，1995年至2008年昼夜守班，每天进行2、8、14、20时4次定时观测，5、11、17、23时4次补充观测，有雪压与电线积冰观测；1995年至2005年24小时有航空报、危险报。

主要观测项目：云、能见度、天气现象、气压、空气的温度和湿度、风向和风速，降水、日照、蒸发、地面温度、雪深；浅层和深层地温、冻土、电线积冰、雪压等。

1995年，配备PC-1500袖珍计算机，和EN型数据处理仪，并使用PC-1500袖珍计算机取代人工编报，提高测报质量和工作效率，减轻观测员的劳动强度。1999年，配备联想台式计算机和AHDM测报软件。2000年，配备联想昭阳笔记本备份计算机。2002年8月31日，建设ZQZ-CⅡ型自动气象站和OSSMO测报软件，于9月1日投入业务运行。2003年，平行观测。2005年，自动气象站正式运行测报软件更换为OSSM2004，自动站观测项目包括温度、湿度、气压、风向风速、降水、地面温度、

▲ 气象局　　(2012年摄)

▲ 气象地面观测　　　　　　　　　　　　　　(2013年 车刚 摄)

浅层深层地温。

信息网络　1998年以前，电话发报通过手摇电话传到邮电局报房进行发报，线路不通时骑自行车传送报文到邮电局。1998年，建成9600BPS的X.25帧交换线路、路由器、集线器组成的局域网，通过局域网发送天气报告，极大提高报文的传输速度。2003年，建成带宽4M的VPN线路。2004年，换成带宽10M的光纤线路。2005年，增设广电光纤线路。形成双光纤线路互为备份的高速气象信息传输通道。

天气预报　20世纪90年代初，主要通过与地区气象局高频电话会商、绘制天气图、接收传真图和收听相邻地区天气预报等，制作定陶县天气预报，为有关部门服务。1998年，建成气象卫星地面接收站，实现气象卫星云图的微机显示接收，利用MICAPS气象信息综合分析处理系统制作天气预报。2005年6月，建成市、县宽带通讯网，县、市可视化天气预报会商系统试用。

农业气象　20世纪90年代初，每月逢8，4月与9月中旬至10月中旬增加逢3测墒，并向省、市局发报。1993年4月，停止向省局发报，只向市局发报，每月26日至28日普查墒情，每旬、月写墒情简报。2005年，停止测墒发报。2008年，又开始测墒，同时观测地下水位与玉米，小麦发育期，向省局发送墒情报和小AB报。

第二节　气象服务

20世纪90年代初，通过与地区气象局电话会商和收听相邻地区电台天气预报，然后制作本行政区域预报，主要通过电话、油印文件邮寄、口头汇报等方式对县政府领导、防汛指挥部等部门进行决策服务。1990年，建起气象无线发射塔，至1993年，逐步建成分布全县大多数乡镇的农村气象警报服务网，开始对大众发布天气预报。1995年，成立气象科技服务科，设专职服务人员，逐步开展以气象科技为依托的专业气象服务。1996年，开通“121”电话气象咨询服务，适应地方社会经济发展的需要。1997年，购置人工增雨防雹火箭系统，实施人工增雨作业。1998年，购置电视天气预报制作系统，在县电视台开办电视天气预报节目。2004年，创建定陶兴农网站，在网站上发布天气预报和农业气象信息。

2006年后，在做好公益气象服务的同时，重点做好为县领导提供决策气象服务，用短信的形式及时将重要的天气预报、各乡镇的气象情况，特别是降水量情况及时发送到县内各级决策人员手机上，使他们及时了解气象信息。2007年，增设3块气象预警信息显示屏，把气象预警信息、公

▲ 实施人工增雨作业　　　　　　　　　　(柴德美 摄)

益天气预报及时地传递到公众手中。在农业气象服务中，坚持抓农时季节的服务，及时编发旬月报、墒情简报，雨情分析简报、春播预报，小麦收割专题等服务材料，及时发送到县委、县政府有关领导及农口各部门，遇有重要天气预报、雨情、灾情等还及时通过呈阅件的形式向县领导服务，有时通过县电视台发布天气信息。2009年，为全县农业生产提供气象服务，特别是遇到重要性、灾害性、转折性天气情况，提前在第一时间内发送手机短信到县各部门领导及各乡镇书记、农口各部门，同时发送呈阅件到县委、县政府和有关部门。在麦收期间，成立气象服务小分队，把麦收期间的天气预报送到农民的田间地头和收割机用户手中。至年底，发送气象服务短信300多条，呈阅件46期。2010年，为县各级领导呈阅件38期，发送手机短信360条。2015年，实施“决策服务、公众服务、专业服务”，提高信息发布的时效性、覆盖面。制定春运气象服务应急预案，发送呈阅件8期，利用短信平台，发送服务手机短信2万余人次。开展“三农”气象服务下乡工作，并为高考、中考、重大天气作专题气象服务。

第五章　防震减灾

第一节　监测预报

1995年6月，在张湾镇境内建立测震台；2006年，在孟海境内建立强震监测台。在全县10个乡镇和2个街道建立宏观观测点，配备防灾减灾联络员，形成地震宏观观测网络；在全县各行政村配备灾情速报员，建立震情速报网络。县地震局对全县各观测点的测报仪器及井点设备都进行依法保护，使观测的第一手资料保持连续性和可靠性。通过结合省、市地震局，县地震局加强了对地震宏微观监测管理。通过参加全市地震会商和苏鲁豫皖4省会商，学习和借鉴外地先进经验，地震监测预报水平不断提高。2010年，对全县的电磁台、强震台、孟海骨干观测点进行安全保护，确保监测工作和信息传输的正常运行，对发现的宏观异常及对周边发生的有感地震的时间、地点、处理过程进行分析处理和文字记载。制定短临监测预报方案，建立震情跟踪会商制度。2015年，对发现和群众反映的宏观现象、异常信息，进行调查、拍照、落实上报及信息反馈。并对每个镇街的兼职防震减灾助理员、兼职灾情速报员、每个村1人的地震宏观观测员、宏观观测点进行核实登记。

第二节　防震减灾

地震知识宣传教育　2003年始，县地震局采取多种形式宣传地震知识，增强全民防震减灾意识和自我保护能力。把每年3月、5月、7月定为地震知识宣传月，根据实际情况，结合《中华人民共和国防震减灾法》的颁布实施、“5•12防震减灾日”“7•28唐山大地震”纪念日，在城区主要街道、广场悬挂有关宣传地震知识的横幅标语；在城区街道的各电子屏幕播放防震减灾知识；制作以“防震减灾”“造福于民”为主体的展板图片进行巡回展出；在宣传橱窗上张贴有关防震减灾和防震避震知识的图片及挂图，将地震科普知识内容通过图片的形式展示给大家；利用科技、文化、卫生三下乡活动等形式开展地震科普知识宣传，设立咨询台，向过往群众解答有关防震、避震知识，散发地震知识宣传单及宣传小册子，使地震知识进社区、入农户；向全区各宏观、微观群测点散发各种地震科普书籍，地震法规、宣传图片及宣传材料。在中小学设置防震减灾知识宣传网点，支持、引导、鼓励各中小学校开展一系列丰富多彩、形式多样的科普宣传活动。定陶实验中学、实验小学等分别在2006年7月和2008年7月，被山东省地震局批准为省地震科普教育基地。2010年，开展农村民居抗震设防宣传，制作农村住宅建设防震抗震知识挂图，在县城和乡镇集市发放材料1.5万余份，咨询1万余人次。2015年，印刷2万余份“怎样识别地震谣传”“防震减灾基础知识”宣传页等材料，在县城、仿山庙会和乡镇集市宣传展览20余场次，发放材料6万余份。

应急预案演练　县地震局从地震应急预案入手，开展应急体系建设。坚持从基础抓起，做好各级地震应急预案的制定、修订和层层落实工作。20世纪末，按照《中华人民共和国防震减灾法》《国家地震应急预案》《山东省应急预案》的要求，市政府制定《菏泽市破坏性地震应急预案》，定陶成立防震减灾领导小组，建立健全防震减灾工作联席会议制度，制定《定陶地震应急预案》，并开展层层落实地震应急预案活动，切实做好地震应急预案向企业、学校、社区和向乡、村延伸的工作。2008年3月，重新修订《定陶地震应急预案》，调整县防震减灾领导小组。2010年5月，定陶与市地震局联合，对全县相关部门、学校及一些容易发生次生灾害的化工企业集中进行地震应急预案大检查。坚持从实战抓起，着力抓好应急教育、应急培训、应急演练、应急管理、应急处置工作，重点演练应急快速反应、应急指挥决策、震情监测趋势判定、震灾预报评估、现场震情决策、震灾快速评估及通讯联络、后勤保障、督察指导、新闻宣传等各个环节的工作。组织县一中、实验中学进行震时模拟演习，包括指挥部指挥、震时救生、医疗救护、学生疏散等，并编制《定陶县地震应急预案汇编》。2015年5月，在县实验中学进行地震应急逃生保命观摩演练。8月，对各单位的地震应急预案和民政、卫生等单位的应急物资储备进行督促检查。10月，在陈集中学进行地震应急演练。

抗震设防管理　2003年始，县地震局针对在

▲ 东关小学进行地震逃生演练　　（王青 摄）

执行《中华人民共和国防震减灾法》等防震减灾法律、法规过程中存在的问题，尤其是存在的部分建筑项目不依照法律、法规逃避抗震设防要求监督和管理的问题，对全县范围内的建筑工程项目集中开展防震减灾执法大检查，对一些易产生次生灾害的化工企业进行专项检查。通过执法检查，宣传抗震设防要求和地震安全性评价工作的重要意义，对不履行抗震设防要求的审批手续限期补办，需开展地震安全性评价而未做的责令补做，在确保建筑和工程设施的安全上取得实效。2010年，对一般建设项目进行监督检查，图纸设计按7°地震烈度设防，对旧建筑一律按设防要求进行加固。“5•12防震减灾宣传周”后，对全县农村民居地震安全工程实施情况进行勘察，收集民居有关资料，拍摄、编制、分类民居照片，得到详实的农村民居设防情况的第一手资料。2015年，制定《定陶县农村民居地震安全工程实施方案》。

第二十八编

教 育

JIAO YU

定陶人民历来有尊师重教的传统。中共定陶县委、县政府实施科教兴陶战略，努力深化教育改革，全面推行素质教育，全县教育工作持续、快速、健康发展。

1996年，全县小学入学率100%，初中96.39%，成人教育国家验收合格，非盲率98%。1999年，普及了九年义务教育。同年，职教中心被命名为省级重点职业学校，2004年被教育部命名为国家级重点职业学校。2006年，开始实施“两免一补”政策，受益学生6500人。2007年，全部免除城乡小学、初中学杂费。2008年危房改造完成，新建改建校舍13.9万平方米；启动“凡进必考、择优录用”的教师补充机制，当年公开招录100名教师，至2015年共招录1076人。2011年，全县中小学普遍开展“三省教育”，引导学生“一日三省吾身”。2013年，全面完成校舍安全工程建设任务。12个镇街中心幼儿园全部建成。

至2015年，城区学校共投资7.48亿元，形成3所高中，3所初中，9所小学的布局，教育资源得到充分利用。全县有幼儿园306所，入园幼儿24595人，教职工2326人；小学143所，学生54409人，教职工2691人；初中17所，学生21325人，教职工1858人；高中3所，学生9951人，教职工743人。

第一章　教育教学改革

第一节　教育体制改革

1992年，全县中小学校实行校长负责制，不再实行任期制。1995年，经菏泽地区行署检查验收，基本实现初等义务教育，开始着力普及九年义务教育。1996年9月起，中小学、职业中专、职业高中校长实行持证上岗制度，对未取得校长合格证的中小学校长进行调离岗位，改做其他工作。1997年9月起，教师进修学校、中师校长实行持证上岗制度。2000年8月，县教委在全县中小学推行以“教育干部选聘制、教职工聘任制、岗位目标责任制、结构工资制”为主要内容的学校内部管理“四制”改革。2002年，义务教育学制开始由“五•三制”向“六•三制”过渡。2003年，“六•三制”正式实施。2006年，县教育局制定《定陶县中小学校长工作实绩考核办法》，从教育教学管理、校园建设、教师队伍建设、财务工作等方面对校长进行量化考核，根据量化考核的分数，将校长分为优秀、称职、基本称职和不称职4个等级，对考核优秀的校长，给予表彰；对考核不称职的诫勉1年，连续两年考核不称职的予以免职。2007年，县委、县政府印发《关于实行全县中小学教职工全员聘用制的实施意见》，聘用工作自此开始。全员聘用工作坚持公平、公开、竞争、择优的原则，实行“聘用政策、操作程序、计分办法”三公开，以核编定岗为基础，以量化计分考核为依据，学校和教职工实行双向选择，竞争上岗。2010年，推行校长职级制、全员聘任制、校长任期制和任期考核制，逐步取消学校的行政级别，新任校长实行公开招考、竞争上岗，当年对4个校长岗位进行公开选聘。

第二节　教学办学改革

1990年，县幼儿教育由县妇联移交县教育局主管。至1995年，全县幼儿园、学前班385所，6周岁幼儿全部入园。

1991年以后，定陶县全面进入中小学改造。

1994年，征地10公顷，将县二中由冉堌镇迁到县城南郊西王楼村。附近的定陶镇二中停办后改为县聋哑学校。为城镇学校建楼房14栋，附属用房3栋，建筑面积4508平方米；维修校舍190间，建筑面积3762平方米。至年底，基本完成城镇校改任务。1995年，经菏泽地区行署检查验收，定陶县基本实现初等义务教育，开始普及九年义务教育。同年，全县筹措资金1500万元，征地23.33公顷，10个乡镇基本完成初中建设任务；农村小学共建教学楼7栋，42所小学被命名为县级规范化学校。全县有县办高中2所、初中1所，乡镇初中20所，私立初中3所，在校生21903人，教职工2390人；小学325所，在校生65340人，教职工3391人。陈集镇中学强化劳动技术教育，在普通教育中注入职教内容，被推荐为全省6种新型办学模式之一。成人教育把扫除青壮年文盲与开展劳动技术教育相结合，陈集、田集、半堤、张湾4个乡镇农村技校单独建立，其他乡镇举办农民技术学校或学习班；成人大、中专函授、电大、自学考试等都取得较快发展，至1995年，培养中专以上毕业生3170人。

1996年，普及九年义务教育被列为教育工作的重中之重。到1998年，3年共计投入资金2680万元，新建楼房12栋，建成实验室、仪器室107个，配置微机65台。小学招生11400人，入学率100%；初中招生10200人，入学率96.39%；残疾儿童入学12人，入学率93%。1999年5月至6月，经省政府验收，全县基本普及九年义务教育，基本扫除青壮年文盲。成人教育、职业教育、幼儿教育得到统筹协调发展。1996年，成人教育经国家验收合格，非盲率98%。在县教师进修学校组建定陶县职业教育中心、在县二中原冉堌校址组建职业中学。1997年，两所职业学校开设专业15个，涉及纺织、机电、微机、电子、旅游服务等领域，当年招生1300人。2000年，职业高中晋升为职业中专，职教中心被命名为省级重点职业学校。对7所民办中小学进行年度检查，依法取缔3所非法办学机构。高考本科录取人数1996年208人、1997年258人、1998年272人，按万人比计算，连续三年位居全区第二名。县教育委员会于1996年分别被评为全省高中教学工作先进单位、全省初中教学工作先进单位。1997年、1998年又先后被评为全区高中教育先进单位。

2001年，乡镇教委由19个合并为11个。全县开展新一轮中小学布局调整，撤并小学38所，小学减少到204所。2002年，完成29所定点小学的建设，43335平方米D级危房全部推倒，25578平方米B、C级危房得到修缮，完成投资2488万元。98位民师直转为公办教师，405位民师经考试转为公办，69位民师经中师进修学习后转为公办，125名民师办理退养手续。义务教育学制开始由“五•三制”向“六•三制”过渡。2003年，“六•三制”正式实施。教学成绩再创新高，高考本科录取572人，中考平均成绩连续5年居全市第一。民办教育初具规模，民办学校发展到9所，在校生9309人。2004年，投资951万元，完成危改项目8个，新建校舍15258平方米。着手构建学校安全长效机制，全县中小学校均绘制安全工作责任平面图，将安全工作责任到人。2005年，投资63万元，建成教育系统信息中心，教育局局域网全面建成，购置品牌微机500多台，新建微机室36个，教育信息化建设迈出较大步伐。全县60%的中小学教育仪器配备达到国颁二类标准。撤销乡镇教委，乡镇教委更名为乡镇中心学校。为扩大职业教育招生数量，开展了初中毕业生分流工作，职教报名人数达到2613人。县职教中心被评为山东省职业教育示范学校。2005年11月，职教中心与职业中专（中学）合并为定陶县职业教育中心。全县高考成绩进一步攀升，本科录取755人，录取率居全市前列。

2006年，开始实施对贫困学生免学杂费、免书本费、补助生活费的“两免一补”政策，发放资助金115万元，资助学生6500人。2007年，推行义务教育经费保障机制改革，落实资金1921.5万元，全部免除城乡初中和小学生的学杂费，实现真正意义上的义务教育。2008年，校舍危房改造工作基本完成，4年累计完成投资6680万元，新建改建校舍13.9万平方米，2005年前的危房被全部消除。同年，开始教师招聘考试，面向社会公开招录100名教师，开启凡进必考、择优录用的教师补充新机制。2008年至2010年，根据省市素质教育工作会议精神，倡导“把时间还给孩子”“把健康还给孩子”“把能力还给孩子”教育理念，执行全省统一的作息时间，学生在校学习时间大幅减少。

2011年，县教育局在全县中小学普遍开展“三省教育”，引导学生“一日三省吾身”，自我教育、自我管理。当年在全市初中教学工作评估中，取得全市第二名，县教育局在全市初中教学工作会议上作典型发言。2012年，校舍安全工程、城区学校建设工程、乡镇中心幼儿园建设等教育三项重点工程建设进入实质性实施阶段。2013年，全县完成校舍安全工程建设规划任务，12所中心幼儿园全部建成。2014年，启动城区教育资源整合工作，新建山东大学附属中学定陶实验学校，县一中新建搬迁到新城区，县二中与县职教中心融合成为一所综合性高中，县一中原有的校区，分别交给实验中学和实验小学办学，职教中心原校区交由北关小学办学。至2015年，城区学校共投资7.48亿元，形成3所高中、3所初中、9所小学的布局。

第二章　基础教育

第一节　学前教育

概况　1991年2月，县教育局成立幼教办公室，负责全县学前教育工作，对全县幼儿园的基本建设、整体规划、内部管理、教学教研、达标验级和师资培训等进行指导与督查。各乡镇教委配备专职幼教辅导员，负责本乡镇学前教育工作。同年8月开始，县教育局对全县所有幼儿园、学前班进行登记注册。并对学前班提出基本要求：须设有活动室、办公室、幼儿厕所、室外活动场地。1994年，创办定陶县实验幼儿园，占地3040平方米，建幼儿教学楼1座，教学设施齐全。新建、改建幼儿园128所，添置课桌凳1100套，购置玩具价值50多万元。全县有中心园所13所，一类园所29所、二类园所108所、三类园所224所，设备配备率达50%。姑庵、黄店2所中心园达到地区级标准。1995年，全县幼儿园、学前班发展到385所，3周岁以上幼儿入园率54%，6周岁幼儿全部入园，学前一年教育基本普及，县教委被命名为全省学前教育先进单位。

1996年4月，县教育委员会对全县幼儿园和学前班进行评估，对验收达标的园（所）进行分类挂牌。8月，县实验幼儿园正式挂牌招生，入园幼儿310人，成为全县幼教示范基地。当年，全县有幼儿园385所，入园幼儿15312人，幼师653人。1997年，新建邓集乡姚庄、冉堌镇王店、康洼、南隅共4所幼儿园，改建张湾中心幼儿园等10所幼儿园，陈集镇投资1.5万元购置玩、教具设施。1998年，县教委印发《定陶县幼儿教育事业“九五”发展目标实施意见》，组织专业人员对全县学前班进行大检查，对不合格的学前班提出改进意见，限期整改，提高全县学前班的办班质量。

2000年，县教育局印发《关于进一步调整农村幼儿园布局的实施意见》，进行农村幼儿园布局调整，优化教育资源，提高办园水平。要求各乡镇加大投入，完成中心幼儿园建设任务；发展学区幼儿园和联办幼儿园，减少村办幼儿园。在办园体制上，由政府包办模式，改为多元化办园，鼓励个人投资办园。2002年，县教育局印发《关于加强个体幼儿园办园管理的意见》，规范个体幼儿园工作规程，要求个体幼儿园教师必须考取幼儿教师岗位任职资格证，持证上岗。2003年8月，南王店乡丰庄由个人承办，投资近30万元的标准化幼儿园交付使用。2004年，县教育局印发《定陶县幼儿园登记注册办法》。2005年9月，全县186所幼儿园提出书面申请，托幼办根据登记注册办法，逐园进行检查验收，140所幼儿园予以正式注册，取得合法办园手续。2006年，开展幼儿园年度评估工作，对符合办园标准的登记注册，不符合的予以取缔。县实验幼儿园达到省级实验幼儿园标准。2007年，陈集镇、杜堂乡中心幼儿园达到市级规范化标准。2008年，投资60多万元，完成县实验幼儿园基础设施建设，购置大中小型塑钢玩具、钢琴、电子琴、录音机等教学设备。2009年，开展“班改园”工作，县托幼办指导20多所学前班过渡为幼儿园。2011年，县政府印发《学前教育三年行动计划》，积极建设公办幼儿园。当年建成并招生的幼儿园共7所。县政府划拨幼儿园建设专项资金400万元，以奖代补，扶持中心幼儿园建设。2012年，规划全县新建12所中心幼儿园，当年全部开工建设，9所完成主体工程建设。2013年完成中心幼儿园的新建任务，每个镇、街各1所，完成投资1200万元。2014年，建成公办幼儿园10所。2015年，投资1000万元，建成公办幼儿园20所。

1991—2015年部分年份定陶县幼儿教育情况一览表

表28-2-1

年份	园数（所）	幼儿数（个）	幼师数（个）
1991	215	11968	534
1995	385	15312	653
2000	320	6700	421
2005	186	5400	280
2010	298	10870	1150
2015	306	24595	2326

幼教师资　1991年开始，县教育局有计划地对幼儿教师的音乐、舞蹈、键盘、手工、绘画、体操、普通话等技能进行系统培训。1992年9月，按照地区教育局《关于印发〈菏泽地区幼儿园园长、教师资格审定暂行办法〉的通知》要求，对全县不具备幼儿教师素质，文化程度偏低、年龄偏大、事业心不强的保教人员进行调整，选择热爱幼教事业、年轻、专业素质好的保教人员上岗。9月，对全县幼师从政治思想、文化课、专业课、专业技能4个方面进行全面考核，全县共652名幼师参加了考核，512名考核合格，并建立起档案。1993年5月，县托幼办对上年考核不合格幼师及新增幼师进行补考，参加补考的178人，经过考核全部合格。1994年8月，对全县580名园长和幼师进行资格认定，其中125名专业合格、学历达标的幼师由地区颁发资格证书。1999年，举行全县幼师教学能手评选活动，24名参赛幼师获县教学能手称号。2000年，开展全县幼师优质课评选活动，5名幼师获一等奖、10名幼师获二等奖。2001年，为提升幼师业务素质，举办幼师专业技能培训班，培训幼师80人；组织63名幼师参加幼师中专自学考试。2002年前，幼师工资由乡镇财政发

放，2002年以后，幼儿园逐渐被推向市场，工资来源为幼师自收自支，民办幼儿园开始兴起，针对这一形势，县教育局印发《关于加强全县个体幼儿园办园管理的若干规定》。2004年，为加强幼师师资队伍建设，提高教育质量，县托幼办确立“优素质、高学历、有专长”的教师为培养目标，利用假期时间分批分档次带领乡镇辅导员和骨干幼师先后去济南、东营等地参观学习；多次举办幼师基本功能力培训、基本技能培训班，举行优质课、观摩课评选。2007年，共举办幼儿教师音乐、舞蹈、体操、绘画、手工制作等专业技能培训7次，优秀论文评选、幼教课件评选5次，优质课、公开课评选6次。

班级设置　1991年，县直幼儿园按年龄分班，设小班（3～4周岁）、中班（4～5周岁）和大班（5～6周岁）。乡镇中心幼儿园和村办园，只设混合班，招收3～6周岁幼儿。部分小学附设学前班，只招收学前一年儿童（6～7周岁）。均无班额人数规定。1996年开始，按照国家教委《幼儿园工作规程》规定编班，小班（3～4周岁）25人，中班（4～5周岁）30人，大班（5周岁至入学前）35人；混合班30人，学前幼儿班不超过40人。

课程与课时安排　1991年，县直幼儿园和规模较大的乡镇中心幼儿园一般开设语言、计算、常识、音乐、美术、体育等课程，学前幼儿班一般开设语言、数学、自然与科学、社会与健康、巧巧手、音乐、体育等课程，规模较小的幼儿园及村办园开设的课程相对较少。课时安排以活动课为主，一般上午安排2节活动课，下午以游戏活动为主。小班每节课15分钟～20分钟，中班每节课20分钟～25分钟，大班每节课25分钟～30分钟，学前幼儿班每节30分钟～35分钟。1999年开始，按照《幼儿园教育指导纲要（试行）》中“体、智、德、美”全面发展的要求，全县幼儿园、学前幼儿班均开全课程。2000年起，个别幼儿园增设英语、计算机等课程。

教学活动　1991年，幼儿园的教学活动一般以讲课和组织幼儿开展音体美活动为主，以课堂作业为辅。个别幼儿园的教学活动有小学化教育倾向。1999年开始，以《幼儿园教育指导纲要（试行）》为指导，教学活动以游戏为主，寓教育于游戏活动之中。注重幼儿动手动脑能力的培养，对幼儿实施体、智、德、美全面发展的教育，促进幼儿身心健康和谐发展。在园（班）幼儿每天户外活动（欣赏大自然、观看动植物、唱歌跳舞、讲故事等）时间不少于2小时。课堂作业分为语言、计算、图画、手工、音乐、体操、认识环境等，当堂作业当堂完成，不留家庭作业，不考试。

2001年起，全县幼儿园按照市教育局要求，统一使用明天出版社出版的幼儿园（大、中、小班）及学前班教材。2004年9月起，使用明天出版社按照《幼儿园教育指导纲要（试行）》要求重新修订出版的新教材，由分科（语言、数学、常识、音乐、美术、体育）教学，改为主题网络教学。新课改的推广与普及，使幼儿园教学内容更加系统和丰富。

▲ 幼儿园教学活动　（2014年摄）

幼儿园选介 县实验幼儿园 县实验幼儿园隶属于县实验小学，是1所公办幼儿园，建于1994年，先后被评为市级一类幼儿园；市学前教育先进单位；省学前教育先进集体；省级示范幼儿园。

幼儿园占地面积4356平方米，建筑面积2600平方米，户外活动场地面积1636平方米，拥有大、中、小6个班级，180余名幼儿，教职工28人，学历达标率100%。2015年，有省优质课获得者4人，市教学能手5人，市优质课获得者7人，市级骨干教师7人，县教学能手10人。

在教学活动中，开展多彩活动，为孩子的快乐生活搭建更为广阔的平台。在幼儿一日生活常规中渗透良好行为习惯的教育；创设优美的生活、学习环境和人际交往环境；逐步构建“体格与人格并重、保育与教育结合、习惯与能力共长、家园共育”的教育特色。

北关小学幼儿园 滨河街道北关小学幼儿园创办于20世纪70年代，是全县兴办最早的幼儿园之一，2003年，改名为北关小学中心幼儿园。幼儿园占地1200余平方米，建筑面积近800平方米。有高标准的教学楼1座；有近800平方米的游戏场所，配置大型的游乐器械和活动玩具；教室配置彩电、VCD、投影仪、录音机等现代教学设备；现有大、中、小及实验班共8个教学班，在园幼儿300余人；配有专职专业幼儿教师16人，其中具有大专以上学历6人，中专学历10人。幼儿园以素质教育为先导，推行教育教学新理念、新思想，创设个性发展的广泛空间，积极探索科学有效的教学新思路，勇于、乐于进行教育、教学改革实验。共承担和实施诸如“活动材料”“珠脑速算”、语言、计算、常识、音乐、舞蹈、游戏等多项省、市课题研究和实验。

第二节 小学教育

概况 1991年，定陶县有小学325所，1792个班，在校学生59638人，入学率为97%。4月，进行农村小学布局调整，每个乡镇建1所中心小学，主要招收乡镇直各部门的学生和乡（镇）政府所在地学生及0.5千米以外至1.5千米以内村庄的三年级以上学生；每个管区建1～3所定点小学，招收0.5千米以内村庄的全部学生和0.5千米以外至1.5千米以内村庄的三年级以上学生；距定点小学0.5千米以外村庄的一至二年级学生就近合并，或交叉年级办学，使每班学生30人以上。交通不方便的偏远村，可建“村小”（村级小学）。1993年，初步改变了农村小学布局散、规模小、效益低的状况，为普及九年义务教育工作奠定基础。1995年，实现了初等义务教育目标，全县小学322所、1919个班，在校学生65340人。1996年，全县共有小学305所，小学招生19000人，入学率100%，小学在校生63678人。县教育局制订《定陶县学校规范化管理的基本要求》，按照地、县级规范化学校建设标准，狠抓规范化学校建设，至1997年底，全县共有4所小学通过地区教育局规范化学校验收，被命名为地区级规范化学校。61所小学被命名为县级规范化学校。小学教育规模出现高峰，呈现出班级多、在校学生多的局面，全县有小学302所，2042个班，在校学生68978人。2001年，全县共有小学220所，在校生57591人。根据《国务院关于基础教育改革和发展的决定》和《菏泽市人民政府关于全市农村中小学布局调整的实施意见》，县政府下发了《关于印发全县农村中小学布局调整工作实施方案的通知》，按照菏泽市人民政府农村中小学布局调整的设学标准，农村中小学布局调整由乡镇政府统一规划，报县政府批准。5万人以上的乡镇设1至2所初中，5万人以下的乡镇设1所初中，初中的规模一般不少于18个教学班，标准班额48人。农村定点小学服务半径为2千米左右，接受服务的人口一般不少于6000人。六年级定点小学要达到12个班以上，每个年级不少于两个班，班额标准40人，最低不少于30人。定点小学确定后，如容纳不了原有小学的生源，可在原有小学的基础上，本着少而精的原则，设部分低年级（1～3年级）教学点。2003年4月，重新制定《定陶县小学规范化学校建设标准》，按照新标准对县级规范化学校实行申报制度、动态管理。至2004年，全县小学138所，教学点74所，在校学生44861人。2005年，定陶镇东王店小学被命名为市级规范化学校。26所小学被命名为县级规范化学校。2006年至2010年，全县小学数、在校学生数相对稳定。至2015年，小学布局经过多次调整，全县公办小学143所，教学点27处，班级1335个，在校学生54409人。

学校设施　1991年，全县小学总占地面积130.53公顷，建筑面积17.67万平方米。2001年开始，对全县小学危房重新进行改造。2004年，县教育局被评为全省校舍改造工作先进单位。2005年，学校占地面积182.27公顷，校舍建筑面积16.18万平方米。2009年，启动校舍安全工程建设，新建校舍全部按照七级抗震烈度进行设计建设。至2013年，全县投入资金3785万元，维修改造校舍3.97万平方米，完成小学校舍安全工程五年规划。2014年，县政府与山东大学签订合作办学合同，投资3亿元，新建山东大学附属中学定陶实验学校，学制为从小学到高中十二年一贯制，由山东大学附属中学进行管理。2014年始，全面改善义务教育薄弱学校办学条件。至2015年，共完成投资1.87亿元，实施项目195个，其中新建楼房57栋，小学办学条件得到巨大改善。

学制　1991年至2001年，全县小学学制为五年制。2002年7月，根据省市要求，县政府制订小学“五改六”实施细则，当年小学五年级二分之一的学生升入小学六年级，其余二分之一升入初中一年级，小学由五年制演变为六年制。

课程设置　1991年，全县小学沿用旧课程。1996年开始，一至二年级课程为思想品德、语文、数学、自然、音乐、体育、美术、劳动、健康教育；三至五年级增设社会课。2002年9月，改为九年制义务教育教材，小学由五年制改为六年制。全县小学一至六年级增设综合实践活动课程，县实验小学三年级增设英语课。之后，对小学课程多次进行调整，在原有基础上，城区及乡镇中心小学三至六年级先后开设英语、信息技术等课程。2004年9月，全县实施基础教育课程改革，从小学一年级始使用义务教育课程标准教科书。2015年，全县小学开设思想品德与社会、品德与生活、语文、数学、英语、音乐、体育、美

▲ 小学生课间跑操

术、综合实践、信息技术10门课程。

教学安排 1991年，全县小学继续使用全国统编教材。1993年9月开始，使用人民教育出版社出版的义务教育教材。1998年4月开始，按照《菏泽地区中小学实施素质教育若干规定》要求，安排教学活动。每学年上课34周，复习考试2周，社会活动1周，学校传统活动1周，机动1周，假期12周。每周总课时数，一年级28节，二年级29节，三至五年级均为30节。学科类课程，一年级24节，二年级25节，三至五年级均为27节；活动类课程，一、二年级均为4节，三至五年级均为3节。语文、数学为考试科目，每学期限一次期末考试，其他学科平时考查，不组织考试；城区小学考试由学校命题，不组织校际间联考；农村小学由乡镇中心小学命题，统一组织本乡镇小学考试。一年级不留书面家庭作业，其他年级各学科每日布置的作业总量二、三年级不超过30分钟，四年级不超过45分钟，五年级不超过1小时。2002年9月，全县小学自入学起全面进入课改实验。按照教育部《义务教育课程设置实验方案》规定，每学年上课35周。学校机动时间为2周，由学校视具体情况自行安排，如学校传统活动、艺术节、运动会等。复习考试2周。寒暑假、国家法定节假日共13周。晨会、班队会、科技文体活动等，由学校自主安排。2007年9月，县教育局印发《关于转发市教育局〈关于规范义务教育学校作息时间和学生课外作业量的通知〉的通知》，规定义务教育学校统一实行每周 5 天工作制，走读生每天在校时间（包括自习），小学不超过6小时。要保证小学生每天10小时以上的睡眠时间。小学一、二年级不布置书面家庭作业，其他年级书面家庭作业每天总量不超过1小时。

教学及研究 1993年，县教育局召开全县教学工作会议，提出以教学工作为中心的思路。开始使用义务教育教材。为全面实施义务教育教材，县教育局先后举办小学语文、数学、思想品德、社会4科教材的培训班，培训教师1500人次。1996年，组织开展全县小学教师教学基本功培训达标工作，经过培训，90%的小学教师达到教学基本功过关标准，40%达到综合教育教学能力优秀标准。1997年，小学语文“注意识字、提前读写”实验、数学“三算”实验完成试验任务，“注提”（注音识字、提前读写）实验经验在全省课改交流会上交流。2004年开始进行基础教育课程改革，以新课程标准实施教学。2005年，组织新教材教法培训，培训教师3000多人次。2006年，全县评选出88名县教学能手，其中28名教师被评为市教学能手，1名教师被评为省教学能手。之后，每年县教育局都组织教师培训，开展教学能手、优质课的评选活动，培养了一批骨干教师。2014年在全市统一组织的初中升学考试中，综合成绩位居全市第三名，其中语文、政治全市第一名，数学、物理、化学全市第三名，地理、生物全市第四名。

1991—2015年部分年份定陶县小学教育情况一览表

表28-2-2

年份	学校数（所）	学生数（人）	教职工数（人）
1991	325	59638	3289
1995	322	65340	3391
2000	272	60745	3537
2005	212	43910	3114
2010	183	48458	2956
2015	143	54409	2691

第三节　初中教育

概况　1991年，全县有公办初中22所，在校学生20159人，教职工1410人。民办初中于1989年开始出现，到1993年发展到2所（侨联中学、育才中学）。1995年，公办初中21所，在校学生21903人，教职工1572人。1996年，共有中学20所，在校学生23305人。2001年，乡镇合并，东王店乡并入定陶镇，东王店乡中学更名为定陶镇第二中学，2005年8月，原定陶镇中学合并到定陶镇第二中学，更名为定陶镇中学；田集乡、王双楼乡合并到冉堌镇，原田集乡中学、王双楼乡中学更名为冉堌镇第二中学、冉堌镇第三中学；姑庵乡合并到黄店镇，姑庵乡中学更名为黄店镇第二中学，2005年8月并入黄店镇中学。至年底，公办初中调整为15所，之后长期保持稳定。随着城镇化进程，城区人口逐年增多，城区入学压力逐步加大，2014年，开办山东大学附属中学定陶实验学校初中部，2015年开办定陶新区实验中学，全县公办初中17所，在校生21325人，教职工1858人。

▲ 定陶镇中学　　（2008年摄）

学校设施　1991年，全县初中占地面积51公顷，校舍建筑面积4.88万平方米。随着实施九年义务教育，教育投入力度不断加大，初中办学条件迅速改善。1996年，初中占地面积60公顷，校舍建筑面积13.44万平方米。2000年，初中占地面积77公顷，校舍建筑面积17.87万平方米。2005年占地面积86公顷，建筑面积24.22万平方米。全部建成微机室。2009年启动校舍安全工程，至2013年，完成投资1872万元，维修改造校舍2.4万平方米。2014年实施薄弱学校改造，至2015年，共投入资金7500万元，实施建设项目31个，6所初中达到省基本办学条件标准。

学制　1991年至2015年，初中学制仍沿用旧制，即初中3年。

课程设置　1996年至2001年，初中课程有思想政治、语文、代数、英语、历史、地理、生物、音乐、体育、美术、劳动技术、健康教育，初二增设几何、物理，初三增设化学。2002年9月，开始改为九年制义务教育教材。2004年9月，初中一年级使用义务教育课程标准教科书。教育学制实行九年一贯制。2005年，课程增设信息技术课、综合实践活动课。2009年后，设政治、语文、数学、英语、物理、化学、地理、历史、生物、卫生常识、体育、音乐、美术、劳动技术、信息技术等15门课程。

教学活动　1991年开始，全县注重构建县、乡镇、学校、年级4级教研组织，各级教研组织均达到“五有”（有计划、有制度、有研究课题、有总结、有论文）标准。1993年，在13所学校开展“布卢姆目标教学”试点，1995年在全县推广。1998年，目标教学在全县基本普及。2005年，教育局多次召开全县新课程改革教研工作会议，印发《关于加强教学管理和教学研究工作的意见》，开展县级教师业务培训32场，培训教师1500人次。2011年，利用网络资源，建立县教学研究平台、教师培训平台、教学案例展示平台和典型辐射平台，建立教研员学科主页，形成网上教学对话系统，实现教学资源的网上共享。

1991—2015年部分年份定陶县公办初中教育情况一览表

表28-2-3

年份	公办学校（所）	学生数（人）	教职工数（人）
1991	22	20159	1410
1995	21	21903	1572
2000	20	20117	2011
2005	15	21545	2185
2010	15	19715	2295
2015	17	21325	1858

第四节　高中教育

概况　1991年，全县有公办高中2所，分别为定陶县第一中学、定陶县第二中学。班级52个，在校学生3010人。1992年开始，办学规模逐步扩大。1996年，在校生4883人。2002年，县一中与民办侨联中学联合办学，高中教育资源得到扩充，办学规模进一步扩大。到2005年，在校学生数17934人。2012年，县政府投资5000万元，购买民办博文中学，交与县一中办学。2014年，为改变县一中1校3区的状况，县政府投资2.6亿元，将县一中迁建到新城区。同年，新建山大附中实验学校高中部。2015年，全县有高中3处，在校生9951人，教职工743人。

学校设施　1991年，全县高中占地面积11公顷，校舍建筑面积6.59万平方米。1992年，县二中搬迁至县城南郊，高中学校占地面积13公顷。2001年，县一中被命名为市级规范化学校，2002年，县二中被命名为市级规范化学校。2005年，县一中将侨联中学收购，县二中校园往北征地5.3公顷，高中学校占地面积21.47公顷，校舍建筑面积10.53万平方米。2015年，高中学校占地46公顷，校舍总建筑面积20万平方米，学校绿地面积7.8万平方米，教学仪器、电化教学设备、信息技术设备等的配备达到省基本办学条件标准。

学制课程　全县普通高中学制为3年。1990年，对原来的全国通用全日制三年制课程进行调整，课程结构由学科课程和活动课程两部分组成。学科课程分为必修课和选修课，活动课程包括课外活动和社会实践活动。2001年后，国家对高中课程多次进行改革。至2015年，主要开设政治、语文、数学、外语、物理、化学、生物、历史、地理、体育、美术、劳动技术和信息技术等课程。

教学及研究　1991年后，高中教学着眼于提高教学效率和高考升学率，教育部门坚持每学

▲ 高中主题班会　（2011年摄）

年召开业务校长和各学科备课组长座谈会，组织教研人员深入高中学校进行视察督导。1995年开始，对高三复习意见每年修订1次：一轮复习，着重凸显知识网络的构建；二轮复习，突出讲评课的研讨。同年，开始强化高中教学的阶段性检测、研究和指导，实施以年级主任为核心的年级负责制，强调年级主任是提升教学质量第一责任人。2008年起，随着教育改革的深入推进，高中提倡实施素质教育，片面追求高考升学率的问题发生转变。至2015年，全县高中学校先后在省级以上刊物上发表教学论文1900多篇，参编出版著作70多部。

1991—2015年部分年份定陶县公办高中教育情况一览表

表28-2-4

年份	公办学校（所）	学生数（人）	教职工数（人）
1991	2	3010	278
1995	2	3184	293
2000	2	11174	489
2005	2	17934	669
2010	2	8217	551
2015	2	9951	743

第五节　特殊教育

概况　1994年10月，建立定陶县聋哑学校，校址位于县二中西侧，占地面积6660平方米，建筑面积1276平方米，当年招生67人，有教职工17人。2001年，县政府投资35万元，建教学楼1栋、生活用房358平方米，办学条件得到初步改善。1994年至2005年，学校共招聋哑生153人，弱智班学生24人。在校聋哑生42人，1～7年级6个教学班；弱智生24人，一年级2个班。100多名聋哑生，已完成初等义务教育，有14人考入山东省特教中专学校，其余80多人，先后安置在县教育局印刷厂、县华兴纺纱厂、菏泽三和扑克厂等厂企就业。2005年以后，学校筹措资金30多万元，配备计算机、康复设备等，装配了律动室等特殊教育教室，教育设施不断完善。2015年，学校有听障班2个、智障班12个，在校生108人；教职工35人，其中省教学能手1人，市教学能手6人，市优秀教师3人。全县残疾儿童入学率95%，巩固率100%。

学制课程　特殊教育学制为九年一贯制。教材使用全国聋校统编教材，开设语文、语言训练、写字、数学、律动、美工、体育、自然常识（社会常识）、思想品德、劳动等课程。

教学工作　县聋哑学校建立健全以《教职工岗位目标责任制》《学生一日常规》为主要内容的规章制度，根据学生特点，开展分类教学、试验。先后有38篇教育教学论文获省、市优秀论文奖，聋哑学校教师集体编写的《智障儿童康复教育概论》，2014年由天津教育出版社出版，面向全国发行。为全面提高学生素质，学校先后组织美术、艺术、体育、写作等活动小组，使学生特长得到发挥，先后有12名学生在菏泽市组织的书法、美术作品竞赛中获得一等奖3人、二等奖4人、三等奖5人。聋哑学生王志波的画作《虾》、徐士兴的画作《和平牡丹》被推荐参加国际展评。1997年，获省优质课评选二等奖，1人获市级教学能手；1998年，获省德育论文二等奖；2000年，获市特教学校教师基本功一、二等奖；2001年，获省优质课一等奖。

第三章　职业教育

根据《中华人民共和国职业教育法》，定陶县于1996年先后设立定陶县职业中学和定陶县职业教育中心。县教育局下设成教职教股，管辖2所职业学校。

第一节　职业高中（中专）

1996年6月，定陶县二中迁校以后，在原校址（冉堌镇政府驻地附近）设立定陶县职业高中，这是定陶县职业教育史第一所职业学校。学校占地5.3公顷，建筑面积6000平方米。当年招收学生220人，分设4个教学班。1998年，在校学生400余人。1999年，经市政府验收批准，将定陶县职业高中晋升为定陶县职业中等专业学校（简称定陶职业中专）。学校开设机械电工、电子电器、计算机应用、家电维修、电气焊等8个专业。教职工70余人，在校学生500余人。学生对口报考高等职业院校升学率连年在97.4%以上，就业安置率98%以上。2001年，被菏泽市教育局授予“教学工作先进单位”称号。《山东经济导报》《菏泽日报》等新闻媒体多次刊登该校办学经验和成绩。2002年，学校在原有1座教学楼和10余所平房的基础上增建男、女宿舍楼各1座。2005年8月，职业中专合并到定陶县职业教育中心，全部迁入城内。

第二节　职业教育中心

1996年11月，在原定陶师范（教师进修学校）设立定陶县职业教育中心（简称职教中心，属中等职业学校层次），省政府拨付职教专款70万元予以扶持。当年招生300人，开设电子电器、计算机、电工及家电维修等专业课程。后逐年增加招生人数，2000年至2005年，每年招生1000人～1200人，在校学生2300人左右。

学校原占地2.2公顷，先后建成2座教学楼、2座学生宿舍楼、1座教工宿舍楼、1座办公实验综合楼、1座多功能餐厅，建筑面积2万余平方米，并设有高档体育场和塑胶跑道。2005年6月，学校筹资500万元购买原县皮毛厂为新校区，占地2.5公顷，建筑面积9000平方米。先后投入800万元，购置计算机、机电设备、车床等实习实验设备。

建校初期，培养的学生以就业安置为主，开设语文、英语、数学等基础文化课，同时开设实验、实习等专业课。多数毕业生被安置到深圳、苏州、上海等大型企业就业，大部分毕业生收入月薪800元以上，其中，部分优秀生在工作岗位上任培训导师，线长等管理职务，月薪5000元以上。2003年开始，学校又增设对口高职升学班，扩大学生深造就业的空间。

2004年被教育部命名为“国家级重点职业学校”。2005年被省教育厅命名为“省级教学示范学校”，连续10多年被评为省级文明学校。《山东教育导报》《菏泽日报》、市电视台等媒体多次对其办学经验进行专题报道。2005年秋，县职业中专与县职教中心合并，下设办公室、政务处、教务处、总务处、招生办、就业安置办、团委、工会、保卫科、计生办等处室。

2010年，学校占地面积11.33公顷，建筑面积3.2万平方米，有7个实训实验基地，开设机电技术应用、机械加工技术、电子电器、数控技术应用、电子信息技术、模具设计与制造、计算机及应用、财会、护理、农村经济综合管理、现代农艺技术、农业机械化等专业，教职工172人，其中专任教师105人，学生、学员2510人。就业率100%，对口就业率85%，对口高考本专科录取率93.5%。2015年，招收全日制学生84人，创业培训39人，高级电工和高级计算机操作员53人，中级维修电工30人。

第四章　成人教育

第一节　农民教育

扫盲　1991年，全县共有文盲、半文盲7.4万人，县政府印发《关于进一步开展扫除文盲工作的通知》，利用夜校、长短班结合等多种形式进行扫盲。1993年，县政府印发《关于加快扫盲和农村成人教育步伐的通知》，举办扫盲班462个，脱盲5697人，巩固率98.7%，非盲率94.4%。1995年，动员社会力量及中小学教师、初高中毕业生参与扫盲，非盲率96.8%。1996年开始，县教育局安排各乡镇教委负责本乡镇扫除剩余青壮年文盲的工作，至2002年底，全县青壮年非盲率99.98%，顺利通过国家验收。

农民文化技术培训　1991年，全县村办农民技校509所。1993年至1995年，全县建成20个培训中心，共举办短期培训班300余期，培训乡村干部、农业技术员2万人，培训农民4.5万人次，其中近6000名青壮年成为科技致富带头人。1996年，把部分初中中专招生指标给乡镇农技校，鼓励初、高中毕业生参加技术学习。至2000年，乡镇农技校共举办培训班2000余期，村办2650期，培训农民20万人次。2001年，“两基”教育达标后，农村成人教育向实用技术培训转移。2004年，全县共有乡镇级农技校11所，村级农技校316所，专（兼）职教师654人。各乡镇农技校利用冬闲时间进行农业技术培训，参加培训人数每年超过5万人次，为农村培养了大批科技致富带头人。2005年以后，为适应农民外出务工需求，开始定向培训农民技术工人。

第二节　干部职工教育

为逐步提高全县干部的政治素质和文化程度，县教育局专门设置函授站和自学考试办公室，负责组织管理全县干部的函授和自学考试。至1995年，全县中师函授教育基本结束，小学教师学历达标率96%，函授教育工作的重点转移到高师函授上。2001年，县教委把函授教育工作的管理体制、教育教学管理、考试及档案管理等都做了明确规定。根据市教育局要求，师范类专科函授主要由菏泽师专和菏泽教育学院承办，本科函授主要由曲阜师范大学和省教育学院承办。报考函授学习的学员，首先参加全国成人高考的统一考试，取得学籍后，专科在本县面授学习（30人以上），本科在主办院校指定地点参加面授学习，结业考试和毕业考试均在教学点进行。面授期间采取学员签到制，出勤率低于85%的，取消该学科的考试成绩。学员毕业成绩采取单科考试成绩和管理记分相结合的方法，单科成绩占70%，作业占20%，出勤占10%。由于严格教学管理，保证面授时间，全县函授教育的质量得到保障，函授学员单科及格、合格率都在95%以上，毕业率99%。

为尽快提高中学教师的学历达标率，2002

年，全省开展教师自学助考工作，这是一种函授和自考相结合的学习管理体制，由省教育学院牵头组织，曲阜师范大学负责考试命题，省自考办负责组织考试，函授站负责日常管理工作，自考办负责组织报名考试。全县参加教师自学助考的本科学员379人，专科学员103人，涵盖中文、数学、物理、化学、英语、政治、历史、地理、生物等11个专业。2003年，又增招教育学专业，全县录取37人。2005年，全县在籍学员610余人，形成本、专科齐全，文、理科兼备的函授教育培训体系。

高等自学考试学科门类涵盖了经济学、管理学、法学、教育学、文学、历史及理、工、农、医、外等多个学科门类。1996年至2005年报考中师自学考试的68名幼儿教师全部取得中师自学考试毕业证书。此后，自学考试逐年减少。

第三节　电大教育

1996年以前，电大站因教室、设备、师资等方面限制，未能完成上级分配的电大招生计划。1996年，由县教师进修学校接办电大班，负责电大教育工作。1997年7月，开设汉语言文学专业，招生166人，学制3年，毕业166人。1998年，增设财务与会计专业。1999年，增设财政与税务专业。2001年5月，被评为省教育先进集体。2003年开设小学教育、法律专业。2005年，开设教育管理专业。至2015年共招生1273人，毕业1187人。

第五章　社会力量办学

第一节　学　校

定陶县民办教育始于1988年，退休教师孔宪斗、范金磊分别租房创办菏泽地区侨联中学和定陶县育才中学，均属初级中学层次。1997年，国务院颁布《社会力量办学条例》，民办教育得以较快发展。2003年《中华人民共和国发展教育促进法》颁布，全县增加6所中学。至2005年，除分别将5处短期培训教育机构划归县劳动局管理外，县教育局主管民办幼儿园和中小学。其中，14所幼儿园由托幼办管理，其他民办高级中学2所，初级中学6所，小学8所，计算机、服装培训学校等4所，共20所。其中，侨联中学于1998年改为高中办学层次，校名改为定陶侨联中学。范蠡中学于2004年3月批准设立后，因受资金等因素困扰，于2005年6月并入定陶县西城中学（将军武术学校）。陈集镇民族武术学校于1998年批准设立，2005年因生源不足停办。同年，定陶侨联中学被县一中收购。2007年，西城中学停办。其余15所高、初中及小学加大资金投入，改善办学条件，共投入资金6000万元，占地26公顷，校舍建筑面积10万平方米，计算机等仪器设备，价值217万元，购置图书14.5万册。教职工760人，在校学生13112人，约占全县学生总数的13%，在一定程度上缓解了政府办学投入不足的压力，同时将教育行业引入了竞争机制。2012年，县政府与江苏籍人士谢里永等人签订合同，由谢等人投资1.2亿元，在滨河街道办事处田楼村西兴建1所高标准民办学校——清华园学校。清华园学校占地11.3公顷，建筑面积7万平方米，各类教育教学设施齐全，成为全县第一所高标准民办学校。同年，博文中学被县一中收购。

第二节 民办学校管理

1991年后，随着民办学校规模的扩大，管理工作日趋加强。1994年，县政府印发《定陶县社会力量办学暂行规定》，规定县教育委员会是全县社会力量办学行政主管机关，对民办学校进行年度检审。县教育委员会下设成教职教股，负责民办学校行政管理事务，有关股、室、站归口管理相关业务。各乡镇教委根据职责权限负责本辖区的社会力量办学管理工作。民办学校设立，由行政主管机关根据上级政府和教育行政部门相关的文件进行审批。1997年，国家颁布社会力量办学条例，对民办学校的管理进一步规范。民办学校设立经教育行政主管部门审批合格后，颁发菏泽地区统一印制的办学许可证。县教委根据规定每年对民办学校进行评估，对合格的准许其继续办学，对基本合格的提出整改意见并限期整改，对不合格的吊销其办学许可证，取消办学资格。2001年，县物价部门首次对民办学校核实收费标准，颁发收费许可证。2002年，贯彻落实《中华人民共和国民办教育促进法》，对民办学校的设立实行行政许可制度，并进行规范的年检。2005年1月，县政府制定印发《定陶县加快发展民办教育的若干规定》等文件。2009年，物价部门对民办学校的办学情况及办学成本进行审核，对其收费标准进行调整及重新换证。民办学校依法拥有一定的办学自主权，管理规范有序。民办学校中，管理水平较高，小学在校生超过500人，中学在校生超过1000人的有4所。

第三节 民办学校选介

定陶县博文中学建于2001年，是由市教育局批准的全日制民办完全中学，是一所全封闭、寄宿制学校。有可容纳80个教学班的高标准教学楼2座，4000平方米的图书实验办公楼1座，配有2个微机室，2个语音室，6个高档次理化实验室，2个生物实验室，3个理化生仪器室，3个多媒体教室，2个图书室，2个面积200平方米的阅览室，1个可容纳800人的多功能阶梯教室，1个400多平方米的多功能画室，各教室均配备闭路电视和教学监控系统，实现校园分区广播。2座单间带卫生间的可容纳5000余人住宿的高标准学生公寓。

学校始占地6公顷，建筑面积3万平方米，后征地4公顷，校园占地10公顷。2007年，总建筑面积4万平方米。

2001年，在校生850人，教职工103人，被山东省文化厅、山东省体育发展中心评为“省级文体明星单位”。2002年，在校生1760人，教职工140人。2003年，在校生2650人，教职工170人，与北师大教育学院共建北师大教育学院“教育教学实验学校”；教育部原专职委员、国家副总督学郭福昌为学校题词“名校育英才”。2004年，在校生3200人，教职工186人，成为山东艺术学院“大学生青春创业基地”“大学生教育实践基地”，获县委、县政府颁发的“教育工作先进单位”奖。第一届高中应届毕业生升入本科院校52人。

2005年，在校生3700人，教职工200人，被县教育局评为“定陶县民办学校先进单位”。因高考成绩显著，成为全县唯一一所受市教育局表彰的先进单位，获“高中教学跃进奖”。在市教育局督导评估中，被授予“菏泽市民办教育五星级学校”。12月，学校被民政部评为民办非企业诚信自律先进单位。2012年，被定陶县第一中学收购，合并办学。

第六章　教师队伍

第一节　师资来源

公办教师　公办教师主要来源于国家统一分配的大中专毕业生。1991年，全县有公办教师4625人，到1999年，共接纳大中专毕业生1320人。2000年开始，取消大中专毕业生分配制度。根据上级政策，2000年各乡（镇）政府人员分流，全县充实教师队伍205人。2005年，全县教职工5968人，其中，中专学历2852人，专科学历2402人，本科学历652人，高中以下者62人。2008年，开始组织教师招聘考试，面向大中专毕业生公开招考、择优录用。到2015年，全县共招聘教师1076人。

民办教师　1991年，全县有民办教师2554人。通过直接转为公办教师、到师范学校进修后转为公办教师等形式，每年安排一定指标把民办教师转为公办教师。至2003年，全县民办教师存在的历史宣告结束。

第二节　教师培训

学历培训　教师资格要求小学教师须有中专以上学历，初中教师须有专科以上学历，高中教师须有本科以上学历。1991年，全县教师学历达标率，小学为55.5%，初中为33.5%，高中为54.3%。为提高教师学历达标率，县教育局采取脱产进修、函授学习、高师音像、自学考试、远程教育等学历提高方式，组织教师参加学历提高教育。1997年至2001年培训中师毕业生718人；至2002年培训大专学历毕业生1577人。中学骨干教师培训7人。至2010年，全县教师学历达标率小学99%、初中96%、高中95%。

业务培训　主要通过集中学习、教学观摩、继续教育、自学等方式进行。1991年开始，比较集中的培训活动有：以教师进修学校为基地，举办了9期小学校长岗位培训，培训352人次；3期中小学校长提高培训，培训93人次。组织15期中小学教师培训班，培训教师2871人次。1996年至1998年对全县小学教师进行基本功训练（粉笔字、简笔画、普通话及综合能力），参训3400人次。2001年，小学师资培训152人，中学师资培训93人。2003年小学师资培训26人。2006年8月，县教育局利用暑假，进行贯彻新课程理论和一般教学常规的培训，全县5000名教师参训。2008年以后，每年暑假都组织教师参加山东省中小学教师远程研修。

第三节　教师待遇

政治待遇　尊师重教是定陶县的传统。尤其是1985年国家确定建立教师节后，教师地位明显提高。县、乡镇政府每年为教师办实事、办好事。每到教师节，县、乡党委、政府都举行教师节庆祝大会，对作出突出贡献的优秀教师和先进教育工作者从物资上和精神上进行奖励。1996年至2015年，全县有322名教育干部和教师分别出席党代会、人代会、政协会，先后有5名教师被选为县人大常委会副主任、县政协副主席。有179人被评为市级优秀教师、优秀教育工作者；有19人被评为省级优秀教师、优秀教育工作者，有3人被评为国家优秀教师。

工资待遇　1995年以前，定陶县教师工资执行标准是按照山东省1985年发布的《关于教师教龄津贴实施办法》。1988年9月8日发布《提高中小学教师工资标准实施办法》，从1987年10月起，小学、幼儿园、普通中学、农业中学、职业中学、工读学校、盲聋哑学校的教职工（不含校办工厂的工人）；中等专业学校、技工学校、中等和初等成人教育学校（含教师进修学校）的专职教师，各级教育行政部门所属教研室中聘任或任命为中小学教师职务的人员和聘任（或任命）为其他专业技术职务的教研人员，均提高工资标准10%。1994年，定陶县按照国家人事部、财政部《事业单位工作人员工资制度改革方案》实施意见，执行中小学教师职务（技术）等级工资制，由职务（技术）等级工资和津贴两部分构成，在各单位工资总量构成中，职务（技术）等级工资部分占70%，津贴部分占30%。乡镇工资除定陶镇、陈集镇年平均增加100元外，其他乡镇工资标准基本没有变化。1995年10月，教师每两年考核合格增加一级工资，增幅为30元左右。同年12月，增加职务补贴，增幅为80元左右。1996年，农村一线任教的教师执行浮动工资，浮动标准为每人每月14元。1997年后，教师工资进行多次调整。1999年，人均增加工资130元左右。2001年，先后进行两次调整，人均增加工资分别为100元和80元左右。2003年，人均增加工资50元左右。2004年1月，农村一线享受浮动工资，满8年的教师，其浮动工资部分转为固定工资。2005年12月，全县工资进行一次大调整，包括县直中、小学在内的县直机关事业单位执行国标工资标准，另加职务补贴；乡镇机关和乡镇中、小学执行国标工资标准，退休人员执行国标工资标准，另加职务补贴和地方福利补贴中的男31元，女33元。2006年，事业单位工资制度改革，教师月平均工资1417元。之后，教师工资逐年提高，到2015年，教师月平均工资4200元。

福利待遇　2005年，根据定政字〔2005〕25号文件《关于退养民师有关待遇的批复》，退养民师去世后，有关待遇按如下标准执行：抚恤金，一次性补发本人10个月的工资；丧葬费，每人1000元；遗属生活困难补助费，城镇户口每人每月130元；农村户口每人每月63元。退养民师医疗补助，参照所在乡镇退休教师医疗费补助办法执行。养老保险个人负担3%，单位负担21.4%；失业保险个人负担1%，单位负担20%；住房公积金个人负担5%，单位负担5%。

职称评聘　1991年至1992年教师职称评审工作暂停。1993年全面恢复高、中、初级专业技术职务评审工作。之后，每年评审1次。1999年以前，凡评审或认定的高、中、初级专业技术职务，全部等额聘任。1999年，在县教师进修学校、东王店中学进行评聘分离，竞争上岗的试点工作，实行评聘分离的单位按设岗总数再扩大30%的数量晋升高、中级职务，之后，再优胜劣汰，竞争上岗。2000年，在全县中小学全面铺开。2000年、2001年的竞争聘任，聘期为1年，之后，均改为两年。竞争聘任工作在高、中级专业技术职务中进行，民办学校和初级职务不进行竞争上岗。

2005年，全县教育系统共有教职工5968人，专业技术人员5449人，其中，高级职称392人，占专业技术人员总数的7.19%；中级职称2334人，占专业技术人员总数的42.8%；初级职称2720人，占专业技术人员总数的50%。全县中、小学教师队伍职称结构比例合理，分布均匀，呈宝塔式结构，职称评审聘任工作转入经常化阶段，根据国家下发的一系列职称评审文件，对职称晋升的资历、学历、学术水平、能力、聘任管理方面进行明确规定。至2015年，全县共有4753人次申报教师职称评审，其中评出高级职称697人次，中级职称1154人次，助理级1865人次，员级1037人次。

第七章　教育管理

第一节　教育方针

1993年2月，中共中央、国务院颁发《中国教育改革和发展纲要》，制定“教育必须为社会主义现代化建设服务，必须与生产劳动相结合，培养德、智、体全面发展的建设者和接班人”的教育方针，提出“普九”和向现代化教育迈进的战略目标。县教育局提出贯彻“纲要”，实施“普九”，狠抓基础，着眼素质，提高质量的整体工作思路，实施“3211”工程，即落实“三抓”（抓教学、抓教研、抓实效），提高“两个素质”（干部管理素质、教师业务素质），一方面实施“普九”，一方面扫除青壮年文盲。2001年至2015年，县教育局围绕“打造教育强县，积极推进教育现代化”这个目标，进一步巩固与提高“普九”成果，整合教育资源，推进素质教育，调整中小学布局，建设“六大校园”（即建设平安校园、书香校园、绿色校园、信息校园、文明校园、和谐校园），提高办学档次。

第二节　招生考试

小学初高中招考　1992年，高、初中招生试行保送制。高中保送生不超过招生总数的2%，初中不超过招生总数的4%。在评估中获良好等级的初中，可向县重点高中保送两名优秀学生（一中、二中各1人）。乡镇复评为优秀等级的小学，可向本乡镇初中保送一定数量的优秀生，数量由乡镇中心校确定。1995年，高中招生考试加试体育。加试项目为男生100米跑，3公斤铅球，立定跳远；女生800米跑，1分钟仰卧起坐，立定跳远。满分为30分，并计入总分。1995年秋季开学起，按照九年义务教育规定，小学毕业升初中，不再进行升学考试。农村小学毕业生直接升入本乡镇初中，城区内小学毕业生，由县教委统一组织毕业考试，按照“就近入学，划片录取”的原则，保证98%以上的小学毕业生就近升入初中。1998年，县教育局对高中招生进行改革，开始试行“一考多取”“一评二挂”的办法。“一考多取”即通过一次考试，普通中专、普通高中、职业中专、职业高中分别录取；“一评二挂”即将重点中学（一、二、五中）计划内招生指标的一部分与县教育督导室对乡镇教育投入水平评价、初中办学水平评价挂钩，分配给各初中名额，在计划指标最低线下20分予以录取。2008年7月，县教育局印发《定陶县义务教育阶段学校招生工作实施意见》，针对历年城区小学、初中择校热的状况，确定“划片招生、就近入学、严禁入学选拔考试”的原则，采取有效措施，缓解矛盾，达到标本兼治，实现公平教育。1991年至2015年，在小学招生中，适龄儿童全部入学。

高等学校招考　1994年至2001年，实行“3+2”考试模式，并实行标准分，即理科类考试科目为语文、数学、外语、物理、化学；文史类考试科目为语文、数学、外语、历史、地理。生物和政治科目只作为会考科目，不作为高考科目。2002年至2006年，实行“3+X”模式，即理工类考试科目为语文、数学、外语、理科综合（物理、化学、生物）；文史类考试科目为语文、数学、外语，文科综合（政治、历史、地理），外语增加听力考试，并计入总分。2005年、2006年，山东省在继续实行“3+X”考试方案同时，语文、数学、外语3科首次自行命题，其他科目由教育部命题，即“X”文科综合或理科综合仍使用全国卷。2007年开始，高考实行“3+X+1”模式，即在原有“3+X”基础上增加“1”基本能力的测试。在考场管理方面，2002年开始，实行教师监场考前随机抽签制度，减少对高考工作的人为干扰。2005年开始，全部高考考场实行电子监控，考试全过程录像存盘备查，遏制考场替考舞弊等行为。

第三节　收费管理

1993年，贯彻落实国家教委《关于坚决纠正中小学乱收费的通知》及省、地关于制止中小学乱收费的规定，全县统一收费标准。1996年，贯彻落实地区教育局《关于在全区普通中小学建立收费公开卡制度的通知》，各学校从本年度秋季开学起，一律实行收费公开卡制度，学校每学期收费时，由班主任详细填写收费时间、项目、金额，加盖校长章，由家长签字后缴费。同年12月，贯彻落实经国务院批准，国家教委、国家计委、财政部联合颁发义务教育学校、普通高级中学、中等职业学校收费的管理办法，对家庭经济困难的学生可减免学杂费。1998年6月，地区行署批准调整全区中小学收费标准。小学杂费农村每生每学期30元、城镇40元；初中杂费农村每生每学期55元、城镇65元；高中杂费每生每学期农村100元、城镇110元。学费每生每学期农村60元、城镇70元，省、地级重点中学210元。职高学杂费每生每学期200元；职专学杂费每生每学期500元。住宿费一律每生每学期农村40元，城镇50元；借读费每生每学期小学180元、初中300元。代收费项目为：课本费、作业本费、班费（每生每学期小学2元、初、高中10元）、自行车看管费（每生每学期5元）。1999年9月，地区行署办公室批转地区物价局等3部门调整高中收费标准报告，从1999年新学期执行，一般高中统招生学杂费每生每学期农村180元，城市330元，重点和规范化高中，每生每学期500元，计划外学生按捐资助学形式进行收费，数额为：一般高中农村生均每学年700元，城市生均每学年1200元，重点和规范化高中生均每学年1800元，不再另交学杂费。对特困生学杂费减免比例由原学生总数15%提高为20%。2000年，秋季开学后，全县中小学调整规范收费标准。义务教育阶段杂费：小学每生每学期城市由40元提高到55元，农村由30元提高到40元；初中每生每学期城市由65元提高到90元，农村由55元提高到70元。借读费：每生每学期小学由180元提高到300元，初中由300元提高到500元。收取借读费不再收取杂费。非义务教育阶段学杂费：普通高中当年起实行招生收费并轨，取消计划外招生，收费标准为每生每学期省级规范化学校由500元提高到800元，城市高中由330元提高到500元，农村高中由180元提高到300元。职高500元，职专800元。住宿费：不分学校类别每生每学期农村由40元提高为50元，城市由50元提高为70元。家庭困难学生减免学杂费比例：农村不少于学生总数的20%，城市不少于学生总数的15%。2001年，省政府办公厅发文公布定陶县为试行中小学收费“一费制”县区之一，农村小学每生每年120元，初中230元，实行“一费制”的学校不得以任何借口和名义再向学生收取其他任何费用，对于贫困学生，仍实行减、免制度。2004年，市政府确定从2004年秋季新学年开始在全市义务教育阶段公办学校试行“一费制”收费办法，发放了由菏泽市物价局、教育局、财政局监制的菏泽市中小学生缴费明白卡。2007年秋，县政府加大农村教育投入，免除了农村义务教育阶段学生的学杂费。2008年，定陶县免除了义务教育阶段学生的课本费。之后，全县义务教育阶段公办学校实行零收费。

第四节　经费管理

县教育经费来源主要有各级政府财政拨款、社会团体和个人办学用于教育的经费、社会捐资集资的办学经费、事业收入等。教育经费支出主要包括教职工工资福利、社会保障费、学生奖学金和公务费、业务费、设备购置费、修缮费等。

第八章　基础设施建设

第一节　校舍建设

1996年，定陶县开始由城镇校舍改造转向校舍设施维护管理，按照县政府办公室《定陶县中小学校舍设施维护管理暂行规定》，县教委成立定陶县中小学校舍设施维护管理委员会，下设校产管理办公室（简称“校产办”），具体负责日常工作。各乡（镇）均成立由乡镇长和教育、财政、公安等有关负责人组成的校舍设施维护管理委员会，创办学校的行政村，也相应成立由村主任、会计、治保主任、校长等有关人员组成的管委会，负责管理本乡（镇）、本村的校舍设施，维护经费的筹措和学校安全。县直学校、乡（镇）中学、乡（镇）教委及下属小学都成立有关人员组成的管委会，配备专（兼）职管理人员，具体负责校舍、设备、环境等方面的维护与管理。

▲ 教室课桌椅改善前　（2004年摄）

▲ 教室课桌椅改善后

建立管理制度　全县各级各类学校，根据本校实际情况，制定的规章制度有：财产物资管理制度；校舍档案管理制度；校舍设施维护管理制度；财物购置、报废报损、损坏赔偿制度；固定资产定期清查、财务核算制度；仪器、图书、文体器材使用、出借制度；材料和易耗物品采购、出入库制度；管理水平检查评估制度等，以保证管好用好学校财产。

校舍档案建设　校舍档案是维护学校权益，查勘维修房屋，合理使用校舍，反映学校历史的重要资料。全县各级各类学校，根据本校实际，都建立了确权类、管理类档案。有楼房的学校，还建立了基建类档案。校舍档案一式两份，县直学校、乡（镇）中学正本存县教育局校产办，副本存学校。农村小学正本存乡（镇）中心校，副本存学校。校舍档案专柜存放，专人管理。

固定资产建账设卡　按照《山东省中小学固定资产分类目录》，学校资产分为10个类别。全县中小学针对本校存有的财产物资，按类别均建立了两套相同的固定资产明细账，财产总管理员管一套账，部门管理员分管本部门的一本账。有会计的单位，设置固定资产总账。对使用频繁、分布较广的固定资产，按使用单位和个人建立固定资产卡片，并按物品名称登记分布情况，保证账、表、卡、物相符，防止财物损坏和流失，做到管用结合，物尽其用。

1998年，全县中小学校舍建档、固定资产建账等基础性工作基本完成。全县共建立校舍档案1862卷，固定资产账2146本，固定资产总值1.12亿元，所有学校基本上达到“家底清楚、产权明晰、设施完好、环境优美”的管理目标。全县校产管理工作更加科学化、规范化，为教育教学工作提供了强有力的后勤保障。在全区校舍设施维护管理考核评估中，共考评定陶县19个单位，评出优秀学校1所，良好学校8所，合格学校6所，乡（镇）教委良好单位2个，合格1个，县教育局被评为良好单位，名列全区首位。

2001年，全国中小学危房改造工程开始实施。县教育局设立危房改造办公室（简称危改办），具体负责日常工作的处理和联系。为搞好危房改造，确保师生生命安全，维护正常的教育教学秩序，县政府制定《定陶县中小学危房改造工程规划实施方案》。全县中小学危改项目学校105所，校舍面积17.13万平方米，其中，B级危房5240平方米，C级危房1.64万平方米，D级危房3.83万平方米，合计危房面积6万平方米，占校舍面积的35%。方案中，对中小学布局调整、危房改造及工程实施均做了总体规划，并规定“危改工程”实施办法，制定资金管理、土建管理、工程质量管理制度及保障措施。2003年，县教育局被菏泽市教育局、计委、财政局授予“全市中小学危房改造先进单位”。

至2005年，全县享受中央、省、市危改补助项目工程学校42所，专项资金1044万元（含救灾、布局调整专款444万元）。地方自筹项目工程学校157所，自筹危改资金3140万元。拆除C、D危房5.46万平方米，维修校舍3.99万平方米，新建校舍7.21万平方米，合计竣工校舍11.20万平方米。全县共完成危改工程建设投资6359万元，消除危房6.48万平方米。全县中小学共建楼房校舍70余座，平房校舍60幢，大大改善了办学条件，学校面貌焕然一新。

▲　黄西小学操场改建前

▲　黄西小学操场改建后

同年，台商王永庆先生捐资举办明德小学，在邓集、后杨楼各建教学楼1座，投资85万元，建筑面积1696平方米。省交通厅援建交通希望小学2所，分别建在孔书庄村和蔡楼村，投资75万元，建筑面积1655平方米。

2015年，全县共有各级各类学校231所，在校生91247人，教职工5968人。校园占地面积259.41万平方米，其中，建筑占地120.60万平方米，运动场地98.91万平方米，绿化用地39.90万平方米。全县共有校舍1334幢，总建筑面积47.36万平方米。平房21.13万平方米，楼房26.22万平方米，校舍总价值1.81亿元。全县共有完好校舍28.33万平方米，基本完好11.21万平方米，一般损坏4.05万平方米，严重损坏5342平方米，危房3.23万平方米。

第二节　设施配备

教具与仪器　1997年至1999年，全县中、小学共购置配备各类教学仪器价值120万元，图书价值89万元，音、体、美教材价值94万元，实验桌凳900套，仪器橱150个。翻新和新建实验室128座，仪器室124座，音、体、美器材室130座，自制教具1.5万件，累计总投入达800余万元，其中，上级投入170万元，地方自筹630万元。初中以上学校全部达到部颁Ⅱ类仪器配备标准，85%的完全小学都达到部颁Ⅱ类仪器配备标准。达到部颁Ⅲ类仪器配备标准的小学只占15%。1999年通过国家“普九”验收，2004年通过“普九”复验。

至2005年，全县共有23所初级中学（7所民办）、4所高中（2所民办）、1所职业学校、115所定点小学。其中，县一中、陈集镇中学、职教中心的教学仪器配备达到部颁Ⅰ类标准，先后通过省级规范化学校验收；杜堂乡中学等3所中学先后通过市级规范化学校验收；定陶镇牛楼小学等4所完全小学的教学仪器配备达到部颁Ⅱ类仪器配备标准以上，先后通过市级规范化学校验收。初中以上实验课开课率85%以上，分组实验25组，乡镇中小学和35%的完全小学实验课开课率均85%以上，其他小学60%以上。

2002年和2005年先后举行2次优质实验课评选活动，2次实验课教学论文评选活动，1次教学仪器管理检查评比活动。在这些活动中，全县有16名教师的实验教学课分别获市一、二、三等奖；有20篇实验教学论文分别获市一、二、三等奖；有4个单位被评为市级教学仪器管理先进单位；14名教师被评为市级教学仪器管理先进个人。2010年，为全县中小学配备教学仪器110万元，仪器橱208个。

电化教学　1999年，仪器站多方筹集资金220万元，为县一中、教师进修学校、陈集中学、陈集镇中沙海小学和前沙海小学、东王店牛楼小学和铁渠庙小学建起了微机室，并为全县中小学购置投影器250余套、录放像设备12套、1～5年级投影片46套、教学录音机280台。为县教师进修学校、张湾农技校、田集农技校、教育局电大站安装卫星地面接收站，为全县电化教育的开展打下基础。

2000年至2004年，全县共购置高亮度投影器830余套、录音机780台、录放像机160套，电教教材价值232万元。新建多媒体教室14个、语音室18个、微机室94个，购置微机2475台，建地面卫星接收站8个，校园网4个，接入因特网的学校有25个。先后3次申报市级电教试点学校92所，总投资220万元。自2000年先后两次举行电化教学能手评选、电化教学优质课评选、电教论文评选等活动。共评选出县级电化教学能手32名，市级12名；评选出县级电化教学优质课38节，市级16节。

2005年，定陶县教育信息中心建成，并与市信息中心联网。全县所有的高中、职业学校、初中、中心小学，以及30%的定点小学，与县教育信息中心成功联网。形成以县教育主干网为核心，以校园网络为基本节点的完整的县级宽带教育信息网络。

同年，县教育局投资130余万元，建成定陶县高考电子监控系统。县一中、二中、博文中学在高考中首次投入使用。2010年，为全县中小学配备微机、液晶投影仪、视频展台等多媒体设备45套，计算机800台，建成多媒体教室12个、校园网1处、配备教学软件12万元。

第九章　学校选介

第一节　定陶县第一中学

始建于1949年，位于兴华路中段路北，占地面积5.85万平方米，建筑面积4.60万平方米。2006年，开始建设范蠡中学，后经县委、县政府研究决定，将其作为一中新校区。2012年，收购定陶县博文中学。2014年7月启用新校区。

定陶一中新校位于定陶县新城区府北路路北，建新路西，郜秦路南，曹伯路东，占地面积17.7公顷，建有设施完善的高标准教学楼2座、宿舍楼3座、学生实验楼1座、教师综合楼1座、艺体楼1座、临时餐厅1座及图书楼、知行广场，完成建筑面积4万多平方米。2座教学楼、3座宿舍楼和标准化餐厅投入使用。定陶一中新校承担高一、高二、高三3个年级，共83个教学班，6000余名学生和400余名教职工的正常生活、学习和工作。

教学楼2座，分别容纳30个教学班，采取回型设计，综合办公楼，实验楼，配有10个仪器室，14个准备室，25个实验室和10个实验员办公室。

2座教学楼，建筑面积9896平方米，可以容纳60个教学班，可以满足高一、高二、高三3个年级同时就读于新校区。3座学生公寓楼建筑面积2.04万平方米，每个公寓都是高标准配置，配有卫生间和热水供应系统。规范化餐厅建筑面积1.05万平方米，可以同时容纳5000人就餐；风雨操场1个，建筑面积6270平方米；标准化体育场1个，面积1.75万平方米；篮排球运动场

▲ 原定陶县一中综合楼　（2005年 车宜珂 摄）

▲ 定陶一中新校区　（李斌 摄）

一个，面积1.2万平方米。综合图书楼，建筑面积7878平方米，有可以容纳500人的综合会议室和电子阅览室，藏书300万册的图书室。定陶一中新校整个项目建设总投资2亿多元，建筑面积9.7万平方米，可容纳96个教学班，满足6000余名师生学习和生活的需要，彻底解决定陶县高中阶段大班额的问题，全面提升定陶县一中的办学档次，促进定陶县教育的和谐发展。

2015年，定陶县一中在岗职工488人（其中在编人员338人），专任教师304人，其中，高级教师90人，一级教师130人，市县级拔尖人才5人，省市级教学能手24人，研究生在读7人，专任教师学历达标率为92%。全校教师中获得市级荣誉57人、省级荣誉22人，国家级荣誉的2人。发表在刊物上的论文市级17篇、省级78篇、国家级25篇。先后获“山东省教书育人先进单位”“山东省卫生先进单位”“省招飞先进单位”“省体、卫、艺、国防教育宣传先进单位”“省级文明单位”、市“全民普法依法治理先进单位”等称号，并多次获“菏泽市高中教学先进单位”称号。2005年6月，学校被评为“省级规范化学校”。

第二节　定陶县第二中学

定陶二中是市级规范化学校，市教育局重点业务管理学校，学校占地12公顷，总建筑面积5.5万平方米，固定资产5000万元。有55个高中班，高中生3590人。学校有教职工271人，具有高级职称教师75人，中级职称117人。学校有综合办公楼1座、教学楼3座（教学用房包括办公室共100个）、学生宿舍楼4座（可满足8000人住宿）、学生餐厅1座，报告厅2个、理化生实验

▲　定陶二中

室7个、学生微机室2个、3个图书阅览室，内藏图书4万余册。

第三节　定陶县实验中学

学校始建于1981年，是重点初级中学，先后获市文明单位、省级教学示范学校、省德育工作先进单位、省教学工作先进单位、省先进教育集体等称号。

学校设施齐全，现代化的办公楼、教学楼、实验楼、图书馆、实验室、电教室、语音室、微机室、音乐教室、画室、阅览室一应俱全，校内还建有校园网、班班通多媒体教学网络等现代化设施。2015年，学校共有32个教学班，在校学生

▲　定陶县实验中学教学楼　（2014年　车刚　摄）

2700余人，273名在职教师中，高级教师37人，一级教师125人，硕士研究生7人，学历达标率100%。

学校全面贯彻党的教育方针，实践和探索新形势下搞好素质教育的新途径、新方法，已经形成自己具有独特优势和特色的教育教学体系，尤其是创造性的实行级部管理模式、家长委员会管理模式、自主合作探究教学模式和“三全”教育模式，包括校园网站、文化艺术节、学生心理咨询室等，成为学校的鲜明特色和亮点。

第四节　陈集镇中学

陈集镇中学是省级规范化学校、全国教育系统先进集体。有初中3个年级，共30个教学班，学生1604人。学校布局合理，教学区、运动区、生活区3区分明，总建筑面积1.38万平方米，绿化面积3.7万平方米，人均绿化面积23.08平方米。校舍管理完好，消除全部危房，基建档案齐全，学校设置及功能确保学校正常教育教学活动的顺利进行。

学校共有普通教室31间，每间使用面积67平方米，课桌椅、讲台、黑板规范齐全，布置合理，整洁完好，课桌凳每间按照高低两种配备，采光符合规定要求，照明灯具种类、数量符合要求，平均班额53人，最大班额55人；各种学科专用教室、公共教学用房，种类齐全，使用面积符合《办学条件》的要求，仪器器材室等辅助用房，能够满足需要，仪器器材有序、分类排放。学生宿舍总面积4773.72平方米，盥洗室、卫生间设置符合要求，能满足需要；食堂餐厅建筑面积3410平方米，食堂内部设施、餐厅餐桌椅、洗刷设备齐全，热水能够满足学生饮水需要。

学校田径场有300米环形塑胶跑道，设有100米直跑道2个，跑道规范。篮球场4个，排球场2个，手球场1个，场地规范、平整，全部硬化。各种器材种类、数量及室外体育器材场均符合《办学条件标准》要求。数学、物理、化学、生物和地理等学科教学仪器器材配备达到国家两套一类标准，超出《办学条件标准》要求，仪器随着课改每年更新补充。有物理实验室、物理探究实验室各1个，生物实验室、生化探究实验室各1个，化学实验室1个，器材室、准备室、药品室符合规定要求。图书室藏书61169册，生均37.5册。学校每年报刊订阅种类均超过60种，每年图书更新率达到14%，并采取计算机管理。学校有微机室2个，学生机共110台。各班教室均配备多媒体，实现班班通。专任教师118人，计算机人手1台。各专用教室配备多媒体。学校设有网络管理中心1个，功能齐全，视频播放流畅，覆盖全部教学区。综合实践活动室及器材完全按照《办学条件标准》建设配备，设有种植和金工2个活动室。学校体育、音乐、美术、卫生保健、心理咨询器材等按照《办学条件标准》进行配备。

2015年，学校有专任教师118人，师生比为1∶13.5，高级职称19人，中级职称56人，初级职称43人。30岁以下8人，31～50岁89人，51岁以上21人，51岁以上所占比例17.8%。高一级学历人数为76人，占教师比例的64.4%，音乐、体育、美术、英语、信息技术教师能够满足要求，专任教师结构、学科结构合理。

第五节　定陶县实验小学

县实验小学是省级教学示范学校，始建于1994年，教职工215人，学校有省级特级教师2人，省级骨干教师5人，市级教学能手32人，市级骨干教师38人，县级教学能手46人。在各类评优课中，3人获省级一等奖，28人获市级一等奖，57人获县级一等奖。有1校3区62个教学班，4000多名学生，附设幼儿园1个，在园幼儿400多人。

2007年以后，先后投资1000多万元，整改幼儿园，整修操场，修建高标准厕所，配备图书仪器、文体器材、现代化信息技术及多媒体设备，

▲ 定陶县实验小学教学楼 （2014年摄）

新建的高标准功能楼，成为学生展示艺术才华的美丽殿堂。学校重视环境育人，先后投资100多万元对校园进行绿化美化，墙壁文化、橱窗文化、走廊文化各具特色，逐步构建“阳光自信，开放守正”的精神文化，“宁静致远，润物无声”的物质文化，“自主管理，方圆有度”的制度文化，“尊重个性，多元发展”的课程文化为主要内容的“自觉”文化体系，努力实现着“品味书香，崇尚自然”的发展愿景。

教师在追求高效课堂的不断探索中，创造性地确立“三段五环”教学模式，使课堂更具有自主性、开放性。同时，学校积极开发围棋、足球、经典诗文诵读等富有特色的校本课程。经典诗文诵读课程，学校将其与音乐、体育、美术、语文等学科有机整合，使课堂教学得到有效的补充和拓展。2013年1月，该课程被评为市级精品课程。其经验在全市推广。2014年5月，学校被评为山东省校本研究先进单位。足球、围棋课程也开展得如火如荼。2015年4月，“千人围棋赛”被市级多家媒体争相报道。同年8月，学校被评为全国校园足球特色学校。

2012年以后，学生们在书法、美术、制作、舞蹈、演讲等各类活动中，有70多人次获单项奖，集体获奖项目23个。乒乓男队获全市乒乓球比赛一等奖，乒乓女队获市乒乓球比赛二等奖。男女足球队均获市级比赛前四强。舞蹈《三字经》获省级一等奖，课本剧《金色的鱼钩》获省级优秀奖。2012年10月，获山东省机器人比赛二等奖。

第六节　定陶县北关完小

创办于1902年（清光绪二十八年），其前身为氾阳书院。2015年，县北关完小占地1.82万平方米，在校学生3000余人，专职教师128人，学历达标100%。学校坚持以人为本的办学理念，全面贯彻党的教育方针，不断创新德育形式，丰富德育内容，立德树人。在以艺术教育为载体，培养学生的良好品德；整合家校资源，共创和谐平安校园等方面，取得一定成效。依托艺术教育的独特学科优势，以艺修德，以德树人。学校根据孩子好奇、好动、好胜、好学的特点，把丝网花、剪纸等艺术活动纳入学校课程，作为学校课程德育的重要组成部分。艺术教育的多样性灵活性，具有较容易创设良好的氛围和环境，便于调整学生的心理状态的特点，这种

▲ 定陶县北关完小教学楼 （2014年摄）

"寓教于乐"的教学方式，达到对学生进行品德教育的目的。学校立足本地实际，开发德育课程资源，广泛推行大德育观念，将《定陶古今名人录》《定陶风情》《定陶民间故事》《陶城古诗新韵》等校本课程纳入德育教育体系。此外，学校还不断组织学生到烈士陵园、敬老院、消防大队、经济开发区、近郊农村等亲身感受接受全方位的教育和影响。

学校在"以艺修德，家校携手，创建和谐"等德育工作方面做了一些实践和探索，积累了成功的方法和经验。学校先后被命名为"山东省示范家长学校""山东省艺术示范学校""山东省教学示范学校""菏泽市德育工作先进学校"等。

第七节　山东大学附属中学定陶实验学校

2014年建成。是定陶县政府出资新建的12年一贯制公办学校，定陶县政府将学校委托山东大学附属中学管理。学校占地16公顷，建筑面积10万平方米，具有省级规范化学校建设标准，拥有综合楼、教学楼、实验楼、艺术楼、室内操场、标准化体育场、餐厅、教师公寓、学生公寓等建筑群。微机室、实验室、阅览室、音乐教室、舞蹈室、美术室、录播室等各类功能室齐全。教学设施设备按国家标准配备，校园实现网络全覆盖，教室均实现多媒体授课。

▲ 教学活动　（2015 年摄）

学校下设高中部、初高部、初中部和小学部4个学部，2015年规模为74个教学班，其中，小学部10个教学班，教师27人，学生369人；初中部24个教学班，教师79人，学生1110人；初高部20个教学班、教师67人，学生918人；高中部20个教学班，教师71人，学生950人，共计学生3347人。教师共计267人，其中，一级教师以上30多人，硕士研究生60多人，优秀教师、教学能手、骨干教师85人次。在2015年菏泽市教学能手的评比中，13位教师获"菏泽市教学能手"称号。

学校以先进的教育理念、科学的教学方式、精细化的管理和厚重的人文素养，构建"基于学生兴趣，满足学生需求，开发学生潜能，促进学生发展"的课程体系，让学生享受课程，让课程成就学生，关注学生人格品质和学习品质的培养，让学生学会学习、学会选择，促进学生全面而又个性发展。满意度调查以97%名列全县榜首。初中一年级在县2次期末教学检测中总成绩、各学科的平均分、及格率、优秀率等各项指标名列第一。高中一年级在参加全市各县区一中联考中第一学期平均分名列第三名，第二学期列第二名。语文、数学、政治、地理学科名列第一。

第八节　定陶清华园学校

定陶清华园学校位于定陶县府前大道西段，气象局东侧，学校占地11.7公顷，总投资1.2亿元，建筑面积6万平方米，是一所"高标准、高起点、高质量"的全封闭全寄宿9年一贯制学校（小学、初中、附设高标准幼儿园），2012年建成。学校引进先进的教师团队及管理理念，突出小班教育、精英教育、特色教育，形成"学校有特色、教师有特点、学生有特长"的办学风格，成为生态型、智能型、文化型和可持续发展的教育基地。借鉴江苏等发达地区先进办学模式，与江苏名师名校长共同打造一所由名校长领军，优秀教师执教的品牌学校。学校实行"封闭式管理，开放式教学"，精心构建"书香校园、生态校

▲ 定陶县清华园学校 （2013 年摄）

园、和谐校园、幸福校园”，全力打造“全县领先，全市一流，全省知名”的品牌学校。为全国民办教育百强学校。

学校有教学楼4栋，综合办公楼1栋，标准化餐厅1栋，宿舍楼3栋，报告厅1栋，幼儿园1栋以及相应的配套用房，400米标准化塑胶跑道1个，教师公寓楼4栋，总建筑面积约6万平方米，学校各项功能用房齐全，配套设施一流，环境优美，是学生学习、生活的理想场所。电子阅览室、语音室、现代化实验室、多媒体教室、舞蹈室、音乐室、书画室等数十间功能用房以及标准化塑胶草坪运动场，校园电视台开通，学校教学全部实现现代化，每个教室配有最先进的教学一体机，学生宿舍全部配备冷暖空调，学生就餐环境为山东省A级餐厅。

学校启动“名师工程”，用10万～20万元不等的年薪，面向全国聘请省、市、县级骨干教师、学科带头人，组建并打造一支实力雄厚的师资队伍，学校教师240人，后勤165人。

学校实行小班化教学，小学1～2年级35～40名学生，3～6年级40～45名学生，初中每个班45名学生。小班化教学便于教师因材施教，让教师有精力有时间关注到每一位学生，了解每一位学生，为了让每一位学生都能自信快乐地成长，学校推出若干门兴趣课程，为全体学生的个性化发展服务，使每一位学生“有一门艺术特长，有一项体育爱好，有一种科技兴趣”。2015年，学校有70个教学班，在校生3662人，其中，小学56个教学班2500人，初中17个教学班1100人，幼儿园3个教学班76人（90%以上学生寄宿在学校）。

第二十九编

文 化

WEN HUA

1991年后，定陶县文化事业健康蓬勃发展，文学创作、戏剧、音乐、舞蹈、美术、书法、摄影等文化艺术长足并进，参与人员愈来愈多，其艺术水平及艺术价值愈来愈高。同期，广播电视境内普及，有线电视网络全覆盖；群众性的文化娱乐活动与体育健身活动融为一体，蓬勃兴起；电影行业上座率在20世纪90年代初步入高峰，但随着家庭电视的普及，又逐步走向衰退。同期，图书报刊发行及阅览、史志编纂、档案保管等工作成效显著，促进了定陶县经济社会发展。25年间，全县文化产业由小变大，快速增长。2015年，定陶县文化产业总产值4亿元，占全县GDP的2.96%。

第一章　文学艺术

第一节　文学创作

进入20世纪90年代以后，文学创作随着经济的发展有较大进步，文学队伍有所扩大，发表诗歌、小说等文学作品的人数有所增长，全县文学创作队伍初步形成。一批小说、散文诗歌作者相继涌现，较有成绩的有孔祥书、朱其作、郭世忠（回）、李文同、王天迅、王建新、潘东升等。他们经常参加省作协、市作协、市诗词学会的文学创作活动。

▲ 作家协会理事会会议　（2012年　车刚　摄）

诗歌　定陶的诗歌创作，自20世纪90年代有所发展和创新，现代诗（新诗）的发展尤为突出，以反映改革开放、精神文明建设为题材的诗歌大量涌现。朱其作的《陶城上空的一颗新星》《定陶县民间歌谣》获山东省作家协会优秀作品奖。李文同的诗歌《我才不当小皇帝》在全省少儿诗歌比赛中，获省文化厅创作一等奖。孔祥书的《朱彦夫的启示》《呼唤赵树理》在《大众日报》《齐鲁晚报》上发表。郭世忠的诗集《绿荫下的歌》出版发行。较有成就的还有邵好学、万鲁岱、冯兴礼、郭世忠（回）、吕玉杰、丁爱英（女）、王义尚、张广亮、叶宏、孙本灵、牛涛等诗歌爱好者。

1991—2015年定陶县诗歌创作一览表

表29-1-1

年代	作品名称	作者	发表情况	获奖情况
2007	《脊梁颂》	万鲁岱	—	“突破菏泽，加快发展”文学征文大赛二等奖
2009	《平平常常才是真》	万鲁岱	《人民权利报》	—
2011	《蓝天一片云》	王义尚	—	第三届瀚渊杯全球汉诗联盟大赛金奖

续表29-1-1

年代	作品名称	作者	发表情况	获奖情况
2011	《昨天今天明天》	王义尚	—	北京当代文坛第三届瀚渊杯全球汉诗联盟大赛金奖
2012	《党啊、敬爱的母亲》	王义尚	—	“建党九十周年诗词、书画、论文大赛”优秀作品奖
2012	《中国牡丹城——菏泽颂》	王义尚	—	《当代国学精英大辞典》大赛征文一等奖，“当代国学精英”称号
2012	《阅读》	王义尚	—	《当代国学精英大辞典》大赛征文一等奖，“当代国学精英”称号
2013	《月亮•故乡》	王义尚	—	“大运河杯　相约中秋”全国诗歌大奖赛佳作奖
2014	《心中的仰望》	王义尚	中国作家协会•精品会刊2014•7期	获庆典征文优秀作品奖
2014	《初夏》	王义尚	—	第一届“太百杯”全国诗歌大奖赛三等奖
1996	《仰望国旗》	张广亮	菏泽日报	—
1996	《石榴》	张广亮	菏泽日报	—
1997	《春天的踪迹》	张广亮	菏泽日报	—
1997	《你不能沉默》	张广亮	菏泽日报	—
1998	《乡道弯弯》	张广亮	菏泽日报	—
2015	《麦田里的雕塑》	张广亮	菏泽日报	2015年在纪念抗战胜利70周年诗词联赋大赛中获二等奖
2015	《我的1937》	张广亮	菏泽日报	—
2014	《守望皮影的老人》	张广亮	菏泽日报	—
2014	《乡道弯弯》	张广亮	牡丹文学	—
2015	麦田里的雕塑	张广亮	青年作家	—
2015	麦田里的雕塑	张广亮	牡丹文学	—
2015	春天的踪迹	张广亮	—	在纪念陈云诞辰110周年全国诗歌大赛中获二等奖
2015	爱的密码	张广亮	菏泽日报	—

小说　随着改革开放的更加深入，定陶县的小说创作进入一个高潮期，一批较有影响的中青年作家耕耘在小说的天地间。

省作协会员、市作协理事孔祥书，1987年创作长篇小说《草莽英雄传》填补了菏泽市无长篇小说创作的空白。1992年创作的长篇小说《红三村传奇》由中国人民解放军原总参谋长、国防部原副部长、中共中央原顾问委员会常务委员、上将杨得志题签，并在北京人民大会堂参加“冀鲁豫边区革命史图书首发式”，被列为建党70周年的献礼作品之一。相继写出了《戚姬传》《病魔传》2部长篇小说，由山东出版社出版发行。后与孔令生合作，创作了反映改革开放题材的长篇新作《苦海慈航》，由中国文联出版社出版。省作协会员高五花，创作出版的长篇小说《问酒梦醒时》，由中国文联出版社出版。崔广涵（笔名广涵），2004年开始发表作品，有中篇小说集《相识何须再相问》问世；2010年12月，出版第一部长篇小说《那边是溪，这边是江》。

1991—2015年定陶县小说创作一览表

表29-1-2

年代	作品名称	作者	发表情况	获奖情况
1997	《春桃与秋妹》	王义尚	—	定陶“御思杯”新闻竞赛一等奖
1991.02	《红三村传奇》	孔祥书	蓝天出版社	—
2012.12	《那边是溪，这边是江》	崔广涵	黄河出版社	—
2005.05	《苦海慈航》	孔祥书 孔令生	中国文联出版社	—
2001.07	《关键时刻》	孔令生	《牡丹文学》	—
2001.05	《血战大杨湖》	孔令生	《春秋杂志》2001年7月被《军事文摘》转摘	—
2003.05	《戚姬出世》	孔令生	《牡丹文学》	—
2003.05	《骑龙抱虎》	孔令生	《牡丹文学》	—

其他文学形式 祝兆明1992年新编的儿童剧《赖宁》，现代戏《推媳妇》《县长出工》《三亲》，古装戏《风水宝地》《情恨亘古》等，均在省以上刊物发表或改编。朱其作创作的现代戏《石成看瓜》获中国戏剧家协会入围奖，山东省群众文艺创作一等奖；发表的《黑白雪花和宝宝》《小猪倌》等文学作品有40余篇，主编出版了《定陶民间故事卷》《定陶县民间歌谣谚语卷》。李文同的戏曲《望泡桐》参加全区文艺会演，获创作一等奖。潘东升创作的文艺小品《送战友》《苦瓜经》《醒悟》《二滑流纳税》《王老汉送蘑菇》《警民一家》等，分别在省、市调演、会演中获奖，创作的散文《诗画漫谈》在省《群众艺术》发表。陈先俊根据杨正民的事迹编写的《一家九博士》2008年4月由世界知识出版社出版发行。王建新的《定陶史话》2013年在菏泽电视台及网络播出后，受到专家、学者及社会各界的一致好评。2015年5月《定陶史话》由山东画报出版社出版发行。孔庆思的散文集《夕阳拾旧梦》于2015年出版发行，主编的《根与魂》由光明日报出版社出版发行。

1991—2015年定陶县其他文学体裁创作一览表

表29-1-3

时间	作品名称	作者	体裁	发表获奖情况
2008	《地瓜颂》	万鲁岱	散文	—
2009	《为官清廉与居家节俭》	万鲁岱	杂谈	刊登在《人民权利报》
2010	《定陶县33名县级领导干部向代表述职》	万鲁岱	散文	第22届山东人大新闻评选中获三等奖。其作品刊登在《人民权利报》《山东人大工作》等报刊

续表29-1-3

时间	作品名称	作者	体裁	发表获奖情况
2013	《山东省定陶县人大代表短信知政》	万鲁岱	散文	被《中国人大》等全国20多家权威媒体刊登，《人民日报》以《山东省定陶县人大代表短信知政》为题专门发表长篇评论文章
2015	《情缘》	万鲁岱	散文	菏泽市无线电征文大奖赛一等奖。其作品刊登在《牡丹》文学杂志等报刊
1997	《新红嫂》	王义尚	通讯	入选菏泽地委1996年度精神文明建设“精品工程”奖
2000	《落榜不落志　脚下路千条》	王义尚	通讯	定陶“百日新闻竞赛”好新闻奖
2004	《楝子树》	王义尚	散文	中国当代作家代表作首届“新世纪文学新星奖”提名奖
2001	《残疾青年的人生路》	王义尚	通讯	定陶“圣龙杯”好新闻奖
2002	《秋日的咏叹》	王义尚	散文	中国当代作家代表作第三届“新世纪文学新星奖”百佳作品奖
2003	《敬老四十载　真爱永不悔》	王义尚	通讯	定陶2002年度好新闻奖
2004	《乐为彩虹工程添彩》	王义尚	通讯	定陶好新闻竞赛二等奖
2004	《西芹旺销的诀窍》	王义尚	通讯	第三届菏泽市新闻评选二等奖
2005	《桃李不言自辉煌》	王义尚	通讯	第四届菏泽市新闻奖评选三等奖
2007	《永恒的思念》	王义尚	散文	菏泽市首届“牡丹文学奖”佳作奖
2009	《八尺布票》	王义尚	散文	“七彩杯”建国六十周年全国散文大赛优秀奖
2012	《春夜听雨》	王义尚	散文	被评为2012全国中学生最喜欢的散文精选
2013	《铭记历史 不忘党恩》	王义尚	散文	菏泽市“忆党史、感党恩，贯彻落实十八大精神”有奖征文三等奖
2014	《命运坎坷 追梦不止》	王义尚	散文	菏泽市“工商银行杯”“我的梦·中国梦”有奖征文三等奖
2014	《等到木棉花开的时候》	王义尚	报告文学	山东省作家协会、省委宣传部”中国梦“主题文学征文二等奖，入编2014年10月《时代文学》期刊
2014	《神笔牛千古趣闻轶事》	王义尚	—	山东旅游局“谁不说俺家乡好”旅游征文二等奖
2004	《浅析在中国画创作中的几点思考》	李　然	论文	《京九联报》发表
2006	《师古不泥古创新不流俗》	李　然	论文	《牡丹晚报》发表
2006	空间设计	李　然	论文	菏泽市室内设计大赛十佳设计师
2002	《关于文化馆发展的思考》	李新建	论文	光明日报出版社出版
2015	《定陶史话》	王建新	杂谈	山东画报社

第二节　戏　剧

剧种　定陶境内流行的剧种主要有两夹弦、柳子戏、大弦子戏、大平调、山东梆子、豫剧等。

两夹弦　又名“二夹弦”或“大五音”，因为它的主要伴奏乐器为四胡（四弦胡琴，是每两根弦夹着弓上所系的一股马尾拉奏）得名。是流行于苏鲁豫皖交界处的一种地方小戏，是在“花鼓丁香”的基础上逐渐发展演变而成的。清咸丰八年（1858年），白殿玉带领妻子和徒弟游唱至菏泽胡集，并在此落户。白殿玉的高徒戚传兴、梅福成在定陶张湾收徒传艺，组建两夹弦班社。定陶黄店牛楼也成立了两夹弦班。中华人民共和国成立后，定陶县组建两夹弦剧团。两夹弦的唱腔是板体腔，基本板式有大板、二板、三板、北词，另外还有娃娃、山坡羊、埝子、赞子、砍头橛、栽板、哭迷字等。传统剧目有近百出，多为“三小”（小生、小旦、小丑）戏、代表剧目主要有《安安送米》《老牛分家》《大帘子》《二帘子》《站花墙》等。在表演方面，除个别剧目保存载歌载舞的花鼓表演动作外，一般都以唱为主。后来，受柳子戏、山东梆子等的影响，增加了跑圆场、甩水袖等基本功以及武打表演艺术。

▲　两夹弦　（2015 年摄）

大弦子戏　是由元杂剧“弦索腔”发展演变而来的古老剧种。流行于鲁西南、河南西北部、河北南部。因其最初只用三弦为伴奏乐器，被称为弦子戏。又因各班为做老大，均以“大弦子班”自称，故此剧种统称大弦子戏。清末，定陶县有大弦子戏班“高家班”“共艺班”。新中国成立后，定陶县成立了大弦子戏专业剧团—曙光剧团。大弦子戏的音乐结构属曲牌联套体，原有曲牌400余支，经常上演的有《山坡羊》《锁南枝》《驻云飞》《耍孩儿》《黄莺儿》《桂枝香》等。唱曲分为粗、细2种，粗曲大都字多调急，宜于表达高昂、激动的情绪；细曲大多字少调缓，宜于表现叙述场面。“文场”伴奏乐器除三弦外，还有锡笛、大笛、锣笛、竹笛和笙，后来陆续增添了京胡、二胡、提琴等；“武场”打击乐除与其他地方剧种相同的锣鼓外，还有大铙、大钹、大镲和大马锣，合称“四大扇”，并配有长约2米、状似喇叭的铜质尖子号，用以“开场”或烘托剧中主角上场兴兵打仗的场面。传统剧目多为工架戏，代表剧目有《两架山》《牛头山》《火龙阵》《金麒麟》等。

柳子戏　该戏是在元、明“弦索”系统的基础上发展演变而成的古老剧种之一。因其曲牌中有一种柳子调，故名为柳子戏。主要伴奏乐器有横笛、笙、三弦。1950年，定陶县黄店西台集和杜堂宋楼各有1个柳子戏科班，培养了一批柳子戏演员。定陶剧作家朱剑参与整理、改编的历史剧《孙安动本》，1962年被摄制成戏曲艺术影片，在全国有较大影响。柳子戏用三弦作主要伴

▲　柳子戏《下韩江》　（2015 年摄）

奏乐器，笙笛辅之。柳子戏的曲调曲折婉转，优美动听，富有表现力。其常用曲调，分为越调、平调、下调、二八调4种。其曲牌有200余支，常用的《黄莺儿》《娃娃》《山坡羊》《锁南枝》《驻云飞》称为“五大曲”。柳子戏的表演程式比较固定，生、旦、净、丑各行，都有不同的程式。武将上场时，必先在台上踢腿、打飞脚亮相；发怒时则双足跳起，表示急躁。传统剧目有190个，内容多取自《三国演义》《水浒传》《隋唐演义》以及民间的神话和传说故事。

大平调　该戏系梆子腔剧种，源于河南内黄、滑县一带。当地因其击节用的梆子特大（约二尺长），故称大梆子戏。传入鲁西南后，因其唱腔、音乐比山东梆子、豫剧、河北梆子的音调低，故称平调或大平调。该剧种已有400余年的历史。传统剧目有1000多个，其内容多取材于《东周列国志》《三国演义》《水浒传》《杨家将》《说岳全传》《英烈传》《包公案》等古典小说，也有晚清落魄文人根据民间传说故事改编的剧目。其表演程式粗犷、豪放，刚劲有力，特点鲜明，风格独具。1938年，著名大平调演员陈桂欣、陈广臣兄弟二人先后在定陶县陈集、姑庵等地收徒传艺，培养了一批后起之秀，如郭盛高（艺名小黑牛）、张文祥（艺名张二）等，其中张文祥嗓音嘹亮，能传几里之外，被称为“八里嗡”。中华人民共和国成立后，定陶县的陈集、黄店分别成立大平调剧团，其演出区域以鲁西南为中心，跨冀、鲁、豫、苏、皖等5省边缘地带，号称“流行五省八州”。大平调的唱腔发声一般都用真嗓，唯有慢板、拐头钉等板式的起板时，尾声使用极高的假嗓（也叫哎腔）。其使用的主要乐器文场有大弦、二弦、三弦、大梆子等；武场除一般锣鼓外，还有四大扇、长尖子（大号）等。

山东梆子　又叫高调梆子，简称“高调”，源于陕西、山西的梆子腔，流传到河南、河北、山东后，受当地方言的影响，形成各自的梆子体系。定陶是山东梆子形成较早的区域之一，已有300余年的历史。清光绪二十年（1894年），廪生孔昭荣在定陶城隍庙组织山东梆子剧社“大兴班”。另外，定陶还有“得胜班”“三合胜班”“双盛班”等。这些班社先后培养了一批有成就的山东梆子演员，主要有刘明德、李秀俊、李迎生、王兆祥、许中新、何芳欣、牛复元等。中华人民共和国成立后，定陶县组建专业化山东梆子剧团。其传统剧目有600多个，其中，基本剧目有“老十八本”“十七山”“五阵”和“六州”等。这些剧目朴实、逼真、通俗易懂，构成了山东梆子浓郁的地方特色。山东梆子的唱腔是“板式变化体”结构。起初男声（主指黑红脸）唱腔采用大本腔（本嗓），后改用“二本腔”（假嗓）或“夹本腔”（真、假嗓结合）。嗓音高亢洪亮，刚劲激越，富有浓郁的地方色彩；女声唱腔则以清新、明快、俏丽、挺拔而博得广大观众的喜爱。常用的唱腔板式可分为4大类，一是慢板（包括中慢板、破字慢板、金钩

▲ 大平调　（2015年摄）

▲ 山东梆子《墙头记》　（2013年摄）

挂、上五音，以及由此派生的二凡、一句正、一句落等）；二是流水板（包括快慢流水板、一串铃和由此派生的一锣切、仓令仓、倒送板等）；三是二八板（分慢二八、中二八、紧二八板，以及由此派生的一鼓二锣、呱哒嘴、倒反拨、嘟噜锤等）；四是散板（分为飞板、栽板、滚白、起板）。

豫剧　又名河南梆子。新中国成立前与山东梆子统称为高调。从唱腔的板式结构、调式、旋律节奏、句法组成和语言音调等方面，都与山东梆子比较接近。20世纪30年代，定陶著名高调演员黄儒秀（艺名黄娃）就蜚声商丘、开封剧坛。1942年，李福生在定陶黄店陈楼一带收徒20余人，组成“三胜班”，活跃在鲁西南一带。1947年，定陶县牛楼、黄店、西台集、后杨楼4个村的豫剧班社合并为“四合胜”班。1954年，“三胜班”和“四合胜班”分别被定陶县人民政府命名为“定陶县华光剧团”和“定陶县虹光豫剧团”。1978年之后，定陶境内曾有17个业余豫剧团，演员们农忙务农，农闲演出。

剧团　定陶县是戏曲之乡，随着文化活动的不断开展，戏曲队伍也不断发展壮大，除专业剧团外，至2015年先后成立20余家庄户剧团，为活跃基层群众文化生活发挥了积极作用。

定陶县两夹弦剧团　2015年名称定陶县两夹弦非遗保护传承中心。该团前身是1928年成立的菏泽市安兴贤圣寺的“共艺班”。1954年，归菏泽县人民政府领导，成为国家职业艺术团体，剧社发展到50余人。1959年为菏泽地区两夹弦剧团。1968年，该团解体。1969年7月，定陶县把闲散演职员集中起来，成立定陶县两夹弦剧团。两夹弦剧团除上演传统剧目外，还上演了一些现代戏，经加工整理的《三拉房》《站花墙》《三进士》《拴娃娃》，曾于1959年三进国务院汇报演出，中央人民广播台录了音。所创作的《万福河畔的鼓声》《红果累累》《相女婿》等一批现代戏深受群众欢迎，其中，《相女婿》参加1979年文化部举办的“庆祝建国三十周年”演出，获文化部颁发的创作二等奖，演出三等奖。1982年，排演的大型现代戏《红果累累》，在山东省第一届戏剧月中，获创作一等奖，演出一等奖。1991年后，曾多次参加省、地、市会演和调演，演出剧目以古装戏的传统剧目和现代戏为主。演出的现代戏有《县长打工》《车轮滚滚》《赖宁》，其中现代戏《赖宁》1991年在省级调演中获优秀创作和演出奖，演出近200场次，跨越3省5市；现代戏《车轮滚滚》在2004年市第二届戏曲节上获演出二、三等奖。演出的古装戏有《梁山伯与祝英台》《大乖二乖》《拾五揭》《愣姐让房》，其中《愣姐让房》在2004年的市第二届戏曲节上获表演一等奖。老演员楚翠华以60岁高龄获本届戏曲节的特别奖。

▲ 定陶县两夹弦剧团送戏下乡　　(2014年摄)

2004年年底，山东电视台综艺频道的《戏曲》栏目为定陶县两夹弦剧团录制50分钟专题节目，《戏曲联唱》《愣姐让房》在省台播出后，受到全省戏曲爱好者的喜爱和关注。2006年，被山东省人民政府命名为两夹弦剧种保护管理单位。2008年，两夹弦（二夹弦）被国务院公布为第二批国家级非物质文化遗产。2012年6月，县委、县政府出台《关于定陶县两夹弦剧团改革的实施意见》，将定陶县两夹弦剧团改制为定陶县两夹弦非遗保护传承中心，侯彦丽（女）任定陶县两夹弦非遗保护传承中心主任，为公益性事业单位，编制40人，县财政按照编制人数每人每年4万元核拨经费，列入财政预算，保障演员的基本生活，肩负着送戏下乡、文艺创作、非遗保护和传承的重任。两夹弦改制后，以创新促传承、促发展，鼓励新剧目的创作和排练，共新创作戏曲剧目20余部，获省及以上奖项30余项，年均送戏下乡300余场，并成立校园培训基地1个（西关小学两夹弦培训基地），村（社区）培训基地2个（王路口、苗楼两夹弦培训基地），年培训人员500余人次，新创作大型历史故事剧《春秋商圣》1部，现代小戏曲《爱心家园》《砖头记》《将心比心》《新房之夜》《好事成双》《三亲家》等10部，小戏曲《皆大欢喜》《幸福大道》《国策情》《情暖万家》《犟筋犟驴》等8部。创作移植改编大型剧目《包公少侠》《王清明》《李三娘》《白绫记》《雷宝童》《王宝钏》《田玉私访》《双婿案》《三看御妹》《唐宫血泪》《三家店》《大铁山》《三子争父》《三进士》《恶虎山》《崔凤英搬兵》《九龙罗帕案》《打狗劝夫》《泪洒相思地》《杨排风挂帅》《平北宋》《小姑贤》《二龙山》等52部，遴选一批优秀的专业人才充实到队伍中，为剧种的传承和发展奠定了基础。因送戏下乡需要，仍保留定陶县两夹弦剧团牌子。2014年，经县委、县政府同意，把原县文体局旧址划转给定陶县两夹弦非遗保护传承中心，占地面积2000余平方米，修缮建筑面积1000平方米的办公楼和300平方米的排练厅，结束了无排练场地的历史。

2009年9月，定陶县两夹弦剧团在文化惠民工作中成绩突出，被省委省政府授予“全省文化工作先进单位”称号，侯彦丽获“全省文化工作先进工作者”称号。2013年9月，定陶县两夹弦剧团获“山东地方戏曲基地”称号。2013年10月，两夹弦小戏曲《爱心家园》获中国第十届艺术节“群星奖”，填补了菏泽市戏曲史上的空白。11月，两夹弦文化志愿者团队获文化部“文化志愿者基层服务年”示范项目。2013年12月，第十届中国艺术节组委会（山东）给予定陶县两夹弦剧团记集体二等功。2014年11月，定陶县两夹弦剧团在第七届山东国际大众艺术节“山东省第五

▲ 《爱心家园》演出 （2013年摄）

届红梅大赛”比赛中获优秀组织奖。两夹弦《爱心家园》入选国家艺术基金2014年度舞台艺术创作资助项目小型舞台剧（节）目和作品。2015年7月，《田玉私访》获菏泽市第四届戏曲节三等奖。2015年底，两夹弦新创历史故事剧《春秋商圣》先后在济南百花剧院、北京天桥剧场成功上演，中央电视台、人民日报等多家媒体和10多家网站进行报道，引起巨大社会反响，对宣传定陶、扩大定陶的影响力发挥了积极作用，亦逐步成为宣传和扩大定陶的一张靓丽品牌。两夹弦著名老艺人有黄云芝（女，艺名小白鞋）、李京华（女）、宋瑞桃（女）、楚翠华（女）、牛秀兰（女）、赵金花（女）、牛辉庆、牛辉忠、侯兆迁、张兆福、祝兆明。后起新秀主要有侯彦丽（女）、杨晓玲（女）、孔雪芹（女）、熊丽丽（女）、周长迁、翟玉令等，其中，国家级非遗传承人李京华（女）、宋瑞桃（女）2人，市级非遗传承人侯彦丽（女）、周长迁、侯彦军、孔雪芹（女）4人。

定陶两夹弦非遗保护中心，演员技艺精湛，兼容并蓄，品味高尚，形式多样，文武兼备，唱腔清新、流畅、优美、朴实，表演有情有趣，有血有肉，栩栩如生，惟妙惟肖，深受群众喜爱。

定陶县豫剧团 1947年，定陶县牛楼、黄店、西台集、后杨楼4个村的戏剧班社合并为1个班社，起名为“四合胜”。新中国成立后，属县文化馆管理，定名为“定陶县虹光剧社”。1954

年，归县政府领导，改名为定陶县虹光豫剧团。1958年，定陶、成武合并，改名为成武县文工团。1961年，定陶建置恢复后，改名为定陶县豫剧团。1964年，集体创作的大型现代戏《柳河春浪》，参加全区现代戏演出，获创作、演出奖，省电台录了音。1968年解散，大部分演职员下放到农村。1980年该剧团恢复。1991年实行剧团内部体制改革，实行团长个人承包制，演出剧目有《三哭殿》《穆桂英挂帅》《王宝钏》等一些古装戏。2002年合并于两夹弦剧团。

定陶县庄户剧团一览表

表29-1-4

序号	名称	剧种	联系人	地址
1	定陶县梨园豫剧团	豫剧	李爱花	定陶县兴华路
2	定陶县金城豫剧团	豫剧	张绵荣	马集镇力本屯
3	定陶县民生豫剧团	豫剧	方云平	马集镇梁堂村
4	定陶县玉玲豫剧团	豫剧	姚显芝	马集镇姚堂村
5	定陶县群英豫剧团	豫剧	袁修成	南王店镇丰庄
6	定陶县芳荣戏剧团	豫剧	何芳荣	黄店镇
7	定陶县金花两夹弦剧团	两夹弦	齐桂兰	陈集镇马楼村
8	定陶县陶韵两夹弦庄户剧团	两夹弦	韩继刚	仿山镇邓集村
9	定陶县云芝两夹弦剧团	两夹弦	王效孔	半堤镇
10	陶县秀梅戏剧社	两夹弦	张秀梅	黄店镇
11	定陶县王文德两夹弦剧团	两夹弦	王同福	杜堂镇陆湾村
12	定陶县忠清大平调剧团	大平调	张忠清	陈集镇中沙海
13	定陶县林梅大平调剧团	大平调	张林梅	陈集镇马楼村
14	定陶县范蠡大平调剧团	大平调	王瑞廷	滨河街道建华
15	定陶县宋家班柳子剧团	柳子戏	刘自文	杜堂宋楼村
16	定陶县阳光曲艺团	曲艺	张荣莲	马集镇老官刘村
17	定陶县豪杰文艺团	杂技	单衍玉	冉堌镇许单庄
18	定陶县金灿曲艺社	琴书	张金灿	张湾镇刘庄
19	定陶腾飞文艺演出团	—	张高锋	孟海镇宗集村
20	定陶县知欣剧社	—	薛知欣	半堤镇
21	定陶县化明剧社	琴书	宋华明	半堤镇宋庄村
22	定陶齐家曲艺社	坠子	齐西海	陈集镇齐庄村
23	定陶县芳叶坠子书剧社	坠子	周永利	黄店镇周海村
24	定陶县后华剧社	琴书	曹后华	孟海镇东曹村
25	定陶县双鑫剧社	琴书	徐龙玉	孟海镇

续表29-1-4

序号	名称	剧种	联系人	地址
26	定陶华鑫两夹弦剧团（后华、双鑫剧社合并，未办证）	两夹弦	王云才	孟海镇
27	定陶新声坠子剧团（未办证）	坠子	祝金英	冉堌镇十里铺村

第三节　曲　艺

曲种　定陶县流行曲种主要有山东琴书、河南坠子和山东落子等。

山东琴书　发源于鲁西南一带，已有300年的历史，因伴奏乐器为打琴，故群众称为“唱扬琴的”或“打扬琴的”。清光绪六年（1880年），定陶境内的7个琴书班开始赶集上会，走上琴书专业演出道路。山东琴书由3～5人搭档演出，人人操乐器，一边唱一边伴奏。乐器有琴、筝、坠琴、软弓二胡、三弦尚板、碟子等。音乐除了开头演奏的“大八板、五字开门、天下同、梳妆台、鸳鸯扣”等曲牌外，还有供演唱的72个曲牌，以“凤阳歌、上河调、汉口垛、叠断桥”为老四门主曲，加上“垛子板、梅花落”合称老六门主曲。传统曲目多为反映人民生活及爱情故事的段子，乡土气息浓郁，深受群众喜爱。山东琴书传人，定陶马集镇费庄的费庆军创作的山东琴书《新风尚》，在2003年菏泽市曲艺调演中，获演出二等奖。2015年12月，定陶曲艺协会在《曲海珍珠——菏泽市新创作曲艺作品集》活动中，表演的山东琴书《老农卖瓜》获三等奖。

▲ 琴书《亲上亲》演出　（2013年摄）

河南坠子　由“莺歌柳书”和“道情书”结合而成，因其主要伴奏乐器“坠子琴弦”而得名。早期全为男演员演唱。清光绪三十一年（1905年）开始有女演员，并创造了不少新唱腔。演唱形式有单人唱和双人唱2种。演员手打简板边打边唱，对白时，另一人打单鼓，伴奏者拉坠子琴，有时踩打脚梆为击节。唱腔有平腔、大小寒韵、牌子、十字主韵、快札板。唱词基本为七言体。曲目分大、中、小3种，中长篇曲目有说有唱，短篇曲目只说不唱，稍有加白。坠子的特点是既善于抒情，又长于叙事，唱腔清新优美，婉转动人，语言通俗，故事性强。定陶县著名坠子演员田俊清被群众称为鲁西南曲艺明星。定陶县河南坠子传人为黄店镇周庄的周保瑞和司东风。周保瑞创作的河南坠子《夸菏泽》曾获演出三等奖。2015年12月，定陶曲艺协会在《曲海珍珠——菏泽市新创作曲艺作品集》活动中，表演的河南坠子《上岗》获得优秀奖。

山东落子　由“莲花落”发展演变而成，亦称“鉢鉢书”。流行在鲁西南的莲花落，称为山东落子。山东落子不用弦乐伴奏，只用竹板和鉢鉢，演唱时右手打竹板，左手打鉢鉢，边伴奏边演唱。落子的板式不多，曲调简单，半说半唱，旋律性差，大多是“一串铃”“一挂鞭”式的数板、硬板，唱词多是七字体或十字体，每两句或十几句拖一长腔。演唱曲目多为通俗小说故事改编而成。定陶县著名山东落子演员蔡海江曾在菏泽地区曲艺汇演中获二等奖。

曲艺团体　黄店化妆坠子剧团　黄店镇老艺人刘元信组织曲艺演员30余人，成立化妆坠子剧团，使坠子从说唱式的叙事体，过渡到戏曲化的代言体。

马集镇费庄行政村曲艺队　改编了许多传统段子，有《林海雪原》《平原枪声》等，创作的现代曲目有《新媳妇教公婆》《三个代表进咱家》。

黄店镇周庄行政村曲艺队　将曲艺形式溶入小品表演中；与潘东升合作，创作的现代曲目《夸菏泽》《战洪水》分别在2003年、2004年菏泽市迎花会曲艺晚会上、全省企业职工曲艺调演中获优秀表演奖，新创《梨园新春》在市2003年曲艺大赛上获三等奖。

第四节　音乐舞蹈

音乐　1991年以后，定陶县的音乐事业，有较大变化，除保留有鲜明的地方精品外，在吹、拉、弹、打的音乐器中，流传至今的，民间的有唢呐、丝、管子、坠管、京胡、扬琴、大鼓、大锣等，尤其唢呐最有生机，各种唢呐队争相比技，每年都会组织比赛。现代的有小提琴、电子琴、钢琴、管乐队、手风琴、吉它等，尤以小提琴、电子琴、吉它最为流行，学生学员占较大比例。

演奏的形式多样化，演唱、演奏合为一体，民间乐器和现代乐器相结合，各类欢庆仪式上最为常见。但是，有些地方特色的乐器，由于时间久远，也逐渐趋于失传了。

县文化馆设有专职音乐人员，购置大量乐器，如小提琴、钢琴、电子琴、架子鼓、电吉它、长笛、竹笛等各种乐器，并要配有音响、灯光、功放、VCD等配套设施，提高了群众文化机构的功能和作用，有利于民间和现代音乐的研究和整理，可以经常举办文艺会演和音乐人才的培训，提高音乐普及水平。县文化馆鲁传闽创作的舞蹈音乐《水碧柳绿》获省宣传部、文化厅、环保厅二等奖，小提琴独奏曲《送你一枝牡丹花》获创作一等奖、表演一等奖；1997年10月舞蹈舞曲《新柳》参加山东省首届职工文艺汇演，获创作三等奖；另外，还创作了廉政作品《廉洁自律小唱》《反腐倡廉》。青年歌手吴秀（女）多次在市、县组织的各项歌唱比赛中获奖。

舞蹈　县内舞蹈活动开展，基础一直较为薄弱，只有少儿舞蹈、群众性的民间舞蹈等。舞蹈的宣传功能逐渐退化，现实的舞蹈表演只有健身作用，在这个意义上，舞蹈在群众中的传播才有了自己的市场。

县文化馆设有文艺辅导班，配备专职舞蹈教师2人。20世纪90年代以后，定陶文化馆每年举办幼儿舞蹈班3期，受训人数达150多人，举办中老年舞蹈班4期，受训人数达400多人，充分利用节庆活动，不断扩大舞蹈队伍，使舞蹈与健身、舞蹈与艺术在城乡逐渐开展起来。每年都选派优秀舞蹈节目，参加省市的演出比赛。县文化馆舞蹈教师李巧娥、牛大方创作的《少儿舞蹈》，2004年8月参加全省少儿舞蹈大赛，获大赛三等奖、优秀指导奖。为企业创作的一些表现生产一线的舞蹈参加市级演出，都取得了较好的成绩。

▲　少儿舞蹈《悄悄话》演出　　(2013年摄)

随着群众性舞蹈活动的逐步开展，活跃在学校、企业、社区的舞蹈队有20多支，这些舞蹈队都有自己的专职指导老师，并在文化馆的指导下，先后挖掘整理出《扇子舞》《腰鼓舞》《花拳绣脚舞》等10多种民间或现代舞蹈，每年农历正月十五、十六举办2次以上的大型民间艺术表演。

第五节 民间艺术与杂技

陶布 从考古发掘的研究表明，定陶既古陶丘之地，已有较原始的纺织工具和纺织用品，并显示着当初的先民已掌握熟练的纺织技术。

最为著名的是陶布。陶布是鲁锦的一种，是定陶民间妇女用木制织机织造的家用土布，一般包括纺线、浆线、络线、经线、上杼、做综、上梭、织布8道工序，而络线这道工序以定陶县马集织纱刘村最为讲究，在络线时将每根长达数十丈的线都要穿过针眼（更讲究的要穿过绣花针眼），遇到粗细不均，或有结的地方，全部用手整治，使全线粗细一致，使织成的布光洁平整，细致无疵，兜水不漏，这种布质地柔韧，打开卷能自动卷回，做成衣服，穿上十年八年，犹如新装，在明、清两代曾进贡朝廷，故有陶布之称。

陶布织机有两匹增、四匹增和六匹增之分，两匹增可织方格布、条花布、白版布；四匹增、六匹增可织提花布，梭子最多可达13只，织出的布每匹一般长28尺，宽2尺。陶布的花纹图案有上千种，尤以“金鸡高唱牡丹开”“八砖铺地出彩霞”“窗户棂上挂红灯”“芙蓉出水十样景”“八个盘子八个碗”“满天星星乱挤眼”“嘻闹海”“风搅雪”“芝麻开花节节高”等花鸟、动物、人物图案最为世人所喜爱。20世纪90年代以后，定陶妇女在继承传统工艺的基础上，加以发扬光大，以巧妙的构思，独特的艺术语言，凭着提花斜纹的熟练技巧，织造出了更加绚丽多姿的陶布和陶布品，并逐渐形成产业链，远销欧亚大陆。

▲ 陶布 （2007年摄）

抬阁 黄店镇北丁村有清朝末年流传下来的民间竞技类活动—抬阁，它是一种用来庆典的大型道具。

清朝末年，北丁村一张姓农民自制了1组抬阁，已流传百余年。抬阁主要是选用上等木材和铸铁组成，能组装和分解，组装后长约6米，宽2.5米，高4米～7米。分上、中、下3层，形似楼阁。为保持平稳，庆典活动时底层用石块坠牢，中间站1名男孩，上层2名少女，各着古代服饰，手拿花扇，做着不同形式的表演，以增添节目气氛。

100年来，每逢年关和正月十五、二月二，北丁村都要自发组织群众80多人参与。抬阁由24名至30名青壮年抬着行走，并配有方圆2米的大鼓，大镲、大锣等乐器，前面有6至8人武功好的盘叉队，不时向空中掷叉作精彩表演，抬阁后紧随划旱船、耍狮子、倒骑驴、高跷队等。每次历时2至3天。

活动范围不光在北丁村，而且还要到定陶城、菏泽等周围的村庄展演。此抬阁现保存于该村76岁的张礼四老汉家中。

第六节 美术书法摄影

美术书法 从仿山考古发掘来看，汉朝时，定陶的美术已达相当高的水平。如汉代画像石，其雕刻手法就有平雕、浮雕、阴线雕等。

1991年以后，定陶县美术事业发展较快，迅速成长起一批较有成就的美术工作者，其作品多次参加国家、省级举办的美术展览，有的到国外展出。美术品种主要以国画、油画、年画为主。

县文化馆每年组织培训不少于300人次，每年不少于6期，坚持常年辅导，培养了一批又一批青

▲ 送书画进军营　(2015年摄)

少年美术书法爱好者，其中有50多人升入大中专艺术院校。全县已初步形成一支美术创作队伍，在省内比较有影响有孔宪聘、孔祥书、杨秋平；在菏泽市比较有影响的有孙中存、刘石、张奎成等画师。他们师承前辈，或自学成才。现有国家级美术会员1人，省级会员10人；中国书法协会会员4人，省书法协会7人，市书法协会会员20人。在市内外较有影响的有孔祥书、张颖、孙中存、刘石、朱为民、彭强、陈麒麟、邵光华、张建国、王照坤、任朝江等。

1991年以后，定陶县陆续举办各种类型的创作学习班，创作出大批美术书法作品，并参加大型书画展。2012年4月，在曹州书画院举行“陶朱公文化年书画作品展”，中国文联副主席、中国美协主席刘大为参观指导了书画展。此次书画作品展分历史文化展厅、书画作品展厅。展览还对定陶的历史文化和历史名人及书画作品内的内容和内涵进行现场解说并邀请牛屯大鼓和谢庄旱船现场表演。此次展览是定陶县在菏泽市举办的首次书画展览，对定陶县文化事业繁荣发展起到一定的推动作用。2012年国庆节期间，举办“范蠡书画院庆国庆喜迎十八大书画展”。2012年11月，举办仿山镇老年书画作品展和书画点评交流会。2014年5月，定陶县文联与仿山镇书画协会在乔楼村文化大院联合举办“农民书画艺术展”。2015年5月，文化馆在定陶县城市规划馆与区纪委、监察局联合举办定陶县廉政文化书画展，此次书画展自5月16日开展，历时12天，共展出省级或国家级书画作品70余幅。全县129个单位党员干部、书画爱好者和广大群众参观了廉政书画展。书画展结束后，所展出的作品将全部捐给县扶贫办，用于奖励对扶贫工作做出突出贡献的企业家和社会各界人士。

自2011年开始，每年12月28日，在仿山镇举行“我们的中国梦、文化进万家”山东省书法家协会百县千村书法下乡活动菏泽分会场启动仪式，山东省100多个县市区、700多名书法家同时在当地举行活动，为农村群众书写春联，为乡村书法爱好者传授技艺，送去书法学习资料，让农村群众共享书法艺术之美，让书法艺术这一中华文化瑰宝在更广阔的乡村生根开花。仿山镇被命名为“菏泽市农村书画艺术共建基地”，游集村被授予“书法大院”。市书协为游集村活动基地赠送书法作品50件和大量书法学习资料，作为活动基地的藏品供书法爱好者观摩学习。菏泽市书协的书法家们对仿山镇农民创作的书法作品进行点评，并现场创作多幅书法作品及对联，为村民们送上新年祝福。每年的国庆节、新年、春节等重大节日期间，举办不同规模的美术书法作品展览，主要以文化馆和范蠡书画院组织举办为主。

摄影　定陶的摄影艺术始于1952年，兴盛发展于20世纪80年代。多以商业性经营为主，艺术

▲ 定陶摄影家协会成立

摄影较少。进入20世纪90年代，摄影开始普及，机关、乡镇、乡村都有许多摄影爱好者，有的在县城或乡镇驻地办起摄影照相馆，有人专门开办“人体艺术摄影”“新婚摄影”“儿童摄影”等独具特色的照相馆，随着摄影设备的日臻完善，高科技的“数码摄影”也涌现出来，成为美化人们生活必不可少的一种高雅艺术形式。2012年，成立定陶县摄影家协会。

▲ 摄影创作　（2015年 车刚 摄）

1991—2015年定陶县美术作品一览表

表29-1-5

时间	作品名称	作者	发表、获奖情况
2001	《晨露》	王亚一	入选美协举办的中国画作品展
2002	《金玉满园》	王亚一	入选美协举办的中国画作品展
2003	《秋荷无语》	王亚一	入选美协举办的中国画展并获提名奖
2006	《风雨过后》	王亚一	入选美协纪念“中国工农红军长征胜利七十周年”展
2009	《金满谷》	王亚一	入选美协举办的全国美术学术展
2010	《山谷飘雪》	王亚一	入选美协举办的中国画作品展
2011	《南国风情》	王亚一	入选美协举办的中国画展获得优秀奖
2013	《深塘情景》	王亚一	入选全国慈善拍卖会，拍得1万余元全部无偿捐献灾区
2014	《家乡听见》	王亚一	入选山东省美术作品展二等奖
2014	《墨牡丹》	王亚一	入选中国当代名家邀请展、全国花鸟画邀请展
1992	《荷塘秋韵》	张建国	获省文化厅举办的“山东省文化（艺术）馆站业务技能比赛”优秀作品奖
1993	《马蹄莲》	张建国	在省文化厅举办的全省艺术馆，文化馆（站）优秀美术作品评奖中获三等奖
1994	《锦上添花》	张建国	由省政协举办的庆祝建国四十五周年书画比赛，荣获优秀奖
1994	《静静的夜》	张建国	入选由省文化厅，省美术家协会联合举办的庆祝建国45周年山东省美术作品展览
1998	《花好月圆时》	张建国	入选由省青美协，省青年书画院联举办的庆祝改革开放20周年美术作品展览
1999	《湖畔花意浓》	张建国	入选由地委宣传部，地区文联，曹州书画院，市美协，市书协，市摄协联合举办的“菏泽地区庆祝建国50周年美术•书法•摄影作品展览”，获三等奖

续表29-1-5

时间	作品名称	作者	发表、获奖情况
2001	《月色》	张建国	由市宣传部，市文联，曹州书画院，市政协联举办的“菏泽市纪念中国共产党成立80周年书画大赛”中获优秀奖
2005	《微山湖上静悄悄》	张建国	由省政协，省美协，省书画学会，省诗词学会，中国国民党山东委员会联合举办的“民族之光——纪念中国人民抗战胜利60周年大型书画作品展览”，获优秀奖
2007	《莲花》	张建国	由菏泽军分区举办的“庆祝建军80周年书画作品展览”中获美术类三等奖
2008	《工笔•谷子》	张建国	政协菏泽市委举办的“市政协成立20周年书画展”作品被市政协收藏
2008	《荷花》	张建国	由省文化厅举办的“全省文化系统廉政文化书画摄影作品展览”获美术类优秀作品奖
2009	《牡丹》	张建国	由市委统战部举办的“全市统一战线庆祝共产党领导的多党合作和政治协商制度确立60周年书画摄影作品展”获一等奖，被市委统战部收藏
2014	《郁金香》	张建国	由菏泽轻纺协会，市工艺美术协会联合举办的2014年第二十三届菏泽国际牡丹文化旅游节系列活动之一“天元置业杯”第二届中国菏泽工艺美术精品展上获金奖，工笔画《牡丹》获银奖
2014	《田园》	张建国	由市委宣传部，市文联，市工艺美术协会联合举办在第三届中国菏泽艺术节•第三届中国菏泽工艺美术精品展上，获“尚德文化杯”工艺美术精品金奖
2014	《荷塘清晓》	张建国	在第六届中国（山东）工艺美术精品博览会上获“花冠杯”山东省工艺美术精品金奖
2007.06	《秋韵》	张建国	《当代小说》第12期“名家艺苑”发表
2003.03	《盛开的文殊兰》	张建国	入编《中华当代书画宝典》
2002	《秋》	张　颖	入选山东美协写生展
2004	《浊流》	张　颖	入选中国美协《纪念毛泽东延安文化座谈会上的讲话》
2007	《盼》	张　颖	中国美协高研毕业展优秀奖
2007	《浪漫的事》	张　颖	入选中国美协中华情国画展
2009	《十年一剑》	张　颖	入选中国美协2009全国中国画展
2010	《那日午后》	张　颖	农民第二届艺术节三等奖
2012	《弈》	张　颖	全国工笔画展优秀奖
2015	《青春记忆》	张　颖	纪念反法西斯胜利70周年一等奖
2003	《牵牛花》	李　然	入选首届“牡丹杯”当代书画大赛
2004	《庭院一角别有趣》	李　然	入选牡丹之乡首届美术作品展
2004	《秋韵》	李　然	菏泽市纪念邓小平诞辰100周年优等奖
2005	《紫藤》	李　然	入选菏泽市地税杯首届书法美术展

续表29-1-5

时间	作品名称	作者	发表、获奖情况
2006	《硕果累累》	李　然	首届盛世中华“全国书法美术作品”一等奖
2011	《荷塘月色》	李　然	纪念中国共产党成立90周年菏泽书画展
2012	《紫藤图》	李　然	菏泽文化促进会庆祝十八大书画展
1992	国画	王照坤	《中国建设报》刊登
1993	国画	王照坤	军区美术展三等奖
1997	国画	王照坤	香港回归美术展优秀奖
2001	《寻觅》	王照坤	建党80周年大庆优秀奖
2003	《松鹰图》	王照坤	首届牡丹杯优秀奖
2006	国画	王照坤	山东省美术展优秀奖
2006	《刘邦登基图》	王照坤	《淮海经济》刊登
1992.10	《范蠡新市》	陈麒麟	山东省文化馆站技能比赛获优秀奖
1993.04	《秋荷》	陈麒麟	山东省文化馆站优秀美术作品奖
1996.07	《圣洁》	陈麒麟	山东庆祝中国共产党成立75周年书法美术展三等奖
1997.12	《秋风》	陈麒麟	山东省第二届中国画工笔画作品展三等奖
1999.10	《情系青莲》	陈麒麟	入展山东省庆祝建国五十周年美术作品展
2001.09	《豆角》	陈麒麟	入展2001年全国中国画作品展
2001.11	《雨霁》	陈麒麟	入选二十一世纪中国画澳大利亚展
2002.05	《金塘有情图》	陈麒麟	入展2002年迎奥运全国中国画大展
2002.06	《秋韵》	陈麒麟	入展西部辉煌全国中国画作品提名展
2002.09	《荷风》	陈麒麟	入展2002年全国中国画作品展
2002.12	《寒塘》	陈麒麟	山东省首届中国画双年展佳作奖
2003.08	《清风》	陈麒麟	2003年全国中国画提名展优秀奖
2004.04	《秋风秀色》	陈麒麟	2004年菜乡情全国中国画作品提名展优秀奖
2004.05	《塘畔小憩》	陈麒麟	入展2004年全国中国画作品展
2004.07	《雨后》	陈麒麟	入展第十届全国美术展山东预选作品展
2004.10	《庭荷香》	陈麒麟	入展庆祝中华人民共和国成立55周年全国青年书画展
2004.11	《荷塘闲情》	陈麒麟	入展首届齐白石国际文化艺术节全国中青年提名展
2005.02	《秋色无尽》	陈麒麟	入展第二届全国少数民族美术作品展
2005.11	《太湖情思》	陈麒麟	入展苏州胥口湖情全国中国画提名展
2006.07	《风雨过后》	陈麒麟	入展纪念中国工农红军长征胜利七十周年全国中国画展
2006.10	《第一场雪》	陈麒麟	山东省2006群星美术书法摄影作品大展三等奖

续表29-1-5

时间	作品名称	作者	发表、获奖情况
2007.07	《雨过气爽》	陈麒麟	入展全国首届“草原情”中国画作品提名展
2007.11	《清秋》	陈麒麟	入展2007年纪念黄道周全国中国画作品提名展
2010.12	《雪》	陈麒麟	山东省第二届农村文化艺术节节画大展三等奖

1991—2015年定陶县书法作品一览表

表29-1-6

时间	名称	作者	获奖情况
1992	书法	杨秋平	在国际现代书法大赛中获优秀奖，并入选国际现代书法集
1997	书法	杨秋平	入选迎接香港回归祖国山东省美术书法作品展览
2004	书法	杨秋平	获首届全国城市电视台书法展书法类一等奖
2004	书法	杨秋平	林散之奖•南京书法传媒三年展中获佳作奖
2005	书法	杨秋平	林散之奖•南京书法传媒三年展中获佳作奖
2005	书法	杨秋平	第六届山东青年书法篆刻作品展中获提名奖
2005	书法	杨秋平	第三届全国书法百家精品展上评为入展精品
2001	书法	王录新	菏泽市首届临书大展二等奖
2004	书法	王录新	“纪念邓小平同志诞辰100周年书画大赛”优秀奖
2005	书法	王录新	“第六届山东省青年书法篆刻作品展”入展
2005	书法	王录新	第二届全国电视书法大赛入展
2005	书法	王录新	山东省第四届书法篆刻大展入展
2006	书法	王录新	第二届山东省青年临书大展入选
2007	书法	王录新	山东省庆祝党的十七大美术书法摄影大展入展
2007	书法	王录新	山东省第二届篆刻艺术展入展
2007	书法	王录新	全国第九届书法篆刻作品展入展提名
2009	书法	王录新	第七届山东省青年书法篆刻作品展入展
2012	书法	王录新	庆元旦全市职工书画展二等奖
2012	书法	王录新	首届山东省书法家协会会员千人双年展入展
2012	书法	王录新	首届“牡丹奖”山东省书法作品双年展入展
2014	书法	王录新	第二届“牡丹奖”山东省书法作品双年展入展
2014	书法	王录新	书法作品，山东省文博系统廉政文化书画展优秀奖
2005	书法	朱为民	山东省第四届书法篆刻展入展
2006	书法	朱为民	第二届山东省青年临书大展入展

续表29-1-6

时间	名称	作者	获奖情况
2006	书法	朱为民	全国第六届刻字艺术展入展
2010	书法	朱为民	全国首届篆书作品展入展
2010	书法	朱为民	第八届全国刻字艺术展入展
2012	书法	朱为民	首届牡丹奖山东省书法作品双年展入展
2014	书法	朱为民	菏泽市首届行草书展优秀奖
2014	书法	朱为民	全省文博系统廉政文化作品展优秀奖
2014	书法	朱为民	全市职工书画大赛一等奖
2007	书法	邵珠芳	山东省走进社会主义新农村全省诗书画作品展获优秀奖
2010	书法	邵珠芳	在舜憩山东首届青年书法小品展入展
2010	书法	邵珠芳	在全国首届个体私营民营企业书法展获二等奖
2012	书法	邵珠芳	在山东省牡丹奖双年展入展
2010	书法	曹庚生	第一届“美丽中华全国中老年书画大赛”获金奖
2011	书法	曹庚生	第五届全国张裕钊书法大赛入选
2011	书法	曹庚生	中国书法北京大奖赛获优秀奖
2012	书法	曹庚生	中国书法协会培训中心入选
2014.10	《南岳衡山大庙联》	孔令生	入选山东省书协会员精品展
2012	《兰亭序》	孔令生	入选山东省首届“牡丹奖”
2005	《条幅》	李　然	菏泽市第二届临书大展
1993	书法	刘　石	入选第二届中国书坛新人作品展
1994	书法	刘　石	《青少年书法报》头版专版推荐
1996	书法	刘　石	入展全国第二届楹联书法大展
1997	书法	刘　石	入展首届全国青年美术书法作品展
1999	书法	刘　石	入展全国第一届扇面书法作品展
1999	书法	刘　石	《青少年书法报》头版专版推荐
1999	书法	刘　石	庆祝建国五十周年暨迎澳门回归书画展二等奖
2002	书法	刘　石	首届中国书画小作品大赛铜奖
2004	书法	刘　石	入选纪念邓小平诞辰100周年全国大型书法展览
2006	书法	刘　石	《书法导报》精英出场栏目通版介绍
2007	书法	刘　石	山东电视台《文化周刊》栏目专题介绍
2009	书法	刘　石	人民大会堂收藏
2009	书法	刘　石	入展第三届中国书法兰亭艺术奖

续表29-1-6

时间	名称	作者	获奖情况
2011	书法	刘　石	入展纪念中国书协成立三十周年会员优秀作品展
2012	书法	刘　石	入展首届赵孟頫全国书法作品展
2013	书法	刘　石	入展山东省第六届书法展
2013	书法	刘　石	参加黔南行墨中国当代书法家16人作品展
2006	书法	王照坤	菏泽市首届书法大展优秀奖
1991	书法	李新建	山东省文联系统首届美术、书法、摄影展入选
1991	书法	李新建	菏泽第二届职工书画作品巡回展三等奖
1995	书法	李新建	山东省文联系统第二届美术、书法、摄影展入选
1995	书法	李新建	全国首届文联著名书画家精品邀请展
1996	书法	李新建	山东省庆祝中国共产党成立七十五周年书法、美术作品展入选
1997	书法	李新建	迎接香港回归祖国山东省美术书法作品展入选
2001	书法	李新建	山东省人寿保险系统庆祝建党八十周年书画摄影展三等奖
2002	书法	李新建	名人杯首届全国老年电视书画大赛优秀奖
2008	书法	李新建	全省文化系统廉政文化书画摄影展三等奖
2009	书法	李新建	山东省委主办庆祝建国60周年书法、绘画、摄影展三等奖
2011	书法	李新建	纪念辛亥革命100周年书画摄影展入选
2014	书法	李新建	菏泽市首届行草书展入选

第二章　群众文化

第一节　文化活动

定陶县的群众文化活动，多是群众自发组织开展的戏曲演唱及一些传统的民间艺术活动，主要集中在春节、元宵节、中秋节、重阳节及农闲季节。进入20世纪90年代，文化馆、站加强对群众文化活动的指导和辅导工作，对散落于定陶民间的各种艺术形式挖掘整理，并经常性的举办群众文化会演、歌舞比赛、作品展览、民间艺术演出。1991年选派唢呐队，参加在菏泽举办的鲁西南民乐调演；1992年选派民乐队参加菏泽地区民乐调演；每年举办不同规模的各种群众文艺演出和民间艺术调演。

定陶的群众文化组织种类繁多，有业余剧团、业余曲艺队、农村文化室、农村图书室、农村文化大院。在这些群众文化组织中，有综合性的、有单一性，随着时间的推延，有的已不复存在，有的逐步发展起来。定陶县举办的大型文化

▲ 群众文艺队伍表演　　（2009年 车刚 摄）

活动主要有南王店西瓜节、黄店镇玫瑰节、中秋节晚会和春节晚会、2次百日消夏文艺会演、全县庄户剧团展演、全县非遗活动展演等。定陶县文联及各镇街不定期举办各种类型的文艺活动（秧歌、舞蹈、健身操、戏曲、曲艺），丰富了城乡群众的文化生活。

第二节　电影发行与放映

20世纪90年代初期，县城有1座影院，座机2部，内设1000余硬坐，影片由地区按月安排放映，放映收入上交，片租由地区电影公司下达。影院设经理1人，副经理1人，设有放映组、服务组、宣传组、售票组各1个，财务人员1名。每月与票务人员结算放映收入，做到日清月结。农村放映是1乡1队，编制属各乡镇，放映业务由县电影公司负责。为活跃农村文化生活，乡镇放映队除阴天下雨和麦收、秋收大忙季节，基本上做到每日放映，为保证农村正常放映，公司设有发行股、修理股、财务股、宣传股。

1991年以后，县域影院除了加大对重点影片的宣传，还租车在城乡宣传政教片，通过宣传部、文化局、教育局、广播局等有关部门，积极主动组织工厂、学校、企事业单位干部职工观看，并要求学校学生写观后感。优秀故事片，及时组织影院干部职工送票上门。部分影片实行先观看，后收票款。通过加强宣传，加强组织，主动送票等措施，保持了县城放映收入不下滑，影院年收入均达25万元以上。

电影公司为提高放映质量，对放映人员进行统一考核，发放放映合格证。发行股增加1名片租收款员，将宣传股改为政宣股，增设办公室和技术股，增加设备维修员，并派人参加上级专业培训，单位实行全日考勤，上班签到，有事请假，减少无故旷工影响农村放映工作。通过齐抓共管，放映场次和收入均有不同程度提高。

1991年庆祝中国共产党成立七十周年献礼影片展映活动中，电影发行放映工作成绩突出，电影发行放映公司被省文化厅授予优胜集体，冉宪桂、张桂兰被授予优胜工作者称号。

1992年，县电影院开始送票上门服务，主动开展有奖售票放映活动，与县团委联合举办卡拉OK电影演唱会。农村实行预收预交电影费，片租优惠，按放映场次多少，实行奖补。农村全年放映8000余场，放映收入25万元，定陶县被评为农村放映先进县。为开创农村放映新局面，电影公司采购器材和放映设备，积极发展农村放映队，全县19个乡镇16毫米放映队发展到60余个（其中：陈集、张湾、冉堌建成35毫米影院），统一由乡镇文化站管理。1996年以后，由于有线电视的快速发展，电影院上座率降低，由原来的多场放映改为1～2场。菏泽地区对县电影公司试行包租和优秀节目比例分成，在农村试行放映3月包租。由于收入低无钱采购新节目，造成节目少、放映少、收入少的恶性循环。

2001年以后，电影公司自费购买车辆、放映设备，先后组织6个农村放映队，与企业联系，由企业出资，电影公司运作，农民受益。2006年，为让农民群众看到、看好电影，按照“企业经营、市场运作、政府买服务”的农村放映改革新思路，从根本上解决农民群众看电影难的问题，2010年实现每个行政村1月1场公益电影目标。

2011年，数字放映设备全部安装监控和GPS定位系统，由省监管平台统一管理。电影公司加强农村公益放映队伍建设，加大培训力度，逐步提高放映队伍的整体素质和技能，大力开展农村公益电影放映工作，实现农村放映数字化，全县成立14个数字放映队，负责360个行政村的放映，每村1月1场电影，当年完成放映场次4000余场。2012年，将原电影院2楼进行扩建、改造，建成2个2K3D数字放映厅，3楼1个观众休息厅，容纳观众200余人，改造面积500平方米，改造影城投入资金240万元。2015年，全年共放映电影5000场次，其中农村公益电影4000场次。

第三章　文化设施

第一节　定陶文化活动中心

定陶文化活动中心于2013年9月建成并投入使用。定陶文化活动中心位于定陶县新区的中心区域，西侧紧邻镜湖文化广场，北侧为城市主干道府前大道，南面是镜湖和新河绿地公园，环境优美、地理位置优越。集文化馆、图书馆、博物馆、方志馆于一体，建筑面积9982平方米。是人民休闲、娱乐、学习受教育的公共场所，是定陶县城市建设的主要标志之一。中心内设文体局、文物局、文化市场综合执法局、图书馆、文化馆、博物馆、群文剧场、方志馆等办公和公共服务机构。

定陶文化活动中心的建筑理念体现了商圣文化和汉文化，外观融和谐中正与现代典雅为一体，象征着千年古县的辉煌和年轻；东部群文剧场与中心主体建筑四面围合的布局形成环抱的态势，自然形成了中央庭院，强烈的图形象征着“天下之中”；通透的出入布局彰显着交流与人文。近年来，定陶县致力于基层群众文化建设，坚持“政府主导、全民参与、文化惠民”的原则，充分发挥各种文化活动的多元带动效应。全县已建有各类农村文艺队伍431个，文化品牌14个，庄户剧团24个，基本实现“一村一队”“一镇一品”“一镇一团”的文化发展目标，成为群众的常顾之家，活动之地。

第二节　定陶县新华书店

定陶县新华书店位于定陶县陶朱公大街县法院对面，于1998年投资改建，建筑面积1600平方米综合楼（营业楼），一层、二层销售图书音像等，三至四楼综合利用。

第三节　定陶县文化馆

定陶县文化馆位于县文化中心内，2013年9月迁入，有艺术室、音乐室、舞蹈室、绘画室、定陶书画院、非遗中心、信息中心等文化活动场所。定陶县文化馆在编工作人员23人，其中，副研究馆员4人，馆员10人，助理馆员9人。馆舍面积3200多平方米，馆内设有办公室、文艺组、美术组、创作组。2015年被文化部评为国家一级馆。

第四节　定陶县图书馆

1979年定陶县图书馆建立，地址位于定陶县兴华路中段的范蠡商场东侧，建设银行南侧，建筑面积为280平方米。1989年县政府先后拨款30余万元，在原址上新建图书馆办公大楼，办公大楼分为3层，总建筑面积1156平方米。1991年8月开馆启用，藏书总量2万余册，读者席位30余个。定陶县图书馆新馆场馆总面积约4800平方米，2014年9月22日迁入定陶县文化中心，分布在文化中

▲ 尼山书院国学讲堂 （2015 年摄）

心南楼的一层、二层、三层、五层。图书馆按国家二级馆标准配置。馆藏设计总藏量约30万册，读者座席500余个。2015年馆藏纸质图书8万册，报纸50余种/年，期刊50余种/年，电子图书50万册，数字资源32TB。设有图书借阅室、报刊阅览室、少儿借阅室、资料室、公共电子阅览室、文化共享工程、多媒体、热线服务、视听室、古籍保护等20余个部室和1个独立的定陶图书馆尼山书院。县图书馆有工作人员21人，大专以上人员占在职人员的90%，高级职称4人，占总人数的20%，中级职称12人，占50%。2007年获得全国文化信息共享示范县称号。

第五节　定陶博物馆

定陶博物馆成立于2008年1月，其前身为1988年成立的定陶县文物管理所，位于定陶新区府前大道中段南侧的定陶文化中心，建筑面积约2930平方米，展厅面积1600平方米。定陶博物馆隶属定陶县文物局管理，是全县的文物收藏中心，共收藏各类文物11862件（套），其中，国家二级文物藏品9件，三级文物藏品85件，汉代文字砖1万件（块）。

▲ 定陶博物馆展厅

第六节　定陶人民影院

定陶县人民影院坐落在兴华路西段路北，建筑面积2076平方米，座位1347个，有工作人员43人。随着社会的发展，各种媒体的冲击，制约了电影院的发展，电影院经营在20世纪90年代后期逐渐滑坡。

定陶人民影院开展以文补文、影企联姻活动，并在2003年成功招商，吸引江苏徐州客商到定陶投资，兴办企业。定陶人民影院在原有影院的旧址上，开辟了具有放映、录像、超市三位一体的经营模式，经营水平、经济效益得到提高。

第七节　定陶剧院

定陶剧院位于城内兴华路东段路北，左临中城大饭店和小吃城，右临新开发的金茂商业街。定陶剧院是一处现代化剧院，剧院主体工程面积4200平方米，设座席1210多个，舞台安有自动升降设施，灯光齐全，配有化妆室2间，演员宿舍30间，于1991年1月正式营业，定名为定陶剧院。营业以后，先后接待100多个艺术表演团体的演出，其中有著名豫剧表演艺术家马金凤、刘忠合，“梨园春剧组”等。剧院前的剧院广场，是群众自娱自乐的好地方，常年有各类艺术表演活动。2011年改为天联购物商场。2013年10月，文化中心群文剧场划归剧院管理使用。

第四章　文化市场管理

第一节　文化市场管理队伍

1995年，成立县文化市场稽查大队，配工作人员17人。随着文化市场的发展，执法对象不断发展和变化，2011年5月，更名为县文化市场综合执法局。2013年9月搬迁文化中心，内设执法一队、二队、三队和审批室。

第二节　文化产业管理

文化产业管理始于2002年，由县委宣传部管辖，内设文化产业管理办公室。2012年6月，文化体制改革，县委宣传部将文化管理职能交由县文体局管理，但没有设立科室专门管理，只有兼职管理人员。主要从文化市场的社会效益方面进行文化产业的管理，预测文化生产。把注重经营部门及文化产品或文化娱乐活动对社会所产生的影响，对两个文明所产生的效益，作为文化产业管理的先决条件，在这个基础上，扶植以社会效益为主的文化产业。同时对文化产业的发展从城市管理、城市发展、城市文明这一高度进行顶层设计。2015年，全县文化产业主要有图书管理市场12个，演出市场26个，电影市场2个，音像市场6个，网吧歌厅娱乐市场40个，集邮市场1个，文物市场3个，文化艺术教育市场7个，文化旅游市场3个，县域文化交流市场1个，新闻出版市场6个，文化电子商务市场2个。

第五章　非物质文化遗产

2006年县文体局设立非物质文化遗产管理办公室，由文化馆代管，具体负责收集、整理、申报各类非物质文化遗产项目，较好的保护了定陶县的历史文化遗产。

第一节　国家和省级非物质文化遗产

2015年，全县共有国家级非遗保护项目两夹弦、定陶皮影戏、陶朱公传说3项。省级非遗保护项目9项，其中，民间文学1项、传统音乐1项、传统戏曲3项、传统体育、游艺与杂技1项、传统美术2项、民俗1项；非物质文化遗产传承人国家级2人，省级3人。

2015年底定陶县入选国家级、省级非物质文化遗产项目一览表

表29-5-1

项目级别	项目类别	项目名称	申报地区或单位	公布时间	传承人（级别）
国家级	民间文学	陶朱公传说（第二批）	定陶县文化馆	2008.06.14	—
	传统戏曲（2项）	两夹弦（第二批）	定陶县两夹弦非遗保护传承中心	2008.06.14	李京华（国家级） 宋瑞桃（国家级）
		定陶皮影（第二批）	定陶县文化馆	2008.06.14	冯守坤（省级）
省级	民间文学	陶朱公传说（第一批）	定陶县文化馆	2006.12.30	—
	传统音乐	牛屯鼓乐（第二批）	定陶县文化馆	2009.09.27	牛广田（市级） 牛曰庆（市级）
	传统戏曲（3项）	两夹弦（第一批）	定陶县两夹弦非遗保护传承中心	2006.12.30	李京华（国家级） 宋瑞桃（国家级）
		定陶皮影（第一批）	定陶县文化馆	2006.12.30	冯守坤（省级）
		柳子戏（第一批）	定陶县文化馆	2009.09.27	刘进武（省级） 徐玉来（市级） 赵新文（省级）
	传统体育、游艺与杂技（1项）	梅花拳（第三批）	定陶县文化馆	2013.05.23	曹广超（市级） 崔　玮（市级）
	传统美术（2项）	曹州堆绣（第三批）	定陶县文化馆	2013.05.23	刘现堂（市级） 刘国威（市级）
		曹州绳编（第三批）	定陶县文化馆	2013.05.23	秦怀忠（市级） 车里红（市级）
	民俗（1项）	仿山山会（第一批）	定陶县文化馆	2006.11	—

▲ 国家非物质文化遗产证书

第二节　市级和县级非物质文化遗产

2015年，全县共有市级非遗保护项目15项，其中，民间文学2项、传统音乐1项、传统戏曲3项、曲艺1项、传统体育、游艺与杂技3项、传统美术2项、传统医药1项、传统技艺1项、民俗1项，县级非遗保护项目51项，主要是传统体育、游艺与杂技、传统美术、传统技艺等；市级非物质文化遗产传承人24人。

2015年底定陶县入选市级、县级非物质文化遗产项目一览表

表29-5-2

项目级别	项目类别	项目名称	申报地区或单位	公布时间	传承人（级别）
市级	民间文学（2项）	陶朱公传说（第一批）	定陶县文化馆	2006.11	—
		戚姬传说（第二批）	定陶县文化馆	2008.11.27	—
	传统音乐（1项）	牛屯鼓乐（第一批）	定陶县文化馆	2006.11	牛广田（市级） 牛日庆（市级）
	传统戏曲（3项）	两夹弦（第一批）	定陶县两夹弦非遗传承保护中心	2006.11	李京华（国家级） 宋瑞桃（国家级） 侯彦丽、周长迁、孔雪琴、侯彦军（市级）
		柳子戏（第一批）	定陶县文化馆	2006.11	刘进武（省级） 徐玉来（市级） 赵新文（省级） 刘自文（市级）
		定陶皮影（第一批）	定陶县文化馆	2006.11	冯可献（市级） 冯新生（市级） 冯立英（市级）
	曲艺（1项）	南路山东琴书（第二批）	定陶县文化馆	2008.11.27	左明云（市级） 费庆军（市级） 韩现莲（市级）
	传统体育、游艺与杂技（3项）	定陶阴阳掌（第四批）	定陶县文化馆	2015.01	李明山（市级）
		定陶夕阳掌（第四批）	定陶县文化馆	2015.01	董传现（市级）
		梅花拳（第三批）	定陶县梅花拳研究会	2011.11.24	曹广超（市级） 崔　玮（市级）
	传统美术（2项）	曹州绳编（第二批）	定陶县文化馆	2008.11.16	秦怀忠（市级） 车里红（市级）
		曹州堆绣（第三批）	定陶县文化馆	2011.11.24	刘现堂（市级） 刘国威（市级）
	传统技艺（1项）	定陶烧鸡（第三批）	定陶县文化馆	2011.11.24	—
	民俗（1项）	仿山山会（第一批）	定陶县文化馆	2006.11	—
	传统医药	马纪庄眼药（第四批）	定陶县文化馆	2015.01	马武军（县级） 马崇益（市级）

续表29-5-2

项目级别	项目类别	项目名称	申报地区或单位	公布时间	传承人（级别）
县级	民间文学（3项）	陶朱公传说（第一批）	定陶县文化馆	2008.02.08	—
		戚姬传说（第一批）	定陶县文化馆	2008.02.08	—
		冉子传说（第一批）	定陶县冉堌镇	2008.02.08	群体传承
	传统音乐（6项）	牛屯鼓乐（第一批）	定陶县文化馆	2008.02.08	牛广田（市级） 牛曰庆（市级）
		唢呐乐（第一批）	定陶县黄店镇	2008.02.08	群体传承
		笙管乐（第一批）	定陶县黄店镇、杜堂乡	2008.02.08	群体传承
		鲁西南鼓吹乐（第二批）	张湾镇	2011.09.16	—
		徐楼鼓乐（第二批）	孟海镇	2011.09.16	—
		谢庄鼓乐（第二批）	杜堂乡	2011.09.16	—
	传统舞蹈（4项）	竹马（第一批）	定陶县张湾镇、杜堂乡	2008.02.08	群体传承
		腰鼓（第一批）	定陶县文化馆	2008.02.08	群体传承
		高跷（第一批）	定陶县黄店镇	2008.02.08	群体传承
		秧歌（第一批）	定陶县文化馆	2008.02.08	群体传承
	传统戏剧（5项）	两夹弦（第一批）	定陶县两夹弦剧团	2008.02.08	李京华（国家级） 宋瑞桃（国家级）
		定陶皮影（第一批）	定陶县文化馆	2008.02.08	冯守坤（省级）
		大平调（第二批）	定陶县仿山镇	2011.09.16	—
		山东梆子（第二批）	马集镇	2011.09.16	—
		柳子戏（第一批）	定陶县文化馆	2008.02.08	刘进武（省级） 徐玉来（市级） 赵新文（省级）
	曲艺（2项）	山东琴书（第一批）	定陶县文化馆	2008.02.08	左明云、费庆军、韩现莲（市级）
		坠子（第一批）	定陶县黄店镇、冉固镇、马集镇	2008.02.08	群体传承
	传统体育、游艺与杂技（8项）	定陶阴阳掌（第四批）	定陶县文化馆	2014.10.24	李明山（县级）
		定陶夕阳掌（第四批）	定陶县文化馆	2014.10.24	董传现
		梅花拳（第二批）	定陶县梅花拳研究会	2011	曹广超（市级）
		抬阁（第一批）	定陶县黄店镇	2008.02.08	群体传承
		狮子舞（第二批）	张湾镇	2011.09.16	—
		大洪拳（第二批）	半堤镇	2011.09.16	—

续表29-5-2

项目级别	项目类别	项目名称	申报地区或单位	公布时间	传承人（级别）
县级	传统体育、游艺与杂技（8项）	跑旱船（第二批）	杜堂镇	2011.09.16	—
		吊虎（第一批）	定陶县黄店镇	2008.02.08	群体传承
	传统美术（12项）	定陶米氏根雕（第四批）	定陶县文化馆	2014.10.24	米新恩
		陶丘雕刻（第四批）	定陶县文化馆	2014.10.24	张长路
		定陶陶艺（第四批）	定陶县文化馆	2014.10.24	—
		陶布（第一批）	定陶县马集镇、张湾镇、冉堌镇	2008.02.08	群体传承
		柳编（第一批）	定陶县杜堂乡、陈集镇、张湾镇、南王店乡	2008.02.08	群体传承
		皮毛动物（第一批）	定陶县陈集镇	2008.02.08	群体传承
		羊绒挂毯（第一批）	定陶县陈集镇	2008.02.08	群体传承
		花鸟字（第二批）	定陶镇	2011.09.16	王联珍（市级）
		邓氏面塑（第二批）	仿山镇	2011.09.16	—
		烙画（第二批）	张湾镇	2011.09.16	—
		曹州绳编（第二批）	城关社区	2011.09.16	秦怀忠（市级） 车里红（市级）
		曹州堆绣（第二批）	陈集镇	2011.09.16	刘现堂（市级）
	传统技艺（7项）	十里铺糕点（第四批）	定陶县文化馆	2014.10.24	朱慎清
		万里糕点（第四批）	定陶县文化馆	2014.10.24	杨万里
		吹糖人（第一批）	定陶县定陶镇	2008.02.08	—
		鲁锦（第二批）	陈集镇	2011.09.16	—
		裕鲁木艺（第二批）	南城社区	2011.09.16	—
		定陶烧鸡（第二批）	定陶镇	2011.09.16	—
		跑旱船（第二批）	定陶县杜唐镇	2011.09.16	—
	民俗（3项）	仿山山会（第一批）	定陶县文化馆	2009.09.27	—
		左山寺庙会（第一批）	定陶县文化馆	2008.02.28	群体传承
		王路口庙会（第一批）	定陶县文化馆	2008.02.28	群体传承
	传统医药（1项）	马纪庄眼药（第四批）	定陶县文化馆	2011.10.24	马崇益、马武军

第六章 旅 游

第一节 资源规划与开发

历史文化资源 定陶古称陶，舜曾在陶丘制陶。西周分封曹叔振铎，建曹国，都陶丘。春秋时期，商祖范蠡以此地居天下之中，诸侯四通，遂定居于此，经商致富，“十九年间三致千金”，因此称定陶。秦时置县。秦末，刘邦在此登基，建立西汉王朝。境内有多处龙山文化遗址以及仿山、梁王台、定陶王陵、法源寺等地方名胜。定陶县是革命老区，有许多革命遗址，是开展红色教育的圣地。定陶县历史文化底蕴丰厚，极具挖掘开发价值。

旅游发展规划 2012年10月，定陶县人民政府委托清大文产（北京）规划设计研究院编制《定陶县文化旅游发展规划（2013—2020）》。规划提出定陶县文化旅游业发展的总体目标和发展战略，确立近期、中期、远期3个发展阶段和“一心、二带、三区、多点”的文化旅游空间布局。确定了定陶“温水田园境，商圣文化城”“人文故城，生态定陶”“新乡土中国，鲁西南记忆”形象定位。

2014年5月，定陶县人民政府委托深圳市城市空间规划建筑设计有限公司编制《定陶县乡村旅游发展总体规划（2013—2020）》，2014年9月通过专家评审。确定“一心两带三区”的总体发展思路，其中，“一心”为定陶北部与菏泽接壤处文化旅游发展中心区；“两带”为文化旅游体验带、乡村旅游观光带；“三区”是历史文化体验区、乡村旅游体验区、休闲度假旅游区。构建以“新乡土中国，鲁西南记忆”为指引、以空间集聚为原则，形成包括温泉小镇、玫瑰小镇、原乡小镇、西瓜小镇、山药小镇、蔬果小镇等在内的6个鲁西南记忆系列小镇的乡村旅游产业总体框架。

旅游商品开发 定陶旅游商品种类丰富，富有地域特色，具有较高的辨识度。至2015年，定陶县共开发旅游食品、工艺品、土特产品、旅游纪念品、民间手工艺品等5大类、40多品种的具有鲜明地方特色的旅游商品。其中工艺品主要有曹州堆绣、绳编、皮毛玩具、挂毯、手工地毯、抽纱刺绣工艺品、条柳编制品等；土特产产品主要有粉皮、粉条，鲁花花生油等深加工商品，陈集山药、杜堂蔬菜、南王店西瓜、黄店镇玫瑰等；民间手工艺品有挂毯、纯羊毛手工地毯、条柳编制品、定陶十字绣、曹州堆绣、绳艺牡丹、陶布

▲ 旅游商品 （叶宏 摄）

等6种；旅游食品有定陶烧鸡、刘家驴肉、御思香酒、华信阿胶、小食品、木糖、果蔬罐头、大豆多肽等8种；旅游纪念品有花鸟字、陶朱公像、戏曲影像集、百神故事集、陶朱公故事集、陶朱公书画集、陶朱公诗集、定陶民间故事集、定陶民间谚语集、定陶揽胜等10种；其他有佛教用品、皮衣、床上用品等。

第二节　旅游景点及线路

旅游景点　*仿山旅游景区*　仿山历史悠久，文化底蕴深厚，是西周时期的曹国王陵，曹姓发源地，国家AAA级旅游景区，省级文物保护单位。

公元前1046年，武王灭商，分封天下，封其弟叔振铎于曹，建曹国，都陶丘，陶丘即今山东定陶。

定陶在西周时期是曹国的政治、经济、文化、军事中心。当时的曹国文化十分发达，流传至今的《诗经•曹风》4首，是曹文化的源头。

3000多年来，曹文化同中华文化一脉相承，绵延不绝，昌盛不衰。天下曹氏以国为姓，共认曹叔振铎为祖先。古曹国不但是曹姓的发源地，曹州、曹县等地名更是曹文化延续的结果。

仿山是西周曹国王陵，从曹叔振铎至伯阳，二十五代国君均葬于此地，逐渐形成高阜，仿佛如山。仿山也因此成为古代诸侯国中，保存最为完整的、系统的国君墓葬地之一。

每年农历三月二十七至二十九日的仿山古庙会，原是民间百姓为纪念曹国第一代国君曹叔振铎而举办的祭祀活动。千年来已逐渐演变成苏鲁豫皖等周边数省最大的集宗教朝觐、寻根祭祖、集市贸易、休闲娱乐为一体的大型民间集会。

1995年，定陶县设立仿山旅游开发区，被列为省市旅游开发重点项目。1996年，定陶县委、县政府投资拓展开挖仿山湖。1997年，仿山正式被列为道教文化活动场所。2002年，又被列为佛教活动场所。2009年9月，仿山庙会被山东省人民政府公布为第二批省级非物质文化遗产项目。2010年，仿山旅游景区被评为国家AAA级旅游景区。

2005年，通过招商引资，仿山旅游区由山东锦绣投资集团投资建设。一期工程投资8800万元，项目包括陶都神苑区西山7座佛殿、东山曹伯祠等6座大殿、配殿和建设总面积3000平方米的讲经堂、素斋堂、居士寮房等。二期工程，投资6000万元，建设别墅式休闲度假宾馆10幢、高尔夫练习球场、室内温泉游泳馆、大型会议室、多

▲ 仿山庙会

▲ 仿山九龙壁

功能厅、儿童水上乐园、海浪池、地上漂流、滑雪场等，并全部对外开放。仿山温泉度假酒店，总建筑面积1万平方米，可提供500余人住宿和1000人同时就餐。会展中心、大中型会议室、多功能厅可承接各种会议，室内配套设施齐全。三期工程，总投资5000万元，建设游客接待中心、会展中心、拓展训练基地、恐龙乐园、采摘园、风水谷、仙人洞、水上垂钓等，2015年，对外开放。

法源寺（左山寺）景区 左山寺位于定陶县西南部马集镇境内，距县城12.5千米，在菏泽市城区正南部，距市区25千米。与被评为“2011年全国六大考古新发现之一”的黄肠题凑体制汉代君王墓呈正北正南分布，距离2.5千米。

左山之名源于大禹之父鲧，为舜王治水官员。他在古水之左高阜处，建民工营1座，人称左山，亦称左丘、左冈。后来，在左山居住的人以地名为氏，人称左丘氏。春秋战国时期，左丘氏走出一位大儒——左丘明，担任鲁国史官，著有中国第一部国别体史书《国语》，儒家经典之一的《左传》，为诠释孔子儒学做出了巨大贡献。

▲ 左山寺庙会

左山寺建在左山之上，是龙山文化遗址基础上的一座千年古刹。始建于东汉时期，称“棠林寺”。兴盛于隋朝，因隋文帝赐“定光佛”舍利6颗，建五级舍利塔，更名“法源寺”。唐朝曾更名“龙兴寺”。寺院曾在唐代先后走出赵州和尚郝从谂和临济宗师邢义玄两位大德高僧。宋朝仁宗时期，寺院破败，寺塔因雷雨损坏。寺僧智隆发下宏愿，四处化缘，劝募重修寺塔，感动仁宗皇帝。钦命朝廷命官监修寺院，钦赐金匾“宝乘塔”，更名“兴化禅院”，盛极一时，被誉为“全国六大禅院之一”。

1998年，被省政府批准为佛事活动合法场所。2006年被列为省级文物保护单位。2013年，被评为AA级旅游景点。

左山寺寺院占地2.67公顷，庙前广场占地2公顷。山门、天王殿、大雄宝殿、伽蓝殿、华严坛、观音殿、罗汉殿等，一应俱全。寮房30余间，可容纳300余信众同时住宿。斋堂能容纳200人同时就餐。由于吃、住及佛事活动条件比较完善，晨钟暮鼓声波远扬，经声佛号悠悠动人，四方僧俗前来观光、拜佛者常年络绎不绝。

旅游线路 “一日游”线路。早上从菏泽游客集散中心出发，首站抵达以生态采摘为主题的狮克生态农场，观光采摘；接下来，到旺天下生态园、尚谷庄园去感受现代农业的魅力，体验种植与收获的艰辛和快乐；乘车到定陶黄店镇万亩玫瑰园，畅游玫瑰花海。中午，品尝传统流水席。下午，到养生福地——牡丹源温泉小镇，洗去疲劳、冲去烦恼。之后，畅游与温泉小镇毗邻的AAA级旅游景区仿山景区。

第三节　旅游管理

行业管理　旅游局主要依据国家、省的法规、政策对县旅游业进行行业管理，发展县旅游业。执行的法规、政策主要有《旅行社管理条例》《旅行社管理条例实施细则》《导游人员管理条例》《山东省旅游条例》等。定陶县旅游业的发展立足县情，瞄准国内旅游市场，推进项目建设，相继打造仿山旅游区、法源寺景区等一批精品旅游工程。推进旅游标准化建设，提高旅游服务水平和质量，旅游市场的服务功能日益增强，县内外旅游人员连年攀升。2005年，县旅游业共接待游客6.8万人次，2006年8万人次，2007年12.8万人次，2008年14.3万人次，2009年18万人次，2010年23万人次。至2015年，共接待游客200余万人次。

队伍建设　定陶县的旅游从业人员主要包括行政管理人员和旅游宾馆、景（区）点、旅行社的旅游服务人员。1996年，全县旅游从业人员32人，其中专科以上学历11人。2001年，全县旅游从业人员105人，其中专科以上学历22人。2006年，全县旅游从业人员232人，其中专科以上学历63人。2015年，全县旅游从业人员1356人，其中专科以上学历532人。

旅游服务　*旅行社*　至2015年，境内有天一旅行社、菏泽康辉旅行社定陶分社、鲲鹏旅行社，共有员工20余人。主要是组团，经营国内旅游业务。随着人们生活水平的不断提高，接待业务日益增多。

宾馆酒店　定陶县宾馆虽然数量多，但是规模小、档次低，至2015年境内只有范蠡大酒店1家三星级酒店。县内规模较大的宾馆主要有范蠡大酒店、艺达经贸培训中心等，酒店经营管理水平及服务质量较好。

▲ 范蠡大酒店　（2010年 车刚 摄）

▲ 艺达菏泽经贸培训中心　（2006年摄）

第七章　广播电视

第一节　广播电台

1991年至1995年，县广播事业稳步发展，全天播出约6小时20分钟，其中，转播中央台、省台固定节目2小时35分钟，自办节目3小时45分钟（新闻节目45分钟，专题节目45分钟，广告信息、天气预报30分钟，文艺节目1小时45分钟）。随着电视事业发展，人民群众收看电视节目的热情空前高涨，而收听广播节目的群众日渐减少，同时由于资金缺乏，机器设备更新慢，人才培养跟不上新形势发展的需要，县广播事业步入发展慢车道。1998年，广播电台一天3次开机，播放时间为2个多小时，主要转播中央、省台的新闻节目，自办定陶新闻、专题节目。2001年以后，广播电台已经不能正常播出，采编人员以向上级台供稿为主。2008年9月，定陶县人民广播电台随定陶县广播电视局整体搬迁入新址。

▲　定陶广播电视局　　（2012年摄）

2011年7月，县广播电视局开始筹备县广播电台改版恢复播出。经过3个多月的设备购买、调试、安装及人员培训，于2011年10月20日06:30开始试播。2011年11月21日09:00在县广播电视局演播大厅内举办定陶县人民广播电台改版开播仪式。改版后的广播电台采用最先进的调频立体声广播发射机，频率98.8，信号不仅覆盖定陶县的12个乡镇、办事处，还辐射到周边的牡丹区、曹县、成武县、巨野县、单县等部分地区，覆盖人口400余万。电台全天播音18个小时，主要定位于服务型、时尚型、娱乐型广播，县人民广播电台步入正常化播出状态。

第二节　电视台

1991年，县电视台年采编电视新闻稿件600余件，每周自办节目两次8小时，转播中央电视台一、二套节目10小时。全县开始推动乡镇差转台建设，1991年冬黄店镇开始建设电视差转台，1992年2月8日黄店镇电视差转台投入使用。1996年，电视转播台拥有两部发射机，一部完整转播中央一套节目，一套用于自办节目，每周播放3次新闻节目，不定期播出教育性节目，播出一些农业科教片，举办农业技术讲座等。1998年5月，县委、县政府印发《关于加快广播电视事业发展意见》，全力加快广播电视事业发展。2000年电视台开设《农村天地》《陶城纵横》等多个小栏目，定期播出，全年共播出新闻专题稿件3450多件，播放文艺节目14778集，向上级台供稿400余件。

2001年，定陶电视台开办《陶城纵横》《经济热点》《卫生与健康》《城建之窗》《精神文明之花》等栏目，全年共播出新闻、专题稿件4160件，播放文艺节目1209集。有线电视台在试播《定陶有线新闻》中播出节目86期，编辑文艺节目1476件。全年共向上级供稿件390余件。2003年，县电视台积极搞好非典防治工作宣传，先后播出防治非典稿件196篇，专题节目15期。同年全县遭受特大暴雨袭击，电视台全力做好抗灾自救新闻宣传，共播发新闻稿件100多件。全年播发新闻稿件2360篇，专题节目92期。投资47.8万元，购置发射机等设备，提高办台质量，扩大收视范围，改变4个乡镇驻地收看不到县办节目的历史。2004年，向上级台供稿1000多篇，创建台以来最高，并打破向省台供稿4年为零的局面。筹资45万元，购置第二套发射机等器材，县自办广播电视节目达到4套，播出时间达到16小时。2005年，全年共播出各类新闻稿件1268篇，专题节目100多期，文艺节目7720部（集），向上级台报送稿件1200篇，被采用1000余篇，在全市位居第一名。2006年以后，在电视新闻、专题节目中开设40多个针对性强、影响面广的专栏，每年播发新闻稿件都在1375篇以上，专题2年10期以上，确保县委、县政府的大政方针在第一时间传送到千家万户，为推动县域经济的发展及和谐社会的构建营造良好的舆论氛围。电视台积极向外界推介定陶、宣传定陶、树立定陶良好外部形象，每年向上级新闻单位报送稿件都在1500篇以上，连续5年获全市新闻宣传工作一等奖。在国家、省、市新闻奖评选中，共获一、二、三等奖60多个，其中国家级奖励10多个，省级奖励20多个，市级奖励30多个。

▲ 演播大厅启用　(2008年 车刚 摄)

2007年4月，县广播电视中心开工建设，该项目系烟台帮扶项目，项目占地面积11988平方米，建筑物占地面积2600平方米（其中综合楼和演播大厅占地1280平方米，电视发射塔基础占地1225平方米，车库、仓库占地420平方米）。综合楼和演播大厅总建筑面积6251平方米，建筑结构为框架结构，局部6层，建筑高度21.7米，演播大厅内可容纳观众近500人。广播电视塔高168米，可搭载3套电视天线和1套广播天线。2008年9月，定陶县广播电视中心投入使用，改变了定陶广播电视覆盖范围小，信号弱的落后局面。同时，多方筹集资金，更新采、录、编等各项设备，节目制作、监控能力、硬盘播出全部实现网络化，提高播出质量和安全性能，节目图像清晰度明显提高。2009年，开通43个频道，打造出一个新的宣传阵地和增收平台；共开办3套自办电视节目，全天播出18小时。

2011年以后，制作播出《定陶新闻》180期，播发各类稿件1600余篇。向省市媒体供稿300余篇，其中被市级媒体《菏泽新闻联播》采用200余篇。制作播出《今日定陶》和《定陶计生》专题栏目各52期，自办节目有《定陶新闻》《今日定陶》《才艺大秀场》《戏迷大擂台》《心跳九宫格》等。2015年，电视台共安排播出文艺节目12038集（包括电视剧、戏曲、广告文艺、动画片等），村村通广播《金色田园》156期，电视讲话26次；编排《心跳九宫格》52期，《关注健

▲ 《定陶新闻》演播间　（2008 年　车刚　摄）

康》26期，《我爱阅读》26期，《宝贝来挑战》26期，《宝贝加油》26期，《名家论坛》26期，《案件聚焦》365期，大型文艺节目8期，公益广告415条。精品创作及安全播出工作也取得较好成绩，在国家、省、市新闻作品评选中获二、三等奖共计8件，2人获省广播电视技术竞赛技术能手称号，1人获第三批齐鲁文化之星称号。

根据省市有关文件精神，从2000年开始全部停播取缔乡镇差转台，至2004年年底，全县乡镇电视差转台全部拆除。

第三节　网络传输

1994年3月，县广播电视中心开始筹建有线网络电视。1999年，县城区有线广播电视实现了与全省广播电视一级网和全区广播电视二级网的联网。2000年6月，开始启动县至乡镇有线广播电视专用网的升级和改造建设工作（三级网络工程），当年完成16个乡镇、栽杆1600根、全长80千米的干线路三级光缆架设任务。城区有线电视在巩固发展的基础上架设新干线路5.5千米，新发展用户400余户，维修主干线路8千米，更换、维修支干线路280千米，用户线路450千米。

2001年8月，县政府办公室印发《关于搞好全县农村广播电视传输网建设的通知》，确定4年内实现村村通广播电视。2001年，城区架设主干线路3.74千米，支干线13千米，新发展用户448户。11个乡镇全部完成有线电视栽杆任务。2002年，投资10万元，高质量架设了纪委至火车站、油厂至公机楼自然村、南关至二中的有线电视主干路5千米，使离城区较远的二中住校教师和群众看上了有线电视，全年新架设主干线路8千米，更换改架支线路9千米，安装用户345户。农村有线电视新栽杆460根，移杆274根，完成县至乡镇三级网络光缆架设钢绞线137千米，光缆141千米。2003年，城区新架设干线2.06千米，改架更换支干线7.3千米，安装195户；农村有线电视优先发展的马集、孟海、陈集3个乡镇四级网线路设计完成，全年栽杆2200余根，钢绞线202千米。2004年投入6万元，开通鲁花公司、艺达公司的有线电视，对南关至二中主干线路进行光缆改造，新安装用户270户。在农村，共投入180余万元，架设光缆148千米，电缆50千米，新发展700余户。孟海、马集2个试点乡镇网络建设全部完成，马集完成70%，9个乡镇驻地开通有线电视。2005年，架设光缆4.5千米，电缆3.5千米，新安装用户260户。农村有线电视争取省市公司投入260万元，架设光缆135.2千米，发展用户300余户。另外，11个乡镇驻地有线电视全部开通，5个乡镇的有线电视网络已经进村入户。

2007年，城网改造光缆线路2千米，同轴电缆8.3千米，新发展用户300余户，完成烟台工业园、艺达家纺城等部分小区的光缆架设任务。维修线路排除大小故障6000多处，出动维修人员8000多人次。农村有线电视新发展用户700多户，并网44户，整修线路12.5千米，维修故障400多处，出动人员700多人次，做到了大故障48小时解决，小故障24小时排除，确保有线电视信号正常传输。

2008年，为彻底改变原城区有线电视信号由于是电缆传输，架设时间较长，传输的信号质量较差，故障率较高的落后状况，在资金十分紧张的情况下，投入100万元对城区有线电视网络进行光缆改造，共架设主干线路光缆80千米，熔接182个光节点，使有线传输信号和图像更加清晰，效果更好，彻底改变了定陶有线电视基础设施落后的面貌。全县城区有线电视用户1万多户，有线电视节目传输43套。

2009年，新架设、改造光电缆线路10余千米，铺设管道线路10千米，新发展有线电视住宅小区4个；农村“村村通”有线电视入户和建设也得到一定发展。

2010年，筹集40万元对兴华东路、站前路等主干线路进行改造更换，共架设主干线路27.8千米，分支线路76.26千米。农村有线电视共架设光缆10.6千米，主干电缆5.2千米，开通光节点31个，新发展农村有线电视用户近1000户。此后，随着互联网的推广普及，有线电视用户逐年减少。

第八章 图 书

第一节 发 行

1991年，新华书店是全县图书发行的主渠道，设图书经营网点40处，年销售图书218.28万册，销售收入235.86万元。2009年，定陶县新华书店获菏泽市五一劳动奖章，被山东省新华书店评为先进单位。2010年，定陶县新华书店被菏泽市总工会评为“劳动关系和谐企业”称号。2011年，因山东省新华书店改制上市需要，定陶县新华书店更名为山东新华书店集团有限公司定陶分公司。2015年，山东新华书店集团有限公司定陶分公司共有经营网点2处，年销售图书366.8万册，销售收入3001.53万元，有干部职工31人。

第二节 经营网点

1991年，县新华书店在城区及乡镇设图书经营网点40处，即县城一门市、二门市、县直机关服务部、冉堌、黄店、张湾、陈集图书门市部以及各乡镇供销社代售点，年发行图书218.28万册，销售额235.86万元。同年，县新华书店翻修仓库、建设职工宿舍，对营业楼进行扩建改造。1992年，张湾镇门市部因所在地进行街道拓宽拆除，在原址后撤重建267平方米二层营业楼，陈列图书1200种，年销售图书教材15万元。1995年，因拓展业务需要，在济阴路东段南侧购买5111平方米的土地，建设仓库和办公楼。1997年，在陈集镇驻地投资11万余元，购买1处商品楼作为图书门市部，面积160平方米，图书陈列品种1000余种，年销售图书教材18万元。购买定陶镇北关居委会7849.2平方米国有土地使用权，建营业楼和仓库。1998年，与冉堌镇政府签订协议换购营业门市1处。2004年，投资40余万元，在金贸街购买1处商品房作为门市。同年，县新华书店营业楼副楼投入使用。2011年，因新华书店改制上市的需要，根据上级有关文件精神，将新华书店二门市部、张湾门市部、陈集门市部、冉堌门市部、金贸街门市部、济阴路办公室等部分资产剥离给山东新昕资产管理经营有限公司。2014年，因业务需要投资近40万元自山东新昕资产管理经营有限公司回购张湾门市部。2015年，全县有图书发行零售门市部2处（即县城中心门市部，张湾门市部），其中，县城中心门市部陈列品种近2万个，年销售图书4万册，销售额66万元。

第三节 销售服务

1991年开始，县新华书店以发行教材、一般图书及音像制品、文具、电子产品为主，坚持送书上门、流动供应、服务到位。每逢元旦、春节、五一、十一开展优质服务活动。同时，多次举办星期天书市、特价书展销会、送书下乡供应等，坚持搞好三下乡活动。2005年，按照“公开、公平、竞争、择优和稳员增效”的原则，县新华书店制定《县店中层干部竞争上岗、职工优化组合实施办法》和《企业改革方案》，服务质量进一步提高，企业竞争力、活力进一步释放。1991年至2015年，每年组织近8万名青少年学生开展爱国主义读书教育活动，共发放图书200万册。

2013年，山东新华书店集团有限公司定陶分公司被中共菏泽市委宣传部职工思想政治工作研究会评为职工思想政治工作先进企业。2015年，全年销售图书366.8万册，图书种类近2万余种，销售额3001.53万元，固定资产150万元。

1991—2015年定陶县新华书店图书销售情况一览表

表29-8-1

年份	网点（个）	销售额（万元）	图书（万册）	年份	网点（个）	销售额（万元）	图书（万册）
1991	40	235.86	218.28	2004	6	1645.20	334.21
1992	38	323.38	289.83	2005	6	1720.46	314.47
1993	31	333.18	314.12	2006	6	1650.57	286.94
1994	15	340.43	177.93	2007	6	1635.62	257.82
1995	15	581.79	345.88	2008	6	1660.16	269.72
1996	15	1062.00	323.92	2009	5	1708.41	271.03
1997	6	1253.07	354.63	2010	5	1779.92	272.18
1998	6	1421.10	324.60	2011	5	1965.05	305.42
1999	6	1671.56	457.08	2012	2	1837.37	263.63
2000	6	1831.01	476.59	2013	2	1935.10	250.80
2001	6	1837.40	367.85	2014	2	2539.43	314.33
2002	6	1646.32	340.07	2015	2	3001.53	366.80
2003	6	1533.72	312.90	—	—	—	—

第四节　图书阅览

1991年，县图书馆设借书室、阅览室、采编室，采取传统的闭架借阅方式。2004年11月，对办公楼重新封顶，换掉所有破烂门窗，彻底解决楼顶断裂漏雨等问题，重新设立馆长室、办公室、采编室、阅览室、借书室、资料室等多个科室，制定各项管理制度和岗位职责，为各科室配备必要的阅览桌椅、办公桌椅、计算机、打印机、电话等办公设备。2008年6月，县图书馆成立古籍保护办公室，制定《定陶县古籍普查工作方案》；7月，申报山东省珍贵古籍65种，648册。同年，定陶县被省文化厅、省财政厅表彰为首批山东省文化信息资源共享工程示范县，图书馆被授予“山东省文化信息资源共享工程建设与服务工作先进集体”称号；2009年，被山东省古籍保护中心表彰为“2009年度山东省古籍保护工作先进单位”。

2014年迁入新馆以后，定陶图书馆完善提升

▲ 读者借阅图书

自动化阅读设施建设和自动化管理系统。文化共享工程信息网络中心配有先进的网络系统，更换了新服务器和新存储设施设备；建立符合标准的新公共电子阅览室，更换新计算机，图书馆业务实现自动化服务管理，安装随时随地为群众服务的免费移动图书馆和歌德电子书借阅机，借阅机内置3000本电子图书。图书与出版社纸书同步发行，每月更新150种新书。另有各种电子期刊和专家讲座等方便群众阅读和收看。馆内还配有盲文阅读器和有声图书方便盲人阅读；配备自动检索机、电子存包柜、监控系统等；推广应用新媒体技术先进的LED电子显示屏，建立启用www.dingtaolib.com定陶图书馆网站、微信公众平台和微博等，采用国内先进的interlib（图创）管理系统，并配有先进的局域网，可向读者提供文献外借、阅览、信息检索、讲座等多类型、多层次的综合性服务。伴随着数字化信息时代的到来，逐步完成数字图书馆推广工程等公共数字文化惠民工程建设。采购大批新书，种类齐全，内容丰富，馆藏量增加，馆藏结构更加合理化。读者的借阅率明显增长，提高了全民阅读性。2014年、2015年补充更新农家书屋出版物，农家书屋出版物补充更新率100%，实现全县行政村全覆盖。至2015年，农家馆藏总藏量约30万册，读者座席500余个。县图书馆馆藏纸质图书8万余册，报纸50余种，期刊50余种，电子图书50万册，DVD、CD、VCD等光盘200余种，数字资源32TB。年均接待读者4.8万人次，年流通书刊6.1万余册（次）。

2004年以后，基层图书室有较大发展。至2015年，全县教育系统共有图书室32个，藏书316种、22万册。其中，县一中图书室藏书251种、4.5万册；二中图书室藏书181种、1.8万册；实验中学图书室藏书208种、3.6万册；初中图书室3个，藏书136种、3.9万册；小学图书室4个，藏书61种、2.8万册。基层图书大都配有专职人员管理，常年开展借阅活动。

▲ 儿童阅览室　（2015年摄）

第九章　体　育

第一节　体育设施

定陶体育广场　1991年，县体委的体育设施有400米标准田径场1处，灯光篮球场1处，有600多平方米业余体校教室。2002年后，搬迁至青年路南段路西，有1400平方米的教学、办公综合楼1处，400米标准田径场1处，标准篮球场2处。2008年，在田径场安装健身器材，有双杆、单杠、天梯、综合训练器等。2013年9月，投资300万元对体育场进行改造，2014年2月全部完工。改造后的广场有400米标准田径场，2个5人制足球场，8个羽毛球场，4个网球场。各种拳类练功区，全部改造为人造草坪地面。定陶县体育广场成为全市功能和设施最为齐全的群众健身中心之一。

门球场　1991年，在县老干所院内建1座封闭式门球场，面积602平方米，内设2个标准门球训练场，是老年人健身的重要活动场所。

体育健身路径　2010年后，先后在城中小花园、老干所院内、新汽车站广场、范蠡公园、南城社区、新河公园等繁华地带安装成套的健身路径，缓解了城区健身器材不足的现状。

第二节　群众体育

全民运动会　2012年5月5日，举办“御思香杯”全民运动会暨中学生运动会，是定陶县体育史上规格最高、规模最大、设置项目最多、社会影响面最大的体育盛会。运动会共设置11个大

▲　定陶县体育场　（2015年摄）

▲ 全民运动会 （2012年 车刚 摄）

项、9个小项，计有全县70多个单位、19所学校、2100余人参加比赛。市委常委、县委书记张毓华亲自参加篮球比赛，吸引众多篮球爱好者观看。2013年4月21日至27日，举办“御思香”全民运动会，共设置篮球、拔河、4×100米接力、跳远、乒乓球等12个大项和11个趣味体育小项，来自全县各个行业的85支代表队、1300余人参加比赛，历时7天。

学生体育 20世纪90年代，全县各中小学普遍推行“两课”“三操”“两活动”，即每周两节体育课；每天早操、课间操、眼睛保健操；每周两次课外体育活动。1991年起，全县各中小学开展国家体育锻炼标准达标活动。至2000年，中小学生达标及格率86%以上。此后，各中小学每年召开田径运动会。2011年、2012年，利用暑假假期，举办定陶县中小学生乒乓球联赛，来自全县各中学、小学的学生参加比赛。

▲ 学校体育课 （2015年 叶宏 摄）

职工体育 2006年开始，每年县体育中心与各个机关单位、企业联合举办体育活动，体育项目主要有篮球、排球、足球、乒乓球、长跑等比赛活动。2009年，定陶举办“中粮杯”职工运动会。2012年，县体委与供电公司联合举办“供电杯”春季运动会；与中国工商银行定陶县支行联合举办“工行杯”足球赛；与县中行联合举办“中行杯”篮球赛。同年，定陶县男子篮球队获全市篮球赛亚军；举办“国税杯”够级比赛、“农行杯”象棋比赛、“城市信用社杯”围棋比赛、“城市信用社杯”足球比赛、“人寿保险杯”排球比赛等多次。

▲ 职工篮球比赛 （2009年 车刚 摄）

农民体育 2006年，县体育中心在牛屯村、东王店村安装全民健身器材。2010年，为全县22个行政村安装农民健身器材。2011年，为全县20个行政村安装农民健身器材。2012年，为47个行政村配备健身器材。2013年，为78个行政村配备健身器材。2014年，为15个行政村配备健身器材。2015年，全县共223个行政村安装健身器材。至2015年，全县所有行政村都安装健身器材。

老年人体育 1991年，县老年体育协会成立，辖老年气功、太极拳、保健操、排球、羽毛球、门球、乒乓球、书法、棋类等14个分协会。1998年，定陶县老年门球队出席全区比赛，获第二名。全县19个乡镇和24个县直单位建立老年体协分会。1997年，“九九”老年节大型体育运

▲ 重阳节老年人运动会（2015年摄）

动会在体育场举行。1998年，“九九”老年节举行大型文体表演活动及老年运动会，县业体武术队、民族武校武术队和12支表演队在体育场表演中老年健身操、无极保健健身球、大秧歌、太极拳（剑）等精彩节目。2002年，县体育中心、老干部局、老龄委、老年体协联合举办“九九”重阳节老年人运动会。2005年，定陶县举行庆祝“九九”老人节大型体育活动。之后，每年的“九九”老年节大型庆祝活动举办的越来越红火，体育活动内容越来越丰富。

春节体育 1991年以后，春节期间体育活动连年开展，一直是定陶县体育活动的亮点。象棋、围棋、乒乓球、老年门球、斗鸡、够级等比赛活动年年进行。1998年后，县体委发动企事业单位赞助春节体育活动。1998年春节，举办“水利杯”够级比赛、“电业杯”乒乓球比赛、“邮电杯”象棋比赛、“农发行杯”围棋比赛，丰富群众的节日生活。1999年春节，举办“电业杯”够级比赛、“地税杯”乒乓球比赛、“国税杯”象棋比赛、“电信杯”围棋比赛、“医药杯”斗鸡比赛。2000年春节，举办县直部门干部职工参加的象棋、围棋、乒乓球、老年门球、斗鸡、够级等比赛活动。2001年春节，举办由县直干部职工参加的“公路杯”象棋比赛、“土管杯”乒乓球比赛、“电业杯”够级比赛、“电信杯”围棋比赛、“水利杯”斗鸡比赛。2002年春节，举办迎新春“水利杯”够级比赛、“电业杯”乒乓球比赛、“农行杯”象棋比赛、“电信杯”围棋比赛。2004年春节，举办“水务杯”够级比赛、“网通杯”围棋比赛、“地税杯”乒乓球比赛和“农行杯”象棋比赛。2007年春节，举办县直机关单位干部职工乒乓球、象棋、围棋、够级和斗鸡系列比赛。2010年至2015年每年都举办“古井贡杯”够级比赛。

第三节　竞技体育

2014年，定陶县竞技体育取得重大突破，运动员孟令哲获男子古典摔跤96公斤级冠军，打破定陶县近20年来在省运会中无冠军的记录。在2015年全国青年古典摔跤锦标赛上，孟令哲获98公斤级全国冠军；全国青运会上，孟令哲又以优异的成绩获98公斤级全国冠军，打破定陶县20年来在全国体育比赛中无冠军的记录。

▲ 孟令哲站在冠军领奖台上（2015年摄）

定陶籍运动员在省级以上重大比赛中获金牌一览表

表29-9-1

姓名	性别	年份	比赛名称	获得荣誉
孟令哲	男	2014	2014年山东省第23届运动会	96公斤级冠军
孟令哲	男	2015	2015全国青年古典跤锦标赛	98公斤级冠军
孟令哲	男	2015	2015年全国青运会	98公斤级冠军

第四节　残疾人体育

2002年，县特殊教育体育学校与县聋哑学校合办。至2015年，县特殊教育学校有教师及管理人员57人，共有13个教学班，分4个弱智班、3个盲班、3个聋班和3个肢体班，在校生147人。学校开设残疾人举重、自行车、田径、轮椅、羽毛球等7个残疾人特色训练项目。学校残疾人竞技体育发展迅速，共为国家输送残疾人体育一线队员32人，二线队员126人。先后有300余人次参加举重、田径、乒乓球等6个参赛项目的国内外重大体育比赛，累计获得金银铜牌231枚。

▲ 学员训练　　（2013年　车刚　摄）

2003年，学校选拔21名残疾人运动员，聘请残疾人体育教练员3人，管理人员4人。4月，在济南举行的全省第六届残疾人运动会上，定陶残疾人运动员取得5金7银2铜的优异成绩。2004年，开设举重、乒乓球、田径、羽毛球、赛车、轮椅网球6个训练项目，有教师、教练员、工作人员共39人。同年，在长沙举行的全国残疾人田径锦标赛上，定陶残疾人运动员获得男子田径5000米第四名和1500米第五名；在福州举行的全国残疾人乒乓球锦标赛上，定陶残疾人运动员取得女子单打第四名，团体第六名；在南昌举行的全国残疾人举重锦标赛上，定陶残疾人运动员获得1枚铜牌，1个第四名，并获体育道德风尚奖。2005年，在全国残疾人举重锦标赛上，定陶残疾人运动员获得1金1银2铜。

2006年3月，在南宁举办的全国残疾人举重锦标赛上，崔哲、崔建金、杨全喜分别获得银牌。10月，在全国残疾人轮椅网球锦标赛上，张映获得女子轮椅网球单打第四名、双打铜牌。在省第七届残运会上，定陶县残疾人运动员共取得5金4银1铜。11月，杨全喜在第九届“远南”运动会上，获得银牌。2007年5月，张映参加在日本举行的世界轮椅网球公开赛，打入世界前16强；崔哲、崔建金、杨全喜代表山东省参加在昆明举行的第七届全国残疾人运动会，分别获得女子40公斤级、女子56公斤级金牌，男子56公斤级银牌。6月，崔哲、崔建金、杨全喜代表中国参加在希腊举行的第八届欧洲举重锦标赛，分别获得女子40公斤级、女子56公斤级、男子60公斤级金牌。9月，定陶县特殊教育体育学校被省残联、省体育局确定为省残疾人体育训练基地。12月，在马来西亚举行的第二届亚洲残运会举重锦标赛上，定陶县残疾人运动员夺6金2银。2008年9月，在北京举办的第13届残奥会上，崔哲在女子40公斤级举重比赛中，以95公斤获得银牌，实现定陶县残

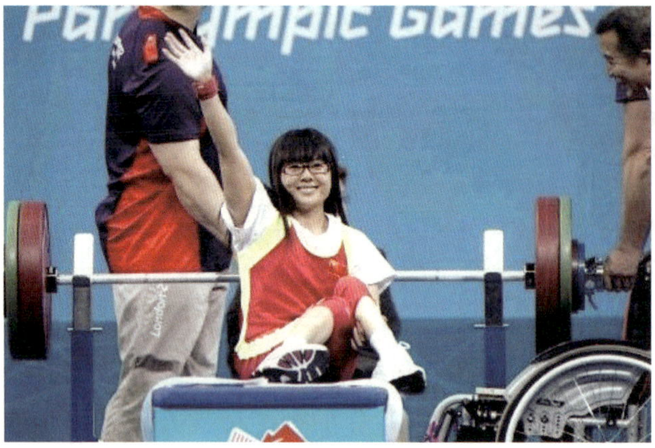

▲ 2012年伦敦残奥会崔哲取得银牌 （2012年摄）

疾人运动员在残奥会历史上奖牌零的突破。2009年6月，在内蒙古呼和浩特市举办的全国残疾人举重锦标赛中，学校选派的5名残疾人运动员代表山东省参加比赛，崔哲获得女子40公斤级别举重冠军，崔健金获得女子60公斤级别举重冠军，杨传喜获得男子56公斤级别举重冠军，首次参加比赛的残疾人运动员王永华在同级别举重项目中排名第四，陈磊获男子48公斤级别举重第七名。代表队被大赛组委会授予“体育道德风尚奖”。11月，在印度举行的2009年世界轮椅和肢残人运动会中，定陶县特殊教育体育学校残疾人运动员崔哲、崔建金顽强拼搏，获女子40公斤级、60公斤级2枚举重金牌。2010年4月，在北京举办的全国残疾人举重锦标赛，获得4枚金牌。7月，在马来西亚举办的世界残疾人举重锦标赛上获3金1铜。10月，在第八届省残运会上取得8金7银1铜，刷新定陶县在省残运会上奖牌的记录。12月，崔哲、崔建金、杨全喜参加在广州举办的亚洲残疾人运动会，获得2金1铜。2012年8月，崔哲、杨全喜、崔建金在第十四届伦敦残奥会上，分别获得1银1铜和1个第四名。

2013年3月，省残联在定陶县对全市160名残疾人运动员进行选拔，挑选后备残疾人运动员65人。4月，李振阳获全国残疾人田径锦标赛银牌。6月，全国残疾人举重锦标赛上，崔哲、崔建金、李春雷获得金牌，陈磊获得铜牌。11月，在马来西亚举行的亚洲举重公开锦标赛上，崔哲获得2枚金牌，崔建金获得1枚金牌，刘磊获得1枚银牌和1个第4名，杨全喜获得第六名。

2014年4月，在阿联酋举行的举重世锦赛上，刘磊、崔哲、崔建金分别获得金牌、银牌和第四名。9月定陶县代表菏泽市组队参加省第九届残疾人运动会，取得9金7银7铜的好成绩。10月，在韩国举行的亚洲残疾人运动会上刘磊、崔哲均获得金牌。

2015年7月，在哈萨克斯坦亚洲举重公开赛上，定陶县残疾人运动员获得3金4银1铜。11月，在匈牙利欧洲举重公开赛上，定陶县残疾人运动员获得1金2银。

▲ 获得的荣誉 （2014年 车刚 摄）

第五节　体育产业

1991年，定陶县的体育产业属创始阶段，从事经营的人员少，经营项目仅限体育器材、服装。2003年起稍有起色，相继开办2家体育器材制造厂及一些民办健身俱乐部和各种类型的健身培训班。2001年，开始发行体育彩票，彩票投注站逐年增多，销售额逐年增加，至2015年，体育彩票投注站增加到20个，21台微机，年销售额572万元。全县有体育器材、体育服装专营商店20个，跆拳道、乒乓球、台球、轮滑、拉丁舞、健美操等俱乐部12处。健身房、棋牌室、中老年活动室30余处。

第十章　史志编纂

第一节　史志编纂

党史编纂　1991年，县党史研究委员会编印民主革命时期《定陶县党史讲座》和《定陶县党史资料》（第一辑）。1991年至1992年印发《王克勤》一书。该书刊登王克勤生前领导、战友的题词9幅，王克勤生前照片12张，社论、唁电6篇，回忆和纪念、评论文章17篇，共7.6万字。1993年，出版《定陶县党史资料》（第二辑），主要汇集了解放战争时期的有关资料，共48篇，10万余字。1995年至1996年，编纂出版《定陶史话》，7万余字。1995年至1997年，编纂出版《中共定陶县党史大事记》（1949.10—1995.12），按照新中国成立后17年、“文化大革命”和社会主义现代化建设新时期的时限编写，共1600余条目，25万余字。1997年至1999年，出版《定陶人物荟萃》，收录620名人物，60万字。2001年至2002年，出版《定陶人物荟萃》续编，获得2002—2003年度全省党史系统优秀成果三等奖，全市党史系统优秀成果一等奖。2003年至2006年，编纂出版《中共定陶县村级组织史资料》，收录自1938年4月中国共产党定陶县的第一个农村支部建立到2006年2月的68年中368个行政村，100多个历史上设立过后撤销的行政村（生产大队）及各乡镇企事业单位设立党组织的单位的机构沿革、领导人名录和各行政村的历史概况及发展变化等，计100万字。自2006年起，开始编纂《中共定陶年鉴》。至2015年已连续编纂10年，成为县委党史委的标志性书籍。《中共定陶年鉴》是一部全面反映全县经济、政治、社会、军事、文化等各个方面工作信息的大型资料工具书。2005年至2008年，编纂出版《中共定陶县地方史》（第一卷），全书分为九章46节，23万字。2011年，编纂出版《陶城记忆》。2011年至2013年，编纂出版《中共定陶县组织史资料》。2015年，编纂出版《陶城烽火》。

1991年至2015年间，为《中国共产党山东省菏泽地区组织史资料》编纂定陶卷，共计200万字。2001年至2006年，编纂《当代菏泽人》定陶卷，收录定陶籍正县级（正高级职称）以上的人员300余人的资料，20余万字。2002年，为中央党史研究室征编《共和国之最》提供稿件3篇，为省委党史研究室的《山东人物辞典》提供稿件10篇，为省委党史研究室十六大大型图片展提

▲　《中共定陶年鉴》

供照片资料3幅。2007年，为《山东省红色旅游概览》图册提供了定陶县革命烈士陵园、定陶战役、沙山寺（张湾镇）村刘伯承前线指挥部3处红色旅游景点和仿山旅游区、项梁墓、戚姬寺、左山寺等辅助景区景点的简介、图片、定陶名优土特产、地方美食、公益电话等。2009年，参与编纂《中共山东历史图集》《菏泽60年（1949—2009）》。2010年，参与编纂《菏泽建市10周年大事记》，征集有关图片100余幅，形成文字12万字。2013年，参与编纂《中共菏泽党史人物》（定陶县卷）；参与编纂完成山东省委党史研究室《山东省抗战时期人口伤亡和财产损失（惨案卷）》。2014年，参与编纂《抗战菏泽•惨案卷》共整理完成4个惨案专题，2万余字、10余幅照片。

党史资料征研、整理 1991年征集、编写《杨用信同志在定陶》《八路村的民兵风采》等12篇专题资料，印发《定陶党史资料》7期。征集到土炮、大刀片、长矛等4件革命文物送往省党史陈列馆展览。1992年征集到100百余万字的党史资料，编写《永远跟党干革命》《记战争年代的定陶县工商局》等6篇专题资料，印发《定陶党史资料》7期，编写革命故事3篇。1993年，征集党史资料10余万字，编写《定陶县高河村农业合作化史》《女劳模——王振荣》等资料。1998年，为冀鲁豫边区革命纪念馆征集到40余件展品。2006年，完成抗战时期人口伤亡和财产损失课题调研工作。征集整理出8万多字的定陶县抗战时期人口伤亡和财产损失大事记资料，撰写2万字的调研报告，1万字的工作报告，形成专题调研报告11篇，重大惨案（一次伤亡10人以上的）专题报告6篇，形成文字资料520万字，对6个重大惨案进行司法公证，形成了纸质档案76卷，电子档案12盘。发现由新民会中央总会编辑的《山东省各县概况一览》一书，它是日军侵略山东暴行的一个铁证。2008年起，开展《县委书记、县长口述史》的征编工作。先后采访录制了原山东省人大常委会副主任卢洪、原菏泽市委党校校长李羿、原烟台地委党校校长、党委书记王庆煌、原泰安市政协副主席盛钊的口述史料。2010年，完成省委党史研究室交办的“新中国成立初期的山东省土地改革”课题项目，形成4万余字的专题资料。2012年起，撰写完成全省党史工作第一批重点项目：《定陶县裴河洼地改造》《艰苦创业为民兴利——记省劳模刘殿才》《一生为民创业绩——原宁波地委书记阎世印》等。2012年，完成定陶县革命遗址普查工作，全县共登记革命遗址20处，其中重要历史事件和重要机构旧址9处，重要历史事件及人物活动纪念地3处，烈士墓1处，纪念设施7处；其他遗址5处。

地方志编纂 第一轮《定陶县志》编修 1982年至1999年，定陶县史志办编纂的第一轮《定陶县志》编修完成，由齐鲁书社出版发行，全书94万字。期间，县史志办本着博采约取的指导思想，先后查阅县内外数千卷档案，翻阅几百册书报刊物，摘抄600多万字的资料；召开资料征集座谈会60余次，个别询问千余人次，征集资料200多万字，先后去北京、郑州、贵阳、武汉、广州、南京、济南、曲阜、菏泽等地查档访谈；发征集函件数千封，共搜集县内外史志资料近1000万字。第一轮《定陶县志》，1990年开始编写初稿，1995年完成初稿，1996年春，着手编写评审稿，并对篇目进行调整，将下限由1985年调为1990年，大事记、附录部分下延至1998年。期间，县史志办本着边搜集、边整理、边征求意见的原则，先后编印《定陶县志资料》22期32万字，《定陶县概况》10余万字。1998年10月26日，省史志办、菏泽地区行署、地区史志办、菏泽地区所属8县（市）史志办及定陶县党政领导干部、老干部代表与有关方面的专家学者80多人对第一轮《定陶县志》进行评审。与会人员对此志予以充分肯定，并提出修改意见。评审后，办公室组成5人总纂班子，梳理归纳，精雕细刻，反复修改，1999年5月，《定陶县志》送审稿完成，经菏泽地区地方史志编纂委员会和定陶县人民政府审定后，山东省史志办公室进行终审。同年8月交付印刷。1999年12月第一轮《定陶县志》出版发行。

第二轮《定陶县志》编修　2007年，启动第二轮《定陶县志》编修，是1999年版《定陶县志》的续编，上限1991年，下限2005年。定陶县志办印发《定陶县志（1991—2005）》篇目和编纂方案，举办承编单位编写人员培训班，开始着手搜集资料。县志办实行目标责任制，定人员、定编目、定时间、定质量要求，主任、主编负总责，把总关。历经10年，其间多次调整修改篇目，最后确定全书35编，上限1991年，下限2015年。为保持事物发展的连续性和完整性，部分内容适当上溯和下延。2015年11月，完成《定陶县志》（1991—2015）征求意见稿。

专志编修　1985年，定陶县人民政府转发《定陶县县志办关于搞好部门专业志工作的意见》，先后召开4次大型全县史志工作会议，举办3次由县直各单位编志人员参加的史志编写培训班；县史志办全体人员分片包干，进行跟踪指导；同时组织人员到兄弟县参观学习。至1996年底，有《粮食志》《财政志》《税务志》《工商志》《法院志》《医药志》《水利志》《供销志》《商业志》《公安志》《交通邮电志》《人事志》《劳动志》《检察志》《教育志》《科技志》《民政志》《多种经营志》《城建志》《土管志》《物资志》等60多部部门志相继完成，为县志编写奠定坚实的资料基础。之后，又有《定陶县军事志》《定陶县教育志》《定陶县人民法院志》等相继编成出版。

1980年2月，根据菏泽地区的统一安排，县地名办开始对全县进行地名普查，为编写地名志做准备。至1981年底，共普查验证地名1228条，填写地名卡片5000余张。1983年年底，完成《定陶县地名志》第一稿。1985年4月，完成第二稿。1986年初，完成第三稿，9月送省地名委员会审定。1987年底经定陶县人民政府批准付梓出版。全书共计44万字。此书全面记载了定陶县建置沿革、行政区划、实体坐落、自然实体、人工建

▲ 部分史志成果

筑、名胜古迹、名人轶事、集市贸易和风土人情等。对每个自然村的地理方位、始建年代、名称由来、历史沿革、聚落特征、人口迁徙、族姓分布、土特产、工副业、著名人物和重大事件等均有记述。主审鞠世才，主笔周兆民。

2003年10月，启动《定陶县乡村志》编纂，2009年年底初稿完成。2015年年底交付印刷。该书150万字，涵盖全县11个乡镇，367个行政村，1044个自然村的基本情况、经济发展、社会进步、党政建设、人物、大事记、附录等7部分内容。

2004年，县志办公室编纂《曹国王陵——仿山》。该书分曹国王陵——仿山、曹国史话、曹国大事记、曹姓与曹氏名人、诗文与传说、仿山古庙会、附录等7部分内容、12万字，2005年4月出版。由李文存、赵玉梅、朱向勇编著。

古籍整理　2010年，由定陶县政协张峰、吕玉杰对民国5年《定陶县志》进行影印和翻译。包含2册影印，1册译文，于2010年6月出版。2012年1月，由定陶县编修委员会点校整理的清顺治十二年《定陶县志》点校版付梓印刷出版。该书由中国文史出版社出版发行；有影印版2册，点校版1册，印数2000册。该书聘请潘建荣主审。

第二节　书刊供稿

1991年至2015年，定陶县史志办公室先后撰写论文近百篇。其中，在省级以上刊物如《史志文萃》《山东史志丛刊》等发表30余篇。先后给《山东省诸子名家志》《山东各地概况》《山东年鉴》《山东风物大全》《山东杰出人物传》《阅尽人间》《曹州名人大全》《菏泽日报》等报刊撰写文章300余篇，并有部分文章获奖。2008年，县史志办完成《山东年鉴》《菏泽年鉴》《山东历史地图集》《山东历史文化村镇》《菏泽历史文化村镇》定陶部分的搜集、整理、编撰、供稿工作。2009年，完成《菏泽市志》有关定陶部分的供稿任务。2010年后，对《十艺节志》进行修改，为《菏泽文化》（定陶卷）《菏泽历史文化集萃》《山东史志志》《定陶史话》等提供资料100余万字。

第三节　开发利用

2008年，定陶县陈集山药被国家正式批准为“国家地理标志保护产品”后，在北京人民大会堂举行发布会。2009年，县史志办协同定陶县科学技术协会和县老科技工作者协会出版《陈集山药的故事》一书，为定陶陈集山药的发展起到促进作用。2010年，定陶县新汽车站建设需要浮雕布设，县志办依据史志资料，参与脚本撰写、规划、构想、布局等工作。2011年以后，参与定陶县烈士陵园、定陶县东关文化墙、定陶尼山书院、博物馆资料的提供、构想、布展等工作。至2015年，县志办累计向图书馆、学校、社区、农村赠阅第一轮《定陶县志》、清顺治十二年《定陶县志》《曹国王陵——仿山》等史志书籍约5000余册。

第四节　网站及方志馆建设

定陶县情网站2005年7月建成，网址：www.dt.hzsq.com。共设定陶概况、史志动态、名胜古迹、名优特产、定陶人物、定陶志鉴库、历史事件等7个版面。在2015年，根据省、市史志办要求，对网站版面进一步改版，增设3个版块，分别为定陶新闻、民俗风情、大事记，又把定陶志鉴库更名为地方文献。入库图片60余幅，入库资料280万字。

定陶县方志馆建于2014年，总面积200多平方米。内设办公室、阅览室和多媒体室。馆内有书架5组，阅览有藏书1500余册。至2015年年底，方志馆处于试运行状态。

第十一章　档　案

第一节　馆藏与设备

1991—2015年，县档案局先后印发《关于做好县乡党政机构改革中档案管理工作的通知》《关于组织全县档案进馆工作的通知》《关于征集具有地方特色档案资料的通知》《定陶县重大活动档案管理办法》等一批政策文件。制定《定陶县档案馆收集档案范围实施细则》，把撤并单位、破产企业、重大活动档案、民生档案等列入接收范围。采取接收和征集齐头并进，增量与增色同步提高的措施，开展档案资源体系建设。馆藏有文书、科技、实物、电子、音像、照片、会计、纪检、监察、人口普查、整党、抗战伤亡财产损失调研、死亡干部、房地产、知青、伤残抚恤、婚姻、诉讼、工商合同等25个门类、113个全宗6.2万余卷、0.45万余件的档案，排架长度776.021米，馆藏资料1.2万余册。检索工具编目齐全、分类科学、登记清楚、整理规范。

为加强县档案馆“五位一体”功能建设，1987年建设1372平方米的档案馆综合楼，并在2004年、2009等年度对馆库进行修缮，置换防盗门、铝合金窗户、粉刷内外墙等。按照档案安全保管、开发利用、信息化等工作需要，先后更新、配备档案密集架、视频监控设备、门禁系统、自动消防报警设备、自动除湿调温设备、臭氧消毒灭菌设备、增湿设备、温湿度自动数字记测设备、防磁柜、光盘刻录机、扫描仪、电脑、复印机、彩色打印机、碎纸机、数码照相机等设备，并配有飞扬等档案管理软件。2006年，县档案馆顺利地晋升为省一级综合性档案馆，成为菏泽市第一家晋升为省一级的县级综合性档案馆。2014年在全市率先晋升为国家二级档案馆。

第二节　社会档案

随着政治、经济的迅速发展和进步，档案事业有许多新领域需要去开拓。县档案局馆通过“6•9国际档案日”等宣传活动，大力提高社会档案意识，坚持经济建设到哪里，档案工作就延伸到哪里，不断扩大社会影响。1999年3月26日，菏泽地区档案工作会议暨农村档案工作现场会在定陶召开。1999年7月，定陶县在全省农业和农村档案工作经验交流会上作典型发言，县档案局和孟海镇被评为“全省农业和农村档案工作先进单位”，全县农村档案全部实行“村档乡管”。在开展民营企业档案管理创建活动中，通过组织民营企业参加企业建档现场会等方式，使其感受和体会到企业建档的重要性，调动他们建档的积极性和主动性。在民生档案建设方面，按照国家档案局《关于加强民生档案工作的意见》精神要求，对全县社保等民生档案进行指导，开发区档案、教育档案、土地延包确权档案等建档工作也已开展起来。

第三节　机关、团体、企事业档案

1991—2015年，县档案局履行档案工作的监督和指导职能，每年开展档案行政执法检查，同时实行持证上岗制度，全县有108人持有省档案局颁发的上岗证；举办档案管理考核、档案现代化管理等培训班20余次，累计培训档案干部1800余人次。在省级档案刊物上发表论文30余篇，专业技术力量进一步增强。同时贯彻落实国家档案局第8号令、10号令，深化机关企事业单位档案工作，全县10个镇、2个街道办事处，94个机关、企事业单位设置档案室，档案室面积1300余平方米，专（兼）职档案员108人，有文书档案3600多卷，科技、照片、业务等门类档案11.5万余卷。

为提高基层档案工作规范化管理水平，1989年开始，按照《山东省档案管理考核办法》开展认证工作，至2014年有3个单位晋升为省特级先进档案室，13个单位晋升为省一级先进档案室，23个单位晋升为省二级先进档案室，2015年，根据《山东省档案工作科学化管理规范》测评办法精神要求，开展档案工作科学化管理规范测评工作，28个单位测评为合格，县检察院、县法院被评为先进单位。

第四节　档案利用

县档案馆和档案工作者践行群众路线，通过开展档案利用“最佳服务窗口”“最佳服务明星”创建活动，通过推行“五无”工作法，通过档案查阅、咨询、函电代查、复制、网上公布等多种形式开展服务，为社会经济建设、招工、职改、房地产等提供档案信息。1991—2015年，共接待查档者1.2万余人次，查阅档案资料1.9万余卷（册）次，获经济效益200余万元，获省开发利用成果奖6项，获得省市档案工作改革创新项目奖5项，《定陶两夹弦的前世今生》《定陶战役　激战大杨湖》等纪实片在山东省电视台“山东往事——档案背后的故事”栏目播出，同时配合定陶县《组织史》《人大志》《工商志》《供销志》《物价志》等的编写及非物质文化遗产申报工作。以馆展室为基地，开展爱国主义、革命传统和县情等方面教育。2003年，设立现行文件服务中心，配合做好政务公开工作。

第三十编

文　物

WEN WU

定陶古称陶、陶丘，因春秋时期，越国著名政治家、军事家范蠡助越灭吴后，以“陶为天下之中”，定居经商而得名，是民政部命名的千年古县。全县共有全国重点文物保护单位1处，省级文物保护单位11处，市级文物保护单位11处，县级文物保护单位32处，已知文物点115处。定陶博物馆馆藏各类文物11862余件，其中，珍贵文物94件。

第一章　文物收藏

第一节　馆藏文物

定陶博物馆位于定陶新区府前大道中段南侧（定陶文化中心），建筑面积约2930平方米，展厅面积1600平方米，2005年，被批准为菏泽市爱国主义教育基地。定陶博物馆隶属县文物局管理，是全县的文物收藏中心，共收藏各类文物11862件（套），其中国家二级文物藏品9件，三级文物藏品85件，汉代文字砖1万余件（块）。

石斧　新石器时代。长12厘米，宽5.5厘米，表面磨光，双面刃，上部有一穿孔，官堌堆遗址出土。

骨针　新石器时代。官堌堆遗址出土。

陶俑　汉代制品，身高49厘米，泥制灰陶。

▲ 骑马俑

骑马俑　汉代制品。马俑身长43厘米，身高37厘米，呈卧状，马身表面通使釉绘，其上坐一武士，骑俑身高36厘米。

陶鼎　汉代文物，泥质灰陶，高16厘米，口径15.5厘米，素面，子母口，腹略鼓，圆底，三蹄足，附有对称长方镂孔竖耳，有盖，作覆盆状，鼎腹中部有一周凸棱。仿山墓群出土。

▲ 陶鼎

陶罐　汉代文物，高23厘米，平沿，宽唇，短颈，折肩，腹微鼓，圆底，底部饰绳纹，泥质灰陶。仿山墓群出土。

▲ 陶罐

陶壶　汉代文物。泥质灰陶，敞口，平沿，短颈，鼓腹，圈足，肩部两侧有铺首，带盖，盖平，其上附加三猫耳纽，高27厘米。仿山墓群出土。

瓷罐　元代文物。圆唇，敛口，腹略鼓，至中部急收成喇叭状，平底。器物外表施灰白釉

▲ 瓷罐

底，其上用酱紫色和酱黄色绘成草叶纹图案，通高26厘米。

瓷盆 元代文物。敞口，平沿，圆唇，口径47厘米，高12厘米，盆内外满釉，内施白釉底子，用酱紫釉绘成水波纹双鱼图案。

董其昌手卷 明代山水画。全卷长7.7米，宽3.5米。由字、画两部分组成，其中，字长1.65米，字体为行草，落款董其昌；画长1.70米，为山水树木，落款董元宰。1972年发现。董其昌，字元宰，松江华亭人，明万历进士，南京礼部尚书，其画独特深妙，集宋元诸家之长，为明代著名的书画家之一。

百兽木雕 清代雕塑。该木雕利用天然树木根，经过精心布置，雕刻成大象、鹰、狗、猪、牛、鹿等多种动物，其造型美观生动，颇具匠心，实为一艺术珍品。此件于1962年在张湾公社收集。

▲ 元代买地券陶砖

▲ 新石器时代晚期骨锥

▲ 新石器时代晚期双孔石刀

▲ 西汉白衣彩绘陶俑

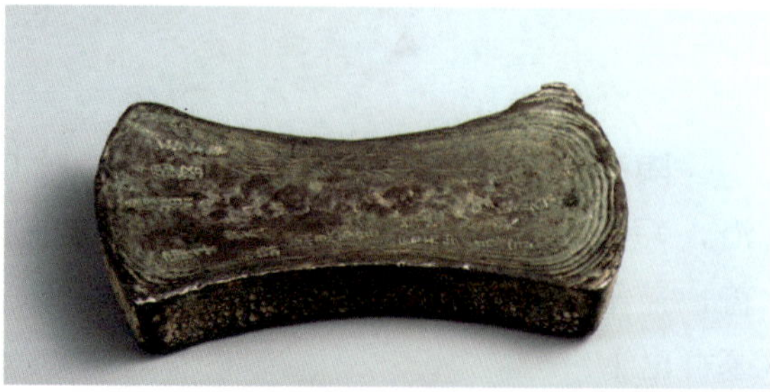

▲ 元代库银

▲ 金代青瓷盘

2015年定陶县主要馆藏文物一览表

表30-1-1

序号	器物名称	时代	来源	收藏时间	规格	级别	质地
1	元买地券陶砖	元	征集购买	1990	长55厘米、宽27厘米、厚7.5厘米，重4千克	二级	陶
2	西汉白衣彩绘陶俑	汉	发掘	1997	高41.7厘米、宽9.5厘米、厚8.5厘米，重2.48千克	二级	陶
3	元库银	元	征集购买	1964	长14.9厘米、宽8.9厘米，重1.98千克	二级	银
4	新石器时代龙山文化骨锥	新石器时代	征集购买	1978	长10.20厘米、直径0.27厘米，重5.4克	二级	骨角牙
5	金青瓷盘	金	发掘	1988	口径10.3厘米、足径3.5厘米、足高0.3厘米，重0.095千克	二级	瓷
6	岳石文化双孔石刀	—	征集购买	1956	长10.3厘米、宽4.3厘米，重0.09千克	二级	石
7	元库银	元	征集购买	1964	长14.9厘米、宽8.5厘米，重1.98千克	二级	银
8	新石器时代龙山文化骨锥	新石器时代	征集购买	1970	长9.4厘米、直径0.25厘米，重2.1克	二级	骨角牙
9	西汉白衣彩绘陶俑	汉	发掘	1997	宽9厘米、高42厘米、厚9厘米，重2.47千克	二级	陶
10	汉铁锸	汉	发掘	1996	长10厘米、宽10厘米，重0.185千克	三级	铁
11	元高足花卉瓷罐	元	征集购买	1978	高30厘米、口径16.5厘米、腹围85.0厘米、足径9.9厘米，重3.48千克	三级	瓷
12	清同治十一年圣旨	清	接受捐赠	1962	长219厘米、宽32厘米、心长202.5厘米，重0.11千克	三级	丝
13	汉彩绘陶马	汉	征集购买	1970	长42厘米、高36.5厘米，重7.38千克	三级	陶
14	战国绳纹灰陶罐	周	旧藏	1970	高26厘米、口径12.5厘米，腹围77厘米，重2.845千克	三级	陶
15	汉白衣陶俑	汉	征集购买	1962	宽12厘米、高48.5厘米，重2.095千克	三级	陶
16	元四系瓷罐	元	征集购买	1992	宽30厘米、口径5厘米、足径9.5厘米，重2.75千克	三级	瓷
17	汉白衣陶俑	汉	发掘	1997	宽9.7厘米、高46.5厘米，重2.795千克	三级	陶
18	清木刻门神印版	清	征集购买	1966	长28.5厘米、宽20厘米、厚3.8厘米，重1.315千克	三级	木
19	战国绳纹灰陶罐	周	征集购买	1970	高27厘米、口径13.4厘米、腹围79.5厘米，重3.055千克	三级	陶
20	明象牙笏板	明	接受捐赠	1970	长44.7厘米、宽7.2厘米、厚0.4厘米，重0.315千克	三级	骨角牙
21	新石器时代龙山文化骨锥	新石器时代	征集购买	1968	残长9.1厘米、直径0.8～0.6厘米，重0.012千克	三级	骨角牙
22	汉彩绘陶壶	汉	征集购买	1987	高43厘米、口径16厘米、腹围97厘米、足径18厘米，重5.8千克	三级	陶

续表30-1-1

序号	器物名称	时代	来源	收藏时间	规格	级别	质地
23	明素面铜镜	明	征集购买	1978	直径20.5厘米、厚0.8厘米，重1.155千克	三级	铜
24	汉灰陶坐俑	汉	征集购买	1972	宽7.6厘米、高20.5厘米、底座长9厘米、宽6厘米，重0.725千克	三级	陶
25	清银元宝	清	征集购买	1963	长12厘米、宽7.5厘米、高7厘米，重1.835千克	三级	银
26	元高足花卉瓷罐	元	征集购买	1975	高23厘米、口径16厘米、腹围77.5厘米、足径9.7厘米，重2.905千克	三级	瓷
27	汉彩绘陶马	汉	发掘	1998	长41.5厘米、高33厘米，重6.045千克	三级	陶
28	清乾隆夔龙纹花瓷盆	清	征集购买	1976	高28.5厘米、口径34厘米，重10.325千克	三级	瓷
29	新石器时代龙山文化骨箭头	新石器时代	征集购买	1970	长6.2厘米、宽1.4厘米、厚0.5厘米，重7千克	三级	骨角牙
30	汉白衣陶俑	汉	征集购买	1962	宽9厘米、高53厘米，重3.090千克	三级	陶
31	汉灰陶坐俑	汉	征集购买	1972	宽9厘米、高22厘米，重1.19千克	三级	陶
32	汉彩绘陶马	汉	征集购买	1970	长42厘米、高36厘米、口径47.5厘米、腹围130厘米、底径25.5厘米，重5.82千克	三级	陶
33	元双鱼瓷盆	元	旧藏	1981	高12.1厘米，重6.565千克	三级	瓷
34	东晋十六国德青窑四系瓷罐	东晋十六国	发掘	1976	高10.8厘米、口径5.6厘米、腹围46厘米、底径7.9厘米，重0.995千克	三级	瓷
35	清青釉开片双耳瓷瓶	清	接受捐赠	1977	高38.5厘米、口径18.5厘米、腹围67厘米、足径14.5厘米，重4.47千克	三级	瓷
36	汉灰陶俑	汉	征集购买	1962	宽8.1厘米、高46厘米，重1.3千克	三级	陶
37	新石器时代龙山文化骨箭头	新石器时代	征集购买	1970	长5.8厘米、宽0.5厘米、厚0.2厘米，重3.3千克	三级	骨角牙
38	汉灰陶俑	汉	征集购买	1972	宽6厘米、高21.5厘米，重0.605千克	三级	陶
39	西晋铺首衔环瓷罐	西晋	征集购买	1975	高29.5厘米、口径13厘米、腹围122厘米、底径18厘米，重6.59千克	三级	瓷
40	明人物铜镜	明	征集购买	1978	直径9.9厘米、厚0.9厘米，重0.1千克	三级	铜
41	西晋双系瓷罐	西晋	征集购买	1975	高35.8厘米、口径14厘米、腹围135厘米、底径19厘米/7.495厘米	三级	瓷
42	清咸丰五年圣旨	清	接受捐赠	1962	长306厘米、宽31厘米，重0.14千克	三级	丝
43	宋瑞兽葡萄铜镜	宋	征集购买	1978	直径8.7厘米、厚0.1厘米，重0.135千克	三级	铜

续表30-1-1

序号	器物名称	时代	来源	收藏时间	规格	级别	质地
44	明末清初董其昌山庄清夏图轴	明	旧藏	1972	长794厘米、宽31厘米，重0.3千克	三级	纸
45	战国错金铜龙带钩	周	征集购买	1976	长10.3厘米、宽0.9厘米、厚0.4厘米，重0.035千克	三级	铜
46	新石器时代龙山文化石镰	新石器时代	征集购买	1965	长13.5厘米、宽4.2厘米、厚0.6厘米，重0.105千克	三级	石
47	汉彩绘陶俑	汉	征集购买	1962	宽11厘米、高46.5厘米，重1.55千克	三级	陶
48	汉灰陶俑	汉	征集购买	1962	宽8.3厘米、高46厘米，重1.55千克	三级	陶
49	清乾隆双錾瓷罈	清	征集购买	1976	口径12.1厘米、腹围79厘米、底径15厘米，重2.78千克	三级	瓷
50	汉彩绘骑马俑	汉	征集购买	1970	长42厘米、高37厘米，重6.265千克	三级	陶
51	明青花瓷罐	明	征集购买	1980	口边长4.5厘米、腹围53厘米、底边长5.5厘米，重1.3千克	三级	瓷
52	汉玉杯	汉	征集购买	1963	高5.6厘米、口径7厘米、底径3.5厘米，重0.24千克	三级	宝玉石
53	汉灰陶鼎	汉	征集购买	1978	残高17.4厘米、口径19.5厘米、腹围64厘米、足高10.5厘米、耳高6.6厘米，重1千克	三级	陶
54	汉灰陶坐俑	汉	征集购买	1972	底座长9.5厘米、宽7厘米，重0.92千克	三级	陶
55	新石器时代龙山文化砍砸器	新石器时代	征集购买	1980	长10.80厘米、宽5厘米、厚3.8厘米，重0.45千克	三级	石
56	新石器时代龙山文化石斧	新石器时代	征集购买	1957	长11.3厘米、宽5.1厘米、厚2.3厘米，重0.285千克	三级	石
57	汉彩绘陶俑	汉	征集购买	1962	宽9.5厘米、高48厘米，重2.215千克	三级	陶
58	元龙泉窑瓷碗	元	接受捐赠	1976	口径15.5厘米、足径5.1厘米，重0.43千克	三级	瓷
59	汉彩绘骑马俑	汉	征集购买	1970	长43厘米、高40厘米、陶马高36厘米，重6.985千克	三级	陶
60	明末清初石碑	明末清初	征集购买	1980	高74厘米、碑身高64厘米、宽8.5厘米、厚10.5厘米、座长31.5厘米、宽20.5厘米、厚10厘米，重125千克	三级	石
61	元高足花卉瓷罐	元	征集购买	1979	高29.5厘米、口径17.5厘米、腹围92厘米、足径11.8厘米，重4.17千克	三级	瓷
62	元瓷盘	元	征集购买	1993	高3.6厘米、口径14.7厘米、足径6.1厘米，重0.22千克	三级	瓷
63	清天地三界木印版	清	征集购买	1966	长54厘米、宽40厘米、厚3.7厘米，重4.91千克	三级	木

续表30-1-1

序号	器物名称	时代	来源	收藏时间	规格	级别	质地
64	战国灰陶鼎	周	征集购买	1972	口径7.6厘米、腹围52厘米、足高6.6厘米，重0.93千克	三级	陶
65	汉铜锛	汉	征集购买	1976	长11.2厘米、宽4.3厘米、厚2.5厘米，重0.255千克	三级	铜
66	元四系“元”字纹瓷罐	元	征集购买	1975	高25厘米、口径5.1厘米、腹围55厘米、底径9.1厘米，重1.465千克	三级	瓷
67	汉彩绘陶马	汉	发掘	1998	长42厘米、高35厘米，重6.61千克	三级	陶
68	明千手铜佛	明	征集购买	1995	宽19.5厘米、高25.5厘米、底座直径13厘米，重2.04千克	三级	铜
69	汉铭文连弧铜镜	汉	征集购买	1978	直径15.4厘米、厚0.3厘米，重0.465千克	三级	铜
70	清往生解冤木印版	清	征集购买	1966	长21厘米、宽18厘米、厚3.5厘米，重0.86千克	三级	木
71	汉彩绘陶马	汉	征集购买	1970	长43厘米、高47厘米，重5.765千克	三级	陶
72	战国绳纹灰陶罐	周	征集购买	1972	高26厘米、口径12厘米、腹围71厘米，重2.335千克	三级	陶
73	新石器时代晚期龙山文化陶网坠	新石器时代	采集	1976	长4.6厘米、腹径1.7厘米、孔径0.5厘米，重0.015千克	三级	陶
74	汉灰陶鼎	汉	征集购买	1972	高17厘米、口径18.5厘米、腹围62.5厘米、足高7.5厘米、耳高6.3厘米，重1.795千克	三级	陶
75	金瓷盘	金	征集购买	1993	高3.4厘米、口径14厘米、足径3.8厘米，重0.205千克	三级	瓷
76	汉彩绘陶马	汉	征集购买	1970	长44厘米、高36厘米，重5.825千克	三级	陶
77	金双系瓷罐	金	发掘	1988	高14厘米、口径9.7厘米、腹围40厘米、足径6.7厘米，重0.415千克	三级	瓷
78	元高足花卉瓷罐	元	征集购买	1976	高25.5厘米、口径17厘米、腹围92厘米、足径10.5厘米、足高9.5厘米，重4.535千克	三级	瓷
79	汉白衣陶俑	汉	发掘	1997	宽10厘米、高45.5厘米，重2.36千克	三级	陶
80	西周绳纹灰陶罐	周	征集购买	1972	口径9.4厘米、腹围43厘米，重0.65千克	三级	陶
81	汉彩绘陶壶	汉	征集购买	1987	高46厘米、口径20厘米、腹围99厘米、足径25.5厘米，重6.17千克	三级	陶
82	明鎏金铜佛	明	征集购买	1996	宽19.5厘米、宽23.5厘米、厚12厘米，重3.495千克	三级	铜
83	清银元宝	清	接受捐赠	1963	长6.4厘米、宽4厘米、高4.7厘米，重0.365千克	三级	银
84	元瓷香炉	元	征集购买	1975	高9.8厘米、口径6.7厘米、腹围32厘米，重0.375千克	三级	瓷

续表30-1-1

序号	器物名称	时代	来源	收藏时间	规格	级别	质地
85	汉清明铜镜	汉	征集购买	1978	直径8.8厘米、厚0.6厘米，重0.17千克	三级	铜
86	商陶网坠	商	发掘	1987	长6.6厘米、腹径4.3厘米、孔径1.2厘米，重0.15千克	三级	陶
87	汉灰陶俑	汉	征集购买	1962	宽9.1厘米、高44厘米，重2.065千克	三级	陶
88	汉彩绘陶盒	汉	发掘	1997	高15厘米、腹围48.8厘米、底径4.6厘米，重1.07千克	三级	陶
89	新石器时代龙山文化石斧	新石器时代	征集购买	1957	长14.1厘米、宽6.2厘米，重0.6千克	三级	石
90	清乾隆褐釉葫芦瓷瓶	清	征集购买	1976	高33厘米、口径3.4厘米、大腹围59厘米、小腹围41厘米、底径10厘米，重1.595千克	三级	瓷
91	汉白衣陶俑	汉	征集购买	1962	宽12厘米、高48厘米，重2.21千克	三级	陶
92	西汉玉尺	汉	发掘	1999	宽1.6厘米、残长16厘米、厚0.1厘米，重0.03千克	三级	宝玉石
93	汉灰陶俑	汉	征集购买	1962	宽8.4厘米、高46厘米，重1.505千克	三级	陶
94	新石器时代龙山文化石斧	新石器时代	征集购买	1978	长6.5厘米、宽4.1厘米、厚2.7厘米，重0.125千克	三级	石
95	战国蚁鼻铜钱	周	发掘	1999	长1.3厘米、宽0.8厘米、厚0.3厘米，重2.5克	未定级	铜
96	西汉向行朱书陶砖	西汉	发掘	2014	长37.80厘米、宽19.60厘米、厚8.0厘米，重11.3千克	未定级	陶
97	西汉丁子明朱书陶砖	西汉	发掘	2014	长37.5厘米、宽18.70厘米、厚10.0厘米，重11.4千克	未定级	陶
98	西汉任史朱书陶砖	西汉	发掘	2014	长37.50厘米、宽19.10厘米、厚9.0厘米，重11.8千克	未定级	陶
99	西汉高孙朱书陶砖	西汉	发掘	2014	长38.20厘米、宽18.50厘米、厚9.9厘米，重10.9千克	未定级	陶
100	西汉尚然朱书陶砖	西汉	发掘	2014	长38.20厘米、宽18.40厘米、厚10.0厘米，重10.8千克	未定级	陶
101	西汉玉璧	西汉	发掘	2014	—	未定级	宝玉石
102	西汉丝袍	西汉	发掘	2014	—	未定级	丝
103	岳石文化陶鼎	岳石文化	发掘	2014	通高14厘米、口径13厘米、腹围34厘米、底径9厘米、足高6厘米	未定级	陶
104	新石器时代大汶口文化彩绘陶罐	新石器时代	发掘	2014	高16厘米、口径15.5厘米、腹围51厘米、底径9厘米	未定级	陶
105	先商陶鬲	商	发掘	2014	通高18.4厘米、口径16厘米、腹围53厘米、底径12厘米、足高5厘米	未定级	陶
106	商陶鬲	商	发掘	2014	通高23厘米、口径19厘米、腹围67厘米、足高10厘米	未定级	陶

续表30-1-1

序号	器物名称	时代	来源	收藏时间	规格	级别	质地
107	新石器时代大汶口文化陶鼎	新石器时代	发掘	2014	残高8厘米、腹围48厘米、足高5厘米	未定级	陶
108	新石器时代龙山文化陶罐	新石器时代	发掘	2014	高15厘米、口径13厘米、腹围47厘米、底径8厘米	未定级	陶
109	东周铜箭镞	东周	发掘	2014	通长8厘米	未定级	铜

第二节　民间收藏

20世纪90年代后，随着人民收入及生活水平的提高，社会各界群众对精神文化生活的追求越来越高，对艺术品收藏的兴趣越来越浓，收藏爱好者不断增加，定陶县民间收藏事业逐渐发展起来。为发挥民间收藏在保护地方文物及其他文化遗存作用，传承地方文化、丰富地域文化内涵，2012年9月，定陶县收藏家协会成立。协会编发《定陶收藏》简报，及时通报收藏活动讯息；为会员订阅《收藏界》《中国收藏家》等收藏类专业刊物；推介会员藏品200余件次；召开藏品展示及收藏经验交流会，普及与传播收藏鉴赏、藏品保护等方面的知识、经验，提高会员的收藏、鉴赏水平；号召会员注重藏研结合，撰写鉴赏类文章，先后在《收藏快报》《收藏》等诸多报刊发表藏品推介文章200余篇；提供文物保护线索10条。并开展了一系列的收藏、展览、交流等活动，带领民间收藏爱好者开展文物、文化遗存、工艺品、民俗用品等方面的收藏，保护了一批承载“鲁西南记忆”的“老物件”。至2015年，全县有中国收藏家协会会员2人，山东省收藏家协会会员5人，菏泽市收藏家协会会员42人，定陶县收藏家协会会员56人。民间收藏的项目、种类主要有陶瓷、字画、玉石、钱币，邮品、书籍、烟标、木器、铜器、杂项及民俗等。

民间收藏选介

商周透雕花纹铜当卢　呈长条形，状如铜片，上下长10.5厘米、左右宽3.3厘米、厚0.25厘米，透雕花纹，造型优美。

战国方足布币　高4.5厘米、宽2.5厘米，平板铲形，片状较薄，裤足则平直方正，正面有纪地钱文（铸币城邑名）。

秦代青铜升　通长26.5厘米，盛量容器部分有如小碗，满外直径12.5厘米，敞口内径10厘米，净深3.5厘米，可容1升（约合今天的200毫升）。手柄总长14厘米，宽1厘米，厚0.8厘米，两端分别铸造有立体感很强的龙头、狮头。

西汉连弧纹铭文透光镜　直径9厘米，厚0.4厘米，宽缘圆钮，钮座外有两个同心圆环及一圈内向八曲连弧纹，再向外两周栉齿斜纹环带中间有“内清而质而昭明，光而象夫日月，而雍塞不泄”18字铭文。

唐代释迦牟尼佛银造像　通高6厘米，上下可分为座佛、云水纹台座、覆莲底台三部分，属三段式结构，为一次浇铸成型，并对面部眉眼等进行了细部雕刻。座佛布巾裹头，肉髻高耸，身着袒右肩袈裟，盘腿高坐于云水纹莲台宝座之上，正在宣讲佛法。

唐越窑青瓷立鸟盖盘龙瓶　带盖通高24厘米，其中瓶高20厘米，盘口、束颈、鼓腹、圈足，腹径11厘米，腹上肩部贴塑一圈花条及缠绕颈部趴伏的地龙；盖高4厘米，坡面四下出戟型卷条饰，正中为捏塑的站鸟。除圈足外遍施青釉，可见开片。

宋模印双鱼莲纹釉陶花口圆盘　盘高3.2厘米，满外口径26.8厘米，胎较厚重，圈足宽矮。

撇口出沿，一圈曲折相连的出缺花口，盘内平面径达17厘米，模印有围绕着一朵盛开莲花的两条首尾衔接的鲤鱼。

金代刻款押记铭文铜镜　直径7.5厘米，厚0.4厘米，宽缘圆钮，器形规整。小圆柱形钮座外有一圈凸起的弦纹，弦纹与外缘间下凹，内有4个小乳钉，间铸有“家常富贵”四字铭文，“贵”字旁又铸有一浮雕的戳型“胡”字，外缘上还后刻有“河东委差官光字号”款及一花押。

明代刻藏文酥油灯　通高7.6厘米，为一次性铸造成型的三段式结构。灯油槽圆唇、撇口，上口直径7.8厘米；铃铛型底座为空心，外撇有收，近底的外坡面上阴刻有藏文铭文“甘丹寺金银室”。

清道光年制款粉彩人物鼻烟壶　高6.2厘米，径5.5厘米。壶体扁圆，圆口、鼓腹，椭圆形圈足内朱书“道光年制”，正背面分别用粉彩技法绘有“羲之爱鹅”“伯乐相马”图。

附：菏泽市陶朱古簪博物馆

菏泽市陶朱古簪博物馆位于县兴华路南建设银行南侧（原县图书馆），建筑面积约700平方米，展厅面积400平方米。是一家民办非营利性社会组织，由县文物局代管。2013年11月，由中国收藏家协会会员、县收藏家协会主席叶宏创办。为专题性博物馆，收藏千余枚发簪，形成了独具特色的古簪专题收藏系列。根据不同材质，分为骨簪、铜簪、银簪、玉石琉璃簪、鎏金簪、嵌宝点翠簪、竹木牙角簪与石雕模具等自成系列的多个版块，分门别类地摆放在8个展区，突出古簪发饰的民俗特色，展示古簪发饰文化的历史演进。

第二章　文物管理

第一节　文物普查

第三次全国文物普查　2007年11月，为规范、有序、高质量地完成定陶县第三次全国文物普查工作，根据“全国统一领导、部门分工协作、地方分级负责、各方共同参与的原则”，县政府专门成立“定陶县第三次全国文物普查领导小组”，主要负责普查工作的组织和领导，协调解决重大问题。2009年4月13日至2009年6月30日为野外实地调查时间，期间共登录不可移动文物古迹170处，其中，有遗址56处，古墓葬44处，古建筑34处，近现代重要史迹及代表性建筑29处，石窟寺及石刻7处。在56处遗址中，有新石器时代遗址11处、夏商周时期遗址5处、元明时期遗址15处、清代遗址16处，其他时期9处；在44处古墓葬中，有汉代墓葬7处、元代墓葬2处、明代墓葬9处、清代墓葬26处；34处古建筑大部分为清代建筑；29处近现代重要史迹及代表性建筑多为

▲　第三次文物普查调度会　（2009年摄）

20世纪60年代的代表性建筑，具有一定的时代特色；7处石窟寺及石刻多为定陶县历史名人的记事碑刻。145处不可移动文物古迹属新发现。复查25处，复查郭庄文化聚落遗址时发现新石器时代的标本，将定陶人类活动的历史向前推进近2000年，填补了定陶新石器时代中早期文化的空白。通过普查，全面掌握了定陶县不可移动文物的数量、分布、特征、保存现状、环境状况等基本情况，为构建科学有效的文化遗产保护体系提供依据。

根据新发现的重点不可移动文物的历史、科学、艺术价值，开展文保单位认定和申报工作。在充分听取有关文物专家的意见后，经过认真筛选，戴岗寺遗址、程庄遗址、大章寺遗址、范蠡墓、梁王台遗址及陈离生纪念馆等6处文物保护单位（点）申报为第二批市级文物保护单位；将祝奶庙遗址、曹楼曹氏墓地、卢庄村卢氏民居、赵庄村赵桐轩德教碑等41处新发现公布为定陶县第三批县级文物保护单位。

▲ 文物普查工作现场（2009 年摄）

可移动文物普查 2013年，为进一步提高历史文化遗产保护管理水平，根据国务院《关于开展第一次全国可移动文物普查工作的通知》精神，结合定陶工作实际，开展第一次全国可移动文物普查工作。

通过普查，全面掌握定陶县现存国有可移动文物的数量分布、保存状况、保管权属和使用管理等情况；总体评价可移动文物保护现状，为科学制定保护政策和规划提供依据；建立、完善可移动文物认定体系、文物档案和可移动文物名录及基于现代信息技术的可移动文物信息管理平台，为文物的标准化、动态化管理创造基础条件；建立可移动文物信息的知识产权保护制度，实现文物信息资源的整合与合理利用。至2015年12月，文物局录入上报文物系统内藏品1862件，系统外藏品26件。

物证调查 2015年，作为山东省唯一的试点县，自10月25日至11月5日，定陶县完成对1949年以后定陶农村经济发展变迁物证资源调查试点工作。全县共调查物证11555件，其中，生产工具、生活用具、文献文档类物证分别为2264件、3141件、3159件。通过此次物证调查，基本掌握了全县各镇街1949年以后农村经济社会发展变迁物证的数量和分布情况、物证的种类及其保存情况；为以后的物证征藏工作创造基础条件。

▲ 物证资源调查（2015 年摄）

第二节 文物保护

1990年10月，县文物管理委员会成立，由分管副县长任主任，文物保护单位所在地乡（镇）长及文化、建设、财政、公安、土管、工商等有关部门负责人为成员，下设办公室，办公室设在县文物管理所，指导和协调全县文物的保护管理和开发利用等工作。1995年，为加强对文物的保护和管理，经县人民政府批准，成立县文物管理处，正科级事业单位，负责全县的文物保护管理和野外文物的开发利用。1996年4月，成立县田野文物巡查大队，具体负责文物遗址的保护、管理，制定保护规划及其他工作的协调等工作。文物管理所、田野文物巡查大队都隶属县文物管理处。2003年10月，调整充实县文物管理委员会成员，委员会办公室设在县文物管理处。文管处主任兼办公室主任，进一步加强对县文物保护管理和开发利用工作的指导。

▲　全县文物工作会议　(2013年摄)

严格执行《中华人民共和国文物保护法》，按照“保护为主、抢救第一、合理利用、加强管理”的方针，全县建立“县、乡、村”三级文物保护网络，实行文物专管员制度。文物保护股和县文物保护稽查队负责对全县各重点文物的巡查和保护；各镇街文化站长兼任文保员，负责本镇街的文物保护工作；各行政村建立群众性的文物保护组织，对各文物保护单位采取聘任文物专管员的办法进行保护。在第三次全国文物普查工作中，通过坚持边普查边保护的原则，县委县政府及相关文物部门高度重视新发现文物的保护，将其作为文物普查的一项重要工作和主要成果，及时做好“四有”应急工作。对新发现较为重要的文物遗迹，县“三普办”及时划定保护范围和建设控制地带，成立文物保护工作领导小组，建立健全县、乡镇、村（责任人）三级文物保护网络，并签订文物安全责任书，聘用文物保护员，确保不可移动文物的安全。

县内重点文物保护单位全部做到“有保护范围、有保护标志、有档案记录、有专门机构或指定专人管理”。县博物馆制定严格的规章制度，24小时由专人值守，进入库房必须有分管局长签批，必须2名工作人员同时在场。2013年，设立义务巡视员，负责文物点的保护范围及建设控制地带内的保护管理；有权制止盗掘古文化遗址和违章建设的行为；每月向县文物主管部门通报文物保护情况；向本行政区域内的群众传达上级文物管理部门关于文物点保护的指示精神和意见；宣传文物保护法及其他有关文物保护法律规定；宣传各类文物保护法规；收集、追缴非正常出土的文物。

第三节　考古与发掘

定陶汉墓（王陵1号墓）　定陶王墓地（王陵）位于定陶县城西约16千米，马集镇大李家村西北2000米处。该墓群东西长530米，南北宽280

▲　发掘现场　(1999年摄)

米，占地面积14.84万平方米，早年地表上残存封土墓葬有3座，墓群东北部是1座大型券顶石室墓（1号墓），西北部是1座大型积砂“黄肠题凑”墓（2号墓），中南部是1座石室墓（3号墓）。

中华人民共和国成立初期，残存封土堌堆（在3个墓葬之上）高的10米，低的8米多。20世纪60年代，当地村民拉土积肥、平整土地，堌堆遭到破坏，远处看墓地还稍高于周围地表。第二次全国文物普查时，将此处定为商周至汉的古文化遗址。因历代称此处为灵圣湖，故命名灵圣湖遗址（1号墓），发现采集许多商周至汉代陶器残片。

▲ 汉墓用砖 （2015年 叶宏 摄）

1999年6月至11月，菏泽市文物处和定陶县文管处联合对1号墓进行抢救性清理发掘。1号墓是一座大型“甲”字型土坑竖穴券顶石室墓，由封土、墓道、墓门、墓室四部分组成。封土是从原地面直接夯打堆实而成。封土边长约为160米，面积约2.56万平方米，残存封土最大厚度11米；斜坡墓道南向，墓道壁板筑而成。墓道长7.5米，北宽南窄，深0～5米；墓门上宽下窄，高2.3米，进深0.8米，石块直缝平砌封门；墓室平面呈长方形，墓顶距地表3.2米，墓室通高8米，南北长10.7米.东西宽7.6米，整个墓室由券顶和长方形室组成。长方形室由石头错缝平砌而成。清理墓室时发现九块石头上有文字，能确认的字有：“孔口口”“阮”“庄口生”“明大夫”等。墓被毁严重，未见棺椁及人体骨架。出土器物有铜器、玉器、陶器、瓷器、铁器、金箔、玉尺、金箔、车马器上的鎏金铜构件、泡钉等一批文物。虽曾被盗，从残存的文物及墓葬规模来看，此墓应属于王侯级别的墓葬；另一座墓葬3号墓亦为大型定陶王墓地。

定陶汉墓（王陵2号墓） 2009年，第三次全国文物普查时发现定陶王墓地（王陵）2号墓。2010年10月，经国家文物局批准，由山东省文物考古研究所、菏泽市文物管理处、定陶县文管处联合组队对定陶王陵2号墓进行抢救性发掘。定陶王陵是一座规模较大、墓葬形制独特的汉代帝王墓群，因为多次黄河淤土掩埋较深，陵园遗迹深埋于地下10余米，陵园大小规模不清，有待今后的试探发掘。早年在地表曾采集到商周至汉代的陶片，至20世纪50年代初期保留有3个堌堆（封土堆），在农业学大寨时期被取土平毁，后多次在堌堆上发现被盗掘的现象。

定陶王墓地（王陵）2号墓是一座大型积沙“黄肠题凑”墓葬，墓葬现存地表封土直径90余米，墓葬整体结构呈“甲”字形，斜坡状墓道东向。墓圹近方形，边长约28米，墓圹上部封土，下用青膏泥进行封护，青膏泥之下为封沙，厚约1米左右。封沙之下方为墓室顶部的封护青砖，墓顶封砖共两层，用砖计1.5万余块，完整的有1.3万余块。绝大多数砖上面有文字，文字有朱书、墨书、刻写、戳印四种形式，还有刻划符号等。青砖之下为大型木椁。墓葬椁室大致呈方形，椁室边长约23米。经测算，整个墓室木材总量约在2420立方米左右。墓葬墓门向东，有前、中、后3个墓室，各墓室左右又分别有侧室共8个侧室；墓室外为一周木构迴廊；迴廊之外为一周12个外藏椁。整个墓室共有大小房间23间，其布局完全对称。墓葬中室为主室，有梓棺1具，梓棺外表髹漆，有漆画和彩绘。在主墓室门口，考古工作者发现1处器物坑，内藏竹笥1个，竹笥内有丝袍1件，丝袍后背处缝有透闪石玉璧1枚。经专家判断，主墓室前发现器物坑，这在汉代考古中尚属首次；发现的丝袍也是目前发现的中国北方地区最完整的织品，其后背处缝制玉璧的葬制形式也是首次发现。

十里铺北堌堆遗址　十里铺北堌堆遗址位于仿山镇十里铺村西北约100米处，菏商公路及菏曹运河斜穿占压遗址的东北角。遗址由北部的堌堆及南部、东南部墓地构成，南北总长约350米、东西宽约300米，总面积9万余平方米。2013年冬，为配合定陶县菏曹运河湿地景观带工程建设，山东省文物考古研究所会同菏泽市及定陶县有关考古专业机构，先后对十里铺北遗址进行两次抢救性考古发掘。2014年下半年至2015年春季进行大规模的勘探和发掘。经勘探了解，遗址完全淤埋于地表下，由北部的堌堆遗存及西南、东南部的两块岗地构成，北部堌堆大体呈圆丘状，直径约180～190米，总面积约3万平方米，现存约2.7万平方米，遗存文化堆积平均厚达2米，上部普遍覆盖0.7～2.1米厚的淤积层，包含大汶口文化、龙山文化、岳石文化、商、东周、汉、唐等不同时期的文化遗存，尤以龙山文化、岳石文化、商代晚期遗存最丰富。西南、东南部的岗地发现有东周、汉代夯土遗迹及墓葬。发掘区主要位于沿河施工范围内北部堌堆东边缘，并在南部探沟局部解剖，取得重要收获。

以遗址为中心，半径1.2千米范围内，周围环以官堌堆、仿山、何楼、程庄、十里铺、高河等6处堌堆遗址，形成北辛文化晚期至夏商周时期连续发展的堌堆遗址群，这是一个区域性政治实体，而十里铺北遗址则是该政治实体的中心。十里铺北遗址是鲁西南地区现存古文化延续时间最长、保存最完整、发掘面积最大的堌堆遗存，是研究、展示6000余年该区域环境变化、社会演变的绝佳实例。遗址是在东西文化交汇地带发现

▲　十里铺北堌堆遗址发掘全景

的第一座夷商城址，是东夷西进、先商南下、晚商东渐路线上的重要城邑，是鲁、豫、皖交界区夏商考古的重要突破。该区域是新石器时代晚期至夏商时期东夷文化与中原文化接触地带，是夏商时期东西势力碰撞、冲突、融合的关键地域，可能与《史记•殷本纪》所载汤伐夏桀“还亳”途经的“泰卷陶”有关。中华人民共和国成立以来，鲁西南地区考古工作较少，甚至考古学文化面貌等基本问题都模糊不清，更难以深入开展有关史实的研究。该遗址的发掘，不仅可建立、廓清该区域新石器时代晚期至夏商时期的文化序列及面貌，还可以据此展开与周围区域的对比研究。尤其城址的存在及表现出的复杂文化面貌，对深入探讨以岳石文化为代表的东方势力在夏商文明形成期所扮演的角色和所起的作用，在研究夏商时期东西方势力的互动、融合过程具有重要价值。2015年5月14日，山东省文物局组织考古、文物保护方面专家，对考古发掘工地进行验收和成果认定，验收等级为优。专家一致认为这是山东省迄今为止首次对堌堆遗址开展的大规模考古发掘工作，该遗址大汶口文化中期遗存的发现填补了鲁西南地区考古学文化空白，岳石文化、晚商时期城址以及先商文化遗存的发现对研究夷商关系具有重要意义。它的发现和发掘成果，具有十分重要的考古学研究价值和保护利用价值。

第三章　文物保护单位

至2015年，全县共有全国重点文物保护单位1处，省级文物保护单位11处，市级文物保护单位11处，县级文物保护单位32处，已知文物点115处。

第一节　全国重点文物保护单位

定陶王墓地（王陵）位于县城西约16千米，马集镇大李家村西北2000米处。墓群东西长530米，南北宽280米，占地面积14.84万平方米，是一处至少包括3座大型墓葬的汉代墓群。第二次全国文物普查时，定为商周至汉的古文化遗址。因历代称此地为灵圣湖，故命名灵圣湖遗址（1号墓）。1999年6月至11月，菏泽市文物管理处和定陶县文管处联合对1号墓进行抢救性清理发掘。从残存的文物及墓葬规模来看，此墓应属于王侯级别的墓葬；另一座墓葬3号墓亦为大型王侯级墓地。

2009年，第三次全国文物普查时发现定陶王墓地（王陵）2号墓。2010年10月，经国家文物局批准，由山东省文物考古研究所、菏泽市文物管理处、县文物管理处联合组队对定陶王陵2号墓进行抢救性发掘。定陶王墓地（王陵）2号墓是一座大型积沙“黄肠题凑”墓葬。入选2011年“中国考古六大新发现”和“2012年度中国十大考古新

▲ 全国重点文物保护标志碑　　（2014年摄）

发现”。此墓葬是全国目前所见规模最大、规格最高、结构独特、保存最完整、最具典型性代表意义的一座汉代黄肠题凑墓葬，是黄肠题凑葬制发展到最为成熟的晚期阶段的典型代表，是目前研究西汉帝陵的唯一实体标本。2013年3月被国务院公布为第七批全国重点文物保护单位。

第二节　省级重点文物保护单位

2015年，定陶县共有省级重点文物保护单位11处。

仿山墓群　位于仿山镇何楼行政村仿山新村西北200米，城西北6千米，菏商公路东1千米处，是一处西周至春秋时期的曹国贵族墓地。仿山系累土为山，分为东西两山。东山南北长约340米，东西宽约90米，最高处约12米；西山南北长约140米，东西宽约54米，高约4米。总面积3.816万平方米。公元前21世纪，周武王灭商之后，其弟曹叔振铎被封于曹，都陶丘。叔振铎死后，葬于陶丘东北7.5千米处，曹国历代国君为显示其经济实力和政治权势，将其墓地封高加大，逐渐形成高阜，仿佛如山，故称仿山。自曹叔振铎至伯阳25代均葬于此。到了汉代，仿山之上又有多人葬于此。从东山、西山南部断壁观察，已暴露多座汉代的石匣、砖室墓葬，并出土部分汉代文物。据文献记载和实地考察，仿山墓群为周代和汉代的墓葬地。墓群上有明嘉靖三十九年（1560年）的重修仿山庙记碑1通；明天启年间玉皇庙记碑1通；百神殿前有3个石碑坊，其中，中间的石碑落款为清乾隆三十二年（1767年），左侧的石碑落款为清道光五年（1825年），右侧的石碑共9通，由于年代久远，字迹模糊，无法辨认。1977年12月，仿山被公布为第一批山东省文物保护单位。

▲ 仿山墓群　(2015 年摄)

官堌堆遗址　位于仿山镇姜楼村西南400米处，县城西北6千米，菏商公路西1千米处。遗址内涵丰富，文化层暴露十分明显，有灰层、烧土面、蚌壳坑和灰坑等，采集到商代的泥质灰陶陶罐残片、夹砂灰陶陶鬲口沿残片，汉代的泥质灰陶素面陶罐残片、陶豆残片等。原遗址面积为南北82米、东西80米的大堌堆，总面积6560平方米。现堌堆南北15米、东西8米、高8米。

▲ 官堌堆遗址　(2015 年摄)

据司马迁《史记》载：“正月，诸侯及将相相与共请尊汉王为皇帝……甲午乃即皇帝位汜水之阳。”汉高祖四年（前203年），刘邦战败项羽，平定西楚，回师定陶，曾在此召开八王会议。汉高祖五年（前202年）正月，梁王彭越、楚王韩信等七王联名请求汉王刘邦登基称帝。同年二月初三，刘邦在此堌堆上，举行登基大典，故此堌堆名官堌堆，又名受命坛或即位坛。中华人民共和国成立后，堌堆前有一清代石碑竖立，碑文为“汉高帝受命坛”，1990年，只存“受命坛”3个字。官堌堆既是一处珍贵的原始文化遗址，又是汉朝兴起的策源地。1979年，被定陶县革命委员会公布为县级文物保护单位。1992年，被山东省人民政府公布为省级文物保护单位。

左山寺遗址 位于马集镇郭庄南300米处，是一处新石器时代、商、东周、汉代的聚落遗址。遗址南北长400米，东西宽200米，总面积8万平方米。地势较高，呈堌堆状，土质较黑，比较疏松。因遗址上建有寺庙而得名为左山寺，所有建筑于20世纪60年代遭人为破坏。在遗址上发现龙山文化的陶罐、商代的陶鬲、晚商的陶鬲足、汉代的陶盆口沿，现遗址上有明嘉靖年间（1522—1566年）《左山兴华禅院寺记》、明万历（1573—1620年）重修兴华禅寺碑、明万历三年（1575年）《重修兴华禅院印造大藏经碑记》、明万历十八（1585年）年《游左山寺记》、清乾隆《重修观音庙堂金桩神像碑记》等碑刻。遗址为研究定陶县龙山文化至汉代的聚落址提供了翔实的资料。1982年全国第二次文物普查时首次发现，被定陶县人民政府公布为县级文物保护单位。2006年被山东省人民政府公布为省级文物保护单位。

左山寺也称“法源寺”，曾是隋唐时期“全国六大名寺之一”，寺中藏有佛教圣物—定光佛舍利，佛教高僧赵州和尚临济大师当年在此落发出家。据《山东通志》载：“山南即旧州治（左城），岗阜连属，林木交映。”当年寺院高大宏伟，古树参天，林木成荫，风景宜人。春秋左丘明父葬于左山。后人有“前贤磊落在春秋，爽气葱茏曜帝邱。太史已随山木古，残阳犹照左山头”的诗句。“左岗林樾”成为定陶古八景之一。

戚姬寺遗址 位于杜堂镇戚姬寺行政村寺后王村内，南部有一条生产路穿过，北部建有民房，东临生产路，西为居民，是1处新石器时代至汉代的聚落址。因汉代建有戚姬寺而得名。1978年首次发现，1979年被定陶县革命委员会公布为县级文物保护单位。2006年，被山东省人民政府公布为省级文物保护单位。遗址南北长112米，东西宽84米，总面积9408平方米，高2米。南部有一条东西向生产路穿过，生产路南侧有1壕沟，壕沟南有古井1眼。第三次全国文物普查对该遗址进行复查，未采集到标本。

楚汉相争时，彭城（今徐州市）一战，刘邦失利，逃至定陶，夜宿戚家寨（今戚姬寺东），与戚姬结为夫妻。戚夫人就此有孕，后生子如意。汉高祖五年（前202年），刘邦在官堌堆登基做了皇帝，建都洛阳，后迁长安，接戚姬及其子如意入宫，封如意为赵王。汉高祖十二年（前195

▲ 左山寺遗址保护碑

▲ 戚姬寺遗址 （2010年 王世宾 摄）

年），刘邦死，吕后掌权，遂以鸩酒害死赵王如意，斩戚夫人四肢，使居厕中，命曰“人彘”。戚姬被害，戚家被抄，戚姓人逃往戚庄隐居，并改姓齐。汉文帝元年（前179年），文帝刘恒即位后，即在此修建寺院，纪念戚夫人，故称为“戚姬寺”，有大殿3间及配房。院内古树参天，傍晚时分，晚鸦归巢，绕寺飞鸣，似哀戚姬，故“戚堌晚鸦”成为定陶八景之一。

项梁墓　位于滨河街道堌堆刘村南30米，东、南临生产路，西临耕地，北临居民，是1处秦汉时期的贵族墓地，平面呈椭圆形，状似覆锅，现存封土南北130米，东西52米，最高处2米，占地面积6760平方米。1979年首次发现，被定陶县革命委员会公布为县级文物保护单位。2006年被山东省人民政府公布为省级重点文物保护单位。该墓地为研究汉代的贵族墓地提供了宝贵的资料。

项梁，秦末农民起义军领袖，下相（今江苏宿迁）人，楚国贵族，名将项燕之子，与其侄项羽诛杀会稽郡守，在吴（今江苏苏州）起义。项梁率大军所向披靡，屡战屡胜，横扫中原广大地区，军威大震，在围攻定陶城时，项梁骄傲放松了警惕，秦二世二年（前208年）八月，秦将章邯乘夜偷袭，项梁军大败，项梁战死，葬于定陶，即项梁墓。

▲ 项梁墓　(2015 年摄)

梁王台遗址　位于滨河街道石庄行政村贾楼村西北100米，东、西、南临生产路，北临耕地。是1处新石器时代至汉代的聚落址。1979年，被定陶县革命委员会公布为县级文物保护单位。2009年12月，被菏泽市人民政府公布为市级文物保护单位。2013年，被公布为山东省文物保护单位。原遗址南北117米，东西75米，高5米，总面积8775平方米。现堌堆南北50米，东西35米，高2米。土质为灰褐色黏土，较疏松。梁王台文化堆积厚约6米，采集可辨的陶器有龙山文化夹砂，灰陶绳纹甗，夹砂泥质灰陶方格绳纹罐、蓝纹罐、泥质灰陶甑，岳石文化夹砂红陶罐，泥质灰陶豆，商代夹砂绳纹甗。泥质灰陶绳纹瓮，东周时期夹砂红陶绳纹鬲，泥质灰陶绳纹罐。汉代泥质灰陶豆，绳纹板瓦等。

▲ 梁王台遗址　(2013 年 叶宏 摄)

秦朝末年，彭越聚众起义，初事项羽，反秦助楚。楚汉战争时，彭越率3万将士归顺刘邦，略定梁地，屡断项羽粮道，汉高祖五年（前202年），彭越被册封为梁王，都定陶。彭越为王期间，修筑高台，点将练兵。汉高祖十一年（前196年），彭越以阴谋叛乱之罪被吕后杀害，后人为纪念梁王彭越，就把其阅兵点将的高台称为“梁王点将台”或“梁王台”。遗址上曾有东岳行祠1座，台下建有大殿3间，内墙绘以壁画，雕梁画柱，栩栩如生。殿前还有凉亭1座，20世纪60年代被拆除。

范蠡（陶朱公）墓　位于滨河街道崔庄村北200米，南距景观道150米，北邻堌堆刘村，定（陶）陈（集）公路东侧，东北与项梁墓相望，

▲ 陶朱公墓　　（2015年 叶宏 摄）

东西均为耕地，是一处东周（战国）时期的名人墓。墓地封土南北70米，东西100米，最高处4米，墓顶呈椭圆形，墓向东南，占地7000平方米。保护范围为：东西138米，南北120米。2013年10月，被公布为山东省重点文物保护单位。墓地为研究儒商范蠡（陶朱公）提供了宝贵资料。

据《史记》载：范蠡助越灭吴后，弃官从商，先到齐国，后居定陶，自称陶朱公，19年三致千金，是儒商最早的代表人物，开创了儒商思想的先河，对儒商思想的形成和发展做出了开创性的贡献，成为彪炳千秋的儒商典范。被历代商家尊为“商祖”“财神”。据《曹南文献录》载：“卒老死于陶”。明及清顺治十二年《定陶县志》均载：“范蠡（陶朱公）墓在定陶县城东北五里。”

定陶战役指挥部旧址　位于张湾镇沙山寺村中部，大门朝西，四周均为居民，共13处院落，院落大部分是四合院结构，分布于南北走向的胡同两侧，为集中成片的传统村落。它是定陶战役时晋冀鲁豫野战军司令部驻地。整个旧址的建筑风格为大小不等的毛坯房，土墙硬山起脊，小灰瓦覆顶，但大多数院落破败闲置，只有位于张思义家的首长指挥室尚有人居住。战役指挥部设在村民张思义家四间正房（土坯房），刘邓首长指挥室在正房最西头1间，仍保留有战役时曾用过的桌子、方厨等。房顶已维修，屋内房檩上写着：大清宣统四年二月十六日建，主人张传英，匠人张天王。

1946年9月3—8日，晋冀鲁豫野战军在定陶、菏泽、东明、曹县4县交界处组织了歼灭蒋军4个旅的定陶战役，是中国人民解放军在鲁西南战场上的一次以少胜多的战例。2009年第三次全国文物普查时登录上报为新发现文物点，命名为定陶战役指挥所旧址。2011年7月被定陶县人民政府公布为第三批县级文物保护单位，更名为定陶战役指挥所。2015年6月，被山东省人民政府公布为第五批省级文物保护单位，更名为定陶战役指挥部旧址。是菏泽市爱国主义教育基地。

十里铺北堌堆遗址　十里铺北堌堆遗址位于仿山镇十里铺村西北约100米处，菏商公路及菏曹运河斜穿占压遗址的东北角，离定陶城区西北约5千米。以该遗址为中心，周围绕以官堌堆、仿山、何楼、程庄、十里铺、高河等6处堌堆遗址，形成了从新石器时代晚期至夏商周时期持续发展

▲ 定陶战役指挥部　　（2014年摄）

▲ 十里铺北堌堆遗址　　（2014年 叶宏 摄）

的遗址群。该遗址发现于2013年冬季菏曹运河拓宽工程施工过程中，2014年7月至12月和2015年7月至10月，山东省文物考古研究所、菏泽市历史文化与考古研究所、县文物局联合组成考古队，进行2次大规模发掘工作。经勘探与发掘表明，堌堆遗址包含大汶口文化、龙山文化、岳石文化时期、商代、周代文化遗存，该遗址大汶口文化中期遗存的发现填补了鲁西南地区考古学文化空白，岳石文化、晚商时期城址以及先商文化遗存的发现对研究夷商关系具有重要意义。2015年被公布为山东省文物保护单位。

刘庄堌堆遗址　位于张湾镇刘庄村东500米，西距菏（泽）民（权）公路约3000米，东距店子新河3000米。是一处龙山时期至汉代的聚落址，因遗址上建有大章寺院而得名。1976年，菏泽地区文物工作队首次发现；1982年，被定陶县人民政府公布为县级文物保护单位；2009年，被菏泽市人民政府公布为市级文物保护单位。第三次全国文物普查对其进行复查，未采集到标本；2015年被公布为山东省文物保护单位。遗址南北长160米，东西宽64米，总面积1.024万平方米。土质为黄褐色，较疏松。1950年以后，由于周围村民取土积肥，现存堌堆南北长75米，东西宽40米，高2米，大都辟为耕地。此遗址为研究定陶县新石器时代至汉代的聚落址提供了翔实的资料。

面集墓群　位于定陶县黄店镇西面集村正北120米，东北与孟海镇的侯楼村相邻，西北与半堤镇的沈庄村接壤，南边120米是西面集村，是一处汉代墓群。1982年，全国第二次文物普查时首次发现。墓群东西200米，南北455米，总面积18.2万平方米，中间有一条南北生产路从遗址上穿过。遗址土质为黄褐色，较疏松。第三次全国文物普查对西面集汉墓群进行复查，未发现标本。此遗址为研究定陶县汉代的普通墓葬提供了宝贵资料，2015年6月，被公布为第五批省级文物保护单位。

第三节　市级文物保护单位

至2015年，定陶县被菏泽市人民政府公布市级文物保护单位共11处。

▲ 刘庄堌堆遗址　（2015年摄）

▲ 牛屯村牛氏祠堂

2015年定陶县市级文物保护单位一览表

表30-3-1

序号	名称	批次	公布时间	时代	位置
1	程庄遗址	第一批	2009.12	商至周	仿山镇程庄村东南
2	戴岗寺遗址	第一批	2009.12	春秋至汉	冉堌镇何庄村西
3	陈离生故居陈列馆	第一批	2009.12	民国	冉堌镇东陈楼村
4	柏林寺遗址	第二批	2015.03	明代	半堤镇柏林寺村
5	观音寺遗址	第二批	2015.03	明代	天中街道办事处观堂村
6	张李庄姑庵寺遗址	第二批	2015.03	明代	陈集镇张李庄村
7	牛杨村汜阳古寺遗址	第二批	2015.03	清代	马集镇牛杨村
8	陈集村李玉民民居	第二批	2015.03	清代	陈集镇陈集村
9	卢庄村卢氏民居	第二批	2015.03	中华民国	马集镇四合行政村卢庄村
10	牛屯村牛氏祠堂	第二批	2015.03	清代	孟海镇牛屯村
11	齐庄齐鸿猷故居	第二批	2015.03	清代	陈集镇齐庄村

第四节　县级文物保护单位

至2015年，定陶县共公布县级文物保护单位32处。

2015年定陶县县级文物保护单位一览表

表30-3-2

序号	名称	批次	公布时间	时代	位置
1	王路口江岔府遗址	第三批	2011.07	清代	冉堌镇王路口村
2	牛王寺遗址	第三批	2011.07	汉代	马集镇费庄村北
3	李君辑遗址	第三批	2011.07	元代	马集镇李君辑村
4	沙山寺遗址	第三批	2011.07	清代	张湾镇沙山寺村
5	谷庄谷氏纪念堂遗址	第三批	2011.07	清代	陈集镇西谷庄村
6	张花楼荆城殿遗址	第三批	2011.07	东周	半堤镇张花楼村
7	琉璃庙遗址	第三批	2011.07	明代	孟海镇琉璃庙村
8	游东村王氏祠堂遗址	第三批	2011.07	清代	仿山镇游东村
9	曹楼村曹氏墓地	第三批	2011.07	明代	冉堌镇曹楼村
10	马楼村马御史墓	第三批	2011.07	明代	马集镇马楼村
11	马集元代墓群	第三批	2011.07	元代	马集镇马集西南
12	张菜园汉墓群	第三批	2011.07	汉代	天中街道福田木糖醇厂北侧

续表30-3-2

序号	名称	批次	公布时间	时代	位置
13	孔连坑孔氏墓地	第三批	2011.07	清代	滨河街道孔连坑村
14	东中王氏墓地	第三批	2011.07	清代	张湾镇一千王东中村
15	八里庙汉墓群	第三批	2011.07	汉代	陈集镇八里庙村西南2里
16	周庄汉墓群	第三批	2011.07	汉代	半堤镇周庄村北
17	大陈楼村陈氏墓地	第三批	2011.07	明代	黄店镇大陈楼村
18	耿庄村李氏墓地	第三批	2011.07	清代	黄店镇耿庄村西
19	孔李楼汉墓群	第三批	2011.07	汉代	黄店镇孔李楼村
20	河刘村刘氏民居	第三批	2011.07	明代	张湾镇湾子张河刘村
21	后大井村古井	第三批	2011.07	明代	杜堂镇辘湾后大井村
22	赵庄村赵桐轩德教碑	第三批	2011.07	清代	马集镇袁堂赵庄村
23	吕楼村吕老夫子德教碑	第三批	2011.07	清代	天中街道吕楼村
24	赵坤寨扬水站	第三批	2011.07	1972	马集镇赵坤寨村
25	吕沟抗日模范村纪念碑	第三批	2011.07	1999	张湾镇吕沟村中心街
26	孟繁金英雄纪念碑	第三批	2011.07	1952	冉堌镇折桂集村
27	万福河曙光桥	第三批	2011.07	1972	半堤镇郝岗屯村
28	定陶县烈士陵园	第三批	2011.07	1969	菏商公路西100米
29	乔迁墓碑	第三批	2011.07	明代	仿山镇乔楼村
30	祝奶庙遗址	第三批	2011.07	明代	冉堌镇祝奶庙村
31	刘店村南丁寺遗址	第二批	1982.03	汉代	黄店镇西刘店西南
32	大李庄遗址	第二批	1982.03	龙山、商、东周	南王店镇大李庄

第三十一编

卫生

WEI SHENG

1991年后，定陶县医疗卫生系统通过对管理体制、用人制度、城镇乡村医疗体制、医药制度、新型农村合作医疗、公共卫生服务均等化等一系列深化改革，全县医疗、防疫、疾病预防控制、乡村卫生、妇幼保健、卫生监督、公费医疗、食品药品监督管理、医疗生产经营等工作都获得了长足发展。1996年，通过全国消灭丝虫病验收，被卫生部授予“全国防治丝虫病先进县”。2003年4月，面对“非典”疫情，全县卫生系统工作人员，全面动员、沉着应战、措施果断、依靠科学、群防群控、加强合作，确保定陶成为一方“净土”。全面推行“病人选医生”“病人选医院”制度，促进了医疗技术的提高和服务态度的改善，缓和了医患关系。2006年4月，全面推行新型农村合作医疗制度，2010年，参合率100%。2011年，全面实施国家基本药物制度，人民群众“看病难、看病贵”问题得到有效缓解。2013年，定陶县卫生局被省卫生厅评为“全省新型农村合作医疗管理先进单位”。2015年，顺利通过省级慢性病防控示范县评审，县妇幼保健院被国家卫计委授予“爱婴医院”牌匾。全县参加基本医疗保险的城镇职工43507人，实现“小病不出村，大病不出县”的卫生医疗目标。

第一章　医疗卫生体制改革

第一节　城镇医疗管理体制改革

1991年，县卫生局对全县医疗卫生管理体制进行改革，在医院内部推行综合目标管理责任制，层层签订合同，合同目标落实到人。1994年，加强卫生宏观调控管理，实行院（站、所、校）长负责制，制定出台综合效益责任制管理方案，改革经费管理和分配制度。1999年8月，推行全员聘任制，实行优化组合，竞争上岗。对被聘用人员实行岗位补助或职务补助；对落聘人员通过集中学习培训或自费进修之后，经过考核重新上岗。2000年，进一步深化内部运行机制的改革，加强成本核算，奖优罚劣，建立优质、低耗、高效、便捷的运行机制，全面推行“病人选医生”“病人选医院”制度，推动医疗机构之间和医院内部各环节、各岗位公平竞争，促进医疗技术的提高和服务态度的改善。2004年起，鼓励多主体投资、多形式办医，发展民营医疗机构，融医疗、预防、康复于一体的社区卫生服务机构。2005年，在全县范围内推行以聘用制为主的事业单位新的用人制度和绩效工资制，按需设岗、公平竞争、择优聘用，并对卫生事业单位内部分配制度进行改革。2006年起，县卫生局打造周边医疗服务高地的战略目标，在县直医疗单位开展“树名医、建名科，创名院”活动，加强人才的引进和培养。加大医疗市场和公共卫生监督执法力度，严厉打击非法行医、非法采血和虚假医疗广告，纠正行业不正之风，整顿和规范医疗市场秩序。2009年3月，为建立中国特色医药卫生体制，逐步实现人人享有基本医疗卫生服务的目标，提高全民健康水平，中共中央、国务院出台《关于深化医药卫生体制改革的意见》。定陶成立医改工作领导小组，全面指导全县医药卫生体制改革工作。县卫生局成立以局长为组长，分管领导为副组长，相关单位和各股室负责人为成员的推进医药卫生体制改革领导小组，设立具体办事机构，科学制订推进方案，细化分解责任，严格督导考核。至2015年，一个分工合理、相互协作、公平竞争、规范运行的新型城镇医疗卫生服务体系初步形成，基本实现“大病不出县”的卫生医疗目标。

第二节　乡村医疗体制改革

乡镇卫生院改革　乡镇卫生院在三级医疗卫生网络中处在枢纽位置，起到承上启下的重要作用。2006年开始，县卫生局按照“五个统一（即统一标识牌、统一功能新区和工作制度、统一医疗文书、统一宣教内容、统一财务管理）”“四个公开（即公开诊疗收费项目和收费标准，公开合作医疗报账程序和财务运行程序，公开全体工作人员、医疗科室基本情况，公开公共卫生服务项目、服务流程、服务目标和任务）”“三个创建（即农村卫生工作创品牌、卫生院管理创特色、卫生院内涵质量创一流）”的要求，成立医护医技专家组，定期检查指导医护医技质量；通过组织召开现场会、观摩评比等方式，对乡镇卫生院的注射室、诊疗室、抢救室建设进行全面规范；成立会计核算中心，对乡镇卫生院财务实行“集中管理、分户核算”，实现收支两条线，规范乡镇卫生院的财务管理行为。定陶县作为第三批国家基本药物制度实施县，2011年6月30日，在全县各乡镇卫生院正式实施。2012年3月，扩大到一体化村卫生室，建设药品招标采购平台，安排专人负责管理。全县18个乡镇卫生院、社区卫生服务中心及一体化卫生室，所需药品全部在省药品招标平台统一采购、统一配送，零差率销售。同步推行基层医疗卫生机构综合改革，对乡镇卫生院核岗定编，实行竞聘上岗，18个乡镇卫生院通过民主测评、竞聘考试和综合考核，择优聘用869人，分流安置38人；28人符合条件的人选参加乡镇卫生院院长竞聘，有18人被选拔任用到院长岗位上，其中，竞聘调整3人。此项改革，菏泽市医改办专门编发多期简报、信息等在全市推广，并代表全市接受省医改办考核。

行政村卫生室改革　2008年开始，县卫生局在全县推行乡村卫生组织一体化管理，确保作为三级医疗卫生网网底的村卫生室的规范有序运行。共建设197个村级卫生服务站，并按照“三制（聘任制、工资制、养老保险制）、四统一（统一行政、统一业务、统一财务、统一药品）”的模式进行管理。全县形成以乡镇卫生院为中心，服务站为补充，服务半径不超过1.5千米（就诊群众步行15分钟内到达）农村群众就医圈，基本实现群众“小病不出村”的目标。

第三节　医药制度改革

1998年，县卫生局开始对药品、医疗器械采购实行一体化管理。2002年，县卫生局结合实际，调整部分医疗收费项目，适当提高了能够体现知识劳务价值的技术劳务价格，降低大型医疗设备检查费。2003年，在全县医疗机构中推行药品、医疗器械集中招标采购制度。2011年，定陶县实施国家基本药物制度（国家基本药物制度是对基本药物目录制定、生产供应、采购配送、合理使用、价格管理、支付报销、质量监管、监测评价等多个环节实施有效管理的制度）。在实施过程中，县卫生局做到“组织领导、宣传培训、资金投入、政策落实、措施配套、责任追究”6个到位。2014年10月，定陶县作为第二批公立医院改革试点县，推行县级公立医院综合改革。县医院、县中医院2所县级公立医院，实行药品零差价销售。县医院全部734种药品平均降价约28%，最高降价60%；县中医院全部429种药品平均降价约49%，最高降价65%。取消药品加成后，药品价差总量的80%由调整医疗服务价格补偿，其余的20%通过医院加强核算、节约成本及政府补偿解决。

第四节　公费医疗改革

1991年以前，全县实行公费医疗经费包干、定点就医的办法。1991年改革公费医疗制度，门诊治疗在职干部职工个人负担15%，退休人员个人负担10%；省以上门诊、住院个人负担部分均提高5%。1993年，采取两定点（定点治疗、定点医院管理）、三挂钩（单位、个人、国家）原则，门诊个人负担50%，住院个人负担20%，单位负担仍按县公费医疗管理暂行办法执行。离休干部、伤残军人年医疗费分别为360元、250元，个人暂不负担；在职、退休人员年人均医疗费定额标准由原来的60元提高到100元。1997年8月，撤销县公费医疗管理委员会，成立县医疗保险管理委员会，推行普通疾病和重大疾病两种医疗保险形式。职工普通疾病医疗保险金，由县乡财政、投保单位和个人按150元、60元、30元的比例分担，二等乙级以上伤残军人由县乡财政负担。离休干部、二等乙级以上伤残军人和副县级以上领导干部在原标准基础上提高10%。医疗保险实行定点医疗、医院管理制度。2001年1月，实行城镇职工基本医疗保险制度。基本医疗保险基金的筹集，由用人单位和职工个人共同负担。用人单位按全部职工月工资总额的6%缴纳；职工按本人月工资的2%缴纳。职工个人缴纳的基本医疗保险费，全部计入个人医疗账户。用人单位缴纳的基本医疗保险费的30%左右划入职工个人医疗账户。2005年以后，参保人数逐年增加。至2015年，全县参加基本医疗保险的城镇职工43507人。

第五节　农村合作医疗

1991年，定陶县农村合作医疗制度重新启动。县人民政府印发《关于在全县农村推行集体医疗保健制度的通知》，制定《定陶县农村合作医疗章程》，对组织领导、管理制度、筹资方式、实施办法等作出具体规定。大部分乡镇实行“合医合药”的模式，个别经济基础薄弱的乡镇实行“合药不合医”的方式。但由于筹资款较少，报销比例低，效果不明显而未能坚持。2002年，国家开始推行新型农村合作医疗制度，是由政府组织、引导、支持，农民自愿参加，个人、集体和政府多方筹资，以大病统筹为主的农民医疗互助共济制度，是缓解农村居民“因病致贫、因病返贫”问题的一项重大决策。定陶作为省新型农村合作医疗试点县，于2006年4月正式启动实施新型农村合作医疗制度。农民以户为单位自愿参加合作医疗，每人每年缴费10元，由乡镇统一收缴。财政每人每年补助40元（中央和省级财政26元、市级财政4元、县财政10元）。设立家庭账户基金、大病统筹基金和风险基金，纳入县新型农村合作医疗财政专户，实行收支两条线管理，封闭运行、专款专用、自求平衡、结余转用。参合人员的门诊费用从家庭账户基金中按100%报销支付。住院医药费设起付标准，按比例报销，每人每年累计实际报销不超过2万元。参合农民住院费用的报销补偿比例和数额全部由计算机管理系统按报销补偿规定自动生成，不能人为地修改和变动，确保报销补偿的公正性。参合农民门诊、住院费用可当场报销，实行门诊、住院“一卡通”，使参合农民到医疗机构就诊时有充分选择的余地。在实行基金专户管理的基础上，在基金使用上实行公示制度，参合农民报销补偿情况公示到每个自然村；建立举报有奖制度，鼓励社会各界及群众对新农合违规行为进行举报；推行会审制度，县城医院对预计报销金额

▲ 计生家庭享受新农合优惠政策　　（2012 年摄）

在4000元以上及意外伤害的住院参合农民，乡镇医院对预计报销金额在1200元以上及意外伤害的住院参合农民要进行会审，防止合作医疗基金的流失；规范住院分类管理制度，要求各定点医疗机构对参合农民住院到出院都要严格查验“两证”（合作医疗卡、身份证），县新型农村合作医疗管理办公室凭“两证”及《参合农民住院登记表》给予报销补偿。实行大病补偿制度，凡患有白血病、尿毒症、小儿先天性心脏病、乳腺癌、血友病、重症精神病等疾病列入重大疾病补偿范围。至年底，全县参合农民453982人，参合率为85.97%。对新型农村合作医疗工作，县委、县政府建立健全合作医疗管理机构，完善规范合作医疗制度，采取多种措施加强对合作医疗资金的管理与监督，确保把农民的“救命钱”真正用在农民身上。2008年，财政补助由每人每年40元增加到74元。2009年，农民个人负担由每人每年10元提高到20元，财政补助由每人每年74元提高到80元，住院报销起付线乡镇定点医院提高到100元，县外定点医院下调到300元。补偿比例乡镇定点医院达到70%，县级定点医院达到50%～60%，县外定点医院达到30%～50%。住院报销封顶线提高到5万元。补偿范围由门诊、住院，扩展到孕产妇分娩、新生儿报销补偿、参加商业保险报销补偿、健康查体等。2010年，全县新型农村合作医疗农民参合率为100%。2013年，被省卫生厅命名为全省新型农村合作医疗管理先进单位。为进一步减轻病人的经济负担，2013年，新型农村合作医疗启动大病保险二次报销，参保农民在保险年度内的医疗费用经新型农村合作医疗报销后，个人自付超过8000元的部分，按照50%的比例再给予报销，使报销比例增加。“二次报销”指的是由定陶县政府统一为全县参合农民向商业保险机构购买一份大病健康保险，为每人每年交纳15元保费，所需资金从城镇居民基本医疗保险基金中划拨，参保个人不必再另外缴费。参保农民患20种类的大病患者先由新型农村合作医疗按70%的报销比例给予报销，剩余部分的合规费用由保险公司再给予补偿。具体补偿比例是：对个人负担的合规医疗费用8000元以内（含8000元）的合规医疗费用补偿比例为17%，超出8000元的部分补偿比例为73%。个人最高年补偿限额为20万元。为方便参合农民报销，定陶县还出台规定，要求商业保险系统与新型农村合作医疗报销系统实现对接，凡与全县新型农村合作医疗系统联网的定点医疗机构，实行参合农民现场报销，县外未联网医院就医的参合农民回定陶人寿保险公司一楼新农合大病保险联合报销处报销。至11月，定陶县共救治20类重大病患者7114人次，新型农村合作医疗报销3048.55万元，保险公司补偿767万元，占购买大病保险基金的116%。随着宣传工作的加强和合作医疗优惠政策的显现，参合率也越来越高。2015年，全县新型农村合作医疗筹资水平提高到人均400元，其中各级政府补助320元，将参合患者的医疗费用报销比例提高到75%左右，从一定程度上解决了农民群众“小病扛、大病拖”和“看病难、看病贵”的问题。

第六节　基本公共卫生服务均等化

2009年，卫生部出台《关于促进基本公共卫生服务逐步均等化的意见》，要求推行基本公共卫生服务均等化，开展建立居民健康档案、健康教育、预防接种、传染病防治、儿童保健、孕产妇保健、老年人保健、慢性病管理、重性精神疾病管理9项服务，人均经费15元，其中，国家拨付10.5元、地方配套4.5元。以后每年人均经费增加5元。2015年，基本公共卫生服务项目增加到12项，人均经费45元，其中，国家拨付31.5元、地方配套13.5元。至年底，累计建立居民电子化档案480726份，建档率83.18%；65岁及以上老年人健康管理33864人，管理率58.59%；规范管理高血压患者23253人，规范管理率66.61%；规范管理2型糖尿病患者7788人，规范管理率69.63%；规范管理重性精神疾病患者1439人，规范管理率73.76%；0～6岁儿童系统管理35942人，系统管理率87.50%；孕产妇规范管理1070人，管理率61.24%；“八苗全程接种率”89.85%。

第七节　民办医院

1991年以前，全县民营医疗机构多为个体诊所，2002年以后，随着医疗体制改革的深入，为适应市场经济的需要，更好地发展卫生事业，在多主体投资、多形式办院政策鼓励下，定陶县民办医院日益发展。至2015年，全县有民办医院有友和医院、永康医院、仁和医院、东方医院4所，综合门诊2处，个体诊所16个。民办医院是由社会出资举办的医疗卫生机构，为确保民办医院的健康发展，县卫生局对其注重加强监督检查，除在每年履行校验检查的基础上，对其单项工作不断进行抽查，发现问题，及时给予提出整改意见，使其能更好地依法经营，为病人提供更好的服务。

第二章　医　疗

第一节　基础设施建设

20世纪90年代，县乡两级医疗单位加快基础设施建设步伐。2000年以后，通过抢抓国家政策机遇，争取国家“360”“1127”工程、拉动内需项目和医改项目及医院滚动发展自筹资金，进行城乡卫生基础设施建设。2006年，争取国家及省财政资金265万元，建设乡镇卫生院4个。2009年，孟海镇中心卫生院病房楼建设项目争取国家资金50万元，县配套50万元；马集镇卫生院病房楼建设项目争取国家资金50万元，县配套30万元。2010年，县医院外科综合病房楼争取国家及省资金1330万元，市县配套870万元；2011年，杜堂镇卫生院病房楼建设项目争取国家及省资金90万元，县配套20万元。2012年，县医院急救中心建设项目争取上级业务用房建设资金和急救车资金100万元；自筹资金4000万元，建设内科综合病房楼。冉堌镇中心卫生院综合病房楼争取国家资金80万元，市县配套290万元；黄店镇卫生院综合病房楼建设项目争取国家及省项目资金95万元，

▲ 20 世纪 90 年代的定陶县第三人民医院

▲ 马集镇卫生院

市县配套204万元；仿山镇卫生院综合病房楼建设项目争取国家及省资金58万元，市县配套102万元；张湾镇中心卫生院综合病房楼建设项目争取国家资金80万元，市县配套190万元。2013年，孟海镇中心卫生院综合病房楼建设项目争取国家资金85万元，市县配套275万元。2015年，陈集镇中心卫生院病房综合楼建设项目争取国家及省资金115万元，地方配套245万元。

在公共卫生和社区卫生服务体系建设方面，投资356.6万元，建设县疾控中心、县医院传染病区和妇幼保健站门诊综合楼。投资100多万元，建成1个社区卫生服务中心、4个服务站。

在村卫生室提升改造方面，争取中央、省投资金570万元，规划提升改造村卫生室197所，于2009年全部完成，提前一年完成建设任务，通过省财政厅、卫生厅专家评审、验收，是全市一次达标的2个县之一。

第二节 医疗队伍

医疗队伍 1991年，全县卫生技术人员1125人。其中，中医65人，西医319人，护理403人，其他338人。之后，逐年接收大中专院校毕业生充实到医护队伍，并增加部分医疗人员实行人事代理。2000年，全县卫生技术人员1395人，其中，医疗463人，护理352人，医技87人，药剂89人，其他404人。2005年，卫生技术人员1502人，其中，医疗574人，护理309人，医技124人，药剂136人，其他359人。2010年，卫生技术人员1645人，其中，医疗679人，护理447人，其他519人。2009年后，全县卫生事业单位开始实行公开招聘。2015年，全县卫生技术人员1823人（高级职称84人，中级职称414人，初级职称1325人），其中，医疗798人，护理578人，其他447人，医疗队伍不断扩大和加强。

医师职业管理 1998年《中华人民共和国执业医师法》颁布。1999年开始，按照《执业医师法》的规定，每年国家举行执业医师考试，考核合格者取得《医师资格证书》并办理医师资格注册。2015年，全县共有1245人取得《执业医师证书》（包含助理执业医师）。凡未取得《医师资格证书》或虽取得资格证书未注册者，一律不准从事医疗职业。县医疗监管部门对非法行医者，一经发现予以取缔。

护理执业管理 1994年，依照《中华人民共和国护士管理办法》规定，对全县在岗护理工作人员实行执业资格认定，凡符合管理办法规定条件的人员直接过渡，办理护士执业资格证书，对不符合条件者调离护理岗位。1996年开始，每年新上岗护理人员参加国家举办的护士执业考试，对成绩合格者进行首次注册，发给护理执业资格证书，当年，通过考核取得资格42人。其后，每逢双年进行一次护士再次注册考核，合格者予以注册，不合格者不予注册，取消护理执业资格。至2015年年底，全县共有1226人取得护士执业资格。

▲ 护士技能比赛 （2010年 张振 摄）

第三节　医疗技术

1991年开始，全县各医疗机构随着医疗仪器设备的更新和高学历、高职称人才的引进，加之智力投资力度的加大和上级专家的传帮带，医疗技术水平显著提高。县医院具有开展人工髋关节置换术、呼吸内镜诊疗术、消化内镜治疗技术、普通外科内镜诊疗技术、泌尿外科内镜治疗技术、妇科内镜诊疗技术、鼻科内镜诊疗技术、咽喉科内镜诊疗技术等先进的医疗技术。定陶县妇幼保健院在1991年只能开展平产接生，后逐步开展剖宫产、子宫切除、卵巢肿瘤切除，宫外孕手术、输卵管通液等治疗业务。定陶县中医院发挥中医特色，推广中医适宜技术，坚持传统中医治疗和先进技术的推广，开展了针灸、拔罐、刮痧、牵引、电疗、超激光治疗、三维正脊、经络导平等治疗技术。乡镇医院最初只能诊治内、外、妇、儿、中医、五官科常见病、多发病，手术也仅限于开展阑尾炎、疝气等疾病的诊治。至2015年，能够做骨科的股骨头置换、泌尿科的前列腺摘除、消化系统的胃大部切除、妇科的剖宫产、子宫全切等大型手术。非手术类疾病的诊治工作有的接近或达到县级医院水平。

▲ 学习中医诊疗技术　　(2013年摄)

第四节　医疗设备

1991年，全县各医疗卫生机构共开放医疗床位1305张。主要医疗设备有200毫安X光机、100毫安X光机、脑电图机、心电图机、超声波、心电监护仪、显微胃镜、血球计数仪、手术床等。1995年以后，各医疗机构加大医疗设备投入，购置和更新大批医疗设备和医疗器械，进一步提高诊断检查水平。1997年，定陶“120”急救中心开始试运行，免费接诊急危重症病人。1998年，“120”与“110”“122”“112”形成联动。2003年，县医院投资270万元购置800毫安X光数字胃肠透视机；2005年投资305万元购置双排螺旋CT；2014年投资1160万元购置128层螺旋CT，投资1290万元购置1.5T超声核磁共振。至2015年，定陶县医疗机构拥有心电监护仪、呼吸机、彩超、全自动生化分析仪、800毫安X数字胃肠透视机、双排螺旋CT、128层螺旋CT、1.5T超声核磁共振等多台（套）先进仪器设备。全县开设医疗病床2575张，医疗设备配备较为齐全。

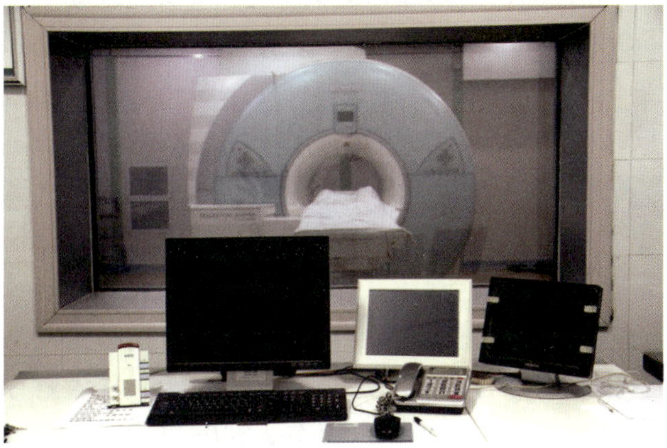

▲ 定陶县医院核磁共振系统

第三章 疾病预防控制

第一节 计划免疫

疫苗冷链管理和运转 为加强冷链运转，1992年县防疫站购进南京仪征车；1995年购进金杯面包车用于计免冷链。1999年以前，乡镇未设立预防接种门诊，防保站负责疫苗接种，逢单月5、15、25日运转。2000年，各乡镇开始设立接种门诊。2002年，各乡镇创建示范化、规范化预防接种门诊，运转频次逐渐增加。2002年以后，省财厅4次对定陶县、乡疫苗冷链设备进行补充和更新，县对各乡镇疫苗冷链设备使用情况进行监督管理。2005年3月，国务院颁布《疫苗流通和预防接种管理条例》，疫苗管理和预防接种进入法制化轨道，各项工作进一步规范。2006年省财厅为县防疫站配备疫苗运输车。2008年省财政厅为县防疫站配备8平方米冷库用于疫苗贮存。同年，全县18个预防接种门诊统一配备电脑、打印机等信息化设备，并与省卫生厅联网。2011年，全县18所乡镇卫生院预防接种门诊实现周一至周五接种，城区实行按日接种。2012年，在城区增设滨河预防接种门诊。同年，医院产科接种室完成信息化建设，并对卡介苗实施及时接种，计划免疫工作全面进入信息化管理阶段。2013年，陈集、冉堌、黄店3镇建成数字化接种门诊，2014年通过省级验收。2015年在张湾、仿山、杜堂建成3个数字化预防接种门诊。数字化门诊建设提高了预防接种门诊整体形象，方便了群众。同年，疾控中心配备冷藏车用于疫苗运转。

预防接种 20世纪90年代初，国家实行卡介苗、脊髓灰质炎、百白破、麻疹4苗接种的基础免疫。为落实国家《实现基础免疫三个85%达标验收十年规划》，在县乡强化开展新生儿童基础免疫建卡率、发证率、接种率3个85%达标工作。1991年，第二个85%评审中，定陶县的评审成绩是98.20%，被省防疫站评为“计划免疫工作先进县”。1995年顺利通过第三个85%评审。2002年，县防疫站将乙肝疫苗、流行性乙脑疫苗，流脑疫苗纳入计划免疫管理。2007年，国家实施扩大免疫规划，将甲肝疫苗、流脑疫苗、乙脑疫苗、麻疹腮腺炎风疹联合疫苗、无细胞百白破疫苗纳入免疫规划。定陶除流行性出血热疫苗、炭疽疫苗和钩端螺旋体疫苗外，达到了12种疫苗预防11种传染病。2008年，开始落实疫苗免费接种政策，出现2例流脑后无新发病例。2010年，出现1例乙脑病例后无新发病例。在常规免疫基础上，经过多年强化免疫，降低了麻疹发病率和病死率。同年，国家实行基本公共卫生项目，预防接种是其中一个项目，项目的实施为免疫规划疫苗持续免费服务提供了保障。2014年，含麻疹成分疫苗第2、3剂次全部使用麻疹腮腺炎风疹联合疫苗接种。同年，省将免疫规划疫苗接种率纳入政府科学发展观考核指标，进一步提高政府对免疫规划工作的重视。

脊髓灰质炎防控 为落实国家《1990—2000年消灭脊髓灰质炎十年规划》，在脊灰疫苗常规免疫基础上，连续多年开展强化免疫、扫荡式免疫，提高急性弛缓性麻痹病例监测系统工作质量。县领导每年在儿童计划免疫日到一线亲自给儿童喂服脊灰疫苗，引起社会重视。1992年，防疫站组织各科室人员分片下到各乡镇督导疫苗强化工作，摸清0～4岁儿童底数，及时喂服疫苗，做到送苗到口、看服到肚、不咽不走、吐了再补原则。自1991年底发现1例本土野病毒引起的病例后，再无病例发生，结束了脊髓灰质炎在定陶发生的历史。2007年、2014年因接种脊灰减毒活疫苗，发生2例脊灰疫苗相关病例，及时给予规范化处理，并经省专家组复核后，给予补偿。

第二节　传染病防控

随着人民生活条件和卫生意识的提高，境内传染病发病处在低流行状态。

霍乱、副霍乱防治　1998年，发生1次疫情流行，全县报告几十例疑似病例，确诊5例。由于发现及时并采取积极有效地预防和消毒措施，疫情被迅速控制，1998年以后无霍乱疫情发生。但对霍乱的防治从未间断，每年规范各医疗机构按时做好肠道门诊的开诊和腹泻就诊病人登记、快检工作，开展肠道传染病防治知识培训和宣传等，确保霍乱病例的及时发现和处置。

病毒性肝炎防控　肝炎是传染病防治的重点，20世纪90年代，经监测乙肝病毒携带者在10%以上。2005年国家将乙肝纳入重点控制传染病，定陶开始实施产科接生新生儿首针接种乙肝疫苗，有效提高了新生儿乙肝疫苗接种率和首针及时接种率。根据《2006—2010年山东省乙型病毒性肝炎防治规划》和《山东省乙肝疫苗查漏补种实施方案》，县防疫站于2009年至2011年分2批对1994年至2001年出生儿童开展乙肝疫苗查漏补种，共补种93198人次，补种率为99.91%。经流行病学调查，15岁以下儿童乙肝病毒携带率降至1%以下。

抗击“非典”　2003年4月20日至7月25日，全国暴发传染性非典型肺炎疫情，县委、县政府带领干部群众，贯彻落实党中央、国务院确定的“沉着应战、措施果断、依靠科学、有效防治、加强合作、完善机制”工作方针，全面动员，群防群控，做到进入定陶境内人员一个不漏查，输入病例一个不传播，医务人员一个不感染，救治病人一个不延误，确保定陶成为一方“净土”。4月，定陶县防治“非典”指挥部成立，卫生防疫站迅速动员，成立流调组、消杀组、监测组、疫情组、宣传组、指导组等若干工作组，各工作组不畏艰险，严防死守。在防治“非典”期间，强化疫情监测和疫情报告工作，对人员流动进行监控和管理；做好防治宣传工作，组织专家讲座，印发宣传材料23万份；设立9个健康检查站，对疑似疫区和途径定陶车辆进行消毒，为进县及返乡人员查体9万余人次，及时做好每名发热病人排查工作，对返乡夏收人员采取村头、户外隔离；指导医院建立发热门诊，监督学校、托幼机构内外环境消毒、学生晨检，加强餐饮单位和娱乐场所监管。确保定陶没有出现“非典”病例，保护了人民群众健康和社会稳定。

手足口病防控　2008年，卫生部将手足口病纳入法定报告传染病管理。2009年，全省手足口病暴发流行，县委、县政府和县卫生行政部门高度重视，全县卫生系统快速反应，有效应对，科学防范，多次召开手足口病防控工作会议，实行日报告制度，动员各部门，群防群控，对手足口病等重点传染病防控工作进行部署和安排。加大对手足口病疫情的网络直报和主动监测力度，每月开展疫情分析预测，特别是发现聚集性病例和暴发疫情苗头时，及时开展相关调查和采取措施控制疫情，做到早发现、早报告、早隔离、早治疗。关注农村、幼托机构和小学等重点地方手足口病疫情，对聚集性病例和重症病例开展流行病学调查，每天派专人在定点医院进行流行病学调查和医学隔离观察，并采集标本进行病原学检测。县卫生防疫站召开专项培训会议，组织专家到农村、学校、医疗机构等地，入病房、访病人、召开座谈会，调研和指导手足口病防控工作。结合教育部门深入辖区托幼机构，开展防控工作督导，并现场指导幼儿园晨检、消毒、健康教育等工作。利用发放宣传单、电视访谈、报纸介绍等多种形式开展手足口病健康教育工作，印刷12万份宣传单发放到7岁以下儿童家庭，为每个村发放防控知识录音带并督导其播放，宣传手足口病防控知识。2009年，全县共报告处置手足口病病例1450余例。2010年以后，每年3月至7月手足口病疫情均处于高发流行期，通过落实各项防控措施，全县疫情一直较平稳，无暴发疫情发生。

甲型H1N1流感防控 2009年，甲型H1N1流感疫情暴发，定陶县迅速成立防控甲型H1N1流感领导小组及相关组织，制定应急预案，组织专家举办电视讲座，提高全县人民的甲型H1N1流感防控能力。定陶县疾控中心备齐各项防控物资及消杀药品，制定详细的接种方案和计划，开展甲型H1N1流感疫苗接种工作，为全县易感人群免费接种甲型H1N1流感。优先接种人群为：关键岗位的公共服务人员，学生及教师、公安干警、慢性疾病患者等，因疫苗数量有限，考虑到高三学生的特殊性，定陶县决定把高三学生、教师作为第一批接种对象，2010年上半年完成接种任务，共接种73638人，全县未发生大面积甲型流感暴发流行。

艾滋病防治 2002年，全县发现首例艾滋病感染者。2004年县政府成立防治艾滋病工作委员会，县防疫站成立艾滋病防治科，开展艾滋病调查、监测、病例随访治疗、宣传教育、业务培训等工作。2006年，建立艾滋病筛查实验室。同年，发现首例男男同性恋感染者。2010年，在县直医疗机构建立3处自愿咨询检测点，启动全球基金艾滋病项目。2013年，增加4家乡镇卫生院的自愿咨询检测点。疾控中心落实“四免一关怀”（“四免”是：①对农村居民和城镇未参加基本医疗保险等保障制度的经济困难人员中的艾滋病病人免费提供抗病毒药物；②在全国范围内为自愿接受艾滋病咨询检测的人员免费提供咨询和初筛检测；③为感染艾滋病病毒的孕妇提供免费母婴阻断药物及婴儿检测试剂；④对艾滋病病人的孤儿免收上学费用。“一关怀”是：将生活困难的艾滋病病人纳入政府救助范围，按照国家有关规定给予必要的生活救济，扶持有生产能力的艾滋病病人，避免对艾滋病感染者和病人的歧视）政策，开展艾滋病宣传教育“六进”活动（进单位、进建筑工地、进学校、进车站、进家庭、进医疗卫生单位），采取多种形式进行宣传，对艾滋病感染者及病人按照国家治疗方案进行抗病毒治疗，进行高危人群干预活动，强化艾滋病防治知识培训，成效显著。至2015年，累计发现40例，死亡12例，管理治疗28例。艾滋病疫情处于低流行状态。

结核病防治 为加强结核病患者诊疗，1991年，定陶购进200毫安X光机和心电图机等部分医疗仪器。2004年，省卫生厅为定陶配备300毫安X光机和一批双目显微电镜。2013年，改造结核病参比实验室，购置痰培养仪器，彻底改变以往以痰涂片发现传染性病人的方式，为发现更多传染性病人，接受正规治疗奠定基础。1993年至1999年，利用世界银行贷款卫V项目，开展结核病病人免费治疗工作，2000年以后，开展中国结核病控制项目，发现和治愈了一批肺结核病患者。先后成功完成两个十年规划。2005年，国家按照结核病病人发现任务拨付专项中央转移支付经

▲ 艾滋病防治宣传进校园

费，及时拨付到发现医疗机构。2008年，结核病被纳入新型农村合作医疗报销。2012年，医师刘心长、郝有根被卫生部授予“三十年防痨卫士”称号。2013年，结核病纳入全县慢性病管理。至2015年，全县共发现治疗管理肺结核患者4474例，其中，涂阳患者2661例，全部给予结核病药物免费治疗。结核病患者治愈率93.6%。

疫情报告管理　20世纪90年代，定陶开始明确专人负责疫情收集、资料整理和报告，要求各乡镇以报告卡形式报告卫生防疫站，乡和县、县和市之间按照旬有旬报、月有月报，重大疫情24小时内报告，做到及时清楚。防疫站每旬将疫情打印成简报，发放各乡镇和相关单位，根据平时疫情积累，按照每十年积累，将各旬、各月、各种传染病疫情整理汇编成册。2003年“非典”后，定陶实行传染病疫情网络直报。为进一步做好全县传染病疫情监测、报告和分析预警工作，为传染病防控提供科学有力的依据，全县加强了传染病疫情和突发公共卫生事件相关信息报告管理工作，健全网络直报组织，明确人员分工和职责，落实奖惩制度，确保县、乡、村疫情报告网络完整有效。特别是基本公共卫生服务项目实施后，结合工作要求，加强了对辖区医疗直报单位的督导和技术指导，规范全县医疗单位门诊日志、辅助检查登记等工作记录，加大直报人员和临床医生传染病诊断标准和疫情报告相关知识培训，完善各项制度和预案，严格考核。每月制作《疫情动态分析》，及时上报政府和向各医疗机构通报。自2009年后，定陶疫情报告管理工作连续被省市评为先进集体单位，兄弟县区疾控中心多次到定陶学习疫情管理经验。

第三节　地方病防治

丝虫病防治　20世纪90年代初，定陶县为巩固丝虫病防治成果，10多年不间断监测。1996年，随机抽取保宁、城关、东王店3乡镇17个行政村，开展丝虫病病原学监测，共查10692人，涂血片10692张，经镜检，未发现微丝蚴阳性病例，达到卫生部规定的消灭丝虫病标准，同年9月，定陶代表菏泽地区通过全国消灭丝虫病验收，并被卫生部授予全国防治丝虫病先进县。2003年通过消灭丝虫病考核评审。

疟疾防治　20世纪90年代，由于交通发展，人员流动性大，输入性疟疾病例时有出现。为巩固疟防成果，全县加强对疟疾防治知识的宣传和监测，加大对流动人口的管理，加强基层疟疾防治和镜检人员的培训，2014年，经省市专家组评审，达到消除疟疾目标。

布鲁氏菌病防治　20世纪90年代，布鲁氏菌病在全县基本无病例发生。2005年以后，随着外地染病家畜的流入，布鲁氏菌病疫情呈上升趋势，发病多为从事皮毛加工、家畜饲养、宰杀等职业人群，发病区域逐年扩大。2010年，发现布鲁氏菌病人员3人，2015年，发现布鲁氏菌病人员5人。全县加强对从业人员的防治知识宣传和疾病监测，及时对病人进行救治和对疫点消毒，布鲁氏菌病疫情较为平稳。

第四节　卫生检验

县防疫站为加强实验室建设，投入资金购进大量仪器设备，1997年，通过省级计量认证。2004年，投资建设800平方米检验楼。2006年建成艾滋病筛查实验室。2008年、2011年，分别通过省级实验室资质认定复审。2011年，通过食品检测实验室资质认定。2015年，疾控中心检验检测职能划入县检验检测中心。

第五节　慢性非传染性疾病防控

由于人口老龄化加剧以及居民生活方式的改变，疾病谱随之发生变化，高血压、糖尿病、心脑血管病和恶性肿瘤等慢性病的发病率和死亡率呈逐年上升趋势。2005年，定陶县启动山东省全人群死因监测工作。2010年，启动全国全人群死因监测工作。为提高疾病监测能力，更好地发挥疾病监测功能，县疾控中心加大投入，建立辖区内统一的功能完备的慢性病信息管理系统，先后开通山东省死因和慢性病监测信息系统，山东省基本公共卫生项目管理系统，县医院开通了HIS系统，能够及时查看辖区内慢性病的发病、管理情况。并将慢病防治工作纳入基本公共卫生服务项目，实现高血压、糖尿病的规范化管理。同年，启动全人群脑卒中、冠心病、肿瘤登记监测工作。2011年，启动减盐防控高血压行动。2013年，对慢性病防治科调整充实，成为独立科室，定陶县创建省级慢性病综合防控示范县工作启动。2014年，卫生部将定陶纳入慢阻肺监测点，是全国125个监测点之一。全县抽取3个镇街，每个镇街抽取2个行政村共600名村民，圆满完成监测工作。2015年，经过省卫生厅暗访和现场验收，顺利通过省级慢性病防控示范县评审。至2015年，死因监测系统已覆盖全县所有的医疗机构，医疗机构死亡网络报告率100%，二级以上医疗机构报告审核率达100%。2012年、2015年开展漏报调查，撰写《定陶县死因监测分析报告》，连续多年完成粗死亡率6‰监测工作。

第四章　卫生监督

第一节　食品卫生

1993年7月1日，《中华人民共和国食品卫生法（试行）》颁发10周年纪念日，分管县长作电视讲话，全县卫生监督人员走上街头，下到乡镇散发食品卫生法宣传单1万余份，并按照《中华人民共和国食品卫生法（试行）》对生产经营的企业、单位或个人的生产、经营行为进行监督检查。对生产、加工所用的原材料、成品等，严格分批进行采样检验，从业人员进行健康查体，符合食品从业人员条件的，发给健康证持证上岗。经过检查验收，符合要求，颁发卫生许可证，准予生产经营。1995年《中华人民共和国食品卫生法》颁布，对食品卫生工作的要求更高，为做到严格执法，对监督人员进行法律知识培训。1997年7月，定陶分2批全员参加菏泽地区食品卫生监督员培训班。在食品卫生监督、监测工作中，依法加强经常性监督，强化食品监测，保证食品卫生安全，连续19年未发生大型食物中毒和食品污染事故。2007年，定陶进行食品卫生安全专项整顿活动，县防疫站承担餐饮环节专项整顿，对全县大、中、小

▲ 卫生监督人员开展宣传（2012年摄）

型餐饮单位和集体食堂进行专项检查，共出动车辆230辆次，卫生监督员900余人次，检查各类餐饮单位及学校食堂207户，存有问题单位68户，无有效卫生许可证的46户，无原料采购索证13种，非法采购和使用劣质食用油的2户，违法使用食品添加剂的1户，其他1户，出具现场检查笔录200余份，卫生监督意见书170余份，查出过期伪劣食品120公斤，责令停业整顿5户，处罚单位5家。被省食品安全委员会评为食品安全工作先进集体。2009年，食品卫生安全监督职能移交县食品药品监督管理局。2010年6月，县食品药品监督管理局协调食品药品安全委员会其他成员单位，对全县多家学校、幼儿园进行检查，确保校园、幼儿园饮食安全。此后每年，县食品卫生监督机构采取集中专项检查、不定期抽查等多种形式，对全县大、中、小型餐饮单位和集体食堂进行检查。

第二节 劳动卫生

依据《中华人民共和国尘肺病防治条例》《放射性同位素与射线装置安全放射防护条例》《职业病管理条例》《预防农药中毒管理条例》等法律法规，对接触粉尘和有害、有毒气体企业强化监督，从业人员定期健康体检，建立健康档案，定期进行采样监测，对存在问题的提出整改措施，监督改进。定陶是农业县，农药使用面广，防疫站加大宣传力度，普及安全使用农药、妥善保管农药知识，进行抢救农药中毒知识技能培训，降低农药中毒的事故和死亡率。在1991年、1993年2次全省预防农药中毒大检查中，受到省检查团的好评。1996年，开始对全县机动驾驶员，每年进行健康体检。为做好这项工作，购进一套专业查体仪器，对仪器的操作使用固定专人并到地区进行专项培训。2000年，定陶贯彻实施《山东省职业病防治条例》，召开有关企业负责人会议，督促企业进行职业危害治理。并对全县产尘、产毒企业进行一次摸底，逐个企业建档。监测4个厂家，60多个点，合格率62%。对全县26台X光机进行放射监测。关停30毫安X光机2台。2003年，结合抗击“非典”工作，对外出务工、办事人员、跨区小麦收割机手进行健康查体，累计查体2000余人次。2004年，依照《中华人民共和国职业病防治法》，对从事化肥农药生产销售的工作人员进行健康查体，共计200余人次。2008年机动车驾驶员体检工作移交相关医疗机构。加强医用X光机的防护监测管理，每年对放射人员进行体检，进行放射性剂量监测，督促各乡镇医院X光机室安装铅屋等防护设施，有效地保护了放射医师的身体健康。至2015年，累计为生产第一线人员查体1万余人次；对全县有毒有害作业的企事业单位进行粉尘及毒物浓度监测，监测1200点次，合格率90%以上，对不符合要求的进行限期整改。

第三节 学校卫生

1991年开始，定陶县卫生防疫站按照国家教育委员会、卫生部颁布的《学校卫生工作条例》，每年对驻城中小学生进行健康查体，对部分学校学生教室的采光、照明情况定期进行监测，不合格者协助学校迅速整改。在高、中考期间，认真做好各考点的食品安全和卫生管理工作。由于全县农村人口比重较大，大部分中、小学校都设在农村，卫生条件和卫生习惯相对落后，肠道寄生虫病感染率较高。在教育部门的配合下，每年对在校中小学生进行一次肠道寄生虫驱虫服药，学生中肠道寄生虫感染率明显下降，达到国家规定的基本控制标准。1994年4月，通过省级达标验收，被评为学校卫生工作先进县。2003年为加强学校卫生工作，全县各个学校都相应成立卫生管理机构，全县约8万学生进行健康体检，对学生常见病和多发病及时向学校、家长反馈。同时加强学校食品卫生经常性监督，每年开展学校食品从业人员的培训，在全市率先开展食品安全量化分级管理。连续3年被上级业务部门评为先进集体，兄弟县区多次来定陶县学习先进工作经验。2003年，结合抗击“非典”工作，督促学校对教室、学生宿舍、食堂等进行消毒。并为全县中小学生进行健康查体，建立相应的健康档案。2010年，定陶县卫生防疫站改为定陶县疾病预防控制中心，学校卫生监督职能移交定陶县卫生局卫生监督所。2015年，学生健康查体75015人，查体率100%，查出先天性心脏病9例，营养不良178人次，肥胖766人次，视力低下20782人次，沙眼86人次，龋齿4722人次，结膜炎387人次，鼻炎68人次，扁桃体肿大1274人次，色盲色弱344人次，并为全县7.5万名学生建立健康档案。

第五章　城乡基层卫生

第一节　社区卫生服务

至2015年，定陶县有社区卫生服务中心1个，社区卫生服务站4个。各自担负着以社区为范围，以家庭为单位，以康复为中心，集预防、医疗、保健、健康教育等为一体的综合服务。全县的社区医疗工作不断加强，社区卫生服务机构认真履行基本公共卫生服务和基本医疗服务职能，全面开展建立居民档案、健康教育、传染病防治、儿童保健、孕产妇保健、老年人保健、慢性病管理等服务，使社区医疗工作越来越受社区居民的欢迎。

第二节　乡镇卫生院

1991年，定陶县的乡镇医疗机构有县第二人民医院（冉堌医院）、县第三人民医院（张湾医院）、陈集分院、孟海分院、定陶镇卫生院、黄店镇卫生院、南王店乡卫生院、马集乡卫生院、保宁乡卫生院、东王店乡卫生院、杜堂乡卫生院、邓集乡卫生院、姑庵乡卫生院、田集乡卫生院、王双楼乡卫生院、半堤乡卫生院、游集乡卫生院、力本屯乡卫生院、一千王乡卫生院。后来随着乡镇的合并，部分乡卫生院撤销，部分乡镇卫生院更改名称。至2015年，定陶县设有陈集镇中心卫生院、张湾镇中心卫生院、冉堌镇中心卫生院、孟海镇中心卫生院、南王店镇中心卫生院、滨河街道卫生院、黄店镇中心卫生院、马集镇卫生院、仿山镇卫生院、半堤镇卫生院、杜堂镇卫生院共11所乡镇驻地卫生院；另设陈集镇保宁卫生院、黄店镇姑庵卫生院、冉堌镇田集卫生院、马集镇力本屯卫生院、冉堌镇王双楼卫生院、仿山镇游集卫生院共6处非乡镇驻地卫生院；设有社区卫生服务中心1个。

20世纪90年代，乡镇卫生院医疗设备简陋，也就是通常说的“老三件”（血压计、听诊器、

▲ 杜堂镇卫生院

体温计），个别医院拥有心电图机、B超机或X光机。乡镇医疗机构人员缺少，不能满足全县农村的医疗保健需求。由于受政治、经济、地缘等综合因素的影响，一些大中专毕业生不愿到乡镇工作，农村医疗机构的一些技术人员也纷纷调离。随着全县医疗卫生服务体系建设项目的推进，抓住国家拉动内需项目建设的机遇，乡镇驻地卫生院积极开展了新一轮基础设施建设。2006年至2013年总投资2000余万元，新建门诊楼、病房楼等业务用房1.2万余平方米，使乡镇卫生院的基础设施档次进一步提升，医疗环境大为改观。各乡镇医院为吸引大中专毕业生和留住在岗专业技术人员，通过工资待遇、住房、晋升晋级等采取一系列措施，使医疗人员逐年增多。2015年，冉堌镇中心卫生院、仿山镇卫生院被国家卫计委评为“群众满意的卫生院”。姑庵、张湾、黄店、保宁、游集等卫生院通过加强医院管理，使卫生院在院容院貌、医疗服务能力和水平等方面有较大提高。

第三节 村卫生室

1991年初级保健工作开始后，对境内卫生室和乡医进行必要的调整和充实。全县共有村卫生室520个，其中，甲级卫生室129个，共有乡村医生732人。村卫生室在业务上接受乡镇卫生院的指导，担负着行政村卫生、计划免疫和妇幼保健工作，各村卫生室在进药、价格、财务收支等方面有相当的自主权，在行政上基本是一种粗放的管理状态。1998年，根据《山东省村卫生室管理办法》，结合定陶实际，通过村委会推荐、个人报名，组织考试才能录用乡村医生，杜绝非医疗技术人员进入乡村医生队伍。对公开聘任的人员，统一调配，合理使用。并将卫生室定性为福利性农村公益医疗机构。按照“三制”（聘任制、工资制、退休制）、“四有”（看病有处方、收款有凭证、门诊有登记、转诊有记录）、“五统一”（药品价格统一、进药渠道统一、财务管理统一、行政管理统一、业务管理统一）的总体要求，把村卫生室在行政和业务上都纳入乡镇卫生院管理范围，实现“院办院管”的一体化管理模式。2005年以后，省委、省政府提出到2010年新型农村合作医疗要基本覆盖全省居民的目标，帮助农民抵御重大疾病风险，减少农村因病返贫、因病致贫现象的发生。定陶县卫生局根据《乡村医生从业管理条例》，对全县卫生室工作人员进行乡村医生执业考试。2008年，根据省卫生厅有关一体化管理文件精神，按照服务半径不超过1.5千米的原则，打造群众15分钟就医圈，对全县村卫生室进行整合。通过整顿合并，至2015年，全县共有村卫生室388个，共有乡村医生917人，其中，注册844人，拥有执业（助理）医师73人。为加强乡村医生队伍建设，规范乡村医生执业行为，对乡村医生每年实施网络在岗培训，加强理论考试和技术操作考核，以及村卫生室的管理检查等。同年，对全县853名60岁以上老年乡村医生发放生活补助金。

第六章　爱国卫生与红十字事业

第一节　爱国卫生运动

社会卫生　20世纪90年代初，全国爱国卫生运动委员会印发《关于“爱国卫生月”活动的通知》，定陶县爱国卫生运动委员会把每年的4月定为“卫生突击月”，县直机关、企事业单位积极开展爱国卫生运动。1996年6月15日，山东省第八届人民代表大会常务委员会通过《山东省爱国卫生工作条例》（以下简称《条例》），在全县广泛开展宣传学习《条例》，开展“铲除蚊蝇孳生地、卫生死角”的爱国卫生活动。定陶县投资购置垃圾清运工具，县直机关、企事业单位共有3000余人参加义务劳动，对卫生死角进行全面清理。2002年，全市2001年度省级卫生先进单位颁牌表彰现场会在定陶召开，推动了全县爱国卫生工作的开展。2003年，县、乡、村和各级各单位通过建立健全爱国卫生工作服务体系，“围绕中心，服务大局”配合党委政府做好“非典”防治工作。督导开展爱国卫生运动、全民健身和卫生科普“三项活动”，提高全民卫生知识水平，增强广大人民群众的健康意识，预防和减少了各种疾病的发生。2008年，开展除“四害”活动，消杀疫病媒介，切断疫病传播途径，有效地预防传染病的发生和流行。2010年，定陶开展“清洁家园，预防疾病”为主题的爱国卫生运动和县乡医疗单位量化分级管理工作。确定加强健康知识宣传；集中整治环境卫生；集中开展“除四害”防病活动3项重点工作。各乡镇、县直各部门单位层层动员，制定具体实施方案和具体措施，明确目标责任。全县医疗单位开展环境卫生量化分解管理工作，经市卫生局、市爱卫办评审，定陶县医院、县妇幼保健院、仿山乡邓集卫生院、杜堂乡卫生院4家医疗单位被评为A级卫生单位。2011年，以农村改厕为重点，开展环境卫生整治活动，改善城乡卫生面貌，尤其是在各医疗单位继续深入搞好环境卫生量化分解考核评审工作。2015年，定陶县把城乡环卫一体化分为“环境卫生治理、健全机制、规范内业、宣传氛围营造、保洁公司监管”4条工作线，强化环境卫生整治。1077名县镇村干部包村到户，对照省级验收标准和《全市城乡环卫一体化工作手册》要求，按照全市乡镇村居环境卫生整治标准，彻底消灭卫生死角；完善环卫保洁、垃圾收运作业管理制度，制定县对乡镇和保洁公司、镇街环卫所对保洁公司和村居、村对保洁公司的三

▲　城区积雪清理　　（2014年　李兵　摄）

级监督考核办法；把存量垃圾、废弃物料、秸秆柴草、残墙断壁、路域环境进行清理。

农村改厕 1996年以后，定陶在全县农村开展5次改厕工作。先后推广双池联圈水封式、双瓮漏斗式、粪尿分集式、三格化粪池式等多种改厕模式。2003年，进行村级改厕试点。2006年，推动农村改厕工作，至年底全县农村改厕2.63万座。2007年，按照“重点突破，以点促面，全面推动”的工作思路，全面完成农村改厕任务。8月28日，全市新农村建设暨农村改厕工作现场会在定陶召开，参观马集镇袁堂、仿山乡后董、定陶镇孙彭李3个村的改厕现场。2008年，结合新农村建设，进行改水改厕为重点的改善农村卫生面貌工作。2012年，完成重大公共卫生服务农村改厕项目任务，涉及8个乡镇、10个行政村的1000户农户，争取上级补助资金30万元。2013年，10个乡镇、11个行政村的2000户农户，争取上级补助资金60万元。至2015年，公共卫生服务农村改厕项目基本完成。

健康教育宣传 1991年后，全县开展农村初级卫生保健工作，对农民进行健康教育宣传。县卫生局编印健康教育小册2万余册，宣传资料10万余份，下发到每个农户。绘制40余块宣传牌巡回宣传，从刷牙、洗手、饮水生活细节入手，提高农民的卫生意识。利用集市和宣传车宣传《中华人民共和国传染病防治法》和卫生法律法规达20余次，受教育人数达10余万人。1995年后，利用4月爱国卫生宣传月、“5•31”戒烟日、“12•1”艾滋病防治宣传日，组织卫生宣传队上街宣传咨询、散发传单等；深入农村开展科学卫生知识宣传，进行服务咨询。2003年，抗击“非典”工作中，及时发放抗非典学习材料2万余册，动员群众自觉参加卫生突击治理活动，自觉防范非典疾病。2008年，推进“亿万农民健康促进行动”，提高公民的健康意识和自我保健能力。2010年，召开“健康山东”行动启动会议，下发活动方案，启动“健康山东”行动。2011年，开展“健康山东”行动，以农村和城市社区为重点，开展多种形式的健康教育活动，普及健康知识，提高居民的自我保健意识，养成健康文明生活方式。开展控烟宣传，创建无烟卫生单位。2012年，以农村和城市社区为重点，开展多种形式的健康教育活动。2015年，在开展定陶城乡环卫一体化活动中，在电视台、政府公开网站开设专栏，宣传城乡环卫一体化；制定村规民约，落实“户前三包”，引导群众树立“自己家园自己建”的观念。

第二节 红十字会工作

社会救助 2003年2月，为新疆巴楚—伽师地震募捐善款5802元。2005年1月，为印度洋海啸灾民募捐，全县卫生系统、教育系统共捐款7905.4元，及时送达市红十字会转交受灾地区。2005年，在超市、宾馆设置红十字募捐箱2个。2006年4月，组织发动支持新型农村合作医疗募捐活动，卫生系统共捐款14200元，发放到全县11个乡镇，2000名农民受益。2008年5月，汶川地震后，县红十字会动员卫生系统捐款捐药20余万元。2011年至2015年，每年都组织卫生系统干部、职工为农村特重大疾病救助募捐活动，2011年募捐11.2万元，2012年募捐10.4万元，2013年募捐8.1万元，2014年募捐10.3万元，2015年募捐9.3万元。

2002年至2015年，每年春节期间，都开展一次送温暖活动，对因灾病致贫的特困家庭送去人道主义关怀。2006年至2015年，每年都对特重大疾病致贫家庭进行救助，共计196人。2014年5月，针对贫困家庭的婴幼儿开展“爱你一世真情”的奶粉捐赠活动，共有216名贫困婴幼儿得到救助，发放总价值30余万元的奶粉，特别救助1个4胞胎家庭。

无偿献血 1998年10月1日，《中华人民共和国献血法》实施，定陶县红十字会依法参与、推动无偿献血工作。1999年9月，全县动员各机关单位、社会团体、企事业组织、各个乡镇的适龄公民参加献血。县政府副县长、红十字会会长程西魁带头献血，共有2300余人参与献血。2000年6月，2400余人参加了集中献血。此后，每年都采取集中和自愿相结合的方式进行无偿献血。2015年9月，为应对临床用血紧张局面，全县卫生计生系统开展无偿献血集中活动，全系统共有197名干部职工主动义务献血。

器官捐献、造血干细胞捐献 2011年9月25日，原定陶县城关镇卫生院医师孔庆和因病去世，根据他生前愿望，经其亲属同意，捐献出眼角膜。山东省红十字会为其颁发器官捐献荣誉证书，这是定陶县首例器官捐献。2015年1月1日，杜堂镇李楼村村民司培兰去世，根据老人遗愿，捐献眼角膜，这是定陶第二例器官捐献。

2014年9月，仿山镇游集村青年游聚博成功捐献造血干细胞，是山东省第351例造血干细胞志愿捐献者，是定陶县第一例造血干细胞志愿捐献者。2015年5月，滨河街道塔刘小区刘伟，在济南成功进行造血干细胞捐献采集，是定陶县第二例造血干细胞捐献者。

第七章　妇幼保健

第一节　培训 宣传 督导

培训 1991年以后，为加强乡镇妇女儿童卫生保健队伍建设，搞好乡镇围产期系统化管理工作，由定陶县卫生局牵头，组织定陶县妇产专家对全县19个乡镇的女乡村医生、接生员进行为期5天的培训。1992年，以加强基层妇女儿童保健工作为重点，对基层妇女儿童保健人员进行业务培训和技术指导，提高妇女儿童保健人员的业务技术水平。1993年，进一步加强对基层妇女儿童保健人员的业务培训和技术指导，全年共培训女乡医和接生员180余人次。2000年，全县分3期对乡村妇幼保健人员进行儿童保健知识培训。2009年至2010年，重点培训农村待孕妇女补服叶酸、住院分娩补助发放、孕产妇保健和儿童保健系统化管理。在集中培训的同时，县卫生局多次组织专业技术人员赴乡镇集中对基层妇女儿童保健人员及乡村医生进行培训，并给予业务指导。2012年，定陶对婚前检查工作人员进行业务培训，进一步提高婚前检查质量。并加强对基层妇女儿童保健人员的技术指导、培训和考试考核，对各乡镇妇女保健、儿童保健工作人员和乡村医生分片进行5次轮训、2次考试考核，提高基层妇女儿童人员的业务技术水平和妇女儿童保健工作质量。2015年，定陶组织有关人员不定期到各乡镇卫生院进行业务工作指导，并通过例会对多名妇女儿童保健专职干部进行培训。重点培训体弱儿专案管理、高危儿动态管理等方面的基本知识与保健重点，并就孕产妇健康服务管理、高危孕产妇动态管理、叶酸增补项目中常见问题进行分析和讲解。

宣传 1995年，《中华人民共和国母婴保健法》颁布实施后，定陶采取电视广播讲座、组织宣传车辆、散发传单等多种形式进行广泛宣传，利用大型义诊和座谈会的形式，进行优生优育、不孕不育的咨询和治疗。1999年，为使人民群众广泛掌握母乳喂养知识及母乳喂养的好处，定陶县通过电视台、出动宣传车、举办培训班、印刷宣传材料、板面展览、上街咨询等多种形式进行宣传，出动宣传车辆8辆次，印发宣传资料10000余份，展出版画20多幅，悬挂宣传标语60余幅，上街咨询4次。通过宣传，增强了人民群众对母乳

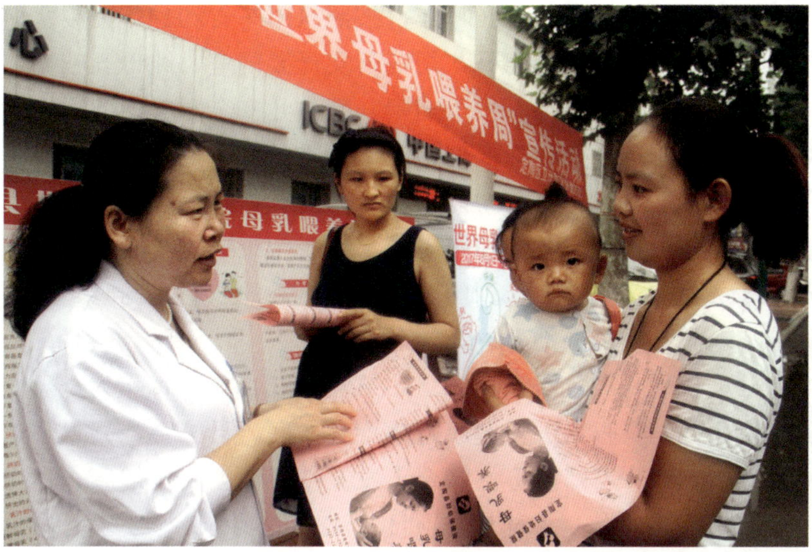

▲ 母乳喂养宣传

喂养、母婴同室重要性的认识。2002年，县、乡妇幼保健机构利用“三八”妇女节、“六一”儿童节、世界卫生日、世界母乳喂养日、世界艾滋病日，宣传婚前检查、胎教、孕期营养、产前检查、新生儿疾病筛查、母乳喂养、新生儿护理、更年期保健等保健知识。2005年，定陶县妇幼保健站组织人员下乡入户开展健康咨询、防病治病、自我保健等知识的宣传活动，诊疗和接受咨询2256人次，免费发放药品价值2000余元。2006年，定陶县卫生局抽调专业技术人员下乡到户为孕产妇宣传孕产期保健知识和科学育儿知识。同时与计生部门搞好配合，为孕产妇共授课20余场，免费产前检查和产后访视400余人次。通过宣传，提高了全县孕产妇住院分娩率。2007年，定陶县妇幼保健站组织业务骨干定期下乡为孕产妇宣传孕产期保健和科学育儿知识，共授课30余场，免费产前检查和产后访视达600余人次。2008年，为加强妇女儿童保健工作，相继开办新婚学校、孕妇学校、妈妈学校，有效提高广大妇女的自我保健意识和优生优育知识。并通过巡回医疗普及母婴保健知识，下乡巡回医疗12次，发放宣传资料1.2万余份，深受群众欢迎。同时，认真做好各项妇女儿童信息的上报工作。2013年，定陶县妇幼保健院利用在县城区、保宁、游集、王双楼等地义诊的机会，向群众发放服用叶酸、住院分娩补助、新生儿疾病筛查、预防出生缺陷等宣传资料近万份，推进妇女儿童卫生保健工作的开展。

检查督导 1991年，定陶县妇幼保健站抽调部分人员深入基层指导工作，定期或不定期对各乡镇的妇女儿童保健工作开展情况进行检查。1994年，根据《山东省婚前健康检查管理办法》通知精神，定陶县成立由分管副县长任组长、县直相关部门领导为成员的定陶县婚检工作领导小组和定陶县婚检技术指导小组。定陶县卫生局、县民政局联合印发《关于婚前健康检查的实施细则》，对婚前健康检查的意义和目的、质量、规定、宣传、领导和监督等进行明确和要求。2011年，定陶对全县各医疗保健机构开展的妇女儿童卫生项目进行检查、督导、考核与评价，坚持每月下乡督导1次，每半年考核1次。2014年，定陶县卫生局和县妇幼保健院抽调相关人员组成督导组，定期深入到全县各乡镇卫生院及社区卫生服务中心就妇女儿童卫生工作开展和项目资金使用情况进行督导检查。督导组采取进村入户、查阅台账、现场提问等多种形式进行督导，对检查出的实质性问题现场给予解决并限期整改。通过督导检查，及时发现和解决在开展妇幼卫生工作过程中所存在的问题，提高全县妇女儿童保健工作质量。

第二节 保健工作

妇女保健工作 1991年，定陶县开始推行妇女保健程序化管理试点工作，进一步推行科学接生，开展围产期保健，搞好“四薄”“四卡”登记。1993年，以实施妇女保健系统化管理为重点，做好各项妇女保健工作。当年新法接生率100%，产前检查率90%，围产儿死亡率降至2‰以下，孕产妇死亡率降至0.3‰以下。1995年，为加强对妇女保健工作的监督检查和量化管理，切实提高妇女保健工作质量，制定《定陶县妇幼卫生工作考核评分标准》，共13项考核项目。1996年8月，全县19个乡镇全面开展婚前医学检查工作。2007年，定陶县妇幼保健站相继开展无痛引流产和无痛分娩。2010年，开展农村孕产妇住院分娩补助、孕产妇健康管理、儿童健康管理、农村待孕及孕后3个月以内的妇女增补叶酸等妇女卫生项目工作，制定《定陶县妇幼卫生服务项目实施方案》和妇女儿童卫生服务项目管理制度。全年为孕产妇免费开展5次孕期保健服务和2次产后访视，对孕妇进行一般的体格检查及孕期营养、心理健康等健康指导，对怀孕12周之前的孕妇积极开展建册工作。定陶县妇幼保健站投资120余万元建设高标准的孕妇保健门诊和儿童保健中心，配备检测仪器、电视等医疗设备和宣教器材，开设孕妇课堂、妈妈课堂，免费发放健康教育材料20000余份。设立妇女保健科、婚前检查科、围产期保健科，开展妇幼保健特色服务新技术、新项目，加强孕产妇救助管理、高危妊娠管理、出生医学证明管理、“母子系统”管理，并认真做好妇女卫生信息管理等工作。全县各医疗保健机构建立妇女保健门诊，使妇女保健工作逐步规范。2012年，落实国家妇女卫生项目，加强农村怀孕妇女增补叶酸和农村户籍符合国家计划生育政策，在定点助产机构住院分娩的产妇及时发放住院分娩补助工作。加强出生缺陷防治工作，降低神经管缺陷发生率，提高住院分娩率和出生人口素质。重点抓高危妊娠、高危家庭和高危新生儿的管理；降低孕产妇死亡率和婴儿死亡率，使新法接生率达100%。按照基本公共卫生服务规范的要求，建立高危孕产妇转诊制度。全县的孕产妇建卡率、孕产妇系统管理率、住院分娩率、产后随访率均达到有关规定要求标准。2013年，全面启动孕妇产前筛查工作。2014年，开展全县适龄农村妇女乳腺癌、宫颈癌免费筛查项目工作，保质保量完成上级分配给定陶的3000例“两癌”筛查任务。2015年，按照《山东省2014年爱婴医院复核标准》，规范落实母婴同室、纯母乳喂养、早吸吮、按需哺喂、新生儿安全和努力促进自然分娩、降低剖宫产率为重点，进行母乳喂养知识的宣传和技能培训、为母乳提供后续服务、新生儿安全管理等工作，代表全市通过爱婴医院省级验收，受到国家卫生计生委的表彰。同时，全县实行免费婚前查体。

职工查体　1991年至2015年，每年为全县女职工进行健康查体。县妇联、县工会、县卫生局等部门每年联合下发文件，部署安排健康查体工作，并对查体项目、注意事项和工作要求提出具体实施意见和要求。随着技术水平的提高和医疗仪器的更新，查体项目也随之增多，由最初开始的普通妇科检查，增加到“两癌”（乳腺癌、宫颈癌）筛查，查体项目不断增加，查体质量也越来越高。每年定陶县妇幼保健站（院）制定实施方案，抽调具有丰富经验的专业技术人员组成多个查体小组，科学地制定出体检流程，落实好检查仪器设备，保证查体工作的顺利实施。体检过程中，由县妇幼保健站（院）保健科人员专门负责，掌握每天的进程，协调有关科室做好各项具体工作。对查出的疾病可疑人员，全部召回复查确诊，做到不漏诊、不误诊，并将体检结果及时反馈。每年的职工健康查体人数不断增多，县直女性职工查体由20世纪90年代初的每年查体300余人增加到2015年的5000余人。

第三节　儿童保健

1994年4月，定陶对全县15个幼儿园795名学龄前儿童进行健康查体。查出各种疾病458例，其中，患龋齿168人，中、轻度贫血149人，淋巴结炎13人，其他141人，患各种疾病人数占查体总人数的57.6%。1997年，定陶启动新生儿疾病筛查工作，县直医疗保健机构和有产科业务的乡镇卫生院必须开展筛查工作。为保证筛查结果的准确性，定陶县举办新生儿疾病筛查培训班，重点对疾病筛查的基础知识、规定、程序、血样的采集和递送、可疑病例的追诊和复查、医务人员的法律责任等进行全面培训。通过培训提高筛查技术，确保筛查质量。同时，成立定陶县母婴保健专项技术服务考核评审委员会，对母婴保健专项技术服务及人员资格管理实行许可制度，对全县从事母婴保健技术服务人员统一考核发证。1998年，定陶相继成立定陶县创建爱婴医院工作领导小组、定陶县爱婴医院技术领导小组、定陶县新生儿疾病筛查领导小组，公布新生儿疾病筛查质控人员，明确各领导小组及各质控员的工作职责，确保创建爱婴医院工作和新生儿疾病筛查工作有人抓、有人管、有人干。定陶县妇幼保健站、县医院、城关卫生院、陈集卫生院、冉堌卫生院经地区专家评审，一次性达到“爱婴医院”审核标准。2000年，全县新生儿疾病筛查率96.2%。2004年，全县新生儿听力筛查工作全面展开。新生儿听力筛查可以使有听力障碍的婴儿被早期发现，及时诊断早期治疗，在语言学习关键期，促进婴儿语言的发育。2007年，定陶县妇幼保健站建立全市一流的婴儿游泳抚触中心。2010年，为0～36个月婴儿建立儿童保健手册，免费为婴儿进行8次体检。2012年，按照基本公共卫生服务规范的要求，指导基层医疗卫生机构规范落实0～6岁儿童系统化保健，建立高危出生缺陷儿、体弱儿等转诊制度，全县的7岁以下儿童保健覆盖率、3岁以下儿童系统化管理率、新生儿访视率均达到有关规定要求标准。

第八章　医政管理

第一节　医院管理

1991年后，定陶县卫生局采取多项措施加强对县、乡医疗机构的管理。对医疗卫生单位的各项工作进行严格考核，制定并与各单位签订《卫生工作目标管理责任书》，把单位的行政管理、业务工作、财务管理、医德医风等工作作为考核内容，并对其实行千分制考核，一年进行2次检查，年终评比，使医院管理工作逐步规范。2005年，开展医疗质量管理效益年活动，坚持以人为本，学习医疗卫生法律法规，健全规章制度，加大培训教育力度。诊疗技术、护理操作、病历书写逐步规范，社会效益、经济效益明显提高。至年底，全县门诊量42.6万人次，同比增长10%；住院病人2.1万人次，同比增长9.5%；住院病人治愈好转率

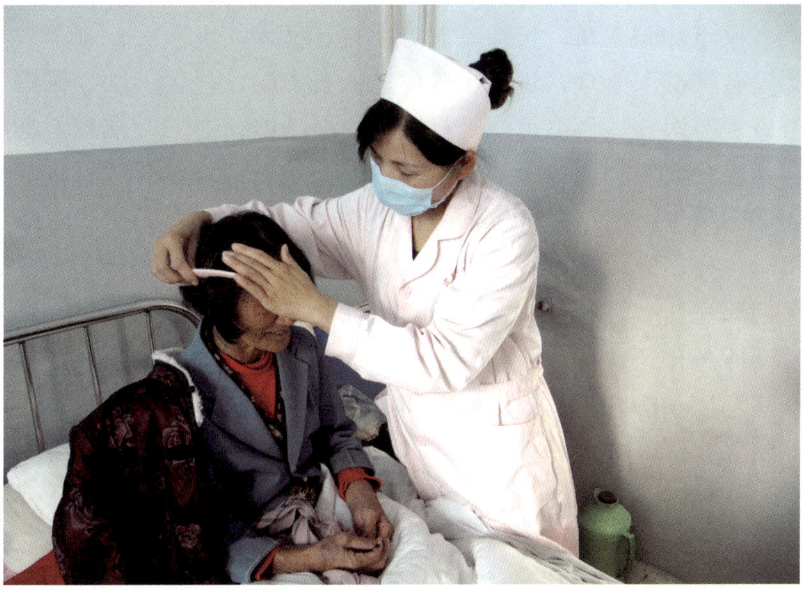

▲ 照顾患者　（2011 年 董宪菊 摄）

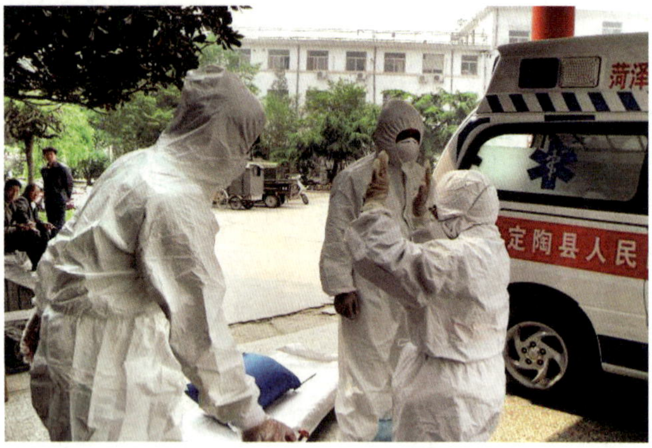

▲ “三基三严”训练

92.8%，死亡率1.43%。2010年，开展以加强医德医风建设、规范医疗行为、全面改善医疗服务为主题的“文明诚信服务年活动”“优质护理服务示范工程”“医疗质量管理示范科室”“卫生强基工程示范医院”和“病历质量、合理用药、院感控制”“三基三严”训练等“四项重点工作大检查、大评比、大提高、大突破”等5大重点活动8项工作，对重点专项行动明确责任人，通过集中检查、重点抽查等方式，推动各项工作的落实。2015年，县卫生局对全县18个乡镇卫生院的财务实行统一管理、统一审计、统一记账管理制度，有效堵塞某些漏洞，提高财务管理透明度。开展医院管理年、医疗质量万里行、平安医院创建活动，重点加强人员、机构、服务项目、技术、大型设备等准入管理，进一步落实首诊负责制、三级查房等医疗核心制度。做好医疗安全防范，对广大医护人员加强以“三基、三严”为主要内容的业务培训，严格遵守各项技术操作规程，搞好医患合作，有效地减少了医疗纠纷的发生。强化医德医风教育，改善服务态度，提高服务质量，转变服务作风，进一步和谐了医患关系，提高群众满意度和医院管理效率。组织专家4404人次，义诊行政村367个、约13余万人次，使群众在家门口即可享受到县级医院专家的服务。公开公示，各医疗机构公示医务人员姓名、专业、职称等情况，方便病人选择医生就诊；公开药品、医疗服务价格，使群众看明白病，花明白钱。开展联系和服务住院和出院病人活动，对住院病人发放调查问卷，征求改善医疗服务的意见；对出院病人进行电话回访。

第二节　医师、护理执业资格管理

1991年后，根据《中华人民共和国执业医师法》《中华人民共和国护士法》的要求，县卫生局多次印发有关文件，对全县医师、护士的执业资格进行严格管理。要求医师执业必须依法取得执业资格或者执业助理医师资格，并经注册后才能在医疗、预防、保健机构中执业。未经医师注册取得执业证的，不得从事医师执业活动。医师变更执业地点、执业类别、执业范围等注册事项的，应当到准予注册的卫生行政部门依照《中华人民共和国执业医师法》办理变更手续。执业助理医师应当在执业医师的指导下执业。护士经执业注册取得护士执业证书后，方可按照注册的执业地点从事护理工作。未经执业注册取得护士执业证书者，不得从事诊疗技术规范规定的护理活动。医师、护士在执业活动中，要认真遵守法律法规，严格执业技术操作规范，钻研业务技术，履行医师、护士职责，对患者进行健康教育，保护患者隐私。同时要求每2年进行一次医师定期考核工作，对于最终考核不合格人员，注销其医师资格。通过上述要求管理，使全县的医师、护理执业管理日臻规范。

第九章 药品器械

第一节 生产与经营

药品、医疗器械生产 药品生产企业主要生产品种有片剂、胶囊剂、检验试剂盒、粉剂、医用酒精等，涉及药品医疗器械品种32个，注册文号7个，产品主要以原料药、医药中间体为主。2015年，全县生物医药产业实现产值98.61亿元，增长22.46%，其中，实现利税10.37亿元，实现利润6.65亿元。医药产业总体特点为：企业规模小。规模以上企业少，特别是骨干企业更少，其中，五洲医疗纳税过100万元，百瑞制药过200万元，蜀中制药1家企业过300万元。产品附加值低。全县有药品批准文号的只有百瑞、华信2家企业，成品生产企业6家（天久生物、华信制药、高分子医疗、五洲医疗、宏阳纱布、九康医疗），医药原料生产企业1家（百瑞制药），其他36家都是医药中间体生产企业，产品附加值低，市场竞争力弱。自主创新能力弱。绝大多数企业没有自己的研发团队，没有独立的研发机构，缺乏自主知识产权，技术创新、产品研发，主要依靠与高校院所合作，开展产品和技术研发及创新，需要引进更多高层次人才。

药品、医疗器械经营 药品经营企业和医疗机构购进药品，必须有真实、完整的药品购进记录。并要求必须从有药品生产许可证、药品经营许可证的单位进货。药品购进记录必须注明药品的通用名称、剂型、规格、有效期、生产厂商、供货单位、购货数量、购进价格、购货日期等内容。2000年前后，全县西药和药械的购销业务主要由县医药公司负责，年销售额约100万元。2005年以后，药品零售企业增多，至2015年，共有药品经营单位102家，年销售额近5000万元。

第二节 监督管理

2000年1月，国务院《医疗器械监督管理条例》施行。2001年12月，新修订的《中华人民共和国药品管理法》施行。随着药品监管职能的调整，为县食品药品监督管理局依法对药品生产、经营、使用单位的药品和医疗器械进行监管，进一步规范市场秩序，为打击制假售假违法行为，确保人民群众用药用械安全奠定法规基础。按照“监管地域无盲区、监管环节无断层”的方针，加大药品市场日常监管力度。每年初制定详细的日常监管计划，划分责任区域，每个责任区由1个中队负责，并明确1名局领导带队，做到目标明确、责任清晰。监督检查覆盖率由60%增加到98%以上，有效规范药械市场秩序，确保公众用药安全。以整顿药品、医疗器械生产、流通、使用秩序，开展专项整治为主要内容，坚持“全面整治，突出重点”，持续深入开展药品、医疗器械市场专项整治工作。协助省、市食品药品监督管理局检查督促药械生产企业落实GMP规范情况；加强对药品批发经营行为的监管，促使企业加强质量管理体系建设，完善企业设施设备和药学技术人员的配备，严厉查处批发企业出租出借许可证、挂靠经营以及零售企业出租出借柜台等违法违规行为；加强对药品零售企业的监管，提高企业药械经营管理水平，严格执行药师在岗制度、处方药非处方药分类管理管理制度等，全面规范药品零售市场秩序；加强对医疗机构用药行为的监管，规范医疗机构用药的购进、储存、使用行为。先后开展中药饮片、中药材、疫苗流通、药品包装、标签、说明书、检验试剂、浮标式氧气吸入器等药械专项检查工作；联合相关部门开展查处非法经营使用终止妊娠药品及以非法行医为目的的变相销售药品违法行为。进一步加强农村药品“两网”建设，农村药品监督网覆盖率达到100%，农村药品供应网覆盖率达到100%。在农村“两网”建设中，在乡（镇）和村聘请食品药品监督信息员，以新型农村合作医疗为基础，将农村“两网”建设与新型农村合作医疗有机结合，保障药品的供应和质量。药品批发、连锁、零售企业每年正常监督检查2次，具体工作由食品药品稽查大队负责，每年对通过《药品经营质量管理规范》的企业进行跟踪检查，适用的法律、法规有《药品管理法》《药品管理法实施条例》《药品流通监督管理办法》《药品经营质量管理规范》。

第三节　医药企业选介

定陶县辖区有菏泽华信制药有限公司、山东百瑞制药有限公司、蜀中制药、菏泽赛托生物科技有限公司等药品生产企业4家。五洲医疗器械公司、定陶高分子医疗器械有限公司、一诺医疗器械公司、山东科锐公司等医疗器械生产企业4家。药品批发企业1家—山东省定陶县陶城医药有限责任公司，有陈集，冉堌，张湾，孟海等4个药品批发部，公司下辖14家零售门店。药品零售连锁公司1家—申氏医药连锁有限公司，下辖8家门店；药品零售单体药房64家；医疗器械经营企业5家。

山东蜀中药业有限公司　成立于2008年12月，职工120人，年产诺氟沙星中间体600吨。是一家以生产诺氟沙星中间体为主的大型现代化医药企业。

2015年，公司完成公司GMP认证所需要的相关硬件设施建设和软件的配套完善，实行医药中间体、原料药和成药“三药”并举，加强和浙江新东港集团等国内大型医药企业集团的深度合作，新上年产500吨奥美沙坦酯和年产1000吨间位酯两条生产线。公司积极与国内其他相关医药企业合作，诺氟沙星、环丙沙星、氧氟沙星等7个喹诺酮类药品的批准文号的转移工作正在积极进行洽谈。

山东五洲医疗器械有限公司　由天津麦迪克医用器材料有限公司投资兴建的大型标准化医疗器械公司。2010年3月23日，取得营业执照，注册资金1180万元，公司占地面积3.3公顷，职工600余人。主要生产一次性注射器、输液器、扩张器。产品远销南美、中亚、东南亚、西亚、北非、台湾等60多个国家和地区。

五洲二期，年产20亿支注射器钢针项目，总投资4900万元，占地面积约2公顷。年营业收入1.6亿元，利润总额1384万元。

山东润鑫精细化工有限公司　位于定陶县东外环南段润鑫工业园内，占地面积25公顷，建筑面积10.6万平方米，是菏泽市重点支持的精细化工企业之一。公司坚持新型生物医药产业发展方向，走产、学、研相结合的创新发展之路，先后与沈阳药科大学、沈阳化工研究院、南京化工学院、中科院上海有机所等建立长期合作关系。主要产品雄烯二酮（AD），是利用微生物一步转化法替代传统化学合成工艺，转化率大于99%，收率大于98%，且具有污染少、操作条件温和等优点，为国内首创，国际领先。公司在AD、ADD衍生产品上进一步做大做强，新建制剂车间，向地塞米松、氢化可的松原料药及制剂上发展。

第三十二编
社会生活
SHE HUI SHENG HUO

1991年，县委、县政府把精神文明建设纳入全县国民经济和社会发展规划之中，开展创建文明城市、文明村镇、文明行业和“十星级文明户”等评选活动。2005年，全县文明创建活动成效显著。2010年，精神文明建设工作不断深化，至2015年，全县367个行政村、社区四德榜建设实现全覆盖，机关建榜94个，学校建榜135个，企业建榜32个，上榜人数8.5万人，有2人当选中国好人候选人，1人当选为山东好人，1人被评为山东省十大孝星。

1991年以后，全面贯彻落实党的宗教政策，宗教活动步入正轨。境内宗教活动主要有佛教、道教、伊斯兰教、天主教和基督教。2004年，分别成立爱国宗教团体定陶县伊斯兰教协会和定陶县基督教“三自”爱国运动委员会。2015年，依法登记开放的宗教活动场所22处，其中，佛教寺院2处，伊斯兰教清真寺院6处，基督教活动点14处。

第一章　精神文明

第一节　创建活动

文明单位创建　1991年以后，县委印发《关于定陶县文明单位管理暂行办法》，规范文明单位创建和管理。1998年，文明单位管理建设打破荣誉终身制，文明单位管理坚持平时检查与年终总评相结合，实行末位淘汰制。2000年以后，以“学英模，讲奉献、树形象”为重点，在各级党员干部中开展活动；以“整洁环境，整顿秩序，文明礼貌，提高办公效率”为重点，开展创建文明单位活动。以提高城市规划、建设、管理水平为重点，开展创建省级文明城市活动等。2005年，推荐申报8个省级文明单位，1个省级文明机关，28个市级文明单位，4个市级文明机关，2个市级文明乡镇；定陶县仿山乡被命名为“省级文明乡镇”。2007年，新推荐省级文明单位（机关）2家，省级文明村镇（社区）2家，市级文明单位（机关）7家，市级文明村镇（社区）3家。2011年3月定陶县获得“中国绿色名县”称号，为定陶的科学发展、协调发展创造良好的条件和环境。2013年，对全县18个省级文明单位和34个市级文明单位进行年中和年终检查，推荐3家省级文明单位，2家市级文明单位。2014年，加强省市级文明单位的创建管理，定期召开文明单位创建工作交流会议，要求各文明单位年初创立工作目标责任制，并督促文明单位定期上报信息；建立动态的量化督查管理机制，实行年度记分考核制管理，把精神文明建设“软指标”变成“硬任务”，使创建有标准、考核有依据。2015年，各级文明单位履行社会责任，开展“扶贫帮困送温暖”“三关爱”等志愿服务活动，积极参与“慈善捐助”“结对帮扶”等社会公益活动，形成常态化、制度化。

行业精神文明创建　1995年，全县开展优质服务竞赛活动，聘请义务监督员80人，在14个行业、34个部门、近2000名职工中，围绕服务语言、服务规范、服务环境、服务效率4个方面，实施文明用语、服务忌语和服务规范化细则，推行优质服务、限时服务等服务措施300余项。在优质服务竞赛活动中，涌现好人好事200多件。1999年，县文明办制定《关于开展创建文明行业活动的意见》，组织30余个窗口服务行业和执法部门，围绕强化思想教育、树立行业新风、规范办事程序、实现优质服务，履行社会责任、提高

▲ 爱岗敬业巡回报告会 （2007年 叶宏 摄）

综合效益等方面，开展创建文明行业活动。2001年，贯彻中央《公民道德建设实施纲要》，倡导“爱国守法、明礼诚信、团结友善、勤俭自强、敬业奉献”20字基本道德规范，开展形式多样的道德实践活动。2005年，开展“文明定陶”创建工作，将“文明定陶”建设的各项具体任务分解到各个职能部门，并在电台、电视台和《定陶采风》上开辟专题栏目，对“文明定陶”建设中涌现的先进集体和先进个人进行集中宣传报道。2006年，提升行业精神文明创建水平，开展“倡导文明行车，构建和谐交通”活动和“迎花会，创优良秩序、优美环境”集中治理活动。积极开展“文明山东”测评工作。2007年，开展“迎全运、庆国庆、共建文明定陶城”活动，以窗口行业和公共服务行业为重点，广泛开展“全县文明示范窗口”评选活动，努力打造一流的服务环境。开展“全县文明诚信企业”评选活动。2008年，开展“城乡文明共建”活动、“爱岗创业促发展”活动，举办“庆五一、迎奥运—陶城之春”全县文明单位（机关）文艺汇演活动。2012年，实施“文明交通行动计划”，对不文明现象进行曝光。

乡村精神文明创建 20世纪90年代，全县每年以党的建设、思想政治工作、经济效益、社会道德风尚、科教文化事业、社会治安秩序、环境卫生、计划生育为主要内容，在全县开展创建精神文明建设工作先进乡镇评选活动。2005年，全县有1个省级文明乡镇，2个市级文明乡镇。2006年，坚持城乡统筹、以城带乡、城乡共建，不断巩固成果，推进农村精神文明建设。广泛开展创建文明村镇、文明社区、文明生态村等活动，开展“十佳和谐文明家庭”“十大孝星”等评选活动。2008年，开展评选文明村镇、文明生态村、文明一条街、星级文明户等活动，促进形成健康文明新风尚。开展“三下乡”活动，提高广大群众的科技文化素质。创作、编排“学习实践科学发展观活动”系列文艺节目16个、“庆国庆，迎全运”系列文艺节目13个，在全县农村进行文艺宣传巡演活动，参与群众20余万人次，指导群众开展各类业余活动1000多场次，送戏下乡400余场次，送“科普电影”下乡150场次，播放倡导精神文明建设和科普影片300余部。开展技术培训86场次，讲座166次，培训农民10200人。组织9支“三下乡”医疗服务队，为农民义诊2万余人次。2011年，围绕山东省实施的“乡村文明行动”，先后举办“奏响文化惠民乐章，实施乡村文明行动”民间唢呐演奏比赛、全县文化艺术节等活动，丰富了群众

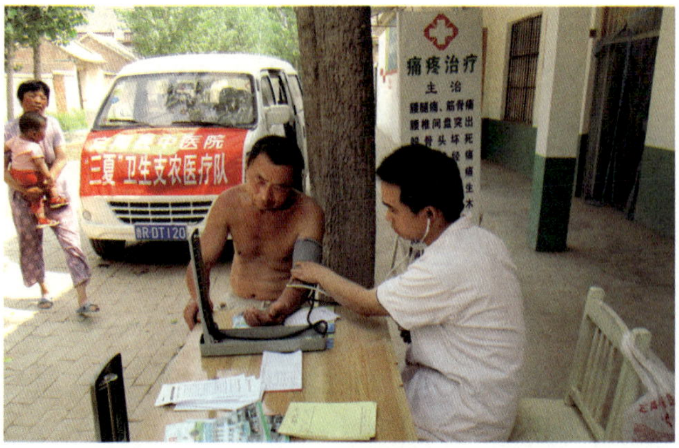

▲ “三夏”医疗服务队 （2010年 张丹 摄）

▲ 整治后的农村街道　　(2015年摄)

的文化生活。2013年，全面实施“乡村文明行动”。开展农村环境综合整治，投入大量人力、物力，对“三大堆”及各类垃圾进行集中清理，并建立垃圾站；对道路进行绿化、硬化，对路肩进行加宽、整平，并栽植果树、花木等进行环境绿化。培训农村劳动力3万人次，其中，围绕“新农村新生活”这个主题，培训农村妇女3600多人次。文化惠民工作有声有色，全县新增农村文艺团体8个，全县社区农村秧歌队达到220个，民乐队30个，曲艺队6个，业余剧团12个，各类艺术团体共送戏曲、曲艺下乡540场。2014年8月，为农村环境整治活动“突击月”，开展大规模、全方位的农村环境综合整治，投入大量人力、物力，对“三大堆”及各类垃圾进行集中清理，在短时间内农村环境面貌大为改善。2015年，开展城乡环卫一体化建设活动，12个镇街均成立环卫管理机构，配备环卫管理人员；全县所有自然村按照每150户1名的标准配备专职村保洁员，定期对村内道路进行保洁，清理收集垃圾。每个行政村设立1名管理员，由村干部担任。冉堌镇和陈集镇完成垃圾中转站建设，其余镇街完成压缩式垃圾中转站的选址；按照每15户1个的标准配备垃圾桶。对道路进行绿化、硬化，对路肩进行加宽、整平，并栽植果树、花木等进行环境绿化。运用村内广播、文艺节目等载体进行宣传教育，编排群众喜闻乐见的节目、广播，寓教于乐，用身边的人、身边的事教育引导群众；通过村规民约、群众自治组织来约束村民道德，村规民约的制定要符合群众意愿，让村民参与制定全过程，做到公开透明。

第二节　精神文明建设

爱国主义教育　20世纪90年代初，举行“爱我中华，振兴定陶”为主题的书画展、演讲比赛、知识竞赛和《祖国在我心中》征文活动等，参与者1万余人，获奖者1千余人，评选优秀作品200件，征文稿件100篇。1994年，纪念甲午战争100周年，县委印发《关于贯彻〈爱国主义教育实施纲要〉的实施意见》，开展以爱国主义教育为内容的知识竞赛、歌咏及演讲比赛、升国旗、唱国歌等系列活动。1997年，迎接香港回归时，开展以“迎接回归”为主题的爱国主义教育活动，组织开展百日晨跑、知识竞赛、征文比赛、演讲比赛、文艺汇演等系列活动，参与者达3万多人。2006年，开展社会主义荣辱观教育活动。印发“八荣八耻”宣传画1万余张，使“八荣八耻”深入人心，家喻户晓。至2011年清明节期间，每年

▲ 开展革命传统教育活动　　(2014年 任志康 摄)

在全县中小学校组织开展“缅怀革命先烈，弘扬爱国精神”主题教育活动；端午节期间，组织开展中华经典诵读活动、爱国主义教育读书活动演讲比赛，增强学生的爱国主义情感。2012年，对2010年至2012年3年新任职的192名科级干部集中培训，并组织学员到冀鲁豫边区纪念馆等红色教育基地接受爱国主义教育。2013年至2015年清明节、国庆节期间，开展各种爱国主义教育活动；开展“网上祭英烈”“学雷锋做一个有道德的人”演讲比赛活动，培养未成年人爱党爱国爱社会主义的深厚感情。

社会道德教育 以塑造现代文明城市和现代文明市民为目标，进行思想灌输、环境熏陶、行为规范的教育，树立“无私奉献、见义勇为”的良好风尚。1993年，定陶镇邓红星勇斗歹徒牺牲，被县委授予见义勇为标兵称号，被省政府追认为烈士。县委宣传部、团县委发出通知，在全县广大青少年中开展“学习邓红星”活动，鼓励青少年为社会多做好事，为他人献出一点爱。1997年，开展“讲文明、树新风”活动，重点解决文明言行、环境卫生、服务质量、交通秩序秩序4个方面存在的突出问题，使各项道德制度规范成为群众的自觉行为。2002年，宣传贯彻《公民道德知识宣传提纲》《做现代文明市民倡议书》《致农民朋友一封信》等活动，印发宣传材料2万多份，强化各行各业公民社会公德教育。2005年，开展“文明定陶”创建工作，窗口服务行业、执法执纪部门、社区居民和学生代表共3000余人参加大型路游活动，悬挂跨路横幅标语100余幅，散发宣传单1万余份。在电台、电视台和《定陶采风》上开辟专题栏目，对“文明定陶”建设中涌现出的先进集体和先进个人进行集中宣传报道。2006年，推进社会主义核心价值体系建设，开展公民道德实践活动和文明礼仪实践活动，在全县营造学礼仪，讲文明、树新风的氛围。2009年，开展“全县道德模范”评选活动和“迎全运、庆国庆、讲文明、树新风”主题活动，着力提高公民的礼仪素养。以“学习实践科学发展观，争创一流工作促发展”为主题，突出实践特色，在县广电中心演播大厅举行“学习实践科学发展观—文明之歌”演讲比赛，推动全县学习实践科学发展观活动深入开展。2010年，举办“放飞梦想走向未来”绿色手机文化征文活动及公民道德建设动漫作品征集活动；广泛开展“我们的节日”系列活动，弘扬优秀文化，陶冶道德情操。2012年，加强未成年人思想道德建设，举办庆“六一”大型联欢会，来自全县各小学、幼儿园的14个代表队（18个节目），共567名队员参加演出。组织天津泰丰小鸟电动车有限公司等向定陶留守儿童学校捐助图书、书包、电脑、电动车等用品及5万元生活费，财物总价值12.8万元。2013年，弘扬新时代雷锋精神，全县各级文明单位共成立“学雷锋志愿服务队”52支，围绕“关爱空巢老人、关爱农民工、关爱残疾人、关爱留守儿童”等，广泛开展志愿服务活动。2015年，开展以节庆文化、“非遗日”、纪念反法西斯战争胜利70周年、“12•4法制宣传日”等为主题的文化活动，组织曲艺调演、“每周一课”“儒学讲堂”“送书下乡”“戏曲进校园、进敬老院”等系列文化活动，张扬社会道德情操。

家庭道德教育 1994年，在全县家庭中开展争创“五好家庭户”“文明家庭户”“模范家庭户”（简称创三户）活动，“五好家庭户”的标准是遵纪守法好、劳动致富好、团结和睦好、讲究卫生好、移风易俗好。“文明家庭户”的标准是积极参加公益活动，自觉履行保卫祖国、建设家乡的义务；家庭成员注重自身修养，在社会上有较高的威信；科学育儿、教子，子女德才兼备；重视智力投资和文化学习，在全村是科技和家庭文化建设带头户，居室清洁，庭院绿化，饮食卫生，生活方式文明健康、科学。“模范家庭户”标准是爱国突出，科技有成，科学致富，助人为乐，造福乡邻，见义勇为，并在其他方面成绩显著。1998年以后，在全县农村广泛开展创建“十星级文明户”活动。活动中，县委、各乡镇分别制订活动方案和实施细则，并印制宣传资

▲ 天中街道办事处道德模范表彰会

料，发放到每家每户。“十星级文明户”分10个方面的内容，每项内容用一颗星表示，即：爱党、爱国、爱社会主义、爱集体、爱人民（五爱星），科学生产、勤劳致富（致富星），晚婚晚育、计划生育（计生星），学习法律、遵纪守法（法纪星），重视文教、提高素质（文教星），家庭和睦、邻里团结（和睦星），破除迷信、移风易俗（新风星），扶危济贫、造福乡里（互助星），勤俭持家、艰苦创业（勤俭星），保护环境、讲究卫生（卫生星）。2000年以后，将“创三户”的内容与“十星级文明户”管理办法相结合，获满5颗星当选“五好家庭户”；获星6至8颗，为“文明家庭户”；获9至10颗星，为“模范家庭户”。活动分别由村（居）委员会、乡镇政府、县委宣传部和县妇联负责管理，每年评选1次。各村（居）在显要位置上挂上星级榜，并将光荣牌挂到每家每户的门框上。评选结果与农民、居民的生活福利以及就业等直接挂钩。2004年，全县开展“五好文明家庭”“好媳妇”“好婆婆”评选活动。统一制定评选条件和办法，成立专门领导小组，通过层层申报和筛选，最后全县评出“五好文明家庭”10户，“好媳妇”“好婆婆”各10我。2007年，开展“十佳和谐文明家庭”“十大孝星”等评选活动，3人获“全市道德模范”称号。2008年，在全县开展“十大孝星”和“十佳和谐家庭”评选活动。县防疫站的单秀荣被评为全市“十大优秀母亲”，1个单位和1人在全省十大孝星评选活动中评为全省未成年人思想道德建设先进集体和先进个人。2010年实施“四德工程（公德、道德、美德、品德）”，在县电视台对全县道德模范进行宣传，努力营造崇尚模范、见贤思齐的舆论氛围，形成学习、关爱、崇尚、争当道德模范的良好风尚。2011年，开展全县第三届道德模范评选活动，对全县14名县级道德模范和3名市级道德模范进行了表彰奖励。2014年，全县有机关、企业、学校、行政村等四德榜617个，上传至省平台617个。全县367个行政村全部建成四德榜。在“中国定陶”网站视频栏目上传“善行义举四德榜建设指导专题片”视频，通过在线视频实现对全县各机关、学校、企业、农村的四德榜建设具体负责人员的培训和指导。依托农村广播村村通工程，播出内容涵盖法律道

▲ 感动定陶人物颁奖典礼　　（2013年摄）

德故事、传统文化知识、生活小常识、先进典型事迹、法规知识等，特别是谭晶版的《四德歌》实现背景播放和定时播放，受到广大百姓群众的认可和好评，试点安装117个行政村，有效辐射320个自然村。充分利用《德润陶城》电视专题栏目、户外宣传栏、电子屏、墙体标语等，让广大群众"以口传口""将心比心"受教育。《德润陶城》栏目共播发"爱心人士为'留守娃'冬日送温暖"等节目共14期；气象电子屏、城市信用社网点、邮政储蓄网点等户外电子屏实现常年滚动显示四德标语，营造出倡树新风正气的浓厚氛围和传递正能量，做有道德人的良好环境。2015年，以"孝德建设"为重点，各镇村开展1至2次最美家庭、好媳妇、好婆婆、好妯娌、文明户、优秀党员等评选活动。组织感动定陶人物颁奖典礼，广泛宣传道德典型的先进事迹，形成学习、崇尚、争当道德模范的浓厚氛围。

第二章　宗教信仰

▲ 仿山庙宇　（2015年 叶宏 摄）

▲ 左山寺大雄宝殿　（2012年 叶宏 摄）

第一节　佛　教

中华人民共和国成立前，境内有寺院26座，庵堂9座，和尚、尼姑30余人。在历史上影响较大的有定陶镇的肖寺、白衣堂、泰山庙，东王店镇的观音堂，黄店镇的南丁寺、北丁寺，黄店镇的姑姑庵、清凉寺，孟海镇的宋家寺，半堤镇的柏林寺，陈集镇的棠林寺，杜堂镇的戚姬寺，仿山镇的大章寺，张湾镇的沙山寺，马集镇的左山寺，冉堌镇的天宫堂等，这些寺庙、庵堂一般规模较小，通常只有一二十亩庙田，多为1师1徒。

县内寺院、庵堂多供奉释迦牟尼、观音菩萨和阎罗王等。较大的佛教节日有二月十五的涅槃节，四月初八的佛诞节，腊月初八的成道节，每遇节日，各寺院、庵堂均举办斋会。佛事活动主要是化缘布施修建寺院、塑造佛像；为丧家做道场、做佛事，超度亡灵；化缘维持生活。至1953年，全县有寺院5座，庵堂3座，有和尚3人，尼姑15人。1963年以后，寺院、庵堂除转给学校使用外，其余全部拆除，除白塔寺、戚姬寺、河滨寺的觉旺等3名老僧外，尼姑、和尚陆续还俗，佛事活动渐渐停止。20世纪90年代以后，随着佛院的修复和增多，佛事活动渐趋活跃。至2015年，经批准，全县有仿山、左山寺、开心古寺3座佛寺，佛教徒1112人。

第二节　道　教

道教传入定陶较早。隋朝初年，就有道人到仿山庙住持，岁时奉祀。清末至民国年间，仿山有道士10余人。1916年，全县共有男女道士45人，皆蓄发，信奉“正一”派。

道教的主要活动：农历每月的初一、十五定时焚香念经，颂扬神灵，祈求平安；举行节日祭祀活动，道教的重大节日有正月初七的火神诞辰，正月初九的玉皇圣诞，正月十一的碧霞元君诞辰，二月初二的土地诞辰，二月十五的太上老君圣诞，三月初三的西王母诞辰，四月十四的吕祖诞辰，五月十三的关帝诞辰，以及清明、十月初一的城隍出巡等。届时，境内善男信女前往有关庙宇焚香烧纸，祈求神明保佑平安，道士为每个参拜者念经，祝福祈祷，“消灾解难”，每个香客或多或少施舍香钱，供给庙宇，以表虔诚；为富裕人家丧事做道场，诵经超度亡灵。新中国成立后，庙宇逐渐被拆除，道士还俗，其活动终止。20世纪90年代以后，道士活动慢慢恢复，至2015年，全县只有马集镇有河滨上清宫一座道观。

河滨上清宫位于定陶县中部西南方向3千米处，距马集镇政府4.7千米。原曹国国都遗址陶丘亭上。据《五帝本纪》载：“舜陶河滨，曹国西南陶邱亭是也，今县西柳河有河滨寺，河南岸故迹尚存。”《定陶县志》亦有：“柳河在城西南十里，即舜陶处，古堤岸尚存，旧有舜庙，今为河滨寺。”的记载，故后代的文人墨客多赋诗题咏此事。元朝大诗人萧颖士《过河滨河文学张志尹》诗写道：“隆古日以远，举世丧其淳。慷慨怀黄虞，化理何由臻。步出城西门，徘徊见河滨。当其侧陋时，河水清且粼。沧桑一以变，莽然翳荆榛。至化无苦窳，宇宙将陶甄。”诗中赞美了舜王在陶制陶的丰功伟绩，同时也表明在六朝的时候，这儿已有河滨祠。明代户部尚书乔迁亦有《河滨》诗写道：“重华日已远，早夜自兴思。元德升闻地，明扬侧陋时。温恭先被化，苦窳久随规。剩有乡人惧，鸡鸣善念孳”。故而在明清的地方志中，“河滨渔唱”与“柳河春浪”就各成了定陶县的八大景之一。随着佛教的传入，隋朝开皇十年（590）重修河滨祠，建佛殿。唐开元年间（713—741），建老君庙，宋代建关帝庙，元朝重修一次，明成化年间（1465—1487）建祖师殿，明中后期修缮两次。清道光二十八年（1848），鲁西南瘟疫流行，牛死亡过半，当时牛是人民的主要生产工具，上报政府，建牛王庙，滨河祠改称牛王祠。每年正月二十六庙会，方圆百里的人都来赶庙会，香火十分旺盛。到1947年，牛王祠建筑100余间，后来亭台楼阁，殿宇均毁于战争。但当地群众的宗教信仰风气依然十分浓厚。2015年，在原庙址上重建，经市宗教局批准为道教活动场所，更名为河滨上清宫，建筑面积3000余平方米。

第三节　伊斯兰教

明永乐十年（1412），沙姓回族从冤句青龙镇（今菏泽市）迁居定陶，伊斯兰教随之传入境内。明万历年间（1573—1620），杨、李、马等姓回族到定陶安家。清朝和民国时期，又有张、

▲ 南关清真寺　（2015年 赵冰 摄）

郭、王、金、海等姓回族到定陶定居。至2015年，全县有伊斯兰1.28万人。

定陶伊斯兰教属逊尼派，其宗教活动由阿訇（教长）在寺院主持，并负责民俗事务。伊斯兰教一般对外不传教，而靠信教者祖辈习俗相传，口头传授，学习阿拉伯文衍播。教民恪守宗教信仰，认主独一，尊重领袖，命人行好，远奸近贤。重视念、礼、斋、课、朝5功。凡回民聚居地必建清真寺、立公墓。伊斯兰教的主要节日有圣纪节（伊斯兰教历3月12日）、开斋节（伊斯兰教历10月1日）、古尔邦节（伊斯兰教历12月10日，又称宰牲节）、平时，驻地教民每到主麻日（星期五）正午先至清真寺沐浴，然后穿礼服进清真寺大殿集体做礼拜，面向西方默诵经文。

定陶穆斯林注重团结，讲究清洁。成年男女需常保持大净（洗全身），举行宗教仪式时还要小净（洗规定的局部肢体）。重饮食卫生，禁食凶禽猛兽，懒惰肮脏、病死动物，不食反刍动物及所有动物的血液，除鱼类动物外，凡能食畜禽必按规定仪式由阿訇代刀宰杀。

穆斯林宗教活动的场所是清真寺。陈集镇中沙海村清真寺是境内伊斯兰教最大最古老的寺院，建于明万历元年（1573）。该寺曾几次修葺，最后一次修建于清宣统元年（1909）。寺的大门上方有清道光皇帝亲笔题写的“清真辅国”4字，进门是一座三节相连的大殿，大殿两侧有墙碑、立碑、卧碑24统，院内还有讲堂5间，水房7间，总占地面积0.4公顷。清真寺不仅是宗教活动的场所，也是传播宗教知识、培养宗教人才的地方。阿訇经常免费招收16～17岁青年（称海里凡）学习阿拉伯文和宗教知识，随到随学，不分学制，男女分班，毕业后经考核合格可穿衣挂幛，即成阿訇。中华人民共和国成立前，寺内的开支主要是靠出租或自耕土地来维持，不足部分由教民捐献弥补。中华人民共和国成立后，土地归集体所有，开支主要依靠教民的捐献和“乜帖”及村集体筹集。

▲ 前沙海清真寺 （2015年 赵冰 摄）

另外，定陶镇的南关、王洪庙，陈集镇的前、中沙海还有5座清真寺。

第四节 天主教

清光绪二十一年（1895）天主教传入境内。之后，随着教会势力的影响和扩大，教徒也由城镇发展到农村。至光绪二十五年（1899）先后在尚庙、丁庄、孙堂、柏林寺、陈洼、黄店、冉堌等村庄建教堂10处，盖房屋287间，教徒万余人。教徒依仗教会势力，收租放债，欺压百姓，激起境内群众的强烈反抗。光绪二十六年（1900），境内的大刀会与义和团联合起来反清灭洋，教堂全部被砸毁，神甫被赶跑。由于清王朝庇护，天主教很快又活跃起来。1938年，日本侵略军占领定陶后，传教士大部分逃离定陶。1946年，全县有教堂11处，传教士4人，教徒1500余人。中华人民共和国成立后，多数教堂被拆除，教徒退出教会。20世纪90年代，又有部分教徒到菏泽天主教堂活动。2015年，境内有天主教徒230人，无固定活动场所。

第五节 基督教

基督教于清光绪二十一年（1895）传入境内，定陶成立福音会，发展教友158人。中华人民

▲ 基督教中心活动点　　（赵冰 摄）

共和国成立后，多数教友自行退会，至1963年，仅有教友73人，又多系老年人，聚会活动停止。1978年以后，在边远农村，又有人信仰耶稣，其中90%为妇女，活动点均设在教徒家中，悬挂耶稣和圣母像与基督教图片，星期天聚会祷告，唱赞美诗，讲《圣经》。1990年，境内有基督教徒1000余人。2015年，基督教活动点有14处，基督教徒3700人。

第三章　民　俗

第一节　生产习俗

农业　定陶县属于传统的农业县，境内农民自古以来多以农为本，习惯于日出而作，日落而息；习惯于养猪积肥，养牛耕田；家庭则男耕女织。自给自足的自然经济，使农民对土地有了深厚的感情，养成了辛勤劳作，勤俭持家的良好习俗。20世纪50年代后，农业生产实行集体化，农业机械化程度逐年提高，化肥、农药、塑料薄膜等生产资料不断用于农业生产，改变了传统的农业习俗。人民公社化时期，队长敲钟，劳力出工，指派农活，大伙完成。同时，男女同工同酬，农村妇女成了“半边天”。20世纪80年代初，农业生产实行家庭联产承包责任制，人们习惯于上午早出工，中午歇大晌，下午晚收工。进入20世纪90年代，农业的耕种、施肥、田间管理、治虫均运用现代化科技，粮食连年丰收。同期实行农业种植结构调整，使以种植粮食为主向种植粮食和其他经济作物兼营的产业结构转变。许多农民利用塑料大棚种植反季节蔬菜、瓜果，部分农民不种庄稼种花木，部分农民利用农闲发展工副业、养殖业，均获得可观的收入。此时的农业不再是割麦耩豆，割麦点棒子（玉米）的传统农业。进入21世纪，随着农业现代化程度的进一步提高，相当一批传统农具，如抓钩、镰刀、木犁、耕耙、耩耧、碾磨、场磙、扬场锨等已进入农业博物馆，传统意义上的耕牛、耕驴已演变成食用牲畜，致使农村出现大量剩余劳动力。至此，传统意义上的农民分化出三部分，一部分留守家乡土地上耕作，一部分外出经商办企业，一部分奔赴城市当农民工。同时，农村土地步入集约化经营、区域化种植阶段。县城郊区和杜堂镇的大棚蔬菜，陈集镇的山药，黄店镇的大葱，南王店的西瓜等专业村、专业乡镇的出现，为统一耕种、统一供种，统一理管，统一销售，统一加工等集约化经营创造了条件。这个时期，农村还出现了各种形式农户自愿组织的新型合作组织，在劳力、资金、科技、销售等方面互帮互助，共抗风险。传统小农经济的习俗不断被打破，体现社会主义优越性的新风尚不断建立。

手工业 定陶县境内历史上传统的手工业有棉织、染坊、打铁、榨油、酿造、做豆腐、条编、篾编、纸扎、木工、泥瓦工、剃头等。人们俗称各行手工业者为“手艺人”。各行各业的手工业者，在各自的生产活动中，都形成自己的习俗。木匠、泥瓦匠、石匠尊鲁班为祖师，银、铜、铁、锡各匠人都尊李聃为老祖，其他各业匠人均有祖师尊奉。木匠的工具很多，主要有锯、锛、凿、斧、墨斗及各种尺具等，外出干活备有工具箱，最忌人乱动此箱。铁匠特别珍惜自己的手艺，所制产品一般都打上自己的姓氏，作为印记，如定陶北关聂家所打剪刀均有一聂字印记。境内锡匠多是制作酒壶、茶壶等。铜匠、银匠少见，石匠多是打制建筑石料和錾磨、錾碾等。锔盆锔碗的锔匠和磨剪子、戗菜刀的磨匠，多是走村串户，四处寻活。至20世纪50、60年代，这些手工业者以其传统的精湛技艺活跃全县城乡。70年代以后，随着社会的发展，锔匠、染匠、錾磨匠、磨匠逐渐消失。铁匠、锡匠越来越少。一些手工业者的匠艺称呼有所改变，如剃头匠演变为理发员，技艺高者称理发师。在城镇建筑行业，泥瓦匠习称建筑工人。80年代中后期，由于政府鼓励、支持家庭手工业发展，境内从事条编业、木业、泥瓦业、磨豆腐、粉条业、榨油业、轧花业、五金制作业、缝纫业者大增。90年代开始，部分手工业逐步向机械化、电气化发展，木匠工具出现了电锯、刨、凿等，传统意义上的木匠工具已逐步淘汰，手工业者逐步变得不用“手工”。科学技术的发展，使手工业科技含量增加，产品档次提高，生产经营方式由个体分散生产经营向规模化发展，由一户一品逐渐发展为一乡一品、一村一品。南王店镇侯庙村的手工粉皮、马集镇力本屯村的纯地瓜粉条等都已形成了产业。进入21世纪，县委、县政府实施优惠政策，优化经济环境，发展民营经济，不少手工业者大显身手，办起企业，当上厂长、经理，成为了企业家。

商业 定陶素有“天下之中”的美誉，作为“商业鼻祖”范蠡的经商之地，处于水陆交通枢纽地带的定陶，自古就有经商的习惯。一般小商小贩走村串户，沿街叫卖；有资产和头脑的商人则置店铺和商号，在县城、乡镇和集市进行商业贸易。有的经营生活用品，有的经营京广杂货。商人们多贴“经商不让陶朱富，货值何须子贡贤”的对联，体现了人们对范蠡和子贡的尊崇和敬仰。新中国成立初期，物品匮乏，商业活动较少。计划经济时代，商品由供销社统一供应，民间多以土特产品换取自己所需商品。中共十一届三中全会后，实行改革开放，商业活动开始活跃。进入21世纪，各种超市陆续开业，集市贸易空前繁荣，商品琳琅满目，特别是电商的出现，人们不出家门就可以买到如意的商品。

第二节 生活习俗

饮食 定陶的饮食多是一日三餐，分早饭、午饭和晚饭。早饭多吃馍，喝稀饭（俗称“糊涂”或“粥”），吃“小菜”（俗称“就吃”）；午饭常炒、调（“拌”的意思）一些时令蔬菜，吃馍，喝白开水或米汤；晚饭称喝汤，多喝面条、米汤或面汤，凉调一些小菜就馍吃。吃饭时，人们端着饭菜，自由地聚集到街头、巷尾，边吃边谈，形成“聚食”的特殊饮食习惯。

清末和民国年间，定陶县广大农民生活艰难，过着半年糠菜半年粮的生活；豪绅、富户则以白面为主，贫富悬殊，可见一斑。中华人民共和国成立后，定陶县广大农民的生活有了改善，饮食以高粱面为主，兼以小米和杂粮，多为净面窝窝、花卷、包皮窝窝等，菜样也逐渐增多。20世纪70年代，饮食以玉米面、地瓜干面为主。90年代，农民生活进一步提高，食粮以小麦为主。进入21世纪，早、晚饭由单纯的糊涂、小米汤改为玉米面（糁）糊涂、白面疙瘩汤、咸饭、白面条等；午饭多吃白面卷子、蒸馍、烙饼、煎饼等，一般炒2至4个菜。人们在街头、巷尾“聚食”的习惯，逐渐向全家围坐一块吃饭转变。定陶农民热情好客，款待客人比较讲究，酒菜一般6个或8个盘，饭菜6个或10个碗。逢遇婚嫁喜庆大事，饭菜更为讲究。饭菜过后，客人还要吃碗水饺或挂面，俗称喝碗汤，以示友情源远流长。

菜类　以蔬菜为主，春季主要有小白菜、菠菜、蒜苗等；夏季主要有黄瓜、蒜薹、韭菜、豆角等；秋季主要有芹菜、辣椒、冬瓜、芸豆等；冬季主要有红萝卜、大白菜等。一年四季常有的菜是豆芽、豆腐、粉皮、粉条等。

油类　境内主要有豆油、棉油、菜籽油、花生油、芝麻油（俗称“香油”）等。

肉类　境内以食用猪肉、牛肉、羊肉为主，兼有鸡、鸭、鹅、兔、鱼肉。

蛋类　境内以食用鸡蛋为主，兼有鸭蛋、鹅蛋。20世纪80年代后，开始食用鹌鹑蛋。

调味品　俗称佐料，定陶居民食用的佐料主要是大盐、小盐（用碱土淋制而成）、葱、姜、蒜、大茴、小茴、花椒、胡椒、酱、酱油、醋等。20世纪60年代，始有味精。80年代后，出现“十三香”、大料面等。进入21世纪，调味品的种类更趋多样。

茶类　新中国成立前，以春茶为主。富裕户则饮用大方、龙井等高一级茶叶。新中国成立后，仍以春茶为主。进入21世纪，茶的种类增多，主要有花茶、绿茶、红茶等。

酒类　新中国成立前，以高粱曲酒为主。新中国成立后，以瓜干酒为主。20世纪80年代后，粮食酒、瓜干酒并用。酒精度数由原来的65°、62°、60°逐步向44°、39°等低度酒转变。啤酒日益兴盛。此外，还有葡萄酒、枣酒等果酒。进入21世纪，人们又开始饮用高度酒。

回族饮食遵循教规，一日三餐异于汉族。所食畜禽肉类，须健壮无病，由阿訇代刀按规程断喉屠宰。禁宰食死动物、猪等不反刍动物和凶猛兽类。回族喜饮酽茶，禁烟、酒。

服饰　服装　清末及民国年间，境内一般男子冬季穿对襟小袄（俗称“撅腚袄”），有的穿棉袍（俗称“大袄”），多用衣带扎腰，劳动时，将棉袍大襟绾拽在腰带上；妇女穿大襟棉袄；富家男子多穿长袍马褂，有的穿皮袄；男女均穿连裆棉裤。春秋天，男穿对襟夹袄，女穿大襟夹袄或布衫，男女均穿连裆夹裤或单裤。夏天，男穿对襟单褂，有的穿单马夹，下身着连裆单裤或裤头；妇女上身穿大襟单褂，下身穿连裆单裤，有的用扎腿带扎腿；少年儿童衣着色彩鲜艳，花样稍多。衣料也有不同，富裕之家以“洋布”为主，有的穿绫罗绸缎；贫困人家多以家织土布为主，部分农民，一年四季穿着补丁摞补丁的衣服，有的甚至衣不遮体。

新中国成立初期，群众服装衣料仍以家织棉布为主。20世纪60年代，渐向机织棉布、平纹布、斜纹布和化纤布方面发展。服装式样老年人多为旧式服装；中青年男子多穿中山装、列宁服和国防服；中青年妇女穿中式或西式上衣，男女均穿西式裤。冬季多穿翻领大衣或毛领大衣。70年代，青年男女以穿军装为荣。80年代后，春秋季男女青年多穿西服和直筒裤、喇叭裤、牛仔裤、健美裤等，冬季穿毛呢大衣、羽绒服、皮夹克、风衣等。夏季，青少年女子多穿短裙、百褶裙、连衣裙；男女均穿棉织、化纤布汗衫，有的穿丝织短袖汗衫；男子穿西式长裤或西式裤头；老年人着装也逐渐趋向中、青年样式。

饰品　戴饰品多系妇女和儿童。新中国成立前，妇女多戴发簪、戒指、耳坠等。农民多为铜制品，富家多为金、银制品。儿童饰品主要有手镯、长命锁等。新中国成立后，戴饰品被视为资产阶级的生活方式而受到批判，戴戒指、戴耳坠的逐渐减少。20世纪90年代后，人们的物质生活逐渐富裕，城乡妇女，特别是青年妇女戴耳坠、戒指、项链的渐渐多起来。富有之家多戴钻石戒指、珠宝项链、纯金手镯，以示高贵和富有。

鞋帽　鞋　清末和民国初年，境内一般男子冬穿鸽子膀棉靴，冰天雪地时，有的穿用芦花制成的草鞋（俗称“草翁”），富裕之家则穿毛制毡靴；其他季节则穿圆口布鞋，有的穿铲鞋和二道眉鞋。中青年妇女冬季穿绣花棉靴，老年妇女冬季穿木底靴或套靴；其他季节，中青年妇女穿绣花夹鞋，老年妇女穿木底平纹棉布鞋。阴雨天穿布制油靴，男子有的穿“泥机子”。20世纪40年代以后，大多男子穿圆口布鞋，富裕人家穿皮底圆口布鞋和皮底带气眼布鞋，阴雨天穿浅口胶鞋和靴式胶鞋。新中国成立后，冬季男子多穿五眼靴和皮底棉鞋，老年妇女穿双脸棉鞋，中青年妇女穿五眼棉靴。其他季节，男子穿方、圆口布鞋或松紧口布鞋；女穿方口或圆口绊子布鞋。儿童穿虎头鞋，意为健壮成人。阴雨天，男女均穿胶鞋或防滑靴。进入90年代，冬季男子多穿皮靴和布靴，中青年女子多穿皮靴和旅游靴，老年妇女多穿毡靴。春秋季节青年男女多穿运动鞋、登山鞋、皮鞋，老年人多穿皮底布鞋。夏季多穿塑料凉鞋、皮凉鞋和塑料拖鞋。青年人，特别是青年女子，以穿高跟鞋为美。

袜　清末和民国年间，定陶男子多穿自制白布袜，妇女多用裹脚布缠足。民国后期，逐渐被长、短线袜所取代。新中国成立后，男子穿布袜的减少，穿白色线袜的增多；女袜颜色多样，主要有白、红、杏黄等色。20世纪70年代后，男女多穿化纤、丝织袜。90年代，袜的种类款式增多，夏季青年女性开始穿长筒肉丝袜。

帽　清末，春秋季一般男性多戴帽垫或帽头；冬季老年人多戴“马虎”；夏季普遍戴草帽。妇女冬季戴“嘞子”；中青年妇女戴绣花蛇蚕窝帽或勒黑手帕；其他季节妇女多勒自制手帕或白、花手巾。儿童在冬季多戴虎头帽。民国年间，除富家男子戴礼帽和火车头帽外，其他冠戴大体与清末相同。新中国成立后，男性冬季多戴解放棉帽或火车头帽，春秋季节多戴解放夹帽，夏季戴草帽。老年妇女多戴平绒“老婆帽”；中青年妇女多顶花手巾或花毛巾。20世纪90年代，男子多戴鸭舌帽，中青年妇女顶纱巾曾风行一时，后又戴绒帽、筒子帽、针织带缘帽。进入21世纪，戴帽者渐少。

发型　清末，男孩留“砂壶盖”，待头发长长后，便于脑后蓄一长辫。老年妇女绾鬏子；中青年妇女盘一元宝形的纂于脑后；姑娘则梳一长辫，用红头绳扎一把子。

民国年间，成年男子多留光头，有少数老年人仍留一短辫。姑娘剪一“刘海”于前额，梳一长辫于脑后。

新中国成立后，中青年男子多留平头或分头，老年男子剃光头。中青年妇女多为剪发，老年妇女仍绾鬏子、戴发网，姑娘多梳两条辫子。20世纪90年代，中青年男子普遍留平头、分头或背头；老年男子多留光头或背头。中青年妇女多烫发或削发，发型式样逐步增多；老年妇女绾鬏子、剪发并存。21世纪染发开始盛行，发型趋于多样性。

房舍　定陶城乡房舍，一般有主房和配房，北屋为主房（又称“堂屋”），东、西屋为配房，南屋多为3间。通常是长辈住主房，晚辈住配房。

清末和民国年间，豪门富户多是一进几处的院落，大多是八砖登顶，重梁起架，龙头凤尾，五脊六兽的砖瓦房，并盖有厅房，亦称“客厅”；中等富户住的是“四合院”，为砖包皮墙，重梁起架，八砖登顶的瓦房；贫苦农民的房舍多是砖碱土坯墙，秫秸盖顶的土棚子。

新中国成立后，城乡居民的住房条件有了大的改观，砖瓦房逐步取代了小土屋。进入20世纪90年代，房舍建筑有了较快发展，居民建房崇尚结实、美观、宽敞、明亮，用材由砖木向钢筋混凝土方面发展，装饰外镶瓷砖，内刷涂料，地面铺有地板砖。进入21世纪，前出厦式的“四合院”和别墅式的楼房不断出现。

定陶的房舍脊饰新颖别致，不同的式样代表着不同的等级。凡有“功名”人家的房屋，两头均饰以称“兽”的非狮非凤的“兽头”，并插有铁制“钢叉云燕”饰物；中间饰以宫殿形的小屋。从屋脊到垂檐分别饰以海马、狮子和4个人物（战国时庞涓、汉代韩信、唐代罗成、宋朝秦桧）。屋脊上饰有花纹空心砖。脊的种类主要有“镶龙脊”“凤穿牡丹脊”“回纹脊”等数种。一般百姓的房舍脊饰，中间多饰宝瓶，以示聚宝辟邪；也有饰“鱼”的，以示连年有余；两旁是“鸽子”一对，象征居家平安；或“鲫鱼”一对，以示积善人家庆有余。再两旁是“海马”（可避水）、狮子或朝天吼（可辟邪镇妖）。屋檐有近百种寓意的花纹勾头、滴水装饰。这些饰品均是无釉彩的土陶制品。

器具 家具 清末及民国年间，境内广大农民的家具比较简单，一般只有桌子、椅子、凳子、衣柜、箱子等，不少家具是白茬，即使着色，也多是紫红色或黑色。富裕户的家具配套齐全，有八仙桌、斗椅、条几、大小衣橱、饭桌等。直到20世纪60年代后期，家具均无明显变化。70年代中期，家具逐步增多，主要有八仙桌、条几、椅子、饭桌、大小衣橱等，色调讲求明快，但式样依旧。进入90年代后，家具式样不断增多和翻新，人们开始购置高低橱、五斗橱、写字台、沙发、组合橱等。

炊具 新中国成立前，一般农户炊具比较简陋，只有铁锅、铁勺、锅铲、菜刀、水缸、木水桶等，多数农户没有风箱。新中国成立后，风箱遍农户，木桶变铁桶。20世纪70年代，钢精锅、铝盆、铝勺、瓷盆等逐步取代了铁锅、铁勺、土陶盆。进入20世纪80年代，大部分居民用上了蜂窝煤炉。2000年后，电饭锅、煤气灶进入千家万户，城中部分居民开始使用天燃气。

餐具 新中国成立前，一般农民用的餐具有粗瓷碗、竹筷子和木筷子。富裕户用的多是细瓷碗、盘子、汤碗、火锅等。新中国成立后，买碗讲细瓷，菜盘讲成套，茶具讲新颖。20世纪80年代后，普遍使用保温瓶、提盒等，不少城镇居民用上火锅、电火锅等新式餐具。

卧具 新中国成立前大多居民的卧具有床、箔、席、被褥、枕头等。贫困人家冬天睡草铺（俗称“地铺”）或铺草包代替棉褥；夏天睡芦席。新中国成立后，旧式卧具逐渐淘汰，普遍增添了木床、竹床、棕床等新卧具。20世纪90年代起，卧具更新换代，沙发床、钢丝床、防震床、席梦思床开始进入一般家庭。蚊帐、绸缎被褥、毛毯、电热毯等比较普遍。

粮食加工工具 清末和民国年间，粮食加工工具主要有石磨、石碾、簸箕、簸箩、筛、箩等。20世纪60年代后，随着机械化程度的不断提高，石磨、石碾等旧式工具逐渐被磨面机、碾米机、粉碎机等粮食加工机械所取代。90年代，粉碎机、磨面机逐渐被小型面粉厂取代。进入21世纪，大型的粮食加工企业不断出现，人们换面或买面。只有小杂粮还有人在加工。

照明用具 新中国成立前，一般农户用棉油灯照明，富裕户使用蜡烛和煤油灯。新中国成立后，农户多用煤油灯和柴油灯照明。20世纪70年代后城内居民开始用电灯照明。进入80年代，全县逐步使用电灯照明，手电筒进入千家万户，蜡烛、煤油灯和柴油灯成为辅助灯具。90年代后，煤油灯、柴油灯已绝迹。进入21世纪，人们开始使用节能灯。

娱乐 *游戏* 游戏是定陶民间娱乐的一种形式，多数游戏又与体育活动紧密地联系在一起，颇受群众，特别是青少年的喜爱。游戏多在晚上、冬季和其他农闲季节进行。青少年多进行撒羊羔、藏某、打拉尔、放风筝、荡秋千、拾子等游戏；成年人多进行挑担、关神打架等游戏。参加的人数，少则三四人，多则十余人或更多。境内其他游戏还有扔沙袋、跳皮筋、跳方成、弹琉璃蛋、抽绞等。传统棋艺活动，成年人有“搁四周”“搁六周”，青少年有“砍花柴”“炮缺兵”“走牛角”等。

听曲 定陶民间有听曲子的习惯。乡村城镇，均有民间艺人设摊说书唱曲，曲种主要有坠子、琴书等，说唱内容广泛通俗，故事情节引人入胜。进入20世纪80年代后，由于电影特别是电视的普及，设摊说书唱曲的人逐渐减少，听曲的人也多为老年人。

看戏 定陶县是戏剧之乡，流行剧种主要有大平调、四平调、豫剧、两夹弦、弦子戏等。民间多利用农闲季节筑台写戏（请戏班）公演；县城有戏楼，常有戏剧名角登台演出。“文化大革命”期间，样板戏取代了地方戏剧。1978年后，传统剧目陆续复演，群众仍像以往一样十分欣赏。20世纪90年代，喜爱戏剧的观众逐渐减少。进入21世纪，政府送戏下乡，群众文化日趋活跃。

另外，还有猜谜语、讲故事、下棋、打扑克等娱乐活动。

第三节　人生习俗

婚嫁　新中国成立前，境内婚嫁一直遵从“父母之命，媒妁之言”，讲究“门当户对”，要求生辰“八字”相符。结婚年龄偏低，一般男子略小（13～15岁），女子稍大（17～22岁）。婚嫁要经过提亲、恳亲、换帖、传启、娶亲、回门等程序。

提亲　央媒提亲多数为男方，如女方央媒提亲就被称为“倒提媒”，往往要受到人们的奚落。提亲后，男女双方则到对方家中（或托人打听）看长相、探听家庭经济状况和社会声望，俗称“相亲”。双方认为门当户对，女方便将其女儿的生辰八字用庚帖送到男方家中，男方请算命先生占卜吉凶，如果男女双方的年庚八字无“冲克”，男方即托媒议聘。

恳亲　男女双方均无异意，媒人便通知双方各自写出“恳帖”，由男方置办酒席招待媒人，届时男女双方互换“恳帖”，俗称“谢恳”或“恳亲”。

换帖　由男方大摆宴席，宴请女方长辈、媒人及亲朋邻里。席间，男女双方交换事先写好的“庚帖”，许定终身，俗称“换帖”。

传启　男方根据女方的生辰八字，择定黄道吉日（娶亲的时间），携带头面、戒指、耳坠、衣物等送交女方，俗称“传启送好”。女方也根据经济状况为女儿置办嫁妆，女方邻里和亲友赠送衣物，称为“添箱”。在定陶民间，不论是贫穷之家，还是富裕之户，凡女儿出嫁，父母都有陪送陶布（家织土布）被褥、床单的习惯，以示心灵手巧。

娶亲　娶亲的前一天下午，男方家中张贴喜联，派人到女方家中将嫁妆运回。晚上，男方要在新房中进行铺床，且边铺边口念歌谣，多是一些祝新婚夫妇多子多孙、夫唱妇随、白头偕老一类的吉利民谣。迎娶的方式贫富有别，贫家用车，富家用轿，娶亲的人都是儿女双全的人。新娘娶到婆家后，举行拜堂仪式。进入洞房后，由伴娘手端两杯酒递于新郎新娘，相互交换后，各饮一杯，俗称喝“交心酒”。当晚，由新郎的嫂子或大娘（需儿女双全的人）端两碗红枣疙瘩汤，边泼边诵：“东一泼，西一泼，生出娃娃一大窝；东一淋，西一淋，生出儿女一大群。泼到床里边，生的娃娃当武官，泼到床外边，生的娃娃做状元……”，以祝愿新婚夫妇早生贵子。

回门　又称“认门”。结婚的第三天，新郎携新娘子到岳父家拜谢，俗称“认亲”。岳父家设喜宴招待，当日返回，整个婚嫁方告结束。进入21世纪，县城出现了婚庆公司，许多男方家庭将迎娶、婚典等事宜委托婚庆公司操办。该日，男家盛宴招待女方送亲宾客与贺喜亲友，城镇的多在大酒店宴请。随着城乡人们生活水平的不断提高，婚宴的档次、数量逐日攀升，竞相奢侈之风大涨。民国年间，虽然提倡婚姻自由，但成效甚微。新中国成立后，国家颁布新《中华人民共和国婚姻法》，旧的婚姻习俗逐步被新的婚姻观念所取代。即使央媒介绍，也需征得男女青年的同意。择偶标准随着时代发展而变化。20世纪五六十年代，男女双方比较注重家庭出身和政治面貌；70年代，军人是择偶的热门对象；进入80年代，比较注重能力、经济地位和学历。举行婚礼的仪式不断简化。有不少乡村和机关组织青年集中在“五一节”“国庆节”等纪念节日举行集体婚礼，旅游结婚的也逐步增多。招待亲友或宴请宾朋多以茶话会、吃喜糖等方式进行。90年代后，订婚大送彩礼，结婚大操大办的现象又逐渐多起来。进入21世纪，攀比之风有抬头趋势，订婚礼一般得给女方10001元（寓意万里挑一），个别地方订婚则需要几万元钱，致使不少有男孩的家庭花掉全部积蓄，有的还要借债。

回族婚礼　新中国成立前，回族婚嫁遵从“内婚制”，回族男子可以娶外族女子，而回族女子不可外嫁其他民族。新中国成立后，回族女子外嫁受法律保护，婚姻可以自主，但多数仍沿袭旧制，特别是虔诚的教民尤为重视。婚嫁新娘进夫门先由貌正、夫在、儿女俱全的妇女递上《古兰经》，并扶新娘至新房或礼堂举行宗教式婚礼，由一位阿訇书阿文主婚。第二日早晨新娘向长辈请安。第三日早晨亲友上门吃喜糕、喜面等。20世纪90年代后，多改为结婚当天设宴招待亲友，第二日新娘回门。

特殊婚姻　寡妇再嫁。寡妇不改嫁称为“守节”，是束缚妇女的一条精神枷锁。在定陶境内，守节被视为“美德”，明、清两代，境内就有1000余名寡妇守节。新中国成立后，政府提倡寡妇改嫁，绝大部分丧偶中青年妇女都能再次组成家庭。特别是20世纪90年代后，一些丧偶老年人也有不少再婚者。

入赘。也叫“倒插门”。新中国成立前，贫困人家的男孩，无能力婚娶，到女家做“养老女婿”；女家是因无男孩赡养老人，则招婿养老。婚礼在女方家中举行，所生子女随母姓。赘婿社会地位低下，倍受歧视。新中国成立后，政府大力提倡女娶男，特别是20世纪90年代后，男到女家落户的逐渐增多。

生育　清末和民国年间，在定陶境内，生儿育女礼仪习惯上有别。新婚夫妇生第一胎是男孩称大喜，三天向女方娘家和亲友报喜，礼物有面皮（俗称“喜面”）、大肉和一本书；第一胎是女孩称小喜，三天向女方娘家和亲友报喜，携带礼物有面皮、点心、鲜花等。女方的娘家和亲友回赠“喜蛋”（染红皮的鸡蛋）致谢。婴儿出生12天（男孩）或9天（女孩），其外祖母、妗子等备车同往送“粥米”，携带礼物主要有鸡蛋、红糖、米、面、衣服、褥、垫等，有的赠送金银手镯、长命锁、长命牌等吉祥贵重物品。对生二胎以上的，“报喜”“送粥米”等习俗依旧，只是礼品略有减少。新中国成立后，男女平等，生男生女都一样，“报喜”“送粥米”等仍沿用旧俗。睦邻和亲友多赠送鸡蛋、红糖、小儿衣物、儿童玩具等礼品。

催生　孕妇临产前的数日，其母亲携带鸡蛋、红糖等礼物，登门看望女儿，以期女儿早日平安生产，俗称“催生”，此俗仍存。

分娩　新中国成立前，妇女分娩请当地接生婆用土法接生，一旦遇到难产，则烧香许愿，别无良策，孕妇及婴儿死亡较多。新中国成立后，产妇分娩，多由接生员用新法接生。20世纪90年代后，产妇多到医院分娩，孕妇和婴儿的生命安全得到了保障。

坐月子　孕妇分娩后，需防风寒，注重滋补，产妇需在家中呆1个月，俗称“坐月子”。

请满月　婴儿出生1个月，其外祖母家要派人用轿或车将其母子接去，俗称“请满月”，或称“住满月”。

贺百日　婴儿出生满百日，亲朋好友前来祝贺，并赠送点心、蛋糕（俗称“百日糕”）、馒头、面包及衣被、玩具等，以期婴儿能够“长命百岁”，俗称“贺百日”。新中国成立后，城镇居民给婴儿过百日多照相留念，一些农村仍沿用旧俗。

过三生　定陶民间素有“一生请，两生凑，三生姥姥家来给做”的习俗。意思是，孩子一周岁时，姥姥家请走过生日；两周岁时，孩子随母亲须凑到姥姥家过生日；三周岁时，姥姥家及亲友则主动到孩子家，携新衣、礼品表示祝贺，主家需请客邀友，大摆宴席，比较隆重。

分家　俗称“掂开锅”。旧时，家庭以多子家大为荣，有四世同堂、五世同堂之说，富裕之家老少十几人或几十人，一般农户也有八、九口人或十几人。一旦长辈人不能再主持家庭了，便开始分家。

在分家时，一般要请舅父、家族长和本村的

知名人作公证人，将宅基地、房屋、耕地、财产等搭配好。先由兄弟中最小的一个挑选，依次进行，最后剩给老大，如果有分歧则抓阄。分配后，书写分单，各执一份留作凭证。然后分别给购置好锅、案板、风箱等炊具，新的小家庭就成立了。分家的时间，一般取在麦收之后，农历的六月份。

20世纪90年代后，多半儿子结婚后就分出去，独子婚后，也与父母分家另住，分家手续简单，将粮食、财产分开各自独立生活，承包的责任田则由村干部主持分开。

祝寿 人过花甲无前辈的老人，儿女们便为其祝寿，纪念诞辰，俗称“过生”。定陶民间有“六十六，吃块肉”和过生不间断的习俗。在老人过66岁生日这天，女儿要送一块6斤6两的肉。以后再逢过生，只是改善一下生活，吃碗素面，吃几个鸡蛋。豪门富户为其老人过生，一般要唱大戏，请响器（古乐班），摆宴席，大吹大擂，大吃大喝。有的富绅地主往往利用祝寿的机会，大发寿帖，索取钱财。但老人到73岁和84岁时是不过生日的（历史上孔子、孟子分别活了73岁和84岁，民间有“七十三、八十四，阎王不叫自己去”的谚语），都要到闺女和亲戚家“躲生日”。新中国成立后，祝寿遍及城乡。每逢老人生日，亲戚朋友多送寿糕、寿面、肉、烟、酒等礼品，祝福老人健康长寿，主人设宴招待亲朋。老人过80寿辰最为隆重。

丧葬 境内丧葬习俗由来已久。老人死后，先为死者穿“送老衣”，继而将尸体移至灵床，用麻披拴拌双脚。灵床前放隐身草，摆一饭罐（俗称“下食罐”），点一长明指魂灯，众孝子放声举哀。请族人，跪长辈，乞议丧事。遣执事，给亲友送信报丧。盛殓时，在死者口内放一“银鱼”或“铜钱”，俗称“噙口钱”。子女为其净面，然后将死者喜爱之物置于棺内，即封棺落扣。其子女儿媳披麻戴孝，守灵于两侧。亲友、邻居得知后，持火纸前往吊孝。直系亲戚要到灵前致哀。亡人家外门旁挂纸骨垛，门上贴白纸。院内设灵棚、置供桌、备舍火。出殡前一天，请响器，准备酒菜招待客人。出殡时，设礼房，专收葬礼。由执事指挥殡葬仪式，先家祭，再路祭，后坟祭。家祭后，将灵柩抬起，众孝子男前女后将棺送至丧架上，死者的长子或长子孙将“老盆”摔碎，然后将棺材罩上“罩子”，设供桌，摆祭品，进行路祭。祭奠的顺序，先娘家，后亲戚，再亲友和邻居。送葬时，由专人在前抱斗撒“路钱”，死者的长子或长子孙执幡前导，亲属手持“哀杖”，男前女后送灵柩至坟地。将灵柩放入墓穴后，进行陵（读音lin，墓地、坟地的意思）祭。之后，将罩子和其他“舍火”一起焚烧，俗称“随人而去”，同时由长子或长子孙先往棺木上撒一锨土，众人接着掩埋，封成圆锥形的坟头，将纸幡和隐身草插于坟前。当天晚上，由其长子送一面灯。葬后三天，子女到坟地整修坟墓，烧纸焚香，俗称“圆坟”。以后，每逢“七日”进行一次祭奠，直到“十七”。再后就是“百天”、一年、二年，三周年的祭奠尤为隆重。孝子穿孝3年，重孝百日不理发、不提鞋、不宴会宾客，不走亲访友。3年内，过春节家门上不贴红对联，不外出拜年，忌办喜事。

新中国成立后，人民政府提倡丧事从简。20世纪60年代初动员深埋不留坟头。70年代后开始倡导火化。干部职工死后，一律火化，子女佩带黑纱，亲友敬献花圈或挽联，由所在单位举行追悼会。农村，葬礼虽有简化，但变化不大。进入20世纪90年代，特别是进入21世纪，随着物资的丰富和经济条件的宽裕，人死之后虽然火化，但大操大办的风气有所抬头。

中年人死亡，在礼仪上比较简化，上有父母者，对亲友只送信不发帖，3日内便埋。少亡，无丧葬之仪，当日午后由族人埋于陵南或陵后。对不轨死于非命者，俗以为耻，无葬礼，族人拒之入陵，葬于荒郊野外。

回族病人临终，有桃拜（忏悔祈祷）和沐浴的惯例。老人亡故后，家人写名帖讣告，宣告噩耗及发丧时间。多数人家从速从简，亡故后48小时内务必安葬完毕，不制冥器，不焚纸箔，不停尸祭灵。将满依太（亡人）的尸体放在水板上，由海里凡和乡老用温碱水从头到脚洗3遍，三个安萨赖爱斯里（洗礼）后，用3.2丈白布扯开（男3块，女5块），上搓香料，按规定包裹裸尸叫“开番”，无论贫富贵贱一律禁用绫缎类。一切收拾好后，放在经匣里扣上，由4人从房内抬出，放到院内凳子上，请阿訇占者那哉（向遗体告别）。之后，做传《古兰经》传香仪式，阿訇把《古兰经》传给满依太的儿女，儿女挨个传递，求主饶恕满依太，围绕满依太走一圈，最后将经匣放进木制的罩子里，用16人抬到墓地，将满依太放在预先挖好的坑穴里，头朝北，面向西（朝着真主的方向），然后用堵穴石（砖）把洞口堵上。阿訇开经念《古兰经》，为满依太求饶。纪念亡人是每天下午请阿訇诵经至第7日，之后每星期五1次，至第40日，到第100日时再做1次。逢冥忌或逝世周年，特别是十、二十、三十周年要隆重纪念。

第四节　岁时习俗

传统节日　春节　农历正月初一为春节，俗称“年下”，是境内最隆重的传统节日。由于春节恰好处于农闲季节，所以人们一般在春节前近1个月的时间就开始操办年货，进入农历腊月二十以后，便开始蒸花糕、花山、白馍等节日食品；到腊月二十五以后，买肉、杀鸡、做菜，准备节日祭祖敬神的供品，并置买碗筷，希望来年人丁兴旺。春节的前一天中午，张贴对联、门画和神画；下午，人们打扫庭院，除旧布新。晚上，俗称“除夕”，烧香敬神祭祖，全家团聚宴饮，俗称“团聚酒”或“辞岁酒”。尔后，由年长的分发压岁钱，以示辞旧迎新之意。饭后，将芝麻秆撒在院内，俗称“撒岁”，并在门外放一挡门棍，俗称“挡钱棍”，以防财宝外流。民间有初一早晨早起的习惯，有的为了过个“囫囵年下”，甚至彻夜不眠，俗称“守岁”。

▲　群众庆祝活动　（2009年　王轩南　摄）

初一，五更即起，家家户户，灯笼高挂，鞭炮齐鸣，人们在幽微的火药香味中，供神祭祖，家人序拜，同吃饺子（按原有人口多盛一、两碗，意为年年有余，人丁兴旺），吃到包有“清钱”（清代方孔铜钱）的饺子为长命富贵。饭后，先向族中长辈拜年，再到邻居家拜年，互致问候，共祝新年，以表和睦相处。天亮后，人们都聚集到街巷，进行各种娱乐活动。

正月初二开始走亲访友，一直到正月十五为止。

过年，虽是人们传统的节日，但在清末和民国年间，富人过年享欢乐，穷人过年如过关。临近年节，地

▲　定陶春节联欢晚会上的舞蹈表演　（2012年　车刚　摄）

主索债，穷人无力偿还，往往躲避在外，故定陶在新中国成立前也有“躲年”的习俗。新中国成立后，随着人民群众生活水平的不断提高，每逢春节，人们便及早添置新家具、新衣服，及时操办年货。每年各行政村和各机关均组织青年学生和团员青年给烈军属贴对联、送礼品、扫院子，开展拥军优属活动。

元宵节　农历正月十五为元宵节（境内过十五、十六两天）。此节前一天，用高粱秸扎一“打鬼棒”插在门旁，驱鬼赶妖；用枣枝或其他作物的秸秆和彩纸扎成状似棉花、谷子、高粱等作物，插在粪堆上，盼望丰收的到来。十五中午，全家人分食“花山”。傍晚，人们用面或萝卜制成油灯，送到门旁、街口以及各种神像前，然后，烧香纸，点烟火，焚神像，送神归天。祭奠完毕，人们都到大街或村头观看烟火，玩竹马、高跷等，进行狂欢娱乐。十六一大早，人们按照干支所指方位，牵着牲畜，成群结队地郊游，俗称“跑百病”，也称“迎喜神”。特别是新婚的媳妇，更是早早地从娘家来到夫家“跑百病”。这天，百姓家多数吃杂面水饺，说是“杂面饺子吃一碗，既不咳嗽也不喘”。此节仍盛于昔日，但迷信活动减少。

▲　元宵节舞狮表演　（车刚　摄）

二月二　新中国成立前，群众通常在头一天下午用草木灰在场内、院内围成3个套环，再画上梯子，进行“围仓”。在屋内围一长方形“钱柜”，当中埋上铜钱，意为招财进宝。晚上，用砖把石磨垫起来，俗称“龙抬头”（俗传，龙在这天夜间出来活动，上天行云布雨，以示雷雨季节来临）。群众怕惊动龙王，太阳不出不去井中打水。二月二早晨，群众吃煎饼、黏糕；中午吃春节存放的“看家馍”，忌喝米饭。新中国成立后，随着科学技术的发展，石磨逐渐被淘汰，但其他习俗，仍如以往。

▲　“二月二”牛屯雷霆大鼓表演　（车刚　摄）

清明节　新中国成立前也称“寒食节”，是人们上坟祭奠亡灵的传统节日。清明节的前一

▲　清明节祭奠英烈活动　（2014年　任志康　摄）

天，人们于门旁插上柳条，床上压上柳条，当地有“清明不戴柳，死了变个老花狗”之说，所以这日戴柳。还有“吃多打”（用小米糁子、大豆、葱花、菠菜等制作的馍）的传统。新中国成立后，每逢清明节这天，机关干部和学生祭扫烈士墓，缅怀先烈，激励壮志，进行革命传统教育。在农村，上坟祭祖的习俗依然流行。

端午节　农历五月初五为端午节，又叫端阳节、重五节。新中国成立前，每逢此节，日出前采摘树叶为茶，采集艾枝插于门首和神像前。儿童手腕戴上用布裹艾叶缝成的形似辣椒、柿子的小袋，姑娘们则缝制精巧的香袋佩带在身上。以祛毒辟邪。这天群众多吃粽子，还要将粽子投入河中，以此来纪念投江而死的屈原。新中国成立后，群众仍过此节，但插艾、佩带香袋、吃粽子等习俗已渐趋减少。

六月初一　农历六月初一，群众称之为“小年下”。新中国成立前，群众于这天焚香、拜神、吃水饺。出嫁的闺女给娘家送花糕或糖角，俗称“留娘饭”。新中国成立后，群众仍过此节。

乞巧节　农历七月初七为乞巧节，相传是牛郎、织女一年一度鹊桥相会的日子。7位姑娘一组凑在一起，半夜起床，于院内陈列供品，焚香烧纸，并环跪案前，对天遥祝，祈请织女传授刺绣技术，俗称“讨巧”。讨巧后，便同吃事先包好的水饺，哪位姑娘吃到包有针的饺子为“巧”。这一天，姑娘们还要做菜馍、糖糕等食品，来显示各自的手艺。此俗仍存。

中秋节　农历八月十五为中秋节。进入八月，亲朋邻里之间开始相互馈送月饼、烧鸡、酒、肉等礼品。新婚、未婚女婿则到岳丈家以重礼相送。此节日之夜，人们于院内摆一供桌，陈列月饼、果品，然后焚香，放鞭炮，全家人齐聚一堂。共赏明月，俗称“圆月”。此俗仍存。

十月一　农历十月初一，境内称之为“鬼节”。这天，人们忙着为祖先添坟、烧纸，祭拜祠堂，象征着为亡者送寒衣和冥钱。特别是出嫁的姑娘，一定得到娘家坟上烧纸祭祖。此俗在农村仍沿用。

冬至　当地群众在早饭时吃米粥或饺子，中午，则上坟祭祖。此节农村仍袭用。

腊八节　农历十二月初八，相传此日为释迦牟尼成道之日，佛祖在求道途中晕倒，得牧羊女以粥救活。群众效法这个故事，为增加营养，过好寒冷关，吃“腊八粥”。新中国成立后，“腊八粥”渐为喝黏米和红枣煮的稀饭取代。

祭灶　农历的十二月二十三为祭灶节，又称祀皇日。新中国成立前，无论富豪贫家，家家都要将灶台扫得干干净净，是日黄昏时刻，开始祭灶，在灶台前焚香、燃烛，供糖（祭灶糖）、瓜果、鸡蛋，焚烧旧神像，鸣鞭炮，饯送灶君升天汇报人间生活光景。新中国成立后，饯送“灶君”的已不多见，但打扫卫生和吃祭灶糖的习俗仍存。

法定节日　元旦　公历1月1日为元旦，又称新年，定陶人称“阳历年”。新中国成立前，境内多不过此节。新中国成立后，机关、企业、学校等单位升国旗，插彩旗，挂红灯，组织文体活动纪念这一节日。节日之时在职职工、学生放假1天。

植树节　1979年2月23日，第五届全国人大常委会第六次会议决定，3月12日为植树节，并号召

▲ 义务植树活动　（2015年摄）

全国人民每人每年义务植树3～5棵，人人动手，年年植树，绿化祖国大地。每到这天，县内各级机关、团体、学校等都组织义务植树，绿化美化环境。

三八国际劳动妇女节　公历3月8日，是世界各国妇女为争取和平民主、妇女解放而斗争的节日。中央人民政府政务院于1949年12月规定，每年的3月8日为中国妇女节，全县妇女开始过此节日。这天，各级妇女组织一般都利用此节，召开会议进行传统教育，对在妇女工作中作出优异成绩的先进单位和先进工作者进行表彰，并举行文艺晚会以示庆祝。

五一国际劳动节　简称“五一节”或“劳动节”，是全世界劳动人民团结战斗的节日。新中国成立后，中央人民政府政务院于1949年12月规定5月1日为劳动节。此后，每年5月1日，县直各机关、企业、学校等单位均升国旗、贴标语，张灯结彩。县总工会多组织文体活动，以示庆祝。公职人员放假1天。

五四青年节　也称中国青年节。为继承和发扬“五四”运动以来中国青年的光荣革命传统，1939年，陕甘宁边区西北青年救国联合会规定5月4日为“中国青年节”。1949年12月12日，中央人民政府政务院正式宣布这一节日。每逢此日，县内各级共青团组织进行革命传统教育，并举行表彰大会，对在青年工作中做出突出贡献的先进集体和个人进行表彰和奖励，以此来纪念五四青年节。

六一国际儿童节　简称“儿童节”。中央人民政府政务院于1949年12月规定，6月1日为“儿童节”。县少年组织和教育部门每逢此日，均组织中、小学校和幼儿园开展评选“好孩子”“小红花”“美少年”等活动。

七一建党节　7月1日是中国共产党建党纪念日。为纪念党的生日，每年7月1日前，全县各级党组织均举行座谈会、报告会和文艺晚会，并组织评选“模范党支部”和“模范共产党员”等活动。

八一建军节　8月1日是中国人民解放军诞生纪念日。1927年8月1日，由周恩来、朱德、贺龙、叶挺、刘伯承等领导的北伐军3万余人，在江西南昌举行武装起义，打响了武装革命的第一枪，是中国共产党领导武装革命的开始。1933年，中华工农民主共和国中央政府决议，规定8月1日为建军节。在这一天，全县军民开展“拥军爱民”“拥军优属”等活动，并举行军民联欢晚会。

教师节　9月10日为教师节。1985年，在六届全国人大常委会第九次会议上，决定每年的9月10日为中国的教师节。从此，在教育战线上辛勤耕耘的教师们有了自己的节日。这天，县各级教育部门和学校多表彰先进模范教师，并举行茶话会，欢度这一节日。

国庆节　10月1日为国庆节。1949年10月1日，中华人民共和国成立。每逢这一天，公职人员放假2天。全县机关、学校、企事业单位均升国旗、插彩旗，张灯结彩，隆重纪念这一节日。

第五节　社交习俗

称谓　定陶境内，称谓大致分为以下三类。

对长辈和领导（长官）的称谓　称曾祖父为“老爷爷”，称曾祖母为“老奶奶”；称祖父为“爷爷”，称祖母为“奶奶”；父亲为“爹”“大大”“爸爸”，称母亲为“娘”“妈”“妈妈”；称伯父为“大爷”，称伯母为“大娘”；称叔父为“叔”“叔叔”，称叔母为“婶”“婶婶”“婶子”；称曾外祖父为“老姥爷”，称曾外祖母为“老姥娘”；称外祖父为“姥爷”，称外祖母为“姥娘”；称舅父为“舅”“舅舅”，称舅母为“妗子”。称岳父为“大爷”，称岳母为“大娘”；称姨丈为“姨父”，称姨母为“姨娘”“姨”“姨妈”；称姑丈为“姑父”，称姑母为“姑”“妈妈”“姑妈”。称县衙知县为“大老爷”，称县公署知事为“县太爷”，称县政府县长为“大人”“某县长”，称机关负责人为“长官”“某局长”“某主任”，称知县、知事的妻子为“太太”“夫人”。称无关系年迈男性为“先生”“大爷”“师傅”；称无关系年迈女性为“太太”“大娘”。对父母的同事和朋友，男性称“大爷”“叔”；女性称“阿姨”“大娘”“婶子”。

对平辈的称呼　称兄为“哥”“哥哥”；称兄妻为“嫂子”“嫂嫂”。称弟为“兄弟”“弟弟”；称弟妻为“妹妹”“弟妹”。称姊为“姐”“姐姐”；称姊丈为“姊夫”“姐夫”“哥”。称妹为“妹妹”；称妹丈为“妹夫”“弟”。称叔伯兄、弟、姐、妹为“堂兄”“堂弟”“堂姐”“堂妹”。称姑母之子女为“表兄（哥）”“表弟”“表姐”“表妹”。称姨母之子女为“姨兄（哥）”“姨弟”“姨姐”“姨妹”。称爱人之兄、弟、姐、妹为“内兄（哥）”“内弟”“妻姐”“妻妹（弟妹）”。夫妻之间互称为“您爹”“他爹”，“您爸爸”“他爸爸”，“您娘”“他娘”“您妈妈”“他妈妈”或直呼对方姓名。丈夫称妻子为“家里人”“内当家”“贱内”“夫人”“娘子”“老婆”“爱人”“媳妇”；妻子称丈夫为“外头人”“当家的”“相公”“老爷”“官人”“老头子”“爱人”。称无关系男子为“大哥”“二哥”“先生”“兄弟”“同志”；称无关系女性为“大嫂”“大姐”“小姐”“小妹”。

对晚辈的称呼　称子为“儿”“小”，称女为“女儿”“闺女”“妮”。称儿媳为“儿媳妇”。称女儿的丈夫为“女婿”“客”。称兄、弟之儿、女为“侄儿”“侄女”。称姐、妹之子、女为“外甥”“外甥女”。称表兄、表弟之子、女为“表侄儿”“表侄女”。称妻兄、妻弟之子、女为“妻侄儿”“妻侄女”。称无关系的青年男子为“公子”“少爷”“学生”“小同志”等。称无关系的青年女性为“小姐”“姑娘”“小大姐”等。

相见礼　清末，通行跪拜礼，一般在下级见上级，百姓见长官，晚辈见长辈或年节、道喜、祝寿、祭祖、拜神、吊唁之时行此礼。男性是先作揖，后双膝跪下，双手触地，然后磕头；女性是双手挟胸，上下连动3次，后双膝跪地，点头，称之为一叩头。平常时候，亲友平辈相见，先互致问候，再叙谈说话；见长辈时，男揖女拜，然后问好叙谈，女子问安后即可告退。如果来的是贵客、稀客，主人必须迎至门外，见面先作揖或打躬，然后客前主后或主人相伴于两旁，笑谈着走进客厅。让客人坐于首位，主人在下首相陪。让烟、倒茶、斟酒时，客人欠身双手接端，以表谢意。与长辈讲话，冠以“老”“叔”“伯”等尊称。别人讲话，不要随便插言，否则，示为失礼。客去，让客先行，主人随后，如是贵客，主人送至大门外后，客作揖道别。主人如继续欢送，客则再次作揖道别，客3次作揖，主人须止步。如果客人不作揖告别，主人要继续送行，待客人3次作揖后，方可止步。路遇邻里和熟人，相互问候致意；路途遇人问事、问路，冠以“请”字，表示态度和蔼。

进入20世纪30年代后，礼节稍有改动，只在年节、祭祖、祭神、吊唁时行跪拜礼，一般情形下行鞠躬、握手礼，军人、学生行举手礼。

新中国成立后，跪拜礼渐废，鞠躬、握手成为人们相见的主要礼节。客至，主人出门远迎，握手言谈，客前主后，让于客厅。客去，让客先行，送至门外。如客人骑有自行车，主人推车相送，握手道别；如客人乘坐汽车，主要相送至车旁，握手话别，为客人打开车门让于车上，招手目送客人远去。平时，路遇熟人，点头问候或招手致意；骑自行车，下车打招呼；乘坐汽车，下车问候或点头招手致意，以示礼貌待人。

宴席礼　定陶境内置办宴席，一般要先选定陪客人，然后发请柬邀请。宴请之日，陪客人提前到席，等候主客的到来。宴席一般设在正房，座次讲究辈份和礼数，主客或年长者坐首座，其余人坐下首相陪。宴席每桌一般8～10人，席间陪客人要让菜让饭，让主客先吃，客人与陪客人使用的筷子，随时要与桌面放齐，不能露出桌面，以防拐掉餐具。宴席饭菜讲究丰盛和质量，以有鱼和“海味”为上品。新中国成立后，此俗虽有改进，但男女不同席（宴席）的现象，依然存在。

第六节　迷信　忌讳　恶习

迷信　祈雨　祈神降雨，俗称“祈雨”。每逢大旱之年，定陶民间都有祈雨活动，祈雨时，许多老年妇女预约出动，到关帝庙内，烧香许愿，祈神降雨。有的搭大棚，棚内置放神像（关帝像），供奉祈拜。择定吉日，由祈雨的人抬着神像，到河旁或井旁取一坛水，名曰“神水”，然后放置祈雨坛中，众人跪拜祈求。如果碰巧降雨，则摆供品致祭，有的则演戏祝贺降雨。祈雨活动，至20世纪70年代已不复存在。

算命　定陶称“算卦”。它是以人的出生年、月、日、时，按天干、地支依次排列成8个字（俗称“八字”），再用干支所属五行（金、木、水、火、土）来推断人的一生吉凶祸福的活动。新中国成立前，摆摊算卦者（称“算命先生”）极多，信服算命的人也很普遍，特别是结婚的青年男女，更讲求“生辰八字”。新中国成立后，仍有部分盲人暗地算命，信奉者多是老年人。

巫婆神汉　女装神弄鬼的为巫婆，男装神弄鬼的为神汉。巫婆神汉以捉妖驱邪，为人“治病”为幌子，宣传封建迷信，麻醉人民群众。新中国成立前，境内常有人请巫婆神汉“治病”，既浪费了钱财，又贻误了病情。新中国成立后，随着卫生事业的发展和科学技术的进步，相信巫婆神汉的人逐渐减少。

看风水　凡新建院落或坟地，都要请“阴阳先生”择地点，看方向，安排房舍和陵地，称为“看风水”。人们普遍认为这样就能够祛邪兴利，光宗耀祖，造福后代。其实，“看风水”就是“观天地之象”（自然现象）来“比诸人事”。新中国成立后，随着科学的发展，看风水的渐少。

忌讳　生产忌讳　正月十六农村忌生产劳动。平时打井忌妇女参加。种胡萝卜时忌妇女踏压，意为萝卜发叉。

生活忌讳　看病人忌单日子、忌午后。出门忌听到乌鸦叫。行路忌遇到野兔拦路。夜晚忌猫头鹰入宅叫。两人吵架忌揭短。婴儿不满周岁，忌晚上串门。幼儿的衣物忌晚上晾在院中。

喜庆忌讳　订婚忌属相不合。结婚日忌杨公忌。洞房第一夜忌吹灯。妇女忌在娘家生孩子。寡妇改嫁忌入门迎娶。产妇不满月忌串门。

丧葬忌讳　人死后忌吹指魂灯。孕妇忌擦（碰）隐身草。下食罐中的汤饭忌动物吃掉，吊唁忌带食品。送葬忌路途落丧。采陵（选新墓地）忌女性入内。死人和殡葬之日忌农历初三、十三、二十三。老人死后不过百天，孝子忌串门。

节日忌讳　春节吃年饭忌掉食物、打碗碟，太阳出来之前忌扫地泼水；正月十五，不过3年的新媳妇忌看婆家灯；二月二，新媳妇忌踏婆家仓，同天忌吃米饭，妇女忌梳头；清明节忌妇女在婆家上坟祭祖；三月三忌妇女住娘家。

恶习　吸毒　在定陶，吸毒主要是吸食鸦片（俗称吸大烟）。清末及民国年间，不论城镇或农村，吸食鸦片的比较多，不但官僚、豪绅吸，一般人家也有吸的。吸食鸦片不但毒害人的身体，往往会使一部分人倾家荡产，卖儿鬻女。新中国成立后，政府严禁种植罂粟和贩卖鸦片，吸食鸦片的现象已彻底杜绝。进入21世纪，在县城吸食毒品的现象又有发生。

赌博　赌博自古流传，定陶赌具主要有牌九、麻将、骰子、纸牌等。新中国成立前，赌博之风相当盛行，不但农村有赌场，就是在集市、庙会上也会开设赌场。输钱的赌徒有的被迫变卖土地、房屋和牲畜，有的则沦为盗贼，严重影响社会安定。新中国成立后，政府严禁赌博，但仍有少数人暗中偷赌。特别在春节期间和农闲季节，偷赌现象时有出现。

第四章　居民生活

第一节　物质生活

农村居民生活　1991年以后，全县调整农业种植结构，农民收入稳定增长，食品消费由吃饱向吃好转变，食品浪费支出结构有明显改善。衣着改变色彩单调、款式单一的状况。自行车、收音机、缝纫机、钟表等日用、耐用消费品普及，黑白电视机、电风扇等进入农村家庭；居住支出增长迅速，居住条件明显改善，新建、翻新住房多为砖瓦结构。家庭设备经营支出增加，役用大牲畜增幅较大，农村用电量、化肥使用量保持较快增长。1991年，农民人均纯收入702元，人均家庭经营费用支出288.34元，人均生活消费品支出307.66元。1995年，人均纯收入1409元，人均消费1061元。2001年，人均纯收入2201元，人均消费1507元。至2005年，农民人均纯收入3121元，物质生活条件进一步提高，电话、手机、彩电、冰箱等大件耐用品进一步普及。2009年，农民人均纯收入5096元，较上年增加469元，增长10.1%。农民人均消费支出4036元，较上年增加214元，增长5.6%。当年定陶百户农民生活消费支出人均4036.83元，同比增加213.60元，增幅5.59%。其中，生活消费现金支出人均3532.34元，同比增加139.12元，增幅4.10%。在生活消费支出中，食品消费支出人均增加18.46元，增幅1.16%，主要是食品消费品支出增加；衣着消费支出人均4.16元，增幅2.21%，衣着消费品支出、衣着消费服务性支出均略有增加；家庭设备.用品消费支出人均340.03元，同比增加174.21元，同比增长106%，主要是家庭设备用品消费品支出人均增加174.52元所致；交通和通讯消费支出人均增加41.97元，增幅10.60%，其中交通和通讯用品支出人均增加62.36元，增幅28.36%，医疗保健消费支出人均增加210.31元，增幅144.69%。其中，医疗保健用品支出人均减少10.55元，减幅21.62%，医疗保健服务消费支出人均增加220.86元，增幅228.70%，主要是医疗费人均增加219.17元；其他商品和服务消费支出人均增加40.54元，增幅104.46%，其他商品支出人均增加8.85元，其他消费服务支出人均增加31.69元。8大支出只有居住消费支出和文化教育。娱乐消费支出减少，其他6大指标均有增加，说明居民的消费水平是有所提高。2015年，农村居民人均可支配收入9731元，人均消费8797元。

城市居民生活　1991年以后，城区居民食品消费中副食品的消费量增大。衣着消费猛增，改变了颜色单调、款式单一、质地差的状况。彩色电视机、电冰箱、洗衣机等高档家庭日用耐用消费品大量增加，居住条件得到改善。1991年，全县职工年平均工资1775.26元。1992年后，县城居民收入增长较快。在住房、养老、医疗、教育等方面，保持较高的消费水平。1993年，机关工作人员实行职级工资制。后又连续几次提高机关、事业单位工作人员的工资标准及档次。2005年，全县在岗职工年平均收入7270元。城镇居民人均住房20平方米。2006年，全县机关事业单位进行工资制度改革。2009年，居民收入快速增长，拉动居民生活不断得到改善。全县在岗职工平均工资16501元，比上年增长10.9%。居民生活质量全面改善，从吃、穿、用、住、行消费情况看，全县居民转变了传统的消费观念和消费方式，开始追求生活的高质量。食品消费由吃粗吃饱转向吃细吃好，讲究营养。2015年，全县城镇居民人均可支配收入18734元，人均消费水平20960元。

第二节　精神生活

20世纪90年代以后，精神生活方式多样化，各种报刊随处可见，很多农村建起图书室。城镇机关、企事业单位除有图书室外，还建立阅览室、阅报栏等文化场所或设施。舞厅、卡拉OK厅、健身房、网吧等娱乐场所应运而生，彩色电视机基本普及。随着电脑逐渐进入单位和家庭，网络游戏、网上聊天逐渐兴起。2009年，组织“文化进村庄、进社区”等送文化下乡活动；县两夹弦剧团利用农闲时节送戏下乡，公益演出150余场次；全年送文艺节目下乡15场次，参与群众达20余万人次。以县图书馆、11个乡镇工作网络为中心，把全县300余个行政村终端接入点纳入全国文化共享工程管理体系；完成全县20%规范化服务点建设；借助文化共享工程举办各类知识讲座，开展各类群众文化活动50余场次，参与活动的群众5000人次；开展送书下乡爱心活动，为每个乡镇平均送去图书320余册，杂志100余册，光盘30余盒，举办各种讲座10次。2011年，举办“奏响文化惠民乐章，实施乡村文明行动”民间唢呐演奏比赛、全县文化艺术节等活动，丰富群众文化生活。2013年，全县新增农村文艺团体8个，全县社区农村秧歌队220个，民乐队30个，曲艺队6个，业余剧团12个，各类艺术团体共送戏曲、曲艺下乡540场。2014年，全县建成镇街综合文化站12个；村文化大院87个，配备了基本设施设备；建立以县图书馆为支中心、镇街文化站为基层中心的工作网络，把全县360个行政村服务点纳入全国文化共享工程管理体系，文化资源共享工程覆盖面100%，被授予“全省信息共享工程示范县”。2014年，提升村文化大院60家，提升农家书屋12家。2015年，全县文艺队伍总量426个，实现“一村一队”“一镇一团”“一镇一品”。

第三十三编

方 言

FANG YAN

定陶方言属北方方言中原官话区郑曹片，其声母、韵母、词汇、语法与普通话大致相同，语音调值则与普通话有明显的差异。

由于诸多原因，定陶方言既突出地显示出鲁西南方言的特点，又夹杂着豫东、苏北、皖北方言的某些成分。在县境内，也存在一些分歧，较明显的是张湾镇和马集镇西部，大都把[ən]、[in]两个前鼻韵母分别读作后鼻韵母[əŋ]、[iŋ]。西北边境区域受菏泽话影响，有分尖团音的情况，如："集"读作[tsi]，"七、沏、齐"读作[ts'i]，"洗、席"读作[si]。舌尖前音和舌尖后音，东南区域区分不明显，发音部位略靠前，卷舌程度小，近似于舌尖前音；其余地区区分明显。

除地域上的差异外，还有新老之别、文白之别。如："未、我、戈、革、国、科"等字，老年人读书音分别为[vei]（[vi]）、[ɣ]、[kuo]、[kei]、[kui]、[k'uo]，中、青年人在声母和韵母的读法上则与普通话基本保持一致。普通话声母[ʂ]与合口呼韵母相拼的字，在定陶方言口语中用[f]作声母。

第一章 语 音

第一节 声 母

定陶话有22个声母（不包括零声母），如下表：

表33-1-1

发音方法 \ 发音部位			双唇音 上唇 下唇	唇齿音 上齿 下唇	舌尖前音 舌尖 上齿背	舌尖中音 舌尖 上齿龈	舌尖后音 舌尖 硬腭前	舌面音 舌面 硬腭	舌根音 舌根 软腭
塞音	清音	不送气	p巴半			t大当			k个高
		送气	p'爬坡			t'陶他			k'开口
塞擦音	清音	不送气			ts自总		tʂ中朱	tɕ见足	
		送气			ts'仓草		tʂ'成昌	tɕ'千起	
擦音	清音			f丰水	s洒丧		ʂ舌身	ɕ小俗	x合孩
	浊音			v未维			ʐ让热		
鼻音	浊音		m马莫			n男能			
边音	浊音					l老嫩			

定陶话有些字的声母与普通话不同，有的声母改变，韵母也随之改变。列表对照如下：

f—ʂ：

表33-1-2

定陶话	普通话	例字
fu	ʂu	叔书树熟暑署薯曙蜀黍鼠漱竖属梳木～秫
fa	ʂua	刷耍
fei	ʂuai	摔
	ʂuei	睡（有的读sei）水税
fæ̃	ʂuan	拴涮
faŋ	ʂuaŋ	双爽霜孀
fo	ʂu	梳～头 数～字
	ʂuo	说～话 数频～
fẽ	ʂuən	顺舜瞬

∅—ʐ：

表33-1-3

定陶话	普通话	例字
yŋ	ʐuŋ	荣嵘容溶榕熔蓉戎绒冗融茸
yẽ	ʐuen	闰润

ts、ts'、s—tɕ、tɕ'、ɕ：

表33-1-4

定陶话	普通话	例字
tsuo	tɕyɛ	绝爵嚼咀～
tsuẽ	tɕyn	俊峻骏竣浚
ts'uæ̃	tɕ'yen	全泉痊
ts'uo	tɕ'yɛ	雀鹊
suo	ɕyɛ	雪薛削
suæ̃	ɕyɛn	宣渲喧旋漩癣选
suẽ	ɕyn	旬荀洵殉询循巡寻～找

其他：

表33-1-5

定陶话	普通话	例字
ɕy	su	俗肃粟宿
p’ɔ	pau	胞
tɕy	tsu	足
	tʂu	铸
p’i	pi	痹
p’uo	po	波
p’u	pu	捕哺埠
p’u	fu	甫脯果～
pi	p’i	媲
po	p’o	粕泊水～
kuo	k’uo	括廓
tsa	tʂ’a	楂茬麦～
tsæ̃	tʂ’an	颤～抖
tɕ’i	tɕi	奇～数畸犄
tɕ’iẽ	tɕin	浸～种
tɕ’iæ̃	t’iɛn	觍
ts’ẽ	ʂən	深伸
ləŋ	zəŋ	扔
ɕi	tɕ’i	畦
ts’a	t’a	踏
tʂuo	tɕiau	嚼～食物
ɕyŋ	suŋ	㞞～包
i	ni	倪（姓）
iẽ	zən	刃
niou	miou	谬
tsi	tʂ’i	炽痴
tʂu	tʂ’u	触
tsuei	tuei	堆（量词）
iɔ	ɕiau	淆
tɕ’iæ̃	tɕien	歼笺

续表33-1-5

定陶话	普通话	例字
ɕiɔ	tɕiau	酵发～
tsuei	tuo	堕～胎
tɕ'iɛ	tɕia	茄雪～
zaŋ	niaŋ	酿
luẽ	nən	嫩
fo	ʂau	勺
ɕy	ts'u	畜牲～
iou	niou	牛（姓，读音普遍）
ou		牛（限冉堌镇牛楼村姓读音）
iɛ	ai	矮挨
tʂ'u	tʂou	帚
niɛ	ʂɤ	摄
iɔ	au	凹
iaŋ	aŋ	昂～头

第二节　韵　母

定陶话共有34个韵母（不包括儿化韵母）。如下表：

表33-1-6

	i里齐飞	u物胡叔	y女足俗
a马刷大	ia家俩下	ua瓜花袜	
ɤ个这河	ie介血列	uo波多略	yo药决学
ɭ尔而儿			
ɛ买太盖		uɛ外快帅	
ei给笔黑		uei为或忒	
ɔ赵好茂	iɔ条跃小		
ou走收楼	iou刘牛求		
æ̃兰拴担	iæ̃连缘钱	uæ̃万全宣	yæ̃元玄卷
ẽ很顺身	iẽ民讯林	uẽ论孙寸	yẽ运训闰
aŋ杠双上	iaŋ凉向娘	uaŋ庄忘黄	
əŋ生能疼	iŋ另行京	uŋ公努宋	yŋ荣雄穷

韵母i包括[i]、[ɿ]、[ʅ]三个变体，[ɿ]、[ʅ]分别与舌尖前音、舌尖后音两类声母相拼，本志合并用[z]表示。韵母iə的实际发音是[ie]。

普通话的前响二合元音韵母[ai]、[au]，本方言读成单元音韵母[ɛ]、[ɔ]。普通话的鼻韵母[an]、[ian]、[uan]、[yan]、[ən]、[in]、[uən]、[yn]，本方言分别读成鼻化韵母[æ̃]、[iæ̃]、[uæ̃]、[yæ̃]、[ẽ]、[iẽ]、[uẽ]、[yẽ]。普通话的[yɛ]，本方言读作[yo]、[uo]。读作[yo]的字有：撅、觉~悟、角、决、掘、倔、缺、瘸、却、确、榷、阙、阕、靴、学、穴、曰、约、悦、阅、越、岳、粤、钥、月、乐音~、疤、虐等；读作[uo]的字有：爵、嚼、绝、雀、鹊、雪、薛、略、掠等。个别的字如“跃”，读作[iɔ]；普通话的[uəŋ]，本方言并入[uŋ]，如“翁”“瓮”。

普通话其他韵母发生变读的字，如下表：

表33-1-7

定陶话	普通话	例字
ei	i	笔彼裨~益　丕哩
	o	伯~父　墨默
	ɤ	策测侧册德额格　方~　隔客　来~了　啬色责则泽择勒
	ai	掰白百佰伯　大~哥　拆麦塞　~子　摘翟脉
uo	u	初锄塑溯
	ɤ	和禾乐
	au	雹~子　烙着~火，高~儿
ou	u	露显~
iou		陆~地（口语）
uŋ		奴怒努
u	o	佛没~收
i	ei	非飞菲妃肥淝废费肺裴
u		沸
ɤ	au	郝
a	aŋ	牤
ɔ	ou	剖

儿化韵有区分词性、区别词义的作用，也具有表示“小”“喜爱”等感情色彩的作用。如：“盖”[kɛ]为动词，“盖儿”[kɛr]为名词。“眼”[iæ̃]为“眼睛”，“眼儿”[iɛr]指“小窟窿”。“孩子”[xɛtə]是中性词，无所谓褒贬，“孩儿”[xɛr]指较为喜欢的“孩子”。“盆”[p'ẽ]指大点儿的“盆”，“盆儿”[p'ər]指小点儿的“盆”等。本方言儿化韵词语中指小的或比较喜爱的东西，往往在其前面加“小”字；相对应非儿化韵的名词，多在其后面加“子”（读作轻声[tə]，在鼻化韵母后读作轻声[nə]。如：小花儿——花子等。

本方言儿化韵的读音可分为以下几种类型：

一、末尾音素是a、o、ɤ、ɛ、ɔ、u的韵母，儿化时在念末尾音素的同时加卷舌动作。如：

a——ar　牙刷儿

ia——iar　豆芽儿

ua——uar　开花儿

yo——yor　牛角儿

uo——uor　被窝儿

iɔ——iɔr　面条儿

ɤ——ɤr　小车儿

iou——iour　抓阄儿

u——ur　小兔儿

uɛ——uɛr　一块儿

ou——our　小丑儿

ɛ——ɛr　锅盖儿

二、韵身（含韵腹、韵尾）是$^{z}_{1}$、e、ẽ、ei的韵母，儿化时将整个韵身改为ər；韵母i、y儿化，则在后面加ər。如：

$^{z}_{1}$——ər　棋子儿

ie——iər　树叶儿

ẽ——ər　后门儿

iẽ——iər　用劲儿

uẽ——uər　车轮儿

yẽ——yər　花裙儿

ei——ər　刀背儿

uei——uər　麦穗儿

i——iər　小米儿

y——yər　马驹儿

三、韵身是æ̃的韵母，儿化时鼻音消失，æ̃变成ɛ，并加卷舌动作。如：

æ̃——ɛr　名单儿

iæ̃——iɛr　边沿儿

uæ̃——uɛr　拐弯儿

yæ̃——yɛr　花卷儿

四、韵尾是ŋ的鼻韵母儿化时，丢失韵尾，主要元音变成鼻化音（其中韵母iŋ儿化时，丢失韵尾，增加ə̃），同时卷舌。如：

aŋ——ãr　在行儿

iaŋ——iãr　象样儿

uaŋ——uãr　没望儿

əŋ——ə̃r　小声儿

uŋ——ũr　抽空儿

iŋ——iə̃r　花瓶儿

yŋ——yũr　小熊儿

五、个别字的韵母儿化时读音异常。如：

u——uər　小猪儿

y——uər　小驴儿

第三节　声、韵母拼合关系

声母和韵母的拼合关系如下表。表中“+”表示全部或部分声韵能相拼，空格为声韵不能相拼，“限”指声母只能和该韵母相拼。

表33-1-8

能否拼合 韵母 声母	开口呼	齐齿呼	合口呼	撮口呼
pp’ m	+	+	限u、uo	
f	+	限i	限u、uo	
v	限ei	限i		
tt’	+	+	+	

续表33-1-8

声母＼能否拼合＼韵母	开口呼	齐齿呼	合口呼	撮口呼
n	+	+	+	限y
l	+	+	+	限y
ts ts' s	+		+	
tʂ tʂ' ʂ ʐ	+		+	
tɕ tɕ' ɕ		+		+
kk' x	+		+	
零声母	+	+	+	+

第四节　声　调

一、调值和调类

定陶方言字音有4种基本调值，分为阴平、阳平、上声和去声4个调类。

表33-1-9

调类	调值	例字
阴平	13	妈答边穿飞击批千通湿撒～手
阳平	53	余文条十人前雷魅陈回烦兰全
上声	55	袄板沈美喘打胆岛拐海暖撒～粪
去声	312	字义大四训赵万退士票念耐会

二、古今声调对应关系

表33-1-10

古调类	古发音方法	例字	普通话调类	普通话调值	定陶话调类	定陶话调值
平声	清音	夫汤	阴平	55	阴平	13
	次浊	门难	阳平	35	阳平	53
	全浊	齐时				
上声	清音	酒纸	上声	214	上声	55
	次浊	藕有				
	全浊	稻旱				

续表33-1-10

古调类	古发音方法	例字	普通话调类	普通话调值	定陶话调类	定陶话调值
去声	清音	富去	去声	51	去声	312
	次浊	慢用				
	全浊	盗寺				
入声	清音	桌出	阴平	55	13	
		革节	阳平	35		
		谷铁	上声	214		
		确必	去声	51		
	次浊	木叶	去声	51		
	全浊	白直	阳平	35	阳平	53

三、定陶话和普通话调类差异字表

表33-1-11

定陶话	普通话	例字
阴平 13	阳平 35	博泊福德得则革格隔足竹烛媳吉棘辑哲职幅桔菊邮级节结蝠卓诀答~复　察夹术白~
	上声 214	百北笔撇漂~染　塔只尺窄甲角脚且谷缴滓雪铁法呕矫恶~心葛~姓渴褶帖请~　血侮骨嘱辱脊屋~
	去声 51	鲍不僻踏侧策册恻促倡速宿肃束适浙触室窜汰态复腹覆谒切护召阔宽~　应~征　赠帜秩互畜寂
阳平 53	阴平 55	捞峰烽锋殊孵芳旮~旯
	上声 214	努抚髓逞朗讨挑~拨　蛹骋拧~开　享蠢
	去声 51	遂燧范肆逸谊毅疫邑译媚役异候　耗消~　赴或抑负~责　焰沿河~　艳为~什么　丽付术~语　述特仄爸
上声 55	阴平 55	嘻危微珍羹他她它哥蝈些估姑（称谓）　叔淑租依几~乎　啡妃埃膏艘刊拈
	阳平 35	燃国璞妨不~　焚儒吾狐咱权袭汾
	去声 51	竟境济接~　蕴酿酝~　逮~虫　隘吠
去声 312	阴平 55	缩背~包袱　巍
	阳平 35	横扛樊娱愉穴啼离
	上声 214	劲处相~　枕给供~

四、轻声

字和字连读时，有时会出现轻声字读音。轻声字的个数有时一词一个，有时一词两个或三个。如：庄稼、星星、胳啦肢、屋当门、好起来、下去、三个、糊涂虫、地底下、考虑一下。

普通话的“的、地、得”三个助词，本方言一律读作轻声“嘞”[lei]。如：我嘞书，领头嘞，跑嘞快，高兴嘞说。后缀“子”，本方言读音很有规律，出现在单、复韵母之后读轻声[tə]，出现在鼻、鼻化韵母之后读轻声[nə]。如：袜tə̣、刷tə̣、豆tə̣、车tə̣、篮nə̣、馍筐nə̣、虫nə̣。

本方言轻声音节因受前一个音节声调的影响而有高低变化，阴平字后面的轻声字声调比较高，去声、上声、阳平字后面的轻声字声调比较低。大体如下：

阴平字+轻声字→˙| 4（半高）妈妈　跟头　驹子

阳平字+轻声字→.| 1（低）棉花　石头　黄瓜

上声字+轻声字→.| 2（半低）点心　里头　李子

去声字+轻声字→·| 3（中）地方　兔子　性子

五、变调

两字连读出现的变调，主要是由后一个字的调值决定的。阴平在上声和轻声前，调值由13变为11。在上声前：生产　汹涌　公里　亲友。在轻声前：妈妈　商量　桌子　摊子。两个上声音节连读，前一个上声字的调值由55变为53：广场　永远　海岛　友好　改口。两个去声音节连读，前、后两个字的调值都要变，由312分别变为34、31：灿烂　命令　爱戴　状况　胃液　运动。去声在非去声（阴平、阳平、上声、轻声）音节前，调值由312变为31。在阴平前：贯穿　教师　桂花　过关。在阳平前：继承　外围　寓言　未来。在上声前：信仰　地理　父母　号手。在轻声前：痛快　下面　店家　看见。去声在词语末尾一律变低降调（31）：房子暗　黑槐树　预料到　庄稼旱　本领大　份量重　跑嘞快。

第二章　语　法

第一节　程度副词

定陶话多采用“怪”[kuε312]、“血”[ɕie13]、“海”[xε13]，以表示动作或性质的程度。“怪”表示程度相当高，相当于普通话的“很”。如：～慢　～快　～高　～矮　～好　～会说话。“血”“海”表示程度十分高、极高，这两个词可以通用，相当于普通话的“非常”。如：～远　～大　～坏　～白　他～会说话。“血”和“海”可以重复使用，以加强对程度的描述。如：～远～远　～大～大　～坏～坏　这个活～难干～难干。

定陶话常说“忒”[tuei13]，表示程度过分。如：这水～热，烫手。

第二节　助　词

定陶话“嘞”（读轻声[lei]），除表示结构助词相当于普通话的“的、地、得”外，还表示语气助词，如：他说话怪有趣儿～，说不了三句人都笑了。定陶话“喽”[lou]表示时间助词，相当于普通话的“了”，如：吃～人家嘞，嘴软；拿～人家嘞，手短。定陶话“罢”表示时间助词，口语当中很普遍，相当于普通话“过”“完”“好”，如：我打～药，再去锄地。但是，在读法上却有明显不同。北部和西北部地区受菏泽话影响，读[pei^{55}]的轻声，其他地区读[pa^{312}]、[pa^{55}]的轻声。如果需要对这种句式作简单回答或补充说明时，则前者读原声，但后者只能读[pa^{312}]的变调[pa$_{31}$]。如：～啦[pei^{55}la/pa$_{31}$la]、没～嘞（mei$_{31}$pei^{55}lei/mei$_{34}$pa$_{31}$lei]。南部边境地区受曹县话影响，在回答对方“有”“没有”时，往往在句末加语气助词“家”（读轻声[tɕia]），给人一种亲切、朴实的感觉。如“甲问：您家有锯吗？乙答：没有～。”“甲问：你有玉米种吗？乙答：有～。”定陶话语气助词“吗”和“嘞”有时单独使用一个：“你上街吗？”“我还没吃饭嘞。”有时连续使用两个：“你上街吗嘞？”表示的语气也不一样，使用两个语气助词比使用一个有所加强。

第三节　正反问句

定陶话中构成正反问句有两种基本形式：一种是在谓词（动词、形容词，代号P）后面加否定词“不”（读作[po]），构成“P不？”式；另一种是肯定与否定相叠，构成“P不（没）P？”式。前者如“吃不？”“辣不？”“同意不？”“难受不？”后者如“吃不（没）吃？”“辣不辣？”“同意不（没）同意？”“难受不难受？”

“P不（没）P？”式跟普通话基本上是一样的，但在这种格式中，如果谓词是双音节（AB）的，还可将肯定部分（前一个P）的两个音节拆开，省略后一个音节（B），构成P（A）不（没）P（AB）？”式。如上面后两例也可说成“同不（没）同意？”“难不难受？”再如“喜不喜欢？”“看没看见？”“漂不漂亮？”“凉不凉快？”“中不（没）中用”等，这就与普通话有所不同。

谓词前面如有能愿动词（代号M），则采取能愿动词肯定与否定相叠的方式，构成“M不MP？”式，如“能不能看？”“要不要做？”语法与普通话相同。但能愿动词如果是双音节（AB）的，肯定部分的能愿动词也可以省略后一个音节（B），构成“M（A）不M（AB）P？”式。如“应该不应该去？”“可以不可以写？”也可以说“应不应该去？”“可不可以写？”

第三章　词　汇

本章共收录县境内常用的方言词语800余条，先列词条，后注音标，再简释其义。方言字写不出来的，用同音字代替，并在字下加“～”；声母、韵母、调值按实际读音标注，原调调值标在音标右上角，变调调值标在音标右下角，轻声不标调。有几种读音的，用“/”号隔开。

第一节　天文　地理

天蓝地儿t´iæ̃$_{11}$læ̃tiər$_{31}$　太阳；阳光照到的地方

月姥娘yo$_{11}$lɔ^{55}niaŋ　月亮

月们地儿yo$_{11}$mẽtiər$_{31}$　月光照到的地方

凉凉liaŋ^{53}liaŋ/liaŋ$_{31}$liaŋ　物体遮住阳光留下

的阴影

贼星tsei^{53}ɕiŋ　流星

扫帚星sɔ$_{53}$tʂ´uɕiŋ　彗星

慌茆星xuaŋ$_{11}$mɔɕiŋ　金星、火星的通称

大慌茆ta$_{31}$xuaŋ$_{11}$mɔ　金星

二慌茆ɣ$_{31}$xuaŋ$_{11}$mɔ　火星

绅们儿ʂ ẽmər　猎户星座腰带上的三颗星

床巴tʂ´uaŋ^{53}pa　昂星团

勺子星fuo^{53}təɕiŋ^{13}　北斗星

天河t´iæ^{13}xɤ^{53}　银河系

霞ɕia^{53}　因受日光斜照而呈现红橙黄等颜色的云

虹tɕiaŋ^{312}　雨后天空中出现的彩色圆弧，有红、橙、黄、绿、蓝、靛、紫七种颜色。

风圈fəŋ^{13}tɕ´yæ^{13}　日晕、月晕的通称

漆黑月回头tɕ´i$_{11}$xei$_{11}$yo$_{11}$xuei t´ou^{53}　漆黑的夜

打闪ta^{53}ʂæ^{55}　闪电

雹子puo^{53}tə　冰雹

箭杆子雨tɕiæ$_{31}$kæ̃nəy^{55}　暴风雨

罗面雨luo^{53}miæy^{55}　毛毛细雨

琉璃嘎liou^{53}lika^{53}　房檐上垂下的冰条

上冻ʂaŋ$_{34}$tuŋ^{31}　水、土地等冰冻

开化k´ɛ^{13}xua^{31}　水、土地等解冻

官路kuæ^{13}lu^{31}　公路

当街taŋ^{13}tɕie^{13}　村内的主要街道

旮旯kɤ^{53}la　角落

第二节　时间　时令

今们儿tɕiẽ$_{11}$mər　今天

彦们儿iæ$_{31}$mər　昨天

前儿耶tɕ´iɛr^{53}ie　前天

大前儿耶ta$_{31}$tɕ´iɛr^{53}ie　今天的前两天

明儿mi ə̃ r　明天

过明儿kuo$_{31}$mi ə̃ r　后天

大过明儿ta$_{34}$kuo$_{31}$mi ə̃ r　今天后的第三天

年时niæ$_{31}$ʂz/niæ^{53}ʂz　去年

前年tɕ´iæ^{53}ni æ　今年前的第二年

过年儿kuo$_{31}$niɛr　明年

大过年儿ta$_{34}$kuo$_{31}$mɛr　今年后的第二年

撑撑tʂ´əŋ$_{11}$tʂ´əŋ　早晨

胧生明儿luŋ^{53}ʂəŋmiər^{55}　即将天明时

恒恒xəŋ^{53}xəŋ　下午

傍黑儿paŋ^{13}xər^{13}　傍晚

黑家xei$_{11}$tɕia　夜晚

早先tsɔ^{55}ɕi～æ^{13}　从前

这会儿tʂɤ$_{31}$xuər　现在

小时家ɕioɔ^{55}ʂztɕia　小的时候

秋明儿tɕiou$_{11}$mi ə̃ r　清明节

第三节　农事　农具

上晌ʂaŋ$_{31}$ʂaŋ^{55}　上班干农活

下晌ɕia$_{31}$ʂaŋ^{55}　下班

拦（粪、庄稼等）læ^{53}　追肥

团（玉米、豆子……）næ^{55}　点种

峦（地瓜……）luæ^{53}　复收、复打

拾花ʂz^{53}xua^{13}　摘拾棉花

剋虫k´ei^{53}tʂ´uŋ^{53}　捉虫

使头牯ʂz^{55}t´ou^{53}ku　使役大牲畜

拖车t´uo$_{31}$tʂɤ　载运犁耙的农具，无轮

粪箕子fe$_{31}$tɕi$_{11}$tə　用于肩扛的粪筐

砷镢子ʂẽ$_{11}$tɕyo$_{11}$tə　农用镢头

薅xɔ^{13}　拔

垫粪操tiæ$_{34}$fẽ$_{31}$tʂ´ɔ^{13}　给牲口圈垫土

第四节　称谓　人口

大大ta$_{31}$ta　父亲

晚爹uæ$_{55}$tie　继父

晚娘uæ^{55}niaŋ^{13}　继母

妈妈ma^{55}ma　姑母

老公公lɔ^{55}kuŋ$_{11}$kuŋ　丈夫的父亲

老婆婆lɔ^{55}p´o^{53}p´o　丈夫的母亲

兄弟ɕyŋ$_{11}$ti　弟弟

大姑子ta_{31}kutə　丈夫的姐姐

小姑子ɕiɔ^{55}kutə　丈夫的妹妹

连襟li æ^{53}tɕi ẽ　姐夫妹夫间的背称

亲家头子tɕ´iəŋ$_{31}$tɕiat´ou^{53}tə　丈夫、妻子父亲间的背称

亲家婆子tɕ´iəŋ$_{31}$tɕiap´o^{53}tə　丈夫、妻子母亲间的背称

老大伯lɔ^{55}ta$_{31}$pei　丈夫的哥哥（背称）

带犊子tɛ$_{31}$tu$_{11}$tə　再婚妇女带去的孩子

老瘪-lɔ^{55}pie^{13}i^{13}　指非常小气的人

绝户头儿tsuo^{53}xut´our^{53}　无儿子的户

第五节　动　物

牙狗ia^{53}kou　公狗

臊虎so$_{11}$xu　未阉割的公羊

羯子tɕiɛ$_{11}$tə　阉割的公羊

草鸡ts´^{55}tɕi　母鸡

男猫næ̃^{55}mɔ^{13}　公猫

女猫ny^{55}mɔ^{13}　母猫

长虫tʂ´aŋ^{53}tʂ´uŋ　蛇

蛤蟆蝌子xɤ^{53}makɤ$_{11}$tə　蝌蚪

光棍儿扛锄kuaŋ$_{11}$kuərk´aŋ$_{31}$tʂ´uo^{53}　布谷鸟

老砍刀lɔ$_{42}$k´æ̃^{55}tɔ^{13}　螳螂

花大姐xua^{13}ta$_{31}$tɕie　瓢虫

虫益子tʂ´uŋ$_{42}$i$_{31}$tə　一般指喂养的鸟类

泥虫子ni$_{31}$tʂ´uŋnə　蚜虫

扑啦蛾子p´u$_{11}$laɤ^{53}tə　蝴蝶、蛾

第六节　植　物

花xua^{13}　棉花

玉蜀黍y$_{31}$fu^{53}fu　玉米

黍黍fu^{53}fu　高粱

茭茭葵tɕiɔ$_{11}$tɕiɔk´uei^{53}　向日葵

山啦红ʂ æ̃$_{11}$laxuŋ^{53}　山楂

金针tɕi ẽ^{13}tʂ ẽ^{13}　黄花菜

地梨子ti$_{31}$li^{53}tə　荸荠

芫荽yæ̃^{53}suei　香菜

秦椒tɛiẽ^{53}tɛiɔ^{13}　辣椒

第七节　人体　疾病

喉咙系子xu^{53}xuŋɕi$_{31}$tə　喉管

醭脐窑子pu^{53}tɕ´iiɔ^{53}tə　肚脐眼

胳啦拜子kɤ$_{11}$lapɛ$_{31}$tə　膝盖

心呼嘴子ɕiẽ$_{11}$xutsuei^{55}tə　胸口

冻着tuŋ$_{31}$tʂuo　感冒

跑肚p´ɔ^{55}tu^{312}　拉肚子

哕yo^{55}　呕吐

噎食ie$_{11}$ʂz　食道癌

掉了tiɔ$_{31}$la　小产

痄腮tʂa$_{31}$sɛ^{13}　腮腺炎

魔道mo^{53}tɔ　神经病

发了fa$_{11}$la　伤口感染发炎

脐风tɕ´i^{53}fəŋ　婴儿由肚脐引发的破伤风

第八节　饮食　器具

花糕xua^{13}kɔ^{13}　用白面、枣做成的发面糕

角子tɕyo$_{11}$tə　两头尖的包子

锅盔kuo^{13}k´uei^{13}　用锅烙的面饼

老鸹头lɔ^{55}kuat´ou　油炸的面泡

扁食piæ̃^{55}ʂz　饺子

细粉ɕi$_{31}$f ẽ　粉条

锅拍子kuo^{13}p´ei$_{11}$tə　锅盖，多用高粱莛纳制而成

砘窑子t u ẽ$_{31}$iɔ$_{53}$tə　石臼

面瓮子mi æ̃$_{34}$uŋ$_{31}$nə　盛面用的小瓮

八斗的pa$_{11}$tou^{55}tə　盛粮食用的器具，鼓形，带把，用柳条编成

斛升xu^{51}ʂəŋ^{13}　量粮食用的器具，方形，木制

第九节　服　饰

铺体p´u$_{11}$t´i　褥子

盖体kε$_{31}$t´i 被子

褯子tɕiə$_{31}$tə 尿布

汗褂子xæ̃$_{11}$kua$_{31}$tə 单上衣

裤衩子k´u$_{31}$tʂ´a^{55}tə 短裤

大氅ta$_{31}$tʂaŋ^{55} 大衣

泥机子ni^{53}tɕi$_{11}$tə 用于踏泥的木板雨鞋，带腿，用绳绑在脚上

褡子ta$_{11}$tə 衣服上的小布袋

第十节 红白事

媒人mei^{53}zẽ 婚姻介绍人

添箱t´iæ̃^{13}ɕiaŋ^{13} 女子出嫁前亲友赠送财物等

成人儿tʂ´əŋ^{53}zər^{53} 女子结婚

成家tʂ´əŋ^{53}tɕia^{13} 男子娶亲

倒插门tɔ$_{31}$tʂ´amẽ^{53} 男到女家落户

嫌恶饭ɕiæ̃^{53}ufæ̃^{312} 妊娠反映，胃口不适

有了iou^{55}la 已怀孕

老了lɔ^{55}la 指老年人去世

孝抹子ɕiɔ$_{31}$ma$_{11}$tə 办丧事时勒在头上的白布带儿

香帽子ɕiaŋ^{13}mɔ^{53}tə 孝帽子

衰杖子ε$_{11}$tʂaŋ^{13}nə 办丧事时手持的棍棒

花罩子xua^{13}tsɔ^{53}tə 为死者扎制的纸房子

第十一节 房舍 家具

影门墙iŋ^{55}m ẽtɕ´iaŋ^{53} 作屏蔽外门的墙壁

茅子mɔ^{53}tə 厕所

庵子æ̃$_{11}$nə 简易草屋，尖顶

单院子tæ̃^{13}yæ̃$_{31}$nə 院子

阳沟嘴子iaŋ^{53}kou tsuei^{55}tə 院子的排水口

门嵌子mẽ^{53}tɕ´iæ̃$_{31}$nə 门槛儿

马扎子ma^{55}tʂa$_{11}$tə 坐具，腿交叉，上面绷麻绳等，能合拢

板箱pæ̃^{55}ɕiaŋ^{13} 盛放衣物的木箱，无架

第十二节 其 他

胰子i$_{31}$tə 香皂

擦脸布子tʂ´a$_{11}$liæ̃^{55}pu$_{31}$tə 毛巾

生腐ʂəŋ$_{11}$fu 生锈

嗉子su$_{31}$tə 鸟类的胃

衣包子i$_{11}$pɔtə 胎盘

灰机子xuei^{13}tɕ$_{11}$tə 木炭

电犁子tiæ̃$_{31}$li^{53}tə 轻骑、摩托车

藏没tʂ´aŋ^{53}mu^{55} 捉迷藏

掠luo^{55} 干

扤k´uε^{55} 用胳膊弯起来钩住东西

胳肢kɤ^{53}tʂz 在别人身上抓挠，使发痒

蹩治piə^{55}tʂz 难为

胡拉xu^{53}ka 轻轻地揩、抹

捣鼓tɔ^{55}ku 弄，做

捞摸lɔ$_{11}$mo/lɔ^{53}mo 捞取

骨叽ku$_{11}$tɕi^{55} 蹲

撵niæ̃^{55} 追赶

褊piæ̃^{55} 挽，卷

卷tɕyæ̃^{55} 骂

嚷zaŋ^{55} 吵，训

言语yæ̃^{55}y 说话

咕蛹ku$_{11}$yŋ 蠕动，动弹

和捞xɤ^{53}lɔ 搅动

了liɔ^{55} 破损

跐tsz^{55} 踩

和撒xɤ^{53}sa 颤颤；用手等翻或搅东西

屎气sz$_{11}$tɕ´i 饭菜变质有异味

刺挠ts´z$_{31}$nɔ 发痒

方正faŋ$_{11}$tʂəŋ 指人的体态端美

暄和ɕyæ̃$_{11}$xu 松软

圆还yæ̃^{53}xuæ̃ 圆满，无差错

筋硬tɕiẽ$_{11}$iŋ 饭菜有韧性

撮唧tsuo^{55}tɕi 小气

尖餐tɕiæ̃$_{11}$ts´æ̃ 特别挑食

侧棱tʂei$_{11}$ləŋ 向一边倾斜

啼明t´i_{11}miŋ[53]　非常明亮

拃tsa[55]　大拇指、中指分开后，其间的最长距离

窝uo[13]　一胎所生或一次孵出的

一勾i[13]kou[13]　三分之一

己家$tɕi_{31}$tɕia　自己

哪嗡na[55]uŋ　哪里

咋tsa[55]　怎么

恁些nẽ[53]ɕie　那么多；这些

将才$tɕiaŋ_{11}$ts´ɛ[53]　刚才

忒t´uei[13]　太，过于

一准i_{11}tʂuẽ[55]　必定

捋着ly[55]tʂuo　顺着，沿着

第四章　谚语　歇后语

第一节　谚　语

气象

鱼翻坑，大雨倾。

烟不出门，大雨倾盆。

大雾不过晌，过晌听雨响。

六月六，晒谷秀。

八月十五滴一星，来年正月十五雪打灯。

七阴八不晴，九晴放光明。

夜雨三场下，不定哪场大。

七月十五定旱涝，八月十五定收成。

八月不打雷，打雷遍地贼。

三月怕三、七，四月怕初一，三、七、初一都不怕，就怕四月十二下，十二湿了老鸹毛，麦子水里捞。

时令

吃了冬至饭，一天长一线。

冷在三九，热在中伏。

一九二九不出手，三九四九冰上走，五九六九沿河看柳，七九六十三，走路把衣宽，八九七十二，牲口遍地是，九九杨花开，十九寒不来。

清明过十天，早晚穿布衫。

农事

人误地一时，地误人一年。

正月蓖麻二月苘，三月蓖麻不结种。

枣芽发，种植花。

杨叶拍巴掌，满地耩高粱。

想吃秫秫面，扒出根来看。

一穗两穗，一月上囤（指小麦）。

麦熟一晌，蚕老一时。

有钱难买五月旱，六月连阴吃饱饭。

立秋十八天，寸草结籽。

八月半，种上麦子栽上蒜。

种地不上粪，等于瞎胡混；庄稼一枝花，全靠肥当家。

有钱买种，没钱买苗。

种地选好种，一垅顶十垅。

一亩园，十亩田。

三分种，七分管，十分收成才保险。

人体保健

饭后百步走，活到九十九。

贪吃贪睡，添病减岁。

早饭吃好，午饭吃饱，晚饭吃少。

酒多伤身，气大伤人。

愁一愁，白了头；笑一笑，十年少。

洗头洗脚，强似吃药。

走好嘞病，歇好嘞疮。

家庭社会

大梁不正，二梁歪。

不听老人言，吃亏在眼前。

儿不嫌娘丑，狗不嫌家贫。

满堂儿女，不如半路夫妻。

生意好做，伙计难搁。

人生哲学

不怕走嘞慢，就怕丢喽襻。

跟着好人学好人，跟着师婆下假神。

有理走遍天下，没理寸步难行。

月有阴晴圆缺，人有旦夕祸福。

静坐当思己过，闲谈莫论人非。

打人不打脸，骂人不揭短。

人敬我一尺，我敬人一丈。

经一事，长一智。

木不钻不透，话不说不明。

不怕不识货，就怕货比货。

第二节　歇后语

毛牛犊子掉到井里——有力使不上

胡拉麟土找漏缝——没事找事

喝水掂筷子——是个招呼

六个手指头搔痒痒——多一道的

抱着元宝跳井——舍命不舍财

老公公穿儿媳妇嘞鞋——前（钱）头紧

黍黍棵里打巴耳——满挡

小小虫跟着面面呼子飞——有你熬的眼，没你吃的食

脑模勺子戴眼镜——往后看

羊屎蛋子插鸡毛——飞天能豆儿

嘴上抹石灰——白说

端着糊涂碗掉泪——想馍

小孩嘞脚丫——没膙（讲）

秃子打伞——无发（法）无天

磨眼里插竹竿——通天大仇

吃条子屙笼嘴——现编

墙头上栽葱——白（辈）儿高

豆腐掉到灰窝里——吹不得，打不得

二大爷赶集——随便溜

狗拿耗子——多管闲事

寡妇哭儿——没想

隔着门缝子看人——把人看扁了

喝凉水栽跟头——装晕

黄鼠狼生老鼠——一窝不如一窝

磨扇子压住狗耳朵——没人腔儿

圈嘴胡子吹猪——毛包毛

哑巴吃饺子——心里有数

头顶上长疮，脚底下流脓——坏到底了

脱了裤子放屁——找麻烦

晚娘打孩子——暗使劲儿

下雨天打孩子——闲着也是闲着

要饭的牵个猴——玩心不退

王八看绿豆——对眼了

狗吃麦苗——装羊（洋）形

做梦娶媳妇——净想好事

第三十四编

镇街概况

ZHEN JIE GAI KUANG

镇街概况主要记述12个镇街建置区划、经济状况、社会事业、人民生活等方面的情况，列表记述行政村村名来历。定陶地处鲁西南平原，各镇街自然环境区别不大，为避免与自然环境编重复，不再分别记述。

第一章　街　道

第一节　天中街道

建置区划　境域　天中街道地处定陶县城区，办事处驻兴华路1211号，东与黄店镇接壤，南连南王店镇，西与马集镇、仿山镇为邻，北接滨河街道。辖区西起李竹匠村西端，东至观堂村东，东西最大距离14.5千米；南起罗庄村南端，北至魏庙村北，南北最大距离3.3千米，街道总面积47.3平方千米。

建置　1934年，定陶镇为一区。1944年10月，因县委、县政府由城西迁至县境东部，将一区划属菏泽县。1945年10月，由菏泽县划属定陶县。1946年10月，划属菏泽县。1949年2月，划属定陶县。1956年，一区改为城关镇。同年3月撤销第九区，将序数区改为地名区，时辖城关镇。1958年3月撤区并乡，即城关镇；10月，改为东风人民公社，后改为城关人民公社；11月改名为定陶人民公社，隶属成武县。1961年10月，隶属定陶县。1982年3月改为城关镇。1984年1月，将人民公社和生产大队改以乡镇、行政村建制。1985年9月，城关镇改为定陶镇。2010年5月21日，将定陶镇南半部划为天中街道。

区划　2015年，天中街道下辖城关社区、东城社区、西城社区、南城社区4个城市社区；马店社区、王洪庙社区2个农村社区；耿赵庄村、玉皇庙村、李竹匠村、魏庙村、八大寨村、孔书庄村、西王楼村、吴庄村、东王楼村、郑庄村、铁渠庙村、魏胡同村、王庙村、甄王庄村、观堂村、罗庄村16个行政村，84个自然村。总户数18608户，人口60535人。主要民族有汉族、回族、壮族、布依族等，回族主要分布于南城社区、王洪庙社区，约4651人，占总人口的7.7%。

▲ 天中办事处

基础设施　城镇建设　2011年，天中街道进行城镇建设20年高标准规划，对定砀路、定张路等主要干道的违规违章建筑全面拆除，拆除面积3000余平方米。2015年，天中街道西城第7居民组、耿庄、铁炉庄3个村组进行搬迁，确保刘楼水库、兴华路西延、西外环路建设等县重点工程的实施。东部范店自然村整村搬迁，为山东润鑫生物医药产业园规模扩张提升空间。文慧嘉园、东昇社区2个新型农村社区进行规划和实施，加快了天中街道城镇化建设进程。

农村基础建设　2011年，种植丰产林14公顷，绿色通道防护林3.3公顷；发展蔬菜种植基地3.3公顷，增加规模养殖小区2个，农村经济合作组织4家。清淤拓宽四季河网7千米，桑庄沟、定砀路沟5千米，疏通竹节沟6千米。修建节制闸1座、跨河桥5座。投入配套资金20余万元，建沼气池128个，卫生厕所256座。2015年，投入10万元专项基金，为罗庄等10个村打机井81眼，维修桥涵5座，开挖和清淤沟渠1.2万米，为孔书庄等3个村解决了不通自来水问题。

环卫建设　2011年，天中街道开展城乡环境综合整治活动，治理干道23条，涂白树木2万余棵，粉刷墙面1000余平方米。清理河道、沟渠48条。2015年，天中街道办事处开展城乡环卫一体化卫生整治，投资408万元完善环卫基础设施，实现环卫设施全覆盖；开展环境卫生治理，动用挖掘机、铲车、机动车辆672台次，累计清理存量垃圾9000余吨，整治残墙断壁80余处，清理坑塘50个，整治路肩、实施绿化48千米，村容村貌焕然一新，并建立环卫保洁长效机制，实现环卫保洁常态化运行。

经济状况　2011年，天中街道办事处共签约招商项目6个，合同利用外资2800万美元、内资3.8亿美元。投资40亿元的天源农贸城一期工程开张营业。晔康化工项目完成一期建设，安装生产线3条。鸿润糠醛产能提升1倍以上。至年底，街道11家规模以上企业完成工业总产值2.61亿元，实现工业销售收入1.02亿元。2015年，办事处在建项目斯瑞医药、鼎森木业年产18万立方米中（高）密度纤维板项目、万泰国际首期5000平方米电商平台、迪森生物医药年产1000吨植物甾醇项目陆续开工建设。以润鑫为龙头的山东润鑫生物医药产业园迅速崛起，一批募投项目及园区污水处理、热电联产项目正在规划实施。工业经济总量增长迅速。同年，新增“四上”企业7家，上报待批“四上”企业4家，有质量、有潜力纳入扶持范围的小微企业发展到44家，税收过千万元企业发展到1家，税收过百万元企业发展到6家。至年底，街道完成工业总产值30亿元，同比增长30%；实现工商税收1.1亿元，同比增长1%（剔除不可比因素）；地方财政收入5274万元，同比增长7%；人均纯收入11847元，同比增长9.1%。

社会事业　教育　街道辖区内有东关、南关、西关、北关、西王楼、铁渠庙、孔书庄7所小学学校，其中，6所学校达到省级办学标准，东关小学通过省级规范化小学验收，铁渠庙小学和罗庄小学新建的教学综合楼投入使用，2所高标准幼儿园完成选址；投资15万元装配实验室5座，投资30万元为东关小学等5所小学购置了音、体、美器材。办事处8所定点小学新建高标准塑胶运动场2个，水冲式厕所3座，购置一体机60余台，定点学校全部实现一体机授课。2015年，天中街道共有教师498人，在校学生11522人。

▲ 万泰城　（叶宏 摄）

文化艺术　至2015年底，22个行政村（社区）全部建立文体小广场，完善体育健身设施，组建秧歌、腰鼓等文化队伍，提升改造农家书屋5个，开展“四德”歌舞培训，培训骨干80多人次，参与群众逾万人次，傍晚时分，天中街道每个村都有歌声，处处有舞姿，农村文化活动丰富多彩。县体委、怡和超市对面广场完善健身设施，22个行政村（社区）全部配备健身器材。

乡村文明　2011年，办事处开展“转变作风、服务群众”“双联双创”等活动，提升群众幸福指数。对村容村貌集中整治，引导群众养成良好卫生习惯，群众生活质量进一步提升。2015年，结合“四德工程”建设，开展最美家庭、好媳妇、好婆婆、道德模范等评选活动，对评选出的399名道德模范进行隆重表彰；深化“四德榜”建设，开展建设厚德村居活动，逐步树立公平正义、团结和谐、诚实守信的村风民风；引导村民移风易俗，治理整顿婚丧大操大办，自觉抵制封建迷信、非法宗教，弘扬新风正气；举办新农村新生活培训16期，培训3000多人次。

救助扶贫　2011年，天中街道加大社会救助力度，全年发放救灾资金23万元、1.2万余人次，解决了11户灾民的住房问题，医疗救助81人。慈善募捐11万元，投资50万元，建设建筑面积240平方米的一站式人力资源和社会保障服务中心，投资20万元配齐设备、人员。2015年，组织开展送教下乡、惠民义诊活动、医疗卫生知识普及下乡活动，每年办事处对65岁以上老人进行2次免费健康查体，服务群众1.2万人次。推进精准扶贫机制，对扶贫对象实施动态管理，逐村逐户建档立卡，制定帮扶计划。脱贫648户、1390人。全年发放各类救助款16.6万元，救助688人，医疗救助1136人次。发放棉衣254件，棉被142套。

社情民意　2011年接待群众1300余人次，为群众提供服务事项50余件，调解民事纠纷122件，解决实际问题97个。2015年，搜集群众意见建议2012条，当场解释解决1496条，对不能当场解决的问题，逐一梳理，建立台账，解决548个，化解率96.3%。

天中街道行政村村名由来一览表

表34-1-1

行政村名	村名由来	辖自然村
城关	城关，原名田庄，建于汉代。有田真、田广、田庆3兄弟和睦相处，院内紫荆树不死的美谈。明洪武四年（1371）定陶县城迁此，因位于城内，故名城关	潘庄
东城	明永乐二年（1404），田氏迁此建村，因位于县城东门外，故名东关。2003年6月改为东城社区居委会	马楼、东关、后官路、曹家院、前官路、张楼、何海、张菜园、田庙、邓庄、陈庄、三里井、温庄
西城	明洪武三年（1370），张氏兄弟6人自山西迁至马集大张楼，后老六迁此定居，因位于县城西门外，故名西关。后改为西城社区居委会	西关
南城	明永乐年间（1403—1424），李氏自山西迁至济宁，后迁至定陶城内养鸡场。明万历年间（1573—1620），此地因位于县城南门外，故名南关。2003年改名为南城社区	南关、前马庄、东杨庄
马店	马姓于明永乐年间（1403—1424）从山西迁此定居。因位于大路旁，开有旅店，故称马店，与东王庄为1个行政村	马店、东王庄
王洪庙	王洪庙村始由王虎建庙，称王虎庙。明朝万历年间（1573—1619），有李氏建村，名李信庄。清雍正年间（1723—1735）由王虎庙谐音为今名王洪庙	王洪庙

续表34-1-1

行政村名	村名由来	辖自然村
耿赵庄	耿庄为耿姓所建，明代总兵耿代臣在村中建一花园，称耿花园，后耿代臣全家犯剿，村中便无耿姓。赵庄为赵姓所建，清初孔、王二姓自孔书庄迁入，改称耿庄。孔、贾两姓于清朝自孔书庄、贾庄迁此居住，仍叫赵庄。因两村紧邻，故称耿赵庄。1979年为行政村	耿庄、赵庄
玉皇庙	宋朝末年，邵氏从河南迁此建村，以姓氏命名邵庄。1976年玉皇庙、贾庄、铁炉庄为1个大队。1984年改为玉皇庙行政村	玉皇庙、贾庄、铁炉庄
李竹匠	宋朝末年，李氏从山西迁此建村，因会竹器编织手艺，故名李竹匠。1984年，李竹匠和邱庄为1个行政村	李竹匠、邱庄
魏庙	明弘治年间（1488—1505）魏氏自巨野魏集迁此建村，因建有庙，故称魏庙，因居西，故称西魏庙。清初，又在村东建村，称东魏庙。1979年为魏庙大队。1984年，改为魏庙行政村	东魏庙、西魏庙
八大寨	八大寨行政村原名八大寨村，为片村名。清康熙十年（1671）时，八大寨还是马集镇费庄的佃户村，当时村庄无名，后来有马、田、吴、李、岳、魏6姓共8家先后迁此，逐步建起了8个小村庄，群众称之为八大寨。1958年开挖菏曹运河与1962年建县煤建公司时，小李庄和唐庄被占迁，居民分别迁入西关和上述6村，故现在共有6村，仍总称八大寨	田庄、西马庄、吴庄、东马庄、李庄、岳庄
孔书庄	明永乐年间（1403—1424），孔可楷由曲阜来菏泽教书，后又迁此建村，以职业命名孔书庄	孔书庄
西王楼	王氏于明成化年间（1465—1487）由菏泽迁此建村，以姓氏命名为王楼，为与东王楼区分，故名西王楼，与周庄、侯楼、景店、曹庄为1个行政村	西王楼、周庄、侯楼、景店、曹庄
吴庄	清康熙年间（1662—1722），吴姓从吴河迁此建村，以姓氏命名吴庄，与马庄、赵庄为1个行政村	吴庄、马庄、赵庄
东王楼	王姓于明永乐年间（1403—1424）由山西迁定陶城南侯庄。明万历年间（1573—1620）又迁居陈庙，后陈姓绝，王姓出个武举，并盖1座楼，从此改名王楼，因村西有王楼，故名东王楼，与卢庄为1个行政村	东王楼、卢庄
郑庄	此村建于三国时期（220—280），以姓氏命名郑庄，与后孟庙为1个行政村	郑庄、后孟庙
铁渠庙	铁渠庙村是片村名，系曹庄、沈庄、王庄、新刘楼4村的总称。该村建于北宋建隆二年（961），因南靠铁渠沟（今南渠河），故名铁渠沟村。后因村南建一天师庙，又在村后庙后头，便演变为铁渠庙，简称铁庙，与牛庄、八里庄、靳庄、贾庄为1个行政村	牛庄、八里庄、曹庄、王庄、新刘庄、沈庄、靳庄、贾庄
魏胡同	该村原名肖胡同。汉魏相居家犯剿，逃至肖胡同隐居，后于村东北250米处立村。至清康熙年间（1662—1722），魏姓从魏庄户迁居此村，后因魏姓人多，故于清乾隆年间（1736—1795）改为魏胡同，与范店、阎庄、秦庄、曹口为1个行政村	范店、阎庄、魏胡同、秦庄、曹口

续表34-1-1

行政村名	村名由来	辖自然村
王庙	王氏于明永乐年间（1403—1424）从山西迁此建村，取名王堂。后村东建庙宇，改为王庙。因村南有前王庙，故称后王庙，与孔楼、刘老家、刘新庄、前王庙为1个行政村	后王庙、前王庙、孔楼、刘老家、刘新庄
甄王庄	王氏于清嘉庆年间（1796—1820）迁来建村，取名王坡村。清光绪十五年（1889），甄氏由外地迁来，在王坡村北建村，取名甄庄。后来甄姓又迁往王坡村，王坡村改名王庄。1957年，改为甄王庄，与董庄、大牛庄为1个行政村	甄王庄、董庄、大牛庄
观堂	魏氏于明洪武年间（1368—1398），从山西迁此建村，取名魏家凸，因村西南有座唐朝建的观音堂庙宇，故外人称观堂，与观吴庄、观侯庄、观马庄、孟庄、东张楼、西张楼、李庄为1个行政村	观吴庄、观侯庄、观马庄、孟庄、东张楼、西张楼、观堂、李庄
罗庄	该村建于明朝之前，原名丰信庄，后改为罗庄。明嘉靖八年（1529），兄妹5人分别立村，因该村居西，故名西罗庄，与中罗庄、罗庄寨、罗吴庄、侯庄、吕楼为1个行政村	西罗庄、中罗庄、罗庄寨、罗吴庄、侯庄、吕楼

附：定陶镇　清末为城关镇。1934年为第一区。1956年，改为城关镇。1958年改为城关人民公社，后改为定陶人民公社。1982年改为城关镇。1985年改为定陶镇。2010年5月，定陶镇划为天中和滨河2个街道。

第二节　滨河街道

建置区划　境域　滨河街道位于定陶县新城区，北境与杜堂镇接壤，西与仿山镇相毗邻，南连天中街道，东邻黄店镇，总面积50平方千米。新河湿地从其腹地穿过，临商路、高速公路连接线贯穿南北。

建置　定陶镇属古陶国地。夏属三鬷国，商周属古曹国。秦置定陶县。西汉至唐，先后属济阴国、郡、县。宋、金、元属曹州，明属济宁府，定陶为镇。明洪武四年（1371），复置定陶县，并迁县城于今址。民国初为定陶县城关镇。1934年称大同镇，属一区（城关区）。1958年3月，撤区并乡，称城关镇；10月，改为东风人民公社，后改为城关人民公社；11月改名为定陶人民公社，隶属成武县。1961年10月，隶属定陶县。1982年3月改为城关镇。1984年1月，

▲ 滨河办事处　　（2013年 叶宏 摄）

将人民公社和生产大队改以乡镇、行政村建制。1985年9月改称定陶镇。2001年，乡镇合并，原东王店乡整建制划归定陶镇。2011年，撤销定陶镇，设立天中街道、滨河街道。

区划　2015年，滨河街道下辖北城社区、建华社区2个城市社区；崔庄社区1个农村社区；付庄村、工厂李村、董河村、姚庄村、田楼村、孙庄村、郜庄村、孔莲坑村、朱楼村、吴河村、石庄村、许庄村、牛楼村、戚庄村、王店村、后杨楼村、马纪庄村、司集村、李庄村、前杨楼村、刘楼村、聂庄村、堌堆刘村23个行政村。2015年，王店村、石庄村、牛楼村改成农村社区，至此，滨河街道辖2个城市社区、4个农村社区、20个行政村，80个自然村。总户数20847户，人口6.7万人。主要以汉族为主，有回族、满族、蒙古族、彝族、瑶族、东乡族等几个少数民族，分布呈大杂居、小聚居态势，大多因婚姻、经商等迁徙形成。

基础设施　城建环保　2011年以后，完成李线庄、姚庄、张坑、郜庄、朱楼、董河、朱庄等7个村庄的整村搬迁工作。2013年，确定郜庄、朱楼、孙庄、吴河、牛楼、后楚、王店等7个村为城乡环卫先行示范村。2014年，对所辖78个自然村的所有街道、胡同、空闲地、入村道路的存量垃圾和城区的29个背街巷进行全部整治，对辖区内所有道路（共计50千米）的路肩进行整修。在全县率先成立环卫办公室，形成“户集、村收、镇运、县处理”的城乡生活垃圾处理体系。

交通　滨河街道境内有临（沂）商（丘）、定（陶）丰（县）2条省际主干线，东环路、北环路、府前大道等区内主要道路在辖区内交织。京九铁路穿过境内。实现村村通柏油路。另外，新汽车站位于辖区内，年客运量近200万人次。

邮政　电信　滨河街道城区内有多处邮政支局，职工近百人。移动电话用户达3万余人，互联网用户基本实现全覆盖，基本实现家家通网。

经济状况　农业　2011年，滨河街道植丰产林、经济林20公顷，绿色通道防护林10公顷。新增规模养殖小区1个，农村经济合作组3家。2015年，办事处争取资金400万元，实施并完成了两类结合项目，涉及司集、马纪庄、前杨、后杨、戚庄、牛楼等6个村233.33公顷耕地；加大农村基层设施建设，新打机井35眼，新建排水涵25个、桥涵20余座。发展油用牡丹86.67公顷，流转土地596.56公顷，临商公路“绿色通道”栽植绿化树木51.53公顷，栽植绿化树木4万余棵。新增标准化养殖场8个，蔬菜种植基地2个，农民专业合作社12个。完成24个行政村的土地确权颁证工作，涉及农户4234户，耕地面积1765.33公顷。

▲ 姚庄新村　（2015年 叶宏 摄）

工业　滨河街道地处定陶新区，工业较为发达。至2015年，新建20个工业项目，其中，过亿元的8个，主要有龙泵高科东3个厂区、九牧电子产业园、蓝天电子科技以及方原饲料、莲叶环保、海创高分子、玫香食品等。

商业贸易　辖区内集贸市场日趋活跃，集团公司、超市、连锁店等遍布各处。至2015年，辖区内有大型超市1处，商业网点近万个，从业人员共3万余人。

▲ 新河人工湿地　　（2012 年 叶宏 摄）

旅游　滨河街道辖区内主要旅游景点有新河湿地公园以及梁王彭越阅兵点将的梁王台。

土特产品　有东王店的“五全”烧鸡。

社会事业　科技　至2015年，滨河街道建立隆生木艺品、美格电子、商品工艺电子、美硕服饰、盛大服饰等5家企业入驻的电子商务聚集区；亿力达商贸城、花立芳产业园已经开工；海创高分子、玫香食品、五洲医疗、莲叶科技、方源科技等5个项目已经投产。

教育　至2015年，清华园幼儿园、中心幼儿园、牛楼社区幼儿园投入使用。滨河中学投资20余万元新增宿舍楼300余平方米，并新增课桌、图书、多媒体教学设备、塑胶跑道，同时还对校园进行硬化、绿化。滨河中学连续3年取得全县农村学校第一名的好成绩。新建省级标准幼儿园1座，水冲式厕所4座，高标准运动场2个，新上教学一体机10台，辖区内的每个学校都配置直饮机。

文化艺术　26个村（社）全部重新修订完善村规民约，并制定红白理事会章程。对各自然村的“四德”榜进行更新，评选出各类模范518人。26个村建成文明一条街和道德讲堂。2015年，滨河办事处投资70余万元对牛楼、堌刘2个村进行高标准绿化，打造牛楼、堌刘、姚庄3个村庄成为美丽乡村。新建高标准文化广场17个，新组建文艺队伍12支，同时，办事处成立文化志愿者服务队，到各村进行义务指导。

卫生　至2015年年底，滨河敬老院成为全国三星级敬老院；新建的2.3万平方米中心敬老院完成主体工程建设，新建社区日间照料中心1座，农村幸福院1座；滨河卫生院新建病房楼890余平方米，投资29万元，新建门诊楼1500平方米，投资120万元，新增全自动生化分析仪彩色多普勒超声诊断仪等设备共计70万元，其他固定资产投资50万元，全年可接纳住院病人2000余人次，门诊接诊量3.2万余人次。为辖区内的中小学生和65岁以上老人免费进行健康查体，建立健全查体、健康档案，卫生院和省规划卫生室全部实现药品价格和其他收费项目公示，实行国家基本药物制度，儿童计划免疫接种率90%以上。参加新农合4.5万户。

定期对各村卫生保洁情况进行检查，落实城乡环卫一体化长效机制。26个村社统一发放灭蝇剂20余箱，并对各村社蚊蝇消杀情况进行逐村督导。整修路肩10.2千米，栽植绿化树5万余棵。

体育　气功、轻功和各类拳术在境内广泛流传，主要有花拳、洪拳、炮拳、太极拳、查拳等，镜湖广场是辖区内主要的运动场所。

人民生活　城乡居民收入　2011年至2015年，滨河街道城镇化进程较快，经济发展大幅提升。农村居民和城镇居民经济收入不断增加。农村居民人均年收入由2011年的4805元上升到2015年的9803元。

衣食住行　2011年至2015年，滨河街道加大农村基层设施建设，为群众生活保驾护航。引进新兴企业项目，带动区域经济发展，提供就业岗位以增加群众经济收入。投资200万元，对王李路进行升级改造，新修司集至前孙庄路、聂庄村内道路、毛庄至黄店魏楼道路，共计11.5千米，改善了群众的出行条件。

滨河街道行政村村名由来一览表

表34-1-2

行政村名	村名由来	辖自然村
北城社区	明洪武年间（1368—1398），卢姓由山西迁此建村，以姓命名卢庄，后依县城方位，改名北关。后更名为北城社区	一街、二街、三街、四街、北关
建华社区	郭庄村后、塔坡刘庄前1990年被定陶县政府规划一条东西走向的大街，名为建华路，后县政府又改为古塔路。建华社区名称由此而来，与郭庄、塔坡刘庄为1个社区	郭庄、塔刘
崔庄社区	明天顺年间（1457—1464），崔氏由山西省洪洞县迁定陶县城东北1.5千米建村，以姓氏命名崔庄，与路庄、公机楼、黄瓜园为1个社区	崔庄、路庄、公机楼、黄瓜园
工厂李	明永乐年间（1403—1424），李氏祖从山西洪洞县迁此立村，以姓氏命名李庄。清道光十年（1830）该村李正阳考上武生，称李正阳李庄。1956年该村办起了制造轧车、弹棉机小工厂，从此命名工厂李，与张坑、台庄、秦河为1个行政村	工厂李、张坑、台庄、秦河
付庄	明永乐年间（1403—1424）付氏由山西洪洞县迁此建村，以姓氏命名付庄，与荆庄、晁楼为1个行政村	付庄、荆庄、晁楼
姚庄	明洪武年间（1368—1398）曹氏从济宁前来此地，原名曹路口。明崇祯五年（1632），姚氏先祖姚建业，由巨野姚楼迁居曹路口，后因曹姓渐少，姚姓人多，故改名姚庄，与张河为1个行政村	姚庄、张河
孔莲坑	明正德二年（1507）孔子五十四代孙孔克谐由菏泽迁此建村，因村南有一藕坑，故名孔莲坑	孔莲坑
董河	董氏先祖于明朝初期由山西洪洞县迁居定陶，初居三关庙董庄（今仿山镇高河村后），单传五世，至六世祖迁此。因村前有七里河，故名董河，与李线庄、朱庄为1个行政村	董河、李线庄、朱庄
田楼	明永乐元年（1403），田氏宗堂由山西省洪洞县迁菏泽安邱寺东刘堂，明万历三年（1575）由刘堂迁此。又因村东头火神爷庙的东北角有座2层小楼而得田楼，与游王庄为1个行政村	田楼、游王庄
孙庄	明永乐年间（1403—1424），孙氏六世祖率族人由山西省洪洞县迁至定陶县城北4公里居住，以姓氏命名孙庄，与彭庄、李庄为1个行政村	孙庄、彭庄、李庄
郜庄	明嘉靖十七年（1538），原皇镇集郜庄郜文智携全家大小迁入陶城北3公里处定居，以姓氏命名郜庄	郜庄
朱楼	明洪武三年（1370），朱姓始祖遵道公奉敕由山西洪洞县迁居定陶县仿山前老朱庄，四世祖朱祥由老朱庄迁此。100年后建楼，故名朱楼	朱楼
吴河	原名李子村，吴姓约于明嘉靖年间（1522—1566）从河南修武县迁居该村，因靠近七里河，以姓氏命名吴河村，因居前，故名前吴河，与后吴河、曹官庄、曹庄为1个行政村	前吴河、后吴河、曹官庄、曹庄

续表34-1-2

行政村名	村名由来	辖自然村
堌堆刘	明永乐年间（1403—1424），刘氏祖刘崇文从山西洪洞县迁陶城东北古风村（今孟海），后又迁此。因村西200米处有一堌堆，故名堌堆刘，简称堌刘村	堌堆刘
石庄社区	该村石姓原住邓油坊与孔朱庄之间（今无村庄），迷信说法，猪（朱）吃食（石），会越过越穷，故于明崇祯十年（1637），迁移此地，以姓氏命名为石庄，与孔朱庄、楚庄、邓游坊、刘楼、贾楼、桑庄为1个社区	孔朱庄、楚庄、邓油坊、石庄、刘楼、刘菜园、贾楼、桑庄
许庄	明洪武年间（1368—1398），许氏先祖从山西洪洞县迁至定陶东北荆城店（今无此村，在今张花楼东北450米处）。后又迁至许堂。清康熙年间（1662—1722）从许堂分支迁此建村，以姓氏取名许庄，与谢楼、高楼为1个行政村	许庄、谢楼、高楼
牛楼社区	牛氏家族系周代宋国微子之后裔，至明永乐十三年（1415）自山西路州府长子县东兴里迁居陶之古风村苗堌坡，后转牛屯。八世祖于明嘉靖十七年（1538）又迁此地，以姓氏和向往富贵取名牛楼，与李王庄、刘庄、前楚楼、后楚楼、苏庄、徐庄、马楼、大王庄、杨坑为1个社区	李王庄、刘庄、前楚楼、后楚楼、牛楼、苏庄、徐庄、马楼、大王庄、杨坑
王店社区	明永乐年间（1403—1424），王氏由山西洪洞县迁成武大田集，转此开店，称王家店，又因逢农历二、五、七日集市，故名王店集	王店
刘楼	明崇祯九年（1636）刘氏由巨野县柳林集水乐店迁西刘楼，十二世祖复移此地，该村原名白楼，后因白姓遭殃人绝，改为刘楼，与杨庄为1个行政村	刘楼、杨庄
戚庄	戚氏始祖居陶丘城内，明初分居迁此立村，以姓氏取名戚庄，与穆庄、赵楼、张庄为1个行政村	戚庄、穆庄、赵楼、张庄
后杨楼	原住高、李两姓，名高李庄。明万历年间（1573—1620），杨氏自汶上县迁此，当时李家建一楼院，由女婿杨家继承家业，此后高、李二姓渐少，杨姓族人增多，改名为杨楼，因与村东南杨楼重名，以前后对应，故名后杨楼，与苏何庄为1个行政村	后杨楼、苏何庄
司集	原名四家集，住有谢、盛、申、王4姓，并逢农历双日成集而得名。明洪武年间（1368—1398），司姓自山西洪洞县迁来，司姓逐渐人多，申、盛等四姓陆续迁出，村名改为司集，与前孙庄、后孙庄、张庄、倪庄为1个行政村	司集、前孙庄、后孙庄、张庄、倪庄
聂庄	原名李庄。明末清初，聂氏六世祖从定陶北关迁居此村。清朝中期，该村聂姓出一名医（聂氏十一代孙），较有名望，加之聂氏人多，李氏人少，故名聂庄，与刘庄为1个行政村	聂庄、刘庄
马纪庄	原名纪庄，明万历年间（1573—1620），马氏族由定陶城内迁来，后马姓人口渐多，纪姓人少，故改为马纪庄，与王雁台为1个行政村	马纪庄、王雁台

续表34-1-2

行政村名	村名由来	辖自然村
前杨楼	杨氏族原籍东平州阳谷县，先迁宁陵。明初又迁入陶东13里杨庄（今东王店北500米）为一世祖。四世祖又迁此建村，名叫杨楼寨。后又分居寨西，取名大杨庄。清道光十五年（1835），在杨楼寨和大杨庄2村中间修建家庙1座，从此2村合一，以姓氏取名杨楼。因与村西北杨楼重名，故名前杨楼	前杨楼
李庄	李姓是明洪武年间，从山西洪洞县迁至今黄店镇大赵庄东头李庄户，先人在此居住十三代，到清康熙年间（1662—1722）由大赵庄迁到现住地开荒种地，当时有侯、仲、贾姓，后来因战乱和灾荒3姓相续迁走和绝后，因李姓居住人比较多取名李庄，因村东还有李庄，该村较大，故名大李庄，与小李庄、毛庄、吕堂为1个行政村	大李庄、小李庄、毛庄、吕堂

第二章　镇

第一节　仿山镇

建置区划　境域　仿山镇位于菏泽市定陶县西北7千米、菏泽市区南12千米处，镇机关驻地高河村前、临商公路西侧，东南与天中街道、滨河街道为邻，西与张湾镇、菏泽市牡丹办事处接壤，北与菏泽开发区佃户屯办事处相邻，东、北与陈集镇、杜堂镇相连，南与马集镇相连。临商公路、京九铁路南北穿插，东丰公路东西贯通，北临日南高速入口，广州路、漓江路、上海路穿插其间。西南东北斜长，最大距离19.5千米，中间较窄，最窄处2.5千米，总面积81.23平方千米。耕地面积5577公顷。

建置　1949年4月，以仿山为中心成立定陶县二区，机关驻仿山。1956年3月，二区改为仿山区。1958年3月，二区改为邓集乡。同时将二区北部原游集辖区划归保宁乡，东部划归杜堂乡，东南部划归城关镇，机关驻邓集。1958年10月，邓集乡改建人民公社（初建时为红旗人民公社），驻地未变，1984年1月，邓集公社改为邓集乡。2001年2月，邓集乡和游集乡合并为仿山乡，驻地设在原邓集乡政府驻地。2003年8月迁至高河村前。2011年4月，撤销仿山乡，成立仿山镇。

区划　2015年，仿山镇有邓集、梁楼、东李、十里铺、姜楼、姜庄、何楼、高河、前董、杨河、张秀雨、后董、邵楼、乔楼、王良庄、孔庄、陈河、曹楼、张庄、顺河集、明庄、王洪庄、姚庄、大王庄、郝庄、马王庄、马庄、周楼、袁庄、孙庄、官庄、蔡庄、游西、朱集、前王楼、后王楼、邵堂、寨外、徐石、吴登庙、刘线庄、孙集、杜庄、游东、刘庄、郎集、张孔、胡庄等48个行政村，78个自然村，1.50万户，总人口5.82万人，人口自然增长率7.3‰。全镇有汉、回、彝、藏等民族，其中汉族占全镇总人口的99.9%，回族121人。

村镇建设　仿山镇结合定陶县新城区规划及乡镇总体规划，围绕驻地行政文教旅游综合区、邓集商贸物流区、游集工业园区3个功能区建设进行修改、完善，同时以路网为依托，规划建设“四横三纵”7条道路，加快小城镇与“大社区”建设，实现农村人口向城镇聚集。投资7.8亿元的陶朱公文化产业园项目初具规模；驻地15公顷综合商住开发项目打造成型；邓集商贸物流园区完成8万平方米的商住开发，建造32万平方米的集贸市场。对农田、水系、路网、林网、新村布局、社区建设等进行综合整治，在耕地保护、土地开发复垦、建设用地控制、新农村建设等方面取得突破，启动张秀雨、顺河集、高河3个新村试点改造工程。2014年，先后投资57万元出动大型机械200余台次，动用人力1500个工时，对辖区环境卫生彻底清理。2015年，投资67万元购买15辆垃圾清运车、人力清运车70辆，建立2座垃圾中转站，为村级配备垃圾桶2583个，聘用保洁管理员4人、保洁员121人，并与金佳保洁公司签订了全年保洁运输合同，形成卫生管理无死角的长效机制。

▲ 仿山镇高河新村　（2015年　李怀鹏　摄）

经济状况　*农业*　20世纪90年代，仿山乡对境内河流进行多次疏浚整治，先后建桥涵150座，节制闸5座，打机井850眼。1997年以后，优质小麦良种繁育面积在333.33公顷以上，出售良种300万千克，优质商品麦1000万千克。2000年，被农业部确定为国家优质麦繁育基地。同时，仿山是省市杂交棉繁育基地，为省农科院省棉花研究中心代繁杂交棉种33.33公顷。2002年，棉花种植面积达1116公顷，总产1256吨；花生面积494公顷，总产1853吨。发展养牛场30家，养牛专业村7个，养牛专业户286个，种植畜草200公顷。全镇实现农业总产值14922万元。2003年，仿山镇建有花木繁育基地16处，专业大户32户，面积33.33公顷。同年，全镇发展食用菌生产小区18个，1486棚，栽培面积40余万平方米。2005年以后，实施节水灌溉工程和农村基础设施改造工程。2015年，全镇可用机井4298眼，95%的农田种植实现机械化。仿山镇农民人均纯收入9870元。

工业　20世纪90年代，随着农业结构调整，仿山先后建起木业、食品、面粉、饲料等加工厂家110多家。90年代后期，仿山对乡办集体企业改制成6家私营企业，并在菏商路东侧开辟经济开发区，发展民营工业。2001年，全乡有林产品加工企业35家，在定保公路两侧初步形成木制品加工长廊，仅邵堂一村就有木制品加工业19家。是年投产的中日合资项目——菏泽森桐国际有限公司，利用当地桐木和进口加拿大铁松生产推拉门窗、实木地板、墙板、桐木拼板等木制品，产品全部外销，年出口创汇160万美元。2003年，仿山乡发展民营企业78家，固定资产1.2亿元，从业人员3560人。其中，全国最大的硫酸软骨素生产厂家——定陶天元生物制品厂，年销售收入达25926万元。2010年，仿山镇引进投资5亿元的菏泽粮油仓储物流中心项目、投资2亿元的金茂蔬菜加工项目、投资1亿元的雪丰农资项目、投资1.3亿元的润一生物等16家规模以上企业，完成工业总产值18.6亿元，完成财政收入2531万元。2015年，全镇共完成规模企业总产值44.2亿元，销售收入44亿元。

旅游　仿山镇为打造苏鲁豫皖交界处的旅游名镇，以临商公路和仿山前路为南北、东西线，把方圆10千米的地带分成文化旅游产业区、特色生态农业区、大型商贸物流区、重工业经济产业区。2005年，由山东锦绣集团投资4000余万元重

修仿山旅游景区。总规划面积4.6平方千米，形成集宗教揽胜、农业观光、城郊游憩、商务旅游等功能于一体的综合性生态旅游区。2012年6月，北京中高文化旅游开发有限公司投资兴建中华商圣文化园，项目总投资13亿元人民币，规划用地面积约233.33公顷，园区由水体公园、范蠡博物馆、影视基地、度假村和商贸居住等构成。商圣文化广场及19.3米高的陶朱公雕塑建成，来自国内外300余人的范氏家族代表在此举办祭祖开光大典。2014年，仿山镇被评为全省文化旅游重点镇。至2015年，仿山镇兴建投资12.5亿元的牡丹源（天沐）温泉度假小镇、投资10亿元的奥特莱斯国际高端商贸展销中心、投资20亿元的鲁西南记忆等10多个文化旅游新型高端经营企业。加之邵堂村泰山庙会、马庄村龙王会和仿山镇文化艺术节、望天下的采摘节、何楼村的农家乐庆典节等地方乡村特色活动。每年仿山古庙会期间日接待游客20余万人次。

社会事业 教育 仿山镇中心学校是2001年由原邓集乡、游集乡的中心校合并而成，位于仿山镇政府西邻。2015年，中心学校争取资金1400余万元，新征学校用地16650平方米，新增建筑面积8180平方米，实现教室、功能辅助用房同步发展，同步配套。大部分学校电教仪器、音体美器材达到省级二类配套标准，图书达到或超过生均27册。班级基本实现班班通一体机多媒体教学，电脑配置能够满足学校最大班额1生1机，教师1人1机。学前教育3年在园幼儿2180人，入园率80.9%。投资440余万元建设公办幼儿园6所，2015年年底，仿山镇中心学校下辖定点小学10所，教学点4个，其中，完全小学12说，98个教学班，在校生3439人，专任教职工220人，高级教师8人，一级教师78人。

仿山镇中学（原定陶县第十一中学）始建于1970年，2001年合乡并点后改名为定陶县仿山乡中学，2005年，仿山乡二中与仿山乡中学合并。2011年改为定陶县仿山镇中学。学校位于定陶区仿山镇邓庄行政村西，定张路北。2013年以后，对校舍进行维修改造，对校园道路地面硬化、校园绿化。2015年，学校有13个教学班，在校生640余人。教职工60人，其中，专任教师52人，学校占地42660平方米，有容纳18个教学班的教学楼1座，学生宿舍楼2座，有现代化综合楼1座，图书室共计藏书2万余册。

文化 仿山镇拥有千余人的文化、戏曲、书法、唢呐等艺术爱好者，有一技之长、能登台的农民“达人”168人，舞蹈、秧歌、曲艺队员526人。邓集、马王、游集、孙集、孙庄、乔楼等行政村都先后成立秧歌队。2012年2月，仿山举办首届仿山镇农民文化艺术节，全镇成立8个文艺片区，组织26个秧歌队、8个舞蹈队、3个曲艺队、2个唢呐班，并成立仿山镇婆婆妈妈说唱团、文化旅游草根采风团、仿山镇两夹弦剧团，参加定陶县首届“幸福定陶消夏晚会”。2014年，中国休闲旅游文化研究中心理论专家专为定陶撰写的纪实文学《在故乡》一书，仿山镇文化人物纪实篇章几近占了三分之一的篇幅。同年4月，菏泽电视台《今天看我的》栏目组为仿山镇录制一期节目；8月，菏泽电视台《行走菏泽》栏目连续报道

▲ 仿山镇农民文化艺术节 （2015年 李怀鹏 摄）

仿山镇文化与传说故事7期节目。2014年，仿山镇被评为全省基层文化宣传先进乡镇。2015年10月，定陶县第一支文化志愿者服务队在仿山镇成立、定陶电视台《家乡美》栏目首发式在仿山镇马庄村开机，先后播放节目5期。2015年，仿山镇文化宣传队和两夹弦剧团送戏下乡演出96场。

卫生　仿山镇卫生院前身为邓集乡卫生院，2001年设立仿山乡，更名为仿山乡第一卫生院。2008年参与卫生改革，合并卫生室11所，实行一体化管理。2011年更名为仿山镇卫生院。2012年，实行参合农民住院“先诊疗后付费”制度。至2015年年底，卫生院占地面积8500余平方米，建筑面积2500余平方米，其中，业务用房面积2200余平方米，门诊楼及综合病房楼各1座。医院设有居民健康档案、健康教育、预防接种（2015年建成数字化接种门诊）、传染病防治、儿童保健、妇女保健、老年人保健、慢性病管理、疾病防控、卫生监督等公共卫生科室，实施全员聘用制度。有医疗人员64人，其中，中级职称专业技术人员6人。设有预防保健科、内科、外科、中医科、检验科、影像科等业务科室，床位30张，配备有大型彩色B超、经颅多普勒、双目显微镜、全自动生化分析仪、血球分析仪、尿液分析仪、多导心电图机、洗胃机和300毫安电视胃肠X光机、多功能6000型智能疼痛治疗仪等医疗设备。2015年，被国家卫生计生委评为群众满意的乡镇卫生院。

▲ 仿山镇卫生院　　（2013年摄）

仿山镇游集卫生院下设8个村级标准化卫生所，为游集片区2.2万人进行健康医疗服务。至2015年，游集卫生院有医疗人员37人，设有内科、外科、中医科、妇科、理疗科、预防保健等科室。床位60张，门诊楼、综合楼各1座。引进全自动生化仪、自动化血球分析仪、300毫安放射机、B超机2台、心电图机2台、制氧机1台等先进设备，建有可供近百人输液、观察的医疗大厅。年门诊量3万人次、住院600多人次。

人民生活　20世纪90年代以后，人民生活开始注重各种食物营养，讲究吃细、吃好和面食菜肴的搭配。穿衣方面不但讲究样式色彩，还讲究品牌与时尚。大部分农民住上了新楼房，家家有电动车，30%农户有家庭轿车。农户几乎普及了冰箱、彩电、电脑、洗衣机、手机、网络。全部实现家庭生活电气化、农田耕种、收获机械化、通讯网络化、交通路面柏油化、田间地头全硬化、医疗保险温馨化、服务窗口人情化、初级教育全覆盖、文化娱乐特色化。

仿山镇行政村村名由来一览表

表34-2-1

行政村名	村名由来	辖自然村
邓集	明末由朱、李等姓建村，因邻近邓庄并成集，故名邓集	邓集、邓庄
梁楼	明永乐二年（1404），梁氏自山西迁曹州。明正统年间（1436—1449）又迁陶邑河滨寺。明万历十三年（1585），迁此建村，因梁姓建1座楼，故名梁楼	梁楼
邵楼	明洪武年间（1368—1398），邵氏自山西迁此建村，后邵姓建1座土楼，以姓和楼命名邵楼	邵楼

续表34-2-1

行政村名	村名由来	辖自然村
高河	明洪武七年（1374），高姓自山西迁此建村，因靠近氾阳河，故名高河	高河
姜楼	明成化年间（1465—1487），姜氏四世祖从村东姜庄分居此庄，因高家有1楼房，姜氏以姓和楼命名姜楼	姜楼
姜庄	姜氏先祖于明洪武年间（1368—1398）从山西洪洞县迁此建庄，以姓氏命村名	姜庄
十里铺	明朝初年程氏先祖从山西洪洞县迁此建村。因离定陶城10华里，古驿道经此，设有店铺，故以铺得村名，与程庄为1个行政村	十里铺、程庄
杨河	明洪武年间（1368—1398），杨氏先祖从山西洪洞县迁居姜楼村西，后遭洪水，原村庄淹毁，故北移50米建于今址。因该村紧临氾阳河，以姓与河流命村名，与曹庄为1个行政村	杨河、曹庄
前董	明洪武年间（1368—1398），王氏先祖从山西洪洞县迁此建庄，以姓氏命名王庄。清嘉庆二十五年（1820），该村董姓医生，很有名望，从此得名董庄。后因与村北董庄重名，按位置改为今名	前董庄
张秀雨	张氏先祖于明朝从今定陶北田楼迁居此村，以姓命名大张庄。1937年该村张秀雨成为村中有名人士，从此以人名得村名	张秀雨
后董	明朝初年，董氏先祖从山西洪洞县迁此建村，以姓氏命名董庄。后因南有前董庄，因与其对应而得名	后董庄
何楼	明洪武年间（1368—1398），何氏先祖从山西洪洞县迁居此地，后有楼房，以姓和楼命村名，与仿山为1个行政村	何楼、仿山
袁庄	明洪武年间（1368—1398），赵氏先祖从山西洪洞县迁此，来时带一花马，故名花马赵庄。后袁姓迁居该村，因袁姓人多，又改名袁庄	袁庄
明庄	明姓于明朝从山西洪洞县迁居力本屯五里长寨。到四世分支迁此建庄，故名明庄	明庄
陈河	明永乐年间（1403—1424），陈氏先祖从山西洪洞县迁居定陶田集北陈楼。明成化七年（1471），从陈楼迁此建庄，因村前有一河，故名陈河	陈河
乔楼	乔氏于明洪武二年（1369）从山西洪洞县迁此，初名龙花社。后因乔姓两代居官，盖有楼房，故名	乔楼
曹楼	曹姓于明朝从今马集乡曹庄分支迁此立庄，以姓氏取名曹楼，与来庄为1个行政村	曹楼、来庄
张庄	该村张姓于明末从今菏泽市金堤乡大路张迁此建庄，以姓氏命名张庄，与郭庄、于庄为1个行政村	张庄、郭庄、于庄
东李庄	明永乐二年（1404），赵氏先祖从山西洪洞县迁此建庄，故名赵庄。后赵姓人绝，清光绪二十一年（1895），李姓从河北清丰县迁此，因与村西小李庄对应，故名大李庄。后觉以大小区分不雅，故按二村之方位而得名	东李庄

续表34-2-1

行政村名	村名由来	辖自然村
顺河集	明洪武年间（1368—1398），黄氏始祖从山西洪洞县迁此立村，因紧靠氾阳河，顺河建村，且成集，故名顺河集，与西李庄为1个行政村	顺河集、西李庄
王洪庄	此庄最早叫王油坊，元朝时期，因该村有一姓王的厨师在朝中做饭，颇有名声，故改名王厨庄。“文化大革命”中破“四旧”，又改名王洪庄	王洪庄
王良庄	该村王氏祖王良于明永乐年间（1403—1424）从山西洪洞县迁此建庄，以人得名，与侯庄、刘庄、杨庄为1个行政村	王良庄、侯庄、刘庄、杨庄
孙庄	明洪武年间（1368—1398），孙氏先祖从山西洪洞县迁此建庄，以姓氏命名孙庄	孙庄
官庄	明正德十五年（1520），丁姓从马集丁楼，韩姓从曹县安陵集迁此建村。明朝时期，对荒废无主的田地，由官府“设庄召民租佃”。每500亩为1官庄。故名官庄	官庄
蔡庄	明成化年间（1465—1487），该村是张湾蔡楼的佃户村。明嘉靖九年（1530）黄河决口被淹，此后卖给姓蔡的佃户重新建村，故名蔡庄	蔡庄
姚庄	曹氏先祖于元至正二十年（1360）从菏泽北曹庄迁居此村，当时因有土窑，故命名窑庄，后觉不雅，按谐音称姚庄	姚庄
大王庄	王姓于明永乐年间（1403—1424）从菏泽河南王迁此建村，以姓命名王庄，后因村北有小王庄，故名大王庄	大王庄
郝庄	该村以姓氏而得村名	郝庄
马庄	明朝初年，马氏从山西迁居此地，命名马家棚。200年后，因觉不雅，改名马庄	马庄
马王庄	明朝初年，王姓从菏泽唐李树迁此，与曹、马等姓共同建村，初称小王庄。后因马姓人多，改名马王庄	马王庄
孔庄	孔氏先祖于隋朝从平阴迁此建村，命名孔楼。因淋小盐，盐池多，故称盐池孔。1958年改名孔庄	孔庄
前王楼	该村建于清康熙年间（1662—1722），以姓命名王楼，因后有王楼，故名前王楼，与邱集为1个行政村	前王楼、邱集
郎集	郎姓于明初从山西迁此建村，初名郎家村，后因成集，改名郎集，与刘楼为1个行政村	郎集、刘楼
刘庄	该村最早叫靳庄。清咸丰年间（1851—1861），因靳家被剿，刘姓从菏泽东南刘楼迁此，改名刘庄	刘庄
周楼	周姓从山西迁此建村。后村中建有土楼，故名周楼。明永乐年间（1403—1424），周氏分家，在村东建东周楼，故名西周楼，与东周楼、范庄为1个行政村	东周楼、西周楼、范庄
杜庄	杜姓兄弟4人自山西先迁定陶黄瓜园，次迁郎集。后兄弟4人分家，其中2人迁此建村，以姓氏命名杜庄，与毛李庄、张庄、杜路口1个行政村	杜庄、毛李庄、张庄、杜路口

续表34-2-1

行政村名	村名由来	辖自然村
张孔	清道光十二年（1832），在此建桥，后张铁嘴迁此，因姓和桥而得村名。清乾隆年间（1723—1795），为孔集，新中国成立后改为孔庄。张桥、前孔庄、后孔庄3村为1个行政村，简称张孔行政村	张桥、前孔庄、后孔庄
胡庄	胡姓自河南永宁集迁来，当时该村叫郭桥，后因胡姓人多，改名胡庄，与周庄、许庄为1个行政村	胡庄、周庄、许庄
游东	该村原名大徐庄。明永乐五年（1407）游姓自山西迁来，后徐姓绝，改名游庄。后因成集，改名游集。因居村的东部，故名游东行政村	游集
游西	因位于游集的西部，故名游西行政村	游集
朱集	朱氏于名永乐年间（1403—1424）从山西迁至定陶城北秦河。2年后，又迁至此村，以姓氏取名朱集，与雷庄为1个行政村	朱集、雷庄
后王楼	王氏于明末清初从山西迁至佃户屯风水李。清康熙年间（1662—1722）又迁此建村，以姓氏命名王楼，因重名，又位于前王楼之北，故名后王楼，与新王楼为1个行政村	后王楼、新王楼
邵堂	邵姓于名永乐元年（1403）从砀山苟村集迁来。当时因有龙凤庙（泰山奶奶庙）又是集市，故名龙凤集	邵堂
寨外	清康熙年间（1662—1722）自邵堂迁村东建新村，新村在村寨外，故名邵堂寨外	邵堂寨外
徐石	徐姓明初从山西迁此建村，以姓命名徐楼，与石庄为1个行政村	徐楼、石庄
孙集	明永乐年间（1403—1424），孙姓从山西迁此建村，以姓氏取名孙集。后扩展为2个村，东孙集、西孙集，为1个行政村	东孙集、西孙集
吴登庙	明永乐年间（1403—1424），吴姓自山西迁此建村，建村人常登泰山敬神，后在村西建庙，以登小庙代登泰山，故取名吴登庙	吴登庙
刘线庄	明永乐年间（1403—1424），刘氏自山西迁此建村，因刘氏卖线出名，故称刘线庄，与张康、陈庄、贾庄为1个行政村	刘线庄、张康、陈庄、贾庄

附：邓集乡 1948年属菏泽县第四区。1949年划归定陶县。1958年成立邓集人民公社。1984年1月改为邓集乡。2001年2月与游集乡合并成立仿山乡。

游集乡 1934年，属第四区。1953年，属第二区。1958年3月，划归保宁乡；11月，划归菏泽县。1961年10月，重归定陶县，属保宁公社。1979年1月，设立游集公社。1984年1月，改为游集乡。2001年2月与邓集乡合并成立仿山乡。

第二节　张湾镇

建置区划　境域　张湾镇位于定陶县西部，距县城15千米。镇政府机关驻张湾村，北纬35°04′，东经115°24′。东部分别与马集镇、仿山镇接壤，北部、西部与牡丹区为邻，南部与曹县相连。刘民公路与定黄公路贯穿全境，并在镇驻地十字交汇。西邻220国道，北距日东高速路口4.5千米。面积63.1平方千米，耕地面积4905公顷。

建置　张湾镇原为曹县于1939年7月建立的灵圣区（因灵圣湖而命名），机关驻地力本屯一带，时辖力本屯，张湾至马集以西一带村庄。1940年7月隶属菏泽县管辖。1948年11月，菏泽县改为安陵县，该区随属。1949年9月区划调整，将安陵县灵圣区及顺河区的北部村庄划属定陶县，改建第八区，机关驻力本屯。1956年3月，第八区改为力本屯区。1958年3月撤区建乡，设张湾乡和力本屯乡。同年8月，张湾，力本屯两乡合并，成立新村人民公社（因公社驻地新建于张海，故名新村），不久又改名为张湾人民公社。1958年11月至1961年10月，隶属菏泽县，1961年10月重属定陶县。1964年11月，成立张湾公社管理委员会。1967年5月成立公社革命委员会。1970年1月成立公社革委会、党的核心领导小组。1970年2月，公社驻地由张海迁至张湾。1971年5月恢复公社党委。1981年3月成立公社管理委员会。1984年1月改张湾公社为张湾乡。1996年6月撤乡改为张湾镇。2001年2月，一千王乡并入张湾镇。

▲ 张湾镇政府　（2013年摄）

区划　1991年，张湾乡辖29个行政村，39个自然村，后于1997年、2001年、2007年进行了部分调整。至2015年，张湾镇辖蔡楼、河西董、张湾、老河张、冯张庄、耿庄、湾子张、户集、东街、东中、西街、沙山寺、苏家、耿家、李家、吕沟、张成寨、秦庄、高家、赵屯、李屯、杨庄等22个行政村，51个自然村，5.5万人。

村镇建设　1991年，张湾镇原张湾乡和一千王乡驻地的门市均为平房，农村大部分农民盖房都是砖混结构，个别人开始盖前出厦房子，围墙也大部分变成砖墙。2000年以后，农民盖新房基本上都是前出厦结构，两层门楼开始在农村流行。2003年以后，农民盖房子又由平房向二层楼房发展。

2004年，张湾镇被省政府批准为中心镇以后，按照“高起点规划、高标准建设、高水平管理、高效能运营”的思路，把小城镇建设列入重要议事日程，委托省规划设计院编制中心镇建设的新一轮规划，在镇驻地规划了“七纵九横”的路网格局。把镇驻地规划为行政办公区、商贸服务区、工业景观区、文化教育区、生活居住区等5大功能区。2007年，新开发商业楼层240间，面积8000平方米。新安装路灯120盏，补植绿化树木1.6万棵，新增绿地面积5000平方米，新增食用自来水人口2000人，新置80个环保型垃圾箱。2010年以后，城镇化步伐加快，加大商品房开发力度，先后兴建金湾商贸城、百兴农贸城、金湾社区二期、三期工程，盘活了集体资产，为周边群众到张湾投资兴业提供一个良好的载体。拉大镇区框架，分别对老邮局前道路、东外环道路进行修建拓宽，共修建镇区主干道5万平方米。完成高家、谢家、东耿3个自然村新农村建设，完成水、电、路、灯、下水道、绿化等基础设施配套，3个村共腾出土地32.47公顷，复垦土地28.47公顷。2015年9月，张湾镇启动西耿村土地增减挂钩及新型农村社区建设工作，完成278处旧房评估、新村征地、安置区规划等工作，已拆除116座院，在建院落105座。与保洁公司签订常年卫生保洁合同，为各村配备保洁员队伍107人，配备垃圾桶2470个。成立环卫所，明确专职人员4人，加强对镇村保洁工作的监督考核，城乡环卫一体化建立长效机制，镇村面貌得到改善。

经济状况 农业 1991年，张湾乡进行大规模的种植业结构调整，“四二”式（四行小麦两行棉花）粮棉种植模式得到普遍推广。冬暖式大棚从无到有，并先后出现了秦庄、吕沟、一千王东街、苏家等10多个大棚种植专业村，棚均效益在5000元～8000元以上。同时，原一千王乡充分利用村头荒地，利用麦秸、玉米芯、棉籽壳、花生壳等原料，种植平菇、双孢菇，棚均效益6000元以上，有的甚至万元以上。河刘、苏家、张成寨等村的农民，创造出一年三种三收，四种四收等种植模式，亩均效益在万元以上。2000年，随着打工潮的兴起，棉花、蔬菜种植面积萎缩，小麦、玉米成为主要农作物。2004年以后，张湾镇落实粮食最低收购价保护、良种补贴、农机具补贴等惠农政策，完善农业服务体系，进行中低产田改造及标准化农田建设，农业综合开发万亩高标准示范田项目区取得重要成果。2010年以后，共建设桥涵184座，开挖沟渠30千米，打机井75眼，配套农电线路24千米，新建和整修田间沙石路22千米。粮食种植面积保持稳定，粮食综合生产能力显著提高，粮食总产由6.5万千克增加到7.5万千克，亩均增长150千克。农民人均纯收入由2010年的5780元增至2015年的10380元。至2015年，全镇发展东耿、西耿、东街、东中、西中、沙山寺等6个养殖小区，新增养鸡大棚24棚，5万只；养鸭大棚20棚，4.2万只；养猪1.5万头。营造丰产林733.33余公顷，新发展农田林网1333.33公顷，名优果树40公顷，经济林57.33公顷，栽植绿色长廊15千米，林粮间作1200公顷，花卉26.67公顷。与农户签订林权拍卖合同212份，林权拍卖65.8千米（指路旁林网长度），成活率、保存率95%以上。农民靠林业收入年均增加200元以上。农业专业合作社已发展到35个，成为农民发家致富奔小康的主要途径。农村板块经济迅速发展，五大产业基地初具雏形。以耿家村为中心的杨木旋皮加工基地，杨木旋皮厂260户，从业人口3600余人，产业年总收入5400万元。以张庄村、沙山寺村为中心的插接板加工基地，插接板加工作坊33个村981户，从业人口4232人，产业年总收入2.16亿元。以湾子张村为中心的工艺品加工基地，工艺品加工厂14家，生产壁挂、隔板、摆件等60个种类。以刘庄村为中心的53.33公顷绿化苗木繁育基地，育有白蜡、北美海棠等10余个品种，年销售额在20万～40万元之间。以杨庄村为中心的小麦良种繁育基地，人均年增收200元。

工业 1991年前镇办工业有窑厂、面粉厂、刺绣厂、耐温砖厂、调味品厂等。1991年后，个体民营经济不断发展壮大。2015年，全镇工业企业38家，规模以上企业23家。过亿元项目2个，其中定陶元达家具有限公司，年生产规模为5万套高档实木家具；菏泽融邦新能源光伏发电，2015底实现并网发电。百兴农贸城，部分商户已经入驻开业。

社会事业 教育 1991年至2004年，张湾镇的小学教育分属一千王中心校和张湾中心校，2004年8月合并为张湾镇中心校。2015年，张湾镇中心学校辖11所定点小学，1个教学点，在校学生2964人，88个教学班，教职工165人，学历达标率100%。学校布局合理、管理规范。2015年新建后冯教学楼1座。

定陶县张湾镇中学前身是张湾乡中学，创建于1982年，设初中3个年级。2001年称张湾镇中学。2004年8月，一千王中学并入张湾镇中学。2015年，张湾镇中学辖18个教学班，在校生900人，在校教职工106人，学历达标率100%。有1.4万平方米的各类建筑，包括教学楼1栋，综合实验楼2栋，男、女宿舍楼各1栋，容纳1000人就餐的标准餐厅1座，250米塑胶运动场1个，教职工宿舍楼1栋；配备有图书室，阅览室，微机室，理化生实验室、仪器室及音体美功能室。综合楼、教学楼、学生宿舍、教工宿舍、餐厅，各种教学设备均按国家二类标准配套。每班均有一体机、多媒体教学网络等现代化设施，图书室藏书2万余册。

卫生　张湾镇中心卫生院前身为定陶县第三人民医院。1998年经省卫生厅批准，命名为定陶县张湾镇中心卫生院。医院地址由张湾镇张海村迁至原张湾乡政府旧址，有平房42间，多建于20世纪五六十年代，年久失修，破旧不堪。2005年，国家实施卫生360工程，投资130万元（国家补贴80万元，地方自筹50万元），建设1200平方米的门诊综合楼。2012年被菏泽市卫生局授予优秀乡镇卫生院称号。2014年国家补助90万元，自筹230万元，共投资320万元，建设218平方米的病房楼。2015年又投资23万元，完善配套设施，对院内地面实施硬化，修建花园和停车棚。投资30万元，完成国医堂建设。至2015年底，医院有1200平方米的公共卫生服务楼和218平方米的医疗服务综合楼各1座，其他业务用房400余平方米。干部职工76人（定编定岗61人），设有内科、外科、妇科、眼耳鼻咽喉科、国医堂（中医科）、放射、B超、检验、心电图、手术室等10余个临床医技科室和数字化预防接种门诊、公共卫生服务中心，拥有一批先进的仪器设备，主要有500毫安X光机1台、尿液分析仪2台、血液分析仪1台、全自动生化分析仪2台、普通彩色B超和四维彩色B超各1台、心电图机3台、妇科六合一治疗仪1台、阴道镜、显微镜、手术床及手术无影灯等，核定病床位35张。

武术　张湾镇地处赵王河畔，自古有习武之风，拳种以大洪拳、西洋拳为主，主要有河西董、张湾一带的少林长拳（又名西洋拳），秦庄、蔡楼的大洪拳，沙沃赵、张成寨一带的梅花拳等。比较有名的拳师有董安邦、秦萃然、高华、王德明等，其，王德明在一千王办过武校，弟子数百人。张湾镇持有国家、省级武术教练证的有80余人，多次在省市武术邀请赛中获得金银大奖。

文艺活动　张湾镇的文艺活动十分活跃。焦庄村的两夹弦剧团、河西董的大弦子剧团，经常到河南濮阳、滑县一带演出。张成寨豫剧团，也曾演出过一段时间。此外，像后冯的皮影戏，一千王豫剧团，在东明很有名气。河南坠子艺人耿庄的蔡海江、坯墙赵村的崔桂云（外号盖三县）在当地也十分有名。1991年以后，随着录音机、电视的逐渐普及，这些农村小剧团的生存空间越来越小，大多逐渐淡出人们的视野，只有刘庄村的河南坠子班仍在演唱。2006年3月，进行历史文化遗产普查，定陶皮影被列入县级非物质文化遗产项目，11月被列入市级非物质文化遗产项目，12月被列入省级非物质文化遗产项目。2008年，定陶皮影被列入国家级非物质文化遗产项目。2014年6月，为了更好地传承定陶皮影，镇政府争取县文体局投资10万元，在后冯村建立皮影传习所1处，配备音箱、道具、电脑、投影仪、服装和办公座椅等，投资5万元，购置舞台车1部，每年都开展送戏下乡活动60多场次。

电影放映员王怀生几十年如一日，坚持为群众放电影，曾受到省文化厅的奖励，1994年，菏泽电视台还曾以《架子车上的电影院》为题，对

▲ 冯守坤、冯克献师徒表演《西游记》“火云洞”选段

（2013年 张广亮 摄）

他进行报道。

至2015年，张湾镇共有48支广场舞队，26支秧歌队，2支腰鼓队，1支舞狮队，2支唢呐队。举办6届农民文化艺术节。多次到市县参加比赛，并取得优异成绩。

张湾镇行政村村名由来一览表

表34-2-2

行政村名	村名由来	辖自然村
蔡楼	据蔡氏家谱记载：先祖于宋朝从山西迁往定陶东北九龙口冒儿岗（即今陈集镇蔡庄），后迁此建村，因建有土楼，故名蔡楼，与魏家村、徐家村、张府家村为1个行政村	蔡楼、魏家、徐家、张府家
河西董	据董氏家谱记载：先祖董恩、董思为山西汾州府介休县子头小里村人，自明永乐二年（1404）同迁山东曹州府菏泽城南45里河西堤上，因位于赵王河西岸，故命名河西董	董东、董西、董北、纸坊、苗庄、贾家
张湾	古时此地乃济水岸畔的水旱码头。因张姓建村，并位于河道拐弯处，得村名张湾	张湾
老河张	据张氏家谱记载：张氏先祖于明永乐二年（1404），自山西洪洞县南关外万钱镇张村迁居曹州菏泽城南22.5千米（即现址），因村后紧靠氾阳河，故名老河张，与焦庄、宋庄、金庄、坯墙赵为1个行政村	老河张、焦庄、宋庄、金庄、坯墙赵
冯张庄	明成化六年（1470），冯氏自曹县北境冯海迁此，早名柳元坡，后住冯姓。因冯姓居多，故名大冯家，简称大冯。又辖后冯、张庄，故名冯张庄	大冯、后冯、张庄
耿庄	原为大耿家的佃户村，于明朝建村，以姓氏命名耿庄	耿庄
湾子张	张姓原籍山西泽州府阳城县岗张家，自明洪武年间（1368—1398）奉旨迁居于此地，三面临河，因河命名湾子张，与河刘为1个行政村	湾子张、河刘
户集	原叫保章集，属曹县地。清嘉庆年间（1796—1820）白莲教起义时改名活集。民国初年叫胡集，后户姓人多改名户集	户集
东街	王氏原籍山西洪洞县人，明永乐年间（1403—1424），王氏先祖移民时带一土枪，故名一枪王，后改一千王，共分为4个村，该村据东，故名东街	东街
东中	王氏原籍山西洪洞县人，明永乐年间（1403—1424）王氏先祖移民时带一土枪，故名一枪王，后改一千王，共分为4个村，该村据中，故名东中	东中
西街	王氏原籍山西洪洞县人，明永乐年间（1403—1424）王氏先祖移民时带一土枪，故名一枪王，后改一千王，共分为4个村，该村据西，故名西街，与西中为1个行政村	西街、西中
沙山寺	张姓于明弘治年间（1488—1505）由山西省泌水县迁此建村，因紧靠赵王河，故原名顺河集。后改为板桥张，约在清康熙年间（1662—1722）又改名沙山寺	沙山寺

续表34-2-2

行政村名	村名由来	辖自然村
苏家	苏氏先祖自明永乐二年（1404）由山西省洪洞县老鸹窝迁此建村，以姓氏命名苏家	苏家
耿家	耿氏先祖于明朝初期，为躲避战乱，从山西省先迁居曹县西北青堌里张家湾。明景泰年间（1450—1456）三世祖自张家湾迁此，以姓氏命名大耿家。辖东耿、西耿和堤上张	东耿、西耿、堤上张
李家	李氏于明洪武年间（1368—1398）由山西洪洞县老鸹窝迁此立村，以姓氏命名李家，与宋家为1个行政村	李家、宋家
吕沟	吕氏先祖在明永乐年间（1403—1424）由青州府乐安县迁此建村。因村周围地势不平，村内有沟，故名吕沟	吕沟
张成寨	明永乐年间（1403—1424）从山东莱州府即墨迁此立村，因先祖叫张成，学名张克老，故原名张克老寨，后又改名张成寨，与蜜蜂李村为1个行政村	张成寨、蜜李村
秦庄	该村约于元朝元统年间（1333—1335）由马姓建村，取名马井。秦姓于明永乐二年（1404）由山西洪洞县老鸹窝迁此。后马姓绝，故改名秦庄，与王庄、申海、张海、沙窝赵为1个行政村	秦庄、王庄、申海、张海、沙窝赵
高家	高氏先祖于明永乐年间（1403—1424）由力本屯乡老官刘搬来建村，以姓氏命名高家，与谢家、赵官府为1个行政村	高家、谢家、赵官府
赵屯	明洪武十一年（1378），赵氏先祖赵翠从山西泽州高平县迁居张湾南赵庄。20年后又迁此立村，命名赵屯，与刘庄为1个行政村	赵屯、刘庄
李屯	李氏原籍成武县白浮乡李双楼。清康熙年间（1662—1722）李氏四代孙李逊从李双楼迁此立村，以姓氏命名李屯，与李文庄为1个行政村	李屯、李文庄
杨庄	先祖于明洪武年间（1368—1398），从山西洪洞县杨家村迁至曹州城南35里而居。与康、白、阎3姓为邻。因杨姓人多，故名杨庄，与李树堂为1个行政村	杨庄、李树堂

附：一千王乡　1949年7月，划归定陶县第八区。1958年，属张湾人民公社。1984年1月，建一千王乡。2001年2月并入张湾镇。

第三节　马集镇

建置区划　境域　马集镇镇域面积95平方千米，位于定陶县西南部，镇政府位于北纬35°02′，东经115°28′，北部与仿山镇接壤，西与张湾镇毗邻，东与天中街道、南王店镇相连，南与曹县青岗集镇、韩集镇相望。

建置　马集镇历史悠久，旅游资源丰富。历史上马集是古定陶国、古曹州府、西兖州府、济阴郡、定陶县等治所，可考历史达2000余年。是春秋时期著名文史学家左丘明的故里，还曾哺育了吴起、氾胜之等一批历史名人，境内有法源寺、定陶汉墓、徐晃墓、马御史墓等众多名胜古迹，其中作为唐朝六大禅院之一的法源寺，是国家2A级旅游景区。2001年2月，力本屯乡、马集乡合并为马集乡。2002年4月，撤乡设镇为马集镇。2013年，定陶汉墓被列为第七批国家重点文物保护单位。

区划　1991年，马集乡辖27个行政村。2015年，马集镇辖马集、马街、大张楼、前范、后范、郭庄、仝庄、朱丁庄、姚堂、力本屯、蔡楼、牛庄、大李家、大赵家、西孔、东孔、富王庄、时寨、裴庄、马楼、李君辑、刘庄、李堂、王梁、牛杨、朱楼、刘庄寨、王庄、李园、张圈、梁堂、西刘楼、四合村、丁楼、林洼、谷胡同、大刘楼、袁堂、李刘楼等39个行政村，99个自然村。全镇人口57654人，农业人口43403人，非农业人口14251人。全镇以汉族为主，有少量回族、壮族等其他民族。

村镇建设　农村社区建设　至2015年，马集镇实施新型社区统一规划，各村绘制了规划图纸，重点规划建设马集、力本屯2个万人中心社区，实施周边村庄搬迁计划。其中，马集社区已经启动，梁堂村搬迁至马街村以东，梁堂新型社区占地13.33公顷，安置631户，规划建设2+2模式楼房，总建筑面积10万平方米，可腾出土地34.87公顷。力本屯社区正在拆迁建设中，已建设住宅楼8栋。李刘楼新型社区于2012年4月动工兴建，共涉及李楼、刘楼、邵庄、石庄4个自然村，456户，搬迁人口1820人，腾出耕地20公顷。贵和小区建成门市房126间、住宅楼12栋，硬化地面5000平方米，硬化街道550米，绿化800平方米，安装路灯60盏。建设大李家、刘庄2个污水处理站，日可处理污水1500吨。

交通邮电　马集境内有259省道、261省道2条省际主干线，双庆路和定张公路穿越全境，重修定马路6.5千米，村村通柏油路267千米。村村通有线电视、互联网，有邮电支局2所。

经济状况　农业　马集为农业镇，全镇有耕地5252公顷，有效灌溉面积4500公顷。主要种植作物有小麦、玉米、大豆、土豆、地瓜、花生、绿豆、谷子等作物。按照区域划分，形成以大李家、樊庄为中心的油用牡丹种植，以富王庄为中心的土豆、菜花种植，以朱楼为中心的大葱、白菜种植，以大刘楼为中心的食用菌种植，以王庄、张圈、时寨为中心的大棚蔬菜种植，以力本屯为中心的山药种植。

主要用材树种有杨、柳、榆、槐、椿、桑、桐等，果树主要有苹果、梨、枣、杏、桃、葡萄、山楂、柿子等。马集灵圣生态观光采摘园位于定陶汉墓南侧，于2014年开始兴建，规划面积153.33公顷，已流转土地100公顷，栽植各种名贵水果17万棵，其中美国大樱桃2万棵、日本彩色富士苹果9万棵、黑色鸭梨2万棵、纸皮核桃2万棵、凯特杏1.5万棵、山楂0.5万棵，种植牡丹8公顷，建设冬暖式草莓种植大棚5个、占地0.67公顷。

全镇共有饲养小区1个，专业村1个，饲养大户51户，规模饲养场22个。2015年，全镇共存养大牲畜392头，猪7109头，羊5352只，家禽147380只，肉类总产217吨，禽蛋总产800吨。

水产养殖主要有鲤鱼、鲢鱼、鳙鱼、草鱼、鲶鱼、甲鱼等。

工业　2014年完成固定资产投资1.88亿元，地方财政收入807万元，农民人均纯收入10241元。2015年实现工业产值14.95亿元，规模以上工业企业实现主营业务收入14.23亿元，实现财政税收1628.7万元。

传化智能公路港项目由中国500强企业浙江传化集团投资建设，总投资10亿元，占地66.67公顷，规划建筑面积110万平方米，2015年5月开工建设。

山东瑞莱堡立体停车设备有限公司主导产品为机械式立体停车设备，年生产能力为20000个台

▲ 瑞莱堡产业园外景　（2015年摄）

位。2014年实现工业总产值10000万元，销售收入6000万元，上缴税金314万元。产品国内市场份额20%，菏泽市区县内市场份额90%。

山东蜀中药业有限公司成立于2008年，主导产品为医药中间体，年可生产1000吨诺氟沙星及中间体500吨。蜀中制药二期项目是由山东蜀中药业有限公司与浙江东港药业有限公司合作投资建设，总投资1.2亿元。项目于2012年7月开工建设，年产沙坦原料药360吨，年产螯合物2400吨，是全国最大螯合物生产基地。

▲ 蔡楼村绿豆粉皮　(2012年摄)

总投资80亿元的华电定陶电厂已选址马集镇，规划建设4×1000兆瓦级超超临界燃煤发电机组，其中，一期拟新建2×1000兆瓦级超超临界机组，年发电量可达100亿千瓦时。

商业贸易　全镇有农贸市场5座，商业网点1086个，其中，批发业210个，零售业876个，餐饮业258个，从业人员共4620人。

旅游　马集镇重视文化旅游产业发展，把创建“省级旅游强乡镇”作为提升本镇文化旅游产业发展水平的目标，成立以镇长为组长的领导小组，下设办公室，加强旅游业管理，制定了文化旅游产业发展规划，做到领导、宣传、责任三到位，保证旅游强镇建设工作的快速推进。

马集镇有多处文化遗迹：定陶汉王陵被评为2012年全国十大考古新发现，属国家级文物保护单位；法源寺被评为国家2A级景区，属省级文物保护单位；另有舜王制陶处、源于鲧治水时期的左山、尧王冢等10处市县级文物保护单位。马集镇还是中国春秋时期伟大历史学家、儒学大家左丘明和著名军事家吴起的故乡，唐代高僧赵州和尚郝从谂、禅宗临济宗师邢义玄的落发地。

土特产品　力本屯刘金大曲酒　力本屯村民李友建自酿的高粱酒，浓香醇厚，好喝不上头，深受群众喜爱。

力本屯粉条　起源于20世纪50年代，从当初手工小作坊，发展为生产流程全部自动化和机械化。至2015年，有粉条加工厂10个，年产粉条1500万千克，年产值1.5亿元。远销全国24个省市和地区，出口韩国、新加坡等4个国家。产品质量均达到国家标准和有关部门认证，市场上供不应求，产销两旺。粉条以红薯为主要原料，经传统的工艺，先进的设备精制而成，好吃爽口，筋道耐煮，营养丰富，食之柔软爽口、可做主食，又可做菜肴，深受人们喜爱。

马集绿豆粉皮　以优质绿豆为原料，传统工艺手工精制而成，保持了绿豆的天然属性，色泽透明，筋滑爽口，营养丰富，绿色健康。经常食用可以降低血压、清火解暑、健胃生津、抗高血压及心脑血管疾病。产地主要集中在马集镇蔡楼、郭庄、刘庄等村庄，马集镇蔡楼村有绿豆粉皮加工手工作坊40余个，大型加工厂2个，年生产销售粉皮5800吨。

地方名吃　力本屯烧鸡　在鲁西南地区，每逢中秋节，已出嫁或者待嫁的姑娘婆家有给娘家送烧鸡的习俗。随着生活水平提高，常年都能吃到风味独特的地方烧鸡，其中力本屯烧鸡是其中之一，外表金黄，肉质松软，咸淡益口，是远近驰名的地方名吃。

白菜王庄蒸菜席　王庄蒸菜席是马集一带农村喜忧（指红白事）宴席的代表，世代相传，源远流长，特别讲究“三清桌”和“四梁八柱”。一清桌，上茶果。二清桌，上酒菜—酒菜又分4个大汤（比如羊肉汤、霸王别姬汤、海米紫菜汤等）；三清桌，才是真正的下酒菜—以前是4凉8热，也就是所谓的“四梁八柱”。至少有16个菜以上，鸡、鱼、肘子齐全。新女婿上门，要上12个大碗，全是蒸菜席。

力本屯绿豆丸子　绿豆丸子以纯绿豆制成，已有150年历史，先泡制去皮，再用石磨磨碎，再用油炸制，食之酥脆，勾兑汤汁后放入，清爽宜口，回味无穷。

力本屯杂碎　力本屯猪杂碎制作有100余年历史，秘制多种大料增添香味，色泽金黄，香而不腻。

社会事业　教育　2015年，全镇有幼儿园21所，入园儿童2080人；小学9所，在校学生3353人；中学2所，在校学生1358人。全镇教职工278人。

文化艺术　南路山东琴书，菏泽市非物质文化遗产，属于地方曲艺。传承人费庆军，出身梨园世家，家住马集镇费庄村。南路山东琴书是山东省一种重要的地方曲艺剧种，又称“唱扬琴”或“山东扬琴”，始名小曲子，至今传承260余年。

民间流行的剧种主要有山东梆子、两夹弦、柳子戏、枣梆、大平调、四平调等。民间舞蹈主要有秧歌、竹马、舞狮等。民间传统乐器主要有鼓、锣、铙、钹、尖子号、扬琴、唢呐、笛子、二胡等。近年广场舞发展迅速，几乎每个村都有广场舞队。

全镇有剧团4个，分别是金诚剧团、玉灵剧团、民生剧团和民乐剧团，演职员38人，广场舞队55个。

▲ 马集镇民生豫剧团　（2015年摄）

卫生　2015年，全镇共有卫生院2所，床位40个；卫生室31个，卫生技术人员39人。拥有主要医疗设备7台。

体育　各类拳术广泛流传，李庄村成立洪拳协会。全镇有田径场2个、篮球场3个、乒乓球室8个、足球场1个。

人民生活　2015年农民人均纯收入11060元。全镇职工工资月平均为3568元。全镇办理低保3357人、社会养老保险23703人、农村合作医疗52008人。

马集镇行政村村名由来一览表

表34-2-3

行政村名	村名由来	辖自然村
马集	该村历史上种桑蚕者较多，取名桑村。后以织陶布闻名，取名陶排集。明弘治十二年（1499），马楼村马氏四世祖迁此。万历年间（1573—1620），马楼村马应梦，官居御史，在此逢农历三、六、九成集收税，更名马集	马集、车庄

续表34-2-3

行政村名	村名由来	辖自然村
马街	在马集村东旁一沟之隔居住着谢、刘、徐、李等姓的一个小村庄，自成南北间的一条小街，人们称其为小街。马氏傍小街右侧而居，无正式村名，至1952年马氏与小街居民成立顺河初级农业生产合作社时才定名为马街	马街、谢庄、周庄、陈庄
白菜王庄	又名王庄，明洪武年间（1368—1398），王姓先祖由山西迁于曹县北25千米，原名小王庄。因盛产大白菜，相传清嘉庆年间（1796—1820），曾进贡朝廷，得到称赞，更名为白菜王庄	白菜王庄、东赵庄、曹庄
大李家	李氏先祖在春于明洪武三年（1370）春，从山西省洪洞县移民与此地，以李氏名大李家	大李家、樊庄、范庄
大刘楼	大刘楼村原为程堂、马庙2个小村。明洪武年间（1368—1398）徙此，后来刘氏人丁兴旺，故更名为刘楼，因马集一带有3个刘楼，该村较大故称大刘楼	大刘楼
大张楼	据《张氏族谱》记载：张氏先祖于明洪武年间（1368—1398），从山西洪洞县伏勾迁居于此，相传建村时由地下挖出旧砖，怀疑为楼房基砖，故名张楼，后村庄逐渐扩大，故名大张楼	大张楼
大赵家	明洪武十一年（1378），赵氏祖从山西高平县迁居沙窝赵村。明末因家祖分居于此地立村，以姓氏命名赵家。清朝时期，村民与人打官司，怕被小看，对曹州知府称“府南五十里大赵家”，因此延续至今	大赵家
丁楼	明洪武年间（1368—1398），鲁氏祖由山西洪洞县迁此立村，命名鲁胡同。清代迁来丁氏，并盖了楼房，故名丁楼，今无丁姓，村名沿旧	丁楼、前邵、后邵、米庄、乔庄
范胡同	明永乐三年（1405），范氏自山西省洪洞县徙居曹县小堤范。明景泰年间（1450—1456）复徙此，范氏下有5子，建设院落，自成一胡同，故名范胡同，沿袭至今	范胡同
富王庄	明成化年间（1465—1487）王姓由东明县统王寨迁此。万历年间（1573—1620）五世祖全兴迁至此，因处于氾阳河南500米处，故名氾南村，后因王姓致富，故改名为富王庄	富王庄
谷胡同	明洪武四年（1371），费氏祖从山西省洪洞县迁来，以姓命名为费楼。清光绪五年（1879），谷姓迁入街北一个胡同，人称谷胡同，村名渐演变为谷胡同村	谷胡同、李庄、费庄
郭庄	明洪武三年（1370），郭氏先祖由山西省洪洞县迁入此处，以郭氏姓氏命名为郭胡同村，后称郭庄村，沿用至今，已500余年	郭庄、寺西李、寺西韩、东韩庄、前褚庄、后褚庄
东孔	明洪武年间（1368—1398）孔氏从河南宁陵县迁曹县孔道沟后分居于此，名曰孔庄。因村中断接，东头为东孔，西头为西孔村。总称孔庄	孔庄
李君辑	明洪武二年（1369）从山西洪洞县迁此立村，先祖李君辑名声显达，时人多识之，由此成为村名	李君辑

续表34-2-3

行政村名	村名由来	辖自然村
李刘楼	明洪武年间（1368—1398），李氏从山西洪洞县迁此立村，名李楼。明代中期，刘姓在李楼村前建村，名刘楼。1955年12月，李楼、刘楼、邵庄、石庄合并为高级社。1958年，建立李楼大队。1979年，邵庄、石庄分开成立大队。1989年，4村又合并，成立李刘楼行政村	李楼、刘楼、邵庄、石庄
李堂	明朝洪武年间（1368—1398），李姓自山西洪洞县迁曹县籍入大丰，卜居郡北五里长寨，峻岗之右，世居桃排村，明朝时期叫做桃排之村。清初村中有座远近闻名的庙堂，当时李姓人丁兴旺，更名为李家堂，后演变成李堂村至今	李堂
李园	李氏于明洪武年间（1368—1398）迁入，因地势低洼，在村庄四周打一圈土围墙，因此得名李园。因用字习惯，也有写作李元的	李园、西李庄、吕庄
力本屯	宋末明初原力本屯村只有栗姓和孙姓2姓人家，原名栗门屯。明朝洪武初年，由山西洪洞县等地迁徙来李、张、程、杨、郝、赵、秦、杨、郭等10余姓。后改名立门屯。立门屯在当时建立了一个较大的集贸市场，故又名屯里集。明朝中朝始定名力本屯	杨庄、秦庄、赵庄、前程、后程、后张家、力本屯、集里
林洼	明洪武年间（1368—1398），林氏祖从山西省洪洞县迁来，因地势低洼，故名林洼	林洼、段刘庄、许庄寨、织纱刘
刘庄	据传，村东原有一庙，庙前有棵大树，树上有特大的老鹳窝，故人又称老鹳刘。因忌讳，对外称老官刘后。改称刘庄	刘庄
刘庄寨	清朝嘉庆年碑文记载，刘氏先祖系河南陈州大康县水洼刘家人。明朝成化初年因受水灾，始祖刘让携家眷逃至定陶西范阳河南岸河堤定居，故名堤上刘村。1900年因土匪作乱，打寨墙护家，此后也称刘庄寨	刘庄寨
马楼	明弘治年间（1488—1505）张氏由成武县两张庄迁此立村。万历年间（1573—1620），其后代自马应梦改姓为马，官至御史大夫，家富建楼，因此称马楼	马楼
牛杨	明洪武二年（1369），杨、时、李、王、牛等姓从山西洪洞县迁此立4村总称五里长寨。1950年，以该村多住牛、杨两姓，取名牛杨	牛杨
牛庄	牛氏祖八世克礼，自东明县牛集携家迁移，到山东省定陶县西12.5千米，菏泽南22.5千米，取名牛庄定居沿袭至今	牛庄
裴庄	明洪武年间（1368—1398），裴氏祖从山西省洪洞县迁此立村，故为裴庄	裴庄
前范	范氏于明洪武年间（1368—1398），由山西省洪洞县迁入此地，名范胡同。因村庄较大，分为前后两村，该村在前，称前范	前范

续表34-2-3

行政村名	村名由来	辖自然村
时寨	据时氏家谱记载，时氏先祖于明洪武二年（1369）从山西洪洞县迁此。明朝中叶，时姓书生时宿为防贼患，带领全村村民挖土壕，打寨墙，寨厚三丈，高数丈，寨外望不见寨里树梢，又建四门，亲书匾额，由此得时寨之名	时寨
四合村	冯、邱、张姓分别于明正统年间（1436—1449）、永乐三年（1405）和明初迁来，其居住地分别命名为冯楼、邱庄、张庄，后卢姓又建卢庄，4村人口都较少，距离很近，1947年合并在一块管理，称四合村	任庄、邱庄、冯楼、张庄、卢庄
仝庄	仝庄仝姓先祖原籍辽东，明洪武四年（1371）迁入此地，以姓氏立村，名仝庄	仝庄
王梁	王梁村姓氏主要以王姓梁姓为主，故名王梁	王梁
西刘楼	清康熙年间（1662—1722），刘氏十世祖自毕堂迁此，原名冯家村。后冯家无后，改名刘楼。1958年，为区别同名村，改为西刘楼村	西刘楼、于庄、毕堂
姚堂	据《姚氏家谱》记载：姚氏先祖普献在明洪武年间（1368—1398），从山西洪洞县先迁至山东高密，后迁于此立村，原址有一座观音堂，以姓氏命名为姚堂	姚堂、郭油坊
袁堂	清康熙年间（1662—1722），袁氏三十九世祖由成武汶上集前袁堂村迁徙此，沿用老家村名	袁堂、郭伯堂、赵庄、韩庄、东谢庄、何庄、田庄、郝楼
张圈	明洪武年间（1368—1398）从山西迁此建村，始祖兄弟3人分家时，将其祖遗官帽分开，该村始祖分得帽圈，为纪念此事，故名张圈	张圈、解庄、郭马庄
朱丁庄	1960年，朱庄、丁庄、汪庄由1个朱庄高级社分为1个大队，因朱庄、丁庄人口较多，对外称朱丁庄大队。1984年，朱丁庄大队改为朱丁庄行政村	朱庄、丁庄、汪庄
朱楼	朱氏先祖自明洪武年间（1368—1398），由山西省洪洞县徙此建村。朱氏祖家业兴旺，相传家有楼房亭阁，故以姓命村名——朱楼	朱楼
西孔	明洪武年间（1368—1398）孔氏从河南宁陵县迁曹县孔道沟后分居于此，名曰孔庄。因村中断接，东头为东孔，西头为西孔村	西孔、柴楼
蔡楼	明洪武二年（1369），蔡氏祖旭公由陈集东南2.5千米冒儿岗蔡庄迁至曹县西北30千米，定陶正西12千米五丈河（现汜阳河）南岸，安家定居，后富裕建楼，故名蔡楼。蔡氏一支又迁往张湾东北建村，亦称蔡楼。故有南北之分，该村居南，又称南蔡楼	蔡楼、李玉池、绳李庄
梁堂	明永乐二年（1404），梁氏祖奉诏从山西洪洞县迁居曹州天鹅坡，后迁定陶县西北梁楼村，十一世祖于明末又迁居此至今。以姓氏命村名	梁堂、赵坤寨、郭荣庄、金庙、大车庄、方庄

附：力本屯乡　1949年1月，力本屯由菏泽划归定陶县，并建力本屯区。1958年成立张湾人民公社。1979年1月，从张湾分出建力本屯人民公社。1984年1月，改为力本屯乡。2001年3月并入马集乡。

第四节 南王店镇

建置区划 境域 南王店镇位于定陶县南部，镇机关驻地王店行政村，北纬35°00′，东经115°35′，距县城7千米。北和天中街道毗连，南和曹县相邻，西和马集镇接壤，东和冉堌镇相连，总面积54平方千米，耕地4071公顷。

▲ 南王店镇

建置 南王店镇在抗日战争时期为定陶县的第三区，于1941年1月建立。1945年10月，三区改为田集区，机关驻地田集一带。1949年9月，改为第七区，机关驻地丰庄（后迁驻南王店）。1958年3月撤区并乡，第七区分建为南王店、田集2个乡。同年10月，两乡合并成立红星人民公社，后改为南王店人民公社。1958年11月至1961年10月隶属成武县，1961年10月重属定陶县。1964年11月，成立南王店公社管理委员会。1968年3月，成立公社革命委员会。1970年1月，建立公社革委会核心领导小组。1971年5月恢复公社党委。1984年1月，改为南王店乡。2013年12月，南王店乡改名为南王店镇。

区划 1991年，南王店乡辖20个行政村，81个自然村。2015年，南王店镇辖长寨、晁辛庄、从庙、大李、董庄、丰庄、后晁楼、刘桥、沈庄、司庙、宋庄、田楼、万庄、王店、王楼、王庄寨、吴楼、张董集、丰西等19个行政村，79个自然村，10010户，33950人。

镇村建设 1991年以后，全镇个体私营经济步快速发展，国营、集体商业服务网点实行集体承包或私人承包。同时，党委、政府制订出台一系列优惠政策，先后建立沈庄、张董集2个农贸市场以及沈庄、王楼2个西瓜市场，完善供电、通讯等基础设施建设，全乡第三产业迅猛发展。2000年以后，城镇建设和市场开发全面铺开，临商路新建商业楼房132间；府前街统一规划，新建商品楼房500余间，硬化街道2000米。2015年建成王楼商贸街，规划用地2公顷，建筑面积2万平方米；投资1456万元完成王店集贸市场一期工程建设，建成门面房80套，1.12万平方米，全部完成商业和住宅回迁安置；投资110万元建成西瓜市场，成功举办两届西瓜节。新修王楼西瓜示范基地环绕路2条，总长3500米。完成交易市场二期东延工程，占地面积2.3万平方米，商业建筑面积3万平方米。筹措资金配备垃圾清运车13辆，垃圾桶1600余个。出动大型机械48辆100余次，机动车400余辆2000余次，对各村周边多年积累产生的生活垃圾、建筑物料、沟渠污水等进行集中清理，进行无害化处理。2012年，宋庄行政村的曹庄、赖庄2个自然村开始拆建，2013年，宋庄行政村

▲ 第二届南王店西瓜节 （2015年摄）

的陈庄村进行整村改造，2014年规划完成宋庄新村。2015年，规划建设了张董集、后晁楼2个新型农村社区。通过实施土地增减挂钩项目，实现新增耕地面积33.33公顷，置换用地指标25公顷。

2015年对农村电网进行升级改造，新增变压器23台，改造用电户1300户，架设农村低压线路17.5千米，高压线路3.71千米。

经济状况　农业　南王店镇地处平原，地势西高东低，土质为壤土。境内水利资源丰富，河道总长36.8千米，东鱼河、古柳河、南坡河、菏曹运河流经境内。全镇水利设施完善，建有节制水闸5座，其中，在东鱼河上建有节制水闸3座，古柳河上建有五里墩节制水闸1座，南坡河上建有石马节制水闸1座。京九铁路、临商公路纵贯镇内，东西有定砀、南（王店）冉（堌）公路，村村通柏油路，交通便利。全镇机井1580眼，有效灌溉面积3200公顷，旱能浇、涝能排，粮食作物以小麦、玉米、大豆为主；经济作物以棉花、西瓜、大棚蔬菜、花生为主。

南王店镇农产品资源丰富，盛产西瓜、粮棉、蔬菜、食用菌、葡萄等。主导产业是西瓜种植，是周边省市的西瓜集散地，素有“西瓜之乡”的美誉。1990年以后，党委、政府加大种植业结构调整力度，大力发展以西瓜、大棚蔬菜为主的优质、高效农业，成效显著。2015年，全镇共发展西瓜种植面积1000公顷，瓜农近8000人，其中，大中拱棚西瓜800公顷，小拱棚西瓜200公顷，总产值1.5亿元，从业人员人均收入2.5万元，2015年12月成功申请绿色产品认证，全镇有西瓜专业种植合作社10个，专业种植基地1处，成功举办了第二届南王店西瓜节。发展种植油用牡丹200公顷、蔬菜533.33公顷，食用菌33.33公顷，建成全市唯一1处千亩油用牡丹育苗基地。同年，全镇新注册各类专业合作社4家，家庭农场1家，全镇专业合作社35家，家庭农场2家；全镇大牲畜存栏量3.8万头，生猪2.56万头，青山羊6.1万只，鸡40万只；植树造林成效显著，育林面积933.33公顷，林网3066.66公顷；共有826户、2376人实现脱贫。

工业　20世纪90年代，南王店企业经营方式由粗放型向集约型转变，通过调整联合、优化产业和产品结构，南王店镇先后建成粉皮厂、地毯厂、铸铁厂等集体企业。进入21世纪，党委、政府不断强化专业招商队伍建设，完善工作机制，拓展招商领域，创新招商方式，优化经济发展环境。2007年，全镇民营企业家56家，投资过1000万元的企业项目13个。主要有琴雅多尔制衣有限公司、山东伊欣清真食品有限公司、聚德鸭业有限公司、菏泽万氏木业有限公司、九天化工硫酸厂。2015年，菏泽净能生物能源开发有限公司开工生产。菏泽融科新能源有限公司20兆瓦农业光伏电站开工建设。同年，全镇地方财政收入2708万元，比上年增长9.6%，税收完成641万元。

社会事业　教育　1994年，南王店乡中心校改为南王店乡教育委员会。2005年1月，改为乡中心校。2006年，全乡有6所定点小学，7个教学点，80个教学班，在校生2400余人，教职工179人，其中专职教师154人。6所定点小学“六室”配备齐全，教学仪器达二类标准，音、体、美器材达到标准要求，教学水平走在全县前列。2015年，投入资金200余万元，启动王楼中心小学主体搬迁工程；争取40余万元新建孟庙小学操场；投资110余万元扩建电力希望小学；筹措张董集幼儿园建设资金40余万元、张董集小学综合楼项目70余万元，所有项目设施均达到省级标准。各学校体育活动空前活跃，体育竞赛形成制度，中小学校每年都举办春季、秋季运动会。

南王店镇中学于1983年成立，有6个教学班，教职工35人，在校生415人。1985年有16个教学班，教职工89人，在校生1015人。1994年，在郭庄村南征地6.73公顷，新建中学校舍。1999年，原中学全部搬迁到新校。2006年，教学班调整为15个，在校生960人，教职工91人。2015年，南王店镇投入资金60万元加固镇中学教学楼，筹措12万元新建男女水冲式厕所各1座，投资70万元新建镇中学塑胶操场，10万元硬化1500平方米校内场地，争取资金50余万元完善污水处理设施，改善办学条件。

文化　20世纪90年代，机关、乡村、学校建有档案室、图书室、阅览室。2015年，全镇19个行政村均建成村级活动场所，配备相关体育娱乐设施，建成张董集、吴楼、田楼、宋庄、刘桥和镇便民服务中心6个活动场所。各村成立广场舞、秧歌舞队30余个，庄户剧团1个，成功举办首届广场舞、秧歌舞大赛。开展送戏下乡、送电影下乡活动220余场次。

▲　南王店镇黄河豫剧团送戏下乡

卫生　南王店镇卫生院拥有3台X光机，2台心电图机，1台B超生化仪，1台牙科机等先进医疗设备；拥有门诊楼1座20余间，三层住院病房1座30余间；初级医师20余人，中级医师8人。各村均建设了村级医疗机构，满足了全镇群众的医疗需求。

乡村文明　2015年，南王店镇组织开展道德讲堂300余场，慰问敬老院孤寡老人22次，评选“四德”模范，召开表彰大会，成立广场舞、秧歌舞队30余个，庄户剧团1个，成功举办首届广场舞、秧歌舞大赛。开展送戏下乡、送电影下乡活动220余场次。各村广播群建设基本完成。

社会综合治理　2011年，全镇完善打更巡逻制度和村干部轮流坐班制度，各村成立打更巡逻队伍。实施“天网工程”，投入100余万元为各村安装摄像头。2015年，又投入15万元对摄像头定期维修、保养。坚持副科级领导值班接访、矛盾纠纷排查和信访隐患排查制度，做到大事不出镇，小事不出村。同年全镇共调解矛盾纠纷56件，办理县长热线电话7件次，受理市长热线电话156件，调解陈年信访积案5件，办结率100%，全年未发生一起到市以上非访闹访事件。

南王店镇行政村村名由来一览表

表34-2-4

行政村名	村名由来	辖自然村
长寨	清康熙四十三年（1704），由定陶西关迁居楚楼，清康熙五十八年（1719）又迁往长寨村，因此村东西狭长，当时村周围又有自然寨墙，故名长寨。与崔庄、齐庄、前万庄、沈老家、罗庙为1个行政村	崔庄、长寨、齐庄、前万庄、沈老家、罗庙
晁辛庄	清乾隆年间（1736—1795），晁氏二十五世祖由南王店集东后晁楼分居于此，因建村晚于周围村，故取名晁新庄，后改名晁辛庄，与李大庄为1个行政村	李大庄、晁辛庄
从庙	明成化乙酉年（1465），由山西洪洞县迁往定东陶南4千米，选住址时，族人商定在土地庙东200米左右建村定居，以姓氏命名从庙，与李庄、殷庄为1个行政村	从庙、李庄、殷庄
大李	据《李氏家谱》记载，李氏祖于元顺帝年间（1333—1341）由山西省洪洞县迁此立村，以姓氏取名李庄，因村子较大，为区别于另一李庄，故名大李庄，又称大李，与陈庄、张油坊为1个行政村	大李庄、陈庄、张油坊

续表34-2-4

行政村名	村名由来	辖自然村
董庄	明永乐二年（1404），董氏祖自山西洪洞县迁至张湾河西董。明万历年间（1573—1620）又迁此，以姓氏取名董庄，因重名，更名为西董庄，与周庄、郝庄、土楼、路菜园为1个行政村	董庄、周庄、郝庄、土楼、路菜园
丰庄	明嘉靖四十四年（1565），有当时名人丰鸣鄂住此村，故名丰庄	丰庄
后晁楼	明正德年间（1506—1521），晁氏十七世祖从菏泽南十里晁八寨迁居于此，后渐富，建有楼房，故名晁楼，为区别前晁楼，故名后晁楼	前晁楼、后晁楼
刘桥	明永乐十四年（1416）由山西洪洞县迁此立村，命名为刘桥，辖前桥、后桥、苏庄、东郭、林楼等自然村	前桥、后桥、苏庄、东郭、林楼
沈庄	明洪武年间（1368—1398），沈氏祖自山西洪洞县迁此，因沈氏而名村，故名沈庄，与马庄、十里铺、刘庄、侯庄、张庄、宋庄为1个行政村	沈庄、马庄、十里铺、刘庄、侯庄、张庄、宋庄
司庙	明洪武十二年（1379），司姓于山西洪洞县迁居此地，后修关帝庙，以姓和庙得村名司庙，与任庄、聂楼为1个行政村	司庙、任庄、聂楼
宋庄	明洪武年间（1368—1398），宋氏祖自山西洪洞县迁居曹州西北40里田桥，清乾隆年间（1736—1795）复迁于此，以姓氏命名宋庄，与陈庄、刘胡同、曹庄、赖庄、吴庄、许庄、秦庄为1个行政村	宋庄、陈庄、刘胡同、曹庄、赖庄、吴庄、许庄、秦庄
田楼	清乾隆年间（1736—1795），田氏祖由陶城西北安邱寺迁居此村，后因盖楼，故名田楼，与韦庄、孟庙、田楼、水庙、李楼为1个行政村	田庙、韦庄、孟庙、田楼、水庙、李楼
万庄	明洪武元年（1368），万氏由山西洪洞县迁此立村，以姓氏命名万庄，与甘庄、五里墩为1个行政村	万庄、甘庄、五里墩
王店	王店村有路、赵、王、李、苏、刘等13姓居住，早时有一王姓在该村开店，故名王店	王店
王楼	明洪武年间（1368—1398），王氏祖于山西洪洞县移居曹州。清康熙年间（1662—1722）迁徙于此建村，因建1土楼，故名王楼，与刘庄、王大庙、西郭、李庄、石马、双庙、刘楼为1个行政村	王楼、刘庄、王大庙、西郭、李庄、石马、双庙、刘楼
王庄寨	王氏祖于明洪武三年（1370），由山西洪洞县迁此立村，后一名为王新野的带领全村人在村周围堆起寨墙，故取名王新野寨，后改名王庄寨	王庄寨
吴楼	吴氏于明景泰五年（1454）由山西洪洞县迁此立村，后建1楼，故名吴楼，与葛庄、董庄为1个行政村	葛庄、董庄、吴楼
张董集	张、董两姓同时于明洪武年间（1368—1398）由山西洪洞县迁来，由于土壤肥沃、地理位置优越，逐渐形成贸易集散地，故名张董集，与朱庄、曹庄、刘庄、向阳为1个行政村	张董集、朱庄、曹庄、刘庄、向阳
丰西	位于丰庄之西2千米，故名丰西，辖东袁、西袁、韩大庙、侯庙、张庄、宋庄、李楼为7个自然村	东袁、西袁、韩大庙、侯庙、张庄、宋庄、李楼

第五节 冉堌镇

建置区划 境域 冉堌镇位于定陶县东南，距县城17千米。镇政府驻冉堌村，北纬35° 04′，东经110° 22′。北与黄店镇接壤，西、西南连天中街道、南王店镇，南邻大沙河与曹县毗邻，东接成武县，总面积126平方千米。东鱼河沿其南境自西向东，定砀路横穿东西，德商高速贯通南北。

建置 冉堌村建于春秋时期，是孔子贤徒冉求故里。汉代改名为冉堌。抗日战争时期为曹县第五区，1946年划归定陶县，名为冉堌区。1949年称定陶县第六区（冉堌区）。1958年8月成立人民公社。11月撤销定陶县，冉堌公社隶属成武县。1961年10月，重属定陶县。1979年，将冉堌公社分为王双楼、红卫、冉堌3个公社。1984年1月冉堌公社改为冉堌镇。2001年2月，冉堌镇、田集乡、王双楼乡合并为冉堌镇。

区划 1991年，冉堌镇辖27个行政村，57个自然村。1997年合并成19个行政村。2001年2月，乡镇合并，至2015年，冉堌镇辖51个行政村，151个自然村，24889户，90047人。

村镇建设 1991年，镇驻地有冉堌镇沿冉子路1条东西主街道，临街商店90间，皆为平房，总人口4500人，总面积6.57平方千米。2010年，制定冉堌小城镇建设规划，规划占地面积12平方千米，人口规模18957人，街道两旁统一建成两层标准式样商住楼，建筑面积27280平方米。道路规划三纵三横。至2015年年底，完成商业街楼层建筑面积27280平方米。

交通 2002年以前，境内主要有2条柏油公路（侯楼—杨庄，南王店—冉堌）。2002年修建南冉路，路面宽4米，长8千米。2002年修建侯杨路，宽4米，长9.5千米。2002年全镇各行政村主要街道全部硬化。2010年修建冉北路，长1784米，宽12米，修建冉中路，长1741米，宽22米，修建冉达路，长1738米，宽22米。2014年新修镇区路7万平方米，镇驻地冉子街两侧实现亮化。对全镇道路进行改造修缮。

邮电 1991年，冉堌电信人员5人，电话座机农村刚刚起步，农村水泥杆路更换油木杆路。2002年，实现农村电话村村通。2004年，开始安装宽带，网速1.5兆～2兆。2015年，宽带由原来电话线改光纤到户，网速10兆。全镇宽带用户由原来的十几户、几百户，发展到2000余户。

经济状况 农业 种植业。1991年，全镇耕地面积8533公顷，农业总产值25599万元。2001年，耕地面积8488公顷，农业总产值31830万元，粮食与经济作物面积比例为7∶3。2015年耕地面积9380公顷，农业总产值37332万元，粮食与经济作物面积比例为7.2∶2.8。

1991年，全镇粮食作物播种面积1.3万公顷，总产15.6万吨；棉花播种面积1600公顷，总产2040吨。2002年，粮食作物面积1.24万公顷，总产16.74万吨；棉花面积867公顷，总产1108吨。2015年，粮食作物面积11946公顷，总产179190吨；棉花面积200公顷，总产280吨。

林业。1991年，全镇桐粮间作面积400公顷，农田林网化面积500公顷，四旁植树9万棵。2002年开始，以栽植速生杨树为主，发展农田林网和丰产林，同时绿化苗圃面积迅速增长，营造丰产林面积600公顷，农田林网面积400公顷，发展绿化苗圃200公顷，果园面积300公顷，四旁植树11万棵。2005年，农田林网1700公顷，丰产林面积1200公顷，绿化苗圃400公顷，林业产值8000万元。2015年，全镇农田林网面积2100公顷，绿化苗圃600公顷，林业产值6021万元。

畜牧业。1991年，全镇存栏大牲畜4066头，羊6000只，猪3568头，家禽20万只，产蛋1400吨。2000年开始，畜牧业向规模养殖发展。2005年，建成规模养殖场6个，畜牧业总产值2400万元。2010年，全镇存栏羊8000只，猪6000头，家禽30万只，产蛋1800吨，规模养殖场11家，畜牧业总值4600万元。2015年，全镇年末存栏羊11530只，生猪9300头，家禽63万只，产蛋4400吨，肉禽40万只，规模养殖场16家，畜牧业总产值7200万元。

蔬菜生产。1996年，全镇有蔬菜大棚300个，占地面积40公顷；大中拱棚200个，占地面积30公顷，保护地蔬菜总产2000吨，主要品种有黄瓜、西芹、西红柿、辣椒。2008年，露地蔬菜种植面积400公顷，总产16000吨。2015年，全镇蔬菜面积600公顷，产值7200万元。

农田水利。1991年，全镇有机井1080眼，主要河、沟、渠30条，灌溉机械500台（套）。1999年至2003年，大搞农田水利基本建设，清淤挖河3.5万米，土方13.2万立方米。2006年，申请到600公顷世行三期项目，到2009年，总投资800万元，打机井140眼，建桥、涵、闸89座。2010年，均张庄灌区项目，打机井80眼，建桥涵103座，清淤1.8万米，土方9.2万立方米，维修、建桥涵131座。2013年投资700万元，进行中低产田改造，打机井160眼，建桥涵42座，清淤1.3万米，土方4.63万立方米。2014年，争取500亿千克粮食项目，共投资2250万元，打机井230眼，建桥涵闸140座，清淤2.3万立方米，土方7.3万立方米，生产电力配套，实行节水灌溉。

农业机械。1991年，全镇年末农机总动力1.15万千瓦。2000年，农机总动力1.92万千瓦。2010年，农机总动2.69万千瓦。2015年，农用拖拉机4000台，农用三轮车6000辆，联合收割机162台，农机总动力12.5万千瓦。

工业　1991年以后，冉堌镇工业经济发展迅速，菏泽稻香村食品有限公司、菏泽利德尔食品有限公司、山东天山丰耘生态肥业有限公司、定陶昌能金属制品铸造有限公司、定陶丹妮食品有限公司、定陶县嘉禾制粉有限公司等一批重点企业入驻工业园区，其中全市规模以上工业企业19家，农字号龙头企业发展产业基地333.33公顷，工业企业年出口创汇800万美元。至2015年底，全镇共完成固定资产投入3.9亿元，工商税收2430万元。是年稻香村集团投资2.5亿元的稻香村电子商务产业园项目和浙江遂昌纳福尔茶油有限公司、

▲ 天山丰耘生态肥业有限公司　　(2010年摄)

中农控股物流有限公司共同投资4.6亿元的玉米油项目开工建设。

商业贸易　1991年全镇共有个体工商户265户，有冉堌、田集，王双楼3个集贸市场，年销售额583万元。1996全镇共有个体工商户558户，有冉堌、田集，王双楼、苗楼4个集贸市场，年销售额2303万元。2001年全镇有个体工商户749户，年销售额9220万元。2010年全镇共有个体工商户986户，有冉堌、田集，王双楼、苗楼、北陈、田路桥6个集贸市场，年销售额32650万元，从业人员3256人。2015年，全镇拥有个体工商户1254户，年销售额71620万元，6个集贸市场，从业人员9968人。

社会事业　教育　基础教育。1991年至2001年，冉堌镇的教育分属于冉堌镇教委、田集乡教委、王双楼乡教委管理。2001年3月，乡（镇）教委合并。2002年，冉堌镇实行小学“五改六”工作。2005年5月，冉堌镇教委撤销，冉堌镇中心学校成立。冉堌镇中心学校辖16所定点小学，8个教学点，共155个教学班，在校生6850人，教职工302人，学历达标率100%。至2015年，新建教学楼7座，学校硬件配套上了一个新台阶；王双楼小学、刘庄小学、潘刘庄小学、大王楼小学、田集小学、东陈楼小学、均张庄小学等通过了山东省标准化学校验收。

初级教育。1991年，冉堌镇中学占地0.67公顷，6个毕业班；初一、初二年级分散于全镇7个

教学点。1999年，征地3.33公顷，兴建教学楼、宿舍楼3幢，完成搬迁工作，成为完全初级中学。2003年，再次征地3.53公顷，建设综合楼1幢。2007年，新建男生宿舍楼1幢；完成镇三中合并工作，部分教师进入镇一中，部分教师进入镇二中。2009年，兴建学生餐厅，完成综合楼扩建。2015年，兴建女生宿舍楼及400米塑胶跑道。

冉堌镇第一中学占地6.87公顷，建筑面积12965平方米，绿化面积22563平方米；在校生1316人，教职工98人，22个教学班安装了空调、一体机等现代化设备；理化生物实验室、仪器室、图书室、阅览室、音体美器材室，全部达到国家二级标准；培养定陶县中考状元、高考状元各1人。

冉堌镇第二中学坐落于定陶县冉堌镇田集村北500米。东邻田集路，距冉堌镇政府7.1千米。共占地4.3公顷，拥有4801平方米的各类建筑。学校办公楼、教学楼、实验楼、少年宫、宿舍、餐厅、实验室、微机室、音乐舞蹈教室、书法绘画室、图书室、阅览室、德育活动室等一应俱全。图书室藏书1.3万余册。学校共有16个教学班，在校学生860余人。97名在职教师中，有高级教师13人，一级教师46人，本科毕业58人，专科毕业37人，省、市级教学能手、优秀教师15人。

文化　冉堌镇有文化站、广播站各1个。全镇有广场舞、秧歌文艺队伍87支；有庄户剧团5家，

▲ 冉堌镇柳庄竹马队

主要流行戏曲有两夹弦、豫剧等。2013年普及有线电视。镇驻地有文化广场1处，王双楼、郝庄、冉堌集、王路口等33个村建起农村综合文化服务中心，有王双楼、冉堌集、王路口等农家书屋8家。至2015年底，全镇共建文化小广场70余个，均配备1套健身器材。从2013年开始每年农历正月十六举办农民文化艺术节。

卫生　20世纪90年代初，冉堌镇医院称为定陶县第二人民医院。1998年，更名为定陶县冉堌镇中心卫生院。2014年9月，将田集卫生院、王双楼卫生院的公共卫生服务职能整合到冉堌镇中心卫生院，统一管理。医院位于定陶县冉堌镇冉子大街3号，冉中路西，定砀路北，冉达路东，冉泰路南，占地面积21200平方米，建筑面积11000平方米，拥有3200平方米的门诊病房综合楼1座，1400平方米医技楼1座，1200平方米公共卫生服务楼1座。固定资产1600余万元，其中医疗设备300余万元，拥有美国艾赛克CR、数字胃肠透视机、迈瑞彩色B超、头颅彩色多普勒、全自动生化分析仪、全自动血液分析仪、心电监护仪、麻醉呼吸机等高端仪器设备。病床100张，在职干部职工126人，其中，副主任医师3人，中级职称28人，初级职称62人。医院设有预防保健科、全科医疗科、内科、外科、儿科、妇

▲ 冉堌镇第二届农民文化艺术节　（2015年摄）

科、计划生育专业、急诊医学科、医学检验科、医学影像科、中医科等16个临床科室。主要开展业务有预防保健、全科医疗、公共卫生服务、计划生育服务、综合诊疗服务等。2015年获全国卫生系统年度群众满意的乡镇卫生院称号。

计划生育　1995年10月，镇计划生育办公室建立计划生育服务站，对育龄妇女实行档案管理。计划生育率98.5%，避孕节育率100%，晚婚晚育率98%，人口自然增长率6.5‰。1997年投资2.6万元，配备电脑、打印机、B超机等器材。2002年开始对育龄妇女开展生殖保健服务。2006年获菏泽市计划生育优质服务先进乡镇称号。在全镇公开招聘48名计划生育女专职主任。2007年依法推行村级计划生育自治合同化管理。2009年开始实施育龄妇女行政合同规范管理。2015年在冉堌镇召开“定陶县村级计划生育协会换届暨《村规民约》修订启动仪式”，获全国计生协（乡）级先进单位称号。

体育　全镇中小学建有篮球场、塑胶跑道、乒乓球台等体育设施，每年春季举行学生运动会。2015年全镇有体育活动场所40处，其中，篮球场32个，足球场8个。2015年，镇一中新建400米标准环形跑道运动场1个，大王楼小学、王双楼小学新建塑胶200米标准环形跑道运动场各1个。

冉堌镇行政村村名由来一览表

表34-2-5

行政村名	村名由来	辖自然村
冉堌集	建于春秋时期，是孔子贤徒冉求故里。以冉子故里得名	冉堌集、大王庄、小王庄、新朱楼
王堂	王氏于明洪武年间（1368—1398）由山西洪洞县迁居此地。因村东头有一白王堂，又是王氏建村，故叫王堂	王堂、牛楼、桑庄
西张	相传村南原有一旅店。西汉末年，刘秀路过此地，又饥又渴，在此店喝一碗麦仁汤，后传为麦仁店。清乾隆年间（1736—1795），张姓从冉堌集迁居此地，故名麦仁店张庄。后行政村调整，因东有张庄，故名西张庄	西张庄
北陈	据《陈氏族谱》记载：陈氏于明永乐年间（1403—1424）从山西洪洞县迁此建村。以姓氏命名陈楼。因于田集东南的陈楼重名。故改名北陈楼，亦称北陈	陈楼、陈庄、曹官庄
聂庄	明朝弘治元年（1488），聂志刚从山西洪洞县迁此建村，以姓氏命名聂庄	聂庄、阎庙、阎庄、曹楼、刘庄、李庄
十里铺	清顺治年间（1644—1661），从山西洪洞县迁至定陶县城东南10华里处，有一店铺，故命名十里铺	十里铺、马庄、邓庄、王庄、曾庄
王堌堆	明永乐年间（1403—1424），王氏从山西洪洞县迁此建村，因村西有个大堌堆，故名王堌堆	王堌堆
刘庄寨	明崇祯年间（1628—1643），以刘氏太清天一公从东王店刘老家迁此，命名刘海子。清乾隆年间（1736—1795）修村寨，因此得名	石楼庙、大高庄、周庄、前高庄、刘庄寨
马邵楼	由姓氏命名，今孟海老家姓名沿用，来源于明天启年间（1621—1627）	马楼、邵楼、王庄、郑庄
田集	据《田氏族谱》记载，明永乐年间（1403—1424），田氏从山西洪洞县迁此，明万历年间（1573—1620）叫永镇集，清雍正年间（1723—1735）以姓氏改名田集	田集

续表34-2-5

行政村名	村名由来	辖自然村
田海	因临坑塘（俗称田海子）得名，来自于清朝初年	田海
柳庄	明永乐年间（1403—1424）柳氏祖由山西洪洞县迁此，以姓氏命名柳庄	柳庄
赵庄	以姓氏命名，来自于明永乐三年（1405）	赵庄、臧庄、肖庄、何庄、孟庄
韩庙	从定陶东北韩唐楼迁此立村建庙，故得名韩庙	韩庙
三义集	明洪武年间（1368—1398），李姓祖先因崇拜三国人物刘关张而建庙，名曰“三义庙”，后又成集，故名三义集	三义集、东三义集、李楼
潘刘庄	明代潘姓自山西洪洞县迁至陶邑东，后刘氏迁入。以姓氏命名潘刘庄	潘刘庄、大张店、小张店
杨庄	据《杨氏族谱》载，明洪武十五年（1382）杨氏由山西洪洞县迁至单县杨花园，后从杨花园迁到此地，取名杨庄	杨庄、李庄、周庄
朱楼	据《朱氏族谱》记载：朱姓于明初由归德府夏邑县迁此立村，因朱姓族人勤俭持家，生活富裕，建楼1座，故名朱楼	朱楼里、朱楼外、张庄
刘庄	《刘氏族谱》载，明洪武四年（1371），刘氏祖奉命携二子由山西洪洞县迁此定居，因有草庙为记，故名草庙刘庄，村民认为不雅，定名刘庄	刘庄、李海
张坡楼	在很早以前，村中张姓盖了座楼，刚盖好就见墙上裂了一道大缝，故成为张破楼，后称为张坡楼	东王双庙、西王双庙、前王双庙、张坡楼、东混王庙、西混王庙、孙庄
均张庄	明崇祯年间（1628—1644），张氏先祖从单县迁此建村，以姓氏命名均张庄	均张庄、袁堂、王油坊、赵洼、贾集
东陈	明正德年间（1506—1521）从北陈楼分居，迁此立村，沿用老家村名为陈楼，因居东，故称东陈楼	东陈楼
腊真寺	据记载，刘氏先祖于明正德年间（1506—1521），由山西万乐县迁此，初叫刘楼。明崇祯年间（1628—1644），腊真和尚从北洼迁居村东关帝庙，死后为纪念他改庙为腊真寺，故村名叫腊真寺刘楼。清光绪年间（1875—1908），改名腊真寺	腊真寺、亚庄
庞楼	明万历年间（1573—1620），由菏泽东关庞楼迁居此地，因当时此处有1土楼，故名庞楼	庞楼
李清庄	清朝时期李清由曹县古营集李大桥迁至北3千米处建村，以李清命村名	李清庄
祝奶庙	明弘治年间（1488—1505），祝氏先祖迁居此地，修庙2座，即白玉奶奶庙和泰山奶奶庙，故得村名	张庄、崔庄、袁庄、王庄、武庄、祝奶庙、冉庄、刘庄、康庄、周菜园
唐李庄	明永乐年间（1403—1424），李姓自山西省洪洞县迁此，以人名命村名李镇侯，1920年因村内唐姓兴旺改名唐李庄	唐李庄

续表34-2-5

行政村名	村名由来	辖自然村
戴庄	据《戴氏族谱》记载，戴氏于明永乐年间（1403—1424）由山西省洪洞县迁居河南省柳河。明万历年间（1573—1620）。戴明河自柳河迁此立村，以姓氏命名戴庄	戴庄村、小戴庄、石坑、王庄、苗庄、菜园李
南张	据《张氏家谱》记载：明洪武年间（1368—1398），张姓先祖从山西省洪洞县迁居此地，以姓氏命名张庄。因重名，于1959年，以该村位于镇驻地南更名为南张庄	南张庄、赵庄、李庄、袁庄
王路口	据王氏墓碑记载：先祖王月于明洪武二年（1369）由山西洪洞县迁来。因村处于冉堌集通往曹县的大路口，故名王路口	王路口、姜庄、祝庄
郭邓楼	因郭姓，邓姓同住一村而得名，建于明洪武年间（1368—1398）	郭邓楼、天官堂西隅
苗楼	据《苗氏族谱》记载：先祖苗氏全于明永乐四年（1406）由山西洪洞县迁此立村。以姓氏和建筑物命名	张桥、前苗楼、后苗楼
李店	明朝永乐十三年（1415）由山西省洪洞县迁居山东省曹县城内衙门口边居住，万历初年又迁居东北四十里开一店铺，故名李店。后分前、东、中李店	东李店、中李店、前李店
南周	建于明洪武四年（1371），原名大周庄，后改名南周庄	大周庄、东南周庄，西南周庄
秦王楼	据《秦氏族谱》记载：明万历二年（1574），秦姓由成武西秦铺迁此，建村时有楼，名秦楼。另据《王氏族谱》记载：清乾隆年间（1736—1795），王姓由曹县南王堂迁此，建村建楼，名王楼。后因两村合并，故名秦王楼	秦楼、王楼、周庄、杨庄
天官堂	明末崇祯女儿逃难，扮做白衣道姑在此建庙，有主楼、东楼、西楼，前大门十分壮观，好似天官，故称天官堂，后演变成村名	大刘庄、许胡口、天官堂
东周	清乾隆十五年（1750），周氏十五世祖周凤阿、周凤岗由王双楼乡周楼迁来。太平天国时期修寨，因周姓人多，改名周庄寨。因居东，1958年，改名东周庄	东周庄
董庄	先祖张天元由山西洪洞县迁居此地，建村时盖一土楼，故名张土楼。据《董氏族谱》记载：明万历十五年（1587）先祖董公立文由成武县庞楼迁居张土楼。后因董姓比张姓人多，故名董庄	董庄、董小楼、史王庄
路北王	《王氏家谱》记载：王氏先祖由曹州迁至成武大路北沿，故名路北王庄，简称路北王	路北王、孙楼
康庄	明洪武六年（1373），康氏先祖仲田，由山西洪洞县迁此，以姓氏命名为康庄	康庄、康洼
王先庄	清乾隆五年（1740）建村，以王氏姓氏而得名	王先庄、潘庄、东陈洼、西陈洼
王店	据《王氏族谱》载：王氏祖王思祖自山西洪洞县迁居此地，因靠近通往曹州官路，村内设有族店，故为王店	王店村、郭庄村
田路桥	唐初建村吴洼口，后吴姓迁出，后田、路、乔3姓迁入，乔与桥同音，为表示三姓居住之村，故名田路桥	田路桥

续表34-2-5

行政村名	村名由来	辖自然村
王双楼	据《王氏族谱》记载：王氏家族于明洪武八年（1375）迁此后，其中两大户各盖楼1座，故名王双楼	王双楼、赵楼、周楼、单楼、曹庄
洪寺刘	该村刘氏祖于明洪武六年（1373）六月二十四日，由山西洪洞县迁居此地。因当时村东南有一寺院，故名洪寺刘	洪寺张、洪寺刘、候楼
祝孙庄	祝楼、孙庄2个自然村合并为1个行政村，故名祝孙庄	祝楼、孙庄
郝庄	明洪武四年（1371），郝姓由山西洪洞县迁此建村，以姓氏命名郝庄	郝庄
大王楼	宋朝末年，王姓由河北直隶迁于此地，后盖一土楼，故名大王楼	大王楼、苗庄
许单庄	清雍正年间（1723—1735），许姓由山西洪洞县迁于陶东南立村，以姓氏命名许庄。清乾隆年间（1736—1795），单姓由东南单楼迁此立村，以姓氏取名单庄。后两村连在一起，故叫许单庄	单庄、许庄、碱王楼
后陈	清乾隆年间（1736—1795），陈姓由田集北陈庄迁此立村，因村南有前陈庄，故名后陈庄	后陈、曹楼、纪庄
折桂集	明朝之前，村西有一石拱桥，曰蟾宫桥（1955年拆掉），故村名蟾宫桥村。明嘉靖年间（1522—1566），该村为曹（邦辅）尚书的佃户村，且逢集，由曹尚书改村名为折桂集，取“蟾宫折桂”之意。另说：因曹邦辅有病，派人寻找桂花做药引，骑马行至村西头，折得一枝桂花。曹邦辅得知后，改村名为折桂集	折桂集、张庄、前陈

附：田集乡 位于定陶县城东南部，乡政府驻田集村，距县城12千米。1984年1月建立。1991年，田集乡辖28个行政村，57个自然村，总面积49.7平方千米。人口26213人。2001年2月并入冉堌镇。

王双楼乡 位于定陶县城东南部，乡政府驻王双楼村，距县城16千米。1984年1月建立。1991年，王双楼乡辖16个行政村，43个自然村，总面积33.5平方千米。人口19599人。2001年2月并入冉堌镇。

第六节　黄店镇

建置区划　境域　黄店镇位于北纬35°32′～35°52′，东经115°24′～115°47′。地处定陶、巨野、成武3县交界处，东与成武县伯乐镇和汶上镇接壤，南与冉堌镇相邻，西与天中街道、滨河街道相连，北与杜堂镇、半堤镇、孟海镇毗邻，距定陶县城10千米。西起孔庄村岳张楼自然村西端，东至五村郭庄自然村东，东西最大距离13.8千米；南起西台集村新西台集自然村南端，北到面集村西面集自然村北，南北距离8.9千米，全镇总面积103平方千米。

建置　黄店镇原为黄店区，1945年1月建立。1949年9月，黄店区改为第五区。1956年3月，改五区为黄店区。1958年3月撤区并乡，成立黄店、姑庵2个乡，同年8月，黄店、姑庵2个乡合并，成立超英人民公社，11月以驻地命名黄店人民公社。1958年11月撤销定陶县，并入成武县。1961年10月重属定陶县。1984年12月，撤销黄店公社，改为黄店镇。2001年2月撤销姑庵乡，并入黄店镇。

区划　1991年，黄店镇辖30个行政村，76个自然村。至2015年，黄店镇辖黄东、黄西、黄南、张庄、孙楼、徐庄、孔庄、高庙、牛楼、西台集、何庄、朱庄、吴庄、路楼、赵丁、张楼、阎楼、李庄、刘庄、前陈、赵庄、王楼、李阁、王集、仝庄、堰口杨彬楼、玉皇庙、耿庄、宋庄、姑庵、大王庄、董楼、五一、程庄、沙沃、贾庄、付楼、五村、陈楼、大坞集、司庄、辛店、槐树刘、邵集、袁楼、大赵庄、孔李楼、草庙、北丁集、周海等50个行政村，126个自然村。由汉族、满族、彝族、回族、朝鲜族、壮族、布依族、土家族、景颇族等9个民族组成，22775户，总人口79402人，人口自然增长率年均5‰。政府驻地常住人口6500人。

▲　黄店镇高效生态农业示范基地

村镇建设　城建环保　自2014年10月开始，各村开展了5次集中整治活动，购置移动垃圾桶2670个，建设固定垃圾池329个，配备机动三轮车15辆，购买大钩臂车1辆，小钩臂车2辆，侧装车7辆，道路清扫车1辆，消防车1辆，打草机2部，专用垃圾箱22个，建设垃圾中转站1座，聘任保洁员199人，明确管理人员89人，实现了环卫设施和人员的全覆盖。

交通邮电　境内有省级道路东丰路，县级道路冉黄路、姑沙路、黄半路等，镇级主干道十纵两横全长160多千米，交通便利。2015年底有邮政局2处，邮政业务总量1亿元。电信服务网点6个，固定电话用户165户；移动电话用户17638万户。

经济状况　2015年，全镇完成财政收入1435万元，增幅29.5%，镇内金融机构存款余额超过12亿元，居全县各镇前列，农民人均纯收入1.2万元。国内生产总值达到18亿元，一、二、三产业分别增长21%、89%、38%，地方财政收入达到0.5亿元，年均增长20%。

农业　全镇耕地面积8014公顷，全部为水浇地，以种植小麦、玉米、棉花、蔬菜、玫瑰为主。2015年，农业总产值4.5亿元，比上年增长14.2%。粮食作物以小麦、玉米为主，生产粮食0.87万吨，人均982千克，其中，小麦0.37万吨，玉米0.32万吨，棉花1005吨。主要经济作物为蔬菜和玫瑰。蔬菜种植面积4466.67公顷，产量26万吨，主要品种有西芹、大葱、西红柿、黄瓜等；玫瑰种植面积733.33公顷，有朱庄、何庄、吴庄、路楼、高庙等5个玫瑰生产专业村和汇鑫、盛世、永香等9个产销合作社，以及4个玫瑰加工厂。

工业　以医药化工、光伏发电、建筑材料、食品加工、电子制造、服装制造为主。引进投资过亿元的新能源和现代农业融合式发展项目2个：总投资14亿元，一期投入4.7亿元正在西台集村建设的定陶创新生态暨菏泽鼎胜电力有限公司60兆瓦光伏发电项目；一个是投资5亿元的苏州三锐电力20兆瓦光伏发电项目，已启动建设。推进投资3亿元的尚谷农业发展有限公司二期项目，为拉长蔬菜产业链条和实施扶贫开发工程奠定了基础，建设了平台。嫁接县工业园2个厂区，成功收购县工业园2个运营不良的厂区，上马2家电子制造项目和1家锂电池生产项目，已正式启动建设，均为劳动密集型企业，所需劳动力较多，为开展精准扶贫提供了良好载体。2015年4月，完成西台集窑厂复垦项目，净增耕地5.33公顷。同年，4家企业纳税过百万元，财税收入大幅度增长，实际增幅增量均名列全县前列。

商业贸易　有城乡集贸市场2个，专业市场9个。主要产品有蔬菜、玫瑰等，远销黑龙江、江苏、河南、北京、上海、广东及定陶周边县区。

旅游　由于玫瑰、蔬菜大棚产业的迅速发展，黄店镇逐步积聚了较为明显的发展玫瑰文化旅游、蔬菜采摘游产业的优势和条件。在专业村中，朱庄村是省农业厅命名的山东省一村一品示范村、何庄村是省旅游局命名的省级特色旅游村、吴庄村是省旅游局命名的省级旅游扶贫村。2015年，玫瑰观赏和蔬菜采摘共吸引游客35万人次，总收入2000万元以上，旅游从业人员1500余人。

土特产品　有玫瑰、大葱、西红柿、辣椒、西芹、粉条、粉皮、玫瑰茶、玫瑰酱、玫瑰酒、壮馍、驴肉等。

黄店玫瑰　黄店大花玫瑰是黄店镇自我培育的品种，在全国各玫瑰产区是独一无二的，主要优势是花朵较其他玫瑰品种更大，色泽更加鲜艳，长势旺盛，观赏价值更高，抗病能力更强；大花玫瑰产量更高，更适于深加工，如生产玫瑰酱、玫瑰酒等玫瑰系列产品。全镇种植面积万亩以上，从事玫瑰生产人员1.3万余人，从业农户6000多户，形成朱庄、吴庄、何庄等多个集约化、产业化生产基地，年产玫瑰7000多吨。2003年，全国盐碱地绿化开发协作组对全国玫瑰资源曾做全面调查，确认黄店镇玫瑰种植面积居全国各乡镇之首，国家有关部门把黄店镇命名为“中国玫瑰第一镇”。

▲ 黄店镇玫瑰生产基地　　（车刚 摄）

黄店蔬菜　20世纪90年代，黄店镇在全市率先种植大棚蔬菜。1995年建设了山东省第一家蔬菜批发交易市场，经过3次升级改造，占地5.33公顷，年均销售蔬菜50多万吨，是鲁西南最大的蔬菜农资交易市场。2013年11月，被农业部确定为鲜活农产品定点批发市场。2015年，全镇2万多个大棚，大棚蔬菜面积1800公顷，蔬菜种植面积5333.33余公顷（含复种、露地种植），成方连片百亩以上的基地40多处，年生产蔬菜80万吨，产销收入17亿多元。主要农产品西红柿、西芹、黄瓜、辣椒、大葱等蔬菜品种，全部通过国家农业部门无公害产品认证。

黄店壮馍　是一种带馅的油煎食品，它的形状似一张大圆饼，厚约1厘米～2厘米，直径约50厘米。它的外层选用优质小麦面粉，其馅主要有

▲ 黄店壮馍

猪肉大葱、纯鲜牛肉、驴肉、羊肉、鸡蛋、粉皮等，经擀面杖擀制成饼状，置于平底锅浅油中加热煎制，不时转动肉饼，反转煎烤。黄店壮馍，色泽金黄、外焦里嫩、油而不腻、香酥可口，在鲁西南一代非常有名气，曾数次被评为菏泽市十大名吃之一。中央电视台二套美食节目曾播出黄店壮馍的制作，有不少外地客人慕名前来品尝。

社会事业 科技 全镇科技意识逐步增强。科技兴农、兴工的力度加大。科技已融入经济建设的各个领域，为推动全镇经济快速发展起到决定性作用，科技进步贡献率45%，科技实力得到提高。

教育 2015年有幼儿园12所，在园幼儿2200人，专任教师150人；小学22所，在校学生5727人，专任教师233人，小学适龄儿童入学率100%；初中在校生1189人，专任教师101人。小升初升学率、初中适龄人口入学率、九年义务教育覆盖率均100%。2015年财政预算内教育经费2250万元。

文化 2015年，有镇综合文化站1处，农民文化艺术队伍68支，从事农民文化艺术的农民2800余人，村级文化大院50处，农家书屋16处，藏书3.2万余册。组织新农村新生活培训会8场，成功举办7届农民文化艺术节，提升了群众的文化生活。

卫生 2015年，医疗卫生机构3个，门诊部（所）43个；床位96张，每万人拥有病床14张；固定资产总值700万元。专业卫生人员100人，其中，执业医师20人，执业助理医师16人，注册护士38人。2015年医疗机构（门诊部以上）完成诊疗12.4万人次，村民参加新型农村合作医疗参合率97%。

黄店镇行政村村名由来一览表

表34-2-6

行政村名	村名由来	辖自然村
黄东村	黄店政府驻地。明洪武二十五年（1392），黄氏祖自山西洪洞县迁此，因成集有店铺，故以姓氏命名黄家店。1958年为黄店集大队。1999年分黄西、黄南和黄东3个村民委员会。位于黄店镇政府东，故名黄东	黄店
黄西村	黄店政府驻地。明洪武二十五年（1392），黄氏祖自山西洪洞县迁此，因成集有店铺，故以姓氏命名黄家店。1958年为黄店集大队。1999年分黄西、黄南和黄东3个村民委员会。位于黄店镇政府西，故名黄西	黄店
黄南村	黄店政府驻地。明洪武二十五年（1392），黄氏祖自山西洪洞县迁此，因成集有店铺，故以姓氏命名黄家店，简称黄店，因居南，故名黄南。1958年为黄店集大队。1999年分黄西、黄南和黄东3个村民委员会。位于黄店镇中心街以南，故名黄南	黄店
周海社区	周氏始祖于明永乐年间（1403—1424）由洪洞县迁至此，据说村东有一洼地，俗称海，以周氏命名，取名周海。1957年由东周海、西周海、胡楼、刘庄、王庄、孟庄、赵庄等7个自然村组成高级社。1957年为周海大队。1985年为行政村。2015年6月由行政村变更为周海社区	西周海、东周海、胡楼、刘庄、王庄
张庄村	明洪武年间（1368—1398），张姓由山西洪洞县迁此建村，故名张庄村	张庄

续表34-2-6

行政村名	村名由来	辖自然村
孙楼村	南宋乾道三年（1167），孙氏从泰安迁此建村，故名孙楼村	孙楼
徐庄村	明洪武八年（1375）从山西洪洞县迁往此地，以徐氏人口众多故名徐庄	徐庄、尚庄、张桥、崔庄
高庙村	据《高氏族谱》载："高氏祖原籍山西平阳府洪洞县，自明洪武七年（1374），伯仲奉母徙山东定陶东北十八里立村"。因村东有关帝庙，故名高庙	高庙、宋庄
孔庄村	明万历十八年（1590），孔氏迁此建村，以姓氏得名	孔庄、岳张楼、西刘店、东刘店
张楼村	清雍正年间（1723—1735），张氏在此建楼而得名。传说，张姓和瑞姓同时来到此地建楼，张氏先建好叫张楼，瑞氏先建好叫瑞楼，张氏用砖建楼，瑞氏用土坯建楼，土坯建的快，被张天师看到了，下了一场大雨把土坯淋塌了，只剩下张氏用砖建的楼故名张楼。1984年为行政村	张楼
阎楼村	明洪武三年（1370），阎氏由山西省洪洞县迁鄄城阎什口，百年后迁此建村，故名阎楼	西阎楼、东阎楼、前阎楼、高庄、地庄
李庄村	明永乐年间（1403—1424）从山西洪洞县迁入，以姓氏得名李庄。后因该村治疗眼病非常有名，故演变为眼药李庄，简称李庄	李庄
刘庄村	明万历年间（1573—1620）由冉堌混元庙迁此建村，以姓氏命名刘庄。1976年与新刘庄、旧刘庄、杨楼、苗楼、阎庄5个自然村成立大队命名刘庄大队。1984年为刘庄行政村	新刘庄、旧刘庄、苗庄、杨楼、阎楼
前陈村	明洪武二年（1369）自山西洪洞县迁于此地，以地理位置得名，故名前陈庄。1956年与前陈、后陈、孙庄、牛庄、赵庄、王楼、等6村联合组成牛庄乡。1958年公社化分属前陈大队。1966年改为反修大队。1977年又改为前陈大队。2005年为前陈行政村	前陈庄、后陈庄、牛庄、孙庄
赵庄村	赵氏于明洪武年间（1368—1398）自山西洪洞县迁于此地，因种植柿树闻名，故名柿子园赵庄，简称赵庄	赵庄
王楼村	王氏于明景泰年间（1450—1456）自山西平阳府迁往此地，建楼，以姓和楼命名王楼	王楼
姑庵社区	明初董氏从山西迁此，因当地有座尼姑庵叫兴隆庵，而得名姑庵	姑庵
大王庄	明洪武二年（1369），王姓自山西洪洞县迁此，以姓氏取名大王庄	大王庄
董楼村	明洪武年间（1368—1398），董姓由山西洪洞县迁此居住，因建楼，故名董楼	董楼
五一村	该村的5个村庄均建村于明代。五一村原为董楼大队的一部分，1979年焦庄、丁庄、崔庄、东陈、西陈5个自然村从董楼大队分出成立焦庄大队，1983年与姑庵大队合并为姑庵行政村，2002年，5个自然村从姑庵行政村分出，改称五一行政村	崔庄、丁庄、焦庄、东陈、西陈

续表34-2-6

行政村名	村名由来	辖自然村
五村	明末，宋姓由西宋庄迁往此地立村，因居东，故称东宋庄，与李庄、郭庄、小程楼、黄庄先后于明清时期建村。1959年成立人民公社时，因5个自然村，人口少，又相邻而居，故命名五村大队。1984年更名为五村行政村	宋庄、郭庄、黄庄、李庄、程楼
贾庄村	清雍正年间（1723—1735）贾氏由山西洪洞县迁入，贾氏人口居多，故村名为贾庄	贾庄
沙沃村	明万历年间（1573—1620），陈氏由姑庵西南邱庄迁此建村，因村西有一条沙河，村四周全是沙，取名沙窝，因不雅，故称沙沃	沙沃
程庄村	明洪武年间（1368—1398），程姓由菏泽程海迁此，以姓为村名	程庄
傅楼村	明永乐年间（1403—1424），傅氏祖先由山西洪洞县迁来，因清凉寺东有土楼2间，故名傅楼	傅楼、吴庄
李阁村	明洪武年间（1368—1398），李氏始祖由山西洪洞县迁此立村，因村东南有阁1座，故名李阁	大李阁、中李阁、东李阁
王集村	明洪武四年（1371），王姓从山西洪洞县迁此建村，后来王姓人集中，故名王集	王集、高台庙、前李庄、后李庄
仝庄村	明万历年间（1573—1620），仝姓由郓城仝略家村迁至本址建村，命名仝庄。1968年，部分人因方便种地迁至古柳河南，命名新仝庄	仝庄、新仝庄
堰口 杨彬楼村	明永乐年间（1403—1424），王氏迁此建村，因地势低洼，筑坝围堰防水，故名王堰口。清康熙年间（1662—1722），杨姓从东王店司集迁此。该村杨彬被人陷害，村民修楼纪念他，取名杨彬楼。1999年王堰口、杨彬楼、阎谢庄成为1个行政村	王堰口、杨彬楼、阎谢庄
玉皇庙村	王氏于明永乐年间（1403—1424），由姑庵东北大王庄迁此立村，因村西有玉皇大帝庙，故名玉皇庙	黄庄、邱庄、玉皇庙
耿庄村	明初耿氏自山西迁此建村，以姓氏命名耿庄	耿庄、谢庄、张庄
宋庄村	明永乐年间（1403—1424），宋氏祖从山西洪洞县迁此建村，以姓氏命名宋庄村	宋庄
牛楼村	明永乐十三年（1415），牛氏自山西潞州府长子县东乡里迁此，以姓氏命名牛楼。1961年，南王庄自然村归属牛楼大队。1984年改为行政村。1997年王庄、孟庄并入牛楼村	王庄、钱庄、前牛楼、后牛楼、李庄、孟庄
西台集村	明洪武三年（1370）立村，名李集。明万历年间（1573—1620）何尔健任西台御史后，因官名西台御史故改名西台集	西台集、新西台集
何庄村	明万历年间（1573—1620），何姓由西台集村迁入此地，因何姓得名	何庄、赵窑、阎李庄、林坊
朱庄村	明洪武年间（1368—1398），朱氏祖自山西洪洞县迁居仿山南，后于明末迁此，以姓氏命名朱庄	朱庄

续表34-2-6

行政村名	村名由来	辖自然村
吴庄村	明洪武年间（1368—1398），吴氏祖自山西洪洞县迁至定陶半堤。明永乐年间（1403—1424）迁此以姓命名吴庄	东吴庄、西吴庄
赵丁村	明代赵氏先居住此地，取名赵庄，后丁氏又迁居此村，取名赵丁村	赵丁
路楼村	刘氏于明正德年间（1506—1521）从山西洪洞县迁居此地，以姓氏以姓氏命名刘庄。明朝末年，路家从黄店北路庄迁此，后因路家兴旺，建座小楼，故改名路楼	路楼、马庄、陈庄
大坞集村	明洪武年间（1368—1398），刘氏始祖从山西洪洞县迁此，定居南渠河南岸，因北临码头，集中成集而名大坞集	大坞集、宋庄
陈楼村	明永乐年间（1403—1424），陈姓由山西洪洞县老鹳窝迁往山东定陶东建村，命名大陈楼，后改为陈楼村	陈楼
司庄村	明洪武年间（1368—1398），司姓从山西迁此建村，以姓氏命名司庄	司庄、许庄、东刘庄、新司庄
辛店村	明洪武年间（1368—1369），王氏由山西洪洞县迁此建村，因东、北各有小店，名叫前店和后店。因是新建之村，故名新店。后为书写方便，改为辛店	辛店、程庄
槐树刘村	明万历年间（1573—1620），刘氏先祖移居定陶，后刘滨、刘温兄弟2人立村于大槐树旁，故名槐树刘村	前刘、后刘、王大瓜、张庄
郜集村	明洪武二年（1369），郜氏从砀山县迁居定陶东北25里立村，因成集，故名郜家集村，后简称郜集	郜集、东李楼、西李楼、路庄
袁楼村	明嘉靖年间（1522—1566），袁氏由山西洪洞县迁此建村，建一小楼，称袁楼	袁楼、魏楼、马庄、牛庄、邓庄
大赵庄村	明永乐三年（1405），赵姓由山西洪洞县迁此建村，以姓氏命名赵庄，因村较大故名大赵庄	大赵庄、西赵庄、东赵庄、龚陈楼
孔李楼村	明洪武年间（1368—1398），李姓由山西洪洞县迁此建村，因建楼，得名李楼，因重名，故名后李楼。清康熙十九年（1680），孔姓从城西孔书庄迁此建村，以姓氏命名孔楼。1981年合并成立孔李楼大队。1984年成立孔李楼行政村	孔楼、李楼
草庙村	董氏于明万历年间（1573—1820），从河南确山县迁此，相继迁来的还有吕姓，两姓合盖1庙，以草盖之，故名草庙	草庙、侯吕庄、李庄、前面集、后面集
北丁集村	西汉末年，丁氏由南丁寺避难于此，后命名北丁村，后因成集，故名北丁集	北丁集

附：姑庵乡 位于定陶县城东部，乡政府驻姑庵村，距县城18千米。1979年1月，建姑庵人民公社。1984年1月改为姑庵乡。1991年，姑庵乡辖20个行政村，56个自然村，总面积38.7平方千米。人口24990人。2001年2月并入黄店镇。

第七节　孟海镇

建置区划　境域　孟海村是历史名人—隋末农民起义领袖孟海公的故里，是全镇商贸活动中心，因镇驻地紧靠孟海村，故名孟海镇。孟海镇位于北纬30°9′～30°13′，东经115°38′～115°40′。地处菏泽市中部，定陶县东北部，东南与成武县汶上镇接壤，东北与巨野县柳林镇为邻，南连黄店镇，西邻半堤镇，北接牡丹区沙土镇。人民政府驻马楼村西，西南距定陶县城20千米，西北距菏泽市城区25千米。辖区东西最大距离7.2千米，南北最大距离12.5千米，总面积64.6平方千米，其中陆地61.2平方千米，占95%，水域3.2平方千米，占5%。人口密度为每平方千米657人。

建置　1916年属定陶县北方17村。1934年属定陶县第五区。1937年属定陶县顺德区。1942年，南部的南王庄、张坡楼、薛小楼、牛小楼、前薛、后薛、双庙、许楼、南董庄、陈潭属定陶县第二区（区驻地黄店），其余属定陶县第五区（区驻地陈集）。1947年，南部的南王庄、许楼、东薛等10个村属定陶县黄店区（区驻地黄店），其余属孟海区（区驻地孟海）。1949年，孟海区改为定陶县第四区（区驻地先设孟海集，后设半堤集）。1950年，又将南王庄、双庙、许楼等10个村庄划归定陶县第四区。1957年区乡调整，由原来的42个小乡合并为洙水、曹庄、万福、白屯、牛屯、孟东、孟西、王庄等8个大乡。1958年3月撤区并乡，原第四区划为孟海、半堤2个乡，当时的孟海乡与今范围相同。1958年8月，孟海、半堤2乡合并，成立万福人民公社（公社驻地马楼村），辖48个大队，121个自然村。1958年11月撤销定陶县，万福公社划归成武县。1961年重属定陶县，仍称万福人民公社，驻地马楼村。1979年1月，将万福公社西半部的65个自然村划出成立半堤公社，其余57个自然村仍属万福公社，将余下的26个大队调整为34个大队。1984年1月改称孟海乡，所辖区域未变，仍为57个自然村，同时将34个生产大队更名为34个行政村。1995年10月，经山东省人民政府批准撤乡设镇，更名为孟海镇。1997年将所辖的34个行政村合并为21个行政村。

区划　2015年年底，孟海镇辖许楼、南王、东薛、苗堌店、孙桥、牛屯、白屯、东张、程庄、宗集、孟海、马楼、黄庄、彭庄、牛集、万福集、车刘、琉璃庙、东曹、西曹、北王21个行政村，55个自然村。辖区总人口45994人，其中，城镇常住人口12736人，城镇化率27.69%，另有流动人口8544人。总人口中以汉族为主，4.5696万人，占总人口的99.9%；有回族、藏族、佤族、彝族、黎族等12个少数民族，共46人，占总人口的0.1%；超过5人的有2个民族，其中，回族10人，占少数民族人口的33%；藏族5人，占少数民族人口的16.5%。

城镇建设　2011年，孟海镇建设鑫海佳苑安居小区，6栋居民楼均达到入住条件；实施建设长260米、宽40米，建筑面积为1.04万平方米的孟海商贸城，108间商贸楼达到商住条件。2012年，全镇划分为北王、万福集、许楼、南王、东城、西城、中心7个新型农村社区，重点实施北王、许

▲ 孟海镇新型农村社区　　（2013年 车刚 摄）

楼社区建设工程。北王社区完成前徐、后徐、北王3个自然村整村搬迁，建住宅206户，复耕土地15.3公顷；许楼社区完成新村整体规划，建住宅204套，完成主体工程94套。2014年，重点进行许楼社区建设。建成二层独院388套，建成“4+1”楼房72户，建成保障房75套，完成拆迁410户，新村入住156户。2015年，镇区东西全长2.5千米，建有商品楼房500余间，农贸市场2处，工业园区3个。55个自然村有54个村通柏油路。南董、陈潭正在进行旧村拆迁。

交通　孟海镇西邻京九铁路大动脉，东临嘉祥机场，北依新石铁路和327国道及日东高速公路，境内有姑沙、定柳公路在此纵横交汇，正在建设的菏泽机场位于孟海境内，形成了公路、铁路、航空运输网络，交通便利。

孟海镇客运站1984年建成后，至2015年，日发客运汽车20班次，日均客流量600余人次。

给排水　有深水井4眼，全镇群众都用上了安全饮用水。镇区主要道路两侧铺设排水管道0.5万米。

供电　拥有35KV变电站1座，全镇年用电量2600万千瓦。

园林绿化　1991年末镇驻地有花坛50个，绿化面积0.3万平方米。2015年全镇绿化面积0.6万平方米。

经济发展　农业　全镇经济收入以农业为主，兼有工副业生产和劳务输出。1991年粮棉亩产分别为276千克和61千克，比1979年分别增长1.1倍和4.8倍，粮棉总产分别为1489.2万千克和185.8万千克，比1979年分别增长0.6倍和23.8倍。为改变全镇的传统农业经济状况，1991年以后，调整农业种植结构，走特色农业发展之路，至2015年，全镇先后发展蔬菜大棚2200个，食用菌（以双孢菇为主）棚720个，许楼、南王庄、东薛、牛屯、黄庄等大棚专业村16个，棚均年收入5万元以上，农民人均纯收入由1997年的1420元增加到2015年的9800元。在发展特色农业种植上，全镇对菌、菜、果积极实施名、优、新、特产品的种植，引进七彩椒、洋香瓜、人参果、食用仙人掌等新品种，推广菌菜轮作、果菜间作、瓜菜果立体种植新模式，引种大棚油桃、红太阳杏、台湾大青枣等名、特、新品种。根据国际市场需求，制定无公害农产品生产标准，实行标准化示范生产，所生产的双孢菇、大棚辣椒等蔬菜和万亩绿色小麦被认定为无公害产品，定为菏泽市无公害蔬菜生产基地和绿色小麦生产基地，并在全市率先建起首家村级农民合作社——黄庄果蔬农民合作社，为当地农民增收、农业增效走出一条可行之路。

工业　1991年，孟海有翻砂、棉织2个小厂，职工不足百人，后发展了农机、地毯、面粉、棉织、造纸、砖瓦窑厂等企业，职工人数扩大10倍。1998年，一手抓企业改制一手抓招商引资，走民营企业之路，当年改制激活企业4家。1999年兴建山东龙海鞋业有限公司，年产值2000万元。2000年建起了5000纱锭、年纺纱1000吨的山东菏泽金龙纺织有限公司和年加工皮棉4000吨的玉龙棉花加工厂，年创利税850万元，同时建孟华苹果套袋厂、雪花面粉厂、家具厂、刺毯厂、建材加工等中小民营企业86家，企业产值年均增长48.2%，工商税收连续2年翻番。2002年，进一步加大招商引资力度，新建2处工业园区和1处民营经济园区，先后引进资金5360万元。至2015年，全镇拥有工业企业20余家。工业总产值16.5亿元。

▲　金龙纺织有限公司全自动络筒设备　(2010年摄)

商业　孟海镇商业底蕴丰厚，实行生产承包责任制以后，商业活动日趋活跃。1991年以后，新上民营企业48家，技改和扩建项目4个，固定资产投入8000万元。发展个体工商户640余个。

社会事业　教育　1991年，孟海有小学28所，初中2所，在校中小学生4543人，有中小学教职工215人。程庄村农民程元朝因捐资助教支持农村小学校舍改造成绩显著，出席山东省校改工作表彰大会。

1995年，孟海乡专职教师299人，民办教师205人。1996年全乡捐资建校兴建起县第五中学教学楼2座。2000年，全镇有小学15所，在校学生2435人；有中学1所，在校生1639人。2015年有在校生4500余人，先后3000余人升入高中及以上院校。镇中学有教学楼3栋，24个教学班，1200余学生，教学水平、教学质量显著提高。

卫生　1991年，有中、西医结合的定陶县人民医院孟海分院1所，病床30张，医务人员69人，另有村办卫生诊所43所，农民医生52人，农村接生员26人，基本上村村有治病、防病人员。2015年，全镇有规范化卫生院1所，规范化卫生室26所，卫生院配有先进的医疗设备，农民参加新型农村合作医疗，参合率98%以上。

文化　有琴书、坠子书、快板书等传统戏曲，源远流长。2001年，牛屯村建起农民秧歌队和鼓乐队，拥有300多年历史的牛屯鼓乐，为省级非物质文化遗产。2008年成立农村文化活动指导站。至2015年年底，全镇广场舞队伍31支，秧歌队13支，腰鼓队5支，鼓乐队4支，曲艺班社4个，农民剧团1个。

▲ 孟海镇“牛屯鼓乐”在首届山东省农村文化艺术节上表演　(2010年摄)

孟海镇行政村村名由来一览表

表34-2-7

行政村名	村名由来	辖自然村
白屯村	明洪武五年（1372）白氏由山西省洪洞县迁入原定陶县孟海镇孟海村东古风村，明洪武二十八年（1395）从古风村迁至现址，村名为安庄。1948年安姓绝，改今村名	白屯
牛屯村	原名台李庄，明永乐十三年（1415），牛氏自山西省长治县东兴里村迁居苗堌坡（现苗堌店牛庄）。明万历年间（1573—1620）由苗堌坡迁此，因牛氏兴旺，后改名为牛屯村	牛屯
苗堌店	南宋咸淳年间（1265—1274）苗姓建村，因位于坡洼地高堌堆上，故为苗堌坡，亦称苗堌堆。明嘉靖年间（1522—1566），村后建一苗堌寺，寺院亭台楼阁，流光溢彩，大雄宝殿，金碧辉煌，房屋100间，每年二月初十庙会，吸引周边商客汇聚，呈万人赶会之盛景。时有客房数间，故名苗堌店。清咸丰十一年（1861），孟姓由孟海村迁此，以姓氏命孟庄。明永乐十三年（1415），牛氏祖先由山西长治县东兴里村迁此建村，以姓氏命名牛庄	苗堌店、孟庄、牛庄
许楼	明洪武年间（1368—1398），许氏祖自山西洪洞县迁居 城店（今半堤镇张楼村附近）。四世祖二门世贤，由 城店迁居黄店东南周海。七世祖许瑞于嘉靖十九年（1540），复迁此，以姓取名许楼。董姓于明崇祯十一年（1638）从定陶城北五里董河迁至张庄，后张姓绝，清顺治年间（1644—1661）改名董庄。因重名，1981年经定陶县人民政府批准，更名为南董庄。相传由陈姓建村，原陈姓医生经常设坛替人看病故称陈坛，后谐音为陈谭。今无陈姓，许姓由明万历四十六年（1618）迁此。明万历三十四年（1606）侯氏十世祖自荆城村北侯楼迁此，沿用老家村名侯楼。明永乐年间（1403—1424），雷氏祖由山西洪洞县迁今仿山乡，明万历年间（1573—1620），四世祖复迁于此，以姓取村名雷庄，清乾隆四十年（1775）因有楼房改为雷楼。早住郭、田二姓，因村四周皆柳树故名柳圈。石姓于清咸丰年间（1851—1861）迁此，今无郭、田二姓，村名仍旧	许楼、南董庄、陈谭、侯楼、雷楼、柳圈
车刘	明嘉靖年间（1522—1566），刘姓从菏泽东边境重兴集迁此。时此地临济宁至定陶官道，商旅必经之路。刘姓与马楼、曹庄大户合伙建起3间大车屋，在这里住宿省店钱，起火不花钱。久而久之，在济宁、巨野和定陶城无人不晓，人称车屋，又名车屋刘庄，1953年改今名。明洪武末年，靳氏先祖由今牡丹区都司乡靳楼迁至此，与张氏共建此村，原名王刚寺张庄。1966年按靳、张两姓改为今名。清嘉庆十年（1805），苏姓自北王庄迁至杨庄居住，清末苏姓盖楼2座，遂改名苏楼	车刘、靳张庄、苏楼

续表34-2-7

行政村名	村名由来	辖自然村
东曹庄	曹姓祖居定陶，宋末避元之乱，迁居济宁北石马坡。明洪武二年（1369），洪水过后，社会安定，65世祖复回定陶，居住兴隆寺。明正德年间（1506—1521），迁居至此，兄弟二人分居，兄居东弟居西，故称东曹庄、西曹庄。19世纪初东曹庄曾设集市，每逢集日，百姓川流不息，故东曹庄也称曹集。明嘉靖年间（1522—1566），董姓9世祖由半堤迁此，名董庄，因本镇南部有董庄重名。1981年按方位更名为北董庄。明洪武二年（1369）张姓迁鲁，明万历年间（1573—1620）自巨野迁此，原名张大家，1946年更名张大寨	东曹、北董、张大寨
马楼	明朝弘治十四年（1501）马氏祖自山西洪洞县北三十里马家屯移居河北枣强，万历年间（1573—1620），又自枣强迁至定陶东北古风村，因村西有一潭坑，故名马潭，后马姓建楼3座，改名马楼。明洪武二年（1369），刘氏祖自山西洪洞县迁此，以刘氏命名村名	马楼、刘庄
牛集	明永乐十三年（1415），牛家祖由山西长治县东兴里迁居苗堌坡，次迁牛屯，名万历末年，由牛氏二兄弟复迁居至此，因姓得此村名	牛集
黄庄	明洪武二十五年（1392）黄氏祖自山西洪洞县迁居黄店，五世祖复迁此，因姓得村名黄庄。明永乐二年（1404）贾氏祖自山西洪洞县迁居河南上蔡县，永乐四年（1406）兄弟三人复迁此，同居者有孟姓，故名贾孟庄。始由周姓建村，因为村南多栽种桃柳，故名桃柳行，后来吴姓迁此，且建有庙堂，改名吴家堂，简称吴堂。明万历年间（1573—1620）朱姓建村，因地势低洼故名朱洼，新中国成立后改为朱庄。1968年为便利种地，从东曹庄移民建村，因位于东曹庄前，故名前曹庄。1981年经定陶县人民政府正式命名新曹	黄庄、贾孟、吴堂、朱庄、新曹
西曹	曹氏自周朝初祖居定陶，宋末避元之乱迁于济宁北石马坡。明洪武二年（1369）返故里居兴隆寺。明正统年间（1436—1449），六十八世祖兄弟二人迁此分别建村，该村居西，故名西曹。明隆庆年间（1567—1572）李姓建村名李庄，新中国成立后因位于洙水河南侧，得今名河南李庄	西曹、河南李庄
琉璃庙	明朝万历年间（1573—1620），刘氏家族自山西洪洞县老官庄村迁居至此，初取名刘海。后因村西建一座大型庙宇，其房顶屋脊都用各种琉璃制品装饰，村名因此改为琉璃庙。辛姓建村较早，取名辛庄。胡姓于宋朝从王家寨迁此，后胡姓人多，1956年改为胡辛庄	琉璃庙、胡辛庄

续表34-2-7

行政村名	村名由来	辖自然村
北王庄	王氏祖由山西洪洞县迁居于此，以种植韭菜为业，人称“韭菜王庄”。1987年由定陶县政府按照方位命名为北王庄。清朝康熙年间（1662—1722），刘氏五世祖从今半堤镇耿楼迁于此，名刘庄。后因重名，1987年由定陶县政府按照方位命名为北刘庄。明洪武三年（1370），马氏祖自山西洪洞县迁于青州府西，后又迁于菏泽清凉寺偏东马家庄。清雍正三年（1725），马氏又迁至此，名马庄。明洪武年间（1368—1398），徐氏兄弟二人自山西洪洞县迁于此分别立村，长者居南次者居北，故曰前徐庄、后徐庄。宋初，韩氏先祖自山西堤城迁居山东单县城西25千米韩村。因当地发生灾年，又从单县迁往定陶定居，在此建楼1座，以其先祖名韩堂名韩堂楼，新中国成立后改为韩楼	北王、北刘、马庄、前徐、后徐、韩楼
宗集	春秋战国时期，由宗姓建村，名宗邱，又名宗家集，简称宗集。相传明朝时期村南是水旱码头，村内有72眼水井，24道街。后有杨、张、郝、胡、李、刘等姓迁入，今无宗姓，村名沿旧，是定陶最古老的村庄之一。明洪武年间（1368—1398），孔姓自山西洪洞县迁此居住，以姓命村名孔庄	宗集、孔庄
彭庄	明初彭氏祖自山西洪洞县迁至江苏丰县，明崇祯年间（1628—1644）复迁此，因姓得名彭庄。明末胡氏由胡沙窝迁至彭庄西立村名胡庄，清乾隆年间（1736—1795）牛姓自牛集迁居胡庄东侧名牛庄，因两村紧邻1950年合为一村，名为胡牛庄	彭庄、胡牛
孟海	源于隋末农民起义军领袖孟海公，隋朝时期曾在此筑城抗敌，故为孟海城。清嘉庆二十二年（1817）改村名为田长营，道光二十四年（1844）又改名为古风村。人们为了纪念孟海公，1921年又改称孟海	孟海
孙桥	由孙姓立村，因村南有桥故名孙桥。清乾隆二十年（1755）李氏十一世祖自定陶东迁此，又改名孙李桥，今无孙姓，仍名孙桥。清顺治二年（1645）马姓建村，以人名命村名为马赞楼。清道光年间（1821—1850），因与东北马楼相比，村小且晚故改称小马楼	孙桥、小马楼
东张	张氏祖堂，原籍山西江童丁社五甲人。明朝洪武年间（1368—1398）迁至山东省陶邑东北22.5千米处的古风屯。清乾隆时（1736—1795）家业发展到有良田48顷，骡马成群，楼阁高低相错，院落相连，号称“九门相对”，原来的古风屯改称张楼。新中国成立后，定陶县第四区取名东张庄	东张

续表34-2-7

行政村名	村名由来	辖自然村
南王庄	清乾隆二十年（1755）王氏族由长坦县一千王迁此，因村西建小庙两座故名双庙。明正统十二年（1447），王氏家族由姑庵乡耿庄迁此立村，以姓氏命名王庄。十四世祖是当时名医，高龄后视力模糊，因此称该村模糊王庄。1958年，为与孟海西北王庄区分，改名为南王庄。明天顺年间（1457—1464），张姓由仿山西张庄迁此立村，因在坡地建楼，故名张坡楼。清康熙三十四年（1695），牛氏先祖自牛屯迁此地，当时盖挂灯式小楼一座，故名牛小楼。清乾隆二十年（1755），薛氏先祖自薛庄迁此地，当时盖一门楼，故名薛小楼	双庙、南王、张坡楼、牛小楼、薛小楼
程庄	明洪武年间（1368—1398），孙氏族自陕西长安迁居定陶东北22.5千米孙庙。清光绪年间（1875—1908）复迁此，早住曹姓，村名曹胡同，因曹姓绝改为孙庄。明洪武年间（1368—1398）由吕姓建村，因曾有楼房，故名吕楼，今无吕姓，村名沿旧。明洪武八年（1375），程氏祖自河南嵩山迁居菏泽，后迁此，初名程家庄简称程庄。1956年为区别三个程庄，因该村居中，故名中程庄。清朝末期，程氏十八世祖从中程庄往南迁居于此，故名前程庄。清嘉庆年间（1796—1820），程氏十八世祖由中程庄迁此，因为位于老村以北，故名后程庄。明崇祯四年（1631）孟姓建村，初名铁炉孟庄。清代改名大孟庄。因宁姓人多，1957年改名宁庄	孙庄、吕楼、中程、前程、后程、宁庄
万福集	明永乐年间（1403—1424），胡姓自胡海迁此，该村早曾成集，取富贵之意，故名万福集	万福集

第八节　半堤镇

建置区划　境域　半堤镇位于定陶县东北部，北纬35°11′，东经115°42′。镇机关驻半堤集村，距县城22千米。东与孟海镇毗邻，西与陈集镇、杜堂镇相连，南与黄店镇接壤，北与菏泽市牡丹区交界。总面积59.5平方千米。半堤镇南北狭长，地势略西高东低，中部多高沙地，有柳林河东西穿过，冯潘寺西建节制闸1座；北部有洙水河，在孙堂建节制闸及扬水站1座；南部有万福河，建扬水站1座。

建置　清末，半堤乡属北方柏南村。1943年，属定陶县第五区顺堤镇。新中国成立后，设立第四区（半堤区）。1956年3月，改为孟海区。1958年3月，建顺堤乡；10月，顺堤、孟海2乡合并成立万福人民公社。1979年1月，由万福公社西部化建为半堤人民公社。1984年1月，改为半堤

▲　半堤镇政府　（2010年摄）

乡。2011年4月，改半堤乡为半堤镇。

区划　1991年辖曙光、周庄、潘楼、张楼、董小集、潘寺、侯楼、焦庄、叶庄、王庄、半南、半北、徐楼、宋庄、立新、大徐、大常、薛庄、东阎、西阎、成海、成庄、张庄、郝庄、孙堂、刘平坊、郭庄、耿楼、李花园、薛寨、曲丁庄、曲庄、于庄、邓庄、胡海等35个行政村。1997年，成海、张庄、成庄、郝庄合并为成海行政村，半南、半北、徐楼合并为半堤集行政村，李花园、曲丁庄、薛寨合并为花园行政村。2015年，辖曙光、周庄、潘楼、张楼、董小集、潘寺、焦庄、叶庄、王庄、半堤集、宋庄、立新、大徐、大常、薛庄、西阎、东阎、成海、孙堂、刘平坊、郭庄、耿楼、花园、曲庄、于庄、邓庄、胡海等27个行政村，60个自然村。全镇共4.3万人，耕地4812公顷。

城镇建设　1991年，镇驻地临街商店150家，皆为平房。1996年，制定半堤镇城镇化建设规划，规划占地310公顷，人口规模1万人，街道两旁统一建成2层标准式商住楼，建筑面积5万平方米。至2010年，共投资800万元完成商业街楼层建筑面积1.2万平方米，完成街道硬化2.6千米。2013年，加快城镇建设，加大对镇驻地建设力度，相继投入10万元对周围环境进行绿化、亮化。

交通　1999年，全镇实施村村通柏油路工程。先后兴修镇西外环、兴隆大街、中心路等主干道和各村级公路100千米。2005年，路路通目标得以实现。辖区内有定陶县城到半堤的公交。2015年底，通过享受国家政策，重建、修整公路40千米。

邮政通信　1993年，全镇有电话18部。1996年，半堤镇邮电局安装程控交换机，全镇拥有固定电话100部。2001年至2003年，安装固话2000部，全镇实现村村通电话的目标。2008年，全镇固定电话5000部，移动电话6000多部，电脑宽带用户200户，宽带网络覆盖到各村。2015年，全镇有固定电话5400部，移动电话1.6万部，电脑宽带用户1500户。

经济状况　农业　种植业。1991年，全镇有耕地面积4600公顷，农业总产值960万元。1996年，全镇有耕地面积3800公顷，农业总产值7500万元。2001年，全镇有耕地面积4333.33公顷，农业总产值1.9万元。2006年，全镇有耕地面积4466.67公顷，农业总产值2.2亿元。2015年，全镇有耕地面积4812公顷，农业总产值2.4亿元。

半堤镇土地肥沃，盛产小麦、玉米等粮食作物，山药、芦笋、胡萝卜等经济作物。1991年，粮食作物播种面积3200公顷，总产8126吨；棉花播种面积600公顷，总产485吨；花生播种面积120公顷，总产136吨。1999年，粮食播种面积3600公顷，总产1.2万吨；山药、芦笋等经济作物种植面积400公顷，总产3000吨。2008年，粮食播种面积3200公顷，总产5万吨；经济作物种植面积866.67公顷，总产1.2万吨。2015年，粮食播种面积2666.67公顷，总产4.2万吨；经济作物播种面积1600公顷，总产7.2万吨。

林业。1991年，全镇农田林网面积2766公顷，四旁植树15.5万棵。1996年开始，杨树面积逐年增加。2000年，发展杨树丰产林。2005年，杨树丰产林1330公顷，农田林网668公顷，林业产值3500万元。2010年，杨树丰产林1330公顷，农田林网530公顷，林业产值3400万元。2015年，全镇杨树丰产林面积1330公顷，农田林网540公顷，林业产值4300万元。

畜牧业。1991年，全镇存栏大牲畜1643头，羊3815只，生猪1427头，家禽1.7万只，产禽蛋110吨。1995年，畜牧业向规模养殖发展。1996年，建成规模养殖场3处，畜牧总产值200万元。2001年，全镇存栏大牲畜971头，羊4815只，生猪2948头，家禽6.2万只，畜牧总产值1300万元。2008年，全镇存栏大牲畜240头，羊5619只，生猪4400头，家禽9万只，畜牧总产值1600万元。2015年，建成规模养殖场16处，畜牧总产值1800万元。全镇存栏大牲畜110头，羊7892只，生猪3880头，家禽14.78万只，畜牧总产值1380万元。

农田水利。1991年，全镇有机井180眼，沟渠11条，配套灌溉机械40套。1998年，新挖沟渠9条，总长1万米，动土方1.6万立方米。2002年至2015年，总投资500万元，新挖沟渠4条，新打机井640眼。

农业机械。1991年，全镇主要有12马力柴油机、12马力或泰山25型拖拉机等生产用机械，年末农机总动力4200千瓦。1996年，农机总动力1.12万瓦。2000年，有农用拖拉机260台，农业三轮运输车3300辆，联合收割机6台，农机总动力1.65万千瓦。2008年，有农用拖拉机580台，联合收割机110台，农业运输车1120辆，农机总动力6.1万千瓦。2015年，全镇有农用拖拉机1330台，联合收割机250台，农业运输车2100辆，农机总动力13万千瓦。

工业　1991年，全镇有窑厂、农场、建筑队、面粉厂、毛织厂等企业5家，总产值120万元。2000年以后，企业发展加快，新上一批中小型加工厂。至2005年，全镇工商企业120家，以九源食品、远东、冠森羽丰、金凤地毯厂、秋实农资等为主，其中食品加工为主导，涵盖工艺加工、家具制作、服装加工、畜产品加工、小麦制粉、工业包装、食品生产、建筑材料等门类。2006年至2015年，全镇企业迅猛发展，形成以圣陶化工、嘉宏脱水蔬菜、沃特管业为主导，诚合制衣、巨祥农产品加工、华强艳霞食品加工、天普阳光、宇清高砼等企业为骨干力量的发展格局。2014年，着重进行沃特管业年产100千米大口

▲ 嘉宏脱水蔬菜加工车间　（2010年摄）

径PCCP管项目建设，项目于10月建成试生产；推动圣陶化工和美国伊士曼公司合作，为全镇经济发展提供项目支撑。2015年，全镇固定资产投入9.1亿元，全镇规模以上企业实现销售收入9.8亿元，地方财政收入1128万元。

商业贸易　1996年，全镇有半堤集1处集市，商铺200家。2000年，增加曙光、成海2处集市。2005年，全镇个体工商户500家，从业人员700人。2015年，全镇工商个体户800余家，从业人员1800人，主要从事农村日常生活用品、五金家电、电动车、农资等物资，年营业额1000万元。

社会事业　文化　1991年，镇设有文化站、广播站。主要流行戏曲有二夹弦、大平调、清平调等。每逢佳节或农闲，群众组织唱大戏、演电影、放烟火等娱乐活动。1996年，建立镇电视差

▲ 半堤镇文艺队伍

转台，全镇各村普及电视，群众文化生活丰富多彩。2004年，镇电视差转台撤销。2010年，文化大院建设有了新发展。至2015年，文化大院已覆盖全部行政村，其中建设水平较高的有镇文化大院、潘楼文化大院、曲庄文化大院、刘平坊文化大院等。村村通广播全部覆盖，各村文艺队伍和文艺骨干也配备完整，广场舞队、秧歌舞队不断发展壮大，群众文化生活质量不断提升。

卫生　1991年，有镇卫生院1所，即半堤集中心卫生院；村级卫生室10所，医生60人。1996年，村级卫生室32所，之后镇实行镇村一体化管理。2005年，有镇卫生院1所，医生、职工120人。2015年，加大对乡村医生的管理，增强乡镇

卫生院、医护人员的责任心，加强对农村医务室的投入、医疗工作人员的培训工作。

计划生育　1991年，镇设有计划生育办公室，干部职工12人，建立计划生育服务站，对全镇育龄妇女实行建档管理，计划生育率98%，节育率100%，晚婚晚育率98%，人口自然增长率11‰。1996年，投资1.5万元，配备微机、B超等器材。2005年，人口自然增长率6‰。2010年，宣传计生利益导向，加强流动人口管理力度，逐步使全镇计划生意健康、有序、和谐发展。2015年，一方面继续抓好计划生育工作不放松，一方面积极应对“放开二胎”政策带来的职能转变，提升服务水平。

半堤镇行政村村名由来一览表

表34-2-8

行政村名	村名由来	辖自然村
半堤集	明洪武元年（1368），河溢被淹，济渡河南堤至北堤中断，故名半截堤，又称顺堤集，1960年改为半堤集	半堤集、徐楼、孙庄
成海	明天顺四年（1460），成氏二世祖由山西太原府太谷县迁此，以人名得村名	成海、成庄、郝庄、张庄
大常	明永乐元年（1403）常氏祖有才自山西洪洞县迁此立村，以姓氏取村名大常庄，简称大常	大常
大徐	徐氏祖徐云扬于清顺治十七年（1660）自陈集徐庄迁此立村，因是长门，故称大徐庄，又称大徐	大徐、李曰庄、魏楼
邓庄	明洪武元年（1368），邓氏从山西洪洞县迁居黄岗集，明崇祯三年（1630）又从黄岗集迁居此村，该村当时叫杨家胡同。后张、杨二姓绝，清康熙三十二年（1693）改名邓庄。清道光九年（1829），邓氏分支于村西又建一村，名小邓庄，该村又名大邓庄	邓庄
东阎	明洪武三年（1370），阎姓由山西洪洞县迁此立村，后因分为东西二村，位置靠东，命名东阎	东阎
董小集	明嘉靖二十年（1541），董氏自刘平坊迁此立村，称董庄。后因成集，但规模不大，故称董小集	董庄、赵庄
耿楼	刘氏先立村，村名刘店。明崇祯年间（1628—1644）耿氏迁入，建一小土楼，更名耿楼	耿楼、任庄
郭庄	清雍正年间（1723—1735），郭氏族人由山西洪洞县迁往此地建村，命名郭庄	郭庄
胡海	南宋祥兴元年（1278），胡氏祖从山西洪洞县迁居此地，因村周围多是飞沙地，故名胡沙窝。1958年，因村地临河且低洼而改名胡海	胡海、吕庄、庞庄、王庄
花园	明万历年间（1573—1620），李氏祖自山西洪洞县迁至此建村，因村西南角有一花园得名李花园。1997年半堤乡整合行政村，由李花园、曲丁庄、薛寨合为花园行政村	曲丁庄、李花园、薛寨
焦庄	明万历年间（1573—1620）赵氏立村，村名赵庄。清道光元年（1821）焦氏迁入。后因赵氏绝，焦氏人多，解放后改名焦庄	焦庄、李庄
立新	20世纪70年代中期，由四大王庙、窦庄、前堂3个自然村合并称立新	四大王庙、前堂、窦庄

续表34-2-8

行政村名	村名由来	辖自然村
刘平坊	明永乐三年（1405），为响应朝廷垦荒、3年不交赋税政策，从德州迁徙此地，开办手工作坊，平等相易，故名刘平坊	刘平坊、苑张庄
潘楼	明洪武三年（1370），潘姓由山西洪洞县迁居定陶县城东北16千米处，以姓氏得村名	潘楼
潘寺	明宣德元年（1426），潘姓从山西洪洞县迁居王绿集。明景泰二年（1451）迁居此村，因潘姓在村前盖福山寺一座，故名潘寺	冯潘寺、候楼
曲庄	始建于明永乐二年（1404）因由曲姓建村，故名曲庄	曲庄、王土楼
曙光	席氏先祖席古知于明洪武元年（1368），由山西省洪洞县迁此，以姓氏取名席庄。1955年成立曙光村初级社得此名	何庄、沈庄、席庄、郝岗屯、薛洼、杨庄、王庄
宋庄	宋姓以青州府日照县迁居巨野东北宋屯，清顺治二年（1645）迁此立村，以宋氏命名宋庄	宋庄
孙堂	据孙氏族谱所载，孙氏族系山东泗水人，迁移泰安，宋孝宗乾道三年（1167），因遭匪患，西迁定陶东北10千米黄店集西北2千米许，以姓定庄为孙楼。此一支迁居定陶东北，陈集北洙水河北孙河口，由十六代计怀祖带起敬、起蛟二子来此建村	孙堂、郝堂
王庄	明永乐二年（1404），王氏祖先由山西洪洞县迁至济南。明隆庆二年（1568）迁此地，从此以姓氏命名王庄，今住王、贾、徐3姓	王庄
西阎	明洪武三年（1370），阎氏从山西洪洞县迁居此村，以楼示富贵之意及姓氏取名阎楼	西阎、丁庄
薛庄	明洪武年间（1368—1398），薛姓由山西洪洞县迁至此地建村，以姓氏得名，故名薛庄	薛庄
叶庄	明永乐二年（1404），叶氏先祖由山西洪洞县迁此，村以姓氏命名，今住叶、刘、孙、阎4姓	叶庄
于庄	明洪武年间（1368—1398），刘氏先祖从山西洪洞县迁此，相传来时挑着一筐一袋，故村名刘袋。明正德四年（1509），于姓从菏泽王楼迁此。后于姓逐渐增多，并因有楼房，故改名于楼。清康熙八年（1669）楼倒塌，又改称于庄	于庄、西邓庄、柏灵寺
张楼	明洪武八年（1375），张氏祖由山西洪洞县迁此立村，因盖一座菊花楼而得名	张楼、赵楼
周庄	周姓于康熙十三年（1674）自山西洪洞县迁阎楼，后经阎楼迁此，以姓氏命名周庄	周庄、杨庄、许庄

第九节　陈集镇

建置区划　境域　陈集镇位于定陶县北部，东临半堤镇，南靠杜堂镇，西与菏泽市开发区接壤，北和牡丹区皇镇乡为邻，南距定陶城区15千米，西距菏泽市区7千米。镇政府驻陈集镇文化路，北纬35°12′，东经115°38′。总面积83.9平方千米。

▲　陈集镇政府

建置　陈集原名程桥，明初开始在程桥起集，因陈楼村陈氏在此集立了千顷牌，改名为陈桥集，后又称陈家集。清朝中期演变为陈集。清末属北方棠西村。1934年，改建为陈桥镇，属第五区。1944年10月，改称陈集区。1949年，改为定陶县第三区。1958年3月，成立陈集乡；8月，成立火箭人民公社；同年，更名为陈集人民公社。1984年1月，成立陈集镇。2001年2月与保宁乡合并为陈集镇。

区划　1991年，陈集镇面积49.1平方千米，辖12个行政村，58个自然村，人口35255人。2015年，陈集镇辖陈集村、前沙海村、中沙海村、张庄村、刘庄村、七一村、八一村、崔庄村、焦庄村、盐土村、马楼村、八里庙村、桶子河村、张胡同村、保宁村、常店村、朱集村、朱庄村、台楼村、华堂村、罗庄村、何庄村、吴庄村、曹庙村、曹楼村、鲁店村等26个行政村，92个自然村，总人口6.73万人，其中，城镇常住人口3.2万人，城镇化率47.55%。民族以汉族为主，占88.4%，回族占总人口的11.6%。

城镇建设　山东省城乡规划设计研究院编写《陈集镇镇区控制性详细规划》。至2015年，陈集镇累计投资近2亿元，先后完成国华北路、文化路升级改造，新修润鑫路、洙华路、振兴路、育英路、泉润路等，新建文化广场、集贸市场等一批市政和民生工程，启动瑞景新村、七一社区、泰运嘉园建设等。镇区开发面积47万平方米。围绕提高公共服务能力和水平，不断改善民生，建设省级标准的中心敬老院、中心幼儿园、镇中学、卫生院、民生服务中心。派出所、计生服务站、国地税、工商、国土等基层便民设施，达到全市一流、全省先进水平。通过产城融合一体发展，2015年建成区面积6.2平方千米，镇区人口3.2万人。

陈集镇加大环境保护力度，大力调整产业结构，狠抓节能降耗，把加强生态环境保护、节约利用资源作为转变经济发展方式的重要着力点，加快构建资源节约、环境友好的生产方式和消费模式，不断提高可持续发展能力。在发展经济过程中，注重保护环境，不断加大治污力度，先后关停整改企业6家，所有企业实现达标排放。投资4000余万元，新建和改造污水处理厂2处，新建龙

▲　陈集镇山药小镇主干街道　　（苑肇波　摄）

门压缩式垃圾中转站1处，新铺设配套雨、污水分离管网10千米。垃圾采取户集、村收、镇运、县处理的方式，垃圾处理收集达到全覆盖，日处理垃圾8吨以上，日处理污水能力1.6万吨，污水处理率90%以上。陈集镇两次代表菏泽市接受国家迎淮检查，先后被命名为全省生态优美乡镇和全国生态文明镇。

交通　陈集镇交通发达，北枕新石铁路，南临陇海铁路，京九铁路纵贯全境。境内拥有日南、德商2处高速路口，作为支撑菏泽交通枢纽城市的机场、高铁、码头均布局陈集附近，构建了集铁路、公路、航空、水运等多层次、立体式现代化交通网络格局。对接大市的交通主干道已全部打通，距菏泽市区不足15分钟路程，便利的交通条件，使陈集镇成为承载菏泽经济发展的功能新区，最具活力的经济先行区，宜居宜业的新型城镇。2015年底，陈集镇有陈集、保宁2处客运站，日发客运汽车80班次。

邮电　有邮政支局、电信支局各2所，报纸、杂志累计期发行0.62万份；电话交换机总容量0.6万门，固定电话用户1500余户，移动电话用户7.2万部，互联网用户12000户。

经济状况　农业　20世纪90年代以后，全镇加大种植业结构调整力度，大力发展高效农业。到2015年年底，已培植起具有地方特色的山药、蔬菜、畜牧、林业四大优势产业，建立起山药、无公害蔬菜、油用牡丹等生产基地。陈集山药2008年被国家质检总局批准为“国家地理标志保护产品”，2010年获得农业部“绿色食品质量认证”，2012年12月获国家级有机食品认证，陈集山药的知名度、影响力不断提升。2015年，全镇山药种植面积800公顷；9个村已达到市、县级“一村一品”标准，七一蔬菜专业村被农业部评为国家级一村一品示范村；全镇生猪存栏量8万多头，羊存栏量3000多只，牛存栏量1500多头，鸡鸭存养量35万多只；全镇机井保有量1336眼，旱能灌、涝能排的高产稳产田占可耕地面积的91%；粮食亩产突破1100千克。

工业　陈集镇工业起步较早。20世纪90年代，企业经营方式由粗放型向集约型转变，通过调整联合、优化产业和产品结构，都庆、国华、菏达、盛华达和前沙海、中沙海皮厂等6大企业集团的龙头带动作用日益凸显，围绕6大企业集团兴起的小型企业数以千计。2000年，全镇共有各类工业企业逾千家，从业人员2万多名，完成企业总产值13.2亿元，创利税1.22亿元，成为全省最大的羊毛地毯加工出口基地和全国重要的食品添加剂生产基地。都庆、菏达2家企业相继通过ISO9002国际质量体系认证，“都庆”牌麦芽糊精获山东省名牌产品标号，“蔬而康”冲剂被卫生部批准为“健字号”保健食品，在菏泽市尚属首家。2010年以后，陈集镇在与大市开发区接壤的西部规划建设工业园区。通过招商引资和项目建设，已入驻亿业石油等33家企业，合同投资总额70亿元，累计完成投资20多亿元。以天久实业、泉润纸业等为代表的镇内原有骨干企业膨胀了规模；裘皮、地毯等传统产业逆势上扬。2015年，全镇规模以上企业44家，占全县的五分之一，初步形成食品加工、纺织服装、商贸物流、工艺品加工等优势产业。完成规模企业总产值66.05亿元，完成固定资产投资11.5亿元，实现地方税收收入4325.84万元。

商业贸易　20世纪90年代以后，个体私营经济发展步入快车道，国营集体商业、服务业网点大多实行集体承包或私人承包。2000年以后，镇政府出台优惠政策，先后建起前沙海、中沙海、保宁、陈集4个较大的农贸市场，相继在镇区扩建、改建、新建服装、瓜果、蔬菜商业街。2015年年底，陈集镇共有城乡集贸市场5处，商业网点1100多个，从业人员8600余人，社会商品零售总额8.2亿元。

旅游　陈集镇积极发展乡村游，相继建起多处乡村采摘园。旅游产品和乡村游成为菏泽市居民周末一大景观。

金硕生态农业高新产业园　位于陈集镇境内，东临定陈路，西至高速连接线，南到万福河，北至保张路。园区在山东鲁建城市规划设计院规划基础上，又聘请山东天之然农业规划设计院进行规划设计。园区以菏泽宏兴原种猪繁育有限公司为依托，拟流转土地666.67公顷，已签订合同流转340公顷，已种植苹果8公顷，葡萄6.67公顷，梨5.33公顷，桃10.67公顷，裂叶榆、美国豆梨、中国杜梨、珊瑚丝棉木等高档绿化行道树苗木59公顷。

土特产品　陈集皮毛加工　陈集皮毛动物出口20余个国家。由于多种因素影响，出口受阻，但全镇仍有数千人从事皮毛加工业，那些逼真的动物很吸引人的眼球，令旅游者爱不释手。2015年，全镇皮毛产业年产值约2亿元。

堆绣　堆绣是一种古老的民间贴补工艺，起源于青海，以绢、绫、丝、棉麻及各种布料为原料，剪制成形，其工序有图案设计、裁剪、堆帖、绣制等几项。镇伟威制衣公司的“堆绣”产品填补山东省空白。利用现代技术手段和工艺，使堆绣作品更具绘画效果，或花卉、人物，或山水、畜禽，画面色彩亮丽，形象逼真，具有很强的视觉冲击力。一些作品被各地艺术家收藏。

盛华达地毯　陈集镇是黄淮流域最大的地毯生产基地，年产手工地毯50万余平方英尺，从业人员2000余人，年产值5000万元。天安门城楼和人民大会堂多次采用这里的地毯。

山药　陈集镇是定陶山药的主产地，山药种植在该镇已有千年历史，陈集山药是山东省菏泽市的第一个“地理标志产品”，已通过国家地理标志认证和绿色食品认证。陈集山药具有“面、甜、香、绵”的口感特点，除含蛋白质、可溶性糖、淀粉等常规营养物质外，还含有锌、硒、钙、铁、铜等多种对人体有益的矿物质元素和17种氨基酸、皂甘、多酚氧化酶、淀粉酶消化素。

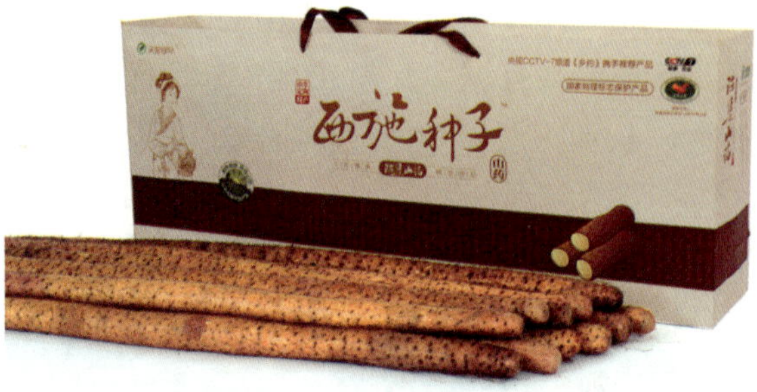

▲ 陈集山药

葡萄　陈集镇曹楼村栽植葡萄始于1982年，至2015年，该村种植葡萄近33.33公顷，亩产约3500千克。

社会事业　科技　陈集镇实施科教兴镇战略，落实“经济建设必须靠科学技术，科学技术必须面向经济建设”，2015年年底，有省级技术研究中心1个，省级研发基地2个，市级技术研究中心2个，各类科技人才1000余人，拥有各类发明专利20余项。

教育　2015年年底，陈集镇有幼儿园29所，在园幼儿1300人，专任教师78人；定点小学和教学点20所，在校学生5100人，专任教师256人，小学适龄儿童入学率100%；初中2所，初中在校学生1968人，专任教师198人。

文化　2015年年底，陈集镇有镇综合文化站1所，有村级文化活动中心（文化大院）26个，各类文化专业户110户，各类图书室16个，藏书6万余册，音乐、美术、书法、摄影及文学业余创作队伍300多人。

山药文化广场占地面积1.87公顷，实际完成投入800万元，建筑面积576平方米。目前站内有图书10000多册，配备10台电脑，建有多功能投放厅、图书阅览室、室内球场等设施。

历史古迹有姑庵寺、谷家大院，均为县级文物保护单位。

卫生　2015年年底，陈集镇有镇级医疗卫生机构2个，固定资产总值960万元，专业卫生人员128人，其中，执业医师32人，执业助理医师37人，注册护士38人，有床位101张，每万人拥有病床16.4张；医疗机构完成诊疗7.1万人次，53686名村民参加新型农村合作医疗，参保率98%。

体育　2015年年底，有体育场16个，100%的村安装了健身器材，各村均有秧歌队、广场舞队，经常参加体育活动的人员占常住人口的46%。

人民生活　2015年，农民人均可支配收入12000元，比上年增长10%。农民人均生活消费支出4142元，增长11.0%。农民恩格尔系数38%。居民家庭年末人均住房建筑面积34平方米。

平均每百户居民家庭耐用消费品拥有量：空调器22台、淋浴热水器53台、洗衣机38台、电冰箱35台、家用电脑31台、摩托车、电动车113辆、家用汽车12辆、彩色电视机61台。

陈集镇行政村村名由来一览表

表34-2-9

行政村名	村名由来	所辖自然村
陈集	相传由程、乔二姓建村，名程桥。明朝初年，因陈彪在此立千顷碑，改名为陈桥集。据《定陶县志》记载，民国五年（1916），叫陈家集，后演变为陈集	陈集、陈楼、姜庄
保宁	明洪武年间（1368—1398），水灾严重，王、朱、冯等族村民为祈求永保安定，将原来几个小村连成村寨，命名为保宁寨。约在清光绪年间（1875—1908）因成集而得名保宁集	保宁、西曹庄、陆庄、何家庄
华堂	明永乐年间（1403—1424），华氏先祖由山东莱州府即墨县迁此建村，因建有祠堂，故名华堂	华堂
八一	1956年8月1日，由13个自然村组成了一个高级农业合作社，称“八一高级农业合作社”。后改为行政村	西刘庙、刘庙、东刘庙、单县张庄、蔡庄、东谷庄、东中谷庄、西中谷庄、西谷庄、西李庙、东李庙、丁胡同、杨庄
何庄	明万历年间（1573—1620），先祖何氏于黄店镇西台集迁居该村，故以姓氏命名为何庄，与后刘庄、东曹庄为1个行政村	大何庄、后刘庄、东曹庄
七一	20世纪50年代由7个自然村组成七一高级农业合作社，后称七一大队，1984年更名为七一行政村	后李庄、东李庄、张庄、李家庙、施庄、赵庄、高庄、孔何庄
张庄	张氏始祖于明成化三年（1467），由山西迁至菏泽城东刘庄，二世在村东立村名为张家庄，后演变为张庄，因重名，故命名为北张庄，与赵楼、刘花园为1个行政村	北张庄、赵楼、刘花园
桶子河	明永乐年间（1403—1424），张氏自山西迁此建村，因村三面环河，村庄如在水桶之中，故名为桶子河	前桶子河、后桶子河
罗庄	明洪武年间（1368—1398），赵、王2姓自山西迁此建村。清康熙年间（1662—1722），罗姓由八里庙迁居至此，后因王姓犯法，改村名为罗庄，与牛庄、张庄为1个行政村	罗庄、牛庄、张庄
朱庄	明崇祯年间（1628—1644），先祖由南朱庄迁此建村，以姓氏命名为朱庄，与张马牛、连集、岳庄、任庄、温庄、歪李庄为1个行政村	朱庄、张马牛、连集、岳庄、任庄、温庄、歪李庄
曹楼	清乾隆年间（1736—1795）曹氏先祖由保宁曹庄迁此，曾盖小楼1座，故名曹楼	曹楼
马楼	清顺治十八年（1661），马氏由孟海马楼迁此，沿用老家村名，与孟庄、齐庄、胡楼、张楼、西马楼为1个行政村	马楼、孟庄、齐庄、胡楼、张楼、西马楼

续表34-2-9

行政村名	村名由来	所辖自然村
刘庄	刘氏先祖明成化年间（1465—1487），由山西迁此，以姓氏取名刘庄	刘庄、回民张楼、林王庄、杨庄、李庄
鲁店	明洪武年间(1368—1398)，鲁氏先祖由山西迁此。因有南北官道经过村中，客商云集，生意兴隆。村内开有两家客店、两家茶馆，因此得名鲁店	鲁店
曹庙	先祖明洪武年间(1368—1398)由山西迁此，因村内修建一庙宇进行纪念，故名曹庙	曹庙、何庄、陈洼
盐土	因辖区内盐碱地面积占70%左右，村始建在盐土堌堆上而得名盐土，与三官庙、曹胡同、陈三楼、吴庄、秦坑、前段楼为1个行政村	盐土堌堆、三官庙、曹胡同、陈三楼、吴庄、秦坑、前段楼
中沙海	原名沙家庄，清万历年间（1573—1620），两江总督马新贻回乡省亲，论及前沙海、沙家庄、后沙海被统称为沙海时，他说，沙家庄在前后沙海间，不如叫中沙海为好。由此，沙家庄更名为中沙海	中沙海
常店	明洪武年间（1368—1398），常、肖2姓由山西迁此，因当时隶属河北常安县，故名常安店。因村周围皆是盐碱地，又被称为碱场店，后改称常店至今	常店
朱集	朱氏先祖明初由山西迁此，以姓氏取名朱集，与白路口为1个行政村	朱集、白路口
前沙海	明万历年间（1573—1620），沙氏由河北迁此建村，因地势低洼多水，故以姓氏和海命名为沙海，又因村北有后沙海，故命名为前沙海	前沙海
张胡同	明洪武年间（1368—1398），张氏先祖由山西洪洞县西关外大桥外北张胡同迁此，沿用老家取名张胡同，与刘胡路沟为1个行政村	张胡同、刘胡路沟
台楼	该村建于元朝前，明朝嘉靖初年，台居重在朝里为官，后荣归故里，盖楼房居住，随以台姓和楼房命名该村为台楼，与王庄、赵庄、康庄、郭楼为1个行政村	台楼、王庄、赵庄、康庄、郭楼
八里庙	因村西有1庙，东距陈集8里，南到保宁8里，西到张什店8里，北距辛集8里，故称村名为八里庙，与胡庄为1个行政村。	八里庙、胡庄
焦庄	明洪武年间（1368—1398），由山西迁居此地，以姓氏命名焦庄，与尚庙为1个行政村	焦庄、尚庙
吴庄	原名王家坑，清康熙年间（1662—1722），吴氏祖由定陶城北迁此，后因吴姓人口较多，故改名为吴庄	吴庄
崔庄	明永乐年间（1403—1424），由定陶北崔庄迁此，以姓氏命名崔庄，与苑庄、徐庄、张李庄、香李庄为1个行政村	崔庄、苑庄、徐庄、张李庄、香李庄

附：保宁乡 1934年设保宁乡，属第四区。1944年，属陈集区。1958年成立保宁人民公社。1984年1月改为保宁乡。1991年，保宁乡辖16个行政村，35个自然村，总面积34.8平方千米。人口20405人。2001年2月并入陈集镇。

第十节　杜堂镇

建置区划　境域　杜堂镇位于定陶县城东北7千米处。镇政府驻辘湾村，北纬35° 07′，东经115° 37′。东南与黄店镇接壤，西南与滨河街道相邻，西与仿山镇相连，北与陈集镇为邻，东北与半堤镇毗邻，总面积47.5平方千米。境内河流主要有万福河、定陶新河、仿山河、七里河、东鱼河北支等。柳林河位于杜堂镇北部，东西走向，起源于万福河上，流经陈集镇、杜堂镇、半堤镇、孟海镇，流向巨野县柳林镇。万福河位于杜堂镇北2千米处，流经杜堂镇、黄店镇、半堤乡等乡镇。定陶新河位于杜堂镇许堂行政村正南，在盛庄村南入境，至吕堂村北地汇入万福河，杜堂段河流长2千米。京九铁路纵贯境内，东丰公路、定陈公路在镇内交汇，定陈公路至菏泽高速出口连接线贯穿南北。

建置　1934年，属定陶县第一区柳北乡。1947年为汜阳区。1950年撤销汜阳区，将所辖行政村分别划归一、二、三、四、五区所辖。1952年秋，建立杜堂区（九区）。1956年3月撤销杜堂吧区，恢复1952年的区划。1958年3月，撤区并乡，建立杜堂镇；8月成立火炬人民公社；10月，更名为杜堂人民公社；11月归属成武县。1961年10月重属定陶县。1984年1月，撤销杜堂人民公社，设立杜堂乡。2012年11月，撤销杜堂乡，设立杜堂镇。

区划　2015年，杜堂镇辖16个行政村，65个自然村，11284户，33928人，耕地面积3675公顷。

村镇建设　2006年，杜堂镇加快“四改”工作进度，建成沼气池124座，建成卫生厕所1120个，改造公路48千米，组建柳子戏、秧歌队等群众文艺团体8个，组织农民学习培训400余场次。2008年，全镇加快小城镇建设步伐，打通乡前路。筹措资金200余万元，新修镇政府至菏关高速连接线长约3.8千米的公路，安装路灯、铺设下水道。投资15万余元，在杜堂集市、南北大街都安装路灯，对大街下水道进行统一规划和建设，铺设下水道500余米。2011年，重点推进城镇建设“十大”工程，达标街、商贸城、人民广场、崇文小区、民生服务楼、派出所综合楼、计生服务中心办公楼、张庄新村、前谢楼新村、老街改造等亮点工程进展顺利。其中，总投资800万元，建筑面积9000平方米的鑫湾商贸城，一期216间商业门市房全部竣工，100户居民已先期入住。张庄、前谢楼新村已建成别墅式楼房126户，部分居民已迁入居住，全部完成整村搬迁后，腾出土地32公顷，安置农民435户。投资120万元的人民广场、投资100万元的派出所综合楼、投资120万元的商贸街、投资213万元的民生服务楼已投入使用。老街改造基本完成，道路硬化、排水、绿化、亮化等配套设施日臻完善。2012年，总投资110万元建设群众服务中心综合楼、总投资1300万元建设人民广场商贸城、总投资90万元建设计生服务中心综合办公楼、总投资1600万元建设崇文小区、总投资120万元新修长约3.8千米的贾荒路、总投资1000万元修建府前达标街，安装路灯，开挖下水道、总投资1300万元建设鑫湾商贸城、总投资810万元建设商贸街、总投资30万元新修镇前路东延、总投资120万元新建镇中心幼儿园等“十大”工程全部完成。戚姬寺前谢楼村土地增减挂钩项目复垦工作全部完成，并通过省市验收。在全县率先完成了戚姬寺窑厂、镇建材窑厂、袁姑窑厂、张庄寨窑厂等4个窑厂的复垦工作，共复垦出土地24.47公顷；黄孙庄和杨店两个农村土地综合整治项目区进展顺利。2013年，杜堂镇重点实施了张庄新型社区建设，推进了镇驻地开发建设，结合区位优势，将全镇规划为9个新型农村社区。按照县委、县政府关于“十路一河”工程要求，集中人力和财力对涉及到杜堂镇的广州路、上海路、连接线和万泉路、北外环5条道路实施了清障。贾庄、陈庄、赵庄等村分别新建、扩建和修缮了村级办公场所，修建健身广场，购买20多种体育器材，为村级农家书屋补充1万多册图书，新硬化村庄道路10千米。2014年，杜堂镇以“乡村文明行动”开展为契机，进行镇村环境综合整治，先后投入资金110余万元，为镇村配备垃圾运输车3辆、三轮车65辆，垃圾收集箱30个、垃圾箱988个，按照150户1名保洁员的标准，为全镇66个自然村配备了保洁人员。配强镇、村两级环卫队伍，使垃圾处理能力进一步得到增强，镇村环境明显改善。在贾庄、陆湾、袁姑等村安装路灯1000余盏，在府前路、定孟路、贾荒路通过转包栽植绿化树木，对府前路西段人行道铺设砖和路沿石。2015年，开展城乡环卫一体化综合整治工作，先后投入资金230万元，新建占地面积1700平方米的垃圾中转站，全镇共配备垃圾桶988、垃圾箱82个、人力保洁车65辆、压缩车1辆、钩壁车5辆，新聘任保洁员86人，形成完善的垃圾清理、收集、运输体系，全镇环卫一体化实现全覆盖。同年，黄孙庄土地增减挂钩工作进展迅速，张庄新村已建房293户，街道已进行硬化亮化，新村建设基本完成，旧村进行复垦；东鱼河窑厂40公顷土地全部复耕完成；黄孙庄12月底完成296处房屋的拆迁工作，进入复耕阶段。基础设施建设持续改善，协助村修路15.4千米，修渠24.25千米，修桥5座，修建下水道2300米，实施电改6000余米，为1100户群众安装自来水。

经济状况 农业 种植业。1991年以后，杜堂镇抓住大棚蔬菜生产优势，扩大蔬菜种植面积，引进优良品种，提高了单位面积效益。至2005年，全镇无公害蔬菜面积1666.67公顷，冬暖蔬菜大棚7350个，新增866个，其中，高效深冬棚360个。全镇蔬菜大棚90%的棚纯收益在8000元以上，部分棚2万元以上。2005年，杜堂镇粮食总产量2.2万吨，其中夏粮1.15万吨。农民人均纯收入3016元。至2006年年底，全镇蔬菜大棚90%的棚纯收益在9000元以上。部分大棚超过2万元。2009年全镇新增无公害蔬菜面积6.67余公顷，新增高温大棚50多个。2011年，农田水利基础设施改善，2万亩高标准农田项目区建设良好。棚菜生产向高精尖、有机蔬菜方向发展。中远蔬菜合作社取得了农产品绿色证书，生产的黄瓜、苦瓜、辣椒、芸豆、茄子、西红柿6种蔬菜获得绿色蔬菜品种认证。大棚效益翻番，部分大棚户的收入6万余元。2012年，杜堂镇棚菜生产向旅游观光生态农业发展。通过农业部设立的蔬菜标准园——中远蔬菜合作社的带动辐射，全镇蔬菜合作社发展到12家。其中，中远蔬菜合作社率先建起占地3.3公顷的智能化育苗工厂，填补了全市没有大型育苗工厂的空白。2012年，杜堂镇借省林业厅“第一书记”的政策帮扶，在全镇实施万亩林果发展规划，其中，贾荒路两侧辘湾段、府前路许堂段等133.33公顷林果基地基本建成；引导群众种植油用牡丹，共落实面积66.67公顷；农田水利基础设施改善，2000公顷高标准农田项目区建设良好。2013年，杜堂镇发展绿色蔬菜生产基地333.33公顷，新发展蔬菜合作社2个；发展油用牡丹种植104公顷、山药种植133.33公顷。2015年，新增蔬菜大棚62座，改造362座。新亚蔬菜合作社被评为市级示范社，同勋蔬菜合作社被评为县级示范社。

林业。2005年，发展林业生产纳入行政村综合考核，成立林业生产服务队，与林业生产户签订技术服务合同，使林业生产规模迅速膨胀，全镇新增杨树丰产林186.67公顷，名优果树20公顷，花卉16公顷，完善农田林网1000公顷。2013年，在省林业厅“第一书记”帮扶下，杜堂镇实施全镇万亩林果发展规划，新发展核桃、柿树、樱桃、苹果等优质果园133.33公顷，枣粮间作66.67公顷，育苗33.33公顷。新建、完善农田林网533.33公顷。2015年，在定陈路、定孟路新建设林网66.67公顷，在贾荒路、德商高速两侧新栽植林果66.67公顷。杜堂镇万亩生态园启动建设，占地933.33公顷，是集观光旅游、休闲采摘于一体的综合化生态园区。

畜牧业。2005年，全镇新增饲养大户380户，饲养园区3个，规模饲养场19处，畜牧专业村8个，发展种植牧草233.33公顷。2007年，全镇共有畜牧专业村8个，饲养园区6个，规模饲养厂48

处，饲养大户456户。全镇鸡鸭鹅存栏量20余万只，猪牛存栏量6000余只。2015年，畜牧养殖向规模化、标准化方向发展。全镇畜牧专业村6个，饲养园区2个，规模饲养厂106处，饲养大户256户。

工业　2001年，全镇有山东三文制衣有限公司、菏泽邦信生物生化工程有限公司、山东丽天抽纱有限公司车间主体工程、双龙冶金有限公司、津惠达化工有限公司、飞达塑料制品有限公司、利信农化等企业。2005年，实现工商税收479万元。2011年，全镇32家企业运转正常，规模以上企业12家，北苑小区的前两期工程，共18栋楼，年底全部竣工，7.9万平方米的楼房已销售完毕。2015年，完成企业营业收入39.6亿元，同比增长8.9%；产业实现营业收入17.8亿元，同比增长7.9%；实现工业总产值22.4亿元，同比增长9.3%；完成固定资产投资2.3亿元，比上年同期增加5233万元，同比增长29.9%，完成固定资产投资2亿元左右。

民营经济　2005年，全镇民营企业和个体工商户378家，从业人员3500余人。以华美工艺品有限公司、锦华工艺品有限公司、盛世工艺品有限公司为依托，新发展板块经济加工户300余家，以辘湾行政村为中心的卫生香加工户260家。至2015年年底，全镇形成华郦、华美、盛世和锦化工艺品有限公司等一批带动板块经济发展的龙头企业。全镇民营企业和个体工商户300多家，从业人员3000余人。

社会事业　教育　杜堂镇学校内部设施建设日趋合理，小学入学率100%，初中入学率98.8%。2008年，总投资120万元的杨店、戚姬寺小学教学楼相继建成并投入使用，全镇各中小学均达到市、县级规范化标准。2015年，陈村小学教学楼扩建完工，镇中心小学完成征地与教学楼主体建设。

▲ 杜堂镇单车邀请赛　(2013年摄)

文化　2007年，杜堂镇成功举办首届农民文化艺术节。至2015年，杜堂镇旅游文化获得初步发展，在谢庄村成功举办首届“品味鲁西南、定陶（杜堂）过大年”启动仪式；在北环路两侧发展蔬菜瓜果生产与采摘、餐饮、休闲于一体的农业观光采摘基地，同时，与菏泽日报社结合建设了菏泽市首家“小记者团农村实践活动基地”；以2000公顷高标准农田内交织成网的砂石路为依托，与菏泽中鲁单车骑行俱乐部结合，建设首家“单车乡村采摘骑游基地”。2015年5月，举办“单车乡村采摘骑游”和“牡丹晚报小记者团农村实践”启动仪式。是年，全镇大力发展农村文化事业。拥有秧歌队、广场舞等各类文体团队28支，队员800多人，初步形成遍布全镇、规范有序、富有活力的全民文体活动网络。

计划生育　2007年9月，全市计划生育村民自治合同化管理现场会在杜堂镇召开，在全市范围内，推广杜堂镇计划生育村民自治合同化管理的成功经验。杜堂镇代表市、县迎接了国家级计划生育优质服务县的评估。12月，杜堂镇还代表市迎接省计生局对菏泽市计划生育村民自治合同化管理评估。2011年，计划生育利益导向政策得到落实，计生家庭受到关爱。2015年，全镇各村主要街道设立婚育文化街、人口文化街，并完成全镇16个村站室的升级改造。完善了镇服务大厅功能，实行计划生育一站式服务，为群众及时办理《服务手册》《生育证》《流动人口生育证明》等计生证明，成为计划生育优质服务的平台。

平安创建　2005年，杜堂抽调24人组成8个下访工作组，深入村庄，共走访群众576户，召开座谈会28次，征求意见96条，防范处理信访隐患12件。为派出所、司法所、调解中心配备车辆，购置办公、办案设施。全镇16个行政村均成立打更巡逻队，并做好夜间值班和夜间巡逻。全年共排查矛盾纠纷238起，调处236起，其中，调解中心排查49起，分流交办21起，调处成功率98%，全镇没发生民转刑案件及群众越级上访事件。2006年，全镇共抓获各类违法犯罪嫌疑人89人，刑事拘留21人，其中，批捕12人，治安拘留45人。2007年，全镇共抓获各类违法犯罪嫌疑人76人，刑事拘留10人，其中，批捕8人。组织开展农资、食品安全及安全生产等专项整治工作，对不符合安全标准的企业单位和商业门市进行整改。2013年，开展食品安全和安全生产专项整治工作。始终保持严打态势，对扰乱经济发展，损害群众生命财产安全的村霸恶痞、“两抢一盗”等犯罪行为进行严厉打击，有力震慑了各类违法犯罪行为的发生。

民生保障　2008年，杜堂镇共发放农村低保金45.78万元，1090人享受到农村低保；365户652人得到救助；发放救济款10万余元，完成社保扩面工作任务213人。同年，成立群众工作办公室，设立服务群众监督台，推行民情日记和周汇报工作制度。群众工作办公室成立后，全镇共接待上访群众50余人次，受理群众反映问题48个，办结率95%；开展以“进百家门、问百家事、解百家难、帮百家富”为主题的“四百”活动。2013年，解决群众的安全饮水问题，戚姬寺、杜堂、贾庄等村通上自来水。2014年，投资50余万元高标准新建镇中心敬老院，加快戚姬寺、袁姑、裴河等3个村的村级“幸福院”建设。开展“转变作风、服务群众”活动，镇工作大队组织16个工作组逐村逐户走访，梳理汇总群众反映的问题，分类解决。共排查梳理问题502条，解决340条，列入计划制定解决方案162条。开展春季计划生育集中活动，落实新生儿落户政策，对全镇人口基础信息进行集中清查上报。全年共化解矛盾纠纷62起，解决信访案件85件。2015年，全镇走访完成12056户，当场解决问题1205件，纳入社情民意台账100件。全面落实农村低保政策和计划生育利益导向政策，妥善救助弱势群体。完善农村合作医疗，实施银龄安康工程，兑现各项惠农政策。

精准扶贫　2014年，杜堂镇把精准扶贫作为最大的民生工程，健全机制、落实责任、因户制宜，精准识别贫困户3640户、10451人。通过林果、大棚种植、土地流转、转移就业、镇内务工、兜底帮扶等措施，全年共实现脱贫1256户。2015年，产业扶贫等创新扶贫方式方法，受到国家、省、市领导的充分肯定。10月，中共中央政治局常委、国务院副总理张高丽到中远蔬菜合作社实地参观考察。全年共计召开国家级扶贫现场会2次、省级4次、市级9次。严格按照省定标准和帮扶程序，确定贫困户1337户，共2377人，进行建档立卡，并精准施策。对贫困户通过流转土地、转移就业等多种渠道分门别类精确帮扶。有劳动能力贫困户3379户，其中，有659户选择流转土地种植林果，702户选择依托合作社种植蔬菜大棚，192户选择养殖业；440户选择通过流转土地、转移就业增加收入，887人选择在镇内企业务工，2576人选择到县外务工。全镇共流转土地480公顷，解放劳动力4800人。对于无劳动能力的216户、522人贫困人口，先对其土地进行流转，再由政府兜底保障。

杜堂镇行政村村名由来一览表

表34-2-11

行政村名	村名由来	辖自然村
杜堂村	明弘治年间（1488—1505），杜姓在村东建庙，叫杜堂庙，因以得村名杜家堂，至明末简称杜堂	郝庄、孟楼、杜庄、杜堂、李楼、刘庄、邵庄
贾庄村	贾氏七世祖来此定居建村，以姓氏命名	贾庄、楚胡同、杨庄、谢言庄、贾楼
辘湾村	明正统年间（1436—1449），迁此建村，因村后有河，河身弯曲似辘轳把，故名辘湾村	东辘湾、西辘湾、祝庄、西贾庄、后大井
裴河村	裴氏祖自山西洪洞县迁居定陶东南罗庄，住五世复迁此地，因村庄靠河，以姓氏命名裴河村	裴河
谢庄村	明洪武三年（1370），谢氏祖自山西洪洞县迁居陶邑东铁渠庙，明成化六年（1470）前后，复迁此地，以姓氏命村名	谢庄
张庄村	张氏祖由定陶东迁至此村，后又以养鹁鸽，故命名鹁鸽屋张庄或张庄	张庄村
戚姬寺村	西汉初年，汉高祖之爱妃戚姬被吕后残害致死，后来汉文帝在此修庙院纪念戚姬，故此得名戚姬寺	东张庄、东王庄、前谢楼、后谢楼、荒庄、黄孙庄、后王庄、刘庄、许楼
盛庄村	清康熙年间（1662—1722），盛庄分支由盛岗迁居西盛楼。清光绪年间（1875—1908）从西盛楼迁住此地，以姓氏命名盛庄，由此定位盛庄大队，后变为行政村	盛庄、东盛楼、中盛楼、西盛楼、七里河
许堂村	许氏始祖于明洪武年间（1368—1398），从山西洪洞县迁居定陶东北张花子楼，三世祖又迁定陶东关。五世祖许堂从东关迁此建村，以建村人姓名命名村名	许堂、张强庄、张董庄、何庄、田庄
杨店村	杨氏建村，因村东有通往定陶的大路，杨姓在路旁设1小店，故得村名杨店	杨店、大戚庄、东戚庄、董庄、戚李庄
张庄寨	张姓于明永乐三年（1405），从山西洪洞县迁此建村，以姓氏命名张庄。清光绪年间（1875—1908），该村出1府台，在村周围建起寨墙，故改为张庄寨	张庄寨、崔庄
宋楼村	据宋氏墓碑记载：宋氏先祖于明朝初年从成武县郜鼎集迁此，盖1小楼，故名宋楼	宋楼、郭庄、张桥、靳庄
徐楼	该村徐氏于明永乐年间（1403—1424），从山西洪洞县迁来建村，以姓氏命名徐楼	杜庄、仁屯、王庄、徐楼
袁姑村	明弘治年间（1488—1505），迁此建村，以姓氏命名袁家村。为缅怀袁氏孝女抚养袁氏孤儿之恩，改村名为袁姑村，后因成集，故名袁姑集	袁姑集、白庄、刘楼、杨庄
赵庄村	清康熙年间（1662—1722），赵姓由菏泽牡丹赵楼迁次建村，以姓氏命名赵庄	赵楼、吴集、赵庄
陈庄村	明永乐二年（1404）陈氏祖由山西洪洞县迁此建村，以姓氏命村名	陈庄、姚庄、张胡同、孙堂

第三十五编

组织机构

ZU ZHI JI GOU

第一章　县直部门、单位

本章记述县委、县人大常委会、县政府、县政协、县纪委、县武装部工作部门的组织机构，县法院、县检察院组织机构以及群众团体、县管学校、卫生部门等。

第一节　中共定陶县委员会工作部门

1991年后，全县组织机构多次进行改革调整，至2015年，县委工作部门有县委办公室、县委县政府信访局、县委县直机关工委、县委组织部、县委老干部局、县委宣传部、县委统战部、县委政法委员会、县编办等。

中共定陶县委办公室　1991年，县委办公室内设秘书科、机要科、调研科、行政科。1993年，县委政策调查研究室、县信访局、县保密局人员职能并入县委办公室。1995年，县信访局恢复，由县政府办公室管理。1996年，县委政策调查研究室更名为县委政策研究室。1997年，设立县委督查室。2001年，设立县委办公室机要局。2002年，县委办公室机要局更名为县委办公室机要室，恢复设立县委保密委员会办公室（加挂县政府保密局牌子）。2005年5月，设立维护稳定工作领导小组办公室。2006年，县委办公室机要室更名为县委机要局，和县委保密委员会办公室同时升格为正科级单位。2010年，县农村工作领导小组办公室职责划入县委办公室。2014年，设立县委全面深化改革领导小组办公室。

1991—2015年中共定陶县委办公室主要负责人任职情况表

表35-1-1

职务	姓名	任职时间	籍贯	备注
主任	祝传金	1991.01—1995.01	定陶县冉堌镇	
	潘信文	1995.01—1995.04	定陶县半堤镇	
	曹厚山	1995.04—1997.06	定陶县仿山镇	
	董　超	1997.06—2001.03	菏泽市鄄城县	
	乔海顺	2001.03—2006.01	菏泽市东明县	
	刘守文	2006.01—2011.01	菏泽市开发区	
	陈尔桥	2011.01—2014.01	定陶县黄店镇	
	王铁军	2014.01—2015.02	菏泽市曹县	
	张国栋	2015.02—	定陶县张湾镇	常务副主任主持工作

1991—2015年中共定陶县委政策研究室主要负责人任职情况表

表35-1-2

职务	姓名	任职时间	籍贯
主任	张金鼎	1991.01—1992.02	定陶县张湾镇
	王文卓	1992.02—1993.03	定陶县陈集镇
	卢贯军	1997.01—1997.06	菏泽市曹县
	袁文颂	1997.06—2001.03	聊城市莘县
	刘占民	2001.05—2002.04	定陶县南王店镇
	王洪钦	2002.04—2005.10	菏泽市鄄城县
	车现鹏	2005.10—2012.02	定陶县冉堌镇
	宁效著	2012.03—2013.12	菏泽市鄄城县
	董庆军	2014.11—	定陶县杜堂镇

1997—2015年定陶县委督查室主要负责人任职情况表

表35-1-3

职务	姓名	任职时间	籍贯
主任	卢贯军	1997.06—2002.04	菏泽市曹县
	袁甲亮	2002.04—2005.10	定陶县冉堌镇
	何利民	2005.10—2006.12	定陶县黄店镇
	郭德伦	2007.06—2009.12	定陶县滨河街道
	李　伟	2011.03—	定陶县马集镇

2003—2015年中共定陶县委机要局主要负责人任职情况表

表35-1-4

职务	姓名	任职时间	籍贯
主任（局长）	侯仰春	2003.12—	菏泽市郓城县

1991—2015年中共定陶县委保密委员会办公室（县人民政府保密局）主要负责人任职情况表

表35-1-5

职务	姓名	任职时间	籍贯
主任（局长）	孙建华	1991.01—1993.08	济宁市鱼台县
	谢世忠	2003.12—2007.06	定陶县杜堂镇
	贾点玉	2007.06—2011.03	定陶县孟海镇
	张国栋	2011.03—2013.02	定陶县张湾镇
	张保林	2013.02—	定陶县天中街道

2005—2015年定陶县维护稳定工作领导小组办公室主要负责人情况表

表35-1-6

职务	姓名	任职时间	籍贯
主任	游福强	2005.07—2011.03	定陶县仿山镇
	赵学雷	2011.03—	定陶县冉堌镇

县信访局　县信访局为行政正科级单位。原县信访办属县委、县政府双重领导。1990年3月定陶县信访办改设为中共定陶县委、定陶县人民政府信访局。1993年8月，撤销县信访局，其人员职能归并县委办公室。1995年6月，恢复县信访局，由县委办公室管理。2002年4月，县信访局由县委办公室、县政府办公室管理，以县委办公室管理为主。

1991—2015年定陶县信访局主要负责人任职情况表

表35-1-7

职务	姓名	任职时间	籍贯
局长	朱广奇	1991.01—1992.02	定陶县马集镇
	范忠民	1992.02—1993.12	定陶县马集镇
	聂宪钦	1995.06—2003.03	定陶县天中街道
	吕贞西	2003.03—2007.06	定陶县张湾镇
	赵玉亭	2007.06—2010.02	菏泽市开发区
	张　琳	2010.02—	定陶县杜堂镇

县农村工作领导小组办公室　前身为县农业委员会。隶属县政府。2002年4月撤销县农业委员会，成立县农村工作领导小组办公室。2010年2月将其工作职责划入县委办公室。

1991—2015年定陶县农村工作领导小组办公室（县农业委员会）主要负责人任职情况表

表35-1-8

职务	姓名	任职时间	籍贯
主任	刘宪佩	1991.01—1993.03	定陶县黄店镇
	孔凡云	1993.03—2000.07	定陶县马集镇
	陈丕治	2001.03—2002.04	定陶县冉堌镇
	鹿长松	2002.04—2010.01	菏泽市成武县
	贾翠平	2012.03—	定陶县黄店镇

中共定陶县委组织部 1991年，县委组织部代管组织员办公室（行政，正科级）和老干部科（行政，正科级）。1993年12月，撤销组织员办公室，其人员、职能并入组织部；撤销老干部局，设立老干部工作办公室，仍归属组织部。1995年6月，老干部工作办公室又改为县委老干部局（行政，正科级），由县委组织部管理。2002年4月，恢复组织员办公室，仍由组织部代管。2002年4月，设立组织部党员电教中心，为副科级行政单位。2005年5月，设立定陶县党员干部现代远程教育中心，为正科级事业单位，隶属组织部。2015年，组织部内有办公室、研究室、干部科、干部调配信息科、组织科、新型办、干部教育科、干部监督科、人才办、考核科，在职人员19人。

1991—2015年定陶县委组织部主要负责人任职情况表

表35-1-9

职务	姓名	任职时间	籍贯	备注
部长	符广甦	1991.01—1995.01	菏泽市郓城县	
	赵传山	1995.01—1997.12	菏泽市开发区	
	高艳民	1997.12—2001.03	河南省范县	女
	张茂真	2001.03—2006.01	菏泽市曹县	
	乔海顺	2006.01—2011.12	菏泽市东明县	
	周福举	2011.12—2015.08	菏泽市单县	
	葛广亮	2015.10—	菏泽市鄄城县	

中共定陶县委组织员办公室 正科级行政单位。1993年12月撤销，其人员归并县委组织部。2002年4月，恢复县委组织员办公室，由县委组织部代管。至2015年底，该机构设置未变。

1991—2015年定陶县委组织员办公室主要负责人任职情况表

表35-1-10

职务	姓名	任职时间	籍贯	备注
主任	何茂魁	1991.01—1993.03	定陶县黄店镇	
	吴祥春	1993.03—1993.12	定陶县滨河街道	兼
	游秋亭	2003.12—2010.03	定陶县仿山镇	
	郑洪生	2011.03—	威海市乳山市	

县农村党员干部现代远程教育中心 2005年设立，同时中共定陶县委组织部党员电化教育中心并入，隶属县委组织部。

2005—2015年定陶县农村党员干部现代远程教育中心主要负责人任职情况表

表35-1-11

职务	姓名	任职时间	籍贯
主任	朱兰亮	2005.10—2008.12	定陶县马集镇
	杨广民	2011.03—2013.02	定陶县仿山镇
	陈永安	2013.02—	定陶县滨河街道

中共定陶县委县直机关工作委员会　2002年4月，中共定陶县委直属机关委员会更名为中共定陶县委县直机关工作委员会。2015年，中共定陶县委县直机关工作委员会内设机关武装部和机关团工委2个机构。

1991—2015年中共定陶县县直机关工委主要负责人任职情况表

表35-1-12

职务	姓名	任职时间	籍贯	备注
书记	张永梅	1991.01—1992.02	定陶县陈集镇	女
	朱广奇	1992.02—1993.12	定陶县马集镇	
	赵文化	1993.12—1997.01	定陶县黄店镇	
	阎世瑞	1997.01—2003.03	定陶县黄店镇	
	马效华	2003.03—	定陶县陈集镇	回族

县机构编制委员会办公室　1991年，县编制委员会办公室为行政副科级单位，由县人事局管理。1993年3月，改设为机构编制委员会办公室，行政正科级单位，同年12月与县人事局合署办公。2010年2月不再与人事局合署办公，单独设置列入党委机构序列。

1991—2015年定陶县机构编制委员会办公室主要负责人任职情况表

表35-1-13

职务	姓名	任职时间	籍贯	备注
主任	李振伦	1991.01—1993.03	定陶县天中街道	
	董传珠	1993.12—1998.04	菏泽市成武县	兼
	石　军	1998.04—2001.03	山东省泰安市	兼
	何卫国	2001.03—2010.02	定陶县黄店镇	兼
	任明钊	2010.02—	定陶县南王店镇	

县事业单位监督管理局　2005年设立县事业单位登记管理局，隶属县人力资源和社会保障局。2012年9月更名为县事业单位监督管理局。隶属县机构编制委员会。

2005—2015年定陶县事业单位监督管理局主要负责人任职情况表

表35-1-14

职务	姓名	任职时间	籍贯
局长	杜玉章	2005.10—2010.02	菏泽市巨野县
	何卫国	2010.02—2011.03	定陶县黄店镇
	李明伦	2011.03—2013.02	定陶县滨河街道
	李振东	2013.02—	定陶县天中街道

县委老干部局 1991年，县委老干部局由县委组织部代管。1993年12月，改为县委老干部工作办公室，1995年6月，改为县委老干部局，由县委组织部管理。2003年5月，设立县老干部活动中心。2005年，成立县老年大学，与县老干部活动中心一个机构两个牌子。

1991—2015年定陶县委老干部局主要负责人任职情况表

表35-1-15

职务	姓名	任职时间	籍贯	备注
局长（主任）	沙启忠	1991.01—1998.01	定陶县陈集镇	回族
	范忠民	1998.04—1999.05	定陶县马集镇	
	李振伦	1999.05—2005.10	定陶县天中街道	
	徐承明	2005.10—2010.02	定陶县天中街道	兼
	袁绍林	2010.03—2011.03	定陶县冉堌镇	
	谷守雷	2011.03—	菏泽市巨野县	

2005—2015年定陶县老干部活动中心（县老年大学）主要负责人任职情况表

表35-1-16

职务	姓名	任职时间	籍贯
主任（校长）	张怀亭	2005.10—2007.12	定陶县孟海镇
	耿　建	2011.03—	定陶县半堤镇

中共定陶县委宣传部 1991年，县委宣传部下设办公室、理论教育科、新闻报导科、宣传科、精神文明建设委员会办公室5个科室。1993年12月县机构改革时，县精神文明建设委员会办公室撤销，其人员、职能归并县委宣传部。1996年9月，复设县精神文明建设委员会办公室，为正科级行政单位，由县委宣传部管理。1997年5月，设立定陶县新闻出版管理办公室，为副科级行政单位。2002年4月，设立县对外宣传办公室，为副科级行政单位，挂县政府新闻办公室牌子。2009年9月，设立县网络文化办公室，为副科级事业单位。至2015年底，县委宣传部内设办公室、宣传科、新闻报道科、理论教育科、企业思想政治工作科、对外宣传办公室、网络文化办公室7个科室。辖县精神文明建设委员会办公室、县社会科学界联合会、县文化艺术界联合会3个正科级单位。

1991—2015年中共定陶县委宣传部主要负责人任职情况表

表35-1-17

职务	姓名	任职时间	籍贯	备注
部长	陈宝亭	1991.01—1995.01	菏泽市曹县	
	孟平原	1995.01—1997.12	菏泽市东明县	
	李清斌	1998.01—2003.03	菏泽市成武县	
	张继争	2003.03—2007.01	菏泽市鄄城县	
	周福举	2007.01—2011.12	菏泽市单县	
	张　晖	2011.12—	菏泽市鄄城县	女

1991—2015年定陶县精神文明建设委员会办公室主要负责人任职情况表

表35-1-18

职务	姓名	任职时间	籍贯	备注
主任	曲广柱	1991.01—1993.03	定陶县半堤镇	兼
	李天文	1993.03—1999.05	定陶县天中街道	
	王联福	1999.05—2001.09	定陶县陈集镇	
	卢　萍	2002.04—2003.04	定陶县马集镇	女
	车现鹏	2003.12—2005.10	定陶县冉堌镇	
	单长勇	2005.10—2009.03	定陶县冉堌镇	
	陈尔民	2010.12—2012.02	定陶县黄店镇	
	刘景峰	2012.03—	定陶县天中街道	

中共定陶县委统战部　1991年，县委统一战线工作部（简称统战部）内设秘书科、统战科、对台工作办公室、党派宗教科。1993年12月，对台工作办公室撤销，人员职能归并县委统战部。2002年，设立台湾工作办公室，与县委统战部合署办公，挂县政府台湾事务办公室牌子。2009年10月，台湾工作办公室与县委办公室合署办公。2010年，统战部内设办公室、经济统战科和党派宗教科。2015年，机构设置未变。

1991—2015年定陶县委统战部主要负责人任职情况表

表35-1-19

职务	姓名	任职时间	籍贯	备注
部长	杨慎波	1991.01—1992.02	定陶县天中街道	回族
	张永梅	1992.02—1993.12	定陶县陈集镇	女
	朱广奇	1993.12—2001.03	定陶县马集镇	
	李慧敏	2001.03—2005.01	定陶县陈集镇	女
	孔祥坤	2005.01—2011.12	定陶县黄店镇	兼
	王鲁陶	2011.12—	定陶县马集镇	兼

县台湾事务办公室 1993年12月，中共定陶县委对台工作办公室撤销，其人员与职能并入县委统战部。2002年4月，设中共定陶县委台湾工作办公室，与县委统战部合署办公，挂县政府台湾事务办公室牌子。2005年5月从县统战部分出，由县委办公室管理。

1991—2015年定陶县台湾事务办公室主要负责人任职情况表

表35-1-20

职务	姓名	任职时间	籍贯	备注
主任	任万金	1991.09—1993.12	定陶县马集镇	兼
	蒋英俊	2002.04—	定陶县马集镇	

中共定陶县委政法委员会 1991年3月，定陶设立县社会治安综合治理委员会办公室。县委政法委员会设立中共定陶县委打击经济犯罪领导小组办公室，1993年12月撤销，其人员和职能并入检察院。同月，县社会治安综合治理委员会办公室并入县政法委，保留机构名称。1994年2月，与县政法委合署办公。乡镇党委增设政法委员，行政村两委增设治保委员和民事纠纷调解委员会。2004年3月，乡镇设立社会治安综合治理委员会，下设办公室，办公室主任由党委副书记兼任，并配备1名副科级专职副主任。2015年，县委政法委设办公室、调研科和政治处3个科室。

1991—2015年中共定陶县委政法委主要负责人任职情况表

表35-1-21

职务	姓名	任职时间	籍贯
书记	程西魁	1991.01—1998.01	定陶县仿山镇
	卢庆林	1998.01—2000.06	菏泽市东明县
	刘守文	2001.03—2006.03	菏泽市开发区
	乔方臣	2006.03—2013.12	定陶县仿山镇
	孔祥坤	2013.12—	定陶县黄店镇

1991—2015年定陶县社会治安综合治理委员会办公室主要负责人任职情况表

表35-1-22

职务	姓名	任职时间	籍贯	备注
主任	李祥德	1991.09—1993.03	菏泽市开发区	兼
	许鹤松	1993.03—1993.12	定陶县仿山镇	兼
	崔福喜	1994.03—2005.01	定陶县黄店镇	
	赵玉亭	2005.10—2007.06	菏泽市开发区	
	赵学雷	2009.11—2011.03	定陶县冉堌镇	
	刘　立	2011.03—2012.02	定陶县陈集镇	
	刘　彪	2013.03—	定陶县黄店镇	

中共定陶县委党校　1991年，县委党校设办公室、教务室、总务室3个科室。1994年设立函授站。1995年6月设立定陶县行政干部学校，与县委党校实行一个机构两个牌子。同年7月，中共定陶县委党校被山东省编制委员会批准为中专体制。1996年，党校增设函授科、教研室2个科室，各定编3人。1999年12月，党校定编30人。2002年，中共定陶县委党校设办公室、教务处、教研室、函授科、总务处5个内设机构；县委党校为副县级全额事业单位，核定全额事业编制30人，配备党委书记1人，党委副书记1人，校长1人，副校长3人。2007年，中共定陶县委党校被列为参照公务员法管理事业单位。2015年，全校在职教职员25人，下设办公室、教务处、教研室、函数科、总务处等科室。

1991—2015年中共定陶县委党校主要负责人任职情况表

表35-1-23

职务	姓名	任职时间	籍贯	备注
党总支书记	李允祥	1991.01—1993.12	聊城市莘县	
党委书记	晁岱德	1993.12—2006.03	定陶县南王店镇	
	任培华	2006.03—2010.01	江苏省丰县	
	韩宪玉	2010.01—2011.03	定陶县孟海镇	
	许晓生	2011.03—2013.06	定陶县滨河街道	
	刘传龙	2013.06—	定陶县黄店镇	
校长	李允祥	1991.01—1993.12	聊城市莘县	
	晁岱德	1993.12—1996.11	菏泽市定陶县	
	范尚贵	1996.11—1997.12	菏泽市牡丹区	县委副书记兼校长
	赵传山	2000.11—2001.04	菏泽市开发区	县委副书记兼校长
	高艳民	2001.04—2003.04	河南省范县	女，县委副书记兼校长
	段伯汉	2003.04—2006.01	菏泽市巨野县	县委书记兼校长
	王彤宇	2006.01—2011.08	青岛市即墨市	县委书记兼校长
	张毓华	2011.08—2013.06	安徽省南陵县	县委书记兼校长
	张红旗	2013.06—	菏泽市单县	县委书记兼校长

中共定陶县委党史资料征集研究委员会　1991年，中共定陶县委党史资料征集研究委员会为正科级事业单位。2008年，改为参照公务员法管理事业单位。2015年，有编制5人。

1991—2015年中共定陶县委党史资料征集研究委员会主要负责人任职情况表

表35-1-24

职务	姓名	任职时间	籍贯
主任	李洪福	1991.01—1997.01	定陶县杜堂镇
	王士习	1997.01—2002.04	定陶县冉堌镇

续表35-1-24

职务	姓名	任职时间	籍贯
主任	牛运动	2002.04—2011.03	定陶县黄店镇
	傅　鑫	2011.03—	定陶县马集镇

县档案局（馆） 1993年12月，县档案局撤销。1995年6月，设立县档案局，与县档案馆一个机构两个牌子，行使有关行政职能，由县委办公室管理。2002年8月，县档案馆挂县档案局牌子，隶属县委办公室，授权行使有关行政管理职能。2015年，编制11人，其中高级职称4人，中级职称3人。内设办公室、档案管理股、业务指导股、编研股、现行文件资料服务中心。

1991—2015年定陶县档案局（馆）主要负责人任职情况表

表35-1-25

职务	姓名	任职时间	籍贯	备注
局长	李效文	1991.01—1991.09	定陶县黄店镇	
	刘宗魁	1991.09—2002.04	定陶县杜堂镇	
	刘　杰	2006.12—2012.02	定陶县冉堌镇	
	崔　炜	2012.03—	定陶县杜堂镇	
馆长	李保信	1987.08—1993.05	菏泽市开发区	兼
	刘宗魁	1993.12—1999.05	定陶县杜堂镇	兼
	杜秀忍	1999.05—2001.03	菏泽市巨野县	女
	贾崇魁	2002.04—2006.12	定陶县冉堌镇	
	刘　杰	2006.12—2012.02	定陶县冉堌镇	
	崔　炜	2012.03—	定陶县杜堂镇	

附：中共定陶县委下派干部管理办公室　1990年5月设立，1993年12月撤销，其人员职能归并县委组织部。

主任：王学军（兼）　1991.01—1993.12

中共定陶县委打击经济犯罪领导小组办公室　1991年3月设立，1993年12月撤销，其人员职能归并县检察院。

主任：路杰奎（兼）　1991.09—1993.03

李荫彤（兼）　1993.03—1993.12

第二节　定陶县人大常委会工作机构

县人大常委会内设机构 2015年，县人大常委会内设办公室、研究室、人事工作室、来信来访工作室、财政经济工作委员会、内务司法工作委员会、教育科学文化卫生人口工作委员会、农业与农村工作委员会、预算工作委员会、民族侨务外事工作委员会、城乡建设与环境保护工作委员会、老干部服务中心。

1991—2015年定陶县人大常委会办公室主要负责人任职情况表

表35-1-26

职务	姓名	任职时间	籍贯
主任	韩庆清	1991.01—1993.03	定陶县张湾镇
	何卫国	1993.03—1998.04	定陶县黄店镇
	袁绍林	1998.04—2010.03	定陶县冉堌镇
	任志法	2010.03—	定陶县南王店镇

1991—2015年定陶县人大常委会研究室主要负责人任职情况表

表35-1-27

职务	姓名	任职时间	籍贯
主任	王奉波	2006.08—2008.04	定陶县马集镇
	韩东升	2008.04—2011.03	定陶县天中街道
	王　峰	2011.03—2015.06	山东省招远市

1991—2015年定陶县人大常委会人事代表工作室主要负责人任职情况表

表35-1-28

职务	姓名	任职时间	籍贯	备注
主任（科长）	王保芬	1991.01—1995.01	菏泽市单县	
	岳　蕴	1995.01—2006.01	菏泽市单县	女
	陈衍存	2006.08—2007.06	定陶县黄店镇	
	王义耀	2007.06—	定陶县黄店镇	

1991—2015年定陶县人大常委会来信来访工作室主要负责人任职情况表

表35-1-29

职务	姓名	任职时间	籍贯	备注
主任（科长）	薛知梅	1991.01—1992.03	定陶县半堤镇	女
	任爱荣	1995.01—1997.02	定陶县马集镇	女
	鲍加玉	1997.06—2002.04	菏泽市成武县	
	陈衍存	2002.04—2006.08	定陶县黄店镇	
	苏新慧	2006.08—2009.12	定陶县天中街道	女
	张俊英	2011.03—	定陶县冉堌镇	

1991—2015年定陶县人大常委会内务司法工作委员会主要负责人任职情况表

表35-1-30

职务	姓名	任职时间	籍贯
主任（科长）	王昌玉	1991.01—1993.03	山东省济宁市
	刘相福	1998.04—2003.12	山东省肥城市
	刘耀军	2008.12—2009.03	山东省寿光市
	李彦君	2011.03—	山东省济宁市

1991—2015年定陶县人大常委会财政经济工作委员会主要负责人任职情况表

表35-1-31

职务	姓名	任职时间	籍贯	备注
主任（科长）	郭淑兰	1991.01—1991.03	山东省高密市	女
	杨慎江	1993.03—1997.02	定陶县天中街道	回族
	何晓步	1997.06—2008.12	定陶县黄店镇	
	曲建伟	2011.03—2015.06	定陶县半堤镇	
	单　玲	2015.06—	定陶县冉堌镇	女

1991—2015年定陶县人大常委会教育科学文化卫生工作委员会主要负责人任职情况表

表35-1-32

职务	姓名	任职时间	籍贯	备注
主任（科长）	王连珍	1992.03—1997.03	定陶县	女
	王海宽	1997.07—1998.04	定陶县仿山镇	
	王德存	1998.04—	定陶县天中街道	

1991—2015年定陶县人大常委会农业与农村工作委员会主要负责人任职情况表

表35-1-33

职务	姓名	任职时间	籍贯
主任	王凤德	1991.01—1993.03	定陶县张湾镇
	闫照合	1993.03—2002.04	定陶县冉堌镇
	万鲁岱	2002.04—2005.01	定陶县南王店镇
	王永亮	2007.06—2015.06	定陶县黄店镇
	曹国清	2015.06—	定陶县孟海镇

老干部服务中心

主任：孙保林　2011.03—

预算工作委员会

主任：苏　颖（女）2015.03—

民族侨务外事工作委员会

主任：王志强　2015.03—

城乡建设与环境保护工作委员会

主任：王　峰　2015.03—

第三节　定陶县人民政府工作部门

1991年，县政府工作部门有68个（不含公、检、法、司）。1993年12月实行机构改革，其工作部门为25个。2002年，定陶县进行党政机构改革，调整后的政府工作部门为25个。定陶县机构多次进行改革，县政府工作部门组织机构变化较大。至2015年，县政府工作部门有 24 个。

县人民政府办公室　1991年，县政府办公室的内设机构有秘书科、机要科、政务科、调研科、文书科、农情科、行管科，设立县政府法制局、县政府调研室。1992年，设立县机关事务管理站。1993年，根据县委、县政府《关于县直党政机构改革的实施方案》，县编委印发《定陶县县直党政群机关“四定”方案》，明确了县政府办公室工作职能：综合协调、政策调研、政府文牍、工作督查、政务信息、行政法制事务、经济体制改革、管理政府机关事务和对外接待。1997年5月，设立督查室。1998年1月，设立综合室。2002年7月，县政府办公室内设机构有县政府综合调研室、县政府督查办公室、县政府法制办公室，均为正科级单位。下属事业单位有县东西结合办公室、县铁路工作办公室（正科级），县委、县政府接待处（正科级），县政府招待所（副科级）。2006年7月，设立县加快发展办公室，和县东西结合办公室一个机构两个牌子。2007年4月，设立县长公开电话受理中心。2010年，县政府办公室设置综合股、文秘股、信息股、行政股、接待股、电子政务股、保卫股、政府值班室8个职能股室；县政府综合调研室、县政府督查办公室、县政府法制办公室、县加快发展办公室（县东西结合办公室）4个正科级行政科室；县长公开电话受理中心、县公有资产运营管理办公室、县铁路工作办公室、县人民政府接待处4个正科级事业单位。2011年3月，设立县应急管理办公室。8月，设立县人民政府食品安全工作办公室。2013年4月，由县政府接待处与县机关事务服务中心合并成立县机关事务管理局。同时成立金融工作办公室，撤销县铁路工作办公室。

1991—2015年定陶县人民政府办公室主要负责人任职情况表

表35-1-34

职务	姓名	任职时间	籍贯
主任	陈启忠	1991.01—1995.06	定陶县天中街道
	席福亮	1995.06—1999.05	定陶县滨河街道
	王鲁陶	1999.05—2004.03	定陶县马集镇
	陈海棠	2004.03—2011.03	菏泽市鄄城县
	杨汝增	2011.03—2012.05	定陶县黄店镇
	刘敏魁	2012.05—	定陶县南王店镇

1998—2015年定陶县人民政府综合室主要负责人任职情况表

表35-1-35

职务	姓名	任职时间	籍贯
主任局长（主任）	王洪钦	1998.04—2002.04	菏泽市鄄城县
	赵道春	2002.04—2006.12	定陶县陈集镇
	孙学启	2007.06—2010.02	定陶县陈集镇
	耿继安	2011.03—	定陶县半堤镇

1997—2015年定陶县人民政府督查室主要负责人任职情况表

表35-1-36

职务	姓名	任职时间	籍贯	备注
主任	程玉芹	1997.06—2002.04	定陶县仿山镇	
	何利民	2002.04—2005.10	定陶县黄店镇	
	刘敏杰	2005.10—2009.06	定陶县南王店镇	
	杜玉章	2010.02—2012.09	菏泽市巨野县	
	李　敏	2012.09—	定陶县滨河街道	女

2007—2015年定陶县人民政府县长公开电话受理中心主要负责人任职情况表

表35-1-37

职务	姓名	任职时间	籍贯	备注
主任	陈海棠	2007.04—2011.03	菏泽市鄄城县	兼
	冯江华	2011.03—2013.03	定陶县张湾镇	副主任主持工作
	冯江华	2013.03—	定陶县张湾镇	

2006—2015年定陶县加快发展办公室主要负责人任职情况表

表35-1-38

职务	姓名	任职时间	籍贯
主任	魏忠诚	2006.07—2007.12	定陶县张湾镇
	胡天亮	2011.03—	定陶县孟海镇

县应急管理办公室主要负责人任职情况表

表35-1-39

职务	姓名	任职时间	籍贯
主任	张同庆	2014.10—	定陶县黄店镇

县人民政府食品安全工作办公室　2011年8月，设立县人民政府食品安全工作办公室。2014年2月，县人民政府食品安全工作办公室并入县食品药品安全监督管理局。

2011—2015年食品安全工作办公室主要负责人任职情况表

表35-1-40

职务	姓名	任职时间	籍贯	备注
主任	李　敏	2012.03—2012.09	定陶县滨河街道	女
	张广桥	2012.09—2014.02	定陶县陈集镇	

县机关事务管理局　1992年2月，设立县人民政府接待处、县机关事务管理站。1993年12月接待处撤销，其人员职能归并县政府办公室，县机关事务管理站改设为县机关事务服务站；1995年6月改设为县机关事务服务总公司。1997年6月复设县人民政府接待处。2011年7月县机关事务服务总公司更名为县机关事务服务中心，属县委、县政府双重管理。2013年4月接待处与机关事务服务中心合并成立县机关事务管理局。

定陶县机关事务管理局主要负责人任职情况表

表35-1-41

职务	姓名	任职时间	籍贯	备注
主任	陈海棠	1997.06—2011.03	菏泽市鄄城县	兼
	樊国庆	2011.03—	安徽省砀山县	

县人民政府法制办公室　县人民政府法制办公室是县政府的法制工作机构，是县政府领导依法行政工作的参谋、助手和法律顾问，负责对全县法治政府建设，推进依法行政，进行规划、指导、协调、监督和服务。其前身是县法制局。1991年，设置县法制局，规格为正科级行政机构，编制5人，隶属县人民政府办公室。1994年机构改革，县法制局撤销，改设为县人民政府办公室法制办公室，规格为股级行政机构。1999年5月，县人民政府办公室法制办公室升格为县人民政府法制办公室，副科级行政机构，行政编制5人。2001年7月，县人民政府法制办公室升格为正科级行政机构，隶属县政府办公室，编制5人。2013年10月，县政府成立行政复议办公室，在法制办加挂牌子。2014年12月，县政府成立县政府法律顾问办公室。2015年3月，菏泽仲裁委定陶联络处在定陶县成立。2015年8月，县人民政府办公室加挂县人民政府法制办公室牌子，规格与编制未变。

1991—2015年定陶县人民政府法制办公室主要负责人任职情况表

表35-1-42

职务	姓名	任职时间	籍贯	备注
主任	黄贤军	1999.05—2001.07	定陶县黄店镇	副科级单位
		2002.04—2005.10		
	郑艳丽	2005.10—2009.12	山东省济宁市	女
	冯玉恩	2011.03—	菏泽市曹县	

县法制局　正科级单位。1990年3月设立，1993年12月撤销，其人员职能归并县政府办公室。

局长：鞠世才（兼）1990.04—1993.12

县监察局　1987年成立，1993年5月与县纪委合署办公。

1991—2015年定陶县监察局主要负责人任职情况表

表35-1-43

职务	姓名	任职时间	籍贯
局长	李春柱	1991.01—1998.04	定陶县陈集镇
	赵庆泉	1998.04—2003.03	定陶县张湾镇
	阎世瑞	2003.03—2012.02	定陶县黄店镇
	刘金生	2012.03—	定陶县黄店镇

县纠正部门和行业不正之风办公室　1998年2月设立，与县监察局实行一个机构两个牌子。

1998—2015年定陶县纠正部门和行业不正之风办公室主要负责人任职情况表

表35-1-44

职务	姓名	任职时间	籍贯	备注
主任	赵庆泉	1998.02—2003.12	定陶县张湾镇	兼
	孙德臣	2003.12—	定陶县马集镇	

县政务服务中心管理办公室　2012年12月1日，县政务服务中心管理办公室于投入运行，2013年4月26日，设管理机构，名称为县政务服务中心管理办公室（以下简称中心），为正科级行政单位，县政府派出机构。中心机关行政编制12人。内设综合股、管理股、督查股3个股室，主要职责是代表县政府负责中心的日常管理、监督、协调、服务及部门派驻人员考核等方面的工作。同时设立县公共资源交易中心，为县政务服务中心管理办公室所属的副科级财政拨款事业单位，统筹负责县域内的公共资源交易管理，编制5人。

定陶县政务服务中心管理办公室主要负责人任职情况表

表35-1-45

职务	姓名	任职时间	籍贯
主任	田瑞强	2014.12—	定陶县黄店镇

县铁路工作办公室　1992年设立县支援铁路建设办公室，为临时机构。1997年5月改为常设机构，更名为县铁路工作办公室。2002年4月，隶属县政府办公室。2013年4月，县铁路工作办公室撤销。

1992—2013年定陶县铁路工作办公室主要负责人任职情况表

表35-1-46

职务	姓名	任职时间	籍贯	备注
主任	孙建华	1992.08—1998.04	济宁市鱼台县	
	王俊卿	1998.04—2002.04	定陶县仿山镇	
	张华春	2005.10—2006.12	定陶县冉堌镇	兼
	葛　斌	2007.06—2011.03	安徽省砀山县	

县经济体制改革办公室　正科级单位。1992年2月，县经济体制改革委员会办公室更名为县经济体制改革委员会，1993年12月撤销，其人员职能归并县政府办公室。1998年1月，复设，改称为县经济体制改革办公室，隶属县经贸委。2002年改由县政府办公室管理。2006年7月撤销。

1991—2006年定陶县经济体制改革办公室主要负责人任职情况表

表35-1-47

职务	姓名	任职时间	籍贯
主任	王广臣	1991.01—1993.12	定陶县马集镇
	魏忠诚	1998.04—2006.07	定陶县张湾镇

县志编纂委员会办公室　县志编纂委员会成立于1982年，分管副县长兼主任，下设办公室，为副科级事业单位。1990年5月升格为正科级单位，隶属县政府办公室管理。2011年后，由县长兼任主任，县委书记为名誉主任，下设办公室。2015年，有编制7人，其中，副编审1人，编辑1人，助理编辑3人，事业管理人员2人。

1991—2015年定陶县县志办公室主要负责人任职情况表

表35-1-48

职务	姓名	任职时间	籍贯
主任	李应松	1991.01—2002.04	定陶县陈集镇
	李文存	2002.04—	菏泽市开发区

县旅游局　县旅游局（挂县第三产业服务中心牌子）成立于2002年10月，隶属县政府办公室，为正科级全额事业单位，核定全额事业编制7人，配备局长1人，副局长2人。2010年4月，中共定陶县委、定陶县人民政府根据《关于定陶县人民政府机构改革的实施意见》，将县第三产业服务中心的三产服务职能划入县发展和改革局。

2002—2015年定陶县旅游局主要负责人任职情况表

表35-1-49

姓名	任职时间	籍贯
赵西启	2002.10—2005.01	定陶县冉堌镇
张朝德	2005.07—2008.12	定陶县陈集镇
刘　恺	2011.03—	定陶县马集镇

县民族宗教事务局（县外事侨务民族办公室） 1990年1月，县外事侨务民族办公室升格为正科级，由县政府办公室管理。1993年1月撤销，其民族宗教职能归并县委统战部，其余仍归县政府办公室。1996年11月，设立县民族宗教侨务办公室。2002年4月，更名为民族宗教事务局，为县政府直属事业单位，加挂县外事侨务办公室牌子。

1991—2015年定陶县民族宗教事务局（县外事侨务办公室）主要负责人任职情况表

表35-1-50

职务	姓名	任职时间	籍贯	备注
局长（主任）	裴洪礼	1991.01—1996.11	定陶县马集镇	
	戚　鹏	1996.11—2009.12	定陶县天中街道	兼
	李　亚	2010.02--	定陶县天中街道	回族

县发展和改革局 县发展和改革局前身为县计划委员会。1991年，县计划委员会内设秘书股、农业股、工业股、物资股4个股室。1993年12月，经济研究中心和农业区划委员会办公室撤销，职能归并县计划委员会。1997年，农业区划委员会办公室职能移交县农业局。2002年5月，县计划委员会更名为县发展计划局，矿产资源监督管理办公室划归县国土资源局。2005年6月，县重点项目办公室恢复设立，为正科级行政单位，隶属县发展计划局。2006年12月，县发展计划局更名为县发展和改革局（简称发改局）。2010年，县发改局内设办公室、固定资产投资股、工业股、农业股共4个股室，辖重点项目办公室（正科级单位）、信息中心（副科级单位）。2011年1月设立服务业发展办公室（副科级单位）。2015年，县发改局机构编制未变。

1991—2015年定陶县发展和改革局（计划委员会、发展计划局）主要负责人任职情况表

表35-1-51

职务	姓名	任职时间	籍贯
主任（局长）	时华镇	1991.01—1993.02	济南市长清县
	杨洪德	1993.03—2001.02	定陶县仿山镇
	任会路	2001.03—2009.12	定陶县半堤镇
	赵玉亭	2009.12—2011.04	菏泽市开发区
	滑喜良	2011.04—	定陶县张湾镇

2005—2015年定陶县重点项目管理办公室主要负责人任职情况表

表35-1-52

职务	姓名	任职时间	籍贯	备注
主任	任会路	2005.06—2006.12	定陶县半堤镇	兼
	董祥斌	2006.12—2008.12	定陶县仿山镇	
	许永宏	2011.03—	菏泽市郓城县	

县经济战略研究中心　正科级单位。1993年12月撤销，其人员职能归并县计划委员会。

主任：时华镇（兼）1991.01—1992.02

杨洪德（兼）1992.02—1993.03

王宝玉（兼）1993.02—1993.12

县经济和信息化局　1993年12月，县经济委员会更名为县经济贸易委员会，为行政正科级单位。1999年5月，县经济技术开发总公司并入。2011年7月，设立县工业经济运行调度室，隶属县经济贸易委员会。2002年4月，撤销县经济贸易委员会，成立县经济贸易局。2002年4月至2005年11月加挂县对外经济贸易局牌子。2010年4月，组建县经济和信息化局，挂县商务局牌子。县经济贸易局（县对外贸易经济合作局）的职责划入县经济和信息化局，不再保留县经济贸易局。至2015年，县经济和信息化局下设办公室、政工股、调度室、节能办公室、技术改造办公室和企业管理股等6个股室，职工49人。

1991—2015年定陶经济和信息化局（经委、经贸局）主要负责人任职情况表

表35-1-53

职务	姓名	任职时间	籍贯
局长	张顺松	1991.01—1997.06	山东省泰安市
	孔庆雪	1997.06—2005.01	定陶县仿山镇
	胡修良	2005.05—2009.12	定陶县半堤镇
	孙学启	2010.02—	定陶县陈集镇

2001—2015年定陶县工业经济运行调度室主要负责人任职情况表

表35-1-54

职务	姓名	任职时间	籍贯
主任	胡修良	2002.08—2007.05	定陶县半堤镇
	袁文颇	2007.05—2009.12	聊城市莘县
	刁海燕	2011.03—2014.03	定陶县马集镇
	李宗平	2014.11—	定陶县黄店镇

县重点项目建设办公室（县经济技术开发公司）　1991年3月设立县重点项目建设办公室，正科级单位。1992年7月和设立的县经济技术开发公司为一个机构两个牌子，由县经贸委代管。县重点项目建设办公室于1993年12月撤销。县经济技术开发公司于1999年5月并入县经贸委。

1991—1999年定陶县重点项目建设办公室（县经济技术开发公司）主要负责人任职表

表35-1-55

职务	姓名	任职时间	籍贯	备注
主任（经理）	杨慎江	1991.03—1993.03	定陶县天中街道	兼，回族
	张家平	1993.03—1997.06	定陶县冉堌镇	
	王松格	1997.06—1999.05	定陶县冉堌镇	

县工业总公司（县工业局） 1992年10月，定陶县设立县工业总公司，与县工业局一个机构两个牌子。1993年12月，撤销县工业局，县工业总公司改为企业性经济实体，行政管理职能归并县经贸委，正科级单位。2002年4月，县二轻工业总公司并入县工业总公司，由企业性经济实体改为事业单位。2015年，县工业总公司下设办公室、财务科、计生办、政工科、职工档案室等5个科室，辖企业留守处1个，有干部职工24人。

1991—2015年定陶县工业总公司（工业局）主要负责人任职情况表

表35-1-56

职务	姓名	任职时间	籍贯
总经理（局长）	王化一	1991.01—1995.04	定陶县张湾镇
	孔庆运	1995.04—1998.04	定陶县天中街道
	李昌一	1998.04—2002.04	菏泽市牡丹区
	彭宏启	2010.04—2012.02	定陶县孟海镇
	曲兆军	2012.03—	定陶县冉堌镇

县二轻工业总公司（县二轻工业局） 1992年10月，成立县二轻工业总公司，与县二轻工业局一个机构两个牌子。1993年12月，撤销二轻工业局，县二轻工业总公司改为企业性经济实体，行政管理职能归并县经贸委。2002年4月，并入县工业总公司。

1991—2002年定陶县二轻工业总公司（二轻工业局）主要负责人任职情况表

表35-1-57

职务	姓名	任职时间	籍贯	备注
总经理（局长）	王景连	1991.01—1993.03	定陶县冉堌镇	
	李长会	1993.03—1995.11	定陶县天中街道	回族
	董广增	1995.11—1998.04	菏泽市牡丹区	
	彭宏启	1998.04—2002.04	定陶县孟海镇	

县对外经济贸易委员会 前身为县对外经济委员会，正科级单位。1991年3月由行政改为事业单位。1993年12月更名为县对外经济贸易委员会。2002年4月撤销。

1991—2002年定陶县对外经济贸易委员会主要负责人任职情况表

表35-1-58

职务	姓名	任职时间	籍贯
主任	赵良臣	1991.01—1998.04	菏泽市单县
	于本清	1998.04—1999.05	山东省文登市
	路绍振	1999.05—2002.04	定陶县黄店镇

县财政贸易委员会 1995年3月设立县财政贸易办公室，正科级单位。属县经贸委管理。1998年1月更名为县财政贸易委员会。2002年4月撤销。

1995—2002年定陶县财政贸易委员会主要负责人任职情况表

表35-1-59

职务	姓名	任职时间	籍贯	备注
主任	于本清	1995.03—1998.01	山东省文登市	兼
	李玉堂	1998.04—2001.03	定陶县天中街道	

菏泽进出口商品检验检疫局定陶办事处 1992年9月设立，正科级单位，隶属对外经济贸易委员会。1999年5月撤销。

1992—1999年菏泽进出口商品检验检疫局定陶办事处主要负责人任职情况表

表35-1-60

职务	姓名	任职时间	籍贯
主任	程玉芹	1992.09—1997.05	定陶县仿山镇
	马　良	1997.06—1998.05	定陶县马集镇

县商务局 2002年4月，设立县对外经济贸易服务中心。2005年11月，改设为县对外经济贸易局。2010年4月组建县商务局，县对外经济贸易局整体建制划入。2011年4月，县发展和改革局的三产服务职能划入县商务局。

2002—2015年定陶县商务局主要负责人任职情况表

表35-1-61

职务	姓名	任职时间	籍贯	备注
局长（主任）	裴　龙	2002.04—2005.01	定陶县马集镇	
	王鲁陶	2005.10—2006.12	定陶县马集镇	兼
	刘　康	2006.12—	定陶县滨河街道	

县对外贸易总公司　1992年10月，成立县对外贸易总公司，和县外贸局为一个机构两个牌子。1993年12月，县外贸局撤销，总公司改为企业性经济实体，行政管理归并县经济贸易局。1998年4月，县对外贸易总公司撤销。2000年4月恢复。

1991—2012年定陶县对外贸易总公司主要负责人任职情况表

表35-1-62

职务	姓名	任职时间	籍贯
局长（总经理）	杨坡山	1991.01—1993.03	菏泽市牡丹区
	贾继勇	1993.03—2000.07	定陶县杜堂镇
	张广平	2000.07—2005.07	菏泽市马岭岗镇
	曲兆军	2005.07—2012.02	定陶县冉堌镇

县中小企业局　1991年，县乡镇企业局编制10人，内设办公室、技改股、会统股、政工股4个股室。1992年10月，设立县乡镇企业总公司，与县乡镇企业局实行一个机构两个牌子。1993年12月，撤销县乡镇企业总公司。1999年10月，成立县个体私营经济发展局，与县乡镇企业局实行一个机构两个牌子。2002年4月，县个体私营经济发展局撤销，县乡镇企业局更名为县民营经济服务中心，为正科级事业单位，编制10人，内设办公室、政工股和技改股3个股室。2011年11月，县民营经济服务中心更名为县中小企业局，编制9人，内设办公室、政工股、业务股3个股室。2015年，定陶县中小企业局机构编制未变。

1991—2015年定陶县县中小企业局

（乡镇企业局、个体私营经济发展局、县民营经济服务中心）主要负责人任职情况表

表35-1-63

职务	姓名	任职时间	籍贯
局长（主任）	邵先亮	1991.01—1998.04	定陶县陈集镇
	张善甲	1998.04—1999.05	定陶县陈集镇
	万鲁岱	1999.05—2002.04	定陶县南王店镇
	张家平	2002.04—2005.05	定陶县冉堌镇
	刘明放	2005.05—2011.01	定陶县马集镇
	王化文	2011.01—2012.02	定陶县南王店镇
	刘学军	2012.03—	聊城市茌平县

县教育局　县教育局位于定陶城区东丰路中段路北。1990年，各乡镇设乡镇中心校，为股级事业单位，负责管理本乡镇教育工作，后初中逐步单列为股级事业单位，与乡镇中心校并列。1993年12月，县教育局更名为县教育委员会。1994年，各乡镇中心校改为乡镇教育委员会。1996年11月，县教育委员会成立县教育委员会财务结算服务中心。2002年4月，县教育委员会更名为县教育局。2003年底，因旧城改造，教育局迁至城中路中段路南。2005年5月，各乡镇教育委员

会改为乡镇中心学校，教委主任改为中心校长，职责不变。同年，县教育局下设办公室、计财股、政工股、基础教育股、成教职教股5个行政股室。另外，教育局设有教研室、招生办、自考办、函授站、托幼办、校产办、仪器站、勤俭办、教育工会、计生办、妇联、老干股、史志办、少先队、电大站、结算中心等业务机构。2015年，县教育局下设办公室、政工股、基础教育股、计财股、成职教办公室等5个股室。事业单位有县教研室、财务结算中心、职业教育教研室、函授站、招生办公室、自学考试办公室、仪器站、校产管理办公室、团委、托幼办、勤俭办、校产办、教育工会、体卫艺股、老干部股、纪检监察室、学生资助中心、语言文字办公室、教师培训中心、关爱留守儿童办公室等20个单位。

1991—2015年定陶教育局主要负责人任职情况表

表35-1-64

职务	姓名	任职时间	籍贯
局长	杨绪清	1991.01—1992.02	菏泽市单县
	张宪礼	1992.02—2004.03	定陶县滨河街道
	王鲁陶	2004.03—2005.01	定陶县马集镇
	孔祥训	2005.01—2010.02	定陶县仿山镇
	杨汝增	2010.02—2011.03	定陶县黄店镇
	陈承杰	2011.03—	定陶县黄店镇

县人民政府教育督导室　1995年6月设立，为正科级事业单位，由县教育局代管。负责对本行政区域内贯彻执行教育法律、法规、方针、政策的情况进行督导检查；负责制定全县中小学的督导评估标准，并不断加以完善。负责做好中小学、幼儿园的督导检查和建设教育强县的相关工作；推进依法治教、依法治校工作，规范教育管理各类规章制度；检查指导学校的依法治理工作。为领导决策提供法律、法规和政策依据；会同有关部门对教育改革和发展的一些重大问题进行专项调查研究，提出对策和意见；会同有关科室做好教育规范性文件的研究、起草工作。

1995—2015年定陶县教育督导室主要负责人任职情况表

表35-1-65

职务	姓名	任职时间	籍贯	备注
主任	刘宪明	1995.11—1997.02	定陶县南王店镇	兼
	曲广柱	1997.06—1998.04	定陶县半堤镇	兼
	马　良	1998.04—2001.03	定陶县马集镇	兼
	王秋见	2001.03—2009.12	定陶县冉堌镇	兼
	田永强	2011.03—	定陶县天中街道	兼

县科学技术局 1991年，县科学技术委员会（简称县科委）下辖办公室、科学技术开发服务中心、“双放”办公室、科技情报站，有工作人员14人。1994年春，职称评审工作职能移交给县人事局，县科委职称办随之撤销。1996年，成立县科技工作领导小组，健全科技组织，开展科研活动。1999年，县科委设有办公室、计划股、综合股、技术市场股。2002年4月，县科委改称县科学技术局，设立县知识产权管理办公室。2013年6月，成立县知识产权局，与县科技局一个机构两个牌子。2015年，县科技局设办公室、科技管理股，下辖知识产权管理办公室、技术市场管理办公室、科技开发服务中心。有干部职工18人。

1991—2015年定陶县科技局主要负责人任职情况表

表35-1-66

职务	姓名	任职时间	籍贯
主任（局长）	王广德	1991.01—1993.03	定陶县马集镇
	李慧敏	1993.03—1993.12	定陶县陈集镇
		1995.06—1998.12	
	祝兴才	1998.12—2002.04	定陶县冉堌镇
	卢冠军	2002.04—2007.06	菏泽市曹县
	刘占民	2007.06—	定陶县南王店镇

县地震局 1991年，县地震办公室为县科委内设股级机构。2003年5月16日，成立县地震局。为正科级全额事业单位，隶属县科技局。2012年2月21日，为县政府直属管理。2015年，县地震局有干部职工5人。

2003—2015年定陶县地震局主要负责人任职情况表

表35-1-67

职务	姓名	任职时间	籍贯	备注
局长	李　菊	2003.05－2008.12	菏泽市开发区	女
	陈志军	2008.12—	定陶县黄店镇	

县公安局 1991年，县公安局内设政保股、治安股、预审股、办公室、政工股、内保股、刑警队、行管股、政研室、纪检组、户政股、消防中队、交警队13个股室。下辖城区、张湾、南王店、冉堌、定陶镇、陈集、保宁、孟海、黄店、邓集、力本屯、马集、半堤、杜堂、东王店、姑庵、王双楼、田集、游集、一千王20个派出所和看守所、拘留所。1995年成立县公安局刑警大队，为副科级单位，同时撤销县公安局刑警队。1996年，政研室改为法制科，内保科改为经保科，其他各股均改为科。新成立信访控申股、审计股，均为股级单位。成立指挥中心、巡警大队，均为副科级单位，指挥中心下设秘书科、行管科、通讯科、控申科、指挥调度室。巡警大队下设3个中队，1个秘书股。同时撤销县公安局巡警队，信访控申股并入指挥中心。1997年5月，县公安局刑警大队下设刑事警察一中队、二中队、三中队，秘书股、技术股。1998年，成立警务督察室、经济文化保卫股、外事管理股、刑警第四中队、第五中队、预审中队，均为股级单位，同

时撤销内保股、预审股。2001年3月，经济文化保卫科更名为经济文化保卫大队，政保科更名为国内安全保卫大队，治安科更名为治安警察大队，机构规格不变。2001年6月，县公安局成立428办公室，为股级单位。同年，依据定陶县乡镇机构改革方案，撤销姑庵、王双楼、田集、一千王、邓集、游集、力本屯7处派出所。姑庵派出所并入黄店派出所，王双楼、田集派出所并入冉堌派出所，一千王派出所并入张湾派出所，邓集、游集2处派出所合并称仿山派出所，力本屯派出所并入马集派出所。至此，全县共计12处公安派出所。2002年6月，中共定陶县公安局委员会成立，同时撤销定陶县公安局党组、党总支。2004年8月18日，县公安局政工股更名为县公安局政治处，机构规格不变。2004年10月11日，县公安局城区派出所更名为县公安局西城派出所，县公安局定陶镇派出所更名为东城派出所。2004年12月，成立县公安局妇联、中国共产主义青年团山东省定陶县公安局委员会，均为股级单位。县计算机监察股加挂县公安局公共信息网络安全监察大队牌子。2005年10月，成立县公安局定陶（烟台）工业园派出所，股级单位。11月，县公安局治安警察大队、经济文化保卫大队、国内安全保卫大队、监所管理大队（看守所）、政治处，调整为副科级机构。2006年3月，县公安局外事科更名为县公安局出入境管理科，县公安局经济文化保卫大队更名为县公安局经济犯罪侦察大队。2010年3月出入境管理科更名为出入境管理大队，指挥中心加挂办公室牌子。2010年，成立县公安局城市管理警察大队。2012年5月成立县公安局人民警察培训中心和县公安局县级机关保卫大队。2014年11月，增设禁毒大队、食品药品与环境犯罪侦查大队、图侦大队、审计科、民意主导警务办公室，均为股级机构，同时，撤销刑警大队缉毒中队、治安大队机动中队、法制大队第三中队、指挥中心图侦技术队和刑事技术大队照相室。至2015年底，县公安局共辖24个科、所、队、室，即指挥中心、国内安全保卫大队、刑事侦查大队、刑事技术大队、经济犯罪侦查大队、治安管理大队、巡逻特警大队、网络安全保卫大队、法制大队、警务督察大队、出入境管理大队、信访科、政治处、警务保障处、看守所、拘留所、城市管理警察大队、人民警察培训中心、县级机关保卫大队、禁毒大队、食品药品与环境犯罪侦查大队、图侦大队、审计科、民意主导警务办公室。派出机构有东城、西城、冉堌、黄店、马集、陈集、仿山、杜堂、半堤、孟海、张湾、南王店等12个派出所。

1991—2015年定陶县公安局主要负责人任职情况表

表35-1-68

职务	姓名	任职时间	籍贯
局长	毕研成	1991.01—1991.12	菏泽市巨野县
	程西魁	1991.12—1994.01	定陶县仿山镇
	邹文胜	1994.01—1995.09	山东省栖霞市
	杨春景	1995.09—1999.02	菏泽市开发区
	董　林	1999.02—2004.06	菏泽市曹县
	毕经福	2004.07—2009.03	巨野县章缝镇
	赵　琦	2009.03—2011.02	成武县张楼
	李　勤	2011.02—	菏泽市鄄城县

1991—2015年定陶县公安局政委任职情况表

表35-1-69

职务	姓名	任职时间	籍贯
政委	李荫彤	1991.01—1991.12	定陶县马集镇
	邹文胜	1991.12—1993.12	山东省栖霞市
	刘士一	1993.12—2001.03	菏泽市牡丹区
	孔跃进	2001.03—2001.05	定陶县滨河街道
	张亚春	2001.05—2004.09	菏泽市成武县
	李守英	2004.10—2011.02	菏泽市牡丹区
	谢怀标	2011.02—	菏泽市单县

县司法局 1991年，县司法局内设办公室、政工股、调研室、法制宣传股、基层调解管理股、律师事务所、公证处，辖19处乡镇司法管理所。2000年9月，设立“148”协调指挥中心和法律援助中心；律师事务所脱钩改制。至2015年，县司法局共有7个股室和12个司法所，分别为：办公室、基层股、法宣股、政工股、“148”协调指挥中心、法律援助中心、公证处、天中司法所、滨河司法所、半堤司法所、杜堂司法所、仿山司法所、黄点司法所、马集司法所、孟海司法所、南王店司法所、冉堌司法所、张湾司法所、陈集司法所。

1991—2015年定陶县司法局主要负责人任职情况表

表35-1-70

职务	姓名	任职时间	籍贯
局长	游聚臣	1991.01—1999.10	定陶县仿山镇
	盛选印	1999.10—2003.03	定陶县杜堂镇
	张　凯	2003.03—2005.03	定陶县定陶镇
	袁甲亮	2005.10—2012.02	定陶县冉堌镇
	付　强	2012.02—	定陶县黄店镇

县民政局 2001年，县民政局由菏商路西迁至县武装部街北段路西。2010年10月，由武装部街搬迁至府前大道东段，占地面积6700平方米，建筑面积4900平方米，楼层6层。内设办公室、救灾救济股、优抚股、安置办、社会事务股、基层政权股、福利股等7个职能科室；下设最低生活保障办公室、军休所、计财中心、移风易俗稽查队、福彩中心、地名办、救助站、婚姻登记处、烈士陵园、殡仪馆等10个事业股室。

1991—2015年定陶县民政局主要负责人任职情况表

表35-1-71

职务	姓名	任职时间	籍贯
局长	何淑俊	1991.01—2001.01	定陶县黄店镇
	刘学省	2001.01—2005.01	菏泽市成武县
	郭效本	2005.01—2008.01	定陶县孟海镇
	许晓生	2008.01—2011.03	定陶县滨河街道
	聂志刚	2011.03—	定陶县滨河街道

县双拥工作办公室　2005年6月，设立县双拥工作办公室。

2005—2015年定陶县双拥办公室主要负责人任职情况表

表35-1-72

职务	姓名	任职时间	籍贯	备注
主任	郭效本	2006.06—2006.12	定陶县孟海镇	兼
	马常斌	2006.12—2007.06	定陶县陈集镇	
	李怀进	2008.04—2009.12	定陶县冉堌镇	兼
	董钊已	2011.03—	定陶县孟海镇	

县财政局　1992年2月，设立县国有资产管理局，由县财政局代管。5月，设立县经济开发投资公司，由县财政局管理。1993年，县国有资产管理局并入县财政局。1995年6月复设，县国有资产管理局。其单位性质、规格未变。1998年1月，设立县第二预算管理局，同年12月，设立县会计管理局，与县第二预算管理局一个机构两个牌子。2002年4月，县国有资产管理局、县第二预算管理局、县会计管理局分别更名为县国有资产管理办公室、县预算外资金管理办公室、县会计管理办公室。2003年5月，设立县农业税务办公室、县会计核算中心、县政府采购招标中心。2006年10月，设立县开发性金融合作办公室。2009年8月，设立县公有资产运营管理办公室。正科级单位。县农业税务办公室更名为县基层财政管理办公室。2015年内设机构11个，其中，行政股室7个：办公室、预算股、行政事业股、社会保障股、经济建设股、农业股、企业股；事业股室4个：国库股、财政监督室、会计事务管理股、世行办。所属行业为公共管理和社会组织，下属8个单位，其中，2个正科级事业单位：公有资产运营管理办公室、经济开发投资公司；3个副科级行政单位：国有资产管理办公室、预算外资金管理办公室、基层财政管理办公室内设办公室；3个副科级事业单位：政府采购招标办公室、会计核算中心、金融性合作办公室。

1991—2015年定陶县财政局主要负责人任职情况表

表35-1-73

职务	姓名	任职时间	籍贯
局长	安文焕	1991.01—1994.01	定陶县冉堌镇
	王丕臣	1994.01—1999.05	定陶县冉堌镇
	王瑞臣	1999.05—	定陶县冉堌镇

1992—2015年县经济开发投资公司主要负责人任职情况表

表35-1-74

职务	姓名	任职时间	籍贯	备注
总经理	安文焕	1992.06—1993.07	定陶县冉堌镇	兼
	齐　兵	1993.07—1997.02	菏泽市单县	兼
	王瑞臣	1997.06—1999.05	定陶县冉堌镇	兼
	程相钦	2003.06—2009.12	定陶县仿山镇	兼
	贾冠强	2011.03—	定陶县冉堌镇	

县农业综合开发办公室　1991年，县农业综合开发办公室内设人秘股、农业综合开发业务股、农业综合开发项目管护股。1993年12月由行政改为事业单位。1998年1月更名为县农业综合开发办公室，有原县农委代管。2002年4月，原县农委撤销，改为县农业局管理。2010年2月，划入县财政局管理。

1991—2015年定陶县农业综合开发办公室主要负责人情况表

表35-1-75

职务	姓名	任职时间	籍贯	备注
主任	马云岭	1991.01—1993.03	济宁市汶上县	
	明文阁	1993.03—2002.04	潍坊市昌邑县	
	黄复存	2002.04—2005.05	定陶县黄店镇	兼
	冯兴杰	2005.05—2006.08	菏泽市曹县	
	钱传柱	2006.08—2008.12	定陶县黄店镇	
	马常斌	2008.12—2010.02	定陶县陈集镇	
	陈基林	2011.03—	定陶县冉堌镇	

县人力资源和社会保障局　2010年2月，将县人事局、县劳动和社会保障局职责整合，成立县人力资源和社会保障局，不再保留县人事局、县劳动和社会保障局。原与县人事局合署的县机构编制委员会办公室列入县委机构序列。

2010—2015年定陶县人力资源和社会保障局主要负责人任职情况表

表35-1-76

职务	姓名	任职时间	籍贯	备注
局长	游福泉	2010.02—2012.02	定陶县仿山镇	
	杨艳玲	2012.02—	定陶县滨河街道	女

县人事局　1991年，县人事局下设干部调配股、工资福利股、奖惩股、秘书股、编制委员会办公室、人才交流服务中心、老干部股。同年，设立县机关岗位责任制工作办公室。1993年12月，县人才交流中心升格为副科级事业单位。同时，撤销县岗位责任制办公室、奖惩股。1994年，机关事业单位社会保险工作由县劳动局移交给县人事局老干部股；职称评审工作由县科委移交县人事局。同时，县人事局设立科技干部股。1996年，设立机关岗位责任制考评办公室、机关事业单位社会保险事业处，均为副科级单位。1998年，设立县事业单位登记管理办公室。1999年7月，机关事业单位社会保险管理职能移交给县劳动和社会保障局。2002年，设工资福利与离退休工作办公室、专业技术人员管理办公室、大中专毕业生就业办公室、考试中心。2005年，成立县人事争议仲裁委员会。2010年2月，与县劳动和社会保障局合并为县人力资源和社会保障局。

1991—2010年定陶县人事局主要负责人任职情况表

表35-1-77

职务	姓名	任职时间	籍贯
局长	董传珠	1991.01—1998.04	菏泽市成武县
	李春柱	1998.04—2001.03	定陶县陈集镇
	石　军	2001.03—2008.12	山东省泰安市
	游福泉	2008.12—2010.02	定陶县仿山镇

县机关岗位责任制工作办公室　1991年7月设立，正科级单位。1993年12月撤销。其人员职能归并县人事局。

主任：姚正荣（兼）1991.07—1993.12

县劳动局　1991年，县劳动局设办公室、计划调配股、工资福利股、安全监察股、劳动争议仲裁股等5个股室，下辖劳动服务公司、劳动保险事业处和技工学校3个事业单位。同年，劳动服务公司更名为劳动就业办公室。1995年5月，成立劳动监察办公室。1997年，县劳动保险事业处升格为副科级事业单位，内设办公室、稽征股、财务股、档案股和退休人员审批股5个股室，隶属县劳动局。1999年7月，县劳动局撤销，组建劳动和社会保障局。

1991—1999年定陶县劳动局主要负责人任职情况表

表35-1-78

职务	姓名	任职时间	籍贯
局长	王丕臣	1991.01—1994.01	定陶县冉堌镇
	王光和	1994.01—1998.04	定陶县黄店镇
	李新智	1998.04—1999.07	定陶县黄店镇

县劳动和社会保障局　1999年7月，在原县劳动局基础上组建定陶县劳动和社会保障局。同月，将县人事局所属的县机关事业单位社会保险事业处和县民政局所属的县农村社会养老保险事业处、县卫生局所属的县卫生医疗保险事业处划归县劳动和社会保障局管理。2001年7月，分别更名为机关事业单位养老保险事业处、农村养老保险事业管理处和医疗保险事业管理处。2002年7月，县劳动服务公司更名为定陶县劳动就业服务中心，升格为正科级事业单位，内设办公室、就业培训股、就业安置股、劳服企业管理股、失业保险基金管理股、财务股6个科室。2004年1月，成立县工伤保险处。2004年7月，成立劳动保障监察大队。2010年2月，县劳动和社会保障局撤销，组建定陶县人力资源和社会保障局。

1999—2010年定陶县劳动和社会保障局主要负责人任职情况表

表35-1-79

职务	姓名	任职时间	籍贯
局长	李新智	1999.07—2005.01	定陶县黄店镇
	任明钊	2005.01—2010.02	定陶县南王店镇

县考核奖惩办公室　1998年设立。2002年8月由副科级单位升格为正科级单位，为县人力资源和社会保障局内设机构。

1998—2015年县考核奖惩办公室主要负责人任职情况表

表35-1-80

职务	姓名	任职时间	籍贯
主任	陈基林	1888.04—2002.08	定陶县冉堌镇
	贾景堂	2002.08—2010.02	定陶县杜堂镇
	李清功	2011.03—	定陶县南王店镇

县劳动就业办公室　县劳动就业办公室隶属县人力资源和社会保障局管理。1997年5月，由股级升格为副科级单位。2003年5月，由副科级机构升格为正科级单位。

1997—2015年定陶县劳动就业办公室主要负责人任职情况表

表35-1-81

职务	姓名	任职时间	籍贯	备注
主任	刘增义	1997.06—1999.05	定陶县南王店镇	
	李义荣	2001.05—2007.06	定陶县黄店镇	女
	陈衍存	2007.06—	定陶县黄店镇	

县安全生产监督管理局　1991年，定陶县安全生产委员会办公室设立，由县劳动局代管。1993年12月，县安全生产委员会办公室撤销，人员、职能归并县劳动局。2001年6月，县安全生产委员会办公室恢复成立。2005年12月，县安全生产监督管理局（简称县安监局）成立，下设办公室、安监一股、安监二股、执法监察大队。2007年7月，工作人员编制12人。至2015年底，有工作人员26人，设办公室、综合股、安监一股、安监二股、安监三股、法规股、职业健康股、监察大队8个股室。

1991—2015年定陶县安全生产监督管理局（安全生产委员会办公室）主要负责人任职情况表

表35-1-82

职务	姓名	任职时间	籍贯	备注
主任（局长）	孙令祥	1991.09—1997.02	定陶县南王店镇	
	牛光利	1997.06—1998.04	菏泽市定陶县	兼
	刘继山	1998.04—1999.06	菏泽市鄄城县	
	牛光存	1999.06—2001.07	定陶县仿山镇	兼，正科
	朱慎参	2002.04—2007.06	定陶县滨河街道	
	贾国勋	2007.06—2014.12	定陶县半堤镇	
	王洪冰	2014.12—	菏泽市鄄城县	

县国土资源局　1991年，县土地管理局内设办公室、用地股、法规股、土地利用开发规划站（事业单位）、土地估价事务所、土地监察大队、直属管理所，各乡镇设立土地管理所。1996年4月，增设地籍管理股。6月，土地监察大队升为副科级事业单位。11月，设立国土管理局陈集分局，撤销陈集镇土地管理所。1999年9月，设立县土地勘察测绘队。2000年10月，成立县土地储备中心。2002年8月，县土地管理局更名为县国土资源局。2003年5月，设立土地整理中心、地租征收中心。2004年2月，县地质矿产管理办公室并入。2015年，县国土资源局内设办公室、人事股、政策法规股、耕地保护股、地籍管理股、土地利用管理股、执法监察股、矿产资源管理股8个股室。辖土地监察大队、直属管理所、土地储备中心、土地开发整理中心、土地估价事务所、土地勘察测绘队、地租征收中心、土地登记事务所8个事业单位，12个镇（街）设有国土资源所11个、分局1个。

1991—2015年定陶县国土资源局主要负责人任职情况表

表35-1-83

职务	姓名	任职时间	籍贯	备注
局长	李金才	1991.01—1997.02	定陶县南王店镇	
	梁学钦	1997.02—2004.03	定陶县仿山镇	
	李庆福	2004.03—	定陶县滨河街道	市国土局总经济师（副县级）

县土地储备中心　2000年10月设立，2008年4月由副科级单位升格为正科级单位，隶属县国土资源局。

主任：苏庆敏　2010.03—

县土地开发整理中心　2003年5月设立，2008年4月由副科级单位升格为正科级单位。隶属县国土资源局。

主任：成兆民　2010.02—

县住房和城乡建设局　1993年12月，定陶县城乡建设委员会与县环境保护局合并成立县城乡建设环境保护委员会。1996年4月，县城乡建设环境保护委员会撤销，同年6月，设立定陶县城乡建设委员会。2002年4月，更名为定陶县城乡建设局，加挂定陶县人民防空办公室牌子。2010年2月，组建定陶县住房和城乡建设局，挂县城市管理局牌子。将县城乡建设局（县人民防空办公室）撤销，职责划入县住房和城乡建设局。2015年，定陶县住房和城乡建设局内设办公室、城建股、乡建股、行业发展股、计财股、政工股、招投标管理办公室、劳保站、安监站、节能办、装饰办、定额站、市政办等13个职能股室，有干部职工165人。辖人防办、交易中心、设计院、质监站、监理公司、自来水公司、建设开发总公司、生活污水处理厂、市政公司、开发公司等10个单位。

1991—2015年定陶县住房和城乡建设局主要负责人任职情况表

表35-1-84

职务	姓名	任职时间	籍贯	备注
局长（主任）	杨自明	1991.01—1993.03	定陶县天中街道	回族
	盛选印	1993.03—1998.04	定陶县杜堂镇	
	郭效本	1998.04—2005.01	定陶县孟海镇	
	郭玉灿	2005.01—2006.12	定陶县南王店镇	
	崔海波	2006.12—2012.02	定陶县南王店镇	
	车现鹏	2012.02—	定陶县冉堌镇	

县城镇综合开发办公室　2003年5月设立。2011年3月由副科级单位升格为正科级单位。隶属县住房和城乡建设局。2015年12月，更名为城市开发办公室，隶属县政府办公室。

2003—2015年定陶县城镇综合开发办公室主要负责人任职情况表

表35-1-85

职务	姓名	任职时间	籍贯
主任	刘敏魁	2011.03—2012.05	定陶县南王店镇
	何芳科	2012.09—	定陶县冉堌镇

县人民防空办公室　2002年4月，成立县人民防空会办公室，设综合科、工程科、指通科、财务科等4个科室。2004年8月，县人民政府依据《中华人民共和国人民防空法》关于“县级以上地方各级人民政府应当根据人民防空的需要，组织有关部门建立群众组织”的规定，以民兵为骨干，分别组建抢险抢修、医疗救护、治安、防化、消防、通信、运输7种人防专业队伍，由县人防指挥部统一指挥。2010年4月，县人民防空办公室职责划入县住房和城乡建设局。

2002—2015年定陶县人民防空办公室主要负责人任职情况表

表35-1-86

职务	姓名	任职时间	籍贯
主任	李春金	2002.08—2006.12	定陶县马集镇
	刘继钦	2006.12—	定陶县张湾镇

县城乡规划管理局　1991年前，县建设委员会城建股是定陶县规划主管科室。1992年，县建设委员会将规划管理的职能从城建股剥离出来，成立定陶县城市规划设计室（规划股）。2001年，成立县城市规划技术服务中心，规划服务丙级资质，作为规划股规划技术服务支撑。2005年，县建设局设立规划法规股。2012年8月，成立县城乡规划管理局，正科级事业单位，编制7人，设综合股、城市规划股和村镇办公室3个科室，撤销城市规划设计室和规划法规股。2014年1月，将县住建局规划技术服务中心成建制划转至县规划局，划转人员为21人，其中财政差额拨款17人，自收自支4人。县住建局规划技术服务中心划转到县规划局后，县规划局增加5名财政拨款事业编制，核定编制为12人。2015年3月，县城市规划技术服务中心在原规划技术服务丙级资质的基础上，增加工程测绘丙级资质。

2012—2015年定陶县城乡规划管理局主要负责人任职情况表

表35-1-87

职务	姓名	任职时间	籍贯
主任	张信堂	2012.08—	定陶县冉堌镇

县房产管理局　县房地产管理局其前身是县住房制度改革领导小组办公室和县房改房管办公室。1991年12月，设立县住房制度改革领导小组办公室，负责办理全县住房制度改革的具体业务，内设人秘股、业务股。1995年6月，设立县房改房管办公室，为正科级事业单位，定编8人。设人秘股、业务股、房地产管理交易所、房地产评估事务所，两所人员、财产由城建委房管所、房地产交易监理所和房地产评估事务所整体转入。1996年10月，设立县城市建设房屋拆迁办公室、县城镇房屋确权发证办公室。1997年5月，设立县房地产管理局，为正科级事业单位，定编9人，负责全县房地产行业管理，同时撤销县房改房管办公室。县房地产管理局内设办公室、财务股，下设县房地产开发管理办公室、县城镇房屋确权发证办公室、县房地产管理交易所、县房地产评估事务所、县危险房屋鉴定事务所、县城市建设房屋拆迁办公室、县房地产纠纷仲裁办公室、县房地产管理监察大队、县房地产综合开发公司，均为股级事业单位。1998年1月，县住房制度改革领导小组办公室更名为县住房委员会办公室，负责县住房委员会的日常工作，与县房地产管理局合署办公，内设房改股、住房资金公积金管理中心。2011年2月，县城市建设房屋拆迁办公室更名为县房屋征收补偿办公室。2015年1月，设立县房地产管理中心，为县住房和城乡建设局所属正科级财政拨款事业单位，核定编制9人，同时撤销县房地产管理局，将县房地产管理局的行政职责划入县住房和城乡建设局，服务职能划入县房地产服务中心，原隶属县房地产管理局的事业单位整建制划归县房地产服务中心管理。

1991—2015年定陶县房地产管理局主要负责人任职情况表

表35-1-88

职务	姓名	任职时间	籍贯
局长	贾存文	1991.01—2002.04	定陶县张湾镇
	王福民	2002.04—2004.11	定陶县张湾镇
	吴福生	2004.11—2012.02	定陶县滨河街道
	刘敏魁	2012.02—2012.05	定陶县南王店镇
	朱兰亮	2012.05—	定陶县马集镇

县房地产开发总公司　1992年8月设立，正科级单位。1995年6月撤销。

总经理：盛选印（兼）1992.08—1995.06

县城市管理局　2005年5月，定陶县城市管理局成立，与县城乡建设局合署办公。2006年5月从县城乡建设局分出，单独设立城市管理行政执法局，挂靠县政府办公室。2010年4月撤销，成立县城市管理局，下设陈集镇执法分局、张湾镇执法分局、冉堌镇执法分局、黄店镇执法分局等4个执法分局。2012年1月，城市环境卫生园林管理处整建制从县城乡建设局划入。2015年，县城市管理局设办公室、政工科、后勤保障科、法规科、督查科、群工办、城乡环卫一体化办公室7个科室。有干部职工489人。下属单位有县城市管理行政执法大队、县环境卫生园林管理处、县数字化城市管理监督指挥中心，管理单位有县生活垃圾处理场、县路灯管理所，协作单位有县城市管理警察大队。另外，县城市管理局下设城区规划执法、市容市貌执法2个直属大队，新城区、陈集、冉堌、张湾、黄店5个执法分局，杜堂、仿山、孟海、马集4个执法中队。

2005—2015年定陶县城市管理局主要负责人任职情况表

表35-1-89

职务	姓名	任职时间	籍贯
局长	郭玉灿	2005.05—2006.05	定陶县南王店镇
	程其福	2006.05—2010.07	定陶县马集镇
	王建华	2010.08—	定陶县仿山镇

县交通运输局　1991年，交通局辖人秘、业务、路政股、交通稽查站、运输管理所、县汽车运输公司及7处乡镇交通管理所，兼管公路站、汽车站、汽车九队。1996年，定陶撤销交通稽查站，成立县交通稽查大队。2005年，县交通局运管所、稽查大队、路工股3个股级单位升格为副科级单位，其中运管所更名为县交通局道路运输管理处，路工股更名为县乡公路管理处。2010年，县交通局更名为县交通运输局。2011年，3个副科级单位又分别更名为县交通运输局道路运输管理处、县交通运输监察大队、县乡公路管理处。至2015年，县交通运输局设办公室、政工科2个行政科室，辖汽车维修行业管理所、交通战备办公室、财务结算中心、督查室、道路运输管理处、交通运输监察大队、县乡公路管理处、群众工作办公室、人口与计划生育办公室、信息综合室、地方海事处和城区、黄店、杜堂、冉堌、马集、孟海、陈集、仿山、南王店、张湾交通运输管理所等21个事业单位。

1991—2015年定陶县交通运输局主要负责人任职情况表

表35-1-90

职务	姓名	任职时间	籍贯
局长	侯长宽	1991.01—1993.03	定陶县仿山镇
	韩福来	1993.03—1998.04	定陶县张湾镇
	张朝德	1998.04—2003.03	定陶县陈集镇
	韩宪玉	2003.03—2010.02	定陶县冉堌镇
	游福起	2010.02—	定陶县仿山镇

县水务局　1991年，县水利局内设办公室、工程农田股、财务管理股、水政股4个股室。1995年4月，设立县水利局水利监察大队。1995年6月，设立县抗旱防汛办公室，为股级事业单位；成立县水利工程公司，为副科级事业单位，承揽全县水利工程施工、建设。1998年1月，设立测绘管理办公室，为股级事业单位。2002年4月，县水利局更名为县水务局。2007年8月，成立县人民政府抗旱防汛指挥部办公室，为正科级事业单位，由县水务局代管。2012年5月，由县住房和城乡建设局管理的自来水公司（副科级事业单位）整体转划转为县水务局管理，2014年，重新划归县住房和城乡建设局管理。

1991—2015年定陶县水务局（水利局）主要负责人任职情况表

表35-1-91

职务	姓名	任职时间	籍贯
局长	刘振坤	1991.01—1993.03	定陶县陈集镇
	王应聘	1993.03—2001.03	定陶县马集镇
	郭玉灿	2001.03—2005.01	定陶县南王店镇
	孔令潭	2005.01—	定陶县仿山镇

县人民政府抗旱防汛指挥部办公室　2007年8月成立，为正科级事业单位。

主任：王录新　2011.03—

县农业局　县农业局为正科级行政单位。1992年10月，成立县农业开发服务总公司，与县农业局一个机构两个牌子。1993年12月，撤局及公司，设县农业服务中心，为正科级事业单位，其行政管理职能归县农委。1995年6月，改称县农业局，为行政单位，级别不变。2010年4月，县农村改革试验区办公室撤销，其职责划入县农业局。2015年，县农业局下设办公室、科教股、业务股3个股室，辖农技推广中心、农业行政执法大队、农业广播学校、植物保护站、土壤肥料工作站、农技推广站、经营管理站、农村能源工作办公室、环境保护监测站、县种子公司、县良种繁育场、县复合料肥厂12个事业单位，干部职工138人。

1991—2015年定陶县农业局主要负责人任职情况表

表35-1-92

职务	姓名	任职时间	籍贯
局长	王光和	1991.01—1994.01	定陶县黄店镇
	席福亮	1994.01—1995.06	定陶县滨河街道
	何茂运	1995.06—1998.04	定陶县黄店镇
	黄复存	1998.04—2005.05	定陶县黄店镇
	张家平	2005.05—2006.12	定陶县冉堌镇
	张庭吉	2006.12—	定陶县孟海镇

县农村改革试验区办公室　1993年由事业副科级升格为正科级单位。同年12月机构改革时其人员归并县农委，对外保留其机构名称，1995年9月复设，正科级事业单位，由原县农委管理。2002年4月隶属县农业局管理。2010年2月撤销。职责划入县农业局。

定陶县农村改革试验区办公室主要负责人任职情况表

表35-1-93

职务	姓名	任职时间	籍贯	备注
主任	万鲁岱	1993.03—1993.12	定陶县南王店镇	兼
		1995.11—1999.05		
	刘献省	2002.08—2009.12	定陶县黄店镇	兼

县农业机械管理局　1992年10月，成立县农机服务公司，与县农业机械管理局1个机构2个牌子。1993年12月，撤局及公司，改设为县农业机械服务中心，行政职能归并原县农委，改为事业，仍为正科级单位。2015年12月，改称县农业机械管理局，下设办公室、财务股、政工股、农机管理股4个股室，其职能不变，仍为正科级单位。辖县农业机械安全监理站、县农业机械技术推广站、县农业机械化学校、县农业机械质量投诉监督管理站4个直属单位，县拖拉机站1个下属单位，干部职工155人。

1991—2015年定陶县农业机械管理局（农业机械服务中心）主要负责人任职情况表

表35-1-94

职务	姓名	任职时间	籍贯
局长（总经理、主任）	阎玉岭	1991.01—1993.03	菏泽市单县
	李邦杰	1993.03—1998.04	定陶县黄店镇
	刘宪珠	1998.04—2001.03	定陶县天中街道
	任明钊	2001.03—2005.01	定陶县南王店镇

续表35-1-94

职务	姓名	任职时间	籍贯
局长（总经理、主任）	裴　龙	2005.01—2009.06	定陶县马集镇
	刘敏杰	2009.06—	定陶县南王店镇

县水产服务中心　1991年9月，县水产公司改称县水产局，为正科级事业单位。1992年10月，成立县水产服务开发总公司，与县水产局1个机构2个牌子。1993年12月，撤局及公司，改设县水产服务中心，为正科级事业单位。2015年，县水产服务中心下设办公室、政工股、业务股3个股室，辖渔政站、水产技术推广站2个单位，有干部职工350人。

1991—2015年定陶县水产服务中心（县水产局）主要负责人任职情况表

表35-1-95

职务	姓名	任职时间	籍贯
局长	李效文	1991.09—2001.03	定陶县黄店镇
	杨光保	2001.03—2011.03	定陶县马集镇
	孙　跃	2011.03—	定陶县冉堌镇

县蔬菜服务中心　1991年，县蔬菜生产由县农业局管理。1997年5月，成立县蔬菜生产办公室，为正科级事业单位，与县蔬菜服务公司1个机构2个牌子，隶属县农业局管理。2002年8月，改称县蔬菜服务中心，由县农业局代管。2015年，县蔬菜服务中心设秘书股、蔬菜技术推广站、综合服务站，有干部职工16人。

1997—2015 年定陶县蔬菜服务中心主要负责人任职情况表

表35-1-96

职务	姓名	任职时间	籍贯	备注
主任	刘迎春	1997.05—2000.03	山东省金乡县	
	刘献省	2000.03—2001.04	定陶县黄店镇	兼
	冯兴杰	2001.04—2005.12	菏泽市曹县	
	王盛秋	2005.12—2010.03	菏泽市鄄城县	
	陈辉峰	2010.03—	定陶县冉堌镇	

县多种经营服务中心　1991年3月，成立县多种经营办公室，行政正科级单位。1992年10月，成立县多种经营开发服务总公司，和县多种经营办公室1个机构2个牌子。1993年12月，撤销县多种经营办公室及县多种经营开发服务总公司，改设为县多种经营服务中心，单位性质改为事业，仍为正科级单位。1999年5月，县经济技术协作开发公司并入，仍称县多种经营服务中心。2015年，县多种经营服务中心下设办公室、业务股、政工股3个股室，辖食用菌技术推广站，干部职工15人。

1991—2015年定陶县多种经营服务中心主要负责人任职情况表

表35-1-97

职务	姓名	任职时间	籍贯
主任（总经理）	阎西成	1991.03—1998.04	定陶县半堤镇
	王福民	1998.04—2002.04	定陶县陈集镇
	谷庆楼	2002.04—2006.07	定陶县陈集镇
	秦春祥	2006.07—	定陶县张湾镇

县经济技术协作办公室　1993年12月，原县经济技术协作办公室更名为县经济技术协作开发公司，由行政改为事业，仍为正科级，由县计划委员会代管。对外亦称县经济技术协作办公室。1999年5月撤销，并入县多种经营服务中心。

1991—1999年定陶县经济技术协作办公室主要负责人任职情况表

表35-1-98

职务	姓名	任职时间	籍贯
主任（总经理）	王新报	1991.01—1993.12	定陶县黄店镇
	路绍振	1993.12—1998.04	定陶县黄店镇
	潘守潜	1998.04—1999.05	定陶县孟海镇

县林业局　1991年，县林业局为正科级行政单位。1992年10月，成立县林业开发服务总公司，与林业局1个机构2个牌子。1993年12月，县林业局及总公司撤销，设县林业服务中心，为正科级事业单位，其行政职能归并县农委。1995年6月，县林业服务中心改为县林业局，为正科级行政单位。2002年4月，县林业局又改为县林业服务中心。2015年12月，县林业服务中心改为县林业局，内设办公室、政工股、计财室、林政站4个股室，辖林场、森林公安局、林业站、花卉站、种苗站、果树站、森保站、稽查室8个事业单位，干部职工126人。

1991—2015年定陶县林业局（服务中心）主要负责人任职情况表

表35-1-99

职务	姓名	任职时间	籍贯
主任（局长）	孔凡云	1991.01—1993.03	定陶县马集镇
	李英杰	1993.03—2001.03	山东省临沂市
	孙诚国	2001.03—2005.01	济宁市梁山县
	赵西启	2005.01—2009.06	定陶县冉堌镇
	李玉顶	2009.06—	菏泽市巨野县

县森林公安局　2009年8月，县林业局林业公安股更名为县森林公安局，为副科级行政机构，加挂县公安局森林警察大队牌子，实行双重管理。

局长：于　军　2011.03—

县畜牧兽医局　1991年3月，县多种经营畜牧办公室撤销，分设为县畜牧局和县多种经营办公室。1992年6月，全县19处乡镇畜牧兽医站划归乡镇政府管理；10月，成立县畜牧服务总公司，和畜牧局一个机构两个名称。1993年3月，撤销县畜牧兽医站，成立县畜牧站、县兽医站、县动物防疫检疫站；12月，撤畜牧局及畜牧服务总公司，改设县畜牧服务中心，为事业单位，行政管理职能归并县农委。1995年9月，县畜牧服务中心内设办公室、政工股、业务股。1996年，成立县兽药饲料监察所、兽医卫生监督所。2002年5月，业务股更名为生产科技股，同时设立法律法规股，县动物防疫检疫站与县兽医卫生监督所合并组建县动物防疫监督所；同时成立县动物防疫站、张湾动物检疫站、冉堌动物检疫站、孟海动物检疫站、陈集动物检疫站，由县动物防疫监督所管理。2015年1月，生猪定点屠宰管理职责划入县畜牧服务中心，设立畜禽屠宰管理股。10月，调整机构设置，保留办公室、政工股、生产科技股、畜禽屠宰管理股，设立审批服务股、动物卫生防疫股，撤销法律法规股。县兽药饲料监察所更名为兽药饲料管理所，县动物防疫监督所更名为县动物卫生监督所，将县城区动物检疫站、张湾动物检疫站、冉堌动物检疫站、陈集动物检疫站、孟海动物检疫站分别更名为滨河、张湾、冉堌、陈集、孟海动物卫生监督分所，县动物防疫站更名为县动物疫病预防控制中心，县兽医站、县畜牧站、县家畜改良站、县家禽良种繁育场，合并成立县畜牧兽医技术推广站。12月，县畜牧服务中心更名为县畜牧兽医局。

1991—2015年定陶县畜牧兽医局（县畜牧服务中心）主要负责人任职情况表

表35-1-100

职务	姓名	任职时间	籍贯
主任（局长、总经理）	吴学亮	1991.01—2001.03	定陶县陈集镇
	王庆春	2001.03—2006.12	定陶县黄店镇
	赵道春	2006.12—2008.12	定陶县陈集镇
	聂志刚	2008.12—2011.03	定陶县冉堌镇
	葛　斌	2011.03—	安徽省砀山县

县文化体育局　1991年，县文化局设有文化馆、图书馆、新华书店、电影公司、两夹弦剧团、豫剧团、文物管理所、定陶剧院、文学艺术界联合会办公室、演出公司等单位，辖19处乡镇文化站。同年6月，加挂县新闻出版局牌子。1993年，县级机构改革，新华书店、文管所、广播电视、文联、演出公司等相继与文化行政机构分离。2002年，县体育运动委员会与县文化局合并，称县文化体育局。2013年9月迁至县文化中心。至2015年，县文化体育局下辖办公室、业务股、市场监督管理部、文化市场综合执法局、文化馆、图书馆、两夹弦剧团、剧院及12处镇街文化站。

1991—2015年定陶县文化体育局主要负责人任职情况表

表35-1-101

职务	姓名	任职时间	籍贯
局长	侯昭森	1991.01—1993.09	济宁市梁山县
	李传文	1995.06—2002.04	定陶县天中街道
	贾存文	2002.05—2005.10	定陶县张湾镇
	王江峰	2005.10—2012.09	定陶县张湾镇
	杜玉章	2012.09—	菏泽市巨野县

县体育发展中心 1991年，县体育运动委员会内设办公室、业务股，时有干部9人，其中教练5人，场地管理人员2人。1993年12月，县体育运动委员会与定陶县文化局合并为定陶县文化体育局。1995年6月，从县文化体育局会析出，重新设立县体育运动委员会。1998年至2006年，县体委（体育中心）连续8年被省人事厅、省体委评为全省县级体育先进单位。2002年4月，县体育运动委员会更名为县体育发展中心。2005年，县体育发展中心增设体育彩票管理办公室、场地股、体育产业股。同年，县体育发展中心获山东省体育局颁发的全民健身活动优秀组织奖。至2015年底，县体育中心内设办公室、业务股、体育产业股、场地股、体育彩票管理办公室等5个股室。有干部职工45人，其中高级教练员1人、一级教练员21人、二级教练员10人、高级教师2人、中级教师6人；全县录入上网的三级以上体育指导员有1100人。

1991—2015年定陶县体育发展中心主要负责人任职情况表

表35-1-102

职务	姓名	任职时间	籍贯
主任	刘述臣	1991.01—1993.03	定陶县天中街道
	李传文	1993.03—1995.06	定陶县天中街道
	裴洪礼	1995.06—2002.04	定陶县马集镇
	李应松	2002.04—2006.05	定陶县陈集镇
	侯居成	2006.05—2009.12	定陶县冉堌镇
	孔　涛	2010.02—	定陶县天中街道

县广播电视局 1996年10月，县人民广播电台与定陶县电视差转台、县有线电视台合并为定陶县广播电视台，隶属县广播电视局管理，一个机构3个牌子。2009年3月24日，县电影公司整体由县文化体育局划转县广播电视局管理。2011年6月，县电影发行放映公司更名为县广播电视局电影管理站。10月，定陶县将城区有线电视网络股权资产上划到山东广电网络公司菏泽分公司，有线电视网络实行了垂直管理，不再归地方管理。2015年1月，根据县机构编制委员会《关于调整定陶县广播电视管理体制的通知》精神，定陶县广播电视不在实行广播电视局、台合一管理模式，撤销县广播电视局，将行政管理职责调整到县文化体育局。县广播电视台保留正科级规格，隶属县人民政府。

1991—2015年定陶县广播电视局（中心）主要负责人任职情况表

表35-1-103

职务	姓名	任职时间	籍贯
局长（主任）	王景起	1991.01—1997.01	定陶县黄店镇
	韩庆清	1997.01—2001.03	定陶县张湾镇
	杨汝现	2001.03—2003.03	定陶县滨河街道
	牛月考	2003.03—2012.02	定陶县孟海镇
	赵玉亭	2012.02—	菏泽市开发区

县文物局 1990年10月，县文物管理委员会成立，办公室设在文物管理所。1995年，成立县文物管理处，为正科级事业单位，由县文化局代管，辖文管所。1996年4月，成立县田野文物巡查大队，定编11人，隶属县文管处。2008年1月，成立县博物馆，与县文物管理所合署办公。2012年7月，县文物管理处更名为县文物局，为正科级全额事业单位，内设办公室、文物保护股、文物资源开发利用股3个职能股室，辖博物馆、定陶王陵园管理所、陈离生纪念馆管理所、文物保护稽查队、仿山文物保护管理所5个股级事业单位。县文物局成立后，县文物管理所撤销，整体转入定陶县博物馆。2014年11月，陈立生纪念馆更名为陈立生故居陈列馆，定陶王陵园管理所更名为定陶王陵管理所，加挂黄肠题凑博物馆牌子。2015年11月，设立县文物考古保护修复中心，撤销仿山文物保护管理所。

1995—2015年定陶县文物局（县文物管理处）主要负责人任职情况表

表35-1-104

职务	姓名	职务	职务
主任（局长）	魏守山	1995.03—1998.04	淄博市桓台县
	张　凯	1998.04—2003.04	定陶县滨河街道
	孔凡珍	2003.04—2006.12	定陶县仿山镇
	贾崇魁	2006.12—2012.07	定陶县冉堌镇
	王江峰	2012.07—	定陶县张湾镇

县卫生局 1991年，县卫生局内设秘书股（含办公室、财务室）、政工股、业务股和爱国卫生委员会、公费医疗、地方病防治、红十字会4个办公室，有工作人员22人。下辖县直及乡镇医疗、防疫、卫生保健院、所、站46个单位，农村卫生室446处。共有干部职工、医疗卫生人员1814人。1999年7月将县公费医疗办公室职能、人、财、物移交县劳动和社会保障局。2000年3月，依照药品管理职能转换，将县药检所职能、人、财、物划归县药品监督管理局。2003年，县卫生局成立县卫生局卫生监督执法大队。2005年8月，成立县卫生局卫生监督所、县疾病控制中心，县防疫站、卫生监察大队职能及人、财、物均移交两单位。2006年2月，设立县新型农村合作医疗办公室。2014年6月，县卫生局与县人口与计划生育局整合，组建县卫生和计划生育局（县中医药管

理局）。至2015年，县卫生和计划生育局设有办公室、人事股、政策法规股、医政医管股、疾病控制股、妇幼保健计划生育服务股、基层指导股7个股室，有工作人员34人。辖县爱国卫生运动委员会、红十字会、计划生育协会、地方病防治4个办公室。下辖6个县直卫生医疗单位，17所乡镇卫生院，1所社区卫生服务中心。

1991—2015年定陶县卫生局主要负责人任职情况表

表35-1-105

职务	姓名	任职时间	籍贯
局长	董树轩	1991.01—1997.01	菏泽市曹县
	赵保寅	1997.01—2002.04	菏泽市成武县
	祝兴才	2002.04—2006.12	定陶县冉堌镇
	马法运	2006.12—	定陶县仿山镇

1991—2015年定陶县爱国卫生运动委员会办公室主要负责人任职情况表

表35-1-106

职务	姓名	任职时间	籍贯
主任	邵继彬	1991.01—1992.02	定陶县陈集镇
	刘成义	1993.03—1993.12	济宁市金乡县
	常兴海	1998.04—2005.01	定陶县半堤镇
	王士进	2007.04—	定陶县冉堌镇

县卫生和计划生育局　1991年，县计划生育委员会设办公室、业务股、计划统计股、县直计划生育办公室4个股室，辖县计划生育服务站。1992年，设立定陶县计划生育协会。1994年10月，增设政策法规股。1995年7月撤销业务股，设科技宣传股，增设人口与计划生育督察大队。1996年11月，增设会计股和县流动人口计划生育办公室。2002年4月更名为县计划生育局，设立办公室、财务股、政策法规股、统计股、科技宣教股。2005年3月更名为县人口和计划生育局。2010年7月，县人口和计划生育局下设办公室、财务股、政策法规股、规划统计股、科技宣教股5个职能股室。下辖县计划生育服务站、县直计划生育办公室、县人口与计划生育管理督察大队、县流动人口计划生育管理办公室、县计划生育协会。2011年1月，科室调整为办公室、财务股、发展规划股、信息中心、科技股、宣传股、政策法规股、政工股、性别比综合治理办公室、利导办、督查室、团委、妇联、信访办、执法大队、办证大厅、政研室。2014年6月与县卫生局整合，组建卫生和计划生育局（县中医药管理局）。2015年1月，县卫生和计划生育局下设办公室、人事股、政策法规股（挂审批服务股牌子）、医政医管股（挂中医药管理办公室牌子）、疾病控制股（挂卫生应急办公室牌子）、妇幼保健计划生育服务股（挂科技宣传股牌子）、基层指导股等7个职能科室。

1991—2015年定陶县卫生和计划生育局主要负责人任职情况表

表35-1-107

职务	姓名	任职时间	籍贯	备注
局长（主任）	韦修玉	1991.01—1999.05	菏泽市定陶县	
	杨培杰	1999.05—2005.01	菏泽市单县	
	许中强	2005.01—2005.02	菏泽市定陶县	
	孔祥坤	2005.02—2006.03	菏泽市定陶县	兼
	许中强	2006.03—2015.06	菏泽市定陶县	
	马法运	2015.06—	定陶县仿山镇	

县市场监督管理局　1991年，县工商行政管理局（简称县工商局）设政工股、秘书股、合同股、财务股、企业股、市场股、个体股、商标广告股、个体劳动者协会、消费者协会10个股室。1993年12月，县物价局撤销，人员、职能并入县工商局，内设办公室、企业个体登记管理股、合同商标广告管理股、物价管理股、会计审计股5个行政股室。1999年1月，县工商局对机关科室进行调整，设办公室、政工股、会计股、企业登记管理股、个体检查股、个体注册股、市场管理股、商广合同股、法纪股、市场检查大队、车管所、经济检查所，共12个股室、所、队，消费者协会和个体劳动者协会2个挂靠单位。2002年5月，全县19处基层工商所合并为9处工商所。2005年11月，县工商局改设办公室、财务装备科、人事政工科、法制科、监察室5个股级科室，企业注册局、公平交易局、市场监管局3个副科级直属局，市场合同科、商标广告科、消费者权益保护科合并为市场监管局。机关科室由原来的12个减少为10个。2014年3月，工商流通领域食品监管职能划转县食品药品监督管理局。2015年7月，县工商局、县质量技术监督局、县食品药品监督管理局3局合一，组建县市场监督管理局，基层工商所随之划转。

1991—2015年定陶县市场监督管理局主要负责人任职情况表

表35-1-108

职务	姓名	任职时间	籍贯	备注
局长	刁云卿	1991.01—1997.01	定陶县马集镇	
	程秀言	1997.01—2000.07	定陶县孟海镇	
	张亭立	2000.07—2004.03	定陶县黄店镇	
	李国胜	2004.03—2007.10	菏泽市东明县	
	阎河山	2007.11—2014.01	菏泽市开发区	
	赵宪锁	2015.07—	定陶县黄店镇	
副局长	张福印	2014.01—2015.07	定陶县天中街道	主持工作

县质量技术监督局　1990年1月，县技术监督局成立，设办公室和计量检定站。1991年增设行政执法队和县产品质量监督检定所，县计量检定站更名为县计量测试所。1993年7月，县技术监督

局更名为县技术监督服务中心。1997年7月，恢复县技术监督局名称。2002年2月局机构编制整体划转省辖直接管理，县技术监督局更名为县质量技术监督局。2015年7月，县质量技术监督局、县工商局、县食品药品监督管理局3局合并为市场监督管理局。

1991—2015年定陶县质量技术监督局（技术监督服务中心）主要负责人任职情况表

表35-1-109

职务	姓名	任职时间	籍贯	备注
局长（主任）	刘炳启	1991.01—1993.03	定陶县半堤镇	
	刘宪珠	1993.03—1993.12	定陶县天中街道	
	杨进福	1993.12—1998.04	定陶县黄店镇	
	何茂运	1998.04—2004.12	定陶县黄店镇	
	王林红	2004.12—2007.01	菏泽市巨野县	
	孙恒颇	2007.01—2011.06	菏泽市成武县	
	周合彦	2011.06—2012.02	菏泽市郓城县	副局长（正科级，主持工作）
	周合彦	2012.02—2014.01	菏泽市郓城县	
	董攀峰	2014.01—2015.06	菏泽市鄄城县	副局长（主持工作）

县食品药品监督管理局　1991年，县药品监管工作由县卫生局负责。1997年11月，县医药公司加挂县医药管理局牌子，为政企合一单位。2000年3月，县医药管理局与县医药公司分开办公。2000年7月，县医药管理局更名为县药品监督管理局。2005年1月，县药品监督管理局更名为县食品药品监督管理局，增加食品综合协调职能。2011年5月，划入餐饮服务食品安全和保健食品、化妆品监督管理职能，不再承担食品综合协调职能。2014年2月，划入食品生产、食品流通职能。2015年7月，县食品药品监督管理局、县工商监督管理局、县质量技术监督局机构整合，成立县市场监督管理局加挂县食品药品监督管理局牌子。行政级别为正科级单位。

定陶县食品药品监督管理局主要负责人任职情况表

表35-1-110

职务	姓名	任职时间	籍贯
局长	蔡忠爱	1998.09—2008.01	定陶县马集镇
	王备松	2008.03—2008.12	菏泽市巨野县
	赵宪锁	2008.12—	定陶县黄店镇

县环境保护局　1992年，县环境保护局设立环境管理股，后设立法制宣传股。1993年12月，县环境保护局与城乡建设委员会合并，设立城乡建设环境保护委员会。下设县环保中心，由行政改为事业。1994年2月，县环保中心改设为县环境保护办公室。1996年4月，撤销县环境保护办公室，设立县环境保护局，由事业改为行政。2003年，县排污收费监理站更名为县环境监察大队。

2010年7月，县环保局内设办公室、环境管理股和政策法规股3个职能股室。2015年1月，设立陈集环境保护所（负责陈集镇环境保护工作）、冉堌环境保护所（负责冉堌镇、黄店镇环境保护工作）、开发区环境保护所（负责天中街道、滨河街道、南王店镇环境保护工作）、张湾环境保护所（负责张湾镇、马集镇环境保护工作）、仿山环境保护所（负责仿山镇环境保护工作）、半堤环境保护所（负责半堤镇、孟海镇、杜堂镇环境保护工作）等6个环境保护所。2015年底，县环保局内设办公室、环境管理股和政策法规股3个职能股室和环境监察大队，下辖6个环境保护所，有干部职工93人。

1991—2015年定陶县环境保护局主要负责人任职情况表

表35-1-111

职务	姓名	任职时间	籍贯
局长	何守礼	1991.01—1995.06	定陶县张湾镇
	刘学省	1995.06—2001.03	菏泽市成武县
	高广民	2001.03—2011.03	山东省济宁市
	贾点玉	2011.03—	定陶县孟海镇

县统计局　1991年，县统计局设秘书股、业务股、综合股和农村经济抽样调查队。1997年，秘书股改为办公室。2005年，增设普查中心。2006年，11个乡镇成立统计站。2015年，县统计局设办公室、工业股、农业股、财贸股、法规股5个职能股室，行政编制8人。

1991—2015年定陶县统计局主要负责人任职情况表

表35-1-112

职务	姓名	任职时间	籍贯
局长	雷从龙	1991.01—1995.06	定陶县冉堌镇
	何守礼	1995.06—1999.05	定陶县张湾镇
	黄汝光	1999.05—2002.04	定陶县杜堂镇
	马年学	2002.04—2006.12	定陶县孟海镇
	吴　彬	2007.06—2011.03	定陶县陈集镇
	宋自立	2011.03—	菏泽市曹县

县审计局　1991年，县审计局内设人秘股、工交审计股、商粮贸审计股、财金事业审计股4个股室，辖县审计事务所。2001年7月，县审计事务所变更为县审计局直属审计所。同年，成立县经济责任审计办公室。2014年5月，成立政府投资审计中心，负责政府投资项目的审计工作。2015年，县审计局内设办公室、法制股、财政审计股、行政事业股、农业与资源环保审计股、社会保障与经贸审计股6个职能股室和经济责任审计办公室。

1991—2015年定陶县审计局主要负责人任职情况表

表35-1-113

职务	姓名	在职时间	籍贯
局长	李邦成	1991.01—1995.08	定陶县黄店镇
	孟祥海	1995.08—2001.03	定陶县孟海镇
	宁淑跃	2001.03—2010.02	河北省任丘市
	杨文涛	2010.02—	菏泽市牡丹区

县物价局 1991年，县物价局内设政工股、业务股和收费管理股3个股室。1993年12月，县物价局撤销，人员、职能并入县工商行政管理局。1995年6月，县物价局复设，为县政府工作部门（由县计划委员会管理），干部职工17人，内设办公室、价格信息中心（价格事务所）、物价检查所、农产品成本调查室。1996年11月，增设价格管理股和收费管理股。1998年10月，设立收费管理办公室，与县物价局合署办公。2001年7月，成立县价格认证中心，隶属县物价局。2002年6月，成立县价格举报中心。2005年8月，县价格信息中心更名为县价格监测中心。2015年，县物价局内设收费管理办公室、办公室、价格股、农产品成本调查室、物价检查所、价格认证中心、价格监测中心共7个股、所、室。

1991—2015年定陶县物价局主要负责人任职情况表

表35-1-114

职务	姓名	任职时间	籍贯
局长	程秀言	1991.01—1993.12	定陶县孟海镇
	王　军	1995.06—1998.04	菏泽市东明县
	杨进福	1998.04—2002.04	定陶县黄店镇
	袁文颂	2002.04—2011.03	聊城市莘县
	陈吉存	2011.03—	定陶县冉堌镇

县商业局（商业总公司） 1992年6月，成立县商业总公司，和县商业局一个机构两个牌子。1993年12月，撤销县商业局，总公司改为企业性经济实体，行政管理职能归并县经济贸易委员会。1999年4月，由企业性经济实体改为事业单位。主要管理下属国有企业和改制工作。2015年，县商业总公司设办公室、政工股、会统股、老干部股、企业管理股、维护稳定工作办公室6个股室。

1991—2015年定陶县商业局（商业总公司）主要负责人任职情况表

表35-1-115

职务	姓名	任职时间	籍贯
局长（总经理）	王　军	1991.01—1995.06	菏泽市东明县
	张魁彬	1995.07—1998.04	定陶县孟海镇

续表35-1-115

职务	姓名	任职时间	籍贯
局长（总经理）	路绍振	1998.04—1999.05	定陶县黄店镇
	张家平	1999.05—2002.04	定陶县冉堌镇
	贾国勋	2002.04—2005.10	定陶县半堤镇
	任志法	2005.10—2010.03	定陶县南王店镇
	刘照林	2010.03—	定陶县黄店镇

县供销合作社联合社　1991年，县供销合作社联合社（简称县供销社）有办公室、教育科、会计科、信息调研科、业务物价科、审计科、计划统计科、政工科、综合服务科、企业管理科、老干科、工会、工业科13个科室。1992年6月，成立县供销总公司，与县供销社为一个机构两个牌子。1993年12月，县供销社撤销，县供销总公司改为企业性经济实体，行政管理职能归并县经济贸易委员会。1996年4月，组建县棉花集团总公司，由原供销社所属棉麻公司、6处棉厂、储备库、棉纺厂和原农业局棉花保种厂及县棉花办公室等11个单位组成。总公司与棉办实行一个机构两个牌子。1998年6月，县供销总公司以机关改革带动社属企业改制，内设办公室、政工科、业务科、合作指导科、科技工业科、财会计审科、棉麻科7个科室，干部31人，下辖18个基层供销社、8个县属公司。1999年5月，县棉花集团总公司并入县供销总公司。2001年3月，县供销总公司更名为县供销合作社联合社，并保留县供销总公司名称。2015年底，县供销社内设7个科室，有干部职工20人。下辖12个基层供销社、8个县属公司。

1991—2015年定陶县供销合作社联合社（县供销总公司）主要负责人任职情况表

表35-1-116

职务	姓名	任职时间	籍贯
主任（总经理）	刘承忍	1991.01—1996.09	定陶县黄店镇
	刘宪珠	1996.09—1998.04	定陶县天中街道
	陈丕治	1998.04—2004.04	定陶县冉堌镇
	孙林源	2004.04—2005.10	定陶县仿山镇
	马春安	2005.10—2011.03	定陶县天中街道
	乔方战	2011.03—	定陶县仿山镇

县棉花生产办公室　正科级单位。1993年12月由行政改为事业单位。1998年4月撤销。

1991—1998年定陶县棉花生产办公室主要负责人任职情况表

表35-1-117

职务	姓名	任职时间	籍贯
主任	王桂生	1991.01—1993.03	定陶县马集镇
	董洪昌	1993.03—1996.04	定陶县南王店镇
	陈丕治	1996.04—1998.04	定陶县冉堌镇

县粮食局（粮食总公司） 1992年6月，成立县粮食总公司，与县粮食局一个机构两个牌子。1993年12月，撤销县粮食局，县粮食总公司改为企业性经济实体，行政管理职能归并县经济贸易委员会。1995年6月，县粮食总公司更名为县粮食局。1996年3月，设立县粮油集团总公司。局长兼总经理。1999年5月撤销。2015年，县粮食局设办公室、综合室、劳资股、党建办、财审股、批发市场、服务站、仓储股、粮管中心、行业管理中心、收储公司11个股室和1个副科级单位粮食稽查大队，干部职工94人，下辖山东定陶国家粮食储备库、县粮食储备管理中心、供应公司、19个定陶金穗粮食购销有限公司分公司、3个县直工业企业等23个所属单位。

1991—2015年定陶县粮食局（粮食总公司）主要负责人任职情况表

表35-1-118

职务	姓名	任职时间	籍贯
局长（总经理）	马玉山	1991.01—1993.03	定陶县南王店镇
	李玉堂	1993.03—1998.04	定陶县天中街道
	任培华	1998.04—2005.10	江苏省丰县
	王善林	2005.10—	定陶县天中街道

县物资局（物资总公司） 1992年6月，成立县物资总公司，与县物资局一个机构两个牌子。1993年12月，撤销县物资局，县物资总公司改为企业性经济实体，其行政管理职能归并县经济贸易委员会。2002年4月，县物资总公司改为事业单位，辖燃料、木材、金属材料、建材化轻、机电设备、金属回收、物资服务协作、物资木材经销等8个公司。2015年，县物资总公司设办公室、财务科、政工科、计生办公室4个科室，干部职工10人，辖燃料、木材、金属材料、建材化轻、机电设备、金属回收、物资服务协作7个专业公司。

1991—2015年定陶县物资局（物资总公司）主要负责人任职情况表

表35-1-119

职务	姓名	任职时间	籍贯
总经理（局长）	李振清	1991.01—1995.04	定陶县冉堌镇
	魏守潜	1995.04—1998.04	定陶县半堤镇
	魏庆禄	1998.05—2002.04	定陶县天中街道

续表35-1-119

职务	姓名	任职时间	籍贯
总经理（局长）	乔宝进	2002.04—2003.03	定陶县仿山镇
	苗继先	2003.04—2005.07	菏泽市曹县
	李士成	2005.07—	定陶县马集镇

县老龄工作委员会办公室　1991年，县老龄问题委员会下设办公室。1992年2月，更名为县老龄委员会，下设办公室。1998年1月，县老龄委员会更名为县老龄工作委员会，为县政府主管全县老龄工作的议事协调机构，主任由县政府分管副县长担任，下设办公室。

1991—2015年定陶县老龄工作委员会办公室主要负责人任职情况表

表35-1-120

职务	姓名	任职时间	籍贯
主任	张宪泰	1991.01—1992.03	郓城县郭屯镇
	张允立	1992.03—1993.03	定陶县张湾镇
	牛光柱	1993.03—2002.04	定陶县孟海镇
	晁岱峰	2002.04—2007.05	定陶县南王店镇
	张　建	2007.05—	定陶县陈集镇

第四节　政协定陶县委员会工作机构

1991年，县政协工作部门设有办公室、文史资料委员会、学习提案委会、文教卫生委员会、经济科技委员会、祖国统一联谊委员会。2008年6月，祖国统一联谊委员会更名为港澳台侨民族宗教委员会。同年12月，设立县政协老干部服务中心。2015年2月，设立研究室、委员活动工作室和社会法制委员会。

1991—2015年定陶县政协办公室主要负责人任职情况表

表35-1-121

职务	姓名	任职时间	籍贯	备注
主任	史卜民	1991.01—1993.03	定陶县仿山镇	
	邹大明	1993.03—1998.04	定陶县张湾镇	
	韩宪玉	1998.04—2003.03	定陶县冉堌镇	兼
	杨汝现	2003.03—2004.08	定陶县滨河街道	兼
	贾翠平	2004.08—2006.08	定陶县黄店镇	兼
	侯恩立	2006.08—2008.04	定陶县南王店镇	
	贺重光	2008.04—2008.12	河南省新乡市	
	李新民	2011.03—	定陶县半堤镇	

1991—2015年县政协文史资料委员会主要负责人任职情况表

表35-1-122

职务	姓名	任职时间	籍贯
主任	刘甫修	1991.01—1993.03	江苏省丰县
	张兆新	1993.03—1997.06	定陶县天中街道
	吕玉杰	1997.06—2011.03	菏泽市曹县
	王志刚	2011.03—	定陶县冉堌镇

1991—2015年县政协学习提案委员会主要负责人任职情况表

表35-1-123

职务	姓名	任职时间	籍贯	备注
主任	孙向东	1991.01—1993.03	定陶县冉堌镇	
	台凡贵	1993.03—1995.01	定陶县陈集镇	
	李雪云	1995.01—1998.04	定陶县南王店镇	女
	牛光利	1998.04—2002.04	定陶县孟海镇	
	田同兰	2002.04—2008.12	定陶冉堌镇	女
	李　瑜	2011.03—	菏泽市牡丹区	女

1991—2015年县政协文教卫生委员会主要负责人任职情况表

表35-1-124

职务	姓名	任职时间	籍贯	备注
主任	杨汝英	1991.01—1993.12	定陶县天中街道	女
	贾瑞星	1997.06—2007.06	菏泽市曹县	
	田　莉	2007.06—	定陶县天中街道	女

1991—2015年县政协经济科技委员会主要负责人任职情况表

表35-1-125

职务	姓名	任职时间	籍贯
主任	余有声	1991.01—1993.03	定陶县南王店镇
	武汝尧	1993.03—1993.12	山东省肥城市
	台凡贵	1995.01—1997.02	定陶县陈集镇
	秦传昌	1997.06—2011.03	定陶县冉堌镇
	韩文娟	2015.06—	定陶县冉堌镇

1991—2015年港澳台侨民族宗教委员会主要负责人任职情况表

表35-1-126

职务	姓名	任职时间	籍贯	备注
主任	高石山	1991.01—1993.03	菏泽市牡丹区	
	张体荣	1993.03—2001.03	定陶县冉堌镇	女
	陈承灵	2002.04—2005.10	定陶县黄店镇	
	贺重光	2006.08—2008.04	河南省新乡市	
	李　岩	2008.04—	定陶县黄店镇	

老干部服务中心

主任：王传兴　2011.03—　定陶县仿山镇

研究室

主任：周德华　2015.06—　定陶县冉堌镇

委员活动工作室

主任：李光启　2015.06—　定陶县冉堌镇

社会法制委员会

主任：韩　玲　2015.12—　菏泽市成武县

第五节　中共定陶县纪律检查委员会工作机构

县纪律检查委员会　1991年，县纪律检查委员会（简称县纪委）设办公室、教育室、信访室、纪律检查室、案件审理室5个室，均为副科级单位。1993年5月，县纪委与县监察局合署办公，设办公室、信访室、案件审理室、宣传教育室、党风廉政建设室、纪检监察一室、纪检监察二室、执法监察室、监察综合室9个室，均为副科级单位。1998年2月设立纠正行业不正之风办公室，与县监察局一个机构两个牌子。2003年，设立县行政效能投诉中心，隶属县监察局。2010年6月，县纪委、监察局设立8个派驻纪检组（监察室），正科级单位；同时设立县纪委干部室，副科级单位。2014年9月，设立县纪检监察三室、县纪检监察四室、案件监督管理室、执法效能监督室、党风政风监督室。2015年，县纪委、县监察局设办公室、监察综合室、干部室、宣传教育室、案件审理室、信访室、党风廉政建设室、执法监察室、4个纪检监察室、案件监督管理室、执法和效能监督室、党风廉政电教中心、8个纪检组（监察室）及纠正行业不正之风办公室。

1991—2015年中共定陶县纪律检查委员会主要负责人任职情况表

表35-1-127

职务	姓名	任职时间	籍贯
书记	梁可建	1991.01—1993.01	菏泽市郓城县
	史步军	1993.01—1997.01	定陶县仿山镇
	李清安	1997.01—2003.02	菏泽市成武县
	董　超	2003.02—2007.01	菏泽市鄄城县
	张继争	2007.01—2012.01	菏泽市鄄城县
	刘守文	2012.01—2014.02	菏泽市开发区
	王铁军	2014.03—	菏泽市曹县

第一纪检组（监察室）主要负责人任职情况表

表35-1-128

职务	姓名	任职时间	籍贯
组长（主任）	范　莹	2010.06—2012.02	菏泽市曹县
	郑连根	2012.03—	定陶县冉堌镇

第二纪检组（监察室）主要负责人任职情况表

表35-1-129

职务	姓名	任职时间	籍贯
组长（主任）	臧永军	2010.06—	定陶县冉堌镇

第三纪检组（监察室）主要负责人任职情况表

表35-1-130

职务	姓名	任职时间	籍贯
组长（主任）	朱庆民	2010.06—2014.03	定陶县冉堌镇
	姚波元	2014.03—	定陶县滨河街道

第四纪检组（监察室）主要负责人任职情况表

表35-1-131

职务	姓名	任职时间	籍贯
组长（主任）	薛建国	2010.06—	江苏省丰县

第五纪检组（监察室）主要负责人任职情况表

表35-1-132

职务	姓名	任职时间	籍贯
组长（主任）	王　一	2010.06—	定陶县半堤镇

第六纪检组（监察室）主要负责人任职情况表

表35-1-133

职务	姓名	任职时间	籍贯
组长（主任）	董卫红	2010.06—	菏泽市成武县

第七纪检组（监察室）主要负责人任职情况表

表35-1-134

职务	姓名	任职时间	籍贯
组长（主任）	田瑞强	2010.06—2014.12	定陶县黄店镇
	史茜桃	2014.12—	定陶县仿山镇

第八纪检组（监察室）主要负责人任职情况表

表35-1-135

职务	姓名	任职时间	籍贯
组长（主任）	王洪冰	2010.06—2012.02	菏泽市鄄城县
	赵　中	2012.02—	定陶县陈集镇

第六节　定陶县人民武装部工作机构

县人民武装部原下设办事机构6个，其中办公室、政工科、军事科、后勤科为正科级单位，民兵训练基地、民兵武器装备仓库为副科级单位。由地方收归军队建制后，其工作部门设正营职的单位有军事科、政工科、后勤科，列地方编制为副科级的单位有民兵训练基地、民兵武器装备仓库。2005年，民兵武器装备仓库升格为正科级单位，2007年6月，改为军械库。

1991—2015年定陶县人民武装部部长任职情况表

表35-1-136

职务	姓名	任职时间	籍贯
部长	逯金柱	1991.01—1991.10	菏泽市东明县
	祝桂岭	1991.10—1999.02	菏泽市成武县
	蔡清禄	1999.02—2000.01	山东省青州市
	李安臣	2000.01—2005.02	菏泽市鄄城市
	李　辉	2005.02—2006.03	菏泽市牡丹区
	郇西栋	2006.03—2011.03	菏泽市曹县
	戴化奎	2011.03—2014.03	江苏省睢宁县
	胡宝忠	2014.03—	河北省广平县

1991—2015年定陶县人民武装部政委任职情况表

表35-1-137

职务	姓名	任职时间	籍贯
政委	马乃灿	1991.01—1993.04	菏泽市郓城县
	李伦文	1994.07—1996.03	定陶县南王店镇
	张在祥	1999.03—2000.01	山东省临朐县

续表35-1-137

职务	姓名	任职时间	籍贯
政委	蔡清禄	2000.01—2003.02	山东省青州市
	刘兴成	2003.02—2004.01	山东省泰安市
	郑金宏	2004.01—2007.03	安徽省灵璧县
	李玉文	2007.03—2010.04	菏泽市巨野县
	李长松	2010.04—2012.02	山东省临朐县
	张志强	2012.02—2015.02	河南省太康县
	郝心清	2015.02—	山东省莱阳市

1991—2015年定陶县人民武装部政工科主要负责人任职情况表

表35-1-138

职务	姓名	任职时间	籍贯
科长	吴福进	1991.01—1996.02	定陶县天中街道
	张保品	1996.03—1998.02	菏泽市成武县
	邓传石	1998.02—2000.01	定陶县仿山镇
	李魁军	2000.01—2005.02	菏泽市曹县
	姚念军	2005.02—2006.06	菏泽市巨野县
	田效金	2006.06—2007.10	菏泽市鄄城县
	聂孟真	2008.09—2015.02	菏泽市东明县
	黄华平	2015.02—	湖北省天门市

1991—2015年定陶县人民武装部军事科主要负责人任职情况表

表35-1-139

职务	姓名	任职时间	籍贯	备注
科长	蔡厚平	1992.01—1996.03	定陶县马集镇	
	张　剑	1996.03—1999.01	菏泽市曹县	
	晁岱清	1999.01—2003.01	定陶县南王店镇	
	陈言军	2005.02—2006.01	菏泽市曹县	兼
	孔德清	2006.01—2007.01 2008.01—2010.04	菏泽市东明县	兼
	齐士林	2007.01—2008.01	菏泽市单县	兼
	屈明轩	2010.04—2012.04	河南省方城县	兼
	高著宇	2012.04—2013.02	菏泽市曹县	兼
	刘　勇	2013.02—	菏泽市巨野县	兼

1991—2015年定陶县人民武装部后勤科主要负责人任职情况表

表35-1-140

职务	姓名	任职时间	籍贯
科长	曹广道	1992.08—1996.03	定陶县马集镇
	梁显海	1996.03—2000.01	定陶县仿山镇
	刘海进	2000.01—2005.02	菏泽市鄄城县
	田信军	2005.02—2006.01	定陶县天中街道
	许和灵	2006.01—2011.04	定陶县杜堂镇
	张永生	2011.04—	菏泽市牡丹区

1991—2015年定陶县人民武装部军械库主要负责人任职情况表

表35-1-141

职务	姓名	任职时间	籍贯
主任	王广东	1992.02—1996.03	定陶县黄店镇
	张同庆	1997.07—2002.11	定陶县黄店镇
	李照豪	2002.12—2011.04	定陶县天中街道
	陈国强	2013.03—2014.03	定陶县黄店镇

办公室　1996年3月撤销。

主任：孔令学　1992.08—1996.03　定陶县陈集镇

第七节　县检察院、县法院工作机构

县人民检察院　1991年，县人民检察院内设办公室、政工科、刑事检察一科、刑事检察二科、经济检察科、法纪检察科、监所检察科、控告申诉检察科、技术科、政研室、税务局检察室、工业局检察室、商业局检察室等13个科室。1994年4月，设立县检察院驻定陶镇检察室。1996年11月，县人民检察院反贪污贿赂局成立，正科级单位。1997年11月，税务检察室撤销。1999年3月，县人民检察院渎职犯罪侦查局成立，同时撤销法纪检察科。同年5月，县人民检察院反贪污贿赂局内设侦查一科、侦查二科、侦查三科、预防犯罪科、综合室。2001年，县人民检察院渎职犯罪侦查局，为正科级单位，内设侦查一科、侦查二科。2002年6月，县人民检察院内设16个职能部门和机关党总支、机关工会、计划生育办公室，将政工科升为政治处，为副科级单位，内设人事科和宣教科。反贪污贿赂局为正科级单位，内设综合科、职务犯罪预防科、侦查一科、侦查二科、侦查三科。渎职犯罪侦查局为正科级单位，内设侦查一科、侦查二科。2005年，渎职犯罪侦查局更名为反渎职侵权局。2010年6月，县人民检察院设立职务犯罪预防科。2011年4月，县人民检察院设立行装装备科。同时撤销检察院原属办公室的相关职能。2012年5月，县人民检察院驻定陶镇检察室整建制调整为县人民检察院派驻陈集检察室，机构规格和管理方式不变，设立案件管理科，设立驻定陶县看守所检察室，与监所检察科合署办公，主任由监所检察科科长兼任。2012年11月，县人民检察院设立未成年人刑事检察科，为股级内设机构，与公诉科合署办公，科长由公诉科科长兼任。同时设立县人民检察院派驻陈集检察室、派驻黄店检察室、派驻冉堌检察室、派驻张湾检察室、派驻仿山检察室5个派驻基层检察室，均为股级机构。2013年4月，县人民检察院派驻陈集检察室、派驻黄店检察室、派驻冉堌检察室、派驻张湾检察室、派驻仿山检察室5个派驻基层检察室，升格为科级。2014年5月，县人民检察院检察委员会设置专职委员2至3人。8月，县人民检察院设立信息服务中心。

1991—2015年定陶县人民检察院主要负责人任职情况表

表35-1-142

职务	姓名	任职时间	籍贯
党组书记、检察长	韩方景	1991.01—1996.10	菏泽市牡丹区
	李志军	1996.10—2001.04	菏泽市曹县
	吴三军	2001.04—2011.12	菏泽市东明县
	袁建东	2011.12—	菏泽市鄄城县

1996—2015年定陶县人民检察院反贪污贿赂工作局主要负责人任职情况表

表35-1-143

职务	姓名	任职时间	籍贯	备注
局长	刘义成	1997.06—2001.05	定陶县马集镇	兼
	刘起仁	2002.04—2006.04	定陶县马集镇	
	时维建	2006.04—2007.05	定陶县马集镇	
	张胜宇	2008.04—2011.03	定陶县张湾镇	
	王继红	2015.04—	定陶县张湾镇	

县人民检察院反渎职侵权局　1999年4月成立县人民检察院渎职犯罪侦查局，为行政副科级单位。2002年4月，由副科级单位升格为正科级单位。2005年，更名为县人民检察院反渎职侵权局。

1999—2015年定陶县人民检察院反渎职侵权局主要负责人任职情况表

表35-1-144

职务	姓名	任职时间	籍贯	备注
局长	郭绪忠	1999.05—2002.04	定陶县陈集镇	回族
	朱效记	2002.04—2006.12	定陶县杜堂镇	
	王爱民	2008.04—2012.03	定陶县马集镇	
	陈　晖	2015.04—	江苏省阜宁县	

县人民法院　1991年，县人民法院设立陈集、黄店、张湾、邓集、孟海、冉堌、南王店、城关、东王店、马集、保宁、半堤12处人民法庭，刑事审判庭、民事审判庭、经济审判庭、执行庭、行政审判庭、控告申诉庭等6个院内庭室。1998年，控告申诉庭撤销，分设立案庭和审判监督庭。1999

年，将12处人民法庭调整撤并为5处，即：城关、陈集、黄店、冉堌、力本屯，并投资新建了法庭办公楼。2001年4月，撤销城关法庭，成立游集法庭。2002年3月，县人民法院设11个职能部门和政工科，同时设立司法鉴定中心。2003年5月，法院政工科更名为政治处。2005年12月，法院城关法庭撤销，经济审判庭撤销。同时，县人民法院进行机构和人事制度改革，增设民事审判二庭、民事审判三庭和机关服务中心。民事审判二庭、民事审判三庭负责审理一审合同、证券、票据、破产等经济纠纷，并监督指导人民法庭商事审判相关工作。至2006年底，县人民法院共设20个职能部门：办公室（下设财务室、档案室）、政治处、研究室、监察室、立案庭（下设信访室）、技术室、执行局（下设执行一庭、执行二庭、综合室）、刑事审判庭、民事审判一庭、民事审判二庭、民事审判三庭、行政审判庭、审判监督庭、司法警察大队、机关服务中心、力本屯法庭、黄店法庭、冉堌法庭、陈集法庭、游集法庭。2007年4月，设立少年审判法庭。2015年5月，增设组织人事科、教育培训科，归属政治处；增设国家赔偿办公室、审委会办公室、审判管理办公室、诉前调解室、信息技术科、信息服务中心。信访室、财务装备科分别脱离立案庭、办公室为独立科室。2015年底，县人民法院职能部门有办公室，政治处，下设组织人事科、教育培训科；研究室，立案庭，刑事审判庭，少年审判庭，民事审判一庭，民事审判二庭，民事审判三庭，行政审判庭，国家赔偿办公室，审判监督庭；执行局，下设执行局综合室、执行一庭、执行二庭；审委会办公室，审判管理办公室，信访室，技术室，法警大队，诉前调解室，监察室，信息技术科，机关服务中心，信息服务中心，财务装备科，力本屯法庭，黄店法庭，冉堌法庭，陈集法庭，游集法庭。

1991—2015年定陶县法院主要负责人任职情况表

表35-1-145

职务	姓名	任职时间	籍贯	备注
院长	苏海波	1991.01—1993.03	菏泽市定陶县	
	姜守新	1993.03—1997.12	济宁市梁山县	
	王乃忠	1997.01—2006.02	菏泽市鄄城县	
	崔敬涛	2006.02—	菏泽市牡丹区	回族

县人民法院执行局　2000年11月设立，为县人民法院内设机构。

局长：康洪安　2003.06—

第八节　群团部门

1991年，定陶县有县总工会、团县委、县妇联、县科协、县工商业联合会、县残疾人联合会、县计划生育协会7个群众团体，均为正科级单位。2000年9月设立县文学艺术界联合会和县社会科学界联合会。2002年4月，设立县妇联妇女儿童工作委员会办公室。至2015年，定陶县有工会、共产主义青年团、妇女联合会、工商联、残疾人联合会等9个群众团体。

县总工会　1991年，县总工会机关编制5人，内设办公室、组织部、宣教部、生产部、女工部、财务部。2013年4月，设立困难职工帮扶中心。至2015年，县总工会设办公室、组织部、宣教部、生产部、女工部、财务部、困难职工帮扶中心，下辖县工人文化宫和县职工业余学校。

1991—2015年定陶县总工会主要负责人任职情况表

表35-1-146

职务	姓名	任职时间	籍贯	备注
主席	李洪新	1991.01—2001.03	定陶县陈集镇	
	贾翠平	2001.03—2004.09	定陶县黄店镇	女
	张庭吉	2004.09—2005.07	定陶县黄店镇	
	张永春	2005.10—2009.12	菏泽市单县	
	李广根	2010.02—2011.01	菏泽市开发区	兼
	郭玉灿	2011.01—	定陶县南王店镇	兼

共青团定陶县委员会　1991年，共青团定陶县委员会内设机构有办公室、组织部、宣教部、少年工作部4个部室。2005年9月，设立定陶县关心下一代工作委员会办公室，为副科级单位，属团县委内设机构。2015年，共青团定陶县委员会内设少年工作委员会（副科级）、办公室、组织部、宣传部、青工青农部、学校部、权益部、希望工程办公室8个部室。

1991—2015年中国共产主义青年团定陶县委员会书记任职情况表

表35-1-147

职务	姓名	任职时间	籍贯	备注
书记	丁志刚	1990.01—1992.06	定陶县仿山镇	
	鹿长松	1992.06—1993.02	菏泽市成武县	
	马雪瑜	1993.12—1997.06	定陶县南王店镇	
	杨汝增	1997.06—1998.04	定陶县黄店镇	
	杨文涛	1998.04—2003.01	菏泽市牡丹区	
	刘广杰	2003.01—2005.02	定陶县半堤镇	
	刘大用	2005.10—2006.12	菏泽市曹县	
	王瑞忠	2006.12—2008.04	定陶县冉堌镇	
	陈启志	2008.04—2011.03	定陶县滨河街道	
	田　冰	2011.03—	定陶县冉堌镇	女

县妇女联合会　1992年3月，召开定陶县妇女联合会（简称县妇联）第八次代表大会，参会代表273人。1997年8月，召开定陶县妇女联合会第九次代表大会，参会代表219人。2002年4月，定陶县妇女儿童工作委员会办公室设立，为正科级单位，隶属县妇联。2004年5月，召开定陶县妇女联合会第十次代表大会，大会代表192人。2015年，定陶县妇女联合会内设办公室、组织部、宣传部、儿童工作部、妇女儿童维权部等5个部室。辖1个正科级单位，即县妇女儿童工作委员会办公室。

1991—2015年定陶县妇联主要负责人任职情况表

表35-1-148

职务	姓名	任职时间	籍贯	备注
县妇联主席	徐光璞	1991.01—1994.01	菏泽市曹县	女
	张华君	1994.01—1997.06	定陶县天中街道	女
	贾翠平	1997.06—1997.10	定陶县黄店镇	女
	刘明芬	1998.04—2007.06	定陶县陈集镇	女
	袁朝平	2007.06—	定陶县马集镇	女

2002—2015年定陶县妇女儿童工作委员会办公室主要负责人任职情况表

表35-1-149

职务	姓名	任职时间	籍贯	备注
主任	刘明芬	2002.04—2003.12	定陶县陈集镇	女
	袁朝平	2003.12—	定陶县马集镇	女

县工商业联合会　1991年，县工商业联合会（简称县工商联）由县委统战部代管，配备领导1正职1副职，属群众团体。1994年12月，县总商会成立，并与县工商联1个机构2个名称。1997年，全县19处乡镇全部建立基层商会组织，先后成立同业分会10个。2002年4月，设立党组。2006年，列入公务员序列。2015年被评为全国“五好”县级工商联。

1991—2015年定陶县工商业联合会主要负责人任职情况表

表35-1-150

职务	姓名	任职时间	籍贯	备注
党组书记	张家平	2002.04—2005.05	定陶县冉堌镇	
	吴卫国	2005.05—2007.04	定陶县南王店镇	
	王克亮	2007.04—2012.03	定陶县冉堌镇	
	张宝海	2012.03—	菏泽市东明县	
主席（会长）	靳俊思	1991.01—1993.03	定陶县杜堂镇	
	董玉生	1993.03—1993.12	定陶县张湾镇	
	王新报	1993.12—1999.05	定陶县黄店镇	
	潘守潜	1999.05—2002.04	定陶县孟海镇	
	许累峰	2002.04—2005.05	定陶县天中街道	
	吴卫国	2005.05—2009.12	定陶县南王店镇	
	张宪春	2010.11—	定陶县南王店镇	兼

县残疾人联合会 1990年10月，设立县残疾人联合会（以下简称县残联），为正科级事业单位，由县民政局代管。县残联内部设立办公室、群工部、宣教部、康复部、基金部，定编5人。1994年6月，增设劳动服务办公室。县残联工作人员增加到14人。1995年1月，成立县残疾人康复中心。2001年11月，县残联设立办公室（挂计财部的牌子）、组织联络宣传部、康复部（挂县聋儿语训康复中心的牌子）、教育就业部（挂县残疾人劳动服务办公室的牌子），编制29人。配备理事长1人，副理事长2人。同时撤销县残疾人劳动服务办公室和县聋儿语训康复中心。县残联参照国家公务员制度管理。2002年，成立县特殊教育体育学校。2009年6月，成立县残疾人托养院。2011年4月，县残疾人体育中心升格为副科级事业单位。

1991—2015年定陶县残联主要负责人任职情况表

表35-1-151

职务	姓名	任职时间	籍贯	备注
理事长	王宪峰	1991.01—1996.03	定陶县仿山镇	
	吕继臣	1996.03—1999.05	菏泽市成武县	
	朱慎参	1999.05—2001.03	定陶县滨河街道	
	孔瑞华	2002.04—	定陶县陈集镇	女

县文学艺术界联合会 1991年2月成立定陶县文学艺术界联合会，为股级单位。1992年5月，县文联为正科级单位，隶属县委宣传部，下辖书法协会、美术协会、音乐协会、作家协会、曲艺协会、唢呐协会、收藏家协会和摄影协会8个一级协会和诗词学会、范蠡书画院2个二级协会。

1991—2015年定陶县文学艺术界联合会主要负责人任职情况表

表35-1-152

职务	姓名	任职时间	籍贯	备注
主席	陈宝亭	1991.01—1993.03	菏泽市曹县	兼
	韩庆清	1993.03—1993.12	定陶县张湾镇	
	李允祥	1993.12—2002.04	聊城市莘县	
	李　新	2003.04—2008.12	定陶县半堤镇	
	陈春生	2008.12—2011.03	定陶县滨河街道	主持工作，副主席
	王　萍	2011.03—	定陶县天中街道	女

县科学技术协会 1991年，县科学技术协会下设办公室、科普部、学会部。至2015年，县科协内设机构未变。

1991—2015年定陶县科学技术协会主要负责人任职情况表

表35-1-153

职务	姓名	任职时间	籍贯
主席	刘继光	1991.01—1991.08	菏泽市单县
	赵文化	1991.08—1993.12	定陶县黄店镇
	王广臣	1993.12—1998.06	定陶县马集镇
	樊继元	1998.06—2002.04	菏泽市郓城县
	张永春	2002.04—2005.10	菏泽市单县
	田　莉	2005.10—2007.10	定陶县天中街道
	万东亮	2007.10—	定陶县南王店镇

县社会科学界联合会　1990年1月县社会科学界联合会升格为正科级单位，由县委宣传部代管。

1991—2015年定陶县社会科学界联合会主要负责人任职情况表

表35-1-154

职务	姓名	任职时间	籍贯	备注
主任	臧学真	1991.01—1997.06	定陶县冉堌镇	兼
	孙诚国	1999.05—2001.03	济宁市梁山县	
	后建国	2002.04—2007.06	菏泽市曹县	
	赵永泉	2011.03—	菏泽市成武县	

县计划生育协会　正科级单位。1994年9月、1998年9月先后两次召开第二次和第三次代表大会，会议分别选举产生理事会。

1991—2015年定陶县计划生育协会主要负责人任职情况表

表35-1-155

职务	姓名	任职时间	籍贯	备注
会长	何守礼	1991.01—1994.09	定陶县张湾镇	
	徐光璞	1994.09—1997.06	菏泽市曹县	女，兼
	孙凤云	1998.09—2007.01	菏泽市成武县	女，兼

第九节　县管学校

县第一中学　1990年1月由正科级单位升格为副县级单位。

1991—2015年定陶县第一中学主要负责人任职情况表

表35-1-156

职务	姓名	任职时间	籍贯	备注
校长	孔庆思	1991.01—2000.08	定陶县滨河街道	
	张宪礼	2000.08—2006.04	定陶县滨河街道	
	王洪钦	2006.09—2012.05	菏泽市鄄城县	
	杨汝增	2012.05—	定陶县黄店镇	兼

县第二中学 1990年1月由副科级单位升格为正科级单位。

1991—2015年定陶县第二中学主要负责人任职情况表

表35-1-157

职务	姓名	任职时间	籍贯
校长	戴新德	1991.01—1997.06	定陶县滨河街道
	陈启坤	1997.06—2002.04	定陶县天中街道
	史洪宪	2002.04—	定陶县陈集镇

定陶县实验中学 定陶县实验中学原名定陶县第三中学，1990年1月升格为副科级事业单位。1995年6月更名为定陶县实验中学，由副科级单位升格为正科级单位。

1991—2015年定陶县实验中学主要负责人任职情况表

表35-1-158

职务	姓名	任职时间	籍贯
校长	孔凡春	1991.01—2001.03	定陶县滨河街道
	游泮华	2001.03—2009.03	定陶县仿山镇
		2011.03—	

县职业教育中心 前身是县教师进修学校，1996年11月，设立县职业教育培训中心，与县教师进修学校一个机构两个牌子。2000年7月，县职业教育培训中心改为县职业教育中心，2005年8月，县职业中等专业学校并入县职业教育中心。2014年，城区学校进行资源整合，县职教中心开始筹备与县二中合并，到2015年底，筹备工作仍在进行。

1991—2015年定陶县职业教育中心主要负责人任职情况表

表35-1-159

职务	姓名	任职时间	籍贯	备注
校长	张　林	1991.01—1993.03	定陶县滨河街道	
	李海涛	1993.03—2012.05	菏泽市曹县	回族
	王凤娟	2012.05—	定陶县冉堌镇	女，兼

定陶县职业中等专业学校 前身为定陶县职业中学，1996年6月设立。1999年6月更名为定陶县职业中等专业学校。2005年8月并入县职业教育中心。

1996—2005年定陶县职业中等专业学校主要负责人任职情况表

表35-1-160

职务	姓名	任职时间	籍贯
校长	牛作正	1998.04—2002.04	定陶县孟海镇
	侯居成	2002.04—2006.05	定陶县冉堌镇

定陶县职工培训中心 1993年12月县技工学校与县职工教育办公室合并，设立县职工培训中心，保留技工学校名称，由县劳动局代管。

1991—2015年定陶县职工培训中心（县技工学校）主要负责人任职情况表

表35-1-161

职务	姓名	任职时间	籍贯	备注
校长（主任）	张作田	1991.01—1991.09	济宁市梁山县	兼
	陶兴顺	1991.09—1996.09	菏泽市定陶县	
	郭玉灿	1996.09—1998.04	定陶县南王店镇	
	袁廷录	1999.05—2011.03	定陶县南王店镇	
	王凤娟	2011.03—	定陶县冉堌镇	女，兼

第十节　卫生系统部门

县人民医院 事业，正科级单位。

1991—2015年定陶县人民医院主要负责人任职情况表

表35-1-162

职务	姓名	任职时间	籍贯	备注
院长	赵保寅	1991.01—1997.01	菏泽市成武县	
	王德金	1997.01—1998.04	定陶县冉堌镇	兼

续表35-1-162

职务	姓名	任职时间	籍贯	备注
院长	田学同	1998.04—2001.03	定陶县冉堌镇	兼
	马法运	2001.03—2011.03	定陶县仿山镇	
	冯勋安	2011.03—2015.06	定陶县孟海镇	
	耿战秋	2015.06—	定陶县张湾镇	兼

县中医院 事业。

2002—2015年定陶县中医院主要负责人任职情况表

表35-1-163

职务	姓名	任职时间	籍贯	备注
院长	曲兆良	2002.09—2006.03	定陶县半堤镇	
	陈 劼	2006.03—2014.04	定陶县滨河街道	
	蔡厚田	2014.04—2014.10	定陶县马集镇	主持工作
	卢衍毅	2014.11—	定陶县张湾镇	

县红十字会办公室 1991年，县红十字会下辖23个分会，其中县直4个，乡镇19个，建立红十字会青年工作委员会1个，共有会员1590人。1995年，由县卫生局管理。至2015年，县红十字会办公室有工作人员8人，下辖24个分会，其中县直6个，乡镇18个。

1991—2015年定陶县红十字会办公室主要负责人任职情况表

表35-1-164

职务	姓名	任职时间	籍贯	备注
主任	周升高	1991.01—1995.01	定陶县冉堌镇	兼
	朱慎清	1995.01—1997.02	定陶县黄店镇	
	刘景玉	1997.08—2002.04	定陶县天中街道	
	郭宪峥	2003.06—2006.12	定陶县马集镇	
	王燕平	2007.04—	定陶县马集镇	

县疾病预防控制中心（防疫站） 县疾病预防控制中心（简称县疾控中心）前身是县卫生防疫站。1991年，县防疫站辖6股1室1所，工作人员51人。1991年后，按照大防疫思路，设立防疫股，负责全县传染病、流行病、地方病、儿童计划免疫工作；设立卫生股，负责全县食品、学校、环境、劳动4大卫生监督监测工作。1995年食品卫生从卫生股分出，设食品卫生股，负责全县食品卫生监督。1996年增设消杀股，负责医疗机构的消毒质量与感染危险因素的监测工作。1997年环境、劳动卫生从卫生股分出，分别成立公共卫生股、劳动卫生股。2000年将防疫股分成计划免疫

股、流行病防治股、地方病防治股、疫苗供应服务部。2003年增设学校卫生科，负责全县学校食品卫生安全和学生体检工作。2006年增设慢病科，负责慢性非传染性疾病和艾滋病防控。2010年，为适应新形势下疾病预防控制工作，县卫生防疫站撤销，成立县疾病预防控制中心，承担全县疾病预防控制和卫生检测检验等方面的工作。2015年县疾控中心有办公室、财务科、后勤科、计划免疫科、传染病防制科、性病艾滋病防治科（慢性病防治科）、结核病防治科、公共卫生科、查体科、应急办、检验科、放射科等科室。同年被国家卫计委授予“全国疾控工作先进集体”称号。

1991—2015年定陶县疾病预防控制中心（防疫站）主要负责人任职情况表

表35-1-165

职务	姓名	任职时间	籍贯
站长（主任）	刘端胜	1991.01—1995.11	定陶县冉堌镇
	王瑞宇	1996.01—1997.03	定陶县冉堌镇
	董学士	1997.03—2002.04	定陶县半堤镇
	崔海波	2002.04—2006.12	定陶县南王店镇
	何利民	2006.12—	定陶县黄店镇

县妇幼保健院 1991年，县妇幼保健站有工作人员27人，由县卫生局管理。2012年5月，更名为县妇幼保健院。

1991—2015年定陶县妇幼保健院（站）主要负责人任职情况表

表35-1-166

职务	姓名	任职时间	籍贯	备注
站长（院长）	阎世凤	1991.01—1991.03	定陶县黄店镇	女
	冯爱菊	1991.03—1992.03	定陶县张湾镇	女，副站长主持工作
	葛玉兰	1992.03—2002.03	河南省商丘市	女
	刘翠云	2002.03—2007.05	定陶县冉堌镇	女
	付家卿	2007.05—	定陶县黄店镇	

县陶城医药有限责任公司 县陶城医药有限责任公司前身为县药材公司，1991年，为独立的企业单位，正科级，隶属菏泽地区药材公司。1997年11月，加挂县医药管理局和县医药管理稽查队牌子，为政企合一单位。2000年3月，县医药管理局和稽查队分出。2005年7月，改制为县陶城医药有限责任公司，划归地方管理。

1991—2015年陶城医药有限责任公司（药材公司）主要负责人任职情况表

表35-1-167

职务	姓名	任职时间	籍贯
经理	蔡忠爱	1991.01—1999.08	定陶县马集镇
	宋保臣	2001.03—2003.03	定陶县杜堂镇
	孔凡卓	2003.03—	定陶县陈集镇

第二章　市属以上驻定陶单位

第一节　行政机构

县国家税务局　1991年，县税务局内设秘书股、政工股、会计股、集体企业股、税政股、征管股、监察股、老干部股、档案股9个股室，1个稽查大队，1个直属税务所，18个乡镇税务所。1994年7月，实行分税制，县税务局撤销，分设为县国家税务局（简称县国税局）和县地方税务局（简称县地税局）。县国税局设办公室、人事股、计划会计股、财务装备股、税政管理股、征收管理股、监察审计股7个股室，下设18个乡镇国家税务所。直属税务所改为直属征收分局，稽查大队改为稽查分局。1996年8月机构改革，设办公室、人事股、政工股、监察室、税政管理股、征收管理股、计划财务股7个行政股室；发票管理所、信息中心2个事业单位；直属征收分局、稽查分局2个直属机构。撤销各乡镇国税所，合并为张湾、黄店、冉堌、陈集、游集（后改名为仿山）5个乡镇国税征收分局。1998年6月，发票管理所撤销。2001年4月，设办公室、人事教育科、监察室、税政法规科（2005年8月改名为税政管理科）、征收管理科5个行政科室，增设办税服务厅，设稽查局、计划征收局2个直属机构，信息中心1个事业单位，2003年6月增设发票管理所，辖城区、张湾、冉堌、东王店、陈集、仿山6个管理分局。2010年底，设办公室、人事教育科、监察室、税政法规科、征收管理科、计划征收科6个行政科室；信息中心、发票管理所2个事业单位；稽查分局1个直属机构；城区、张湾、冉堌、东王店、陈集、仿山6个国税征收分局。2013年，设办公室、政策法规科、税政科、收入核算科、纳税服务科、征收管理科、人事教育科、监察室、税源管理一科、税源管理二科10个内设机构，另设机关党委办公室。2014年12月，机关党委办公室和人事教育科合署办公。设立财务管理科，财务管理职能从办公室调整至财务管理科。2015年，机构编制未变。

1991—2015年定陶县国家税务局主要负责人任职情况表

表35-2-1

职务	姓名	任职时间	籍贯
局长	路杰荣	1991.01—1993.03	定陶县南王店镇
	韩学臣	1993.04—2001.04	菏泽市曹县
	季建国	2001.05—2010.04	菏泽市单县
	武宪忠	2010.05—2011.09	定陶县城关镇
	孙明安	2011.10—2015.05	菏泽市鄄城县
	徐振起	2015.06—	菏泽市曹县

县地方税务局　1994年7月，地税国税分设，成立县地税局，内设办公室、税政、政工、会计、企财、征管、发票装具7个股室，稽查、直属、车管3个直属税务所，下辖定陶、陈集、冉堌、张湾、黄店、孟海、邓集、马集、南王店、半堤、杜堂、保宁、姑庵、田集、王双楼、力本屯、游集、东王店、一千王19个乡镇基层税务所，干部职工125人。1998年垂直到山东省地方税务局。2002年8月，县地税局为菏泽市地税局的直属机构，下辖稽查局、直属征收局2个直属单位，定陶、陈集、冉堌、张湾、黄店、孟海、邓集、马集、南王店、半堤、杜堂11个基层税务所。2004年7月，设立县地税信息中心（挂地税纳税服务中心牌子）。2009年9月，县地税局内设办公室、法规税政科、征管和科技发展科、税源管理科、收入核算和财务科、人事科、监察室7个科室，稽查局、直属征收局2个直属单位，纳税服务中心1个事业单位，设立定陶、陈集、黄店、冉堌、张湾5个中心税务所，干部职工231人。2015年，县地税局干部职工119人，内设办公室、法规税政科、征管和科技发展科、税源管理科、收入核算和财务科、人事科、机关党委、监察室、纳税服务中心9个科室，下辖稽查局、直属征收局2个直属单位，辖定陶中心税务所、陈集中心税务所、冉堌中心税务所、张湾中心税务所、黄店中心税务所5个中心税务所。

1994—2015年定陶县地方税务局主要负责人任职情况表

表35-2-2

职务	姓名	任职时间	籍贯
局长	田万春	1994.07—1998.04	定陶县马集镇
	冷福生	1998.04—2012.02	山东省海阳市
	韩月文	2012.02—2015.03	菏泽市郓城县
	庞资刚	2015.03—	菏泽市牡丹区

县公路局　1991年，县公路站下设办公室、财务、政工、征收、工程、养护、机料、路政8个股室，辖邓集、冉堌、城关、东王店、黄店、张湾、十里铺、景店、小农场9处公路管理所及机械队、沥青油厂。1992年8月，县公路管理站更名为县公路管理局，规范化简称为县公路局。1997年，设立工程处，1998年对外仍使用原定名，对内改制为工程公司。1998年3月，内部体制改革，成立养护公司，对外称公路养护处，实行企业化管理和经理负责制。

1991—2015年定陶县公路局（公路管理站）主要负责人任职情况表

表35-2-3

职务	姓名	任职时间	籍贯	备注
局长（站长）	吕增福	1991.01—1994.12	菏泽市成武县	1992年8月定陶县公路管理站更名为定陶县公路管理局，站长、职务更为局长
	梅清稳	1994.12—1999.03	菏泽市郓城县	
	苏朝强	1999.03—2001.01	定陶县仿山镇	
	蔡忠河	2001.01—2005.09	定陶县陈集镇	
	许和文	2005.09—2011.03	菏泽市成武县	
	孙玉存	2011.03—	菏泽市成武县	

县气象局 1991年，县气象局（又称气象站）内设观测组、预报组、农气组。1995年被确定为国家基本气象站，气象观测数据参加全球交换，时有干部职工19人。2007年1月，更名为定陶国家气象观测站二级站，任务没有变化，2009年1月，更名为定陶国家基本气象站。2015年，县气象局为正科级单位，内设3个股室、1个中心（防雷中心）和县人工影响天气工作办公室，有职工10人。

1991—2015年定陶县气象局主要负责人任职情况表

表35-2-4

职务	姓名	任职时间	籍贯	备注
局长	许永跃	1991.01—2001.11	菏泽市定陶县	
	丁　鹏	2001.12—2004.11	菏泽市成武县	
	张朝昌	2004.12—2006.03	菏泽市牡丹区	副局长主持工作
	王传喜	2006.03—2015.01	菏泽市东明县	
	刘瑞莲	2015.01—	菏泽市曹县	女

县供电总公司 1992年10月，定陶县成立县供电总公司，与县供电局为一个机构两个牌子。1993年12月，县供电局撤销，行政管理职能并入县经贸委，县供电总公司改为企业性经济实体。1998年11月，划入双重领导单位。2015年，县供电总公司辖党群工作部、发展建设部、人事资源部、财务资产部、电力调度控制中心、安全监察质量部等6个职能部门，设立运维检修部[检修（建设）工区]、客户服务中心2个业务实施机构。

1991—2015年定陶县供电总公司主要负责人任职情况表

表35-2-5

职务	姓名	任职时间	籍贯
总经理	李德森	1991.01—1991.12	济宁市汶上县
	王存宪	1991.12—2000.03	定陶县滨河街道
	张　勇	2000.09—2002.03	菏泽市东明县

续表35-2-5

职务	姓名	任职时间	籍贯
总经理	邓学士	2002.03—2004.06	定陶县仿山镇
	王德运	2004.06—2009.05	菏泽市曹县
	王连桂	2009.05—	菏泽市曹县

国家统计局定陶调查队　国家统计局定陶调查队前身为县农村社会经济调查队，主要职能是进行农业产量抽样调查、农民家计调查（农村住户调查）、农村社会经济调查，编制6人，受上级调查队和县统计局双重领导，业务上以上级调查队为主。1995年6月从县统计局分出，升格为正科级单位，为国家统计局派出机构，垂直管理，编制8人。2007年6月更名为国家统计局定陶调查队，内设综合科、农村调查科、产业调查科。至2015年底，定陶调查队有工作人员8人。

1995—2015年国家统计局定陶调查队主要负责人任职情况表

表35-2-6

职务	姓名	任职时间	籍贯	备注
队长	肖培高	1995.08—1999.06	定陶县陈集镇	
	李学飞	2001.04—2013.05	泰安市东平县	
	李志明	2014.09—	定陶县黄店镇	
副队长	李学飞	1999.07—2001.03	泰安市东平县	主持工作
	李志明	2013.05—2014.09	定陶县黄店镇	主持工作

菏泽市公安局交通警察支队定陶县大队　1991年设立菏泽地区公安处交通警察支队定陶县大队，行政，正科级。1994年3月，指导员改称为政委。2000年12月改为菏泽市公安局交通警察支队定陶县大队。

1991—2015年菏泽市公安局交通警察支队定陶县大队主要负责人任职情况表

表35-2-7

职务	姓名	任职时间	籍贯
大队长	王士奇	1991.01—1997.03	定陶县仿山镇
	朱西文	1997.03—2002.10	菏泽市牡丹区
	苏同乾	2002.10—	菏泽市鄄城县
政委	冯延贵	1991.01—2000.12	菏泽市鄄城县
	李效震	2003.11—	菏泽市牡丹区

县烟草专卖局 县烟草专卖局与中国烟草总公司山东省公司定陶县分公司为一个机构两个牌子。1997年3月，中国烟草总公司山东省公司定陶分公司更名为颐中烟草（菏泽）有限公司定陶分公司。1999年8月，更名为山东省烟草购销集团有限公司（菏泽）定陶分公司。2005年，更名为山东菏泽烟草有限公司定陶营销部。与县烟草专卖局实行政企合一，一个机构两个牌子。2015年，县烟草专卖局设综合办公室、财务科、营销科、专卖监督管理科（稽查大队）、内管办公室、法规科、1532运营部7个部门和5个稽查中队，共有从业人员102人。

1991—2015年定陶县烟草专卖局（营销部）主要负责人任职情况表

表35-2-8

职务	姓名	任职时间	籍贯	备注
经理（局长）	李洪文	1991.01—1992.01	定陶县天中街道	
	王昌林	1992.01—1996.11	定陶县天中街道	
	张钜华	1996.11—1999.01	山东省莱阳市	
	渠庆忠	1999.01—2001.01	菏泽市郓城县	
	田双贤	2001.01—2002.06	菏泽市牡丹区	
	陈海洋	2003.01—2007.01	菏泽市鄄城县	
	魏照启	2007.01—2007.12	菏泽市曹县	
	康传良	2007.12—2008.05	菏泽市牡丹区	
	周东风	2008.05—2013.10	菏泽市牡丹区	
	李爱红	2013.10—2014.12	菏泽市巨野县	主持工作
	李爱红	2014.12—	菏泽市巨野县	

县盐务局 2001年，菏泽盐业公司定陶分公司（企业）由股级升格为正科级单位，同时设立定陶县盐务局（行政），实行一个机构两个牌子，列为双重管理单位。2010年6月，将菏泽盐业公司定陶分公司整体建制划入菏泽盐业公司一分公司，机构设在一分公司，保留定陶县盐务局牌子，与菏泽市盐务局一分局合署办公。2015年1月，菏泽盐业公司定陶分公司更名为山东省盐业集团菏泽有限公司定陶分公司，定陶县盐务局名称不变。

2001—2015年定陶县盐务局主要负责人任职情况表

表35-2-9

职务	姓名	任职时间	籍贯
经理（局长）	李胜利	2001.02—2001.10	菏泽市牡丹区
	李昌一	2001.12—2004.02	菏泽市牡丹区
	张　坤	2004.02—2008.07	菏泽市牡丹区
	张成振	2008.07—2010.06	菏泽市巨野县
	赵臣河	2010.06—2010.12	菏泽市单县

续表35-2-9

职务	姓名	任职时间	籍贯
经理（局长）	李昌一	2010.12—2013.09	菏泽市牡丹区
	马先伦	2014.02—2015.02	菏泽市郓城县
	宋瑞波	2015.02—	菏泽市东明县

县石油公司　山东菏泽石油分公司定陶公司，国有企业，1988年3月升格为副科级企业单位。1990年1月，由小型Ⅱ晋升为小型Ⅰ企业。2000年5月，改制为中国石油化工股份有限公司山东菏泽石油分公司第四经营处。2005年1月，更名为中国石油化工股份有限公司山东菏泽石油分公司定陶片区。

1991—2015年山东菏泽石油分公司定陶公司主要负责人任职情况表

表35-2-10

职务	姓名	任职时间	籍贯
经理	刘成玉	1991.01—1991.08	定陶县南王店镇
	王传玉	1991.09—1993.10	定陶县仿山镇
	潘志军	1993.11—1996.10	定陶县半堤镇
	马春阳	1996.11—1998.06	定陶县天中街道
	马崇良	1998.07—2006.12	定陶县孟海镇
	郭永兴	2007.02—2011.11	河南省虞城市
	王贵文	2012.08—2013.10	菏泽市牡丹区
	崔成民	2013.11—	定陶县天中街道

第二节　金融机构

中国人民银行定陶支行　为正科级行政单位，辖4个职能部门：办公室负责支行人事、党群、文秘、保卫等综合工作，综合业务部负责国库、会计财务、支付结算、人民币管理工作，调查信息部负责利率、信贷、调查统计工作，纪检监察室负责纪检、内审工作。

1991—2015年中国人民银行定陶支行主要负责人任职情况表

表35-2-11

职务	姓名	任职时间	籍贯
行长	吴兆科	1991.01—1997.06	定陶县滨河街道
	刘文强	1997.07—2000.01	菏泽市牡丹区
	张以良	2000.02—2003.01	菏泽市单县
	李忠民	2003.02—2007.01	菏泽市牡丹区

续表35-2-11

职务	姓名	任职时间	籍贯
行长	李守谦	2007.02—2010.01	菏泽市成武县
	陈景安	2010.02—2013.01	菏泽市牡丹区
	李国庆	2013.02—2015.01	菏泽市曹县
	朱瑞密	2015.02—	菏泽市单县

中国农业银行股份有限公司定陶县支行 正科级金融企业，2008年12月，中国农业银行定陶县支行改为中国农业银行股份有限公司定陶县支行。2015年全县有经营网点4个。

1991—2015年中国农业银行股份有限公司定陶县支行主要负责人任职情况表

表35-2-12

职务	姓名	任职时间	籍贯
行长	杜良修	1991.01—1992.08	菏泽市牡丹区
	潘之业	1992.08—1994.12	定陶县南王店镇
	刘承信	1994.12—1999.01	菏泽市牡丹区
	王　敏	1999.01—2005.01	菏泽市牡丹区
	段中锋	2005.01—2009.04	菏泽市牡丹区
	王晓红	2009.04—2012.08	菏泽市牡丹区
	徐宪强	2012.08—2013.04	菏泽市牡丹区
	韩　鹏	2013.04—	菏泽市牡丹区

中国银行股份有限公司定陶支行 正科级金融企业，前身为中国银行定陶支行。2001年，中国银行开始进行股份制改革。2004年，正式挂牌成立为中国银行股份有限公司定陶支行，中国银行定陶支行设营业部、业务发展部、综合办公室2部1室。2015年全县有经营网点2个。

1991—2015年中国银行股份有限公司定陶支行主要负责人任职情况表

表35-2-13

职务	姓名	任职时间	籍贯
行长	李险峰	1991.01—1996.02	菏泽市定陶县
	王立杰	1996.02—1998.06	菏泽市牡丹区
	戴继华	1998.08—2001.04	定陶县冉堌镇
	田文健	2001.04—2003.07	菏泽市牡丹区
	张庆雷	2003.07—2006.05	菏泽市东明县
	曹国民	2006.05—2008.01	菏泽市东明县
	吕智勇	2008.01—2013.01	菏泽市曹县
	宋红军	2013.01—	菏泽市鄄城县

中国农业发展银行定陶县支行 正科级金融企业，1996年10月成立。2005年9月，实行机构改革，按照商业化打造现代化政策性银行，内设办公室、客户部、会计结算部，同时计划信贷部更名为客户部；会计出纳部更名为会计结算部。2015年，内设办公室、计划信贷部、会计出纳部；在职人员24人。主要职责是按照国家的法律、法规和方针、政策，以国家信用为基础，筹集农业政策性信贷资金，承担国家规定的农业政策性和批准开办的涉农商业性金融业务，代理财政性支农资金的拨付，为农业和农村经济发展服务。

1996—2015年中国农业发展银行定陶县支行主要负责人任职情况表

表35-2-14

职务	姓名	任职时间	籍贯
行长	韩凌芬	1996.10—2000.05	菏泽市定陶县
	题兴泽	2000.05—2001.09	菏泽市郓城县
	刘源炎	2001.09—2007.01	菏泽市郓城县
	李从阁	2007.01—2011.03	菏泽市郓城县
	孙洁民	2011.03—2014.06	菏泽市曹县
	高增民	2014.06—	菏泽市巨野县

中国建设银行股份有限公司定陶支行 正科级金融企业，前身为中国建设银行定陶支行。1996年，更名为中国建设银行股份有限公司定陶支行。

1991—2015年中国建设银行股份有限公司定陶支行主要负责人任职情况表

表35-2-15

职务	姓名	任职时间	籍贯
行长	陈先启	1991.01—1992.10	菏泽市曹县
	张玉成	1992.10—1995.07	菏泽市成武县
	李玉玲	1995.01—1998.04	菏泽市东明县
	张茂轲	1998.04—1999.02	菏泽市鄄城县
	张传磊	1999.02—1999.10	菏泽市巨野县
	戚传海	1999.11—2003.08	菏泽市定陶县
	张含珍	2003.08—2007.01	菏泽市巨野县
	段兴峰	2007.01—2010.10	菏泽市巨野县
	刘相印	2010.10—2015.05	菏泽市巨野县
	李宏伟	2015.05—	菏泽市曹县

中国工商银行股份有限公司定陶支行 正科级金融企业，1999年1月，中国工商银行定陶县支行更名为中国工商银行股份有限公司定陶分理处。2011年5月，更名为中国工商银行股份有限公司定陶支行。

1991—2015年中国工商银行股份有限公司定陶支行主要负责人任职情况表

表35-2-16

职务	姓名	任职时间	籍贯
行长	王　坤	1991.01—1995.07	菏泽市成武县
	蔡厚良	1995.07—1999.10	定陶县马集镇
	刘和元	1999.10—2005.07	菏泽市曹县
	季保胜	2005.07—2007.11	菏泽市曹县
	宋红毅	2007.11—2011.05	菏泽市东明县
	桑　勇	2011.05—2015.11	菏泽市牡丹区
	赵启正	2015.11—	菏泽市曹县

山东定陶农村商业银行股份有限公司 前身为山东定陶县农村信用合作联社。1994年5月，定陶县信用社从中国农业银行定陶县支行分离出来，改称为定陶农村信用合作社联合社。内设业务科、会出科、监察审计科、人事秘书科。2005年，改制为股份合作制机构，定陶农村信用合作联社成立，实现统一法人，内设机构撤科设部，设综合部、公司业务部、个人业务部、风险管理部、资金营运部、财务会计部、审计稽核部、监察保卫部8个内部职能管理部门。2015年12月26日，定陶农村信用合作联社改为山东定陶农村商业银行股份有限公司，辖营业部1处，支行30处。

1991—2015年山东定陶农村商业银行股份有限公司主要负责人任职情况表

表35-2-17

职务	姓名	任职时间	籍贯
行长（主任、理事长）	崔新奎	1994.05—1999.05	定陶县南王店镇
	吴保良	1999.09—2004.08	定陶县滨河街道
	梁建业	2004.08—2005.09	菏泽市郓城县
	许　博	2005.09—2006.10	菏泽市郓城县
	杨春河	2006.10—2008.09	菏泽市鄄城县
	闫茂举	2008.09—2008.11	菏泽市巨野县
	杜万国	2008.11—2011.01	菏泽市牡丹区
	徐龙光	2011.01—2012.01	菏泽市郓城县
	刘贺磊	2012.01—2014.10	山东省聊城市
	黄福斌	2014.10—	菏泽市巨野县

中国邮政储蓄银行股份有限公司定陶县支行　20世纪90年代，为中国邮政定陶储蓄所。2007年3月，中国邮政储蓄银行挂牌成立。2008年4月，中国邮政储蓄银行定陶县支行成立，正科级金融企业。2013年，更名为中国邮政储蓄银行股份有限公司定陶县支行。

2008—2015年中国邮政储蓄银行股份有限公司定陶县支行主要负责人任职情况表

表35-2-18

职务	姓名	任职时间	籍贯
行长	郭　胜	2008.04—2009.12	菏泽市巨野县
	丛可印	2009.12—2014.04	菏泽市巨野县
	祝晓东	2014.04—	菏泽市巨野县

莱商银行股份有限公司菏泽定陶支行　股份制商业银行，2015年3月，莱商银行股份有限公司菏泽定陶支行正式营业，孙浩民任行长。

中国人寿保险股份有限公司定陶县支公司　中国人寿股份有限公司定陶县支公司前身为中国人民保险公司定陶县支公司，内设财险科、人险科，开办人身意外伤害保险、简易人身保险、养老金保险、学生平安保险、乘员保险、企业家风险保险。1996年4月，经国务院批准，中国人民保险公司改组为中国人民保险（集团）公司，以中国人民保险公司人身保险科和财产保险科为基础，分别设立中保财产保险有限公司定陶县支公司和中保人寿保险有限公司定陶县营业部。

中保人寿保险有限公司定陶县营业部成立之初，有管理人员6人，内设办公室、业务科、计划财务科3个科室。1999年1月，经国务院批准，中保人寿保险公司注册更名为中国人寿保险公司，中保人寿保险有限公司定陶县营业部也更名为中国人寿保险公司定陶县营业部。增设营销部、客户服务部、综合管理部3个科室。11月，中国人寿保险公司定陶县营业部设立办公室、计财科、团体业务科、个人代理科、营业室5个职能科室。2001年2月，中国人寿定陶县营业部撤销计财科，增设客户服务部。2002年4月，增设中介部，负责银行、邮电等部门的代理业务的管理工作。2003年4月，定陶县营业部改为中国人寿保险股份有限公司定陶县支公司。2005年8月，中国人寿保险股份有限公司定陶县支公司搬迁至定陶县兴华路东段。至2006年底，定陶县支公司下设办公室、团体险部、个险部、中介部、客户部、收展部6个部室和城区职场及4个农村营销部，员工达到149人。2007年12月，公司将收展部、城区职场、4个农村营销部划归个险部管理。2008年5月，公司成立农村部和城区管理部，隶属个险部管理。农村部下辖陈集、孟海、黄店、冉堌、南王店、张湾、仿山7个农村营销服务部。2008年10月，定陶县支公司设为办公室、客户服务部、个险业务部、团险业务部、银行保险业务部5个职能管理部门。2012年增设健康保险部，负责大病2次报销。至2015年底，共设办公室、客户服务部、个险业务部、团体业务部、银行保险部、健康保险部6个职能管理部门。

1996—2015年中国人寿保险股份有限公司定陶县支公司主要负责人任职情况表

表35-2-19

职务	姓名	任职时间	籍贯	备注
经理	申　军	1996.12—2004.03	济宁市金乡县	
	谢海滨	2003.11—2009.03	定陶县杜堂镇	
	曹　芳	2009.03—2011.01	菏泽市曹县	女
	赵　杨	2011.01—	定陶县南王店镇	

中国人民财产保险股份有限公司定陶支公司　1996年4月，中国人民保险公司分业，中国人民保险公司财产保险科改为中保财险定陶县支公司。依照《保险法》，中保财险定陶县支公司经营财产保险业务。1999年2月，更名为中国人民保险公司定陶县支公司。2003年6月，更名为中国人民财产保险股份有限公司定陶支公司。

1991—2015年中国人民财产保险股份有限公司定陶支公司主要负责人任职情况表

表35-2-20

职务	姓名	任职时间	籍贯
经理	周长春	1991.01—1994.05	定陶县天中街道
	田桂林	1994.05—1998.06	菏泽市曹县
	董广存	1998.06—1999.12	定陶县滨河街道
	李　正	2000.01—2003.02	菏泽市单县
	吴爱民	2003.01—2007.02	定陶县滨河街道
	王松涛	2007.02—	定陶县仿山镇

第三节　其他机构

县邮电局　1991年，县邮电局隶属于菏泽市邮电局。1998年9月，邮电体制改革，实行邮电分营，撤销县邮电局，分设为县邮政局和县电信局。

1991—1998年定陶县邮电局主要负责人任职情况表

表35-2-21

职务	姓名	任职时间	籍贯
局长	王景运	1991.01—1992.04	菏泽市牡丹区
	李保银	1992.04—1998.03	菏泽市曹县
	张福存	1998.03—1998.09	菏泽市巨野县

中国邮政集团公司山东省定陶县分公司　1998年9月，县电信局成立。2008年4月，中国邮政储蓄银行定陶县支行从县电信局分离出去，邮银分营。2008年12月，菏泽邮政速递物流公司定陶营业部由县邮政局分离出去。2015年5月，邮政体制改革，更名为中国邮政集团公司山东省定陶县分公司。

1998—2015年定陶县邮政局主要负责人任职情况表

表35-2-22

职务	姓名	任离职时间	籍贯
局长	杜建生	1998.09—1999.06	菏泽市牡丹区
	李志华	1999.06—2000.10	菏泽市东明县
	杨善臣	2000.10—2003.09	河南省濮阳市
	王庆华	2003.09—2005.06	菏泽市郓城县
	胡国涛	2005.06—2008.03	菏泽市成武县
	王　军	2008.03—2012.08	江苏省沛县
	杨焕勇	2012.08—2014.01	菏泽市巨野县
	王学泳	2014.01—2014.11	山东省安丘市
	康　燕	2014.11—	菏泽市曹县

中国联合网络通信有限公司定陶县分公司　1998年9月，县电信局成立。2000年4月，中国联合通信有限公司定陶县分公司（简称县联通公司）成立。2001年2月，县电信局更名为县电信公司。2002年11月，县电信公司更名为县通信公司。2004年9月，县通信公司更名为中国网通（集团）有限公司定陶县分公司（简称县网通公司）。2008年10月，电信业重组，县网通公司合并县联通公司的GSM业务，改称中国联合网络通信有限公司定陶县分公司（简称县联通公司）。

1991—2015年定陶县联通公司主要负责人任职情况表

表35-2-23

职务	姓名	任职时间	籍贯
经理（局长）	张福存	1998.09—2000.07	菏泽市巨野县
	姜全信	2000.07—2000.10	菏泽市曹县
	刘念佩	2000.10—2002.11	菏泽市巨野县
	张险峰	2002.11—2004.10	定陶县马集镇
	孙文民	2004.12—2006.12	菏泽市郓城县
	王　鹏	2006.12—2007.12	定陶县陈集镇
	付连云	2007.12—2010.12	菏泽市牡丹区
	杜玉山	2010.12—2014.02	定陶县仿山镇
	谷艳平	2014.03—	定陶县陈集镇

山东移动定陶县分公司 1999年7月，电信重组，移动业务从县电信局剥离，成立山东移动通信有限责任公司定陶县分公司（简称县移动公司）。

1999—2015年山东移动定陶县分公司主要负责人任职情况表

表35-2-24

职务	姓名	任职时间	籍贯	备注
经理	董士军	1999.07—2007.01	定陶县仿山镇	
	孔　硕	2007.01—2008.05	菏泽市单县	
	周佳宁	2008.05—2009.11	菏泽市开发区	
	王保华	2009.11—2012.04	菏泽市巨野县	
	乔明春	2012.04—2014.04	定陶县仿山镇	
	周瑞霞	2014.04—	定陶县冉堌镇	女

中国电信定陶县分公司 2008年7月，中国电信有限公司定陶县分公司成立。同年10月，县电信公司收购县联通公司的CDMA业务，仍称县电信公司。

2008—2015年中国电信定陶县分公司主要负责人任职情况表

表35-2-25

姓名	职务	任职时间	籍贯
总经理	赵亚楠	2008—2010	菏泽市定陶县
	王春生	2010—2011	菏泽市单县
	张海丽	2011—2013.12	菏泽市牡丹区
	陈海晨	2013.12—2014.08	菏泽市牡丹区
	李　强	2014.08—	菏泽市曹县

县新华书店 1995年10月，县新华书店升格为正科级企业单位，与县图书音像发行公司1个机构2个牌子。

1991—2015年定陶县新华书店主要负责人任职情况表

表35-2-26

职务	姓名	任职时间	籍贯
经理	刘家德	1991.01—1995.10	定陶县马集镇
	臧学真	1995.10—2002.10	定陶县冉堌镇
	刘兆军	2002.11—2004.04	定陶县冉堌镇
	邢　枫	2004.04—2012.04	菏泽市牡丹区
	王爱民	2012.04—	菏泽市牡丹区

第三章　开发区　镇街

1991年，全县有19个乡镇。1992年，将县直部门下设在乡镇的分设机构，区别不同情况分别把其人财物权和业务监督权下放到乡镇管理。1993年12月，乡镇进行机构改革，对乡镇进行分类定编，明确其内设机构及职能。其中一类乡镇9个，即定陶镇、陈集镇、黄店镇、孟海镇、半堤乡、冉堌镇、南王店乡、东王店乡、力本屯乡，每个乡镇控编25人。其他10个乡镇为二类乡镇，每个乡镇控编30人，全县乡镇共控编615人。各乡镇统一设置党政办公室、农业办公室、经贸办公室、社会事务办公室、建设环保办公室、计划生育科教文卫办公室。1995年10月和1996年6月，孟海、张湾先后撤乡设镇。1995年底，根据《中华人民共和国地方各级人民代表大会和地方各级人民政府组织法》，各乡镇人大工作处改为人大主席团，设主席、副主席职。1996年6月，定陶镇城区办事处由副科级升格为正科级单位，隶属定陶镇。同年11月，菏泽地委在陈集设立外向型经济示范镇管理委员会(副县级单位)。1997年11月实行公务员制度，全县乡镇共设公务员615人。2001年2月，全县19处乡镇合并为11处乡镇。7月，乡镇不再配备计划生育专职副书记和专职副乡（镇）长，信访助理员改称为信访办主任，综治办主任改设综治办副主任。2001年9月，马集撤乡建镇。2002年1月，乡镇不再设政协机构，其他与上级不一致的机构取消。2004年7月，设立中共定陶县开发区党工委和定陶县开发区管理委员会。2005年1月，陈集外向型经济示范镇管理委员会撤销。2011年4月，仿山乡和半堤乡撤乡设镇。9月，定陶镇撤销，设立天中街道办事处和滨河街道办事处。2012年11月，杜堂乡撤乡设镇。2013年12月，南王店乡撤乡设镇。2015年，全县共设10个镇和2个街道办事处。镇街分别设立4个党政工作机构，即党政办公室（加挂计划生育办公室牌子）、社会事务办公室（加挂社会治安综合治理办公室牌子）、经济发展办公室、农业办公室。

第一节　开发区

2001年3月，定陶成立县招商局。同年4月开始筹建县经济开发区，属于县招商局，2002年6月，经菏泽市人民政府批准成立。2004年7月，设立中共定陶县开发区党工委和定陶县开发区管理委员会，与招商局分离。2005年10月，设立定陶（烟台）工业园。2006年3月，经山东省人民政府批准县经济开发区为省级开发区。2008年5月30日，成立6个经济合作局。2014年1月将开发区、烟台工业园、招商局3个单位合并组建新的开发区，开发区党工委、管委会升格为副县级单位，配备副县级书记（兼主任），有37人，其中行政编制18人，事业编制19人。内设党政办公室、经济发展局、建设局、社会事务局、招商局、安监局等6个机构。

2001—2015年定陶县经济开发区工委书记任职情况表

表35-3-1

姓名	任职时间	籍贯	备注
徐文芹	2004.08—2005.05	定陶县半堤镇	兼
阎　凌	2005.06—2006.03	菏泽市曹县	兼
周福举	2006.04—2007.01	菏泽市单县	兼
李　颖	2007.01—2008.04	定陶县陈集镇	女，兼
陈尔桥	2008.04—2009.04	定陶县黄店镇	兼
阎　凌	2009.05—2010.01	菏泽市曹县	兼
陈吉存	2010.02—2011.03	定陶县冉堌镇	
张同庆	2011.03—2014.01	定陶县黄店镇	
孟　杰	2014.01—	定陶县陈集镇	

2004—2015年定陶县经济开发区管委会主任任职情况表

表35-3-2

姓名	任职时间	籍贯
刘　康	2004.08—2006.12	定陶县滨河街道
陈吉存	2006.12—2010.02	定陶县冉堌镇
李培清	2010.02—2012.03	定陶县陈集镇
孟　杰	2014.01—	定陶县陈集镇

2001—2015年定陶县招商局主要负责人任职情况表

表35-3-3

职务	姓名	任职时间	籍贯	备注
局长	刘迎春	2001.03—2003.04	济宁市金乡县	
	裴　龙	2003.04—2005.12	定陶县马集镇	
	王鲁陶	2005.12—2011.04	定陶县马集镇	兼
	赵　磊	2011.04—2013.12	江苏省沛县	

附：6个经济合作局

2008年5月30日成立6个经济合作局。经济合作一局，由县政协副主席、招商局长王鲁陶兼任局长。经济合作二局，由县长助理、定陶（烟台）工业园管委会主任孙林源任局长。经济合作三局，由县外经中心主任刘康任局长。经济合作四局，由县开发区管委会主任陈吉存任局长。经济合作五局，由县招商局副局长吴长允牵头。经济合作六局，由县开发区管委会副主任李培清牵头。

2005—2015年定陶（烟台）工业园主要负责人任职情况表

表35-3-4

职务	姓名	任职时间	籍贯	备注
党工委书记	周福举	2006.04—2007.01	菏泽市单县	兼
	李　颖	2007.01—2008.04	定陶县陈集镇	女，兼
	李广根	2008.04—2010.02	菏泽市开发区	兼
	王盛秋	2010.03—2013.12	菏泽市鄄城县	
管委会主任	孙林源	2006.04—2009.12	定陶县仿山镇	
	李宗平	2011.03—2013.12	定陶县黄店镇	

第二节　街　道

天中街道　2011年9月设立。辖4个城市社区、2个农村社区和16个行政村。办事处机关驻原定陶镇机关驻地。

2011—2015年天中街道办事处主要负责人任职情况表

表35-3-5

职务	姓名	任职时间	籍贯
党委书记	孟　杰	2011.08—2013.01	定陶县陈集镇
	穆　森	2014.01—	定陶县滨河街道
主任	杜茂林	2011.08—2013.07	菏泽市巨野县
	李伦刚	2013.07—	定陶县南王店镇

滨河街道　2011年9月设立，辖滨河街道辖2个城市社区、4个农村社区、20个行政村，80个自然村。办事处机关驻民政局院内。

2011—2015年定陶县滨河街道办事处主要负责人任职情况表

表35-3-6

职务	姓名	任职时间	籍贯
党委书记	马常斌	2011.09—	定陶县陈集镇
主任	付道宽	2011.09—2013.07	定陶县黄店镇
	席云明	2013.11—	定陶县孟海镇

附：1991—2011年定陶镇主要负责人任职情况表

表35-3-7

职务	姓名	任职时间	籍贯	备注
党委书记	张芳林	1991.01—1992.02	定陶县黄店镇	
	丁志刚	1992.02—1995.01	定陶县仿山镇	
	王鲁陶	1995.01—1999.05	定陶县马集镇	
	田同修	1999.05—2007.12	定陶县冉堌镇	
	乔方臣	2007.12—2008.04	定陶县仿山镇	兼
	孟　杰	2008.04—2011.09	定陶县陈集镇	
镇长	明文阁	1991.01—1993.02	山东省潍坊市	
	王鲁陶	1993.02—1995.02	定陶县马集镇	
	于安宪	1995.02—1998.04	定陶县半堤镇	
	刘传龙	1998.04—2005.05	定陶县黄店镇	
	张庭吉	2005.07—2006.12	定陶县孟海镇	
	孟　杰	2006.12—2008.04	定陶县陈集镇	
	张华春	2008.04—2010.02	定陶县冉堌镇	
	付道宽	2010.02—2011.09	定陶县黄店镇	

东王店乡　2001年2月合并到定陶镇。

1991—2001年东王店乡主要负责人任职情况表

表35-3-8

职务	姓名	任职时间	籍贯	备注
党委书记	曹厚山	1991.01—1994.03	定陶县仿山镇	
	任培华	1994.03—1997.01	江苏省丰县	
	张华君	1997.01—1997.12	定陶县天中街道	女
	任明钊	1998.01—2001.03	定陶县南王店镇	
乡长	岳建民	1991.01—1993.02	定陶县	
	王广存	1993.02—1994.03	定陶县	
	张善甲	1994.03—1995.08	定陶县陈集镇	
	商文海	1995.09—1997.01	定陶县冉堌镇	
	任明钊	1997.01—1998.01	定陶县南王店镇	
	王秋见	1998.01—2001.03	定陶县冉堌镇	

第三节　镇

仿山镇　2001年2月，邓集乡和游集乡合并为仿山乡，驻地设在原邓集乡政府驻地。2003年8月迁至高河村前。2011年4月，撤销仿山乡，成立仿山镇。2015年，辖48个行政村，78个自然村。

1991—2015年仿山镇（乡）主要负责人任职情况表

表35-3-9

职务	姓名	任职时间	籍贯	备注
党委书记	盛选印	1991.01—1992.02	定陶县杜堂镇	
	王希亮	1992.02—1995.01	定陶县黄店镇	
	刘照进	1995.01—2001.03	定陶县黄店镇	
	孔祥训	2001.03—2005.01	定陶县滨河街道	
	李　颖	2005.01—2006.12	定陶县陈集镇	女
	李学昌	2006.12—2006.12	定陶县冉堌镇	
	许学新	2006.12—2010.08	菏泽市牡丹区	
	张国胜	2011.03—	菏泽市牡丹区	
镇长（乡长）	杨汝增	2001.03—2001.03	定陶县黄店镇	
	李　颖	2001.03—2005.01	定陶县陈集镇	女
	彭来启	2005.02—2008.12	定陶县半堤镇	
	潘素霞	2009.03—2010.02	定陶县半堤镇	女
	滑喜良	2010.02—2012.02	定陶县张湾镇	
	谢世山	2012.02—2013.02	定陶县杜堂镇	
	单长勇	2013.11—	定陶县冉堌镇	

附：1991—2001年邓集乡主要负责人任职情况表

表35-3-10

职务	姓名	任职时间	籍贯
党委书记	盛选印	1991.01—1992.02	定陶县杜堂镇
	王希亮	1992.02—1995.01	定陶县黄店镇
	刘照进	1995.01—2001.02	定陶县黄店镇
乡长	田同信	1991.01—1993.02	定陶县南王店镇
	刘照进	1993.02—1995.02	定陶县黄店镇
	毕玉信	1995.02—1997.01	定陶县马集镇
	钱传柱	1997.01—2001.02	定陶县黄店镇

附：1991—2001年游集乡主要负责人任职情况表

表35-3-11

职务	姓名	任职时间	籍贯
党委书记	刘宪珠	1991.01—1993.02	定陶县天中街道
	李新智	1993.02—1997.01	定陶县黄店镇
	孔令潭	1997.01—2001.02	定陶县仿山镇
乡长	张士亭	1991.01—1993.02	定陶县陈集镇
	刘继英	1993.02—1994.03	定陶县黄店镇
	黄启亮	1994.03—1996.03	定陶县黄店镇
	孔令潭	1996.03—1997.01	定陶县仿山镇
	李汝军	1997.02—1998.04	定陶县马集镇
	袁甲亮	1998.04—2001.02	定陶县冉堌镇

张湾镇 1996年6月撤乡改为张湾镇。2001年2月，一千王乡并入张湾镇。辖22个行政村，51个自然村。

1991—2015年张湾镇主要负责人任职情况表

表35-3-12

职务	姓名	任职时间	籍贯	备注
党委书记	何茂运	1991.01—1995.06	定陶县黄店镇	
	庞思文	1995.06—1998.12	安徽省砀山县	
	李慧敏	1998.12—2001.02	定陶县陈集镇	女
	孔令潭	2001.03—2005.01	定陶县仿山镇	
	杨汝增	2005.01—2010.02	定陶县黄店镇	
	张华春	2010.02—2013.05	定陶县冉堌镇	
	付道宽	2013.07—	定陶县黄店镇	
镇长	吴月鸿	1991.01—1993.02	定陶县陈集镇	
	梁学钦	1993.02—1994.03	定陶县仿山镇	
	庞思文	1994.03—1995.06	定陶县仿山镇	
	任明钊	1995.06—1997.01	定陶县南王店镇	
	王庆春	1997.01—2001.02	定陶县黄店镇	
	李俊英	2001.01—2003.01	定陶县南王店镇	
	杨文涛	2003.01—2005.01	菏泽市牡丹区	
	李玉顶	2003.01—2008.03	菏泽市巨野县	

续表35-3-12

职务	姓名	任职时间	籍贯	备注
镇长	王瑞忠	2008.03—2011.09	定陶县冉堌镇	
	郭　登	2011.09—	菏泽市鄄城县	

附：1991—2001年一千王乡主要负责人任职情况表

表35-3-13

职务	姓名	任职时间	籍贯
党委书记	李邦杰	1991.01—1993.02	定陶县黄店镇
	贾存文	1993.02—1994.03	定陶县张湾镇
	郭效本	1994.03—1997.01	定陶县孟海镇
	祝兴才	1997.01—1998.12	定陶县冉堌镇
	楚得勤	1998.12—2001.02	定陶县滨河街道
乡长	韩福来	1991.01—1991.07	定陶县张湾镇
	贾存文	1991.07—1993.02	定陶县张湾镇
	祝兴才	1993.02—1997.01	定陶县冉堌镇
	牛光存	1997.01—1998.04	定陶县仿山镇
	李俊英	1998.04—2001.02	定陶县南王店镇

马集镇　2001年3月，力本屯乡、马集乡合并为马集乡。2002年4月，撤乡设镇为马集镇。辖39个行政村，99个自然村。

1991—2015年马集镇主要负责人任职情况表

表35-3-14

职务	姓名	任职时间	籍贯
党委书记	蔡玉河	1991.01—1993.02	定陶县张湾镇
	鹿长松	1993.02—2001.02	成武县九女镇
	孔祥坤	2001.02—2005.01	定陶县黄店镇
	陈承杰	2005.01—2011.03	定陶县黄店镇
	吴　彬	2011.03—2014.01	定陶县陈集镇
	刘广杰	2014.01—	定陶县半堤镇
镇长（乡长）	吕继臣	1991.01—1993.02	菏泽市成武县
	栗星才	1993.02—1994.03	定陶县陈集镇
	杨培杰	1994.03—1996.03	定陶县滨河街道

续表35-3-14

职务	姓名	任职时间	籍贯
镇长（乡长）	陈尔桥	1996.03—2004.03	定陶县黄店镇
	陈承杰	2004.03—2005.01	定陶县黄店镇
	李学昌	2005.02—2006.12	定陶县冉堌镇
	郗卫民	2006.12—2010.02	定陶县天中街道
	吴祥坡	2010.02—2015.03	定陶县滨河街道
	陈启志	2015.03—	定陶县滨河街道

附：1991—2001年力本屯乡主要负责人任职情况表

表35-3-15

职务	姓名	任职时间	籍贯	备注
党委书记	张宪礼	1991.01—1991.07	定陶县滨河街道	
	韩复来	1991.11—1993.02	定陶县张湾镇	
	吴月鸿	1993.02—1996.01	定陶县陈集镇	
	张朝德	1996.01—1998.04	定陶县陈集镇	
	孔祥坤	1998.04—2001.02	定陶县黄店镇	
乡长	谷兴保	1991.01—1993.02	定陶县南王店镇	
	张朝德	1993.02—1996.01	定陶县陈集镇	
	许忠瑞	1996.01—1998.04	定陶县半堤镇	
	张庭吉	1998.04—1998.12	定陶县孟海镇	
	李　颖	1998.12—2001.02	定陶县陈集镇	女

南王店镇　2013年12月，南王店乡改名为南王店镇。辖19个行政村，79个自然村。

1991—2015年南王店镇主要负责人任职情况表

表35-3-16

职务	姓名	任职时间	籍贯	备注
党委书记	杨进福	1991.01—1994.03	定陶县南王店镇	
	田同修	1994.03—1998.04	定陶县冉堌镇	
	孔祥训	1998.04—2001.03	定陶县滨河街道	
	杨汝增	2001.03—2005.01	定陶县黄店镇	
	杨文涛	2005.01—2010.02	菏泽市牡丹区	
	潘素霞	2010.02—2013.02	定陶县半堤镇	女

续表35-3-16

职务	姓名	任职时间	籍贯	备注
党委书记	谢世山	2013.02—	定陶县杜堂镇	
镇长	裴文言	1991.01—1993.02	定陶县杜堂镇	
	晁爱兵	1993.02—1994.03	菏泽市牡丹区	
	何春生	1994.03—1997.01	定陶县黄店镇	
	孔祥训	1997.01—1998.04	定陶县滨河街道	
	游福泉	1998.04—2001.02	定陶县仿山镇	
	李　颖	2001.02—2001.03	定陶县陈集镇	女
	张国胜	2001.03—2005.01	菏泽市牡丹区	
	谷守雷	2005.02—2006.12	菏泽市巨野县	
	潘素霞	2006.12—2009.03	定陶县半堤镇	女
	单长勇	2009.03—2013.02	定陶县冉堌镇	
	刘先起	2013.02—2014.03	定陶县滨河街道	
	刘　军	2014.04—	定陶县冉堌镇	

冉堌镇　2001年2月，冉堌镇、田集乡、王双楼乡合并为冉堌镇。辖51个行政村，151个自然村。

1991—2015年冉堌镇主要负责人任职情况表

表35-3-17

职务	姓名	任职时间	籍贯	备注
党委书记	王希亮	1991.01—1992.02	定陶县黄店镇	1991.06—1992.02 进修学习
	李新雷	1991.06—1992.02	定陶县陈集镇	代理
	李新雷	1992.02—1997.01	定陶县陈集镇	
	乔方臣	1997.01—2005.05	定陶县仿山镇	
	刘传龙	2005.05—2013.06	定陶县黄店镇	
	王利军	2013.06—	定陶县滨河街道	
镇长	李新雷	1991.01—1992.02	定陶县陈集镇	
	李新智	1992.02—1993.02	定陶县黄店镇	
	王永亮	1993.02—1995.06	定陶县冉堌镇	
	乔方臣	1995.06—1997.01	定陶县仿山镇	
	张庭立	1997.01—1998.12	定陶县黄店镇	
	张庭吉	1998.12—2001.02	定陶县孟海镇	

续表35-3-17

职务	姓名	任职时间	籍贯	备注
镇长	游福泉	2001.02—2005.01	定陶县仿山镇	
	陈吉存	2000.02—2006.12	定陶县冉堌镇	
	谷守雷	2006.12—2011.03	菏泽市巨野县	
	马　磊	2011.03—2015.03	菏泽市牡丹区	
	吴祥坡	2015.03—	定陶县滨河街道	

附：1991—2001年田集乡主要负责人任职情况表

表35-3-18

职务	姓名	任职时间	籍贯
党委书记	董洪昌	1991.01—1993.02	定陶县南王店镇
	孔庆雪	1993.02—1994.07	定陶县仿山镇
	阎世瑞	1994.07—1997.01	定陶县黄店镇
	郭效本	1997.01—1998.04	定陶县孟海镇
	郭玉灿	1998.04—2001.03	定陶县南王店镇
乡长	沈启伦	1991.01—1992.02	定陶县南王店镇
	朱其生	1992.02—1993.02	定陶县黄店镇
	阎世瑞	1993.02—1994.07	定陶县黄店镇
	吴福生	1994.07—1997.08	定陶县滨河街道
	许中强	1997.08—2001.03	定陶县孟海镇

附：1991—2001年王双楼乡主要负责人任职情况表

表35-3-19

职务	姓名	任职时间	籍贯
党委书记	李洪运	1991.01—1993.02	定陶县陈集镇
	刘学省	1993.02—1995.06	菏泽市成武县
	王福民	1995.06—1997.01	定陶县陈集镇
	黄复存	1997.01—1998.04	定陶县黄店镇
	宁淑跃	1998.04—2001.03	河北省任丘市
乡长	刘学省	1991.01—1993.02	菏泽市成武县
	王福民	1993.02—1995.06	定陶县陈集镇
	宁淑跃	1995.06—1998.04	河北省任丘市
	刘明放	1998.04—2001.03	定陶县马集镇

黄店镇 2001年2月，姑庵乡并入黄店镇。辖50个行政村，126个自然村。

1991—2015年黄店镇主要负责人任职情况表

表35-3-20

职务	姓名	任职时间	籍贯
党委书记	潘信文	1991.01—1993.03	定陶县半堤镇
	马年桥	1993.02—1997.06	定陶县孟海镇
	任会路	1997.06—2001.02	定陶县半堤镇
	张鲁建	2001.02—2004.03	定陶县马集镇
	许中强	2004.08—2005.01	定陶县孟海镇
	游福泉	2005.01—2008.04	定陶县仿山镇
	刘广杰	2008.04—2014.01	定陶县半堤镇
	王奉昌	2014.01—	定陶县马集镇
镇长	马年桥	1991.01—1993.02	定陶县孟海镇
	王玉国	1993.02—1994.03	定陶县马集镇
	任会路	1994.06—1997.06	定陶县半堤镇
	许文芹	1997.06—1997.08	定陶县半堤镇
	吴福生	1997.08—2001.02	定陶滨河街道
	许中强	2001.02—2004.08	定陶县黄店镇
	刘广杰	2005.02—2008.04	定陶县半堤镇
	王奉昌	2008.04—2014.03	定陶县马集镇
	朱庆民	2014.03—	定陶县冉堌镇

附：1991—2001年姑庵乡主要负责人任职情况表

表35-3-21

职务	姓名	任职时间	籍贯
党委书记	孟祥海	1991.01—1993.02	定陶县孟海镇
	杨汝现	1993.02—1996.01	定陶滨河街道
	黄复存	1996.01—1997.01	定陶县黄店镇
	张鲁建	1997.01—2001.01	定陶县马集镇
乡长	杨汝现	1991.01—1993.02	定陶滨河街道
	黄复存	1993.02—1996.01	定陶县黄店镇
	李义重	1996.01—1997.01	定陶滨河街道
	李昌一	1997.01—1998.04	菏泽市牡丹区
	杨汝增	1998.04—2001.02	定陶县黄店镇

孟海镇 1995年10月，孟海乡撤乡设镇为孟海镇。辖21个行政村，55个自然村。

1991—2015年孟海镇主要负责人任职情况表

表35-3-22

职务	姓名	任职时间	籍贯
党委书记	陈丕治	1991.01—1994.03	定陶县冉堌镇
	谷瑞灵	1994.03—1997.12	定陶县陈集镇
	王瑞宇	1998.01—2002.12	定陶县孟海镇
	段清正	2002.12—2006.01	菏泽市牡丹区
	张国胜	2006.01—2011.03	菏泽市牡丹区
	袁绍林	2011.03—	定陶县冉堌镇
镇长（乡长）	朱其生	1991.01—1991.06	定陶县黄店镇
	任培华	1991.06—1993.02	江苏省丰县
	谷瑞灵	1993.02—1994.03	定陶县陈集镇
	张鲁建	1994.03—1997.01	定陶县马集镇
	王瑞宇	1997.01—1998.01	定陶县孟海镇
	刘金生	1998.01—2001.03	定陶县黄店镇
	段清正	2001.03—2003.01	菏泽市牡丹区
	游福起	2003.01—2005.01	定陶县仿山镇
	孟　杰	2005.02—2006.12	定陶县陈集镇
	刘大用	2006.12—2011.03	菏泽市曹县
	陈启志	2011.03—2015.03	定陶县滨河街道
	王奉波	2015.03—	定陶县马集镇

半堤镇 2011年4月，改半堤乡为半堤镇。辖27个行政村，60个自然村。

1991—2015年半堤镇主要负责人任职情况表

表35-3-23

职务	姓名	任职时间	籍贯
党委书记	席福亮	1991.02—1992.12	定陶县滨河街道
	任培华	1992.12—1993.12	江苏省沛县
	梁学钦	1993.12—1997.10	定陶县仿山镇
	杨培杰	1997.10—1998.12	菏泽市单县
	李广根	1998.12—2007.04	菏泽市开发区

续表35-3-23

职务	姓名	任职时间	籍贯
党委书记	游福起	2007.04—2010.02	定陶县仿山镇
	马常斌	2010.02—2011.08	定陶县陈集镇
	王瑞忠	2011.08—	定陶县冉堌镇
镇长（乡长）	赵学文	1991.01—1992.12	定陶县冉堌镇
	黄启亮	1992.12—1993.12	定陶县黄店镇
	孔令潭	1993.12—1996.10	定陶县仿山镇
	杨培杰	1996.10—1997.10	菏泽市单县
	杨光保	1997.10—2001.10	定陶县马集镇
	张廷吉	2001.10—2005.03	定陶县孟海镇
	游福起	2005.03—2007.04	定陶县仿山镇
	谢世山	2004.04—2012.10	定陶县杜堂镇
	王奉波	2012.10—2015.03	定陶县马集镇
	马　磊	2015.03—	菏泽市牡丹区

陈集镇　2001年2月与保宁乡合并为陈集镇。辖26个行政村，92个自然村。

1991—2015年陈集镇主要负责人任职情况表

表35-3-24

职务	姓名	任职时间	籍贯	备注
党委书记	李德森	1991.01—1993.02	济宁市汶上县	
	蔡玉河	1993.02—1997.12	定陶县张湾镇	1996年至1997年间任定陶县委常委
	张　峰	1998.04—2001.03	河南省台前县	外向型经济示范镇书记（副县级）
	张代卿	2001.03—2005.01	定陶县黄店镇	
	李俊英	2005.01—2009.03	定陶县南王店镇	
	李广彬	2009.03—2013.03	定陶县南王店镇	
	张华春	2013.05—	定陶县冉堌镇	
镇长	刘其福	1991.01—1993.02	定陶县半堤镇	
	张　峰	1994.03—1998.04	河南省台前县	
	张代卿	1998.04—2001.03	定陶县黄店镇	
	楚德勤	2001.03—2002.12	定陶县滨河街道	

续表35-3-24

职务	姓名	任职时间	籍贯	备注
镇长	李俊英	2003.01—2005.01	定陶县南王店镇	
	李广彬	2005.01—2009.03	定陶县南王店镇	
	穆　森	2009.03—2014.01	定陶县滨河街道	
	刘先起	2014.02—	定陶县滨河街道	

附：1991—2001年保宁乡主要负责人任职情况表

表35-3-25

职务	姓名	任职时间	籍贯
书记	董玉生	1991.01—1993.02	定陶县张湾镇
	滑成奎	1993.02—1996.01	定陶县张湾镇
	孔祥坤	1996.01—1998.04	定陶县黄店镇
	高广民	1998.04—2001.02	山东省济宁市
乡长	孔庆雪	1991.01－1993.02	定陶县仿山镇
	郭效本	1993.02—1994.03	定陶县孟海镇
	孔祥坤	1994.03—1996.01	定陶县黄店镇
	高广民	1996.01—1998.04	山东省济宁市
	赵西启	1998.04—2001.02	定陶县冉堌镇

杜堂镇　2012年11月，撤销杜堂乡，设立杜堂镇。辖16个行政村，65个自然村。

1991—2015年杜堂镇主要负责人任职情况表

表35-3-26

职务	姓名	任职时间	籍贯
党委书记	李英杰	1991.01—1993.02	山东省临沂市
	孙林源	1993.02—1996.01	定陶县仿山镇
	张代卿	1996.01—1998.04	定陶县黄店镇
	李庆福	1998.04—2004.03	定陶县滨河街道
	陈尔桥	2004.03—2008.04	定陶县黄店镇
	王利军	2008.04—2013.07	定陶县滨河街道
	杜茂林	2013.07—	菏泽市巨野县

续表35-3-26

职务	姓名	任职时间	籍贯
镇长（乡长）	陈尔科	1991.01—1993.02	定陶县黄店镇
	周传兰	1993.02—1995.06	定陶县冉堌镇
	张代卿	1995.06—1996.01	定陶县黄店镇
	李庆福	1996.01—1998.04	定陶县滨河街道
	李春金	1998.04—2001.02	定陶县马集镇
	陈承杰	2001.02—2004.03	定陶县黄店镇
	李广彬	2004.03—2005.01	定陶县南王店镇
	张国胜	2005.01—2006.01	菏泽市牡丹区
	王利军	2006.03—2008.04	定陶县滨河街道
	杜茂林	2008.04—2011.08	菏泽市巨野县
	庞艳玲	2011.08—	菏泽市成武县

人 物

REN WU

第一章　人物传略

第一节　前志人物

尧　字伊祁，名放勋，父帝喾，母庆都，系轩辕黄帝五世孙。《尚书•尧典》称之为天子，司马迁《史记•五帝本纪》列为五帝之一。约生活在公元前22世纪。

《皇览》说“甲申岁生于三阿南伊长儒家”，相传在今鄄城县境。据清乾隆二十一年《曹州府志》载：“尧十五封唐侯，国于陶丘（今山东定陶），故称陶唐氏。”20岁继异母兄弟挚为天子，建都平阳（今山西临汾西境）。在位98年，117岁去世，葬于谷林（今鄄城富春乡谷林寺）。

尧天资聪敏，明察秋毫；态度温和，仪表绚丽；品德高尚，恭勤节俭；富有而不骄纵，显贵而不怠惰。以“修身而后家齐，家齐而后国治，国治而后天下平”为治国准则，弘扬和顺的美德，敦睦九族，亲近百官，团结天下诸侯，在位期间，天下升平，社会祥和。

尧命人观测天象，制定了世界历史上最早的历法。尧派羲仲住在东方的旸谷，观测日出，把日夜时间均等，朱雀七宿中鸟星黄昏出现在天上正南方的日期定为“春分”；派羲叔住在南方的交趾（今越南），观测太阳向南运行的情况，把白天时间最长，苍龙七星中的火星黄昏出现在天上正南方的日期定为“夏至”；派和仲住在西方的昧谷，辨测日落，把昼夜时间相等，北方玄武七宿中的虚星黄昏出现在天上正南方的日期定为“秋分”；派和叔住在北方的幽都，辨测太阳向北运行的情况，把白天时间最短，白虎七宿中的昴星黄昏出现在天上正南方的日期定为“冬至”。经过长期观测，确定一年有366天，一月有29天多一点儿。一年12个月，大月30天，小月29天。一年6个大月和6个小月合计为354天，比一年的实际天数少12天。故又用闰月的办法加以调整。依据历法，指导庶民的生产和生活，春耕、夏耘、秋收、冬藏，有力地推动了生产的发展和社会的前进。

尧治理天下，劳于选才，逸于治事，长于知人，非贤不举。

尧与大臣们商议谁可接任帝位，管理国家政务。大臣放齐推荐世子丹朱，说丹朱非常开朗，善于理事。尧大吃一惊，说丹朱顽劣不恭，又好与人争讼，根本不能担此重任。大臣驩兜向尧推荐共工，说共工治理水患很有成效，可以胜任。尧更为诧异，说共工花言巧语，阳奉阴违，貌似恭敬，实际上却傲气十足，根本不可任用。

时洪水滔天，危害严重，百姓山栖巢居，尧异常忧虑，要四方诸侯之长推荐一个能够根治洪水的人，四方诸侯之长一致推荐鲧。尧说：“鲧高傲自大，自以为是，既不听从群众的意见，又不执行上级的命令，而又好抬高自己，打击别人，根本不可能完成治水的重大任务。”可是四方诸侯之长认为没有比鲧更为合适的人选了，坚持让鲧试试。结果治水9年不见成效。

尧认为天下是天下人的天下，不是一姓一族的天下，更不是个人的私有财产，应该贤者在位，能者在职。天道酬勤，不能亵渎上天的意旨。故以天下为公，以百姓的利益为事，推位让国，传贤而不传子。尧为了把天下传给一个德才兼备而可信托的人，打破等级制度，摒除传统观念，不管氏族关系的亲疏，不论社会地位的高低，谁能够弘扬帝业，就把天下让给谁。传说尧曾屈驾到箕山之侧，颍水之旁（均在今鄄城东北境）去拜访隐居的高士许由，要他出山继承帝位，可是说什么许由也不答应。后来，尧年事已高，认为选拔继承人已刻不容缓，就在一次朝觐会上对四方诸侯之长说："我在位已经70年之久了，你们谁能按照我的意见办事，就继任我的帝位吧！"四方诸侯之长一致回答说："我们都德行不高，恩义不厚，不配继任帝位，"一致推荐了舜。说舜家庭贫苦，尚未娶妻，父亲是个瞎子，心术不正；继母好讲假话，弟弟傲慢不逊，就是这样一家人，舜却能和谐相处，并一致认为：舜既善于治家，定能善于治国。尧听取了四方诸侯之长的意见，决定把舜作为帝位继承人进行认真的考察和培养。尧把两个女儿娥皇、女英下嫁给舜，从她们那里观察舜的德行。让9个儿子跟舜做事，从他们那里观察舜的人品。然后又让舜施行五教，处理政务，接待宾客，管理山林沼泽，召会诸侯、州牧，从政治、经济、内政、外交多方面考察舜的才能。这样，经过20年的考察、培养，事实证明舜确是一个有才干的令人信服的帝位继承人，于是令其代行天子事，最后把帝位让给了舜。尧讲得很明白："把天下传给舜，全天下人都可以得到好处，只有丹朱痛苦；传给丹朱，全天下人都痛苦，只有丹朱得到好处。我不能拿天下人的痛苦，去造就一个人的幸福。"

曹叔振铎　周文王第六子，武王弟。姬发克商即位，封叔振铎于曹，建曹国，都陶丘（今定陶县马集镇费庄村北）。

叔振铎来陶，体察民情，爱护百姓，实行轻徭薄赋，劝百姓削岗平洼，建设家园，疏水导流，垦荒种田。铎重农桑，又教民众讲礼义，行廉耻，广施周礼。使奢者俭素，劣者善良，俗尚淳朴，男耕女织，丰衣足食，安居乐业。后人称赞："铎教民有法，实开疆之圣也。"铎死后，葬于陶丘东北.曹国历代国君为显示其经济实力和政治权势，将其墓地封高加大，逐渐形成了高阜，仿佛如山，故称仿山。人们怀念不忘，在仿山墓顶上修建庙宇，称叔振铎为"大王爷"。每逢农历的初一、十五，善男信女烧香焚纸祭祀，祈祷他保佑风调雨顺，五谷丰登，国泰民安。这些虽带有迷信色彩，但也表达出了人们的美好愿望和对曹叔振铎的怀念。每年农历的三月二十八是纪念曹叔振铎的日子。相传，大王爷受民敬仰，感动了东海龙王，于致祭日（三月二十八）的香火烟雾中布云，在思凡落泪中降雨，以在天之灵，给天下百姓降吉祥。虽为谣传，但每年阴历的三月二十八确是民间广为传颂的"降雨日"。

曹叔振铎下传25帝至伯阳，于周敬王姬匄三十三年（前487）为宋景公所灭，这个奴隶制王国共存554年。曹叔振铎至伯阳25帝皆葬仿山。

左丘明　春秋左氏（今定陶县马集镇）人，史学家。早年出外游学，曾任鲁太史，双目失明，著有儒家经典著作《左传》。

《左传》亦称《春秋左氏传》或《左氏春秋》，多用事实解释《春秋》。《左传》起于鲁隐公元年（前722），终于鲁悼公四年（前463），比《春秋》多出18年，其叙事更至于鲁悼公十四年（前453）为止。书中保存了大量古代史料，文字优美，记事详明，实为中国古代一部史学和文学名著。相传，《国语》亦出自其手。

其父去世后，葬其父于定陶县左山（今定陶县马集镇郭庄村南500米），墓前建有庙宇。到隋朝年间，左山寺已发展成为全国著名的佛院之一，有建筑200余间。当年寺院高耸，古树参天，林木成荫，风景宜人，"左岗林樾"成了定陶八景之一，来此凭吊和游玩的人络绎不绝。可惜这些古建筑和参天大树毁于战火，只剩下50余块石碑和一些大殿明柱的底座。1982年，左山寺被定陶县人民政府公布为县级重点文物保护单位。2006年被山东省人民政府公布为省级重点文物保护单位。

陶朱公　原名范蠡，字少伯，楚国宛（今河南南阳县）人，越国大夫，上将军，是春秋末期著名的政治家、军事家和商业家。生卒年月不详，约生活在公元前六至五世纪间。

范蠡出身寒微，却胸怀大志，富有谋略，与文种同事越王勾践20余年，为越国的复国振兴作出重要贡献。吴王阖闾十九年（前496），吴王日夜练兵，准备侵越。越王勾践闻讯，不听范蠡的劝说，便先兴师伐吴。吴出精兵抗击。吴王夫差二年（前494），在夫椒山越王勾践被吴兵打败，越以散兵5000人退保会稽，吴兵尾追围困。勾践对范蠡说："以不听子故至于此，为之奈何？"范蠡对道："卑辞厚礼以遣之，不许，而身于之帝。"勾践令文种以美女西施和宝器献于吴国太宰伯嚭，伯嚭引文种见吴王说："越已服为臣，若将赦之，此国之利也。"吴王应允，便携西施等罢兵而归。范蠡随勾践赴吴为人质。两年后回国，与文种同辅勾践，埋头备战，发愤图强，志在复国。吴王夫差十四年（前482），吴王北赴黄池大会诸侯，选精兵随从，老弱兵交太子留守都城。范蠡趁此机会献计勾践，出兵伐吴。吴败，吴太子被杀。吴王夫差二十三年（前473），越国再次攻打吴国，困吴王夫差于姑苏山上。范蠡断然拒绝吴王求和，击鼓进兵，一举灭吴。吴王夫差刎颈自杀，雪了会稽之耻。范蠡被封为上将军，但他以为大名之下，难以久居，越王为人可与同患难，不可共安乐，如不速去，必出大祸。遂与私属携轻宝珠玉乘舟泛海到齐，变姓名为鸱夷子皮，耕于海畔，致产数千金。"齐人闻其贤，请为相"。范蠡又弃官散财，身揣重宝，"间行至陶"。陶（今定陶县）南北水陆交通便利，是货物聚散的中心。范蠡就在号称"天下之中"的陶定居下来，经商致富，19年间三致千金，改名"陶朱公"，定陶之名由此而来。

范蠡经商，善于掌握物价的变化规律，认为物价由供求关系的有余和不足所决定，主张用"平粜""平籴"的办法调节市场，即在谷贱时由官府收购，谷贵时平价售出，以稳定物价，保障民生。

范蠡在经商活动中，提出"积贮"的流通原则，即"务完物，无息币，以物相贸。易腐败而食之货勿留，无敢居贵。论其有余不足，则知贵贱。贵上极则反贱，贱下极则反贵。贵出如粪土，贱取如珠玉，财币欲其行如流水"。经营要待时而动，顺其自然，乘时出手，加速资金的周转，才能生财获利。

范蠡不但善于经商，而且还是一个扶贫救困，"富好行其德"的人。范蠡言传身教，传播生财之道。当时百姓向范蠡讨教发家致富的妙计，范蠡回答："水畜第一"，让他们凿池养鱼。周贞定王姬介九年（前460），范蠡在总结民间养鱼经验的基础上，结合自己在陶的养鱼实践，写出《养鱼经》，这不仅对传播中国的养鱼技术起了积极的作用，同时对欧洲的养鱼业也产生了巨大影响，北魏农学家贾思勰在其《齐民要术》中曾给予高度评价。《汉书•艺文志》著录《范蠡》2篇，已佚，其言论见于《国语•越语下》和《史记•货殖列传》。鲁国有个猗顿，是个"耕则常饥，桑则常寒"的穷士，靠贩盐养家，听说陶朱公致富，便前去询问致富的办法。陶朱公回答说："子欲速富，当畜五牸"。于是猗顿大畜牛羊，后成富翁，与范蠡并称"陶朱、猗顿"，驰名天下。范蠡三徙，所止必成名，"言富者，皆称陶朱公"，被后世商人奉为祖师爷。

范蠡死后葬于定陶，境内有陶朱公墓、陶朱公庙、范蠡湖、马场等古迹。

据传，范蠡来陶时，曾携西施一同前来。范蠡和西施在白土山下，凿池养鱼，植桑养蚕，牧马喂鸡，过着自由欢快的生活。

谷梁赤　字元始，或名喜、嘉、俶、寘，子夏弟子。战国时齐（今定陶县陈集镇西谷庄村）人。旧题谷梁赤撰的《春秋谷梁传》（简称《谷梁》），体裁与《公羊传》相近，是研究秦汉间和汉初儒家思想的重要资料，专门阐释《春秋》，起于鲁隐公元年（前722），终于鲁哀公十四年（前481）。在《谷梁》一书中，作者注意到了虚词的特点，已用"辞"来阐释虚词，使"实词"和"虚词"有了初步界定。晋代范宁在

《春秋谷梁传序》中对《谷梁》《左传》和《公羊传》进行比较，作出“《左氏》艳而富，其失也巫；《谷梁》清而婉，其失也短；《公羊》辩而裁，其失也俗”的评论。

吴　起（前440—前381）　战国前期著名军事家、政治家，出生于一个殷实之家，幼年丧父，在其慈母的抚养下长大成人。吴起为人思虑缜密，秉性刚烈，志向高远，不甘过富裕而平庸的日子，在弱冠之年，就到处游历，四方结交，以图走上仕途，光宗耀祖，但终未能进入官场，家道却逐渐破落。于是有一些乡邻公开嘲笑他。吴起年轻气盛，一怒之下，杀了取笑他的人，再次离家出走。临别时，吴起对母亲起誓说：“孩儿若不能入将拜相，决不回家！”

吴起离开卫国后，辗转到了鲁国，投师曾参门下，吴起学习刻苦勤奋，加之悟性极高，很得曾参赏识，不久便在曾门诸弟子中小有名气。当时，齐国大夫田居曾到鲁国，与吴起交谈。田居见吴起一表人材，又颇有才能，就将女儿许配给吴起为妻。吴起从学几年，从未回家探望老母，其母病故，按当时的礼俗，应立即回家奔丧，但吴起并没有归家，被曾参视为品行不端，违背孝道，二人便断绝了师徒关系，并让曾申（曾参次子）将吴起逐出曾门。

吴起离开曾门，弃文就武，开始发愤攻读兵书，研究战争规律，从此走上了军事家的坎坷生涯。

在鲁国，吴起常常和鲁相国公议休谈兵论武。公义休很佩服吴起的军事才能，就极力向鲁穆公推荐。在公义休的举荐下，吴起被鲁穆公拜为大夫。

齐相国欲篡权夺国，担心和齐国有世姻关系的鲁国会干涉讨伐，就怂恿齐国君先向鲁国发难。齐宣公四十四年（前412），强大的齐国进攻弱小的鲁国。当时，鲁国三面被围，加上国小力薄，情势十分危急。鲁国迫切需要一位得力的将领。吴起很想率军抗齐，建功立业，公义休也积极向穆公推荐吴起，鲁穆公也有意选其为将，但对吴起娶齐国田居之女为妻疑虑重重，担心其心存二志。吴起得知此情后，毅然挥剑将妻子杀死，并将其头颅献于穆公，以表明自己与齐国彻底决绝。鲁穆公既感动，又觉得吴起为人太狠，但最终吴起还是被任为大将，穆公命其统帅2万大军，抵御强齐的入侵。

吴起领兵治军有方，从不乘车骑马，食则与士卒同桌，卧则与士卒同铺，有时士卒患病，吴起就亲自送汤喂药，故将士在战场上皆能效死从命。吴起率军到了前线，并不马上与齐国开战，而是分析了双方的形势，先表示愿意与齐国谈判，并以衰弱之卒驻守中军，精锐部队藏于后军，给对方造成一种“弱”“怯”的假象，骄其志，懈其备，然后乘齐军不备，出其不意，以精兵突然袭击。齐军仓促应战，整个阵势大乱，一触即溃，伤亡过半，残部狼狈逃回齐国。这次战役以齐国的失败，鲁国的胜利而告终。吴起破齐，赢得了鲁国的安宁，这次战役，创造了以少胜多的光辉战例，至今被传为美谈。

吴起打败齐国后，齐国看难以取胜鲁国，就加强了离间活动。说鲁国重用吴起势必破坏跟卫国的关系，吴起为人不良等等，加之鲁穆公原来对吴起就存有疑心，不久便解除了吴起的兵权。吴起悒悒不得志，便有了离鲁之心。吴起久闻魏文侯素有贤名，能够礼贤下士，知人善任，即携家带口怅然离鲁去魏。

魏文侯见吴起来投，便有心重用吴起，但对吴起的情况不了解，于是就向李悝询问，李悝说：“吴起贪慕功名，喜近女色，然而他却用兵极精，就是司马穰苴（著有《司马兵法》），也敌不过他。”魏文侯听了李悝的介绍，就拜吴起为将军。

战国时期，各诸侯国之间为了争夺地盘，扩充实力，经常发动战争，原属魏国的西河地区就是被秦国夺去的。吴起率军于周威烈王姬午十七年（前409）、周威烈王姬午十八年（前408）两次讨伐秦国，两度大败秦军，夺回了被秦国强占的西河地区。据《史记》记载：吴起领兵打仗，常常身先士卒，能同士兵分担疾苦。有一次，一个年轻的士兵身上患恶性毒疮，吴起亲自用嘴为其吸吮脓血，调药治疗。这个士兵的母亲听到以后，哭得十分伤心。有人就问：“您儿子只是一个普通士兵，吴起身为大将，亲自为他吸吮脓血，调药治疗，这真是爱护备至呀，您为什么还痛哭流涕呢？”老妇人说“你哪知底细啊，往年吴公替他父亲吸脓血，他父亲奋战沙场至死。如今吴公又替我儿子吸脓血，我不知我儿子将战死于何处？”吴起在领兵打仗时关心爱护士兵，官兵同心一意，士卒以死相报，自然用兵如神。这一时期，吴起曾领兵“与诸侯大战七十六，全胜六十四”，并“辟土四面，拓地千里”，从而威震诸侯。魏文侯以吴起守西河，以西门豹守邺，以乐羊子伐中山，举贤任能，国家大治，史称“三晋之中，魏国最强”。

公元前397年（周安王姬骄五年），魏文侯死，武侯立。吴起仍镇守西河。建立了一支经过严格训练的常备军—魏武卒。这支军队在吴起的率领下常能以少胜多，取得了不少大的胜利。尤其是公元前389年（周安王姬骄十三年）的阴晋之战，秦国出兵五十万攻打魏国的阴晋， 吴起亲自率领五万魏武卒，外加战车五百辆、骑兵三千大败秦军。成为中国战争史上以少胜多的著名战役。吴起辅佐武侯发展政治、经济和军事力量，坚持“内修德政，外治武备”的战略，经常为武侯提出富国强兵的建议。一次，吴起陪同武侯西巡，船到河中心时，武侯看到险峻的山河，情不自禁地说：“高山大河如此险要，这是国家兴旺的根本啊！”吴起不以为然，忙劝解说：“国家的安危在于德行，而不在于山河的险要。从前三苗氏居住的地方左有洞庭，右有鄱阳，地势险要，因不修德行为禹所灭。夏桀住的地方左临黄河、济水，右靠泰山、华山，南有龙门山，北有羊肠坡，地势也很险要，但他不行仁政，结果被商汤放逐。殷纣王所居之地更为险要，因腐败被武王杀死。这样看来，国家兴旺安全，靠的是好的政教法令，而不是山河的险要。”武侯听后，大加赞赏，对吴起更加敬重。

武侯对吴起的信任和吴起声望的提高，引起了一部分人的嫉妒。有人在武侯面前大谈吴起的短处，说吴起为人太贪功名，不能重用。武侯开始疏远吴起。公子成（文侯弟，曾任文侯相国）知道后，立即进宫质问武侯为什么要疏远吴起，并劝武侯：“君王您错了，要说吴起用兵遣将的才能，天下人没有谁能比他再强了。就因为他贪功名，所以才来替您效力，不然您怎么能把他当做臣下呢？再说，您自以为同商汤、周武王比起来谁贤明呢?夏末商初的务光和商末周初的伯夷，都是天下著名的不贪功名的人，可是商汤没能把务光当作臣子，周武王没能把伯夷当作臣子。现在即便有务光、伯夷这样不贪功名的人，难道会肯作您的臣子吗？现在您统治的魏国，东边要对付齐国，南边要对付楚国，北边要对付韩、赵两国，西边又有虎狼般的秦国，您所以能以这块四边临敌的国土安处在五国包围之中，而使五国都只是屯兵而不敢轻易进犯的原因是什么？就是因为有吴起在作大将。《诗经•周南》上所说的‘赳赳武夫，公侯干城’，就是指吴起这样的大将。您若从社稷考虑，就只能尽他所求而满足之。假如吴起贪求功名的心愿满足了，再无要求了，就可以坐歼五国之师。这样，你所失甚少，而所得甚大；倘若给他以粗淡的饭食，叫他身穿下等人的衣服，出入步行，供您作奴仆使用，那他一定会离开魏国；他一离开魏国，那么天下即便再有像吴起这样的人才，也不会跨进大梁城（魏国都）了。您的国土也就要空荡荡的了。我这是私下里为您担心啊！”武侯听了公子成的劝告，就又重新重用吴起。

周安王姬骄二十年（前382），魏相国尚文死，公叔为相。公叔与吴起不睦，经常在武侯面前说吴起的坏话。武侯听信谗言，再度疏远吴起。在魏国英雄无用武之地，无奈，吴起不得不离开魏国去楚国。早已闻名诸侯的吴起，得到了楚悼王的盛情接待，并拜为令尹（国相）。吴起在楚悼王的支持下，雷厉风行地实行了一系列改革。第一，编定官员的等级和权限，制定了惩治贪官奖励功臣的章程。第二，以功论俸。第三，厚待军士及家属。第四，注重军事选拔，加强军事训练和战争物资储备。第五，坚持循名核实，重用有真才实学的人。第六，裁抑贵族的权力，把贵族迁徙到边境，以充实空虚的边区。这些措施的实行，使楚国很快强盛起来，并在短时期内南平北越，北灭陈、蔡，西败强秦，威震诸侯。

吴起的这些富国强兵之举，使楚国走上振兴之路，却触及了旧公侯、贵族势力的利益。引起被废公侯、贵戚的极度仇恨。周安王姬骄二十一年（前381），楚悼王病死，停尸宫中。旧势力乘机作乱，围攻吴起。危险之际，吴起不得已逃到楚悼王停尸处，伏于尸上，试图能阻止围攻者的攻击。但围攻者并未因此罢休。最后吴起在乱箭之中身亡，王尸亦中数箭。尽管作乱者得到了应有惩罚，但闻名诸侯的一代军事家却只能饮恨九泉了。

吴起著有《吴子兵法》，被称为“武经七书”之一。是吴起与魏文侯、魏武侯论兵的言论辑录。据《汉书•艺文志》记载：全书48篇。现已大部失传，仅存1卷，计有《图国》《料敌》《治兵》《论将》《变化》《励士》6篇。《吴子兵法》同稍后的《孙膑兵法》一样，丰富了中国的古代军事理论，是中国军事思想史上的宝贵财富，至今仍有一定的借鉴和参考价值。

吴起军事思想的内容十分丰富，概括起来主要有三个方面。一是“内修文德，外治武备”的战略思想。吴起主张政治与军事并重，一方面强调必须把搞好国内政治和经济作为战争胜利的基础，只有首先在国家、军队内部实现协调和统一，充分赢得民心，才能对外用兵；另一方面强调必须加强国家的军事力量，组织一支强壮、具有各种军事才能，愿意为国为民效力的军队。二是知己知彼，机动灵活的战术思想。吴起继承了孙武“知己知彼，百战不殆”的思想，强调军事将领必须了解和分析敌情、我情、天时、地理等各种复杂多变的情况，注意捕捉战机，做到“击之勿疑”“急击勿疑”“避之勿疑”。吴起指出在敌方远来立足未稳、主将离军、上下不和等7种情况下，可大胆进攻；而遇敌方兵力多，素质好等6种情况下，则不宜出战。吴起还具体论述了在仓促遇强敌、敌众我寡、敌据险死守、敌断我后路、四面受敌及敌突然进犯等情况下的应急制胜策略。三是“以治为胜”“教戒为先”的治军思想。吴起认为，战争胜负，不完全取决于军队的数量，重要的是军队素质如何，主张务必严格治理好军队，其做法首先是要教育军队严格执行命令，做到“三军服威”“士卒用命”；其次是着力提高士卒的作战能力，教给将士如何使用武器、熟悉阵法，从而培养一支有精干的指挥官、有经过严格训练的士卒、有统一的号令、有严明赏罚的能征善战的军队。

吴起的军事实践和军事理论，对后世影响很大。《吴子兵法》被译成英、日、法、俄等多种文字介绍到国外，世人将《吴子兵法》与《孙子兵法》合称为《孙吴兵法》。

戚夫人（前223—前194） 济阴戚家寨（今定陶县杜堂镇戚庄村）人，汉高祖刘邦的爱妃。戚夫人自幼聪明伶俐，善歌好舞，能酿菊花美酒。戚母早丧，戚夫人幼年即与老父亲相依过活。汉高祖二年（前205），汉王刘邦在彭城（今江苏徐州）一战中失利，其父和夫人吕雉被项羽掳去，刘邦只身匹马逃到定陶。据民间历代相传：当时，天已全黑，楚军渐渐追近，刘邦料难逃脱，就在一口大井旁纵身下马，打马一鞭，让马狂奔而去，暗叹：今生休矣。便纵身跳入大井之中。楚军大队人马在滚滚的烟尘中朝马跑的方向追去。恰巧，这口井竟是一口枯井，保住了性命。刘邦爬出大井，摸黑往一村庄走去。当走到村头时，碰到一老翁，刘邦如遇救星，忙躬身施礼，并问老翁贵姓，仙庄何处。老汉豪爽耿直，告诉刘邦姓戚，村子就是戚家寨。当戚老汉得知来人就是汉王刘邦时，忙把他让进庄院。尊为上宾，并做菜上酒，热情款待。戚老汉在席间让女儿戚姑娘拜见汉王，汉王起身还礼道：“且问姑娘妙龄几何？”戚姑娘含羞不答，掩面退出。刘邦边饮酒边夸戚姑娘聪明俊秀。其时，戚老汉亦有了许婚之意，就说道："小女今年一十八岁，早该出嫁，无奈有个相面先生说她生有副贵相，她就痴心想嫁个贵人，如今吾王至此，真属天意，不知吾王意下如何？"刘邦一听大喜，随即解下一块佩玉作聘。老汉便呼出女儿，伴食陪酒。戚姑娘也一见钟情，于是当夜花烛，喜结良缘。戚夫人就此有孕，后来生下了刘如意。次日，刘邦辞行，戚夫人恋恋不舍，送到村外，两人洒泪而别。汉高祖五年（前202），刘邦打败项羽，回师定陶，在汜水之阳的官堌堆登基做了皇帝，封吕雉为皇后，刘盈为太子，戚夫人为贵妃，刘如意为赵王，定都洛阳，之后又迁长安。

戚夫人入宫后，深得刘邦的宠幸，加之刘如意聪颖可爱，深为刘邦所赏识。刘邦觉得太子刘盈仁弱"不类己"，常想废掉刘盈立刘如意为太子，但公卿大臣都加以阻谏，尽管戚夫人在随高祖征战的过程中日夜啼泣，求立其子，一时也没能办成。汉高祖十二年（前195），刘邦平定英布叛乱，回到长安，因受伤一病不起，戚夫人日夜不离左右地侍候。刘邦更坚定了废刘盈立刘如意的决心。有一次宴会，高祖命刘盈陪同，侍从却是高祖很尊重的"商山四皓"（东园公、角里先生、绮里季、夏黄公），刘邦曾多次相请都请不来，现在他们都已80多岁，居然辅佐太子，刘邦看到大惊，感到太子羽翼已丰，不能再改立了。在刘邦病重其间，戚夫人为解刘邦愁闷，跳起了刘邦喜爱的楚舞。看着戚夫人愁苦的面庞，想着没有能够将刘如意立为太子，不禁悲从中来，随和戚夫人伤感地唱道："鸿鹄高飞，一举千里。羽翮已就，横绝四海。横绝四海，当可奈何？虽有赠缴，尚安所施！"表现了对吕后势力的憎恶，对戚夫人母子的同情以及自己无可奈何的心情。不久，刘邦崩于长乐宫，16岁的刘盈继位。

惠帝继位后，尊吕后为皇太后，吕太后心狠手辣，因惠帝年幼，她趁机扶持诸吕，大权独揽，遂对戚夫人及其子刘如意进行惨绝人寰的报复。汉惠帝元年（前194），吕后命人将戚夫人囚于永巷，削去头发，戴上枷具，给其穿上奴隶的衣裳，强迫戚夫人舂米。戚夫人想着为王的儿子以及自己如今的处境，随和泪唱道："子为王，母为虏，终日舂薄暮，常与死为伍！相离三千里，为谁使告汝？"道出了对于奴隶生活的愤恨，对儿子的思念，以及对吕太后的刻骨仇恨。这歌传入吕太后的耳朵里，她勃然大怒，为了斩草除根，下令将赵王刘如意召至京师，并派人持鸩酒将其毒杀，然后又别出心裁地将罚作奴隶的戚夫人的手足砍去，挖去双眼，烧聋双耳，灌了哑药，扔到厕所里称为"人彘"（人猪的意思）。一向仁弱的惠帝见戚夫人被自己的母亲害得如此凄惨，不禁放声大哭，悲愤欲绝。他让人转告吕后："此非人所为，臣为太后子，终不能治天下。"此后惠帝喝酒淫乐，不问政事。就这样，戚夫人被吕后活活折磨而死。吕后心犹不足，又灭戚家九族，戚姓人不得不改姓齐而四处躲藏。

吕后的专权和残暴，激起了人们的义愤。吕后死后，汉文帝即位，铲除了诸吕，恢复了刘氏政权。汉文帝元年（公元前179年），汉文帝在戚夫人的故乡定陶建祠祭奠，以示纪念。该祠建在高岗之上，后世称戚堌寺，寺内有大殿及配房，寺内古树参天，傍晚的时候，晚鸦归巢，绕寺飞鸣，好似在恸哀戚夫人的惨死，故定陶有"戚堌晚鸦"之说。后人有诗记道："从幸关东爱正稠，一朝永巷动人愁。而今世远荒坟近，树林乌啼恨未休。"

魏　相（？—前59）　字弱翁，济阴定陶（今定陶县滨河街道魏胡同村）人，西汉著名大臣，先后担任过茂陵令、扬州刺史、河南太守、大司农、御史大夫等职。霍光死后，魏相总领众职，官至丞相，封高平侯。

魏相治郡有方，深得民众拥护和爱戴。在任茂陵令时，御史大夫桑弘羊的亲戚假冒桑弘羊的传舍坑骗乡里，鱼肉百姓。魏相辨明真伪，不畏权贵，将其收捕治罪，并杀于街市示众，从此，茂陵大治。在河南太守任上，魏相整顿吏治，考核实效，禁止奸邪，当地豪强无不畏服。当时，丞相车千秋之子为洛阳武库令，因其父亲去世，自以为失去了父亲的庇护，而魏相治郡又严，恐怕久后获罪，便自免出走。魏相派人追赶劝归，终不肯还。魏相严于治吏之举，惹怒了权贵，招来了是非。大将军霍光责备魏相“不深惟国家大策”，而斥逐武库令；同时又有人诬告魏相滥杀无辜，权贵们正阴谋治罪魏相。此事传出，河南几千戍卒感念魏相的恩德，自愿多守一年边关来赎太守的罪；万余河南百姓更是不忘魏相的功绩，守关上书，为太守陈情。霍光闻听大怒，遂以斥逐武库令事将魏相治罪下狱。后遇赦，魏相方得出狱，被征为谏议大夫。

魏相以匡正为己任，扼制外戚势力，为汉室的振兴作出了突出的贡献。宣帝即位后，征魏相为大司农，后迁御史大夫。霍光死后，宣帝重用魏相，经常让魏相以给事中的身份参与朝中的机密决策。魏相早对外戚把持朝政大权深恶痛绝，就利用这个便利条件，陈言霍氏骄奢放纵，恐危乱国家，宜削其权力，以固汉室万世之基，同时，向宣帝禀告了霍氏杀害许皇后的真相。宣帝下诏罢免了霍光之子霍禹和霍光的侄孙霍云、霍山等三人的侯位。魏相被任命为丞相后，他们更加怨恨魏相，便与矫太后合谋，先诏斩丞相，后废天子，企图变刘氏天下为霍氏天下。魏相早已察觉，立即上疏皇帝，制止了暴乱，诛杀了暴逆。宣帝始亲万机，励精图治，练群臣核实效。魏相总领众职，整顿吏治，抑制豪强，举荐贤良之臣，平昭冤枉之狱，要求各地官吏省诸用，宽租赋，奖励百姓开荒种田，积粮济困。从此，汉朝的实力大大增强。

魏相熟谙兵法，有雄韬大略，为确立西汉在西域的政治统治立下功劳。汉元康年间（前65—前61），匈奴遣兵扰乱边关，宣帝与后将军赵充国等商议，欲大举兴兵讨伐，使匈奴不复骚扰西域。魏相上疏谏曰：“虽争屯田车师，不足致意中。今闻诸将军欲兴兵入其地，臣愚不知此兵何名者也。今边郡困乏，父子共犬羊之裘，食草莱之实，常恐不能自存，难于动兵。‘军旅之后，必有凶年’。言民以其愁苦之气，伤阴阳之和也。出兵虽胜，犹有后忧，恐灾害之变因此以生。”经魏相议论时势，陈述利弊，宣帝纳其言而止。随着西汉政治、经济的巩固和发展，迫于西汉的威力，匈奴于汉神爵元年（前61）归附汉朝，汉军占据车师，确立西汉对西域的政治统治。

魏相明《易经》，有师法。魏相善于总结前人的经验，特别是贾谊、晁错、董仲舒等人的治世之道，奏请圣上施行。魏相又制定阴阳、明堂月令，以便安排农事等，被宣帝嘉纳。

魏相为人严毅，刚正不阿，与丙吉同心辅政，君臣交泰，人民安乐，视事9年，汉神爵三年（前59）薨，谥宪侯。

丁　姬（前43—前5）　汉定陶国（今定陶县黄店镇）人，定陶恭王刘康的爱妃，汉哀帝刘欣的母亲，是历史上显贵一时的皇太后。

汉河平四年（前25），丁姬生下刘欣，刘欣的祖母傅太后（定陶人）很爱小孙子，就亲自接到身边抚养。刘欣3岁时，其父刘康去世，随嗣立为王。刘欣身为藩王，一般来说是不能再做皇帝的，但由于成帝刘骜一直没有儿子，刘欣就被成帝在汉绥和元年（前8）诏立为太子。第二年三月，成帝驾崩，刘欣继承皇帝位，是为哀帝。

“母以子贵”，丁姬和傅太后在刘欣即皇帝位后，分别被尊为帝太后和帝太太后。同时，丁姬的兄弟明被封为阳安侯，后来又封为大司马骠骑将军辅政，丁姬兄弟忠的儿子满被封为平周侯；丁姬的叔父宪和望分别被封为太仆和左将军；其他被封的丁氏外戚人数众多。丁氏在数年之间，可谓是权倾朝廷了。

丁姬于汉建平二年（前5）病故。哀帝刘欣派遣其舅大司马骠骑将军丁明东送丁姬棺椁，葬于定陶南丁村，又发陈留、济阴郡近5万人为丁姬修筑坟冢，其规模贵震山东。

元寿二年（前1），哀帝病故。手握重权的王莽为了政治斗争的需要，奏贬丁太后号为“丁姬”，傅太后号为“定陶恭王母”。同时，又派遣10余万人，费时两旬，将丁姬的坟冢掘开平掉，坟地种满荆棘。被封的丁氏外戚，皆被罢官免爵。

丁姬死后被掘坟扬尸，后人有评论。《汉书•外戚传》载：王莽派人平掉丁姬的坟冢后，有数千只燕子从远方衔来土块碎石投到丁姬的坟冢处，积土成丘，以掩埋丁姬尸骨；《论衡•死伪篇》载：王莽命人打开丁姬椁户时，从里面冒出四五丈的火焰来，将站在四周的吏士烧死数百人。这两处记载，虽不足信，但反映了后人对丁姬的同情及对王莽的愤恨与鞭挞。

张　训（？—192）　字子俊，济阴（今定陶县）人，东汉末期著名学者和大臣，官至尚书，后迁大司农。

张训在少年时期就进入太学学习，能够熟练背诵儒家的经典著作《春秋左氏传》。张训出太学后，先是以《尚书》教授学生，后以其才学得到了灵帝刘宏的赏识，辟召为议郎。当时，东汉灵帝刘宏爱好经术，社会上形成了不同的经学派别，各派之间，你争我吵，莫衷一是。因而儒家经典没有形成固定的传本，再加上各传本“文字多谬，俗儒穿凿”，难免要“贻误后学”。鉴于此，东汉熹平元年（172），议郎蔡邕提出了校正六经文字的建议，张训等人协助蔡邕经过4年的艰苦笔耕，东汉熹平四年（175），终于完成了六经文字的正定工作，为汉代的经学研究和传播作出突出贡献。

张训升任侍中后，利用自己常在灵帝刘宏左右的便利条件，直言相谏，陈政得失，从不回护，得到了灵帝的嘉赏。光和二年（179），迁丹阳太守。中平元年（184）入朝拜为尚书，后又迁大司农，掌管粮食、货币等国家经济大权。汉初平三年（192）死于任上。张训身处乱世，能够洁身自爱，是少有的贤良之臣。

吴　质（177—230）　字季重，济阴（定陶县）人，三国时期著名的文学家，曹魏大臣，魏文帝曹丕的智囊。

东汉末年，天下大乱，群雄角逐。曹操为发展力量，汉初平四年（193）在鄄城招贤纳士，吴质应召而至，因其才学通博，受到曹氏父子赏识，成为曹丕的挚友，曹植的文友。汉建安二十二年（217），曹丕被立为太子，吴质先任朝歌（今河南淇县）长，又迁元城（今河北大名东）令。朝夕相处的好友，一时零落星散。曹丕怀念不已，经常与吴质书信往来，追忆昔时盛会，抒写朋友挚情。

吴质长于深谋远虑，曾耳授机宜，帮助曹丕巩固太子的地位。曹丕虽然是曹植的兄长，但曹植文思敏捷，才华横溢，很受曹操宠爱。曹操曾想改立曹植为太子。曹丕为了巩固自己的太子地位，常跟吴质等心腹知己商量对策。一次，曹操率军出征，曹丕和曹植都去送行。曹植出口成章，盛赞曹操功德，很引人注目，曹操也十分高兴。而曹丕则相形见绌，怅然若失。这时在一旁的吴质悄悄向曹丕耳语说：“待会儿跟魏王辞别时，你什么也不要说，只管哭泣就行了。”曹丕照着办了。曹操及其左右看到曹丕哭得伤心，都很受感动。于是都认为曹植有些华而不实，不如曹丕诚实孝顺。加上曹丕平时善于掩饰自己，言行检点，注意跟曹操身边的人搞好关系；而曹植则恃才傲物，恃宠骄纵，引起许多人的反感，曹操终于打消了改立曹植为太子的念头。

220年曹丕做了皇帝，马上派人把吴质接到洛阳，任命为中郎将，又封为侯爵，让其持节督幽、并诸州军事，治所在信阳（今河北冀县）。魏黄初七年（226），文帝驾崩，吴质深感悲痛，作《思慕诗》一首寄托哀思。魏太和四年（230），吴质被征调入朝，担任侍中，成为辅弼大臣。吴质向明帝曹叡陈述安危计策，指出：司空大臣陈群乃平庸之辈，非国相之才；骠骑将军司马懿，忠贞机智，是国家栋梁。明帝采纳了吴质的意见，这对曹魏后期政局的变化产生了重大影响。

吴质恃宠傲物，不敬乡里，因而名声不佳。魏文帝曹丕曾召见吴质和宗室大臣曹休等欢会，让郭皇后出来会见吴质等。魏黄初五年（224），吴质到洛阳参加朝会，文帝下诏让上将军及特进以下将军都到吴质家里赴宴，由官府供应一切。只因吴质依恃文帝信任，戏弄上将军曹真，叱骂中将军朱铄，使宴会不欢而散。吴质一向喜欢交结权贵，从不跟乡里百姓往来，做官后，又依仗曹氏父子权势，作威作福，引起人们的反感。魏太和四年（230），吴质病故，被谥为“丑侯”。吴质的儿子吴应一再上书申辩冤枉，直到吴质死后24年才改谥为“威侯”。

吴质存世作品很少，仅有答曹丕书2篇，答曹植书1篇，收在《昭明文选》里。另有《思慕诗》1首，存《三国志》本传注中。

董　昭（151—232）　字公仁，济阴定陶人，三国魏将。董昭在汉献帝、魏文帝、魏明帝三朝先后担任癭陶长、柏仁令、符节令、司空军祭酒、侍中、光禄大夫、给事中、司徒等职，曾先后被封为千秋亭侯、右乡侯、成都乡侯和乐平侯。

董昭善于计谋，为曹操取得政治上、军事上的优势起了重要作用。董昭初事袁绍，因袁绍心胸狭窄，听信谗言，欲致罪于昭，昭遂有离绍之意。加之“曹（操）、袁（绍）虽为一家，势不久群，曹今虽弱，然实天下之英雄”，故而投奔曹操为符节令。当时，中原有曹操、袁绍两大军事集团，孙策占据江东，刘表拥有荆州，刘璋割据益州，凉州为韩遂、马腾占有，公孙度盘踞辽东。在军事割据的形势下，汉献帝刘协只好东还洛阳。曹操抢先率军进驻洛阳，待献帝到洛阳后，欲去朝见天子，董昭却献计说：“将军兴义兵而诛暴乱，入朝见天子，辅翼王室，此五霸之功，诸将人殊意异，未必服从，惟有移驾幸许耳。”曹操听从了董昭的计策，遂挟持献帝迁都许昌，实现了“挟天子以令诸侯”的政治目的。董昭又为曹操议复封建，凿平虏、泉州二渠入海通运，制定抵拒蜀汉的军事策略，在军事上取得了明显优势，被封为千秋亭侯。

董昭熟谙军机。谈兵设险，悉出机算，在曹魏南征的过程中起了重要作用。魏黄初三年（222），征南大将军夏侯尚等进攻江陵，当时江水浅狭，大将军欲乘船将步骑载入渚中安屯，做浮桥南北往来，董昭上疏阻止道：平地无险，尤为艰难，就地深入，还道宜利，兵有进退，不可如意。今屯渚中，太深远；浮桥而济，很危险；一道引军，又狭窄，三者都是兵家所忌。加上江水又涨，一旦暴涨，无法防御，事将危险。曹丕听后，觉得有理，立即诏夏侯尚率军退出。果不出所料，军队退出后，江水暴涨，曹魏之军才避免了灭顶之灾。

董昭历事三朝，皆有显绩。魏太和六年（232）卒，年81岁，明帝特谥定侯。

张齐贤（949—1014）　字师亮，曹州冤句（今定陶县马集镇马楼村）人，宋初著名政治家。

齐贤幼时，社会动荡不安，其父为避后晋战乱，于后晋开运三年（946）率家徙居洛阳。其父早逝，齐贤孤贫落魄，却倜傥不羁，与众不同。一次，齐贤外出会友，于路旁恰遇盗贼聚饮，村民大都畏惧躲避，惟恐祸及自身，还劝齐贤赶快走开，不要招惹盗贼。齐贤却不以为然，遂走进路旁酒店里，对正在狼吞虎咽的盗贼说道：“我贫困饥饿，想在你们这儿吃顿饱饭！”其中一盗贼说道：“你这秀才怎肯屈身和我们一块吃饭？”齐贤答道：“有的盗窃者并不是世上注意小节的人所能为的，只是由于生活所迫，他们才干这一行当，这些人都是世上的英雄，我与你们一块吃喝有什么不能呢？”遂取酒杯斟酒，拿刀割下几块肉大吃大喝起来。盗贼们见他如此，相视愕然，无不瞪目，遂感叹道：“真有宰相之风啊！异日您如果宰制天下，当想着我们并不是真心为盗，实在是不得已而为啊！”群盗又送金银给齐贤，齐贤也不谦让，把金银揣入怀中，会文访友去了。

齐贤有着远大志向，家境虽贫困，但能够在艰难的环境中苦心向学，这使他成为一个经传子集无所不能的饱学之士。宋太祖赵匡胤游幸西都洛阳时，齐贤于路途拦马献策。太祖召齐贤至行宫，齐贤以手划地，向太祖陈述了攻下并、汾二州，让民富裕，加封有建树的人，注重孝仪，选拔贤才，设立太学，重视农业生产，选用良吏，慎用刑罚，惩治奸邪的十条计策。宋太祖认为其中的四条比较好，而齐贤却坚持认为十条都很重要，竟与宋太祖在行宫中吵了起来。后来，宋太祖对其弟赵光义说："我去西都，遇到的贤能之人，只有张齐贤一个，以后你可以让他作相，辅助你治理国家。"宋太平兴国二年（977），齐贤擢进士第，任衡州通判，升秘书丞。太平兴国五年（980）为左拾遗。当时，宋太宗想出兵攻取幽蓟，多数大臣也都想尽快出兵，惟有张齐贤审时度势，上《请罢北征书》于太宗，书中提出了以民为本，疆土为末，先本而后末，安内以养外的主张。齐贤强调让民休养生息，发展农业生产，广积谷粮以备边用，从而达到"百战百胜，不若不战而胜"，使幽蓟等拱手称臣的目的。宋太宗听从了张齐贤的计策，息干戈而抚民发展农业生产，从此，宋朝国力大增，人民殷实。

齐贤注重考查诸官，体察民间疾苦，敢于上书直言，提出了"法贵有常"的主张。齐贤从政禁止官吏欺压掠夺百姓，使民众安居乐业。宋太平兴国六年（981），齐贤任江南西路转运使时，当地各府、州、县为揖盗邀功，无论罪犯罪行大小，也不管首犯从犯，一概送往京城发落，从而邀功请赏。由于路途遥远，加之狱吏残暴，十之五六的罪犯在被押送京城的路途中死去，世人对此多怀不满。齐贤上书朝廷，凡案件不实而又送往京阙的，一律追究原审官吏的责任。从此，各府、州、县官吏认真办案，谨慎处理，送往京城的罪犯大大减少，免去了许多无辜的冤魂。齐贤知永兴军时，赵赞因议论时事得到宋太宗的赏识和重用，并派其督办关中粮草。赵赞骄横狂傲，不体察民情，所到之处，巧取豪夺，横征暴敛，种种不轨，民愤极大。齐贤不畏权贵，微服探访，据实条陈赵赞的罪行，上疏弹劾，终于将赵赞绳之以法，民众无不拍手称快。

齐贤熟兵法，善领兵，多军功。宋雍熙三年（986），辽兵自函谷关入侵，攻占北宋薄城，宋将卢汉斌因寡不敌众，退避固守。齐贤请命与太师潘美各领兵会战辽兵。齐贤率军自右翼杀出，众士兵同仇敌忾，以一当百，辽兵大败而去。后辽兵卷土重来，由于潘美军中送信之人被辽兵所俘，张潘两军会合日期耽误，潘美率军而去。齐贤对众士兵说："辽兵虽知我们两军没有会合，但不知潘军已回，我们尚可以用疑兵迷惑辽军。"遂派200名士兵各执一面旗帜，身背一捆干草，在城西南20里排列阵营，并在土磴寨设伏兵2000余人。辽军士兵见城西南火把通明，旗帜鲜艳，迎风招展，都以为是潘美军至，匆忙往北而逃。当辽军逃至土磴寨时，齐贤率军乘势杀出，辽军大败，斩获数百人，缴获马2000匹，兵器无数，宋军大获全胜，齐贤不贪功自居，反把功劳记在畏敌不战的卢汉斌名下。肃清敌军后，齐贤又精简厢军，分二部屯扎，分驻繁峙和崞县，与代州形成犄角之势，从此，辽兵再不敢犯。宋淳化二年（991），齐贤升任参知政事（副相），数月后升任同中书门下平章事（宰相），至北宋大中祥符五年（1012）致仕，其间共计21年，除了两次短期罢相、出任地方官外，皆在朝中掌管军国大事，齐贤以整个天下为己任，以师从尧舜为目标，在北宋初期的政坛上作出了突出的贡献。当时，西夏李继迁攻陷北宋西北重镇清远，齐贤分析了当时的形势指出：北宋"加讨则不足，防遏则有余"，上策是联络结好李继迁周围的少数民族部落，封其官位，使之与西夏抗衡，牵扯李继迁的东进，北宋亦不必劳师远征。可是，诸臣都坚持要立即消灭李继迁，贸然发兵西夏，结果连战皆败，灵武等重镇相继失守。在这种情况下，北宋诸臣都依随齐贤，齐贤派出得力助手或大臣，出使西北，联络西北各少数民族，攻扰西夏的后方，阻止了西夏的继续东进，为北宋赢得了短暂的和平局面和暂时的稳定时期。

齐贤为人正直，刚直不阿，不拘小节，每当政事闲暇，就常和文人学士诗酒往来，有《洛阳缙绅旧闻记》和《孝和中兴故事》等书传世。宋大中祥符七年（1014），齐贤71岁病逝于洛阳。

朝廷赠官司徒，谥文定。齐贤两度为相，数居高官，均有惠政，实为后人楷模。

曹邦辅（1502—1575） 字子忠，号东村，定陶县冉堌镇曹楼村人。明朝著名大臣和抗倭将领。

邦辅生而颖异，幼怀凝重，器量宏深，器具方概。1532年（嘉靖十一年）得中进士，先后任过元城、南和知县，云南道御史，陕西巡按，都察院左都御史，兵部侍郎，南京户部尚书等职。

邦辅体恤民间疾苦，敢于抨击权贵，秉公执法，在元城任知县期间，“岁减里甲，轻徭薄赋”，又放千金赈济贫困百姓，使百姓度过了难关。在云南道御史任上，邦辅弹击官邪，豪强畏服。在巡视河东盐政时，邦辅核查盐丁私人通商，革除占窝营私舞弊，创立经商机制，于是河东盐业大兴，每年的捐税收入倍于常年。在陕西巡按任上，邦辅考核吏治，对宗室杀人反诬治于人者极为愤慨。邦辅秉公执法，不畏权贵，核实案情，平冤昭雪，使受诬者多已辨明，制止了邪恶，伸张了正义，百姓呼为真御史。

邦辅还是一位著名的抗倭将领。在任都察院左都御史巡按应天时，适值倭寇登陆抢掠扰乱。倭寇聚柘林，犯南京，破溧水，抵宜兴，进据陶宅，百姓深受其害。邦辅亲披甲胄督军击剿，令副使王崇古围困倭寇。倭寇大败，退入太湖。邦辅麾军抵进，追至苏州浒墅关，一日七战七捷，斩获390余人，生擒74人。邦辅身不解甲，又督军饷，带水兵防御东沟。值副将何卿师溃，邦辅率师增援，命人以神枪火炮捣毁敌船，前后俘斩600余人。侍郎赵文华闻倭寇被围，日夜兼程，欲抢夺邦辅功劳，行至杨家桥，寇已尽歼。邦辅捷书先奏。赵文华因邀功不成而怀恨在心，反诬奏邦辅“避难击易”，虚报军情，总督杨宜亦奏邦辅“故违节制”。他们均以私怨诬邦辅三战三败。给事中夏栻、孙濬为此鸣不平。赵文华还京奏言：“贼易灭，督托非人，致败。臣昔论邦辅，栻、濬遂媒孽臣，东南涂炭何时解。”世宗不察虚实，不辨是非，遂下诏逮系邦辅谪戍朔州。时论愤惋不平，吴人立生祠祭祀，以表敬意。

邦辅善领兵，谙兵法。1567年（隆庆元年），邦辅为左副都御史，协理院事，进兵部侍郎后，理戎政。未几，转左侍郎兼都御史，总督蓟、辽、保定等处军务。京师京营士兵骄豢已久，邦辅在治理宿弊的同时，“又疏城外扎营之失，守城八战之法”，士兵无不佩服。邦辅一生著有《军机事宜》《性说》《樽俎对谈》《说物寓武》《防秋小议》等书。太学士赵贞吉夸赞邦辅说：“天下谓一人知兵，盖谓邦辅也。”

邦辅从政廉洁，居官40年，家无余资。

邦辅在任河南副使时，曾一度镇压了柘城一带的农民起义军。1568（隆庆二年），邦辅升任南京户部尚书。1573年（万历元年），邦辅自陈年高，4次上疏乞告引退。1575年（万历三年），73岁的邦辅卒老于家，赠太子少保。

李舒芳（1552—1627） 字万英，号剑城，定陶县马集镇李庄村人，明朝中期著名的良吏。

舒芳自幼聪颖异常，胸怀大志，不善治产，不务虚名，惟与门人弟子讲究学问，其弟子取得功名者达几十人。明万历二十七年（1599），舒芳得中进士。明万历三十年（1602）走入仕途，任武功县知县。当时武功地处3省交界处，土地贫瘠，百姓贫困。舒芳上任后，首先清理了驿站的人夫、马匹和车辆，又将编派的事务合理地分给当地百姓，让民休养生息，发展生产。同时，又在梁山创建书院，课士教子，文风始盛。在任5年，武功百姓不再流离，得以安居乐业，登科及第者20余人。由于政绩卓著，升无为州知州。武功百姓感念舒芳的恩德，绅民相约，拦车骑于路途，以期挽留。

无为州濒临长江，百姓苦于水灾和盗贼。明万历三十四年（1606），舒芳在无为州上任后，教民习射，招募兵勇，御贼防盗，地方始得以安宁。舒芳理政从严，一切诉讼必亲自过问，从不拖延与耽误。万历三十六年（1608），无为州大水泛滥成灾，湮没田舍无数，百姓无家可归，流离失所。舒芳造舟救人，停征赋税，并借稻万余石赈济灾民。洪水消失后，舒芳又带头捐资，修筑鱼坎40余里。大坝拦住了洪水，百姓免遭水患，得以安居，舒芳在无为州的德政为世人所推崇。明代户部尚书菏泽人郭允厚称舒芳“江北循良公，实第一也”。明万历三十九年（1611），舒芳升任庆阳府同知，当地百姓听舒芳要走时，无不洒泪相留。武功百姓更是感念舒芳的恩惠，自发相约，遂作《扳辕卧辙图》送舒芳，图上方有《德政歌》4首，其歌词为：

讼狱无滞

青萍剑莅芝城，陆剸犀兕水剸鲸。案牍只有白昼决，岂须银烛照公庭。猗侯之明皎如日星。

请托不行

青萍剑莅芝山，凛凛风裁冰雪寒。一笑一颦浑不假，谁将请托漫相干。猗侯之威泰山严严。

惠赈灾民

戊申岁灾降酷洪，水滔天，田舍没。忧我无家栖以屋，悯我无粮食以粥。猗侯之恩父生母鞠。

功成鮀坝

鮀鱼坝，遭水啮，可怜田舍成鱼鳖。金堤一筑江流却，吾民始有丰年乐。猗侯之功天高地博。

在庆阳府期间，舒芳通商利民，搞活了当地经济。同时，又罢免织户的利税，提高了手工业者的生产积极性。舒芳处理案件公允合理，从不因为请托而办理私事，赢得了百姓的爱戴。后因两手生病于明万历四十四年（1616）归籍隐居。

致仕后，舒芳一心留恋经史，从不炫耀自己以往的功绩，每读到妙语，必亲手录之，以教子孙，著有《学庸说旨》《治胎需知》《医方摘要》等书（已佚）。明天启七年（1627），卒老于家，享年75岁。

牛千古（1803—1854）　字奇观，定陶县黄店镇牛楼村人，清代书法家。

千古出生在书香兼武功之家，家有良田80余亩，是鲁西南一带典型的耕读家庭。千古自幼苦读五经四书，继而博览经史子集，成了当地有名的饱学之士。千古不满于清王朝的腐败政治，无心于仕途，独爱书法艺术。为练好字，千古拨3间上房为专用习字室，不惜一切购置文房四宝，纸用车载，墨用缸盛，字写好后挂在四壁，然后对照诸名帖，反复观察体味，找出自己的不足，然后撕下来再写，每有得意之作，便欣然忘食。因练书法耗资巨大，加之千古不善经营田地，以致田产荡尽，资用匮乏，生活逐渐贫困。但千古矢志不移，在无钱购买笔墨纸张的情况下，就以门板为纸，麻刷作笔，苦练不止。后来，为了生计，千古以做小盐度日，在扫盐土时，将扫帚当笔，在地上挥臂作书，达到了“字迷”的程度。

牛千古的字吸取了汉晋隋唐以来诸名家的长处，融会贯通，自成一家。千古楷书、行书、草书诸体皆善，但尤精于擘窠体，其字刚劲有力，富有立体感，狂草“鸟飞月窟地，鱼跃海中天”是其代表作，其用笔急促短栩，迅牵疾掣，折锋三顿，如巫峡怒涛，奔腾狂啸，颇有“飞流直下三千尺”之势，难怪后人用“行行眩目，字字惊心”来赞扬他的字。

书如其人，千古的书法落笔不俗，钢筋铁骨，表现了爽直、刚正不阿的性格特点。千古无心仕途，厌恶功名利禄，不愿随俗流，闭门读书，专心习字。40岁后的牛千古由于家庭中落贫困，不得不以卖字为生。千古北过山海关，南到吴楚一带，漫游大半个中国，其书法受到了各地朝野人士的好评。

千古卖字，一天只卖3幅，多则不写，写好之后，标定价目，不准还价，如果买主还价，则将这幅字撕掉，绝不再卖，到时如3幅尚卖不完，即将剩余的全部烧掉，时人无不为之惋惜，这不仅是牛千古的性格特征，同时也反映了书法家严谨治学的特点。

千古虽以卖字为生，生活比较贫困，但却

能够洁身自好，不计名利。一天，千古到开封卖字，适逢某巡抚的母亲寿辰，该巡抚派人请牛千古为其母写了一丈见方的大寿字。千古手握巡抚特制的大笔，一挥而就，围看众人，赞不绝口。巡抚为表谢意，问千古要官还是要钱，千古答曰："官职、金钱对我无用，我只要这只笔好了！"说罢，竟扬长而去。

千古不但爱好书法艺术，同时还是一位忧国忧民的有志之士。千古胸怀对清政府腐败政治的不满，于清咸丰二年（1852）毅然参加太平军。清咸丰四年（1854），51岁的牛千古卒于军中。

第二节　现当代人物

田明山（1907.07—1946.09）　男，汉族，定陶县杜堂镇许堂行政村田庄村人。1946年8月晋冀鲁豫野战军司令员刘伯承、政委邓小平进驻定陶，指示定陶县委、县政府做好战勤工作。定陶县成立"支援前线指挥部"和兵站，组织2万民工支援晋冀鲁豫野战军，田明山任担架队队长。1946年9月在定陶战役中牺牲。1982年10月1日被批准为革命烈士。

许忠新（1888—1972）　艺名"新头"。男，汉族，定陶县城关镇张楼村人。山东梆子演员。幼年家境贫困，乞讨为生。因酷爱戏曲，16岁时拜黄店镇后刘庄艺人蒋某为师，学唱山东梆子红脸。17岁登台演出《困河东》，博得观众喝彩。20岁出师，参加鲁西南的孔班（即"大兴班"前身）演戏，被观众称为"新头"。他与当时的名演员"黄马褂子""花脸星""一阵风""红脸娃"配戏，演技大进。他演戏干净，人物鲜明，唱腔高亢委婉，念白清晰流畅，扮戏俊逸潇洒，做戏舒展细腻，经常演出的剧目有《讲琴》《五堂会审》《斩莫成》《闯幽州》《两狼山》《反徐州》《诸葛亮吊孝》等。其中，最为人称道的是他所饰演的钟子期、苏秦、田云山等角色。中华人民共和国成立后，他在定陶县红光剧社任教并领衔主演，他改编主演的有《洪昌府》《紫金镯》《金台将》《宇宙锋》《江东战船》等。后其剧稿手抄本仅有《麒麟烛》《紫金镯》留存。1972年去世。

许保修（1926.01—1975）　男，汉族，定陶县人，1926年1月出生。1942年3月参加八路军。1944年加入中国共产党。1949年2月编入第二野战军5兵团17军49师，同年3月南下，参加渡江战役和解放大西南战役。1949年11月随所在部队第49师进军贵州，后到兴仁军分区任职，1975年任兴仁军分区参谋长。同年病逝。

阎世印（1913.02—1978.03）　男，汉族，定陶县冉堌镇阎庙村人，1913年2月出生。1937年12月参加革命，同年加入中国共产党。历任八路军山东人民抗日军第三军中队长、连长、营长，山东纵队第五支队团政治委员、第二支队政治委员，中共中央北方局党校、延安军政大学、中共中央党校学员，山东博山西河煤矿经理，鲁中军区警备第一旅政治部主任、第一军分区政治部主任，鲁中南纵队46师政治部主任，解放军35军104师副政治委员，第三野战军7兵团后勤部政治委员。中华人民共和国成立后，历任浙江省财政厅副厅长、工业厅厅长，中共浙江省委工交部部长，中共浙江省宁波市委第一书记、中共宁波地委书记，杭州钢铁厂党委书记，浙江省工业交通办公室顾问。1945年4月出席中国共产党第七次全国代表大会。曾当选为中共浙江省第二、三、四届委员会委员。1978年初当选为浙江省第五届人民代表大会代表。1978年3月去世。

何　诚（1918.03—1978.05）　男，汉族，定陶县天中街道人。1918年3月出生于贫苦农民家庭。1939年7月参加八路军抗日游击队。1940年加入中国共产党。1941年后，历任冀鲁豫支队分队长、八路军第二纵队供给科科员、新四军三师供给部科长、东北军区后勤分部副部长。新中国成立后，历任中国人民志愿军后勤分部副部长、部长，中国人民解放军成都军区后勤部副部长等职。何诚处处保持普通士兵的本色，虽然身患多种疾病，仍然坚持工作。1978年5月24日病逝。

孔瑾斋（1915.01—1991.04） 曾用名孔耀坤、孔凡玉，男，汉族，定陶县陈集镇常店村人，1915年1月出生。1938年8月参加革命。1939年1月加入中国共产党。曾任鲁西南抗日救国会宣传队宣传员、冀鲁豫区地下联络员。1940年任中共鲁西南地委敌工部联络交通站站长。1942年奉组织之命打入国民党山东省保安15旅任特务团3连连长，在全歼王子杰部的战斗中立功，受到军分区嘉奖。1945年4月任定陶县陈集区区长。1947年3月任中共定陶县保宁区区委书记兼保宁区区长，同年8月任中共定陶县永保区区委书记兼永保区区长。1948年10月任东明县五区区长兼武工队队长。1949年3月随军南下。中华人民共和国成立后，先后任中共贵州省遵义市委办公室负责人，中共遵义市枫香坝区委书记，中共贵州省务川县委组织部部长、县委副书记。1953年1月，任重庆天府煤矿二工程处党总支书记兼主任，1955年任煤矿党委监察委员会书记。1959年任中梁山煤矿选煤厂厂长。1962年任重庆煤矿工人疗养院党委书记兼院长。1981年离休。1991年4月病逝。

柴希修（1914.12—1993.04） 男，汉族，定陶县马集镇白菜王庄村人，1914年12月出生。1938年6月参加工作，1939年8月加入中国共产党。曾任菏（泽）定（陶）曹（县）三县联防自卫队副队长，菏泽县灵圣区文教助理员，菏泽抗日民主县政府训练主任，菏泽县青丘区区长，冀鲁豫军区第五军分区20团副营长、第五军分区武装部副部长，东明县第六区区长等职。1949年3月随军南下，同年11月到达贵州省，先后任中共怀仁县委书记，贵州铝业公司六〇二厂党委书记，贵州茅台酒厂党委书记。1978年任贵州财经学院党委副书记兼政治处处长。离休后享受正厅级待遇。1993年4月去世。

程力夫（1913—1993） 男，汉族，菏泽市牡丹区大黄集乡安陵集村人。1930年考入曹县小学教员训练班，结业后在曹县郭庙村教小学，后到曹县韩集（国民党曹县三区区部所在地）任教。1936年6月加入中国共产党。1937年任安陵集党支部书记。“七七”事变后，任中共曹县三区区委书记。1938年秋任冀鲁豫边区抗日救国总会副总会长。1939年4月，程力夫任曹东县委书记。12月，任鲁西南地委秘书长兼曹东县委书记。1940年1月，任菏泽县委书记。1942年12月任冀鲁豫边区议员。1945年8月以后，任菏泽、南华、定陶、东明4县地委工作委员会书记。1946年，负责商丘以西兵站战争后勤工作，为陇海战役、定陶战役的胜利做出贡献。后率领武工队开展游击战，收复失地，组织支前。中华人民共和国后，程力夫先后任河南省焦作矿务局局长，山西太原煤炭管理局副局长、大同矿务局党委书记、局长，云南省煤炭管理局党委书记、局长等职。1982年12月离职休养。1993年11月去世。

沙瑞义（1925.03—1995.11） 男，回族，定陶县陈集镇中沙海村人，1925年出生。1951年带头组织农业生产互助组并任组长，1955年5月加入中国共产党。历任本村初、高级农业生产合作社社长，生产大队党支部书记、陈集公社党委委员、定陶县人民代表大会常务委员会委员等。曾当选为中共定陶县第二至七次代表大会代表，定陶县第三至十二届人民代表大会代表。1977年当选为中共第十一次全国代表大会代表，1982年被评为地区级劳动模范。1995年11月病逝。

张传真（1941.11—1995.11） 男，汉族，定陶县南王店镇张庄村人，1941年11月出生。1960年考入山东大学外文系，主修英美语言与文学。1965年毕业分配到山东师范大学任教。1975年调聊城师范学院任教。1978年由国家委派到马耳他新大学研修英语言文学。1979年回国仍到聊城师范学院任教，历任学院英语系副主任、主任，学院教务处处长、副院长等职。1986年当选为山东省外语教学研究会专业副理事长。讲课不拘泥于教材，通俗易懂，生动活泼，深受学生欢迎。1987年应邀到美国萨克雷门托大学讲授中国现代史和英语写作，获美国加利福尼亚州政府颁发的加州社区大学任教合格证书。1989年应邀到美国新奥尔良大学讲学，介绍中国文化，获得

“新奥尔良荣誉公民”称号。1992年调任盐阜师范大学副校长，后任山东省教育委员会副主任。先后发表《二十年代和三十年代的美国文学》《第二次世界大战后美国三位重要的戏剧作家》等论文；主编《大学交际英语》《英语交际口语》《转换英语语法》及其他教学用书等；评著有《评好逑传》等。1995年11月去世。

李如刚（？—1995.12）　男，汉族，定陶县陈集镇八一行政村人。大学文化程度。内蒙古自治区优秀企业家，全国劳动模范。1988年9月任内蒙古自治区包头市糖厂厂长时，正值全国甜菜生产大滑坡。在原料涨价，收购量不足，资金、燃料、运力全部吃紧的困难情况下，充分发挥职工代表会的作用，调动广大职工的积极性，艰苦奋斗，严格管理，扭转了困难局面，使企业取得良好的经济效益。该厂获得全国同行业质量评比第一名，能源管理“七连冠”，设备管理“三连冠”，被评为全国财务管理先进集体、节能一级企业等，受到内蒙古自治区党委的好评。1995年12月因车祸殉职。

孙士光（1912—1996.01）　男，汉族，山东省鱼台县唐马乡孙阁村人，1912年出生。1942年3月参加革命，1946年3月加入中国共产党。曾任鱼台县谷亭区宋砦乡抗日乡长、中共谷亭区委副书记。1950年9月调任中共鱼台县临潮区委书记，后任鱼台县副县长，中共复程县委委员、复程县政府党组书记、复程县副县长、县长。1955年任中共定陶县委副书记、定陶县县长。1958年定陶县与成武县合并，调任中共枣庄市委委员兼枣庄市冶钢埠铁厂党委书记。后任枣庄市副市长分管工业。1961年10月，任中共定陶县委副书记、定陶县人民委员会县长。关心重视农业，带领群众努力改善生产条件，为定陶农业发展，提高农民生活水平付出了艰苦的努力。1963年到1965年开展了裴河洼改工程，大修台田、条田、深沟围田，从而使洼区面貌大变，粮食大幅度增产，洼改经验被《人民日报》加按语报道。在“文化大革命”中受到迫害。1971年退休。1981年改为离休。离休后被聘为定陶县老干部工作顾问，党风党纪监督员，校外辅导员。1983年11月经中共山东省委组织部批准享受地专级待遇。1996年1月去世。

杨自田（1938.03—1998）　男，回族，定陶县天中街道南城社区人，1938年3月出生，高中文化。1956年5月加入中国共产党。曾任南关回族自治乡团支部书记、南关初级社社长、南关回族自治乡党支部委员、南关大队党支部委员、党支部副书记。1981年任南关居委会党支部书记，1986年兼任定陶县皮装公司经理，同年当选为政协定陶县委员会委员。1987年当选为菏泽地区企业协会副会长、山东省企业协会理事。1988年被评为山东省优秀农民企业家，1989年被评为全国劳动模范，出席了全国劳模表彰大会。1991年被评为高级经济师。1993年当选为政协山东省委员会委员。连续20多年被评为县劳动模范和模范共产党员。1998年病逝。

马振起（1929.07—1999.08）　男，汉族，定陶县天中街道人，1929年7月出生。1947年5月参加工作，1949年9月加入中国共产党。曾先后任冀鲁豫边区哈利生医院护士、卫生学校学员。1949年3月起先后任第二野战军第五兵团南下支队、西进支队供卫处医务助理员。1950年8月起先后任贵州省卫生厅医务人员、卫生行政人员训练班指导员，贵州省民族卫生工作队队长、妇幼卫生工作队队长，贵州省防疫大队副大队长，贵州临时传染病院院长，贵州省卫生厅民族卫生科副科长、药政科科长、中医科科长，贵州省防疫站副站长、党委副书记，贵州省卫生厅办公室主任。1990年离休，享受副厅级待遇。1999年8月病故。

杨朝忠（1921—1999）　男，回族，定陶县天中街道南城社区人，1921年出生，初小文化程度。1954年任南关村农业合作社副社长。1956年加入中国共产党。1959年任南关生产大队副大队长，1961年任大队党支部书记。1967年兼任南关大队革命委员会主任。1968年9月任定陶县革命委员会主任。1969年2月任菏泽地区革命委员会副主任兼定陶县革命委员会主任，3月，兼任定陶县贫下中农协会主任。1970年2月任定陶县革命委员会副主任。1975年9月任菏泽地区贫下中农协会副主任。1958年，被评为全国先进生产者。1963年，作为先进单位代表出席华东劳动模范会议。作为少数民族的代表，1959年和1966年国庆节、1969年"五一"劳动节应邀赴京参加观礼，受到毛泽东主席等中央领导的接见。1969年4月出席中共第九次全国代表大会。1979年5月，菏泽地区贫下中农协会撤销，回村工作。1981年退休。1999年病逝。

李伦文（1944—2003.02） 男，汉族，定陶县南王店镇长寨村人，1944年出生。1961年，定陶第一中学初中毕业后任生产队会计，12月应征入伍，济南军区坦克教导团学兵8连战士。1964年6月加入中国共产党。1965年12月，兰州军区独立装甲营自行火炮连驾驶员。1968年，兰州军区坦克独立12团司令部保密员。1969年10月，任坦克12师45团6连副政治指导员。1970年至1983年，先后任45团政治处干事，陆军19军政治部干部处干事，兰州军区政治部干部部干事。1983年9月任兰州军区离退休干部工作办公室安置处副处长，后任处长。1986年3月，调任中共东明县委常委，东明县人民武装部政治委员、党委书记；同年6月任中共成武县委常委，成武县人民武装部政治委员、党委书记。1994年7月任中共定陶县委常委，定陶县人民武装部政治委员、党委书记。1996年5月退休。2003年2月因病去世。

张岱斌（1948.08—2003.07） 男，汉族，定陶县天中街道人，1948年8月出生。1963年5月参加工作，先后任定陶县东王店、张湾公社团委干事。1968年应征入伍，任连队文书。1969年3月加入中国共产党。1970年复员后，考入山东大学中文系。1973年毕业后，曾任共青团定陶县委干事、副书记。1978年调共青团山东省委农村工作部，先后任副科级干事、科级干事、副部长，团省委研究室主任、常委。1986年任中共山东省委研究室正处级秘书，后任农村处处长。1990年先后任山东广播电视大学副校长，党委副书记、纪委书记。1995年10月至1997年5月，挂职任山东省菏泽地区行署副专员（驻郓城县）。1998年9月任山东广播电视大学校长、党委副书记，研究员。系山东省社会学学会常务理事、山东省广播电视教育学会常务理事。他撰写的《开创农村共青团工作新局面》一文，被《中国青年报》《中国青年》杂志社作为重要文章加按语发表；在山东省委政策研究室工作期间，参加《山东四十年》书稿的编写，主持"山东省农村第二步改革"的研究，被列入山东省"七五"社会科学课题规划。主编《深化改革的必由之路》《县委书记论农业》《共同富裕之路》等书。在山东广播电视大学工作期间，撰写的《传统与现代文明交互作用下的观念演变》《发展商品生产的大趋势》两2篇文章，被中国社科院《青年研究》发表，同时获山东省社会学学会优秀成果二等奖。2003年7月去世。

李亚新（1967.11—2003.08） 男，汉族，菏泽市牡丹区人，1967年11月出生。1986年11月参加工作，1998年调入定陶县交警大队。自调入县交警大队后，因工作突出，连续4年被市、县交警支队和县公安局评为"先进工作者"和"先进个人"。2003年8月4日，在刘民路张湾勘察事故现场时，遭遇意外车祸，为救同事不幸殉职。时年36岁。2004年12月，山东省人民政府追认批准为革命烈士。

林兆之（1934.10—2003.12） 男，汉族，定陶县冉堌镇后苗楼村人，1934年10月出生。1948年6月加入中国共产主义青年团。1956年1月至1957年6月在冉堌区任办事员。1957年6月至1963年3月任县药材公司人事股长。1963年3月至1965年任万福公社组织委员。1965年至1973年在县药材公司工作。1973年至1983年任定陶镇党委委员、副镇长。1983年6月至1991年任定陶县文化局副局长、县文化馆馆长、县文化馆党支部书记。1994年10月退休。2003年12月去世。曾担任定陶县书法协会主席、菏泽地区书法协会理事，为定陶县第三届、第四届政协委员。他的20余幅书法作品在省级报刊上发表。

程子久（1921.05—2005） 曾用名程广河，男，汉族，定陶县马集镇大刘楼村人，1921年5月出生。1945年4月参加八路军，在冀鲁豫军区第五军分区教导第7旅21团（后改为12团）任战士，后任文书、干事、连长、参谋、股长、处长等职。参加解放鱼台、丰县、沛县、成武、单县等战斗，负伤一次。1945年9月奉命随部队调往东北，先后编入东北民主联军第八纵队、东北野战军第八纵队，1948年11月编入47军101师421团，参加辽沈战役、平津战役。1949年随军南下，参加宜（昌）当（阳）战役，进军大西南，解放重庆等战役战事。新中国成立后，由四川返回湘西剿匪。1951年参加中国人民志愿军赴朝援战，先后参加第三、四、五次战役，立二等功1次，获朝鲜国际红旗勋章1枚。1954年回国，1957年，被授予解放勋章、三级独立勋章。1960年调54军司令部工作。1968年6月在人民大会堂受到毛泽东主席接见。后赴湖南省任湖南省革命委员会办事组副组长、党的核心小组副组长。1973年，任湖南省军区后勤部副部长。1983年按正师职离休。1988年被授予独立功勋荣誉章。2005年去世。

范尚贵（1945.12—2006.03） 男，汉族，菏泽市牡丹区都司镇人，1945年12月出生。1968年毕业于山东农学院，在军队农场锻炼2年。1970年分配到成武县工作，先后任农业技术员，公社党委秘书、党委副书记、书记。1983年任中共成武县委委员、成武县人民政府副县长。1986年5月任中共成武县委常委、宣传部部长。1989年8月任曹县人民政府副县长、党组成员。1993年1月调任中共定陶县委常委，定陶县人民政府副县长、党组副书记。1995年1月任中共定陶县委副书记。1998年任政协定陶县委员会主席、党组书记。2003年1月退居二线。2006年3月病逝。

阎永让（1923.03—2006.04） 男，汉族，定陶县黄店镇阎楼村人，1923年3月出生。曾在定陶县任小学教员。1939年6月入伍。1941年2月加入中国共产党。入伍后曾任八路军冀鲁豫支队第二大队民运工作员、测绘员，新四军第3师第8旅23团见习参谋，3营9连、11连党支部书记，山东滨海军区五团情报站站长、党支部书记、队列参谋，东北民主联军第一纵队第2师5团作战参谋、营长。1948年11月起先后任东北野战军38军113师338团代参谋长、参谋长。1950年4月任第113师337团副团长，同年7月任第四野战军司令部教育科参谋。1951年2月任第四野战军司令部训练处计划科副科长，同年入武汉高级步校高干班学习。结业后入朝（鲜）实习，曾任某军司令部军训处训练科科长、战术训练科科长、军校科科长。1961年11月任广州军区某军副师长兼参谋长。1964年6月任陆军42军司令部副参谋长。1965年11月任陆军55军司令部副参谋长、军党委常委。1967年5月任柳州铁路军事管制委员会主任。1968年6月任55军144师师长、党委书记，同年8月兼任柳州铁路局革命委员会主任，10月任55军副军长。1970年1月任第二炮兵司令部副参谋长、党委副书记。1983年6月至1985年10月任第二炮兵司令部正军职顾问。1987年4月离休。2006年4月在北京去世。

周景收（1989.07—2009.06） 男，汉族，定陶县冉堌镇冉堌村人。1989年7月出生。2007年12月入伍，为武警辽宁总队第一支队五中队战士。2008年被评为“优秀士兵”。2009年6月26日下午，正在训练的周景收和战友为救在化粪池遇险的锦州市大薛乡十五里村村民献出了年轻的生命，时年20岁。同年29日，武警辽宁省总队党委批准周景收为烈士，追认其为中国共产党正式党员，追记一等功。

刘来玉（1922.02—2009.06） 男，汉族，定陶县张湾镇湾子张行政村何刘村人，1922年2月出生。1938年12月参加八路军，在冀鲁豫支队二大队任战士。1939年6月加入中国共产党。后任班长、排长、连政治指导员。1942年在抗日军政大学河南林县分校毕业。在解放战争期间，曾任晋冀鲁豫野战军某部副政治教导员、政治教导员，第二野战军第17军军政干校大队副政治委员，西南军区情报总站政治委员。先后参加淮海战役、渡江战役，进军大西南等。1950年任西南军区空军某团政治委员。1955年任武汉军区空军司令部军务处处长，后任司令部办公室主任。1959年入空军学校高级系学习，1961年毕业后任郑州空军基地主任。1967年11月任河南省开封军分区司令员。“文化大革命”期间，曾任河南省信阳“五•七”干校革命委员会副主任。1978年复任开封军分区司令员。1981年5月调任河南省军区司令部顾问。1982年1月经中央军委批准按副军职离休。2009年6月去世。

吕克明（1921.04—2009.08）　又名吕鸿伦，男，汉族，定陶县张湾镇吕沟村人，1921年4月出生。1938年冬参加东明县抗日军政干部训练班。1939年5月加入中国共产党。1940年3月调曹县桃源区任公安助理员。1942年1月起先后任东明、考城县公安局股长。1945年10月任东明县公安局副局长，后任局长。1949年3月起先后任冀鲁豫行署公安处、平原省公安厅预审科科员。1950年2月任濮阳县公安局局长。1953年2月起先后任濮阳、安阳专署公安处副处长，安阳、新乡地区中级人民法院院长。1960年5月起先后任新乡、安阳专署副专员。1968年5月任安阳地区革命委员会生产指挥组副组长。1970年10月兼三线五三一工程民兵师师长、政治委员。1973年8月任安阳地区革命委员会生产指挥部副指挥长。1975年11月任安阳地区革命委员会农林水办公室副主任。1976年10月任中共安阳地委常委。1978年12月任中共安阳地委副书记，1979年11月兼任安阳专署副专员、党组副书记。1983年10月任濮阳市人民代表大会筹委会主任。1984年4月任濮阳市第一届人民代表大会常务委员会主任、党组书记。曾先后当选河南省第六、七届人民代表大会代表，中共濮阳市第一、二、三次代表大会代表，濮阳市第一、二、三届人民代表大会代表。1990年离休后仍担任中共濮阳市委党史工作委员会名誉主任，濮阳市老龄工作委员会主任、市老年体育协会主席。1998年带头捐款2万元修建定陶县吕沟村“抗日模范村纪念碑”。2009年8月去世。

魏心一（1918.01—2010.01）　曾用名魏心义，男，定陶县天中街道西城社区人，1918年出生。1932年考入山东省立第六（菏泽）中学初中部，毕业后考入菏泽第五师范学校。1936年9月加入中华民族解放先锋队。1937年9月参加河南大学生战时服务团（后改为战教团）。1938年2月加入中国共产党。后在河南商城立煌工作，历任中共县委委员、书记、中心县委书记。1940年5月到苏北解放区工作，历任区长、县长，中共县委书记，中共地委委员、地委社会部部长。1948年5月随军到安徽工作，任江淮一专署专员。1949年，解放军渡江后，先后任安徽省中共六安地委副书记、书记。1954年任中共安徽省委委员、宣传部副部长、文教部部长。1958年被错划为右派，1962年4月平反，恢复党籍和原职务。“文化大革命”初期被错误批斗。1969年年底任滁州地区革命委员会主任。1970年任安徽工业大学革命委员会主任，该校改为安徽师范大学后任校长、党委书记。1976年任中共安徽省委大学科学部部长，不久调任中共徽州地委书记。1978年当选安徽省人民政府副省长、全国第五届人民代表大会代表。1982年任安徽省人民代表大会常务委员会副主任。1990年离休后，曾担任中华职业教育社顾问、中国陶行知研究会副会长、安徽省陶行知教育思想研究会会长、《汉语大词典》工作委员会副主任、安徽省古籍整理出版工作委员会主任、徽州师范名誉校长等社会职务。2010年1月逝世。

张广学（1921.01—2010.02）　男，回族，定陶县天中街道南城社区人，1921年1月31日出生。曾就读于山东省立第六（菏泽）中学。1946年，毕业于重庆中央大学农学系。1951年，调中国科学院动物研究所。1979年任副研究员，1983年，任研究员。1986年开始，担任博士生导师。1991年，当选为中国科学院院士（学部委员）。曾任《昆虫学报》《昆虫知识》副主编，《动物学集刊》主编，中国植物保护学会副理事长，中国昆虫学会理事长、名誉理事长，国家科委发明评选委员会审查员，中国科学院动物研究所学术委员会主任。世界著名的昆虫学家和作物病虫害防治专家。2010年2月24日病逝。

张广学主要从事棉虫防治、蚜虫系统学等方面的研究。系统研究蚜虫学，将中国蚜虫记录从148种推进到1000余种，占世界总数的四分之一。率先利用数值分类、细胞分类和胚胎特征进行蚜虫分类，利用系统演化理论支序分类学方法突破蚜虫11科分类系统，建立13科系统。最早发现和利用胚胎和胚后毛序演化模式，研究世界斑蚜科属间的系统演化，创立四亚科分类系统。首次证明植物界的科级、属级分别与蚜虫的属级、种级平行演化。对国际权威Mordvilko的蚜虫生活周期的演化理论提出重要修订，其论文被美国Prof. R. K. Campbell等收入《蚜虫及其寄主植物的关系》一书中。提出杂草蚜虫演化为作物害虫进而演化为世界性危险害虫生物型的重要事实和论断，引起国际学术界的关注。1983年出版的著作《中国经济昆虫志同翅目：蚜虫类》被国际同行推荐为东亚蚜虫鉴定的重要用书。

长期的科研工作中，张广学坚持理论联系实际，注重研究成果在实践中的运用。利用生态自然调控机制在辽宁省树立万亩棉田自控棉蚜的样板，受到植保界的重视，部级鉴定属国际先进水平。最早提出以基地非耕种指数、生态自然调控机制和生物多样性作为评选马铃薯无病毒原种基地的首要条件，并提出综合防治蚜虫传病毒方法，改进国际先进技术，使马铃薯产量增长50%，部级鉴定为国际先进水平。当归优质丰产栽培技术首次确定了中药材当归“麻口病”的病因，研制的当归种苗包衣剂防治“麻口病”效果达98%，创造了筒式栽培法和一整套优质丰产综合栽培技术，解决了当归人工栽培中的三大难题，使特等、一等当归单位生成率由原来的5%提高到57%，使上千户农民走上脱贫致富之路，并对当归种苗包衣剂不断改进制成“根保”，在小麦和玉米上实验成功，在华北、西北和东北等地推广，使小麦增产达15%～30%。“当归优质丰产技术及种苗包衣剂”这一研究成果，1989年，获首届北京国际博览会金奖和第四届全国发明展览会金奖。主要论著有《棉蚜及其预测预报》（1956，合著）、《棉花害虫的综合治理》（1982）、《中国经济昆虫志》（第25册，同翅目：蚜虫类，1983）、《当归》（1989）等。曾获全国科技大会重大成果奖1次，国家科技成果三等奖2次，中国科学院科技进步一等奖5次，其他部级奖项10次，被授予“国家级有突出贡献的科技专家”称号。1989年，被评为全国先进工作者。1996年，获得香港求是科学基金会颁发的“求是奖”。张广学曾用自己的薪金在沈阳师范大学附属学校设立“张广学院士奖学金”。

程玉峰（1940.01—2010.05） 男，汉族，定陶县仿山镇顺河集村人，1940年1月出生。1962年考入山东师范学院政治教育系，毕业留校一年，1967年10月分配到曹县第四中学任教。1971年10月调定陶县教师进修学校任教，后任教导处副主任。1976年9月调中共定陶县委宣传部，先后任理论教员、理教科长。1984年4月任定陶县教育局党组书记、局长。1985年10月任中共定陶县委副书记。1993年3月任定陶县人民代表大会常务委员会党组书记、主任。1998年3月任中共定陶县委调研员。2010年5月去世。

苑宪章（1932.02—2011.05） 男，汉族，定陶县陈集镇苑庄村人，1932年2月出生。1957年参加工作。1959年加入中国共产党。历任大队党支部书记、农场场长。陈集国华贸易公司党总支副书记、总经理，1993年至1998年任山东国华实业（集团）总公司党总支书记、董事长。1996年当选为县人大副主任，后为县人大常委会巡视员。系第七届、八届全国人大代表。曾被授予“山东省优秀农民企业家”“全国成人教育先进工作者”“全国乡镇企业家”“山东省级技术拔尖人才”“中国农业博览会功臣”“全国劳动模范”等称号。2011年5月去世。

庄静亭（1923.05—2012.02）　男，汉族，山东省梁山县拳铺乡人，1923年5月出生。1944年9月参加工作，曾任南旺县第一区抗日联合会工作员，中共南旺县第一区委组织干事、组织委员，中共南旺县委组织部干事。1951年2月起，先后任中共南旺县委组织部副部长、部长。1953年，南旺县撤销，调任梁山县人民政府副县长。1954年11月任中共菏泽地委审干办公室副主任。1958年至1960年2月，先后任中共菏泽地委、济宁地委组织部干部科科长。1960年6月任中共郓城县委副书记。1975年12月任中共成武县委副书记。1980年9月任定陶县人民代表大会常务委员会副主任。1983年1月任政协定陶县委员会主席、党组书记。1986年2月离休。离休后，曾担任定陶县第一届书画协会主席、定陶县老年书画协会理事，领导组织举办书画作品展10余次，促进了定陶书画水平的提高。是体育活动的爱好者，连续10年蝉联县老年乒乓球赛单打冠军。2012年2月去世。

何　舟（1918—2012.12）　曾用名何兰润，男，汉族，定陶县杜堂镇何庄村人，1918年出生。1936年师范学校毕业后任本乡小学教员。抗日战争开始后学校停办，回家务农。1938年春，参加冀鲁豫边区自卫军第一路军政训队，后在一次战斗中与部队失去联系返乡。1939年春，加入中华民族解放先锋队。同年8月，加入中国共产党，在菏（泽）定（陶）曹（县）三县办事处工作。1940年8月，参加冀鲁豫军区鲁西南军分区独立团，先后任文化干事、连政治指导员、团组织干事。1942年8月，任定（陶）曹（县）抗日游击大队政委。1944年3月，任定陶县基干大队副政委。1945年6月，任定陶县基干团政治处主任；10月，任冀鲁豫军区第五军分区14团政治处主任。1947年8月，任冀鲁豫军区第五军分区13团副政委。1949年4月任第二野战军五兵团17军侦察营政委；9月，任17军51师153团政委。1952年2月，任贵州军区都匀军分区副政委。同年8月，赴越南任援越抗法军事顾问团助理顾问。1955年11月，回国后在北京解放军政治学院学习。1957年6月，任南京军事学院政治处副主任，军衔处处长，干部部副部长、部长。1970年2月，任武汉军区后勤部副政委（行政10级，副军职），1981年离休。2012年12月去世。

李学军（1951.10—2013.02）　男，汉族，1951年10月出生，定陶县陈集镇歪李庄村人。中共党员，大专学历。1969年8月至1972年7月在定陶县保宁公社朱庄学校任民办教师。1972年7月至1973年9月任定陶县保宁公社教育组干事。1973年9月至1975年8月在定陶县广播站工作。1975年8月至1976年12月在定陶县保宁公社担任秘书。1976年12月至1980年10月在定陶县计委工作。1980年10月至1982年5月在定陶县经委办公室工作。1982年5月至1983年1月在定陶县政府办公室工作。1983年1月至1984年12月任定陶县毛巾厂副厂长。1984年12月至1985年1月在菏泽地区经委工作。1985年1月至1989年6月任菏泽地区经委副科级秘书、经委办公室副主任、主任。1989年6月至1990年1月任菏泽行署办公室科级秘书。1990年1月至1993年12月任菏泽行署综合室副主任。1993年12月至1995年1月任菏泽行署办公室党组成员、综合室副主任。1994年3月至1994年12月挂职巨野县委副书记。1993年9月至1996年7月在山东行政学院行政管理专业业余学习。1995年1月至1997年12月任单县县委副书记。1997年12月至2001年3月任单县县委副书记、县长。2001年3月至2003年6月任菏泽市发展计划委员会主任、党组书记。2003年6月至2005年1月任市长助理、市发展计划委员会主任、党组书记。2005年1至4月任菏泽市政协副主席、市长助理、市发展和改革委员会主任、党组书记。2005年4月任菏泽市政协副主席、党组成员、提案委主任，市发展和改革委员会主任、党组书记。2013年2月去世。

第二章　人物简介

程玉琢　字琏如，男，汉族，定陶县黄店镇程庄村人，1911年2月出生。1922年入定陶县第一小学读书，1927年考入山东省立第六（菏泽）中学，1932年考入天津工业学院，1933年考入北平辅仁大学。抗日战争爆发后随校南迁，曾借读于长沙西南联合大学。1938年考入长沙军医大学，毕业后留校任教。1945年随校到上海，与国民党卫生干部训练所合并为国防医学院，任国防医学院少校副教官（副教授）。1948年国防医学院迁台湾，遂转入国民党海军第一医院任中校内科主任。1949年在上海起义，参加中国人民解放军，被编入海军上海医院（即现在的海军411医院）任内科主任，同时兼任华东海军后勤部医生训练队教员，后担任高干保健工作，兼小儿科主任、X光科主任。1955年被授予大尉军衔，同年晋升为中校军衔，并被授予主任军医职称。1983年按正师职离休。

许柏亮　男，汉族，定陶县天中街道人，1916年2月出生。1934年考入济南省立高级中学，后转学到省立第六（菏泽）中学高中部读书。抗日战争爆发后，随校南迁。其间参加了进步学生组织的“读书会”，宣传抗日救国思想。1938年初赴陕北公学分校学习，同年12月加入中国共产党。1939年5月结业分配到鲁西军区汶上县动员委员会工作，同年9月调入鲁西军区教导大队（后改名为冀鲁豫军区军政干校），先后任政治教员、队政治指导员、教育股副股长、宣传股股长、大队主任教员。1944年春入中共中央平原分局党校学习。1945年5月结业后，任冀鲁豫军区随营学校政治教员，同年11月调任晋冀鲁豫野战军第七纵队十九旅政治部宣传科科长。1947年冬调任冀鲁豫建国学院中学部副主任。1948年春入中共中央华北局党校学习，同年秋任中央直属机关医院政治协理员。1949年4月随中央机关进京后，任军委卫生部机关和军委办公厅卫生处政治协理员。1956年4月任中国人民解放军政治学院（后改名为国防大学）党史教研室教员。1957年6月获国防部颁发的三级解放勋章。1961年参加《中国共产党历史讲座》的编写工作。1981年按正师职教员离休。1981年获国务院颁发的老干部离休荣誉证书。1985年9月获从事国防教育20年荣誉证书和从事国防教育30年奖章。1988年7月获独立功勋荣誉章。

游文斋　男，汉族，定陶县仿山镇游集村人，1916年出生。山东省立第五师范学校（后师）毕业后在高小任教2年。1937年“七七”事变后，积极参加抗日活动。1939年3月加入中国共产党，6月参加党员训练班。结业后，任中共定陶特别支部宣传委员，先后发展几十名党员。1940年夏任中共定陶特支书记。1945年抗日战争胜利后，受党组织派遣做定陶伪顽县长王子杰的工作，为消灭王子杰立下功劳，受到中共鲁西南地委的通令表扬和奖励。1945年任定陶县民主政府教育科科长，后兼任定陶师范教导主任。1946年8月定陶师范学校并入冀鲁豫边区第三中学后，任三中副教导主任。1947年春任中共定陶县委宣传部副部长。1948年任曹县师范学校教导主任。中华人民共和国成立后，任菏泽专区工农干部学校校长。1953年春任菏泽专署教育科副科长，后任文化科副科长。离休后享受地厅级待遇。

史培力　原名史林先，女，汉族，定陶县天中街道人，1917年6月出生。1930年考入山东省立第六中学，后入山东第五女子师范学校学习，

1937年毕业。抗日战争爆发后，先后在曹县、单县、成武、阳谷、临沂等地参加抗日活动。1939年8月加入中国共产党，同年底任沂水县第五区妇女救国会会长。1940年先后任沂水、沂中等县妇女联合会宣传部部长。1941年秋在中共鲁中区第二地委妇女联合会工作。1942年任沂中县妇女联合会主任。1945年9月赴东北工作，曾在黑龙江省绥棱县、辽宁省大虎山县任中共区委书记，后任大虎山县妇女联合会主任，辽东省妇女联合会委员，参加了中共辽东省第一次代表大会。中华人民共和国成立后，历任东北第一铅锌厂党总支副书记，中共辽宁省安东市委常委、工业部部长，化工部第五橡胶厂党总支第一书记，建筑工程部机械管理局干部处副处长、处长，建筑工程部陕西省金属结构厂党委副书记，陕西省基本建设委员会后勤组核心小组成员，陕西省建材工业局党的核心小组、行政领导小组成员，陕西省建材工业局党组成员。1982年8月离休。

李继红 男，汉族，定陶县人，1918年出生，初中文化。1945年1月参加八路军，在部队历任战士、班长、排长、连政治指导员。1948年7月加入中国共产党。1949年11月随部队解放贵州省后，任营副参谋长。1951年2月转业到贵州省，任中共榕江县第二区委书记。1952年7月任中共榕江县委组织部部长，1955年任中共榕江县委副书记。1957年后调任黔东南自治州畜牧局副局长。1962年任中共岑巩县委副书记。1972年7月任黔东南自治州农业局党组副书记、副局长。1983年10月离休，享受副厅级政治生活待遇。

明德修 男，汉族，定陶县仿山镇明庄村人，1921年2月出生。1941年8月起在冀鲁豫军区第五军分区游击队先后任战士、班长、排长。1943年加入中国共产党。1944年9月任第五军分区14团副连长。1946年2月入晋冀鲁豫军区军政大学分校学习。1947年3月任冀鲁豫军区警卫团连长。1949年10月任第17军某部副营长。1950年2月任第17军军政大学中队长。1951年11月任第17军第12速成中学大队长。1953年4月任贵州军区训练团副参谋长。1955年6月任贵州省军区毕节军分区司令部作训科科长。1966年5月任贵州农学院党委组织部负责人。1971年2月任贵州农学院副院长。1983年12月离休，享受正厅级待遇。曾立二等功2次，三等功2次。

刘里人 原名刘来崇，男，汉族，定陶县滨河街道堌堆刘村人，1921年出生。1946年7月参加工作，任定陶县大队宣传干事，后在冀鲁豫建国学院研究班学习。1947年1月参加人民解放军，1948年10月加入中国共产党。先后任冀鲁豫军区《战友报》见习编辑、晋冀鲁豫军区第十一纵队《前卫报》编辑，曾随军参加冀鲁豫边区多次战斗和睢杞、淮海等战役。1949年11月随部队进驻贵州，1950年到贵州省军区《连队生活》报社工作。1952年后从事军队文教和理论工作。1960年任昆明军区《国防战士》报社编辑、副总编。1974年任昆明军区政治部群工部副部长。1978年任《国防战士》报社社长（师级）。1981年任昆明军区师以上干部军政训练班政委。1983年6月离休。

杜书润 男，汉族，菏泽市牡丹区大黄集镇大杨湖村人，1921年12月生。1938年春加入中国民族解放先锋队，6月加入中国共产党。在抗日战争、解放战争和新中国成立后经济恢复时期，先后在菏泽县王浩屯区委、长明区委、李集区委、曹东县委、考城县委、菏泽县委和城防司令部、定陶县委、鲁西南地委组织部、专员公署等单位，任区委书记、县委组织部部长、县委书记兼政治委员等职。1953年3月调电力部门工作，先后担任华北电力基建工程局、北京电力设计院、华北电业管理局局长、院长、党委书记、电力企业管理协会会长等职。1965年至1972年，任电力建设总局副局长兼西南电建局局长。1973年至1978年，任唐山陡河电站工程指挥部总指挥，亲自指挥国家重点工程陡河发电厂的建设。任水电部华北电业管理局局长、代书记。1990年离休。

董效民 原名董秀兰，化名东门草，男，汉族，定陶县张湾镇人。1924年出生。1939年加入中国共产党，曾在本村交通站、八路军冀鲁豫支队第五大队青训队工作。后随中共菏泽（西南）县委主要领导在万家、沙山寺村一带从事抗日宣传和党的地下活动。1942年起先后任菏泽县更生区财政助理员和县财粮科粮秣员，1945年任菏泽县青丘区财政助理员。1948年先后任菏泽县青丘区副区长、离明区区长。1949年3月南下，5月任赣东北区广丰县五都区区长。新中国成立后，曾任贵州省道真县公安局局长兼县政府秘书。1950年起先后任中共绥阳县洋川区委书记，第六区委书记、区长，绥阳县供销合作社主任，中共绥阳县委组织部部长、副书记，绥阳县人民政府县长。1955年任中共桐梓县委第一书记。1961年调任中共遵义地委党校委员会副书记、副校长。1963年任遵义专区农业办公室副主任、党组副书记，后任遵义地区革命委员会生产业务组副组长、农业生产办公室副主任，遵义地区农业生产办公室主任、党组书记。1984年以正厅级待遇离休。

吕明进　男，汉族，定陶县张湾镇吕沟村人，1924年出生。1938年参加工作，先后在鲁西南独立团、冀鲁豫五分区14团任战士、班长、排长、连长、营长、团长，后转业到南京造币厂任党委书记，行政14级。先后参加过抗日战争、解放战争，为中华人民共和国的建立立下战功。到地方工作后，始终保持着部队的工作作风和光荣传统，带领造币厂干部职工圆满完成上级下达的造币任务，受到上级的表扬。1983年离休。1998年捐款修建吕沟村“抗日模范村纪念碑”。

王芳岐　男，汉族，定陶县人，1924年9月出生，初中文化。1942年参加工作。曾任冀鲁豫军区第五军分区20团战士、班长、排长、副连长、连长。1949年2月任第二野战军第五兵团第16军138团副营长。1949年11月开始先后任贵州省三穗县人民政府武装科科长、三穗县大队大队长。1952年1月开始先后任中共重庆市沙坪坝区委组织科科长，中共重庆市沙坪坝区委组织部副部长、部长，重庆市沙坪坝区副区长，中共沙坪坝区委常委，沙坪坝区人民政府顾问。1987年离休，享受正厅级待遇。

刘俊一　男，汉族，定陶县天中街道刘楼村人，1924年出生。1944年考入东北大学历史系，1948年毕业后在杭州中学任教。1949年参加革命，任《上海警总报社》记者。1956年考入东北师范大学汉语研究生班，1958年毕业分配到曲阜师范学院中文系任讲师，1976年晋升为副教授。1983年调青岛教育学院任中文系副教授，1987年晋升为教授。系中国语言学会会员，山东省语言学会常务理事，青岛市语言学会理事长，1992年开始享受国务院特殊津贴。代表著作有《青岛人怎么学说普通话》（1987年）、《山东省志方言志》（1995年）。自1975年至1994年，参加国家重点科研项目《汉语大词典》的编纂工作。负责该书的审音、定音、音义配合、分立字头等专项工作，兼任第三卷主编。该卷获山东省社会科学优秀成果一等奖。1994年5月出席《汉语大词典》庆功大会，受到江泽民、李鹏等党和国家领导人接见，被评为青岛教育名家。1995年离休后，参与《汉语大词典简编》的编写工作。

张俊玉　又名张七政，男，汉族，定陶县人，1925年3月出生，初中文化。1941年9月参加工作。1945年8月加入中国共产党。曾任曹县农会工作员，东垣县工商局干事、县银行出纳，冀鲁豫区第五专署财务科干事、冀鲁豫银行第五办事处业务员。1949年3月随军南下，5月任赣东北区上饶县人民银行出纳。1949年11月起先后任贵州省遵义专区人民银行副股长，赤水县人民银行行长，赤水县工商科科长，赤水县手工业联社主任，赤水县人民委员会副县长、县长，贵州省公安厅铁路支队副支队长，中共贵州省委组织部巡视员，水电部第八工程局大坝支队革命委员会副主任、党委副书记，建设银行遵义地区中心支行行长、顾问。1984年7月离休，享受副厅级待遇。

郜效亭　男，汉族，定陶县滨河街道郜庄村人，1925年12月出生。1943年参加工作，1945年7月加入中国共产党。1946年任冀鲁豫军区第五军分区14团2营6连排长。1948年开始，先后任冀鲁豫军区独立第3旅8团2营1连副政治指导员、政治指导员。1949年任第二野战军第17军第51师152团2营副政治教导员。1952年调任贵州省公安八师教导大队营职政治指导员，后任贵州省公安总队轮训队政治指导员、省公安大队副政治教导员。1955年8月入解放军湖北汉口高级步兵学校学习。1957年12月毕业后历任贵州省军区公安团2营副政治教导员，贵州省公安总队直属二大队政委、二支队副政委、二团副政委，贵州省遵义地区公安支队政委，贵州省军区桐梓县人民武装部政委，贵州省遵义军分区政治部主任、遵义民兵师政委等职。1979年离休。1988年，中央军委授予其独立功勋荣誉章。

冯保田　男，汉族，曹县人，1925年出生。1942年10月参加革命。1943年10月任定陶县工商局会计。1945年3月加入中国共产党，曾任定陶县工商局股长、银行副经理。1949年3月随军南下，5月先后任横峰县、河口市、铅山县银行副经理、工商局副局长，10月以后，先后任贵州省湄潭县银行经理、工商科长、贸易公司经理、区委书记。1951年12月后先后任贵州省人民银行副科长、主任、科长。1953年11月任贵州省人民银行党组成员、省银行干校校长。1958年1月后先后任贵州省财经学院处长、党委委员。1961年9月入中央党校学习。1965年9月任贵州省省财干校政治部主任。1971年1月任贵州省财政厅副厅长、党组副书记。1980年6月任贵州省经贸厅副厅长、党组副书记。1986年任贵州省贸易促进会副会长。1994年离休，享受正厅级待遇。

乔方志　男，汉族，定陶县仿山镇乔楼村人，1925年出生。1939年7月参加工作，在中共鲁西南地委工作团警卫连当战士，后任地委组织部部长警卫员、地委交通科交通员。1943年调冀鲁豫军区侦察通信队当通信班长，带领全班多次出色完成任务，被评为模范班。1946年调任电话队副政治指导员，后任政治指导员。1947年8月任晋冀鲁豫野战军第11纵队教导团政治队分队长，被上级评为模范分队长。渡江战役时，任第17军政治部警卫连政治指导员。到达贵州后，任第17军司令部直属某武工队政治委员。1952年任贵州省安顺县人民武装部部长。后任安顺军分区副参谋长，分管的军分区动员科由于工作成绩突出，曾受到昆明军区的表彰。云南、贵州两省先后两次在安顺军分区召开民兵工作现场会，学习推广其经验。1964年任安顺军分区参谋长，1969年任军分区副司令员，1979年任军分区司令员。1983年离休。

卢　洪　男，汉族，山东省莒县寨里河乡门庄沟村人，1926年10月出生。1940年参加革命，1943年5月加入中国共产党。先后任本村青年救国会会长，莒县陵阳区各界救国会干事，滨海中学群工队分队长，中共胶南县区委组织委员、区委副书记。参加了百马关阻击战，两次立二等功。后先后任中共胶南县委青委书记，共青团胶南县委书记，共青团胶州地委委员、组织部部长，中共胶州地委青委副书记，共青团胶州地委书记、共青团山东省委委员。1955年11月任中共定陶县委第一书记兼定陶县人民武装部政治委员、党委书记。1958年10月任中共成武县委第一书记兼成武县人民武装部政治委员、党委书记，1961年6月任中共菏泽地委委员。1961年12月复任中共定陶县委第一书记兼定陶县人民武装部政治委员、党委书记。在定陶工作期间，领导的裴河洼改工程经验在全省推广，1964年11月29日《人民日报》以《我们找到了改造涝洼地的门路》为题作了专门报道，全国各地前来参观学习。重视植树造林，全县基本实现林网化，《大众日报》以《县委书记心中有树》为题进行宣传报道。1965年1月起先后任中共金乡县委第一书记，中共济宁地委副书记，山东省农业科学院革命委员会主任、党组书记、山东省革命委员会委员，中共德州地委书记、德州军分区政治委员、中共山东省委委员。1973年6月当选为中共第十次全国代表大会代表。1983年2月任山东省人民政府副省长、党组成员，任引黄济青工程总指挥。1986年5月任山东省人民代表大会常务委员会副主任、党组副书记。1993年4月任中共山东省委农村工作领导小组顾问。

王庆煌　男，汉族，山东省海阳县高家镇人，1926年出生。先后就读于高家镇完全小学、海阳师范学校。1943年在海阳师范学校加入中国共产党，组织学生书写抗日保国的宣传标语，搞演讲会，产生了积极的影响。1944年4月起先后任中共海阳县委组织部干事、第三区委第一副书记、第一区委书记，县委宣传部部长、县委副书记。1953年3月任中共福山县委副书记。1954年5月起先后任中共昆嵛县委、文登县委第二书记、书记。1965年6月调任中共定陶县委书记兼定陶县人民武装部党委书记、政治委员。1971年8月任中共成武县委副书记。1973年7月任中共梁山县委书记，1975年7月兼任梁山县革命委员会主任。1977年3月任菏泽地区革命委员会工业交通办公室党委书记、主任。1978年1月任菏泽地区贫下中农协会党组书记、主任。1979年8月任中共菏泽地委党校校长。1981年4月调任中共烟台地委党校校长、党委书记。1991年2月离休。

刘绍飞　男，汉族，定陶县冉堌镇阎庄村人，1927年2月出生。1942年11月参加工作，同时进入抗日高小学习，在校先后担任分队长、副大队长等职。1945年初入冀鲁豫军区第五军分区宣传队，正式参加八路军。先后参加定陶、曹县、东明、兰考、民权等地的对日作战。1945年10月任晋冀鲁豫野战军第一纵队第三旅政治部宣传科政治工作员。同年底到达热河省，在热东、辽西地区抗击国民党军并建立根据地。1946年8月参加保卫张家口战役。1949年2月任第二野战军第17军145团特务连政治指导员。在渡江战役中立三等功。1949年11月初进军大西南，年底进驻贵南地区，开始2年多的剿匪战斗。中华人民共和国成立后，曾任团政治处秘书、营副政治教导员，第49师直属政治处宣传股长，重庆市西南军区第一文化速成中学4队政治协理员、高级干部4队政治指导员，凉山军分区独立6团政治处主任、副政治委员。1969年4月部队调往成都市担任警备任务，同年10月任警备团政治委员。1976年后，奉调前往第四机械工业部设在成都的红光电子管厂任厂党委副书记兼政治部主任。1982年任邮电部成都电缆厂党委书记（正厅级），从美国引进全国邮电系统第一条市话生产线，每年生产市话电缆150万对公里，创收近亿元，为国家通信事业的发展作出贡献。1988年底离休。

刘　奇　男，汉族，定陶县南王店镇程庄村人，1928年1月出生。1946年2月加入中国共产党。1944年5月入冀鲁豫边区第三中学学习，1945年8月入伍，在冀鲁豫军区第十军分区（鲁西南军分区）教导队学习。同年11月调东北联军（后改为东北野战军，第四野战军），历任连队文化教员、团部文书、见习参谋、侦察参谋、侦察股股长、团干部处副处长，后任中南军区干部部任免处人事科科员，南京军事学院情报系学员，师司令部侦察科科长，总参谋部气象局参谋、处长、办公室主任（正师职）等，1955年授予大尉军衔，1957年被授予中华人民共和国三级解放勋章，1960年晋升少校军衔，1964年晋升中校军衔。曾参加过辽沈、平津、渡江等重大战役。1986年4月离休。1988年被中央军委授予独立功勋荣誉章。

杨正民　男，汉族，定陶县滨河街道后杨楼村人，1928年4月出生。巴西国立中央巴西利亚大学终身教授，美国波士顿哈佛大学、麻省理工学院和纽约洛克菲勒大学生物电子学客座教授。世界著名华人教授，爱国华侨，巴西华侨界领导人之一，菏泽同乡在台湾联谊会副会长。13岁考入定陶中学，14岁步行到皖北阜阳国民党统治区，考入国立第一战时中学，随校辗转河南、陕西等地，后考入成都国民政府空军通讯学校，1949年毕业后到台湾屏东通讯器材厂工作。1952年赴美国凯斯勒电子中心专攻空用电子工程学，回台到私立淡江大学学习数学。1965年移居巴西，在巴拉伊拉大学研究院攻读生物电子学，1967年再度赴美在维斯康辛大学研究院从事生物、电子工程学研究，成为闻名中外的电子学专家。1972年应聘到巴西国立巴西利亚大学电机系，讲授医疗仪器电子线路工程，连续28次（每年一次）被选举为学生最爱戴的老师—模范教授。任教近30年后回台，任长庚大学讲座顾问教授。居海外50余载，对祖国深情始终不渝。先后用中文写成《大地儿女》和《值得深思》2本书，在海外引起轰动。当选两岸“海外华人名人”，被美国传记学院选为“国际精英”，获英国“康桥传记中心”二十世纪成就奖，获淡江大学象征校友最高荣誉的第十七届“淡江菁英”金鹰奖。

其夫人刘佩兰，巨野县人，医学博士，精通多国语言，热爱祖国，热爱教育，是巴西乃至世界华人中的女杰。夫妻俩不仅事业有成，且教子有方。其4个子女均为双博士（一家人连同两个女婿共12个博士学位），均系著名医生或教授。为实现夫人愿望，发展祖国医药事业，杨正民资助鲁西南等地贫困医学生完成学业，自2002年起在山东大学医学院设立“刘佩兰奖学金”，并嘱其过世后，将由4个子女继续资助。

贾建华 男，汉族，定陶县人，1928年10月出生。1942年2月参加工作，在鲁西南专署宣传队任队员，同年7月被专署教育科保送到抗属子弟小学学习。1945年1月考入冀鲁豫边区第三中学，担任区队长、冀鲁豫学联鲁西南分会秘书长，同年8月加入中国共产党。1946年3月任定陶师范学校二级教导干事，参加了陇海战役战勤工作。1947年3月调到冀鲁豫行署公安局，先后任文印、收发职员，文书股股长。其间，帮助群众秋收的事迹被《冀鲁豫日报》作了报道。1948年3月任冀鲁豫行署公安局保卫干部培训班组教干事。1949年10月起任平原省公安厅干部科科员、组教科副科长。1952年6月任平原省公安厅政治部秘书（正科级）。同年12月调公安部政治部任干部科副科长。1954年2月作为最高人民检察院赴东北工作团团员，参加审判日本战争罪犯工作1年。1955年12月任公安部政治部干部二处副处长。1957年9月任国家地震局地震仪器厂党委书记。1980年3月任公安部第七局政治处主任。1983年改为武警部队建制，任国家消防局政治处主任、警务处处长，均为正师职，分管全国消防部队的政治工作和部队管理工作。1988年7月离休。曾获独立功勋荣誉奖章1枚。

董兴众 男，汉族，定陶县冉堌镇董庄村人，1929年2月出生。1944年1月在曹县第三区任通信员，1945年1月起先后在曹县东南抗日中学、冀鲁豫军区第五军分区军政干校学习。1946年1月任复程县第三区队文化干事，同年6月任复程县大队四连副政治指导员。1947年5月入冀鲁豫军区军政干校学习，同年12月分配到冀鲁豫军区炮兵营任副政治指导员。1949年2月任第二野战军第5兵团第17军炮兵营战防连副政治指导员，同年4月到5兵团后勤兵站复员2大队3中队任政治协理员，随军渡江南下到赣东北、贵州省。中华人民共和国成立后，任贵州军区后勤部干部处助理员。1952年9月入贵州遵义文化速成中学学习。1953年6月任贵州军区后勤部干部科干部助理员。1958年7月任贵州省安龙县人民武装部副政委。1960年2月任贵州省平坝县人民武装部副政委。1962年2月任贵州省贞丰县人民武装部副政委。1967年7月任贵州省册亨县人民武装部政委。1970年10月任贵州省普安县人民武装部政委。1978年7月转业到贵阳市农业局任副局长。1981年任中共贵阳市纪律检查委员会专职委员。1985年因病提前离休，享受副厅级待遇。

王传斌 男，汉族，定陶县马集镇富王庄村人，1929年5月出生。1945年4月参加工作，任菏泽县灵圣区区公所通信员，同年5月任冀鲁豫军区第五军分区警卫员。1946年5月任中共冀鲁豫区党委警卫员。1947年5月任冀鲁豫行署公安处警卫员。1948年6月加入中国共产党。1949年3月随军南下，5月任赣东北行署公安处警卫员，同年11月任贵州省贵阳市公安接管处警卫员。1950年4月入贵州省公安学校学习，同年6月调任贵州都匀情报站侦察员，8月任贵州省公安厅工作员。1951年1月任贵阳市公安四分局新桥派出所副所长，1952

年10月任贵阳市公安局刑警大队队长。1953年11月入贵州省工农干校学习，1954年8月任贵阳市公安局六处处长。1959年10月入中央政法干校学习（其间，1960年12月到河南省帮助工作），1961年1月毕业后仍任贵阳市公安局六处处长。1965年11月调贵阳市建筑公司机运队任指导员，1970年3月调贵阳市计划委员会工作。1972年12月复任贵阳市公安局六处处长。1982年3月调中共贵阳市委组织部工作，1983年12月任中共贵阳市委老干部局局长。1997年7月离休，享受副厅级待遇。

孙学玉　男，汉族，定陶县滨河街道观吴庄村人，1930年5月出生。1945年加入中国共产党。1947年7月入冀鲁豫边区第三中学读书并参加社教部（后改为中共冀鲁豫五地委社教部）工作。1948年11月任冀鲁豫边区文艺工作团演员。1949年8月任平原省文艺工作团演员、军乐队演奏员、代队长。1952年任平原省文艺工作团管理股股长。1953年任北京市第七文化馆馆长兼党支部书记。1959年任北京市京剧四团党支部书记兼北京市西城区文化科副科长。1963年任北京市西城区文化馆馆长。1977年任北京市戏曲专科学校地方剧系主任兼党支部书记、密云分校校长兼党支部书记。1979年任中共北京市西城区委、西城区政府落实政策办公室主任。1987年任北京市艺术学校艺术委员会副主任。1990年离休。

参与创作歌曲50余首，其中9首获奖；与人合作改编、移植《白毛女》《刘胡兰》等10余个剧本。酷爱藏头诗，并得到中国文学大师郭沫若的指点。作品主要有《论文化艺术为工农兵服务首先为产业工人服务》《戏曲艺术教育工作设想》《论戏曲艺术教育八项建议十项措施》《回忆冀鲁豫边区五地委社教部》《冀鲁豫边区文艺工作团平原省文艺工作团回忆录》等10余篇及部分名人传记。参加冀鲁豫边区文化志编辑工作，创作、修改和组稿近20篇。

王丕显　男，汉族，定陶县冉堌镇人，1930年12月出生。幼年在本村读书，1946年在黄河北的朝城马孟庄考入冀鲁豫边区第三中学。1947年6月加入中国共产党，同年9月到冀鲁豫行署卫生干校学习。1948年8月到冀鲁豫边区濮阳医院先后任护士、政治干事。1949年10月调到濮阳城关区卫生股，先后任干事、副股长、股长。1952年7月入中共平原省委党校学习，同年12月毕业分配到建筑工程部卫生处任科员。1953年11月入卫生部上海卫生干校学习。1954年9月考入北京大学物理系，1959年7月毕业后留校任教。1963年9月任北京大学计算机中心计算机房负责人。其间，与9名教员、6名技术员和部分高年级学生调试、扩充、改进了103计算机，出色地完成了任务。1970年3月参加北京大学电子仪器厂150计算机的研制，任机长、设计室主任，领导170余名教员、工程技术人员苦干3年多，于1973年五一节前完成了研制任务。《人民日报》头版头条对此事进行了报道，该成果于1978年获全国科技大会一等奖。1978年10月起任北京大学计算机系副主任、党总支书记，1989年任系党委书记。1979年被评为讲师，后晋升为高级工程师。1994年11月离休。

朱元枚　男，汉族，定陶县仿山镇朱楼村人，1931年出生。1948年考入山东省农学院森林系，1951年毕业后留校任教。历任助教、讲师、副教授、硕士研究生导师、教授。先后主讲过植物学、生物统计、森林植物分类、树木学、野生资源植物调查、专业英语、植物拉丁文等课程。调查研究过山东各地、华北主要省区以及东北主要林区的树木资源。指导过有关树木品种分类、树木生物学特性硕士研究生的研究课题。主编和参编的植物志书及教材有《树木学》《山东树木志》《华北树木志》《山东植物志》（上、下卷）。上述成果分别获得林业部科技成果三等奖，山东省教委科学技术著作一等奖，山东省科委科学技术进步二等奖，教育部科技进步三等奖。热心社会活动，在山东及全国林业科学界颇有影响。系中国林学会、山东省林学会、山东植物学会会员，中国林学会树木学分会二、三届委员会理事、委员。曾受聘为山东省科学技术委员会生物学科组、林业专业组成员。1985年至1988

年兼任德州地区经济和社会事业战略研究会顾问。1997年退休。

张耀轩　曾用名张以灿，男，汉族，定陶县天中街道人，1932年出生，中共党员。曾先后在冀鲁豫边区师范学校、菏泽第一中学、菏泽第一师范学校、山东省师范学院体育系学习。1957年毕业分配到陕西师范大学任教，先后被评为讲师、副教授、教授，历任校体育教研室（后改为体育教研部）主任、校体育工作委员会常务副主任、体育系主任。兼任陕西高等学校体育协会副主席，西北地区高等师范院校体育协会理事长，全国高等师范院校体育协会副理事长，全国体育科学学会体育理论专业委员会副主席等职。长期致力于体育教学和体育理论研究工作，培养大批体育人才。发表《体育锻炼对增强体质的作用》《科学锻炼身体的方法》等论文，主编《高等院校普通体育》等专著。1987年负责组织承办54所高等师范院校参加的全国高等师范学院首届大学生田径运动会，受到同行专家的一致好评。1988年负责组织陕西高等学校体育专家、教授编写陕西高等学校体育课教学大纲，翌年完成陕西高等学校体育课统编教材。先后多次出席全国、陕西省体育学术会议，多次担任陕西省高等院校及全国高等师范体育科学论文报告会的评审委员。

刘殿才　男，汉族，定陶县半堤镇刘平坊村人，1933年9月出生。毕业于定陶县杜堂速成中专班。1946年任刘平坊村儿童团团长。1950年加入中国新民主主义青年团，后任村团支部书记、互助组长。1954年任初级农业合作社监察主任。1956年加入中国共产党。1957年任刘平坊高级农业合作社社长。带领群众走合作化道路。1958年当选为万福公社党委委员兼第九营营长。1959年秋任刘平坊大队党支部书记，一年内改造荒碱地20公顷，改良低产田60多公顷，打机井40多眼，并结合土壤结构种植水稻、牡丹等效益较高的经济作物，1960年取得农业大丰收，粮食总产量达到30.5万千克，全村人均占有粮食333千克。同时，利用当地资源优势，大力发展农村工副业，1959年至1960年，先后建成1座窑场、1个粉条加工厂、4个养殖场、5个养鱼池，新建果园16.67公顷，使工副业收入和村公共积累大幅增加；面对困难，教育全村群众节约一粒米、一寸布支援国家，救济灾民。两年间，刘平坊村每年向国家贡献粮食16万千克以上，向济南军区马场捐送军马200匹，向济宁、曲阜等地捐送大牲畜160多头，向万福河建设指挥部援助机器数台，向曹县、河南兰考县的部分地区捐助牡丹苗、地瓜苗250多万株。1960年亲自带领10多名劳动力赴菏泽沙土、曹县梁堤头免费打机井10多眼。其无私奉献精神受到中央、省、地领导的高度评价，并受到国家副主席董必武、济南军区司令员杨得志、山东省委书记谭启龙等领导接见。谭启龙为其欣然题字："艰苦创业，为民兴利"。先后当选华东局农业劳动模范，山东省劳动模范，山东省第三届人民代表大会代表。中央人民广播电台曾连续3年播放其先进事迹，《人民日报》《大众日报》均以较长的篇幅对其事迹予以报道，山东大学、山东师范大学等多所大专院校邀请他做先进事迹报告。山东省文艺界把他的典型事迹编写成戏剧曲艺节目，巡回演出。1972年，继续担任刘平坊村党支部书记。改革开放后，带领群众治穷致富，先后对全村100公顷中低产田实行路、林、沟、渠、涵、井的配套，改善农业生产条件，取得连年丰收。刘平坊村逐步富裕起来，家家都住上新瓦房，购买了高档家具，而他仍和3个儿子同住在1个小院里。人们多次劝其给儿子盖新房，他却坚定地说："我们现在的条件已经很好了，得想方设法省下钱来救济贫困户。"1997年春节前，山东省委原书记谭启龙在询问了他的情况后，激动地说："拼搏几十年的老干部，年过花甲，壮心不已，实在难得"。

崔　瑛　男，汉族，定陶县杜堂镇许堂村人，1934年8月出生。1956年从菏泽第一中学毕业考入华东纺织工学院机械系。1960年3月毕业分配到国防部第五研究院二分院，并参军入伍。1961年加入中国共产党。1964年晋升上尉军衔。1965

年转业到第七机械工业部，1979年被选调到总参谋部三部，第二次参军入伍，同年调往海军。1980年任海军司令部某科研单位工程师，1981年任该科研单位工厂厂长。1984年后重回科研一线从事军事尖端技术研究工作。1989年7月任海军高级工程师，1991年升为专业技术六级。在国防部五院、七机部、总参和海军工作期间，先后参与了数次大型武器装备的科研试验和靶场实战试验工作，完成多个重大项目的设计任务。主持并负责某精密雷达的方案论证和设计试制，参与解放军击落敌U—2飞机的残骸分析。曾获军队科学技术进步奖，2次立功，并多次受到上级的嘉奖。

聂建军 男，汉族，定陶县冉堌镇聂庄村人，1934年出生。自幼在本村上学，1950年考入曹县师范学校，1952年毕业到曹县完全小学任教。1956年考入曲阜师范学院，毕业后留校任教。其间，到南开大学中文系进修2年。后任曲阜师范学院中文系主任，教授。1992年任曲阜师范大学副校长。1994年因年龄原因辞去副校长职务，任专职教授，并带研究生。对古汉语、文艺理论造诣很深，撰写了大量学术著作和论文。系全国优秀教师。

郭绪印 男，回族，定陶县陈集镇中沙海村人，1935年4月出生。幼时在中沙海村清真寺读阿拉伯文（回文）。1954年考入华东师范大学历史系，1958年毕业留校任教，1960年加入中国共产党。1985年10月被评为副教授，1990年10月晋升为教授。后任上海师范大学历史系中国现代史教研室主任兼中国近代史研究室副主任。多次参加国内国际学术会议。先后兼任上海市中共党史（中国现代史）学会顾问，中国现代史学会华东地区分会秘书长，中国现代史人物研究会理事，上海历史学会理事，上海市中山学社理事，《中华民国史》编委会委员，上海市少数民族联合会执委、少数民族知识分子联谊会执委，上海师大少数民族联络组组长。

他先后主讲过《中国现代史》《中共党史》《民国军阀史》《陈独秀评传》等课程。1987年以来为研究生主讲《民国政治思想论文》《国民党派系斗争史》《民国上海帮会史》《中国现代史研究》等课程。主编《旧上海黑社会秘史》《国民党派系斗争史》等专著，与人合编《爱国将军冯玉祥》《五四以来政派及其思想》《中国近现代史大事记》《中国现代史论文摘编》等书。先后发表有关陈独秀、冯玉祥等历史人物研究，有关中国帮会史研究、国民党派系斗争史研究等论文60多篇。1988年主持国家社会科学基金科研项目《中国帮会史》的研究，于1991年完成。

李树德 男，汉族，定陶县黄店镇大李阁村人，1935年6月出生。1957年9月考入山东师范学院地理系。1961年7月毕业后留校任教，先后任助教、讲师，1986年被评为副教授，同年被评为山东省科协系统先进科技工作者。1988年开始培养硕士研究生，同年被中国地理学会评为地理科普积极分子，1993年晋升为教授。曾兼任山东地理学会副秘书长、秘书长和副理事长，中国旅游协会区域旅游专业委员会理事等，并被国家自然科学基金委员会、国家教育委员会和国家旅游局等单位聘为评审专家。先后参加了国家“六五”哲学社会科学重点研究项目“中国人口”和“区域经济地理”，国家自然科学基金资助项目“组群式城市地域农业人口转换机制研究”，中宣部重点课题“山东省地理”，民政部重点项目“中华人民共和国地名词典”以及“中国大百科全书”等国家级研究项目。另外，参加省级重点研究课题7项。主编出版《世界地理问题全解》《山东省地理》《中国人文地理学》等23部著作，其中有7部著作获得省级优秀成果一、二、三等奖。先后发表论文数十篇。在所参加的科研项目和著作中，获省、部级奖励6项，厅局级奖励9项。1994年获中国地理学会“全国学会活动积极分子”称号。其事迹和学术成就先后载入《当代中国科技名人大典》《中国高等教育专家名典》和《中国当代著名作家大辞典》等。

朱超伦 男，汉族，定陶县滨河街道朱楼村人，1935年6月出生。著名戏剧评论家，国家一级作曲家，中国音乐家协会会员，中国戏曲音乐协会会员，河南电视台“梨园春”栏目代言人、首席点评家曾在平原省新乡专区文工团工作。1952年调入河南省歌剧团任伴奏员。1956年与当时已在舞台上声名鹊起、崭露头角的本团演员柳兰芳结为伉俪。为了支持妻子在事业上的发展，塑造更具光彩的舞台艺术形象，甘做铺路石，默默地承担了全部家务。待妻子功成名就（柳兰芳系著名豫剧表演艺术家、国家一级演员、中国戏剧家协会会员，代表剧目有《小二黑结婚》《刘胡兰》等）后，从1963年起开始投身到专业戏曲创作的实践中。曾任河南省豫剧三团艺术室主任。先后为《小二黑结婚》《倔公公犟媳妇》《悠悠我心》《抢妈妈》等数十部豫剧及《祥符春秋》等多部电视剧作曲。其中，创作的电视连续剧《常香玉》主题曲“你家在哪里”流行一时，唱遍大江南北，获全国电视歌曲创作银奖；作曲的豫剧《红果，红了》获得全国文华奖音乐创作单项奖；作曲的豫剧现代戏《香魂女》在2000年中国第六届艺术节上获大奖，填补了河南省没有此奖项的空白；作曲的豫剧《抬花轿》，西学中用，东西配器恰到好处，继承和发扬了中国的戏曲文化；为马金凤代表作《穆桂英挂帅》设计的新腔，在强调马派特点的同时，又在一些小腔的“美化”上出新，使该剧的音乐唱腔更加完美。退休后，继续进行音乐创作，并担任河南电视台“梨园春”首席点评家。

邵冠勇 男，汉族，定陶县仿山镇邵堂村人，1935年10月出生。1956年考入山东师范学院中文系，1960年毕业分配到菏泽师范专科学校中文系任教。1961年考取山东大学中文系研究生，师从殷孟伦、蒋维崧等攻读古汉语专业。1965年毕业分配到山东中医学院，从事医古文、古汉语教学，1975年任教研室主任。1985年加入中国共产党。1978年被评为讲师，1987年晋升为副教授，1993年晋升为教授。系中华全国医古文研究会委员，山东省语言学会理事，山东省语法研究会理事。在菏泽师专主讲过古汉语、现代汉语。在中医学院，为本科生开设医古文课，为硕士生、博士生开设古汉语课，并为不同层次的班级，编纂了《古汉语》《古籍选读》《文字篇》等系列教材。1993年受卫生部聘用，担任全国普通高校教育中医药类规划教材《医古文》副主编，该书获上海市优秀教材二等奖。先后发表论文《假借与汉字简化》《古汉语的使动词》等30余篇，其中《扁鹊籍贯问题源流考》，1989年获全省第二届优秀学术成果二等奖；《“二阳之病发心脾”解》在本院学报发表后，被收入《中国医药卫生学术文库》；《〈本草纲目〉释名发例》《“肝生于左”解》两文发表后载入《中国高新医论精典》。1985年至1990年主持山东省教育委员会下达项目《医说校注》课题的研究工作，与人合著《科学家的故事》《医史人物评传》《山东古代科学家》等。其编写作为普通高等教育“十五”国家级规划教材的《中医古汉语基础》，于2004年9月出版。本人被收录到《山东社会科学名人辞典》《中国语言名人大辞典》等。

马近舜 男，汉族，郓城县程屯镇姚庄村人，1935年10月出生。1942年入学，先后在本村、程屯、肖皮口完全小学读书。1951年9月考入菏泽第一师范学校。1954年9月毕业分配到梁山县戴庙区沈楼完全小学任教，后任教导主任。1956年12月加入中国共产党。1958年1月任梁山县戴庙完全小学教导主任，同年11月调梁山县教育局教研室任教研员。1959年8月任梁山县报社编辑。1960年11月调任中共菏泽地委统战部干事。1964年9月至1966年1月抽调到菏泽“四清”工作团，先后任菏泽县杜庄公社张家庙“四清”工作组和李兴齐“四清”工作组组长。1968年10月到梁山小安山“五七”干校劳动。1969年11月起先后调菏泽地区革命委员会办公室信访组、秘书组工作。1972年11月任中共菏泽地委办公室政工组副组长。1974年1月任中共菏泽地委调研室副主任（其间，参加地委农业学大寨工作队，任成武县苟村集工作队副队长）。1975年10月任中共郓城县委副书记，1980年5月兼任政协郓城县委员会主席、党组书记。1984年2月调任中共定陶县委副书记，1985年11月兼任定陶县人民代表大会常务委员会党组书记，1986年5月兼任定陶县人民代表大会常务委员会主任。1990年2月任定陶县人民代表大会常务委员会主任、党组书记。1993年3月任中共定陶县委正县级巡视员。1998年退休。1986年曾获“山东省特邀工会积极分子”称号。

关绍汉 男，汉族，定陶县杜堂镇七里河村人，1936年3月出生。1954年参加解放军，入第一炮兵学校学习。1956年5月加入中国共产党。1956年11月毕业后，先后在步兵第601团、炮兵第581团连队工作，历任见习排长、指挥排长、副政治指导员、政治指导员。1959年立三等功。1960年被评为步兵第201师五好兼职文化教员。1960年至1962年，连续3年被评为201师五好干部，出席全师积极分子代表大会。1964年参加全军大比武，获“二级教练员”称号，立三等功。1965年至1995年先后在步兵第67师政治部、第200师政治部、第201师政治部和总后勤部汽车运输学院、总后勤部政治学院、济南军区师旅干部培训基地等单位工作，历任政治部干事、副科长、科长、政治理论教官及《中国人民解放军联络工作历史资料丛书》编审、《八路军敌军工作史》编辑室主任等职，大校军衔。他主编了110万字的《八路军敌军工作史》，撰写的一些哲理性散文被《文艺学习》《中国土地报》《齐鲁晚报》等报刊发表并被评为优秀作品，系天津市中共党史学会会员。

段振方 男，汉族，定陶县马集镇袁堂行政村段庄村人，1936年4月出生。1952年5月参加工作，任菏泽专署办公室办事员。1958年至1962年在山东师范学院政治系学习，毕业后任菏泽地区人事局办事员。1963年任中共菏泽地委组织部干事。1964年任定陶县陈集公社党委副书记。1965年调回菏泽地委组织部，参加社会主义教育运动。1970年任菏泽地区革命委员会办公室秘书。1971年任菏泽地区革命委员会政治部宣传组副组长。1972年任中共菏泽地委宣传部副部长。1978年任中共菏泽地委副秘书长。1983年4月任中共梁山县委书记。1984年调任中共山东省滕县县委书记，1986年2月任中共山东省枣庄市委副书记兼滕县县委书记。1987年2月任中共枣庄市委副书记。1993年任枣庄市人民代表大会常务委员会主任。曾先后2次当选中共山东省代表大会代表，2次当选山东省人民代表大会代表。1998年退休。

刘国梁 男，汉族，江苏镇江人，1936年6月出生于上海市。1961年7月山东医学院医疗系毕业后，分配到定陶县人民医院工作，历任内科住院医师、内科主任、医务科科长、副院长、院长。1979年10月加入中国共产党。历任中共定陶县第五次代表大会代表、县委委员，定陶县第七、八、九届人民代表大会代表，定陶县第八、九届人大常委，山东省第六届人民代表大会代表。1984年8月至1992年6月任菏泽医专党委副书记、校长。1994年11月晋升为内科学教授，曾兼任山东省卫生系统政治思想研究会理事，中华医学会菏泽分会常务理事。主编《现代医学辅助诊断》，参编《心电图鉴别诊断学》《急救医学》《高校政治思想研究》等著作。在省级和国家级杂志上发表论文10余篇。1996年12月退休。

杜延聚 男，汉族，定陶县仿山镇杜路口村人，1936年8月出生。1955年8月由菏泽第一中学考入解放军上海防空军高射炮兵学校，1959年2月毕业分配到空军高射炮兵101师507团3连。1960年1月任该团1连仪器排排长，后任师司令部军训科参谋。1963年4月到空军第二专科学校学习深造，10月晋升为中尉。1970年10月任空军高射炮兵1师作训侦察科副科长，1971年5月任科长。1978年12月任1团团长、党委副书记。1981年4月任空军高炮6师副师长，同年8月到解放军军事学院高级指挥系学习。1985年任高炮六师精简整编善后办公室主任兼党委书记。1989年3月被授予空军大校军衔。

韩凌轩 男，汉族，定陶县滨河街道东王店人，1936年9月出生。曾在定陶第一中学读书，1956年考入山东大学历史系，先后读本科和硕士研究生。1964年毕业分配到辽宁大学历史系任教。1971年调济宁市图书馆工作。1976年到中共济宁市委党校任教。1978年5月调到山东大学《文史哲》编辑部，同年被评为讲师，1982年任《文史哲》副主编，1991年任主编。1992年晋升为教授。专攻中国现代政治思想史，先后在《近代史研究》《中共党史研究》《东岳论丛》等刊物上发表论文多篇。其中《中国青年运动和中国共产党的诞生》《早期恽代英与基督教》等3篇论文获山东省社会科学优秀成果三等奖。主编的《文史哲》在全国学术界颇负盛名。1997年5月退休。

杨兰英 女，汉族，定陶县滨河街道后杨楼村人，1936年10月出生。1952年于曹县第一中学毕业后被保送入菏泽第一中学高中部学习，1955年考入南京工学院（后为东南大学）食品工程系。1958年该校迁至无锡市，1960年毕业于无锡轻工学院发酵专业，分配到江苏省粮食厅科研所工作。1963年调入南京酿酒总厂，一直从事食品及酒类科研和技术工作。1982年被评为工程师，1988年晋升高级工程师。1990年任厂全面质量管理办公室副主任。曾任中国微生物学会会员。1993年退休。

1982年把生产啤酒的下脚料麦芽根加工成治疗肝炎的复合磷酸脂酶片。1983年选育出产酒率高、残糖低的优良酵母菌种，提高出酒率，为国家节约大量粮食和水电。1984年至1985年成功试制UV11-48糖化菌，在提高麸曲糖化力、降低原料消耗方面作出新贡献。1985年主持应用混合酵母生产酒精，提高出酒率和产品质量，获得江苏省优质产品奖。其编写的《酒精质量对果汽酒的影响及酒精检验方法》一书，在酿酒业中颇有影响。发表的有较大影响的论文有《酒类及原料中黄曲霉素的检验方法》《酒精酵母菌种的选育及酵母菌种的混合使用》《黑曲霉诱变菌株UV11-48糖化菌应用于固体糖化酶生产的试验》等数十篇。这些成果均取得了良好的经济效益和社会效益。

丁宗山 男，汉族，菏泽市牡丹区何楼镇何楼村人，1936年出生。1957年9月于菏泽师范学校毕业后分配到定陶县冉堌集完小教学。1960年1月在成武县第八中学工作。1964年6月至1972年3月在成武县委宣传部工作。1972年4月调任菏泽柴油机厂办公室主任。1975年6月任菏泽地区工会副主任。1982年8月任定陶县委副书记。1984年3月任定陶县委书记兼定陶县人民武装部第一政治委员、党委第一书记。1988年10月任菏泽地委副书记。1992年5月起先后任山东省粮食局副局长，山东省粮食经济学会副主任（正厅级）。

姚梦林 亦名姚梦麟，男，汉族，祖籍定陶县城人，1937年4月出生。1956年于菏泽第一中学毕业考入北京大学中文系。1961年毕业分配到《西藏日报》社任记者。1981年调入菏泽地区出版局工作。1984年加入中国共产党，同年调到山东人民出版社，先后任党建编辑室副主任、主任。1988年被评为副编审，1993年晋升为编审。系中国历史唯物主义学会会员，郭沫若研究会会员。

在西藏当记者20年，多次被评为先进工作者和模范通讯员，得到自治区人民政府表彰，1985年自治区人民政府授予其“保卫西藏和建设西藏做出贡献”证书。1986年获山东省出版系统“先进工作者”称号，1992年获国家新闻出版署、中国出版工作者协会颁发的“为社会主义出版事业做出了积极贡献”证书。先后在《人民日报》《工人日报》《文汇报》等报刊上发表作品近400篇，其中有人物、通讯、散文、小说、诗歌等。主编的《青少年绘图法律常识》《小学法制教育读本》《西藏人民的好儿子土洛》《农村实用对联新编》，分别由明天出版社、西藏人民出版社、山东科学技术出版社出版。参与编写《党员辞书》其中一章近5万字，《世界百科名著大辞典》部分条目约6000字。为明天出版社出版的《幼学启蒙丛书》撰写文字部分，该书被国家新闻出版署、文化部、广电总局、共青团中央等8个单位联合授予全国少年儿童读物一等奖。编辑的《毛泽东的建党思想》《党建新论》分获“本钢杯”第五、六届优秀党建读物一等奖。此外，编辑的图书中有20多部先后获国家、省、市的奖励。其事迹被《中国出版名人辞典》和《中国当代文艺名人辞典》收录。

宋焕明　男，汉族，定陶县黄店镇高庙村人，1938年1月出生。1950年2月考入菏泽中学（菏泽第一中学），1955年高中毕业后考入南京工学院（东南大学）无线电系无线电技术专业。1960年大学毕业留校从事教育和科研工作。1961年任助教，1978年任讲师，1986年晋升为副教授，1998年晋升为教授。系东南大学老教授协会会员。主要讲授模拟及数字电子技术、微机原理、通信原理、电视原理等十几门课程。参加无线寻呼机、电子提花机、医疗设备等多项科研工作，获教学奖及洛普奖。先后指导通信与电子系统专业硕士研究生多人。出版的主要著作有《电子电路》《微型计算机原理基础》《CLSI工艺》《开关电容资料汇编》《气体浓度红外线探测研究》等。

孔庆思　男，汉族，定陶县杨坑村人。1938年2月出生。1962年毕业于济南师专数学系，先后在东阿一中和聊城师专任教，1980年调回原籍，任教于定陶一中，后到县教研室任数学教研员，1980年在《数学通报》上发表论文《从证a.b=c.d+e.f谈起》。1984年兼任定陶县人大副主任，1985年任定陶一中校长，同年加入中国共产党，并被评为全国优秀教育工作者。2000年8月退休。30万字的专著《平面几何证题研究与指导》，于1998年至2003年连续3年再版发行。为中学高级教师，山东省特级教师。《学苑菁华》《塑造国魂》等书刊收录了他治校的经验文章。其事迹被省市电视台、《大众日报》《中国青年报》等多次报道，其名字被《中国当代名人大辞典》《中外成功者名录》等辞书收录。

张子垒　男，汉族，定陶县马集镇张圈村人，1938年2月出生。1958年从曹县第一中学考入山东矿业学院。1963年8月毕业分配到宁夏回族自治区石炭井矿务局工作，历任局三矿技术员、工程师、副矿长兼总工程师、矿长，二矿党委书记，局基建副总工程师、局副总经济师。高级工程师，正处级。以矿为家，强化管理，不断提高企业经济效益。曾获“宁夏回族自治区企业家”称号，被中国企业管理协会评为全国企业管理先进个人。1998年6月退休。

许凌云　男，汉族，定陶县杜堂镇孟楼村人，1938年5月出生。先后在辘湾小学、菏泽第一中学就读，1957年考入山东大学历史系，1961年至1964年跟从童书业教授攻读先秦历史研究生。毕业后分配到广西师范大学历史系，曾任系副主任。后调入曲阜师范大学历史系任教，1985年被评为副教授，1992年晋升为教授。

他有著作10余部，其中《读史入门》由北京出版社出版，获山东省教育委员会著作二等奖；《儒学与中国史学》在国内影响较大；《司马迁评传》《刘知几评传》被收入匡亚明组织的《中国思想家评传丛书》，属全国重点项目，跨世纪工程，1996年获山东省社会科学联合会一等奖；《儒家图志》的第一作者，中央电视台曾专门报道。先后发表学术论文70余篇，其中《讨论通史家风》在《历史研究》发表，1984年获全国历史研究学会第一届优秀论文奖。兼任孔子基金会理事、《孔子研究》编辑、山东孔子学会常务理事、山东史学会理事。为山东省科技拔尖人才，享受国务院特殊津贴。

胡元亭　男，汉族，定陶县黄店镇朱庄村人，1938年8月出生。1945年参加儿童团。新中国成立后，先后在本村小学、观堂完全小学、曹县第一中学、菏泽第一中学读书。1958年8月考入山东工学院，其间被评为山东省青年社会主义建设积极分子。1963年毕业分配到青岛内燃机厂，先后任技术员、技术副厂长。1965年主持设计1E35F汽油机，被列为国家定型产品，填补国内空白。1972年任聊城内燃机厂副厂长、党委副书记，主持试制生产X195型柴油机，年产3万台，获部优称号。1984年3月任中共聊城市（县级）委副书记、聊城市人民政府市长。1990年3月任中共聊城市（县级）委书记。1993年1月任中共聊城地委统战部部长，政协山东省委员会聊城地区工作委员会副主任、党组副书记。1998年聊城撤地改市后，任中共聊城市委统战部部长，政协聊城市委员会副主席、党组副书记。

刘广梅　女，汉族，定陶县滨河街道阎庄村人，1938年10月出生。1967年从河南省医学院医疗系本科毕业，后留校在第一附属医院儿科工作。1982年晋升为副教授、副主任医师，1995年晋升为教授、主任医师。教育体制改革后，医院和学校分离，任郑州大学第一附属医院儿科主任医师、教授。长期从事儿科专业的治疗、教学及科研工作，积累了丰富的临床经验与教学经验，撰写学术论文数十篇及医学专著多本。在省级以上刊物发表的具有代表性的论文有《小儿颅内隐源性小脓肿80例诊断、治疗及分析》《先天性智力低下患者200例的细胞遗传学研究》《抽动—秽语综合征139例临床资料分析》《郑州地区668例婴幼儿大呼吸道病毒感染的流行病学研究》等。主要专著有《临床急症诊断丛书——小儿分册》《小儿营养与疾病》。研究成果《儿童尿NAG正常性及其临床应用价值》《胞性×综合征临床及细胞遗传学研究》《脊髓脊膜膨出术后小便失禁的外科治疗》分获河南省卫生厅三等奖。

张朝玉　男，汉族，东明县武胜桥乡前张楼村人，1938年10月出生。1965年7月毕业于山东大学数学系，分配到国防科委十院22所，曾任研究室负责人。1966年3月加入中国共产党。1970年5月在定陶县工作，先后任定陶县委组织部秘书、乡党委书记、县长、县政府党组书记、县委书记、县人民武装部党委书记。1989年8月起，先后任菏泽地区经委主任、党组书记、专员助理、行署党组成员、地区人大常委会副主任、党组成员。1999年退休。

程玉海　男，汉族，定陶县仿山镇顺河集村人，1939年4月出生。1964年8月毕业于山东大学外文系，分配到中国外文局工作，历任党组秘书、局办公室副主任、处长，曾兼任中国出版工作者协会理事，中国书法家协会会员。在中共中央召集党政军高级干部讨论修改《关于建国以来党的若干历史问题的决议》（讨论稿）时，参加秘书班子，负责《快报》编写。1989年任中国外文局编译出版处处长，同时主编《动向线索》杂志和《外文局业务简报》《对外书刊宣传通讯》等内部刊物，并被聘为《中国出版年鉴》特约撰稿人。1994年任中国外文局新世界出版社副总编辑（副厅级）、外文局机关党委委员。1996年首都60多家社科类出版社推选其为中国书刊发行业协会社科发行委员会常务委员。2000年退休。

他爱好书法，尤以行草书见长，曾为百余种书刊、报头题名。其作品在“庆祝新中国成立45周年海内外书画大赛”中获一等奖，并被刻入曹州书画院碑廊、阳谷县景阳岗碑林等。曾入编《中国古今书家人名辞典》《中国历代书法家大辞典》《当代书画艺术名家精英大典》《科学中国人•中国专家人才库》等典籍。先后被聘为曹州书画院教授，江都书画院特聘书法家，高级艺术顾问、客座教授等。

朱其作　男，汉族，定陶县天中街道人，1939年12月出生。1962年于临沂师范专科学校中文系毕业分配到定陶县第二中学任教。1965年调定陶县文化馆工作，历任文艺创作辅导员、副馆长、馆长等职。1990年任定陶县文学艺术界联合会党支部书记、常务副主席。1997年晋升为研究馆员。系中国戏剧家协会会员、山东省作家协会会员、山东省民间文艺家协会会员、菏泽地区作家协会理事、菏泽地区民间文艺家协会副主席。先后组织举办小说、戏曲、故事、诗歌创作学习班、报告会、评稿会100多次；有针对性地开展多种形式的群众文化活动，组织举办各种文化活动骨干训练班、业余文艺大汇演、重大节日文艺演出、书法绘画、摄影作品展等。编排节目参加省、地汇演，获集体、单项和个人奖100多个。1983年、1988年、1989年定陶县文化馆3次被评为省先进文化馆；1990年被评为全国先进文化馆，受到文化部的表彰。坚持业余创作，发表出版了大量作品。主要戏曲和电影文学剧本有20多个，其中，《石成看瓜》获中国戏剧家协会入围奖、山东省群众文艺创作一等奖；《查体》获山东省计划生育征文剧本创作三等奖；《借琴》《借车》《一条鲤鱼》《全家喜》等获菏泽地区剧本创作一等奖。主要文学作品有《站岗》《心系农家》《火种》等40余篇。其中《他心中有颗新星》获山东省作家协会优秀作品奖。主编出版《定陶民间故事卷》《定陶县民间歌谣谚语卷》两本书。1991年被中共山东省委宣传部授予“山东省模范党员文化艺术工作者”称号，1995年被评为菏泽地区优秀文艺工作者。

吕恒祥 男，汉族，定陶县张湾镇吕沟村人，1940年8月出生。1960年8月应征入伍，在北京军区第24军210团当卫生员。1963年加入中国共产党。1964年5月任助理军医。1967年9月调任师部卫生科卫生员训练队队长。1969年3月到北京顺义中心医院内科进修学习，同年10月到中央警卫第3师医院医疗三所任军医（其间，1970年2月至1972年12月在石家庄白求恩军医学院医疗系学习；1974年9月至1975年9月在北京宣武医院神经内科进修学习）。1977年5月调任中央警卫第3师卫生二所副所长兼军医，1980年被部队记三等功1次。1982年7月调任中央警卫第3师卫生三所所长，其间立三等功2次。1986年1月任警卫三师医院副院长，1988年被授予上校军衔，评为副主任医师。1989年10月任师后勤部卫生科科长兼师医院院长。1992年晋升为大校军衔。2000年3月退休。

张善朋 男，汉族，成武县成武镇笆堤村人，1940年1月出生。1957年任大鸣农业社社长、团支部书记。1960年加入中国共产党，同年6月参加工作，先后在定陶县马集、冉堌公社武装部任干事、副部长。1966年10月调到定陶县东王店公社，先后任武装部副部长，革命委员会副主任、党的核心领导小组副组长，公社党委书记。1971年9月当选为中共菏泽地委委员。1975年8月任定陶县邓集公社党委书记。1978年11月任定陶县城关公社党委书记，1979年8月任中共定陶县委常委、定陶县城关公社党委书记。1980年5月任中共定陶县委常委、定陶县人民政府副县长（其间，1984年1月至1986年1月在菏泽教育学院中文系学习）。1993年3月任政协定陶县委员会主席、党组书记。1998年3月任定陶县人民政府顾问。

胡公厘 男，汉族，成武县党集乡胡楼村人，1940年2月出生。1958年8月于巨野师范学校毕业后到成武县刘辛庄完小教学。1959年9月加入中国共产党，11月担任成武县委报记者。1960年10月起，先后任菏泽地委办公室保密室干事、地委机关党委干事，地区革命委员会政治部干事。1971年8月起，先后任东明县委常委、办公室主任。1975年8月任定陶县委常委、县革命委员会副主任。1978年7月任定陶县委副书记，县革命委员会副主任、党组副书记。1980年5月任定陶县委副书记、县长、党组书记。1982年6月任菏泽地区经济委员会副主任、党组副书记。1984年4月任菏泽地区第一轻工业公司经理、党委书记。9月任菏泽地区经济委员会主任、党组书记，菏泽地区经济学会会长，山东省经济学会理事。1989年12月任菏泽地委委员、县级菏泽市委书记。1992年12月起，任临沂地区行署副专员、党组成员，临沂市委委员、临沂市副市长、党组成员。1996年4月任政协菏泽地区工作委员会副主任、党组成员。2001年6月退休。系中共山东省第六次代表大会代表，山东省第七届人民代表大会代表。1991年6月被中共山东省委、山东省军区党委评为党管武装先进个人，1991年12月被中央军委人民武装委员会办公室评为关心国防后备力量建设的好书记，1992年2月被中共菏泽地委、菏泽行署授予“先进工作者”称号，1995年在临沂被建设部授予“城市环境综合整治优秀城市市长”称号。

朱其风 男，汉族，定陶县仿山镇朱集村人，1940年5月出生。1955年8月入菏泽第一中学读初中、高中。1958年11月从学校应征入伍，在解放军五三一九部队服役。1960年6月加入中国共产党，先后任战士、班长、排长，1965年9月调任师政治部新闻干事。1966年3月任新华社驻济南军区记者站记者。1979年1月任济南军区炮兵政治部宣传处副处长。1982年10月任济南军区某师政治部副主任。1984年11月任济南军区党史办公室副主任，1988年被授予上校军衔。1990年9月转业到山东省齐鲁出版社任副社长、党委副书记。1992年与人合著《名人与时间》一书，由明天出版社出版。同年被评为高级政工师，1996年改评为副编审。先后在《人民日报》《解放军报》及省、军区报刊发表新闻报道、调查报告等作品500余篇，主要著作有《齐鲁将军传》《将军风采录》等。任齐鲁出版社副主编期间，编审的图书先后荣获全国古籍图书一等奖、山东优秀图书一等奖。

程　梅　女，汉族，定陶县黄店镇程庄村人，1940年7月出生。1965年9月毕业于上海同济大学城市规划专业，分配到航空航天工业部第七设计研究院（原第七机械工业部第七设计院）从事科研工作。中共党员，20世纪80年代晋升高级工程师。系中国建筑学会会员，中国工业运输协会会员，北京土木学会会员。

何明启　男，汉族，定陶县南王店镇丰庄村人，1940年8月出生。1960年从菏泽第一中学考入西安西北工业大学，1965年7月毕业分配到沈阳黎明机械制造公司任技术员。1968年10月调到贵州航空发动机研究所工作，先后任研究室主任、科长、部长（正处级），高级工程师。主持、参与多项新产品的开发、研制，曾获所级科技成果一等奖3项，公司新产品开发一等奖2项，部级三等奖2项。主编《贵州航空发动机研究所史》第一、二卷；参与贵州省省志机械电子部分的编撰工作，发表过许多有价值的论文。2001年8月退休。

张厚谦　男，汉族，定陶县南王店镇丰庄村人，1940年12月出生。1957年7月毕业于菏泽第一中学初中部，1959年12月应征入伍，1960年10月加入中国共产党。大专文化。1964年3月任解放军空军某部指挥连无线排排长。1965年4月起先后任空军某部连副政治指导员、团政治处干事、连政治指导员。1971年11月任空军某部营政治教导员。1979年2月起先后任空军某部团副政委、政委。1983年5月起先后任空军某师党委常委、师政治部主任，沈阳军区空军党委委员、某混成旅政治委员、旅党委书记。1988年10月被授予空军大校军衔。

孔祥书　原名祥兆，男，汉族，定陶县黄店镇孔庄村人。1940年12月出生。1961年考入曲阜师范学院中文系，1965年毕业分配到成武县师范学校任教。1975年初调到定陶县文化馆工作。后任县文化馆研究馆员，一级作家、一级美术师。中国作家协会会员，菏泽地区首批专业技术拔尖人才、作家协会理事，享受政府特殊津贴。1987年创作长篇小说《草莽英雄传》，填补了菏泽地区长篇小说的空白。1988年被推选参加北京国际图书博览会获得佳作奖。之后被中国美术出版社改编成连环画《龙海风云》。1992年10月创作的长篇小说《红三村传奇》，由原解放军总参谋长杨得志题签，北京蓝天出版社出版，参加在人民大会堂举行的“冀鲁豫边区革命史图书首发式座谈会”，被列为向建党70周年献礼作品之一，赠送中央领导同志及文学艺术界专家，后被改编成4集电视剧。撰写的《读〈文学·人性·伦理〉》《朱彦夫的启示》《作家的粮食囤》《作家的摇篮》《呼唤赵树理》等多篇论文，分别发表在国家、省、地级报刊上。喜爱作画，其中《青荷望月》《新雏斗觅》《碧荷丹心》等在国内外展出并获奖。1996年被“书画家翰墨慰忠魂精品展示馆”（孔繁森纪念馆）聘为艺术指导，2002年初中国艺术公司（香港）出版《孔祥书国画集》（上、下两册）。《大众日报》《齐鲁晚报》《菏泽日报》及电视台等分别对其事迹作专题报道。创作的长篇小说《苦海慈航》2005年由中国文联出版社出版。

刘奎臣　男，汉族，定陶县南王店镇张董集刘庄村人，1940年出生。1955年入定陶第一中学学习，1960年高中毕业考入曲阜师范学院中文系，1964年8月毕业分配到山东中医学院工作。历任教师、院党委秘书、宣传干事、系党总支副书记、图书馆馆长、系党总支书记、文献研究所所长、部门工会主席等职。1996年晋升为研究员。曾被评为济南市优秀工会积极分子，山东省高校社会治安综合治理先进个人等。所在图书馆两次被评为山东省高校先进图书馆，文献研究所被评为山东省高校科技工作先进集体、山东省卫生科技先进集体，中医文献研究成为省级重点学科。撰写发表有关论文30余篇，主编并出版《中医药文献检索与利用》教材1部。系山东省高校书画家协会理事，上海中华书法协会会员。

王守为　男，汉族，定陶县冉堌镇王店村人，1941年2月出生。1960年7月于定陶第一中学毕业考入曲阜师范学院中文系。1964年7月毕业分配到济南第27中学教书。1972年7月加入中国共产党。1976年4月起先后任济南第68中学教育组副组长，济南市教育局干部，济南市第12中学校长、党支部书记。1984年5月任济南市人民政府办公室副主任，1990年6月任济南市人民政府副秘书长。1998年2月任济南市人民代表大会常务委员会委员、教科文卫委员会副主任（正局级）。1987年被济南市政府记功奖励。1996年被省人事厅、省卫生厅记二等功。

刘化文　男，汉族，定陶县马集镇老官刘村人，1941年2月出生。1956年7月参加工作。先后任中共定陶县委通讯员，中共成武县委通讯员，成武县粮食局办事员，成武县白浮图公社派出所户籍员。1961年12月任定陶县公安局秘书股办事员。1963年12月加入中国共产党。1965年9月支边到西藏，分配到日喀则地区公安处工作，1968年6月任公安处革命委员会副主任。1969年6月在日喀则地区革命委员会人保组工作。1973年5月起先后任日喀则地区公安处政保科副科长、科长、副处长等职。1983年8月转为现役军人，任中国人民武装警察部队西藏自治区日喀则地区支队党委副书记、副政委，1985年9月任政委。1987年9月任武警西藏总队副政治委员兼边防局党委书记、局长。1994年8月调任武警山东总队副政委、党委成员。1996年2月晋升为正师职副政委，1998年12月被授予武警大校军衔。

赵永宪　男，汉族，定陶县半堤镇人，1941年2月出生。1964年于山东大学政治系毕业留校任教，后任山东大学中共党史研究室主任，教授、硕士研究生导师，曾兼任山东大学台湾研究会副会长等职。长期从事中共党史、科学社会主义在中国的教学与研究工作。先后为专科生、本科生、硕士生讲授中共党史、中国革命史、中国社会主义建设史等10多门课程。他任第一主编的书籍有《中国革命史》《中国社会主义建设史》等；任副主编的有《中华魂》（勤俭卷），1993年获中宣部“五个一工程”一等奖；参编的有《毛泽东思想概论》《党的建设理论与实践》等20余部，其中《中国共产党基层党务管理若干问题》1993年获山东省教委三等奖；《科学社会主义在中国的发展》《中国共产党党务管理学》1994年获山东省社科联二等奖；《中国革命根据地史研究》《中共山东党史大事记》1995年获山东省社会科学联合会荣誉奖；《山东通史》（现代卷）1996年获山东省社会科学联合会一等奖。发表研究论文40多篇，主要有《区分正确路线与错误路线的标准》《中国国情与社会主义市场经济》《对新时期反腐败斗争的思考》《论农业产业化与股份合作制》等。

王存义　男，汉族，定陶县张湾镇一千王村人，1941年3月出生。1959年12月应征入伍。1960年参加了辽东半岛防空机动作战，1961年立三等功并加入中国共产党。1965年任空军探照灯兵5团4连3排排长，1966年3月任4连副政治指导员，1967年3月任连政治指导员。1971年任营副政治教导员，1974年任空军高射炮兵第6师农场副政委。1979年转业到辽宁省石油公司沈阳储油所，先后任科长、副主任、党总支书记（副处级）。1986年5月调任辽宁省石油公司党委副书记兼纪律检查委员会书记。1994年被中共辽宁省委授予“优秀企业思想政治工作者”称号；1996年被中国石油化工总公司评为1991年至1995年度纪检监察先进工作者。其事迹被收入《辽宁省优秀企业思想政治工作者事迹汇编》1书。同年被评为高级政工师。1998年12月总公司改制为石油集团有限责任公司，任监事会副主席。

郭德亮 字龙轩，号吞荒、斋主，男，汉族，定陶县天中街道郭庄村人，1941年出生。1961年毕业于黑龙江省艺术学校美术专业，后修中文，大专文化。毕业后分配到黑龙江省合江地区群众艺术馆任馆员。1972年调任勃利县体育中学语文教师、语文教研组组长。1984年任《七台河日报》社编辑，后任编辑部主任，高级新闻编辑。系黑龙江省作家协会会员，泰山国画研究院名誉院长，国画家，教育家。任语文教师期间，多次被评为县级优秀教师。1983年获得黑龙江省合江地区语文教学、语文教研、教学论文一等奖。任新闻编辑兼市政协常委、市美协主席期间，多次被评为省级、市级优秀先进工作者，是有突出贡献的政协委员和德馨文艺工作者。致力于新闻、散文写作，作品有《郭德亮美术作品集》《黄土•黑土》等散文集，多次获全国和省级奖励，其美术作品被多国收藏机构收藏，并编入多部大型画册和典籍。2001年退休后，担任七台河市美术家协会主席、黑龙江省美术家协会理事。

李新芝 女，汉族，定陶县天中街道人，1941年出生。1950年9月入学，先后就读于定陶第一中学、菏泽第一师范学校和单县师范学校。1960年7月毕业后，先后在成武县第14中学、第2师范学校、第16中学，定陶县南王店公社小学、张湾公社小学及菏泽市北关小学任教师。1983年9月任北关小学副校长，1984年任校长。1984年8月加入中国共产党。1990年3月当选为中共菏泽市（县级）第七届代表大会代表，1991年3月被补选为全国第七届人民代表大会代表。任菏泽地、市小学数学研究会会员。曾获菏泽市“小学数学教学能手”称号。1987年被评为小学高级教师。多次举行数学公开教学，2次应邀参加省数学研讨会。1978年至1987年，连续10年被评为市（县级）模范教师、先进工作者，多次被评为地区模范教师。并被评为市模范共产党员和尊师重教模范等。

沙道兹 男，回族，定陶县陈集镇中沙海村人，1942年1月出生。中共党员，高级经济师。1963年8月考入山东财经学院，1968年毕业，先后在山东鱼台军垦农场、东平百货商店工作。1971年5月任东平县商业局业务组物价员。1975年7月调到东平县供销合作社工作，先后任业务科物价员、副科长，秘书科副科长、科长，县供销合作社副主任等。1984年6月任中国银行泰安支行副行长、党组成员。1987年2月任中国银行泰安分行行长。1990年10月任中国银行青岛分行副行长、党组成员。1992年3月任中国银行山东省分行副行长、党组成员，同时兼任纪检组组长。1998年11月任中国银行山东省分行助理巡视员。

范学民 男，汉族，定陶县天中街道东城社区人，1942年2月出生。1967年7月在上海同济大学工民建专业毕业，分配到解放军海军6984部队工作，曾任技术员、工程参谋、工程师。1980年7月调任海军工程学院工程系土建专业教研室主任、党支部书记。1983年10月任海军电子工程学院营建指挥部指挥、党支部书记。1986年11月转业到太原大学工作，任基建处处长。1989年晋升为高级工程师。1995年9月任太原大学副校长、党委委员兼校务党支部书记。系山西省教育建设监理公司总监理工程师，山西省教育基建研究会理事，山西省高级人民法院司法技术鉴定专家，山西省建筑市场评标专家，太原市建筑市场评标专家。1997年荣获人事部、建设部颁发的国家级监理工程师证书。主持编写了《施工管理与经济核算》一书作为教材。先后被授予“山西省高校基本建设先进工作者”“太原市复转军人先进工作者”和“太原市教育系统优秀共产党员”称号。

王世苏 女，汉族，定陶县仿山镇游集村人，1942年3月出生。1964年毕业于山东师范大学外语系，分配到烟台师范专科学校任教。1972年调入山东大学外文系，1989年起先后晋升副教授、教授。是一位平凡而又执着的教育工作者，一心扑在教书育人上，对学生循循善诱，并不断学习进取，提高自己的业务水平。曾获得山东大学基础教学二等奖。关心和关注国内外学术动态，写作和发表了多篇有较高水平的学术论文。

主编的《主体化英语》，1986年由山东大学出版社出版。

杨成训　男，汉族，成武县伯乐乡人，1942年6月出生。1959年1月加入中国共产党，1959年9月参加工作。1959年9月至1971年8月先后任成武县伯乐供销社通讯员、统计、主管会计，成武团县委干事、书记，成武县革委政治部群众工作组副组长。1971年8月至1973年8月先后任成武县委常委，城关公社党委副书记、书记，县委常委、团县委书记。1973年8月至9月任菏泽地区贫协筹备组副组长。1975年9月至1979年7月任梁山县委副书记、书记，梁山县委书记兼县革委会主任。1979年7月至1981年2月先后任西藏自治区白朗县委书记，东嘎煤矿党委书记、矿长。1981年2月至1983年10月任定陶县委副书记兼政法委书记。1983年10月至1986年7月在省委党校干部培训班学习。1986年7月至1990年8月任菏泽地区教育局局长、党组书记。1990年8月至1993年2月任菏泽地委委员、地委秘书长。1993年2月至1994年5月任菏泽地委委员、地委秘书长、县级菏泽市委书记。1994年5月至6月任菏泽地委副书记、地委秘书长、县级菏泽市委书记。1994年6月至1997年12月任菏泽地委副书记。1997年12月至2001年1月任菏泽地区政协工委主任、党组书记。2001年1月至2003年2月任菏泽市政协主席、党组书记。系省八届、九届政协委员。

车广灿　男，汉族，定陶县马集镇陈庄村人，1942年8月出生，中共党员。1960年考入山东大学化学系。1965年毕业分配到中国科学院物理研究所从事科学研究工作，先后于1978年、1988年、1996年晋升助理研究员、副研究员、研究员。1988年至1991年作为访问学者在德国马普研究所从事合作研究。主要从事氧化物、合金和氧化物超导体系及晶体结构的研究工作。先后发表学术论文100余篇。作为主要参与者研究的成果有“激光晶体钇铝石榴石单晶生长及控温设备的改进”（1988年，国家科学大会奖，中国科学院科学进步二等奖）；“碱金属、碱土金属碘酚盐相图、相变及晶结构的研究”（1988年，中国科学院二等奖）；“液氮温区高温氧化物超导体的发现”（1988年，中国科学院特等奖）；“液氮温区超导体的合成、相关系和晶体结构”（1991年，国家自然科学三等奖）。参与申请专利3项。与梁敬魁院士等合著《高TC氧化物超导体系相关系和晶体结构》一书，1994年由科学出版社出版发行，1995年获全国优秀科技图书二等奖。

阎世海　男，汉族，定陶县南王店镇从庙村人，1942年8月出生，中共党员。1962年9月在定陶县城关市民委员会工作。1964年在菏泽财经学校学习，毕业后分配到菏泽专区农行工作。1965年在菏泽专署人事局工作。1970年在菏泽地区革命委员会政治部组织组工作。1972年3月任地革委生产指挥部政工办公室副主任。1975年6月任地区人事局副局长，10月任共青团菏泽地委书记。1982年8月任郓城县委副书记（正县级），1983年4月任县委书记兼县人民武装部第一政委。1988年10月任菏泽行署副专员、党组成员。1992年12月任菏泽地委委员、行署常务副专员、党组副书记。1995年6月任菏泽地委副书记，行署常务副专员、党组副书记。1997年12月任菏泽地委副书记。2001年1月任菏泽市人大常委会副主任（副厅级）、党组副书记，市关工委主任。系共青团全国十大代表，山东省第五届和第七、八届党代会代表，山东省第五届和第七、八、九、十届人代会代表。先后被评为全省“平原绿化先进个人”“全国平原绿化先进个人”。1997年10月获省委、省政府“重视老龄工作功勋奖”。2005年6月被中国关工委、中央文明办评为“关心下一代先进工作者”。

刘广尧　男，汉族，定陶县冉堌镇阎庙村人，1942年11月出生。1950年入聂庄小学读书，1955年底转到河南省郑州市上学。1962年6月从郑州市第七中学高中毕业应征入伍，在广州军区空军司令部服役，先后任班长、排长、副连长。1964年加入中国共产党，1965年调到广州军区司令部军务处工作，先后任参谋、副科长、科长、副处长（正团级）。1982年4月转业到广州市公安局，在市公安局十三处（交警支队）工作13年，先后任队长、副政治委员、副处长、纪律检查委员会书记、党委副书记等职，在市公安局六处（警卫处）任处长8年，完成了3000多批次的中央领导和重要外宾的警卫任务。1999年任广州市公安局助理巡视员（副厅级）。

李自瑞 男，汉族，定陶县马集镇李园村人，1942年12月出生。曾就读于曹县第一中学。1964年由山东财经学院会计系毕业分配到国防部第五研究院工作。1965年集体转业到第七机械工业部，1969年下放到沈阳军区某部劳动锻炼，1972年返回原单位，曾任航天工业部财务司企业处副处长、处长。1988年评为高级会计师，并被推荐评审为研究员级高级会计师。1991年被评为航天工业部先进工作者。1993年任航天工业总公司财务经济调解部总会计师（副厅级），1996年调任所属供销总公司会计师、副总经理。系航天会计学会第一、二届理事；航天企业管理学会第一、二届理事，第三届常务理事，总会计师研究会理事。曾被评为航天工业部机关先进工作者，两次被航天工业部记二等功，注重理论研究，参与编写《航天工业企业成本管理》《航天工业部科研费管理办法》《科研课题核算办法》《科研收益留成办法》《航天工业部国营企业成本换算办法》等多部专业理论专著。撰写的论文《提高资金使用效益的途径》，被国防科工委评为科技工业管理政策研究报告三等奖。

刘现振 男，汉族，定陶县南王店镇刘桥村人，1942年出生。1961年7月高中毕业后应征入伍，1964年1月加入中国共产党。在部队历任战士，团政治处干事，北京军区空军政治部秘书处秘书、科长、副处长、处长等职。1989年3月任空军第六飞行学院政委，同年被授予大校军衔。其论文《坚持实事求是要把握的几条原则》在《军队政工理论》刊物上发表。

张丕忠 男，汉族，定陶县冉堌镇张坡楼村人，1943年7月出生。1961年7月入解放军第一航空学校（海军飞行学院前身）学习，1963年9月转入海军第二航空学校（海军航空技术学院前身）学习，1964年3月加入中国共产党。1965年10月毕业留校工作，历任政治教员、宣传科干事、副科长。1976年11月调入海军第一航空机务学校任学员队政治教导员，1980年11月任学校训练部机关政治协理员。1982年3月任海军第一航空机务学校政治教研室副主任。1987年12月任海军航空技术专科学校政治教研室讲师。1992年12月任海军航空工程学院分院政治教研室副教授。1994年7月任海军航空技术学院政治教研室副教授。1992年12月被授予大校军衔。系青岛哲学学会会员、青岛科社学会会员、济南军事心理学会会员。

主编和参与编写的《理想•信念•信心》《马克思主义原理教材》《海军战士政治读本》3部书出版发行；撰写的《发挥马克思主义原理优势，强化对学员人生价值观教育》《准确理解政治的科学含义》《确立现代资本经营观》《关于政治的本质问题的思考》等30多篇论文先后发表在《青岛日报》《教学改革经验与结果》《中国军事教育》等军地报刊上。参与国家教育委员会“九五”规划课题《关于未来高技术条件下军事人才政治素质培养》的研究。曾立三等功，受到海军航空兵的嘉奖。

郑寅坤 男，汉族，定陶县天中街道郑庄村人，1943年8月出生。1957年考入曹县第一中学初中部，1960年保送菏泽第一中学读高中，1963年考入中国人民大学中共党史专业学习。1968年毕业分配到甘肃兰州国家建筑工程部第七工程局工作，1978年任第七工程局办公室秘书。1981年调任甘肃省政府办公厅秘书，1983年起先后任甘肃省政府办公厅工交财贸处副处长、综合计划处副处长。1983年撰写的《谈谈基本建设投资效果问题》，发表在甘肃省社科院《社会科学》。1988年8月任甘肃省土地管理局地籍处处长，1995年任甘肃省土地管理局副局长，1996年9月当选为甘肃省灾害防御协会第二届理事，同年11月赴加拿大考察土地规划利用和土地评估工作，接受培训，取得加拿大女皇大学结业证书。曾主编《建筑通讯》，宣传指导建筑工作。1997年4月被评为墙体材料革新先进个人，主持编写的《甘肃省土地利用总体规划》获得国家科技进步二等奖；同年10月参加人事部与国家土地局举办的全国土地用途管制与耕地保护高级研修班，获得结业证书。1998年撰写的《我省耕地资源的合理开发利用与保护》，发表在甘肃省机关刊物《时代学刊》，被收入《中国改革战略研究文汇》《中国跨世纪改革发展文献》《中国新经济》等多部书目中。2000年由其审定的《甘肃土地资源》一书出版。同年任甘肃省国土资源厅助理巡视员。2001年参加省委党校地厅级研讨班，撰写的论文《可持续发展与耕地保护》受到好评。

关绍纪　男，汉族，定陶县杜堂镇七里河村人，1943年出生。1960年考入山东大学历史系，1965年毕业后留校任教。后任山东大学历史系教授，硕士研究生导师。主讲世界现代史、世界当代史、马列名著选读等多门课程。在20世纪七八十年代，曾多次为省、市直属机关和武警山东总队、济南市郊区县及省内大企业的干部读书班、干部专修班讲课。80年代，受山东大学委派，两次从菏泽地区招收学生，开办山东大学专科班，专门为菏泽地区培养人才。积极参加国内外学术交流活动，曾参与全国高等学校招生考试出题及改卷工作。1993年受教育部安排，到欧洲进行学术交流。与人合编的《世界现代史》（山东人民出版社出版）作为教育部部编教材在全国30多所高校使用，多次再版，获山东省教育委员会科研成果二等奖和山东大学科研成果一等奖。主编《世界近现代史精要》《世界近现代史教学备要》（山东教育出版社出版）。侧重美国史特别是中美关系史的研究，学术专著《抗日战争时期美国对华政策与对苏外交》一书（山东大学出版社出版）获山东大学科研成果一等奖，专家著文称该书“对美中日、美中英、美中苏、美国与中国国共两党这几个大三角关系作了精辟的论述，为中国的美国对华外交史研究作出了自己的独特的贡献”。在《文史哲》《东岳论丛》等刊物上发表论文18篇，在学术界产生了较大影响。

李丕显　男，汉族，定陶县冉堌镇石楼庙村人，1943年出生。1960年考入曲阜师范学院中文系，1964年毕业分配到菏泽师范专科学校任教。1985年加入中国共产党。1987年破格晋升教授。1991年调任曲阜师范大学教授、美学研究所所长。后任徐州师范学院教授，徐州师范大学文学院文艺理论教研室教授，徐州师范大学美学研究所所长。系中华全国美学学会理事，山东省美学学会理事，全国民族院校文艺理论学会理事，全国高教学会美育学会理事，山东省作家协会理事，中国中外文艺理论研究会理事。主要致力于美学和文艺学的基础理论的研究，涉猎中外各派美学，对黑格尔美学、自然美系统、审美发生学等课题进行了深入的探讨，对朱光潜先生的美学思想、实践观点美学体系、后实践美学等学术问题进行了首次全面的分析、批评、展开，在国内美学界引起强烈反响和关注。曾多次针对美学界有争议的美学问题提出自己的独到见解。先后提出的原创性学术观点，如实践论和历史唯物论的二位一体化、美学研究的哲学方法、自然和人的深层二重化、美学中介、审美悟性、美感结构、美是自由的形式、形式美的信息性质、形象思维相对独立性、自然美的系统性、审美发生的机制多元性、世界观与创作关系上的简单决定论和机械等同论等等，被美学界评为独具特色赋予原创思想的美学观。先后出版《审美小札》《自然美系统》《审美发生学》《美学初鸣集》《美苑撷英录》《实践美学论辩》《黑格尔美学论稿》《美学导论》《审美教育概论》《美学基础知识》等学术专著和教材10余种。其论著先后获得省部级、省教委（教育厅）和全国性学会优秀成果奖11项次。其中，《自然美系统》获省级一等奖，《审美发生学》获省级二等奖，《审美发生学》《美学研究的哲学方法》《美是自由的形式》等三项均获省教育厅二等奖。1985年获“山东省优秀教师”称号，1993年起享受国务院特殊津贴，1995年获得山东省专业技术拔尖人才称号。调入徐州师大后，获得江苏省“优秀哲学社会科学工作者”称号。

邵冠武 男，汉族，定陶县仿山镇邵堂村人，1944年8月出生。1963年从定陶第一中学毕业考入山东师范学院中文系，毕业后转为现役军人，在部队从事文化宣传工作。1978年转业到山东省柳子剧团，任编导组组长。1982年调到山东省艺术馆从事编辑工作，1985年任艺术馆副馆长。1988年起先后被评为副编审、编审。1990年调任《戏剧丛刊》社副社长，《戏剧丛刊》社与省艺术研究所合并后兼任艺术研究所副所长。长期致力于文艺创作，先后发表、上演《王昭君》《财政局长的星期天》等大小剧本十几部，创作纪录片脚本《为了未来》。其中《王昭君》获省文化厅优秀创作奖，《火车轮子毛驴腿》获1997年度省精品工程奖，《金箭媒》《一喜缘》分别演出200多场和150多场，歌剧《青春交响乐》由中国戏剧出版社出版，《新女婿上门》等两个小戏被山东电视台录像播放。出版有《邵冠武剧作选》。先后发表论文《探索•回归•升华》《代路剧作启示录》《齐鲁剧坛似锦》，诗歌《手》，散文《歌岛》，报告文学《目标，前面那座更高的山峰》《游牧部落新帅》，特写《乡下奇人》等各种体裁的作品数十篇。组织和参加了全省戏剧小品比赛、戏剧小品创作学习班、戏剧理论研讨会、《凤凰林》曲艺大赛、省戏剧剧本评奖、华东六省一市戏剧小品比赛、华东“田汉戏剧奖”评奖等活动。参与主办的《戏剧丛刊》1994年和1996年连续两届被评为全省期刊优秀总体规划一等奖。

郭松亭 字怡和，男，汉族，定陶县南王店镇东郭庄村人，1944年11月出生。1963年7月考入北京工业学院（后为北京理工大学）化学工程系固体火箭燃料专业，1968年7月毕业后到黑龙江省富裕县3249部队劳动锻炼。1970年4月入伍，在沈阳军区旅大警备区农药厂负责技术及生产工作。12月加入中国共产党。1976年12月调到北京海军第三研究院，从事海防飞航式导弹研制工作。1980年海军第三研究所归属航天部，同年转业继续在航天部三院从事海防导弹研制工作。1981年9月评聘为工程师。1991年帮助北京白兰洗衣机厂设计研制成功了“自动化冰箱检测线”，该项目被北京市人民政府评为1991年优秀军转民项目一等奖。1992年9月晋升任为高级工程师。在旅大警备区工作期间，研制成功了生产2.4-D丁酯乳油除草剂新工艺，填补了全国生产这种除草剂的一项空白。在海军第三研究院及航天部工作期间，多次参加型号飞行试验，积累近10万字的数据研制资料，完成各种技术及工作报告100多份，撰写10余篇学术论文，并参加航天部《固体火箭发动机手册》一书的编写，为中国现代化国防科技工业的发展作出贡献。1996年起调到院机关从事质量管理工作，后任航天科工集团派驻第三研究院质量监督代表，主要负责重点研制型号的质量监督工作。

擅长书法，其书名鲁叟子，人称“叟子先生”，任北京神州书画研究会理事、中国书法家协会会员，中国诗书画研究院研究员，中韩文化交流专家委员会委员，全国第三届百名中青年德艺双馨文艺家。凡四十年运笔不辍，篆、隶、楷、草四体皆精，特别是行草书，取瘦金与魏体之长，在长期临池实践中，逐渐形成了自己独特的书体风格，被称为“叟子书法”，为该书法的创始人。其作品多次参加全国书展和北京市书展，在全国许多风景名胜地和寺庙刻石、制匾，并被人民大会堂、北京博物馆收藏。参加全国第二、三、四、五、六届书法大展，全国第一、二、三、四、五届中青年书法家作品展览，国际篆刻交流展和中日篆刻交流展，在日本举办的中国现代美术展览，首届中国书法艺术节名家邀请展，纪念改革开放20周年全国书法名家邀请展，首届全国楹联书法展、全国扇面书法展等。作品曾赴港、澳、台地区及日本国展出。有多篇论文发表于国内外专业报刊，入选全国第三、四届书学讨论会、西泠印社国际印学研讨会、全国隶书学术讨论会。其事迹和作品多次刊发于国内有关报刊，被《中国当代书法家大辞典》《中国当代篆刻家大辞典》《中国当代书法家作品集》《中国著名书画家扇面集》《中国现代美术全集•篆刻卷》《中国印学年鉴》《中南海珍藏书法集》和日本出版的《中国当代美术作品集》等综合性大型辞书收录，被《20世纪国际现代书法篆刻名家作品荟萃》收录并获金奖艺术家称号。著有《叟子书法》。

姜再增 男，汉族，定陶县仿山镇姜庄村人，1944年出生。1964年考入北京外国语学院，1968年毕业分配到国家卫生部外事局工作，曾任副处长、处长。1995年起先后任中医药管理局国际合作司副司长、巡视员，世界中医药学会联合会副秘书长兼学术部主任，世界中医药学会联合会美容专业委员会会长，中华中医药学会美容学会会长，中华中医药学会翻译学会副会长，中华中医药学会药膳学会副会长。

李树印 男，汉族，定陶县黄店镇大李阁村人，1944年出生。1959年6月参加工作，1964年12月应征入伍，1965年12月加入中国共产党。在部队历任战士、站（排）长、副政治指导员、政治指导员，空军司令部政治部干事、团政治处副主任等职。1967年作为全军积极分子出席6兵种两学院职工代表大会，1969年当选为通信兵党代表大会代表，1970年当选为空军司令部机关党委委员。1978年10月转业到山东省直属机关工作。1984年1月调到中共山东省委统战部，先后任办公室副主任、主任。1988年12月任中共山东省委统战部副部长，1996年兼任山东省工商业联合会党组书记。撰写的文章《把工商联工作推向一个新台阶》在《山东通讯》发表，并在《中国统一战线》发表文章多篇。参与编写《中国共产党党务管理》统战工作部分。

李景才 男，汉族，原籍定陶县南王店镇水庙村，1945年4月出生于天津市塘沽区。1962年参加工作，曾任塘沽第二建筑公司副经理，塘沽区生产服务管理局公司经理，塘沽第一建筑工程公司经理、党委书记，天津市塘沽第一建筑工程总公司总经理、党委书记，天津市宁泰投资经营公司董事长、党委书记等职。2001年12月任天津宁泰投资经营有限公司董事长、党委书记。单位先后获天津市市级先进企业、市级精神文明先进单位、全国建筑企业先进集体、全国建筑企业全面质量管理“金屋奖”以及区级各种先进称号53项。他多次获得市、区级“先进工作者”“优秀共产党员”称号，先后被评为塘沽区第二届和第三届优秀专业技术拔尖人才，4次被评为天津市劳动模范，获天津市“特等劳动模范”称号，先后被评为全国优秀企业家、建设部劳动模范，1995年获全国“劳动模范”称号。连续两届当选为塘沽区人民代表大会代表、区人民代表大会常务委员会委员。系中共天津市第七次代表大会代表。

刘传民 男，汉族，曹县倪集乡刘楼村人，1945年9月出生。1965年考入山东医学院，1970年毕业分配到定陶县商业系统职工门诊部任保健医生。1973年调入定陶县人民医院，1979年任内科副主任。1983年加入中国共产党。1984年任定陶县人民医院副院长、党总支委员。1987年被评为主治医师。1992年被县委、县政府命名为专业技术拔尖人才。1993年晋升为副主任医师，1998年晋升为主任医师。系定陶县科学技术协会常委，政协定陶县第二、三、四、五、六届委员会委员，中华医学会定陶分会副理事长，中华医学会菏泽分会理事、急诊分会副主任委员。

许秀玲 女，汉族，定陶县黄店镇牛楼行政村李庄村人，1945年10月出生。1964年从定陶第一中学考入山东大学数学系。毕业后分配到青岛化工学院任教，曾任学院信息控制学院党总支委员。1992年被评为副教授，后晋升为教授。在国家级和省级报刊先后发表20余篇论文。编写的《线性代数》一书，1992年由电子工业出版社出版；《概率统计》一书，1999年由海洋出版社出版。多次被评为青岛市先进工作者，青岛市“三八”红旗手。1993年被评为山东省优秀教师。

潘建荣 男，汉族，定陶县半堤镇潘楼村人，1945年12月出生。1963年8月参军。1968年退伍后，先后在定陶县广播站、梁山轴承厂、菏泽地区直属机关武装部工作，曾任宣传干事、武装干事、武装部长。1981年10月起，先后任菏泽地区职工教育办公室科级秘书、业务科长、副主任、菏泽地委驻巨野县工作大队队长。1990年6月任单县副县长。1993年2月后，先后任菏泽地区计生委副主任、党组副书记，主任、党组书记。1995年被评为山东省劳动模范。2001年1月任菏泽市政协副主席兼人口资源环境委员会主任、山东省计生协会理事。2003年1月任菏泽市人大常委会副主任兼民侨外委员会主任。2005年6月任菏泽市历史文化与中华古代文明研究会会长。主编《人口理论基础知识》《人口婚育家庭》《计生儿歌大家唱》等书，编辑《菏泽历史文化与中华古代文明研究》和《二十五史所见菏泽人物考》。发表论文40余篇，其中《重视儿童人口教育》一文被《中国人口报》头版头条登载，被评为山东社科成果一等奖。

文廷良 男，汉族，菏泽市牡丹区人，1946年4月出生，中共党员。1965年7月至1970年8月在山东工学院一机系热处理专业学习。1970年8月至1980年10月任菏泽县金属制品厂技术股副股长、支部副书记、革委会主任、支部书记。1980年10月至1983年2月任菏泽县经委副主任。1983年2月至1984年1月任菏泽县副县长。1984年1月至1985年11月任县级菏泽市委常委、副市长。1985年11月至1989年7月任菏泽地区经委副主任。1989年7月至1989年12月任梁山县委书记。1989年12月至1997年5月任定陶县委书记。1997年5月至1997年12月任菏泽地区人事局局长、编委办主任。1997年12月至2000年5月任菏泽地区政协工委副主任兼地区人事局局长、编委办主任。2000年5月至2001年1月任菏泽地区政协工委副主任。2001年1月至2003年3月任菏泽市人大常委会副主任、党组成员。2003年3月至2006年2月任菏泽市人大常委会副主任、党组成员，市人大城乡建设环境保护委员会主任。2006年2月任菏泽市人大常委会副主任、党组成员，市人大内务司法工作委员会主任。

司春林 男，汉族，定陶县黄店镇司庄村人，1946年4月出生。1965年秋考入复旦大学数学系，大学毕业后留校任教，先后在数学系、管理科学系任助教、讲师、副教授、教授，管理科学与工程博士生导师，复旦大学创业与创业研究中心主任，在复旦大学管理学院从事本科生、研究生、MBA、博士生教学及科学博士后流动站的管理工作。曾担任微观经济学、宏观经济学、管理经济学、经济与管理中的模型等课程的教学。研究领域包括技术经济与管理、国民经济调控、产业结构与政策。先后负责完成2项国家级自然科学基金项目、4项上海市政府重大咨询项目，并在国外独立完成2个研究项目和1个合作项目。在国民经济调控领域研究专著《经济控制论》获国家教育委员会人文社会科学优秀科研成果奖。在产业结构与政策的研究中，两次获得上海市科技进步奖；在技术经济与管理领域的研究中，获得1项国际学术奖。被评选为全国9个优秀数量经济学者之一。曾以访问学者、高级访问学者、客座教授、客座研究员身份在中国香港地区及美国、日本等名牌大学与研究机构进行访问和做研究工作。

崔树森 男，汉族，定陶县杜堂镇许堂村人，1946年7月出生。1969年8月毕业于哈尔滨工业大学，分配到黑龙江省农机厂任助理工程师。1978年10月攻读哈尔滨工业大学硕士研究生。1981年4月到机械工业部哈尔滨焊接研究所工作，先后任工程师、高级工程师、教授级高级工程师，研究所主任、总工程师。曾获国家科技进步二等奖1项，国家发明四等奖1项，机械部科技进步二等奖1项，省、部级一、三等奖各1项，发明专利1项。发表学术论文20余篇。先后被评为哈尔滨市、黑龙江省、机械工业部及国家级有突出贡献的专家，享受政府特殊津贴。黑龙江《科技报》曾以《新闻人物崔树森》为题报道其先进事迹。

李松亭　男，汉族，曹县申楼乡何姚庄村人，1946年8月出生。1965年8月考入解放军铁道兵工程学院，毕业后分配到当时正处在抗美援越战场的铁道兵第13师61团，先后任团政治处书记、宣传股干事，师政治部宣传科干事，铁道兵第三新建铁路管理处政治处干事等。1978年10月转业到定陶县人民政府办公室工作，先后任秘书、副主任。1984年4月任中共定陶县委企业政治工作办公室主任。1985年10月任定陶县人民政府副县长，后代理县长，1993年1月任中共定陶县委副书记，3月任定陶县人民政府县长、党组书记。1996年1月调山东省国税局任政工处处长。

张旺栋　男，汉族，定陶县张湾镇沙山寺村人，1948年5月出生。1975年7月于山东大学外文系日语专业毕业，从事日本问题研究工作。1986年在早稻田大学进修半年。1990年至1999年在《金融日报社》从事新闻工作，高级记者。1993年9月作为《金融日报》首任驻日本记者被派驻东京，1997年10月任期届满回国。期间，对日本及国际上发生的经济、金融、贸易等重大事件和动向、日本著名人士和团体、中日两国经济与金融合作、访问日本的中国家领导人及重要团体等及时进行了报道。后在中国中日关系史学会工作，曾任中国中日关系史学会副秘书长、常务执行理事。在国内《世界政治与经济内参》等及日本刊物上发表有关日本政治、经济、金融等方面的论文多篇。独译或合译日本论文和书刊《日本的崛起》等；参与编辑和编写《友谊铸春秋——为新中国做出贡献的日本人》一书。

孔令昌　男，汉族，定陶县仿山镇人，1948年10月出生。中共党员。1966年11月至1968年6月任定陶县黄店公社团委干事。1968年6月至1972年6月任定陶县化工厂办公室干事。1972年6月至1973年3月任定陶县革命委员会政工部群工组干事。1973年3月至1976年7月任定陶团县委常委。1976年7月至1978年7月任定陶县南王店公社党委副书记。1978年7月至1979年5月任定陶县南王店公社党委书记。1979年5月至1980年6月任定陶县万福公社党委副书记。1980年6月至1981年1月任定陶县张湾公社党委副书记、革委会主任。1981年1月至1983年9月任定陶县张湾公社党委副书记、管委会主任（其间：1981年9月至1983年7月在山东师范大学干修科中文系学习）。1983年9月至1984年1月任定陶县姑庵公社党委书记。1984年1月至1984年12月任定陶县陈集镇党委书记。1984年12月至1987年1月任东明县委副书记。1987年1月至1988年9月任东明县委副书记、县长。1988年9月至1990年2月任东明县委书记。1990年2月至1993年1月任东明县委书记兼县人大常委会主任。1993年1月至1997年12月任菏泽地区行署副专员、党组成员。1997年12月至2000年11月任菏泽地委副书记。2000年11月至2003年2月任菏泽市委副书记。2003年2月任菏泽市政协主席、党组书记。系七届省人大代表，九届省政协委员，省九次党代会代表。

李广生　男，汉族，山东省梁山县杨营乡安春李村人，1948年出生。1969年1月起在梁山县野猪淖中学任教。1971年1月入山东大学化学系读书，1973年12月毕业后任梁山县芦里公社党委秘书。1976年10月起先后任梁山县银山公社党委副书记，大路口公社党委副书记、革命委员会主任，1982年9月任梁山县韩岗公社党委书记。1983年3月任梁山县人民政府副县长。1984年1月任中共鄄城县委副书记，鄄城县人民政府县长、党组书记。1985年10月任中共鄄城县委书记兼鄄城县人民武装部党委第一书记。1989年8月任中共定陶县委书记兼定陶县人民武装部党委书记，同年12月调任中共梁山县委书记兼梁山县人民武装部党委书记。1993年5月起先后任中共济宁市委秘书长，中共济宁市委常委、秘书长，济宁市人民政府副市长。

郭绪福　男，回族，定陶县陈集镇中沙海村人，1949年3月出生。1965年11月任中沙海生产大队团支部书记，后任中沙海大队革命委员会副主任。1976年10月任中共定陶县委派驻万福公社整党工作组组长，同年12月任驻马集公社工作组组长。1979年任中沙海大队副大队长，1984年1月任中沙海村党支部副书记，1990年3月任中沙海村党支部书记、中沙海裘革制品厂经理。1994年11月任陈集镇党委副书记兼中沙海村党支部书记，山东福鹏裘革集团有限公司总经理。2004年12月任中沙海村村民委员会主任，2005年3月任该村党支部书记。

他多次被菏泽地委、行署命名为“奔小康带头人”“优秀农民企业家”。1993年10月被国家民族委员会授予“全国少数民族优秀厂长（经理）”称号。1994年被山东省人事厅、山东省教育委员会授予“尊师重教先进个人”称号。同年10月被国务院授予“全国民族团结进步模范”称号。1995年10月被评为“全国劳动模范”，参加“五一”全国劳动模范表彰大会，连续两年参加国庆观礼活动，受到中共中央总书记、国家主席江泽民等领导人的亲切接见，并合影留念。1997年当选为中共第十五次全国代表大会代表。

刘本明 男，汉族，曹县青堌集镇朱庄行政村人，1949年7月出生。1969年参加工作，1971年4月加入中国共产党，大学文化。曾任朱庄大队团支部书记、党支部委员，曹县安蔡楼公社党委委员。1971年11月任曹县邵庄公社团委书记、党委秘书。1976年9月先后任共青团曹县县委秘书、组织部部长、副书记。1984年1月任曹县南李集乡党委副书记、乡长，1986年7月任曹县青堌集镇党委书记、中共曹县县委候补委员。1989年12月任曹县人民政府副县长、中共曹县县委委员（其间，到胶州市挂职任副市长1年）。1993年1月任菏泽地区油区工作办公室副主任。1994年初任东明县人民政府副县长。1998年1月任中共定陶县委常委，定陶县人民政府党组副书记、常务副县长。2001年3月任政协定陶县委员会党组副书记、副主席，2004年12月任政协定陶县委员会党组书记、主席。记大功2次，通令嘉奖1次。

赵恩信 男，汉族，定陶县张湾镇张湾村人，1949年9月出生。1967年1月参加工作。1970年12月应征入伍，先后任6160部队战士、文书、排长、助理员。1979年9月调济南军区装甲兵技术部任助理员。1982年12月任济南军区司令部装甲兵部参谋，1985年8月起先后任器材处副处长、处长。1994年3月任54685部队装备技术部副部长，同年被授予大校军衔。1987年研制的“坦克器材自动保养线”、1993年研制的“装甲器材业务工作管理系统”，分别被评为军队科技进步二等奖。撰写学术论文20余篇，其中有5篇被总部、军区评为优秀学术论文，1990年获军区司令部新闻报道三等奖，1992年获《人民装甲兵》杂志积极作者二等奖。对自己严格要求，多次拒绝地方人员的请客送礼，军区司令部曾专门作出《关于赵恩信拒受“贿赂”“回扣”情况》的通报，号召党员干部向其学习。

刘训灿 男，汉族，定陶县马集镇大刘楼村人，1950年4月出生。1968年于定陶农校毕业后在谷胡同小学任民办教师。1969年5月起先后任定陶县邮电局投递员、秘书。1977年初调菏泽地区邮电局任组织宣传科副科长，同年7月调山东省邮电管理局办公室任综合文字秘书，1985年任办公室副主任，1992年任办公室主任。曾兼任山东省邮电企业管理协会常务理事、副秘书长、秘书长、副理事长，山东省集邮协会常务理事。1988年被评为经济师，1993年晋升高级经济师。2001年任山东省邮政局副局长。曾兼任《人民邮电报》《大众日报》《山东邮电报》《邮电企业管理》和山东人民广播电台记者、通讯员，撰写600余篇消息、通讯、专访和理论文章，连续多年被评为优秀记者、优秀通讯员。利用业余时间完成《山东年鉴》1987年至1998年邮电系统全部条目的撰写，多次被评为优秀撰稿人。参加《领导干部百科辞典》《中国邮电百科全书》综合卷的编撰工作，主编《电话使用指南》《通讯行政管理导读》等书。被中华全国总工会授予全国支持工会工作积极分子称号。

张秀长 男，汉族，单县龙王庙乡朱破楼村人。1950年出生。1970年参加工作，先后任单县龙王庙公社团委副书记，单县张集公社党委常委、团委书记，中共单县县委委员、团县委书记，单县郭村公社党委书记，单县县委常委、纪委书记，单县县委副书记兼政法委书记。1989年7月任中共定陶县委副书记、县政协主席、党组书记。1993年2月任菏泽地区交通局局长、党委书记。2006年2月任菏泽市人大副主任。

马思爱 男，回族，定陶县陈集镇前沙海村人，1950年出生。曾任陈集镇前沙海行政村皮厂厂长、村民委员会主任、村党支部书记，菏泽市（地区）乡镇企业家协会常务理事。任职期间，先后从皮厂拿出100多万元扶持农业生产，打井、办电、兴修水利及开展农资、农机、农技等项服务，使全村133多公顷耕地实现了水利化、机械化，改善了生产条件，提高了作物产量。另外，每年拿出20万元，减轻农民负担。先后拿出150余万元在村里铺柏油路、安装路灯，建敬老院、幼儿园、卫生院等。1997年拿出资金65万元实施除氟改水工程，使全村人喝上了合格的自来水。所领导的定陶县吉光裘革皮毛有限公司被评为山东省A级纳税信用单位。他于1993年被省政府评为山东省优秀农民企业家，1998年当选为第九届全国人民代表大会代表，2005年5月被国务院授予“全国民族团结进步模范个人”。

张振江 男，汉族，定陶县孟海镇张坡楼村人，1951年2月出生。曾就读于定陶第五中学。1968年3月应征入伍，在解放军总字121部队先后任战士、班长。后到西安解放军第二炮兵工程学院学习，获本科学历。毕业后历任排长、团政治处干事，第二炮兵工程学院教员、政治部干事、学员队政治教导员。1991年任团政治委员，1994年任第二炮兵工程学院二系政治委员（副师级），后任学院政治部副主任、主任。2003年任第二炮兵装备研究院政治委员。2005年晋升少将军衔。

李玉华 男，汉族，定陶县人，1951年2月出生，中共党员，高级经济师。1970年5月至1982年8月在曹县鞋帽服装社、县橡胶厂工作。1982年8月至1983年3月任曹县棉纺厂生产科副科长。1983年3月至1984年2月任曹县橡胶厂厂长。1984年2月至1986年8月任曹县橡胶厂厂长、党支部副书记。1986年8月至1991年1月任曹县橡胶厂厂长、党支部书记。1991年1月至1993年4月任曹县工业局局长、党组副书记。1993年4月至1997年1月任曹县副县长。1997年1月至1997年12月任菏泽地区经贸委副主任、党委委员。1997年12月至2000年6月任县级菏泽市委副书记。2000年6月至2001年3月任菏泽地区经贸委主任、党委书记。2001年3月至6月任菏泽市经贸委主任、党委书记，菏泽开发区党工委书记、管委会主任。2001年6月至2004年12月任菏泽开发区党工委书记、管委会主任。2004年12月至2006年2月任菏泽市经济开发区党工委书记、管委会主任。2006年2月任菏泽市人大常委会副主任、党组成员。系第六次、九次中共山东省代表大会代表。

李清安 男，汉族，成武县苟村集镇人，1951年11月出生，大学文化。1968年9月参加工作，1973年5月加入中国共产党。曾任成武县副食品加工厂工人，成武县农机厂工人、厂党总支委员、团支部书记。1975年9月挂职成武县南鲁公社党集管区主任。1976年6月任成武县工业局副局长、丝绸公司副经理。1981年11月任成武县郜鼎集公社党委副书记（其间，1982年9月至1986年6月在山东师范大学中文系专科班学习）。1984年6月任成武县经济委员会副主任。1987年1月任成武县成武镇党委书记。1989年12月任成武县经济委员会副主任。1990年3月任成武县人民政府办公室主任兼法制局局长。1993年1月任中共成武县委常委、办公室主任（其间，1993年9月至1996年6月在山东干部函授大学法律本科班学习）。1997年1月任中共定陶县委常委、定陶县纪律检查委员会书记。2001年3月任中共定陶县委副书记、定陶县纪律检查委员会书记。2003年1月任定陶县人民代表大会常务委员会主任、党组书记。2000年被省纪委、监察厅、人事厅记二等功奖励；定陶县纪委在全国纪检监察系统5年一度的评选中被授予“全国纪检监察系统先进集体”称号。2001年获中央纪委、监察部通报嘉奖，并被中央纪委办公厅授予“信息工作先进个人”称号。2007年12月退休。

邵好学　男，汉族，定陶县人，1952年3月出生，中共党员，大专文化。1976年11月至1980年3月任定陶团县委副书记。1980年3月至1980年11月在菏泽团地委工作。1980年11月至1984年2月任菏泽团地委办公室主任。1981年1月至1982年12月在山东师范学院干修科中文专业学习。1984年2月至1986年5月任菏泽团地委书记。1986年5月至1987年1月任菏泽团地委书记、梁山县委副书记（正县级）。1987年1月至1989年8月任梁山县委副书记（正县级）。1989年8月至1990年2月任梁山县委副书记、县政协主席。1990年2月至1993年5月任菏泽地委宣传部副部长（正县级）。1993年5月至1997年5月任菏泽地委副秘书长、调研室主任。1997年5月至12月任菏泽地委副秘书长、政研室主任。1997年12月至2002年12月任鄄城县委书记。2002年12月至2003年2月任菏泽市市长助理。2003年2月任菏泽市副市长、市政府党组成员。2006年2月任菏泽市人大常委会副主任、党组副书记。2012年2月，任菏泽市人大常委会党组副书记、菏泽市总工会主席。

何茂远　男，汉族，定陶县人，1952年6月出生，副主任医师。1968年9月至1973年9月为单县终兴公社刘砦下乡知青。1973年9月至1975年8月在菏泽医学专科学校医士专业学习。1975年8月至1978年3月任单县曹庄医院医生。1978年3月至1983年4月任单县中心医院外科医生。1983年4月至1984年7月在省肿瘤防治研究院胸外科进修学习。1984年7月至1987年4月任单县中心医院胸外科医生。1987年4月至1988年7月在上海胸科医院心外科进修。1988年7月至12月任单县中心医院心胸外科医生。1988年12月至1993年7月任单县中心医院心胸外科主任、主治医师。1993年7月至1995年11月任单县中心医院副院长、心胸外科主任、主治医师。1995年9月至1996年12月在山东医科大临床医学专业函授学习。1995年11月至1997年12月任单县中心医院副院长、副主任医师。1997年12月至2001年1月任单县副县长。2001年1月至2002年2月任菏泽市副市长。2002年2月至5月任九三学社菏泽市委主委，菏泽市副市长。2002年5月至2005年9月任九三学社省委常委，九三学社菏泽市委主委，菏泽市副市长。2005年9月任九三学社省委常委，九三学社菏泽市委主委，菏泽市副市长兼红十字会会长。系九届省人大代表。2008年1月任菏泽市政协副主席、台港澳侨民族宗教委员会主任、菏泽市红十字会会长。2009年2月任菏泽市政协副主席、台港澳侨民族宗教委员会主任。第九届山东省人民代表大会代表。

许素海　男，汉族，定陶县杜堂镇许堂村人，1952年10月出生。1977年8月于菏泽供销学校毕业后留校任教。1979年7月加入中国共产党。1980年10月调任菏泽地区供销合作社干事。1981年2月调中共菏泽地委组织部，先后任干事、科级组织员、干审科科长。其间曾在菏泽师专学习，1985年9月获得干部专修中文系专业专科学历。1989年10月任中共东明县委常委、组织部部长，1993年1月任中共东明县委副书记。1994年6月任中共巨野县委副书记，巨野县人民政府县长、党组书记。1996年2月任中共巨野县委书记兼巨野县人民武装部党委第一书记。一年在党报党刊发表6篇文章，在《菏泽日报》上发表的《加强党性锻炼，提高领导效能》一文，地委书记批示要求广泛宣传；《加快两个转变，促进经济发展》被《山东政报》刊载。1996年下半年，参加省副厅局级领导干部的“一推双考”，11月任山东省档案局党组成员、副局长、省档案馆副馆长。2002年任山东省科学技术协会副主席、党组副书记。

乔方水　男，汉族，定陶县仿山镇乔楼村人，1953年6月出生。1972年11月从定陶第一中学高中毕业，同年应征入伍。1974年4月加入中国共产党。同年8月任某部坦克团1连3排排长，后任作训科参谋、坦克连连长、坦克营营长、坦克乘员训练队队长、坦克旅副参谋长，广州军区装甲兵司令部参谋等职。先后26次受军区领导等上级的表彰、奖励，多次立功。1974年参加西沙反击战，立三等功1次；1978年参加广州军区军事大比武，获第二名，立三等功1次；1979年参加对越自卫反击战，立三等功1次。作战中不幸负伤，被评为二等残疾军人。1983年8月在广州军区组织的抗洪救灾中，立二等功1次。1990年转业到中国对外贸易中心工作，后任贸易中心行政部经理。

李祝华 女，汉族，原籍定陶县张湾镇李家村，1953年10月出生于湖北省建始县。中共党员，硕士研究生学历。国家一级演员，著名歌剧表演艺术家。系中国音乐家协会会员、中国戏剧家协会会员、湖北省高级专家协会会员、湖北省剧协理事、湖北省文化艺术类高级职称评审委员会评委。享受国务院颁发的政府特殊津贴。曾先后出席中共第十二次代表大会，第四次世界妇女大会，第八次全国妇女代表大会。

郭俊山 男，汉族，定陶县马集镇郭庄村人，1953年11月出生。1972年12月应征入伍，在广州警备区先后任战士、班长、排长、副连长、连长、副营长、营长。1988年任广东省武警总队副处长，后任处长。勤奋好学，先后获解放军广州政治学院、广州师范学院大专文凭和中国政法大学本科文凭。1994年在广东省武警总队处长的岗位上被广东省公安厅选调，转业任广东省公安厅交警总队代理支队长，后在广东省公安厅外事办公室工作，国家一级警督。曾荣立三等功。

张克敬 男，回族，定陶县天中街道南城社区人，1953年11月出生。1974年考入兰州铁道学院内燃机车专业学习，1977年9月毕业分配到西宁铁路局西宁机务段工作。先后任技术员、技术主任、总工程师、副段长、段长等职务。1994年1月任西宁铁路分局副局长（正处级），先后分管机务、运输、安全工作。1997年度被授予“兰州铁路局优秀共产党员”称号，1998年度被授予“兰州铁路局优秀领导干部”称号。2001年6月调青藏铁路公司筹备组工作，任副组长，精心组织完成筹备阶段的各项工作。2002年9月青藏铁路公司正式成立，被铁道部任命为青藏铁路公司副总经理、党委委员（副局级）。2006年7月被中共西藏自治区委员会、西藏自治区人民政府授予“青藏铁路建设劳动模范”称号。

盛选军 男，汉族，定陶县杜堂镇盛庄行政村人，1953年出生。1972年10月高中毕业应征入伍，在第146师后勤部卫生科军马所任卫生员。1974年12月加入中国共产党。1976年3月调入广州军区第157医院净水组工作。1977年8月入解放军第一军医大学军医系学习3年，毕业后分配到第157医院骨科任医师。1985年至1987年在第三军医大学复训学习及进修骨科。1994年调入广州军区后勤部净水研究所任副研究员，1998年6月任研究所所长（师级），大校军衔。在部队长期从事骨科治疗和净化水处理研究工作，是广州军区从事该方面工作的专家之一。数十次参加国际、国内、军内专业会议，交流论文，切磋技术。因科研工作成绩突出，1989年、1996年和2001年3次立三等功。

李建华 男，汉族，原籍定陶县半堤镇李花园村，1954年2月出生于江苏省苏州市。1973年12月应征入伍，在兰州军区某部任战士。1976年3月加入中国共产党，4月任营通信排排长。1977年调任加农炮3连指挥排排长。1978年考入解放军后勤工程学院建筑工程系供电与自动化专业学习。1982年7月毕业分配到兰州军区后勤部建筑设计院任助理工程师，从事营房工程设计工作。1985年11月调兰州军区后勤部基建营房部，先后任副营职、正营职助理员。1989年10月任步兵第56师后勤部营房科科长、工程师。1992年主持兰州军区西安地区干部安居住房建设工作，组建兰州军区西安九州房地产公司，任法人代表，后相继担任兰州军区干部住房发展中心西安办事处、全军安居工程建设西安领导小组法人代表（正团职），负责组织部队在西安的安居工程经济适用房的建设。先后获科技进步奖11项，其中“西北地区取暖区划”“热水取暖炉”分别获全军科技进步一、二等奖。1990年获得的一等奖填补了西北战区无此奖项的空白。在实践的基础上，组织编写

《锅炉无压改造技术》一书，在全军进行技术推广。1992年主持完成的全军区第一个军队安居工程小区建设任务，得到中央军委和总部的充分肯定，随之推广到各大军区。

袁绍纪 男，汉族，定陶县滨河街道东王店村人，1954年7月出生。1972年高中毕业后应征入伍，在济南军区防化13团任卫生员。不久，被选送到济南军区军医学校学习2年，毕业后在济南军区总医院神经外科任护士。后考入解放军第二军医大学学习，获学士学位，毕业后回到济南军区总医院先后任军医、主治军医。1985年至1988年在第二军医大学长征医院学习，获硕士学位。后任济南军区总院神经外科主任，主任医师，临床医学博士。著名神经外科专家。济南军区专业技术拔尖人才。系中华医学会会员，全军神经外科专业委员会常委，山东省医学会神经外科分会副主任委员，济南军区神经外科专业组主任委员，泰山医学院硕士研究生导师，《中华神经医学杂志》《中华神经外科疾病研究杂志》编委。其先进事迹和科研成果曾在中央人民广播电台《人民子弟兵》节目中播出，《光明日报》《健康报》《济南日报》《前卫报》等予以报道。

李玉江 男，汉族，定陶县黄店镇高庙村人，1954年8月出生。1982年1月于山东师范学院毕业留校任教。1998年获中国人民大学经济学博士学位。后任山东师范大学人口资源与环境学院副院长兼地理系主任、教授、硕士研究生导师、博士研究生导师。系山东省重点学科——人文地理学学术带头人，区域经济学硕士学位点负责人，山东师范大学特聘岗位教授，首批山东省人口专家咨询委员会委员，山东省哲学社会科学评奖专家委员会成员，山东省社科规划专家委员会成员，中国地理学会理事、山东省地理学会副理事长。享受国务院颁发的政府特殊津贴。

赵学良 男，汉族，定陶县冉堌镇赵庄村人，1954年9月出生。1972年12月应征入伍，不久，加入中国共产党。在陆军第55军第165师通信营先后任电台报务员、排级报务员、司务长。1978年12月任第165师后勤部军需科正连职助理员，1981年3月任副科长。曾多次获得三等功。1987年6月任第163师后勤部副部长，1990年11月任部长。1995年12月，被授予广州军区“先进个人”称号。1996年4月任广东省潮州军分区后勤部部长。1998年12月，被广东省军区记一等功。1999年12月任广东省军区后勤部副部长。大校军衔。2006年1月任广东省云浮军分区司令员。

王瑞海 男，汉族，定陶县黄店镇周海王庄人，1955年1月出生。1972年12月应征入伍，1974年10月加入中国共产党。先后任陆军第41军警卫连战士，射击运动员，警卫连班长、排长、副连长、连长。1983年10月任第121师363团1营副营长，1984年3月任2营营长，1985年9月任364团2营营长，1987年4月任第41集团军司令部副团职参谋。1988年9月至1989年8月在中国人民国防大学学习。1989年10月任陆军第41军第123师367团（塔山英雄团）团长，1994年1月任第123师参谋长，1996年3月任副师长。1996年7月任陆军第41军第121师副师长。2000年任广州军区某军事训练基地司令员，后调任某军事训练基地司令员。大校军衔。1992年至1996年当选为广西壮族自治区第八届人民代表大会代表。曾5次立三等功。广州军区《战士报》和《中国青年报》对其事迹进行专题报道。

郝友存 男，汉族，定陶县冉堌镇郝庄村人，1955年1月出生。1972年12月应征入伍，在陆军第42军第125师任战士。1974年3月入空军第二预校任学员，1975年9月任第二预校1大队2队区队长，1976年5月任1大队干事。1977年6月被选拔到空军政治部干部部工作，曾任任免科干事，任免二处营职干事、副团职干事。1989年8月任空军政治部办公室秘书处副团职秘书。1991年2月任空军政治部干部部任免二处处长。1994年10月任空军政治部干部部副部长。1998年9月任空军司令部军事代表局政委，被授予空军大校军衔。

刘殿毅 男，汉族，菏泽市都司镇白刘庄人，1955年2月出生。1975年5月加入中国共产党，同年11月参加工作。曾任菏泽县都司公社宣传干事、团委副书记、党委秘书。1978年11月调地委组织部工作，先后任干事、青年干部科副科长、科长。1989年10月任定陶县人民政府副县长，1993年4月任中共定陶县委副书记，1995年1月任定陶县人民政府县长，1997年6月任中共定陶县委书记兼县长，1998年3月任定陶县委书记、定陶县第十四届人大党委会主任。2000年12月任中共菏泽市委常委、市委秘书长。2004年6月任山东教育学院党委副书记，2010年4月任齐鲁师范学院党委副书记。曾是山东省第七次党代会代表。

陈怀珍 男，汉族，定陶县冉堌镇田集村人，1955年9月出生。1975年高中毕业后任田集联中民办教师。1978年考入青岛化工学院化学系。1982年大学毕业分配到中国煤炭科学研究总院北京煤化学研究所分析研究室（国家煤炭质量监督检验中心）工作，后任工程师、党支部书记。1993年6月任总院北京煤化学研究所办公室主任、高级工程师，兼任全国煤炭标准化技术委员会秘书长，中国煤炭学会煤化学专业委员会秘书长。1998年1月起任中国煤炭科学研究总院北京煤化学研究所煤质研究室主任。2001年任神华集团煤炭运销总公司副总经理、总工程师，获国务院特殊津贴。系ISO/TC27/SC5专家组成员，山东矿业学院济南分院兼职教授。长期从事煤化学、煤质与煤分析及其煤炭标准化等方面的研究及管理工作。曾参加并负责多项国家及省部级科研项目的研究，负责起草、修订多项国家级煤炭行业标准。其研究成果获能源部和国家质量技术监督局科技进步奖。主持和参加研究完成的国家及省部级科研项目有“中国煤种资源数据库”“动力配煤固硫助燃剂的研究”等10余项，主持和完成多项国际合作项目。主要著作有《动力煤利用技术》（副主编，中国标准出版社出版）《动力配煤》（副主编，中国煤炭工业出版社出版）等。在国内外刊物上发表论文30多篇。其事迹被编录到《中国专家名人辞典》。

邓广民 男，汉族，定陶县仿山镇邓集村人，1955年9月出生。大学本科学历，中共党员。1974年高中毕业后应征入伍，在云南西双版纳小猛养109兵站电台任报务员。1976年任总后第二十二分部通信连报务员，后任总后第二十二分部指挥台台长。1979年1月，参加对越自卫反击战。1984年6月参加两山对越拔点作战。同年9月任总后第二十二分部政治部组织干事。1985年10月转业到云南省高级人民法院工作，历任云南省高级人民法院政治部内勤、助理审判员、干部人事处副处长、审判员、法官管理处副处长、刑事审判庭副庭长、挂职云南省凤庆县人民法院副院长，中华人民共和国四级高级法官、三级高级法官、二级高级法官。2013年4月因病退休。退休后任昆明市山东菏泽商会执行会长。系云南毛泽东诗词研究会会员。

魏淑元 男，汉族，定陶县人，1955年出生。1976年2月参加中国人民解放军，1977年7月加入中国共产党。入伍后，历任济南军区守备第27团排长、政治处干事、内长山要塞区政治部联群处干事。1983年5月调济南军区政治部联络部，历任干事、处长、副师职专职干部。2003年11月任菏泽军分区副政治委员。1984年9月—1986年7月在南京政治学院学习。1998年9月至2001年7月在中央党校领导干部班学习。入伍后立三等功1次。2001年授大校军衔。

李庆奎 男，汉族，定陶县滨河街道大楚庄村人，1956年3月出生。1982年毕业于山东工业大学，在菏泽电业局先后任技术员、修试所团支部书记等职。1985年5月调山东省电力局干部处工作。1987年1月起先后任沾化发电厂党委副书记、副厂长、厂长。1992年10月任菏泽发电厂党委书记、厂长。1995年10月起先后任中共中央纪律检查委员会、监察部驻电力部纪检组副局级纪检员、监察局副局长，国家电力总公司监察局局长，国家电力发展集团总公司副总经理。2007年11月任中国国电集团公司副总经理，2008年3月任中国国电集团公司党组书记、副总经理。同年6月任中国华电集团党组书记、副总经理，2013年11月任中国华电集团公司董事长、党组书记。

张九勋 男，汉族，定陶县陈集镇七一行政村张庄村人，1956年3月出生，大专文化。第十届全国人民代表大会代表。1983年参加工作，先后任乡镇企业会计、厂长。1988年任陈集镇工业公司经理。1993年创办山东都庆股份有限公司，任董事长。被共青团中央、国家科委授予“全国青年星火带头人”，获得“山东省乡镇企业优秀厂长（经理）”称号和山东省富民兴鲁劳动奖章，第十届全国人大代表，2003年获“山东省劳动模范”称号，2005年获“全国劳动模范称号”。2009年，作为发起人，组建天中山药合作社，带领附近农民利用地域优势发展山药产业，2010年在北京主办“陈集山药”新闻发布会对陈集山药宣传推广。2014年，创办山东天久实业集团有限公司，任董事长。

张学明 男，汉族，定陶县孟海镇苗堌店村人，1956年5月出生，中共党员，研究生学历。1975年7月从青海省玉树藏族自治州民族师范学院毕业留校任教。1982年12月任中共玉树自治州委办公室秘书，1984年6月任办公室副主任。1987年7月任中共玉树自治州称多县委书记。1989年8月任青海省人民政府经济中心处级秘书。1990年9月任青海省畜牧厅政治处主任。1991年被评为经济师，1994年3月晋升为高级经济师，同年5月任青海省畜牧厅副厅长。1996年6月任农业部安徽动植物检疫局局长、党委书记。1997年8月任青海省畜牧厅副厅长（正厅级）兼青海省畜牧兽医科学院党委书记。2001年任水利部黄河水利委员会山东黄河河务局党组副书记。曾参与《中国地区发展与产业政策》《九十年代中国西部地区经济发展战略》《青海产业结构与产业政策》等书的编写。发表《晚清捐输初探》《吐谷浑与中原的关系》《文成公主庙》《轮换企业经营机制》《关于青海高产、优质、高效畜牧业的发展》《关于发展青海畜牧业市场经济的思考》等学术论文20余篇。

景翠君 男，汉族，定陶县滨河街道朱楼村人，1956年7月出生。1972年10月中学毕业后参加工作，在定陶县邓集供销社当售货员。1976年12月应征入伍，1978年加入中国共产党。1997年毕业于解放军后勤指挥学院。先后在军委工程兵和总参谋部所属部队工作，历任战士、班长、技师、站长、连长、股长、副科长、科长，61016部队后勤部副部长、部长，61016部队副师长。1989年获总参谋部工程兵部授予的“工程兵兵徽”。2015年任文化部中国东方文化研究会文教艺术专业委员会顾问、中国蕴御文化艺术发展促进会主席、洛阳龙门书画艺术研究院名誉院长。

赵传山 男，汉族，菏泽市开发区人。1957年1月出生。1980年7月参加工作。1983年2月入党。山东省委党校业余本科班经济管理专业毕业，省委党校大学学历。1976年3月，任菏泽县佃户屯公社农田基本建设指挥部文书；1978年7月，菏泽师范中师专业学习；1980年7月，菏泽市（县级）何楼公社团委干事；1981年5月，菏泽市（县级）何楼公社团委书记；1984年4月，任菏泽地委调研室干事；1984年7月，任菏泽地委调研室副科级研究员；1988年10月，任菏泽地委调研室正科级研究员；1993年6月，菏泽地委调研室副县级研究员（其间：1994年4月至1995年1月挂职任定陶县副县长）；1995年1月，任定陶县委常委、组织部部长；1997年12月，任定陶县委副书记；2000年9月，任定陶县委副书记兼县委党校校长；2000年12月，任定陶县委副书记、县长；2002年12月，任单县县委副书记、代县长；2003年1月，任单县县委副书记、县长；2004年6月，任菏泽市财政局党组书记；2004年11月，任菏泽市财政局局长、党组书记；2009年9月，任菏泽学院党委委员，菏泽市财政局局长、党组书记；2009年10月，任菏泽学院副院长、党委委员，菏泽市财政局局长、党组书记；（副厅级）；2011年12月，任菏泽市财政局局长、党组书记；2012年2月，任菏泽市人大常委会副主任、党组副书记兼市人大常委会秘书长。

白光春 男，汉族，定陶县孟海镇白屯村人，1957年1月出生。1974年1月从定陶第五中学应征入伍，在甘肃省张掖市5285部队榴炮1营3连当炮兵手，3个月后被选拔到部队卫生所培训6个月，分配到卫生队任卫生员。1977年5月，任84893部队火箭炮营卫生所所长兼军医。1979年5月自学考入兰州军区高等专科学校军医系。1982年毕业，先后到第55师卫生队、兰州军区陆军第四医院从事外科、心血管、老年医学工作。后任西宁干休所卫生所所长、主任医师，技术8级，从事老干部医疗保健工作。该所是全军唯一的高原干休所，能熟练掌握急、危、重病抢救技术，组织抢救能力强，措施有效得力。在全军范围内开展的卫生工作规范化管理“达标创先”活动中，获全军卫生达标先进单位。撰写医学论文23篇，在国内外、军队刊物上发表和在学术会议上缴流。受到上级组织嘉奖30多次，立三等功2次，先后被兰州军区树为先进医务工作者、模范标兵，被青海省军区表彰为优秀共产党员、优秀基层工作者。

陈启祥 男，汉族，定陶县冉堌镇田集村人，1957年3月出生。1974年到田集联中任教。1976年8月入定陶师范学校学习，1978年1月考入北京钢铁学院。1982年大学毕业获学士学位，分配到济南钢铁公司初轧厂工作，先后任技术员、助理工程师。1984年7月任轧钢车间主任。1986年10月任初轧厂厂长助理，后任副厂长。1994年任济南钢铁公司轧钢厂厂长兼党委书记。1997年7月任济南钢铁集团总公司（合资）宽厚板厂厂长兼党委书记。1998年5月任济南钢铁集团总公司组织干部部常务副部长，1999年初任总公司党委常委、组织干部部部长。2001年初任济南钢铁集团总公司济南钢铁股份有限公司董事长。2002年7月任济南钢铁集团总公司副经理，兼任济南钢铁股份有限公司董事长。2008年2月任济钢集团有限公司副总经理、党委副书记、济钢股份董事长；2009年10月，任莱芜钢铁集团有限公司副董事长、党委副书记、总经理兼莱芜钢铁股份有限公司总经理；2012年4月，兼任山东钢铁股份有限公司董事、总经理；2013年4月，任山东钢铁集团有限公司副董事长、总经理、党委副书记（正厅级）。

关升英 男，汉族，定陶县杜堂镇七里河村人，1957年4月出生。1976年7月参加工作，1979年加入中国共产党。先后在山东省高级人民法院任研究室办事员，宣传科科长，审判员，办公室副主任兼《人民法院》驻山东记者站站长。其间曾在梁山县人民政府挂职副县长2年。1999年12月任山东省高级人民法院科教处处长。2002年7月起调济宁市中级人民法院，先后任副院长、代院长、党组书记，院长、党组书记。编著的《民事执行新论》一书由山东大学出版社出版。2013年，任山东省高级人民法院副院长、审判委员会委员，二级高级法官。

张善绪 男，汉族，定陶县陈集镇张李庄人，1957年7月出生。中共党员，大专文化，高级经济师。1976年4月参加工作，先后任陈集镇窑厂会计、镇工业办公室供销经理部副经理兼会计、镇经济联社统计、工业公司副经理兼财务科长。1988年6月任山东菏达集团董事长、总经理。1999年11月任山东菏达纸业有限公司董事长。1994年被共青团菏泽地委评为第三届“菏泽地区十大杰出青年”，获团省委“青春立功”活动一等功；1995年被团省委、省经委、省乡镇企业局、省青年企业联合会命名为优秀青年厂长，当选为省青年企业家协会理事，被省政府命名为“优秀乡镇企业家”，被授予山东省劳动模范称号，被农业部评为全国优秀乡镇企业董事长；2000年4月被国务院授予全国劳动模范称号；2002年6月当选为中共山东省第八次代表大会代表。

董承田 男，汉族，定陶县黄店镇姑庵行政村人，1957年8月出生。1974年10月参加工作，1977年12月考入同济大学，毕业后分配到山东水泥厂工作。先后任水泥厂科研所技术员、副所长、所长、总工程师，1985年6月加入中国共产党。1997年6月任副厂长。后任山水集团副总经理兼山东水泥厂常务副厂长，工程技术应用研究员。2000年10月被评为市级专业技术拔尖人才。主持完成多项成果，研制开发255号等高强度水泥质量在全省位居第一，使原本濒临倒闭的企业发展为省内大型水泥厂，并在水泥行业的激烈竞争中站稳脚跟；山东水泥厂《Φ2.4×10m中卸烘干磨增产降耗研究与设计》项目获省建材系统科技进步一等奖；生产的32.5R复合硅酸盐水泥，以其性能稳定、价格适中赢得客户青睐，扩大了产品市场的竞争力和占有率。先后获得山东省建材行业“优秀科技工作者”、全国“新型干法水泥企业达标达产先进个人”“泉城优秀青年厂长”、济南市“优秀青年企业家”、全国“建材卓越质量管理领导者”、济南市“劳动模范”称号，获济南市建功立业劳动奖章、山东省富民兴鲁劳动奖章、济南市企业创新贡献奖等。

赵西英　男，汉族，定陶县冉堌镇赵楼村人，1957年8月出生。在定陶第二中学学习期间加入中国共产党。1976年6月任王双楼大队干部。1978年考入胜利油田钻井技工学校。1980年1月毕业分配到胜利油田钻井指挥部32548钻井队工作，同年7月起先后任钻井三大队人事组办事员、政工组办事员。1983年5月任胜利油田钻井四公司团委书记。1986年6月调胜利油田钻井四公司党委办公室工作，1988年9月任办公室副主任。1991年11月任胜利油田钻井四公司党委副书记兼纪委书记（正科级），1995年4月随钻井四公司升格晋升为副处级。1996年7月获山东省青年干部管理学院（函授）专科文凭。1997年5月任胜利油田钻井四公司党委书记。《人民日报》以《政治上的明白人，经济上的清白人》为题报道了钻井四公司抓党风廉政建设的经验和做法。1995年被评为胜利油田石油管理局优秀思想政治工作者。

张民生　男，汉族，山东定陶县人，1957年出生，毕业于山东师范大学美术专业。山东省美术馆专职书画家、国家二级美术师、副教授、中国美术家协会会员、山东画院高级画师。1998年9月，《山居秋暝》之一入选98中国山水画展；1998年9月，《山居秋暝》之二获1998年山东省首届山水画大展银奖；1999年4月《春山图》入选庆澳门回归全国书画作品展；8月《登东山而小鲁》获纪念孔子诞辰2250年全国美展优秀作品奖；9月《云深不知处》入选中国文联庆祝建国50周年中国画精品集；同月《岩上无心云相逐》入选99跨世纪暨建国50周年全国山水画大展；11月《清秋》获“迎国庆、迎回归、迎21世纪”99全国中国画大展优秀作品奖；2000年1月《秋韵》获跨世纪山东省名家精品展银奖；9月国画作品入选今日中国美术（主办：中央美术学院、北京大学、首都师大、中华文化画报社）：10月《山居逝园》入选2000年全国中国画作品展；12月《归去来兮》获新世纪全国中国画书法精品大奖。2001年6月《归田园居》获新时代中国画作品展银奖；8月《归田园居》在中国美术家协会主办的《美术》杂志第404期发表；9月《曾是硝烟弥漫处》入选2001年全国中国画作品展。

段伯汉　男，汉族，巨野县人，1958年2月出生，中共党员。1976年12月至1978年3月在巨野县田庄公社任民办教师。1978年3月至1982年1月在山东工学院电子工程系无线电技术专业学习。1982年1月至1983年5月在巨野县五金交电站工作。1983年5月至1984年3月在巨野县人事局工作。1984年3月至1985年1月任巨野团县委书记。1985年1月至1987年8月任巨野县田桥乡党委书记。1987年8月至1989年7月在省委党校党政干部研究生班学习。1989年7月至1990年2月任巨野县委组织员办公室正科级组织员。1990年2月至1990年8月任巨野县城关镇党委副书记、镇长。1990年8月至1993年1月任菏泽团地委副书记。1993年1月至1995年1月任巨野县副县长。1995年1月至1997年2月任定陶县委副书记。1997年2月至1997年12月任定陶县委副书记、副县长。1997年12月至1998年3月任定陶县委副书记、代县长。1998年3月至2000年12月任定陶县委副书记、县长。2000年12月至2001年1月任定陶县委书记。2001年1月至2003年1月任定陶县委书记、县人大常委会主任。2003年1月至2005年12月任定陶县委书记。2005年12月任菏泽市副市长、党组成员。系省九届人大代表，省八次党代会代表。

周　杰　又名黄菏，男，汉族，定陶县天中街道周庄人，1958年4月出生，中共党员，法学硕士，高级编辑。中国法学会会员，中国科技法学会会员，中华全国法制新闻协会会员，中国法制新闻培训中心特邀研究员，山东省法学会会员，山东省版权学会理事。1975年6月作为知识青年下乡到定陶县城关公社西王楼大队第一生产队务农。1976年12月到定陶县皮革厂工作。1979年10月入中国政法大学学习。1983年7月毕业在山东省司法厅工作，先后任《山东法制报》编辑、厅机关团支部书记、厅办公室助理检查员、《大众法制》杂志副主编、厅法律研究室副主任等。1994年9月起任《大众法制》杂志社副社长、副总编辑、社长、总编辑，山东大众实业有限公司董事长等。2004年8月任山东省司法厅律师管理处处长。多年从事法律研究和法制宣传工作，参加起草和修改法律、法规200余件，发表学术论文和其他作品500余件，主编出版和参加编写《走向新世纪》（报告文学集）、《中国司法行政大辞典》等著作，参与创办《山东法制报》《山东法学》杂志、《山东律师》杂志，主持创办《大众法制》杂志。撰写和编辑的学术论文、新闻作品获省以上法学和新闻出版业务奖励25次。多次受到嘉奖、记功、记二等功和三等功奖励，获“山东省优秀法制新闻工作者”称号。

张　峰　男，汉族，祖籍河南省台前县，1957年8月出生。1972年12月参加工作，54107部队战士、班长。1977年6月转业在定陶县印刷厂工作。9月任定陶县工业工作队队员。1978年4月任定陶县万福公社武装部干事。1980年12月任定陶县陈集公社武装部副部长。1985年12月任定陶县直属机关武装部副部长。1988年3月任定陶县直属机关武装部部长。1989年5月任定陶县委直属机关党委副书记。1992年3月任定陶县计划生育委员会副主任。1994年3月任定陶县陈集镇党委副书记、人大主席。1995年2月任定陶县陈集镇党委副书记、镇长。1996年11月任定陶县陈集镇党委副书记、镇长，菏泽地区外向型经济示范镇管委会主任（副县级）。1998年4月任定陶县陈集镇党委书记，菏泽地区外向型经济示范镇管委会主任（副县级）。2001年3月任定陶县副县长、党组成员。2007年11月任定陶县第七届政协主席、党组书记。2011年12月任定陶县第八届政协主席、县第十六届人大常委会党组书记。2012年1月任定陶县第十七届人大常委会党组书记、主任。

曹长春　男，汉族，定陶县孟海镇西曹行政村人，1958年10月出生。1974年于定陶第五中学高中毕业后回村劳动。1976年9月起在本村任民办教师。1978年恢复高考后考入山东矿业学院，1982年毕业分配到山东煤炭教育学院任教，1983年任学院团委副书记，1984年任书记。后曾任山东煤炭教育学院政工处主任、院长办公室主任、第一教学部党总支书记兼主任，1992年晋升为副教授。1994年任山东煤炭教育学院副院长。2001年7月任山东科技大学资产管理处处长。2002年科技大学在青岛设立分校，具体负责分校的基建工程，使近3个亿的建设投资顺利运作。主编参编10多本书，代表作品有《法律教程》《市场营销》《大学生思想品行修养教程》。先后在国家级、省部级报刊上发表论文30多篇。曾获全国煤炭系统“优秀教育工作者”，全省煤炭系统“思想政治工作能手”“优秀青年知识分子”称号。

贾希堂　男，汉族，定陶县黄店镇贾庄村人，1959年7月出生，中共党员。高中毕业后曾在贾庄小学任教。1979年毕业于菏泽供销学校，后读国家财贸刊授大学，获大专学历。曾在济南盐业批发站工作，1983年任济南盐业批发站业务科副科长。1988年任山东省果品盐业公司盐业科科长。1993年任山东省果品盐业公司经理助理兼盐业科科长。1995年5月任山东省果品盐业公司副经理。1989年任助理经济师，1993年晋升经济师，1997年晋升为高级经济师。2000年任中华全国供销总社济南果品研究院部门主任。参与编写

《供销合作社计划》《山东高产优质高效农业》论文集第三卷等。与人合作承担的“菇速素的研制与应用”部级课题，利用海藻中提取氮源和矿物质，配以微量元素，通过螯合技术进行合成形成“菇速素”。“菇速素”对食用菌增产作用与改善品质作用明显，该项研究填补了国内空白，居同类研究的国际先进水平，投入产出比可达1∶18，经济效益显著。

王明臣　男，汉族，定陶县天中街道人，1959年8月出生。1976年由定陶第一中学高中毕业后作为知识青年下乡到张湾公社劳动锻炼。后被选拔到县体育运动委员会摩托队参加训练，参加山东省摩托车大赛，获得第一名。1977年应征入伍，在解放军体工大队八一摩托队当运动员。先后立二等功、三等功各1次。1980年、1981年参加全国摩托车越野赛，2次夺取个人冠军。后调入总参谋部任正营职参谋，参与编写《当代中国军事教育训练篇》。1988年转业到财政部，先后任商贸司粮食处副处长、处长。被财政部评为优秀公务员。

周慎坤　男，汉族，定陶县冉堌镇祝奶庙村人，1959年10月出生。1976年9月到定陶县地震台工作。1978年12月应征入伍，在广州军区工程兵司令部警通连任战士，1981年10月任通信处参谋。1984年3月调到广州军区司令部管理局，历任干事、政治指导员、参谋。1992年1月任中共中央军委纪律检查委员会第二书记、广州军区司令员尤太忠上将的秘书。1996年9月任广州军区司令部管理局管理处处长。2001年2月任广州军区司令部管理局副局长、党委副书记，同年6月任广州军区司令部直属工作部副部长兼管理局局长、党委书记，上校军衔。曾被选送到南京政治学院学习，先后获本科和在职研究生学历。多次受到嘉奖和被评为优秀机关干部。立三等功1次。

王伦轩　男，汉族，定陶县冉堌镇王堌堆村人，1960年2月出生。高中毕业后回村务农，担任过生产队副队长、队长，本村小学民办教师。1980年考入华东政法学院，1984年毕业，获学士学位，分配到最高人民检察院工作，先后任检察院书记员、助理检察员，1993年任法纪检察厅办公室副主任，主持工作。其间，参加全国检察机关第三次渎职、“侵权”案件侦查工作会议的筹备工作，并担任会议文秘材料组组长；参加全国检察机关第五次法纪检察工作会议的筹备，并担任会议副秘书长兼文秘材料组组长；参加办理发生在深圳的震惊国内外的“6•24”特大非法拘禁案。1994年被评为最高人民检察院先进工作者，1995年被评为最高人民检察院优秀党员行政领导干部。1995年5月被任命为最高人民检察院检察员。1997年12月任法纪检察厅特别案件侦查处处长。2000年任最高人民检察院渎职侵权检察厅副厅长。

张宗合　男，汉族，定陶县陈集镇崔庄行政村张李庄人，1960年3月出生。1976年10月应征入伍，在解放军88735部队政治处电影组任放映员。1978年10月加入中国共产党，同年立三等功。1979年被评为优秀共产党员，1980年受到部队嘉奖。其间，参加解放军总参谋部在88611部队举办的放映技术学习班，在重庆工程兵举办的新闻摄影学习班。1982年2月至9月参加解放军总政治部在北京举办的电影队长学习班。1983年6月任88735部队政治处电影组组长，1984年10月任1营1连副政治指导员，1985年6月任政治处俱乐部主任，1986年10月任5连政治指导员。1990年入解放军防化学院学习，1992年7月获得专科学历。1991年任88735部队司令部管理股股长，1993年1月任2营营长。1993年4月调任总参谋部所属北京机械士官学校任二大队副大队长，8月任总务处服务中心主任，1999年7月任二大队队长，上校军衔。

陶体华　男，汉族，鄄城县大埝乡人，1960年5月出生。1977年12月考入山东农学院农学系农学专业学习，1982年1月毕业分配到鄄城县陈良公社农技站任技术员，后任副站长。1983年1月加入中国共产党。1984年4月任共青团鄄城县委副书记，1985年9月任鄄城县驻旧城镇扶贫工作队队长、鄄城县旧城镇党委副书记。1986年10月任鄄城县箕山乡党委副书记、乡长。1987年11月任共青团鄄城县委书记。1992年6月任中共鄄城县委正科级组织员、鄄城县支援铁路建设指挥部副指挥。1995年1月任中共郓城县委常委、宣传部部长。1997年12月任中共郓城县委常委、郓城县纪律检查委员会书记。2001年3月任中共郓城县委副书记，2003年1月任中共郓城县委副书记、郓城县人民政府副县长。2006年1月任中共定陶县委副书记，定陶县人民政府县长、党组书记。2009年任菏泽市审计局局长、党组书记。2012年任政协第十四届菏泽市委员会副主席，市审计局局长、党组书记。

张新雷 男，汉族，菏泽市单县人，1961年3月出生，中共党员。1980年9月考入山东省牧医学校学习兽医专业，1983年7月于菏泽地区单县杨楼公社兽医站工作。1984年2月到菏泽地区单县孔集乡工作，任团委书记。1985年5月加入中国共产党。1986年7月—1988年7月在山东省农业管理干部学院系统工程系干修科学习系统工程专业。1988年7月任菏泽地区单县孔集乡统战干事。1989年11月任单县孔集乡党委委员、常务副乡长。1990年1月任单县孔集乡党委组织委员、纪检委员。1991年3月任单县孔集乡党委副书记。1993年2月任单县孔集乡党委书记。1996年7月任单县孔集乡党委书记兼人大主席。1998年4月任菏泽地区（市）单县郭村镇党委书记。（其间，1994年9月至1997年7月兼修山东省经济学院业余本科班国际贸易专业；1996年9月—1998年8月兼修福建省高等师范学校师资培训中心硕士研究生进修班主要课程）。2005年1月任菏泽市定陶县人民政府副县长、党组成员。2005年3月至2006年3月挂职威海市文登市政府副市长。2012年1月任菏泽市定陶县政协主席、党组书记。

陈衍景 男，汉族，定陶县黄店镇大陈楼村人，1962年6月出生。北京大学地质系教授。1978年入菏泽第一中学学习。1980年考入南京大学地球科学系，先后攻读学士、硕士和博士学位，博士论文被评为南京大学新星科学奖。1990年至1992年在中国科学院地球化学研究所读博士后，师从著名科学家涂光炽院士和欧阳自远院士；1992年至1995年在北京大学地质系进行第二站博士后研究，师从已故“三冯”之后冯钟燕先生。1995年留北京大学地质系从事教学和科研工作，后任地质系副教授。1998年遴选为教育部优秀跨世纪人才，1999年起受聘北京大学A类（教授类）岗位；2001年12月至2002年11月在澳大利亚国立大学访问学者；2003年起受聘为中国科学院地球化学研究所百人计划研究员，博士导师。2004获国家杰出青年科学基金；2006年担任国家973项目《华北大陆边缘造山过程与成矿》首席科学家。2005年至2010年，兼职组建中科院“矿物学与成矿学重点实验室”。获2015年国家自然科学二等奖1项（独立完成），2009和2016年教育部自然科学一等奖2项（排名第1），其他省部级奖励6项。兼任中国区域协会自然资源专业委员会主任，曾兼任OGR和JGE副主编，英文版地质学报、地球化学两种英文期刊和矿床地质、地学前缘等8种中文期刊编委；2014担任国际矿床成因协会“碰撞造山带矿床研究组”组长。还担任多所大学、多个研究所或实验室的兼职教授/研究员，多种学术团体或下属分支机构的学术委员，多家公司或生产部门单位的顾问。发表学术论文200余篇，主编专著和文集4部，参加编写专著4部。获北京大学欧姆龙奖、青年教师优秀教学奖、优秀博士生导师和北京市优秀博士论文导师。4次获国家教育部科技进步二等奖，一次获国家黄金局科技进步一等奖，个人获得茅以升青年科技奖等多种奖励。

田兰彬 男，汉族，定陶县冉堌镇田路桥村人，1962年8月出生。1979年考入山东矿业学院工业与民用建筑专业，1983年8月毕业获学士学位，分配到北京煤炭规划设计研究院工作。1991年10月被评为工程师，1994年11月晋升高级工程师，2000年9月晋升教授级高级工程师。曾任该院土建室主任、工程设计二所主任工程师、副所长。2001年单位归属中国煤炭国际工程集团后，任该集团矿山工程所副所长。先后获得国家一级注册结构师、国家注册监理工程师、援外项目监理资格证书。主要从事煤矿地面和城镇工业与民用建筑的设计和管理工作。先后参加十几对大、中型矿井选煤厂的设计，参加长江三峡移民工程监理，作为总监理工程师赴贝宁监理援建贝宁国洛克萨医院医生住房工程。其设计多次获奖，主持设计的某井口综合楼获煤炭行业（部级）第九届优秀工程设计一等奖；参加设计的姚桥矿井获煤炭行业第九届优秀矿井设计一等奖，并被评为2000年度建设部优秀设计银奖；作为土建专业负责人主持设计的活鸡兔矿井获煤炭行业第十届优秀矿井一等奖。撰写发表论文多篇，其中《大直径人工挖孔扩底灌注桩在煤矿地面工业建筑中的应用》《北周庄煤炭集运站大型圆筒仓设计介绍》《钢结构高强度螺栓连接设计的一点体会》等在部级刊物《煤矿设计》上发表。

成　伟　男，汉族，菏泽市牡丹区人。1962年8月出生，研究生学历。1979年12月在菏泽仪表厂参加工作，1982年5月加入中国共产党。1989年8月任菏泽地区监察局干事。1991年6月任菏泽地区纪委科员；1992年11月任菏泽地区纪委正科级检查员；1997年3月任菏泽地区纪委办公室副主任；2000年6月任菏泽地区（市）纪委干部室主任；2001年3月任菏泽市单县县委副书记、纪委书记；2005年5月任菏泽市单县县委副书记、副县长；2006年5月任菏泽市房产管理局局长、党组书记；2009年5月任菏泽市定陶县委副书记、代县长；2009年7月任菏泽市定陶县委副书记、县长；2011年11月任菏泽市巨野县委书记；2011年12月任菏泽市巨野县委书记，兼任巨野县委党校校长。

徐永生　男，汉族，定陶县杜堂镇宋楼村人，1962年11月出生。1979年考入西安建筑科技大学。1983年毕业分配到中原油田工作。一直从事工程建设管理，尤其对220千伏以下送电工程施工、长输天然气管道工程和原油管道工程以及5万立方米以下的大型储罐工程施工积累了比较丰富的经验。后任中原油田工程建设总公司副总经理，高级工程师。1986年获“中原油田劳动模范”称号。撰写的论文《管线公路穿越钻孔引导作业》《以质量为本是企业创信誉树形象的根本途径》等先后在《石油工程建设》《施工企业管理》等刊物上发表。其中《国内国际工程建设比较》《浅谈流砂河穿越工程技术》等3篇论文刊载于石油工业出版社出版的《工程项目建设技术与创新》丛书。

王献玲　男，汉族，定陶县天中街道人，1962年12月出生。1979年从定陶第一中学毕业，考入北京大学哲学系，1983年毕业获学士学位，分配到菏泽师范专科学校政治系任教。1986年调到中共山东省泰安市委宣传部任理论教育科科长。1992年12月任泰安市供销合作社联合社副主任，1996年被评为高级经济师。2000年考选为山东省供销合作社联合社副主任，后任山东省供销合作社联合社副主任、党组成员。

张合运　男，汉族，定陶县张湾镇人，1963年1月出生。党校在职研究生学历。1980年于菏泽第一中学毕业考入菏泽师范专科学校。1982年7月毕业分配到聊城汽车运输公司团委工作，先后任干事、副书记、书记。1985年11月加入中国共产党，同年调共青团山东省委工作。1988年10月调共青团深圳市委工作，先后任科长、处长、副书记。1996年10月起先后任深圳海天出版社党委书记、社长，深圳市广播电视局局长、党委书记兼深圳电视台台长，深圳广播电影电视集团党组副书记、副总裁，深圳广播电影电视集团公司总经理。系深圳市人民代表大会常务委员会委员。

刘先春　男，汉族，定陶县滨河街道堌堆刘村人，1963年2月出生。1982年7月考入曲阜师范大学历史系。1985年1月加入中国共产党。1986年7月大学毕业，获历史学学士学位；同年9月考入兰州大学历史系研究生，1989年6月获历史学硕士学位。毕业后留兰州大学任教。1993年被评为讲师，1996年破格晋升为副教授、硕士研究生导师。1999年至2000年在中国人民大学攻读博士研究生，获取法学博士学位。2001年被聘为国政系教授。先后任兰州大学政治与行政学院和马克思主义学院讲师、副教授、教授、博士生导师。2009年获全国优秀教师称号，全国高校优秀思想政治理论课教师称号。2013年度全国思想政治理论课影响力人物十大标兵。历任兰州大学政治与行政学院副院长，兰州大学党委宣传部部长，兰州大学党委办公室主任，兰州大学保密办主任。2015年任甘肃省陇南师范高等专科学校校长，党委副书记，兰州大学马克思主义学院教授，博士生导师，中央马克思主义理论研究和建设工程专家。主要从事中国特色社会主义理论和科学社会主义及党史党建的教学与研究工作。甘肃省委理论宣讲团主要成员。出版著作和教材20余部，发表论文100多篇。参加中宣部马克思主义理论研究和建设工程《毛泽东思想邓小平理论和“三个代表”重要思想概论》课题研究，主持省部级社科项目和西部地区经济社会发展项目的研究。出版《江隆基教育思想研究》《救国会始末》《邓小平社会主义本质思想研究》《新世纪党的建设》《当代中国社会主义改革的风险与对策研究》等学术著作；主编甘肃省高校马克思主义理论课统编教材《邓小平理论概论》《邓小平理论和“三个代表”重要思想概论》；参加编写教育部高校政治理论课统编教材《毛泽东思想概论》和《〈毛泽东思想概论〉学生学习辅导用书》《〈毛泽东思想概论〉教师教学用书》；曾在《光明日报》《理论前沿》《兰州大学学报》《社会主义研究》《理论与改革》《党政干部论坛》《北京党史》《思想政治教育导刊》发表论文40余篇。曾获甘肃省优秀教学成果奖一、二等奖，甘肃省555工程入选人，宝钢教育基金优秀教师奖，甘肃省优秀教师成才奖、甘肃省优秀思想政治工作者等荣誉。

许福运　男，汉族，定陶县杜堂镇宋楼村人，1963年3月出生。1980年从菏泽第一中学考入山东大学物理系，1984年毕业分配到江苏徐州医学院工作。1986年至1989年在曲阜师范大学激光所和山东大学光学系读研究生。1989年7月获山东大学硕士学位，到山东建筑工程学院基础部工作，主讲物理和计算机、互联网发明创造学。1992年7月，应国际光学工程学会邀请去美国加州圣地亚哥市参加了国际光学工程学会第37届大会，在会上一人一次宣读论文6篇，这些论文出版后又同时被ET、PA、ISTP、CA等国际著名文摘摘录，这在国际光学工程学会历史上是没有先例的。1993年当选山东省青年联合会委员，被评为省优秀教师，1994年获山东省“青年新长征突击手”称号、青年立功一等奖，成为省青年学术骨干与学术带头人培养对象，获山东省“优秀中青年科学家”称号。1997年晋升为教授。后任山东建筑工程学院基础部主任，分管教学与科研。1998年策划的美国老人济南章丘寻根活动，是《齐鲁晚报》成立10年后最有影响的一次活动，中央电视一台、山东卫视等7家电视台进行深度报道，《华盛顿邮报》《中国青年报》等40多家报纸进行大篇幅报道。2000年，出版INTERNET理工科应用教程一部。策划出版山东高校精览一部，百集创新一刻电视讲座等。2002年3月任山东建筑工程学院数理系主任。系中国光学学会、中国物理学会、美国光学学会、国际光学工程学会、国际电子工程师学会等学会会员。山东建筑工程学院拔尖人才。研究领域有光学仪器元器件和Internet应用及全息创新学等，主持完成系列光学退偏振器（退偏振器这个中文名词就是他提出的）等多项科研项目。这些项目中属于发明的元器件和仪器有60多种，所有的光学类研究项目均处于国际领先水平，受到国内国际有关专家的好评。在科研的基础上，在国内、国际重要学术刊物上发表论文100多篇，其中在美国、英国国际杂志上发表论文14篇，被国际著名文摘摘录引用100多次。入选美国、英国世界名人大辞典10余次。

许累峰　男，汉族，定陶县天中街道人，1963年7月出生。1988年7月毕业于山东医科大学生化制药教研室生化药物学专业，获理学硕士学位，在山东莱阳生物化学制药厂任助理工程师。1991年10月创办济南快信集团济南长白山药化有限公司肝素厂，任公司副总经理兼肝素厂厂长。

1994年10月创办莱阳开元生物制品厂，任副董事长、厂长。1995年9月兼并山东莱阳生物化学制药厂，任副董事长、厂长。1997年1月创办济南天元新技术研究所，任董事长、所长。1998年4月创办定陶县天元生物制品厂，任董事长、厂长，多次追加资本，扩大生产规模。2005年，在定陶县开发区和张湾镇兴办2个公司，开发生产软骨素第二代新产品。系山东省工商业联合会常委，菏泽市工商联合会副会长，山东省生化制药协会常务理事，山东省民营科技促进会理事。

吴书贵　曾用名吴福贵，男，汉族，定陶县冉堌镇李店行政村人，1963年8月出生。1981年9月考入东北重型机械学院检测专业学习，获学士学位。1985年9月考入北京化工大学自动化仪表专业，1988年4月毕业获硕士学位，分配到北京远东仪表公司总工程师办公室工作。1991年7月调任国家地震局科技监测司监测处主任科员。1996年6月任地震局预测预防司监测二处副处长，1998年11月任地震局监测预报司台网建设管理处处长，1999年12月被评为高级工程师，2001年12月任中国地震局监测预报司副司长。先后撰写发表论文10余篇。其中，《一种高性能的U-F转换电路》收入首都青年科技工作者首届自动化仪表与装置学科青年科技工作者学术交流会论文集；《蓝宝石——22系列半导体电阴应变式变送器》刊于《仪器仪表分析监测》；《硅——蓝宝石集成压力传感器的原理及制作工艺》刊于《北京化工学院学报》；《硅——蓝宝石集成力敏器件的研究》刊于《仪器仪表与分析监测》；《中国地震前兆观测技术系统研究》刊于《地震监测》；《深圳世界之窗火山项目技术方案设计》由国家地震局印制，并刊于《地震科技情报》。

陈广银　男，汉族，定陶县半堤镇四大王庙村人，1963年9月出生。曾就读于菏泽第一中学。1984年7月于山东轻工学院毕业后在济南市白马山啤酒厂工作，历任技术员，技术科副科长、科长，车间主任。中共党员。1990年4月至1991年4月曾到德国慕尼黑啤酒酿造学院进修。1992年11月任白马山啤酒厂技术副厂长，1997年晋升高级工程师，1998年3月任常务副厂长，同年7月任济南啤酒集团有限公司总经理、副董事长。发明的SOD啤酒，获国家专利、国家科委星火项目二等奖。2000年3月任济南市第一轻工业局副局长、济南市一轻国有资产经营总公司副总经理，同年9月任济南经济开发区管理委员会副主任、党委书记兼济南轻骑摩托车集团股份有限公司董事，后任济南轻骑公司党委书记。曾发表学术论文多篇。

杨定一　男，汉族，定陶县滨河街道后杨楼村人，1963年出生。1970年随父移民巴西，1978年以第一名成绩考入巴西利亚大学医学系，1983年以优异成绩获得医学博士学位。后进入美国纽约洛克菲勒大学深造。1987年以洛克菲勒大学最年轻的双重博士（医学博士及生化博士）学位获得者及首位一年半修完博士学位的创纪录者身份毕业，因成绩特优被留校从事超博士基础医学研究，被誉为学术奇才。与其弟杨伯恒共同发表的《免疫细胞基因研究报告》，引起美国医学界关注，世界各国索要报告副本的信函达千余封。国际上一些著名的杂志社派记者对其进行专访报道。1988年应邀参加在马里兰州圣约翰大学举行的第二届国际细胞毒素媒体研讨会，并进行专题演讲。曾任美国Intepiast总经理，洛克菲勒大学分子免疫及细胞生物学系教授、系主任，洛克菲勒大学康乃尔医学院兼职医学教授，美国国家卫生研究院癌症研究所咨询委员，国际癌症免疫及整体健康学术期刊编辑及顾问，荣获美国自由神奖章。为回报社会、造福人类，2002年回台湾发展，任长庚生命科技有限公司董事长、真原材料生命科技公司董事长等。所领导的企业不以赢利为目的，生产的健康科技产品大众化，并积极开展预防医学，向人们宣传变被动为主动的健康理念。在其推动下，其岳父王永庆任董事长的台塑集团也由石化业转向生命科技业发展。

林继民　男，汉族，定陶县马集镇林洼村人，1963年10月出生。1980年12月应征入伍，1982年8月加入中国共产党，历任战士、排长、助理员、副场长、副处长、部长等职务，后任河南省军区生产管理局党委书记。其间，1984年、1987年分别毕业于解放军重庆后勤工程学院、南京工程兵工程学院，2002年获得解放军北京后勤指挥学院硕士文凭。在福建32404部队工作期间，负责房地产开发和部队基建工作。1993年调入河南省军区营房处工作，在协调省军区、各军分区以及武装部营房建设上发挥了积极作用。先后在解放军《后勤》《建筑与设计》等杂志上发表论文10余篇。研究的“软土建筑处理实施预应力阀板代替深桩（柱）基础”成果，得到建筑业专家的肯定，论文在《营房问题研究》上发表，并获军队科研论文二等奖。先后立三等功5次，2002年8月被解放军总后勤部通报表彰为“工程质量管理先进个人”，2003年3月被国家建筑业协会授予“工程质量监督先进工作者”称号。

韩克利　男，汉族，定陶县孟海镇韩楼村人，1963年3月出生。1979年于定陶第一中学毕业考入山东大学物理系，1983年毕业获学士学位。随后在中国科学院大连化学物理研究所攻读硕士学位和博士学位，1990年初获博士学位。1995年晋升为研究员。曾担任分子束课题组组长。先后以博士后或访问学者的身份，对美国加州大学DAVIS分校、美国EMORY大学、澳大利亚墨尔本大学、香港城市大学、新加坡国立大学等进行访问或合作研究。先后获1999年度中国化学会青年化学奖和中国科学院沈阳分院第五届“优秀青年工作者”称号。2000年获大连市“十大青年科技标兵”、辽宁省“优秀科技工作者”称号，并获中国科学院沈阳分院青年科技专家奖和国务院特殊津贴及中国科学院青年科学家奖。

王义强　男，汉族，定陶县黄店镇大王庄村人，1963年7月出生。1980年于定陶第一中学考入长春地质学院（后为长春科技大学），1984年毕业后留校任教。1987年攻读研究生，1990年取得硕士学位，同年晋升为讲师，1996年晋升为副教授。先后任长春科技大学动力系教研室党支部委员、区地教研室党支部书记、区地实验室主任，吉林大学（前身为长春科技大学）地球科学学院教授。他曾获学校优秀教学成果一、二、三等奖各1项，院优秀论文指导奖2项。发表教学研究论文5篇，主编教材1部，参编教材3部，主持教学研究项目5项，参编专著2部。发表论文15篇，其中获大会交流优秀论文4篇，获长春市科学技术协会优秀论文一等奖2篇、二等奖1篇。重视科学研究，主持和参加科研项目16项，其中国家级项目3项，国家黄金局项目1项。获吉林省青年科技奖1项，获国土资源部和四川科技成果三等奖3项。

李　军　男，汉族，定陶县马集镇大李家村人，1963年10月出生。1981年10月应征入伍，在济南军区第138师侦察连服役，历任战士、班长。1986年10月复员到菏泽地区化工轻工总公司工作，曾任经营科科长，1990年10月任公司副总经理。1994年6月调任山东省石油化工经贸集团总公司总经理助理、省石化供销公司北京公司经理（法人代表）兼精细化工公司经理。2001年12月任山东省石油化工经贸集团总公司总经理（副厅级）、党委副书记。2002年5月他被省企业管理协会授予优秀企业家称号。

王永凤　男，汉族，定陶县黄店镇阎谢庄村人，1963年出生。1979年入定陶第一中学学习。1981年考入山东大学数学系，1985年毕业获理学学士学位，随后攻读中国人民大学工业经济管理系研究生，其间加入中国共产党。1988年毕业获经济学硕士学位，同年7月分配到国家审计署工作。曾到湖北省襄樊市审计局锻炼1年，后在审计署综合司、巡视组和办公厅工作。1990年至1991年间主笔起草拟定《审计工作年度计划管理办法》，1996年完成《审计机关审计项目计划管理办法》和《审计机关审计管辖范围划分的暂行规定》的修改完善工作。参加《中国审计学》《审计工作“三化”建设》等书的编写工作；与别人合作翻译出版《高级审计——电子数据处理基础和统计学审计方法》一书。1998年任国家审计署办公厅计划协调处处长，2000年起先后任国家审计署驻国家计划和发展委员会审计局处长，国务院机关事务管理局财务管理司副司长。

孔祥亮 男，汉族，定陶县马集镇东孔庄村人，1963年出生。1980年由定陶第一中学考入山东农业大学农经系，1984年毕业获学士学位，同年考入黑龙江社会科学院研究生部。1987年毕业获经济硕士学位，9月到中国农业银行黑龙江省分行工作，历任农业信贷处科员、副主任科员、主任科员、办公室副主任兼党委办公室副主任。2000年3月应聘到深圳发展银行工作，被聘任为高级经济师，后任深圳发展银行总行办公室主任助理。在《农业经济问题》《中国金融》《农村金融研究》《农村展望》《黑龙江金融》等省部级以上刊物上发表调查报告和理论文章30余篇。1998年获黑龙江省人民政府机关工委“优秀共产党员”称号，1997年入选中国农业银行总行“一一五”人才培养工程。

张传合 男，汉族，定陶县南王店镇丰庄行政村人，1964年6月出生。1980年从定陶第一中学高中毕业考入中南工业大学材料科学与工程系，1984年7月毕业分配到郑州铝业股份有限公司任技术员，后任车间副主任、分厂副厂长、技术处处长、公司副总经理、公司常务副总经理等职。系河南省有色金属行业协会副理事长、铝加工分会秘书长，河南省冶金建材业专家。主要从事铝及铝合金加工产品的工艺研究、开发和生产等工作。因参加完成LD31铝美格网、铝合金异型散热器、1xxx系高精度铝合金板带材等项目，先后获河南省冶金建材行业科技进步二等奖2项、三等奖1项、郑州市科技进步一等奖1项、河南省科技进步二等奖1项、河南省优秀新产品二等奖2项，其中1xxx系高精度铝合金板带材被认定为河南省高新技术产品和高新技术产业化重点项目。先后在《郑州工业大学学报》《轻合金加工技术》《轻金属》《铝加工》等专业技术期刊上发表论文10余篇，获省有色金属学会优秀论文奖多次。

关卫华 男，汉族，定陶县杜堂镇七里河村人，1964年6月出生。先后在泰安第一中学、天津市第七中学读书，1980年考入山东大学电子系，1984年毕业获学士学位，分配到电子工业部石家庄第五十四研究所。1988年考入山东工业大学电子研究生班攻读硕士研究生，毕业后任电子工业部石家庄第五十四研究所技术员，后调入山东省广播电视厅先后任总工程师办公室主任、科技处副处长、处长；1997年9月至1998年9月挂职滨州地区广播电视局副局长，后任山东省广播电视厅副厅长。2002年省广播电视厅改为省广播电视局，仍任科技处处长，研究员。系山东省电子学会理事，国家广电总局第七届科学技术委员会无线电专业委员会委员。先后到过德国、法国、意大利、马来西亚、瑞士等先进国家进行考察与技术交流。1999年被省委选派赴英国深造。曾在《无线通讯技术》等多种专业报刊上发表过多篇论文。所领导的省广电局科技处获“2003—2004年度全国广播电影电视系统标准化工作先进集体”称号。

马年华 男，汉族，定陶县黄店镇袁楼村人，1964年9月出生。1984年毕业于山东大学中文系，分配到中央团校任教。1985年1月调到《中国青年报》社体育部任记者。1993年4月任《中国青年报》体育部副主任。同年在全国十佳青年报刊记者评选中荣登榜首。1994年8月被评为主任记者。1999年任《中国青年报》体育部主任。后任《中国青年报》副总编辑。撰写的数十篇通讯、消息、评论和报告文学获国家级奖励。其中，长篇通讯《跃上围棋之巅》、消息《马晓春力克武宫》获全国体育好新闻奖；消息《江泽民点燃亚运之光接力主火炬》获全国亚运会好新闻一等奖；报告文学《神秘的领域与神圣的职责》获亚运会文艺作品二等奖、全国体育报告文学三等奖；通讯《壮姑娘侃山，洋先生吻虎》获巴赛罗纳奥运会好新闻二等奖；评论《中国足球待破四道难题》获万宝路职业联赛最佳新闻报道奖；系列报道《蔡振华用兵》（8篇）获第44届世乒赛好新闻一等奖。与人合著《中国亚运纪实》一书。

许素亭 男，汉族，定陶县马集镇许庄寨村人，1964年9月出生。中共党员。自幼上学，1980

年于定陶第一中学毕业考入山东师范大学物理系。1984年7月毕业分配到定陶第一中学工作，先后任一中教师，校团委书记。1992年12月调任定陶县杜堂乡党委副书记。1993年9月考取中共中央党校哲学硕士研究生。1996年5月到政协北京市东城区委员会工作，1999年任研究室副主任（副县级）。2000年调任《求是》杂志社社长秘书（正县级）。先后参与编写《中国农业现代化之路》《古今文化争鸣集粹》《现代企业政工实务》《领导干部实用大全》《北京市文史资料选编》等书。在报刊、杂志上发表《论思维方式及其变革》《浅议党的宗旨与市场经济唯利性原则》等文章30余篇。

王彤宇 男，汉族，山东省即墨市人，1965年6月出生。1987年7月于山东经济学院毕业，同年分配到济南市财政局。1991年7月调入山东省财政厅，曾任财政厅办公室科员、副主任科员、主任科员、副主任。1995年加入中国共产党。2000年6月起，先后挂任鄄城县人民政府副县长、中共鄄城县委副书记。2002年12月任中共定陶县委副书记，定陶县人民政府县长、党组书记。2006年1月任中共定陶县委书记兼定陶县人民武装部党委第一书记。系中共山东省第九次代表大会代表。

杨公遂 男，汉族，1966年10月出生，定陶县冉堌镇杨庄村人。1988年7月毕业于山东财经大学会计系，获经济学学士，留校任教，任讲师。1996年7月，获复旦大学经济学硕士，晋升副教授。2008年7月，获河海大学管理学博士，晋升教授。现为山东财经大学教授、硕士生导师、首届教学名师、中青年学术骨干学科带头人、管理会计系主任、“231人才工程”入选人员，清华大学访问学者。是中国企业联合会、人力资源与社会保障部、剑桥大学财务总监资格认证培训特聘教授；《今晨六点》理财规划师顾问团特邀专家；系民建山东省委经济工委委员、中国注册会计师协会会员、山东省商会理事山东省商会专家委员会委员、山东省经济管理学会理事；山东省财政厅干部继续教育培训兼职教授、山东交通学院客座教授、中国管理科学研究院学术委员会研究员、中国中青年财务成本研究会会员；《发现》杂志社副理事长。

主要研究领域：全面预算管理、成本管理、内部控制。先后发表论文30余篇，出版教材和著作20部，其中，主编《管理会计学》（多次再版）、《成本会计学》（全国高校统编教材）。专著有《管理会计》《战略成本管理会计理论与实践》。先后参与和主持10余项省级以上科研项目，多次被表彰和奖励。

陈宝华 男，汉族，菏泽市开发区人。1966年11月出生。1984年9月考入山东大学科社系，1988年7月参加工作，1993年9月入党。先后任菏泽地委党校教师、菏泽日报社科技部副主任、菏泽地委组织部干事、菏泽地委组织部副科级组织员、菏泽地（市）委组织部组织科科长。2003年7月任菏泽市委党员电化教育中心主任，2004年11月任菏泽市党员干部现代远程教育中心副主任、市委党员电化教育中心主任。2005年2月任定陶县委副书记，2011年11月任定陶县委副书记、代县长，2012年1月任定陶县委副书记、县长。2013年9月任山东省菏泽市教育局党委书记、局长。

张红旗 男，汉族，菏泽市单县人，1967年8月出生。1984年9月至2001年3月，历任单县师范办公室秘书，单县李新庄乡科员、党委秘书、团委副书记、团委书记、党委副书记、乡长，杨楼乡（镇）党委书记。2001年3月至2010年12月，历任巨野县副县长、县委办公室主任、县委常委、县政府党组副书记、县委副书记，行政学校校长（2002年8月至2004年3月，在南京林业大学研究生院农业推广专业学习，获农业推广硕士学位）。2010年12月至2011年1月，任曹县县委副书记（列副书记第一位）。2011年1月至2013年6月，任曹县县委副书记、县长。2013年6月，任定陶县委书记、县委党校校长。十二届省人大代表。

张毓华 男，汉族，安徽南陵县人，1967年11月出生，大学学历，法律硕士，高级工商管理硕士（EMBA）。1987年5月入党，1985年9月参加工作。1985年7月至1989年7月在解放军蚌埠坦克学院学习。1989年7月起在解放军装甲兵工程学院历任排长、连长、营长、军务参谋。1999年6月在国务院港澳办历任主任科员、副处长、处长、副司长（其间：2005年8月至2006年6月在香港大学学习）。2011年8月任中共山东省菏泽市委常委、中共定陶县委书记。2013年7月任中共山东省菏泽市委常委，副市长。2015年5月任太平洋财险深圳分公司党委书记。

孟凡新　男，汉族，定陶县南王店镇赖庄村人，1968年6月出生。1985年9月考入南京航空学院飞机系飞机设计专业学习。1989年7月毕业，获工学学士学位，分配到首都航天机械公司（国营211厂）工艺技术处工作。1991年9月考入北京航空航天大学创造工程系计算机辅助创造技术系统学习，1994年4月毕业获工学硕士学位，回原公司工艺技术处工作，历任数控中心总装车间主管工艺员、室主任、处长助理、副处长等职。其间，在迎接1309000系列标准质量体系认证过程中参加并组织多项工艺整改工作；作为主管运载型号的副处长，参加并组织进行多项运载型号CZ—2C/FP、CZ—3、CZ—3A、CZ—3B的工艺准备、工艺管理和技术协调工作，主持进行了上述型号的多项技术状态质量复查工作，参加并组织协调工艺分工，优化工艺路线、降低生产成本及多项工艺攻关，不断追求技术进步。2000年4月调任首都航天机械公司工艺研究所所长，高级工程师。在组织研究开发新技术、新工艺，引导新技术、新工艺、新材料的工程应用方面取得显著成绩。

杨自春　男，汉族，定陶县黄店镇杨彬楼行政村人，1968年8月出生。1995年从定陶第二中学毕业考入解放军武汉海军工程学院，1983年毕业获学士学位，继续在该校攻读硕士研究生，1992年获得硕士学位，遂考入华中理工大学攻读博士研究生，1997年获博士学位后参加工作。先后任武汉海军工程大学动力工程系副教授、教授、博士生导师，从事国防核动力方面的研究。首次应用梯度功能材料新理论，创造新型陶瓷耐火材料纳米级微孔新技术、新工艺，并实现新型材料的表面闭孔处理，研制成功的新型耐火隔热陶瓷砖，获得1项国家发明专利，2项国家新型使用发明专利，并获军队科技进步一等奖、第十四届全国科技发明博览会银奖，填补国内舰用锅炉特种高等耐火隔热材料的空白。

苗庆凯　男，汉族，定陶县冉堌镇苗楼村人，1968年11月出生。1987年考入山东大学管理科学专业，1991年7月毕业分配到山东三联集团综合计划处工作。1992年10月任山东三联集团饭店事业公司总经理助理、山东三联金三杯股份有限公司筹备组成员。1994年4月任山东三联金三杯股份有限公司副总经理兼金三杯股份公司常务副总经理、金三杯酒家总经理。1999年6月任山东三联集团投资部副总经理、综合计划处处长。2000年5月任山东三联集团企业文化部总经理、三联集团新闻发言人。2001年5月任山东三联集团董事长办公室主任。2002年9月任百灵科技有限公司副总经理。高级经济师，研究生学历。自2002年5月起任国家“十五”科技攻关项目现代物流与电子商务应用示范工程项目办公室主任，是负责该工程项目整体协调和商务策划、项目实施的核心团队人员。

聂元科　男，汉族，菏泽市曹县人，1970年11月出生。1989年9月考入菏泽师专数学系数学专业学习。1991年7月在菏泽地区工业学校工作（受聘为山东《经济日报》菏泽记者站记者）。1993年7月至1996年6月在山东干部函授大学本科班经济管理专业学习。1994年1月任菏泽地委组织部干部。1996年8月任菏泽地委组织部副科级组织员。1999年9月任菏泽地委组织部正科级组织员。2000年1月任菏泽地委组织部组织科副科长，正科级组织员。2001年4月任菏泽市委组织部企业科科长（2000年9月至2003年6月省委党校在职干部研究生班经济管理专业学习）。2003年7月任菏泽市委组织部干部监督科科长。2006年11月任菏泽市委组织部干部三科科长。2008年1月任东明县委常委、纪委书记。2010年1月任东明县委常委、组织部部长。2011年1月任东明县委常委、副县长（列副县长第一位）。2012年1月任东明县委副书记。2013年9月任定陶县委副书记、代县长。2013年10月任定陶县委副书记、县长。

明天然　男，汉族，定陶县仿山镇明庄人，1971年出生。1990年毕业于定陶第一中学。1992年加入中国共产党。1995年毕业于清华大学机械工程系，获机械工程学士学位。历任班级团支部书记，系团委组织部部长、副书记、常务副书记，大学校报记者。1995年被保送清华大学公共管理学院攻读公共政策与管理方向研究生。其间，曾任研究生会高级班副主席、人文学院研究生会主席、清华大学学生电台特约评论员等，组织策划了100余次人文讲座等活动，《北京青年报》《中国教育报》等媒体给予重点报道。1996年被评为清华大学“十大”优秀研究生、北京市“三好”学生、清华大学优秀学生干部，成为清华大学恢复文科以来第一位获得这些殊荣的文科类研究生。在校期间，获清华大学各类奖学金近10次。1996年后从事中国国情研究。2000年创立全美性的非营利组织—中国留美管理学会，与国内20余个省市建立关系，促进海外管理领域的中国留学生、学者、实业家与国内的合作与交流。2002年，创立中国海外人才项目联合发展中心，并创立中国海外人才项目网，任主席兼总裁。

第三章　人物表

1991—2015年中共全国代表大会及省代表大会驻定陶代表一览表

表人物-1

姓名	籍贯	工作单位	届次
郭绪福	定陶县陈集镇	定陶县陈集镇党委副书记、中沙海村党支部书记	全国第十五次
王希亮	定陶县黄店镇	定陶县邓集乡党委书记	省第六次
文廷良	菏泽市牡丹区	中共定陶县委书记	省第六次
卢广真（女）	定陶县天中街道	定陶县定陶镇北关小学副校长	省第六次
刘殿毅	菏泽市开发区	中共定陶县委书记、县人大常委会主任	省第七次
魏庆禄	定陶县天中街道	定陶县物资总公司党委书记、副总经理，山东圣龙集团董事长兼总经理	省第七次
段伯汉	菏泽市巨野县	中共定陶县委书记、县人大常委会主任	省第八次
张善绪	定陶县陈集镇	山东菏达纸业有限公司董事长	省第八次
王彤宇	山东省即墨市	中共定陶县委书记、县人大常委会主任	省第九次
张毓华	安徽省南陵县	中共定陶县委书记、县人大常委会主任	省第十次
李洪华	定陶县马集镇	定陶县马集镇调解中心主任	省第十次
马兴美（回族）	定陶县陈集镇	菏泽市鲲鹏皮革公司经理	省第十次

1991—2015年全国人大及省人大驻定陶代表一览表

表人物-2

姓名	籍贯	工作单位及职务	届次
苑宪章	定陶县陈集镇	山东国华实业总公司董事长	全国八届
马思爱（回族）	定陶县陈集镇	定陶县陈集镇前沙海村党支部书记、前沙海村皮革厂厂长	全国九届
张九勋	定陶县陈集镇	山东都庆股份有限公司董事长	全国十届
阎世海	定陶县南王店镇	中共菏泽地委委员、行署副专员	省八届
李松亭	菏泽市曹县	中共定陶县委副书记、县政府县长	省八届
周合元	定陶县冉堌镇	定陶县人大常委会副主任、县二中副校长	省八届
曹绪胜	定陶县南王店镇	定陶县御思香酒厂厂长	省八届
郭绪福（回族）	定陶县陈集镇	定陶县陈集镇党委副书记、中沙海村党支部书记	省八届
王大刚	山东省龙口市	省人大常委会委员、省农科院党委副书记	省八届
徐学孟	山东省平原县	山东省人大常委会原副主任	省九届
毕可文	山东省文登市	菏泽地区人大工委原主任	省九届
段伯汉	菏泽市巨野县	中共定陶县委副书记、县政府县长	省九届
王凤娟（女）	定陶县冉堌镇	定陶县一中教师	省九届
张九勋	定陶县陈集镇	山东都庆集团公司董事长、总经理	省九届
华保章	定陶县陈集镇	定陶县第三棉厂厂长兼总支书记	省九届
王彤宇	山东省即墨市	定陶县委副书记、县长	省十届
阎　凌	菏泽市曹县	定陶县政府副县长	省十届
王凤娟	定陶县冉堌镇	定陶县人大常委会副主任	省十届
石　军	山东省泰安市	定陶县委组织部副部长、县人事局局长	省十届
陶体华	菏泽市鄄城县	定陶县委副书记、县长	省十一届
张九勋	定陶县陈集镇	山东都庆集团公司董事长、总经理	省十一届
官旭洲	山东省莱阳市	山东鲁花浓香花生油有限公司定陶公司总经理	省十一届
陈宝华	菏泽市开发区	定陶县委副书记、县长	省十二届
王凤娟（女）	定陶县冉堌镇	定陶县人大常委会副主任、县技校校长	省十二届
孔瑞华（女）	定陶县陈集镇	定陶县残疾人联合会理事长	省十二届
张九勋	定陶县陈集镇	中食都庆（山东）生物技术有限公司董事长	省十二届

1991—2015年山东省驻定陶政协委员一览表

表人物-3

姓名	籍贯	工作单位	届次
杨自田（回族）	定陶县天中街道	定陶县定陶镇南关居委会党支部书记	七届
李海涛（回族）	菏泽市曹县	定陶县职业教育中心主任	八届、九届、十届

1991—2015年国家、省部级劳动模范人物表

表人物-4

姓名	籍贯	工作单位	授奖单位	荣誉称号	授予时间
郭绪福（回）	定陶县陈集镇	定陶县陈集镇中沙海村党支部书记	国务院	全国劳动模范	1995
张善绪	定陶县陈集镇	山东菏达集团有限公司董事长兼总经理	国务院	全国劳动模范	2000
张九勋	定陶县陈集镇	山东都庆股份有限公司董事长	国务院	全国劳动模范	2005
孔瑞华（女）	定陶县陈集镇	定陶县残疾人联合会党组书记、理事长	国务院	全国劳动模范	2015
张长路	定陶县冉堌镇	定陶县公安局冉堌派出所民警	公安部	二级劳模（享受全国劳模待遇）	1995
魏庆禄	定陶县天中街道	山东圣龙纸业股份有限公司技术科科长	中华全国总工会	全国五一劳动奖章	2003
李忠华	定陶县陈集镇	定陶县陈集镇中学校长	教育部	全国教育系统劳动模范（享受省部级劳动模范待遇）	1993
李洪华	定陶县马集镇	定陶县马集镇调解委员会主任	国家人力资源和社会保障部司法部	全国政法系统劳动模范	2011
吴福社	定陶县滨河街道	山东兴业制药公司职工	省政府	省职工劳动模范	1992
张长路	定陶县冉堌镇	定陶县公安局冉堌派出所民警	省政府	省劳动模范	1995
许晓玲（女）	菏泽市定陶县	定陶县毛巾厂班长	省政府	省劳动模范	1995
魏庆禄	定陶县天中街道	山东圣龙集团公司董事长、总经理	省政府	省劳动模范	1998
张善绪	定陶县陈集镇	山东菏达集团有限公司董事长兼总经理	省政府	省劳动模范	1998
孔凡恩	定陶县天中街道	定陶县定陶镇建筑公司高级工程师	省政府	省劳动模范	2003
张九勋	定陶县陈集镇	山东都庆股份有限公司董事长	省政府	省劳动模范	2003
韩宪玉	定陶县冉堌镇	定陶县交通局党组书记、局长	省政府	省劳动模范	2008

续表人物-4

姓名	籍贯	工作单位	授奖单位	荣誉称号	授予时间
刘述山	定陶县陈集镇	山东普天纺织有限公司董事长	省政府	省劳动模范	2008
陈雪云	定陶县天中街道	定陶县人民医院医务科长	省政府	省劳动模范	2008
周和平	菏泽市鄄城县	定陶县总工会会计	省政府	省劳动模范	2013
杨　立	定陶县杜堂镇	定陶县中远蔬菜合作社理事长	省政府	省劳动模范	2013
王连桂	菏泽市曹县	国网定陶县供电公司总经理	省政府	省劳动模范	2013

2005—2015年国家、省部级以上先进人物表

表人物-5

姓名	籍贯	工作单位	授奖单位	荣誉称号	授予时间
马思爱（回）	定陶县陈集镇	定陶县陈集镇前沙海村党支部书记	国务院	全国民族团结进步模范个人	2005
李洪华	定陶县马集镇	定陶县马集镇调解中心主任	司法部	全国标兵人民调解员	2005
陈培强	定陶县滨河街道	定陶县陈集动物检疫站站长	农业部	全国农业技术推广先进工作者	2005
刘守文	菏泽市开发区	定陶县委常委、政法委书记	省政府	平安山东建设杰出优秀卫士	2005
戚　鹏	定陶县天中街道	定陶县民族宗教事务局党组书记、局长	省政府	全省民族团结进步模范个人	2005
高艳伦	菏泽市巨野县	定陶县气象局局长助理	国家气象局	全国优秀测报员	2005
吴玉芳	定陶县黄店镇	定陶县气象局测报员	国家气象局	全国优秀测报员	2005
王亚玲（女）	定陶县滨河街道	定陶县气象局测报员	国家气象局	全国优秀测报员	2005
张朝昌	菏泽市牡丹区	定陶县气象局	国家气象局	全国优秀测报员	2005
柴德美	菏泽市单县	定陶县气象局测报员	国家气象局	全国优秀测报员	2005
郭玉芳	定陶县南王店镇	定陶县安全生产监督管理局办公室主任	国家安全监督管理局	先进个人	2006
杨立军	定陶县孟海镇	定陶县农业局土肥站站长	农业部	全国测土配方施肥工作先进个人	2006
孔瑞华（女）	定陶县陈集镇	定陶县残联理事长、党组书记	中国残疾人联合会、国家体育总局	全国残疾人体育工作先进个人	2006
马春艳	定陶县滨河街道	定陶县气象局	国家气象局	全国优秀测报员	2006
高艳伦	菏泽市巨野县	定陶县气象局局长助理	国家气象局	全国优秀测报员	2006
张朝昌	菏泽市牡丹区	定陶县气象局	国家气象局	全国优秀测报员	2006
王亚玲（女）	定陶县滨河街道	定陶县气象局测报员	国家气象局	全国优秀测报员	2006

续表人物-5

姓名	籍贯	工作单位	授奖单位	荣誉称号	授予时间
郐可伟	菏泽市巨野县	定陶县工商局副局长	省委、省政府	服务社会主义新农村建设先进个人	2006
王德运	菏泽市曹县	定陶县供电公司经理	省委	山东省优秀共产党员	2006
董广海	定陶县仿山镇	县教育局	教育部	全国优秀教师	2007
许中强	定陶县孟海镇	定陶县人口和计划生育局党组书记、局长	中国计划生育协会	全国计划生育协会先进工作者	2007
高艳伦	菏泽市巨野县	定陶县气象局	国家气象局	全国优秀测报员	2007
吴玉芳	定陶县黄店镇	定陶县气象局测报员	国家气象局	全国优秀测报员	2007
柴德美	菏泽市单县	定陶县气象局测报员	国家气象局	全国优秀测报员	2007
陈彦丽	定陶县陈集镇	定陶县公安局杜堂派出所所长	省委、省政府	全省妇女儿童工作先进个人	2007
陈　醒	定陶县黄店镇	定陶县民政局办公室主任	民政部	全国民政宣传工作先进个人	2008
薛继花（女）	定陶县半堤镇	定陶县统计局	国家统计局	全国投入产出调查工作先进个人	2008
王亚玲（女）	定陶县滨河街道	定陶县气象局测报员	国家气象局	全国优秀测报员	2008
高艳伦	菏泽市巨野县	定陶县气象局	国家气象局	全国优秀测报员	2008
吴玉芳	定陶县黄店镇	定陶县气象局测报员	国家气象局	全国优秀测报员	2008
柴德美	菏泽市单县	定陶县气象局测报员	国家气象局	全国优秀测报员	2008
孔瑞华（女）	定陶县陈集镇	定陶县残疾人联合会党组书记、理事长	省委、省政府	记一等功	2008
崔　哲（女）	定陶县南王店镇	县残联运动员	省政府	记一等功	2008
崔建金（女）	定陶县南王店镇	县残联运动员	省政府	记一等功	2008
史洪宪	定陶县陈集镇	定陶县二中	省委	山东省优秀共产党员	2008
许中强	定陶县孟海镇	定陶县人口和计划生育局党组书记、局长	省政府	山东省人口和计划生育先进个人，记二等功	2008
熊玉峰	定陶县张湾镇	定陶县科学技术局纪检书记	科技部	全国优秀科技特派员	2009
王亚玲（女）	定陶县滨河街道	定陶县气象局测报员	国家气象局	全国质量优秀测报员	2009
马永生	定陶县孟海镇	定陶县地税局	国家税务局	国家级税务稽查人才	2009
刘守文	菏泽市开发区	定陶县委办公室主任	省委、省政府	扶残助残先进个人，记一等功	2009
李新潮	菏泽市鄄城县	定陶县公安局刑事侦查大队二中队副指导员	公安部	全国公安优秀教育训练工作者	2010

续表人物-5

姓名	籍贯	工作单位	授奖单位	荣誉称号	授予时间
张朝昌	菏泽市牡丹区	定陶县气象局	国家气象局	全国质量优秀测报员	2010
梁茂印	定陶县马集镇	定陶县仿山乡政府	国家计生协	全国计生协会先进个人	2010
孔　辉	定陶县滨河街道	定陶县陈集镇	国家计生协	全国计生协会先进个人	2010
刘守文	菏泽市开发区	定陶县委办公室主任	省委、省政府	全省信访工作先进个人	2010
万巧云	定陶县南王店镇	菏泽市万氏木业有限公司经理	中国妇女联合会	全国“双学双比”女能手	2011
陈　醒	定陶县黄店镇	定陶县民政局双拥办主任	民政部	民政宣传工作先进个人	2011
陈丕文	定陶县滨河街道	定陶县仿山乡人民调解委员会主任	司法部	全国模范人民调解员	2011
陈吉存	定陶县冉堌镇	定陶县物价局党组书记、局长	国家发改委中国经济导报	全国价格宣传工作先进个人	2011
席云明	定陶县孟海镇	定陶县孟海镇党委副书记	省委	全省优秀共产党员	2011
李海涛	菏泽市曹县	县职业教育中心主任	省委	全省优秀共产党员	2011
吴玉芳	定陶县黄店镇	定陶县气象局	国家气象局	全国质量优秀测报员	2011
高艳伦	菏泽市巨野县	定陶县气象局	国家气象局	全国质量优秀测报员	2011
李　振	定陶县天中街道	定陶县气象局	国家气象局	全国质量优秀测报员	2011
崔　哲（女）	定陶县南王店镇	县残联特殊教育学校运动员	省政府	记一等功	2011
崔建金（女）	定陶县南王店镇	县残联特殊教育学校运动员	省政府	记一等功	2011
杨全喜	定陶县滨河街道	县残联特殊教育学校运动员	省政府	记三等功	2011
胡延福	定陶县孟海镇	陈集镇文化站站长	文化部	文化共享之星	2012
马法运	定陶县仿山镇	定陶县县卫生局局长	卫生部	全国新型农村合作医疗工作先进个人	2012
张　伟	定陶县黄店镇	县农机服务中心副主任	农业部	全国农机监理“为民服务创先争优”创建活动示范岗位标兵	2012
柴德美	菏泽市单县	定陶县气象局	国家气象局	全国质量优秀测报员	2012
吴玉芳	定陶县黄店镇	定陶县气象局	国家气象局	全国质量优秀测报员	2012

续表人物-5

姓名	籍贯	工作单位	授奖单位	荣誉称号	授予时间
崔　哲（女）	定陶县南王店镇	县残联特殊教育学校运动员	国家残联 国家体育总局	第十四届残奥会中国体育代表团优秀运动员	2012
杨全喜	定陶县滨河街道	县残联特殊教育学校运动员	国家残联国家体育总局	第十四届残奥会中国体育代表团优秀运动员	2012
崔　哲（女）	定陶县南王店镇	县残联特殊教育学校运动员	省政府	记一等功	2012
杨全喜	定陶县滨河街道	县残联特殊教育学校运动员	省政府	记一等功	2012
崔建金（女）	定陶县南王店镇	县残联特殊教育学校运动员	省政府	记二等功	2012
杨艳玲（女）	定陶县天中街道	定陶县人力资源和社会保障局党组书记、局长	省政府	全省新型农村和城镇居民社会养老保险工作先进个人记一等功	2012
程业武	定陶县马集镇	定陶县农业局植物保护站站长	省政府	全省粮食生产先进个人	2012
李长进（回族）	定陶县天中街道	定陶县天中街道南城社区	司法部	全国优秀人民调解员	2013
高艳伦	菏泽市巨野县	定陶县气象局	国家气象局	全国优秀测报员	2013
田　静	菏泽市单县	定陶县气象局测报员	国家气象局	全国优秀测报员	2013
吴玉芳	定陶县黄店镇	定陶县气象局业务科长	国家气象局	全国优秀测报员	2013
周和平	菏泽市鄄城县	定陶县总工会	省政府	省先进工作者	2013
王先锋	定陶县冉堌镇	定陶县冉堌镇中学校长	教育部	全国优秀教师	2014
孔瑞华（女）	定陶县陈集镇	定陶县残疾人联合会党组书记、理事长	国家残联、人社部	全国残联系统先进工作者	2014
田　静	菏泽市单县	定陶县气象局测报员	国家气象局	全国优秀测报员	2014
吴玉芳	定陶县黄店镇	定陶县气象局业务科长	国家气象局	全国优秀测报员	2014
孔瑞华（女）	定陶县陈集镇	定陶县残疾人联合会党组书记、理事长	中共中央、国务院	全国先进工作者	2015
孔令潭	定陶县仿山镇	定陶县水务局党组书记、局长	人社部、水利部	全国水利系统先进工作者	2015
丁爱英（女）	定陶县半堤镇	定陶县物价局业务股股长	国家发改委、中国经济导报	全国价格宣传工作先进个人	2015
黄　鹤	定陶县仿山镇	定陶县物价局价格监测中心副主任	国家发改委、中国经济导报	全国价格宣传工作先进个人	2015
张华春	定陶县冉堌镇	定陶县陈集镇党委书记	省政府	全省民族团结进步模范个人	2015

1991—2015全县正高级（教授）专业技术人员一览表

（共计21人，按晋职时间排列）

表人物-6

姓名	性别	参加工作时间	评聘时间	工作单位
陈文亮	男	1973.09	1999.11	定陶县计划生育局
黄复奇	男	1978.12	2003.09	定陶县农业局农技中心
李　苏	男	1975.07	2003.11	定陶县人民医院
张瑞军	男	1972.03	2003.12	定陶县林业局种苗站
朱　青	女	1980.07	2003.12	定陶县林业局林业站
程业武	男	1985.07	2004.11	定陶县农业局植保站
董连宇	男	1976.01	2005.05	定陶县人民医院
杨立军	男	1987.07	2006.09	定陶县农业局土肥站
陈麒麟	男	1982.07	2007.11	定陶县文化馆
马法运	男	1977.07	2010.05	定陶县人民医院
郭祥坤	男	1985.07	2010.05	定陶县人民医院
谷庆勇	男	1985.07	2011.03	定陶县人民医院
韦振军	男	1983.07	2011.03	定陶县人民医院
高忠启	男	1976.02	2011.03	定陶县人民医院
孔德安	男	1986.07	2011.03	定陶县农业机械服务中心
王昌敏	女	1990.07	2013.06	定陶县疾病预防控制中心
李学全	男	1981.12	2013.06	定陶县人民医院
耿战秋	男	1990.07	2013.06	定陶县人民医院
张子亮	男	1983.07	2013.07	定陶县中医院
郑家存	男	1986.07	2014.03	定陶县教育局教研室
路庆安	男	1991.07	2015.09	定陶县人民医院

第四章　烈士英名录

定陶人民在中国共产党的领导下，为新中国诞生而浴血奋战。革命烈士的批准对象也由过去的革命军人、革命工作人员、参战民兵民工扩展到全体人民。至2015年，为实现民族独立、人民解放和国家富强、人民幸福而光荣献身的烈士967 人，为教育、鼓舞和激励社会全体成员发扬烈士精神，现将定陶县烈士按籍贯排列记载入册。

定陶镇（包括天中、滨河街道）

城　内：赵广臣　郗须祥　许化武　张林荣
刘瑞林　裴殿启　王德仁　王学海
董宗新　张新会　何　诚　熊明礼
孔庆增　秦广山　朱玉山

西　关：王连席

东　关：曹衍合　李启义　李春保　张宪臣
邓红星

郭　庄：郭照联

董　河：董广在

李线庄：刘东青

孔书庄：孔宪杜　孔凡龙　孔宪昌　孔庆军
孔庆雨　高保山

魏　庙：刘汉文

吴　河：吴平义

曹官庄：曹文凯

堌堆刘庄：刘怀英

郜　庄：朱慎修　朱子明

田　楼：田善信

郑　庄：郑海秀　郑海渊　郑海祥

吴　庄：吴兆同　吴兆联　秦广乔

赵　庄：孔庆珍

张　河：贾乃录

姚　庄：李效忠

孔莲坑：孔宪轩　孔宪固　孔兆仿　孔宪世
西王楼：王西亮

周　庄：周传粉　周继尧

秦　河：秦广友

崔　庄：李瑞显　李瑞田

公机楼：刘宪启

铁刘庄：张文义

李竹匠：李培显

王　庄：游忠斗　游忠连

郭　庄：张英文

赵　楼：赵桂兰

东王店：王继轩　王以合

魏胡同：魏福西　魏林深　肖存善

前杨楼：胡合存　杨青堂

大杨庄：杨青贵

后杨楼：杨祥增　王金海

司　集：杨培茂

观　堂：郝俊玉　刘文忠　郑兰香
郑兰合　郝文书

马　庄：朱光芹

刘　楼：徐玉山　刘传美

吴　庄：孙学贵

大王庄：李　琦

刘新庄：刘新才

甄王庄：刘玉坤

董　庄：董贵亮

王　庄：刘述山

东张楼：张怀保　张守印

侯　庄：侯正四

罗　庄：罗奎云　罗伯卿　罗衍同

马纪庄：马风亭

桑　庄：楚甲良　楚呈瑞　杜学增

邓油坊：张树立

刘　庄：刘文德

杨　坑：刘梦林

徐　庄：梁学敏

楚　楼：楚甲增

牛　楼：牛光合　牛光华

许　庄：许保印

谢　楼：谢中山

仿山镇

前董庄：董世文　董世成

后董庄：董修堂

张秀雨：游居田

杨　河：范宇学

袁　庄：芦运河

姜　庄：姜学彬　姜在胜

十里铺：杨俊堂　程永彩

何　楼：孙怀坤

曹　楼：曹长启

马　庄：马学起　马学超　王学梦　王永峰

马忠魁
姚　庄：姚淑文　姚淑喜　郭宝久
大王庄：王学彦　王学修
顺河集：盛宜才
张　庄：张学礼
于　庄：孔祥佩
孔　庄：孔令坤　孔德山
郝　庄：杨敬伦　苏冠道　苏冠海　杨连海
东李庄：武新亮　李博
陈　河：陈贻芳　王修贵　王承福
明　庄：明广臣　明高岭　明广云　赵松领
王良庄：孔宪聚
孙　庄：乔方柱　贾允现
邓　集：邓广传　朱其明　李方喜
乔　楼：乔新联　乔正全　刘明信　乔正启
乔新志
游　集：王宪玉　游自庄　游二黑　王效功
杜路口：杜学文　杜学义
西孙集：李广福
刘　楼：游善忠
朱　集：朱其琴　刘新平
邵堂寨外：邵凤其　邵凤奎
邵堂寨里：邵冠义
朱　庄：朱明亮　朱敬业
贾　庄：贾炳训
徐　楼：张炳增
丘　集：曹广村
胡　庄：胡俊海
吴灯庙：杜克敏
陈　庄：陈景玉

张湾镇

大耿家：王好子　耿朝中　耿万东
耿顺堆　耿万秋　耿宪昌
堤上张：张明存　张继尧
苏　家：赵德旺　苏本现　苏奎元　赵世忠
大　冯：冯留宾　冯万兴　冯玉斌
冯金佩　冯学德　冯万章
冯不豆　冯学山
河　刘：刘长进　刘自法　刘来卿　刘世海
刘连举
后　冯：冯守成　冯保忠　冯保全　冯守亭
冯高德
沙山寺：张文志　张明义　张学思　张　玉
张占元　张东岭　张志忠　张文化
张文兴　张明显　张新春　张栓运
张黑三　张文灿　杨二田
户　集：董双建　董双喜　高占营　高留根
董大三　董德明　董学建　户保聚
一千王：王新成　王金文　王世荣
杨三占（女）　王保善　王松林
王门正　王世荣　王世田　王锁贵
王秋合
湾子张：张德印　张双芝
张成寨：秦秀运　秦志显　秦升照　秦升江
王清云　秦秀举　秦继章　王栓俊
何俊卿　高德发　高云先　董世连
张文亮　高改成　张西中　张宪环
张　庄：张俊龙
耿　庄：阎世俊
纸　坊：张同春　张文现　韩庆礼　董玉贵
张同来　张少轩
金　庄：金在兴　金富生
苗　庄：张清明
高　家：高学仁　高学章　高广田　高广顺
高广谦　高学习
宋　庄：王明善
谢　家：赵玉清　赵进元
赵官府：赵　旺
坯墙赵：赵二呆　赵栓景
申　海：申广华　申德昌　申广朴　申德言
张　海：张明安　张传福
秦　庄：秦志然　张家波　崔保光
沙窝赵：赵　东　赵从兵　赵贵良　赵传诗
魏　家：杜永河
河西董：董化玉　董刚固　董敬宗　董世敬

董成义　董坤山　董保修　董三炳
董世磨
张　湾：李改明　王凤合　李自德　董连义
刘云道　柴来意　李继修　董天德
董保亭
李　家：李米路　李继文　李继祥
吕　沟：范海文　范海义　吕西令　吕玉连
吕恒诗　吕洪德　吕刘氏（女）
吕寅俊　范海生
蔡　楼：蔡长美　蔡忠春　蔡广斌　蔡升元
蔡升春　蔡忠标　蔡忠良　蔡广龙
蔡广兴　蔡冬雨　蔡长风　蔡忠才
蔡厚荣　蔡玉兵
赵　屯：赵庆田　赵庆玉　赵德军　赵恩玺
徐　家：徐德志

马集镇

西　孔：孔凡华　张同锁　程大娃
裴　庄：裴明海　裴明念　刘汉仁　刘铁锤
大李家：王德秀
张　楼：张俊卿　张本中　张本西　张本月
张良心　张本堂　张本信　张克俊
付王庄：董凤州　董凤珠　王传胜
赵　庄：许保祥　赵朋灵
樊　庄：樊中行　樊中海
牛　庄：牛书礼
寺西李：韩保存　李高生
姚　堂：姚福进
力本屯：程远伦　程秀书　程广峰　李洪恩
李云德　张家怀　郝奎友
李玉池：李知仁
孔　庄：邹占书　邹占江
西　孔：孔庆安
牛　杨：杨敬贤　杨敬堂
老官刘：刘凤钦　刘克然　刘连东　刘连胜
朱　庄：丁志武　朱广成　朱三猴
时　寨：时维增　时永书　时念旭　时念奎
时维伍

蔡　楼：袁树芳　蔡河义　蔡广言　李全志
王　梁：阎世理　王志仁　王治仲　时念合
王九图　李付俊
李　堂：李凤轩　彭春荣　李清朴
范　庄：范合起　范振邦
牛　庄：牛保玉
李文庄：李念生
仝　庄：仝书义　仝金元　张传秀
马　楼：张广库
大刘楼：程福勋　刘汉芹
解　庄：解兰荣　解仁喜　解兰训　解景仓
解景灿
丁　楼：李凤修
任　庄：任传魁
张　圈：张学法　张树乾　张明义　张子仲
张子俊　张明礼　张树春　张千勇
张树钦
林　洼：林明良　林明先
刘　楼：刘福成　杨世文　刘传海
白菜王：柴西佩　柴学勤　王自仲
郭伯堂：郭玉德　郭保先　李学敬
袁　堂：袁孟明　袁孟奎
谢　庄：谢文振
马　庄：马留计　马景芳　马景言　郭孟祥
郭孟奇　马景瑶
马　集：白连祥　左福芳　袁登科
许庄寨：孔庆松
李　园：李念忠
西李庄：李清秀　李端敬
四合村：卢效言　卢广存　卢广美　卢广保
段刘庄：刘新全　刘永昌　刘广建
郭荣庄：郭风彦
梁　堂：梁茂芝
南李庄：刘金德　李炳增
米　庄：乔方义
东李庄：李恭慎　李恭华
金　庙：张延武
刘庄寨：刘忠立　刘方喜　刘广华　刘应斗

刘应立　刘应坤　刘怀珍　刘广俊
赵坤寨：梁显坤
曹　庄：曹玉见　曹玉章　曹金德
车　庄：车广修
谢　庄：谢迎亭　谢明德　谢西春
马　街：李秀成
陈　庄：陈二勋　车继贵　陈明才　李路寒
车继德
朱　楼：王道源　陈清元　许保修
王二大头
西刘楼：刘德昌　刘广德　刘兰保　刘兰科

南王店镇

张董集：曹衍高
王店集：邵广月　赵继德　赵尔风
刘　庄：曹衍章
韩大庙：侯安荣　李克尧
甘　庄：甘少忠
晁新庄：晁中德　王合江　王炳照
李大庄：晁岳轩　晁中影　李景成
东董庄：董万杰　董兆文
田　楼：来万法　来洪亮
曹　庄：曹衍成　曹训明
朱　庄：曹岳芝
向　阳：王金贵
张　庄：张慎修　张　三
马　庄：马万月　马万珍　马万超　马万明
沈　庄：张瑞松　李学忠　潘尚五
丰　庄：朱维新　何佰忠
袁　庄：袁玉良
侯　庙：侯居位
吴　庄：吴永太　吴永亮　吴永周　吴西文
晁马庄：马延芝
西郭庄：郭振坤
北李庄：李福云
刘　楼：李春海
王庄寨：吴永祥
许　庄：许风格
宋　庄：余德修
大李庄：秦西贤
程　庄：刘敬宇　陈丕成　刘午坤　陈吉云
程相仁　刘午银
小李庄：李汝秀　晁中银　李秀梅（女）
晁岳芹　李培林
张油坊：张延君　张道钦
陈　庄：陈吉如
孟　庙：孟庆学
韦　庄：韦福玉　韦景松　韦志光　韦福兴
韦福明
从　庙：李芳元　曹衍明　阎友仁　李邱允
万　庄：万广池
郝　庄：梁书德　邵广道
土　楼：葛　昌　王友平
周　庄：李秀成
路菜园：裴兰亭
前刘桥：刘文勇
后刘桥：刘文忠
后晁楼：刘福田　晁岱运

冉堌镇

大周庄：周庆朝　周广喜
王路口：王学现　王雨军
李　店：李云福　李聚才　王恩现
戴　庄：戴世成
冉堌集：牛光田　魏保珠　王丕多　张圣元
冉昭河　周景收
苗　楼：苗广芝　苗发友　苗发轩　白云河
白云海
张　楼：张德录
张　庄：张西全
李　庄：李保银　李保燕
董　庄：董玉瑞　董仲仁　董兴连
大王庄：王凤昌　王　毛
王　堂：王金梁
牛　楼：许保奎
陈　洼：陈先合

天宫堂：刘东海
康　洼：庞清龙　康洪轩
康　庄：康洪振
田路桥：田庆军
马　楼：韩秀春　王照松　宋连山
折桂集：张学颜
聂　庄：聂廷栋
阎　庙：阎有征
阎　庄：刘士英　刘绍周
十里铺：刘玉德
李　庄：王西文
刘庄寨：刘明林　提西亭　刘明德
韩　庙：盛含海　韩秀旗　韩秀健　韩俊兴
　　　　周学齐
腊真寺：刘化平
赵　庄：赵传诗
石楼庙：李亭山　车广联　车继元
高　庄：高元增
王堌堆：王合建　王启风　王虎臣
均张庄：赵传玉　王益轩
刘　庄：刘志钦
祝奶庙：周怀义
东陈楼：陈吉荣　陈贻秋
陈　庄：陈吉玉　陈吉安　陈德法
曹官庄：曹绪芝
康　庄：于庆龙
曾　庄：曾照祥
田　集：周朋雷　姚青录　周怀成　西中法
　　　　张丕道
王双楼：王清粉　王清来
王双庙：刘新田
周　楼：张永成
侯　庙：侯石伦　侯长同　侯长同　侯长祥
　　　　侯长美
张坡楼：刘进中　王丕言　李进桥　张占魁
大王楼：王俊岭
郝　庄：郝如钦　郝广兰　郝有芳　郝本先
　　　　郝如欣　郝如新

潘刘庄：刘效文
三义集西：朱自才
祝　楼：祝文先
赵　楼：赵自坤　赵智文　赵根启
杨　庄：杨振友　杨振江　杨宝忠

黄店镇

黄　店：黄洪河　黄启阔　王　冉　崔胜明
后刘庄：刘瑞喜　刘传皋
张　楼：张梦启
马　庄：马崇月　何淑文
牛　楼：何芳来　牛辉尚
周　海：何庆荣　何淑证　李树已
阎　楼：阎广林　阎伯松
西台集：李效卯　孙兆堂　郑洪寅　张　洞
　　　　何茂岗　何淑连　何晓光　郑随领
　　　　牛尔金　何思林　潘玉建
大赵庄：赵桂林　赵爱喜　谢启发　尹金锁
　　　　李清虎
侯吕庄：吕丕海
草　庙：任正端
李　楼：任北科
西李楼：张长连
南王庄：张广笑
赵　庄：赵于清
前陈庄：孙广新　张端臣　孙永东　李效动
　　　　孔凡喜　王福德
孔　庄：李守明　孔凡三
孔李楼：孙福祥
高　庄：高贯岭　高继方
北丁集：高玉堂　李兴才　李兴九　周茂华
　　　　张礼现
张　桥：张贵珍　张继山
牛　庄：牛月祥
何　庄：朱明俊
吴　庄：吴水龙　吴传省
朱　庄：路文进　王成山
孙　楼：孙广山

大坞集：田新成　王立存　田效增　田效迁
田效理　田效班　陈知胜　刘信银
玉皇庙：王效军
程　庄：程玉兰
沙　窝：陈知学　陈先轩　陈知元
傅　楼：傅加信　傅加旺
陈　楼：陈庆喜　陈衍敏　陈衍方　陈衍聚
陈衍洗　董　楼：董立德　董善德
董安民　董瑞凤
苗　庄：王福龙
辛　店：王海秀　王春青
王　集：王光才　袁玉增
后李庄：李清喜　李云兴　李云忠
新刘庄：刘广其
旧刘庄：刘广军
西程庄：程传堂
贾　庄：张德福
仝　庄：仝知意　张广梨　谢知法
大王庄：王云领　王瑞祥
崔　庄：王宪荣
耿　庄：李文芳
黄　庄：黄启云
程　楼：程相清
李　阁：李丕海

孟海镇

牛　屯：牛辉汉　牛辉联　牛辉泗
东张庄：张允德
马　楼：马万勃　马年古　马伯珍　马万崇
许　楼：许中理　牛月兰　许传进
牛　集：牛收金　牛辉全　牛月义
韩　楼：韩冠友
孟　海：孟宪思　孟宪波　郭怀亮　孟庆雪
黄　庄：孙长兴
南王庄：王瑞吉
雷　楼：雷炳文
河南李：李凡义
中程庄：程相清

孙　庄：孙有才
车刘庄：刘兴文　刘继增　刘广先
刘兆良　刘传生　王兆兴
苏　楼：时方明　时盛全

半堤镇

半　堤：马德荣　罗秀期　刘炳焕
宋　庄：王宪礼
曲　庄：曲世敬
成　庄：成士贤　成兆合
张　庄：张志信　阎松田
盐　场：张名成
郭　庄：刘俊岭
庞　庄：赵德信
孙　堂：胡金祥　胡金尧　胡金玉　孙兴先
孙守荣　胡三楞
于　庄：于明德
潘　寺：刘文柱　刘文修
许　庄：许玉论
潘　楼：潘守德
东阎楼：阎德成
叶　庄：叶先德
焦　庄：焦殿明
大常庄：常兴启　王家礼
魏　楼：魏吉全
四大王庙：陈炳瑞

陈集镇

张　庄：赵玉山
孟　庄：马崇田
西谷庄：谷兆桥
东谷庄：谷明早
西李庙：李清淇
焦　庄：张成功　崔金成
尚　庙：万德庆
三官庙：王凤明
盐土堆堌：刘伦建
陈三楼：陈凤台

中沙海：张兆福　马西胜　马新贵　阎忠胜
后李庄：李发山　李月振
南张庄：张九增　张景银　张朝录
徐　庄：张亮柏
张李庄：刘汉文
香李庄：李景需
苑　庄：苑学镇
西马楼：吴长旺
陈　集：张新田　李玉禹　杨福义　杨在朋
　　　　路大连　葛松柏
姜　庄：李忠学
前沙海：沙庆轩　沙少金
常　店：孔凡柱
郭　楼：郭金彬　陈福云　郭传训　陈圣芹
台　楼：台凡训
王　庄：台世相
连　集：朱富贵　杜广运
任　庄：任万录
歪李庄：李应金
华　堂：华令挪
牛　庄：王文玉
罗　庄：罗永泉
保　宁：王文合
朱　集：刘伯龙　娄伯川　张宪道　张守会
吴　庄：吴银同　吴月录
陈　洼：陈洪姣　陈兆江
曹　庙：许忠节

杜堂镇

张庄寨：张子良　华益法
崔　庄：崔如良
谢　庄：谢传坤
靳　庄：王连义
西贾庄：贾际民
辘　湾：王利增
谢盐庄：谢传俭
张　庄：张景箱
后张庄：张永亮
许　堂：许忠泗　许远德　田明山
田　庄：田昌合　许保珍
孟　楼：邵长秀
宋　楼：刘进周
吴　集：吴以增
寺后王庄：杜双喜　王继奎
中盛楼：黄启新
东盛楼：吕志强
盛　庄：盛以合
杨　店：戴华芬
袁姑集：谢世新
刘　楼：刘守贵
贾　庄：贾景良

籍贯不详

王凤合　王朝聘　白允功　李凡文　乔正启
刘　文　苏　军　邵维民　陈先明　张金才
张　洞　金付生

附 录

FU LU

本志附录主要辑录前志简述、文献辑存、前志勘误表等3部分。其中文献辑存主要包括1991年至2015年间，中共定陶县委、定陶县人民政府制发的4个重要文件，中共定陶县委办公室、定陶县人民政府办公室制发的1个重要通知，内容涉及农民负担、企业改制、民营经济、新农村建设、转变作风服务群众等几个方面。

前志简述

新编《定陶县志》是定陶县第一部社会主义新方志，李应松任主编，李文存任副主编。此志上限起自唐尧虞舜时期，下限至1990年，大事记下延至1998年。全志共26篇，前置序、凡例、概述、大事记，后殿附录、编后记。篇目依次顺序是：行政区域、自然环境、人口、农业、林业、水利、工业、交通邮电、城乡建设、商业、财税金融、经济管理、政党群团、政权政协、军事、司法、民政、人事劳动、教育、卫生、科技、体育、文化、民俗、方言、人物。篇下设章、节、目，全志共134章、477节，94.3万字。1999年12月，由齐鲁书社出版发行，印刷3000册，16开精装本，卷首插彩页20页，并置有定陶县行政区地图。

一

定陶县位于山东省西南部，菏泽市中部，介于北纬34°57′～35°15′、东经115°20′～115°47′，总面积838平方千米。地属北温带黄河冲积平原，四季分明，光照充足，年均气温13.7℃，无霜期209天，降雨量664.5毫米；境内旷野坦荡，地阜物华，河流纵横，全县水资源总量2.37亿立方米，生物资源1089个品种，木材蓄积量135万立方米，煤炭蕴藏量约45亿吨，石油天然气资源容量约6亿立方米。1990年，辖4镇15乡，465个行政村，1044个自然村，耕地面积51115公顷，总人口559569人，人口密度667.74人／平方千米。

二

定陶县古称陶，或陶丘。春秋末期，范蠡助越灭吴后，出海至齐，辗转到陶，并“以陶为天下之中，遂定居焉，故曰定陶”。早在五六千年前的新石器时代，先民们就在这块古老的土地上刀耕火种、繁衍生息。尧、舜时期为古陶国。夏、商为三鬷国。周为曹国都。秦始皇二十六年（前221）始置定陶县。历史上曾12次为国，8次为郡，2次置军，终以县至今。春秋战国时期，定陶“扼菏济之要，据淮、徐、宁、卫、燕、赵之脊”，是中原地区著名的经济都会和军事战略要地，素有“天下之中”的美誉。境内已经查明的古文化遗址和名胜古迹达十余处，成为几千年历史沧桑的见证。省级重点文物保护单位仿山闻名遐迩。汉刘邦登基的地方官堌堆是新石器时代的古遗址。全县还有左山寺、大章寺、南丁寺、戚姬寺、汉恭皇陵、范蠡墓、项梁墓、范蠡湖等名胜古迹，吸引着国内外众多游人前来观赏。

定陶县钟灵毓秀，人才辈出。左丘明是与孔子同时代的史学家，著有《左氏春秋》，相传《国语》亦出自其手。范蠡功成身退，定居于陶，十九年间，三致千金，被后世称为商业鼻祖。谷梁赤撰的《谷梁春秋》，是儒家的经典之作。政治家、军事家吴起著的《吴子兵法》，为“武经七书”之一，已被译成多种文字介绍到国外。汉刘邦的爱妃戚夫人、汉哀帝的母亲丁姬和祖母傅太后均为定陶人。汉魏相总领众职，为汉宣帝的政治统治立下汗马功劳。东汉大学士张训正订六经文字，为经学的研究和传播作出突出贡献。北宋著名政治家张齐贤历事三朝，屡建战功。明朝南京户部尚书曹邦辅是著名的抗倭将领。众多风流人物，代代相传，光照千秋。

定陶县人民素有敦孝悌、重廉耻、尚气节、崇淳朴的品格；有好刚强、重义气，肝胆相照的气度；有保家爱国反封建、反侵略的光荣传统。隋朝末年，农民起义军领袖孟海公，在定陶揭竿而起，攻陷曹、戴2州，沉重地打击了隋王朝的腐朽统治。1813年，定陶乾卦教首张廷举聚众反清，攻占定陶城，杀死知县贺德翰及500多名士卒，使清廷大震。1860年，定陶捻军首领焦桂昌举起反清大旗，曾一度攻克定陶城。1927年8月，李道一加入中国共产党，在境内开展革命活动，点燃了革命的星星之火。1937年，共产党员于子元在定陶成立农民抗日救国自治会和农民互助会。1938年4月，中共定陶县第一个支部在扈集成立。1941年9月，定陶抗日县政府成立。次年2月，中共定陶县委成立。从此，定陶县的抗日斗争进入一个崭新的历史时期。在抗日战争时期，定陶县共有500余人参加八路军，1700余人参加地方武装，2万余人参加送军粮、抬担架等支前活动，195名定陶优秀儿女为国捐躯。为夺取抗日战争的胜利，作出不可磨灭的贡献。

解放战争中，定陶英雄儿女配合主力部队与国民党反动军队展开艰苦卓绝的斗争，组织开展“游击战”“地雷战”“地道战”；跟随刘邓大军“破袭陇海”“跃进大别山”，转战鲁西南；在著名的“羊山战役”“定陶战役”“淮海战役”中，定陶人民组成声势浩大的支前队伍，谱写了一曲曲壮丽凯歌。

三

中华人民共和国成立后，定陶县人民在中国共产党的领导下，积极投身于社会主义革命和建设，取得巨大成就。先后建成粮食、棉花、林果、蔬菜、玫瑰、蘑菇、山羊、黄牛八大生产基地。1990年，工农业总产值8.52亿元，比1949年增长50.7倍；农民人均纯收入582元；城乡居民人均存款426元。定陶城乡发生深刻变化。

定陶县是农业县，粮食作物以小麦、玉米为主，经济作物以棉花、花生、豆类为主，兼种瓜果蔬菜。新中国成立前，粮食产量低而不稳，亩产不过百斤，劳动人民男耕女织、终年劳苦不得温饱，糠菜度日。新中国成立后，县委、县政府率领群众兴修水利、打井抗旱、科学种田，特别是1978年中共第十一届三中全会以后，农业发展迅速，1990年，全县粮食总产20余万吨，创历史最高纪录；棉花总产2.14万吨。由过去吃粮靠统销的大户，变成国家商品粮、棉基地。1990年，全县农业机械总动力22.68万千瓦，有效灌溉面积占总耕地面积的70.1%。自1986年以来，定陶先后被评为或列为全国平原绿化先进县、全国粮棉基地县，山东省农田水利建设先进县、棉花生产和高产开发重点县、平原农业畜牧业样板县、创汇农业示范县、高产优质高效示范县。

工业体系日趋完善。1990年，全县已有食品、纺织、皮革、机械、建材、化工、造纸、印刷等工业门类，形成较完善的工业体系。工业总产值7.5亿元，占工农业总产值的60.8%。“陶”牌羊剪绒地毯、挂毯、座垫；“金叶”牌青猾裘皮衣，“阿谷停云”牌阿胶，御思香白酒，“冉子”系列白酒，“龙池”牌再生胶等36种产品分别获部优、省优或国际金奖。出口商品有5大系列，150余个品种，1000余种花色，出口欧美、东南亚等十几个国家和地区，年出口额4470.1万元。

定陶县素有“天下之中”的美誉。自古就是商贾云集之地。1990年，全县有集贸市场24

处，集市贸易成交额6783万元，社会商品零售额1.47亿元。初步形成国营、集体、个体商业互为补充，综合市场、专业市场，批发、零售市场并举，生产和流通融为一体的商品市场体系。

交通运输、邮电等事业日新月异。新中国成立后，经多年的建设，至1990年，以定陶城为中心，柏油公路辐射全县19个乡镇，日客运量1500多人次，年货运量33.7万吨；县境内高压输电线路710公里，有10千伏、35千伏变电站10座；0.4千伏低压线路1012公里，10千伏变压器730台。县有电视转播台，转播山东电视台节目，并开始试播和自办节目。教育事业有较大发展。1990年全县有小学325所，在校学生59638人；普通中学33所，在校学生2.1万人。卫生、体育事业发展突飞猛进。1990年，全县有医疗机构46处，535张床位，医疗设备391台（套），卫生技术人员1814人，乡村卫生室446所，县、乡、村三级医疗卫生网络初步建成。初级卫生保健工作达到省定标准。体育事业蓬勃发展，群众性的体育活动越来越广泛，增强了人民体质，为国家培养了一批体育专业技术人才，至1990年，定陶县共向上级专业队输送620余人。

文献辑录

中共定陶县委　定陶县人民政府
一九九八年减轻农民负担工作意见

定发〔1998〕31号

（摘要）

一、深刻理解中央《决定》精神，进一步提高思想认识

减轻农民负担是一项十分紧迫的政治任务，各级党委、政府都非常重视。中央《决定》是针对我国当前农村、农业、农民的实际情况而制定的，是保护、调动农民积极性，推动农村生产力发展的纲领性文件，体现了我党农村工作的根本指导思想。因此，各级干部要认真学习领会中央《决定》精神，深刻认识减轻农民负担的重要性、严肃性和紧迫性。要充分认识到“减轻或加重农民负担绝不是少收或多收几个钱的问题，而是保护还是挫伤农民积极性的问题，是促进还是阻碍农村生产力发展的问题，是赢得还是丧失农民拥护的问题，是能否保持农村稳定局势的问题”。农民负担能不能真正减下来，关键在认识、在决心、在措施、在领导。当前，对中央《决定》精神要再学习、再认识、再宣传、再发动。要坚定不移地把中央《决定》精神落到实处，坚定不移地执行5%的政策不动摇，在减轻农民负担问题上，采取一些过硬过细的措施和办法，狠抓落实，使减轻农民负担工作在短期内大见成效。

二、强化措施，切实减轻农民负担

各乡镇、县直有关部门要认真贯彻落实中央《决定》和省地有关政策，在“减负、放权、引导、服务”的原则下，统筹安排减负工作。要坚持“标本兼治、堵疏结合”，明确征收与减负一起抓的思想，狠刹面向农民的一切乱收费、乱集资、乱摊派的不正之风，坚决把不合理的负担减下来，给农民一个休养生息的机会。今年我县农民负担工作，要保证做到：

（一）九八年农民负担的计提依据（人均纯收入）；全部乡改村。

（二）农民直接承担的“三提五统”不得超过本行政村上年人均纯收入的5%。“村三提、乡五统”只占2.5%。

（三）农业税、农业特产税必须依法据实征收，不得按人头或田亩均摊，农业税、农业特产税不得重复征收。农业特产税今年不再列入预算方案，要按有关规定另行据实征收。

（四）水费按实际用水量提取。

（五）义务工和劳动积累工要用足用好，要严格掌握“两工”的使用范围和提取数量，不准强行以资代劳，特别是乡、村用工，一律要出工，严禁以资代劳，以减轻群众的现金负担。

（六）严禁搞任何形式的集资活动。今后各级各部门均不得出台任何面向农民的集资项目。

（七）严禁动用专政工具或组织“小分队”、“突击队”等形式向农民收取钱物，绝不允许出现恶性事件。

（八）严禁各种搭车收费和层层加码收费现象。

（九）严禁各种摊派行为。农村各种保险要坚持“积极引导、自愿投保”的原则，不准向农民硬性下达各种保险指标；合作医疗等要完全遵循群众自愿的原则，不得强迫；农村用公款征订的各种报刊，首先要保证党报党刊的发行，报刊费从三提资金的管理费中列支，不准另行提取。

（十）坚决纠正挤占、挪用“三提五统”资金的错误做法，做到资金专款专用，专项管理。

（十一）要落实好贫困村、贫困户的“减、缓、免”政策，对因执行“减、缓、免”政策而减少的税费收入不得分摊到其他农户。

（十二）要加强以村务公开民主管理为重点的制度建设，农民在村范围内兴办的生产和公益事业所需资金应从公积金、公益金中列支，资金不足的，可以提交村民大会讨论，经多数村民同意后，由群众自愿筹集。

（十三）要加强对合理税费的征缴工作，对有能力缴纳而拒不缴纳的，可以依照村规民约进行教育，或者按诉讼程序依法解决。

（十四）大力精减人员，解决机构臃肿问题。要对乡镇闲杂用工、未注册民师和超编乡村干部进行一次彻底清理，一律辞退。

（十五）减少一切非生产性开支，严禁用公款大吃大喝。要把减轻农民负担工作和反腐倡廉密切结合起来。县级到乡镇检查工作，原则上不得在乡镇就餐，确需就餐的，一律吃份饭，乡镇干部一律禁止在村级就餐，村级不准出现招待费。

三、落实各项制度，实行农民负担规范化管理

（一）农民负担预决算制度。按照规定的程序和审批权限，乡村两级认真编报预决算方案。各乡镇要将到村的预算方案在6月10号前报县农民负担管理办公室审批完毕，然后根据县批方案编制分户清册，于6月20号前报县备案。

（二）农民负担卡制度。乡村两级要严格按照审批方案，认真填写负担卡，并要在夏粮征购前全部签发到户，入户率要达到100%，哪一级发不下去，就追究哪一级主要领导的责任。收取村提留乡统筹费要统一使用农民负担管理部门印制的收款票据。

（三）农民负担专项审计制度。年内，农民负担管理部门要对农民负担费用和劳务的使用情况进行全面审计，并逐级上报审计结果。

（四）实行民主监督制度。各村都要成立民主理财小组，坚持财务公开日制度。乡村两级凡与农民负担有关的政务、财务都要定期向群众公布，接受群众监督。

（五）提留统筹资金“一个漏斗向下”的管理制度。今后，包括“三提五统”在内的所有集体资金，统一由乡镇经管站管理，并改拨付制为报账制。各乡镇要按照定发〔1998〕16号文件的要求，建立和充实“双代管”办公室，管好用好集体资金。

（六）统一审批制度。面向农民的各种收费，都要经农民负担管理部门审批，有关农民负担的解释口径应统一于农民负担管理部门，切实防止政出多门。

四、加大执法监察力度，严肃查处加重农民负担的违法违纪案件

农民负担管理部门和纪检监察部门，要强化监督监察力度，定期进行执法检查，严肃查处加重农民负担的典型案件。实行查处结合，对检查中发现的问题，要依照鲁纪发〔1997〕14号文件《关于对加重农民负担行为的党政纪处分暂行办法》和定政办发〔1998〕11号文件《关于农村集体资金专项审计工作的补充规定》，迅速立案，依法从严处理。对造成严重后果，触犯刑律的，司法部门要依法追究刑事责任。

五、切实加强对减负工作的领导

在减轻农民负担问题上，各级党政一把手要亲自抓、负总责，一级管一级。要明确责任，哪一级出了问题，由哪一级负责，哪个环节出了问题，由主管领导和部门负责。各级都要保证不出现违反中央《决定》的行为，保证不出现提留统筹突破5%的村。今后，在减轻农民负担问题上全面推行“一票否决制”。凡在农民负担问题上违反规定或出了问题的，乡镇党委政府的主要负责人和直接责任人年内不得提拔和晋升。凡因加重农民负担受到处分的干部，三年内不得提拔和重用。

一九九八年六月四日

中共定陶县委　定陶县人民政府
关于加快县属企业产权制度改革的决定

定发〔1998〕35号

（摘要）

一、企业产权制度改革的指导思想和目标要求

（一）指导思想

以建立现代企业制度、增强企业活力、提高经济效益为目标，以三个有利于为标准，以股份制、股份合作制为主要形式，坚持因企制宜、一厂一策、分类指导的原则，彻底转换企业经营机制，转变政府职能。

（二）目标要求

以产权制度改革为突破口，以建立产权清晰、权责明确、政企分开、管理科学的现代企业制度为目标，以《公司法》为标准，真正把企业改造成自主经营、自负盈亏、自我约束、自我发展的独立的市场主体和法人实体，建立企业法人治理结构，实现资本、管理、技术、市场四个增量。县属企业年底前要全面完成改制任务。

二、改制工作应遵循的基本原则

（一）因企制宜、一厂一策的原则。改制工作要从企业的实际情况出发，选择适合企业自身特点的改制形式，一厂一策，或一厂多策，适合怎么搞就怎么搞。

（二）稳中求进、积极稳妥的原则。改制工作既要勇于探索和突破，又要慎重稳妥，成熟一个搞一个，成熟一批搞一批，防止出现大的震荡和失误。

（三）综合配套的原则。在进行企业改制的同时，积极进行劳动制度、人事制度、政府职能转变等有关配套改革。

（四）确保公有资产保值增值的原则。企业改制不是将公有资产一分了事，更不是简单的私有化过程，而是要在公有资产保值的基础上加快增值。因此，在建立科学的运营机制的同时，要形成有效的监督管理机制。

（五）盘活存量与优化增量相结合的原则。要加大送、引、配、联的力度，鼓励支持企业进行跨地区、跨行业、跨所有制的资产重组。

三、改制的主要形式

（一）股份制和股份合作制。根据菏发〔1998〕1号文件，结合我县企业现状，企业可以将净资产折成股份出售给职工，组建新的有限责任公司；资不抵债的企业可以采取由职工入股组建新的股份合作制企业，回头租赁原企业资产，租金收入逐年偿还原企业债务。根据我县企业情况，可分别采取以下三种形式：

出售改制。对有净资产的县属企业，可将公有资产全部有偿转让给职工，由企业职工以现金形式认购，一次买断，形成职工共有（民有私营）企业。也可以部分出售，其余部分做为国家股（集体股）。出售公有资产的收入，由县国有资产管理局收缴管理。

注资改制。对资债相当或破产重组的企业可采取注资改制的形式。即：根据企业的需要和职工的承受能力确定总股本，企业全体职工出资入股，组建股份合作制企业。

分体改制。以充分利用企业现有有效资产，搞活企业为目的，组建若干个法人实体，实行分块搞活。新组建的实体可以一次买断产权，也可以采取租赁或承包的形式。

（二）送。通过多种形式、多条途径把我县更多的企业送出去、攀高门、结洋亲，借水行舟。只要有利于企业发展，安置好职工，税金交地方，即可敞开县门大胆地往外送。

（三）租赁。可以整体出租，也可以部分出租，既可以租给域内外社会法人、自然人，也可以租给外商。出租、承租双方依法签订租赁合同，承租方须照章纳税，优先使用本企业职工。

我县流通企业、饮食服务业和规模较小的工商企业，可实行租赁经营，但应掌握以下原则：

1. 租赁期限一般不得低于一年。

2. 承租人要根据承租资产的数额，交纳一定的保证金，保证金的数额一般不得低于年应交租金的50%。

3. 租赁期间，承租人要按有关规定对租赁资产实施保全。

（四）低成本扩张。对于产品好、市场潜力大、经济效益好、自我发展能力强的优势企业，可以跨行业、跨所有制、跨地区兼并劣势企业，实施低成本扩张，组建企业集团。要使企业集团真正形成两个纽带：一是成员企业人事档案、中层以上干部的任免、劳资等统一由集团管理，形成人事关系纽带；二是以参股式或承担债务式，形成资产联结的纽带。

（五）出售。将企业有效资产按照公开、公平、公正的原则公开向社会出售。出售对象可以是原企业职工，也可是其他社会法人、自然人、外商；可以按评估价出售，也可降价出售。购买方可以根据情况按比例承担原企业债务，接收企业职工。

（六）剥离。把有望搞活的设备、厂房、流动资产等有效资产从总资产中分离出来，采取股份合作制、租赁等形式成立新企业。

（七）外资嫁接。在资产评估基础上，将产权有偿转让给域内外企业进行嫁接改造。方式上可以整体嫁接，也可以部分嫁接。

（八）破产重组。对长期亏损、资不抵债、产品无市场、无力清偿到期债务而扭亏无望的企业要依法实施破产。

企业改革要因企制宜，鼓励创新但要从企业实际出发。不论采取哪种形式，总的原则是盘活存量，优化结构，搞活企业，提高效益，积极探索，不断完善。

四、转换企业内部机制，搞好内部改革

改制企业要切实转换内部经营机制，搞好内部改革，严格按议事程序和规则规范运作，坚持真改革，避免走过场。

（一）企业改制后，要严格按照《中华人民共和国公司法》和《国家体改委关于发展城市股份合作制企业的指导意见》规定；建立以股东会、董事会、监事会为主要框架的法人治理结构。重大事项由股东代表大会决定。董事会、监事会由股东大会选举产生决定罢免，经理由董事会聘任。董事长聘任总经理，总经理聘任副总经理，规模较小的企业，可以只设一名执行董事、一名监事，行使董事会、监事会的职能。企业中层干部和内部各个岗位实行竞争上岗。

（二）改制企业要进一步深化内部三项制度改革，彻底打破职工、干部身份界限，实行全员劳动合同制，按照效率优先、兼顾公平的原则拉开收入分配档次。允许和鼓励资本、技术、管理等生产要素参与收益分配，从公司成立之日起，企业部门、岗位的设置，经营管理人员的使用，职工的招收、辞退及收益分配等全部由企业依据有关法规自主决定。切实将用人权、收益分配权等还权于企业。

（三）改制企业要以财务管理为中心，以资金、成本、质量、营销管理为重点，建立起科学的管理机制。鼓励企业面向国内外高薪引进高级经营管理人才、高级技术人才和高级营销人才。

（四）改制企业要把市场开拓放在首位，尽快建立自己的技术创新机制和产品销售网络，通过研究开发新产品、培植名牌拳头产品和建立灵活、高效的营销机制，大力开拓国内外市场，努力提高市场占有率。

（五）改制企业要尽快建立以下几个机制：

一是行之有效的约束机制。监事会的职权要落实到位，要充分发挥好作用，行使好权力，以对股东高度负责的精神对企业的生产、经营、管理等进行全方位监管，确保股东的合法权益不受侵害。要建立和完善定期向股东大会报告工作和通报情况的制度。企业的重大决策要经股东大会通过方可实施。股东大会的表决实行一股一票制。二是要建立和完善自我积累、自我发展的机制。改制以后，企业的全部资产归全体股东所有，同时也承担着相应的债务，股东既是资产的所有者，又是资产的经营者，企业经营的好坏、效益的高低与股东的利益密切相关。因此，要使股东真正树立起企业发展我发展，我与企业共兴衰的思想。企业分红必须经审计后方可进行，当年分红变现率不得超过股本金的15%，其余分红部分可转作股份，做为增股记入个人股权证。三是要建立起经营者、技术骨干的自我激励机制。股份合作制企业原则上不能平均入股，企业的股权要向少数人手里集中，鼓励经营者、业务骨干、技术骨干持大股，从而增强其责任心和工作积极性。四是出资者选择经营者的机制，严格按照《中华人民共和国公司法》要求，由股东选举董事，董事会聘任经理，任何部门不得干预企业的机构设置和人员配备。

（六）所有改制企业都要按照有关规定建立党、团、工会、妇女、民兵组织，以便其充分发挥应有的作用。其任职形式要从企业实际出发，宜兼则兼，宜专则专，可交叉任职，可一肩挑，也可分设。

五、改制的方法步骤

（一）方法措施

采取集中领导、集中时间、集中力量的办法，搞好这次企业改制工作。县里主要领导拿出主要精力研究改革、指导改革，分管领导具体抓，六大部门其他领导齐抓共管。一切工作为改革让路，全县上下一盘棋，围着改革转。实施点上突破、以点带面、层层带动策略，具体地说，就是以一轻部分企业为突破点，率先改制，规范操作，带动整个一轻系统，一轻带动二轻系统，纯工业带动商办工业和流通企业，县属企业带动乡镇企业。

1.改制形式的确定。企业的改制形式，坚持充分尊重职工意愿的原则，由县企业改革领导小组及其办公室根据企业规模、企业性质、企业资债情况、企业特点、企业职工意见等方面综合考虑后确定。

2.有关政策规定的制订。凡涉及企业改制的有关政策规定，由县企业改革领导小组及其办公室研究决定，一个“漏斗”下达，原企业主管部门和其他职能部门一律不再进行研究制订。

3.改制工作采取工作组进驻企业接管，全面冻结企业行为的方式进行。对不宜中止生产经营活动的企业，采取其他灵活的方式。

（二）工作步骤

1.资产评估。所有改制企业都要严格进行资产评估。全县评估基准日统一确定为1997年12月31日。资产评估工作由县经济体制改革办公室会同国有资产管理局统一组织，以县会计师事务所为主，组织力量、集中时间，逐个进行。评估工作要确保准确性和公正性，防止公有资产流失。评估结果由县国资局确认。

2.产权界定。按照“谁投资，谁拥有产权”的原则进行产权界定。靠国家投资、减免税或其他优惠政策等形成的资产，界定为国家所有；企业职工福利基金、奖励基金或联社基金形成的资产，界定为企业法人资产，可转为职工股份并量化到职工个人；职工集资形成的资产，界定为职工所有。

3.制订改革方案。所有需要改制的企业都要按规定制订改革方案。改革方案应包括以下内容：（1）企业基本情况，包括资产、负债、生产经营、人员等情况。（2）改制动因。（3）实施方案，包括组织领导、时间安排等。（4）制约机制和管理模式。（5）成立新企业的名称、人员安排的打算。（6）原企业人员的安排、资产、债权、债务的落实情况等。

4.组织实施。县里将从有关部门抽调人员组成工作组，帮助企业改制。要明确责任、限定时间、确保质量、按期完成。各部门各单位要密切配合，形成合力，确保企业产权改革顺利进行。

六、企业改革的具体政策

（一）企业改制时，发生的资产评估、验资和工商变更登记费原则上免收。必须收取的只收工本费；房屋勘丈费及产权变更登记费按每户企业不高于50元收取；公证费按每户不高于100元收取。其余行政部门收取的如交易过户、变更登记等收费一律免交。

（二）出售企业产权，应面向社会，鼓励本企业职工优先购买。出售企业产权实现的收入，由县国有资产管理局负责收缴和管理，扣除下岗职工养老保险金外，剩余部分原则上留给原企业，做为生产性资金有偿使用。也可以用于扶持主导产品或骨干企业。

（三）实行股份合作制形式改制的企业，企业原债权、债务仍由改制后的企业承担，并办理转贷手续。出售公有资产实现的收入由国有资产管理局负责收缴，一次付清有困难的，可以3—5年内分期交付，但第一次交付不得低于总价款的20%。原企业所占土地可租赁使用，并按国家规定交纳租金，交纳租金确有困难的，经县国有资产管理局批准，可以3—5年内免交。职工宿舍按房改有关规定办理。所有企业非经营性资产都可以出售，也可剥离后单独出售或租赁。本企业职工购买或租赁，取得法人资格的，享受劳服企业的优惠政策，劳动部门免费办理有关手续。需要托管的，由改制后的企业托管。

（四）股份合作制企业设有国家股的，国家股分红应按有关规定收取。国家股所分红利，可由企业提出申请，经县国有资产管理局批准，在一定期限内留给企业有偿使用，也可以经股东会同意报县国有资产管理局批准作为国家股扩股资金。

（五）实行股份合作制形式改制的企业，有关人员的费用可按下列标准从企业资产中一次性扣除：

1.退离休职工（含内部退养职工）、工伤和患职业病职工的医疗费，一般每人平均按2000—

2500元/年×15年计算。

2. 工伤职工的生活费、工伤补助费，按高于本人退休时应得退休费的5%—10%，再乘以距正常退休年龄不足年限的标准计算。

3. 抚恤人员的抚恤费，按国家有关规定标准计算。

4. 应提未提的职工养老统筹金及欠交的职工养老保险、失业保险等社会保险基金，按实际应提、欠交数计算。

5. 未纳入养老统筹的内退职工的生活费，按不低于本县待岗职工最低工资标准的1.5倍，乘以提前退休年限计算。

上述各项扣除，由企业申报，县国有资产管理局审批。扣除的资产留给改制后的企业使用，有关人员的费用由改制后的企业支付。

（六）优势企业采取承担债务方式兼并亏损企业并安置全部职工的，原亏损企业的银行贷款无法挽回损失部分，经原贷款银行审核批准，优先给予挂账停息。

（七）虽资不抵债但有发展潜力的企业进行股份合作制改造时，可将资产与债务一起转让给企业职工，由职工分担债务作为出资。经财税部门审查批准，企业3—5年内缴纳的所得税可先征后返，用于弥补债务。

（八）资不抵债的企业被区内优势企业兼并后，被兼并企业3—5年内上缴的所有地方税款，可由同级财政金额返还，用于弥补债务。

（九）优势企业兼并、收购连续三年以上亏损的企业，被兼并、收购企业以前年度的经营性未弥补亏损挂账，经县税务部门批准，允许在5年内用应纳所得税额弥补。

（十）对实行长期租赁经营的公有企业，承租方可以在资产评估的基础上，用分期付款的形式购买原公有资产，当支付的购买款项达到原公有资产数额时，应按合同规定将企业全部产权划归承租者所有。

（十一）实行租赁经营的企业，租赁期满或经双方同意改为股份合作制企业时，承租人交足各项款费后剩余利润形成的资产以及其他生产要素，应视为承租人的股权，即产权归承租人所有。

（十二）改制企业按规定参加养老保险、失业保险和社会统筹，所交比例数额、交纳办法仍按原有规定执行。

（十三）无论企业采取何种改制形式，都应接收原企业职工，以保持社会稳定。实行出售、兼并的企业，其职工原则上由购买方、兼并方接收，在确定资产转让价格时，可适当给予优惠。破产企业职工实行多渠道分流，企业清算时要首先考虑职工的安置。企业离退休人员原则上转由社会保险机构承担。企业破产前拖欠的职工养老、医疗等各项社会保险金应在改制时从净资产中一次性扣除补齐。

（十四）鼓励党政机关事业单位干部职工购买或领办企业。对离职领办、购买企业的，三年内留薪、留职，原政治、经济待遇不变。三年后，愿返回原单位的按原级别对待。对自愿放弃公职的，可发给相应的退职费，一次算清，分期支付。

七、保障措施

（一）统一思想，提高认识，搞好发动。企业产权制度的改革是经济体制改革的重点和核心，既是企业制度创新的基础，又是解决经济工作中深层次矛盾的关键。全县上下特别是各级领导干部要用邓小平理论和十五大精神统一思想，尤其要澄清在产权改革问题上的偏见和模糊认识，增强改革的自觉性、主动性和紧迫感。

要加大宣传力度。要利用一切有效形式，大力宣传搞好产权制度改革对促进经济快速发展和社会稳定的重大意义，宣传县委、县政府改革的决心和政策规定，宣传改制工作的目标和要求。电台、电视台要开辟企业改革专题节目。电视台要明确专人、专机，跟踪报道改革动态，广造舆论、营造改革氛围，形成强大声势。

（二）切实加强领导，建立工作班子。为加强对企业改制工作的领导，县委、县政府决定，调整充实县企业改革领导小组及其办公室，县委书记刘殿毅同志任组长，县委副书记、县长段伯汉，县委副书记赵传山，县委常委、副县长刘本明，县委常委、县纪委书记李清安，副县长申传根、张培华、王乃光任副组长，县长助理田同修及县直有关单位的主要负责同志为成员，县体改办主任魏忠诚同志兼任领导小组办公室主任。领导小组办公室全面负责改制工作的检查、指导、协调和组织实施。并从全县各有关单位和部门抽调领导干部和业务人员，充实办事力量，实行集中办公。

各企业主管部门、各企业集团也要成立相应的组织，由主要负责同志任组长，实行分工负责，分头实施。但要接受县企业改革领导小组及其办公室的检查和指导，改革方案要经县企业改革领导小组审批，县体改办行文后方可实施。

要加强各级各部门间的协调配合。企业改制是一项系统工程，政策性强、涉及面广，各级各部门必须从全局出发，协调一致，相互配合。各部门对企业改制过程中涉及到的有关政策，属于职权范围内的要不折不扣地落到实处；一时拿不准的，要从促进改革的角度出发，提出积极的处理意见，决不能以行业、部门的“规定”为由干扰、阻挠县委、县政府方针、政策的落实。

各金融机构要认清形势，把握大局，积极主动地配合县委、县政府的工作，真心实意地支持企业改革，参与改革，支持定陶经济的发展。

原企业厂长、经理、广大职工和社会各界人士要头恼清醒，识大体、顾大局，以对组织负责、对企业负责、对职工负责、对家庭和社会负责的态度，理解改革，支持改革，积极投身于改革大潮中去，抓住这一千载难逢的好机会，在市场经济这个更广阔的天地里一显身手。

（三）转变政府职能，搞好“三管一服务”。转换企业经营机制，政府必须转变职能。因此，各级各部门要从根本上摒弃计划经济的旧观念、旧模式，按照政企分开、管理科学的原则调整工作思路，改进工作方法、帮助企业建立法人治理结构，推进社会配套改革，不要再干预企业正常的生产经营活动。在具体工作中要按照“规划、协调、监督”原则和职责分工，对企业进行宏观管理，主要是搞好“三管一服务”，即：产权管理，通过委派国有股和集体股股权代表影响企业董事会的决策；宏观管理，运用产业政策，经济手段，法律手段和必要的行政手段引导企业发展；行业管理，通过行业政策、规划，指导管理企业；同时通过建立健全生产要素市场、社会保障体系和中介机构，完善基础设施，优化外部环境等，为企业提供良好的条件和高效的服务。

（四）加大治理“三乱”力度，优化企业外部环境。按照中共中央国务院《关于治理向企业乱收费、乱罚款和各种摊派等问题的决定》，加大治理“三乱”力度。各部门各单位不得干涉企业生产、经营、人事、分配等方面的内部事情，企业在按规定接收复转军人和大中专生的情况下，不得强行向企业指派干部职工，不得向企业乱摊派、乱集资、乱收费、乱罚款，而加重企业负担，损害企业和股东的合法权益。行政执法人员在依法行使职权时，不得吃、拿、卡、要，否则，一经发现将严肃处理，决不姑息。

（五）明确标准，严格考核。检验企业改革是否成功的主要标准是：（1）看企业机制是否真正转换了，广大干部群众的积极性是否提高了；（2）看企业的市场开拓、结构调整、技术改造和内部管理是否加强了；（3）看企业经济效益是否提高了；（4）看企业对国家的贡献和职工收入是否增加了；（5）看公有资产是否增值了。为了确保改革扎实有效，不走过场，县企业改革领导小组将据此标准对改制企业进行逐个检查验收。

（六）严明纪律，加强监督。县直各部门要为企业改革大开绿灯，树立领导围着经济转，部门围绕企业转，一切周绕改革转的思想。不准从部门利益、个人利益出发，干扰企业改革的进行；不准在社会上散布妨碍企业改革的消极言论；不准向企业摊派费用，转嫁负担；不准借机私分公款公物；不准隐匿、转移、挪借公有财产；不准巧立名目突击花钱，滥发奖金实物。纪检监察机关对于干扰企业改革的人员和行为要及时查处。

八、本决定公布前出台的文件规定与本决定不符的，以本决定为准。乡镇企业的改革，原则可参照本决定执行。

一九九八年七月四日

中共定陶县委 定陶县人民政府 关于进一步加快民营经济发展的意见

定发〔2004〕15号

（摘要）

为深入贯彻省委、省政府“突破菏泽”现场会精神，强力推进我县民营经济跨越式发展，下大力激活壮大板块经济群体，结合我县实际，特制定本意见。

一、加快民营经济发展的工作重点和目标

1.工作重点：重点挖掘弹簧、翻砂、钢球、裘皮等传统产业的潜能，突出抓好林木、家纺等新兴项目的辐射带动功能，壮大产业规模，扩张生产能力，实现裂变式发展，用3～5年的时间培育形成弹簧、翻砂、钢球、裘皮、林木、家纺等板块产业群体。

2.发展目标：至2007年，民营企业个数、个体工商户个数、上缴工商税收、从业人员比2003年实现翻番。

二、加大扶持力度

3.设立民营经济发展基金。发展基金由下列资金组成：（1）上级拨付的用于民营经济发展的资金；（2）县财政每年地方新增财政收入3%的资金；（3）乡镇每年工商税收地方收益部分中1%的资金。县财政设立专户，同时成立贷款担保公司，由民营中心具体管理、操作，专项用于对民营经济政策性扶持，缓解民营企业融资难问题。

4.加大金融部门扶持力度。各商业银行、信用社应积极为民营经济提供信贷支持，每年投入民营企业的贷款，比上年增长30%以上；在贷款条件审查及办理手续、程序等方面提供高效便捷服务；对重点民营企业实行主办银行和驻厂信贷员制度，提高授信额度。允许民营企业以房屋、设备、土地使用权、有价证券、知识产权等作为抵押、质押申请贷款。

5.税费优惠政策。新建民营企业固定资产投资超过20万元以上的项目，享受外地到定陶企业税收政策。可以试营业1年，试营业期间不收任何费用。凡国家出台的对军转干部、下岗职工等人员从事民营经济的各项政策，要确保落实到位。

6.个体私营业主凭营业执照享受本地居民同等待遇，幼儿园、中小学校不得以户籍为由拒收私营业主的子女入托、入学，也不得加收借读费等任何费用。

三、进一步优化民营经济发展环境

7.简化审批手续。启动完善县行政服务中心，实行“一门式办证、一条龙服务、一个窗口收费”。力争八月底前正式挂牌办公。

8.实行收费“一证、一票、一卡”制度。任何部门和单位收费，须持有物价部门统一核发的《收费许可证》，使用财政、税务机关统一印制的收费票据或税务票据，持有监察局、物价部门印制的收费登记卡。凡是不使用“一证、一票、一卡”收费或超出证卡范围的收费，一律视为乱收费。所有收费项目及收费标准都必须向社会公开。

9.建立和完善进企业检查、评比审批制度。所有针对企业的检查、评比均要由县分管领导签字批准，按所在乡镇党委书记的安排进行，并不得在企业吃饭。否则，企业有权拒绝，县纠风办要追查处理。

10.严禁乱摊派、乱集资。所有面向企业的集资、摊派均由县政府批准。任何单位和个人不得强行向企业、经营性事业单位或个体工商户等推销各种物品，接受指定服务等，否则企业有权拒绝。

11.规范装卸行为。未经交通行政主管部门审批和工商行政管理机关核发证照的集体或个体装卸队，一律不得进入装卸市场从事装卸经营活动。装卸队由乡镇统一负责组建、管理，按核准的范围作业。对装卸队实行属地管理责任制，乡镇主要领导是第一责任人。对野蛮装卸、言语粗俗、态度恶劣、违规索取装卸费等行为，乡镇要及时予以制止，情节严重者交司法机关依法惩处。

四、切实加强对民营经济工作的领导

12.县里成立以县委书记为组长的民营经济工作领导小组。从有关部门选调精干人员组成办公室，负责日常工作，指导全县民营经济的发展。各乡镇都要成立相应的机构。县委县政府每年年底对全县民营经济情况进行考核，并将考核结果作为干部和领导班子政绩的重要依据。建立领导联系民营企业制度。每一位县领导联系一个民营企业和一个个体大户。各乡镇、县直部门负责人也要重点联系一个民营企业和个体大户。

13.搞好观摩调度。县里对民营经济工作原则上每月一调度，每半年一观摩，年末总评。观摩调度情况及时在政府简报和新闻媒体上通报。

14.树立典型，搞好宣传。电视台常年设立民营经济发展专题栏目，对全县发展民营经济涌现出来的典型，特别是发展板块经济带头人，通过电视大力宣传，弘扬“从事民营经济光荣、干好民营经济有功”的良好氛围。

15.县民营经济服务中心要设立民营企业服务热线，接受咨询、求援、申请、投诉等有关问题，并在3个工作日内作出答复或处理。对违反规定搞“三乱”、对民营企业吃拿卡要的，实行有奖举报。

16.各有关部门、各乡镇都要根据本意见制定出具体扶持民营经济发展实施意见，通过新闻媒体对外公布。

17.本意见施行前的有关文件规定与本意见不一致的，以本意见为准，本意见由县民营经济领导小组办公室负责解释。

二〇〇四年五月二十四日

中共定陶县委 定陶县人民政府
关于加快村庄改造推进新农村建设的意见

定发〔2009〕18号

（摘要）

一、指导思想和目标原则

（一）指导思想

以科学发展观为统领，全面落实党的十七大和十七届三中全会精神，以统筹城乡发展、推进新农村建设为目标，按照“生产发展、生活宽裕、乡风文明、村容整洁、管理民主”的要求，优化农村建设用地布局，强化土地节约集约利用，集中资金，集约投入，加快村庄改造，不断改善农民生产生活条件，改善农村落后面貌，同步推进工业化、城镇化、城乡一体化和农业现代化。

（二）任务目标

按照“积极探索、先行试点、稳步推进、留有余地”的总体要求，分期分批实施村庄改造。2009年每个乡镇至少启动2个以上试点村庄改造工作，全县确保启动30个以上、确保完成3个以上试点村庄改造工作；2010年每个乡镇要启动5个村庄改造工作，确保完成2个以上村庄改造任务；2011年每个乡镇至少完成3个村庄改造任务，力争三年内，完成60个村庄改造任务；至2016年再利用5年时间，计划完成120个村庄改造任务。

（三）基本原则

1．坚持规划先行、因地制宜原则。针对不同区位、不同旧村类型，依据当地村民的要求和经济状况，结合城乡建设总体规划，对每个村制定不同的改造方案和具体的改造措施，有计划地逐步实施。按照“村容整洁、设施完善、功能配套、环境优美”的要求，加大水、电、路、田、林、村综合整治力度，改善农村生产和生活条件。

2．坚持群众自愿、循序渐进原则。广泛征求群众意见，尊重群众意见，坚持量力而行，符合村情民意，避免强制改造，强拆强建，更不能一哄而上。要在充分调查论证的基础上选择试点村，搞好试点，逐步推开，切实做到成熟一个，改造一个，成功一个。

3．坚持科学发展、节约集约用地原则。实行严格的节约用地制度，从严控制城乡建设用地总规模，新村建设选址尽可能在未利用的土地安排，通过推进村庄改造，提高耕地数量和质量。

4．坚持政府引导、多元投入原则。建立健全政府引导、市场运作、政策激励、多元投入、公众参与的工作机制。政府引导主要体现在规划计划、启动资金支持、土地资源配置、融资推介、财政贴息等方面。市场化运作，要以节约的用地指标为载体、以土地高效配置获取的级差收益为保障，吸引金融资本和社会资金投入到旧村改造和新村建设中去。

二、改造村庄及类型

按照“因地制宜，积极稳妥，先易后难，先急后缓”的原则，科学确定改造村庄及类型。

（一）选择好启动改造村庄

一是优先选择村庄占地面积大，土地闲置率高的“空心村”。原则上要求每个村改造后可有效减少建设用地面积100亩以上。二是优先选择城中村、城郊村、乡镇驻地村、中心村，特别是要加快县城老城区和新城区、经济开发区内的村庄改造。三是优先选择经济条件好，群众建房积极性高、村级班子强的村实施村庄改造。

（二）确定好村庄改造类型借鉴外地经验，结合我县实际，村庄改造主要有以下五种类型。

1．城乡接合部撤村并居型。对城区周围的村庄，可将农村居民点纳入城市规划建设管理范围，建设高标准住宅小区，立体发展，向空中要空间，提高土地利用的容积率，变集体土地为国有土地，变村民为市民，变村庄为社区。

2．小城镇聚集型。对小城镇周围的村庄，要结合小城镇建设，使农村居民逐渐向镇驻地集中。同时，用部分节约下来土地建立产业聚集区，促进二、三产业发展，增强小城镇的辐射带动作用。

3．原村落拆旧建新型。对原村庄占地面积大、土地闲置率高的“空心村”，通过旧村改造，最大限度地减少闲置土地，增加有效耕地面积。

4．偏远农村中心村定居型。对远离城镇、居住分散、自然村较多、工副业不发达的村庄，在尊重农民意愿的前提下，有条件的可规划将几个自然村并到一起，集中建设中心村，完善水、电、路、气、医、学等公共基础设施，发展农村商贸物流服务业。

5．整村迁建型。对地质灾害威胁区、压煤区等不宜居住的村庄，尽快实施整村搬迁，倡导集中连片建设，鼓励向小城镇和中心村集中。

三、政策措施

（一）科学编制村镇规划

围绕新农村建设，统筹城乡产业、农村劳动力就业等城乡社会各项事业协调发展，加快编制和修订县域村镇体系规划、乡（镇）总体规划和村庄建设规划，合理确定乡（镇）和村庄的数量、布局和用地规模，划定村镇发展和撤并复垦范围，实施弱小村合并、“空心村”治理、特色村培植、中心村建设，逐步构筑农村功能区划清晰、农业生产高效、设施配套完善、农民安居乐业的新农村格局，为开展农村土地整理、挖潜盘活农村集体建设用地提供规划依据。

（二）加大村庄改造整合力度

要建立政府主导、部门联动的工作运行机制，按照“尊重农民意愿、保障农民权益”的原则，积极稳妥地开展农村集体建设用地整合。通过城乡建设用地增减挂钩政策，依法盘活农村集体建设用地。要因地制宜、分类指导实施村庄改造整合，通过实施撤村并居、迁村并点、村庄合并、填空补实等措施，逐步进行旧村改造。

（三）加强农村宅基地管理

严格执行农村一户一宅政策，严格控制农民超用地标准建房，逐步清理历史遗留的一户多宅问题，坚决防止产生超面积占用宅基地和新的一户多宅现象。完善宅基地管理的政策激励机制，对村民自愿腾退空闲宅基地或符合宅基地申请条件使用空闲住宅的，县政府视不同情况给予1000—3000元的奖励或补助。对在城镇有稳定职业和住所的居民自愿腾退宅基地，县政府根据具体情况也给予相应补偿。尽快完成农村宅基地发证工作，保护农民群众合法权益。

（四）制定村庄改造扶持政策

1．资金和政策扶持。（1）县乡政府设立专项资金。县政府每年至少拿出5000万元，对节约土地的村庄予以建房补贴或对村庄改造项目给予贷款贴息。每节约1亩建设用地县政府奖励补贴2万元。（2）积极争取利用好国家“城镇建设用地增加与农村建设用地减少相挂钩”的政策。对节约的建设用地指标，除统筹安排好建房及公益事业建设外，可置换为城镇建设用地，并通过招标、拍卖、挂牌出让等方式实现土地收益最大化，获取的土地级差收益可用于农村建房。（3）协调县农村信用合作联社、县邮政储蓄银行等金融机构，通过整村联保、十户联保、五户联保、大户担保等形式，给予信贷支持，最多贷款额度5万元，并适当给予一定的利率优惠。（4）协调金融机构对参与村庄改造、资信优良的房地产开发和建筑施工企业，简化审批流程，优先提供贷款。（5）引导和鼓励社会各界积极捐资捐物、投工投劳，支持村庄改造及配套设施建设。

2．整合资源、统筹安排。县直有关部门要充分利用好上级政策，所有涉及村庄改造及新农村建设的政策资金一律由县政府统一调度使用，用于村庄改造。县城乡建设局要积极争取并充分利用国家及省市扶持农村住房建设和危房改造项目资金，优先对第一批完成改造的3个村和正在实施的30个村进行扶持；县国土资源局要积极争取利用好国家“城镇建设用地增加与农村建设用地减少相挂钩”的政策，逐步扩大挂钩范围和规模，形成的土地增值收益，最大限度地用于村庄改造；县交通局要积极争取村村通柏油路计划指标，改造村庄的路面和街道硬化；县水务局要组织实施好村村通自来水项目，优先解决改造村庄的饮水安全问题；县农业局要实施好国家和省农村户用沼气补贴、农村劳动力转移培训“阳光工程”、“新型农民创业培训工程”等项目，并优先安排村庄改造的农户；县卫生局要积极争取国家、省农村改厕补贴项目，使改造村庄的农户全部用上卫生厕所；县林业服务中心要积极争取围村林改造项目，解决改造村庄的绿化美化问题。其他部门也要积极争取国家、省市项目和资金，扶持村庄改造。县教育、民政、供电、通讯等部门要做好配套工作。

3．用地支持。抓住当前土地利用总体规划修编的机遇，统筹安排好农村居民点、基础设施、公益事业和二、三产业发展用地。在规划修编中对城镇、村庄周围的基本农田进行合理调整，为村庄改造预留建设用地空间。村庄改造选址要尽量利用原有建设用地，确需新增建设用地的，要利用未利用地和劣等地，尽量不占或少占耕地。对村庄改造涉及新增的建设用地，在年度土地利用计划安排上，拿出适当比例用地指标予以保障，依法办理集体建设用地手续。村集体开展村庄改造节省出来的土地，复垦后由村集体组织管理使用，节约腾出的建设用地指标，可在县域范围内调剂使用。在城市和建制镇规划区内集中建设出售给本村村民的住宅楼，应根据当地经济发展水平、村庄地理区位、村民意愿等因素，确定建设用地供应方式。由村民集资、政府或村集体统一组织建设的，可划拨供应，其住宅参照经济适用住房办法管理；采取商业运作、连片开发的，可实行招标、拍卖、挂牌方式供应，其住宅按商品住房管理。对符合规划和宅基地审批条件而没有宅基地的农户，由乡镇政府统筹解决宅基地；对农户拆除旧住房、交还宅基地的可给予一定经济补偿；对超占宅基地的农户实行有偿使用，具体标准由县政府制定后组织实施。

四、组织领导

（一）加强领导

村庄改造工作量大、涉及面广、政策性强，是一项复杂的系统工程。县成立村庄改造工作领导小组，协调解决村庄改造工作中的重大问题。领导小组下设办公室，办公室设在县城乡建设局，负责村庄改造的日常组织和协调工作。各乡镇也要成立村庄改造领导小组，乡镇党委书记任组长，乡镇长靠上抓此项工作。为加快推进村庄改造步伐，抽调县民政、建设、国土、粮食、水务、交通、供电、财政、信用社、教育、卫生、计生等县领导小组部分成员单位帮扶11个乡镇，帮扶时间为3年。

（二）明确责任

县村庄改造领导小组负责研究制定全县村庄改造的政策措施，补贴项目资金的审批、安排和使用。各乡镇负责本乡镇村庄改造计划的制定和组织实施工作，乡镇长为第一责任人，包乡镇部门主要负责同志是共同责任人。县直有关部门负责本部门包扶方案的制定，项目资金的争取及落实。各乡镇对每个改造村都要明确一名具体责任人，靠上指导该村的村庄改造工作。

（三）强化宣传

各乡镇要组织所有村干部、乡镇直部门负责人和实施村庄改造的群众到先进县市区参观学习。同时，充分利用广播、电视等各类宣传媒体，多渠道多形式宣传实施村庄改造的重要性和必要性，宣传各项政策措施，营造浓厚舆论氛围，充分调动广大群众的主动性、积极性。要认真总结和推广村庄改造的先进典型，加强正确的宣传引导，坚持多做、少说、求真务实，以实施效果和群众满意度来提高社会认知度，形成有利于村庄改造的社会氛围。

（四）严格调度考核

对加快村庄改造推进新农村建设工作，实行十天一调度、一月一次现场会，并纳入全县固定资产投入观摩内容，乡镇每完成一处节约耕地100亩以上的村庄改造，视该乡镇完成固定资产投入2000万元，优先安排该乡镇使用置换出的建设用地指标。同时，对年终全面完成任务目标，置换土地的乡镇，县委、县政府采取“以奖代补”的办法给予奖励，排位前3名的乡镇，县委、县政府授予“村庄改造先进乡镇”；对没有完成任务目标的乡镇，全县通报批评，主要负责人书面向县委、县政府说明情况。

二〇〇九年八月二十八日

县委办公室　县政府办公室
关于印发《定陶县“转变作风、服务群众”活动实施方案》的通知

定办发〔2014〕34号

（摘要）

为巩固扩大党的群众路线教育实践活动成果，进一步转变干部作风，密切党群干群关系，夯实农村工作基础，经县委、县政府研究决定，在全县开展“转变作风、服务群众”活动。现制定如下实施方案。

一、人员选派

结合县级领导联系镇街分工和部门业务特点，选派县直部门、镇街干部成立工作组，分别联系367个村（居），对全县群众实行全覆盖服务。按照人口规模，每村工作组分别由1名科级以上干部和1—3名一般干部组成。

二、职责任务

全县“转变作风、服务群众”活动从10月下旬开始，作为一项工作机制长期坚持。活动半年一小结，一年一总结，努力用2年时间形成干部联系服务群众的长效机制。活动开始后，集中10天时间对联系村所有户走访一遍。选派干部的主要职责任务是：

（一）进村入户访民情。坚持“问需于民、问计于民、问效于民”，通过召开座谈会、上门走访、公布联系电话等形式，深入了解群众思想动态，有针对性地听取群众对全县和县直部门、本村的意见建议，全面掌握群众反映最强烈、最集中的困难和问题。认真填写《入户走访单》，及时梳理、汇总、报告，并做好走访记录。

（二）沟通交流释民惑。积极向群众宣讲党在农村的方针政策和法律法规，县委、县政府的工作思路、工作部署、工作成效等。同时，把近两年来我县在发展经济、保障民生、加强社会治安、改善群众宜居环境、转变干部工作作风，以及提高教育、医疗和文化生活水平等方面采取的措施、取得的成效作为重点内容，与群众面对面交流，答疑解惑，增进了解，达成共识，凝聚合力。

（三）化解矛盾息民怨。结合县维稳信访工作组和村级组织，深入排查信访积案、干群矛盾和邻里纠纷，对相关问题分类排序，能立即解决的立即解决；不具备立即解决条件的，要与镇街、村居共同研究对策，逐级逐步解决；对不符合政策规定的，做好解释说明工作。要带着对群

众的深厚感情，把该解决的问题解决到位，把深入细致的思想工作做到位。

（四）帮办实事暖民心。根据群众诉求，结合职能，贴近实际，针对群众的当务之急，力所能及地办一些实事、好事，着力解决群众最关心、最现实、最直接的问题，不断提高群众的幸福指数。加强与群众的交流与沟通，让群众感受到党委、政府的温暖，达到顺民意、解民忧的目的。

（五）建章立制正民风。主动配合镇街党委做好村“两委”换届工作，引导帮助新“两委”班子和新任职干部尽快进入角色，加强学习培训，建立健全规章制度，增强为民意识，提升服务群众的能力；指导村级组织规范组织生活，开好“三会一课”，充实后备干部和入党积极分子队伍；抓好村务公开，完善议事规则，引导制定并落实村规民约，树立公平正义、团结和谐、积极向上的村风民风。

（六）理清思路帮民富。发挥部门优势和自身特长，帮助村级组织进一步理清发展思路，破解发展难题。针对村级发展资金、项目、信息、技术匮乏等问题，尽最大努力提供帮助；结合相关部门培养和扶持“种养加”专业大户和示范带头人，积极培育村级龙头企业和专业合作经济组织，带动农民致富。不断增加村集体经济收入，使村级组织在富民强村上发挥好核心作用。

（七）破解难题惠民生。引导带动村级组织和镇村干部进一步改进工作作风，针对群众在教育实践活动中反映的突出问题，继续抓好整改和落实。要重点围绕广大群众在乡村文明、社会治安、居住环境、公平正义、文化生活、社会救助、基础教育、看病就医、事务办理等九个方面，查找、发现和解决问题，真正让群众得实惠。

通过开展“转变作风、服务群众”活动，要在以下三个方面取得明显成效：一是各级干部改进作风更加明显。通过实际行动解决不务实、不深入、不接地气等问题，使党员干部为民服务的宗旨意识更加牢固。二是党群干群关系更加密切。通过面对面沟通、心贴心服务、一对一帮扶、实打实办事，拉近与群众的感情。三是促进发展更加有力。全面提振广大党员干部干事创业的精气神，凝心聚力推进全县上下联动、科学发展。

三、方法步骤

（一）动员培训。召开全县“转变作风、服务群众”活动动员大会，明确任务目标、方法步骤和工作纪律，鼓舞士气，以会代训。各镇街工作大队要结合实际，对各村工作组的选派干部提出具体要求，教法子，指路子，进一步明确职责任务。

（二）召开村“两委”班子成员、党员代表和群众代表会议。选派干部到村后，要通过召开多方面人员会议，向党员干部群众讲明全县开展“转变作风、服务群众”活动的出发点、落脚点、任务目标和方法步骤，争取理解、支持和配合。

（三）逐户走访座谈。结合村“两委”班子成员组成走访小组，带着感情，挨家逐户与群众面对面交流，了解村情民意，排查问题，倾听民意，宣讲有关政策和重点工作，认真填写《入户走访单》，并做好笔记。

（四）逐级梳理、汇总、上报问题。工作组对本村存在的所有问题进行汇总，及时上报工作大队。工作大队对本镇街的问题、建议进行梳理归纳，研究确定并及时上报县问题落实办公室。

（五）承办落实。县问题落实办公室及时汇总归纳工作大队上报问题，经领导小组审阅后及时交办相关单位。对交办问题，各责任部门和单位要高度重视，及时研究制定方案，落实措施，限时解决。对因条件、政策限制暂时无法解决的，要讲明原因，做好解释，及时反馈。

（六）回访问效。对各责任单位问题办理、回复情况和工作成效，县回访督导办公室通过现场督导、座谈了解、意见回访等方式进行跟踪问效。

（七）搞好服务。选派干部对照七个方面的职责任务，切实发挥好主观能动性，积极创造条件与群众加强联系、搞好服务，力争各项工作取得明显成效。

四、组织领导

（一）强化组织领导。成立由县委书记任组长、县委常委任副组长、相关部门负责人为成员的“转变作风、服务群众”活动领导小组，负责全县整个活动的统筹、督促与指导。领导小组下设办公室，负责活动的日常事务和综合协调，同时设立问题落实、政策宣传、作风整治、回访督导等4个专项办公室。各镇街成立工作大队，大队长由联系镇街的县级领导担任，副大队长由1名县级领导干部、1名县直单位正科级干部和镇街党委书记担任，可根据工作需要从本单位和镇街抽调1—2名工作人员，负责日常工作。工作大队负责活动联络、时间安排、上传下达、人员管理、业务培训和纪律约束，召集选派干部研究工作、协调解决工作中存在的问题；大队长负责牵头推进和统筹调度，督促指导镇街党委和选派干部开展工作，确保活动实效。各部门、各镇街主要负责人要主动担负起活动直接责任人的职责，具体安排，抓好落实。选派干部要发扬求真务实、艰苦奋斗的作风，静下心来，沉下身子，投入足够的时间和精力到村开展工作。

（二）建立工作机制。一是常态化走访座谈。选派的干部到村后要制定计划，集中10天，分头到户同群众沟通交流拉家常，围绕重点工作收集突出问题，填写《入户走访单》，并做好记录；以后每月要拿出4天时间到村开展工作。二是定期梳理汇总。集中活动期间，以村为单位收集整理《入户走访单》，报镇街工作大队，由工作大队进一步梳理归纳后，每周向县问题落实办公室报告1次；以后每月上报一次梳理汇总情况。三是及时交办落实。县问题落实办公室对上报问题进行归类，拉出责任单位和责任人，派单交办；承办单位要及时制定方案，定期上报办理进展情况。四是严格回访督导。对群众问题落实情况，由县回访督导办公室抽查测评、跟踪问效。活动期间，政策宣传办公室要通过开辟专栏、专题访谈、系列报道等形式，大力宣传活动成效和先进典型；作风整治办公室要加强现场督导，从严问责损害群众利益、影响选派干部形象、阻碍活动推进的反面典型；各单位要认真抓好问题整改和专项整治，各执法执纪和窗口单位要强化制度约束，规范服务行为，提高整改成效。

（三）严肃活动纪律。选派干部进村入户开展工作，要严格遵守工作纪律，做到“十不准”。要严格工作标准，不得随意更换人员、减少入村时间、降低工作质量；要坚持轻车简从，提倡骑自行车、电动车入村开展工作，不得要求非本工作组的其他镇街领导干部陪同；要遵守八项规定的有关要求，带头树立清廉形象，不得接受镇村招待，确需就餐的，一般在镇街食堂吃工作餐，也可在普通群众家吃派饭、吃家常饭并交付餐费，严禁在饭店就餐。

（四）加强督导考核。采取平时督导、抽查测评和年终考核的方式，对各工作组开展工作情况进行百分制考核，其中群众评价占60分，平时督导占30分，活动笔记、入户走访单填写占10分。总分在85分以上为“好”，60～84分为“一般”，59分以下为“差”。年终考核为“好”等次的，按照一定比例推荐县委、县政府表彰，优先确定公务员年度考核“优秀”等次，优先推荐为干部重用提拔对象；年终考核为“差”等次的，取消选派干部及其所在单位年度评先树优资格，按照《全县重点工作问责暂行办法》进行问责，单位年内不得重用提拔干部。

二〇一四年十月二十二日

前志勘误表

页码	行数	错误	应改为
目录1页	右25行	气侯	气候
目录2页	左1行	气侯	气候
14页	右10行	张崇禹	张宗禹
15页	左3、4行	定陶讯、孟家海讯、水堡讯3处防讯兵	定陶汛、孟家海汛、水堡汛3处防汛兵
185页	左29、32行	候气管炎，亚肖酸盐	喉气管炎，亚硝酸盐
233页	右18行	苜宿	苜蓿
434页	表格右2行	1927年	1827年
460页	右24行	定陶讯	定陶汛
490页	右8行	对薄公堂	对簿公堂
561页	右16行	教书匹	教书匠
661页	右26行	嘉靖癸未进坜鄜城、洛阳令	嘉靖癸未进士，历鄜城、洛阳令
704页	右6行	跟着司婆下假神	跟着师婆下假神
710页	左9行	同扶勾践	同辅勾践
720页	右31、32行	壶与庚亮值班宫中，庚怡为廷尉评	壸与庾亮值班宫中，庾怡为廷尉评
726页	左23行	进士弟	进士第
726页	右22行	上疏弹赅	上疏弹劾
727页	左13行	分驻繁崎和崞县	分驻繁峙和崞县
728页	右33行	谪戌朔州	谪戍朔州
734页	右3行	同仇敌恺	同仇敌忾
777页	左15行	赏与修校之役	尝与修校之役
778页	左11行	一犬厄运也	一大厄运也
778页	左16行	万历戊戍修后	万历戊戌修后
779页	左23行	扰也	忧也
780页	右30行	实搏洽非所敢言	实博洽非所敢言
781页	右13行	政弦更张	改弦更张

续表

页码	行数	错误	应改为
783页	右10行	巩有舛错	恐有舛错
784页	右9行	筹边锁鑰功	筹边锁钥功
785页	左16行	试问边城持戟戍	试问边城持戟戎
787页	右31行	左挖右扼	左控右扼

索 引

SUO YIN

索　引

本索引共设要目索引、人物索引两部分。要目索引、人物索引以词目的首字汉语拼音字母顺序排列（阿拉伯数字在汉语拼音字母前）。同音字按声调，首字母相同者按第二音序排列，以此类推。人物索引只编制入人物传略、人物简介的人物。相同词目的编制按词目在本志中的页码顺序集中排列。

要目索引

C

D

G

H

J

K

L

M

N

P

Q

R

S

T

W

X

Y

Z

人物索引

B

C

D

F

G

H

J

K

L

X

Y

Z

定陶县县志编纂委员会

（1982年3月）

主　　任　李汉云
副 主 任　庄静亭　郭耀恩
委　　员（以姓氏笔画为序）
王广臣　田保生　宁武臣　孙荣庭　吕文斋　毕研成　乔方宽　李　华　李保信
李洪新　李春福　李进学　宋茂海　杨汝英　杨奎山　武新魁　祝泗亮　赵士刚
赵福乾　高宪馨　阎庆琛　梁兆敬　崔明友　彭立莲　路正美　潘俊启　黎德润
顾　　问　李子岭　丁来辰

（1986年5月）

主　　任　张作田
副 主 任　刘春兰（女）　刘文祥　王笃庆
委　　员（以姓氏笔画为序）
张金鼎　李保信　范忠民　武新魁　祝传金　高宪馨　阎庆琛

（1989年7月）

主　　任　张善朋
副 主 任　刘春兰（女）　刘文祥　王笃庆　张金鼎
委　　员（以姓氏笔画为序）
马殿卿　王保芬　甘永兰　史步军　冉德和　曲广柱　刘宪佩　刘宪斌　刘振坤
李应松　李保信　吴祥春　张顺松　时华镇　杨自明　杨绪清　杨慎波　祝桂岭
胡志纯　董传珠　韩庆清　雷从龙　路杰奎

（1995年5月）

名誉主任　文廷良
主　　任　刘殿毅
副 主 任　徐光璞（女）　陈启忠　王丕臣　吴祥春　席福亮
委　　员（以姓氏笔画为序）
朱其作　曲广柱　刘宗魁　李应松　李洪福　何卫国　库运朝　董传珠　韩庆清
雷从龙

（1998年6月）

名誉主任 刘殿毅

主　　任 段伯汉

副 主 任 刘本明

委　　员（以姓氏笔画为序）

王士习　王丕臣　刘宗魁　吴祥春　陈海棠　李允祥　李应松　李春柱　李　新
何守礼　席福亮　袁绍林　韩宪玉

（2001年3月）

名誉主任 段伯汉

主　　任 赵传山

副 主 任 董　超

委　　员（以姓氏笔画为序）

王士习　王丕臣　王鲁陶　许晓生　刘宗魁　李允祥　李应松　陈海棠　袁绍林
黄汝光　韩宪玉

（2002年2月）

名誉主任 王彤宇

主　　任 陶体华

副 主 任 阎　凌　李　颖（女）　刘存勇

委　　员（以姓氏笔画为序）

王士习　王鲁陶　王瑞臣　许晓生　刘宗魁　陈尔民　陈海棠　李文存　李允祥
赵玉梅（女）　袁绍林　黄汝光　韩宪玉

（2011年2月）

名誉主任 王彤宇

主　　任 成　伟　陈宝华

副 主 任 沙向东（回）

委　　员（以姓氏笔画为序）

牛运动　车现鹏　王瑞臣　任志法　刘　杰　李文存　陈尔民　陈海棠　陈春生
吴　彬　贾翠平（女）　游秋亭

（2012年1月）

名誉主任　王彤宇

主　　任　陈宝华

副 主 任　沙向东（回）

委　　员（以姓氏笔画为序）

牛卫东　车现鹏　王　萍（女）　王瑞臣　任志法　刘　杰　李文存　陈尔民

陈海棠　宋自立　游秋亭　傅　鑫

（2015年2月）

名誉主任　张红旗

主　　任　聂元科

副 主 任　沙向东（回）　盛冬梅（女）　马常斌

委　　员（以姓氏笔画为序）

牛卫东　王　萍（女）　王瑞臣　杜玉章　任志法　朱向勇　刘敏魁　刘景峰

李文存　宋自立　张国栋　杨艳玲（女）　崔　炜　游秋亭　傅　鑫

（2017年1月）

名誉主任　聂元科

主　　任　朱中华

副 主 任　海　茹（女，回）

委　　员（以姓氏笔画为序）

牛卫东　王奉昌　王　萍（女）　王瑞臣　王瑞忠　朱向勇　刘景峰　杜玉章

李文存　张宝林　杨广民　单长勇　耿继安　崔　炜　傅　鑫

（2018年1月）

名誉主任　聂元科

主　　任　朱中华

副 主 任　李洪淼

委　　员（以姓氏笔画为序）

王奉昌　王　萍（女）　王瑞忠　冯江华　朱向勇　杜玉章　李文存　宋国强

张宝林　杨广民　单长勇　侯仰春　高奂文　耿继安　傅　鑫

定陶县县志编纂委员会办公室

（1982年3月）

副 主 任 高宪馨
工作人员 鞠世才 王友杰

（1984年4月）

主　　任 高宪馨
工作人员 李应松 苏衍岐 李文存 华尔山

（1988年5月）

主　　任 高宪馨
副 主 任 李应松
编辑人员 苏衍岐 李文存

（1989年）

主　　任 李应松
主　　编 高宪馨
编辑人员 苏衍岐 李文存
工作人员 朱向勇 赵玉梅（女） 陈炳杰

（1990年）

副 主 任 李应松
主　　编 高宪馨
编辑人员 苏衍岐 李文存
工作人员 朱向勇 赵玉梅（女） 陈炳杰 杨淑红（女，回）
聘用人员 周庆福 王有格

（1993年3月）

主　　任　李应松
调 研 员　高宪馨
编辑人员　李文存　苏衍岐　赵玉梅（女）　朱向勇　陈炳杰
工作人员　杨淑红（女，回）
聘用人员　周庆福　王有格

（1995年5月）

主　　任　李应松
主　　编　李应松
副 主 任　李文存
副 主 编　李文存
调 研 员　高宪馨
编辑人员　苏衍岐　赵玉梅（女）　朱向勇
工作人员　杨淑红（女，回族）　陈炳杰　李法庭（回）
聘用人员　周庆福　王有格

（2002年5月）

主　　任　李文存
副 主 任　赵玉梅（女）
工作人员　朱向勇　杨淑红（女，回）　陈炳杰　陈　民

（2006年12月）

主　　任　李文存
主　　编　李文存
副 主 任　赵玉梅（女）
工作人员　朱向勇　杨淑红（女，回）　陈炳杰　陈　民　吴　芳（女）

（2007年6月）

主　　任　李文存
主　　编　李文存

副 主 任 赵玉梅（女） 朱向勇 吴 芳（女，2012年4月任职）
工作人员 陈炳杰 杨淑红（女，回） 陈 民

（2015年3月）

主　　任 李文存
主　　编 李文存
副 主 任 朱向勇 吴 芳（女）
工作人员 杨淑红（女，回） 陈 民 陈炳杰 杨 航

（2016年10月）

主　　任 李文存
主　　编 李文存
副 主 任 朱向勇 吴 芳（女）
工作人员 杨淑红（女，回） 陈 民 杨 航 陈炳杰
聘用人员 李 斌 姚永灿

（2017年2月）

主　　任 李文存
主　　编 李文存
副 主 任 朱向勇 吴 芳（女）
工作人员 杨淑红（女，回） 陈 民 杨 航 陈炳杰
聘用人员 李 斌

（2017年11月）

主　　任 朱向勇
主　　编 李文存 朱向勇
副 主 任 吴 芳（女）
工作人员 李文存 杨淑红（女，回） 陈 民 陈炳杰 杨 航
聘用人员 李 斌

编后记

《定陶县志（1991—2015）》是1999年版《定陶县志》的续志。编纂工作始于2007年10月，历时11年。编纂过程大致经历五个阶段。

筹备启动 2007年8月，第二轮修志工作开始筹备，组建修志班子，初步确定志书断限为1991—2005年，并编制篇目体例。10月，召开续修《定陶县志》动员大会，县政府办公室印发关于续修《定陶县志（1991—2005）》实施方案的通知，县地方志办公室印发县志篇目及供稿分工的通知，把供稿任务分解到各承编单位，并聘请菏泽市史志办的领导和专家培训全县供稿人员，定陶县续修县志工作正式启动。

资料征集 《定陶县志》续修工作动员会议之后，收到部分单位的续志材料。2011年初，参照省内外优秀志书，感到资料单薄，信息量不够，于是将下限顺延至2010年。2011年9月，对供稿工作进行再动员、再部署、再落实，各单位明确了撰稿责任人，县史志办采取电话征稿、会议调度、上门指导、样稿引路等多种形式督促指导，同时，对一些任务重、力量薄弱、资料搜集整理有困难的单位，县史志办为其推荐熟悉史志业务、文字功底厚的退休老干部帮助编写。县史志办工作人员多次到县委办公室、县政府办公室、县委组织部、县人社局、县编办、县统计局、县档案局等单位查阅搜集资料，并采取社会调查、走访老同志、召开座谈会、函调、报刊杂志查阅、实地察看等多种形式，开展资料搜集工作，力求达到县志资料的全面性、系统性、实用性、真实性。2012年12月，基本完成资料征集任务，全县供稿单位146个，供稿人员200人，征集资料1200余万字，图片1200余幅。

初稿编写 2013年；组建初稿编写班子，由4名政治过硬、责任心强、文字功底厚、社会阅历广、熟悉地情、热心修志事业的同志组成。根据县志编目和编辑人员熟悉领域进行分工，按照志书质量的规定要求，提出统一要求，严格实行责任制，规定时间，确保质量，坚持由主任（主编）负总责把总关。编写人员边学边干，对所征集的资料反复修改，直到满意为止。经过编辑人员的艰苦工作， 2015年12月，形成180余万字的初稿。

志稿总纂 初稿完成后，立即组织人员进行总纂。总纂中，除对编目多次修改完善外，主编统揽全局，各编辑全力配合，规范体例，规范标准，完善结构，提炼内容，统一文风，锤炼语言。其间，学习借鉴外地优秀志书，如：《高青县志》《宁阳县志》《章丘市志》《临淄区志》《曹县志》《巨野县志》等，博采众长。学习《中国地方志》《山东史志》等专业刊物，及时了解和掌握领导、专家对编纂工作的新要求、新观点及应注意的新问题。在编纂过程中遇到把握不准的问题，多次向省市专家请教。2016年3月，重新调整篇目，将志书下限延至2015年。定陶县政府办公室下发专门通知，要求各供稿单位5月底前完成县志所需资料的供稿任务。2016年12月，完成《定陶县志（1991—2015）》评审稿。评审稿先后报送省、市、各县区史志办及省修志专家组，广泛征求意见。

评审完善 2017年3月14—16日，组织召开《定陶县志（1991—2015）》志稿评审会，省政府办公厅党组成员、省史志办主任刘爱军，省史志办市县基层志编纂指导处处长李刚、省方志馆馆长李坤、省史志办人秘处副处长王芬，省专家组成员李天程、王笃银、邵鸿志、郭能勇、王光辉、李德辉、王现军，菏泽市市政府副秘书长郭宝存，市史志办主任田文建，市史志办副主任郑玉民、王涛等领导和专家及本市10县区史志办主任和业务骨干参加会议。区委副书记王铁军，副区长王元涛到会讲话。会上，领导和专家对《定陶县志（1991—2015）》评审稿给予较高评价，认为志稿观点正确、体例严谨、内容全面，语言朴实，可读性强。同时，对志稿提出许多中肯的意见和建议。会后，根据这些意见和建议，编写人员逐条梳理、分类、整理，并进行细致修改。经过一年多的修改完善，于2018年3月，《定陶县志（1991—2015）》基本定稿并报市史志办终审，同时送出版社。

印刷出版 根据市史志办终审意见，结合出版社审稿意见，对志稿完善提高。并聘请修志专家通稿审定，2018年9月，最终定稿。市史志办印发《关于对〈定陶县志（1991—2015）〉送审稿审查验收的批复》，同意志稿报定陶区人民政府批准印刷。10月，区政府印发《关于同意出版〈定陶县志（1991—2015）〉的批复》，批准《定陶县志（1991—2015）》出版。

《定陶县志（1991—2015）》的编修工作，得益于上级业务部门的指导帮助，得益于区委、区政府的关心支持及所有供稿单位的密切协作，得益于社会各界的高度关注和积极参与，得益于全体修志人员自始至终高昂的工作热情和精益求精的工作态度，以及持之以恒、不惧清苦地辛勤劳动。在《定陶县志（1991—2015）》付梓出版之际，谨向所有关心、支持县志编修工作的领导、专家、同仁和社会各界人士表示衷心的感谢。

志书编纂工作是一项庞大的系统工程，涉及面广、工作量大、专业性强。修志人员虽已尽到最大努力，但因资料搜集渠道不一，信息来源不畅，还有许多该记未记人和事，特别是人物部分，由于资料征集困难，还存在收录不全、资料不尽完整准确等问题。由于编者水平有限，志书中疏失错漏、不尽人意之处，敬请各位读者批评指正。

1991—2018年历任县（区）委书记

文廷良
1989.12—1997.06

刘殿毅
1997.06—2000.12

段伯汉
2000.12—2005.12

王彤宇
2005.12—2011.08

张毓华
2011.08—2013.06

张红旗
2013.06—2016.12

聂元科
2016.12—

1991—2018年历任县（区）长

张作田
1988.12—1993.01

李松亭
1993.01—1995.01

刘殿毅
1995.01—1997.12

段伯汉
1997.12—2000.12

赵传山
2000.12—2002.12

王彤宇
2002.12—2005.12

陶体华
2005.12—2009.05

成　伟
2009.05—2011.11

陈宝华
2011.11—2013.09

聂元科
2013.09—2016.12

朱中华
2017.01—